面对面　心贴心　实打实

——中国工会服务职工在基层

中华全国总工会

中国工人出版社

图书在版编目（CIP）数据

面对面 心贴心 实打实——中国工会服务职工在基层／中华全国总工会编．—北京：中国工人出版社，2012.12

ISBN 978-7-5008-5354-1

Ⅰ．①面… Ⅱ．①中… Ⅲ．①基层组织—工会工作—概况—中国 Ⅳ．①D412.6

中国版本图书馆CIP数据核字（2012）第284332号

面对面 心贴心 实打实——中国工会服务职工在基层

出 版 人	李庆堂
责任编辑	王 璇 方 祯
责任校对	赵 思
责任印制	栾征宇
出版发行	中国工人出版社（北京市东城区鼓楼外大街45号 邮编：100120）
网 址	http：//www.wp-china.com
电 话	010-62350006（总编室） 010-82075935（工会与劳动关系分社） 010-82081553（传真）
发行热线	010-62004002 62389465（读者服务部）
购书网址	http：//ghyldgx.taobao.com
经 销	各地书店
印 刷	三河市东方印刷有限公司
开 本	787毫米×1092毫米 1/16
印 张	44.75
字 数	1031千字
版 次	2012年12月第1版 2012年12月第1次印刷
定 价	180.00元

中共中央政治局委员、全国人大常委会副委员长、中华全国总工会主席王兆国在2012年1月7日召开的中华全国总工会第十五届六次执委会议上发表重要讲话。

中共中央政治局委员、全国人大常委会副委员长、中华全国总工会主席王兆国2012年元旦赴河北送温暖。

2012年1月9日，中华全国总工会召开全国工会“面对面、心贴心、实打实服务职工在基层”活动视频会议。

2012年1月9日，中华全国总工会召开全总机关“面对面、心贴心、实打实服务职工在基层”活动动员会议。

2012年5月19日，中华全国总工会召开全国工会学习宣传实践中国特色社会主义工会发展道路暨服务职工活动座谈会（南方片区）。

2012年6月28日，中华全国总工会召开全国工会学习宣传实践中国特色社会主义工会发展道路暨服务职工活动座谈会（北方片区）。

中华全国总工会副主席、书记处第一书记、党组书记王玉普率服务职工工作组在北京开展活动。

中华全国总工会副主席、书记处第一书记、党组书记王玉普率服务职工工作组在北京开展活动，与一线职工在一起就餐。

中华全国总工会副主席、书记处书记、党组副书记陈豪率服务职工工作组赴湖南省考察帮扶中心。

中华全国总工会副主席、书记处书记、党组副书记陈豪率服务职工工作组走访慰问困难职工。

中华全国总工会副主席、书记处书记、党组副书记张鸣起率服务职工工作组在内蒙古海拉尔企业车间慰问劳模。

中华全国总工会副主席、书记处书记、党组副书记张鸣起率服务职工工作组在河南信阳入户慰问困难职工。

中华全国总工会副主席、书记处书记段敦厚率服务职工工作组为大庆油田1205钻井队“职工书屋”揭牌。

中华全国总工会副主席、书记处书记段敦厚率服务职工工作组深入四川绵阳光友薯业公司与职工一起劳动。

中华全国总工会副主席、书记处书记倪健民率服务职工工作组在上海与一线职工亲切交流。

中华全国总工会副主席、书记处书记倪健民率服务职工工作组在浙江开展活动。

中华全国总工会副主席、书记处书记陈荣书率服务职工工作组到天健集团市政总公司开展活动，向公司授予“职工书屋”牌匾，赠送图书。

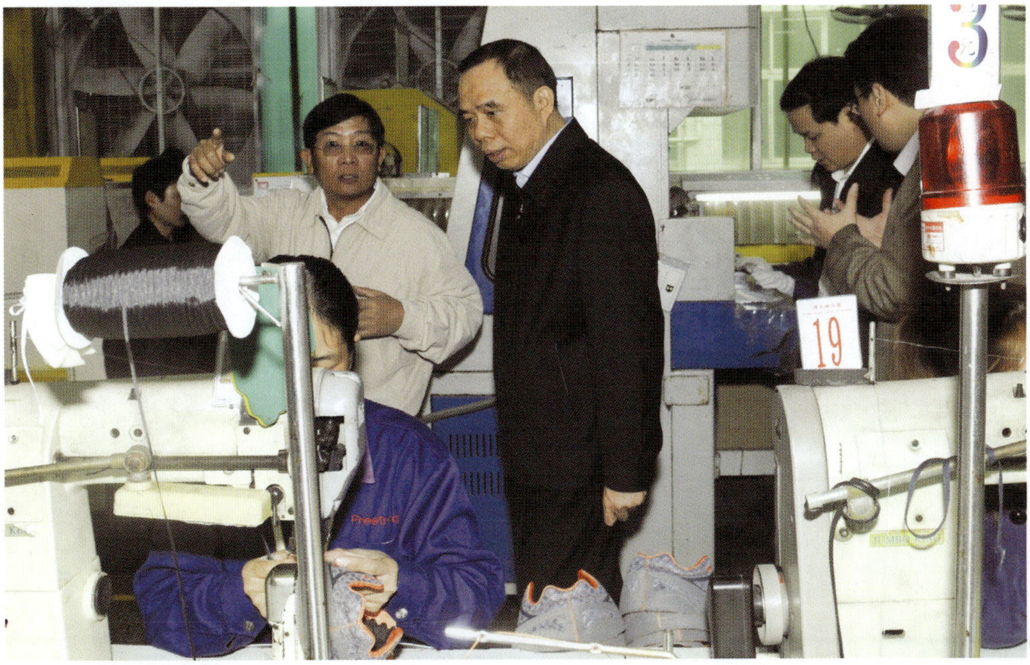

中华全国总工会副主席、书记处书记陈荣书率服务职工工作组到龙岗区赐昱鞋业（深圳）有限公司进行调研。

中华全国总工会副主席、书记处书记张世平率服务职工工作组在新疆开展活动，在新疆道路桥梁总公司参加“困难职工帮扶中心”揭牌仪式。

中华全国总工会副主席、书记处书记张世平在太原矿山机器集团有限公司看望“刘胡兰小组”全体职工。

中华全国总工会党组纪检组组长、书记处书记王瑞生率服务职工工作组深入天津港码头看望慰问职工。

中华全国总工会党组纪检组组长、书记处书记王瑞生率服务职工工作组在福建省漳州市看望慰问劳模。

中华全国总工会经费审查委员会主任李世明率服务职工工作组走访松原油田。

中华全国总工会经费审查委员会主任李世明率服务职工工作组考察甘肃酒泉市总帮扶中心。

中华全国总工会书记处书记江广平率服务职工工作组赴北京市看望慰问劳模。

中华全国总工会书记处书记江广平率服务职工工作组在北京召开一线职工座谈会。

中华全国总工会书记处书记李滨生率服务职工工作组在贵州开展活动。

中华全国总工会书记处书记李滨生率服务职工工作组在贵州看望困难职工。

编委会

脚踏实地　真抓实干
切实做好新形势下职工群众工作

（代　序）

王兆国

中国工会来自于职工群众，植根于职工群众，服务于职工群众。密切联系职工群众是工会工作的生命线，是工会组织的最大优势。新世纪新阶段以来，随着我国经济体制深刻变革、社会结构深刻变动、利益格局深刻调整、思想观念深刻变化，职工群众的利益实现遇到大量新情况新问题，职工群众思想活动的独立性、选择性、多变性、差异性明显增强，职工群众工作面临着许多新机遇新挑战，迫切需要我们把做好新形势下职工群众工作摆在更加突出位置，创新思路途径，采取有力举措，真正取得实效。

切实加强新形势下职工思想政治工作，努力建设广大职工共有精神家园。思想政治工作是职工群众工作的重要组成部分，对于凝聚职工力量、焕发职工热情、增强社会共识、化解社会矛盾至关重要。要结合国际国内形势的变化，把党和国家的大政方针、保障和改善民生的各项措施讲清楚，增强职工群众对党和政府的信赖、对社会主义制度的信心。要在广大职工中普及中国特色社会主义理论体系，引导他们自觉践行社会主义核心价值体系，形成正确的世界观、人生观和价值观，加强社会公德、职业道德、家庭美德和个人品德修养，推动全社会形成知荣辱、讲正气、作奉献、促和谐的良好风尚。要把为职工群众做好事、解难事贯穿于职工思想政治工作的全过程，特别要重视做好对普通职工、青年职工、农民工的人文关怀和心理疏导，增强他们克服暂时困难的勇气和依靠勤奋劳动创造美好生活的信心。要加强工会基层文化工作，广泛开展生动活泼的职工读书、职工歌咏、职工健身等活动，让职工群众走入教室、走上舞台、走进球场，使他们在工作之余，身体更加健康，精神更加充实。

积极参与加强和创新社会管理，推动解决职工群众最关心最直接最现实的利益问题。社会管理根本上是做群众工作，做好职工群众工作是工会参与社会管理的重要切入点。要结合时代发展特点和职工群众实际，开展“面对面、心贴心、实打实服务职工在基层”活动，着重在引领社会、组织社会、管理社会、服务社会、稳定社会等方面发挥协同作用。要进一步发挥党和政府主导的维护职工群众权益机制的优势，提高工会与政府联席会议制度、协调劳动关系三方机制实效，努力从源头上化解劳动关系矛盾；继续依法推动企业普遍建立工会组织、普遍开展工资集体协商，最广泛地把包括农民工、劳务派遣工等在内的职工群众组织到工会中来，把区域性、行业性工资集体协商与企业工资集体协商有机结合起来，保障职工工资正常增长和及时支付，推动最低工资标准逐步提高，促进合理有序的收入分配格局加快形成；推动厂务公开民主管理工作深入发展，广泛开展和谐劳动关系创建活动，打牢保障职工权益、保持社会稳定的坚实基础。今年是工会送温暖活动开展20周年和工会困难职工帮扶中心建设10周年。要深入学习贯彻党中央关于做好工会送温暖和帮扶工作的重要指示精神，准确把握党和国家事业发展面临的形势任务，积极参与以保障和改善民生为重点的社会建设，继续争取各级党委领导、政府支持和社会参与，把这项利国利民利职工的事业不断推向前进。

进一步加强工会干部队伍作风建设，积极推动工会工作改革创新。作风建设是凝聚意志、激发活力，提升工会组织凝聚力和战斗力的重要保证。要按照政治坚定、业务扎实、作风过硬、廉洁自律的要求，切实加强工会干部队伍建设，始终把维护职工群众根本利益作为工会一切工作的出发点和落脚点，增进与职工群众的感情，把更多精力用在察实情、办实事上，克服形式主义、官僚主义和机关化、行政化倾向，努力建设一支忠诚党的工运事业、奉献职工群众的工会干部队伍。工会领导机关要把工作重点放在基层，活跃基层、打牢基础，加强对基层的指导、协调，主动帮助基层解决工作中的困难。要加强调查研究，坚持以理论创新推动工会体制和工作创新，善于从制度、机制上解决制约工会工作发展的突出问题，不断提高服务科学发展、服务社会和谐、服务职工群众的能力和水平。

（本文系中共中央政治局委员、全国人大常委会副委员长、中华全国总工会主席王兆国2012年1月7日在全国总工会第十五届六次执委会议上讲话的摘要）

目　录

第一篇　重要文件

第二篇　活动总结报告

第三篇　专题调研报告

第四篇　典型经验

第一篇　重要文件

要通过适当的平台和载体，把广大工会干部发动起来，把工会工作激活起来。全总正在研究如何组织广大工会干部深入企业、车间、班组，到职工群众中去，与职工群众交朋友，面对面地与职工交流，心贴心地做职工思想工作，实打实地搞好维权服务。

——王兆国同志2011年11月23日在部分省市工会工作座谈会上讲话的摘要

开展“面对面、心贴心、实打实服务职工在基层”活动，是做好新形势下职工群众工作的创新举措。国际金融危机以来，各级工会组织积极响应党和政府号召，开展了不同形式的深入基层做群众工作的活动，主动关心爱护职工，受到了职工群众的欢迎。这次全总在总结各地经验的基础上，提出在全国工会系统开展“面对面、心贴心、实打实服务职工在基层”活动，得到中央书记处的充分肯定，并提出了明确要求。全总和各省（区、市）总工会要认真贯彻落实中央书记处的重要指示精神，做好周密安排、充分准备，不走形式、不走过场，把这项活动开展好，切实取得成效。要把这种面对面、心贴心、实打实做群众工作的过程，作为学习宣传实践中国特色社会主义工会发展道路的过程，作为推动工会各项重点工作、特别是“两个普遍”的过程，作为促进企业发展、让职工群众得到实惠的过程，作为宣传党的方针政策、宣传《劳动合同法》等法律法规、维护职工队伍和社会稳定的过程，帮助职工反映愿望、解决问题，为职工解疑释惑、排忧解难，引导他们通过理性合法的方式表达利益诉求，把不稳定的苗头消除在萌芽状态，为促进经济发展、维护社会稳定作出新的贡献。

——王兆国同志2012年1月6日在全总十五届十一次主席团会议上讲话的摘要

要结合时代发展特点和职工群众实际，开展“面对面、心贴心、实打实服务职工在基层”活动，着重在引领社会、组织社会、管理社会、服务社会、稳定社会等方面发挥协同作用。

——王兆国同志2012年1月7日在全总十五届六次执委会议上讲话的摘要

今年全会开展的面对面、心贴心、实打实服务职工活动是工会做好新形势下职工群众工作的一大创举，成效显著，受到职工群众的普遍欢迎和各级党政的认可。下一步，要朝着常态化、制度化、社会化的方向努力，长期坚持下去，使之成为工会工作的一个新品牌，在密切党同职工群众血肉联系中树立工会新形象。

——王兆国同志2012年7月30日在全总十五届十三次主席团会议上讲话的摘要

各级工会建立面对面、心贴心、实打实地服务职工群众的长效工作机制是党的群众工作的基础，是工会工作的基本职责，要继续深入开展并不断总结经验，提高成效和工作水平。

——王兆国同志2012年9月25日对中共中华全国总工会党组《关于全国工会“面对面、心贴心、实打实服务职工在基层”活动开展情况的报告》的批示

要深化服务职工活动，建立和完善联系基层、服务职工的长效机制，努力使服务职工活动这项职工群众工作的新载体做到制度化、规范化、常态化，把服务职工群众工作长期扎实做好。要把更多的精力放在推动重点问题的解决上，花大力气维护好困难职工、农民工、劳务派遣工等群体的劳动经济权益，让服务职工活动给职工群众带来更多实惠。

——王兆国同志2012年9月27日在全总十五届十七次主席会议上讲话的摘要

全总在创先争优活动中集中开展“面对面、心贴心、实打实服务职工在基层”活动做得很好，提高了工会组织的威信，受到广大职工欢迎。望进一步抓实在、办实事、得实效，让党政和企业认可，让职工群众满意。

——李源潮同志2012年4月7日对中央直属机关工委《简报（第19期）》《全国总工会积极开展“面对面、心贴心、实打实服务职工在基层”活动》的批示

中华全国总工会关于开展“面对面、心贴心、实打实服务职工在基层”活动的意见

（2012 年 1 月 7 日）

为贯彻落实党中央关于工人阶级和工会工作一系列重要指示精神，推动全心全意依靠工人阶级根本方针的落实，积极参与加强和创新社会管理，切实做好新形势下职工群众工作，在党和国家工作大局中更好地发挥工会组织积极作用，全国总工会决定在工会系统集中开展“面对面、心贴心、实打实服务职工在基层”活动（以下简称“服务职工活动”）。

一、总体要求

贯彻落实党的十七大和十七届四中、五中、六中全会精神，坚持以邓小平理论和“三个代表”重要思想为指导，深入贯彻落实科学发展观，深入学习胡锦涛总书记在庆祝建党 90 周年大会上重要讲话精神，坚定不移地走中国特色社会主义工会发展道路，组织动员各级工会干部深入基层、深入职工，开展调查研究、宣传政策法规、促进企业发展、推动解决困难、推进重点工作，面对面、心贴心、实打实地做好新形势下职工群众工作，为推动科学发展、促进社会和谐作出积极贡献，以优异成绩迎接党的十八大胜利召开。

各级工会组织和广大工会干部要牢固树立群众观点和服务意识，问需于职工、问计于基层，充分调动基层积极性，激发基层工会工作活力。围绕活动主题，面对面地与职工交流，倾听职工意见、反映职工诉求，增强工作的主动性、针对性；心贴心地做职工思想工作，了解实情、释疑解惑，与职工群众谈心交友、增进感情；实打实地为职工和企业服务，出实招、办实事，促进企业发展、维护职工权益，保持职工队伍和社会和谐稳定。

要通过深入基层，把构建和谐劳动关系、实现“两个普遍”、加强维权帮扶等重点工作结合起来，统筹兼顾、协调推进，努力实现职工队伍状况在一线掌握、工会维权帮扶在一线实施、构建和谐劳动关系在一线推进、工会工作任务在一线落实、创先争优活动在一线开展，扎根基层、夯实基础，进一步密切党和政府与职工群众的血肉联系，充分发挥党联系职工群众的桥梁和纽带作用。

二、主要任务

开展调查研究。围绕当前国内外形势变化对劳动关系、职工权益和工会工作的影

响，深入企业特别是中小企业、非公有制企业、改制企业、生产经营困难企业和劳动密集型企业，了解掌握企业生产经营状况、劳动关系变化以及职工思想动态、精神文化需求、生产生活和权益实现等方面的情况，认真分析研究职工群众和企业反映的突出问题。

宣传政策法规。广泛宣传党的路线方针政策、“十二五”规划目标任务、党和政府保障改善民生的政策措施、中国特色社会主义工会发展道路的科学内涵和精神实质、工会维护职工权益的举措等，引导职工正确认识形势，树立通过劳动推进发展、创造美好生活的理念，激励广大职工勤奋劳动、诚实劳动、创新劳动，大力弘扬工人阶级伟大品格和劳模精神，发挥工人阶级主力军作用，坚定永远跟党走的政治信念。广泛宣传工会法、劳动法、劳动合同法、社会保险法等一系列保障职工权益的法律法规，积极回应职工关切的热点问题，做好释疑解惑工作。

促进企业发展。围绕促进企业科学发展、加快转变发展方式、实现转型升级、提高自主创新能力，积极推动政府有关促进中小企业发展政策措施的落实，总结推广全心全意依靠职工办企业的经营理念和典型经验，指导企业开展群众性经济技术创新和劳动竞赛活动。推动企业加强职工职业技能培训，提高职工素质，为企业发展提供智力支持和人才保证。

推动解决困难。推动和协调有关部门和企业行政解决职工特别是困难职工、下岗失业人员、农民工、劳务派遣工在就业、工资、社保、安全生产、住房和子女就学等方面的实际问题。开展劳动关系矛盾排查、劳动争议调解、法律援助等工作，做好对职工的人文关怀和心理疏导，把问题和隐患化解在基层、消除在萌芽状态。对职工反映的困难和问题，工会应积极加强与企业的沟通协调，在企业层面推动有关问题的解决；企业难以解决的，积极争取党委和政府妥善解决；对于一时无力解决的问题，要向职工群众耐心细致地做好解释工作；对带有倾向性和普遍性的问题，及时向同级党委、政府和上级工会报告。

推进重点工作。推动创建劳动关系和谐企业与工业园区活动深入开展，大力构建和谐劳动关系。抓好“两个普遍”三年规划目标任务的落实，重点推动解决非公企业建会和工会作用发挥问题。指导开展企业及区域性、行业性工资集体协商，推动企业落实好劳动合同、集体合同、职代会和厂务公开民主管理等制度。加强帮扶中心建设，推动有条件的企业建立困难职工帮扶中心。

三、方法步骤

明确活动主体、范围和对象。各级工会组织和工会干部都要积极参与到活动中来，县以上工会领导机关干部要深入企业，企业工会干部要深入车间、班组。服务范围是基层，主要是企业，重点是生产经营困难的企业、困难职工多的企业、劳动关系矛盾突出的企业、工会工作薄弱的企业。服务对象主要是困难职工、下岗失业人员、农民工、劳务派遣工等职工群体。

确定具体活动方式。各省、市、县要结合本地经济社会发展、劳动关系和职工队伍的特点开展活动，因地制宜，注重实效。可以采取召开企业经营管理人员和工会干部座谈会、职工座谈会、个案访谈、入户走访慰问困难职工等方式，深入到企业、车间、班组及职工生活和文体活动场所，征求生产一线职工、经营管理人员、地方和基层工会干部的意见建议，了解职工的思想和工作情况，倾听他们的呼声、关心他们的疾苦，推动解决职工群众最盼、最急、最忧、最怨的问题。通过发放宣传材料、开展法律援助和政策法规咨询等多种方式，为职工群众释疑解惑。要主动依靠企业和当地党政，充分调动基层工会的积极性，共同做好为职工群众服务和排忧解难的工作。

落实步骤安排。服务职工活动贯穿2012年全年，分为动员部署、推进实施、阶段总结、成果转化等4个阶段。

动员部署。全总将召开视频会议对活动进行部署安排，下发意见。各省（区、市）总工会、各全国产业工会、全总机关有关部门，结合实际制定具体的措施安排。

推进实施。全总领导同志带头深入基层。各省（区、市）总工会、各全国产业工会、全总机关有关部门根据统一部署，组织干部分赴各地和基层。活动开展要与党的中心工作和创先争优活动相结合，与开展形势政策教育、做好职工思想政治工作相结合，与推动解决职工实际困难、体现党和政府对职工群众的关怀相结合，与各地工会已形成的干部下基层制度相结合，与元旦、春节送温暖活动以及2012年开展的第七次全国职工队伍状况调查工作相结合。

阶段总结。各省（区、市）总工会、各全国产业工会、全总机关有关部门要定期对活动开展情况进行总结。全总将适时分片召开座谈会，交流各地活动开展情况，总结推广典型经验做法，研究解决突出问题，推进活动健康开展。各省（区、市）总工会也要结合实际，采取切实有效的方式，推动活动深入开展。

成果转化。各省（区、市）总工会要将开展活动中调查了解到的企业和职工基本状况、反映的主要问题及时向有关方面反映。要通过这次活动建立健全工会干部联系基层、服务职工的长效机制，使深入基层开展职工群众工作常态化、制度化。

四、组织领导

建立组织机构。成立全国工会“面对面、心贴心、实打实服务职工在基层”活动领导小组，由全总党组、书记处主要领导同志任组长，全总领导班子成员为副组长，各驻会全国产业工会和全总机关有关部门负责同志为成员。领导小组下设办公室，办公室设在全总办公厅，内设综合协调组、专题调研组、宣传报道组、督导检查组，从各全国产业工会、全总机关各部门抽调专门工作人员负责相关工作。各省（区、市）总工会要统筹安排，成立相应组织机构，主要负责同志要切实履行好第一责任人的职责，一级抓一级、层层抓落实。

加大宣传力度。加强对各级工会组织和工会干部的宣传动员，充分认识开展活动的重要意义，增强参与活动的积极性和自觉性。运用主流新闻媒体、工会报刊网站和文化宫、俱乐部及基层宣传栏、广播站等宣传教育阵地，发挥博客、微博、手机短信等新兴媒体作用，向各级党政领导、企事业单位和社会各界宣传工会重点工作、服务职工和维护职工权益的好典型，宣传活动进展情况和成效，形成良好的社会舆论氛围。

注重工作实效。把职工群众的满意度、地方党委和政府及企业的认可度、为职工群众办成的实事好事、化解劳动关系矛盾等作为衡量活动成效的主要依据，建立督促检查制度、考核评价机制，加强分类指导、检查督导，定期通报活动进展情况，确保活动扎实有效开展。

改进工作作风。各级工会组织和广大工会干部要弘扬党的密切联系群众的优良作风，深入基层、深入职工群众，轻车简从，不给基层添麻烦增负担，不搞层层陪同，不影响基层企业和广大职工的日常生产生活，严守工作纪律。

全国总工会机关开展“面对面、心贴心、实打实服务职工在基层”活动实施方案

（2012 年 1 月 7 日）

根据《中华全国总工会关于开展“面对面、心贴心、实打实服务职工在基层”活动的意见》的部署要求，现就全总机关开展“面对面、心贴心、实打实服务职工在基层”活动（以下简称“服务职工活动”），提出如下实施方案。

一、总体要求

全总机关在开展服务职工活动中要切实发挥表率作用。全总领导和机关有关单位主要负责同志要带头深入基层、深入职工，特别是要深入到生产经营困难的企业、困难职工多的企业、劳动关系矛盾突出的企业、工会工作薄弱的企业，开展调查研究、宣传政策法规、促进企业发展、推动解决困难、推进重点工作，切实密切与职工群众的感情，激发基层工会活力。活动开展要与党的中心工作相结合，与深入开展创先争优活动相结合，与开展形势政策教育、做好职工思想政治工作相结合，与推动解决职工实际困难、体现党和政府对职工群众的关怀相结合，与全总机关多年来形成的干部挂职锻炼制度相结合，与元旦、春节送温暖活动以及 2012 年开展的第七次全国职工队伍状况调查工作相结合，努力实现职工队伍状况在一线掌握、工会维权帮扶在一线实施、构建和谐劳动关系在一线推进、工会工作任务在一线落实、创先争优活动在一线开展。

要切实加强对各级工会开展活动的指导督促，把职工群众的满意度、地方党委和政府及企业的认可度、为职工群众办成的实事好事、化解劳动关系矛盾等作为衡量活动成效的主要依据，进一步转变全总机关工作作风，避免形式主义、走过场，决不能给基层和职工增负担、添麻烦，切实保证活动的总体进度和质量。要注重总结推广活动中的好经验好做法，切实把活动成果转化为工会干部联系基层、服务职工的长效机制。

二、组织机构及分工

（一）成立活动领导机构

成立全国工会“面对面、心贴心、实打实服务职工在基层”活动领导小组，负责对各级工会开展活动的指导、督察和考核工作，同时负责对全总机关开展活动的具体组织领导工作。领导小组组长：王玉普；副组长：陈豪、张鸣起、段敦厚、倪健民、陈荣书、张世平、王瑞生、李世明、江广平、李滨生。各驻会全国产业工会和全总机关有关

部门负责同志为成员。

领导小组下设办公室，负责落实领导小组交办的各项任务。

办公室主任：陈豪（兼）

副主任：段敦厚（兼）、倪健民（兼）、陈荣书（兼）、李滨生（兼）

内设 4 个组：

综合协调组，组长：谷常生、吕国泉

专题调研组，组长：安建华、郭稳才

宣传报道组，组长：李守镇、刘继臣

督导检查组，组长：粟　斌、范凯声

办公室设在办公厅，具体工作人员从各全国产业工会、全总机关各部门专门抽调、集中办公。

（二）活动领导小组办公室职责分工

1. 综合协调组：负责对全国工会开展活动的综合协调；制定全总机关的工作方案和计划安排；起草活动有关文件、领导讲话、向中央汇报稿和领导小组交办的其他文字材料；加强与中央创先争优活动领导小组办公室、人力资源社会保障部、国务院国资委、全国工商联、中国企联/企协等有关部委的联络沟通，争取支持配合；编写活动开展情况简报；做好对活动开展情况的统计汇总；协调组织各成员部门完成领导小组交办的有关工作。

2. 专题调研组：负责制定活动调研方案、访谈提纲；汇总全总机关各组调研分报告，形成全总机关调研总报告；汇总各省（区、市）工会调研分报告，形成全国工会调研总报告。

3. 宣传报道组：负责编写向职工群众发放的宣传材料；协调新闻媒体大力宣传全国工会系统开展活动情况、成效和典型经验；收集整理影像和文字材料；完成领导小组交办的其他各项宣传工作任务。

4. 督导检查组：负责对各省（区、市）工会和全总机关各服务职工工作组开展活动进行巡查督导；制定考核评价标准，通过听取各地情况汇报和随机抽查，对各地活动开展情况和全总机关下派干部进行考核评价，总结典型经验和干部先进典型；对各省（区、市）工会和全总机关各服务职工工作组在开展活动中执行有关工作纪律和作风情况进行监督。

三、方法步骤

（一）进行组织动员。根据全总十五届六次执委会议的总体部署，2012 年 1 月初，召开全国工会开展“面对面、心贴心、实打实服务职工在基层”活动视频会议进行动员部署。之后，全总机关召开活动动员大会。

（二）成立服务职工工作组。全总成立由各驻会全国产业工会和机关有关部门组成的 24 个服务职工工作组，每个服务职工工作组由 5 人左右组成，全总领导同志根据分管产业工会和部门情况参加相应工作组，分别赴各省（区、市）开展活动。每个服务职工工作组根据专题调研组随机抽取和当地工会具体安排相结合的方式确定走访企业，在每个省份走访5家以上不同类型企业，与50名以上职工进行面对面的交流沟通。

（三）做好前期准备。各驻会全国产业工会、全总机关有关部门要积极选派干部参加活动，加强对选派人员的培训，明确活动的总体要求、主要任务、方法步骤等，做好相关准备工作，准备好宣传材料、调研提纲、访谈提纲等。

（四）集中开展活动。从1月开始至6月集中开展走访调研活动。主要采取以下方式：一是听取各地工会开展活动的有关情况汇报，二是召开企业经营管理人员和工会干部座谈会及职工座谈会，三是个案访谈，四是入户走访慰问困难职工，五是发放宣传材料、开展法律援助和政策法规咨询。各服务职工工作组要深入企业、车间、班组及职工生活和文体活动场所，征求生产一线职工、经营管理人员、地方和基层工会干部的意见建议，了解职工的思想和工作情况，为职工群众解疑释惑，推动解决职工群众最盼、最急、最忧、最怨的问题。每个服务职工工作组都要记录工作日志，撰写走访调研报告。每名工作人员都要严守工作纪律，不接受企业吃请和礼品。

（五）做好成果转化。积极推动有关问题的解决，对于活动中职工群众和企业反映的突出问题，应积极加强与企业的沟通协调，在企业层面推动有关问题的解决；企业难以解决的，积极争取党委和政府妥善解决；对于一时无力解决的问题，要向职工群众耐心细致地做好解释工作；对带有综合性和普遍性的问题，推动从政策和制度层面解决。适时召开部分省（区、市）和全总机关活动开展情况座谈会，交流经验、相互借鉴。

附：“面对面、心贴心、实打实服务职工在基层”活动分组安排

“面对面、心贴心、实打实服务职工在基层”活动分组安排

	实施单位	走访地点	备注
1	办公厅	广东	活动由全总领导亲自带队，全总领导根据分工和工作时间，选择参加相应小组的活动。
2	组织部	黑龙江	
3	宣传教育部	浙江	
4	研究室	贵州	
5	基层组织建设部	四川	
6	集体合同部	河南	
7	民主管理部	辽宁	
8	保障工作部	河北	
9	经济技术部	福建	
10	法律工作部	内蒙古	
11	经费审查委员会办公室	吉林	
12	女职工部	山西	
13	财务部	湖南	
14	国际联络部	北京	
15	劳动保护部	重庆	
16	中国工运研究所	湖北	
17	机关党委	云南	
18	中国教科文卫体工会	上海　安徽	
19	中国海员建设工会	天津　山东	
20	中国能源化学工会	陕西　甘肃	
21	中国机冶建材工会	青海　宁夏	
22	中国国防邮电工会	广西　海南	
23	中国财贸轻纺烟草工会	江苏　江西	
24	中国农林水利工会	新疆　兵团	

全国工会“面对面、心贴心、实打实服务职工在基层”活动工作手册（摘编）

全国工会“面对面、心贴心、实打实服务职工在基层”活动领导小组办公室职责分工及人员组成

为保证服务职工活动的顺利推进，按照全国工会“面对面、心贴心、实打实服务职工在基层”活动领导小组要求，服务职工活动领导小组办公室进一步明确职责分工、人员组成及联系方式。

办公室主任：陈　豪（活动领导小组副组长，全总副主席、书记处书记）

副　主　任：段敦厚（活动领导小组副组长，全总副主席、书记处书记）

倪健民（活动领导小组副组长，全总副主席、书记处书记）

陈荣书（活动领导小组副组长，全总副主席、书记处书记）

李滨生（活动领导小组副组长，全总书记处书记）

内设综合协调、专题调研、宣传报道和督导检查4个组。

综合协调组：负责对全国工会开展活动的综合协调；制定全总机关的工作方案和计划安排；起草活动有关文件、领导讲话、向中央汇报稿和领导小组交办的其他文字材料；加强与中央创先争优活动领导小组办公室、人力资源社会保障部、国务院国资委、全国工商联、中国企联/企协等有关部委的联络沟通，争取支持配合；编写活动开展情况简报；做好对活动开展情况的统计汇总；协调组织各成员部门完成领导小组交办的有关工作。组长：谷常生（全总办公厅主任）、吕国泉（中国工运研究所所长）；副组长：刘迎祥（全总维稳办公室主任）、蔡毅德（全总办公厅副主任，常务副组长）。下设联络组、文件组、简报组3个小组。联系人：全总办公厅李羿。《简报》信息报送邮箱：fwzgjb@ acftu. org。

专题调研组：负责制定活动调研方案、访谈提纲；汇总全总机关各组调研分报告，形成全总机关调研总报告；汇总各省（区、市）工会调研分报告，形成全国工会调研总报告。组长：安建华（全总研究室副主任）、郭稳才（全总基层组织建设部部长）。联系人：全总研究室项鹏。

宣传报道组：负责编写向职工群众发放的宣传材料；协调新闻媒体大力宣传全国工会系统开展活动情况、成效和典型经验；收集整理影像和文字材料；完成领导小组交办的其他各项宣传工作任务。组长：李守镇（全总宣传教育部部长）、刘继臣（全总法律工作部部长）。联系人：全总宣传教育部余华江。

督导检查组：负责对各省（区、市）工会和全总机关各服务职工工作组开展活动进行巡查督导；制定考核评价标准，通过听取各地情况汇报和随机抽查，对各地活动开展情况和全总机关下派干部进行考核评价，总结典型经验和干部先进典型；对各省（区、市）工会和全总机关各服务职工工作组在开展活动中执行有关工作纪律和作风情况进行监督。组长：粟斌（全总组织部巡视员兼副部长）、范凯声（全总机关党委常务副书记）。联系人：全总机关党委吴疆。

请各地各单位认真落实《中华全国总工会关于开展“面对面、心贴心、实打实服务职工在基层”活动的意见》，尽快成立相应组织机构，并将负责同志、联系人及联系方式及时报送全国工会“面对面、心贴心、实打实服务职工在基层”活动领导小组办公室综合协调组。

专题座谈会参考提纲

注意事项：

本提纲仅作为召开专题座谈会时参考，可针对当地和职工实际情况有重点地选取部分内容进行深入座谈，也可根据需要增加座谈内容。

1. 企业生产经营状况、面临的突出问题，特别是中小企业和生产经营面临重大困难企业的情况。

2. 职工劳动就业、工资收入、社会保障、安全生产、劳动保护、教育培训、职工住房和子女教育等方面的情况，存在的突出问题。

3. 职工对“立党为公、执政为民”理念，对社会主义核心价值体系，对制定和实施“十二五规划”，对党和政府出台的一系列保障和改善民生的社会政策，对党和政府加强群众工作、创新社会管理等的态度和看法。

4. 职工对社会治安、反腐倡廉、收入差距、住房保障、医疗保障、教育体制、食品安全、社会诚信等社会热点问题的态度和看法。

5. 农民工和劳务派遣工在企业的分布状况，在同工同酬、民主权利实现、精神文化生活方面的突出问题、主要诉求等。

6. 企业劳动合同、集体合同的签订及效果，开展工资集体协商的情况，企业劳动争议及其化解，职代会、厂务公开等企业民主管理制度发挥作用的情况，开展创建劳动关系和谐企业活动的情况，企业管理人员与职工的关系等。

7. 企业工会组建的情况、发挥作用的情况，制约工会发挥作用的突出问题，企业开展劳动竞赛的情况。企业工会干部对中国特色社会主义工会发展道路的认识等情况。职工群众对工会工作的评价和意见、建议等。

8. 当地劳动关系矛盾突出的企业及其在社会稳定方面存在的隐患。

9. 企业建立工会女职工组织和发挥女职工组织作用情况，当前在女职工维权工作中存在什么难点问题，女职工群众对工会女职工工作的意见建议等。

个案访谈参考提纲

注意事项：

1. 访谈提纲仅作为调查员访谈时的参考，不是由被访者填写的问卷。调查员需根据实际情况，将提纲内容以便于被访者理解的语言提问。

调查员不应拘泥于提纲所列问题。在访谈过程中，调查员可以有所取舍，并根据被访者实际情况就某些问题进行深入追问；如有需要，调查员可以适当增加超出提纲范围的访谈内容。

2. 访谈过程中要速记大概内容，如被访者同意，可进行现场录音或录像。原则上，被访者谈论的所有内容都应该记录，无论其是否超出提纲范围。

一、被访者个人基本情况

调查员根据登记表的内容询问被访者个人基本情况。如有需要，还可补充询问党派、宗教信仰、爱好专长、业余文体生活等内容。

二、被访者主要工作经历及感受

1. 了解被访者目前工作情况。包括被访者工作单位、企业类型、所属行业、工作岗位、是否签订和持有劳动合同（劳务派遣工则询问劳务合同签订情况）、合同期限、工资收入形式（计件、计时和计时工资发放周期等）、收入水平（工资和其他收入）、工资是否能按时足额拿到等。

2. 以前工作过的单位（包括单位的类型、行业等）、在这些单位的工作岗位和身份、基本工作情况。

3. 对自己近3年来工作经历的感受。

4. 现在工作或生活中感觉最满意的是什么？感到压力最大的是什么？

5. 工作中是否有什么因素不利于将来的发展？这些不利因素是什么？

三、被访者家庭经济状况及相关情况

1. 了解被访者家庭基本情况。包括被访者家庭人口、主要成员、家庭经济收入、主要赡养人口等。

如被访者有配偶，可询问配偶工作单位、工作岗位和收入情况；如子女已工作，可询问子女的生活和工作情况。

2. 家庭经济支出构成和经济负担情况，近3年来有何变化？是否有经济困难？未来家庭经济状况的预期如何？

3. 对于家庭经济状况，最担心的情况是什么？如医疗费用支出、子女教育费用、收入不稳定、缺少社会保险、买房（投资型还是自住型）……

4. 对今后家庭发展的想法和期望。

四、被访者对当前劳动者的身份、地位、收入等问题的看法

1. 对现在的工作收入与工作付出相比是否满意？收入是否合理？为什么？近3年的工资增长情况如何？

2. 每周工作时间平均是多少？劳动强度如何？劳动保护的情况如何？有没有因工作

得病的现象？

3. 对现在的工作岗位或就业身份是否满意？为什么？有什么打算或奋斗目标？为什么这么想？

4. 对现在社会上劳动者就业的情况有哪些看法？（就业是否公平？对就业稳定和形势的看法？对改善就业状况的希望与建议？）

五、被访者对所在单位（企业）的看法

1. 对企业管理情况的看法。

2. 企业是否有职代会？如何看待职代会的作用？

3. 对收入分配差距的看法。（差距情况如何？合理程度？如果被访者单位有工资集体协商制度，可进一步询问对工资集体协商的看法。）

4. 对职工在企业中地位的看法。认为自己处在什么样的地位？

5. 现在的工作积极性发挥得如何？为什么？

6. 参加岗位培训、进修的情况。

7. 所在企业的劳动关系是否和谐？是否有劳动关系不稳定或矛盾激化的情况？原因是什么？

六、被访者对工会的看法和对维护自身权益的相关看法

1. 所在单位是否有工会组织？本人是否是会员？

2. 被访者所了解的本单位工会开展活动情况。（哪些活动？评价如何？对工会维护职工权益工作的评价？有哪些维权的实例？）

3. 是否存在或听说过有工会以外的其他维权组织？这类维权组织与自己有什么样的关系？

4. 在自己的权益受到侵犯时，首先会想到找谁帮助自己（工会、企业行政、政府部门、劳动调解组织、司法、其他组织或途径）？原因是什么？

5. 企业工会或上级工会组织应该从哪些方面改进工作？对工会组织最大的希望是什么？

6. 如果被访者是女职工，可根据实际情况询问工会女职工工作的有关情况（如是否建立了女职工委员会，是否签订了保护女职工权益的专项集体合同等）。

七、被访者对其他问题的看法

1. 对现在劳动者政治、经济、社会地位的看法？对工人阶级主人翁地位的看法？

2. 对构建和谐社会、和谐企业、和谐劳动关系的看法？（对政策的评价、实现的可能性、问题在哪里？）

3. 对改革开放、社会发展、企业发展前景的看法？

4. 对近些年来党和政府出台的一系列保障和改善民生的社会政策有什么看法？有没有因此而受益？

5. 对社会主义核心价值体系如何看？是否认同？（具体包括四个方面：坚持马克思主义指导地位、坚定中国特色社会主义共同理想、弘扬以爱国主义为核心的民族精神和以改革创新为核心的时代精神、树立和践行社会主义荣辱观）

八、被访者最需要解决的困难、最希望要反映的问题或建议

个案访谈登记表

个案编号：________

<table>
<tr><td colspan="3">所在地区</td><td colspan="7">省（市、区）　市（区）　县</td></tr>
<tr><td colspan="3">工作单位</td><td colspan="7"></td></tr>
<tr><td>姓　名</td><td colspan="2"></td><td>性　别</td><td colspan="2"></td><td colspan="3">出生年月</td><td></td></tr>
<tr><td colspan="3">户籍所在地</td><td colspan="3"></td><td colspan="3">民　族</td><td></td></tr>
<tr><td colspan="3">政治面貌</td><td></td><td colspan="5">受教育程度</td><td></td></tr>
<tr><td colspan="3">现任职务或岗位</td><td></td><td colspan="5">职称（技术等级）</td><td></td></tr>
<tr><td colspan="4">是否农民工或劳务派遣工</td><td colspan="6"></td></tr>
<tr><td colspan="2">备　注</td><td colspan="8"></td></tr>
<tr><td colspan="2">访问地点</td><td colspan="8"></td></tr>
<tr><td colspan="2">访问时间</td><td colspan="2"></td><td colspan="3">访问员
（签名）</td><td colspan="3"></td></tr>
<tr><td colspan="5">访问记录原稿共（　　）页
整理后的个案材料共（　　）页</td><td colspan="3">调查组
负责人
（签名）</td><td colspan="2"></td></tr>
</table>

个案访谈操作说明

一、个案访谈是一项严肃细致的工作。各调查组在确定调查员时，应当充分考虑其工作经验、文化程度、工作责任心、应变能力等，以便能较好地完成此项工作。

二、各调查组在确定个案访谈的职工对象时，要在性别、年龄、职业、就业状况、文化程度、企业类型（国企、国企改制后的企业、股份制企业、外企、私企等）、产业分布、地域、不同用工形式等特征上，力求分布合理，代表性更强。

三、个案访谈的内容以《“面对面、心贴心、实打实服务职工在基层”活动个案访谈提纲》为依据和参考。在访谈过程中，可以依照被访者的实际情况有所侧重。要尽可能对访谈对象进行深入细致的访问，捕捉访谈对象生动真实的思想、工作、生活情况，认真加以记录、整理。原则上访谈记录应当天整理完成。

四、调查员在进行个案访谈时，应首先填写个案访谈登记表。在记录访谈内容尤其是涉及被访者个人隐私时，应事先征得被访者同意。访谈结束后，访谈登记表、原始记录及整理稿由各调查组负责人签字确认，报送本次活动办公室。

五、登记表中的个案编码由各调查组按照本组选定的被访者的自然顺序编码。

全总工作组服务职工活动统计表

填报组		填报人　　　　联系电话		年　月　日
编号		项目	数量	备注
对象		走访城市（个）		
		走访企业（个）		
		其中：中小企业（个）		
		非公企业（个）		
		改制企业（个）		
		困难企业（个）		
		劳动密集型企业（个）		
		其他企业（个）		
		走访慰问职工数量（人）		
		其中：困难职工（人）		
		农民工（人）		
		劳务派遣工（人）		
		青年职工（人）		
		入户慰问困难职工（户）		
形式		召开座谈会数量（场）	0	
		其中：与企业经营者座谈（场）		
		与工会干部座谈（场）		
		与职工座谈（场）		
		参与座谈会总人数（人）		
		个案访谈（人）	0	
		其中：企业经营者（人）		
		企业工会干部（人）		
		企业职工（人）		
		发放宣传材料（份）		
		发放慰问补贴金人数（人）		
		发放慰问补贴金数量（元）		
		其他		
效果		征集意见建议（条）	0	另附材料
		其中：企业经营者（条）		
		企业工会干部（条）		
		企业职工（条）		
		处理意见建议（条）		
		其中：上报意见建议（条）		
		发现典型经验数量（个）	0	另附材料
		其中：基层工会（个）		
		工会干部（个）		

注：表中显示为“0”的格设置为自动汇总，不需填写。

各地工会服务职工活动统计表

填报单位（章）		填报人		联系电话		年　月　日

编号		项目	数量	备注
组织		成立工作组数（个）	0	
		其中：省总工会（个）		
		地市总工会（个）		
		区县总工会（个）		
对象		走访企业（个）		
		其中：中小企业（个）		
		非公企业（个）		
		改制企业（个）		
		困难企业（个）		
		劳动密集型企业（个）		
		其他企业（个）		
		走访慰问职工数量（人）		
		其中：困难职工（人）		
		农民工（人）		
		劳务派遣工（人）		
		青年职工（人）		
		入户慰问困难职工（户）		
形式		召开座谈会数量（场）	0	
		其中：与企业经营者座谈（场）		
		与工会干部座谈（场）		

续表

<table>
<tr><td>填报单位
（章）</td><td colspan="2"></td><td>填报人</td><td></td><td>联系
电话</td><td></td><td>年　月　日</td></tr>
<tr><td colspan="2">编号</td><td colspan="4">项目</td><td>数量</td><td>备注</td></tr>
<tr><td></td><td></td><td colspan="4">　　与职工座谈（场）</td><td></td><td></td></tr>
<tr><td></td><td></td><td colspan="4">参与座谈会总人数（人）</td><td></td><td></td></tr>
<tr><td></td><td></td><td colspan="4">发放调查问卷（份）</td><td></td><td></td></tr>
<tr><td></td><td></td><td colspan="4">其中：收回有效调查问卷（份）</td><td></td><td></td></tr>
<tr><td></td><td></td><td colspan="4">个案访谈（人）</td><td>0</td><td></td></tr>
<tr><td></td><td></td><td colspan="4">其中：企业经营者（人）</td><td></td><td></td></tr>
<tr><td></td><td></td><td colspan="4">　　企业工会干部（人）</td><td></td><td></td></tr>
<tr><td></td><td></td><td colspan="4">　　企业职工（人）</td><td></td><td></td></tr>
<tr><td></td><td></td><td colspan="4">发放宣传材料（份）</td><td></td><td></td></tr>
<tr><td></td><td></td><td colspan="4">发放慰问补贴资金人数（人）</td><td></td><td></td></tr>
<tr><td></td><td></td><td colspan="4">发放慰问补贴资金数量（元）</td><td></td><td></td></tr>
<tr><td></td><td></td><td colspan="4">其他</td><td></td><td></td></tr>
<tr><td>效果</td><td></td><td colspan="4">征集意见建议（条）</td><td>0</td><td>另附材料</td></tr>
<tr><td></td><td></td><td colspan="4">其中：企业经营者（条）</td><td></td><td></td></tr>
<tr><td></td><td></td><td colspan="4">　　企业工会干部（条）</td><td></td><td></td></tr>
<tr><td></td><td></td><td colspan="4">　　企业职工（条）</td><td></td><td></td></tr>
<tr><td></td><td></td><td colspan="4">处理意见建议（条）</td><td></td><td></td></tr>
<tr><td></td><td></td><td colspan="4">其中：上报意见建议（条）</td><td></td><td></td></tr>
<tr><td></td><td></td><td colspan="4">发现典型经验数量（个）</td><td>0</td><td>另附材料</td></tr>
<tr><td></td><td></td><td colspan="4">其中：基层工会（个）</td><td></td><td></td></tr>
<tr><td></td><td></td><td colspan="4">　　工会干部（人）</td><td></td><td></td></tr>
</table>

注：表中显示为“0”的格设置为自动汇总，不需填写。

中华全国总工会关于深化“面对面、心贴心、实打实服务职工在基层”活动建立健全服务职工长效机制的意见

（2012 年 9 月 29 日）

为深化工会“面对面、心贴心、实打实服务职工在基层”活动，建立健全服务职工长效机制，切实坚持工会在职工群众工作中的主导地位，充分体现工会做职工群众工作的主体作用，提出如下意见。

一、建立健全服务职工长效机制的重要意义和总体要求

（一）深刻认识建立健全服务职工长效机制的重要意义。工会工作是党的群众工作的重要组成部分。建立健全服务职工长效机制，是贯彻落实党的群众观点和群众路线、坚定不移地走中国特色社会主义工会发展道路的重要举措，是履行维护职工权益基本职责、参与社会管理创新的内在要求，是转变工会干部作风、密切与职工群众联系、做好新形势下职工群众工作的重要保证。

（二）切实把握建立健全服务职工长效机制的总体要求。以邓小平理论和“三个代表”重要思想为指导，深入贯彻落实科学发展观，坚持把建立健全服务职工长效机制与服务党和国家的中心工作相结合，与学习宣传实践中国特色社会主义工会发展道路相结合，与推进工会重点工作相结合，与加强工会自身建设相结合，面对面地与职工交流，心贴心地做职工朋友，实打实地为职工服务，实现服务职工活动常态化、长效化、制度化，使工会组织成为职工信赖的“职工之家”。

二、建立健全服务职工长效机制的主要任务

（三）围绕激发职工劳动热情和创造活力开展服务。努力推动党的全心全意依靠工人阶级根本方针的贯彻落实，在全社会进一步唱响“劳动光荣、工人伟大”的主旋律，营造勤奋劳动、诚实劳动、创新劳动的良好氛围，引导职工脚踏实地、勤劳创业、实业致富。发挥工会在组织劳动竞赛、开展职工经济技术创新活动等方面的优势，认真落实劳动竞赛五年规划，引导广大职工立足岗位创先争优建功立业。实施职工素质建设工程，推动企业建立劳模（高技能人才）创新工作室，促进职工技能水平提高。

（四）围绕维护职工经济权益开展服务。开展工会促进就业行动，以“就业援助月活动”为载体，加强工会就业服务工作；抓好各级工会职介平台建设，实现与政府公

共就业服务信息系统互联互通；加强工会职工职业培训机构和就业创业基地建设，提高工会职业技能培训水平；推进工会小额贷（借）款工作，促进创业带动就业再就业。推动政府部门及时调整最低工资标准，发布工资增长指导线、劳动力市场工资指导价位、行业人工成本信息，参与劳动定额标准的制定，推动企业普遍开展工资集体协商，推动解决企业拖欠职工工资和劳务派遣工同工不同酬的问题，促进职工特别是一线职工工资增长与企业劳动生产率和经济效益相适应。督促用人单位落实劳动安全卫生法律法规，深入推进“安康杯”竞赛活动，积极开展群众性劳动安全卫生监督检查活动，保障职工身心健康、生命安全和女职工特殊权益。

（五）围绕维护职工政治权益开展服务。推动各类企事业单位特别是非公企业建立健全以职工代表大会为基本形式的民主管理制度，实行厂务公开，依法建立职工董事职工监事制度。坚持定期规范召开职工代表大会，监督和推动企事业单位在制定、修改或决定直接涉及职工切身利益的规章制度或重大事项时，提交职工代表大会讨论通过，保障职工民主决策、民主管理、民主参与和民主监督权利的落实。推选职工特别是一线工人、农民工和劳动模范参选各级党委委员、人大代表。

（六）围绕维护职工文化权益开展服务。坚持用社会主义核心价值体系引领职工，巩固广大职工团结奋斗的共同思想基础。创新职工思想政治工作方式方法，指导帮助工业园区、企业组建职工心理辅导室，加强对职工特别是新生代农民工的人文关怀和心理疏导。督促企业依法依规足额提取和使用职工培训经费，保证职工培训教育权利的落实。加强网络舆情工作和队伍建设，积极培育文明理性、和谐有序的职工网络环境。发展先进企业文化职工文化，打造工人文化宫、职工文化活动中心、俱乐部、职工书屋等职工文化品牌。

（七）围绕维护职工社会权益开展服务。创新组织形式，切实加强县（市、区）及以下行业工会建设，积极推进建立区域、行业基层工会联合会。充分发挥乡镇、街道、工业园区工会在组织建会中的重要作用，进一步健全“小三级”工会组织网络，广泛吸纳包括农民工、劳务派遣工在内的职工加入工会。充分利用现代信息化手段，加强会员会籍管理，逐步建立全国工会会员信息库，出台会员优惠待遇政策，探索和建立会员优惠基地，增强工会组织的吸引力、凝聚力。推动城市公共服务向广大农民工覆盖，帮助农民工逐步融入城市。推动扩大社会保险覆盖面，协助政府部门做好非公有制企业从业人员、灵活就业人员、农民工以及关闭破产企业退休人员参加社会保险。推动提高社会保险统筹层次，协助做好农民工等跨地区流动就业职工的社会保险关系转移接续。推动有条件的用人单位为职工建立企业（职业）年金和补充医疗保险，积极开展职工医疗互助活动，进一步增强职工抵御风险的能力。

三、建立健全服务职工长效机制

（八）建立健全工会组织联系职工制度。各级工会坚持每年开展多种形式的服务职工活动，做到对困难和问题集中的企业和职工“必访”，对企业生产发展和职工权益实现情况“必清”。工会领导机关建立服务职工联系点，各全国产业工会、全总机关有关部门对口联系1～2个省（区、市），各省、市、县工会建立相应的基层工会和企业联系点。加强和改进工会信访、12351 职工维权热线等工作，与人力资源社会保障、信访等政府部门的服务热线进行有效对接，深入推进工会领导干部接待职工群众来访工作，坚持领导干部亲自处理职工信访中提出的重要问题，机关年轻干部轮流到机关信访岗位工作，积极推行工会信访代理制。通过建立群众工作室（站）、员工诉求中心、在律师事务所和工会帮扶中心设立“职工维权岗”、发放服务职工联系卡（服务卡）、开设网上政策咨询窗口、意见箱、博客、微博客、手机短信和 QQ 群等形式，及时收集反馈基层和职工的信息。推行“工会组织亮牌子、工会主席亮身份”的工作，畅通工会联系职工、服务职工的渠道。

（九）建立健全工会领导干部深入基层调研制度。各级工会领导干部每年确定1～2个重点调研课题，围绕职工群众普遍关心的热点难点问题加强调查研究。全总、省总机关干部每年下基层调研时间不少于 60 天，市、县工会干部不少于 90 天，乡镇（街道）工会、村（社区）工会、工业园区工会、区域性行业性工会联合会和企业工会要把主要时间和精力放在深入服务职工上。县以上工会领导机关选派工会干部特别是年轻干部到乡镇（街道）工会、企业和车间、班组蹲点锻炼，及时了解职工状况，增进与职工感情。各级工会干部在开展服务职工活动中，坚持参加生产劳动，与一线职工面对面交谈，到困难职工家庭走访慰问，与职工建立长期直接联系。

（十）建立健全源头参与制度。参与人大、政府等有关部门研究制定涉及职工切身利益的法律法规和政策，充分发挥工会系统党代表、人大代表、政协工会界委员的参政议政作用。健全工会与同级政府、产业工会与相应产业部门、行业协会的联席（联系）会议制度，完善各级地方及产业的劳动关系三方协商机制，共同研究解决劳动关系重大问题。

（十一）建立健全为职工办实事制度。各级工会每年制定为职工办实事计划，实行公开承诺制，办实事计划及完成情况向社会及时公布，接受职工群众和社会监督。坚持落实责任，明确办实事项目、措施、时限和分管领导、责任部门、责任人等，力争每年有重点、有步骤地帮助职工解决一批实际困难，以办实事的成效赢得广大职工的认可。积极争取党和政府把更多的资源和手段赋予工会，在工会就业援助、小额贷款、劳模补助、困难职工帮扶、职工医疗互助、职工法律援助、职工文化阵地、职工疗休养事业建设等方面给予更多财政、税收等政策支持，不断拓展工会服务职工的领域。

（十二）建立健全困难职工帮扶机制。认真落实《工会帮扶工作发展规划（2012－2015年）》，推进已建工会的乡镇（街道）、社区（村）和规模以上企业工会帮扶站（点）建设，形成覆盖省、市、县、乡镇（街道）、社区（村）及企业的帮扶网络，有效衔接地方工会帮扶和企业工会帮扶，实现对困难职工的全覆盖。加强困难职工帮扶中心规范化建设，实行集困难救助、维权服务、争议调解、法律援助、医疗互助、心理疏导等为一体的帮扶模式，开展送温暖、金秋助学、阳光就业、家政培训等帮扶活动，实现帮扶工作常态化、长效化。进一步拓展困难职工帮扶中心的服务功能，通过和社会机构合作，为职工在生活、学习等方面提供多样化服务。完善领导干部与困难职工结对帮扶制度，逐步提高困难职工救助标准。推动将困难职工家庭纳入政府保障性住房政策覆盖范围，帮助他们解决住房困难。

（十三）建立健全劳动争议调处和法律援助机制。依法推动企业建立劳动争议调解组织或配备调解员，县（区、市）、乡镇（街道）工会设立劳动争议调解中心，在困难职工帮扶中心加载劳动争议调解职能，参与本地区社会矛盾纠纷调解。会同人力资源社会保障部门、企业代表组织开展劳动仲裁工作，加强工会兼职劳动仲裁员队伍建设。推行工会“劳动法律整改意见书”和“劳动法律整改建议书”制度，建立企业、地方和行业工会劳动争议信息报送制度。加强工会法律援助与服务，发挥工会公职律师、劳动法律监督员、劳动争议调解员、劳动争议兼职仲裁员等工会法律工作者作用，聘请法律专家学者、律师等人员，通过购买服务、法律援助志愿者等方式，组建职工法律援助律师团和职工法律援助志愿者队伍，为困难职工和农民工提供法律咨询、代拟法律文书、代理诉讼、参与调解仲裁等法律援助，并向乡镇、街道和社区延伸。

四、建立健全服务职工长效机制的保障措施

（十四）强化组织领导。把深入基层、服务职工摆在更加突出的位置，研究制定服务职工的年度规划，细化工作安排，明确责任分工，狠抓任务落实，形成主要领导亲自抓、一级抓一级、层层抓落实的局面。深入研究开展联系基层、服务职工的经常性工作，加强制度机制建设，把好的做法和经验及时总结上升到制度层面，推动工作常态化。建立一批联系基层、服务职工示范点，认真总结推广经验，推动工作发展。

（十五）完善决策程序。建立健全工会领导机关重大决策调研制度，坚持重大问题不经调查研究不决策，确保工会领导机关在作决策、布置工作时主动听取下级工会的意见和建议，决策后搞好督促落实和跟踪反馈。建立定期征求基层和群众意见制度，通过设置意见箱、公开热线电话、电子信箱等方式，倾听基层意见和职工呼声，拓宽职工意见表达渠道。通过工会主席述职会、专项事务公开会、工会工作情况报告会、职工座谈会等形式，及时将工会为群众办实事等有关事项向职工公开，增强服务职工的透明度。工会在部署工作时要事先听取和充分尊重职工的意愿和要求，鼓励职工了解和参与工会工作。

（十六）提供服务保障。加强工会干部服务职工的能力建设，强化党的群众路线教育，加大政策法规、业务知识和岗位技能培训力度，推进工会干部职业化、社会化建设，建立一支专兼职相结合的工会干部队伍。尊重基层首创精神，虚心向基层和职工学习，在联系基层和服务职工的实践中汲取智慧、开阔视野、增长才干。着力研究解决县级以下工会“人少事多”的突出矛盾，进一步研究探索做强做实乡镇（街道）工会的措施和办法，重点解决乡镇（街道）工会干部力量不足和工会经费缺乏保障等问题。加强信息网络建设和基础数据工作，不断提高服务职工的信息化、专业化、规范化水平。

（十七）加强考核监督。实行服务职工的绩效考核，建立工会干部联系基层、服务职工档案制度，健全工作台账，对联系基层、服务职工的组织领导、参与干部、驻点时间、职工意见、所办事项、办理结果、职工评价等内容进行翔实记录，作为督促检查和考核评价的重要依据，确保服务职工可追溯、可检查、可考核。实行办理结果回复制度，采取集中公示、单向反馈、直接答复、定期告知等形式，将所反映问题的处理结果

或办理情况向基层和职工群众通报。开展“会员评家”活动，把职工群众满意不满意作为衡量服务职工成效的主要依据。建立职工评议基层工会、基层工会评议工会领导机关、工会领导机关检查所属工会、工会重点工作异地巡视督察等制度，通过领导点评、专项检查、随机抽查、入户暗访等形式，及时了解真实情况，督促问题整改落实。主动通报工会主张和工作进展，自觉接受党政相关部门的评价和新闻媒体的舆论监督，构建服务职工社会评价体系。对于服务职工不积极，造成重要影响的，实行问责制。

（十八）营造舆论氛围。发挥工会宣传舆论阵地作用，建立新闻发言人制度、新闻快报制度以及与党委宣传部门的工作联系制度等，借助主流媒体传播渠道，及时报道工会服务职工的部署、进展和成效，提高活动的影响力和传播面，营造广大职工充分了解工会、社会各界大力支持工会的良好氛围。

王玉普同志在部分省（区、市）工会工作座谈会上的讲话

（2011 年 12 月 1 日）

今天我们召开座谈会，主要是就《全国工会“面对面、心贴心、实打实做好职工群众工作”实施意见》，听取大家的意见。兆国主席高度重视这项工作，前不久在安徽亲自主持召开 10 省市工会工作座谈会，听取大家对开展这一活动的意见。上周，全总十五届十三次主席会议专门研究讨论《实施意见》，兆国主席在会上明确要求要集中全会的智慧和力量，切实把这项活动开展好。

今天的会议开得很好很成功。一天来，大家就《实施意见》提出了很多宝贵意见建议，介绍了各自开展这项工作的经验，听后很受启发，也进一步增强了我们做好这项工作的信心和决心。文件起草组要充分吸收大家提出的意见建议，进一步修改完善。下一步，我们将把《实施意见》报兆国主席审示后，向中央书记处进行汇报，并在全总十五届六次执委会议上进行部署。今天的会议，既是听取意见、集中全会智慧的过程，也是统一思想、筹备开展活动的过程。借此机会，我讲几点意见。

一、充分认识开展全国工会“面对面、心贴心、实打实做好职工群众工作”活动的重要意义

近日，根据兆国主席指示精神，我们在研究谋划明年工作思路时，明确提出了要“围绕一个主题，抓住一条主线”。其中，“围绕一个主题”就是要学习宣传实践中国特色社会主义工会发展道路；“抓住一条主线”就是要以“面对面心贴心实打实”开展职工群众工作为主线推进工会各项工作的开展。我们之所以把“面对面心贴心实打实”开展职工群众工作作为明年工作主线，主要是基于以下几点考虑：

*一是贯彻落实中央关于做好新形势下群众工作的需要。*党中央高度重视群众工作，胡锦涛总书记等中央领导同志多次强调要坚持以人为本、执政为民，人对人、面对面、手拉手、心连心做群众工作，始终保持党同人民群众的血肉联系。这是我们党的性质和宗旨的集中体现，也是我们党一贯的政治主张和执政理念。职工群众工作是党的群众工作的重要组成部分。工会组织作为党领导下的群众组织，要发挥好党联系职工群众的桥梁纽带、国家政权重要社会支柱、职工利益的代表者和维护者作用，就必须深入企业深入基层，到第一线与职工群众面对面心贴心，了解职工的所思所想所需，扎扎实实为他们做好事，深入细致地为他们办实事，实实在在地为他们解难事，密切党和政府与职工群众的血肉联系，把职工群众团结在党组织周围。

*二是妥善应对复杂形势、构建和谐劳动关系的需要。*当前我国发展面临的国内外

环境日趋复杂，各种不稳定、不确定性因素增多。从国际来看，国际金融危机影响还没有完全消除，世界经济复苏脆弱，北非、中东、欧美相继出现社会动荡。西方一些国家力图转嫁危机，境内外敌对势力加紧对我职工队伍进行渗透破坏活动，推动组建所谓“独立工会”，企图影响我职工队伍和社会大局稳定。从国内看，我国经济总体保持平稳较快增长，但通胀压力加大，经济增幅放缓，部分中小企业生产经营困难，一些困难职工和低收入职工生活负担加重，劳动关系矛盾问题突出，职工群体性事件多发，影响了职工队伍稳定。面对复杂的国内外形势，我们必须准确把握我国发展所面临的机遇和挑战，深刻理解我们党面临的“四个考验”“四个危险”，进一步增强政治意识、大局意识、忧患意识、责任意识，提高做好新形势下职工群众工作的自觉性主动性，扑下身子，脚踏实地，深入基层、深入职工群众，倾听职工意见，反映职工诉求，积极维护职工群众合法权益，大力促进职工队伍和谐稳定，不断巩固党的阶级基础，扩大党的群众基础。

三是适应职工队伍新变化、满足职工群众新期待的需要。当前职工队伍发生重大变化，非公企业职工、农民工成为职工的主体，新生代农民工大量出现，一些企业大量地不规范地使用劳务派遣工，不同职工群体利益诉求各异，价值取向多样，法律意识和维权意识日益增强，对工会维权的要求更加迫切、期望越来越高。随着经济社会的发展，职工群众不仅对物质生活有更高要求，而且对人文关怀、精神文化、干部作风等方面提出了更高要求。面对这些新变化，工会组织只有准确把握职工思想脉搏，了解他们的诉求和呼声，有针对性地做好组织职工、引导职工、服务职工和维护职工合法权益各项工作，才能更好地满足职工群众的新期待。

四是改进工作作风、树立工会干部形象的需要。职工群众是工会组织的力量源泉，密切联系职工群众是工会的最大优势，脱离职工群众是工会的最大危险。当前，工会干部的作风整体是好的，但是也有少数干部由于长期在机关工作，不接地气，群众观念淡薄，不愿做群众工作；有的缺乏工作本领，不会做群众工作。务实作风要在一线养成，良好形象要在基层提升。到不到企业、到不到职工群众中去，对职工群众的感情就不一样。我们开展这项工作，就是要不断增强群众意识和服务意识，进一步转变工作作风，努力为职工群众排忧解难，从基层和群众中汲取智慧和经验，不断提高服务基层、服务职工的能力和水平。

二、认真谋划和实施全国工会“面对面、心贴心、实打实做好职工群众工作”活动

一是要高度重视，切实加强对活动的组织领导。从现在开始，各级工会要开始做好开展活动的各项准备工作。已经开展过此类活动的省（区、市）工会，要进一步完善领导体制和工作机制；没有开展过此类活动的地方，要酝酿筹备成立活动领导小组，地方工会主要领导同志要担任组长，落实工作责任，统一领导实施各地的调研走访活动，确保活动扎实有效推进。

二是要因地制宜，结合各自实际细化活动方案。关于活动内容，《实施意见》在总体上明确了深入调查研究、宣传政策法规、推动解决困难、推进重点工作、转变工作

作风等5项工作，各地工会要根据本地的实际情况，突出重点、细化内容，有针对性地开展活动。关于活动范围，各地工会在细化方案时，要严格按照《实施意见》的安排，把非公企业、改制企业、中小企业等作为活动的重点领域，特别是要针对乡镇、街道、社区等小而散企业相对集中、工会力量相对薄弱的地区，进行重点调研走访；把生产一线职工、农民工、劳务派遣工、困难职工等作为活动服务的重点对象。关于活动开展方式，各地工会在服务基层、服务职工中作了很好的探索和尝试，创造了许多好经验好做法，要注重做好总结，发现规律，不断创新活动的方式方法，切实做到既不给基层添麻烦增负担、不影响企业和职工日常生产生活，又要面对面地贴近职工群众，推动解决职工群众最盼、最急、最忧、最怨的问题。关于活动的步骤安排，我们考虑明年上半年集中开展活动，从全总到地方各级工会、企业工会，层层都要开展，各省工会要做好统筹协调，搞好上下衔接，做到走访调研的企业和职工不交叉、不重复。

三是要着眼长远，以活动开展促进服务基层、服务职工长效机制的建立。建立长效机制是做好职工群众工作的保证。从已经开展过此类活动的地方来看，这项活动得到了党政认可、职工群众欢迎，促进了工会干部工作思路、工作作风、工作方式和工作态度的转变，进一步密切了工会组织与职工群众的联系，有力推动了工会工作的创新发展。当前新形势下的职工群众工作任务繁重、情况复杂，开展集中行动很有必要，但还需建立包括责任机制、办事机制、联动机制和工会干部联系服务职工群众工作机制等内容的长效机制，把工会干部深入基层、深入职工作为一项长期的、经常性的工作，从制度上保证党的群众工作落到实处。

四是要统筹安排，处理好活动与推进其他各项工作的关系。各级工会要把活动放在工会整体工作中来谋划，坚持两手抓、两促进、两提高，防止搞成“两张皮”。要通过活动的开展，落实“两个普遍”重点工作的目标任务，推动解决一些企业没有工会或者有工会但作用发挥不够的问题，增强工会组织的吸引力、凝聚力；通过活动的开展，积极推进构建和谐劳动关系，帮助基层建立健全劳动合同、集体合同制度和企事业民主管理制度，建立健全劳动争议预防、预警、调处、援助一体化机制，加强工会法律援助，以劳动关系和谐促进职工队伍稳定与社会和谐；通过活动的开展，加强工会维权帮扶工作，建立健全覆盖地方和企业的帮扶体系，帮助职工解决就业、工资、社保等实际问题，实现帮扶工作常态化、长效化；通过活动的开展，切实加强职工思想政治工作，积极建设以职工为本的先进企业文化职工文化，充分运用教育、协商、疏导的办法和互联网、手机等现代科技手段，引导职工正确认识形势，释疑解惑，疏导情绪，以理性合法方式表达利益诉求。

三、关于全国总工会近期几项重点工作的通报

一是筹备召开全总十五届六次执委会议和十五届十一次主席团会议。近期，中央书记处将听取全总党组关于今年工会工作情况以及明年工作安排的汇报。随后，全总将召开十五届六次执委会和十五届十一次主席团会议，兆国同志将发表重要讲话。各级工会要认真做好会议精神的学习、传达和贯彻落实工作。

二是召开送温暖工程实施20周年和困难职工帮扶中心建设10周年纪念座谈会。

以开展送温暖工程实施20周年和困难职工帮扶中心建设10周年纪念活动为契机，认真总结工会送温暖和帮扶工作经验，进一步推进工会帮扶工作创新发展。

三是抓好“两个普遍”全年目标任务的落实。年底前，全总将对“两个普遍”全年目标任务的完成情况进行督察督办。各省（区、市）总工会也要进一步加强督促检查，及时向全总报送落实进展情况。

四是完成产业工会换届工作。从11月29日至12月10日，7个驻会全国产业工会进行集中换届，选举产生新一届领导班子，明确今后5年的工作任务，进一步发挥产业工会在工会整体工作中的重要作用。

五是认真做好元旦春节前后职工队伍稳定工作。精心组织2012年元旦春节期间工会送温暖和农民工平安返乡活动。积极配合人力资源社会保障部等4部委，深入开展农民工工资支付专项检查活动，加强劳动关系矛盾排查，切实做好维权维稳工作，促进职工队伍和社会稳定。

同志们，组织实施全国工会“面对面、心贴心、实打实做好职工群众工作”活动，离不开各级工会的共同努力。希望大家进一步振奋精神、真抓实干，切实把这项工作做深做细做实。

王玉普同志在全国工会“面对面、心贴心、实打实服务职工在基层”活动视频会议上的讲话

（2012 年 1 月 9 日）

我们这次会议的主要任务是，认真学习贯彻党中央关于工人阶级和工会工作一系列重要指示精神，部署全国工会开展“面对面、心贴心、实打实服务职工在基层”活动，以进一步做好新形势下职工群众工作，在党和国家工作大局中更好地发挥工会组织的积极作用。

2011 年 12 月 27 日，习近平同志主持召开中央书记处办公会议，在听取全总党组工作汇报时，对全国工会开展“面对面、心贴心、实打实服务职工在基层”活动给予充分肯定，明确要求各级工会进一步树立群众观点，坚持党的群众路线，把服务科学发展同服务职工群众结合起来，把在大局中发挥作用同转变工会干部作风结合起来，深入基层一线，真诚倾听职工呼声、真实反映职工愿望、真情关心职工疾苦，在同职工群众朝夕相处中增进对职工群众的感情，在为职工群众排忧解难中密切与职工群众的联系。王兆国同志高度重视做好职工群众工作，在全总机关学习贯彻党的十七届六中全会精神会议上明确提出，广大工会干部特别是工会领导机关的干部要深入基层、深入职工，面对面、心贴心、实打实地做好服务职工群众工作，之后又在全总党组务虚会议、全总十五届十三次主席会议和在安徽召开的部分省市工会工作座谈会上进行研究，多次作出重要指示，特别是在刚刚闭幕的全总十五届六次执委会议和十一次主席团会议上，对开展好服务职工活动进一步提出明确要求。为落实好兆国主席的重要指示，全总党组、书记处又专门召开了 22 个省（区、市）工会工作座谈会征求意见，并多次召开会议研究制定活动意见，成立专门机构，进行具体部署。全总十五届六次执委会议明确将开展服务职工活动作为今年工作的主线。

近年来，各级工会根据地方党委的统一安排，开展了形式多样的深入基层、服务职工的活动，取得了积极效果。一会儿，湖北、安徽、四川、辽宁、内蒙古等省（区）总工会的负责同志将作经验介绍，希望各地工会结合实际，认真学习借鉴。

下面，我围绕会议主题讲几点意见。

一、充分认识开展“面对面、心贴心、实打实服务职工在基层”活动的重要意义

第一，开展服务职工活动，是贯彻落实党中央关于做好新形势下群众工作要求的重要举措和实践中国特色社会主义工会发展道路的重要途径。我们党历来高度重视

群众工作，群众工作是党的工作的生命线，是党的基础性、经常性、全局性、根本性工作。人民群众是我们党的力量源泉和胜利之本。90年来，我们党之所以始终立于不败之地，一个根本原因就是坚持做到来自人民、植根人民、服务人民，从而赢得了广大人民群众的衷心拥护和爱戴。党的全部执政活动离不开强有力的群众工作。工会组织是党联系职工群众的桥梁和纽带，是国家政权的重要社会支柱，是职工利益的代表者和维护者，工会扎根在职工群众，力量源泉在职工群众，工会工作本质上就是做职工群众工作，是党的群众工作的重要组成部分。长期以来，各级工会在深入组织职工、教育引导职工、真心服务职工、维护职工合法权益等方面做了大量工作，为密切党同职工群众的血肉联系作出了积极贡献。在做好职工群众工作方面，工会有优良的传统、突出的优势和很好的基础，任重道远、责无旁贷。各级工会组织和广大工会干部要深刻认识到，工会组织最大的优势是密切联系职工群众，最大的危险是脱离职工群众，离开了职工群众，工会将成为无源之水、无本之木，工会工作将一事无成，工会为增强党的阶级基础、扩大党的群众基础、巩固党的执政地位作贡献将成为一句空话。要牢固树立政治意识、大局意识、忧患意识、责任意识，把开展服务职工活动作为践行党的群众观点和群众路线、做好新形势下职工群众工作的重要载体，进一步增强责任感和紧迫感，把职工群众工作做得更深更细更实，把广大职工更加紧密地团结在党的周围，坚定不移地跟党走。

第二，开展服务职工活动，是构建和谐劳动关系、参与社会管理创新的迫切需要。今年是我国发展进程中具有特殊重要意义的一年，我们将迎来党的十八大。做好维护职工权益和职工队伍稳定各项工作，对于保持经济平稳较快发展与社会和谐稳定，具有至关重要的意义。当前，我国在保持经济社会良好发展态势的同时，面临的不稳定不确定性因素仍然较多。从国际看，国际金融危机影响还没有完全消除，世界经济复苏的长期性、艰巨性和复杂性更加凸显，主权债务危机蔓延，全球金融风险增大，中东北非等一些国家和地区的动荡不安，“占领华尔街”式运动在美欧一些地区出现，国际环境可能进一步复杂化。境内外敌对势力通过各种渠道对我职工队伍加紧渗透，妄图实施西化、分化图谋。从国内看，宏观经济平稳运行面临复杂形势，经济结构调整任务加重，经济增长存在下行压力。一些中小企业受多重因素影响经营困难增大，有相当数量的中小企业处于亏损或者严重亏损状态。国际市场需求萎缩导致出口增速明显下滑，出口企业面临订单不足、成本升高、摩擦增多相互交织的多重困难。就业的总量性和结构性矛盾突出，今后一个时期，每年城镇新增就业人口约1000万人，加上失业人员、退役军人等，需要就业的城镇劳动力超过2000万人。工资收入存在水平偏低、增长缓慢甚至被拖欠的问题，目前我国职工劳动报酬占GDP的比重仅为40%左右，占企业运营成本10%左右。一些职工特别是生活困难职工、农民工就业、收入、社保等权益实现难度加大，影响了劳动关系和谐与职工队伍稳定。全国各级劳动仲裁委员会受理仲裁劳动争议案件，由2000年的13.5万件发展到2010年的60.1万件，10年增长了3.45倍，2011年1～9月立案受理42.8万件。最近5年来，集体劳动争议达到了月均1000件左右的水平。国内外形势的新变化对做好工会工作提出了新挑战。胡锦涛总书记多次强调，各级党政机关和干部要坚持重心下移，经常深入实际、深入基层、深入群众，做到知民情、解民忧、暖民心。开展服务职工活动，深入基层一线、深入职工中去，了解职工所思所想所需，更加积极主动、深入细致地做好职工群众工作，实实在在为他们说话办事，是工会积极参与加强和创新社会管理，努力化解劳动关系矛盾，维护职工队伍与社会稳定，为迎接党的十八大营造良好环境的重要途径。

第三，开展服务职工活动，是适应职工队伍新变化、满足职工群众新期待的内在要求。职工群众是工会工作的服务对象。随着我国工业化、信息化、城镇化、市场化、国际化程度的不断加深，职工队伍发生了一系列深刻变化。职工队伍规模日益扩大、内部结构多样，非公有制企业特别是私营企业、外资企业职工大量增加。目前全国3.21亿职工中，非公企业职工为2.37亿人，占全国职工总数73.93%，已成为工人阶级的主体。非公企业工会占企业工会的80%多，工会会员占企业工会会员的70%多。职工队伍来源发生变化，农民工成为产业工人的重要组成部分，目前全国农民工总量为2.6亿人，其中外出农民工1.6亿人，农民工在第二产业从业人员中占58%，在第三产业从业人员中占52%，在加工制造业从业人员中占68%，在建筑业从业人员中占80%。职工队伍思想的主流是总体稳定、积极向上的，但也出现一些新情况新问题，根据全总2011年对9省（区、市）万名职工进行的思想状况调查，职工队伍思想状况呈现“三增强、三减弱”趋势。“三增强”一是自主意识和维权意识增强。职工尤其是新生代农民工希望分享更多企业发展成果，维权态度由被动表达向积极主动转变。在选择工作单位时，78.6%的青年农民工认为“尊重比收入更重要”；如果老板人品太差或者对自己不好，60.8%的青年农民工会毫不犹豫地“抬腿走人”。二是职业发展愿望增强。职工特别是新生代农民工从追求生存权益向追求发展权益拓展，对个人发展的要求越来越高，高达96%的职工表示“非常愿意”、“很愿意”、“愿意”参加技术技能培训。三是精神文化需求增强。职工从追求物质权益向追求精神文化权益拓展，娱乐休闲方式更加丰富多彩，经常利用新媒体交友、聊天、娱乐和表达诉求。“三减弱”一是部分职工社会责任感减弱。一些职工过于注重自我价值和利益实现，认为“挣钱是人生主要目的”。80后、90后职工认同“对社会应该无私奉献”的分别占37.4%和27.1%，比50后职工分别低了15和25个百分点。二是部分职工社会公平感减弱。93.4%的职工认为收入差距“很大”或“较大”，66.9%的职工认为今后改善工作、生活条件的机会不多，比2010年调查高出19.5个百分点。三是部分职工工作生活安全感减弱。41.3%的职工感到生活上压力很大，51.0%的职工感到生活上有压力。80.8%的职工担心“物价太高，且上涨很快”；77.2%担心“房价上涨过快，买不起房”；76.8%担心“看病太贵，害怕生病”。职工队伍的内部结构、就业方式、分配方式、利益诉求和思想观念的新变化新特点，对进一步做好新形势下工会工作提出了新的更高要求。开展服务职工活动，准确把握职工队伍的发展变化，是工会组织不断调整工会工作领域、工作内容、组织体制、运行机制、工作方式，有针对性地做好组织、引导、服务和维护职工权益工作，把广大职工的思想进一步统一起来、积极性充分调动起来、力量最大限度地凝聚起来的重要保证。

第四，开展服务职工活动，是加强和改进工作作风、树立工会组织良好形象的具体实践。维护职工合法权益是工会的基本职责，是党政所需、职工所盼，也是当前做好职工群众工作的重点和难点所在。长期以来特别是近年来，各级工会坚持“组织起来、切实维权”的工作方针，落实“以职工为本，主动依法科学维权”的工会维权观，做了大量工作，取得了积极进展。广大工会干部立足岗位、甘于奉献，努力为职工办实事、做好事、解难事，涌现出了杨丽、陈有德、王远文、陈超英等一大批先进典型，得到了党政和广大职工的充分认可。但也要看到，工会工作面临许多挑战，工会干部作风上存在一些与形势要求不适应的地方。一是工会组建工作面临新挑战，一部分职工特别是灵活就业人员、非公企业人员、农民工、劳务派遣工等没有组织到工会中来，一些非政府组织与我争夺职工群众，职工中自发“维权”组织有上升之势。二是工会维权工作面临新挑战，一些企业特别是非公企业，不签订劳动合同、不按时足额支付工资、不提供必要劳动安全卫生条件、不依法缴纳社保费用等现象较为突出，职工群众对工会加大维权力度提出了更高的要求。三是一些工会干部的能力素质面临新挑战，一些工会干部联系职工群众还不够密切，群众观念淡薄，对职工群众的呼声和要求反应还不够敏感，不愿做、不会做职工群众工作；一些工会组织特别是领导机关还一定程度地存在着机关化、行政化倾向，及时发现、总结、推广基层先进经验的力度还不大，以会议落实会议，以文件落实文件的现象还时有发生。“交通工具发达了，下基层的时间少了；通讯工具进步了，与群众的交流少了”，“坐着车子转一转、隔着玻璃看一看、回到机关谈一谈”，群众中流传的这些顺口溜，从一个侧面反映出一些干部对群众疾苦的漠不关心，这种情况在工会组织中也或多或少地存在。这种现象如果不及时加以改正，不仅会贻误工会工作，而且会损害工会形象，更会疏远工会与职工的距离，后果是严重的。工会干部最应该联系职工，最忌讳脱离职工，无论使用多先进的办公手段，都不能取代与职工群众的直接接触；无论提供多丰富的物质投入，都不能减少与职工群众的感情交流。因此，开展服务职工活动，放下架子扑下身子、走出机关接上地气、深入基层激发活力，进一步增强服务意识、转变工作作风，切实增进对职工群众的深厚感情，不仅是一项具体工作，也是一项政治任务；不仅是对工会干部作风的基本要求，更是工会能否适应新形势、完成新任务、实现新发展的关键所在。

各级工会要把开展服务职工活动作为推动工会工作创新发展的重要机遇和强大动力，把这项活动与学习宣传实践中国特色社会主义工会发展道路结合起来，与深入开展创先争优活动有机结合起来，摆上工会工作重要议事日程，切实抓紧抓好、抓出成效。

二、准确把握“面对面、心贴心、实打实服务职工在基层”活动的任务要求

开展好服务职工活动，各级工会要认真贯彻落实党中央关于工人阶级和工会工作一系列重要指示精神，坚定不移地走中国特色社会主义工会发展道路，按照全总《关于开展“面对面、心贴心、实打实服务职工在基层”活动的意见》要求，组织动员各级工会干部深入基层、深入职工，落实好开展调查研究、宣传政策法规、促进企业发展、推动解决困难、推进重点工作等5项主要任务，实施好动员部署、推进实施、阶段总结、成果转化等4个阶段的具体安排，面对面、心贴心、实打实地做好新形势下职工群众工作，努力实现职工队伍状况在一线掌握、工会维权帮扶在一线实施、构建和谐劳动关系

在一线推进、工会工作任务在一线落实、创先争优活动在一线开展等“五个在一线”。要着重把握“面对面”、“心贴心”、“实打实”的精神实质，充分认识到这9个字既包含了活动的方式方法，也展现了工作作风，表明了活动重点和结果，下大气力抓好落实，确保活动取得实实在在的效果。

一是要面对面地与职工沟通交流，深入了解职工的生产生活和思想状况。“面对面”，就是要深入基层、深入一线开展调查研究。调查研究是做好工会工作的一项基本功，调查研究能力是工会干部整体素质和能力的一个组成部分。工会干部特别是领导机关的干部要改变单纯依靠听汇报、坐在机关被动想当然做决策的工作方法，积极主动到基层尤其是企业调查研究。目前，全国中小企业超过1100万家，个体工商户超过3400万个，规模以上中小工业企业从业人员7056万人，中小企业提供了80%以上的城镇就业岗位，非公企业职工占职工总数的四分之三，因此不仅要深入到国有企业、大型企业，更要去非公企业、中小企业调查研究，要重点了解一线职工和农民工的生产生活和思想状况。与职工“零距离”接触、面对面交流，深入了解企业生产经营情况、职工生产生活状况和思想动态等，重点是职工合法权益的实现情况、影响劳动关系和谐稳定的因素和制约基层工会工作发展的难点。既要听职工群众的“顺耳话”，也要听职工群众的“逆耳言”；既要真诚倾听职工群众的情况反映，也要虚心学习职工和基层创造的实践经验。有条件的地方可以采取蹲点调研、与职工同吃同住同劳动等方式，与职工一起摸爬滚打，切实摸到职工的脉搏，了解职工在想什么、干什么、盼什么，当好职工状况的第一知情人。要掌握第一手情况，为党委、政府及企业经营管理者实施决策和推动工会工作提供有力依据，要认真组织开展好第七次职工队伍状况调查。产业工会因其产业间的差异性、产业内部的统一性、产业政策的系统性和产业职工诉求的特殊性，决定了产业工会所具有的独特性，要发挥服务经济建设作用直接、熟悉产业情况、联系产业职工紧密的优势，深入到所属企业工会调查研究，了解具有产业特点的共性问题，从产业层面推动有关问题的解决。企业工会处在协调劳动关系的第一线，是工会的重要组织基础和工作基础。目前企业工会组织已占基层工会总数的72.2%，工会会员已占全国工会会员的75.4%，这两个绝大多数决定了要把活动的重点放在企业上，也决定了企业工会要在服务职工活动中发挥基础性、主体性作用，把工作做得更扎实、更有效。

二是要心贴心地做职工思想工作，增进与职工群众的感情。“心贴心”，就是要视职工群众为亲人，在相互信任、相互理解的基础上，满怀深情、细致入微地做好职工的思想工作，以心换心、以诚换诚。要加强形势政策教育，大力宣传党的路线方针政策，党和政府保障改善民生的重大举措，中国特色社会主义工会发展道路的科学内涵和精神实质，工会法、劳动法、劳动合同法、社会保险法等一系列保障职工权益的法律法规，把中央的精神和工会的举措向职工讲清讲透，进一步坚定在党的领导下走中国特色社会主义道路的信念。为此，全总已经专门印制了活动宣传手册，各级工会要根据手册的内容，结合职工的实际，有针对性地做好宣传工作。要大力弘扬工人阶级伟大品格和劳模精神，倡导勤奋劳动、诚实劳动、创新劳动，努力营造脚踏实地、勤劳创业、实业致富的社会氛围，把自身成长与企业愿景紧密结合起来，使通过劳动创造美好生活成为广大职工的自觉追求。要做好对职工的释疑解惑工作，加强人文关怀和心理疏导，善于站在职工的角度、运用职工的语言，采用沟通协调、谈心交友等方法，深入浅出、和风细雨地做理顺职工情绪的工作，不回避矛盾，不回避敏感、热点问题，防止简单化概念化，使职工听得明白、听得进去，帮助职工明事理、辨是非，用真心关心职工，用真情疏导情绪。

三是要实打实地为职工说话办事，增强工会组织的吸引力和凝聚力。“实打实”，就是要大力弘扬求真务实的作风，把职工群众是否满意作为衡量工会工作是否到位的重要标尺，把工作重心放在为职工和基层工会服务和排忧解难上，多从职工群众角度思考问题，多从职工群众立场谋划工作，多从基层实际出发开展活动，切实为职工和基层办几件看得见、摸得着的实事，以实干求实效。要着力促进企业发展，围绕促进企业转变发展方式、实现转型升级、提高自主创新能力，积极推动政府有关促进中小企业发展政策的落实；认真实施劳动竞赛五年规划，深化“当好主力军、建功‘十二五’”劳动竞赛活动，在非公有制企业中开展以“携手保增长、和谐促发展”为主题的竞赛活动，深入开展以创建“工人先锋号”为载体的班组竞赛活动，推动指导企业开展劳动竞赛、群众性经济技术创新活动，加强职工职业技能培训，提高职工素质。要大力推动解决困难，以困难职工、下岗失业人员、农民工、劳务派遣工为重点对象，推动解决他们在就业、工资、社保、安全生产、住房和子女就学等方面的实际问题，加强帮扶和法律援助等维权服务工作，建立健全覆盖地方和企业的帮扶体系，实现帮扶工作常态化、长效化。对职工反映的困难和问题，有条件解决的及时加以解决；工会难以解决的，积极争取企业和地方党委、政府妥善解决。结合2012年两节期间工会“送温暖”活动，开展好服务职工活动，协助党政解决拖欠职工特别是农民工工资问题。把走访慰问与排查隐患、化解矛盾有机结合起来，加强基层劳动关系矛盾排查和劳动争议调解工作，努力把劳动关系矛盾化解在基层、消除在萌芽状态。要努力推进重点工作，把活动开展的过程转化为工会重点工作落实到基层的过程。进一步推动“两个普遍”三年规划目标任务的落实，深入开展创建劳动关系和谐企业、工业园区活动，拓宽参与社会管理的渠道和途径，积极构建和谐劳动关系；推进厂务公开民主管理的制度化、规范化建设，推行区域性、行业性职代会制度；按照六中全会精神的要求，建设先进企业文化职工文化，发挥工人文化宫、俱乐部、工会院校、职工书屋等文化阵地作用，更好地为基层和职工群众服务。

总之，“面对面”是前提，“心贴心”是关键，“实打实”是根本。只有“面对面”才能“心贴心”，只有“心贴心”才能“实打实”，工会工作才能始终保持生机和活力，中国特色社会主义工会发展道路才能越走越宽广。

三、切实加强对“面对面、心贴心、实打实服务职工在基层”活动的组织领导

一是要加强领导、精心组织。为确保活动的顺利开展，全总成立了由全总党组、书记处领导同志担任负责人，各驻会全国产业工会和全总机关有关部门负责同志为成员的活动领导小组，负责对各级工会开展活动的指导、督察和考核工作以及全总机关开展活动的具体组织领导工作。各级工会要围绕活动的总体部署，成立相应组织机构，主要

负责同志要亲自抓，结合实际制定工作方案，搞好“规定动作”，做好“自选动作”，加强督促检查，一级抓一级、层层抓落实。

二是要加强宣传报道。要充分利用主流新闻媒体、工会报刊网站等宣传教育阵地，注重发挥博客、微博、短信等新型传播手段作用，通过举行辅导讲座、报告会、组织宣讲团等多种形式，广泛宣传开展服务职工活动的重要意义，宣传活动进展情况和成效，总结推广典型经验做法，不断扩大活动影响，形成有利于活动开展和工会整体工作的良好氛围。

三是要建立健全服务职工长效机制。竭诚为职工服务是工会必须常抓不懈的本职工作。集中开展服务职工活动，将贯穿2012年全年。要通过这次活动，将实践中一些有效举措和成功经验转化为工会干部联系基层、服务职工的长效机制，使深入基层开展职工群众工作常态化、制度化。要建立健全调查研究制度，每年确保有一定的时间深入基层开展调查研究，掌握第一手材料，分析新情况新问题，提出加强和改进工作的对策建议。要完善工会干部联系职工制度，建立健全工会干部联系点、职工接待日、“12351”职工维权服务热线等制度，不同层次、不同岗位的工会干部都要建立企业、职工联系点，跟踪了解、长期服务，及时受理和妥善处置职工反映的问题，畅通工会干部密切联系职工的渠道，保持与职工群众的经常性联系。要建立联系职工、联系基层目标责任制，建立规范科学的工作体系，强化领导责任和目标管理。无论是制定方案还是执行方案，都要严格遵循规定的原则、标准、程序、纪律，定下来的事情就要雷厉风行、抓紧实施；部署了的工作就要督促检查、一抓到底，不能各行其是、各自为政。要以狠抓落实、增强执行力为重点，建立健全激励与约束机制，通过推行责任制、督办制、奖惩制等制度与机制，做到承担责任明确、履行职责有力。把做好职工群众工作作为各级工会和工会领导班子的重要责任，不断提高各级工会和工会干部做好职工群众工作的能力和水平。

四是要严肃工作纪律。各级工会组织和工会干部要进一步转变工作作风，强化服务意识，做到“四个不”：不搞形式主义走过场、虎头蛇尾，不给基层添麻烦、增负担，不搞层层陪同，不影响基层企业和广大职工的日常生产生活，切实做到让党委、政府和企业认可，让广大职工群众满意。及时对活动开展情况进行自查，梳理总结活动开展的经验做法，针对存在的问题及时研究整改措施。要把活动开展的过程作为培养干部、锻炼干部的过程，切实加强党性修养，树立工会干部良好的社会形象。同时，也要把开展活动的过程作为考察干部的过程。

从今天起，全国工会“面对面、心贴心、实打实服务职工在基层”活动正式开始，全总将组成17个慰问团，分赴各地开展送温暖活动，同时开展农民工权益状况专题调研，并听取各地关于开展服务职工活动的安排打算。

同志们，开展好“面对面、心贴心、实打实服务职工在基层”活动，责任重大、使命光荣。各级工会要进一步提高认识、凝心聚力，切实开展好这项活动，为推动科学发展、促进社会和谐作出积极贡献，以优异成绩迎接党的十八大胜利召开！

王玉普同志为中央党校中直分校学员授课时的讲话

——新形势下职工群众工作的实践探索

（2012年4月27日）

作为党领导的工人阶级群众组织，近年来各级工会积极探索实践新形势下的职工群众工作。2012年，全总决定在全国工会组织中开展“面对面、心贴心、实打实服务职工在基层”活动（以下简称“服务职工活动”），并将其作为贯穿2012年工会工作的一条主线。活动开展以来，各级工会深入企业、深入一线，面对面地与职工交流，心贴心地做职工工作，实打实地为职工和企业服务，取得了积极进展。

一、开展服务职工活动的背景与缘起

第一，开展服务职工活动是贯彻落实党中央关于做好新形势下群众工作要求的重大举措。党中央高度重视群众工作。胡锦涛总书记等中央领导同志多次对做好新形势下职工群众工作作出重要指示，提出明确要求，为工会组织做好服务职工各项工作指明了前进方向。工会组织是党联系职工群众的桥梁和纽带，是国家政权的重要社会支柱，是职工利益的代表者和维护者。工会扎根在职工群众，力量源泉在职工群众，工会工作本质上就是做职工群众工作。认真贯彻中央领导同志的重要指示精神，要求各级工会和广大工会干部把开展服务职工活动作为践行党的群众观点和群众路线的重要载体，把职工群众工作做得更深更细更实，把广大职工更加紧密地团结在党的周围。这对于增强党的阶级基础、扩大党的群众基础、巩固党的执政地位具有重要意义。

第二，开展服务职工活动是坚定不移地走中国特色社会主义工会发展道路的具体实践。中国特色社会主义工会发展道路是对中国工会80多年、新中国成立60多年特别是改革开放30多年来工会工作理论成果与实践经验的高度概括和科学总结，顺应了时代要求、符合我国国情、体现了中国工会的性质和特点，是中国特色社会主义道路的重要组成部分。道路的核心是坚持自觉接受党的领导，根本是坚持中国工会的社会主义性质，关键是坚持维护职工群众合法权益。多年来，各级工会立足国情、会情，在服务职工、维护职工合法权益等方面做了大量工作。送温暖活动开展20年来，各级工会累计筹集资金近400亿元，走访困难企业163万家，慰问困难职工家庭9757万户次。困难职工帮扶中心建设10年来，累计筹集资金近140亿元，帮扶困难职工和农民工4193万人次。同时我们也清醒地认识到，工会工作还存在一些问题和不足。比如，一些非公企业人员、农民工、劳务派遣工等没有组织到工会中来；一些企业不签订劳动合同、不按时足额支付工资、不依法缴纳社保费用等现象较为突出；一些工会组织特别是领导机关

还一定程度地存在着机关化、行政化倾向，“交通工具发达了，下基层的时间少了；通讯工具进步了，与群众的交流少了”，“坐着车子转一转、隔着玻璃看一看、回到机关谈一谈”……这种现象在工会干部中也或多或少地存在。开展服务职工活动，是广大工会干部进一步增强服务意识、走出机关接上地气、转变工作作风、树立工会良好形象的具体实践，不仅是一项具体工作，更是一项政治任务，是坚定不移地走中国特色社会主义工会发展道路的必然要求。

第三，开展服务职工活动是构建和谐劳动关系、参与社会管理创新的迫切需要。劳动关系是社会经济生活中最基本、最重要的社会关系之一，劳动关系状况与劳动者的切身利益密切相连，与社会的和谐稳定休戚相关。我国现阶段劳动关系基本稳定，但是局部范围内劳动关系矛盾突出。我国劳动争议案件 2008 年达到 97 万件，2010 年上升到 128.7 万件，2011 年 1～9 月就达到 93.3 万件。每万名单位就业人员的劳动争议发生率从 2001 年的万分之 3.2，到 2010 年上升到万分之 17.83。从人均 GDP 的劳动争议发生率看，2001 年到 2007 年人均 GDP 的劳动争议维持在 28 件左右，到 2010 年上升到 43.3 件。同时，劳动争议的复杂性进一步增大，从争议内容看，过去主要涉及解除劳动合同的经济补偿和追讨欠薪问题，近年来涉及劳动条件、社会保险、增加工资、住房公积金等多方面；从争议发生范围看，人事争议和劳务派遣争议有大幅上升的趋势；从调处难度看，争议对抗性强，处理和执行难度更大；从争议影响看，集体劳动争议和职工群体性事件牵涉面更广，扩散效应和连锁反应增强，国际工运领域的新情况对国内劳动关系稳定产生影响，给我国构建和谐稳定劳动关系带来新的复杂因素。面对劳动关系出现的这些新情况、新问题，开展服务职工活动，深入基层一线、深入职工中去，了解职工所思所想所需，更加积极主动、深入细致地做好职工群众工作，实实在在为他们说话办事，是工会积极参与加强和创新社会管理，努力化解劳动关系矛盾，维护职工队伍与社会稳定，为迎接党的十八大营造良好环境的重要途径。

▶全总副主席、书记处第一书记、党组书记王玉普为中央党校中直分校学员授课时讲话。

第四，开展服务职工活动是适应职工队伍新变化、满足职工群众新期待的重要途径。当前职工队伍的内部结构、就业方式、分配方式、利益诉求和思想观念出现了新变化新特点，对进一步做好新形势下职工群众工作提出了新的更高要求。一是职工队伍内部结构发生新的变化。职工队伍规模日益扩大、内部结构多样，非公企业职工大量增加。全国3.21亿职工中，非公企业职工2.37亿人，占73.93%，已成为工人阶级主体。非公企业工会占企业工会的80%多，工会会员占企业工会会员的70%多。二是职工队伍来源发生新的变化。农民工成为产业工人的重要组成部分，目前全国农民工总量为2.53亿人，其中外出农民工1.59亿人。劳务派遣工大量出现，达到3700多万人，占企业职工总数13%左右，而国外劳务派遣工一般占职工总数2%～3%。三是职工行为方式发生新的变化。互联网等新兴媒体对职工思想和行为方式影响日益加深，职工尤其是年轻职工和高学历职工已经成为一个庞大的网络生活群体，互联网的虚拟性、隐蔽性、扩散性、非理性等特点对做好职工群众工作带来了新挑战。四是职工思想观念发生新的变化。呈现“三增强、三减弱”的特征：自主意识和维权意识增强、职业发展愿望增强、精神文化需求增强，部分职工社会责任感减弱、社会公平感减弱、工作生活安全感减弱。开展服务职工活动，将对准确把握职工队伍的发展变化，不断调整工会工作领域、工作内容、运行机制、工作方式，有针对性地做好组织、引导、服务和维权工作，具有重要的意义。

二、服务职工活动的主要做法和成效

2011年12月，习近平同志主持中央书记处办公会议听取全总党组工作汇报，指出开展服务职工活动这一工作思路很有创意，要积极抓好落实。根据中央书记处重要指示精神，按照王兆国同志的要求，全总对活动进行了整体安排，成立了活动领导小组，明确了职责分工，一级抓一级、层层抓落实。各级工会努力贯彻“面对面”、“心贴心”、“实打实”9个字的要求，努力实现“五个在一线”（职工队伍状况在一线掌握、工会维权帮扶在一线实施、构建和谐劳动关系在一线推进、工会工作任务在一线落实、创先争优活动在一线开展），进一步密切党和政府与职工群众的血肉联系。

在开展服务职工活动中：一是开展调查研究，充分发挥“调查队”作用。深入各类企业特别是中小企业、非公有制企业、生产经营困难企业，进车间、到班组，坐罐笼、下矿井，入宿舍、看厨房，召开座谈会，与职工个案访谈，入户慰问困难职工和劳模，与职工同吃同住同劳动，认真听取职工群众意见、愿望和呼声，对职工特别是农民工的所思所想有了真切的感受。今年以来，全总机关共派出工作人员187人次，深入到30个省（区、市）和新疆生产建设兵团、90个地市、197家企业召开座谈会479场，与6559名一线职工、企业经营者和基层工会干部面对面交流，个案访谈1224人。二是宣传政策法规，充分发挥“宣传队”作用。将活动开展与学习宣传实践中国特色社会主义工会发展道路相结合，举行工会发展道路宣讲会，进一步统一广大工会干部的思想，坚定走工会发展道路的信心和决心。开展劳动法律法规政策咨询，积极回应职工关切的热点问题，做好释疑解惑工作。全总共发放《职工劳动权益手册》11170册，帮助企业建立职工书屋60个，赠送图书7.2万余册。三是促进企业发展，充分发挥“工作队”作用。针对一些企业反映生产经营遇到的困难，积极分析原因，提出发展对策。目前仅全总就投入4000多万元给困难企业和帮扶中心。四是推动解决困难，充分发挥“服务队”作用。各级工会将服务职工活动与2012年“两节”送温暖活动紧密结合，分析和排查影响农民工权益实现和职工队伍稳定的苗头性、倾向性问题，做好维权维稳各项工作。主动与企业沟通协调，推动解决职工参加技术培训、享受公租房政策、工伤待遇、医疗费用报销、改善集体食堂和宿舍条件、子女入托上学、业余文化生活等切身利益问题，仅全总机关工作组就走访慰问1329户困难职工。五是推进重点工作，充分发挥“指导队”作用。各级工会把开展活动与推进重点工作有机结合，以活动的开展促重点工作，以工作成效检验活动成果。全总工作组发现了深圳赐昱企业构建和谐劳动关系、河南曲梁镇服装行业工资集体协商、北京市区街道工会三级服务网络等一批典型经验，对基层工会有针对性地进行了服务指导。

目前，服务职工活动取得了初步成效。一是得到了中央领导同志和各地党政的充分肯定。中共中央政治局委员、中央书记处书记、中组部部长李源潮4月7日作出重要批示：“全总在创先争优活动中集中开展的‘面对面、心贴心、实打实服务职工在基层’活动做得很好，提高了工会组织的威信，受到了广大职工的欢迎。望进一步抓实在、办实事、得实效，让党政和企业认可、让职工群众满意。”中直机关工委副书记赵凯同志提出《中直党建》等要集中宣传全总等单位开展的“走出机关、深入基层”活动。中央创先争优活动领导小组办公室高度关注全总这项活动的开展，认为是创先争优活动中探索出来的有益经验。二是进一步转变了工会干部的工作作风。广大工会干部把参与这次活动作为接受党性教育和群众观点教育的“大课堂”，十分珍惜这次机会，注重向基层工会干部学习，发扬不怕疲劳、连续作战的工作作风，白天调研走访座谈，晚上加班开会总结，每天工作12个小时以上。在活动中严守工作纪律，不给基层添麻烦，拉近了与职工群众的距离，展现了工会领导机关和工会干部的良好风貌。三是在全社会形成了强大声势。中央和各地媒体刊发关于“服务职工在基层”活动稿件超过20000件，全国各地工人报刊和各级工会网站设立服务职工活动专题或专栏，服务职工活动办公室编印活动简报170余期，及时向全会和社会各界宣传报道活动的最新进展和成效。

三、建立健全服务职工长效机制的思考

通过实践探索，我们对做好新形势下的职工群众工作，有几点初步认识：第一，加强领导、精心策划是关键。各级工会都把开展活动摆上工会工作重要议事日程，做到每个阶段有动员、各个环节有要求、工作落实有标准。工会领导干部坚持率先垂范，带头研究活动方案、内容及方式，带头深入基层、职工，推动了活动的深入开展。第二，推动工作、解决问题是重点。坚持统筹兼顾、合理安排，正确处理开展服务职工活动与推进工会工作的关系，把开展服务职工活动作为做好工会工作的强大动力，把推进服务职工活动的过程变成统一思想、凝聚力量，解决难点、推进工作，转变作风、提高素质的过程。第三，加强宣传、扩大影响是重要方法。通过主流新闻媒体、工会报刊网站等宣传教育阵地，发挥博客、微博、短信等新型传播手段作用，形成有利于活动开展和工会整体工作的良好氛围。第四，建立机制、形成制度是努力方向。竭诚为职工服务是工会必须常抓不懈的本职工作，通过开展服务职工活动，将一些有效举措和成功经验转化为工会干部联系基层、服务职工的长效机制，使深入基层开展职工群众工作常态化、制度化。

为进一步推进这项活动的深入开展，下一步，我们将努力做到“四个结合”：一是与服务党的中心工作相结合。组织引导广大职工围绕科学发展主题、转变经济发展方式主线，牢牢把握发展实体经济这一坚实基础，大力弘扬工人阶级伟大品格和劳模精神，深入开展创先争优活动，积极投身“当好主力军、建功‘十二五’”劳动竞赛活动，勤奋劳动、诚实劳动、创新劳动，在推动经济平稳较快发展中充分发挥工人阶级主力军作用。二是与学习宣传实践中国特色社会主义工会发展道路相结合。加强对各级工会开展学习宣传实践活动的指导，广泛宣传工会发展道路的丰富内涵和精神实质，认真研读工会发展道路相关理论书籍，确保基层工会组织、职工书屋、培训基地、工会专职干部的全覆盖，提高对工会干部和广大职工的影响力，使工会发展道路真正入脑入耳入心。三是与推进重点工作、解决实际问题相结合。大力构建和谐劳动关系，建立健全维权机制、工会劳动法律援助长效机制，以劳动关系和谐促进职工队伍稳定和社会和谐；依法推动企业普遍建立工会组织、普遍开展工资集体协商，不断扩大工会组织覆盖面、增强工会组织凝聚力；建设先进企业文化职工文化，广泛开展岗位练兵、技术比武、评聘“首席工人”等活动，努力提高职工的技术技能水平。四是与加强工会自身建设相结合。建立健全调查研究制度，加强蹲点调研、基层挂职等制度，完善工会干部联系点、职工接待日、“12351”职工维权服务热线等制度，对不同层次、不同岗位的工会干部赴基层驻点、调研做出规划安排，畅通工会干部密切联系职工的渠道。进一步健全完善激励保障机制，建立联系职工、联系基层目标责任制，强化领导责任和目标管理，努力促进服务职工活动常态化、长效化。

王玉普同志在全国工会学习宣传实践中国特色社会主义工会发展道路暨服务职工活动座谈会（南方片区）上的讲话

（2012 年 5 月 19 日）

经过几天的学习讨论，我们这次座谈会就要结束了。几天来，大家认真学习贯彻党中央关于工人阶级和工会工作的重要指示精神，研究如何深化学习宣传实践中国特色社会主义工会发展道路的问题，交流开展“面对面、心贴心、实打实服务职工在基层”活动的经验，分析当前工会工作面临的新问题新挑战，查找不足，探讨对策，提出了很多建设性意见，会议开得很成功。这对于我们进一步把握主题、抓住主线，把今年的各项重点工作落实好，在党和国家工作大局中充分发挥作用，很有意义。

大家一致认为，全总十五届六次执委会议确定的全年工作“围绕一个主题，抓住一条主线，推进四项重点工作”，符合工会工作实际，是完全正确的。年初以来，各级工会围绕这个主题、紧扣这条主线，加强组织领导、精心部署谋划，加强督促检查、创新活动方式，各项工作都取得了新的成绩。今年是“十二五”时期承前启后的重要一年，党的十八大将在下半年隆重召开，这是全党全国各族人民政治生活中的一件大事。各级工会组织要更加深入地学习宣传实践工会发展道路，更加扎实地推进服务职工活动，奋力开创工会工作新局面，推动科学发展、促进社会和谐，以优异成绩迎接党的十八大胜利召开。

下面，我代表全总党组、书记处，讲几点意见。

一、深入学习宣传实践工会发展道路，牢牢把握工会工作正确政治方向

坚定不移地走中国特色社会主义工会发展道路，是党中央对各级工会组织和广大工会干部的政治要求，是坚持工会工作正确政治方向、发挥工会组织重要作用的根本保证。全总十五届六次执委会议以来，各地工会高度重视《决议》精神的贯彻落实，不断增强坚持走中国特色社会主义工会发展道路的自觉性和坚定性，广泛掀起学习宣传实践活动的新高潮。从前一段的情况来看，注重理论指导，提高思想认识；注重科学规划，突出基层重点；注重工作实效，推动问题解决；注重舆论引导，形成浓厚氛围，这既是各地工会开展学习宣传实践活动的宝贵经验，也是继续深化学习宣传实践活动需要把握的基本要求。

在这次全会开展的服务职工活动中，一些地方反映，有的基层工会干部对工会发展道路的内容还了解不深；有的知道全会开展学习宣传实践工会发展道路的要求，也了解

一些相关内容，但还不系统不全面；有的虽然学习了有关文件和领导讲话，但对在实际工作中如何运用、如何坚持，还存在一些模糊认识。对此，我们要有一个全面、清醒的认识，采取扎实有效的措施，努力把学习宣传实践活动进一步引向深入。

首先，要继续抓住学习这个关键环节。各省（区、市）总工会要结合本地实际，采取多种形式，组织各级工会干部系统学习党中央关于工人阶级和工会工作的重要指示，学习王兆国同志关于工会发展道路的重要讲话和文章，学习全总关于工会发展道路的《决议》等重要文件，学习全总组织编写的《中国特色社会主义工会发展道路学习读本》等重要书籍，深刻理解、准确把握工会发展道路的科学内涵和精神实质。要把工会发展道路作为全会干部教育培训的核心内容，抓紧落实工会发展道路进教材、进学校、进课堂。《中国特色社会主义工会发展道路学习读本》系统阐述了工会发展道路的理论和实践问题，要作为工会干部培训的基础教材，确保对基层工会、职工书屋、培训基地、工会干部的全覆盖。要大力加强工会发展道路的培训工作，全总要集中精力办好全国工会干部院校骨干师资培训班、全总机关处科级干部专题学习班、网络专题培训班等重点班次；各省（区、市）总工会也要对工会领导干部、工会院校师资和理论研究骨干、企事业单位和机关工会干部的培训作出全面部署，认真抓好落实。要通过加强对学习的组织和管理，使广大工会干部进一步明确工会发展道路的核心是坚持自觉接受党的领导、根本是坚持工会的社会主义性质、关键是坚持维护职工群众合法权益，始终把握政治方向，坚定理想信念，深刻认识中国工会与西方工会的本质区别，引导广大职工一心一意跟党走，筑牢坚持和发展中国特色社会主义的思想根基。

其次，要继续加大宣传力度。宣传职工群众、动员职工群众，是工会组织的重要任务。要研究探索信息化时代宣传舆论工作的特点和规律，切实解决好宣传什么、向谁宣传、怎样宣传的问题，大力宣传工会发展道路的科学内涵和精神实质，大力宣传工会发展道路的理论价值和实践意义，大力宣传工会发展道路的新鲜经验和先进典型。通过广泛宣传，使广大工会干部正确认识工会发展道路与中国特色社会主义道路的关系，深刻理解坚持工会发展道路有利于社会主义现代化建设事业，有利于构建和谐劳动关系，有利于维护职工群众合法权益，有利于推进工会各项工作；使广大职工群众了解工会、信任工会、依靠工会，更加紧密地团结在党的周围，为实现“十二五”规划目标任务、加快全面建设小康社会进程作贡献；使党政领导、企业经营管理者以及社会各界更加理解和支持工会工作，把更多的资源和手段赋予工会组织，为工会工作创造更加良好的环境和条件；使国际、地区工会组织和各国工会正确认识中国工会，进一步扩大中国工会的国际影响，在服务国家总体外交中充分发挥工会组织的重要作用，推动国际工运事业健康发展。充分发挥工会网站、报刊、出版、学校、文艺团体等宣传舆论阵地的重要作用，积极争取主流媒体的支持，善于运用网络、微博等新兴信息舆论平台，扩大宣传范围，增强宣传声势，提高宣传效果，使工会发展道路真正入耳入脑入心。要组织好工会发展道路的宣讲工作，全总书记处同志要带头到各地宣讲，各地也要开展宣讲活动，力争6月底前在全国组织万场宣讲报告。广泛开展知识问答、征文比赛、读书演讲、专题展览、文艺演出等活动，生动活泼地宣传工会发展道路。

第三，要在实践中坚持和创新。学习宣传实践工会发展道路，重在推动实践。

目前工会工作形势很好，不断赢得党和政府的肯定、职工群众的拥护和社会各界的支持，但也要清醒地看到，工会工作中还存在着不少亟待解决的难题，要求我们把工会发展道路作为想问题、作决策、定思路、出举措的基本遵循，努力去研究和破解实际问题。要研究解决如何加强建会工作，扩大工会组织覆盖面，特别是激发基层工会活力，充分发挥基层工会作用的问题；研究如何解决扩大工资集体协商覆盖面，增强工资集体协商实效，建立工资集体协商长效机制，为构建和谐劳动关系奠定基础的问题；研究解决如何弘扬工人阶级伟大品格和劳模精神，倡导勤奋劳动、诚实劳动、创新劳动，提高职工队伍素质，深入开展"当好主力军、建功'十二五'"劳动竞赛的问题；研究解决如何适应职工群众的新要求新期待，拓展送温暖和帮扶工作的内容、范围和创新方式的问题；研究解决如何更加有效地维护普通职工、农民工、劳务派遣工等重点群体合法权益，实现体面劳动，促进社会公平正义的问题；研究解决如何早发现、早介入、早处理劳动争议，把矛盾化解在萌芽状态，构建和谐劳动关系，维护社会稳定的问题，等等。这六个方面，既是我们已经在做的工作，也是需要我们不断提高思想认识，毫不松懈地抓紧抓细抓好的工作。要把推动这些问题解决的实际效果，作为检验学习宣传实践活动的重要标准，使工会发展道路真正成为促进工会工作创新发展的有力武器。同时，要把学习宣传实践活动与服务职工活动有机结合起来，卓有成效地开展下去。工会发展道路来源于实践，也要在实践中不断丰富发展。要针对经济关系、劳动关系和职工队伍出现的新情况新问题，加大调查研究力度，善于发现总结基层和职工群众创造的新鲜经验，不断作出新的理论概括，以理论创新推动工会体制创新、工作创新。

二、扎实推进服务职工活动，把职工群众更加紧密地团结在党的周围

服务职工活动启动已近半年，在各方面的共同努力下，活动组织有序、进展顺利、效果显著。刚才，陈豪同志代表全国工会服务职工活动领导小组对前一段工作作了全面总结，对下一步工作提出明确要求，这些我都赞成，各级工会要做好安排。这里，我再强调几点。

六次执委会议把服务职工活动确定为今年工作的主线，这是在总结汲取各地工会工作实践经验基础上提出来的，得到了党中央的充分肯定，也得到了各级工会的普遍拥护和积极响应。近半年来的实践充分说明，服务职工活动是工会在党和国家工作大局中充分发挥作用的有效途径，是学习宣传实践工会发展道路的重要载体，是做好新形势下职工群众工作的有力措施。近平、兆国和源潮等中央领导同志都对工会开展的服务职工活动作出重要指示、批示，许多地方党政主要负责同志也都给予了坚强领导、热情支持和充分肯定。我们一定要按照王兆国同志在今年庆祝"五一"大会上提出的关于工会要认真贯彻党的群众路线，立足群众组织特点，发挥群众组织优势，始终坚持在职工群众工作中的主导地位，充分体现做职工群众工作的主体作用的要求，在现有工作基础上，进一步把面对面、心贴心、实打实服务职工活动推向深入、抓出成效。

*要始终坚持党的群众路线。*党中央历来强调，一切为了群众、一切依靠群众，从

群众中来、到群众中去的群众路线，是实现党的思想路线、政治路线、组织路线的根本工作路线。一切为了群众，是我们党的全部理论和实践的根本出发点和落脚点。时时刻刻把人民的利益放在第一位，是我们党存在的全部依据。工会工作是党的群众工作的重要组成部分，工会工作能不能做好、能不能取得成绩，工会组织能不能发挥作用，关键在于我们能否真正坚持党的群众路线。要牢固树立群众观点，站稳群众立场，心里装着职工群众，凡事想着职工群众，有利于职工群众的就干，不利于职工群众的坚决不干，始终与职工群众同呼吸、共命运、心连心。要深入基层、深入一线、深入职工，准确把握职工群众的愿望要求，始终把职工群众的呼声作为第一信号，把职工群众的需要作为第一选择，把职工群众的满意作为第一标准。如何做到这“三个第一”，尤为重要。要建立工会工作考核评价机制，既要有工会领导机关对基层工会的评价，也要有基层工会和职工群众对工会领导机关的评价，使工会上下互相促进，做到有激励、有约束，使各级工会和广大工会干部真正为职工群众谋福利、办实事，维护职工群众合法权益的态度更鲜明、声音更洪亮、措施更有力。

要把服务职工活动放在党和国家工作大局中去思考、去把握、去部署。服从服务于党和国家工作大局，是工会工作的优良传统。我们开展的服务职工活动，是围绕中心、服务大局的重要抓手，必须紧紧围绕党和政府关注的重点、职工群众面临的难点、社会发展进步的热点去安排和部署。离开了党委的领导、政府的支持，工会工作不可能做好。要主动把服务职工活动的计划、目标、方法、进展、成效等，及时向党委汇报、向政府通报，在党委的领导和政府的支持下，把这项活动做深做细做实。目前许多职工关心的利益问题，有些是劳动关系领域的，必须按照规范有序、公正合理、互利共赢、和谐稳定的目标，通过积极构建和谐劳动关系去解决；有些并不完全是劳动关系领域的，如保障性住房、棚户区改造、子女就学、看病就医等，这些问题不仅是职工群众关心的，也是党委政府关注的，往往会对一个地区改革发展稳定产生重大影响。工会要在解决这些问题的过程中主动发挥作用，既坚决维护职工合法权益，又切实做好职工思想工作，真正地把对党负责和对职工群众负责统一起来，把维护职工群众长远利益和眼前利益统一起来，把推动科学发展、促进社会和谐与维护职工群众利益统一起来。只有这样，服务职工活动才能长久开展下去，不断焕发生机活力。

要求真务实，抓出实效。开展服务职工活动，主要目的是推动解决实际问题，为职工群众做好事、办实事、解难事，推动工会重点工作的落实。为把服务职工活动引向深入，全总活动领导小组办公室借鉴目标管理思路，编制了活动流程图，将活动宗旨、目标任务、步骤安排、推进实施、监督机制、效果评估等环节，以图表的形式直观展示出来。按照这个流程图来进行安排和实践，有利于真正达到开展活动的目的、抓出成效，真正推动重点工作向前发展，真正让职工群众得到实惠。希望各地工会以此作为参考，进一步细化工作方案，落实责任分工，加强督促检查，做到长计划、短安排，使每个阶段有动员、各个环节有要求、工作落实有标准，形成管理闭环，确保活动成效。

要着力建立长效机制。制度管长远、管根本。要使服务职工活动常做常新，在大局中切实发挥作用，就不能满足一时一事。要立足当前、着眼长远，从活动中汲取好经验、好做法，上升为制度机制，逐步建立起长效机制。要建立调查研究机制，及时、准确了解基层情况和职工群众愿望，全面反映职工群众的呼声，促进职工群众最关心最直接最现实利益问题的解决。要健全完善工会民主决策机制，把职工群众的意愿和基层工会的要求作为工会领导机关决策的重要依据，克服机关化、行政化倾向，使工会工作真正建立在深厚的群众基础之上。要建立密切联系职工群众的机制，建立工会领导机关联系基层工会、工会领导干部联系职工群众制度，创新联系职工群众的方式，通过开设微博、电子信箱以及建立工会领导干部接待日、联系点等方式，进一步密切同职工群众的联系。

三、切实加强对职工群众的思想引导，营造喜迎党的十八大胜利召开的浓厚氛围

党的十八大是我们党在全面建设小康社会的关键时期和深化改革开放、加快转变经济发展方式的攻坚时期召开的一次十分重要的会议，对于我们党团结带领全国各族人民继续全面建设小康社会、加快推进社会主义现代化、开创中国特色社会主义事业新局面具有重大而深远的意义。把广大职工思想统一起来，把广大职工力量凝聚起来，立足本职，创先争优，为实现党和国家事业稳中求进、推进“十二五”规划顺利实施贡献智慧和力量，以优异的成绩迎接党的十八大胜利召开，是各级工会义不容辞的重大责任。

*要引导广大职工牢固树立中国特色社会主义共同理想。*向广大职工宣传中国特色社会主义事业取得的伟大成就，使职工群众都了解，经过30多年的奋斗，我国已经成为世界第二大经济体，经济建设、政治建设、文化建设、社会建设等各方面都取得显著成绩，人民生活水平显著提高，综合国力显著增强，所有这些，都是在党的坚强领导下，坚持中国特色社会主义道路、理论体系、制度的结果，都是党中央科学决策、励精图治，全党全国各族人民齐心协力、团结奋斗的结果。使职工群众都坚信，中国特色社会主义制度具有强大优势，中国特色社会主义道路充满生机，中国实现现代化的趋势不可逆转，全面实现小康社会的目标指日可待，中国特色社会主义事业前景无限光明。引导职工群众大力弘扬工人阶级伟大品格和劳模精神，勤奋劳动、诚实劳动、创新劳动，满怀信心、朝气蓬勃地投身改革开放和现代化建设事业，充分发挥工人阶级主力军作用。

*要把思想引导与解决实际问题结合起来。*总体上看，经过30多年的发展，职工群众的物质生活水平不断提高，民主政治权利进一步落实，精神文化生活日益丰富，各项权益得到长足发展。但是，由于我国发展中不平衡、不协调、不可持续的问题依然突出，职工群众的利益实现还面临不少问题，一部分职工在思想上有怨气。同时，拜金主义、享乐主义、极端个人主义等腐朽观念也对职工思想产生消极影响，一些职工思想迷茫、是非界限模糊。对此，我们必须高度重视，切实加强职工思想政治工作。一方面，必须重视正面引导，教育职工自觉践行社会主义核心价值体系，形成正确的世界观、人生观和价值观，正确对待利益关系调整，理性合法表达利益诉求，自觉抵制错误思想的影响。特别要注意加强对职工的人文关怀和心理疏导，培育奋发进取、理性平和、开放包容的心态。另一方面，必须重视解决职工群众生产生活实际问题，推动就业、收入、社保、住房、医疗、教育等涉及职工群众切身利益问题的解决，把为职工做好事、办实

事、解难事贯穿于思想政治工作的全过程。对于一时解决不了的问题，要耐心细致做好解释、疏导工作，把党和政府保障和改善民生的政策措施讲解清楚，增强他们战胜困难的信心、克服困难的勇气。特别要注意把帮助普通职工、青年职工、农民工、劳务派遣工解决生产生活困难放在突出位置。

*要不断改进新形势下职工思想政治工作。*思想政治工作是提高职工队伍整体素质、增强我国发展软实力的重要工作。我们现在所处的时代是互联网时代、信息时代、自媒体时代，世界更加扁平化，人们获取信息更加方便、快捷，接受信息的自主性、选择性极大增强，这对做好新形势下职工思想政治工作提出了前所未有的挑战。要坚持以职工为本，做到思想政治工作相信职工、依靠职工、服务职工；坚持平等、合作的理念，多采用启发式、引导式、互动式的工作方法，增强思想政治工作对职工群众的亲和力；坚持寓教于乐、寓教于服务，搭建职工乐于参与、便于参与的健康向上的文体活动平台，让更多职工走入教室、走进球场、走上舞台，锤炼意志，陶冶情操；适应职工特别是青年职工获取信息、传播信息、学习知识途径的新变化，善于运用新兴媒体开展职工思想政治工作，提高正面宣传和舆论引导的效果。

*要大力加强职工队伍道德建设。*加强职工队伍道德建设，是加强社会公德、职业道德、家庭美德和个人品德建设，用社会主义荣辱观引领社会风尚的迫切需要。各级工会要高度重视，按照中央的统一部署，扎扎实实地加以推进。要以提高职工思想道德素质为目标，广泛开展“诚实守信”宣传教育活动，积极发挥工人日报、中工网及地方工人报刊的宣传教育主渠道作用，充分利用图书室、黑板报、宣传栏等工会宣传教育阵地，在职工特别是非公企业职工、农民工中开设道德讲座论坛，宣传爱国、敬业、诚信、友善等道德规范，普及公民道德知识。要以窗口行业为重点，大力开展职业道德标兵评选和创建“工人先锋号”活动，在旅游、商务、通信等窗口行业及公共服务行业中，广泛开展“当好主力军，建功‘十二五’”劳动竞赛，开展以爱岗敬业、诚实守信、办事公道、服务群众、奉献社会为主要内容的职业道德实践活动，开展职业责任、职业理想、职业纪律教育和技能培训，推动建立健全职业道德规范和服务规范准则，引导广大职工争做诚实守信规范服务模范和文明礼貌模范。要以全国劳模事迹巡回报告为示范，组织“当代雷锋”郭明义等一批近年来在全国有重大影响的全国劳模、优秀农民工等先进人物，走进基层、走进企业、走进职工，宣讲他们的先进事迹；各级工会要广泛开展劳模事迹报告、演讲活动，激发广大职工的劳动热情和创造活力，形成知荣辱、讲正气、作奉献、促和谐的良好风尚。要以加强先进企业文化职工文化建设为抓手，把职业道德建设与企业文化建设有机结合起来，进一步加大对工人文化宫、俱乐部、体育场、职工书屋等活动阵地投入，组织编写出版职业责任、职业操守、行业岗位规范等相关书籍，组织创作体现诚实守信、修身律己的文艺作品，继续实施“向农民工送文化行动”，把增强道德意识、提升道德自觉要求融入职工业余生活，把道德建设融入到职工生产生活各个方面。

四、认真做好防范抵御工作，促进职工队伍和社会稳定

长期以来，各级工会组织在维护职工队伍稳定方面做了大量工作，特别是广大基层

工会干部付出了无数艰辛努力，创造了很多好经验，取得了积极成效，为保持社会稳定作出了重要贡献。当前，我国职工队伍总体上是稳定的。但也要看到，我国经济社会发展正处于关键时期，各种社会矛盾易发多发，影响职工队伍稳定的问题还很多，主要是由于一些涉及职工利益的问题没有得到妥善解决。维护职工队伍稳定、促进社会和谐至关重要，在这方面，工会承担着重要责任。一方面，要大力推动构建和谐劳动关系，把各种矛盾纠纷化解在萌芽状态，尽职尽责地维护好职工群众合法权益；另一方面，要增强政治意识、大局意识、责任意识、忧患意识，时刻警惕敌对势力的渗透、挑唆、煽动、破坏，把防范抵御工作做好。为迎接党的十八大胜利召开，各级工会要进一步加大这方面工作力度。

*要大力构建和谐劳动关系，以劳动关系和谐促进社会和谐。*牢固树立法治意识，善于运用法律维护权益、推动工作，把《工会法》、《劳动法》、《劳动合同法》、《劳动争议调解仲裁法》、《社会保险法》、《女职工劳动保护特别规定》和《企业民主管理规定》等法律法规学深学透，不仅要熟知实体法，也要熟知程序法，把法律赋予的权利用好用足。要坚持构建和谐劳动关系目标，在基层要抓好劳动合同、集体合同、职代会这三个关键环节，在社会层面要不断健全工会与政府联席会议制度和协调劳动关系三方机制，充分发挥这些制度机制的重要作用。把职工组织到工会中来是工会一切工作的前提和基础，维护职工工资收入权益是维护职工各项权益的核心内容，要坚持不懈地推进“两个普遍”重点工作，继续做好送温暖和帮扶工作，努力形成职工得实惠、社会得稳定的良好局面。

*要切实做好防范抵御工作。*随着全方位对外开放格局的形成，防范抵御敌对势力干扰、破坏的任务更加艰巨繁重。工会要及时排查影响职工队伍稳定的各种矛盾问题，及时向党委政府报告，切实承担第一知情人、第一报告人、第一帮扶人、第一监督人的责任。要协助党政妥善处理由于劳动关系矛盾引发的职工群体性事件，站在职工群众的立场上反映职工呼声、帮助解决问题，旗帜鲜明地维护职工合法权益，同时又要对一些职工提出的不合理的要求做耐心细致的思想工作，避免矛盾激化。要建立劳动关系矛盾预警机制，直面劳动争议，站在推动矛盾纠纷妥善解决的最前线，积极主动地发挥作用。要始终坚持把工会自己的事情做好，不给敌对势力插手我国劳动关系事务可乘之机，绝不允许出现“独立工会”、“第二工会”。

五、始终坚持工会在职工群众工作中的主导地位，在参与加强和创新社会管理中充分发挥作用

加强和创新社会管理，主要是对人的服务和管理，说到底是做群众的工作。工会参与加强和创新社会管理，核心就是做好职工群众工作。工会是我国最重要的也是最大的人民团体，拥有完整的组织体系、广泛的群众基础、可靠的干部队伍、稳定的经费来源和丰富的群众工作经验，离开了党领导的工会组织的积极参与，加强和创新社会管理是不可想象的。工会参与加强和创新社会管理、做好新形势下职工群众工作，责任重大、使命光荣。当前，要着重注意以下几个方面。首先，要做好自己的事，使我们的组织更加完备，功能更加健全，运转更加高效，作用更加突出，在组织职工、引导职工、服务

职工和维护职工合法权益中始终占据主导地位，发挥主体作用。其次，要大力加强职工法律援助工作，按照全总《2012～2014年推进职工法律援助工作规划》的总体部署，把职工法律援助作为工会参与加强和创新社会管理的重要切入点，扩大职工法律援助工作覆盖面，创新职工法律援助工作方式方法，积极化解基层和一线的劳动纠纷。第三，要针对社会组织发育较快和一些地方开展社会组织登记管理改革试点的新情况，主动与政府有关部门联系沟通，明确提出，凡未经工会同意，不得登记成立涉及职工维权的社会组织。对一些名义上不是职工维权组织，但实际上非法插手职工维权事务的社会组织，要提高警惕，协助党政坚决予以取缔，决不手软；特别注意那些有境外资金背景、受敌对势力支持、从事所谓“维权”的组织，决不允许他们插手我国职工问题和劳动关系问题。对一些地方工会采取培养发展一批、规范引导一批、依法取缔一批，区别对待职工服务类社会组织，把其纳入工会维权体系的做法，要进一步加强研究。

王玉普同志在全国工会学习宣传实践中国特色社会主义工会发展道路暨服务职工活动座谈会（北方片区）上的讲话

（2012 年 6 月 28 日）

经过两天的学习讨论，我们这次北方片区座谈会即将结束了。会议开得很好、很成功，15 个省（区、市）总工会和新疆生产建设兵团工会的主要负责同志总结交流了学习宣传实践中国特色社会主义工会发展道路与开展服务职工活动的做法和经验，从不同角度谈到了对工会组织密切与职工群众联系、建立健全服务职工长效机制等问题的思考和打算，提出的意见建议很有建设性，听后很受启发，值得各地工会学习和借鉴。刚才，陈豪同志代表全国工会服务职工活动领导小组对前一段工作作了全面总结，对下一步工作提出明确要求，这些我都赞成。这里，我代表全总党组、书记处，就进一步贯彻落实全总十五届六次执委会议精神，为党的十八大胜利召开营造良好氛围，讲几点意见。

一、学习宣传实践中国特色社会主义工会发展道路的进展、成效、体会和下一步打算

目前，学习宣传实践活动正在各级工会组织、广大工会干部和职工群众中广泛开展，呈现出在思路上突出主题，在举措上彰显特色，在行动上务求实效，不断向纵深发展的新态势。一是党政支持，指导有力。各级工会组织主动向党委汇报、向政府通报全总十五届六次执委会议精神，积极争取党政对学习宣传实践活动的指导和帮助。各地党政主要负责同志对活动开展提出明确要求。二是思路清晰，部署周密。各级工会高度重视、精心安排，切实加强对活动的组织领导，做到计划翔实、分工明确、责任到人，积极推进学习宣传实践活动。三是学习深入，措施具体。各级工会采取集中学习、专题研讨、个人自学等方式，领导干部先学一步、学深一步，发挥带头示范作用，努力形成学习工会发展道路的浓厚氛围。四是宣传主动，影响广泛。各级工会发挥报刊、网站、学校、工人文化宫（俱乐部）等宣传阵地作用，积极争取主流媒体支持，借助手机、微博等新兴媒体，开辟专版、专刊、专栏、专题，举办丰富多彩的群众性文化活动等，进一步扩大工会发展道路的凝聚力影响力。五是实践扎实，特色鲜明。各级工会以开展学习宣传实践活动为契机，大力推进工会各项重点工作，努力破解工会工作难题，更好地服务科学发展、服务社会和谐、服务职工群众。

学习宣传实践活动开展半年来，取得了预期成效。首先，有力统一了全会认识。各级工会普遍认为，深入开展学习宣传实践活动，是落实胡锦涛总书记、习近平同志关于

要准确把握工会发展道路的精神实质、努力使这条道路越走越宽广重要指示精神的有效举措，是把握形势发展变化、推进工会工作创新、焕发工会组织活力的迫切需要，对于更好地团结动员广大职工充分发挥工人阶级主力军作用，努力完成“十二五”规划目标任务，以优异成绩迎接党的十八大胜利召开，具有十分重要的意义。其次，切实推动了工会工作。各级工会在坚持工会发展道路中努力破解工会工作面临的重点难点问题，什么工作薄弱就重点推动什么工作，什么问题突出就重点解决什么问题，取得了积极进展。第三，更好维护了职工权益。各级工会积极推动保障和改善民生政策的贯彻落实，总结推广为职工群众办实事的经验做法，争取党政对职工生产生活问题的资金投入，加大工会经费对帮扶困难职工的支持力度，促进了职工群众合法权益进一步实现。

综合各级工会开展学习宣传实践活动情况，主要的工作体会是：第一，学习宣传实践活动与贯彻落实中央关于经济社会发展稳中求进总基调、迎接党的十八大胜利召开紧密结合。自觉服从服务于党和国家工作大局，围绕党委和政府的中心工作来考虑、部署和推动，团结动员广大职工积极开展创先争优建功立业活动，为夺取全面建设小康社会新胜利作贡献。第二，学习宣传实践活动与开展服务职工活动、做好新形势下职工群众工作紧密结合。牢固树立马克思主义群众观点，自觉践行党的群众路线，努力做到学习宣传实践活动与服务职工活动共同部署、相互促进，在进一步密切与职工群众联系的同时，使工会发展道路深深扎根于广大职工之中，在增强党的阶级基础、扩大党的群众基础、巩固党的执政地位方面迈出坚实步伐。第三，学习宣传实践活动与做好工会重点工作、不断开创工会工作新局面紧密结合。以工会发展道路为根本遵循，勇于破解工会创新发展遇到的各种困难和问题，尊重基层和职工群众的首创精神，善于发现和及时总结典型经验，进一步丰富和完善工会发展道路。第四，学习宣传实践活动与以改革创新精神加强自身建设、增强工会组织创造力凝聚力战斗力紧密结合。用时代发展的要求审视和检验自己，以改革创新的精神加强和完善自己，不断创新工会组织体制、运行机制和活动方式，防止和克服机关化、行政化倾向，大力提高工会建设科学化水平，使党的工运事业永葆蓬勃生机。

学习宣传实践活动取得了阶段性成果，但要使坚持走工会发展道路成为每一位工会干部的自觉行动，夯实筑牢这项战略性系统性基础性工程，还需要做长期大量艰苦细致的工作。下一步，要把学习宣传实践工会发展道路的重点放到形成长效机制方面，进一步加大指导督察力度，不断增强针对性和实效性，着力向制度化、规范化、常态化方向发展。

第一，积极推动将工会发展道路纳入《工会法》。在学习宣传实践活动中，不少同志提出这方面的建议，我们认为十分必要。中国工会十五大已将工会发展道路写入《中国工会章程》，这对中国工会沿着正确的方向前进具有十分重要的意义。要继续加强对有关方面的协调组织工作，推动《工会法》的修改，争取将坚定不移地走中国特色社会主义工会发展道路写入《工会法》总则中。

第二，健全思想武装机制，继续深化学习活动。建立健全工会领导机关党组中心组学习制度，工会干部学习培训、定期进修等制度，推动各级工会组织和广大工会干部在准确把握工会发展道路的科学内涵、精神实质、理论体系上下功夫。抓紧落实工会发展道路进教材、进学校、进课堂，尤其要积极争取党政支持，推动工会发展道路纳入各级党校、行政学院的培训内容。

第三，健全宣传引导机制，形成强大舆论声势。建立健全工会新闻宣传管理、联系社会媒体、信息收集处理反馈、舆情分析监管、新闻宣传人员深入基层等制度，不断增强工会发展道路的吸引力引导力。善于采取现代舆论宣传方式方法，不断加强工会宣传舆论阵地建设，继续做好向工会干部和职工群众、党政干部、社会各界、国外工会的宣传工作，进一步扩大工会发展道路的社会影响。

第四，健全实践探索机制，不断取得工作实效。建立健全工会工作规范化标准体系，工会工作督察制度，工会领导机关服务基层制度等，推进工会工作创新发展。主动顺应国内外形势的发展变化以及经济关系、劳动关系、职工队伍的实际，积极探索社会主义市场经济条件下工会工作的特点和规律，总结基层和职工群众创造的典型经验和新鲜做法，把推动解决困难和问题的实际效果，作为检验学习宣传实践活动的重要标准。

第五，健全理论创新机制，努力提升研究水平。建立健全工会理论研究工作、理论研究人才培养、联合社会力量开展理论研究等制度，坚持以工会理论创新推进体制创新、工作创新。通过重点调研课题攻关，举办理论创新论坛，调研成果评优表彰等，强化工会工作全局性、战略性、前瞻性问题研究，不断推出经得起实践和历史检验的理论创新成果。

二、开展服务职工活动的经验做法

全国工会“面对面、心贴心、实打实服务职工在基层”活动自今年年初启动以来，在各级工会的共同努力下，活动组织有序、进展顺利、成效明显，积累了许多有益经验，主要有：

一是注重加强组织领导，精心谋划安排。各级工会深刻领会中央领导同志关于开展服务职工活动的重要指示精神，按照全总关于开展服务职工活动的统一要求，把开展活动摆上重要议事日程，切实加强组织领导，成立活动领导小组和专门工作机构，主要领导亲自抓、负总责，通过召开专题汇报会、督察会、推进会、经验交流会等多种形式，加强对活动的督促检查，切实形成一级抓一级、层层抓落实的工作格局。各级工会积极向同级党委和政府汇报开展服务职工活动的思路、打算和进展，得到了党委和政府的高度重视，很多地方的党政领导专门对活动开展作出指示、提出要求，对活动取得的积极进展给予充分肯定，为活动的顺利开展营造了良好环境。

二是注重推动重点工作，解决实际问题。各级工会深入基层、深入企业，悉心听取职工群众反映的突出问题，摸清掌握一线职工的生产生活和思想状况，主动与企业和党政等有关方面沟通协调，并把开展活动与推进本地区、本单位重点工作有机结合，切实在推动构建和谐劳动关系、推进“两个普遍”、维权帮扶、维稳和防范抵御等工会重点工作上取得突破，为职工和企业办了一批实事好事，受到了企业和广大职工的欢迎。

三是注重发挥典型作用，推动面上工作。各级工会坚持在活动中注意发现典型、培植典型、树立典型，运用新闻媒体等多重手段和渠道积极宣传好做法、好经验，充分发挥先进典型的示范、辐射和带动作用，引导基层工会和广大工会干部积极参与，以点带面，不断推动面上工作创新发展。

*四是注重加强队伍建设，转变工作作风。*各级工会把开展活动作为教育和锻炼干部的重要平台，把建设一支政治坚定、业务扎实、作风过硬、廉洁自律的工会干部队伍作为服务职工活动的重要目标，全面推进思想建设、组织建设、作风建设、制度建设和反腐倡廉建设，积极引导工会干部在面对面沟通、心贴心交流、实打实服务中受教育、长才干、转作风，提高工会建设科学化水平。

以上这些宝贵经验和成功做法，凝结着各级工会组织和广大工会干部的心血和汗水，是我们进一步做好服务职工活动的重要遵循。各级工会组织和广大工会干部要深入贯彻落实党中央关于工人阶级和工会工作的重要指示精神，按照全总十五届六次执委会议的要求，更加自觉地肩负起党赋予工会的重大责任，深刻认识做好新形势下职工群众工作的极端重要性，切实增强政治意识、大局意识、责任意识、忧患意识，围绕主题、紧扣主线，不断提高工会工作的能力水平，充分发挥组织职工、引导职工、服务职工和维护职工合法权益的作用，团结动员广大职工为实现“十二五”规划目标任务、夺取全面建设小康社会新胜利而奋斗。

三、坚持工会在职工群众工作中的主导地位，充分体现做职工群众工作的主体作用

在今年庆祝五一国际劳动节大会上，王兆国同志代表党中央发表重要讲话，明确要求各级工会组织和广大工会干部切实做好新形势下职工群众工作，“始终坚持在职工群众工作中的主导地位，充分体现做职工群众工作的主体作用”。这对于正确认识新形势下工会工作在党的群众工作中的地位和作用，十分重要。

随着世界多极化、经济全球化的深入发展，我国工业化、信息化、城镇化、市场化、国际化的快速推进，职工群众工作的环境和条件都发生了许多变化。比如，职工队伍内部结构深刻变动，职工利益需求日趋复杂，职工思想活动的独立性、选择性、多变性、差异性明显增强；企业面临的国内外市场竞争压力加大，利润空间缩小，与职工保障切身利益的诉求产生矛盾，劳动关系矛盾易发多发；社会进入全媒体时代，传播工具多种多样，新兴媒体与传统媒体日益融合，互联网已成为职工群众精神生活、信息传播、休闲娱乐的新平台，信息获取的多样性、迅捷性和便利性对职工群众的思想和行为产生显著影响；社会组织发展迅猛，总量已达数百万个，大多数对经济社会发展具有积极作用，但也有的形成负面影响；境内外敌对势力利用各种手段非法插手我职工队伍和工会事务，制造谣言、挑唆事端，与我争夺职工群众。这些新情况、新挑战，对工会组织做好职工的工作，切实增强凝聚力、扩大覆盖面，提升工作效能，树立社会形象，把职工群众紧密团结在党的周围，提出了新的挑战，需要我们认真思考和对待。

*要牢固树立马克思主义群众观点，自觉贯彻党的群众路线。*讲政治，就工会而言，根本上是对职工群众的态度问题和同职工群众的关系问题。立场问题、思想感情问题是一个根本问题。要牢记人民群众是历史创造者，坚持向人民群众学习，坚持全心全意为人民服务，坚持对党负责与对人民负责的统一，坚持一切为了群众、一切依靠群众，从群众中来、到群众中去的根本路线，切实解决好世界观、人生观、价值观的问

题。要深刻认识群众工作是我们党紧紧依靠人民进行革命、建设、改革的基础性、长期性、战略性、全局性、根本性工作，在思想上、情感上、作风上真正贴近职工群众。职工群众在我们心里的分量有多重，我们在职工群众心里的分量就有多重。能不能全心全意地为职工群众服务，是衡量一名工会干部是否合格的根本标尺。各级工会干部尤其是工会领导干部都要自觉接受职工群众监督，坚决克服形式主义、官僚主义，绝不贪图安逸，绝不以权谋私，绝不脱离职工群众，永远真心实意地为职工群众说话办事。

*要密切联系职工群众，自觉向职工群众学习。*职工群众是工会的力量所在，密切联系职工群众是做好工会工作最基本条件。工会工作只有深深扎根于职工群众之中，才有可能赢得职工群众的信任。要深入企业一线和车间班组调研，健全信息渠道，完善信访责任制，及时准确掌握职工群众真实情况。尊重职工群众的首创精神，拜职工群众为师，以职工群众的火热实践作为工会工作创新发展的不竭源泉。职工群众工作涉及方方面面，社会主义劳动竞赛、职工思想政治工作、职工道德品质培养、职工技术技能教育等，都是十分重要的内容，要注意使这些工作适应新形势的要求，充分反映职工群众的愿望，更好体现职工群众利益。要在联系职工、学习职工、服务职工的过程中，积极推进工会工作改革创新，真正做到工会组建到哪里、作用就要发挥到哪里，努力把各级工会建设成为职工群众信赖的职工之家。

*要善于正确处理劳动关系矛盾，推动构建和谐劳动关系。*最大限度激发社会活力，最大限度增加和谐因素，最大限度减少不和谐因素，是做好新形势下职工群众工作的核心问题。要深入推进“两个普遍”重点工作，切实加强基层工会的制度化、规范化建设，着力提高工资集体协商实效。对于基层的劳动关系矛盾和隐患，工会干部要发挥第一知情人、第一报告人、第一帮扶人、第一监督人的作用，健全劳动纠纷预警调处机制，把人民调解、司法调解、行政调解结合起来，加强预见性和主动性，努力把矛盾解决在萌芽状态。引导职工群众以理性合法的方式表达利益诉求、解决利益矛盾。主动参与加强和创新社会管理，推动健全社会组织管理的法规、政策和制度，引导扶持职工群众自发形成的健康有益的社会组织，把它们纳入工会主导的工作体系中来。对于那些非法的所谓的“维权”组织，要配合有关部门坚决予以取缔。加强防范抵御工作，警惕敌对势力西化、分化图谋，维护职工队伍稳定。

*要旗帜鲜明地维护职工群众合法权益，推动解决职工群众最关心最直接最现实的利益问题。*实现好、维护好、发展好职工群众的根本利益，是工会最大最重要的任务，也是工会全面发挥作用、履行职责的前提。做职工的工作，首先要尊重职工、理解职工、关心职工。工会干部不能讲空话、做虚功，尤其要倾听职工群众呼声、关心职工群众疾苦、体察职工群众情绪，时时刻刻想职工群众之所想、急职工群众之所急、办职工群众之所需。积极推动健全劳动法律法规，促进以权利公平、机会公平、规则公平、分配公平为主要内容的社会公平保障体系建立健全。要实现送温暖和帮扶工作的常态化、长效化，加强工会劳动法律监督，推动搞好安全生产、防治职业病等工作，努力把党的关怀送到职工群众的心坎上，使广大职工群众切身感受到社会主义大家庭的温暖。

四、着力建立健全工会服务职工长效机制

为进一步把服务职工活动推向深入、抓出成效，各级工会要立足当前、着眼长远，

坚持边探索边实践边总结，及时提炼固化一些好经验好做法，形成优质高效服务职工的长效机制。

（一）建立健全深入基层联系职工机制

一是要建立下基层调研制度，根据工作需要，建立调研基地和服务职工联系点，积极主动了解职工生产生活状况和思想动态，掌握第一手情况，做到第一道研判、第一时间报送。各级工会干部特别是领导干部每年要拿出一定时间，围绕职工群众普遍关心的热点难点问题认真调研。要拓宽年轻工会干部下基层锻炼渠道，选派缺乏基层经历的机关年轻干部，到条件艰苦、环境复杂的地区和单位蹲点调研和挂职锻炼，在实践中增强服务职工的本领。

二是要最大限度地畅通与基层和职工的联系渠道，加强和改进工会信访、12351 职工维权热线等工作，认真做好信访接待，工会领导干部要定时、定点、定人接待职工来访，亲自处理职工信访中提出的重要问题，机关干部要轮流到信访岗位工作。要发挥互联网等新兴媒体的作用，通过开设网上政策咨询窗口、意见箱、博客、微博客、手机短信和 QQ 群等，积极打造联系职工的新载体。要建立信息员队伍，及时准确收集基层和职工的信息，加强信息动态分析与报送工作，形成上下互动、区域联动的工会信息网络。

（二）建立健全工会组织科学决策、民主决策机制

一是各级工会特别是基层工会要实行会务公开，坚持把工会重大决策和涉及职工切身利益的重大问题列入公开内容，畅通民主渠道，凡涉及工会政务、事务、财务以及为职工群众办实事等有关事项都应通过一定的形式和途径向会员公开，不断提高工会工作的透明度，保障会员主体地位和民主权利，落实会员知情权、参与权、监督权、选举权，依靠会员开展工会工作。

二是要实现工会决策程序、方法手段的科学化、民主化。工会领导机关要坚持重大问题不经调查研究不决策，决策后要抓好督促落实和跟踪反馈。健全基层工会的各项民主生活制度，及时掌握会员的意愿和要求，自觉接受会员监督，切实提高民主办会水平。要加强会员教育，增强会员意识，引导会员正确行使民主权利，吸引和鼓励广大会员关心、了解、参与工会工作，使工会工作建立在深厚的群众基础之上。

（三）建立健全为职工办实事机制

一是要推动解决就业培训、工资协商、社会保险等涉及职工切身利益问题。加大就业服务力度，通过技能培训、职业介绍、创业扶持等措施，为职工提供更多就业和发展的机会。推进劳动就业服务信息化建设，促进中小型企业发挥吸纳就业的重要作用，积极开展小额贷款工作，促进创业带动就业再就业。依法推动企业普遍开展工资集体协商，完善企业职工工资协商共决机制、正常增长机制和支付保障机制，着力推进区域性行业性工资集体协商工作。推动社会保险扩大覆盖面，提高统筹层次，协助非公经济组织从业人员、灵活就业人员、农民工等参加社会保险，推动建立基本养老金正常调整机制。

二是要加大对困难职工的帮扶力度。以帮扶中心为主要载体，以困难职工和农民工为主要对象，建立健全覆盖市（地）、县（区）、乡镇（街道）、村（社区）和企业的帮

扶体系，将工会帮扶工作的网络触角尽量向下覆盖延伸，将贴心服务送到职工身边。实行集困难救助、维权服务、争议调解、法律援助、医疗互助、心理疏导等为一体的帮扶模式，继续深入开展送温暖、金秋助学、阳光就业、家政培训等富有工会特色的帮扶活动，实现帮扶工作常态化、长效化、社会化，进一步叫响做实“职工有困难找工会”。

三是要大力加强工会法律援助与服务。要充分运用帮扶中心法律援助窗口，为工会公职律师、劳动争议调解员、劳动法律监督员等提供法律援助工作平台。积极整合社会资源，聘请法律专家学者、律师等人员，通过购买服务、法律援助志愿者等方式，为合法权益受到侵害的困难职工和农民工提供法律咨询、代拟法律文书、代理诉讼、参与调解仲裁等。在市、县二级工会普遍开展职工法律援助工作的基础上，逐步向乡镇、街道和社区延伸，变“坐等服务”为“上门服务”，就近就地为职工特别是困难职工、农民工提供及时的法律帮助。

四是要加大劳动争议调处工作力度。各级工会帮扶中心和有条件的乡镇、街道及大型企业工会可设立劳动争议调解室，及时介入工资拖欠、工伤赔偿等各类劳动争议，建立快速处理劳动纠纷的“绿色通道”，努力把劳动关系矛盾化解在基层、解决在萌芽状态。

（四）建立健全维护职工权益社会化工作机制

一是要健全完善自觉接受党委对工会工作领导的体制。要站在参与社会管理、构建和谐劳动关系、促进社会和谐稳定的高度，准确把握工会组织的科学定位，自觉接受同级党委领导，对于工作中带有方向性、原则性和全局性的重大问题要及时向党委请示汇报，积极争取把职工权益的实现和保障问题纳入党政的重要议事日程，把维护职工队伍稳定问题纳入党政工作目标考核体系。

二是要健全完善工会参与人大立法、执法检查和政协民主监督的工作机制。加强与人大、政协的沟通联系，积极参与劳动就业、收入分配、社会保障、劳动安全卫生等涉及职工切身利益法律法规的制定出台，配合修改《劳动合同法》，推动健全劳动法律法规。主动参与各级人大、政协开展的执法检查、视察活动，充分发挥工会系统人大代表、政协工会界委员参政议政的重要作用，为保障职工合法权益创造有利环境。

三是要健全完善工会与政府联系工作制度。健全完善工会与同级政府、产业工会与相应产业部门的联席（联系）会议制度。推动工会承担的就业培训、法律援助、扶贫帮困等社会性事务纳入经济社会发展规划，逐步形成政府与工会机制互联、功能互补、力量互动的社会管理和公共服务体制。健全完善省、市、县三级地方及产业的协调劳动关系三方机制，进一步加大与人力资源社会保障、司法行政、人民法院和企业代表组织等部门的协调配合，共同研究解决影响劳动关系和谐稳定的重大问题。

（五）建立健全工会服务职工监督考核和激励约束机制

一是要建立职工评议考核制度。要把广大职工是否满意作为衡量工会服务职工成效的重要依据，拓宽职工民主评议工会工作的渠道。大力开展“会员评家”活动，工会要向会员报告工作，企业工会主席要向会员述职，接受会员的评议和监督，并将评议结果作为各级工会领导班子和领导干部年度考核、党风廉政建设责任制考核的重要内容，作为干部奖惩、任用的重要标准。对职工反映突出、工作成效不明显的问题，要进一步落实职工意见处理督办制度，及时加以改进，不断提高职工对工会的满意度，切实取信于基层、造福于职工。

二是要强化工会内部监督考评机制。将服务职工工作分解到人，明确责任，细化量化工作要求，定期进行考核。加强督促检查，采取基层工会评议工会领导机关、工会领导机关检查所属工会、工会重点工作异地巡视督察等方式，全面考核工会组织和工会干部的工作态度、工作作风、工作实绩等情况。

三是要强化工会服务职工的激励约束机制。健全工作责任追究制度，对于不积极、不主动、不作为，对职工群众不负责，造成不良后果的，要及时提出批评直至追究责任，切实做到守土有责；表彰那些工作实绩突出的同志，形成鼓励干部深入基层、服务职工的正确导向。

同志们，坚定不移地走中国特色社会主义工会发展道路，做好新形势下职工群众工作，各级工会组织和广大工会干部责任重大、任务艰巨、使命光荣，让我们更加紧密地团结在以胡锦涛同志为总书记的党中央周围，埋头苦干、求真务实，努力创造更加优异的成绩，以实际行动迎接党的十八大胜利召开！

王玉普同志在全总深入开展“面对面、心贴心、实打实服务职工在基层”活动情况交流会上的讲话

（2012 年 6 月 29 日）

我们召开这次会议，总结交流各全国产业工会，中央直属机关工会联合会、中央国家机关工会联合会和全总机关有关部门服务职工工作组开展“面对面、心贴心、实打实服务职工在基层”活动的基本情况和经验做法，认真查找活动中存在的问题和不足，探讨研究工会组织密切与职工群众联系、建立健全服务职工长效机制等问题，对下一阶段深入开展服务职工活动作出安排部署，以进一步加强工会领导机关作风建设、提高机关工作水平。各工作组主要负责同志都作了很好的发言，大家讲得很好，听后很受启发。下面，我讲几点意见。

一、充分肯定“面对面、心贴心、实打实服务职工在基层”活动取得的积极成效

服务职工活动开展以来，各工作组做到认识、组织、人员三到位，坚持事前精心谋划、事中有序推进、事后认真总结，调研基层工会工作、企业生产经营情况，倾听职工所思所想所求，有针对性地推动解决问题，指导各地方、产业工会按照全总统一要求，结合各自实际，深入开展服务职工活动，较圆满地完成了阶段性目标任务，赢得了地方、产业工会和基层工会及职工群众的广泛好评。大家的经验做法主要有：

一是高度重视、行动迅速。开展服务职工活动是今年工会工作的主线，也是当前和今后一个时期全总机关各单位的一项重要的政治任务。兆国主席非常重视活动的开展，多次作出重要指示。全总党组、书记处同志亲自带队，深入各地开展服务职工活动。各工作组把开展服务职工活动摆上本单位重要议事日程，成立了由主要负责同志任组长的组织机构，广泛动员部署、精心组织谋划，通过召开全体会议、专题会议、学习动员会，制定下发意见、编制活动问答和操作手册等方式，组织本单位人员进行学习和培训，做好充分的思想准备和工作准备。及时制定和细化工作方案，并与对口省（区、市）总工会和产业工会反复协商，认真安排好工作日程，做到工作细化到每一天、任务分解到每一个环节、责任落实到每一个人。办公厅、基层部工作组先行先试，为机关各工作组开展活动积累了经验、提供了借鉴。财务部多次与相关部门研究活动经费专项预算，及时足额向各省级工会拨付活动经费，为活动顺利开展提供资金和物质保障。

二是规定动作执行严格。各工作组坚持把学习宣传实践中国特色社会主义工会发

展道路和开展服务职工活动相结合，努力在主题中体现主线，在主线中贯穿主题，积极发挥“调查队”、“宣传队”、“工作队”、“服务队”和“指导队”的作用，通过走访调研不同类型企业，实地观看企业生产线，深入车间、班组及职工生活场所，与党政领导、工会干部、职工座谈，与不同类型的职工个别访谈，走访慰问劳模和困难职工，细致了解企业生产经营情况、劳动关系发展变化、职工生产生活状况和思想动态等；深入宣传中国特色社会主义工会发展道路和工会法、劳动法、劳动合同法等一系列保障职工权益的法律知识，向职工发放《职工劳动权益手册》等资料，帮助企业建立职工书屋；调查掌握“两个普遍”在基层的落实情况，重点关注和推动解决部分中小企业生产经营困难、职工权益受影响等问题，给困难职工和企业赠送帮扶资金，增强服务职工活动的针对性和实效性。研究室工作组每到一地，都通过举行宣讲会、报告会等方式，广泛深入宣传中国特色社会主义工会发展道路，做到入脑入耳入心。截至目前，全总机关各工作组深入30个省（区、市）和新疆生产建设兵团、120个地市、270家企业，共召开座谈会627场，与9012名一线职工、企业经营者和基层工会干部面对面交流，个案访谈1788人；共发放《职工劳动权益手册》近30万册，帮助企业建立152个职工书屋；共走访1281户困难职工，慰问160名劳模，给困难企业和帮扶中心投入帮扶资金4287.5万元。

三是自选动作各具特色。各工作组根据本单位及所走访地方的特点，突出特色、发挥优势，在“规定动作”基础上，精心设计“自选动作”，创造性地开展服务职工活动。教科文卫体工会组成5个督导调研组，分赴全国各地，了解本系统开展服务职工活动的情况。国防邮电工会工作组有效利用宣传阵地，邀请工人日报驻当地记者站一起开展活动，进行跟踪报道。能源化学工会采用“三进”（进车间、进宿舍、进食堂）、“三同”（与一线职工同吃、同住、同劳动）工作法，了解真实情况。集合部、民管部、农林水利工会等工作组积极宣传国家有关协调劳动关系的方针政策、加强企业民主管理、工会组织发展和谐劳动关系的任务和在中央援疆战略部署中的作用等。组织部、基层部、海员建设工会等工作组一改过去调研“被安排”的做法，从全国非公企业数据库和职工花名册中，随机抽取企业和职工进行调研。经济部工作组把典型调查与全面了解结合起来，以活动个案访谈参考提纲为蓝本，专门设计了专项调查问卷。法律部工作组发挥专业优势，开展职工法律咨询活动，现场为咨询买断工龄问题的职工提供解决方案等。女工部工作组注重发挥各级工会女职工组织工作优势，在个案访谈时确保女职工占一定比例，有针对性地增加涉及女职工切身利益的问题。国际部工作组组织力量，翻译印刷工会宣传材料，方便外企员工掌握中国工会知识。机关党委工作组把党建工作贯穿到服务职工活动中，召开座谈会了解企业党工共建创先争优活动情况及职工对党的十八大的认识和期盼。工运研究所工作组将开展活动与课题相结合，重点调研武汉市餐饮行业工资集体协商情况，召开工会构建服务职工长效机制座谈会，编撰9万多字的《职工权益保障法律法规摘要汇编》。

四是坚持两手抓、两促进。各工作组面对工作多、任务重的情况，统筹安排服务职工活动和工会业务工作，做到在工作中深化活动，以活动促进工作。铁路工会围绕当前铁路职工的权益保障问题，积极推进职工生活线、文化线、卫生保障线建设，细化10项工作重点，持续抓好“双最”评选和“基层一日行”活动。民航工会赴重庆监管局、深圳空管站调研工会工作，指导女职工组织规范化建设，组织广大民航系统职工开展体育健身活动。金融工会把活动的开展具体落实到打造劳模疗休养、工会干部培训、困难职工帮扶、劳动竞赛和“职工之家”创建的5个服务“品牌”上，明确建设民主建设之家、学习提高之家、文化活动之家、人文关怀之家的4项内涵。能源化学工会工作组召开了能源化学系统服务职工活动工作推进会，就系统内服务职工活动的典型进行了梳理，形成了一批具有产业特色的服务职工工作经验。机冶建材工会工作组指导企业与相关行业协会建立了联系，与西北轴承公司和中铝青海分公司建立了长期联系点，加强全方位联系与支持。财贸轻纺烟草工会工作组总结推介了徐州市总推动将工资集体协商纳入全市党政综合目标考核体系等9个典型经验。办公厅工作组针对广东省劳动关系复杂的实际，着重就基层工会作用发挥、外来工维权服务、工会维稳和防范抵御工作等问题进行了重点调研和工作指导。为加强对地方和产业工会“两个普遍”等重点工作的督导，基层部工作组推动建立了绵阳市的首家世界500强企业工会，集合部工作组召开推进工资集体协商工作领导小组成员单位专题座谈会，推动了当地工资集体协商工作的深入开展。保障部工作组把送温暖与开展服务职工活动相结合，使活动的具体要求在送温暖过程中得到充分体现。保护部工作组指导企业开展“安康杯”竞赛活动。经审办工作组重点调研劳务派遣人员工会经费计提、部分民企工会经费使用自主权等问题。

*五是锻炼队伍、改进作风。*各工作组工作人员十分珍惜这次参与活动的机会，注重向基层工会干部学习，发扬不怕疲劳、连续作战的工作作风，强化服务意识，把职工当做自己的亲人来对待，把职工的事情当成自己的事情来办理，拉近了与职工群众的距离。在活动中严守工作纪律，加强廉洁自律，处理好工作组工作与地方工作关系，不给基层添麻烦，帮忙不添乱，指导不越位，展现了全总机关和工会干部的良好风貌。中直机关工会结合“走基层、转作风、改文风”把服务职工活动推向深入，选择事业单位、转企改制单位和机关的民主党派3种类型，丰富了深入基层深入职工的范围。国家机关工会积极创建“服务型”工会，打造了“央务助学”、“央务温暖”、“央务鹊桥”、“央务家政”等一批创造了深受广大干部职工欢迎的“央务阳光”系列服务品。办公厅及时组织召开活动情况通报会，请参与活动的干部向全体工作人员谈感受、讲体会，并采取“走出去”与“请进来”相结合的方式，举行青年干部与广东省在京学习全国劳模座谈会，取得“部分干部走基层、全体干部受教育”的成效。民管部、保障部等工作组坐罐笼、骑“猴杆”、乘“人车”，深入地下500多米的矿井，了解体验矿工们的井下劳动情况。宣教部、研究室、机冶建材工会、工运研究所等工作组以没有基层工作经历的年轻干部为主体，深入一线，与职工打成一片，将活动过程作为锻炼队伍的过程。

二、进一步明确“面对面、心贴心、实打实服务职工在基层”活动下一步要求

各工作组恪尽职守、任劳任怨，情绪高、劲头足，工作抓得紧、抓得实，既有创新

性又切合实际，形成了不少工作亮点，取得了阶段性成效，活动开展的总体势头良好，值得表扬和充分肯定。但我们也要看到，服务职工活动是一项长期的任务，是工会工作的永恒课题。有的单位对活动的重要性和必要性认识还不完全到位，有的缺少基层工作经验，对所联系省份的督促指导还不够及时有力，有的不注意总结发现典型、提炼经验，对服务职工长效机制探索还不够深入。这些问题我们都应该高度重视，在下一步工作中，要针对存在的不足，有针对性地加以改进，各工作组之间要相互学习、相互借鉴，不断推动服务职工活动取得更多成果。

一是要贯彻落实好南北片会精神。近期召开的南方、北方两个片区座谈会，是对前一阶段开展服务职工活动情况的阶段性总结，是进一步推进服务职工活动深入开展的重要步骤。会上传达了王兆国等中央领导同志的重要指示，总结交流各级工会学习宣传实践中国特色社会主义工会发展道路与开展服务职工活动的进展情况、基本经验，认真分析当前影响职工权益实现和职工队伍稳定的因素，深入研讨工会组织密切与职工群众联系、建立服务职工长效机制等问题，并对下一阶段开展学习宣传实践工会发展道路和服务职工活动作出部署和安排。各工作组要认真学习贯彻两次会议的精神，在认真总结经验、巩固已有成果基础上，继续扎实做好开展活动的各项工作，加强对所联系省份的督促指导，推进服务职工活动不断深化。

二是做好活动的阶段性总结工作。服务职工不仅是一个具体的活动，更是工会组织长期性任务。在活动开展过程中，各工作组一方面从自身工作出发，探索出一些很好的工作方法，另一方面也从地方党政、工会和企业发现了许多服务职工群众的典型经验做法，积累了大量的一手资料，这些都是我们做好职工群众工作的宝贵财富。在下一步工作中，各工作组要注重边实践、边总结、边思考，把收集资料、发现典型和总结经验、形成机制有机结合起来，进行理论与实践相结合的思考，抓好成果的转化，使服务职工活动做到常抓不懈。

三是把开展活动取得的成果充分运用到加强全总机关干部队伍建设上来。服务职工活动既是工会组织做好新形势下群众工作的一项重大举措，也是工会干部转变作风、提高服务职工本领的重要契机。在今后的工作中，要大力加强机关年轻干部的培养和锻炼，充分发挥老同志的传帮带作用，切实提高服务职工的本领，打牢联系职工、服务职工的基本功。机关干部特别是年轻干部要继续发扬在活动中形成的优良工作作风，进一步增加对职工群众的了解，增进与职工群众的感情，增强投身工会事业、服务职工群众的责任感和使命感，继续保持饱满的工作热情和吃苦耐劳、甘于奉献的精神，真正做到始终把职工群众放在心上、把职工群众当做亲人，满怀感情地做好服务职工的各项工作，努力成为一名政治坚定、业务扎实、作风过硬、廉洁自律的优秀工会工作者。

四是抓好服务职工长效机制的建设问题。“行百里者半九十”，当前服务职工活动已经进入到深化阶段，越是这个时候越不能松懈。按照服务职工活动的总体要求，我们将形成活动总结报告、出台相应的政策法规、建立长效机制等三个方面的成果。在活动总结方面，从现在起，各工作组要按照《各地工会服务职工活动统计表》、《全总工作组服务职工活动统计表》要求，汇总统计各地工作和全总各工作组的数据，收集整理总报告、专题报告等材料，在8月底之前形成和上报活动的总结和专题报告，在9月上旬活动领导小组办公室要形成服务职工活动阶段性报告，上报党中央。在推动出台相应的政策法规方面，对于活动中职工和基层反映的带有综合性和普遍性的问题，要进行分类分层次进行分析和研究，积极提出工会的意见主张，推动国家和地方出台相关的法律法规和政策，使活动取得更加长远和广泛的效果。在建立长效机制方面，要认真总结开展服务职工活动的成功经验，特别是基层工会创造出带有规律性、实效性和前瞻性的有效做法，深入思考和研究做好新形势下党的群众工作、密切联系职工群众、构建服务职工长效机制等问题，切实增强工会组织对职工群众的吸引力和凝聚力，不断丰富和发展中国特色社会主义工会发展道路。

三、认真抓好近期几项重点工作

一是进一步做好中国特色社会主义工会发展道路的宣讲工作。抓紧完成《中国特色社会主义工会发展道路》、《中国特色社会主义工会发展道路百题问答》、《中国特色社会主义工会发展道路宣讲提纲》的编写，为广大工会干部和职工学习宣传实践工会发展道路提供服务。进一步加大宣传力度，全总党组、书记处领导同志要分赴各地带头宣讲，积极完成在全国组织万场宣讲报告的任务。各工作组要在开展服务职工活动时要与集中学习走中国特色社会主义工会发展道路有机结合，扩大宣传范围，丰富宣传载体，夯实宣传效果，努力做到真学真懂真用，营造学习宣传实践中国特色社会主义工会发展道路的浓厚氛围。

二是筹备召开全总十五届十三次主席团会和十六次主席会议。会议拟于7月中下旬在京召开，各有关部门要积极做好筹备工作。

三是组织开展好第七次全国职工队伍状况调查。为全面深入了解当前我国职工队伍总体状况和内部结构，分析职工劳动经济权益、民主政治权利、精神文化权益和社会权利实现情况，了解职工思想动态和价值观念情况，了解我国劳动关系总体状况，通过调查和分析，提出有创新性、前瞻性和实效性的对策建议，推动解决职工队伍建设和工会工作重大理论和实践问题，为工会工作和参政议政服务，为筹备工会十六大做准备。我们将在全国范围内进行第七次全国职工队伍状况调查，7月2日将召开第七次全国职工队伍状况调查工作动员部署会议，并对各省（区、市）业务骨干进行培训。各有关部门要统一思想、提高认识，以科学严谨的态度，准确把握调查的目标要求，统一部署、精心组织，集中力量、认真实施，保证调查高效顺利完成。

四是筹备召开全国工会推进“两个普遍”工作经验交流会议。会议拟于7月中旬在辽宁省沈阳市召开，各有关部门要抓紧做好会议筹备各项工作，及时收集上报相关材料，总结交流各级工会特别是产业、行业工会推进“两个普遍”的经验做法，确保今年目标任务的完成。

五是做好迎接十八大、贯彻十八大各项工作。下半年，围绕中央部署的“科学发展成就辉煌”主题宣传活动要求，要在广大职工中深入开展“讴歌辉煌成就凝聚奋进力量”主题教育活动，通过在工会系统报刊、网站统一开设专题专栏等多种形式，大力宣传党的十六大以来科学发展辉煌成就，大力宣传中国工会十四大以来工运事业取得的巨大进展，坚定广大职工群众的理想信念。在职工中广泛开展向时代楷模学习活动，继续树立宣传一大批具有时代特征的先进道德典型。发挥工人文化宫、俱乐部等工会文化体育阵地的作用，组织文艺演出、体育活动、“感恩·奉献·永远跟党走”为主题的全国职工网络感言征集活动等，全面活跃职工文化活动。努力做好敏感时段特别是党的十八大前后的维稳工作，通过推动收入分配制度改革、加强工会促进就业工作、主动协助全国人大法工委开展规范劳务派遣用工形式调研、继续做好《劳动合同法》的修改、加大力度推进帮扶机制进企业、进一步加强基层劳动争议调解组织建设等工作，切实维护职工合法权益，促进劳动关系和谐与职工队伍稳定，为党的十八大胜利召开营造良好的社会环境。十八大召开后，要及时做好十八大精神的学习传达贯彻工作，集中组织学习，以十八大精神武装头脑。

陈豪同志在全总机关“面对面、心贴心、实打实服务职工在基层”活动动员会议上的讲话

（2012 年 1 月 9 日）

我们召开全总机关“面对面、心贴心、实打实服务职工在基层”活动动员会议，目的是进一步统一机关干部的思想认识，明确各自承担的任务，抓好活动各项工作的落实。我代表全总党组、书记处和全国工会服务职工活动领导小组，就全总机关开展好这项活动讲几点意见。

一、把开展服务职工活动作为全总机关今年一项重要政治任务抓紧抓好

今年是我国发展进程中具有特殊重要意义的一年，我们将迎来党的十八大。做好服务职工群众各项工作，保护、调动、发挥好广大职工的积极性、主动性和创造性，对于保持经济平稳较快发展与社会和谐稳定至关重要。我们开展的这项活动，是工会组织今年工作中的一件大事，也是当前和今后一个时期全总机关一项重要的政治任务。习近平等中央书记处领导同志对开展这项活动给予充分肯定，并提出了明确要求。兆国主席高度重视这项活动，活动名称中的“面对面、心贴心、实打实”这 9 个字，就是兆国主席亲自提出来的。他多次亲自组织调研，亲自部署，亲自研究活动的内容、任务、方式方法，为活动把关定向。全总党组、书记处多次讨论研究这项活动，专门成立了领导机构，把它作为今年全会工作的主线，作为全总机关的一项全局性工作来部署和安排。

全总机关在开展服务职工活动中承担着重要职责，发挥着示范带头作用。这项活动开展得究竟是否有效、是否成功，能否达到预期的目的，关键在于全总机关的干部认识是否统一、行动是否有力、措施是否到位。各驻会全国产业工会和全总有关部门要牢固树立政治意识、大局意识、责任意识，从政治和全局的高度充分认识这项活动的重大意义，把开展服务职工活动摆上重要议事日程，切实把思想和行动统一到活动的部署要求上来，进一步增强做好工作的责任感、使命感和紧迫感。要认真学习贯彻全国工会开展“面对面、心贴心、实打实服务职工在基层”活动视频会议精神，根据活动意见的精神，结合全总机关开展服务职工活动实施方案，迅速动员、作出部署，深入宣传发动，细化工作任务，落实工作责任，充分调动机关干部参与活动的积极性、主动性，确保思想到位、组织到位、任务到位、人员到位、责任到位。各单位主要负责同志要承担起第一责任人职责，亲自动员、亲自调研、亲自督察，切实加强对本部门本单位活动的组织领导，恪尽职守、负起责任。各单位要认真选派精兵强将参加活动，保持人员的相对稳定性、工作的连续性。既要选派工作经验丰富的同志，又要选派参加工作时间不长、基层

工作经历较少的年轻干部；加强对选派人员的培训，使每名同志都要明确活动的重要意义、指导思想、主要任务、方法步骤和基本要求，都要熟悉相关政策法规、宣传材料、调研内容、访谈提纲，切实使活动开展的过程成为机关干部砥砺思想、磨炼意志、增长才干的过程，成为各部门各单位开展创先争优活动、转变工作作风、加强班子建设和干部队伍建设、提高工会工作整体水平的过程，成为各部门各单位领导组织力和执行力、团队精神和意志、干部能力和作风锻炼和检阅的过程。参与活动的同志特别是年轻同志，要珍惜此次下基层、访职工的机会，悉心学习，立足岗位、创先争优，以饱满的工作热情和高度负责的精神，从大处着眼、小处着手，全身心投入各项工作，确保活动有序推进，使广大职工群众切实感受到我们是和他们面对面、心贴心、实打实，感受到工会干部就在他们身边，是他们的朋友和亲人。

二、明确全总机关开展服务职工活动的主要目标任务

全总机关开展服务职工活动的总体要求是：组织动员机关干部深入基层、深入职工，开展调查研究、宣传政策法规、促进企业发展、推动解决困难、推进重点工作，面对面、心贴心、实打实地做好新形势下职工群众工作，努力实现职工队伍状况在一线掌握、工会维权帮扶在一线实施、构建和谐劳动关系在一线推进、工会工作任务在一线落实、创先争优活动在一线开展，扎根基层、夯实基础，进一步密切党和政府与职工群众的血肉联系，充分发挥党联系职工群众的桥梁和纽带作用。落实这一总体要求，要重点做好以下五项工作：

第一，开展调查研究，发挥好“调查队”作用。各单位要把调查研究工作作为开展活动的一项基础性工作来抓，深入各类企业特别是中小企业、非公有制企业、改制企业、生产经营困难企业和劳动密集型企业，了解掌握企业生产经营状况、劳动关系变化、职工生产生活和权益实现及思想动态、精神文化需求等方面的情况。要坚持调查研究与服务职工相结合，既要深入了解基层实际，分析研究新形势下基层工会工作面临的新情况、新问题，为下一步开展工会工作提出思路性、前瞻性的对策建议；又要以开展调研为切入点，积极服务职工群众，切实帮助职工解决实际问题，办好几件让职工群众看得见摸得着的实事好事。要保证调研质量，全总活动领导小组办公室将制定统一的调查提纲和访谈提纲，各驻会全国产业工会和机关有关部门也可根据本单位的实际，适当增减一些调查和访谈内容，带着问题有针对性地去调研。参加活动的同志要勤问、勤记、勤思考，做好调查、访谈工作，准确掌握第一手资料，做到心中有数。各服务职工工作组要坚持蹲点调查，抓住几个点，深入“解剖麻雀”，找出问题的症结，举一反三，触类旁通，发现和总结带有普遍性、规律性的经验做法。

第二，宣传政策法规，发挥好“宣传队”作用。要充分利用报纸、电视、手机、网络、微博等多种渠道，通过召开座谈会和报告会、设立宣传栏、入户走访、发放宣传资料等多种方式，结合当前职工群众关心的热点问题，广泛深入宣传党的路线方针政策，宣传改革发展的新成就，宣传党和政府改善民生的新举措，宣传中国特色社会主义工会发展道路的科学内涵和精神实质等，引导职工正确认识形势，坚定永远跟党走的政治信念，增强对工会组织的认同感、归属感。要与各省（区、市）总工会、地方产业工

会及企业工会密切配合，在基层组织开展宣讲会、座谈会、文艺演出、走访慰问等多种贴近职工群众的活动，通过发放宣传彩页、摆放宣传展板、定期更新宣传栏、黑板报等形式，广泛宣传《工会法》、《劳动法》、《劳动合同法》、《社会保险法》等一系列保障职工权益的法律法规，积极回应职工关心的热点难点问题，做好释疑解惑工作，加强对职工的人文关怀和心理疏导，帮助他们解决疑问、弄通思想、理顺情绪，把各种矛盾化解在基层，把职工群众的怨气和不满情绪消除在萌芽状态。要大力弘扬工人阶级伟大品格和劳模精神，宣传职工中涌现出来的先进模范人物，善于用身边的典型教育身边的人，充分发挥劳模的示范引领作用，增强宣传效果的感染力、渗透力，激发广大职工学赶先进、做好本职工作的劳动热情，打牢共同奋斗的思想基础。

*第三，促进企业发展，发挥好“工作队”作用。*我国社会主义劳动关系双方是矛盾统一体和利益共同体。离开了企业的发展，职工的利益就会受到影响；离开了职工的创造性劳动，企业发展就会失去动力。在开展活动中要始终遵循“促进企业发展、维护职工权益”的企业工会工作原则，把两者有机统一起来。要引导广大职工积极投身“当好主力军、建功‘十二五’”劳动竞赛活动，勤奋劳动、诚实劳动、创新劳动，遵守社会公德、职业道德，把勤劳创业、实业致富、推动实体经济发展、创造美好生活作为自觉追求。要大力推动企业特别是非公企业开展形式多样的群众性经济技术创新活动和劳动竞赛活动，组织和引导职工通过技术革新、技术协作、发明创造、合理化建议等活动，为推动企业转变发展方式、实现转型升级、提高自主创新能力献计出力。当前要重点关注部分中小企业生产经营困难、职工权益受影响等问题，积极推动政府落实促进中小企业发展的政策措施。进一步总结推广全心全意依靠职工办企业的经营理念和典型经验，在企业特别是非公企业中营造“企业关爱员工，员工关心企业发展”的良好氛围，实现企业与职工双赢。要积极推动企业加强职工职业技能培训，提高职工素质，为企业发展提供人才保证和智力支持。

*第四，推动解决困难，发挥好“服务队”作用。*调查了解情况目的是为了解决问题，这次活动一个重要特点不在于调查了多少企业、写出了多少调研报告，而在于为职工办了多少实事，解决了多少困难，排查了多少影响职工权益实现与职工队伍稳定的因素。因此，要把困难职工、下岗失业人员、农民工、劳务派遣工作为重点对象，充分发挥工会困难职工帮扶中心、企业帮扶站的作用，想方设法地为职工提供就业帮助、生活救助、医疗互助、法律援助和子女助学等服务，切实为党政分忧、为职工解难、为全总机关争光。要向广大基层工会干部学习，发扬“妈妈心、婆婆嘴，闲不住的两条腿”精神，深入了解职工所思所想所忧所怨，把职工当做自己的亲人来对待，把基层当成自己的老家来走动，把职工的要求当做对自己的信任来鞭策，把职工的事情当成自己的事情来办理，真正取信于基层、取信于职工。对于活动中职工群众和企业反映的突出问题，要积极加强与企业的沟通协调，在企业层面推动有关问题的解决；企业难以解决的，积极向上级反映，争取地方党委、政府妥善解决；对于一时无力解决的问题，要向职工群众耐心细致地做好解释工作；对带有综合性和普遍性的问题，推动从政策和制度层面解决。职工是通情达理的，只要我们心到情到，即使问题暂时解决不了，职工也会理解的，如果当做额外的负担和麻烦去简单应付，即使办成了职工也不会认可。

第五，推进重点工作，发挥好“指导队”作用。开展服务职工活动与推进工会重点工作是统一的、一致的，两者相互联系、相互促进。服务职工活动的开展为工会重点工作的推进提供了动力和机遇，推进工会重点工作又进一步深化了服务职工活动的内涵，丰富了活动的内容。要处理好开展服务职工活动与推进重点工作的关系，坚持两手抓、两促进、两提高，防止搞成“两张皮”，切实以活动开展带动工会工作整体水平提高，以工作水平的提高带动活动向纵深发展。要从本产业、本部门实际出发，围绕“两个普遍”等重点工作开展活动，通过活动推动重点工作的落实。通过深入调查，掌握“两个普遍”在基层的落实情况，把情况摸透、把问题找准，明晰下一步的工作思路。要以非公有制企业为重点企业，以经济开发区、工业园区、商贸楼宇、集贸市场等为重点领域，做好宣传发动工作，积极推动企业普遍建立工会组织。深入宣传发动职工，提高职工对工会的认识，提高职工依法维护自身合法权益的意识，着力启发和调动职工入会和参与工会活动的积极性，不断增强基层工会组织活力。要以构建和谐劳动关系为主线，依法推动企业普遍建立工资集体协商制度，积极开展工资集体协商要约行动，加强区域性、行业性工资集体协商工作。充分发挥产业工会在推动“两个普遍”中的重要作用，各产业工会要积极推动建立县以下行业工会联合会，开展行业工资集体协商，代表和维护本产业职工合法权益。要注重发挥上级工会的优势，大力推行“上代下”工作机制，积极协调解决基层工会面临的实际困难和问题，为基层工会开展工作、履行职责提供有力支持。

三、精心组织实施全总机关服务职工活动

这次服务职工活动头绪多、任务重，各驻会全国产业工会和全总机关有关部门要高度重视，加强领导，精心组织，确保活动取得实效。

第一，周密部署，有序推进。服务职工活动将贯穿2012年全年，分为动员部署、推进实施、阶段总结、成果转化4个阶段。各单位各部门要按照统一要求，搞好“规定动作”，做好“自选动作”，有步骤、分阶段地进行。

第一阶段，春节前，结合2012年两节期间工会“送温暖”活动，开展好服务职工活动，主要是协助党政推动解决职工特别是农民工工资拖欠问题。从今天下午开始，全总领导同志将带队，分17路慰问团赴各地开展送温暖慰问活动。在开展慰问活动中，要听取各省区市对开展服务职工活动的思路举措和意见建议，深入到农民工比较集中的地区和企业，召开职工和农民工座谈会，推动地方工会重点了解农民工工资支付状况，摸清农民工平安返乡情况，研判节后当地就业形势和农民工的就业意愿，排查影响农民工权益实现和队伍稳定的苗头性、倾向性问题，向地方党政提出有针对性的政策建议，积极主动做好“两节”期间农民工维权维稳工作。

第二阶段，春节后至6月，各驻会全国产业工会、全总有关部门干部组成24个服务职工工作组，主要由7个驻会全国产业工会和17个部门分别负责。其中，7个驻会全国产业工会各负责两个省份，17个部门各负责一个省份。全总领导同志根据工作需要和分管的产业和部门，选择参加相应小组的活动。开展活动中，各服务职工工作组要按照工作手册的指导要求，认真开展各项工作。在每个省份走访5家以上不同类型企业，与50名以上职工进行面对面的交流沟通。根据专题调研组的随机抽取或当地工会的具体安

排，通过听取各地工会开展活动的有关情况汇报、召开企业经营管理者和工会干部座谈会及职工座谈会、个案访谈、入户走访慰问困难职工、发放宣传材料、开展法律援助和政策法规咨询等方式，深入到企业、车间、班组及职工生活和文体活动场所，征求生产一线职工、经营管理人员、地方和基层工会干部的意见建议，了解职工的思想和工作情况，推动解决职工群众生产生活和思想方面遇到的困难与问题。每个服务职工工作组都要记录工作日志。

第三阶段，在各省区市总工会对活动开展情况进行阶段总结的基础上，我们将适时分片召开座谈会，交流各地活动开展情况，总结推广典型经验做法，研究解决突出问题，推进活动健康开展。

第四阶段，总结汇总全总机关和各地活动成果，全面回顾各工作组开展活动的工作情况，总结活动中发掘的基层典型经验，客观分析基层工会工作和职工权益保障中存在的困难和问题，有针对性地提出意见建议，努力把开展活动的成果转化为推动工会工作创新发展的动力。通过活动的开展，进一步建立和完善工会开展职工群众工作的长效机制和工作制度。

第二，强化宣传，营造氛围。要主动邀请中央主流新闻媒体随同全总服务职工工作组一起开展活动，进行跟踪报道，广泛宣传活动的重要意义、基本情况和工会干部的具体做法，推动活动广泛开展。要在工会报刊、网站上开辟专栏专版，发挥博客、微博、手机等新媒体的作用，积极举行辅导讲座、报告会、组织宣讲团等，广泛宣传各级工会开展活动的主要成果、典型经验和成功做法，宣传工会干部深入职工群众、帮助职工解决实际问题、推动构建和谐劳动关系的突出成效，宣传一批切实为基层和职工群众办实事、做好事、解难事的工会干部，努力形成内外呼应、上下联动的强大声势，扩大活动的社会影响力，形成有利于活动开展和工会整体工作的良好氛围。

第三，加强协调，搞好督察。在这次活动中，全总机关成立了活动领导小组办公室，内设综合协调组、专题调研组、宣传报道组和督导检查组 4 个小组，负责活动的综合协调服务，活动调研方案、访谈提纲的设计，活动的宣传报道及对全总机关和各地活动开展情况的督导检查等。各单位的服务职工工作组和活动领导小组办公室各组之间要加强联系沟通，在实践中加强磨合衔接，相互支持、相互补台，心往一处想、劲往一处使，确保活动的有序开展，防止活动一哄而上、虎头蛇尾。活动领导小组办公室要加强对各服务职工工作组及各地活动开展情况的指导与服务，通过编印简报等方式反映活动进展情况，对各地各单位工会在走访过程中执行有关工作纪律和作风情况进行监督检查，发掘并总结走访活动中涌现出来的成功做法与先进典型。各服务职工工作组要严格服从活动的总体安排，不能片面强调自身的困难、理由和特殊性，影响活动的整体进度和质量，要充分发挥主观能动性，积极出主意、想办法，结合各单位的实际和特点创造性地开展工作，履行好指导督促检查地方工会开展活动的责任，形成全会共同推进活动深入开展的工作合力。参加活动的每名机关工作人员都要严守工作纪律，不给基层添麻烦增负担，不搞层层陪同，不影响基层企业和广大职工的日常生产生活，不接受企业吃请和礼品，树立全总机关干部良好的社会形象。对违反调研纪律的行为和当事人，所在单位要严肃处理并及时向活动领导小组办公室进行通报。

陈豪同志在全总十五届十五次主席会议上关于服务职工活动的情况汇报

（2012 年 4 月 1 日）

我代表全总服务职工活动领导小组，就各级工会开展“面对面、心贴心、实打实服务职工在基层”活动情况作一简要汇报。

2011 年 12 月，习近平同志主持中央书记处办公会议听取全总党组工作汇报，指出开展服务职工活动这一工作思路很有创意，要积极抓好落实。兆国主席亲自召开部分省市工会主席座谈会听取意见，在全总十五届六次执委会、十一次主席团会议上作出重要指示，强调开展服务职工活动要结合时代发展特点和职工群众实际，着重在引领社会、组织社会、管理社会、服务社会、稳定社会等方面发挥作用。全总十五届六次执委会议确定服务职工活动是今年工会工作的主线。全总机关和各级工会认真学习贯彻中央领导同志重要指示精神，精心谋划、迅速行动，活动取得了积极进展。李源潮同志近日作出重要批示，指出全总等单位在创先争优活动中“走出机关、深入基层”效果很好，既推动机关干部到基层了解实情、改变作风，又帮助基层解决实际问题，很受欢迎。这里我主要报告一下活动的进展情况和下一步打算。

一、全总机关开展活动情况

全总十五届六次执委会议后，我们做了以下几方面工作：

一是统一思想、提高认识。全总先后召开全国工会服务职工活动视频会议、机关动员会议，下发活动意见和机关实施方案，在全会和全总机关进行动员和部署。通过学习中央领导同志重要指示和全总文件，广大工会干部充分认识到，服务职工活动是工会组织贯彻落实党的群众观点和群众路线、坚定不移地走中国特色社会主义工会发展道路的重要举措，是履行维护职工权益基本职责、做好新形势下职工群众工作的内在要求，是转变干部作风、提高工会工作整体水平、树立工会良好形象的重要契机，进一步统一了思想、凝聚了共识，增强了密切与职工联系、真心实意服务职工的责任感和使命感，提高了积极参与这项活动的自觉性和坚定性。

二是加强领导、精心部署。为确保活动的顺利开展，全总成立了以玉普同志为组长、全总领导班子其他成员为副组长的活动领导小组，下设办公室，内设综合协调组、专题调研组、宣传报道组、督导检查组，负责对全总机关和各级工会开展活动的指导、督促和考核工作。领导小组和办公室先后召开 7 次会议，研究活动推进中的具体问题，编印了《职工劳动权益手册》、活动工作手册，编制了活动调研提纲、宣传方案、经费预算、成效评估指标。机关各单位层层动员、广泛发动，广大干部职工积极响应、踊跃报名，以极大的热情投入到这项活动中。

三是深入基层、扎实推进。按照兆国主席的指示，我们将服务职工活动与2012年“两节”送温暖活动紧密结合。1月中旬，兆国主席亲自带队，全总成立17路慰问团赴30个省（区、市）开展送温暖活动。全总慰问团在送温暖期间，深入开展对职工特别是农民工工资支付、平安返乡、就业等问题的专题调研，听取各省（区、市）总工会关于开展服务职工活动的安排，并与各地工会一同分析和排查影响农民工权益实现和职工队伍稳定的苗头性、倾向性问题，做好维权维稳各项工作，推动服务职工活动深入开展。春节之后，全总机关组成24个服务职工工作组，由分管的全总党组、书记处同志带队，分赴全国各地开展活动。各工作组认真细化工作方案，精心设计活动安排，抽调精兵强将，加强教育培训，为活动开展打下良好基础。在开展活动过程中，各工作组努力贯彻“面对面”、“心贴心”、“实打实”9个字的要求，完成“规定动作”，有针对性地做好“自选动作”，深入企业特别是中小企业、非公有制企业、改制企业、生产经营困难企业和劳动密集型企业，进车间、到班组，坐罐笼、下矿井，入宿舍、看厨房，召开企业职工、工会干部和经营者不同层次座谈会，与职工个案访谈，入户慰问困难职工和困难劳模，与职工同吃同住同劳动，努力做到职工队伍状况在一线掌握、工会维权帮扶在一线实施、构建和谐劳动关系在一线推进、工会工作任务在一线落实、创先争优活动在一线开展等“五个在一线”。

四是加大宣传、营造声势。为扩大活动影响、加强工作交流、带动面上活动开展，领导小组办公室抓紧编印活动简报，在14个工人报刊和各级工会网站开设服务职工活动专栏，向央视“走转改”相关栏目推荐工会服务职工活动典型，向全会和社会各界宣传报道活动的最新进展和成效。据统计，中央和各地媒体对服务职工活动的报道达600余条，各大网站的相关报道达1万余篇，办公室编印活动简报120余期。为搞好对活动成果的总结提炼，办公室组织召开了工作组第一批活动情况通报交流会，总结经验、分析问题，研讨改进措施，努力达到“部分干部下基层、全体干部受教育”的良好效果。

二、各地工会开展活动进展情况

根据全总统一部署，各省（区、市）总工会结合自身实际，广泛开展“面对面、心贴心、实打实服务职工在基层”活动，取得了较好成效，在社会上形成了强大声势。

一是积极响应、迅速行动。各省（区、市）工会都把开展服务职工活动作为今年的重点工作，研究制定开展活动的意见、通知、实施方案等文件，并通过召开全委会、主席办公会、动员会、培训会等多种形式，全面部署开展活动。各地工会相应成立了活动领导机构，明确了职责分工，主要领导亲自抓、负总责。各级工会领导班子和机关各部门确定了对口联系的地区、产业和企业，分解细化任务，形成一级抓一级、层层抓落实的工作格局。活动得到了各省（区、市）党委和政府的重视和支持，山西、辽宁、福建、江西、湖北、广西、甘肃、宁夏等不少地方党政领导对工会开展这项活动作出指示，提出要求。

二是突出主题、体现特色。不少地方结合当地党委工作重点和工会工作实际，确定了具有地方特色的主题。其中，湖北、安徽等在去年已开展的服务职工活动的基础上，进一步创新活动载体，延伸服务对象和范围，突出“万名工会干部访万组送万箱”、“访民情、汇民智、释民惑、解民忧、惠民生”等主题。内蒙古、陕西、云南、重庆、河南等地突出活动规模，扩大活动影响，明确要求走访全省（区、市）规模以上企业，山西、河北等地还明确提出辖区内企业和职工要实现走访全覆盖。广东、江苏、湖南等地突出活动针对性，广东提出“四个一万工程”，即组织万名工会干部下基层进企业，组建万名工资集体协商指导员队伍指导工资集体协商，组建万名劳资矛盾调解员队伍化解劳资矛盾，组建万名工会网络宣传员队伍发展微博群引导网络舆情；江苏提出“三解三促”，即了解民情民意、破解发展难题、化解社会矛盾，促进干群关系融合、促进基层发展稳定、促进机关作风转变；湖南提出“四联四送四个一批”，即工会干部联系企业、劳动模范、一线职工和困难职工，送政策、送文化、送培训、送援助，交一批一线职工朋友、为职工办一批实事、为企业解决一批难题、形成一批调研成果。四川、山西、辽宁、吉林、福建等地选派年轻干部深入街道工会、企业工会和车间、班组蹲点锻炼 2 个月到 1 年时间。

三是贴近基层、注重实效。河北、辽宁、贵州、吉林、新疆、广西、新疆生产建设兵团等地通过建立群众工作室或员工诉求中心、发放服务职工联系卡、挂点联系记录本等形式，探索联系职工、服务职工的常态化、长效化机制。上海、浙江等地坚持“带着问题到基层”、“服务企业促发展，服务职工促和谐”，突出需求导向和服务要求，注重前期调研，务求活动取得实效。内蒙古、青海等地推出工会干部“民情日记”，记录在开展活动过程中的收获和体会，使参与和未直接参与活动的人员都受到教育和鼓舞。甘肃、天津、陕西等地通过实施基层工会先进典型推荐、劳动关系预警企业/行业报告、职工信访案件督办、实打实解决问题登记、职工共性诉求梳理等五项制度和“四必报”制度，层层收集活动阶段性成果和数据，推广亮点经验，分析研究存在的问题，提出解决方案。

三、开展服务职工活动的初步成效

在开展活动中，我们坚持把活动的开展与学习宣传实践中国特色社会主义工会发展道路相结合，与开展创先争优活动相结合，与推进工会重点工作相结合，把解决当前突出问题与建立健全长效机制相结合，取得了初步成效。中直机关工委副书记赵凯同志提出《中直党建》等要集中宣传全总等单位开展的“走出机关、深入基层”活动。中央创先争优活动领导小组办公室高度关注全总这项活动的开展，认为是创先争优活动中探索出来的有益经验。

一是对一线职工的生产生活和思想状况有了进一步了解。广大工会干部通过深入基层，认真听取职工群众意见、愿望和呼声，对企业的生产经营、职工的工作生活和基层工会工作情况有了进一步的了解，对职工特别是农民工的所思所想所忧所盼有了真切的感受。截至目前，全总机关各工作组共派出工作人员 187 人次，深入到 24 个省（区、市）、38 个地市、109 家企业，共召开座谈会 268 场，与 2722 名一线职工、企业经营者和基层工会干部面对面交流，个案访谈 735 人。

二是对中国特色社会主义工会发展道路和劳动法律法规政策进行了广泛深入的

宣传。各级工会注重将活动开展与学习宣传实践中国特色社会主义工会发展道路相结合，积极举行中国特色社会主义工会发展道路宣讲会，广泛宣传工会发展道路的丰富内涵和精神实质，进一步统一广大工会干部的思想，坚定走中国特色社会主义工会发展道路的信心和决心。开展劳动法律法规政策咨询，积极回应职工关切的热点问题，做好释疑解惑工作，全总工作组共发放《职工劳动权益手册》11170册，帮助企业建立60个职工书屋，赠送图书7.2万余册。

三是为职工和企业办了一批好事实事。按照兆国主席关于开展服务职工活动“关键在于解决问题”的要求，各级工会针对职工群众反映的突出问题，主动与企业和有关方面沟通协调，推动解决职工参加学历教育和技术培训、享受公租房政策、工伤待遇、上下班交通、医疗费用报销、改善集体食堂和宿舍条件、子女入托上学、丰富业余文化生活、婚恋交友等一批涉及职工切身利益问题；针对一些企业反映生产经营遇到的困难，积极分析致困原因，提出发展对策，并给企业职工赠送帮扶资金。北京、海南、重庆、江西、宁夏等地工会干部多渠道筹集帮扶资金，为职工特别是困难职工办好事实事。截至目前，全总工作组共走访383户困难职工，慰问73名劳模，给困难企业和帮扶中心投入帮扶资金1088.5万元。

四是有力推动了工会重点工作的落实。各级工会把开展活动与推进本地区、本单位重点工作有机结合，与指导督察基层工会工作有机结合，以活动的开展促重点工作，以工作成效检验活动成果。全总工作组掌握和发现了深圳赐昱企业构建和谐劳动关系、河南曲梁镇服装行业工资集体协商、河北省总工会“四化式”（普惠化、项目化、实体化、社会化）帮扶工作模式等一批典型经验，并就工会组建、经济技术创新、行业性工资集体协商、劳动保护、民主管理、维稳和防范抵御、女职工素质提升、农垦林场职工权益维护等工作，对地方和基层工会进行了有针对性的服务指导。

五是进一步转变了工会干部的工作作风。广大工会干部把参与这次活动作为接受党性教育和群众教育的“大课堂”，十分珍惜这次机会，注重向基层工会干部学习，发扬不怕疲劳、连续作战的工作作风，白天调研走访座谈，晚上加班开会总结，每天工作12个小时以上。有的同志有时要工作到凌晨三四点钟，有的放弃节假日休息时间，有的克服了自己和家庭的许多困难。有的年轻工会干部说，“基层工会干部真不容易，他们好多经验值得我们学习，零距离接触，面对面交流，才能和职工群众心贴心”，“这次活动让我们了解了基层，熟悉了职工，增进了感情，锤炼了作风，真是一支心灵的净化剂、感情的融合剂、提振精神的催化剂、做好工作的推进剂”。广大工会干部在活动中严守工作纪律，不给基层添麻烦，拉近了与职工群众的距离，展现了工会领导机关和工会干部的良好风貌。山东、新疆、江苏等地切实使服务职工活动成为“树三风、提三力”的具体行动，即树立学习调研之风，提升学习力；树立干事创业之风，提升执行力；树立团结协作之风，提升凝聚力。一位基层工会主席说，“以前看到全总领导总感到有点距离，这次看到工作组很温暖、很亲切，敢掏心里话了”。

四、下一步深入推进服务职工活动的打算

下一步，我们要按照兆国主席在这次主席会上的重要指示精神，进一步推进服务职

工活动的深入开展。

一是要在深入推进实施上下功夫。目前活动已全面展开，但发展还不够平衡，有的地方起步还比较慢，有的深入企业、深入职工的面还不够广；有的“规定动作”不到位，缺少“自选动作”，特色不鲜明、针对性不够强。要进一步加强对活动的领导，在工作深度、开展广度上下功夫，严格督促检查，认真研究解决活动中存在的问题，既要指导点上的工作，又要指导面上的工作，确保活动广泛深入推进。要按照活动评价体系和考核方案，委派督察组赴各地巡查，通过听取情况汇报、进行随机抽查等多种形式，对各级工会开展活动情况进行督察指导。全总各工作组要始终保持昂扬向上的精神状态，深入各地开展工作，面对面、心贴心、实打实地为职工服务。我们将适时分片召开阶段性总结交流会议，进一步研究如何推动活动向纵深发展。

二是要在解决实际问题上下功夫。各地工会在推动解决基层和职工困难方面做了大量工作，但有的单位和工作组对企业和职工反映的问题，还一定程度停留在带回来研究、向有关部门反映上，如何进一步发挥主观能动性、千方百计协调解决，还需要认真破题，实实在在为企业和职工办几件看得见、摸得着的实事好事，真正做到服务基层、取信职工。要大力发扬求真务实的作风，不搞花架子，不搞形式主义，对于走访中听到、看到的问题，能解决的马上解决，能改进的马上改进，对需要转交有关部门解决的问题，要及时转交，明确承办人、责任人、跟踪人，确保事事有交代、件件有着落，把办实事、做好事、解难事作为检验活动成效的重要标准。

三是要在建立长效机制上下功夫。要注重对活动成果的转化运用，通过深入基层调查研究，捕捉工会工作中的亮点和热点，深入“解剖麻雀”，发现和总结带有普遍性、规律性的经验做法，转化为工会干部联系基层、服务职工的长效机制，使服务职工活动常态化、制度化，成为工会组织扎根基层、工会干部贴近职工的响亮品牌。对于活动中发现的涉及职工切身利益的政策性问题，要分门别类进行分析和研究，积极提出工会的意见主张，推动国家和地方出台相关的法律法规和政策，使活动取得更加长远和广泛的效果。

四是要在加大宣传力度上下功夫。服务职工活动是一项系统工程，涉及方方面面，要使活动达到预期的效果，离不开党政的支持、企业的理解和职工的参与。要进一步加大宣传力度，在中央和地方主流媒体、各大门户网站、工会宣传阵地上集中时间、集中板块推出一大批有深度、有分量的宣传报道，广泛宣传活动的重要意义和积极成果，不断扩大活动影响，让党政更加认可和支持活动的开展，让广大职工更深切地感受到工会组织的关心和温暖，让广大工会干部更清醒地认识到自身肩负的责任和使命，形成有利于活动开展的良好氛围。

以上汇报，请兆国主席和各位同志指正。

陈豪同志在全国工会学习宣传实践中国特色社会主义工会发展道路暨服务职工活动座谈会（南方片区）上的讲话

（2012 年 5 月 19 日）

几天来，与会同志围绕会议主题，认真学习领会中央领导同志重要指示精神，交流了学习宣传实践中国特色社会主义工会发展道路与开展“面对面、心贴心、实打实服务职工在基层”活动的情况与体会，并就进一步建立健全服务职工长效机制、不断提高做好新形势下职工群众工作的能力和水平，谈了许多很好的思路与打算，听后很受启发。这里，我首先代表全国工会服务职工活动领导小组，着重就全总及参加这次座谈会的南方部分省（区、市）工会开展“面对面、心贴心、实打实服务职工在基层”活动的情况作一个初步小结，并就下一步活动的深入推进谈几点具体意见。

一、服务职工活动的进展与成效

2011 年 12 月，习近平同志在主持中央书记处办公会议听取全总党组工作汇报时指出，开展服务职工活动这一工作思路很有创意，要积极抓好落实。王兆国同志在安徽亲自召开部分省市工会主席座谈会听取意见，在全总十五届六次执委会、十一次主席团会议上作出重要指示，强调开展服务职工活动要结合时代发展特点和职工群众实际，着重在引领社会、组织社会、管理社会、服务社会、稳定社会等方面发挥工会组织作用。全总十五届六次执委会作出把服务职工活动作为今年工会工作主线的部署后，各级工会积极响应、精心谋划、迅速行动，活动取得了积极进展。我们这次南方片区座谈会交流的经验做法，亮点纷呈、成效斐然，集中反映了各省（区、市）工会在开展服务职工活动中取得的突出成效，概括起来有以下几个方面：

（一）准备充分，部署周密

各级工会认真学习领会中央领导同志关于开展服务职工活动的重要指示精神，充分认识到活动是工会组织贯彻落实党的群众观点和群众路线、坚定不移地走中国特色社会主义工会发展道路的重要举措，是履行维护职工权益基本职责、做好新形势下职工群众工作的内在要求，是转变干部作风、提高工会工作整体水平、树立工会良好形象的重要契机，把开展活动摆上重要议事日程，切实加强组织领导。全总和各省（区、市）工会均成立了活动领导机构，明确了职责分工，主要领导亲自抓、负总责，研究制定了活动意见、实施方案等文件，层层部署、广泛发动，在广大工会干部中掀起了积极参与服务职工活动的热潮。全总机关组成 24 个服务职工工作组，由全总党组、书记处同志带队，分赴各地开展活动。各地方工会积极向当地党政汇报开展服务职工活动的思路、打算和进展，努力为活动的顺利开展营造良好环境，取得党委的领导和指导。上海、安徽、福建、江西、湖北、广西等地党政领导专门对活动开展作出指示，提出要求；江苏、浙江、安徽、福建、江西、湖北、湖南、广西、云南、贵州等地将服务职工活动与党委部署的深入基层、转变作风各项活动有机结合，得到了党政的高度重视和大力支持。各级工会领导班子和机关各部门确定了对口联系的地区、产业和企业，分解细化任务，并通过召开督察会、推进会、经验交流会等多种形式，加强对活动的督促检查，切实形成一级抓一级、层层抓落实的工作格局。

（二）进展顺利，形成声势

服务职工活动开展4个多月来，在各级工会的共同努力下，活动取得了积极进展，得到了中央领导同志和各级党政的充分肯定。王兆国同志在4月1日召开的全总十五届十五次主席会上指出，服务职工活动很有必要，全总党组、书记处抓得很紧、组织得很好，各级工会行动迅速、推进扎实，通过面对面听取职工的意愿和呼声、心贴心解答职工提出的问题、实打实为职工排忧解难，保证了工会组织来源于职工、融合于职工、服务于职工，密切了工会组织与职工群众的联系，也锻炼了干部队伍、提升了干部素质；明确要求各级工会继续将服务职工活动抓下去，推动形成服务职工的长效机制，着力解决实际问题，把这项活动做实。李源潮同志作出批示，指出各级工会在创先争优活动中集中开展的“面对面、心贴心、实打实服务职工在基层”活动做得很好，提高了工会组织的威信，受到了广大职工的欢迎；要求进一步抓实在、办实事、得实效，让党政和企业认可、让职工群众满意。江苏省委书记罗志军、浙江省委书记赵洪祝、福建省委书记孙春兰等对本地工会集中开展服务职工活动也都给予了充分肯定。有的地方党委领导说：“工会的这一做法，充分反映了党的思想路线和群众路线，只有一个成熟的组织和领导，才能提出这样‘有气度、有魄力、负责任’的工作思路。坚持这一思路，工会这项活动一定能取得实效，值得各级领导机关普遍推广。”各级工会抓住这一有利契机，充分运用报刊、网络、微博等多种媒体，广泛报道党政的重视支持、活动的最新进展和成效，不断扩大活动影响。截至目前，中央和各地媒体对服务职工活动的报道稿件超过2万件，各工会主要报刊都开设了服务职工活动专栏，全总活动领导小组办公室编印活动简报180余期，各省（区、市）也都编印了大量简报，充分反映活动成效，并及时向党政领导报告，在全社会形成了强大声势。

（三）工作扎实，亮点突出

按照王兆国同志关于开展服务职工活动“关键在于解决问题”的要求，各级工会不断拓展活动领域、创新活动载体、丰富活动内容，着力在“面对面”、“心贴心”、“实打实”9个字上下功夫，努力推动活动深入开展。一是切实做到“面对面”。广大工会干部深入企业特别是中小企业、非公有制企业、改制企业、生产经营困难企业和劳动密集型企业开展调查研究，进车间、访班组，入宿舍、到食堂，坐罐笼、下矿井，与职工同吃同住同劳动，详细了解企业生产经营情况、职工生产生活状况和思想动态，特别是职工群众反映突出的、影响劳动关系和谐稳定的热点难点问题。重庆、云南等地要求走访规模以上企业；福建提出省市县三级工会两年内共同完成“三个100%”的工作任务（100%走访企业、100%慰问特殊职工群体、100%完成重点工作目标）；海南、广西提出对困难和问题集中的企业和职工群体“必访”、“必进”，实现对企业生产发展和职工权益实现情况“必清”、“弄明白”；江苏作为全国最大的劳动力输入地之一，开展了对农民工、职业危害防治等十余项问题的专题调研；浙江着重加强对小微企业的调研，分析提出影响企业发展和职工权益实现的因素，收集了职工、企业和基层工会反映的1620多个问题和建议，并进行认真梳理，积极提出解决的办法。二是充分体现“心贴心”。各级工会把开展服务职工活动的过程作为学习宣传实践中国特色社会主义工会发展道路的过程，通过召开学习宣传实践工会发展道路座谈会、视频会议，成立讲师团、宣传组、举行宣讲会等方式，广泛宣传工会发展道路的科学内涵和精神实质，进一步增强走中国特色社会主义工会发展道路、做好服务职工工作的自觉性和主动性。大力宣传党和政府保障改善民生的重大举措，宣传工会法、劳动法、劳动合同法、社会保险法等一系列保障职工权益的法律法规，积极回应职工关切的热点问题，做好释疑解惑工作。全总印发30万册《职工劳动权益手册》送给企业职工，并帮助企业建立155个职工书屋，配送18.6万余册图书；湖南广泛开展了“争当雷锋传人，弘扬伟大品格”活动，推动社会主义核心价值体系在广大职工心灵深处扎根；四川、西藏等地成立藏区群众工作组，着力做好党的民族政策、惠民政策宣传工作，引导包括少数民族职工在内的广大职工依法理性表达利益诉求，进一步将思想和行动统一到中央的决策部署上来，坚定不移地跟党走。三是努力确保“实打实”。针对职工群众反映的生产生活困难，主动与企业和有关方面沟通协调解决；针对一些企业反映生产经营遇到的困难，积极分析致困原因，提出发展对策，并给企业职工赠送帮扶资金。截至目前，全总机关24个工作组深入到30个省（区、市）、90个地市、197家企业，走访慰问职工1329名，入户慰问困难职工439户，共召开座谈会479场，与6559名一线职工、企业经营者和基层工会干部面对面交流，个案访谈1224人，给困难企业和帮扶中心投入帮扶资金4000万元。各省（区、市）也做了大量工作，深入到许多企业，接触了大量职工。全总服务职工工作组在贵州毕节活动期间，现场帮助特困职工住上廉租房。安徽、重庆、广东等地提出为企业和职工办10件实事；上海着力为广大职工办好“四大实事”，即建立市劳模“三金”和体检制度、解决高龄公交驾驶员的工作生活困难、建立环卫职工收入正常增长机制、推出工会服务卡；海南筹资600万元扩大发行普惠职工的“大海·惠工卡”25万张；贵州提出到2012年年底实现困难职工帮扶维权服务的全覆盖；浙江等地积极为包括农民工在内的广大职工送岗位、送培训、送法律、送文化；四川深入开展全省职工职业技能3个“两百万行动”，即200万职工技术培训，200万职工技术练兵，200万职工技能比赛，力争今年年底各类职业技能培训、岗位练兵活动覆盖率达到95%；湖北以非公企业及班组为服务重点，指导基层班组开展建设“职工小家”活动，并向基层班组赠送“关爱箱”；湖南积极开展帮职工维权、解困、学习、科研“四帮”行动；广东针对用工大省的实际，着力做好外来务工人员服务工作，实施百万异地务工人员援助工程，即开展50万异地务工人员技能培训，增加50万异地务工人员参加职工互助保障；广西、贵州等地通过发放服务职工联系卡等形式，将服务职工的窗口前移，为广大职工提供更便捷、高效的服务。

（四）成效显著，深受好评

各级工会通过开展服务职工活动，一是对职工特别是一线职工的生产生活和思想状况有了进一步了解，为职工和企业办了一批实事好事，受到了企业和广大职工的欢迎。各级工会将服务职工活动作为2012年“两节”送温暖活动的重要内容，共筹集送温暖资金38.5亿元，走访慰问企业28.6万家次，走访慰问困难职工、困难劳模、农民工、一线职工1053万人次；深入开展对职工特别是农民工工资支付、平安返乡、就业等问题的专题调研，联合有关部门帮助592.4万人次农民工平安返乡，为农民工争取返乡补贴4.1亿元，分别比去年增长了4.2%和57.7%。江苏省苏州市推动工会帮扶工作制度化、社会化、长效化，与民政部门建立了联动和对象比对的工作机制，使低保职工、困难职工、困难劳模、外来特困农民工都分层次纳入了政府主导的社会化救助体系，保证了帮困对象的不重复不遗漏。湖南为职工群众解决2061个实际问题，对生产经营出现困难的中小企业，利用“双联”等载体，帮助企业拓展市场、稳定职工、协调融资。浙江大力加强职工就业培训和就业创业基地建设，实打实促进创业就业，全省工会将培育就业创业基地400家，选树省级就业创业示范基地24家；举办百期职工家政培训、千期职工技能培训，为10万名职工免费提供就业培训和职业介绍，实现千名家政人员持证上岗、万名职工技能晋级、5万名职工再就业。福建通过推行工资集体协商，一线工人平均工资比去年增长了22%。二是发现和总结了一大批基层工会典型经验，有力推动了构建和谐劳动关系、“两个普遍”、维权帮扶、维稳和防范抵御等工会重点工作的落实。全总在总结福建、浙江、湖南、四川等地经验的基础上，在全国范围内实施“双亮”工作，即“工会组织亮牌子、工会主席亮身份”。福建积极推行工会帮扶工作网格化管理模式，创建了“一庭两制度”（职工维权合议庭、法院委托工会调解劳动争议案件制度、具有工会工作人员身份的人民陪审员和特邀调解员参与处理劳动争议案件制度）。四川推动建立了绵阳市的首家世界500强企业工会。湖北开展劳动争议大调解行动，化解劳动争议1393起，排查劳动关系隐患2121件次。广东推进“四个一万工程”，即组织万名工会干部下基层进企业，组建万名工资集体协商指导员队伍指导工资集体协商，组建万名劳资矛盾调解员队伍化解劳资矛盾，组建万名工会网络宣传员队伍发展微博群引导网络舆情，推动省、市、县三级总工会设立工会劳动争议调解室，充分发挥工会律师团的作用。上海实行市、区县局（产业）两级工会职工队伍稳定状况按月排摸报告、职工群体性事件及时报告和每周“零报告”制度，在百人以上规模企业和产业（集团）公司建立劳动争议调解组织；充分借助人保、工商、税务、企联、工商联等部门力量，采取对企业经营者的政治安排与其履行社会责任相挂钩的办法，督促拥有一定“政治身份”的企业法人和经营者及时组建工会、开展工资集体协商。海南将尚未建会的世界500强企业、外商投资企业、大型超市和高尔夫等高端旅游服务企业作为省总机关各工作组挂钩联系点，由领导带队走访推动企业建会，截至目前实现了70%受访企业建立工会组织。江西要求各种来源的工会经费使用要更多地向基层倾斜，各种各样的职工活动要低重心、广覆盖。贵州以建立台账为突破口，开展“双亮”工程和推行“一账四证”制度，通过做实做好台账，扎实推进“两个普遍”工作。三是探索建立了形式多样的联系基层、服务职工的长效机制，广大工会干部的工作作风进一步转变。江苏要求使服务职工活动成为“树三风、提三力”的具体行动，即树立学习调研之风，提升学习力；树立干事创业之风，提升执行力；树立团结协作之风，提升凝聚力；自2004年起连续8年实施机关处级领导干部联系市县总工会制度，建立基层联系点，省总工会领导班子成员各联系1个省辖市和1个县（市）总工会，机关每位处级干部每年到联系点不少于10天；通过推动联系点工作制度化、常态化，为广大职工解决了棚户区住房、社会保险等实际问题，发现和培育了邳州板材行业、南京六合区服装行业工资集体协商等一批典型经验，切实推动了工会工作制度化、规范化、法制化、科学化。湖北建立了做好新形势下职工群众工作的六项机制，即定期集中走访企业和职工的工作机制，下基层调查研究的工作机制，联系困难企业、困难职工的工作机制，信访维稳的工作机制，到基层参加义务劳动的工作机制，代表职工参与社会建设与管理的工作机制。上海、浙江、安徽、福建、湖北、广西、四川等地建立健全机关工会干部联系点、下派蹲点、基层直联点和“联系职工交朋友”制度，贵州等地建立健全工会干部结对帮扶困难职工制度，明确要求工会干部特别是青年干部每年定期深入街道工会、企业工会和车间、班组蹲点锻炼，及时掌握了解职工状况。广大工会干部把参与这次活动作为接受党性教育和群众观点教育的“大课堂”，进一步拉近了与职工群众的距离，增进了与职工群众的感情。有的年轻工会干部说，“基层工会干部真不容易，他们好多经验值得我们学习，零距离接触，面对面交流，才能和职工群众心贴心”，“这次活动让我们了解了基层，熟悉了职工，增进了感情，锤炼了作风”。

通过4个多月的实践，我们体会到，开展好服务职工活动，加强领导、提高认识是基本前提，要把思想发动贯穿活动的始终，充分调动工会干部的主动性、积极性和创造性；突出特色、注重实效是重要基础，要围绕“面对面、心贴心、实打实”的总体要求，结合各地实际，尊重基层的首创精神，切实突出活动的针对性实效性；加大宣传、争取党政和社会各界支持是有力保证，要积极运用好党政赋予的资源和手段，为活动的深入开展创造良好的条件；统筹兼顾、推进工作是内在要求，要正确处理开展活动与推进工会重点工作和其他各项工作的关系，坚持两手抓、两不误、两促进。

二、下一步开展服务职工活动的要求

下一步，我们要按照中央领导同志的要求，在认真总结经验、巩固已有成果基础上，把开展服务职工活动与学习宣传实践中国特色社会主义工会发展道路紧密结合起来，切实在主线中体现主题、在主题中贯穿主线，进一步抓实在、办实事、得实效，把服务职工活动切实推向深入，为党的十八大胜利召开营造良好的社会氛围。

一是要注重活动的广度和深度，着力克服活动的不平衡。活动的成效有多大、影响有多大，关键要看深入基层的面有多广、扎到基层的根有多深。目前，各级工会开展活动总体势头良好，取得了阶段性成效，但一定程度上还存在推进不平衡的问题，有的地方措施比较扎实，推进力度很大，活动覆盖面很广，活动成效很明显；但有的地方行动还相对滞后，工作还不够深入，特别是服务职工活动的特点还不够鲜明。要坚持把活动和工会的重点工作、日常工作有机结合，但不能简单地把日常工作都往“活动”这个筐里装，稀释活动的内容，削弱活动的主题，要在为职工办实事上下功夫，在化解劳动关系矛盾上下功夫，在促进职工队伍和社会和谐稳定上下功夫，在加强职工思想政治引导上下功夫。要进行广泛发动，着力提高工会干部参与面、联系企业和职工覆盖面，推动活动纵向到底、横向到边，不留空白和死角。不仅是各级工会领导机关要深入下去，更重要是把广大基层工会组织的工会干部发动起来，深入到基层中去，和每一个职工面对面听取意见。要丰富活动载体，探索把面上活动开展和蹲点式跟踪调研结合起来，把服务职工活动总体要求与各地工会因地制宜开展的活动结合起来，使服务职工活动的形式更加丰富多样，影响更加广泛。要坚持分类指导，随时掌握、层层了解各地各企业开展活动的情况，区分层次、突出重点、分类实施，从定性上了解，从定量上分析，推动各级工会有步骤有计划地普遍开展活动。要加大统筹协调力度，各有关部门要各尽其责、密切配合，合力推进服务职工活动向纵深发展，克服松劲情绪、防止虎头蛇尾。

二是要突出活动重点，着力推动解决实际问题。服务职工活动归根到底是群众工作，必须始终在联系基层、服务职工上下功夫，切实听民声、察民意、晓民情、解民忧，维护好职工合法权益。只有深入基层才能了解职工群众，只有带着感情才能沟通职工群众，只有解决问题才能赢得职工群众。开展服务职工活动不仅要访贫问苦，更要主动深入地察职工所想，千方百计地解职工所忧，尽职尽责地为职工服务，把实实在在地为职工解决实际问题和具体困难贯穿于活动始终。对于活动中发现的问题，要进行分门别类，能够马上解决的问题，不等不靠不拖，及时推动解决并进行跟踪指导，直至落实；需要从长远去考虑的问题，要积极进行沟通协调，推动研究制定相关措施，并把问题解决得如何作为衡量活动是否收到成效以及成效大小的重要标准，做到活动开展到哪里、问题就解决到哪里，哪里开展活动、哪里就有新变化，以实际行动取信于职工。当前，针对部分企业反映的生产经营困难，中小企业招工难、融资难、税费过高等问题，要利用各种渠道，主动向党委政府反映，积极推动相关政策措施的制定和实施，推动优化企业发展环境；针对职工反映的就业难、工资水平偏低、房价高、医疗负担重、培训机会少、农民工子女就学难等问题，要坚持标本兼治，一方面强化源头参与，推动健全有关法律法规政策，一方面切实把困难职工、农民工、劳务派遣工等作为重点对象，加大维权帮扶力度，想方设法地提供就业帮助、生活救助、医疗互助、法律援助和子女助学等服务；针对基层工会反映的组建难、维权难、经费少、人少事多工作负担重等问题，要把工作重心向基层下沉，把工作力量向基层倾斜，把资源手段向基层集中，着力夯实基层基础，增强基层活力，努力使工会基层组织网络覆盖全体职工，使工会各项工作惠及全体职工。

三是要着眼推动成果转化，着力从理论与实践相结合上探索新形势下联系职工、服务职工的长效机制。服务职工活动既带有阶段性特点，通过在今年集中开展活动并取得成效，努力为党的十八大胜利召开形成良好社会环境；同时本质上又不仅仅是一项具体活动，而是工会永恒的工作，不是一时之计、短期之策，更是一项长期性任务、经常性工作，是工会职责所在。工会组织离开了维护职工合法权益，离开了服务职工，将成为无本之木、无源之水，失去了存在的前提。因此，各级工会既要针对职工当前的所需所求，为职工办实事好事，又要着力建立健全长效机制，在活动全面展开的基础上，进行理论与实践相结合的思考，抓好成果的转化，做到“带着课题下去，找到办法上来”，让理论在实践中“开花结果”。要通过开展服务职工活动，把各级工会组织好的经验做法总结提炼，形成制度规范，做到常抓不懈，使服务职工工作真正落到实处，让广大职工真切感受到工会是为他们服务的组织，是他们的代表者，是他们的依靠。对于活动中发现的涉及职工切身利益带有普遍性的问题，要从长效机制上考虑，从法律、法规、政策、制度、机制等层面提出意见建议和工会的主张，及时向党委政府报告，推动从长远和普惠角度解决职工群众关注的问题。目前各地在建立服务职工长效机制上都作了很好的探索，有必要进一步加以规范，特别是从职工根本的、长远的、具体的利益问题着眼，在制度的内容和落实方面下大力气研究。比如，就业问题，面对企业招工难和职工就业难的实际，要通过开展服务职工活动，从工会角度研究增强职工就业能力、技能水平和竞争力问题，研究政府、企业和工会责任问题，并提出意见建议，推动在转变经济发展方式、产业结构调整的大背景下，促进职工技能素质提升；比如，收入分配问题，要着力研究如何提高职工劳动收入在国民收入中的比例问题，不仅从理论上思考，更要立足实践，重视总结一些地方和行业好的做法，在政府推进的收入分配改革中系统性地提出工会的主张，反映职工意见，健全完善职工特别是一线职工、低收入职工劳动收入增长机制；比如，农民工融入城市问题、子女教育问题、劳务派遣工规范问题、同工同酬问题，决不能停留在一般的会议和一般的表达呼声上，要从制度安排上认真加以研究，向党政提供切实可行的意见建议，一步一步地推动问题解决，这是工会的职责所在，也是可以有所作为的；比如，党的群众工作如何通过工会工作得到贯彻问题，在新形势下更好地发挥工会的桥梁纽带作用，要在联系职工的制度、机制、途径、方法、手段等方面系统地研究，同时注重加强对职工的思想引导，促进职工全面发展，使职工真正团结在党的周围；比如，工会参与社会管理问题，要从工会作为国家政权重要社会支柱出发，研究工会参与的具体渠道、途径，从哪些方面获得资源和手段，得到政府支持、社会认可和职工欢迎；比如，工会组织凝聚力提升的问题，既要研究如何激发工会组织和工会干部扎根职工群众的内在动力问题，又要研究如何形成约束机制问题，江苏等地建立的“会员评家”制度就是一种很好的约束制度，要把这些好的经验做法系统性地上升为制度规范，真正通过活动开展，使联系职工、服务职工长效机制建立在扎实的基础上，对工会服务职工工作起到强有力的推动作用，使各级工会组织真正扎根职工群众之中。

*四是要持续加强宣传，着力形成强有力的舆论导向。*各级工会和新闻媒体要高度重视活动的宣传报道，精心谋划、认真安排，确保宣传的规模和力度。要在注重发挥好党报党刊、工人报刊等主流媒体作用的同时，充分运用互联网、手机、微博等多种形式，深入宣传服务职工活动的重要意义和主要内容，充分反映活动的具体举措、典型经验和进展成效，扩大活动的影响，让各级党政看到工会是党和政府联系职工群众的桥梁纽带，是国家政权的重要社会支柱，让广大职工看到工会是实实在在为自己说话办事的组织，不断提升工会组织的社会形象，使服务职工活动成为工会组织扎根基层、工会干部贴近职工的响亮品牌和有效机制。当前，各地要认真总结开展“双亮”工作经验，通过开展服务职工活动，不断充实“双亮”内容，不仅“亮牌子”、“亮身份”，更要“亮

职责”，“亮为职工办的实事”，使工会工作各个方面都“亮”起来，接受广大职工的监督。

*五是要强化督察指导，着力推动活动的深入开展。*要切实加强对各级工会开展活动的督促检查、协调指导，对每个阶段的工作任务、服务重点、活动要求提出明确要求，并通过分片分行业召开座谈会、推进会等方式，加强交流督察、随机抽查，及时统计了解各地开展活动的进展情况，研究解决活动中遇到的新情况新问题。要将服务职工活动作为工会工作创先争优、年度考核、工会主席述职的重要内容，按照领导小组办公室制定的活动评价体系和考核方案进行量化考核和动态管理，把各项指标和工作任务层层分解落实，谋划到月、责任到人，对推进活动有力、成效明显的要进行肯定，对活动迟缓、流于形式、成效不彰的要及时指导帮助加以改进，确保活动广泛深入推进，取得实效。

陈豪同志在全国工会学习宣传实践中国特色社会主义工会发展道路暨服务职工活动座谈会（北方片区）上的讲话

（2012 年 6 月 28 日）

两天来，与会同志围绕会议主题，认真学习领会中央领导同志重要指示精神，交流了学习宣传实践中国特色社会主义工会发展道路与开展服务职工活动的做法与体会，并就进一步建立健全服务职工长效机制、不断提高做好新形势下职工群众工作的能力和水平，谈了很好的思路与打算，听后很受启发。同时，还提出了一些很好的建议，我们将认真研究，以改进工作。一会儿，玉普同志还将发表重要讲话，我们要认真学习贯彻。下面，我代表全国工会服务职工活动领导小组，就各级工会特别是北方片区工会开展“面对面、心贴心、实打实服务职工在基层”活动的进展情况作一个简要总结，并就下一步活动的深入推进讲几点具体意见。

一、“面对面、心贴心、实打实服务职工在基层”活动取得的进展成效

全国工会“面对面、心贴心、实打实服务职工在基层”活动开展以来，各级工会积极响应、精心谋划、迅速行动，活动总体势头良好，取得了阶段性成效。

（一）坚持深入基层深入职工，扎实掌握第一手材料

各级工会注重围绕当前新形势下劳动关系、职工权益维护和工会工作遇到的新情况、新问题，深入企业特别是中小企业、非公企业和生产经营困难企业，开展走访调研；了解企业生产经营状况、职工生产生活与思想动态及工会重点工作推进等情况；认真分析研究职工群众和企业反映的突出问题，使活动成为了解情况最直接、解决问题最扎实、工作成效最突出、职能作用发挥最到位的一次生动实践。如，天津市总要求各级工会干部强化深入基层服务群众理念，带着“五心”开展活动，即胸怀真心到基层去了解实情，充满爱心关怀一线困难职工，带着热心有问必答，认真细心做好调查研究和思考分析，实心实意解决问题，在调研中采取“下去一把抓，上来再分家”的方式，对属于工会自身职责范围内的，即时研究解决，不在职责内的，摸清情况，提出建议，积极向有关方面反映，推动协调解决，对于一时难以解决的，主动向职工说明，促进逐步解决。辽宁省总开展“进企业、访职工、察实情、办实事、促和谐”活动，发动面广、工作务实、效果显著。河北、山西、甘肃等地工会突出一个“深”字，提出省、市、县、乡镇四级工会特别是基层工会和专兼职工会干部要全员参与，到企业和职工最需要的地方驻企蹲点，确保服务活动对企业和职工全覆盖，获取真实详尽的第一手资料。内蒙古

区总提出了“三个一万”的目标任务，要求全区各级工会在走访中至少要深入1万家企业，走访1万名职工，帮扶1万户困难家庭，扩大活动的覆盖面。吉林、陕西、青海等地工会设立了工会干部下基层联系点、联系户制度，明确要求机关干部与基层工会、企业、劳模和困难职工建立长期联系。山东、河南、新疆等地工会把综合调研和专项调查相结合，对当前社会热点和重大民生问题、职工关注的自身权益问题等进行综合调研，推动在制度和政策层面解决普遍性问题；对工会工作的重点难点问题深入开展专项调研，推进工会各项重点工作深入发展。

（二）坚持释疑解惑正面引导，广泛宣传中国特色社会主义工会发展道路理论和政策法规

各级工会通过开展服务职工活动，广泛宣传形势任务和党的路线方针政策、中国特色社会主义工会发展道路、工会的重点工作等，把中央的精神和工会的举措向职工讲清讲透，积极回应职工关心的热点问题，做好释疑解惑工作，引导职工正确认识形势，坚定理想信念。辽宁、甘肃等地工会着眼于建立“大学习、大宣传”格局，组织精干力量积极开展宣讲活动，通过集中、系统、持续地宣传和案例教育、典型教育等职工喜闻乐见的方式，把中国特色社会主义道路和工会发展道路理论送到机关、企业和社区，使理论真正入耳入心入脑。黑龙江、陕西等地工会充分发挥主流媒体的权威作用和博客、微博、手机报等新兴媒体的传播效率，强化教育引导，强化认知践行，不断增强中国特色社会主义工会发展道路的影响力和感召力，增强广大工会干部和职工坚定不移走工会发展道路的信心和决心。河北省总为一线职工送法律服务，联合省司法厅组织3000名工会法律工作者、志愿者和1万名工会专兼职劳动争议仲裁员、调解员、劳动保障法律监督员、群众工作员深入到企业、车间和班组，广泛开展普法宣传，提高企业工会干部和广大职工依法维权的意识和能力，最大限度地减少不和谐因素，维护职工队伍和社会稳定。

（三）坚持因地制宜多措并举，积极促进企业发展

各级工会认真结合地方经济社会发展实际，围绕促进企业发展、加快转变发展方式、实现转型升级、提高自主创新能力，积极推动政府有关促进中小企业发展政策措施的落实，组织开展群众性经济技术创新和劳动竞赛活动，加强职工职业技能培训，提高职工素质，为企业发展提供智力支持和人才保证。北京、天津等地工会通过“八会制”等职介新模式，为企业协调解决招工难、融资难等一批实际问题。河北、宁夏、新疆等地工会针对当前实体经济下行压力较大、企业发展困难较多的情况，引导广大职工主动把自己的命运与企业的命运联系起来，把个人的发展与促进企业的发展结合起来，开展职工技能竞赛，建立工人技术创新工作室，群策群力促进企业发展。在困难职工较多的企业、工业园区建立维权帮扶救助站，帮助解决企业的后顾之忧。青海省总把推动解决企业和职工群众实际问题作为开展活动的出发点和落脚点，组织7个调研组深入企业，千方百计解决基层工会实际困难，积极向有关部门反映企业呼声和职工诉求，推动企业改革发展，维护职工合法权益。陕西省总注重加强对职工的人文关怀和心理疏导，促进企业与职工进行有效沟通和互动交流，加强干群之间、职工之间的交流与理解，积极开展形式多样的文体活动，培养职工对企业的归属感和认同感，促进企业和谐发展。

（四）坚持标本兼治突出实效，推动解决职工困难

各级工会推动有关部门解决职工特别是困难职工、农民工、劳务派遣工在生产生活方面的实际困难，加强帮扶和法律援助等维权服务工作，做好劳动关系矛盾排查和劳动争议调处，把问题和隐患化解在基层、消除在萌芽状态。把党和政府的关怀以及工会组织的温暖送到职工的心坎上。北京市总建立完善由市职工服务（帮扶）中心、区县职工服务（帮扶）中心、街道乡镇工会服务站组成的覆盖地方的三级服务体系，由市总产业工会、局总公司工会、基层单位工会组成的覆盖产业系统的三级服务体系，发挥工会直接面向社会、服务企业和职工的窗口作用。内蒙古、吉林、青海、宁夏等地工会多渠道筹集帮扶资金和活动专项资金，帮助企业建立困难职工帮扶站，努力扩大帮扶维权和服务职工受益面。天津、河南、山东、陕西等地工会着重破解职工就业和企业招工、企业融资和改制、工资待遇和休息休假、工作场所和食堂宿舍、社会保险和看病就医、农民工融入城市和子女入学、劳动争议调解、劳务派遣企业建会、托管中心维权维稳等方面的难题，创新思路、借助外力、整合资源，通过搭建"招聘、培训、服务、网络、保障"五大就业平台、省际合作协议、"四提升"计划、劳动人事争议纠纷调解四方联动机制等多种形式，推动解决实际困难，有效维护职工利益。河北、山西、辽宁、新疆、新疆生产建设兵团等地工会通过建立群众工作室（站）、员工诉求中心、工会干部联系点、在律师事务所和工会帮扶中心设立"职工维权岗"、发放服务职工联系卡等形式，畅通工会联系职工、服务职工渠道，悉心听取职工群众反映的突出问题，主动与党政和企业等有关方面沟通协调，及时调处劳动关系矛盾，切实为基层和职工办实事做好事解难事。

（五）坚持分类指导典型引路，推进工会重点工作

各级工会把活动开展的过程转化为工会重点工作落实到基层的过程，在活动中注重发现典型、总结经验，及时宣传推广，通过典型示范作用，大力推进"两个普遍"、构建和谐劳动关系、建立完善职代会和厂务公开民主管理制度、建设先进企业文化职工文化、加大维权帮扶力度、做好维稳和防范抵御工作、团结动员广大职工立足岗位建功立业等重点工作，积极发挥工会组织在参与加强和创新社会管理、做好职工群众工作中的作用。北京、河南等地工会加强对各级工会特别是基层工会的联系和指导，形成主要领导亲自抓、班子成员分工抓、机关部门包片抓，定点联系企业、街道、乡镇和各类工会服务站的全方位参与和服务的格局。北京、辽宁、吉林、黑龙江、山东、新疆等地工会围绕2012年重点工作推进服务职工活动，推动劳务派遣公司建会和农民工、劳务派遣工等群体入会，探索县级工会标准化和小型非公企业工会联合会主席职业化建设，加大区域性、行业性工资集体协商力度，推动百人以上规模的企业独立开展工资集体协商，建立街道、社区、企业和区域性行业性劳动争议预防调解组织，加强企业文化和职工文化建设，积极构建"共建、共享、共赢"的和谐劳动关系。天津、河北、山西、辽宁、宁夏、新疆生产建设兵团等地工会利用新闻媒体、简报、通报等形式，认真总结、大力宣传活动中涌现出来的好做法、好经验、好典型，切实发挥典型引路和示范带动作用，推动活动的广泛深入开展。内蒙古、陕西等地工会通过实施基层工会先进典型推荐、劳动关系预警企业/行业报告、职工信访案件督办、实打实解决问题登记、职工共性诉求梳

理、定期专项报告等制度，层层收集活动阶段性成果和数据，加强跟踪推广亮点经验，充分转化运用活动的成果。

二、“面对面、心贴心、实打实服务职工在基层”活动取得的基本经验

这次服务职工活动规模大、覆盖面广、社会反响好，是加强和改进新形势下职工群众工作一次具体举措。在活动中，各级工会大胆探索、勇于创新，积累了宝贵经验，获得了许多深刻的启示，主要有：

（一）牢牢把握活动的正确方向，做到主题与主线相结合

开展服务职工活动是工会组织贯彻落实党的群众观点和群众路线、坚定不移地走中国特色社会主义工会发展道路的重要举措。按照兆国主席关于工会领导干部要成为工会发展道路的坚定拥护者、积极传播者、自觉践行者的要求，广大工会干部特别是领导干部站在讲政治、讲大局、讲责任的高度，将开展服务职工活动与学习宣传实践工会发展道路紧密结合，切实在主线中体现主题、在主题中贯穿主线。全总党组、书记处同志带头学习宣传实践工会发展道路，率队到各地宣讲，各地方工会、各全国产业工会和全总机关各部门负责同志高度重视，亲自抓部署、带头抓落实，掀起了集中学习宣传实践工会发展道路和开展服务职工活动的热潮。各级工会通过召开座谈会、研讨会、推进会，成立讲师团、宣传组、举行宣讲会以及在报刊开设专栏、组织有奖征文、知识竞赛等多种形式，大力宣传工会发展道路的科学内涵和精神实质，使各级党政部门和领导更加重视工会，使广大职工、企业经营者和社会各界更加支持工会，使工会干部充分认识到坚持走中国特色社会主义工会发展道路、建立起工会与职工群众更紧密的联系，是新形势下工会组织面临的紧迫要求，进一步明确了服务职工活动的发展方向，增强了开展活动的自觉性、主动性和创造性。

（二）妥善处理近期和长远的关系，做到办实事与建机制相结合

办实事与建机制，是工会服务职工工作中相互联系、相互促进、密不可分的两个重要方面，为职工办实事是解决职工实际困难、维护职工现实利益的重要途径，也是服务职工活动有形化、具体化的重要体现；制度建设具有管根本、管长远、管全局的重要作用，健全完善服务职工长效机制，对于推动服务职工活动规范化、科学化、实现可持续发展，工会始终保持和广大职工的密切联系，扎根于职工群众之中，具有重要意义。因此，各级工会在开展服务职工活动中，坚持一手办实事、一手抓机制，既紧紧围绕劳动就业、收入分配、社会保障、劳动安全卫生、职业培训、解决职工生活困难等职工切身利益问题，切实加大工作力度，为职工办了一批实事好事，使职工感受到党和政府的关怀及工会组织的温暖；又始终把加强机制建设作为根本性、长期性和战略性的任务来抓，及时总结和提升各地工会创造的三级服务体系、群众工作室、服务职工联系卡、工作效能监测点、领导干部接访、职工和会员满意度测评等做法，结合实际探索建立形式多样的联系基层、服务职工的制度机制，确保了工会服务职工活动近期见成效与长期起作用的有机统一，也因此赢得了党委政府的重视支持、职工群众的普遍欢迎和社会各界的充分肯定。

（三）把资源和举措向基层倾斜，做到服务基层和激活基层相结合

基层工会处在联系服务职工的最前沿、协调劳动关系的第一线，工会各项工作都要通过基层组织来落实，工会作用的发挥最终也要通过基层组织来体现，可以说，工会服务职工活动，重点在基层，难点也在基层，成效更在基层检验。为此，各级工会在开展服务职工活动中，重视发挥基层工会组织的重要作用，一方面，充分调动基层工会开展活动的积极性，山西、甘肃等地工会通过广泛发动，让每个基层工会都行动起来，让每个工会干部和工会小组长都参与进来，对全省所有企业包“访”到户、职工包“访”到人，实现走访范围、对象和时间安排全覆盖；另一方面，深入了解掌握基层工会工作的亮点与难点，把工作重心向基层下移，工作力量向基层充实，经费投入向基层倾斜，积极为基层工会提供政策咨询、法律援助、工作指导、干部培训等多种形式的服务，切实激发基层工会工作活力。天津、内蒙古、黑龙江、山东等地工会大力实施“双亮”，积极推进基层工会组织规范化建设；河北省总下基层工作组给基层工会带去工资集体协商流程图、维权手册，有力提高了基层工会干部履职尽责的能力和水平；吉林、北京等地工会探索建立社会化工会工作者队伍，加强对基层工会干部开展法律政策咨询和劳动争议调解的培训力度，充实壮大基层工会工作力量；河南、青海、新疆等地工会积极帮助解决基层工会面临的困难，要求工会领导机关说基层工会不好说的话，办基层工会不好办的事，为基层工会开展工作、履行职责提供有力支持。在工会领导机关和基层工会这种上下联动、工作互补、协同共进的良性循环中，基层工会活力得到有效激发、作用得到充分发挥，服务职工活动各项任务真正落到了基层、见到了实效。

（四）强化工会干部服务意识和能力，做到服务职工与锤炼作风相结合

坚持群众路线、群众观点，时刻与职工保持紧密联系，是工会工作的生命线。广大工会干部特别是领导机关干部把开展服务职工活动作为增进与职工感情、密切与职工联系的重要契机，积极主动走出机关、深入一线、融入职工，拜基层为师，敬职工为友，进一步强化群众意识和对职工负责意识，面对面、心贴心、实打实地做好服务职工各项工作。广大工会干部特别是青年干部通过深入企业、车间和班组蹲点调研，与职工同吃同住同劳动，及时掌握了解职工状况，增进与职工感情。各省市工会重视把年轻干部派到基层，北京、吉林、宁夏、新疆、新疆生产建设兵团等地工会把建设一支热忱联系基层、热心服务职工、热爱工运事业的工会干部队伍作为服务职工活动的重要目标，积极开展工会干部教育培训；黑龙江省总积极推行大庆市“工会干部一线工作法”，即市、县区两级工会干部每周 3 天深入基层开展工作，并进行定期考核；青海、内蒙古、甘肃、陕西等地工会推出工会干部“民情日记”，记录深入基层服务职工的收获和体会，用身边的事教育身边的人，带动形成了广大工会干部努力转作风、自觉长才干的良好风气。许多工会干部深有感触地说，通过下基层长了见识，接地气长了灵气，办实事长了本事，对于提升素质、增长才干大有益处，我们一定要长期坚持下去。

（五）注重营造声势扩大影响，做到整合内部资源和形成社会化格局相结合

服务职工活动是一项系统的社会工程，离不开党政的高度重视、社会各界的大力

支持和职工的积极参与。只有把工会服务职工活动纳入党和政府主导的群众工作总体格局之中，工会服务职工的力量才能不断增强，领域才能不断拓宽，工作成效才能不断扩大。为此，各级工会积极向同级党政汇报开展服务职工活动的思路、打算和进展，辽宁、北京、天津、河北、山西、吉林、山东、青海、宁夏等地党政领导专门对活动开展作出指示、提出要求，对活动取得的积极进展给予充分肯定；河南、新疆等地积极争取党政支持，在服务企业和职工、解决问题办实事过程中充分利用党政赋予的资源；黑龙江、甘肃等地工会将服务职工活动与省委开展的深入基层、转变作风各项活动有机结合；青海省总联合省妇联、共青团共同开展“下基层、接地气、办实事”活动，形成工作合力，为活动的顺利开展营造了良好环境。针对活动中了解到的职工生产生活困难，各级工会积极整合内外资源，及时向党政反映职工的愿望诉求，推动出台相关政策法规，促进问题的解决。同时，注重运用报刊、网络、微博等多种媒体，广泛报道党政的重视支持、活动的最新进展和成效。截至目前，中央和各地媒体对服务职工活动的报道稿件超过2万件，全总活动领导小组办公室编印活动简报260余期，各省（区、市）也都编印了大量简报，充分反映活动成效，在工会内外形成了强大声势。

三、下一步开展“面对面、心贴心、实打实服务职工在基层”活动的要求

总体上看，工会服务职工活动取得了积极成效，同时我们也要看到，一些地方和单位还存在发展不平衡，活动参与面不够宽、工作还不够扎实、活动成效不明显、上级工会指导督促不够等问题。各级工会要认真学习王兆国主席的重要指示精神，按照玉普同志的要求，带着紧迫感自觉服务职工、带着责任感坚持服务职工，带着使命感深化服务职工，推动活动的深入开展，取得更好的效果。在南方片会上玉普同志就深入开展服务职工活动作了重要讲话，我也对下一步开展活动提出了明确要求，今天再具体强调几点：

（一）主动加强汇报，积极争取党政对服务职工活动的重视和支持

工会是党领导的工人阶级群众组织，是党和政府联系职工群众的桥梁和纽带，党政的重视和支持是开展好活动的重要保证。要把开展服务职工活动自觉地放到党和国家工作大局和各地经济社会发展大局中来定位和思考，放到工会工作全局中来部署和安排，做到活动思路自觉与大局保持一致，活动重心主动与大局契合。当前，特别要把服务职工活动与迎接党的十八大胜利召开紧密结合起来，为党的十八大召开营造良好的和谐社会环境。各级工会要充分认识到我们面临国内外形势十分复杂，职工队伍的思想状况复杂多样，主动加强请示汇报，争取党委的指导，积极向党委和政府汇报活动取得的成绩及活动中涉及的重大问题，反映了解到的基层和职工的诉求，加强与党政和群团等相关部门的合作协调，推动从政策制度层面解决职工利益和工会工作的重大问题，使我们的工作紧密地服务党的工作大局。要积极争取党委和政府把更多的资源和手段赋予工会，加大整合资源力度，主动融入参与加强和创新社会管理的大格局，为更好地服务职工提供有力保障、营造良好环境。

（二）广泛进行发动，努力做到活动对企业和职工的全面覆盖

各级工会要通过召开工作推进会议、专题汇报会、督促检查等多种方式，进一步全面发动、广泛动员，利用组织优势，调动基层力量，充分发挥专兼职工会干部、工会委员和工会小组长等的作用，让每个地方、产业和基层的工会干部都积极投身服务职工活动，深入基层、联系职工。每一个基层工会都要参与到服务职工活动中来，围绕统一要求，结合各单位的特点与实际在企业、车间、班组等不同层次召开职工座谈会，对职工特别是一线职工、农民工、劳务派遣工等进行访谈，广泛了解职工生产生活状况，及时掌握职工思想动态，未建工会的基层由上一级工会组织召开职工座谈会。做到每名工会干部都发动起来，每个基层工会组织都参与进来，力争实现工会干部对服务职工活动的全员参与，活动对企业工会和职工的全面覆盖。

（三）着力解决问题，切实为职工办实事好事

服务职工活动重在解决实际问题、求得实效，取信于基层工会、造福于职工群众。要把活动重心放在为职工和基层工会服务和排忧解难上，多从职工群众角度思考问题，多从基层实际出发谋划工作，切实为职工和基层办几件看得见、摸得着的实事。对于在活动中发现的问题，要进行分类分层次，能够解决的要尽快解决，暂时不能解决的，要做好跟踪督察工作，积极协调各方推动解决。要将解决问题的进展情况及时向基层工会和职工群众反馈。针对当前“就业难”与“招工难”并存、劳务派遣、非正规就业方面的突出问题，要大力促进更加积极就业政策特别是国家对中小企业优惠扶持政策的贯彻落实，深入开展工会就业再就业工作，加强职工培训提升职工技能；参与收入分配制度改革，切实提高劳动报酬在初次分配中的比重；推动参与社会保障体系建设，不断扩大社会保险覆盖面，提高社会保险水平；积极配合人大修改《劳动合同法》，规范劳动派遣行为，保障劳务派遣工的权益；进一步健全帮扶网络，深入推进工会帮扶工作常态化长效化，实现帮扶工作不断创新发展。要针对活动中职工普遍反映的具体困难，主动与企业沟通协调，推动解决职工享受公租房政策、工伤待遇、医疗费用报销、参加技术培训、改善集体食堂和宿舍条件、子女入托上学、业余文化生活等切身利益问题。

（四）深入调查研究，扎实推动工会重点工作开展

各级工会要坚持从实际出发，让广大工会干部带着任务、带着责任，本着什么工作薄弱就重点推动什么工作、什么问题突出就重点协调解决什么问题的原则，做有重点、有深度的调研，下大力气、花真功夫实实在在推进工会重点工作，以活动的开展促重点工作，以工作成效检验活动成果。把加强调查研究作为牢牢把握工作主动权、推动工作创新的重要方法，针对各地实际，围绕涉及职工切身利益重大问题、职工关注的热点问题和工会工作的重点难点，选取一两个专题，组织力量深入调查研究，找出规律，提出工会的意见建议，形成专题调研报告，通过向同级党委、政府报告，推动涉及职工利益和工会工作普遍性、长远性问题的解决。当前，要围绕六次执委会确定的重点工作，加大推动“两个普遍”工作力度，确保完成今年的目标任务；建立健全法律援助机制，分析和排查影响职工特别是农民工权益实现的苗头性、倾向性问题，积极调处劳动关系矛盾，做好维权维稳各项工作；推动建立先进企业文化职工文化，不断满足职工日益增长

的精神文化需要；大力弘扬工人阶级伟大品格和劳模精神，团结动员广大职工通过勤奋劳动、诚实劳动、创新劳动，促进经济社会平稳较快发展。

（五）认真总结经验，探索形成联系和服务职工群众的长效机制

开展活动有时限，服务职工无止境。服务职工活动，是工会组织的本质要求，符合工会工作实际，职工欢迎，党政支持，社会反响良好。我们既要重视当前，又要着眼长远，把机制建设作为重中之重，使服务职工活动坚持不懈，长期坚持下去。各级工会要从理论和实践的结合上认真总结开展活动的成功经验，特别是基层工会创造出带有规律性、实效性和前瞻性的有效做法，深入思考和研究密切联系职工群众、构建服务职工长效机制问题，努力做好新形势下组织职工、引导职工、服务职工和维护职工合法权益工作，切实增强工会组织对职工群众的吸引力和凝聚力，不断丰富和发展中国特色社会主义工会发展道路，以优异成绩迎接党的十八大胜利召开。

第二篇　活动总结报告

全国工会"面对面、心贴心、实打实服务职工在基层"活动开展情况的报告

中共中华全国总工会党组

为做好新形势下职工群众工作，积极为党的十八大胜利召开营造良好环境，全国总工会把开展"面对面、心贴心、实打实服务职工在基层"活动作为2012年工作主线。2011年12月，习近平同志在主持中央书记处办公会议听取全总党组汇报时指出，这一工作思路很有创意，要积极抓好落实。王兆国、李源潮等中央领导同志对开展活动也提出了明确要求。各级工会按照中央领导同志的要求，精心部署、迅速行动，活动取得了积极进展，得到了广大职工的欢迎。现将活动开展情况报告如下：

一、开展活动的主要做法和成效

各级工会围绕开展调查研究、宣传政策法规、促进企业发展、推动解决困难、推进重点工作等五项任务，努力做到职工队伍状况在一线掌握、工会维权帮扶在一线实施、构建和谐劳动关系在一线推进、工会工作任务在一线落实、创先争优活动在一线开展等"五个在一线"，切实把推进服务职工活动的过程变成与广大职工"面对面"、"心贴心"、"实打实"的过程。

（一）全员参与、全会动员、全面覆盖，坚持做到"面对面"。全总成立了由全总党组书记、副主席、书记处第一书记王玉普任组长，全总领导班子其他成员为副组长的全国工会服务职工活动领导小组，全总机关组成24个服务职工工作组，深入到31个省（区、市）和新疆生产建设兵团、122个地市、271家企业，与9019名一线职工、企业经营者和基层工会干部面对面交流，个案访谈1788人。各级工会通过召开工作推进会议、督促检查、专题汇报会等多种方式，层层发动、广泛动员，共成立5.15万个工作组，组织103.03万名工会干部，采取领导带队包片、干部蹲点入户的方式，深入到40.14万家企业特别是中小企业、非公有制企业、改制企业、生产经营困难企业和劳动密集型企业，召开26.06万场次座谈会，与757.85万名一线职工、企业经营者和基层工会干部面对面交流，个案访谈81.67万名职工，努力做到走访不留空白、工作不留死角，实现工会干部对服务职工活动的全员参与，服务职工活动对建会企业和职工的全面覆盖。广大工会干部围绕涉及企业发展和职工利益等问题深入调研，通过进车间、访班组，入宿舍、到食堂，坐罐笼、下矿井，与职工群众"零距离"接触，同吃同住同劳动，既听"顺耳话"，也听"逆耳言"，了解职工在想什么、干什么、盼什么，全总机关和各省级工会共形成140多篇调研报告，为党和政府科学决策、做好职工群众工作提供了重要依据。

（二）带着嘱托、带着责任、带着感情，充分体现“心贴心”。广大工会干部坚持在思想上尊重职工群众、在感情上亲近职工群众、在工作上贴近职工群众，细致入微地做职工的思想工作，大力宣传党的十六大以来取得的巨大成就及党和政府惠民生、促发展各项政策措施，宣讲中国特色社会主义工会发展道路的科学内涵，普及劳动法律法规，积极回应职工关心的热点问题，做好释疑解惑工作，让广大职工切身感受到党和政府的关怀，坚定永远跟党走的政治信念。各级工会共举办辅导报告、宣讲活动 8100 多场，组织近 120 万人次参加，发放学习材料 46.8 万册。全总机关发放《职工劳动权益手册》近 30 万册，帮助企业建立职工书屋示范点 1000 家，配送价值 3000 万元的图书。一些地方工会在职工帮扶中心和社区、工业园区建设“心灵驿站”，开展“职工阅读·提升素质超越自我”主题活动，举办读书讲座下基层、“流动图书馆”进企业、外来工读书沙龙等活动，满足广大职工特别是新生代农民工的精神文化需求。针对互联网等新兴媒体对职工思想和行为方式影响日益加深的实际，全总和地方工会通过建立 6 万多人的网络宣传员队伍、设立工会工作宣传员 QQ 群、开通工会官方微博和地方工会主要领导个人微博等方式，及时掌握职工思想动态，努力引导网络舆情。

（三）服务大局、服务企业、服务职工，努力实现“实打实”。各级工会按照开展服务职工活动“关键在于解决问题”的要求，坚持从服务党和国家工作大局高度思考问题，从企业实际出发开展活动，根据职工群众意愿谋划工作，把问题解决得如何作为衡量活动是否收到成效的重要标准，做到活动开展到哪里、问题就解决到哪里，哪里开展活动、哪里就有新变化。一是在服务大局方面，围绕做好十八大前维稳工作、促进职工队伍和社会和谐稳定，建立了职工队伍稳定情况定期分析研判机制、紧急信息报送制度、舆情信息监测处理机制，并通过组织劳资矛盾调解员队伍、设立工会劳动争议调解室、组建职工法律援助团等方式，为困难职工和农民工提供法律援助，全国建立各类劳动争议调解组织 67.98 万个，调解人员 200 多万人，发挥了工会在劳动争议调处中“第一道防线”的作用，有力维护了职工队伍的稳定。二是在服务企业方面，围绕科学发展主题、转变经济发展方式主线，组织开展了形式多样的劳动竞赛活动，引导广大职工勤奋劳动、诚实劳动、创新劳动，今年上半年，劳动竞赛企事业单位覆盖面为 77.8%，职工参与率为 73.3%，开展岗位练兵的企事业单位占总数 70% 以上，在增强企业竞争能力、实现转型升级中充分发挥了工人阶级主力军作用；针对经济下行压力较大、中小企业发展困难较多的情况，积极向党委政府反映，推动解决企业用电、用地和政策扶持等问题，通过为企业提供小额贷款贴息服务、依托“劳模基金”为中小型企业提供担保贷款和资金扶持、召开“银企对接会”、联系金融机构与部分劳模所在企业建立合作关系等方式，帮助企业解决融资难、招工难、留人难问题。三是在服务职工方面，坚持一手办实事，一手抓机制，走访困难职工和劳模 91.35 万户，发放各类慰问金和救助金 8.55 亿元，为职工解决突出问题 9.5 万多件，其中全总机关走访 1281 户困难职工，慰问 160 名劳模，支援困难企业和困难职工帮扶中心 4287.5 万元；突出为职工送岗位，开展“全国工会就业援助月”活动，组织专场招聘会 5973 场次，提供免费就业服务 419.4 万人次，成功介绍就业 111.8 万人次，跨地区组织劳务输出 53.9 万人；指导规模以上企业及非公企业较多的工业园区、经济开发区等建立工会维权帮扶救助站点，开办工会“爱心超市”、“爱心学校”、发放职工服务卡、向车间班组赠送“关爱箱”、实施项目化帮扶等，为职工提供高效便捷的服务；主动与政府召开联席会议、举行三方会议，从政策制度层面推动解决影响职工权益的共性问题，做到事事有交代、件件有着落，切实取信于基层和职工群众。

通过开展服务职工活动，各级工会全面了解了职工队伍的新情况新变化，有效纾解了职工的实际困难，有力促进了职工队伍稳定，切实激发了工会组织活力。一些年轻工会干部深有感触地说，通过下基层长了见识，接地气长了灵气，办实事长了本事，访职工增了感情，对于提升素质、锤炼作风大有益处，希望能长期坚持下去。

二、通过开展活动了解到的职工队伍新情况新变化

在开展服务职工活动中，我们了解到，当前劳动关系整体和谐，职工队伍总体稳定，广大职工积极向上，普遍对中国特色社会主义事业充满信心，支持党和政府各项改革措施，积极为推动经济社会又好又快发展作贡献。同时我们也了解到，劳动关系领域和职工队伍出现了一些新情况新变化，给维护职工权益、做好新形势下职工群众工作带来一系列新情况新问题，主要表现在以下几个方面：

（一）国际金融危机和国内经济下行对职工权益维护工作提出了新任务。国际金融危机以来，党和政府采取了一系列稳增长、调结构的政策措施，保持了经济平稳较快发展。但也要看到，随着国际金融危机的持续及欧债危机的加剧，我国经济发展中不平衡、不协调、不可持续的矛盾和问题仍很突出，经济增长下行压力和物价上涨压力并存，一些中小企业订单减少、成本升高，煤炭、钢铁、建筑、汽车等行业效益下滑，部分跨国企业大规模裁员，对职工就业、收入、社会保障等权益实现造成不利影响。根据全总对宁波、温州、东莞、泉州、郑州、绵阳等6个城市及其60家样本企业进行的监测显示，就业服务机构的求人倍率，从2010年第二季度末的1.74~2.61，逐步下降到今年第二季度末的1.08~1.22，用工市场的供求关系明显趋紧。拖欠工资现象有所抬头，根据人力资源社会保障部统计，2011年全国发生拖欠工资案件20万起，而今年仅1~8月就已达16.1万起。今年1~5月份，浙江衢州市共发生49起欠薪群体性事件，案件数是去年同期的2.7倍。困难职工数量有所增加，生活负担有所加重，截至2012年9月，工会系统统计的在档困难职工家庭达509万户，比去年年底增加了17万户。湖北省总工会在活动中了解到，当前企业职工普遍有“五盼”：一盼企业增效大发展、二盼劳动就业要稳定、三盼工资收入能增长、四盼物价房价莫乱涨、五盼养老看病有保障。安徽省总工会了解到，部分农民工生产生活有“四难”：子女就学难、社会保险接续难、住房难、就医难。内蒙古自治区总工会了解到，职工权益问题呈现“三突出”：非公有制企业职工权益实现问题突出、转制企业遗留问题突出、农民工和劳务派遣工问题突出。这些新情况新问题，对职工权益维护工作提出了新任务。

（二）经济结构调整与经济发展方式转变对职工素质提高提出了新要求。随着经济发展方式转变、经济结构调整的步伐不断加快，传统的劳动密集型产业逐步萎缩，要素投入对经济增长的作用日益减弱，技术进步对劳动关系的影响更加直接，迫切要求建设一支高素质的职工队伍。但目前职工文化技术水平总体仍然偏低，高技能工人不足，

结构性短缺日趋严重，目前我国初、中、高级工占技术工人比例为60%、35%、5%，而发达国家三者比例为15%、50%、35%。同时，职业培训的覆盖面还较窄，水平还有待提高，据国家统计局农民工调查监测报告显示，2011年既没有参加农业技术培训也没有参加非农职业技能培训的农民工占68.8%，职业培训体系建设的相对滞后难以适应现实需求。随着落后产能淘汰力度的进一步加大，难以适应企业新要求的低技能农民工、“4050”城镇下岗职工、部分专业技能不对口的大中专毕业生等结构性失业人员可能增多。

（三）职工来源多元、信息传播渠道多样对做好职工思想政治工作提出了新课题。当前全国3.21亿职工中，企业职工为2.69亿人，其中非公企业职工2.37亿人，占企业职工总数的88.10%，成为工人阶级的主体。农民工、劳务派遣工群体不断壮大，全国农民工总量为2.53亿人，其中外出农民工1.58亿人；劳务派遣工约3700万人，占企业职工总数的13%左右。职工队伍结构的这些新变化，导致职工利益诉求多样，职工尤其是新生代农民工自主意识、维权意识不断增强；同时，互联网、手机、微博、QQ群等新兴媒体日益成为影响企业职工生活的重要因素，网络的虚拟性、隐蔽性、扩散性、非理性等特点，给职工思想和行为方式带来了新变化，给工会组织做好职工思想政治工作提出了新要求。

（四）劳动关系复杂、敌对势力加紧渗透，对维护职工队伍与社会稳定提出了新挑战。随着外资加速向我国流入，劳动关系运行不断受到国际经贸规则、国际工人运动、国际劳工标准等因素的影响，目前全球500家大公司中已有一半以上在我国设立了企业或机构，外商、港澳台商投资企业职工数占企业职工总数的12.3%，外商特别是跨国公司试图用所谓全球规则而不是我国法律来规制企业劳动关系，给劳动关系的运行带来了新挑战。同时，西方敌对势力加紧对我职工事务实施西化、分化。一些地方进行社会组织管理体制改革试点，导致社会组织数量增加，对党领导的各类群团组织带来冲击，对加强和创新社会管理、做好维护职工队伍稳定工作提出新的挑战。

三、下一步深化活动的打算

下一步，我们要在总结活动经验的基础上，继续深化认识，加强成果运用，切实提高工作水平，始终坚持工会在职工群众工作中的主导地位，充分体现做职工群众工作的主体作用。

一是深化服务职工活动，努力做好党的十八大前维护职工队伍稳定工作。进一步认识当前形势下深化服务职工活动的重要性和紧迫性，继续深入开展好服务职工活动，切实为职工做好事、办实事、解难事。在党的十八大前，选派一批工会干部沉到基层、融入职工，着力推动解决企业和职工群众的实际问题。深入研判国际国内复杂形势对职工队伍带来的影响，及时排查影响职工队伍稳定的倾向性、苗头性因素，进一步加强重点区域、行业和困难职工、农民工、劳务派遣工等群体的稳定工作，密切关注境内外敌对势力活动的新动向，建立健全应急处置预案，落实工作责任。对于经济形势对职工就业等权益产生的影响，进行具体分析研究并积极主动向党政沟通；对生产经营困难的企业，做好职工思想工作和帮扶工作，发动职工与企业共渡难关，让职工切身感受到工会组织在实打实地为他们解决困难，以实际行动维护劳动关系和职工队伍和谐稳定。

二是建立健全工会组织联系职工、服务职工长效机制。把握做好新形势下职工群众工作的特点和规律，从理论和实践的结合上总结服务职工活动的经验做法，提升为普遍推行的制度规范。抓紧制定建立健全工会组织服务职工长效机制的意见，坚持做到对困难和问题集中的企业和职工“必访”，对企业生产发展和职工权益实现情况“必清”，进一步加强和改进工会信访、12351 职工维权热线等工作，推进工会领导干部接待职工群众来访工作，坚持领导干部亲自处理职工信访中提出的重要问题，通过建立群众工作室（站）、员工诉求中心、在律师事务所和工会帮扶中心设立“职工维权岗”、发放服务职工联系卡（服务卡）等形式，及时收集反馈基层和职工的信息，畅通工会联系职工、服务职工的渠道，切实推动服务职工活动制度化、规范化、常态化。

三是进一步激发基层工会活力，切实提高做好职工群众工作的能力和水平。加强对基层工会工作的指导和服务，尊重基层首创精神，及时总结各地新鲜经验，切实激发基层工会组织活力。不断推动完善组织体制、转变运行机制、创新活动方式，坚持工会干部多下基层，多从职工群众角度思考问题，多从基层实际出发开展活动，切实将工会资源和经费向基层倾斜。以加强工会能力建设为着力点，强化党的群众路线教育，加大政策法规、业务知识和岗位技能培训力度，努力解决思想、作风、能力、素质等方面与形势发展要求不符合不适应的问题，提高做好新形势下职工群众工作的能力和水平。

我们将继续深入开展“面对面、心贴心、实打实服务职工在基层”活动，不断总结经验，努力提高活动成效和水平，坚定不移地走中国特色社会主义工会发展道路，以优异成绩迎接党的十八大胜利召开！

北京市总工会服务职工活动总结报告

全总召开十五届六次执委会议以来，北京市总工会认真学习领会会议精神，迅速向市委作了专题汇报，向全市工会系统准确传达会议精神，组织开展了一系列学习宣传贯彻活动。同时，结合“手拉手，暖心聚力，服务职工在基层”活动，将会议精神深入贯彻到服务职工的各项具体工作中，并取得了一些阶段性的经验成果。

一、北京市工会开展服务职工活动基本情况

（一）*贯彻部署活动*。按照全总《关于开展“面对面、心贴心、实打实服务职工在基层”活动的意见》要求，北京市总工会党组多次召开党组会进行研究，制定工作落实方案，并向市委、市政府主要领导进行汇报，积极主动争取市委、市政府的大力支持和更多的资源手段。2 月 7 日，市总工会召开服务职工活动部署大会和全委扩大会议，要求全市广大工会干部职工积极投身到活动中。经市总工会主席办公会专题审议，制定下发《北京市总工会关于在全市工会系统开展“面对面、心贴心、实打实服务职工在基层”活动的通知》和《市总机关开展“面对面、心贴心、实打实服务职工在基层”活动实施方案》，要求全市工会组织以“手拉手，暖心聚力，服务职工在基层”为主题，将全总服务职工活动的要求落到实处。3 月 9 日，市总工会召开深化活动工作推进大会，在总结开展活动工作成果及经验的基础上，进一步统一思想、加深认识、明确任务，按照全总的部署和要求，不断将活动推向深入。

（二）*扎实推进活动*。市总工会机关率先垂范，建立部门定点联系企业、街乡、工会服务站，机关干部联系职工的长效机制，带动全市工会干部进一步广泛深入做好服务职工活动。2012 年，市总工会党组以去年市总工会机关开展“走进基层、走进企业、服务职工”活动调查收集的相关问题作为今年下基层活动的工作重点，研究从基层工会组织反映上来的问题，设立解决实际问题的专项资金，提出相应的工作建议和解决方法。各产业工会、区县工会和基层工会组织积极行动，广泛开展形式多样、种类丰富的服务职工活动。东城区总工会以建会全覆盖、入会全覆盖和服务全覆盖为基础，以促进发展、促进稳定和促进和谐为目标，以职工满意、企业满意和社会满意为出发点和落脚点，把活动作为联系职工群众的抓手，与开展创先争优活动相结合、与参与加强和创新社会管理工作相结合、与推动工会重点工作相结合，受到广大职工群众的普遍欢迎和认可。朝阳区总工会开展服务职工基层月活动，启动“电影送职工”活动，发放免费电影票，发放半价游泳卡；朝阳公园门票持京卡优惠打折活动。海淀区总工会继续投入 300 万元为基层工会办理 12 件实事，涉及职工素质教育、文体活动、就业服务、权益帮扶、劳模救助等多个方面。特别是为“全国职工书屋”和“北京市职工书屋”送书、为离退休劳模体检并发放补助、为继续进修的会员给予学费补助、为基层工会主席送一本好书、为基层工会安装财务软件和设备等活动，受到基层工会和广大职工广泛欢迎。门头

沟区总工会制定“1322”工作任务，即推进工资集体协商一项制度，打造“京卡·服务卡、送温暖、职工互助保障计划”三个品牌，强化参与“社会管理、全区重大活动”两个参与；加强“职工文化、工会自身”两个建设。积极争取承担61696156为民服务信息平台建设，推进工会组织全面参与社会建设与管理。“7·21”特大暴雨灾害后，帮助受灾职工群众和企业渡过难关。市服务工会深入企业，对工资协商、厂务公开、在职职工医疗互助补充保险、会员信息采集及京卡·互助服务卡办理等重点工作情况进行调研走访，并结合全国厂务公开大检查等工作，重点了解了厂家信息员劳动权益和需求。市建筑工会将往年送清凉、送温暖、金秋助学、困难帮扶、节日慰问等工作和服务职工活动有机地结合。在带去慰问的同时，检查现场安全防护是否到位；走进食堂、职工宿舍，关心职工的生活环境，检查卫生条件是否达标；验收“职工之家”，关注职工业余文化生活的开展情况；与职工进行座谈，宣讲公司形势，听取职工的意见和呼声。市交通工会进行重点工作调研、举办单身交友联谊活动、在“五一”节前夕看望慰问劳动模范、积极拓展京卡·互助服务卡，为“7·21”特大暴雨受灾职工申请提供164万元资金救助，推动工会重点工作落实，同时关注关心出租车司机群体，力推优质服务项目。

▶北京市法律援助中心在“农民工法律援助专项维权月”设“农民工维权月咨询专台”。

（三）服务职工活动统计。截至目前，全市服务职工活动共成立工作组515个，参与活动工会干部17515人，参与活动工会干部占工会干部总数比例87%，走访企业31533个，其中：中小微企业22552个，非公企业24408个，改制企业198个，困难企业300个，其他企业903个，走访慰问职工数量1569622人，其中困难职工15053人，劳动模范2216人，农民工22761人，劳务派遣工5027人，青年职工28026人，入户慰问困难职工14418户，走访困难职工占本地困难职工总数比例92%，召开座谈会数量2798场，其中与企业经营者座谈550场，与工会干部座谈909场，与职工座谈1664场，参与座谈会总人数43174人，发放调查问卷81243份，其中收回有效调查问卷79688份，个案访谈3669人，其中企业经营者327人，企业工会干部714人，企业职工2848人，发放宣传材料415376份，发放慰问补贴资金人数35274人，发放慰问补贴资金数量10690.72万元，征集意见建议1753条，其中企业经营者240条，企业工会干部381条，企业职工1559条，处理意见建议1227条，其中上报意见建议83条，发现典型经验数量

1077个，帮助企业建立职工书屋490个，帮助企业组建工会5886个。

（四）党政领导批示指示。服务职工活动开展以来，北京市工会工作得到中央、全总和市委、市政府领导的高度评价和认可。4月26日，北京市委市政府主要领导对北京职工服务中心进行调研，在听取了市总工会关于积极推进工资集体协商、开展服务职工活动等方面的工作后，刘淇同志对市总工会开展服务职工各项活动给予充分肯定，要求市总工会和各级工会组织大力弘扬践行北京精神，充分发挥枢纽型社会组织作用，切实维护职工合法权益，努力发展和谐劳动关系，激励职工探索创新多出成果，为首都发展建功立业，要将北京市服务职工的活动落到实处。6月5日至6日，全国总工会党组书记、副主席、书记处第一书记王玉普来市总调研，调研组形成《北京市总工会以三级服务体系为依托参与社会管理的实践与启示》调研报告。7月11日，中共中央政治局委员、全国人大常委会副委员长、全国总工会主席王兆国对调研报告作出重要批示。此后，王玉普，市委书记郭金龙，市委常委陈刚，市人大常委会副主任、市总工会主席梁伟相继作出批示，指出下半年关键是抓好工作的落实。7月30日，中央政治局常委、中央政法委书记周永康对调研报告批示：北京市总工会的实践启示我们，人民团体作为党联系人民群众的桥梁纽带，在加强和创新社会管理中大有可为，三级服务体系的建设为工会参与社会管理搭建了好平台，为管理工作社会化创造了好经验。中央领导和全总领导、市委领导的重要批示，市总工会领导高度重视，多次召开党组会议，认真学习领会各级领导批示精神，并迅速召开市总工会党组中心组（扩大）会议和工作研讨会议、务虚会议，对工会进一步参与社会管理创新工作进行深入研究。

二、北京市工会活动的基本经验

北京市总工会通过调查研究、走访慰问、扶贫济困、权益维护、精神关怀、强化服务等方式，突出“全覆盖”、“实名制”、“普惠制”和“社会化”的特点，实现帮扶—维权—服务“三位一体”的有机结合，取得突出成效。

（一）建立“全覆盖”的服务体系。建立健全由市职工服务中心、区县职工服务中心、街道乡镇工会服务站组成的覆盖地方的三级服务体系。实现了工会组织的全覆盖的工作体制和工作格局。推动商务楼宇“五站合一”建设，即社会服务站、党建工作站、工会工作站、共青团工作站、妇联工作站，实现工会组织和工作全覆盖。推出12351职工服务信息平台，实行24小时全天候服务，并实现与12345、12333、12348等政府公共服务热线的互联互通，努力做到有问必答、有求必应。推动全市职工广泛使用京卡·互助服务卡，丰富京卡承载的服务内容，形成覆盖全市的服务网点。启动“在职职工医疗互助保障计划”项目，参加此项服务的在职职工，患病期间不拿一分钱，享受自费部分20%～80%的报销比例，最高每人每年可享互助金10万余元。这是全国首家由工会为工会会员提供的医保项目。2012年“两节”期间筹集款物近1.1亿元，慰问困难职工、困难劳模、农民工等2.57万户；“金秋助学”活动为5380名困难职工和农民工子女发放助学金1197万元。温暖基金会募集款物折合金1.15亿元，累计发放救助金777万元。

（二）实行“实名制”的会员管理。为更好地有针对性地了解会员真实情况，加强对会员的动态人性化服务，市总工会继续加强工会会员和会员单位“实名制”信息采集工作，实行信息采集与建会工作同步进行，实现会员实名制会籍动态管理。为掌握职工和企业情况、组织动员职工、开展服务工作提供了独特资源渠道。

▶北京市总工会“12351”为职工开展职介推介会。

（三）提供“普惠制”的职工服务。目前，已向会员提供涉及职工文化、教育、健康、就业、法律援助等13大类数十项服务，如免费赠送公园门票和庙会门票、持卡打折看电影、免费赠送图书、免费游览劳动人民文化宫、困难职工及劳模免费体检、工体足球赛会员享受五折优惠等，受到职工广泛欢迎，近两年已有102万名会员直接受益。

（四）构建“社会化”工作服务格局。市总工会通过媒体，向社会正式公布了17个区县职工服务中心和344个街道乡镇工会服务站的地址和服务电话，承诺“有困难找工会”，为全市职工提供各项服务。除大力加强专职社会工作者录入外，还有效发挥工会、人力社保局、司法局、信访办、市高级人民法院和市企联共同建立的劳动争议调解六方联动机制作用，目前已建成市、区两级劳动争议调解中心、街道乡镇劳动争议调解室、企业劳动争议调解组织组成的劳动争议调解网络。通过工会“购买服务”的方式，聘请21家律师事务所的近400名律师、培训1.5万名基层工会干部从事法律政策咨询和劳动争议调解。

三、推动党政制定出台相关政策和工作措施

（一）促进出台《促进劳动关系和谐稳定的意见》。后金融危机时期，北京市劳动关系领域的矛盾不断凸显，群体性事件时有发生，为进一步促进北京市劳动关系的和谐稳定发展，市总工会起草并力促市委办公厅、市政府办公厅联合下发了《关于促进劳动关系和谐稳定的意见》，《意见》提出的工作目标是：经过2~3年努力，通过依法推行工资集体协商、加强劳动争议调解、加强劳动法律法规落实情况的监督检查、尊重职工的主体地位等工作的落实，逐步形成党委领导、政府主导、各方配合、合力推进的构建和谐劳动关系工作格局，实现劳动关系双方互利共赢。

（二）参与工资指导线的制定与发布。每年最低工资和工资指导线调整前，都有针对性地进行调研。结合CPI升降、物价涨跌、GDP变化等情况，详细调查职工特别是低收入职工的实际生活状况和需求，了解职工的意愿和呼声，并形成建议调整最低工资的专题研究报告和调整工资指导线工会的意见。

四、思考和体会

（一）要高度重视服务职工活动。开展服务职工活动是贯彻落实党中央关于做好新形势下群众工作要求的重要举措，是构建和谐劳动关系、参与社会管理创新的迫切需要，是适应职工队伍新变化、满足职工群众新期待的内在要求，是加强和改进工作作风、树立工会组织良好形象的具体实践。开展服务职工活动是当前和今后一个时期全市工会系统的一项重要的政治任务。充分认识在新的形势下开展好服务职工活动是贯彻落实党中央关于做好新形势下群众工作要求的重要举措，是构建和谐劳动关系、促进职工队伍和社会稳定的迫切需要，是转变机关工作作风的具体实践。

（二）加强工会机关干部队伍建设。要增强干部的能力锻炼。机关干部通过深入基层体验基层工会干部的日常工作，帮助解决在工作中遇到的实际困难和问题，共同研究基层一线工会工作者开展工作的有效方法，最大限度地锻炼自己的工作能力。要增强与职工的感情交流。深入职工当中，了解职工的真实想法，增强与职工之间的情感交流，掌握到职工的真实想法和现实诉求。要增强工作作风的转变。通过服务职工活动增强服务意识、改进服务作风、提高服务效能、提升服务能力，更好地发挥工会组织在服务职工群众、密切党群联系、建设和谐社会中的桥梁纽带作用。

（三）把开展服务职工活动与推动市总工会重点工作结合起来。以推进工资集体协商工作为重点，全力维护首都职工队伍和劳动关系和谐稳定，重点推动百人以上规模的企业独立开展工资集体协商，继续加大区域性、行业性工资集体协商力度，普遍建立机制，扩大覆盖范围。进一步提高三级服务体系工作水平，充分发挥京卡·互助服务卡的载体作用。践行社会主义核心价值观和北京精神，不断满足职工精神文化需求，推动首都职工文化大发展大繁荣，开展丰富多彩的职工文化体育活动，加强职工文化阵地建设，加强工会文化服务品牌建设。

天津市总工会服务职工活动总结报告

天津市各级工会认真贯彻落实全总十五届六次执委会精神，把“面对面、心贴心、实打实服务职工在基层”活动，作为工会组织贯彻落实中央关于做好群众工作要求的重要举措，作为在发展大局中充分发挥工会优势和作用的重要途径，按照全总统一部署，紧密结合天津实际，把开展服务职工活动与学习宣传实践中国特色社会主义工会发展道路紧密结合起来，切实在主线中体现主题、在主题中贯穿主线，深入基层，深入职工，开展调查研究、宣传政策法规、促进企业发展、推动解决困难、推进重点工作，取得了阶段性成果，现将活动开展情况总结如下：

一、基本情况

（一）市委高度重视，给予大力支持。天津市服务职工活动自开展以来，受到市委领导的高度重视。市委常委会专门听取了市总工会关于活动开展情况的汇报，中共中央政治局委员、市委书记张高丽同志对市总工会的工作和服务职工活动给予了充分肯定，要求市总工会围绕全市“调结构、惠民生、上水平”活动落实各项工作安排，坚持标准要高、要求要严、工作要实、调子要低、效果要好的总体要求，开展好服务职工活动，充分调动广大职工的积极性，努力构建和谐劳动关系，切实维护企业和职工队伍稳定，全面提高工会工作水平。在工会的建议下，市委下发正式文件将建会入会、开展工资集体协商和创建劳动关系和谐企业和谐园区等工会工作重点指标纳入对各区县党委的工作考核内容，并增加对工资集体协商指导员队伍培训、指导师工作补贴及市级困难劳模帮扶资金的投入。

（二）市总工会带头落实，全会形成联动态势。市总领导高度重视，先后召开全委会、党组会、主席办公会，研究部署开展服务职工活动有关工作，由市总领导带队的12个工作组，带头深入企业、车间、班组及职工公寓，听取经营管理人员和基层工会干部的意见和建议，了解一线职工的思想和工作状况，推动解决职工群众最盼、最急、最忧、最怨的问题。按照市总工会确定全市工会“进万家企业、访百万职工”的活动目标任务，各级工会精心组织、周密安排，在各层面开展了形式多样的服务职工活动。编印活动宣传手册，在《天津工人报》和《天津工运》开辟专栏刊发相关文章，积极利用互联网、手机、微博、博客、QQ群等新兴媒体广泛宣传，在全市上下迅速掀起活动的热潮。

（三）社会反响强烈，服务活动受到热切关注和普遍欢迎。各级党政对工会开展服务职工活动给予了充分肯定，称这是工会组织促发展、保稳定、创和谐的一项重要工作，希望各级工会继续认真落实，开拓更多符合科学发展观要求，具有天津工作特点的做法和举措，进一步发挥党和政府联系职工群众的桥梁纽带作用。企业经营管理者认为这项活动对于改善和稳定劳资关系、调动职工积极性发挥了很好作用。广大职工群众纷

▶天津市人大常委会副主任、市总工会主席邢明军为中铁十八局集团施工现场一线职工发放慰问品。

纷表示，工会开展的服务职工活动是一项贴心的举措，让职工们和“娘家人”可以痛快讲心里话，还帮助解决了很多困难问题，烦恼解除了，干劲更足了，期盼这样的活动一直办下去。

截至6月底，全市各级工会共走访基层企业12529家，服务职工450002人，参与座谈会309969人，其中管理人员44525人，工会干部29081人，职工236363人，与89538名员工进行了个案访谈，入户慰问困难职工46057人，慰问劳模4438人，发放相关宣传材料285417册，报送活动信息3543条，投入帮扶资金16945.22万元，投入活动经费3496.26万元，帮助基层企业和职工解决生产生活问题8038件。

二、主要做法

（一）提高认识，带着“五心”温暖职工。市总工会要求各级工会干部要带着“五心”开展活动：带着真心到基层去了解实情，充满爱心关怀一线困难职工，胸怀热心解答职工群众提出的各种问题，认真细心做好调查研究和思考分析，真诚实心解难题办实事。

（二）抓住三个重点，努力实现“一个坚持、一个全面、四个一批”的活动任务。紧紧抓住中小非公企业、生产经营困难企业和农民工、劳务派遣工集中的企业这三个重点，对企业生产发展和职工权益实现情况“必访”、“必清”，坚持走中国特色社会主义工会发展道路，基层职工对活动情况全面了解，解决一批职工权益现实问题、消除一批基层劳动关系矛盾隐患、树立一批先进典型、形成一批落实“调结构、惠民生、上水平”工作创新发展成果。

（三）建立五项制度保证，务求实效。一是组织推动制度。制订并印发活动实施意见和方案，成立由市人大常委会副主任、市总工会主席邢明军担任组长的活动领导小组，下设协调督察、专题调研和宣传报道3个组，全面推动活动开展。二是调研联系制度。建立健全市总机关干部定期下基层走访调研、主席接待日、领导干部基层联系点、机关干部挂职锻炼等制度，及时掌握企业生产经营状况、劳动关系状况、职工思想动态和权益实现情况。三是分析调处制度。活动领导小组定期研究分析职工和企业反映的实际情况、合理诉求，活动办公室每两周听取一次集中反馈，活动领导小组每个月进行一次集中分析研判。四是预警排查制度。针对劳动关系矛盾多发易发的重点地区、行业和单位，定期深入企业和职工之中，排查不稳定隐患，对可能引发群体性事件的苗头性倾向性问题早发现、早报告、早处理。五是监督考核制度。把活动的成效作为机关各部门、基层工会工作评比和干部年度考核的重要内容，定期通报公示，年终对工作成果进行评比。

（四）坚持“四级联动”，合力推进。一是推动市级层面活动，市总工会12个服务组年内实现“进千家企业、访万名职工”的工作任务。二是全市217个区县局、总公司工会全部开展活动，各区县局、集团工会按要求完成30%以上的下属企业和职工的直接访谈服务。三是各乡镇、街道、二级公司工会层面普遍开展活动，服务下辖企业。四是企业工会在单位内部积极开展服务活动。市总和区县局工会注重发挥源头参与、统筹协调的作用，乡镇街和二级公司工会注重发挥承上启下、上通下达的作用，基层企业工会注重发挥第一知情人、第一报告人、第一帮助人的作用，各级联动协调，强化了全会“一盘棋”的工作格局。

三、活动成效

（一）注重深入基层，工会走近职工，职工走进工会。全市各级工会把基层一线作为工会工作成长的土壤和活力源泉，把开展活动作为接受党性教育和群众观点教育的“大培训”，深入企业特别是中小企业、非公企业和生产经营困难的企业，面对面地倾听呼声、心贴心地了解情况、实打实地解决问题。这次活动成为近年来我们了解情况最直接、解决问题最扎实、工作成效最突出、职能作用发挥最到位的一次生动实践。比如，南开区总工会敞开服务答疑解难，向职工公布服务电话值班名单，畅通职工诉求表达渠道。石油集团工会把服务职工活动做成“民心工程”，重点解决职工关切的生活设施改造问题，让职工得实惠。河东区总工会把“转变作风办实事”贯穿始终，注重把活动与本单位的重点工作相结合，形成了“培训全员覆盖、维权全员参与、文化全员发动”工作特色。

（二）注重统筹兼顾，促进企业健康发展。全市各级工会结合自身实际，围绕促进企业发展、做大做强实体经济、实现转型升级、提高自主创新能力，组织开展社会主义劳动竞赛，发挥工会“大学校”作用，加强技能培训，为企业发展提供智力支持和人才保证。市总工会与陕西省总工会等8省市总工会代表共同签订了《九省市工会劳务输出及维权合作协议书》，吸引大量外埠青年人才来津就业，有效缓解了企业招工难的问题。宁河县造甲镇总工会帮助乾坤特钢依法顺利解决600亩土地的征用事宜，为两家企业融资1000万元。天津港集团公司工会积极创建劳模创新工作室，用劳模精神引领、先进典型引导、班组骨干引路等教育方式，不断提升员工的争先意识和创新意识。

（三）注重突出实效，解决职工实际困难。在活动中，全市各级工会主动深入体察职工所想，千方百计了解职工所忧，尽职尽责解除职工所难，把实实在在为职工解决实际问题贯穿始终。比如，针对一线劳模和农民工劳模后续学历教育的需求，市总工会与天津大学合作开办网络教育劳模班，帮助上百名一线劳模和农民工劳模取得大学文凭。针对部分企业职工休息休假权利难以落实，劳动者不能休息、不敢休息的情况，各级工会积极与党政协商，与企业沟通，大力宣传法律法规，推动政策落实到位。同时，

▶天津市总工会党组副书记、副主席邢铁龙带领第一服务组到天津海鸥手表集团慰问一线职工。

积极发展扩建职工疗休养基地，创造良好条件，更好服务职工。北辰区总工会把“输血式”救助与“造血式”帮扶相结合，全力搭建“招聘、培训、服务、网络、保障”五大就业平台，提供就业岗位万余个。宁河县总工会积极推广职工医疗互助制度，建立医疗互助基金，有效提高企业职工医疗保障水平。南开区总工会与教育部门联手合力解决农民工子女入托难、上学难问题，建立三级工会信息反馈、咨询服务、协调解难绿色通道，确保了外来务工人员子女享受平等受教育权利。同时，把农民工子女纳入工会“金秋助学”范围，帮助减免学杂费用。

（四）注重融入中心，推动各项重点工作。全市各级工会把开展服务活动的过程作为推动工会重点工作的过程，坚持“两手抓、两促进”，做到了解情况和研究对策同步，发现问题和协调解决同步，服务职工和服务企业同步。进一步完善核实了全市正常生产经营企业数据库，年内建会率力争达到90%以上。全市工资集体协商指导员队伍达到2000名，建会企业要约率和应约率均达到90%以上。市总工会与国家职业资格培训鉴定实验基地联合开发了集体协商指导师职业资格，编写了培训教程和考核指导手册，在全国率先制定和完成了集体协商指导师职业标准体系，为建设一支懂法律、能代表、会维护、善协商的指导师队伍奠定了基础。5月份已经完成了第一批次集体协商指导师职业资格考试。市总工会、市人力资源和社会保障局联合颁布了全国第一个基层劳动争议调解标准——《天津市企业劳动争议调解组织建设标准》，使企业劳动争议调解组织建设更加规范有据。

四、几点思考

（一）必须自觉接受党的领导，积极融入中心。围绕中心、服务大局是中国工会的根本任务，也是坚持走中国特色社会主义工会发展道路的生动实践。工会只有把服务科学发展、促进社会和谐作为工会工作的永恒主题和义不容辞的责任，坚持工会工作的重心始终与党政工作的中心相一致，找准工会工作的切入点和着力点，争取更多资源手段，在党政所需、职工所急、工会所能的事情上主动作为，才能在推动天津经济社会又好又快发展中做出新贡献，在维护职工权益、构建和谐劳动关系中彰显新作为，在协助党政改善民计民生中取得新成效。

（二）必须找准工作切入点，切实解决实际问题。当前职工思想状态比较平稳、队伍比较稳定，对天津的变化和发展认同感较强，对市委、市政府这些年实施的一系列政策表示理解和支持，对天津发展充满信心。但是，由于复杂多变的国内外环境影响，也客观存在一些问题，需要引起我们的高度重视。针对部分企业反映的生产经营困难，招工难、融资难、税费较高等问题，要利用各种渠道，积极向党政反映，推动相关政策的制定和实施，推动优化企业发展环境；针对职工反映的就业难、工资偏低、房价过高、医疗负担重、农民工子女入学难等问题，要强化源头参与，向相关部门反映职工的诉求，表达工会的主张，在统筹规划制度设计和政策制定上推动问题的解决，同时进一步加大维权帮扶力度，千方百计提供就业帮扶、医疗帮扶、生活帮扶、法律援助和子女助学等服务；针对基层工会反映的经费少、人少事多工作负担较重等问题，要把工作重心沉到基层，把目光投向基层，力量布到基层，工作做到基层，夯实基层基础，增强基层活力，努力使工会组织网络全覆盖，让工会工作的成果惠及更多职工群众。

（三）必须进一步转变工作作风，高度重视基层职工群众工作。工会的根基在职工群众、血脉在职工群众、力量在职工群众，做好一线职工群众工作是工会组织的优良传统和独特优势，是工会工作的生命线。只有把广大基层职工群众当亲人，真情倾听呼声，真实反映意愿，真诚解决疾苦，职工群众才能更好地增进对工会组织的认同感，才能把工会干部当亲人，工会组织才能适应职工队伍变化的新特点，切实承担起肩负的神圣职责，发挥党联系职工群众的桥梁纽带作用，切实提高职工群众工作的针对性和实效性，更好地把广大职工群众团结在党的周围，为经济社会发展多作贡献。

（四）必须发挥桥梁纽带作用，建立服务职工长效机制。工会服务职工、维护职工的要求是永恒不变的。我们要通过开展活动进一步建立健全深入基层联系服务职工机制，建立健全源头参与、协调沟通机制，建立健全为职工做好事、解难事机制，建立健全劳动关系预警、排查机制，建立健全服务职工督察、考核等五大服务职工长效机制。通过继续深入了解基层职工群众的需求，进一步在畅通职工诉求、保障职工权益、调解劳动争议、科学约束激励等方面，不断健全长期管用的工作制度体系，为工会工作创新发展提供基础保证。

河北省总工会服务职工活动总结报告

今年以来，河北省各级工会认真贯彻落实全总安排部署，以开展“面对面、心贴心、实打实服务职工在基层”活动为主线，结合河北工作实际，真抓实干、锐意创新，全面推进工会各项重点工作，为建设经济强省、和谐河北作出了积极贡献。

一、高度重视，精心谋划，全面推进服务职工活动

（一）主动汇报，积极争取党政重视和支持。今年年初，省委书记张庆黎同志对服务职工活动给予了充分肯定，强调要“扎扎实实地搞，务求实效，力戒形式主义”。省委副书记赵勇同志提出明确要求，并带头联系 5 名一线职工。各市工会也积极向市委汇报了开展活动有关情况，取得了党政的重视和支持。秦皇岛市委办公厅、市政府办公厅对市总工会活动实施方案进行了转发，要求各级党组织、各级政府全力支持、大力配合。石家庄、秦皇岛、唐山、廊坊、保定等地党委主要领导、分管领导专门对活动开展作出指示，为活动的顺利开展营造了良好环境。

（二）加强领导，确保活动顺利开展。省人大常委会副主任、省总工会主席马兰翠同志先后在省总十一届五次全委会和机关动员大会上对开展好活动提出明确要求，党组书记、常务副主席栗建华同志主持召开全省视频会议进行动员部署，并亲自授课对机关干部进行培训。省总和各市、产业工会及对口单位工会均成立了活动领导机构，研究制定了活动意见、实施方案等，对开展活动进行了部署。此外，我们还编列了经费预算，编印《工作手册》以指导实际开展工作。

（三）加大宣传，营造良好舆论氛围。充分发挥主流媒体和工会宣传教育阵地作用，多形式、全方位地进行了宣传报道。在河北工会网、河北工人报开设了服务职工活动专栏，大力宣传开展活动的重大意义以及基层涌现出来的经验和典型。各市、县、乡镇（街道）和基层工会先进也通过报刊、网络、微博、宣传栏、简报等媒体，开展宣传和交流活动。目前，省总已刊发新闻稿件 200 余篇，报送信息 100 余篇，编发活动简报 22 期。

（四）真督实查，确保活动取得实效。省总精心制定了全年工作安排进度表和考核评分细则，把各项指标和工作任务层层分解落实，年终对照进行考核。活动开展以来，省、市、县三级总工会及有关产业工会和对口单位工会抽调精干力量开展专题督导检查达 400 多次。此外，还通过召开督察会、推进会、经验交流会、视频会等形式，加强对活动的督促检查。省总工会拟于近期召开服务职工活动暨维权维稳视频会议，对活动进行再检查、再督促。

二、特色突出，务求实效，服务职工活动取得阶段性成果

（一）全员深入基层，密切了与职工群众的联系。我们动员省、市、县、乡镇四

▶河北省人大常委会副主任、省总工会主席马兰翠戴上劳保手套进行灌装操作。

级总工会机关干部每2～3人为一组，每组确定一个企业分期分批到企业进行为期一周的驻企蹲点。各级各类企事业单位的专职工会干部和管理层的兼职工会干部，集中一周时间深入到车间、班组蹲点。每名工会干部都认真填写工作日志，每个小组都撰写一篇蹲点调研报告，省、市、县、乡镇四级总工会分别形成一个反映职工队伍状况的高质量的总报告。在驻企选择上，重点去生产经营困难、困难职工多、劳动关系矛盾突出、工会工作薄弱的企业，把访谈和服务重点放在一线职工、困难职工、下岗失业人员、劳务派遣工和农民工等普通职工群体上。在蹲点内容上，坚持做到“四同”、“三必访”、“三必到”：与职工群众同吃、同住、同学习、同劳动；必访企业党政领导，必访企业、车间、班组工会干部，必访一线职工；必到困难职工家庭、必到车间班组一线、必到企业群众工作室。在蹲点要求上，当好“三员”，做到“三个弄明白”：当好政策宣讲员、民情收集员和矛盾纠纷调解员；真正把企业的生产经营情况和职工队伍状况弄明白，把职工的所思所盼和意见要求弄明白，把工会工作开展情况和存在的问题弄明白。同时，积极调解矛盾纠纷，目前，全省5万多名专兼职工会干部踊跃参加活动，2300多个工作小组已全部完成驻企蹲点工作，访谈一线职工14万多名，走访困难职工家庭2.3万户，搜集职工反映的各类问题2.7万余件、意见建议2800余条，发放慰问金1200多万元，为职工办实事5400多件。

（二）送服务入企业，为职工群众解决了一批热点难点问题。一是为职工群众送温暖。对全省14.2万名在档困难职工进行全走访，并有针对性地提出帮扶计划。在重点帮扶困难职工的同时，向社会公开承诺为职工办好七件实事：组织开展“职工互助一日捐”活动，已为2.6万名职工支付救助金7672万元；联合省直六部门，全面实施职工生活后勤保障条件“四提升”计划；与有关部门共同开展和实施“春风行动”、“阳光就业行动”、家政服务工程等就业创业扶助活动，帮助3.2万名职工实现自主创业和就业再就业；深化金秋助学活动，在全省成立受助学生联谊会，实行助学、助业、助能、助志全程服务；联合爱心医疗机构，组织实施职工白内障光明项目、困难职工先心病子女“爱心”项目等系列帮扶项目，资助2336名职工做了白内障诊疗手术，开展工会会员非工伤意外伤害及家庭财产（火灾）损失两项免费保障活动，已为93名职工发放救助金130万元；建立常态化帮扶困难职工机制，为职工提供“春送岗位”、“夏送清凉”、“金秋助学”、“冬送温暖”等四季服务；深化拓展“安康杯”竞赛，探索工会参与职业病防治工作新模式。二是为一线职工送法律服务。联合省司法厅组建了由11个设区市和省直共12个分团、357名执业律师为主的河北省职工法律援助团，向广大职工提供法律咨询、参与劳动争议调解以及仲裁、诉讼代理等法律服务。今年以来，全省各级工会组织3000名工会法律工作者、志愿者和10000名工会专兼职劳动争议仲裁员、调解员、劳动保障法律监督员、群众工作员深入到企业、车间和班组，广泛开展普法宣传、定向法律援助和矛盾纠纷排查活动。三是为工资协商送政策指导。组织3000名专兼职工资集体协商指导员，深入到企业尤其是民营企业中去，为开展工资集体协商提供指导服务，力争年内实现“双百双五”目标：即在100个县基本实现全覆盖、100人以上企业普遍单独建制，县域内从业人员5000人以上的行业（区域）全部开展行业（区域）性工资集体协商、全国500强在冀企业全部实现单独建制。四是为农民工送文化。集中开展了“五送五进”活动，将听课证、图书借阅卡、电影票、文体活动卡、文体器材等送到农民工手中，联合省委宣传部、省广电局开展了“情系农民工公益电影放映工程”，已为农民工放映了900多场。联合省电视台举办了农民工卡拉OK大奖赛，推出了一批农民工优秀歌手。五是注重借助党政力量为职工办实事。4月份召开了与省政府联席会议，重点研究了城市环卫工人权益保障、劳动争议调处和加强职业安全卫生工作等三个议题，省长张庆伟当场拍板，责成分管省领导牵头负责，逐一研究解决。坚持每年就职工关心关注的热点问题进行大调研，今年重点开展的劳模待遇落实情况、《社会保险法》贯彻落实情况、三区（开发区、工业园区、产业聚集区）工会作用发挥情况等三项调研课题，已经列入明年与省政府联席会议议题。在干部驻企蹲点时，制发了《企业调查表》和《事业单位调查表》，结合下基层了解掌握职工群众的思想和生产生活状况，就维护职工切身利益问题向省委呈送了专题报告。

（三）立足长远，探索建立了服务职工的长效机制。一是建立“联系职工交朋友”制度。全省所有专职工会干部每人常年联系5名职工，通过入户走访、约谈见面、电话交流、网络互动、信函来往等，每月至少联系一次，每年至少面谈一次，每年对困难职工自费救助一次。全省5.8万名工会干部与近30万名职工群众建立起长期联系，并自费为困难职工送去救助金300多万元，收集到问题和建议5万余件，积极协调相关部门解决2万余件。二是建立“职工信访代理”制度。联合省信访局制发了《关于建立职工信访代理制度的意见》，积极配合有关部门化解职工信访积案。截至目前，全省各级工会代理458件职工信访案件，成功解决326件，惠及职工8000多人。三是打造职工服务中心综合平台。年内力争把困难职工帮扶中心全部转型升级为职工服务中心，打造集救

▶河北省总工会召开全省服务职工活动动员部署会议。

助、维权、服务于一身，融困难帮扶、互助保障、就业服务、职工信访、争议调处、法律援助、咨询服务为一体的崭新综合服务平台。目前，省、市和99个县（市、区）困难职工帮扶中心已经完成转型升级。推动省“两办”出台了关于建立职工热线联动督办机制的意见，在县级以上工会全部开通了“12351”职工服务热线，接听处理职工投诉求助3600多件次。四是打造企事业单位群众工作室平台。现全省8.2万家企事业单位已建群众工作室（站），选聘了万名群众工作员，接待职工来访23万人次，排查劳动关系矛盾隐患2700多起，调处劳动关系矛盾纠纷7237件起，帮扶职工办实事1.2万多件。

（四）*有力地促进了重点工作开展*。一是促建功立业。重点围绕节能减排30家重点企业和1000家重点用能企业、1000家环保重点监控企业，1000家重点民营企业深入开展示范劳动竞赛，引领带动全省200人以上的企业普遍开展劳动竞赛。深化车间班组劳动竞赛，引导广大职工岗位创学、岗位创新、岗位创业、岗位创优。探索深化“安康杯”竞赛内涵，深入开展创建“健康企业”活动。二是促和谐稳定。推动省人大常委会制定出台了有关保障工会和职工权益的地方法规7部，今年又推动将《农民工权益保障条例》列入立法计划，有望年内出台。全力做好劳动关系矛盾纠纷预防预警，利用6月份的时间，在全省工会系统集中组织开展一次全方位、拉网式的劳动关系矛盾纠纷排查行动。省总组成了11个督导组，由厅级领导带队，深入11个市进行了专项督导，对77个重大信访案件和信访积案实行了包案到人，要求10月底前全部化解。在全省构建起企业劳动争议调解组织、区域性行业性调解组织和市、县、乡镇三级总工会劳动争议调解中心相互配合的工作格局，并加强与法院、司法等部门的协调配合。三是促两个普遍。为完成三年任务两年完成的目标，我们把促建会入会工作作为下基层驻企蹲点要办的第一件事。党组书记、常务副主席栗建华在三利集团蹲点调研中发现该企业有大量农民工没有入会，马上组织当地和企业工会干部一周时间就发展会员1026人。截至目前，全省工会组织净增4152家，涵盖单位净增17382万家，企业工会会员净增416029万人，已提前一年完成全总、省总三年规划任务。深入推进工资集体协商工作，着力提高普通职工特别是一线职工工资收入。截至目前，全省开展工资集体协商并签订工资集体合同企业7.9万家，覆盖职工730万人。四是促素质提高。开展了“喜迎十八大、岗位立新功”、“劳动创造幸福”、“善行河北——千万职工在行动”等活动，以“岗位学雷锋、争做好职工”、“五讲五争当”为载体，打造职工道德高地，在主流媒体开办了“劳动者”、“燕赵职工美德”等栏目，重点宣传了王蜡旭、王子昌等27个职工道德典型。联合省委宣传部、文明办、国资委每两年开展一次“河北省职工职业道德模范”评选表彰活动。评选了第三届河北省“十大金牌工人”、“百名能工巧匠”。组织开展教育培训，年内计划带动和促进30万名职工提升学历层次和技术等级。以参加第四届全国职工职业技能大赛为契机，广泛开展技术比武和技能比赛活动。

三、意见和建议

（一）*主动融入党政工作大局，为服务职工活动开展提供强大支撑*。服务职工是一项复杂的社会工程，离不开党政的重视和支持。工会要主动向党委政府汇报活动取得的成绩及活动中涉及的重大问题，从政策制度层面解决职工利益和工会工作的重大问题。要积极争取党政将更多的资源和手段赋予工会，主动融入参与加强和创新社会管理的大格局，协调各方面的力量，为工会更好地服务职工创造良好环境，提供坚实保障。

（二）着力解决问题，真心实意为职工办实事好事。服务职工活动重在解决实际问题、求得实效，取信于基层工会、造福于职工群众。要坚持把活动重心放在为职工和工会服务和排忧解难上，多从职工群众角度思考问题，多从职工实际出发谋划，切实为职工办一批看得见、摸得着的事实，只有这样才能取信职工、赢得职工。

（三）建立服务职工长效机制，实现服务职工工作的常态化。一是发挥好工会现有窗口和平台的作用。我们有工会自己的网站，设立了主席信箱；省、市、县总工会的职工服务中心随时接待职工来访；“12351”热线电话延伸到县级，24小时接听；定期参加河北人民广播电台的阳光热线访谈栏目；建立企事业群众工作室；设立工会主席信访接待日、建立职工信访代理制度等。二是建立专职工会干部与职工交朋友制度。三是努力建立基层工会干部定期下车间班组、设立工会主席信访接待日、实行信访代理、重要情况上报等制度。继续发挥好企事业单位群众工作室作用。四是倡导一线工作法，每年确定一些重点课题。五是发挥职工活动阵地的作用，建好工人文化宫、俱乐部、文体中心等职工活动场所。六是加强与信访、法院、人社、司法、安全等部门的联系，及时掌握涉及职工情况。七是开展工会会员代表常任制试点，定期组织会员代表开展调查研究。

（四）必须加强县级工会、基层工会建设，夯实工会工作的基础。县级工会在整个工会体系中处于承上启下的地位，基层工会则处于工会工作的最前沿，加强县级工会、基层工会建设是做好工会一切工作的基础。目前，县级工会普遍存在资产流失严重、职工活动场所萎缩现象。去年省政府办公厅专门下发了依法保护工会资产、加强工会办公和职工活动场所建设的通知，目前多个县级工会办公场所新建、改建项目已经正式开工建设。我们还将召开全省设区市工会主席会，专题研究加强县级工会建设问题。对基层工会而言，必须从制度建设、干部培养、激励机制等方面下功夫，进一步提升基层工会干部履职尽责的能力和水平，增强基层工会对广大职工群众的吸引力和凝聚力。

山西省总工会服务职工活动总结报告

全国工会“面对面、心贴心、实打实服务职工在基层”活动开展以来，山西省总认真学习、深刻认识这一活动的政治意义和现实意义。省总带头，全会行动，全省工会呈现出部署早、行动快、效果实的良好态势。

一、充分认识意义，迅速安排部署

服务职工活动从理论层面上来说，充分体现了党的群众路线的要求，充分体现了党对工会工作的要求，充分体现了中国特色社会主义工会发展道路的要求。从实践层面上来说，是工会维护职工队伍和社会政治稳定，以优异成绩迎接党的十八大的现实要求，是工会适应新形势、迎接新挑战的现实要求，是从战略上解决工会工作活动方式的现实要求。各级工会要站在政治的高度，充分认识开展这项活动的重要意义，周密安排，认真组织，不走形式，不走过场，使开展活动的过程，成为学习宣传中国特色社会主义工会发展道路的过程，成为帮助和解决职工群众最盼、最急、最忧、最怨问题的过程，成为维护职工队伍和社会稳定的过程，切实让广大企业和职工群众感受到工会的新变化、新气象、新风貌，为促进经济发展、维护社会稳定作出新贡献。

1 月 12 日，省总召开全省工会开展服务职工活动视频会议，明确提出，面对面是活动前提，要面向转型跨越发展主战场、面向车间班组、面向一线职工、面向最艰苦地方。心贴心是活动关键，首先要知心，其次要关心，还要暖心。实打实是活动根本，就是要说实话、察实情、办实事、抓落实。2 月 8 日，省总工会十二届三次全委会议对各级工会开展活动作出全面部署，要求重点在上面，即各级工会领导机关；落点是下面，即企业、职工群众和最艰苦的地方；方法是下去，核心是更加密切与职工群众的联系。3 月 7 日，省总机关召开动员大会，进行了再动员、再部署。

省总成立全省工会开展服务职工活动领导小组，出台活动实施方案、“干部下基层”活动实施方案、“机关年轻干部下基层锻炼”实施方案，提出每名干部一年下基层不少于 3 个月。新进机关、没有基层经验的干部，要到街道或企业工会锻炼 1 年，首批派出 27 名年轻干部。同时，全省 11 个市总工会和 15 个产业工会，都制定了工作方案，成立了领导小组。全省形成了各级工会主要负责同志为第一责任人、一级抓一级、层层抓落实的局面。

二、紧密联系实际，创新方式方法

（一）建立“六个五”工作制度。即“五联系、五必访、五必知、五必帮、五必促、五个在一线”制度。“五联系”，即县以上工会干部要联系一个县工会、一户困难企业、一个先进企业工会、一名劳模、一名困难职工；“五必访”，即对职工重大节日必访、生病必访、有困难必访、有思想情绪必访、工作情况必访；“五必知”，即企业生产

▶山西省工会开展"面对面、心贴心、实打实服务职工在基层活动"视频会。

经营情况必知、职工家庭成员情况必知、职工工作学习情况必知、职工收入生活情况必知、职工思想情绪情况必知；"五必帮"，即职工工作中有困难必帮，生活中有困难必帮，思想上有困惑必帮，家庭出现重大变故必帮，提高技术技能必帮；"五必促"，即促进"两个普遍"的落实，促进和谐劳动关系创建，促进劳动竞赛深入开展，促进帮扶工作常态化长效化，促进职工文化活动阵地建设；做到"五个在一线"，即努力做到职工队伍状况在一线掌握、工会维权帮扶在一线实施、构建和谐劳动关系在一线推进、工会工作任务在一线落实、创先争优活动在一线开展。"六个五"制度纳入省、市（产业）、县、乡镇（街道）、企业工会五级目标责任考核体系。

（二）实现对全省职工全覆盖。在各级工会领导机关组成工作组、深入基层走访职工的基础上，发挥全省17.5万名专兼职工会干部、20多万名基层工会委员和20多万名工会小组长的作用，对全省所有企业包"访"到户、职工包"访"到人，实现对全省职工走访全覆盖。

（三）填好"七张表格"做到"两个了如指掌"。"七张表格"，即基层工会走访工作表、职工情况走访工作表、县总工会情况表、联系困难企业情况表、联系先进企业情况表、联系劳动模范情况表和联系困难职工情况表。县以上工会干部，特别是领导干部，对本地区、所联系市、县的经济社会发展状况、职工队伍状况和工会组织状况，热点、难点问题，工作成绩和薄弱环节，以及部门业务开展情况等，做到心中有数、了如指掌。乡镇（街道）工会、工会联合会、企业工会干部与职工交朋友，普遍访谈职工，对每个职工的工作生活状况做到心中有数、了如指掌。

（四）抓好工作落实。各级工会干部下基层不仅要写民情日记、调研报告，还要对照"一条例五规范"，按照"六好乡镇（街道）工会"、"七好基层工会"标准，一个一个乡镇工会找难点，一家一家企业工会搞摸底，一名一名职工访心愿，一项一项工作查不足，制定整改方案，落实整改措施，总结先进经验。对涉及职工问题较多的企业，上级工会组成工作组进驻企业帮助解决问题。省总还将分两个阶段组织工会工作大观摩，检查服务职工活动进展，发现典型，总结经验，查找问题，改进不足。

（五）推广工作亮点。市（产业）、县（市、区）、乡镇（街道）、企业工会高度重视，结合实际提出富有成效的工作方法和措施，形成同抓共促的良好态势。如阳泉市总把活动的主要任务概括为"四大员"，既掌握实情当好调研员、解疑释惑当好宣传员、解决问题当好协调员、推动落实当好督导员，并坚持与重点工作“四融合”、“四促进”。临汾市总建立服务职工活动例会制度。朔州市总制定“十项工作方案”，要求做到“七个结合”，丰富了活动内涵，延伸拓展了活动领域。五寨县总提出拟好一个方案、写好两个报告、完成三大任务、做好四项“规定动作”的“1234”工作法，静乐县总在走访中发放联系卡以便职工随时反映意愿，阳煤集团采取“五到”工作法、实施“八送”服务，阳光发电公司创立“四个”调研、“三问”交友、“两项”帮扶、“一篇”报告的“4321”活动模式等，都有很强的针对性，增强了工作实效。省总在山西工人报、山西省总网站开辟专栏，广泛宣传报道来自基层的鲜活经验，还积极向工人日报、中工网、人民网、全总简报投稿，推广山西工会的实践经验。

活动开展以来，省总组成 11 个服务职工工作组，分赴 11 个市和 119 个县市区，在每个市慰问困难企业 1 家、困难劳模 5 人、困难职工 20 人，在每个县调研 1 家以上企业，走访慰问困难企业 1 家、劳模 1 人、困难职工 2 人，在每个市和每个县帮助 1 家企业建立职工书屋示范点；每名干部和不同类型企业的 3～5 名职工进行了个案访谈。截至目前，省总一级拿出 400 万元，作为服务职工活动专项经费，用于基层企业、职工和劳模。目前，省总机关 11 个工作组共访谈职工 840 名，慰问困难企业 130 家、困难职工 458 人、困难劳模 174 名，帮助 130 家企业工会建立“职工书屋”示范点，每个书屋省总配套 2 万元。全省 11 个市和 119 个县（市、区）工会共成立 608 个工作组，15692 名各级工会干部对 3641 家各类企业和 99921 名职工进行了走访，入户慰问困难职工、困难农民工 6949 户。

三、力求工作实效，取得阶段成果

（一）基本掌握全省企业生产经营状况和职工生产生活状况。全省各级工会服务职工小组和工会干部共走访中小企业 1646 家、非公企业 1747 家、改制企业 123 家、困难企业 592 家、劳动密集型企业 912 家，访谈一线职工及困难职工 65454 人、农民工 18395 人、劳务派遣工 13624 人、青年职工 8284 人；召开座谈会 3217 场，其中企业经营管理人员座谈会 1211 场，企业工会干部、工会小组长座谈会 1258 场，职工座谈会 1300 场，发放调查问卷 50834 份，基本掌握了企业特别是经营困难企业、民营企业、小微企业的情况和不同群体职工工资收入、社会保险、劳动安全卫生等情况。从初步汇总结果来看，企业劳动合同、集体合同签

▶山西省人大常委会副主任、省总工会主席郭海亮在开展“面心实”活动中慰问晋城困难职工。

订率比较高；社会保障问题得益于大的环境和政策，“五险一金”覆盖面有了较大提高；在各级工会的积极努力下，厂务公开民主管理工作在企业的民主管理中发挥了重要作用，但一些问题也不容忽视，如在劳动合同、集体合同签订过程中，协商不够，职工的意愿没有得到充分体现；农民工的社会保障问题比较突出；区域间、行业间工资差别比较大；随着物价上涨，低收入职工特别是困难职工的生活负担进一步加重；中小民营企业职工文化生活单调，缺少有组织的文化体育活动；企业工会组织作用发挥还不够充分等问题比较突出。

（二）办成一批职工最盼、最急、最忧的难事实事。活动开展以来，共征集意见建议6814条，其中来自职工的意见建议4558条、企业工会干部的意见建议1665条，共帮助职工解决实际问题481件。如省总工作组在绿洲大麻纺织公司调研时，就企业面临的缴纳不起社会保险费、特殊工种工人按照政策提前退休、社会负担过重、缺乏技术改造资金等“当务之急”，与当地党政领导现场研究，逐一解决，并对困难老国企遇到的此类共性问题，在全省开展专题调研，为有关部门决策提供依据。阳泉市总走访中了解到阳泉铝业公司部分职工因企业拖欠工资、欠缴养老、医疗保险而不能办理退休、有病不敢治疗等问题后，向市政府作出专题报告，引起高度重视并开始着手解决。晋中市总及榆次区总工会督促榆次区水泥厂为200多名职工补发了拖欠半年的工资共200余万元。作为服务职工活动的重要内容之一，全省各级工会在“暖冬行动”十大帮扶行动中，共为职工特别是农民工追讨欠薪2392.13万元，提供法律服务1278人次，走访慰问节日期间坚守岗位的职工和农民工54058人，帮助12615名农民工平安返乡，为19940人提供就业服务，组织29872名困难职工健康体检，专项救助患大病的困难职工8296名，为2667名青年职工和新生代农民工提供人文关怀，把127场次电影、文艺演出送给一线职工和农民工。

（三）有力促进了重点工作开展。“两个普遍”取得新的进展。阳泉市、县（区）两级工会把开展工资集体协商集中要约行动与工会干部深入企业访谈结合起来，共发出要约书421份，推动“工资集体协商活动月”取得突破性进展，有1883户企业开展了工资集体协商并签订了协议。朔州市总开展组建工作集中调研，提高了工会的组建率和职工入会率，全市新建基层工会312个，新发展会员9106人。帮扶工作有了新实效。太原市总进一步加强困难职工摸底调查工作，通过“三查一访”等方式准确掌握困难职工信息，为发放帮扶困难职工“晋工一卡通”打好基础。临汾市各县（市、区）同步开展结对帮扶活动，共结对子1164对。左权县在活动中共有76名工会干部与89户困难职工家庭结对帮扶，解决生产生活难题2480个。企业工会工作实现新突破。平定县总工会在山西莹玉陶瓷有限公司走访中得知，企业改制中在劳动合同签订、工资集体协商、职工文化需求等方面存在50余个比较突出的问题，立即与企业行政沟通协调，及时予以解决。平朔煤业公司依据职工意见，企业行政出资600万元、工会出资250万元、职工捐款150万元，设立了1000万元的帮扶基金，同时，公司把职工工资总额的1%作为劳动竞赛经费，把职工工资总额的0.5%作为基层劳动竞赛经费，确保了劳动竞赛的持续、深入开展。

（四）增强了企业党政特别是民营企业、小型企业管理层对工会组织、工会工作的拥护和支持。阳泉华龙超市连锁集团党政领导全力支持工会开展这项活动，董事长、党委书记、总经理与工会干部一同联系走访职工，带着“双十”目标问计职工、问需职工，增进了与职工的感情。民营股份制企业山西天棚农牧有限公司在开展活动创建了“三联动四融合”模式，工会班子成员进入公司决策层，员工成长、工会活动与企业经营、管理同频共振。

四、着眼长效机制，不断探索思考

（一）站在政治的高度长期坚持这项活动。服务职工活动是工会贯彻党中央关于工人阶级和工会工作一系列重要指示精神的具体举措，是工会扩大党的群众基础、巩固党的阶级基础、夯实党的执政地位的题中之意，是坚持走中国特色社会主义工会发展道路的有力载体。能否把这项活动坚持下去，关系到工会在党的国家工作大局中作用的发挥，关系到新形势下职工群众工作，关系到工会工作的基础牢固不牢固、工作有没有活力、在职工群众和全社会有没有地位。

（二）把这项活动作为工会抓落实、改进活动方式的载体予以固定。从工会组织的性质来看，工会是群众性组织，不像行政机关那样自上而下用权力推动工作，而是自下而上开展工作，这就决定了工会工作要落实，必须到一线去，到基层去，到职工群众中去。从实践来看，长期以来，工会工作并没有一个的活动方式和抓落实的明确载体，虽然各级工会在这方面做过不少探索，但都没有从根本上解决问题。从这个角度讲，应该把这项活动上升到品牌的高度，规定为今后工会工作的活动方式和抓落实的载体。

（三）配套各种制度予以完善。一是要建立联系群众制度，用制度规范工会组织和工会干部的活动方式，把工会工作的根深深扎在职工群众中。二是要建立调查研究制度，明确规定工会工作想问题、做决策必须建立在调查研究的基础上，做到调查研究经常化。三是要建立落实工作制度，将工会重点工作分解到活动中，提出具体目标。四是要建立考核奖惩制度，加强对服务职工活动的监督检查，明确工会干部帮助职工群众解决合理要求和实际困难的具体责任，做到有指标、有考核、有奖惩。五是建立职工评价制度，让职工群众对工会工作进行评价。

（四）加大基层工会特别是企业工会开展活动的力度。目前，各级工会机关对于发动基层工会，特别是企业工会，大范围、大力度开展活动的意识还不强，措施还不够有力，督察也没有持续跟进，需要在这方面完善措施。只有把企业工会组织发动起来，把企业工会干部组织发动起来，这项活动才能真正走到职工的实际生活中，走到职工的心坎上。

内蒙古自治区总工会服务职工活动总结报告

按照全总部署，去年11月，内蒙古自治区总工会启动了工会干部深入基层大走访活动，成立了活动领导小组，制定了工作实施方案。时任自治区人大常委会副主任、总工会主席的云秀梅同志在多个会议上，就深入开展大走访活动作出动员部署，并带头率走访组深入鄂尔多斯、乌海、巴彦淖尔三地开展走访调研。今年5月中旬开始，自治区人大常委会副主任、总工会主席呼尔查同志亲自带队，集中时间，专门深入12个盟市，就贯彻落实工会发展道路情况和服务职工工作进行调研督导。各级工会认真贯彻落实全总“面对面、心贴心、实打实服务职工在基层”活动视频会议精神，通过广大工会干部深入企业开展调研和与职工访谈、慰问，宣传政策法规，切实为职工办实事好事，推动服务职工工作的深入开展。

一、服务职工活动的总体情况

（一）*建章立制，明确走访活动的目标任务*。区总在大走访之初，就确定了“走万家各类企业、访万名一线职工、帮万户困难家庭”的目标任务，将目标任务分解到了全区12个盟市、内蒙古林业工会和区总机关。截至目前，全区各级工会组织共派出工会干部10306人次，深入9545家企业进行走访调研，与69626名职工进行了面对面的访谈。各级工会在走访过程中，把服务职工群众与政策法规宣传、调查研究和推动工会工作有机结合起来，做到“四个必访”，即困难职工多的企业必访、生产经营困难的企业必访、劳动关系矛盾突出的企业必访、工会工作推进有难度的企业必访，努力实现对困难企业和困难职工的全覆盖。各级工会领导干部坚持带头深入基层，工作组成员认真填写《工作手册》或《走访日志》，充分掌握第一手资料。在走访中始终坚持突出“走访帮”三措并举。走进企业、走进车间、走进班组、走进宿舍、走进食堂，实地察看，蹲点调研，了解企业生产经营现状、劳动关系状况、职工劳动环境和生活条件。与一线职工“零距离”接触，访职工关切，听职工诉求，读懂职工，理解职工，掌握一线职工的思想动态和维权期待。针对不同困难职工和困难劳模家庭的致困原因和生活现状，因户施策开展帮扶救助，通过发放慰问金和生活必需品、为零就业家庭协调解决就业岗位、为就业困难职工联系技能培训等措施，切实为困难职工家庭和困难劳模家庭办实事解难事。

（二）*以人为本，不断创新走访活动工作方法*。各级工会坚持结合本地实际，以职工利益为本，不断创新工作思路，使大走访活动开展得有声有色。区总建立并实施了新的“五项制度”，即基层工会先进典型推荐制度、劳动关系预警企业（行业）报告制度、职工重点信访案件督办制度、实打实解决问题登记制度、职工共性诉求梳理制度，并设计了相应的“三表两单”。各工作组通过深入基层，开展工作，认真填写相关内容，并进行详细分析归纳和逐项梳理。在呼尔查主席主持召开的汇报会上，对各工作组汇报的情况和问题进行专题研究，有针对性地提出解决方案，确保服务职工工作取得实实在在的效果。区总还建立了领导接待职工群众来访工作制度，采取定点接访、重点约访、专题接访、带案下访等形式，把深入基层走访与“下访”、“接访”相结合，努力畅通信访渠道，化解矛盾，进一步密切工会组织与广大职工群众的关系，更好地为职工群众服务。从5月份起，区总每月安排一位领导接待职工群众来访。区总结合全区工会工作实际，建立了项目管理机制，即设定工会强基固本、职工维权帮扶、创先争优劳动竞赛、工资集体协商、职工劳动安康和职工文化家园等6大项目，施行项目化管理，制定了方案，明确了分工，策划设计了项目书，力争打造工会工作知名品牌，进一步扩大工会组织的社会影响，努力建设一批党政认可、社会赞同、职工群众满意的工会工作优秀项目。

（三）脚踏实地，切实解决走访活动中企业和职工群众提出的实际问题。从全区工会系统开展大走访活动以来，各级工会共慰问困难企业1404家，慰问困难职工52515户，送去慰问金5171.7万元。切实帮助企业和职工解决困难或向有关部门提出解决职工实际困难的建议1192件，其中既有解决企业和职工困难的制度性建议，又有帮助解决职工出行难、子女入学难等具体困难的措施。与此同时，走访组坚持带案下访，取得了显著成效。在区总“四个一”集中活动中，一方面对自治区维稳办挂牌督办的与职工权益紧密相关的重点群体和重大隐患进行调查了解；另一方面对自治区总工会困难职工维权帮扶服务调度中心梳理出的2011年以来13件职工重点信访案件逐一进行督办，积极协调解决。目前，已有4件得到了解决，仍有9件正在积极协调当中。同时将8家存在职工队伍稳定隐患和职工合法权益受到侵害明显的企业列为2012年劳动关系预警企业，明确相关领导牵头负责进行跟踪，有关情况随时了解，随时报告，确保企业和职工队伍稳定。各盟市工会也对走访调研中排查出的48家劳动关系预警企业进行了及时跟踪。

▶内蒙古自治区人大常委会副主任、总工会主席呼尔查慰问燕京内蒙古金川保健啤酒有限公司困难职工。

（四）典型引路，全面推进各项重点工作。各走访组对照区总九届四次全委会和盟市工会主席会议的总体安排，对各地学习宣传实践中国特色社会主义工会发展道路、服务职工活动、深化“两个普遍”、构建和谐劳动关系等工作进行了全面督察指导，从中也发现和挖掘了一大批工会工作的先进典型。区总将各级工会上报的先进典型进行认真筛选，大力宣传和推广，充分发挥示范带动作用，不断增强基层工会活力，推动工会工作创新发展。包头市总工会在确定“入千户企业、访千名职工、暖千户家庭”的活动主题后，又提出了“协调解决基层难题一百个以上，撰写形成各类调研报告一百份以上”两个新的目标，并通过包头电视台“鹿城六百秒”，交通文艺广播等多种媒体平台的各类民生类栏目，将“大走访”活动向市民全面公开。兴安盟工会本级专门安排35万元“大走访”资金，并专门制作了大走访专用“民情日记”，机关干部全部深入到了基层。赤峰市总工会通过向企业职工发出“赤峰市总工会致全市职工的一封信”，广泛宣传了自治区第九次党代会精神，党和政府保障和改善民生的各项政策措施以及取得的成效，宣传工会组织在维护职工合法权益、加大帮扶困难企业和困难职工力度等方面所做的工作。通辽市总工会各走访工作组通过与企业老板座谈、发放职工问卷、查阅工会工作资料等，全面了解掌握了所属各类基层工会和职工的基本情况。阿拉善盟工会结合走访活动，组织开展全盟困难职工动态调查摸底，做到困难职工家庭情况、致困原因、技术特长、就业要求、思想状况“五清楚”，为开展金秋助学、春节送温暖活动提供依据。锡林郭勒盟多伦县总工会积极推行“你点我办”的点菜式服务模式，变“群众跑”、“企业跑”为“干部跑”，送技术上门，送服务上门，切实为企业和职工群众解决难题。

（五）组织动员，建立服务职工在基层的长效机制。各级工会通过创新活动载体和方式方法，建立网上互动平台，建立职工实际困难专项督办制度，组建工会干部教育培训“送教上门小分队”，制定了《工会干部深入企业开展蹲点服务活动工作方案》，派出机关干部深入基层蹲点服务，让工会干部在为基层和职工服务的同时，不断地汲取新知识新经验，增强做好职工群众工作的能力。健全考核评价和激励机制，开展走访日志点评，探索群众满意度测评办法，建立工作效能监测点制度、跟踪问效机制等，推动大走访活动的常态化、长效化。

（六）广泛宣传，扩大服务职工活动的社会影响。区总及时将服务职工活动向区党委分管领导、区党委常委、组织部长李鹏新作了汇报，李鹏新部长指出，深入基层，访贫问苦，这是各级工会以职工为本疏民困、解民忧的具体体现。这一民心工作一定会重振职工群众的信心，也让职工群众对工会组织产生更加深厚的“职工之家”情怀。深入开展工会干部大走访活动主题宣传活动，发挥工会宣传主阵地作用，编辑印发全区工会干部大走访活动宣传简报20期共2400份，《内蒙古工运》开设了全区工会干部大走访活动宣传专栏。全区各级工会在主办的报刊、网站上开办宣传专版、专栏71个，刊发学习宣传文章120多篇，刊发各类信息1230多条。借助各级主流媒体，进一步加强工会干部大走访活动的宣传报道。在《工人日报》、《内蒙古日报》、内蒙古电视台和广播电台等主流媒体刊发相关报道60余篇。在全区工会干部中开展征集大走访活动优秀日志工作，目前已征集优秀日志50多篇。

二、职工群众和基层工会反映的突出问题

（一）工资收入低，增长缓慢，抗御风险能力差。通过对多数普通职工，特别是对下岗（离岗）职工、农牧民工、劳务派遣工、特困职工及困难劳模等进行走访了解，月收入在1000～1500元之间的人数最多，占比在70%以上，月收入在1500～2000元的占18%，2000～2500元的占4%，收入在2500元以上的很少，基本没有超过3000元的。大部分职工收入仅仅略高于当地最低工资标准，这些职工由于自身文化水平低、缺乏专

业技能，再就业困难，即使找到工作，也是苦、脏、累岗位，工资低、待遇差，生活较为困难。

（二）医疗难保障，因病致贫返贫现象突出。有一部分职工本人或者其家属患有严重疾病，因没有医疗保险或保险不完善，治病所产生的高额医疗费用，使全家生活陷入困境。

（三）职业技能培训缺失，职业发展受到限制。大部分中小型企业由于自身能力所限无法开展专业技能培训，而目前社会上各种培训又良莠不齐，鱼龙混杂，收费很高，不能适应企业的发展需要，因此很多中小型企业的员工没有任何机会参加技能培训，既影响了员工个人职业技能的提升，也影响了企业的长远发展。

（四）非公有制企业职工政治、经济、文化教育权益仍然存在落实不到位的问题。一些非公企业的职代会、厂务公开等民主管理制度不落实，职工诉求渠道不畅，造成职工对企业的归属感、认同感不强。特别是一些服务行业和建筑行业不签订劳动合同的情况仍然存在，职工权益很难保障。同时对职工教育投入不够，职工的精神文化生活单调。劳务派遣工问题愈来愈凸显。一些国有企业使用大量劳务派遣工，但同工不同薪酬、同工不同社会保障，导致劳务派遣工心理不平衡，工作和生活压力较大，职工发展上面临瓶颈，使这个群体存在着不稳定因素。

（五）转制企业遗留问题显现，正在改制企业的职工思想不稳定。企业转制时期，职工分流安置，其养老、医疗保险接续多由个人承担，但大部分职工因无收入、收入低或其他原因无力续缴，这部分人随着年龄的增长，再就业难度加大，由于政策缺失，这部分人享受不到城镇居民养老、医疗保险，其养老、医疗问题已逐年显现，亟待解决。正在进行改制的国有大中型企业所属集体企业，对企业改制方案、职工安置方案，广大职工尚未形成共识，尤其是在经济补偿和社会保障等方面职工方与企业方争议较大，不稳定的隐患仍然存在。

（六）精神文化生活贫乏，职工业余生活单调枯燥。大部分职工希望企业、社会多开展一些职工文化活动，工作之余感受生活的情趣。

▶内蒙古自治区总工会党组书记、副主席崔明龙在伊泰集团走访慰问。

（七）矿山工人生产生活中的特殊困难。矿山企业多远离市区，企业职工生产生活条件较差，精神文化生活少，职工个人问题得不到解决，职工工作积极性不高，影响职工队伍稳定和企业发展。

（八）农牧民工、劳务派遣工问题较为突出。一是同工不同酬的问题需要解决。有大量的农牧民工和劳务派遣工与企业之间“有劳动没合同”、“有收入没组织”，与合同制职工“同工不同酬”，他们没有福利待遇，没有社会保险和公积金，更没有民主参与权和话语权。二是社会保险参保率低，缺乏社会保障，导制劳动关系不稳定。以农牧民工为主的流动就业人员社会保险参保率低，其中既有制度性原因又有自身主观原因。以农牧民工为例，城乡之间、异地之间养老等社会保险关系转移接续难，直接制约了参保行为，使那些已在农村缴纳社会统筹的人员不愿或不能在企业、在城镇参加城镇职工养老保险，当农村的社会保险也没条件参加时，这部分人员就缺失了养老、医疗等基本社会保障。另一方面，在目前养老保险统筹层次低、没有实现全国统筹的情况下，如果缺乏相应的制度性保障，流动就业极易造成用人单位和劳动者个人双方逃避社会保险责任的后果。一些工人不愿签订劳动合同，认为签了劳动合同会妨碍自己应聘到条件更好的企业；一些工人不愿缴纳养老金等各类保险金，认为不如给现金实惠；一些工人特别是农民工由于工作流动性大、养老金转移手续繁杂不方便等原因，影响他们缴纳保险的积极性。三是难以享受城镇居民待遇，加重农民工生活困难。他们在城镇没有住房，子女难以得到与城镇居民子女平等的受教育权，子女在城镇入学将面临高额的借读费或择校费，父母不堪重负，在城镇住房条件普遍较差，同时，受到收入水平低、高额的医疗费用和子女就学费用、不断上涨的物价等因素共同影响，职工生活水平不高。

三、对于建立健全工会服务职工长效机制的意见和建议

一是要进一步深化细化服务职工活动，从制度层面研究建立服务职工长效机制和激励机制。二是全总应适时组织专家学者组成的宣讲团，深入各地进行宣讲，同时提供更多面向基层干部和职工群众学习交流机会。三是要进一步加大宣传力度，扩大服务职工活动的社会影响；要积极选树典型，扩大宣传面；要在广大工会干部思想中牢固树立长期地持续地服务职工意识。四是要及时总结服务职工阶段性典型经验，并进行推广，使服务职工活动与推动工会工作创新发展有机结合。

辽宁省总工会服务职工活动总结报告

根据全总服务职工活动要求，为进一步提高辽宁省工会服务大局服务职工能力，今年2月，省总在全省工会领导机关组织开展了“进企业、访职工、察实情、办实事、促和谐”活动。各级工会按照“五结合五提高”的工作要求，将活动与“推动重点工作、增进与职工感情、转变工作作风、服务职工办实事、锻炼干部队伍”紧密结合起来，紧紧围绕发展和谐劳动关系和促进职工队伍稳定目标，精心组织，广泛发动，全面推进，深入实施，使活动迅速在全省广泛深入开展起来，并取得了阶段性成果。

一、坚持活动与增进职工感情相结合，在促进工会干部转变作风上取得了新成效

我们把增进与职工感情作为开展“进企业”活动的根本点，充分利用这个有效活动载体，引导和组织各级工会机关干部牢固树立党的群众路线，深入一线寻源固本，密切与职工的感情，切实转变工作作风。为确保工会机关干部能够真正深入一线与职工深入交流，省市工会规定了走访组分片包干的县区、工业园区、乡镇街工会、行业性区域性工会、企业以及走访交流的职工、职工家庭的职责和数量，确定了班子成员、机关部门和干部交一线职工朋友、包扶特困职工家庭的职责和数量，并建立了活动责任制。同时还采取一些富有特色的活动措施进行推进，如沈阳市总的“四结合”，大连市总的“四比四看”竞赛活动和“六必清”、“八必访”；鞍山市总的“六个走进”；抚顺市总的“四进、四帮、四送、四促”和“五知、五进、五访、五谈、五同”；本溪市总的“六个送”；丹东市总的“七个深入”；阜新市总的“三深入三联系”和“六个一线”；等等，都有力促进了工会干部与职工的密切联系。半年来，各级工会机关干部按照活动要求，走出办公室，一竿子插到底，深入企业和职工中，倾听职工诉求、体验职工生活、体会职工情感，进行调查研究，与职工交朋友，增强了工会机关干部服务群众的意识和讲实话、办实事、科学决策的工作作风，建立了与职工群众的互信互爱亲情关系。截至目前，全省工会领导机关共组织2123个走访组和14695名机关干部，深入到100个县（区）、1166个乡（镇）街和183个工业园区，走访了18771个企业、141965名职工和9886个职工家庭，发放了206556份宣传材料，召开了7127个座谈会，填写了95668份企业问卷和职工问卷，访谈了14788名职工、企业经营者和工会干部，向46967名职工发放了2043.14万元的慰问金，结交了22500多名职工朋友。

二、坚持活动与推动全会重点工作相结合，在促进“六个专项行动”落实上取得了新成效

我们将推动“六个专项行动”落实作为“进企业”活动的着力点，主动争取党委领导和政府支持，不断深化“进企业”活动的内容和措施，全力推动基层工会组建、职代

▶辽宁省委常委、省总工会主席、党组书记赵国红与一线职工共进午餐。

会和工资集体协商建制、规范劳动用工监督检查、劳动争议预防调解建制、企业文化职工文化建设、职工服务帮扶体系建设等"六个专项行动"深入开展。今年以来，省构建和谐劳动关系领导小组召开了推进会，省委政研室、省委督察室、省政府督察室和省劳动关系"三方五部门"近期在全省开展了和谐劳动关系调研督察，目前绝大多数市都采取签订责任状和联合发文等措施，将工会重点工作纳入了党政工作考核体系，这些都为"六个专项行动"的开展营造了良好环境。各级工会抓住当前推动和谐劳动关系建设的有利时机，将"进企业"活动与职工维权"安全网"总体思路相统一，紧紧围绕"六个专项行动"目标任务，深入基层和企业进行调查研究，积极查找制约和谐劳动关系发展的难题，认真研究保障职工权益的对策，努力化解基层劳动关系矛盾，推动"六个专项行动"取得了整体进展，特别是在推动"两个普遍"工作上取得了新突破。在工会组建方面，通过发挥"党建带工建"、"政府助工建"、"工会抓工建"的合力作用，加大了企业建会、农民工和劳务派遣工入会等工作力度，推动基层建会工作取得了新进展，全省新建县以下区域性行业性工会206个，涵盖法人单位5109个，基层工会组建三年任务两年已接近完成。与此同时，全省企业工会主席直选覆盖面进一步扩大，职工建家达标升级活动逐渐深化，职工评家活动走向深入，"双亮双履"活动全面铺开；在工资集体协商方面，抓住贯彻落实《辽宁省企业工资集体协商规定》的契机，联合省劳动关系"三方五部门"开展"工资集体协商建制攻坚行动"，加强区域性行业性职代会、集体协商预审、劳动定额、协商评估等制度建设，有力推进了市县（区）区域性行业性工资集体协商扩面和行业性工资集体协商逐步向市级升级，直接扩大了工资集体协商的覆盖面，有效提高了工资集体协商建制质量和水平。目前，全省已建会企业工资集体协商建制率达到了68%，有56个县（区）签订了268个县级行业工资专项集体合同，签订了30多个市级行业工资集体合同。沈阳、大连两市在去年开展市级餐饮和机械行业工资集体协商后，今年又分别开展了全市公交和软件行业集体协商，在全国产生了广泛影响。抚顺、阜新等市也在林业、煤炭等行业实现了市级工资集体协商。

三、坚持活动与为基层和职工办实事相结合，在促进劳动关系和谐上取得了新成效

我们把为基层和职工办实事解难事作为"进企业"活动的出发点和落脚点，在组织

部署“进企业”活动时就提出了明确要求。省总要求各级工会领导机关要把“进企业”活动当成为职工办实事解难事的重要抓手，围绕做实“六个专项行动”为职工办实事，确保“进企业”活动成果惠及广大职工。各市结合实际，也都提出了为基层和职工办实事解难事的具体要求，如辽阳市总规定要围绕职工服务帮扶工作为职工办好六件实事；葫芦岛市总提出要围绕推进“六个专项行动”为企业和职工办好“十件实事”；沈阳铁西区总提出要做到“十个一”；等等，为活动更好地惠及基层和职工提供了保障。在活动中，各级工会在“进、访、察”了解基层情况的基础上，一方面，紧跟职工日趋多元化的需求，树立大服务理念，将工会服务帮扶工作由偏重服务少数人向服务多数人转变，由偏重远距离服务向近距离服务转变，由偏重时段性服务向长效性服务转变，全力推进工会服务帮扶网络、服务帮扶队伍、服务帮扶载体、服务帮扶运行机制、服务帮扶资金保障等“五位一体”服务职工模式。另一方面，针对企业和职工存在的困难和问题，特别是与职工生产生活息息相关的切身利益问题，主动争取党和政府的重视和支持，积极协调有关方面，千方百计加以解决，为企业和职工做了很多实事好事。如省总走访组与盘锦、葫芦岛市总分别召开“银企对接会”，为企业解决了银行贷款、征地建厂、污染等问题；大连沙河口区总建立“一站式”全程代理服务制度，为企业和职工解决了到工会窗口办事难问题；抚顺新宾水务局工会为红升电站和旧门电站解决了企业法人营业执照办理问题；沈阳市总为困难劳模住院治疗解决了费用垫付问题；辽阳市总为忠旺集团解决了用工招工问题；等等，提高了职工对工会组织和干部的认同感与信任度，促进了企业劳动关系的和谐。今年以来，通过各级工会共同努力，全省工会服务帮扶网络、服务帮扶队伍、服务帮扶载体、服务帮扶运行机制、服务帮扶资金保障等工作得到进一步健全，工会服务帮扶触角不断向企业和社区延伸，“千米服务帮扶圈”普遍建立，半数以上规模企业和社区建立了服务帮扶站，其中大连实现了网络网格化服务，辽阳全市规模以上企业全部建立了服务帮扶站；服务职工队伍不断壮大，全省专兼职服务人员发展到了21.9万人，职工法律援助志愿者与困难帮扶志愿者分别发展到了3427人和48596人；“送温暖”、“金秋助学”、“关爱农民工特别行动”、“工会会员痔愈行动”等困难帮扶、项目制医疗救助活动深入开展。“工会会员服务卡”得到普遍推广，共发放“工会会员服务卡”81.7万张，涉及270余个服务项目。截至目前，全省工会共发放各种救助资金1.47亿元，救助32.7万人；帮助企业和职工解决难题的力度不断加大，活动中共征集基层意见建议9845条、处理2668条，帮助企业和职工解决了20多个方面的1775个问题，涉及职工9万多人次。

四、坚持活动与锻炼干部队伍相结合，在促进工会干部服务能力提高上取得了新成效

我们把培养和锻炼干部队伍作为“进企业”活动的着眼点，充分利用这一生动社会实践，引导和组织各级工会机关干部虚心向职工学习向实践学习，在活动中接受教育，在实践中锻炼成长，不断提高服务大局和服务职工的能力。为切实搭建好这个干部锻炼平台，省总明确提出“进企业”活动要广泛发动、全员参与、责任到人，并要求全省每名工会干部都要履行好“联系基层、帮扶困难家庭、解开职工心结、体验职工生活、当

好基层工会干部、结交职工朋友、调解劳动争议、总结典型经验、写好走访日记、完成调研报告”等10个方面职责。同时还选派了21名年轻干部到企业蹲点锻炼，确保每个人在“进企业”活动中都有动力、有提高、有收获。各市工会按照省总活动部署和要求，也都明确了工会机关干部在活动中的职责，并选派部分干部到企业挂职锻炼，为工会干部丰富阅历、历练品质、增长才干创造了良好条件。半年来，各级工会干部肩负责任，通过深入基层走访调研，感受职工生产生活和基层工会工作，体会调查研究、协调劳动关系和破解工作难题等工作实践，增强了群众观念，熟悉了劳动法律法规政策和协调劳动关系技巧，提高了组织协调能力、交流沟通能力、分析问题能力和化解矛盾能力。目前，全省工会领导机关共选派578名干部到企业蹲点锻炼，使他们的精气神和实践能力有了明显提升。

五、坚持活动与建章立制相结合，在促进联系和服务职工长效机制建立完善上取得了新成效

我们把建章立制作为“进企业”活动的关键点，立足于建立完善联系和服务职工长效机制，推动服务职工常态化、长效化、制度化。为加强与职工联系、推动“进企业”活动取得成效，省总进一步完善了工会领导机关联系基层、联系企业、联系职工的“三联系制度”，建立了党组成员分片包干制度、部门和个人包扶联系制度、工作通报制度和活动调度总结制度，并在省总机关走访组和部门之间建立了信息交流制度、定期通报制度和督导检查制度。同时，还制定下发了《全省工会“六个专项行动”百分考核方案》和实施细则，建立了有利于工会领导机关科学发展的工作激励机制，极大调动了工会领导机关服务职工的积极性，推动了“进企业”活动的深入开展。各市工会按照全省活动部署，也相应建立健全了党组成员分片包干制度和部门个人包扶联系制度。有些市还根据实际需要，建立了其他一些联系和服务职工工作制度，如大连市总建立了网络联系职工、现场办公、挂职蹲点、职工回访、回复反馈等制度；营口市总建立了职工问题反馈、职工问题回访、活动督导检查、定期联系基层会员和市、县（区）总工会班子成员每季度接待基层工会主席和会员代表等制度；鞍山海城市总建立了职工联系、现场办公、督促检查、职工回访、回复反馈等制度；等等。通过这些制度建立，增进了工会干部与职工的联系，促进了联系和服务职工长效机制的建立和完善。

▶辽宁省总工会“进企业、访职工、察实情、办实事、促和谐”活动视频会议。

回顾半年来“进企业”活动开展情况，总体看，在全总的精心指导下，在全省工会

的共同努力下，活动取得了较好的阶段性成果，得到了各级党委和政府的重视和支持，受到了职工群众的欢迎，在社会产生了良好反响。其中大连、鞍山、盘锦等市的活动，还分别得到了大连市委书记唐军、鞍山市委副书记孙春山、盘锦市委副书记李素芳的充分肯定并做了批示，为活动的开展提供了有力保障。下半年，是完成今年全会工作任务的关键时期，“进企业”活动面临的任务将更加繁重。为此，下一步我们将重点抓好以下几方面工作：

1. 强化“办实事、促和谐”环节工作。根据活动安排，前一阶段辽宁省工会把主要精力都放在了“进、访、察”上，下一步我们要在继续做好“进、访、察”的基础上，将活动重心转到“办实事、促和谐”上来，针对已经了解掌握的情况，着力于为企业和职工办实事解难题，促进劳动关系的和谐稳定。

2. 确保“六个专项行动”见实效。“六个专项行动”是今年全会的工作重点，也是“进企业”活动的着力点。下一步我们要在巩固上半年工作成果的基础上，以“六个专项行动”百分考核为激励，加大“六个专项行动”推进力度，特别是“两个普遍”推进力度。按照整体推进与重点突破相结合的原则，攻坚克难，推动“六个专项行动”向纵深发展，推进职工维权“安全网”建设。

3. 促进调研成果转化。此次“进企业”活动，省总下发了调研提纲，明确了8个方面44个分题目的调研任务。下一步我们要加大调研力度，并做好调查报告的汇总起草工作，争取年底前拿出6个有分量的专题报告和总报告，为党和政府提供决策依据，推动调研成果得到转化。

4. 做好典型总结推广工作。要对今年以来开展“进企业”活动的典型进行总结，及时推广和宣传典型群体的好经验好做法，充分发挥典型的示范引领作用，推动“进企业”活动向纵深发展。

5. 建立完善联系和服务职工长效机制。要加强“进企业”活动制度机制建设，及时总结各级工会在活动中创造出的带有规律性和时效性的经验做法，在研究和提炼的基础上，通过建章立制形成制度规范，推动工会联系和服务职工的常态化、长效化、制度化。

吉林省总工会服务职工活动总结报告

吉林省工会“面对面、心贴心、实打实服务职工在基层”活动开展以来，在全总和省委的正确领导下，精心谋划部署，认真组织实施，取得了阶段性成效。

一、活动的基本情况

（一）高度重视，及时启动。2011 年 11 月，接到全总开展服务职工活动方案后，省总党组高度重视，立即召开专题党组会研究活动部署，制定活动方案，成立了省总服务职工活动领导小组，组长由省总主席担任，下设办公室，办公室分设综合协调组、组织督导组和宣传报道组。同时向省委报告了服务职工活动的部署情况。2011 年 12 月 15 日，时任省委副书记巴音朝鲁，省委常委、副省长马俊清，省人大常委会副主任、省总工会主席包秦等省领导参加活动启动仪式。2011 年 12 月 16 日，巴音朝鲁在省总服务职工活动方案上批示：“此活动很有意义，是了解企业和职工实际情况，为困难企业、职工办实事的具体行动。望组织实施好”。省人大常委会副主任、省总主席包秦强调，“要从协助党政加强和创新社会管理，维护职工群众合法权益的高度，切实将服务职工活动抓实抓好”。在年初召开的省总工会十二届五次全委会上，确定将服务职工活动作为全省工会全年工作主线认真抓好。在省总的重视和推动下，各市州总工会均于2011 年年底完成了本地区服务职工活动的部署，吉林省服务职工活动全面推开。

（二）建章立制，规范实施。省总先后制定下发活动实施方案、专项帮扶资金使用要求、活动工作纪律要求和活动信息报送的通知等，指导、约束和规范服务职工活动的开展；建立联络员制度，每个县（市）区工会确定一名联络员，省市两级工会干部下基层直接通过联络员安排落实，一竿子到底，坚决落实全总“四不”走访纪律（不走过场、不给基层添麻烦、不搞层层陪同、不影响基层企业和广大职工的日常生活）；建立“四联系”制度，以部室为单位成立工作组，每个工作组同 1 个基层工会（县级工会、开发区工会、社区乡镇工会）、1 户企业、1 名劳模和 1 名困难职工建立长期联系，探索建立服务职工长效机制的有效途径；建立青年干部下派企业锻炼制度，选派了机关青年干部下派不同行业、不同类型的企业，进行不少于 2 个月时间的蹲点锻炼。省总第一批 20 名青年干部已圆满完成锻炼任务；建立活动月报制度，9 个市州总工会每月要上报一次活动进展情况，省总视实际将各地完成情况进行通报；建立督导检查制度，不定期对各地工作开展情况进行督导检查，总结经验和典型，通过《吉林工人报》、《吉林工运信息》等媒体宣传报道。目前编发活动简报 21 期，向省委和全总报送各类信息百余条。

（三）周密部署，稳步推进。2011 年 12 月 15 日，召开全省服务职工活动动员大会，之后省总活动领导小组办公室先后召开 7 次专题会议，部署阶段工作，完善方案制度，总结经验典型，调度活动进度，组织协调资源，研究解决问题。省总机关组成 31 个工作组，由班子成员和各部门负责人带队，先后 3 次深入基层，完成了走访调研 300

户企业，慰问600名困难职工，召开120场座谈会的目标任务，实现了对全省9个市州60个县市区的全覆盖。9个市（州）总工会全部建立由一把手任组长的活动领导机构，组成若干工作小组，结合地区实际制定实施方案，强化考核督导，确保活动落到实处。

▶吉林省人大常委会副主任、省总工会主席包秦在生产一线同基层职工交谈。

二、工作成效

（一）推动各级党政更加重视工会工作。各级工会组织和广大工会干部，把开展服务职工活动，作为践行党的群众观点、群众路线，做好新形势下职工群众工作的重要载体，作为构建和谐劳动关系，参与社会管理创新的实践，普遍受到党政的关注和赞扬。特别是通过面对面与职工群众沟通交流，深入了解职工群众的生产生活和思想状况，当好党和政府联系职工群众的桥梁纽带，更得到了各级党政的重视和好评。松原市委书记王常松对工会开展服务职工活动给予了很高评价，他认为工会的这一做法，充分反映了党的思想路线和群众路线。白城市委副书记刘川深有感触地说，服务职工活动意义重大，白城市委一定全力支持工会，将这项活动深入开展下去。

（二）促进了工会重点工作的开展。目前，吉林省新建企业工会5600家，新增企业会员5.28万人，企业会员总数达到352.78万人；新签订工资专项集体合同4173份，覆盖职工70多万人，全省建制率比去年同期提高18.6个百分点；劳动竞赛有序开展，全省职工提出合理化建议23万件，实施14万件，创造价值8.7亿元；开展岗位练兵活动企业达50%以上，开展技能比赛的企业达到30%以上；省总民管部把活动同“公开解难题、民主促发展”民主管理主题实践活动结合开展，在4月出台了《职工代表大会备案制度》，为规范职代会的召开提供了完备的制度保障；辽源市总工会抓住活动的契机，在两区成立了20个社区帮扶工作站，在50户基层企业成立了帮扶工作站点。

（三）进一步改进作风、树立了工会组织良好社会形象。吉林省各级工会干部深入企业一线、车间班组和困难职工家中，通过“四带”、“五记”（带感情、带问题下去，带建议、带对策上来；记录职工思想工作生活，记录职工诉求建议，记录典型维权案例，记录心得体会，记录工会促进企业发展的创新手段），从惠民政策协调、帮助企业贷款，到送米面油和慰问资金，乃至为困难职工修理下水管道，无一不体现出工会干部心系职工群众的好作风，密切了新时期党群干群关系。工会干部亲耳听到基层企业和职工对于工会工作的意见和建议，亲眼看到职工群众的生产生活条件还有待于改善，亲身体验到基层工作的艰苦和繁杂，发自内心地端正了工作态度，增强了服务意识，进一步改进了工作作风。各级工会组织通过报纸、电视、网站等各类新闻媒体，大力宣传工会服务职工活动，被媒体采用的消息、通讯、理论文章、领导访谈、图片报道、纪实等122篇。吉林电视台“省长热线回声”栏目以“职工身边的娘家人”为题，播出了省总工会干部深入基层走访，推动解决职工群众难题的专题片，在社会上反响热烈。

（四）积极推动解决职工最急切盼望的问题。各级工会组织依托党政，整合各类资源，切实推动解决职工群众急切盼望的问题。吉林市总把在走访活动中新发现的1300多户困难职工（农民工）及时纳入到工会帮扶中心救助范围；白山市总帮助部分资源枯竭型企业下岗职工发展种植养殖项目；大安市总工会协调银行放贷政策，帮助解决市内中小企业小规模贷款问题；等等。省委书记孙政才在省总服务职工活动报告上批示“很好”，给予活动充分肯定，并责成省政府领导及相关部门解决工会组织在走访调研中发现的问题。截至6月末，各级工会共投入活动资金1.35亿元，参加走访工会干部26855人次，走访慰问企业14228户，走访慰问困难职工（劳模）209477人，召开各类人员座谈会4898个，发放职工劳动权益保障资料150355册，推动解决包括职工社保、疾病救助、保障住房、改制企业员工待遇、职工培训就业等各类问题60138个。

（五）发现和总结出一批典型。大唐长春第二热电有限责任公司于2010年5月建立“员工诉求中心”，实现“诉求不出门，对外零上访”。目前，全省共建立员工诉求中心1000多个，为职工解决难题1865件；吉林油田扶余采油厂工会编辑《热点问题面对面》，及时回答和解决职工关心的生产生活热点问题；吉林化建公司坚持技能培训，让农民工成为金牌工人；白城市金事达电气有限公司工会注重民主管理建设，每月召开一次职工代表交流会；长春大成实业集团工会将班组创新情况与员工绩效工资挂钩，做到法人治理结构与民主管理制度共建、企业经济效益与职工劳动收入共享、企业社会价值与职工人生价值共赢。

三、经验和启示

（一）创新建立“四联系”制度，探索建立服务职工长效机制。“四联系”是指每个工会走访小组在完成规定动作的基础上，还要分别联系1个基层工会（县级工会、开发区工会、社区乡镇工会）、1户企业（重点是中小企业）、1名劳模和1名困难职工。各工会走访小组按照省总要求，建立“四联系”档案，把联系对象作为省总机关工会干部了解基层企业和职工的切入点，见微知著，通过与联系对象的深度交流、反复沟通、多次帮扶，推动职工群众最盼、最急、最忧、最怨的问题得到解决。目前，全省共为423组“四联系”对象投入资金167.13万元，帮助322人实现创业或再就业，提供政策咨询692次，发放职工劳动权益手册423份，落实劳模“三金”待遇68人，推动解决包括大病救助、技能培训等问题263件。“四联系”制度，既拉近了机关工会干部同职工群众的距离，成为工会干部和职工群众的“连心桥”；也是建立服务职工长效机制的有益探索。

（二）推进“员工诉求中心”建设，提高工会参与社会管理和服务职工的能力和水平。大唐长春第二热电有限责任公司于2010年5月10日成立了“员工诉求中心”，将员工的侵权投诉、利益需求、发展愿望、生活烦恼、精神苦闷以及合理化建议等，均纳入诉求中心受理范围，将诉求受理、矛盾化解、心理疏导、排忧解难等按企业部门职能分工落实责任，并从受理、处理、结果反馈等环节，形成较为完备的工作流程。包秦主席在深入企业调研的过程中，敏锐地捕捉到了“员工诉求中心”的建立与运行，是建立和完善职工利益诉求表达机制的有益探索和积极实践，对加强和创新社会管理，有效维护职工的合法权益，实现职工“诉求不出门、对外零上访”的目标；对丰富新形势下党的群众工作经验，凝聚人心、推动企业和谐健康发展，都具有十分重要意义。2011 年 7 月，在省总常委扩大会议上，省总对推广员工诉求中心建设做出了全面部署，提出了明确要求。8 月，省总工会、省国资委、省人力资源和社会保障厅、省企业联合会/省企业家协会联合下发文件，要求在全省企业中推广大唐二热电经验。在活动中，省总将推进“员工诉求中心”建设作为重点工作任务全力推动，目前全省共建立诉求中心 1000 多家，并呈现出形式多样向乡镇、街道、村屯延伸的良好局面。实践证明，建立“员工诉求中心”，是新形势下加强党的群众工作，创新社会管理的一个新鲜经验；是贯彻执行党的全心全意依靠工人阶级根本方针，构建和谐劳动关系，推进和谐社会建设的重要举措；是落实科学发展观，以人为本，发展基层民主，保证共建共享，实现双赢的有益探索。

四、基层反映的突出问题

（一）中小企业生存发展面临一些问题

1. 企业经营、发展资金短缺，银行贷款难，融资渠道狭窄，企业规模难以扩大，技术创新投入不足，造成发展空间受限，市场竞争力小。

2. 用工难。劳动力不充足，尤其是技术工人缺失严重，就业结构性矛盾突出。多数企业工资收入相对较低，劳动环境较差，对年轻劳动力没有吸引力。

3. 企业缴纳税款高，企业负担重；再加上原材料、人力资本等上涨幅度较大，生产成本上升，增加企业运行成本，吞噬了企业的利润空间，直接影响了工人工资的增长。

▶吉林省总工会“面对面、心贴心、实打实”万名工会干部深入基层大走访活动启动仪式。

（二）困难职工面临的普遍问题

1. 大病致困。部分困难职工本人或其家庭成员患病花费大量的医疗费用成为其致贫的主要原因之一。且绝大多数是癌症、尿毒症、心脏病、中风导致的半身不遂等，实际已经丧失劳动能力。

2. 失业致困。失业职工由于失去了经济来源，面对日常生活中的各种支出费用，入不敷出已成为生活的常态。由于通货膨胀的原因，日常生活必需品等价格上涨，更使困难职工的生活雪上加霜。

3. 子女上学。初中及以下阶段为免费教育阶段，但学生的书本费及其他杂费也是一笔不小的支出，高中及以上阶段的教育费用对于收入较低的企业职工来说更是沉重的负担。

五、建立健全工会服务职工长效机制的一点思考

活动要想取得实效，首先要解决工会干部思想上的问题，特别是工会的领导干部要树立全心全意为职工服务意识，时刻牢记工会组织的宗旨和职能，把服务职工群众的意识内化为积极工作的动力，增强工会干部对职工群众的归属感。

其次要在组织机构人员上予以保证，不一定要成立专门的部门，但一定要指定专门的人员负责，把服务职工工作作为常规工作安排部署，建立激励制度，纳入表彰考核工作体系。

最后要在实施的各个环节上形成机制。要在深入基层、深入一线、深入职工环节上形成机制，建立长期坚持的日常性的工作制度，定期深入基层企业和职工群众当中；要在真正了解发现问题，及时反映问题环节上做实工作，深入职工群众不是走过场，要做好充分准备工作，带着问题回来；要在研究和解决问题上形成制度。基层反映的问题带回来了，能不能解决、该如何解决、不能解决怎么办、工会的哪个部门负责解决，都要认真研究，一一回应；要在整个过程各个环节落实情况的监督上形成机制。

黑龙江省总工会服务职工活动总结报告

今年以来，黑龙江省各级工会组织认真贯彻全总十五届六次执委会的部署和要求，把开展“面对面、心贴心、实打实服务职工在基层”活动作为2012年黑龙江省工会工作主线，进行重点谋划、重点部署、重点落实。省、市、县区、局、大企业工会上下联动，工会干部全员参与，带着任务下基层、拿出思路给基层、解决问题为基层，从全省开展活动情况看，各市地动作迅速、措施得力，服务职工活动已经取得了显著成效。

据统计，全省13个市（地）总工会及所属工会组织共成立工作组1146个，其中省总工会5个、市地总工会75个、县区总工会591个，全省有23206名工会干部参与活动，深入8843户企业，走访慰问职工112307人，召开各级各型座谈会7550场，发放调查问卷160409份，个案访谈13167人，发放宣传材料241820份，为37328名职工发放慰问补贴、金额共计1861.96万元，征集意见建议6250条。

一、高度重视，周密部署，上下联动，全面开展

（一）精心谋划活动方案，迅速启动。全总活动视频会议召开后，省总工会党组高度重视，立即研究制定并印发了实施方案，对开展活动的总体要求、主要任务、实施步骤、重点工作进行了部署，并以召开省总工会十届三次全委会为契机进行了启动和部署，省委副书记杜家毫也对开展好服务职工活动提出了要求。3月15日，在充分征求机关各部门意见的基础上我们制定了《黑龙江省总工会开展“面对面、心贴心、实打实服务职工在基层”活动赴基层工作组工作方案》，确定由党组成员带队组成5个工作组，机关全体副处以上干部全员参加，对包括人员分工、座谈提纲、访谈提纲、个案调查、走访的企业和职工、活动形式等均进行细化。全省13个市（地）全部制定了方案，成立了活动领导小组，并组织大批工会干部深入企业和职工中开展活动。从全省看，活动得到了各级党政领导的充分肯定，受到基层企业和职工的热烈欢迎，通过活动推动了学习宣传实践中国特色社会主义工会发展道路、推进“两个普遍”、构建和谐劳动关系等工会重点工作，锻炼了工会干部，拉近了与职工群众的距离，维护了职工队伍稳定。

（二）召开专题会议，保证活动取得成效。2月下旬至3月，省总工会服务职工活动领导小组连续召开3次会议，对活动具体部署。各党组成员带队的各工作组，积极与市（地）沟通联系，制定详尽活动方案，做足前期准备，确保活动效率和质量。要求每个干部要“下得去、蹲得住、摸得清、做得实”，倾听和掌握基层企业和职工的困难和诉求，拿出解决问题的举措，让广大职工感受到活动开展的成效。

（三）采取6+1种方式，努力做细做实活动内容。一听：听取市地工会关于工作情况的汇报，重点听取工会工作总体情况、当地劳动关系矛盾突出的企业及其在社会稳定方面存在的隐患问题和开展服务职工活动的情况三方面内容。二谈：分别召开企业经营管理人员、工会干部和职工代表、一线职工和困难职工参加的座谈会。三访：每个工

▶黑龙江省总工会主席王悦华向基层工会授予“职工书屋”牌匾。

作组至少与50名职工开展个别访谈。参加访谈的职工要有广泛性和代表性，重点关注一线职工、工人劳模、困难职工、下岗失业人员和农民工、劳务派遣工等群体。四看：每个工作组至少走访5家企业，重点选择生产经营困难的企业、困难职工多的企业、劳动关系矛盾突出的企业、工会工作薄弱的企业、非公企业、中小企业和劳动密集型企业、关爱职工工作突出的企业、工会工作突出的企业等。五送：将全总统一印制的《职工劳动权益手册》送给所到的企业工会、访谈对象和职工手中。六做：省总机关各部门近期谋划和做好1件以上让职工看得见、摸得着的实事好事，让广大职工在活动中得到实惠。一结合：服务职工活动与省总工会各部门职能工作相结合。每个部门都要针对工作中的重点、难点、热点问题，开展专项调研，既从总体上推动服务职工活动开展，又推进部门工作的提升。

（四）加大宣传工作力度，营造良好氛围。省总工会在黑龙江工会网、《黑龙江工人报》、新华社黑龙江网等都设有服务职工专栏，紧紧跟踪全省工会服务职工活动的进展情况，大力宣传工会组织和工会干部为基层企业服务、为职工服务情况和典型。各地工会也都充分发挥各宣传阵地作用，为活动营造良好氛围。哈尔滨市总工会的“工会组织亮牌子”、“工会主席亮身份”活动，牡丹江市总工会开展的工会干部微博，伊春市总工会的手机简报等都对活动给予大力宣传推动。目前，省总工会本级编写服务职工活动简报19期，及时把全总、省总的部署传达到基层，把基层的活动开展情况和好的典型进行横向交流，推动了全省活动健康开展。

二、创新活动载体，推动重点工作，为职工群众办实事好事，服务职工活动成效显著

（一）创新载体，各具特色，扎实有效。活动中，黑龙江省各市地、产业、基层工会创新工作载体，卓有成效地推动了服务职工活动的开展，大庆市推行“工会干部一线工作法”，双鸭山矿业集团开展“逢十”接待日活动，哈尔滨市开展“走基层、强服务、上水平”服务活动，伊春市总工会启动实施“双百计划”，佳木斯市总工会开展送岗位、送文化、送温暖、送技能、贴近基层、贴近职工“四送两贴近”活动，省农垦开展“五到基层”活动等，都各具特色，扎实有效。

（二）为职工群众办好事实事，深受职工群众和企业欢迎。活动中，各级工会组织和工会干部深入企业特别是中小企业、非公有制企业、生产经营困难企业和劳动密集

型企业，与企业经营者、工会干部、一线职工面对面地交流，了解掌握企业生产经营状况、劳动关系变化以及职工思想动态、精神文化需求、生产生活和权益实现等方面的情况，认真分析研究职工群众和企业反映的突出问题。倾听意见、反映诉求，增强工作的主动性、针对性。心贴心地做思想工作，释疑解惑，谈心交友、增进感情。大庆市推行“工会干部一线工作法”，半年时间工会干部深入基层工会组织 1400 多个，为职工提供各类服务、帮助解决困难共计 400 余件，涉及职工 3000 余人。双鸭山矿业集团开展“逢十”接待日活动。实心实意为职工办实事。自 3 月 30 日至 4 月 20 日期间，公司、矿（厂）、区（科）三级工会主席共上岗 330 人（次），接待来访职工 136 人，当场答复 131 人，协调解决问题 15 件，受到了广大职工群众的热烈欢迎和一致好评。牡丹江市东宁县总工会工作组在东宁县水泥厂开展活动时，了解到企业职工的工资增长缓慢，马上按照规定责成企业工会与企业负责人开展工资集体协商，让职工参与同企业的工资谈判过程中，最后职工月平均工资增长近 100 元，使问题得到合理的解决，广大职工对工会组织充满感激之情。

（三）推动了机关干部作风转变，树立了工会组织的崭新形象。活动进一步拉近了工会领导机关与职工的距离，工会干部走出机关，了解了基层工作的真实情况，很好地反思了我们工作中的不足和差距，有力地推动了工会领导机关的作风转变，增强了工会干部的职工感情、工作激情和事业责任感。

（四）探索了加强和改进工会群众工作的有效途径，积累了丰富经验。第一，必须把服务基层职工与深入开展调查研究相结合，掌握基层实际工作状况。引导工会干部在深入基层服务职工中摸清工作现状、明确工作目标、寻找工作路径；第二，必须将开展服务职工活动与推动工会重点工作紧密结合。工会干部带着问题下基层、下企业，分类指导、逐一突破。实践表明，这种方法能够非常有效地推动工会重点工作的开展；第三，必须把服务基层职工与解决职工实际困难紧密结合。把为职工办实事作为服务职工活动重要切入点，带着任务进企业，认真听取、整理并着力解决好职工反映的实际问题和困难，才能使活动取得真正实效；第四，必须把服务基层职工与深入开展创先争优相结合，强化工会干部的创新意识，提高服务职工群众的能力。围绕职工、服务职工、惠及职工，探索创新服务职工的载体、机制和手段，切实有效解决好职工的实际问题。

三、职工群众和基层工会反映的共性问题

（一）国有企业一线职工工资偏低，工资偏低与生活成本上升的矛盾十分突出。中国北方华安集团公司，作为中直企业管理层是年薪制，但一线职工收入太少，由于今年订单不饱满，部分生产线处于停产状态，在岗职工工资由去年的每月 2500 元减少至今年的 1500 元。停产放假的车间职工每月只开 500 元生活费，这些工人在家还不能出去打工，因随时得听通知上班，在当前物价上涨的情况下，实难维持生活。

（二）社会保障与职工群众需求差距较大。非公企业职工“五险一金”参保率低、新农合医疗保险的看病后回户籍地报销政策给农民工带来不便、农民工子女就学难问题依然突出等。

（三）部分企业不签劳动合同、劳动合同内容不完备，职工超时加班并且不依法

支付加班工资等侵害职工权益时有发生。民营、个体企业劳动用工不很规范，劳动合同签订率低，有的企业即使有劳动用工合同，但内容不规范，部分条款不合法，甚至存在“霸王”条款，有的企业劳动用工合同变更、终止、解除手续不齐全，履行合同不到位。

（四）小微企业融资困难。虽然中央、省里出台了一系列支持中小微企业发展的金融政策措施，但是地方金融企业执行政策措施不到位，企业仍然难贷到资金。

（五）企业技术工人短缺。一方面，企业急需技术工人；另一方面，由于职工流动性大，企业对技能培训缺乏积极性。

（六）乡镇工会工作力量不足，工会工作与广大职工期望还存在一定差距。一般乡镇工会普遍在1～2人，面对企业和职工队伍的快速发展，加强镇乡工会人手确实是个急需解决的问题。另外，企业工会干部普遍兼职较多，少数基层工会凝聚力和活力不足，作用发挥不够，尤其是个别改制企业、非公企业和困难企业的基层工会面对新形势新任务，难以适应工作对象和工作环境的变化，组织和动员职工的能力明显滞后于职工的需要，一些农民工、临时工和劳务派遣工还游离于工会组织之外，工会服务职工、维护职工合法权益的能力需要进一步提高。

对于这些问题工会组织能力有限，需要党和政府把更多的资源和手段赋予工会，进一步提高工会组织的社会地位，提高同社会各方面协调合作的能力，把工会工作的活动空间向社会领域拓展，从而更好地为党和政府分忧，为职工群众服务。

四、关于建立服务职工长效机制的几点思考

作为党领导下的群众团体，做好新形势下的职工群众工作是工会组织的神圣使命。我们感到目前服务职工活动的开展时间不长，还有许多空间可以拓展，要巩固和扩大服务职工活动的成果，做好新形势下的职工群众工作，必须立足当前办实事，着眼长远建机制，把工会工作做到职工群众的心坎上。

▶黑龙江省总工会副主席侯纯禄在中国北车齐轨道装备公司一线调研。

一是牢固树立群众观念，努力叫响工会服务职工活动品牌。实践证明服务职工活动，是中国工会性质的本质要求，符合当前工作实际，职工欢迎，党政支持，社会反映良好，应该长期坚持下去。在实践中切忌走过场，搞形式主义。要继续突出一个“实”字，实打实地开展工作，实实在在地为职工解决实际困难。同时要努力争取党委政府对职

工民生的投入，加大工会经费为职工群众办实事支持，加强工会内部职能部门为职工办实事资源的整合，深化对职工群众需求的把握，提高为职工群众办实事的实效性。

二是要建立调查研究和调研成果转化制度。加大调研资金投入，鼓励各级工会通过调查研究反映职工诉求、发现鲜活典型、研究思路对策。机关干部每年至少完成一份有情况、有分析、有建议、有对策的调研报告。各级工会要积极反映工会的主张和建议，重要情况及时上报党委、政府，为党政领导决策提供依据。同时在推动党委和政府从政策制度层面解决职工问题和事关工会工作全局重大问题上下功夫，每年通过人大议案、政协提案等形式推动涉及职工利益的相关政策出台。

三是建立工会干部“一线工作法”制度。把工会干部每年不少于1个月时间下基层工作，作为制度确定下来，工会干部直接深入到车间、班组，与企业职工同劳动，倾听职工诉求，开展面对面的调查研究，实打实地为职工做好事实事，推进“服务职工在基层”活动长期持续地开展下去。引导工会干部在服务基层、服务群众的实践中锤炼作风、增长才干，树立工会干部亲职工、爱职工、服务职工的良好形象。

四是健全考核督察制度。建立机关干部服务职工活动工作考核制度，细化考核内容，推动工作有效落实。特别是要建立机关新提拔干部、后备干部和新进人员下基层制度，并把服务职工活动开展情况作为确定锻炼成绩的重要依据。

五是充分推动服务职工活动的社会化。服务职工是工会的主要职能，但仅仅依靠工会的力量是有限的。我们要全面整合各级党委、政府及各个部门、社会各个方面的力量，不断提高帮扶职工群众的社会化水平。不断健全完善与政府有关部门的联席会议、三方协商等工作协调机制，完善服务职工的相关工作制度建设，构建起政府主抓、部门参与、工会配合的良好工作格局。要充分利用好各种宣传工具，引导形成全社会尊重职工、关爱职工、帮助职工的思想舆论氛围。

上海市总工会服务职工活动总结报告

自年初上海市总工会全面启动“面对面、心贴心、实打实服务职工在基层”活动以来，各级工会积极响应、迅速行动，取得了阶段性成果，有关经验做法得到了习近平、王兆国等中央领导和全总领导的批示肯定和高度评价。同时，服务职工活动也得到市委高度肯定，俞正声同志专门批示：各级工会开展服务职工活动很有成效。工会组织只有为工人服务才能代表工人，工会干部只有深入基层、了解工人群众的愿望要求和困难，才能更好地服务群众。希望市总工会进一步抓好服务职工活动，切实增强工会组织的凝聚力和战斗力。截至目前，全市各级工会成立工作组3400多个，走访企业及工会2万余家，慰问职工45万多人；先后召开一线职工、工会干部以及企业经营者座谈会1.1万余场，1.8万多名企业经营者、工会干部、一线职工参加个案访谈。

一、服务职工活动开展的基本做法

（一）加强组织领导，精心统筹谋划。在市总工会层面，成立上海工会服务职工活动领导小组，制定下发在全市工会系统开展服务职工活动的通知和活动实施方案，明确活动的具体要求。各区县产业（局）工会相应成立领导小组，制定活动方案，召开专题动员大会，组织发动乡镇街道、行业、开发区等工会组织一起参与到活动中来。浦东新区总工会坚持主要领导亲自抓、班子成员直接管、牵头部门带头动、其他部门配合做，精心制定活动实施方案，形成了一级抓一级、层层抓落实的工作格局。运输工会不仅集团层面成立了活动领导小组，二级单位也相应成立活动机构，基层单位工会纷纷行动起来，使服务职工活动真正开展在职工中、落实到基层去。

（二）拓展工作思路，创新活动方式。上海各级工会纷纷从自身实际出发，坚持规定动作与自选动作两手抓，确保了活动有序有力推进。宝山区总工会突出“深入一线察实情、服务职工在基层”主题，形成了“注重过程抓推进、突出重点抓整合、上下联动抓协同”的工作方式。普陀区总工会提出要开展组团式联系服务职工工作，达到“转作风、送服务、强指导、破难题”的工作目标。闸北区各级工会采取“组团走访”、“两委委员走访”、“一周一访”等多种形式，深入一线与职工谈工作、拉家常，让职工充分感受到工会干部是娘家人。宝钢集团有限公司工会积极推进“进千个班组、访万名职工，服务职工在行动”主题活动，要求从走访问需、建议立项到督促整改要形成“闭环管理”。

（三）加强宣传报道，营造良好氛围。市总工会以《劳动报》、《上海工运》、工会网站、工作简报等为载体，大力宣传活动中发现的新鲜经验和先进典型；以市总工会与东方卫视联合制作的、每周三定时播放的《劳动最光荣》节目为平台，集中展示基层工会、职工群众的生动事例和劳动风采。各区县产业（局）以及街镇、行业、开发区、企业工会等也纷纷通过报纸、微博、板报、宣传栏、简报等媒介，组织开展多层次、多形式的宣传报道。

（四）突出问题意识，强化科学梳理。各级工会通过职工座谈会、民意恳谈会、实地察看、个案访谈、问卷调查等方式，深入了解劳动关系、职工群众工作面临的新情况新问题，深入了解职工所思所想、基层工会运作和企业经营状况，并及时将职工群众利益诉求以及工会的对策建议向党委政府汇报反映。先后听取征集基层意见建议以及反映的问题8800多条（已处理3421条），并对反映的问题建议，从法律层面、政策层面、共性个性情况进行了科学的梳理分类，不少工会还形成了调研报告。宝山、徐汇、闵行等区总工会针对职工、基层工会以及企业反映的问题意见，明确能立即解决的具体问题通过协调或督促有关方面及时解决，具有基础性、长远性的问题通过逐步完善工作机制来解决，政策层面需要上级部门进行研究的问题及时以提案、专报等形式积极向有关部门反映。静安区总工会根据职工反映的情况问题，形成了职工队伍状况和需求特点等一批调研报告，并以调研报告评审会形式对服务职工活动情况进行阶段性总结。

▶上海市人大常委会副主任、市总工会主席钟燕群亲切慰问电力一线职工。

二、服务职工活动取得的初步成效

（一）办了一批实事好事，进一步扩大了工会组织的影响力。市总工会针对公交行业驾驶员劳动强度高、精神压力大而且年龄较大的情况，安排3000余名高龄驾驶员进行疗休养。静安区总工会出台了将符合条件的农民工纳入区总工会长效帮困体系的方案，首批98名农民工已成为区总工会定向帮困对象。上海综合保税区工会努力协助倒闭企业做好职工安置就业工作，联手召开现场用工招聘会，并免收劳务中介费。普陀区真如镇总工会在走访中了解到一家企业职工住宿困难，通过积极沟通协调，帮助公司租借到宿舍楼，解决了80多名外来职工的住宿难题。上汽集团工会高度关心患白内障疾病的职工，一次性为79名患者每人补贴2000元的“重见光明”手术费。化学工会积极推动19家子公司、直管单位实施改善职工一顿饭、一把澡、一方便“三个一”实事项目，受到职工广泛欢迎。

（二）总结提炼了一批鲜活经验，进一步激发了基层工会活力。奉贤区总工会在服务职工活动中，形成了企业经营者政治安排与履行社会责任挂钩的有效经验，积极推动企业工会发挥作用，有力地推动了“两个普遍”。市总工会积极将此经验向全市工会系统推广，把是否支持工会工作、企业劳动关系是否和谐，作为推荐企业经营者为党代会代表、人大代表、政协委员、工商联执委、青联委员等的重要条件，倡导有“政治身份”的企业经营者应模范履行社会责任、带头创建和谐企业。习近平、王兆国等中央领导对此经验专门予以批示，要求总结推广。宝山区总工会面对当前经济下行、劳资纠纷比较突出等问题，总结提炼基层工会应对劳资纠纷的有效做法，研究制定了处理群体性劳资矛盾事件处置办法和操作流程，为进一步构建和谐劳动关系创造了鲜活经验。

（三）初步形成了一批高质量的专题调研报告，进一步推动了重点工作。市总工会先后形成了《关于上海医药（集团）有限公司调研情况的报告》、《关于退休职工住院补充医疗互助保障计划可持续发展对策建议的研究报告》等，并形成专报报市委、市政府领导，希望能够从制度层面加以解决报告提出的问题。此外市总工会还有1个职工队伍状况调查的总报告和5个专题报告正在最后完稿阶段，由市总工会指导、50多个区县产业局工会共同参与的10个职工群体报告也正在起草当中。在区县层面，浦东、静安、宝山等各个区县工会也先后形成一批有质量的调研成果。

（四）锻炼了一批工会干部，进一步增强了他们群众工作的能力和水平。上海各级工会干部主动走出机关、深入一线，向基层学习、拜基层为师，不仅牢固树立了群众观念，服务职工的本领也得到了进一步提高。市总机关的8个工作组，与一线职工开展个案访谈大多由机关的青年干部负责，他们在活动实践中既深入了解了一线职工所需所求，也学会了如何用群众语言与农民工、劳务派遣工等一线职工直接交流沟通。金山区总工会要求工会干部在活动中学会放低姿态、换位思考，机关干部在深入基层、贴近职工中深刻理解领会了工会与工会干部的职责所在。嘉定区总工会建立了机关青年干部下基层学习锻炼制度，设立青年干部学习锻炼基地，把活动作为培养干部、锤炼作风的重要舞台，有力推动了青年干部的快速健康成长。

（五）建立了一批联系基层、服务职工的机制载体，增进了工会干部与职工群众的感情。市总工会首先完善了工会与政府联席会议制度，市政府明确将支持工会科学、全面、具体地维护好职工群众的利益。建立了市总工会与区县党委联席会议制度，定期向区县党委分管领导通报工会工作，共同研究推进“两个普遍”、和谐劳动关系创建以及工会专职干部配备建设等重点问题，推动区县党委赋予区县各级工会更多资源和手段。同时，市总工会从基层工会实际出发，选择具有一定典型代表性质的单位，建立了100多个基层调研点、信息直报点、劳动竞赛直联点等工作载体，建立完善了基层信息调研、劳动关系排摸协调等多项工作机制。青浦等区总工会根据区域情况划分联系基层责任区，每个责任区再建立多个基层联系点，形成了上级工会联系指导与基层工会反映呼应有机衔接的联系机制。杨浦区总工会建立健全了工会干部“一线工作法”制度，每个机关干部每周坚持下基层，把上级的要求和指导带下去，把基层的问题与建议带上来，组织部门负责加强对下基层情况的考核。上海机场集团工会在活动中密切联系职工群众，建立健全了工会主席接待日制度、职工代表联络员恳谈会制度，工会主席下基层到现场设立接待日，每半年召开一次职工代表联络恳谈会。

三、进一步推进服务职工活动的打算

（一）切实加强整改，及时处置前一阶段活动中反映的意见建议和各类问题。要把基层和职工反映的问题和意见建议的分类工作做细做好，对于工会能单独及时处理解决的问题和意见建议，要及时将整改、采纳的情况向基层反馈；对于一些工会暂时不能解决的问题和意见建议，要先向基层和职工说明情况，然后做好跟踪督察工作，积极协调各方推动解决；对于工会难以解决的问题和意见建议（如外来务工人员提出的异地高考等问题），要在咨询相关部门、查阅相关政策后及时给予答复，并耐心细致地做好解释引导工作。

（二）广泛进行动员，努力确保服务职工活动全面覆盖。区县工会方面，要充分发挥街镇总工会、行业工会、楼宇工会以及开发区工会的作用，既要把活动覆盖到工作基础扎实的基层工会，更要覆盖一些工会作用难以发挥的非公企业工会，加强分类指导，引导企业行政支持工会工作，努力帮助这些工会转起来、活起来。产业（局）工会方面，要认真落实全总的统一要求，将服务职工活动贯穿于工会工作中，不仅集团工会层面要重视，还要充分调动二级单位甚至三级单位工会组织参与活动的积极性，形成一级抓一级、层层抓落实的良好氛围。

▶上海市总工会在“面心实”活动中关心一线公安干警。

（三）切实加强调研，扎实推动工会重点工作。要把服务职工活动与上海第七次职工队伍大调查紧密结合起来，形成一批指导解决问题、推动工作创新的高质量的调研报告。一是重点调研职工队伍和劳动关系和谐稳定问题，准确把握劳动关系和职工队伍的新情况新问题，切实做好工会法律维权、困难帮扶、劳资纠纷协调处理等工作，最大限度地将各类劳资纠纷化解在萌芽状态。二是重点调研如何引领职工为企业发展建功立业问题。随着经济下行压力较大，特别是一些中小企业经营困难问题将会更加突出，在开展服务职工活动中，要高度重视经营困难企业遇到的实际问题，尽最大努力帮助其脱离困境；同时，也要进一步引导职工树立与企业同舟共济、共克时艰的信心和决心，以自己的勤奋劳动、诚实劳动、创新劳动助推企业发展。三是重点调研“两个普遍”推进中的突出问题。进一步对区域内的建会企业和符合工资协商条件的企业基础数据进行一次梳理比对，切实为推进“两个普遍”夯实基础；进一步研究劳务派遣工入会、会籍管理问题、非公企业工资集体协商建制难等问题，确保“两个普遍”有序推进。

（四）突出活动实效，继续为职工办更多好事实事。要加大工会帮扶服务力度，积极反映、切实帮助解决困难职工、农民工等一线职工面临的实际问题，推动企业落实高温津贴、女职工劳动保护等规定。要加大工会创业带动就业工作力度。针对企业关停并转数量增加、职工就业受到影响的情况，加大扶持力度，鼓励职工创业，为职工创造更多的就业机会。要高度关心劳务派遣工的权益。抓住修改《劳动合同法》的有利契机，主动反映广大劳动者特别是劳务派遣工的呼声和诉求，做到立场要坚定，态度要鲜明。同时，要继续做好关心劳务派遣工工作，一方面，从组织入会、权益维护、教育培训、服务管理、援助帮扶五个方面加大对劳务派遣工的关爱力度；另一方面，有劳务派遣工的企业，工会要积极推动更多的劳务派遣工转化为合同工，真正实现同工同酬。

（五）不断总结经验，努力探索形成联系基层、服务职工的长效机制。要善于发现总结基层工会创造出带有规律性、实效性和前瞻性的有效做法和经验，并推动其转化为制度和机制，真正使服务职工活动常态化、制度化。要注重搭建工作载体，积极尝试建立调研基地和服务职工联系点，建立互联网等新媒介渠道，进一步建立健全联系基层的工作机制。要注重创新工作方式，通过将工会帮扶工作实事化、项目化，积极主动地为职工服务，进一步建立健全为职工办实事的工作机制。要注重发挥职工主体作用，把广大职工是否满意作为衡量工会服务职工成效的重要依据，进一步建立健全职工评价监督的工作机制。

江苏省总工会服务职工活动总结报告

今年以来，江苏各级工会把“面对面、心贴心、实打实服务职工在基层”活动作为学习宣传实践中国特色社会主义工会发展道路的重要抓手，精心谋划、全面部署、扎实推进。活动期间，全省工会成立904个工作组，深入24536家企业，走访慰问职工240593人，与79482名一线职工、企业经营者和工会干部召开座谈会5010场，为把广大职工更加紧密地团结在党的周围，又好又快推进江苏“两个率先”作出了积极贡献。

一、主要做法

（一）坚持高起点启动，全会参与抓重点。一是党政重视程度高。全总执委会后，省总工会及时将会议精神及服务职工活动部署向省委领导作了汇报。省委常委、组织部长杨新力先后三次提出明确要求，强调工会要把服务职工活动作为重要政治任务抓紧抓实，面对面地与职工交流，实打实地帮职工解决困难。各市县（市、区）工会都在第一时间向党委、政府汇报了全总、省总服务职工活动的要求，得到了党政的高度重视。二是融入全局定位高。与省委开展的领导干部下基层“三解三促”有机结合，与贯彻省党代会精神、全力推进“八项工程”有机结合，与领导干部大接访、做好群众工作有机结合，使服务职工活动成为工会围绕中心、服务江苏“两个率先”大局的重要抓手和做好新形势下职工群众工作的重要载体。三是全会抓重标准高。省总和各市县（市、区）工会把服务职工活动作为全年工作主线摆上重要议事日程，主要领导认真履行第一责任人职责，研究制定活动意见、实施方案等文件，成立活动领导机构，建立了主要领导负总责、分管领导直接抓、有关职能部门具体抓，活动要求和责任落实到人的工作机制，形成了一级抓一级、全会参与抓重点的工作格局。

（二）坚持高标准推进，全方位抓好工作落实。一是领导示范带动。省人大常委会副主任、省总工会主席张艳率先垂范，先后到宿迁、徐州、苏州、镇江、南通5市30多家企业，面对面倾听职工群众所思所想，与企业及工会干部共谋发展思路。省总工会党组书记、常务副主席刘广忠多次提出明确要求，加强工作指导，他和领导班子成员及各市县（市、区）工会领导干部身体力行，深入基层企业，作出了较好的表率，示范带动广大工会干部纷纷走出机关大楼、走进基层企业，掀起了积极参与服务职工活动的热潮。二是深入宣传发动。省总工会通过编印创先争优简报、在江苏工人报开设专栏等形式，及时反映各地活动动态，并积极向全总报送信息，已被采用11条。各级工会充分发挥报刊、网站、黑板报等工会宣传阵地作用，以及编印专题简报等，广泛宣传活动最新进展和成效。三是强化督察推动。省总和大多数市县（市、区）工会对工会干部下基层时间、联系企业数、服务内容等明确量化指标，并采取建立活动台账、定期听取情况汇报、交流心得体会等多种形式，跟踪掌握活动动态。5月29日至30日，省总工会召开全省工会领导干部学习会，深入了解各市服务职工活动情况，对下一步工作作出安

▶江苏省人大常委会副主任、党组成员、省总工会主席、党组书记张艳与职工拉家常，关心职工食堂伙食情况。

排。许多市县（市、区）工会把开展活动成效作为检验年度工作绩效的重要指标，纳入对下一级工会年终考核评价体系。省总将机关处级领导干部到联系点工作情况进行量化、细化，纳入机关文明部室百分考核之中，使深入基层服务企业职工由软任务变成了硬指标。

（三）坚持高水平创新，全力争创特色工作。一是创新服务理念。牢固树立“三服务”观念，即服务企业发展、服务社会和谐、服务职工群众，努力做到三个全覆盖：服务重大项目重点工程全覆盖、服务困难企业全覆盖、服务职工特别是特困职工全覆盖。牢固树立为全体职工服务的观念，由单一制困难职工帮扶向普惠制全体职工服务转变。二是健全服务平台。在市县两级100%建成困难职工帮扶中心的基础上，省总下发在开发区（园区）及规模以上企业开展工会帮扶服务工作的意见，推动各类开发区（园区）、乡镇（街道）、村（社区）、企业逐步建立帮扶服务中心或工作站（点）。目前，已建县区以下帮扶工作站（点）4906个，其中乡镇（街道）、村（社区）、园区和企业帮扶工作站（点）3210个，把帮扶服务窗口延伸到职工身边。各地工会还争取地方党委政府支持，将困难职工帮扶中心纳入当地民生工程，已有11个市、36个县（市、区）落实了困难职工帮扶中心的事业编制和人员编制，6个市32个县（市、区）更名为“职工服务中心”。三是打造服务品牌。着力打造“三公开四统筹”活动品牌，不断提升非公企业工会规范化建设水平。着力打造工资集体协商品牌，省市县联动开展春节要约行动，促进职工工资正常增长和及时支付。着力打造职工文化建设品牌。

（四）坚持高质量服务，全面提升活动实效。一是带着感情下基层服务。召开党组会、学习会、座谈会等，加强党的群众观点和群众路线教育，引导广大工会干部满怀深厚感情深入基层，在服务企业职工中改进作风、净化心灵。广大工会干部坚持到企业特别是中小企业、生产经营困难企业、劳动关系矛盾易发企业、农民工相对集中企业、工会工作基础薄弱企业中去，进一步培养和增进与职工群众的感情。注重转变作风用真心，不少工会干部与职工群众吃住在一起，学习在一起，劳动在一起，真正打成一片。注重创新方法下真功夫，采取多种形式深入基层开展宣讲、调研、服务等活动。常州、苏州、淮安、镇江、泰州、宿迁等市总工会组成工作组，由领导同志带队，分赴各地开展服务活动。二是带着问题下基层服务。省总年初确定了加强和改进职工思想政治工作、推进职工文化建设、加强园区企业援助帮扶服务工作和世界500强在苏投资企业

"建会建家建制建业"情况等7个方面的重点调研课题，各市县（市、区）工会也都结合实际列出专题深入基层寻找办法。下基层同志认真听取基层和职工群众的意见建议，注意从基层实践中寻找破解难题的答案，形成了一批有情况、有分析、有见地的调研报告。采取办公会、中心组学习会、汇报会等方式，交流调研阶段性成果，促进了调研成果的转化应用。省总工会在总结海门市经验基础上，在全省工会深入实施行业工资集体协商拓展计划。三是带着责任下基层服务。广大工会干部与职工群众面对面交流，详细了解企业生产经营情况、职工群众生产生活状况和思想动态，特别是影响劳动关系和谐稳定的热点难点问题。常州、扬州、泰州等地工会专门编写宣讲提纲，组成宣讲团分赴基层企业宣讲工会发展道路。同时，大力宣传党和政府改善民生的重大举措，深入宣传保障职工权益的法律法规，心贴心地做好释疑解惑工作。省总工会印发1万本《江苏省工会劳动法律监督条例》单行本送给企业工会和职工。全省工会广泛开展"学习劳模先进、践行江苏精神"主题教育活动，组织广大职工深入学习火海救人、英勇牺牲的道德楷模周江疆事迹，推动社会主义核心价值体系建设。针对企业发展和职工群众反映的突出问题，主动与企业和基层工会研究解决办法。

二、主要成效

（一）进一步掌握了职工特别是一线职工的生产生活和思想状况，帮助企业和职工解决了部分反映突出的问题。各级工会干部了解到了中小企业普遍面临扩大再生产资金短缺、税费过高，职工队伍稳定性差、流动性大；职工面临就业难、收入增长缓慢、精神文化生活单调、培训机会少、劳务派遣工同工不同酬；基层工会面临组建难、维权难、经费少、人少事多工作压力大等问题。一是实打实地帮助就业创业。全省工会进行职业技能培训2.7万人、家政服务培训0.85万人，帮助2.1万人实现就业再就业。借助《江苏工会网》在全国率先设立省级工会用工信息发布平台，提供用工信息4500多条。二是实打实地送文化下基层。全省工会集中开展"江苏职工读书月"活动，帮助企业新建职工书屋2790家，为职工送演出1000多场、送电影1.3万场、送图书35万册。在大中型企业普遍建立职工心理疏导室，为职工提供心理咨询服务。三是实打实地提供帮扶服务。全省工会筹集资金2.54亿元，深入开展"两节"送温暖活动，走访慰问困难企业6373家、困难职工家庭30.1万户。四是实打实地保障职业安全和健康。积极向所有工业企业推广"1+3"安全监控工作体系，推动2.2万多家规模以上企业、23.3万多个班组、568.9万职工参加"安康杯"竞赛，编写《如何防治职业病——职业危害防治知识职工普及读本》，组织职工群防、群控、群治职业危害。全省工会筹集亿元资金，开展夏季送清凉、送安全、送法律活动，走访企业和工地1.5万家，慰问农民工60万人次。针对企业反映的生产经营遇到的困难，各级工会尽力提供信息、资金等方面的服务。省总工会重点推进非公企业劳动竞赛活动，促进中小企业发展；建立技能人才创新工作室5170个，其中劳模创新工作室1300多个。

（二）进一步推动了工会重点工作的落实，增强了基层工会特别是企业工会的活力。一是工会组建取得新突破。充分发挥党建带工建的优势，帮助企业组建工会15520个。全省现有基层工会和联合基层工会11.3万个、工会会员1575万人。二是工资协商取得新进展。全省工资集体协商建制企业已达24.9万多家，覆盖职工1200多万人，约占全国工资集体协商建制企业数的13.8%。三是和谐劳动关系构建取得新成效。江苏在全国率先以地方标准的形式制定了《劳动关系和谐企业评价规范》，为基层注重创建过程、注重持续改善、注重劳动关系动态和谐提供了更加科学、规范的指导。该标准于5月底由国家标准化委员会正式备案和公告。目前，全省4万多家建会企业已获得各级劳动关系和谐企业称号。四是维权维稳工作取得新成绩。全省86%的建会企业建立了劳动争议调解组织，各市县工会普遍建立争议调解中心，进一步完善调解、仲裁、诉讼对接制度，形成了快速化解矛盾机制。省总工会对近年来职工信访积案以及重访、缠访案件分类梳理、逐案分析、妥善处理，做到案结事了人和。

（三）进一步加强了深入基层服务职工的制度建设，密切联系职工群众的机制更加健全。一是调查研究制度。省市县（市、区）总工会围绕工会工作重点和职工群众反映的热点难点问题，研究确定年度重点调研课题，由领导班子成员分别牵头，深入基层开展调研，听取并真实反映职工群众原汁原味的真心话，了解职工生产生活状况和思想动态，摸清劳动关系现状、找准影响职工队伍稳定的突出问题，提出思路对策，努力促进职工群众最关心最直接最现实利益问题的解决。二是基层联系点制度。省总工会对自2004年起连续8年实施的机关处级领导干部联系市县总工会制度进一步修订完善，规定机关处级领导干部每年下基层时间不少于两个月，其中到联系点不少于10天，部门主要负责人还要用5～7天时间驻点调研。绝大多数市县（市、区）工会也建立了基层联系点，及时了解职工状况，总结推广经验，指导推动工作。三是结对帮扶制度。各级工会干部与困难职工家庭、困难企业结成对子，定期走访慰问，摸清底数、帮助解困。四是信访接待制度。各市县（市、区）工会以困难职工帮扶中心、劳动争议调解庭等为平台，组织工会机关干部轮流值班接待信访职工，及时帮助解决实际问题。省总工会在正常工作日由机关处级干部在法律援助中心轮流接访，还建立了领导接待日制度，每个月安排省总一位领导参加一天接访，亲自处理职工信访中提出的重要问题。

（四）进一步增进了对职工群众的深厚感情，深入基层、服务职工正在成为工会干部的鲜明品格。许多工会干部反映，这次集中时间和精力沉到最基层，与职工面对面交流，亲眼看、亲口问、亲耳听、亲自体会，切身体验职工的生活、体会职工的甘苦、体味职工的情感，与他们冷暖相知，增进了对职工群众的感情，增强了切实转变作风、密切联系职工群众的自觉性主动性，更加坚定了走中国特色社会主义工会发展道路的信心和

▶江苏省总工会党组书记、副主席刘广忠慰问困难职工。

决心。许多工会干部坚持写民情日记，与职工群众心连心。不少工会干部动情地说，服务职工活动使自己纯洁了党性、锤炼了作风，也锻炼了能力素质，特别是和职工群众工作学习在一起，提高了调查研究能力、组织协调能力和做群众工作的本领，学到了许多书本上、课堂上学不到的东西。工会干部多次走进企业班组、走进职工家庭，与职工群众交朋友，让职工群众感觉到工会就在身边，进一步加深了对工会工作和工会干部的了解，拉近了工会与职工群众之间的距离；工会干部下基层办实事、解难事的实际行动也赢得了广泛赞誉，不少地方党委领导认为服务职工活动是工会的特色工程、民心工程；职工群众称赞这是一次规模空前的“连心之旅”。

三、几点建议

（一）从制度上固化服务职工活动。把深入开展服务职工活动作为一项长期性的任务和经常性的工作，进一步确定主抓职能部门，加强工作指导。要研究建立长效机制，推动活动制度化、常态化、长效化。

（二）健全完善督察激励机制。把服务职工活动作为深化工会作风建设的重要内容，作为对各级工会工作考核的重要依据，作为工会干部述职述廉的重要内容。要加强督促检查，及时了解、反映和通报活动进展情况，进一步拓展活动的广度和深度。

（三）充分发挥典型示范带动作用。注意总结各级工会亮点、特色工作及好的做法和经验。要选树表彰并大力宣传活动成效突出的先进集体和先进个人，形成鼓励工会干部深入基层、服务职工的正确导向。

（四）积极转化运用活动成果。参加活动的工会干部都应认真撰写调研报告、民情日记，研究提出改进工作的意见和建议。要运用中心组学习、研讨会、报告会等形式，交流活动成果。对活动中发现的涉及职工切身利益的问题，能够解决的要积极推动解决，以活动的实际成效取信于职工。

浙江省总工会服务职工活动总结报告

根据全总办公厅通知要求，现将浙江省工会系统开展“面对面、心贴心、实打实服务职工在基层”活动情况报告如下。全省工会607个“双服务”小组深入24023个企业，召开7029场座谈会，与14370多位职工、2190多位基层工会干部面对面交流，发放调查表100654份，收集了20631个问题和建议。

一、全省工会开展“双服务”基本情况

（一）精心谋划部署“双服务”活动。一是成立领导机构。省总工会专题召开党组会议和常委会议，研究全省工会系统开展活动工作。成立了“双服务”行动领导小组和工作组，分工负责抓好活动组织及日常工作。各级工会根据活动要求建立相应的组织领导机构和工作组。据统计，全省工会成立了607个“双服务”工作小组深入一线开展活动。二是制定翔实的实施方案。制定了《浙江省工会系统广泛开展“服务企业促发展、服务职工促和谐”专项行动的意见》，明确“双服务”专项行动主要开展三方面工作：深入调研走访，切实掌握企业发展和职工生产生活实情；服务职工办实事，切实让职工在“双服务”中得实惠；贴近企业助发展，深入开展转型升级建功立业竞赛活动。各地在制定“双服务”实施意见的基础上，分阶段制定活动具体方案，对各阶段活动的工作要求作出量化、细化规定。三是全系统大力动员发动。省总通过电视电话会议、省总常委扩大会议对开展“双服务”活动进行动员部署，各市、县（区）、产业工会也通过召开动员会、部署会、工作会等对服务活动进行了认真部署、广泛动员。各级工会充分利用工会宣传阵地和社会新闻媒体，大力开展宣传服务活动。四是创设记事本和服务工作日志。杭州市、宁波市各市、区、乡镇（街道）工会干部人手一册“双服务”活动记事本，记录各级工会干部在“双服务”活动中走访企业和职工的情况、帮助企业和职工解决的各种问题。

（二）强化措施督促活动扎实开展。一是建立活动保障机制。省总和各市、省各产业（局）工会在确保活动开展的经费外，明确要求机关干部一年要保证两个月时间深入基层调研，办实事、解难题。二是建立汇报交流机制。省总要求各活动小组定期汇报活动开展情况，及时督导活动开展。三是建立活动督察机制。3月底，省总召开全省工会督察工作会议，交流各市总工会“双服务”活动开展情况，回顾活动第一阶段取得阶段性成果，分析活动存在的问题，部署下阶段工作安排。四是建立活动考核机制。省总把开展“双服务”活动纳入对各市、各产业年度重点工作目标考核，各市总工会也把“双服务”活动作为对各县（市、区）总工会目标责任考核。

（三）深入基层扎实开展送服务促发展。一是与学习宣传实践中国特色社会主义工会发展道路相结合，使“双服务”调研组同时也成为中国特色社会主义工会发展道路的宣传队。二是与深入开展“创先争优”活动相结合，在广大干部中形成“比谁解决问

题的方法好、比谁为职工办实事”多的良好氛围。三是与切实转变工作作风相结合，要求每个机关干部一年下基层调研时间不少于两个月，省总各部门都建立了基层工会联系点。四是与推进重点工作相结合，有效地督促了各地推进“两个普遍”、促进中小企业发展、构建和谐劳动关系、维护职工队伍稳定等重点工作的开展。五是与加强党风廉政建设相结合，要求深入企业深入职工必须直接到点，不搞层层陪同，不搞形式主义；调研走访企业和镇乡，在职工食堂或镇乡食堂用餐；严守工作纪律，不接受任何礼品和纪念品。

▶浙江省人大常委会副主任、省总工会主席厉志海在杭州邮政企业调研。

（四）全省“双服务”活动取得明显成效。一是大力办实事解难事。初步统计全省已为企业和职工办实事和解决困难1200多件（个），向92541位困难职工、劳模发放慰问补贴资金数量5206.29万元，帮助企业建立职工书屋1464个。省总工会主席、常务副主席等领导带队深入一线开展“双服务”活动，积极同当地党委政府主要领导沟通协调，争取当地党委政府的支持，帮助基层工会解决了一批问题，为当地工会事业发展创造了良好的条件。各市总工会普遍建立了工作联系、困难职工结对帮扶制度。许多乡镇（街道）工会举办招工夜市、开展法律咨询、组织交友活动、开办心理讲座等，积极为企业送政策、送理念、送服务。二是推动了工作开展。紧紧围绕把握精神实质，扩大理论影响，落实理论精神这三个环节，深入学习宣传实践中国特色社会主义工会发展道路。紧紧围绕建设物质富裕、精神富有的现代化浙江的奋斗目标，在工会干部和广大职工中广泛深入地开展了学习宣传省第十三次党代会精神活动。紧紧围绕“四大国家战略”、“四大建设”以及小微企业经营困难实际，广泛开展立功竞赛、技术帮扶、技术比武、技能提升等活动。紧紧围绕加强和创新社会管理，通过大力推进“两个普遍”、深化劳动关系和谐企业（园区）创建活动、大力加强企业文化职工文化建设、不断加强劳动保护、深入开展“强保障、促和谐”等活动，深入发展和谐劳动关系。紧紧围绕职工队伍和社会稳定，深入开展改善职工民生10项活动，不断强化困难职工帮扶工作，加强劳动关系矛盾排查、化解和督察工作，切实加强防范抵御，维护职工队伍和社会稳定。三是促进了作风转变。广大工会干部深入基层一线，与基层工会和职工群众打成一片，与职工访谈，入户慰问困难职工、困难劳模，认真听取职工群众意见、愿望和呼声，密切了上级与下级、工会与职工的关系。省总大兴调查研究之风，以扎实深入的调研来推动解决难题和谋划工作。省总在走访调研阶段，11个调研组带着共性问题和专题课题进行调研，切实把握企业生产经营情况、职工群众的最直接最迫切的利益诉求等五方面内容，促进相关问题的解决。此外，省总确定15个重点课题，由省领导挂帅，集中半年时间，扎实开展务实性调查研究，深入研究新形势下浙江工会工作创新与发展的重要问题，力争形成一批指导工作实践的调研成果。四是促进了能力提升。广大工会干部深入基层，深入一线，强化了对基层、职工、企业情况的把握，提升了调查研究的能力，增强了与职工、企业沟通的能力，历练了解决实际困难和问题的能力；同时，部分工会干部认清了自己与做好新时期职工群众工作要求的差距，明确了努力方向。省总、杭州市总等特别加强了对机关年轻干部的培养锻炼，选派年轻工会干部跟着领导一起下基层走访调研，让年轻工会干部走出机关门，体验基层事。

二、当前职工、企业和基层工会反映的问题困难

（一）职工群众反映的主要问题和困难。一是部分企业违法侵害职工权益时有发生。部分企业仍然存在着不签劳动合同、劳动合同内容不完备、有些必备条款空白等问题；中小企业劳动合同签订率低；一些企业特别是一些季节性强、突击任务多的企业要求职工超时加班，并且不依法支付加班工资的情况依然存在。二是社会保障与职工群众需求差距较大。一些企业为减少支出，只为部分骨干职工办理社保。职工希望解决子女就学难、升学难的要求比较强烈与公办教学资源紧张形成矛盾；因各省区市高考政策差别较大，职工对子女参加务工所在地高考的愿望强烈。青年职工要求丰富业余文化生活的意愿强，新生代农民工除了对薪金的要求之外，对就业环境、保障福利、职工文化、成长通道等要求也越来越高。三是一线普通职工工资偏低。企业经营者与劳动者之间收入差距拉大，企业一线普通职工工资增幅小。据调查，48.4%的职工月收入在2000元左右，工资偏低与生活成本上升的矛盾十分突出，部分职工生活压力较大。多数企业尚未形成正常合理的工资增长机制，部分企业将最低工资标准作为职工“标准工资”，计件工资制企业的劳动定额标准、工时工价不合理。四是劳动安全和生活条件还要大力改善。临港企业、中小企业，尤其是小微企业劳动安全生产状况令人担忧。劳动保护投入不足、职工生命安全和身体健康问题还没有根本解决。五是职工群众维护自身权益困难多。劳动争议的调处机制和救济体系虽然已经建立，职工维权渠道仍然不够通畅，维护职工合法权益的实效有待提高。职工维权意识不断增强，从维护法定权利更多转向要求分享企业发展成果，主张增加工资、奖金、福利以及年休假、公积金等经济利益，职工群众提供支持这些诉求的证据存在较多困难，工会及政府机关部门调处这类问题面临考验。多数要求工伤赔付的职工被卡在受伤害事实需用人单位确认这一环节。劳务派遣工劳动合同异地签订、同工不同酬、加入党组织和工会组织等问题难以解决。

（二）企业发展面临的主要问题。一是小微企业融资困难。部分小微企业反映，在发展过程中，流动资金相对紧缺，银行对小微企业贷款少等因素，导致资金紧张，融资成本上升。二是要素制约加剧。在浙江，受土地、用电等要素制约，小微企业转型升级、做大做强举步维艰，影响企业发展。三是招技术工人困难。随着浙江省经济转型升级的深入推进，许多中小企业对于技术工人的需求也随之增大。许多企业反映技术工人和高技能人才缺乏，招工困难；同时由于职工流动性大，企业对技能培训缺乏积极性。四是企业效益下行压力加大。走访的企业反映，受原材料上涨、劳动用工成本上升等因素影响，企业生产成本上升过快，企业获利的空间挤压，经济效益一般。

▶浙江省总工会党组书记、常务副主席戴震华在省重点建设项目工地调研。

（三）基层工会反映的主要问题。一是工作力量不足。一般县级工会体制内工作人员都在10人以内，乡镇工会普遍在1～2人，面对企业和职工队伍的快速发展，加强镇乡工会人手确实是个急需解决的问题。二是工作经费紧张。浙江省乡镇村社区工会建设步伐较快，部分经济发达的地方村社区工会已较普遍。镇乡工会获得的工作经费明显不足，严重制约工作开展。基层工会希望上级工会对基层工会和乡镇（街道）总工会给予更多的资金、政策支持。三是工作难度大。主要表现在获得企业主的支持的难度较大；满足不同年龄段、不同文化层次和不同地域文化开展企业职工文化活动难度较大，满足农民工特别是新生代农民工衣食住行等后勤服务工作难度较大。

三、建立健全机制，推动“双服务”长效化

（一）抓实第三阶段活动，争取活动成效最大化。一是部署实施好第三阶段活动。对全省工会前两阶段“双服务”开展情况进行回头看，分析查找的不足和薄弱环节，研究部署第三阶段“双服务”活动，总结提炼“双服务”活动好的做法、经验，形成制度机制进行推广。二是大力为职工群众办实事。紧紧围绕省总工会提出的“八项实事”目标和各地提出的办实事计划，组织开展送政策释民惑、送温暖聚民心、送服务解民忧等工作。认真梳理职工群众反映问题难事，切实采取有效措施，努力为职工办好事。三是助推经济转型发展。广泛组织开展推动实施“三大国家战略”、“四大建设”以及促进中小企业发展和经济转型升级的建功立业活动，积极筹备浙江省暨宁波市职工科技周活动，充分发挥劳动竞赛、劳动模范和职工群众在推动科学发展中的主体作用。

（二）建立健全工作制度机制，推进活动长效化。一是建立为职工群众办实事制度。认真总结、推广各地为职工群众办实事的经验做法，努力争取党委政府对职工民生的投入，加大工会经费为职工群众办实事支持，加强工会内部职能部门为职工办实事资源的整合，深化对职工群众需求的把握，提高为职工群众办实事的实效性。二是健全考核督察体系。完善工会工作考核办法，形成体系推动各项工作有效落实。实行年度重点工作分解制度和考核制度，将省总年度重点分解到部门、到个人，细化量化工作要求，年终对照进行考核。实行月度工作督察制度，每月月初对各部门下月工作安排进行汇总梳理，确定省总月度重点工作；每月底对各部门本月工作进行检查，重点对被列入省总月度重点工作督察。三是建立重点课题调研制度。规定省总工会重点课题的立项、质量要求、经费保障等，确保课题调研取得实效，为党委政府决策管理提供参考。

安徽省总工会服务职工活动总结报告

自去年9月份以来，为认真贯彻落实省委关于开展“五级书记带头大走访”活动的部署，安徽省总工会在总结提炼“双走访、促三保”行动经验基础上，坚持围绕中心，服务大局，突出“访民情、汇民智、释民惑、解民忧、惠民生”，组织开展全省万名工会干部开展“走访企业、走访职工，服务科学发展、服务社会和谐、服务职工群众”活动。今年以来，全省各级工会认真学习贯彻全总十五届六次执委会精神，紧扣主题主线，细化活动方案，创新活动思路，丰富活动内容，务实推进，取得了可喜成效。

一、主要做法

（一）健全组织，周密进行部署。省总和各市、县、区工会均成立了“双走访、三服务”活动推进领导小组，明确了责任分工，主要领导亲自抓、负总责。领导小组下设办公室，具体负责活动的协调指导。各级工会研究制定了活动意见、实施方案等，层层部署，广泛发动。层层建立“双走访、三服务”活动领导责任制和领导干部联系点制度，省总班子成员带头，分片包干指导协调各地开展活动，形成一级抓一级、层层抓落实的工作局面。

（二）扎实推进，营造良好氛围。各级工会通过召开动员会、推进会、经验交流会等形式，把活动不断引向深入。4月上旬，省总召开推进会，通过访企业、看现场、送文艺演出和慰问品到建筑工地，总结交流各地活动进展情况和基本经验，对“双走访、三服务”活动进行再动员再部署。截至6月底，包括人民网、新华网、中工网、中央人民广播电台、工人日报等主流媒体对活动进行系列报道9000余条。《工人日报》在头版显著位置以解读工会工作的“合肥现象”为主题，连续三次对“双走访、三服务”活动取得的成果进行了深度报道。各级工会积极向当地党政汇报开展活动情况，得到了党政领导的高度重视和大力支持。省委书记张宝顺在省劳模大会上的重要讲话中强调指出，各级工会组织要充分发挥党联系职工群众的桥梁纽带作用，深入开展“双走访、三服务”活动，心贴心地与职工沟通交流，实打实地为职工说话办事，真正让工会组织成为职工之家。

（三）着力创新，实施精品工程。省总精心谋划并组织实施了“双走访、三服务”活动“万千百十”工程，即组织全省万名工会干部深入基层大走访、建立千个企业工会联系点、组建百支职工业余文艺演出队、筹资4.7亿元为职工和企业办十件实事。马鞍山市工会围绕省总“万千百十”工程，提出了今年全市工会系统要在切实为企业和职工办实事上取得“五项新进展、五项新突破”，并推出了“走访+调研+访谈+慰问+报告会的281计划”。滁州市工会实施为职工和企业办“百件实事”工程。宿州市工会向社会公开承诺实施“五大工程”，落实十项重点工作。阜阳市工会结合当地实际情况开展了“345”行动计划，即“三个一”联系点、“四个一”解决难题、

“五个一”实践活动。

（四）主动作为，解决实际问题。各级工会领导班子成员以身作则、带头走访，工会干部主动跟进、积极参与，形成“一级带一级、上下联动、整体推进”的良好态势。活动开展以来，省总成立6个调研督察组，省政协副主席、省总工会主席王秀芳和省总党组副书记、常务副主席李维勇同志以及省总班子成员带头深入全省16个市、21个县（区）走访32个企业，走访职工1150人，召开座谈会48场（次），入户慰问困难职工家庭56户，帮助解决问题21个。各市、县（区）总工会领导同志也纷纷带头深入基层。马鞍山市总工会在“双走访、三服务”活动中创新职工帮扶形式，成立了首批困难职工“爱心超市”，设立“工会帮扶专柜”；联合市慈善总会、教育工会，共同建立了全省首家“爱心学校”。合肥、阜阳、明光、泗县等地工会组织积极与政府住建部门沟通协调，帮助困难职工落实保障性住房优惠政策，深受职工称赞。合肥市工会开展了一系列帮扶企业促发展的活动，先后为20家帮扶企业提供贷款总额为698万元的小额贷款贴息服务，举办免费就业专场招聘会50多场，为京东方光电、海润光伏、家乐福等大型企业招聘员工超过万人。芜湖市按照“谁走访、谁负责”的原则，对走访过程中了解掌握的87个问题，全部建立工作台账，每月通报一次解决落实情况，纳入全市工会系统年度综合考核的重要内容，对于能够解决的62个问题，已经及时予以解决；对于超越工会职能范围的25个问题，积极向党委、政府报告，向有关职能部门反映，向企业和职工认真负责地做好说明。截至目前，全省各级工会干部累计走访企业19832家（其中中小企业9601家，困难企业2164家），走访职工40.6万人（其中困难职工11.1万人，困难劳模4341人，农民工10.5万人），召开企业经营者、职工代表和工会干部等各类座谈会8015场（次），征集意见建议5192条，帮助职工和企业解决问题4388余件。

▶安徽省总工会在“双走访、三服务”活动中组织文艺队到工地演出。

二、取得的成效

（一）围绕“三个服务”，作出了新贡献。一是服务科学发展有作为。各级工会以创先争优建功立业活动为载体，组织动员广大职工广泛深入地开展“当好主力军，建功‘十二五’”主题竞赛活动，立足本职岗位，争创一流业绩，为推进科学发展、建设美好安徽作出了新贡献。二是服务社会和谐重实效。全省9780家企业参加了县级以上创建劳动关系和谐企业与工业园区活动，5.3万余家企事业单位建立了职代会或职工大会制度，4.16万家企事业单位实行了厂务公开。三是服务职工群众办实事。连续第二十年开展

“两节”集中送温暖活动；配合人社部门开展职工工资清欠专项行动，协助政府帮助15342名职工追讨欠薪5564.4万元；配合有关部门开展2012年春风行动和工会就业援助月活动，举办就业专场招聘会128场，提供免费就业服务123457人，组织职业技能培训11070人、创业培训1989人，提供维权服务和法律援助4815人，为缓解中小企业“招工难”和部分职工“就业难”发挥了工会组织的积极作用。

（二）推进重点工作，取得新突破。着力推进企业依法普遍建会，形成了凝聚全会力量抓建会的工作格局，工会组建工作进展顺利，上半年新增基层工会组织1.8万余家，发展会员33.7万人，分别完成全总下达的年度发展任务的70%和86%。着力推进企业普遍开展工资集体协商，仅全省工资集体协商“要约行动月”期间，就签订工资专项集体合同企业7763家，占全年目标任务的77.6%。

（三）改进工作作风，呈现新气象。各级工会组织大兴深入基层之风，坚持工作重心下移，做到人往基层走、劲往基层使、钱往基层用，以职工是否满意、基层工会是否有活力作为检验活动成效的重要标准。尊重基层首创精神，支持鼓励基层大胆探索实践，切实帮助基层和职工群众解决实际问题。大兴调查研究之风，深入企业开展调查研究，准确掌握企业生产经营状况、劳动关系变化以及职工思想动态、精神文化需求、生产生活和权益实现等方面的情况，共撰写专题调研报告650余篇。大兴严肃纪律之风，在“双走访、三服务”活动中，坚持“四不”，即不搞特殊化，不给基层添麻烦、增负担，不搞层层陪同，不影响基层企业和广大职工的日常生产生活。

（四）锻炼干部队伍，取得新实效。广大工会干部走出机关接地气，深入基层激活力，下厂矿、入车间、进工地，与职工同吃同住同劳动，亲身体验职工的生产生活，真切感受基层的工作艰辛，思想上受到教育，作风上得到锻炼，“走”出了奋发有为的好状态，“访”出了干事创业的精气神，整个队伍精神面貌有了新的可喜变化。各级工会组织把服务职工活动与推进重点工作有机结合、与解决实际问题紧紧呼应、与年度目标考核密切挂钩，进一步提高了广大工会干部做好群众工作、处理复杂问题的能力，增强了推进科学发展、促进社会和谐的本领。

三、活动取得的基本经验

一是围绕中心、服务大局是开展服务职工活动的方向；二是领导重视、组织缜密是开展服务职工活动的保证；三是健全制度、目标量化是开展服务职工活动的前提；四是典型引路、扩大影响是开展服务职工活动的推力；五是创新载体、丰富内容是开展服务职工活动的基础；六是统筹兼顾、突出重点是开展服务职工活动的要求；七是解决问题、提升能力是开展服务职工活动的关键；八是长效运作、常抓常新是开展服务职工活动的根本。

四、企业和职工群众反映的主要问题

（一）企业反映的主要问题

1. 招工难的问题比较突出，许多企业出现结构性用工短缺。

2. 中小企业融资难的问题还没有得到根本缓解。

3. 一些老煤炭企业资源即将枯竭，企业面临很大的生存发展压力，容易造成职工思想的波动，影响职工队伍的稳定。

4. 非公企业就业的稳定性较差。企业技术工、熟练工缺乏，且流动频繁。

（二）职工反映的主要问题

1. 一线职工工资普遍偏低，且增长乏力。

▶安徽省总工会召开全省工会“双走访、三服务”活动汇报交流会。

2. 部分职工合法权益得不到有效保障。主要表现在：劳动强度大、劳动时间长、加班工资过低、社会保险不能足额按时支付以及安全生产环境不符合国家规定等。

3. 国企的退休工人生活抗风险能力弱。退休金普遍偏低，只能维持基本生活。

4. 部分农民工子女就学难、社会保险接续难，住房难、就医难等问题仍然没有得到有效解决，影响农民工队伍稳定。

5. 职工业余文化生活相对贫乏。企业文体设施普遍不足，硬件投入偏少，与目前职工精神文化多元化需求还不相适应。职工生产生活压力传导到精神和心理层面这种趋势值得关注。

（三）基层工会反映的主要问题

1. 工会组建阻力仍然较大。非公企业特别是小微企业对组建工会工作重视不够，对工会组织缺少认识；少数地方党政领导招商引资至上，对工会组建支持不够。

2. 工资集体协商工资仍困难重重。“党政主导、人社牵头、工会力推、各方配合、企业和职工广泛参与”的工资协商工作格局还未形成，企业不愿谈、职工不敢谈、工会不会谈的问题还需大力解决。

3. 工会干部配备、能力素质等还有待进一步加强和提升。工会干部少，特别是乡镇、街道、小微企业大都没有专职工会干部，兼职工会干部兼而不管一直是困扰工会发展的瓶颈。县、区一级工会干部编制偏少，与做好新时期工会工作的要求不相适应。非公有制企业工会干部存在雇用思想，为职工群众服务的意识不强，维权意识不强，工作不主动，缺乏创新和开拓精神。

4. 企业工会主席履职困难。通过走访，我们了解到企业工会主席普遍兼任企业行政职务，拿老板工资，为了保饭碗，不敢大胆作为，企业工会作用发挥不够，维权效果不佳。

五、深化服务职工活动的意见建议

（一）提升认识，深化激发工会干部的内生动力。服务职工活动作为工会组织打造的重要品牌，是围绕中心、服务大局的有效载体。要切实提升广大工会干部对开展服务职工活动重要性的认识，统一思想，形成共识。要明确目标任务，重在工会干部受教育、作风得到历练，重在为基层办实事、群众得到实惠，重在进一步密切党群的血肉联系、促进社会和谐，切实架起党和政府与基层职工的“连心桥”，真心结出密切联系职工群众丰硕的“同心果”。

（二）建章立制，建立健全服务职工活动长效机制。一是健全完善调查研究机制。调查一定要深入，研究一定要出成果。二是健全完善工会民主决策机制。要尊重职工群众的首创精神，建立健全反映民意、集中民智的决策机制，不断推动决策的科学化、民主化。三是健全完善深入基层联系职工机制，如建立工会领导干部接待日、联系点和工会干部入企蹲点等制度，进一步密切同职工群众的联系。四是建立考评奖惩机制，把活动开展情况纳入工会创先争优、年度考核和领导述职的重要内容。五是建立项目责任制，把活动实施方案以项目为板块和核心，进行分解量化，谋划到月、责任到人，并进行实时监控和动态管理。

（三）凝聚合力，发挥工会组织和人才优势。各级工会组织要充分利用党政赋予的资源和手段、发挥自身优势，体现自身特色，精心安排活动的内容和形式。要与党政中心工作同频共振，及时向党委政府汇报活动开展情况，争取党政重视和支持。要加强与企联、工商联及政府有关部门的沟通协调，推动有关涉及职工切身利益的难度、热点问题的解决。

（四）创新载体，拓展服务职工活动的内涵外延。要通过大量的实践探索，不断创新工作思路，丰富活动载体，重点是围绕如何激发基层工会活力、推动工会中心工作、为广大职工解决实际困难谋思路、出新招、见实效，使服务职工活动的形式更加丰富、效果更加明显、特色更加鲜明、影响更加广泛。

（五）扩大宣传，营造“双走访、三服务”的良好氛围。要加大宣传，在中央和地方主流媒体、各大门户网站、工会宣传阵地上集中时间、集中板块推出一大批有深度、有分量的宣传报道，广泛宣传活动的重要意义和积极成果，不断扩大活动影响，让党政更加认可和支持活动的开展，让广大职工更深切地感受到工会组织的关心和温暖，让广大工会干部更清醒地认识到自身肩负的责任和使命，形成有利于活动持久开展的良好氛围。

福建省总工会服务职工活动总结报告

今年以来，福建省总工会按照全国总工会开展“面对面、心贴心、实打实服务职工在基层”活动的工作要求，结合福建省委开展“走基层、解民忧、办实事、促发展”活动部署，在全省工会系统扎实开展了服务职工活动。

福建省委对工会系统开展服务职工活动给予高度关注和充分肯定。“五一”期间，省委孙春兰书记在参观福建工会80年图片展及看望慰问生产一线工人和劳模时强调：工会开展“面对面、心贴心、实打实服务职工在基层”活动要与省委“下基层、解民忧、办实事、促发展”活动有效结合起来；要克服机关化、行政化倾向，切实转变作风，多深入一线了解情况，推动帮扶机制长效化，加大服务职工特别是困难职工的力度，切实解决职工群众最关心、最直接、最现实的问题，用活动实效赢得群众欢迎，推动福建发展。5月15日，省委书记孙春兰又在《八闽快讯·增刊》第248期《深入一线服务职工 服务企业——全省各级工会深入开展“面对面、心贴心、实打实服务职工在基层”活动》上批示：全省各级工会深入开展“面对面、心贴心、实打实服务职工在基层”活动，对服务职工、服务企业、促进发展效果很好。

省人大常委会副主任、省总工会主席张广敏十分重视开展服务职工活动，身体力行，先后到全省9个各设区市和平潭综合实验区开展服务职工活动。他要求各级工会要认真贯彻落实孙春兰书记的重要批示精神，要“着力下、努力上，重在实、贵在创”，扎实开展服务职工活动，做到“务实扎实落实”、“稳妥稳步稳定”、“体验一次劳动，下到一个班组，当一回工人，交几个工友，了解一些实情，解决一两个具体问题”。

一、基本情况

我们把开展服务职工活动作为学习宣传实践工会发展道路的实践载体，以“进企业、访职工、办实事、促发展”为实践内容，以“三个100%”（100%走访企业、100%慰问特殊职工群体、100%完成今年重点工作指标）为工作任务，切实要求做到经营困难企业、劳动密集型企业、劳动关系矛盾多企业、工会工作薄弱企业“四必走”；劳动模范、生产一线工人、农民工、劳务派遣工、生活困难职工“五必访”；实现基层工会组建工作、开展工资集体协商、创建和谐企业、服务帮扶职工、企业文化职工文化建设、工会维权机制建设“六推进”。

（一）制定方案，加强指导。在省总十二届三次全委（扩大）会上，对活动进行全面部署，下发了意见和活动方案，成立了以省总党组书记、副主席路平为组长，党组副书记、副主席赵志伟为副组长、办公室主任，其他领导班子成员为成员的活动领导小组，全面推动福建省工会系统服务职工活动扎实有序开展。

（二）强化落实，有序推进。成立了9个调研组，由省总领导带队深入9个设区市和平潭综合实验区，每个调研组联系1个设区市、2个县（市、区），走访4个乡镇（街

▶福建省人大常委会副主任、省总工会主席张广敏到福州台江白马路垃圾中转站体验劳动并与环卫工人座谈交心。

道、工业园区）工会、10个村（社区）工会、30家企业工会、1000名一线职工和基层工会干部。第一阶段（2～5月），围绕当前企业生产经营情况、劳动关系运行情况、职工队伍构成情况、职工群众利益诉求和基层工会建设、开展工作情况，深入基层一线走访了98个乡镇、210个村（社区）、530家企业，召开了1222场基层工会干部、企业党政工领导、职工座谈会，入户个别访谈500名企业一线职工和基层工会干部，在1万名职工和2000名工会干部中开展问卷调查。第二阶段（7～8月），结合宣传贯彻省委、省政府应对危机、支持企业发展、推动稳重求进一系列政策措施，推动落实省政府办公厅《关于缓解企业用工短缺做好用工服务八条措施的通知》，由省总领导带队走访了484家企业（其中小微企业341家）、6425名职工，召开了97场座谈会，分发宣传材料1886份；开展“清凉一夏”职工防暑降温慰问活动，深入一线慰问了7520名职工，实地察看职工生产生活环境特别是高温作业劳动保护情况，调查了解用人单位防暑降温措施和高温津贴发放情况，督促企业落实防暑降温措施。此外，还通过主流媒体，广泛宣传活动开展情况和成效，交流各地工会的经验和做法。截至目前，刊发服务职工活动简报39期，其中被全总采用14条、《工人日报》采用23条，省委办公厅采用3条，《福建日报》采用6条；《福建工会通讯》、《生活·创造》、《福建工会信息》、福建工会网也都对福建省工会开展活动进行了系列报道。

（三）阶段总结，持续深入。6月7日召开全省设区市工会领导干部会议，对服务职工活动进行了阶段性总结。会上，传达贯彻了全国总工会学习宣传实践中国特色社会主义工会发展道路暨服务职工活动南方片区座谈会精神以及省委孙书记重要指示精神，交流总结了各设区市工会开展服务职工活动情况，研究部署了下半年全省工会系统深入开展服务职工活动有关工作。张广敏主席在会上作了讲话，为进一步推进服务职工活动向纵深发展、推动福建省工会工作再上新台阶明确了方向。

二、主要做法及成效

（一）着力下沉下派，推动干部服务本领有新提高。把推动机关干部作风转变作为服务职工活动的第一要义。一方面“沉下去”，安排9个走访调研组深入9个设区市和平潭综合实验区面对面与职工交流、心贴心做职工思想工作、实打实为职工和企业服务；另一方面“派下去”，安排1名处级干部、6名科级干部下基层挂职锻炼。注重方式和作风转变，坚持责任在一线落实、指导在一线进行、服务在一线到位、问题在一线解决，使得服务职工活动能听到实情、看到实况、求得真经，进一步锻炼了干部服务职工的基本功，增进了与职工群众的感情，反思了我们工作中的不足和差距，有力地推动了工会领导机关的作风转变，增强了工会干部的责任感和使命感。

（二）努力上水平上层次，推动工会重点工作上新台阶。围绕“六推进、六实现”目标，推动各项重点工作上新台阶。今年上半年，新建企业工会4501家，新发展会员14.4万人，组建率和入会率达到92.3%和92.8%；组织3月份工资集体协商“要约行动月”，新增加1.1万家企业开展工资集体协商，建制率达89.3%，比去年底增加9.4%；充分发挥创建和谐企业社会化工作格局的作用，以构建和谐劳动关系为核心，推动新增2万家企业开展创建活动，使全省企业创建面达到5万家；落实企业后勤“四化”目标，实现了20%以上企业参与职工生活后勤提升规划；以深入实施新一轮劳动竞赛和创建“工人先锋号”活动为载体，激发广大职工群众勤奋劳动、诚实劳动、创新劳动积极性和创造性；围绕当前福建省“招工难”的问题，通过加强与劳务输出省份工会的协作，把组织企业省外招工与本省举办大型招聘会结合起来，半年来累计工会帮助企业招工达10万人，今年开春以来开展和谐企业创建工作的企业职工返工率达98%。

（三）重在务实扎实，推动服务职工活动取得新成效。坚持把扎扎实实为基层职工群众办实事、解难题贯穿始终，突出维护好劳动工资这一职工的核心利益，今年以来通过开展工资集体协商，推动一线工人平均工资的增长，极大地调动了职工特别是一线工人的积极性。切实把维稳工作放在首位，不断加强涉及职工的群体性事件紧急信息报送工作，做好职工来信来访工作，协助党政妥善处理由于劳动关系矛盾引发的职工群体性事件，推动今年上半年受理职工信访和涉及人数同比分别下降2.29%、8.99%，职工集体访和涉及人数同比下降69%、76.5%。坚持慰问劳动模范特别是退休老劳模并帮助落实相关劳模政策，资助因病返贫的职工并帮助解决就医过程的困难，介绍失业人员再就业并帮助提高就业能力，了解职工社保情况并帮助解决相关历史遗留问题，关心职工生活保障并帮助企业改善后勤保障等。今年以来，共慰问困难职工和农民工6.5万人次，发放慰问金4900万元；提供就业服务32万人次，成功介绍就业7万人次；组织146.2万名职工参加医疗互助，补助职工2.2万人，发放补助金额2895.5万元。

（四）贵在创新创造，推动工会基层基础得到新发展。在省、市、县三级全面建立政府与工会联席会议制度，积极推动这一制度向乡镇（街道）和工业园区延伸，并全面建立协调劳动关系三方会议制度和维护职工合法权益联席会议制度，在探索党政主导的工会维权机制建设上迈出新步伐；建立工会机关干部联系企业和职工群众制度，探索“挂点帮扶”、“分片挂包”、“三挂一万”等常态联系形式，明确省市县三级工会联系点，做到每月至少进企业一次，在推动联系职工方面取得了新成效；全面深化和谐企业创建工作，以和谐劳动关系为核心，以和谐环境关系为基础，以推动企业履行社会责任为关键，在构建新型劳动关系上创造了新经验。此外，全省各地工会还积极开展非公企业“五好”班组建设，推行工会帮扶工作网格化管理模式，创建了“一庭两制度”，以“双亮”、“三必报”为重点总结了非公企业工会“一二三四”工作法。

三、基层反映的主要问题

（一）职工群众反映的突出问题。一是工资收入较低，工资增长不及物价增长。二是技术技能培训机会少，多数企业仅限于岗前培训，培训力度不够，缺乏职工提升素质的条件。三是文化娱乐生活匮乏，一些企业不够重视员工精神文化生活，许多职工缺乏参与活动的积极性。四是尽管各企业基本都为职工做了“基本医疗保险、工伤保险和生育保险”，但是遇大病、重病时，职工自付费用负担仍然沉重。五是偏远地区企业后勤保障层级较低，待遇标准不高；许多偏远地区实行中小学撤并，造成外来务工子女就学困难。

（二）基层工会反映的突出问题。一是中小企业工会工作基础较差。一些企业工会主席由行政领导或部门主管兼任，缺乏精力顾及工会工作；一些企业工会经费难以保障，地税代征工会经费只征收0.8%部分，对留在企业的1.2%部分不能全部落实到位，影响了企业工会工作开展。二是基层工会干部队伍建设有待进一步加强。部分山区县级工会存在“编制少、人员少、经费少”的困境。三是大多数山区乡镇、村工会作用发挥不大，所辖企业不多，没有专职工会工作人员，经费保障不足。

▶福建省人大常委会副主任、省总工会主席张广敏深入泉州石狮市灵秀镇职工服务中心走访调研。

（三）小微企业存在的突出问题。一是扶持政策落实不够到位。今年以来，国家和省里相继出台了进一步支持小型微型企业健康发展和落实扶持小型微型企业发展政策措施的意见、缓解企业用工短缺做好用工服务八条措施的通知等政策措施，但是没有及时出台细化的配套政策。此外，由于宣传力度不够，很多企业对政策的知晓率偏低。二是小微企业普遍存在“用工困难”现象。小微企业工资偏低，用工环境偏差，留不住职工。此外，国家出台中西部发展、东北老工业基地发展等相关政策，带动了一些劳务输出大省经济快速发展，不少当地劳动者选择就近就地转移就业等因素，导致目前福建省许多小微企业“用工困难”。三是部分企业仍存在融资困难。由于企业成本上升、产品价格下降、小微企业融资成本高、税负较重、货款拖欠等多种因素，导致小微企业很容易发生资金周转困难的问题。

四、几点建议

（一）推动落实并完善促进小微企业发展各项政策。要加强保障政策的宣传，扩大政策知晓面，切实推动政策落实；要实施结构性减税，认真落实和完善支持小微企业发展的各项税收优惠政策，切实减轻小微企业税费负担；要深化金融体制改革，构建平等使用信贷资源的融资环境，鼓励民间资本建立中小金融机构，切实缓解小微企业融资难；鼓励小微企业转型，借助市场竞争淘汰机制的“倒逼”压力，变被动为主动，变“生存压力”为“转型动力”。

（二）加大为职工办实事的力度。重点是抓紧对职工反映的切身利益问题的数据统计、情况分析和政策研究，重点解决具备相应条件的外来务工人员（农民工）享受经济适用房、公租房待遇等问题，实施社会保险“一卡通”改革中职工医疗保险不及时、不到位问题。同时，通过工资集体协商，积极推动企业提高工资收入水平，让职工共享企业发展成果。

（三）加强基层工会建设。针对当前基层工作中的突出问题，进一步厘清乡镇（街道）、村（居）、企业“小三级”工会组织网络建设的思路，制定加强乡镇（街道）工会建设的指导性意见。商同党委和政府有关部门，着力解决各工业园区工会的机构和人员问题，制定公开招聘职业工会工作者的政策性意见，发展壮大职业工会工作者队伍。进一步加大工会干部培训力度，特别是要加强对乡镇（街道、工业园区）工会、村（社区）工会、非公有制企业工会干部的培训，不断提升基层干部素质。

（四）总结推广奥金公司经验探索分配制度改革。泉州晋江奥金公司系港商独资企业，为了让员工共享企业发展成果，让员工与企业共同成长，奥金公司从2011年起，拿出总资产5000万元的10%，以赠送股份的形式，无偿派发给全体员工。每一位员工获赠相当于本人全年工资总额45.5%价值的股份，当年即可参加公司红利分配。奥金公司赠送股权，其实质是通过改进企业股权结构、改革分配方式，来进一步提升企业管理水平，稳定职工队伍，构建和谐劳动关系。一年来，产能增加30%，损耗降低了5%，去年员工工资平均增长12%。建议可以试点推广，进一步完善中小企业股权结构和分配制度改革。

江西省总工会服务职工活动总结报告

一、服务职工活动的进展情况

全省各级工会结合江西工会实际，精心谋划、迅速行动，已基本完成活动动员部署和集中走访调研阶段。据不完全统计，全省各级工会共组成1112个工作组，走访了1.3万余家企业，涵盖了国有、非公、股份制和港澳台商投资等各类企业。召开了9849个座谈会，参加座谈会的企业高管人员、工会干部、一线职工共计9.5万人，发放《职工学法必读》2万册、调查问卷14.7万份。慰问了困难职工8.8万余人，困难劳模5195人。收集企业、工会干部和职工意见1.5万余条，帮助企业和职工解决活动场所、职工福利等问题1.1万件，发放慰问金2877.9万元。其中省总机关26个工作组，走访81家企业，召开了133个座谈会，参加座谈会的企业党政领导、工会干部、一线职工共计1476人，发放问卷1100份，慰问了困难职工184人，困难劳模49人。省总拨出服务职工活动专项经费52万元，其中50万元用于走访慰问困难职工，2万元用作工作经费。同时各级工会也拨出专项经费，加大对活动的支持力度。2012年“两节”活动期间，各级工会筹集资金2.11亿元，慰问特困职工、困难劳模、下岗失业人员等困难群体职工家庭26万户，走访困难企业1.66万家。

二、服务职工活动的主要做法和成效

（一）组织领导，高位部署推动

全总执委会后，省总工会第一时间向省委进行专题汇报并提出了贯彻意见。省委领导作出重要批示，要求全省工会根据全总的统一部署，结合落实省委、省政府加强干部作风建设、优化发展环境的决定，开展好服务职工活动。

具体做法是开好三个全委会议，部署服务职工活动；搭建两个层面机构，指导推进活动。1月15日，时任省委副书记的张裔炯同志代表省委在省总工会十二届五次委员（扩大）会议上对开展好服务职工活动进行了动员，提出明确要求。省总工会明确了开展服务职工活动作为今年的工作主线，并提出了具体要求。4月26日，召开全省庆“五一”暨创先争优推进工会基层组织建设年大会，省委副书记尚勇要求全省各级工会要紧紧围绕“强组织、增活力，创先争优迎十八大”这个主题，着力扩大工会的组织覆盖、工作覆盖、服务覆盖，深入车间和班组，深入生产第一线，深入职工家中，帮助解决好职工最关心、最直接、最现实的利益问题，建立健全服务职工的长效机制，确保服务职工活动取得实实在在的成效。4月25日，在省总十二届六次委员会上，省总工会主席陈安众要求深入开展服务职工活动，密切与职工的联系，增进对职工的思想感情，切实做好服务职工工作。8月8日，省委副书记、纪委书记尚勇代表省委在省总工会十二届七次委员（扩大）会上强调要进一步开展“面对面、心贴心、实打实服务职工在基层”活动，推动服务职工制度化、规范化、常态化，把工会建设成党组织信赖、社会各界认可、广大职工向往的“职工之家”。省总工会主席陈安众要求全省各级工会要形成干部联系基层、服务职工的长效机制，使深入基层开展职工群众工作常态化、制度化。

2月14日，省总工会成立了活动领导小组，领导小组组长由省总常务副主席郭学勤同志担任，省总工会其他领导担任副组长，省总工会机关部门和直属单位负责同志为成员，负责对全省各级工会开展活动的指导、督察和考核工作。省总工会成立11个由省总领导带队分赴各设区市和15个由机关各部门负责人带队赴省产业和省总基层工会的所属企业的服务职工工作组，对口各设区市、省产业和直属基层工会所属企业开展活动。

（二）制定意见方案，适时调度督导

省总工会出台活动实施意见和实施方案，明确了活动的指导思想、总体要求、方法步骤、基本要求等方面。特别是明确了省总领导和机关部室挂点的设区市、产业和企业工会，对服务职工活动作出了全面统一部署。

2月22日，省总工会机关召开动员部署大会，对服务职工活动进行再动员、再部署。省总对各地开展服务职工活动进行了专题督导，各服务指导组带队深入一线开展服务职工活动。3月，省总工会召开活动调度推进会，总结通报了前一阶段省总机关服务职工活动进展情况，提出了进一步深入开展活动的意见建议。各地方、产业（企业）工会分别召开了专题动员大会进行宣传动员。6月21日，省总工会召开了学习宣传实践中国特色社会主义工会发展道路暨服务职工活动座谈会，总结交流了学习宣传实践中国特色社会主义工会发展道路与开展服务职工活动的情况，并对下一步全省开展服务职工活动提出了具体要求。

（三）突出“四个结合”，活动成效初显

一是与机关干部作风整顿活动相结合。具体就是做到“四进”、“三知”、“两服务”、“一做实”和“五个在一线”。即各级工会干部要进企业、进车间、进班组、进职工家门；知职工情、知职工忧、知职工愿；服务江西发展大局、服务广大职工；做实基层工会；努力实现职工队伍状况在一线掌握、工会维权帮扶在一线实施、构建和谐劳动关系在一线推进、工会工作任务在一线落实、创先争优活动在一线开展。

二是与“访民情、办实事、转作风、作表率”主题实践活动相结合。省委在全省范围内开展“民情家访”活动，要求十万干部下基层，服务群众，帮助群众，密切党群干群关系、加强和改进群众工作。江西省在开展服务职工活动实践中，结合“民情家访”要求，以密切联系职工群众为核心，做到顺应职工群众所需所盼，听取意见建议、宣传政策法律，突出重点，帮助指导企业工会解决或协调处理突出问题，帮助职工解决实际困难。

三是与机关各部门工作职责相结合。组织部和法工部结合职责推动“两个普遍”三年规划目标任务的落实，重点推动解决非公企业建会和工会作用发挥问题，指导开展企业及区域性、行业性工资集体协商。民管部结合职责推动企业落实好职代会和厂务公开民主管理等制度。经济部结合职工指导企业开展群众性经济技术创新和劳动竞赛活动，宣教部结合职责推动企业加强职工职业技能培训，提高职工素质，塑造“企业像家，职

▶江西省人大常委会副主任、省总工会主席陈安众视察方大特钢公司轧钢生产线。

工爱企如家”的和谐企业文化，在企业不断发展中更好地维护职工的权益，等等。

四是与推进基层组织建设年活动相结合。把服务职工活动和创先争优推进工会基层组织建设年各项部署紧密结合起来，进一步加强基层组织建设，特别是非公企业组建，夯实工会工作基础。

通过服务职工活动的开展，促进了劳动关系和社会和谐，职工和企业反映的问题都得到反馈和初步解决，赢得了企业和广大职工的广泛赞誉。各工作组在收集到职工意见后，都向企业党政进行了沟通反馈，企业党政表示都会认真给予解决，给职工一个满意的答复。企业反映的问题，各工作组也认真进行了梳理和研究，以适当的方式进行了反馈。锻炼了队伍，使工会干部更加了解企业、了解基层、了解职工。机关全体干部深入一线，认真细致地开展调研，直接与职工面对面交流，实地体验职工生活，体会职工甘苦，体味职工情感，转变了作风，增进了感情，提升了能力。

（四）各地扎实推进，亮点纷呈

各地工会结合实际扎实，在具体工作中，既严格按照全总和省总统一的工作要求，完成全部“规定动作”，又因地制宜完成了各自的“自选动作”。赣州市提出“四个四”工作要求（“四进”，即进班组车间、进企业食堂、进活动场所、进职工家门；“四访”，即困难职工必访，劳模代表必访，工会干部必访，企业领导必访；“四看”，即看企业文化建设，看职工活动开展，看工资集体协商，看职工权益维护；“四知”，即知职工情、知职工困、知职工忧、知职工愿）。宜春市提出“三解、四必访”，即：了解职工思想情绪、破解企业发展难题、化解劳资矛盾纠纷，生产经营困难的企业必访、困难职工多的企业必访、劳动关系矛盾突出的企业必访、工会工作开展困难的企业必访。针对在活动中收集到的职工反映的问题，主动为职工协商解决。上饶市帮扶补助困难企业 68 家、困难职工 7676 人，培训职工、农民工 4. 35 万人次；九江市向 151 家企事业单位 4007 名特困职工赠送了重大疾病保障；萍乡市要求每个工作组做 4 件以上好事实事。南昌市实现“八个结合”（与学习宣传实践中国特色社会主义工会发展道路相结合、与市委、市政府“作风大转变、效能大提速、环境大优化”集中整治活动相结合、与党工共建创先争优活动相结合、与职工队伍状况调查工作结合起来、与“民情家访”工作相结合、与企业改制中的工会工作相结合、与走访慰问相结合、与工会重点工作相结合），突出解决难点热点问题；景德镇市结合老工业基地困难企业多、困难职工多的实际，组织开展

▶江西省人大常委会副主任、省总工会主席陈安众深入乡镇工会调研并看望慰问基层工会干部和企业职工。

了深入基层、深入企业访贫调研大走访活动。新余市针对职工群众反映的技术培训、工伤待遇、女职工权益、丰富业余文化生活等突出问题，主动与企业以及有关方面沟通协调，推动解决了一批涉及职工切身利益问题。针对赛维 LDK 公司等一些企业反映生产经营遇到的暂时困难，帮助分析原因，提出参考意见。鹰潭市针对职工群众反映的生活、子女就学等实际困难，积极帮助解决。省交通运输系统工会共召开座谈会 50 余场，深入 160 多个基层单位、班组，与 1000 余名一线职工和基层工会干部面对面交流，“一帮一”结对子帮扶 180 余名困难职工，共走访 78 户困难职工，慰问 12 名劳模，发放调研问卷 6000 余份，个案访谈 22 人，共收集职工意见建议 63 条。

三、主流媒体的宣传情况

据统计，江西服务职工活动在主流媒体的报道稿件总数共 510 篇，其中包括中央级媒体及省级主要媒体（工人日报、中工网、新华通讯社、《江西日报》、江西人民广播电台、江西电视台、今视网、《江西工人报》、江西工会网）稿件 150 篇（件），地市级媒体（11 个设区市及 100 个县、区）媒体 360 篇（件）。此外，省总共编发了 40 期服务职工活动专题简报，制作了 6 期宣传展板，在江西工会网服务职工活动专栏中刊发文章 170 余篇，江西工人报刊发服务职工活动新闻稿 40 余篇，各设区市也编发了大量的工作简报，反映活动成效，并及时向党政领导汇报，进一步提升了工会的社会影响力和吸引力，为工会工作的开展营造良好的社会氛围。

四、职工群众和基层工会反映的突出问题及意见建议

在活动中，我们采取了通过发放调查问卷、座谈会、上门访谈等多种形式进行调研，反映的突出问题及意见建议，主要是：

（一）职工群众最关心的问题仍然是工资增长问题。此次活动中，省总工会走访调研的困难企业较多，调查显示，月收入为 1000 ~1500 元的职工人数所占比例最高，为 20.6%，其次是月收入为 2000 ~2500 元和 1500 ~2000 元的职工，所占比例分别为 18.9% 和 18.3%。1000 元以下职工占 8.2%，4000 元以上占 14.6%（企业中层管理人员或高级技工），职工工资呈两头小中间大的橄榄型结构；62.4% 的职工近三年收入有提高或提高很大，25.9% 的职工收入提高不大，与当前物价涨幅相比，实际购买力有所下降。

（二）当前职工法律意识有待加强。调查显示，40% 的职工比较熟悉涉及职工劳

动权益和工会的法律法规，52%的职工了解部分，20.7%的职工会通过法律途径解决劳动纠纷。可见，职工普法教育培训仍是今后繁重的任务，少数拿起法律武器维权的意识并不高。活动中，省总工会及时下发了2万册法律知识读本，受到职工的普遍欢迎。

（三）江西省企业劳动关系与职工队伍较为和谐稳定。劳动合同签订率为88.9%，劳动合同履行率为84.5%，94%的职工认为所在企业劳动关系很和谐或者比较和谐，84.2%的职工对目前生活感到很幸福或较满意，90%的职工认为企业依靠职工办企业。企业工会充分履行了职能。

（四）职工对工会的评价和信任度比较高。90.2%的职工认为工会能充分发挥作用，维护职工权益。82%的职工认为企业在制定涉及职工切身利益的政策时，经职代会讨论通过；如果与企业发生劳动纠纷，88.6%的职工会选择找企业工会帮忙；但仍有7%的职工认为工会只是组织开展文体活动，甚至有0.8%的职工认为不知道工会是干什么的。针对这种情况，下一步，省总工会将加强企业“工会组织亮牌子，工会主席亮身份”活动的开展，让全体职工都认识工会主席，知道工会组织都干了哪些事情，能干哪些事情。

我们通过问卷调查、座谈会、上门访谈等多种形式对职工群众和基层工会的意见建议进行了收集、梳理和总结，其中职工群众意见建议集中反映为以下五条：一是加强职工的职业技能培训，多开展劳动竞赛活动；二是多开展丰富多彩的文艺娱乐活动；三是加大困难帮扶力度和职工维权力度，帮助农民工追回拖欠的工资；四是加强《劳动法》、《劳动争议调解仲裁法》等有关政策法规的宣传和培训；五是加强对基层工会干部的培训，特别是加大对企业工会主席的教育和培训力度。

江西省服务职工活动得到了党政充分肯定，得到社会各界普通认可，得到职工的欢迎，全省各级工会正在进一步深化服务职工活动，不断总结经验，将在实践中的有效举措和成功经验，建立完善工会机关联系基层工会、工会领导干部联系职工群众、工会干部定点联系企业和困难职工制度的长效机制，把这项活动长期扎根于职工群众之中。

山东省总工会服务职工活动总结报告

全总对开展“面对面、心贴心、实打实服务职工在基层”活动作出部署后，山东工会高度重视，省总十三届六次全委会要求把学习宣传实践中国特色社会主义工会发展道路作为今年工作主题，把服务职工活动作为工作主线，强调要打造“服务职工到企业、结对帮扶进万家”工作品牌。全省各级工会结合学习宣传实践中国特色社会主义工会发展道路，全面迅速开展服务职工活动，取得了明显成效。今年6月，中共中央政治局委员、全国人大常委会副委员长、中华全国总工会主席王兆国来山东视察，对山东省的工会工作包括服务职工活动给予了充分肯定，就面对面、心贴心、实打实地做好职工群众工作作出了重要指示，为我们开展好服务职工活动进一步指明了努力方向。

一、牢牢把握主线，深入开展服务职工活动

（一）争取党政重视支持。全总十五届六次执委会议后，省总工会及时向省委、省政府汇报了中央书记处的重要指示、兆国主席的重要讲话和全总的工作部署。省委要求认真学习领会，抓好贯彻落实，进一步创新思路、改进作风、深入一线，更加关注基层，坚持服务至上，打造亮点品牌。省总工会在十三届六次全委会上对工会工作主题主线作了重点部署。各级工会主动向同级党政领导汇报，积极争取重视支持，一些地方党政主要领导对活动开展给予肯定。

（二）认真谋划精心实施。省总工会和各级工会都成立了以主要领导同志任组长、领导班子成员任副组长、各部门负责人参加的服务职工活动领导小组，并抽调精干力量组成综合协调、文件起草、宣传报道、工作督导等工作机构，结合各地各单位实际研究制定了具体实施方案，明确了目标任务、工作重点、方法步骤和措施要求，就服务职工活动提出打造“服务职工到企业、结对帮扶进万家”工作品牌，推动活动迅速启动、全面展开、扎实推进。6月份，省总工会先后在临沂、滨州召开了服务职工活动南片、北片座谈会，总结了工作，交流了经验，并对进一步深化服务职工活动提出了要求。8月上旬，省总工会召开了全省工会领导干部读书会，就建立健全联系职工、民主决策、激励约束等长效机制，努力打造服务职工亮点品牌作出了进一步部署。

（三）加大学习宣传力度。各地充分利用主流媒体，通过召开会议、专题培训、编发简报、开设专栏、制作展板等多种形式，大力宣传服务职工活动的意义、方案、进展和成效。青岛市总工会组织记者团下基层采访，还要求全市工会宣传信息员分别在人民网、新浪网、腾讯网注册个人微博，在中工网注册博客，集中宣传服务职工活动。各级工会还把深入开展服务职工活动与学习宣传实践中国特色社会主义工会发展道路紧密结合。目前全省工会已发放《学习读本》等培训教材10万余册，举办各类培训、讲座1200多场，集中培训工会干部6万多人。

（四）全会集中调研走访。各级工会加大了调查研究的力度，省总采用综合调研和

专项调查相结合的方式，制定了调查问卷和个案访谈提纲，由领导班子成员带队，根据10个专项调研课题的分工，分批次开展集中调研。目前，全省各级工会干部共走访企业32922家，召开座谈会27476个，进行个案访谈32901人，发放调查问卷32.8万份，进一步了解掌握了企业的生产经营状况和职工的生产生活情况。

（五）务求取得工作实效。省总要求领导班子成员每人联系一个市、一个县、一个乡镇、一家企业、一户困难职工（五个一），每个部门联系一个县、一个乡镇、一家企业（三个一），每名干部联系一户困难职工（一个一）。各级工会干部坚持“三带三进”、“三访三同”和“五不准”，即带着政策、带着任务、带着感情，进企业、进车间、进班组，访企业党政领导、访企业工会干部、访一线职工，与一线职工至少工作生活1天，同吃、同住、同劳动，不搞层层陪同，不接受宴请、土特产，不给基层添麻烦，不敷衍应付，不随意缩短规定时间。省总还深入开展了“树三风、提三力”（树立学习调研之风、提升学习力，树立干事创业之风、提升执行力，树立团结协作之风、提升凝聚力）活动，教育引导机关干部提高服务职工的本领，增强服务职工的意识，改进服务职工的作风。

▶山东省人大常委会副主任、省总工会主席刘玉功在建筑工地送农民工返乡。

通过服务职工活动，进一步密切了与职工群众的联系，促进了工会干部作风的转变，推动了工会重点工作的落实，实打实地为企业、职工解决了许多实际困难和问题。省总工会党组书记、常务副主席吕明辰同志两次到济南市长清区对一户困难职工进行结对帮扶，送上6000元慰问金，并帮其翻新整修住所、院墙，开展庭院畜禽养殖，在当地引起了良好反响。省总每个干部都建立了活动台账，真实记录活动过程，通过资金救助、实物捐赠、就业培训、创业扶持等形式，帮助职工解决实际困难，省总工会全体同志每人拿出1000元帮扶结对的困难职工。截至目前，全省工会在活动中共筹集发放款物8958.3万元，帮扶困难职工14.3万多人。

二、统筹安排，协调推进，推动工会重点工作创新发展

（一）强力推进“两个普遍”，夯实工会工作基础。各级工会不断深化基层党建带工建工作，强力推动企业普遍建立工会组织，普遍开展工资集体协商。与省委组织部联合下发了加强新形势下基层党建带工建工作的意见，进一步完善了党建带工建机制。各级工会积极争取同级党政重视支持，统筹解决乡镇（街道）工会组织建设和专职干部

配备，推动经济比较发达、企业比较集中、职工人数较多的乡镇（街道）建立总工会。目前，全省已有1378个乡镇（街道）建立总工会，配备专职工会干部2655人，实现了乡镇（街道）工会建设的重大突破。大力推动企业普遍建会。省总工会制定了落实普遍建会三年规划的实施意见，以开发区、工业园区和“两新”组织为重点领域，以农民工、劳务派遣工为重点对象，广泛开展“广普查、深组建、全覆盖”集中建会行动，并建立了定期考核通报制度。目前，全省已建立基层工会18.5万个，工会会员发展到2135.4万人，其中农民工会员693.9万人。扎实推动企业普遍开展工资集体协商，自去年开始，制定实施了全省推进工资集体协商工作三年规划，并将工资集体协商纳入劳动关系和谐企业创建之中，做到同部署、同督察、同考核。目前，全省已签订工资专项集体合同93676份，覆盖企业15.7万家、职工1162万人；签订集体合同10.5万份，覆盖企业17.4万家、职工1400万人；签订女职工专项集体合同7.5万份，覆盖企业12.8万家、女职工660万人。

（二）*构建和谐劳动关系，促进社会和谐稳定。*坚持把“创建劳动关系和谐企业”活动作为工会参与社会管理创新、促进社会和谐稳定的切入点和着力点，各级党政高度重视支持，相关部门积极协同配合，企业、职工有序参与，倡导形成了发展共谋、成果共享、和谐共创的生动局面，受到了王兆国同志和省委、省政府领导的充分肯定。目前，全省已有15.1万家企业、1461万名职工参加到活动中来，其中11.7万家企业达到各级创建标准，7.5万家企业受到表彰。通过创建活动两个三年规划的实施，全省各类企业共为职工补缴社会保险费48亿多元；新签订劳动合同800多万份、集体合同4.9万份；建立职代会制度的企业增加了3.5万家；开展工资集体协商并签订工资集体协议3.24万份。去年年底，牵头筹备召开了全省加强和谐劳动关系建设暨深化创新厂务公开民主管理工作会议，省委姜异康书记出席会议并作重要讲话，为构建和谐劳动关系工作深入发展进一步指明了方向。

（三）*履行维权基本职责，增强维权帮扶实效。*坚持中国特色社会主义工会维权观，着力解决职工群众最关心最直接最现实的利益问题，着力深化职代会、厂务公开民主管理工作。去年，全国深化创新厂务公开民主管理工作会议上，时任省委副书记、现省政协主席刘伟同志代表省委、省政府作了大会经验介绍，实地考察了青岛港的厂务公开民主管理工作，受到中央书记处书记何勇同志和与会代表的好评。前不久，全国厂务公开协调小组在人民大会堂又举办了青岛港经验理论与实践研讨会，何勇书记出席会议并讲话，姜异康书记代表省委作了发言。目前，全省有13万个基层工会建立了职代会制度，涵盖企事业单位35万家、职工1644万人；有12.5万家企事业单位实行了厂务公开民主管理，其中国有企业建制率达到100%，非公有制企业达到70%，教育系统达到99.7%，卫生系统达到99.5%。着力推进先进企业文化和职工文化建设，坚持以社会主义核心价值体系教育和凝聚职工，大力发展以职工为本的先进企业文化、职工文化。不断深化职工职业道德建设，倡导和推动全社会形成知荣辱、讲正气、作奉献、促和谐的良好风尚。不断加强和改进职工思想政治工作，重视做好对职工特别是青年职工、新生代农民工的人文关怀和心理疏导，积极探索信息化网络化条件下开展职工思想政治工作的新途径新方式。不断丰富职工群众精神文化生活，推动全省建立“职工书屋”3.5万个，今年举办了全省第六届职工运动会，广泛开展丰富多彩的职工文化体育活动。着力提高工会帮扶工作水平，及时总结推广淄博市整合社会资源、将困难职工帮扶中心提升为职工服务中心的经验做法，推动工会帮扶工作向包括就业、就医、就学、法律援助、劳动争议调解、心理健康咨询等多方面的职能拓展，工作对象由困难职工为主向包括困难职工在内的全体职工覆盖。在 2012 年“两节”送温暖活动中，全省工会共筹集发放送温暖资金 2.28 亿元，走访慰问困难企业 5380 个、困难职工 23.7 万户、农民工 5.7 万人，帮助农民工平安返乡 30 多万人次。深入实施“工友创业”、“技能培训促就业”等行动，全省工会已创建工友创业实训基地 372 个，共培训职工 27 万多人，提供小额贷款 7400 多万元，扶持 1.3 万人创业、带动 9 万多人就业。

（四）加强作风能力建设，提供坚强有力保障。广大工会干部把参与两项活动作为接受党性教育和群众观点教育的“大课堂”，进一步拉近了与职工群众的距离，熟悉了基层，贴近了职工，锤炼了作风。省总工会领导班子成员对各市工会创先争优活动情况开展了调研、督察和点评，重点在窗口单位、服务行业广大职工中开展了创先争优活动，评选表彰了 10 家全省企业工会工作红旗单位、10 名全省优秀工会工作者标兵，进一步激励了广大工会干部解放思想、创先争优。深入开展“树立学习调研之风，提升学习力；树立干事创业之风，提升执行力；树立团结协作之风，提升凝聚力”活动，并与在创先争优活动中开展“基层组织建设年”、省直机关工委开展的“能力建设年”、“学雷锋，做山东好人”等结合起来，激发了各级工会组织和广大工会干部的创新热情和创造活力。

▶山东省总工会党组书记、常务副主席吕明辰到困难职工家中走访慰问。

通过对前期活动开展情况进行认真梳理，以及活动过程中通过问卷调查、座谈会和个案访谈等方式深入了解，我们的工作虽然取得了一定成绩，但还存在着一些不足。在活动开展上：部分地方起步较慢，广度、深度还不够，活动开展还不够平衡；部分工会干部服务职工的意识还不够、能力还不足，为基层和职工解决困难和问题的办法还不多；联系基层、服务职工的长效机制还需要进一步研究探索，尽快建立起来。在职工思想生活上：青年职工思想活跃且多元化，职工思想统一难度大；一线职工收入偏低的现象依然比较普遍，职工工资与企业效益的联动机制还没有建立；职工对大病或天灾人祸致贫束手无策，子女上学及就业问题成为职工家庭的一大忧虑。在工会工作上：劳动法律法规不够健全，现有法规落实不到位现象依然存在；非公企业尤其是中小微型企业工会组织建设不规范，作用发挥还不够；工资集体协商制度的覆盖面还不够广，具体执行过程中企业不配合、工会不作为、职工不信任等现象还不同程度存在。

三、关于提高服务职工科学化水平的几点建议

（一）进一步健全法律法规，更好地实现维权服务法制化。加快推进《集体合同法》、《工资法》等劳动法律法规的立法进程，在细化法律条文、明确执法主体、加大执法监督检查和违法惩戒力度等方面，提出工会的意见和主张，为依法维权提供强力支撑。

（二）进一步争取党政支持，更好地实现维权服务社会化。进一步完善工会定期向党委汇报工作制度、工会与政府联席会议制度，推动党委和政府从政策制度层面解决职工权益问题和事关工会工作全局重大问题，积极争取党和政府赋予工会更多的资源和手段。主动融入社会管理创新大格局，积极整合和用好社会资源，加强与党政和群团等相关部门的合作协调，努力实现维权资源共享、信息互通、工作互动、优势互补；加强工会组织内部的协调，建立健全地区间维权联动机制，不断增强维权实效性。

（三）进一步健全工作机制，更好地实现维权服务长效化。进一步建立健全机关干部定期下基层走访调研、工会领导干部信访接待日和领导干部基层工作联系点制度等联系职工的长效机制，建立健全职工、会员评价工会工作制度，让职工真正参与、评价、监督工会工作，实现各级工会与职工群众的密切联系；进一步健全党政主导的维权机制，完善劳动关系定期摸排、定期分析研判制度，完善劳动关系三方协商机制和劳动争议调解制度，完善厂务公开民主管理和困难职工帮扶工作机制，使维权服务常态化、长效化。

（四）进一步加强自身建设，更好地实现维权服务专业化。建立健全基层工会组织工作体系，依法推动企业普遍建立工会组织，最大限度地把职工特别是农民工、劳务派遣工组织到工会中来。大力加强工会干部的理论和业务培训工作，重点对县（市、区）工会干部、乡镇社区工会干部、企业工会干部等开展有针对性的培训，努力提升基层工会干部业务水平，打牢基层工会工作基础。培养一批劳动法律、劳动工资、协商谈判等方面的专家，建立健全工会干部保护和激励机制，提高工会干部维权能力水平。

河南省总工会服务职工活动总结报告

按照党中央、省委关于切实做好新形势下党的群众工作的要求，根据全总关于开展“面对面、心贴心、实打实服务职工在基层”活动的安排部署，结合河南实际，河南省总工会在全省工会开展了“组织万名干部、深入千家企业、办好十件实事、服务千万职工”活动。现将有关情况汇报如下：

一、主要做法

（一）思想高度重视，广泛组织动员。全总服务职工活动视频会议召开后，河南省总工会高度重视，先后召开各层级会议，把全总要求迅速传达到各级工会，并与“双节”送温暖相结合，在第一时间启动服务职工活动。同时及时向省委常委会汇报，省委书记卢展工在听取汇报后要求各级工会要围绕全局、把握重点、注重基层、着眼群众，认真总结好经验好做法，持续好思路好举措，进一步丰富活动载体，打造活动品牌。在省总十三届七次全委会议上，省委副书记、组织部部长邓凯要求全省各级工会切实转变领导方式，把“面对面、心贴心、实打实”的要求落到实处，使工会组织真正成为“职工之家”，工会干部真正成为“工人之友”。全省各级工会积极响应，主动行动，把服务职工活动摆上重要日程，认真学习，层层动员，为搞好活动打下了坚实的思想基础。

（二）精心制定方案，选好服务载体。先后三次召开专题会议讨论，充分征求机关各部门和市县、产业、基层工会的意见，规定深入开展调查研究、大力宣传政策法规、积极促进企业发展、全力推动解决困难、扎实推进重点工作“五项任务”，确立动员部署、集中活动、成果转化的“三个步骤”，明确各个阶段的时间节点和具体工作，并以着力办好职工群众最关心、最迫切的“十件实事”为载体，确保活动实效。全省各级工会都精心制定方案，选好服务载体，明确目标任务，要求领导带头，个个争先，形成“上下联动、左右互动、人人行动”的局面。

（三）强化组织领导，层层狠抓落实。省总成立全省工会服务职工活动领导小组，负责活动的具体组织、领导、指导、督察和考核工作，并拨付200万专项经费。全省各级工会纷纷争取党政的重视支持，成立组织机构，保障经费投入，加强激励考核，形成主要负责人亲自抓、班子成员分工抓、机关部门包片抓、工会干部全员参与的工作格局。把开展活动情况纳入机关作风建设考核评价体系、年度工作目标考核内容，做到一级做给一级看，一级带着一级干，一级督导一级办。一些市县地方工会还建立健全考评制度，实行目标分解、公开承诺、民主测评、积分考核等，并建立了严格的奖惩制度。

（四）严格“规定动作”，创新“自选动作”。省总细化、硬化一系列“规定动作”，统一制定活动台账、活动统计表、个案访谈登记表及调研参考提纲等规范化的工作模板。全省各级工会结合各自实际，严格“规定动作”不走样，坚持“自选动作”有创意。濮阳市总工会开展“三亮三比三评”活动，要求全市工会组织和工会干部“亮身

▶河南省人大常委会副主任、省总工会主席刘新民，省总工会党组书记、常务副主席桑金科在郑州锅炉股份有限公司生产车间调研走访。

份、亮职责、亮承诺”，“比效能、比作风、比业绩”，以“会员评家、下评上、上评下”推动工会服务质量升级、职工满意度提升。安阳市总工会展开“三进三联”行动，即全市工会机关干部进工厂、进社区、进基层，联系基层工会干部、联系一线劳模和先进人物、联系困难职工群众，构建了全员联系基层的大格局。

（五）加大宣传力度，营造浓厚氛围。领导小组办公室及时编印活动简报，加强与主流新闻媒体的沟通，在《河南工人日报》、《河南工运》和河南工会网开设专栏，主动公开服务职工活动的内容，主动接受社会及职工群众监督。同时，把服务职工活动与学习宣传实践中国特色社会主义工会发展道路相结合，切实在主线中体现主题、在主题中贯穿主线。如信阳市在活动中组织开展解放思想大讨论，以举办“信阳工会大讲堂”为平台，回顾信阳工会十年创新发展历程，紧扣工会组织历史使命、发展目标、发展路径、发展动力等重大问题，展开专题讨论。

二、主要特点

（一）参与范围“广泛”。全省2000多家基层以上工会的1.7万名专兼职工会干部、14.9万家基层工会的6万余名专职工会干部迅速行动起来，积极投入服务职工活动中来。郑州市总工会要求各级工会全面动员、全员参与，县（市、区）工会干部深入乡镇（街道）企业，乡镇（街道）工会干部深入村（社区）企业，全市200人以上规模企业的工会干部要深入车间、班组，努力实现服务职工活动的全覆盖。

（二）走访调研“深入”。据不完全统计，省市县三级地方工会成立工作组697个，7450名工会干部走访7712家企业，共召开座谈会7748场次，与157910名一线职工、企业经营者和基层工会干部面对面交流，个案访谈31042人。省总机关9个工作组深入18个省辖市，36个县，90家企业，走访慰问职工1080名，入户慰问困难职工72户，共召开座谈会108场，与2160名一线职工、企业经营者和基层工会干部面对面交流，个案访谈900人。在普遍了解情况的基础上，省总工作组带着9个课题深入开展调查研究。如围绕进城务工人员融入城市问题，省总课题组写出了《河南“三化”协调发展亟待解决进城务工人员市民化问题》近2万字的调研报告，向省委、省政府提出意见建议。

（三）竭诚服务“务实”。据不完全统计，走访中企业和职工反映困难和问题5614件，提出意见建议7495件。大致分为：一是企业改制、企业融资、企业招工、设备改造、产品升级、技术革新等企业生产经营遇到的困难；二是工资、保险、工伤待遇、城市低保等工资保险类难题；三是职工就业、参加学历教育和技术培训、参加劳动竞赛、建立成长成材通道等发展提升的问题；四是进城务工人员融入城市、劳务派遣工规范等同工同酬、同工同权方面的问题；五是保障性住房、棚户区改造、子女入托就学、看病就医等公共服务方面的问题；六是上下班交通、改善集体食堂和宿舍条件、丰富业余文化生活、婚恋交友等生活方面的问题。截至目前，已解决4211件；正在协调、沟通、反映解决的1403件，全省工会共为企业解决困难和办好事实事6226件。

（四）干部作风“转变”。工会干部普遍感到接了“地气”，长了“底气”，树了“正气”，推动了工会的服务转型和作风转变。新乡市总工会提出三个“三分之一”工作法，即三分之一的时间学习提高，三分之一的时间搞好业务工作，三分之一的时间深入基层调研。中原油田工会大力推行“一线工作法”，要求机关工会干部到问题多、困难大、条件艰苦、不稳定因素突出的基层单位蹲点，与职工同吃同住同干同乐，每天记一篇劳动日记，每月写一篇劳动感言，每季度写一篇调研报告，当好基层状况的第一知情人、第一报告人。

（五）推动工作“创新”。一是着眼经济建设，把活动成效转化为推动科学发展的新作为。截至目前，全省现有9596名省级以上劳动模范，有6000家企业建立首席员工制度，涌现首席员工2.5万人，132个车间班组荣获全国“工人先锋号”。仅安阳市就新建起50多家劳模工作室。二是着眼劳动关系，把活动成效转化为促进社会和谐的新作为。截至目前，全省开展工资集体协商的企业达8.2万家，有5.9万家企事业单位建立职代会制度，5万家企事业实行厂务公开制度；6万家企业开展创建劳动关系和谐企业活动，企业职工劳动合同签订率达96.9%以上。三是着眼改善民生，把活动成效转化为竭诚扶贫帮困的新作为。截至目前，全省县级以上工会建立困难职工帮扶中心169个，为近50万户困难职工建立动态电子档案。各级工会创办再就业培训基地400多个，每年为20万名职工提供了再就业服务，帮助10万名职工实现了再就业。全省工会小额借款资金累计达8.4亿元，帮助509万名职工实现了创业或再就业。四是着眼职工文化，把活动成效转化为满足精神需求的新作为。大力提升职工文化技术素质，今年有1000万职工积极参加“创争”活动，全省建立职工书屋5500多家。五是着眼组织建设，把活动成效转化为提升工作水平的新作为。截至目前，全省乡镇、街道、社区全部建立了工会组织，在省外豫籍进城务工人员较为集中的地区建立工会联合会、办事处和维权中心200多个，519万进城务工人员加入工会组织，在新农村新型社区建立工会组织10家。

三、活动过程中发现和职工反映的主要问题

（一）国际国内经济形势给职工队伍稳定带来严峻挑战。调研走访发现，自去年四季度以来，尤其是今年第一季度，河南省部分企业受宏观经济影响，生产经营大幅下滑；一些行业虽然受市场影响不大，但受经济结构调整和职工就业观念转变的影响，职工就业的稳定性和结构性矛盾也十分突出，协调劳动关系、维护职工队伍稳定的紧迫性凸显。主要有以下四种类型：一是受国际经济形势影响严重的企业职工不稳定因素增加；二是经济结构调整对职工队伍的影响初步显现；三是生产经营正常的企业职工思想

状况发生新变化；四是改制企业遗留问题增加了不稳定因素。

（二）职工权益保护状况不容乐观。涉及职工权益保障和落实的问题依然存在。特别是部分企业一线职工收入偏低，行业之间、企业内部管理层和一线职工差距过大；进城务工人员、劳务派遣人员权益受侵害的现象较为普遍，同工不同酬、同工不同权的问题，在一些企业中表现得尤为突出；职工就业呈结构性矛盾，一方面一些企业招工难度加大，另一方面一些职工就业难；职工衣食住行等日常生活开支大幅度增长，职工食品安全普遍担忧；职工子女入托上学成本高，特别是进城务工人员子女上学、入校费用高；商品房房价高位徘徊，廉租房、安居房、经适房等供应量不能满足普通职工需求；看病难、看病贵问题依然没有根本解决，职工因大病致困不时出现。

（三）基层工会组织建设有待加强。经过多年努力，基层工会特别是企业工会“两个普遍”成效显著，但目前仍面临着基层工会组织边缘化、工会工作“空心化”、工会干部兼职化，乡镇街道工会定位不清，非公企业工会基础薄弱，作用发挥不理想等问题。要高度重视基层工会组织建设，建议在重视量的基础上，注重质的提高，坚决解决非公企业空壳工会和一纸工会的问题。

▶河南省总召开机关全体干部大会，全面启动“组织万名干部、深入千家企业、办好十件实事、服务千万职工”活动。

（四）服务职工活动与职工群众的期盼还有一定差距。在服务职工活动中，还存在着个别工会干部或基层工会组织工作作风不够深入扎实、主动性和创新性不强，有的基层工会做表面文章，为职工办实事、解难事、做好事不够等。在调研中发现职工心中有“十盼”，即：盼工资收入能有较大增长，盼技能得到进一步提高，盼企业能够持续发展，盼物价能够稳定，盼子女能够顺利入托上学；盼看病不再贵不再难，盼房价不再高，盼社会保障能正常享有，盼工会组织更有作为，盼党和政府在保障和改善民生上给以更多信心。

（五）服务职工的长效机制有待进一步完善。尽管各级工会在服务职工方面做了大量工作，也取得了较好的成效。但在建立服务职工长效机制方面仍有待于进一步改进和完善。如我们经常在强调推进工会工作的制度化、规范化、经常化，但仍存在一些制度未建立或不落实、一些规定、措施刚性不强、规范性不足、经常性不够等问题。

四、关于建立服务职工长效机制的思考和建议

（一）建立服务职工长效机制，必须加强服务职工的制度化建设。一是联系基层制度。要注意选择问题多、困难大、矛盾集中，具有代表性的企业作为工会干部联系

点，经常开展“蹲点调研”，“菜单式点题”、“全程式联挂”等形式，了解情况，解剖麻雀。二是走访调研制度。把集中走访调研制度化，经常问需于职工，问计于基层。三是职工来信来访回访制度。规范接待职工来信来访的工作程序，积极稳妥地处理职工来信来访诉求，对职工群众提出的意见诉求耐心解答，主动反映，积极沟通，尤其是要建立回访制度。四是服务职工网络平台沟通制度。要充分利用互联网这一沟通平台，利用博客、微博等新媒体，进行宣传教育、舆情分析、民意调查与交流等，做好服务职工工作。五是督导检查考核评议制度。加强对服务职工工作及其成效的督导检查，着力推动服务职工行动的常态化、长期化、长效化。

（二）建立服务职工长效机制，必须调动各方力量齐抓共管形成合力。一是融入中心，主动争取党的领导。要强化融入意识，把服务职工放到党政工作的大格局中来认识，放到社会发展主流机制中去把握，寻求与各级党政和企事业单位工作的共识点、结合点、着力点，以求得政策上的支持、法律上的保障和工作上的配合，形成服务职工的合力。二是整合资源，努力寻求政府支持。要积极参与推动涉及职工利益的法规政策的出台，并监督其落实，加强与政府及有关部门的联系，做好与政府部门的政策对接，充分利用其各种资源和手段，尽可能地解决工会组织服务职工“力不从心”的问题。三是打造品牌，积极动员社会力量。要把社会营销的理念引入工会工作，扩大宣传，精心谋划，积极打造工作品牌。四是创新机制，使普惠职工长效化。对于调研中发现的涉及职工利益带有普遍性的问题，要注重总结经验，着力从长效机制上考虑，从法律、法规、政策、制度、机制等层面提出意见建议，推动从长远和普惠角度解决职工群众关注的问题。

（三）建立服务职工长效机制，必须与促进工会工作形成有机的统一。服务职工是“神”，工会工作是“形”，服务职工只有与工会工作相结合，才能实现“神”和“形”的统一，做到形神兼备。因此，建立服务职工长效机制，必须把服务职工行动与工会工作有机结合起来，以活动的开展促工会重点工作的落实，以工会重点工作的成效检验服务行动的成果。要充分利用工会干部走基层、大调研的有利时机，帮助基层工会谋划工作思路，研究对策措施，提升能力素质，切实解决工会工作在推进过程中的难点和瓶颈。也只有这样，服务职工活动才能做到持续推进，富有成效。

湖北省总工会服务职工活动总结报告

今年以来，湖北省总工会积极响应全总号召，总结去年工会“三万”活动经验，结合实际，创新载体，以“万名工会干部访万组送万箱”活动为抓手，在全省工会扎实开展新一轮“三万”活动，集中为职工群众服务，赢得了党委政府的高度认可和职工群众的衷心拥护。湖北省工会服务职工活动已成为我省工会做好职工群众工作的响亮品牌。在活动中，湖北电力公司工会建设“血防安全岛”维护职工健康权益、江汉油田创办职工创新工作室、湖北能源集团服务职工“110”等鲜活经验，得到兆国主席、玉普主席等领导的肯定。7 月 30 日，省委副书记、省总主席张昌尔在全总十五届十三次主席团会上作经验介绍。

一、基本做法

（一）坚持把加强组织领导贯穿始终。全总执委会后，省总工会第一时间向省委汇报全总执委会和全国工会服务职工活动视频会议精神，提出了“万名工会干部访万组送万箱”活动等，得到省委领导的肯定。省委副书记、省总工会主席张昌尔听取了省总工会的专题汇报，要求省总工会结合全省正在开展的“喜迎十八大、争创新业绩”活动，结合省直机关正在开展“抓环境、抓作风、抓落实、促跨越”活动，加强领导、精心组织，切实把工会服务职工活动落实到基层，落实到企业和职工群众中去。随后在省总工会十一届五次全委会期间召开全省工会服务职工“三万”活动部署会议，提出了“五个在一线”的工作要求，明确了“五大行动”的工作内容。张昌尔同志亲自到武汉经济技术开发区，深入企业车间班组，了解班组建设情况，赠送“关爱箱”。省内各大新闻媒体及时作出宣传报道，营造了宣传声势。各级工会积极响应，认真制定活动方案，及时进行动员部署。市、县两级地方工会都成立了相应的领导小组和工作专班，形成了主要负责人亲自抓、班子成员分工抓、机关部门包片抓、工会干部全员参与的工作格局。

（二）坚持把加强学习宣传贯穿始终。各级工会坚持将“三万”活动与学习宣传实践中国特色社会主义工会发展道路相结合，切实在主线中体现主题、在主题中贯穿主线。全省工会先后召开了一系列动员部署会议，在工会干部和广大职工中掀起学习宣传工会发展道路的热潮。在服务职工“三万”活动中，领导小组办公室及时编印活动简报，在工会网和内部办公平台上开设服务职工活动专栏，向《湖北日报》、湖北电视台等主流媒体推荐工会服务职工活动典型，向全会和社会各界宣传报道活动的最新进展和成效。《人民日报》等主流媒体刊登了我省开展服务职工“三万”活动情况报道。湖北省首位公选执业律师兼职县级总工会副主席、湖北五一劳动奖章获得者赵玉同志，在办案过程中突发脑溢血，抢救无效死亡，年仅 46 岁。赵玉为职工群众维权的事迹经《湖北日报》、《楚天金报》等新闻媒体报道后，产生了强烈社会反响。

▶湖北省委副书记、省总工会主席张昌尔深入企业一线车间赠送“职工关爱箱”。

（三）坚持把突出实践特色贯穿始终。在去年全省工会开展“万名干部进万家企业、访万名职工、解万家困难”的基础上，进一步延伸服务对象和范围，明确把“万名工会干部访万组送万箱”活动主题确定为“强基础、增活力、转作风、办实事”，要求全省工会在以“三万”活动中大力实施基层企业大走访、班组长大培训、劳动争议大调解、困难职工大帮扶、“两个普遍”大推进等“五大行动”，深入推进服务职工活动，努力形成服务职工的强大声势。全省各级工会结合各自实际，创新载体，丰富内容，使这次服务职工“三万”活动的实践特色体现得比较明显。荆州市总工会以“下千家企业、交千名工友、办千件实事、解千件难事”为目标，广泛开展“下交办解”活动。十堰市总工会把“三万”活动命名为“春雨行动”，动员1055名工会干部每月捐出一日工资，一对一帮扶困难职工。

（四）坚持把竭诚服务职工贯穿始终。各级工会坚持领导带头、全员参与，采取座谈、访谈、走访、慰问、办实事等方式，加强与一线职工的交流，加强对基层工会的指导。全省工会先后投入资金、物资共计4493万元，为职工办实事11180件，慰问帮扶困难职工和困难劳模8700多人。省总机关17个工作组深入17个市州包片开展“三万”活动，走访374个企业班组。省总、宜昌市总深入资源枯竭型独立矿区松宜矿务局调查研究，积极向全总申请向松宜煤矿拨付30万元的专项帮扶资金，用于帮扶困难职工解决生活困难。各级工会把送温暖、送岗位、送资金、送技能、送文化、送法律、送政策、送关怀等融入走访活动中。省总工会工友艺术团开展的“月月送文化下基层”活动，受到企业和职工的普遍欢迎。荆州、襄阳、宜昌等地方工会组织的400多名月嫂进京全部成功签约。丹江口市总工会把走访的对象向外出务工人员拓展，专程赴山东省蓬莱市大柳行镇慰问在此务工的2000多名丹江籍农民工。

（五）坚持把搞好调研指导贯穿始终。省市县三级工会成立1231个工作组，1.3万多名工会干部深入走访1.4万多家企业、2.7万个班组，共召开座谈会1962场次，与21722名一线职工、企业经营者和基层工会干部面对面交流，个案访谈1.2万多人。仅省总工会就开展了中小企业发展环境问题、职工队伍稳定状况、企业文化建设等15个课题的调查研究。近期，我们将召开服务职工“三万”活动总结表彰大会，全面总结今年全省工会活动开展情况，安排部署进一步加强和改进职工群众工作，并表彰一批先进单位和个人，对于表现突出的5家单位和10名个人将授予全省“五一”劳动奖状或奖章。

二、主要成效

（一）最鲜亮的看点是激活班组促发展。省市县三级总工会出资1800多万元向基层企业班组赠送“关爱箱”2.9万个，并采取现场培训、送教上门和集中培训等多种方式，对企业班组长进行了形势政策、安全生产、劳动保护和社会保障相关法律法规等方面的培训。活动开展以来，全省工会共举办培训班831期次，集中培训工会小组长（班组长）16572人次。襄阳市总工会认真总结班组建设经验，联合市经信委、市工商联等部门出台了《襄阳市关于加强非公企业班组建设工作的意见》，并选择10家非公企业作为市总班组建设工作的联系点，表彰命名“五型”先进班组50个，同时授予工人先锋号称号。

（二）最直接的效果是重点工作大推进。全省工会开展建会建制百日攻坚行动，实现“两个普遍”大推进，上半年新增企业工会2.3万家，全省签订工资专项集体合同5万份，覆盖企业10.3万家。武汉市继去年突破餐饮行业工资协商建制难点之后，今年4月武汉市经济技术开发区又签订了全国首份国家级开发区工资专项集体合同。根据合同，该开发区内用人单位2012年最低工资标准为每月1300元，高出中心城区200元。全省工会把维权维稳作为“三万”活动的一项重要内容，先后排查劳动关系隐患4161件，化解劳动争议纠纷2233起，帮助权益受损职工追回经济补偿4200万元。其中，调处个案234起，为权益受损职工讨回经济补偿700多万元。各级工会积极参与和加强社会管理创新，宜昌市总工会为城区112个社区1110名工会网格员每人配备一台笔记本电脑、一辆自行车、一套工作服，并建立全市工会基础信息系统，融入全市综合服务系统，实现“组织全覆盖、信息全掌握、矛盾全化解、困难全帮扶”。

（三）最有效的举措是重心下移强基层。省总工会大力实施“11351”工程，拿出1000万元支持“两区”（湖北省经济社会发展较为落后的武陵山生态发展试验区和大别山革命老区）和10个县级工会率先实现“四位一体”帮扶中心向“职工服务中心”转型升级。省总工会坚持“心往基层想、人往基层走、钱往基层用”，提高了对基层工会的补助标准，每年对乡镇（街道）、开发区、农场工会补助经费3000万元。针对8月份襄阳、十堰两市遭到暴雨袭击，部分企业和职工群众受损严重，省总立即拨出200万元专项资金，援助两市抗灾自救和灾后重建。近期，省总结合走访活动掌握的情况，深入各市州和重点企业巡回现场办公，拿出5000万元，帮助各地各单位解决突出困难。

（四）最明显的变化是锤炼干部转作风。省总工会对机关派出的工作组提出了走访百家中小企业、调研百个基层班组、访谈百名一线职工、慰问百户困难职工、撰写百天工作日志的“五个一百”硬性规定。省总机关干部认真落实参加基层义务劳动、调查研究、联系困难企业和困难职工等制度，为基层工会和工会干部作出表率。咸宁市总要求市县工会机关干部每年深入所联系的企业义务当工人不少于一星期。全省工会干部把参与这次活动作为接受党性教育、实践教育和群众教育的“大课堂”，努力在深入基层中接地气、转作风，在联系职工中动真情、增感情，在参与活动中长见识、强本领，在工作实践中受磨炼、展作为。许多工会干部撰写走访日记，真实记录了心路历程。有的走访日记在《人民日报》、《工人日报》、《湖北日报》、全总活动简报上刊载。很多工会干部深有感触地说，尽管集中下基层是“一阵子”，但个人受益是“一辈子”。广大工会干部接地气、增感情，转作风、强能力，涌现了一批先进典型，服务职工活动成为工会干部的体验之旅、求知之旅、成长之旅、建功之旅，工会干部用实际行动对“面对面”、“心贴心”、“实打实”作出了生动诠释。

▶湖北省总工会党组书记、常务副主席黄国庆走访慰问困难职工。

（五）最重要的标志是长效机制树品牌。省总及时建立做好新形势下职工群众工作的六项机制，推动服务职工活动长期坚持、常态开展。全省工会服务职工“三万”活动既受到基层广泛好评，也得到各级党政领导的充分肯定。一些企业负责人对工会的同志说，小小“关爱箱”，架起“连心桥”，通过赠送“关爱箱”，你们进了门、认了人、连了心。很多基层班组工人说，工会给我们送的“关爱箱”是“百宝箱”，我们对工会的认识更高了，与工会的距离更近了。咸宁工会干部走进某制衣厂一线车间时，正遇到1名职工操作不慎受了轻伤，工会干部当场打开“关爱箱”，为该职工作了紧急处理。企业负责人不无感慨地说，“这可真是雪中送炭啊”。

三、几点建议

（一）工会服务职工活动有待深化。只有深入基层才能了解职工群众，只有带着感情才能沟通职工群众，只有解决问题才能赢得职工群众。做好职工群众工作必须做到动真情、办实事、求实效，切实克服群众工作形式化、表面化、简单化。当前，工会服务职工活动还存在整体推进不平衡，有的认识不高、行动相对滞后，有些办法不多、成效还不明显等问题。下一步，要克服松劲情绪、防止虎头蛇尾，着力在深化思想认识、及时查漏补缺、深入推进实施上加力度，在总结典型经验、转化运用成果、建立长效机制上下功夫，进一步把工会服务职工活动引向深入。建议，全总把工会干部深入基层、服务职工作为一项长效机制，每年确定一个主题，集中一段时间，广泛开展服务职工群众活动，使之成为工会组织在新形势下做群众工作的品牌工作和精品工程。

（二）企业基层班组建设有待加强。在新形势下，工会组织要大力实施工会小组长（班组长）培训行动，着力提升工会小组长（班组长）的政策水平和能力素质，全面提高班组内部管理水平，为加强班组建设、推动基层工作提供组织保障。同时，要大力指导班组围绕企业生产经营中心和职工精神文化需求，积极开展形式多样、健康向上的工会小组活动和建设“职工小家”活动，不断增强基层工会小组的工作活力，努力提升基层班组的凝聚力和战斗力，为促进企业发展、保障职工权益打下坚实基础、提供有力支撑。

（三）中小企业发展问题值得关注。湖北省有各类企业 24 万家，其中，99% 以上为中小企业，80% 的职工在中小企业工作。这次“三万”活动中调查发现，中小企业融资难、用电难、用地难、税费重、招工难、留人难等问题比较突出，既对企业发展带来影响，又对职工权益保障产生影响。中小企业是职工就业的主渠道，这些企业的发展事关职工权益落实，事关职工队伍和社会稳定。因此，工会有责任利用各种渠道，积极向党委政府反映中小企业发展的困难和问题，积极推动中小企业发展政策落到实处，促进中小企业发展环境不断优化。

（四）职工权益实现状况不容乐观。去年湖北省“三万”活动重点调研了职工生产生活状况，今年“三万”走访调研发现，涉及职工权益保障和落实的问题依然存在。特别是部分企业一线职工工作收入偏低的问题，农民工在工资分配、社会保障、职业培训等方面与城镇职工“不同权”的问题，劳务派遣工与正式工同工不同酬、同工不同权的问题，在一些地方和行业、企业中表现的尤为突出。低收入职工群体、因病致困职工群体的生活状况成为一个社会问题。工会要切实把困难职工、下岗失业人员、农民工、劳务派遣工作为重点对象，坚持标本兼治，对上强化源头参与，推动健全有关法律法规，对下加大维权帮扶力度，想方设法地为职工提供就业帮助、生活救助、医疗互助、法律援助和子女助学等服务，排查影响职工权益实现与职工队伍稳定的因素。

（五）基层工会组织建设亟待加强。基层工会组织边缘化、工会工作“空心化”、工会干部兼职化的问题在一些地方和企业还比较突出，非公企业工会基础薄弱，作用发挥不理想，甚至存在“有工会组织，但职工和会员不知道建立了工会；有工会主席，但职工和会员不知道工会主席是谁”的情况。所以，需要高度重视基层工会建设，把加强工会基层建设当做全会的重点工程来抓，大力开展“双亮”活动，创新“双亮”工作载体，拓展“双亮”工作内容，建立健全各项工作制度和民主制度，着力夯实基层工会尤其是非公企业工会工作基础，增强基层活力和战斗力，努力使工会基层组织网络覆盖全体职工，使工会各项工作和活动影响全体职工。

湖南省总工会服务职工活动总结报告

全总部署“面对面、心贴心、实打实服务职工在基层”活动后，河南省各级工会高度重视，积极响应，采取有力措施推进。目前，各级工会在服务职工活动中呈现出奋勇当先、创先争优，相互赶超的良好态势。

一、服务职工活动的基本情况

湖南省工会组织将服务活动作为今年重点工作来抓，把开展服务职工活动作为贯彻落实党中央关于做好新形势下群众工作的重要举措，学习宣传实践中国特色社会主义工会发展道路的重要途径，落实“三个贴近”和转变干部作风的根本要求。截至8月1日，全省各级地方工会组织已走访企业11379家、慰问劳模5039名，看望困难职工48178名，召开座谈会6526场，访谈职工88623人，发放调查问卷289542份，形成了调研报告230余份。全省工会组织送达慰问劳模资金近500万元、困难职工帮扶资金1867万元，资助企业困难帮扶中心资金1300余万元，为职工群众解决6800个实际问题。

（一）加强组织领导，精心谋划部署。全总部署服务职工活动后，省总工会将服务职工活动作为一项全局性的工作来抓，多次召开党组会、常委会进行专题研究，成立了以党组书记任组长，党组成员任副组长，各产业工会负责人和机关各部门负责人为成员的领导小组。全省各级工会组织也成立了相应的领导机构。我们积极向省委、省政府汇报服务职工活动情况，得到了省委、省政府的高度重视和大力支持，省委书记周强要求全省各级工会充分发挥组织、引导、服务职工和维护职工合法权益等作用，省长徐守盛亲自研究事关职工根本利益的重大问题，省委副书记梅克保要求各级党委政府、职能部门、社会各界大力支持服务职工活动开展，把服务职工活动作为推动“四化两型”和建设“四个湖南”的重要举措。大多数市州和县市区工会积极争取党政主要领导在服务职工活动中主动担任顾问，开展走访调研，出面协调解决问题。郴州市委书记向力力率队到工会调研了解服务职工活动情况，娄底市委书记龚武生多次听取服务职工活动情况汇报。全省各级工会抽调了近万名工会干部参加服务活动。省总工会对服务职工活动的服务对象、重点领域和开展形式进行认真研究，对活动载体、工作机制、工作步骤、推进阶段进行了精心谋划，下发了活动实施意见、实施方案、阶段性指导意见等；各级工会努力争取党政重视，整合各种资源，结合当地实际，精心谋划主题突出的服务职工活动。全省工会形成了省、市、县、乡镇和企业工会四级联动的服务职工活动大格局。

（二）建立工作机制，有力有序推进。一是建立运行机制。省总在活动中，建立了组织全省工会开展服务活动的综合协调、调研、宣传、督察的工作机构；建立了省、市、县、乡四级服务联络体系；建立服务小组每月例会议事制度。各级工会组织结合自身实际都建立了调度机制。二是建立督导机制。省总加强了对市州、产业工会开展服务职工活动的指导，对每个阶段的工作任务、服务重点、活动要求都提出了明确意见，实

▶湖南省人大常委会副主任、省总工会主席刘莲玉到江麓机电集团公司调研。

行每月一小结，每季一次调度，半年一督察。省总每个党组成员负责指导督促2个市州和3个产业服务职工活动的开展。省人大常委会副主任，省总工会主席刘莲玉多次深入市州、产业听取服务职工情况汇报，指导服务活动开展；省总工会党组书记、副主席肖刚强带头深入企业开展服务职工活动，督促指导市州、产业开展服务活动。各市州、县市区工会也都加强了对服务职工活动的指导。三是建立激励机制。将服务职工活动作为工会工作创先争优、年度考核、工会主席述职的重要内容，加强分类指导、考核检查，通过宣传推介、表彰奖励等激励方式推动活动深入开展。

（三）创新工作载体，丰富活动形式。围绕“四级（省、市、县、乡）工会联企业、万名干部下基层”主题活动，在走访调研阶段开展了以“四联四送四个一批”（工会干部联系企业、劳动模范、一线职工和困难职工，送政策、送文化、送培训、送援助，交一批一线职工朋友、为职工办一批实事、为企业解决一批难题、形成一批调研成果）和“三联四帮五促进”（工会干部联困难职工、劳动模范、技术标兵；帮职工维权、职工解困、职工学习、职工科研；促和谐劳动关系构建、职工合法权益维护，职工素质提升，企业发展壮大，工会干部作风转变）活动。在服务活动中还开展“双亮双比双创”等活动，丰富活动内涵。各市州工会也结合实际，建立了服务载体，湘潭市开展了“个十百千万”系列活动，衡阳市从2月下旬至5月底，组织开展“百日千企万户”大走访活动等。

（四）强化舆论宣传，营造浓厚氛围。一是拓宽工会宣传渠道。实行专人负责、专栏宣传、专题报道、专项部署，省总成立了宣传报道组，办公室已编发简报41期，在《湖南工人报》已开辟32期专栏，在湖南工会网建立全天候专题报道，编印了1000本服务职工记录本，16000本职工权益手册，由全省工会“四位一体”服务职工工作队进园区、进企业、进车间、进职工家庭深入宣传。二是依托主流媒体宣传阵地。充分利用人民网、新华网、华声在线、《湖南日报》和各市州主流媒体阵地进行广泛宣传。服务活动以来，通过纸质或网络主流媒体，在国家级的媒体上宣传37篇，在省级媒体上宣传113篇，在市级媒体上宣传176篇。三是通过其他渠道进行宣传。通过党政工作会议，职工群众活动，企业宣传资料等多种形式扩大服务职工活动影响，营造“喜迎十八大，服务好职工”的浓厚氛围。

（五）注重抓好结合，深化服务活动。一是与学习宣传实践中国特色社会主义工会发展道路有机结合。在服务活动中通过邀请专家授课、媒体宣传、巡回宣讲、举办研修班等方式，有效地运用中国特色社会主义工会发展道路理论指导工会工作实践，解决工会工作难题，促进工会工作创新发展。二是与创先争优和省委作风建设主题活动有机结合。主动将服务职工活动融入省委创先争优和“转变作风走基层、倾听民生解难题”作风建设主题活动之中，既紧密结合又主题突出。三是与深入开展学雷锋活动相结合。省总部署开展“争当雷锋传人，弘扬伟大品格”活动，各级工会立足实际，广泛开展争创“雷锋号”示范岗、学雷锋职工志愿服务、关爱服务农民工、职工职业道德建设等活动。四是与调查研究有机结合。省总安排专项经费20万元，开展了中央和省、市属国企改制遗留问题和职工权益维护情况、十万农民工权益维护情况、县以上工人文化宫等职工文化场所建设状况和全省劳动关系状况大调研活动，并在调研中将掌握第一手资料和发现的问题及时向省政府反映，得到省政府高度重视。

（六）取得明显成效，受到广泛欢迎。一是帮扶关爱了一批困难职工。省总在活动中深入开展慰问劳模，帮扶困难职工、资助困难企业帮扶中心活动，开展服务活动以来，各级工会送达慰问资金3000余万元。省总在广泛慰问的同时还筹集100万元，开展了女职工“关爱行动月”系列活动。郴州市总工会帮助郴州有色金属产业园、黄沙坪矿业有限公司等园区和企业协调解决了多年来未开通城市公交车的难题；株洲市总工会着力解决职工子女入园难；省国防工会解决了困扰200多名退休职工十多年医疗保险异地报销难题。二是解决了一批事关职工长远利益的问题。为解决事关职工长远利益的职工文化建设、困难职工帮扶、农民工“三融入”和国有困难企业和改革后国有企业职工的社会保障和医疗保险等问题，省总工会组织4个专题调研组，历时3个月，访谈职工3万余名，召开座谈会200多场次，向省政府提交专题调研报告。5月14日，徐守盛省长主持召开了省政府与省总工会联席会议，就加快推进市州国企改革和省属国企改革扫尾工作、加大困难职工帮扶专项资金财政配套力度和落实帮扶中心机构编制、支持工人文化宫等职工文化设施建设等问题进行了研究。中央政治局委员、全国人大常委会副委员长、中华全国总工会主席王兆国作出重要批示，给予充分肯定。省总还针对基层工会经费不足的困难，进一步加大对基层工会经费倾斜力度。衡阳市将职工反映的各类问题整理分类，列出事关职工根本和长远利益的10件大事，通过党政工会议进行研究解决；郴州市总工会牵头解决黄沙坪矿业有限公司等11家企业多年来未开通城市公交车的难题；常德市总工会探索职工大病互助保险，解决了企业职工看病难看病贵问题。三是推动企业发展，助推“四化两型”建设。省总大力开展“当好主力军，建功十二五”主题活动，依托“双联”载体，开展项目化帮扶，着力为中小型企业解决招工难、融资难的困境。邵阳市总工会深入开展“共谋发展，共享未来”主题活动，号召广大职工为企业献计献策，从“企业发展大家谈”提升为“企业发展大家干”。株洲市总工会为526家企业组织10场招聘会，发放宣传资料15000份，为企业招聘员工18316人。各级工会将服务职工活动和开展劳动竞赛有机结合，全省参加劳动竞赛的企事业单位达48361个，参赛职工达470万人；非公企业24650个，参赛职工173万人。半年来，引导广大职工提出合理化建议23.46万件，实施技术革新23412项，发明创造6460项，总结推广先进操作法4060项，获专利342项。四是推进“两个普遍”深入开展。截至6月份，全省新组建工会组织5715个，涵盖法人单位10275个，其中有9768个企业新建了工会；新发展企业职工会员22.4万人。全省已选聘职业化工会干部764人。举办了《湖南省企业工资集体协商条例》学习培训班，开展了工资集体协商“春季要约行动”。五是推进了维权帮扶工作。加强立法政策参与，就《劳动合同法》修改和医疗卫生体制改革，广泛征求职工群众意见，及时向全国人大常委会和有关部门反映，从源头上维护职工合法权益。部署了9大帮扶项目；着力加强帮扶中心规范化建设。六是加强了工会自身建设。以创先争优精神为指导，不断转变作风，提升工作能力，加强领导班子建设，强化勤政廉政意识，加强工会自身建设。

二、职工群众反映的突出问题

（一）职工群众反映的困难和问题。一是购房难，普遍反映住房价格过高，以现有的工资收入水平买不起房。二是子女就学难，教育资源分配不均，职工群众子女难以实现良好的就学意愿，困难职工特别是进城务工人员的子女入幼儿园难，入小学更难。三是劳动条件差，一些煤炭、冶金、化工等企业，特别是小企业，劳动强度大、工作条件差，劳动环境和劳动防护有待改善和加强。四是社会保障不到位，部分企业未能为职工足额缴纳“五险一金”，特别是国有破产、停产企业社会保障没有着落，少数非公小型企业尚不能主动为职工缴纳相应的社会保险。五是职工文化生活不丰富，职工文化活动开展少，活动场所缺失或设备陈旧落后，难以满足职工日益增长的文化生活需要。六是民主政治权利得不到保障。各级党代表、人大代表、政协委员中一线职工代表、委员的比例低，话语权受到限制，难以在国家事务中发挥作用。

（二）企业反映的困难和问题。一是市场低迷。经济发展增速放缓，出口受到影响，内需不足，产品库存积压。二是招工融资难。许多企业出现招工难，中小微型企业在银信部门贷款难，社会融资难，税赋较重。三是成本上升，利润下降。企业普遍反映劳动力成本、生产成本上升，企业利润下降。

▶湖南省总工会党组书记、副主席肖刚强在怀化市金丰纺织公司慰问困难职工。

（三）基层工会反映的困难和问题。一是专职工作人员缺乏，非公企业特别是中小型非公企业大多没有专职工作人员，存在无人干事的现象。二是工作经费难保障。部分企业特别是非公企业未能按法律规定比例足额拨付工会经费，存在无钱办事的现象。三是工会机构不健全，办公活动场所不够。有的无工会标牌、无办公场所，职工找不到工会。四是作用难发挥。受社会职能、体制机制和人员、经费制约，基层工会的作用难以充分发挥。

三、在服务职工活动取得基本经验和建立健全工会服务职工长效机制的建议

（一）建立密切联系职工的工作机制。建立健全调查研究制度，确保工会干部每年有一定的时间深入基层开展调查研究，掌握第一手材料，分析新情况新问题，提出加强和改进工作的对策建议。建立健全工会干部联系职工制度，完善工会干部联系点、职工接待日、职工联络热线等制度，畅通工会干部密切联系职工的渠道，保持与职工群众的经常性联系。建立健全维权帮扶职工制度，让职工群众切身感受到工会是有作为、能解决实际困难的组织。

（二）建立服务职工的良好工作环境。积极将服务职工活动融入经济社会发展全局和党政工作大局之中，大力争取党委政府和职能部门的重视、支持和配合，努力形成“党委领导、政府关心、社会支持、职工拥护”的工会工作良好环境，有效发挥工会维护、建设、参与、教育的职能作用。

（三）建立有效解决问题的政府和工会联席会议制度。争取党政支持，形成定期研究解决职工困难和问题的政府工会联席会议制度，及时解决职工反映的问题，使服务职工活动取得实效。

（四）建立健全激励与约束机制。通过建立健全责任制、督办制、奖惩制等有关制度，强化各级工会组织和工会领导干部服务职工的责任意识；通过加强工会干部的教育培训，不断提高各级工会和工会干部做好职工群众工作的能力和水平。

广东省总工会服务职工活动总结报告

今年以来，广东省总工会全面贯彻落实省委和全总的部署，深入实施“四个一万”工程（组织万名工会干部下基层进企业，组建万名工资集体协商指导员队伍指导工资集体协商，组织万名劳资矛盾调解员队伍参与调解劳资矛盾，建立万名网络宣传员队伍形成微博群引导网络舆情），开展“面对面、心贴心、实打实服务职工在基层”活动，取得了较好效果。据不完全统计，到目前为止，全省有1.7万多名工会干部深入到5.1万家企业调研，投入资金2.23亿元（其中省总投入5940多万元），为企业排忧为职工解难。

一、坚持“五个紧密结合”，全面开展“四个一万”工程

（一）把开展“四个一万”工程与深入基层调研紧密结合。省总领导带头深入基层，深入职工。省人大常委会副主任、省总工会主席邓维龙同志和省总工会常务副主席陈宗文同志多次到广州、深圳等地深入企业、车间、班组调查研究，了解企业经营状况，倾听职工心声，指导基层工会开展工作。省总工会班子成员每人挂钩两个地级以上市总工会、联系一家企业和一户困难职工，省总工会机关每个部门挂钩一个市，每个副处以上干部联系一家企业，科级以下干部跟随处级领导挂点联系，与当地市总工会干部一起进企业访职工，开展面对面调研和服务。

（二）把开展“四个一万”工程与推动工会重点工作紧密结合。第一，推广理光经验，切实加强企业工会建设。4月19日，中共中央政治局委员、省委书记汪洋同志在理光公司调研时指出，省总工会要认真总结理光公司工会经验，积极在全省推广，使广东省工会组织能够在不断规范的市场经济条件下，为构建和谐劳动关系，为维护投资者和劳动者的合法权益，打造一个重要的桥梁纽带，创造互利共赢的格局。5月24日，省总在深圳召开全省企业工会建设现场会，将理光公司工会的经验概括为工会委员会选举民主化、工会工作制度规范化、工会维权科学化、工会活动人本化、职工自我管理常态化在全省企业工会推广，并要求各地在加强企业工会建设中努力做到“六个坚持”：一是坚持充分尊重职工的意愿，努力赢得职工群众的信任和拥护；二是坚持依法依规开展工会工作，努力提高工会工作的规范化水平；三是坚持“促进企业发展、维护职工权益”的企业工会工作原则，努力实现劳资双赢；四是坚持主动依法科学维权的中国特色社会主义工会维权观，努力构建和谐劳动关系；五是坚持发挥工会“大学校”作用，提升职工队伍整体素质；六是坚持发挥工会密切联系职工群众的优势，努力在加强和创新社会管理中发挥作用。各地在加强企业工会建设中，也结合实际，探索出许多好的做法。广州市总工会努力依靠法制化手段规范企业工会民主选举和候选人的产生，在防止企业工会主席角色冲突上下功夫。第二，通过加强工资集体协商指导员队伍建设，积极推进“两个普遍”。进一步落实广东省工会组建三年规

划，召开了广东省工会组建暨农民工劳务派遣工入会工作现场会，着重抓好非公企业组建工会和异地务工人员、劳务派遣工的入会工作。制定《广东省工会加强镇村工会组织建设的实施意见》和《广东省总工会关于“工会组织亮牌子、工会主席亮身份”工程，加强企业工会规范化建设的实施意见》。继续加大聘请热爱社会工作、熟悉政策法规的工会干部充实到行业性、区域性工联会。积极推动《工资集体协商条例》出台，大力推进区域性、行业性工资集体协商，加强工资集体协商指导员队伍的培训。

（三）把开展“四个一万”工程与服务职工解难题紧密结合。省总工会大力推进在各地职工服务中心、职工帮扶中心和社区、工业园区建设“心灵驿站”，给广大职工特别是新生代产业工人、异地务工人员提供心理服务。目前全省首家“心灵驿站”建设示范点——东莞市虎门镇“幸福虎门·心灵驿站”职工活动中心已经落成挂牌。广州市总工会探索通过银行直接发放困难职工季度救助金的有效措施，并逐步实现所有帮扶资金通过银行直接发放到个人，免除繁琐的签收手续；推出非因工伤病残互助保障计划，在促进多层次的医疗保障事业的发展、扶危救助、为职工抵御疾病风险方面发挥了很好的作用；建立首家引入专业社工机构管理、运作，集工会组建、帮扶、维权以及开展活动于一体的一站式服务机构——工会异地务工人员活动中心凤阳站，为异地务工人员提供全方位的免费服务。

▶广东省人大常委会副主任、省总工会主席邓维龙深入潮州市创佳集团公司食堂与职工亲切交谈。

（四）把开展“四个一万”工程与维护职工队伍和社会稳定紧密结合。一是通过加强劳资矛盾调解员队伍建设，积极化解劳资矛盾。全省各级工会积极建设劳资矛盾调解员队伍，努力构建和谐劳动关系。佛山市总工会统一挂牌成立了市、区、镇（街道、工业园区）三级共 45 家外来员工维权服务中心，着重在组织入会、维权帮扶、人文关怀等方面为外来工群体提供全方位的服务。惠州市总工会设立了工会劳动争议调解室，形成联调合力，增强调解权威性。东莞市开通“工会法律服务直通车”，安排律师团成员值班，为职工法律咨询和纠纷调解提供专业法律意见。清远市总工会组织了 345 名调解员深入企业了解情况，帮助职工解答疑难，引导职工理性合法表达诉求。二是通过加强工会网络宣传员队伍建设，积极营造良好的舆论环境。各级工会充分利用网络媒体资源，及时了解职工诉求，收集职工心声，搭建工会与职工互动的网络平台，扩大工会影响。肇庆市总工会开通的“肇庆工人”微博，已发表广播 2100 多条，听众超过 37.8 万人，充分发挥了微博在舆情宣传、职工教育和职工群众交流、沟通等方面的作用。汕头、佛山、云浮等市总工会均已开通工会官方微博，一些地方工会还同时开通市总、区（县）总工会主要领导个人微博。深圳市总工会建立千人以上企业工会网络舆情引导员队伍，并邀请深圳市建设和谐劳动关系专家咨询委员会的专家与深圳市集体协商律师团的成员加入工会网络舆情队伍。佛山市总工会广泛吸纳熟悉了解、热心服务职工队伍和工会工作的专家学者、劳模代表、工会特约律师等社会人士，组建了1200多人的工会网络舆情宣传员队伍。广州市总工会在建立工会网络舆情引导员队伍的基础上，设立了广州工会工作宣传员QQ群，制定相关奖惩办法对宣传员进行管理。

（五）把开展“四个一万”工程与拓展职工服务新平台紧密结合。一是拓展联系职工群众新平台。广州市总工会采取改版和完善网络平台服务、开设劳工大讲堂、推行“广州工会会员卡”、开办工会会员超市、建立社区工会工作站等措施积极开拓面向基层的服务项目，建立干部挂职制度，定期选派机关干部到社区工会工作站锻炼。二是拓展提高职工素质新平台。深圳市总工会在原有工作的基础上，从今年开始加大力度，每年投入工会经费6500多万元，以“大培训、大提升”培养“新工人、新市民”。珠海市总工会充分发挥职工思想政治讲师团、心理疏导讲师团和工会法律顾问团作用，今年将为职工开展100多场讲座。三是拓展义工、社工服务新平台。省总工会牵头成立广东省职工服务类社会组织联合会，服务、团结、支持、联系职工服务类社会组织、机构以及专业人士开展面向职工的各种公益性服务和活动，维护职工合法权益，促进劳动关系和谐。四是拓展职工（会员）代表常态化履职新平台。云浮市总工会设立五级“一中心一室”，把工会各项业务集中在职工服务中心和职工（会员）代表工作室，全天候全方位为职工群众和会员服务。

二、初步的效果

（一）进一步了解职工的生产生活和思想状况。各级工会领导带队深入基层工会开展调研活动，了解企业的生产经营状况，采取积极措施推动企业经济发展；了解基层工会情况，帮助基层工会解决工作中遇到的困难和问题；了解和掌握广大职工群众的思想状况、工作状况、生活状况以及他们的合理诉求，帮助他们解决最关心最直接最现实的利益问题。活动实现了“四个在一线”：职工思想状况在一线掌握、工会维权帮扶在一线开展、构建和谐劳动关系在一线推进、密切联系职工群众在一线深入。

（二）重点工作实现了新突破。各级工会高度重视基层工会组织建设。目前，全省已有基层工会委员会20.34万个，其中企业工会委员会17.69万个，占82.9%；全省工会会员2261.43万人，其中企业工会会员1920.51万人，占84.92%。各地工会大力培训工资集体协商指导员队伍，到目前为止，全省已聘请工资集体协商指导员11000多人；全省已组建工会的大中型企业有70.5%建立了工资集体协商制度，86.8%的世界500强在粤企业建立了工资集体协商制度，年底世界500强在粤企业将基本建立工资集体协商制度。以非公有制企业为工作重点，在广州、深圳、佛山、顺德推进企业工会主席民主选举工作。目前实行直接选举工会主席的基层工会委员会有3000多家。5月27日，曾经在3月份发生过职工群体性事件的欧姆电子（深圳）有限公司在深圳市、龙岗区、坂田街道三级工会全程指导和协助下，召开工会会员代表大会，通过规范化的民主选举产生新一届企业工会委员会，在社会上产生了较大的影响。

（三）服务职工促进发展取得了新成效。各级工会组织广大职工开展“当好主力军、建功十二五”劳动竞赛，突出抓好省重点工程、42个行业和企业自主创新竞赛，动员广大职工为加快转型升级、建设幸福广东建功立业。配合省人保厅开展2012年“春风行动”，共向异地务工人员提供各类岗位信息近400万条（次），为200多万人（次）的异地务工人员提供政策咨询、职业指导、职业介绍等免费就业服务，有效促进了异地务工人员按需有序流动就业，缓解了部分企业生产经营用工紧缺问题。各地工会推进会员超市和社区服务站、社工站、“心灵驿站”，让广大职工切身体验到实惠。

（四）推进了帮扶体系网络化规范化。推动全省800个帮扶中心（站、点）逐步转型升级为职工服务中心。从组织建设、制度建设、场所设施建设、帮扶职能建设、档案建设等方面对县级以上工会帮扶中心实施规范化建设，今年年底将建成标志统一、场所便利、功能完备、人员稳定、档案齐全、资金落实，为职工提供一站式快捷便利综合服务窗口，提前一年完成全总提出的目标任务。省总拨付建设资金在全省5个异地务工人员较多的大型企业或企业较集中的工业园区建立工会帮扶站（点），构建以地级市职工服务中心为骨干，县（区）级服务中心为支撑，乡镇（街道）、村（社区）和企业服务站、点为基础的三级职工社会服务工作网络。

（五）维护了职工队伍和社会稳定。各级工会健全预防预警、信息报送、应急处置和舆论引导等维稳工作机制，把职工群体性事件信息报送工作纳入重点工作考核内容；坚持把集体协商谈判作为解决职工群体性事件的基本手段，积极协助党政妥善处理；积极做好职工群体性事件后续处理工作，指导企业建立起真正代表职工利益的工会组织，形成集体协商的长效机制。惠州市总工会抓住维权维稳这个工会工作的“牛鼻子”，把工会信息员制度、周报制度的建设作为工会的重点工作来做，做到报送信息全覆盖，职工全员信息员化。

（六）机关工作作风有了新改变。各地工会建立了工会干部直接联系职工制度，广大工会干部在深入基层中接地气、转作风，在联系职工中动真情、增感情，在参与活动中长见识、强本领，在工作实践中受磨炼、展作为，探索了一条强化工会干部队伍建设、提升群众工作能力的“成长之路”。广州市总工会机关成立了7个下基层指导服务小组，积极为有特殊困难的职工提供就业帮助、生活救助、医疗互助、法律援助和子女助学等帮助；大力推行“上代下”工作机制，协调解决基层工会在工作中面临的实际困难和问题。

（七）扩大了工会的社会影响。中共中央政治局委员、省委书记汪洋同志，省委常委、深圳市委书记王荣同志先后深入调研并充分肯定了理光公司工会工作经验，就是对全省工会深入实施“四个一万”工程的高度肯定。《工人日报》、《南方日报》等重要新闻媒体以大篇幅报道了召开全省企业工会建设现场会、成立广东省职工服务类社会组织联合会、广州工会向异地务工人员免费提供专业社工服务、深圳市总工会以欧姆公司民主选举为契机推动企业民主选举等消息，在社会公众中树立起工会的良好形象。各地工会微博群的建立，也逐步成为广大职工群众了解工会的窗口和平台。

三、巩固成果，努力构建服务职工群众的长效机制

（一）在推动解决实际问题上下功夫。各级工会将对活动中发现的问题进行分门别类，能够马上解决的问题，不等不靠不拖，及时推动解决并进行跟踪；需要长远考虑的问题，积极进行沟通协调，推动研究制定相关措施，并把问题解决得如何作为衡量活动是否收到成效以及成效大小的重要标准。省总要求各级工会紧紧围绕党和政府关注的重点、职工群众面临的难点、社会发展进步的热点安排和部署工作，把帮助困难职工、异地务工人员和劳务派遣工解决生产生活困难放在突出位置，推动就业、收入、社保、住房、医疗、教育等涉及职工群众切身利益问题的解决。不断下移工作重心，把人力、财力、物力向基层倾斜，夯实基层工作，增强基层活力。

（二）在形成服务职工的长效机制上下功夫。一是推动联系点工作制度化、常态化。通过开设微博、电子信箱，建立领导干部接待日、联系点等方式，定期走访企业和职工，进一步密切同职工群众的联系。按照“工会组织亮牌子、工会主席亮身份”的要求，促进工会组织与职工群众“零距离”接触。二是强化调查研究制度。对不同层次、不同岗位的工会干部赴基层调研做出规划安排，每年确保有一定时间深入基层开展调研，促进职工群众最关心最直接最现实利益问题的解决。三是实现帮扶工作网络化。推动全省帮扶中心（站、点）转型升级为职工服务中心，完成县级以上工会帮扶中心的规范化建设，构建以地级市职工服务中心为骨干，县（区）级服务中心为支撑，乡镇（街道）、村（社区）和企业服务站、点为基础的三级职工社会服务工作网络。四是健全协调劳资矛盾预警机制。加大对重点地区、重点行业和特殊职工群体不稳定因素的调研排查力度，发现问题及时处理；积极协助党政妥善处理职工集体劳动争议事件；继续深化落实“接触、引导、利用、改造”的工作方针，完善地方工会与有关部门的信息沟通协调机制。五是加强维权机制建设。努力把工会法律服务律师团作为工会为职工服务的品牌做实叫响。推动建立健全科学有效的利益协调机制、诉求表达机制、矛盾调处机制和权益保障机制。

▶广东省总工会纪检组长廖汝捷到云浮市调研，深入一线慰问职工。

（三）在加快建设枢纽型组织上下功夫。一方面，按照法律和章程要求，履行好社会服务职能，着力在组织、引导、服务和维护职工合法权益上下功夫；另一方面，找准枢纽型组织的新定位，着力构建枢纽型社会组织工作体系。以服务职工群众为出

发点，以培育发展、规范引导职工服务类社会组织发挥作用为着力点，以构建和谐劳动关系为主线，立足工会组织特点和优势，充分发挥工会在联系社会组织、提供社会服务、协调社会利益、化解社会矛盾等方面的重要作用。针对社会组织快速发育和广东省开展社会组织登记管理改革试点的新情况，主动与政府有关部门联系沟通，对登记成立的涉及职工维权的社会组织严格把关。

（四）在形成服务职工品牌上下功夫。各级工会利用主流媒体和自身的网站、微博，高度重视对“四个一万”工程、服务职工活动的宣传报道，扩大活动的影响，使活动成为工会组织扎根基层、工会干部贴近职工的响亮品牌和有效机制。

广西壮族自治区总工会服务职工活动总结报告

今年以来，广西各级工会认真贯彻落实王兆国同志在广西考察调研时的重要讲话精神，按照全总的统一部署，以“面对面、心贴心、实打实服务职工在基层”活动为主线，确定了“解放思想、创新方式，强化服务、提升水平”的全区工会工作思路，把服务职工活动与自治区党委部署开展的“解放思想，赶超跨越”大讨论、“万名干部进村入户”和“大力弘扬广西精神”等活动紧密结合起来，取得了显著成效。

一、主要做法及成效

（一）*党委政府高度重视，工会加强组织领导。*去年12月24日，区党委副书记危朝安出席全区工会服务职工活动启动仪式并作重要讲话，要求把服务职工活动与春节元旦送温暖活动紧密结合起来一同推进；在今年区总全委会议上，危朝安副书记要求各级工会进一步总结经验、提高水平，使服务职工活动取得新的成效。区总成立了活动领导小组，制定下发了实施意见和机关实施方案。各级工会相应成立了领导小组、制定工作方案，把服务基层、服务职工贯穿于工会工作的全过程。各市、县（区）党委领导出席各地工会的启动仪式并参加服务职工活动，各级工会主动与政府有关部门单位沟通协调，积极推动解决活动中基层职工提出的困难和问题。今年6月底，在全区创先争优活动总结表彰大会上，区党委书记郭声琨对工会系统开展服务职工在基层活动给予了充分肯定。

（二）*打造活动载体，确保活动实效。*2010年以来，区总每年都开展“为企业、职工办好十件实事”活动。今年，结合开展活动的要求，全区各级工会筹集1.58亿元，拓展和深化“为企业、职工办好十件实事”活动，把为企业职工办十件实事作为推进服务职工活动的主要载体，作为检验服务职工活动成效的重要标准。各级工会结合开展服务职工活动，不断完善工会困难职工帮扶工作机制，在送温暖活动、“春风行动”、“就业援助月”活动、“民营企业招聘周”活动、“技能培训促就业行动”以及工会创业小额贴息贷款等方面取得了明显成效。今年元旦春节期间，全区各级工会共筹集送温暖慰问款7735.75万元，共发放慰问款7594.65万元，慰问了2185家困难企业、62230户困难职工、2578户劳动模范，12157户农民工。在去年开展工会创业小额贴息贷款工作取得明显成效的基础上，区总今年投入经费500万元、各市总工会按比例配套250万元，扩大创业小额贴息贷款覆盖面，目前全区已发放工会创业小额贴息贷款649人，发放贷款资金3822.7万元，带动职工就业7011人。今年年初，王兆国同志在广西考察调研期间，对广西工会开展创业小额贴息贷款、增强工会帮扶工作的“造血”机能等工作给予了充分肯定。

（三）坚持活动在一线开展，问题在一线解决。区总机关组成了23个服务职工工作组，由区总领导带头，深入企业，开展各项服务活动，整理、汇总了基层职工群众反映的20多类困难和问题，积极向当地党委、政府汇报、通报，联系协调有关部门推动解决职工参加学历教育和技术培训、落实社会保障待遇、改善食宿条件、解决子女入托上学、丰富业余文化生活等问题。同时，针对一些企业反映生产经营遇到的困难，积极分析致困原因，提出发展对策。今年上半年，区总会同区人社厅、教育厅、工商联等单位共同组织开展2012年“春风行动”、“广西民营企业招聘周”活动，提供就业、创业服务和职业技能培训服务。区总制定了《开展技能培训促就业行动》实施方案，确定了全年培训60000人的目标任务，上半年共培训31440人，完成全年培训任务的52.4%，实现就业20850人次，培训就业率达到66.32%。同时，积极开展特困职工日常生活救助工作，区总计划今年投入救助资金576万元，开展对全区2000户特困职工进行日常生活救助活动，目前已投入第一批救助资金288万元；各市总上半年共对3378名特困职工进行了日常生活救助。到目前，全区各级工会共成立了1140个服务职工工作组，参加服务职工活动的工会干部累计达20978人次，共走访企业3319家，访谈职工22182人，慰问困难职工62052人。

▶广西壮族自治区政协副主席、总工会主席李达球到南宁机械厂调研。

（四）创新自选动作，丰富活动内容。区总建立了“一张工会联系卡、一本挂点联系记录本、为企业解决一个以上实际困难、每年开展一次生产生活体验活动、每半年完成一份综合调研报告”的“五个一”制度，印发活动工作手册，明确了各项具体措施和基本要求；中国电信广西公司工会把服务职工的过程融入公司工会开展为职工办“十件实事”活动的过程，推进“四小”（即小食堂、小厕所、小浴室、小活动室）建设。区总着力推动工资集体协商“三支队伍”建设（即建立了自治区总工会本级的工资集体协商专家委员会，为各市、县配备了工资集体协商专职指导员，基层工会面向社会招聘专职工会工作者承担参与工资集体协商的职责）；梧州市积极探索非公有制经济组建工会的制度性建设，主动争取市委把该党工委办公室设在市总工会，给予了专门的编制、设专职副书记，专职副书记同时担任市总工会党组成员。

（五）加强基层工会建设，发挥基层工会作用。全区各级工会积极开展“广普查、深组建、全覆盖”集中建会行动，通过加强县以下行业工会联合会建设、开展小微企业建会集中行动、推动社会化工会工作者队伍建设等手段，进一步加大工会组建工作力度，上半年全区新建工会 6840 个、发展会员 55404 人。加强“三亮”示范点建设，推动企业工会、特别是非公有制企业工会开展“工会组织亮牌子、工会主席亮身份、职工之家亮品牌”的“三亮”活动。围绕基层工会工作的薄弱环节，区总把开展乡镇（街道）、村（社区）工会工作的研究作为今年重点调研课题，成立课题组、制定调研方案，结合服务职工活动深入基层开展调研。各级工会结合“为企业、职工办好十件实事”活动，加强对基层工会工作的服务指导，从人、财、物等方面为基层工会开展工作创造良好条件。全区工会深入实施“培训企业工会主席千人计划”，开展工会干部上岗资格培训和乡镇工会规范化建设培训，上半年培训工会干部 906 人次。区总组织开展了职工书屋建设情况督察工作和全区十佳“职工书屋”的推荐评选工作，今年计划建设全国级职工书屋示范点 20 家，全区级职工书屋示范点 80 家。

（六）建立健全联系基层、服务职工的长效机制。区总积极探索创新服务职工的长效机制，推动建立健全了五个方面的制度和机制。即：建立健全工会机关挂点联系企业制度，明确区总机关 23 个服务职工工作组（各个部门）按照“1 +4”的要求，每年挂点联系 1 家非公企业或困难企业、走访服务 4 家企业；建立健全工会为企业、职工办实事长效机制，每年以开展“为企业、职工办好十件实事”为载体，坚持不懈、有重点、有步骤地帮助企业、职工解决一批实际困难；建立健全工会干部参与信访维稳工作制度和体验一线职工生产生活制度，组织机关干部轮流到机关信访办工作以及每年到基层开展一次“企业一线职工生产生活体验”活动，引导工会干部在服务基层、服务群众的实践中锤炼作风、增长才干，树立工会干部“站得出来、挺得住、有号召力”的良好形象；建立健全工会调研及调研成果转化制度，要求机关各部门每半年至少完成一份有情况、有分析、有建议、有对策的调研报告，重要情况及时上报自治区党委、政府，每年通过人大议案、政协提案等形式，积极反映工会的主张和建议；建立健全扩大工会工作影响的长效机制，通过建立工会新闻发布制度，定期与新闻媒体沟通，充分发挥新闻舆论宣传阵地作用，扩大工会社会影响力。同时，以全国优秀基层工会主席王远文为基本素材，开拍电影《工会主席》，反映新时期基层工会干部主动依法科学维权的生动实践，进一步向全社会宣传工会工作。

（七）列入工作目标责任制，加强督察检查。年初，区总把开展服务职工活动的具体内容与“为企业、职工办好十件实事”结合起来，列入各市总工会以及区总机关各部门、各单位的工作目标责任制，建立健全了活动评价体系和考核制度，及时掌握开展活动的进展情况，研究解决活动中遇到的新情况新问题，切实加强对各级工会开展活动的督促检查、协调指导，确保活动广泛深入推进。

（八）加大宣传力度，营造良好社会舆论氛围。今年年初，区总建立了新闻发布制度，4 月 24 日召开首次新闻发布会，向新华社广西分社、人民日报社广西分社、广西日报、广西电视台、广西电台等 16 家与会的中央、自治区和南宁市新闻媒体介绍开展服务职工活动和工会重点工作情况，得到了主流媒体的积极响应，广西主流媒体刊发了相关报道 32 篇，加大了对这项活动的宣传力度。工会系统的报刊、网站和宣传栏、板报等宣传阵地，开辟专题、专版、专栏，报道开展服务职工活动进展情况和典型经验，营造了广泛的舆论声势。区总共编发简报 22 期，其中被全总服务职工活动简报采用 10

篇，出版黑板报6期。各级工会还将服务职工活动融入给职工送文化、送欢乐、送温暖活动中，使活动走进基层、走近职工，不断增强活动的吸引力，提高职工群众的参与度。

二、开展服务职工活动的经验和体会

一是必须着眼于做好新形势下党的职工群众工作，把开展服务职工活动与党委、政府中心工作紧密结合起来，主动融入在全区开展的“万名干部进村入户”、“解放思想、赶超跨越”大讨论以及“大力弘扬广西精神”等重大活动中，才能在全区经济社会发展大局中更好地发挥工会组织的作用。二是必须着眼于切实帮助基层和职工解决实际困难，把开展服务职工活动与工会重点工作紧密结合起来，突出广西特色，把近年来广西工会开展的“为企业、职工办好十件实事”活动作为服务职工的有效载体，做到相辅相成、相得益彰，才能推动帮助基层和职工群众解决实际问题取得积极成效。三是必须着眼于激发基层工会活力，把开展服务职工活动与加强基层工会建设、发挥基层工会作用紧密结合起来，进一步加强了对基层工会的指导、帮助，健全完善基层工会的绩效考评机制，才能够进一步巩固和发展服务职工活动成果。四是着眼于推动工会工作创新、坚持走中国特色社会主义工会发展道路，把开展这项活动的过程，作为工会干部转变作风、密切与职工群众联系、提升工作能力和水平的过程，才能在全会形成既轰轰烈烈又扎扎实实推进活动的良好氛围。

三、职工群众反映的突出问题

一是一线职工收入偏低，职工特别是农民工渴望加强职业技能培训。不少一线职工工资增幅远远跟不上物价涨幅，职工生活水平有所下降，生活压力增大；当前企业和社会培训机构举办的培训课程与职工特别是农民工实际工作需要脱节。二是侵害职工劳动权益现象频繁发生。非公企业和改制企业不缴、少缴、欠缴职工社会保险的现象尤为突出，一些企业随意延长工作时间、超时加班加点、随意克扣拖欠职工工资、劳动安全卫生保障条件差。三是改制企业身份置换和职工安置等遗留问题影响职工队伍稳定。由于国家政策落实不到位，改制企业职工身份置换和经济补偿以及对非在岗人员的安置等问题没有得到及时解决，时间一长越积越多，极易引发群体性事件，严重影响到职工队伍和社会稳定。四是个别基层工会组织涣散，工会活动不正常。由于国企改革改制、人员变动和

►广西壮族自治区总工会召开机关“服务职工活动”汇报会。

分流，致使一些企业工会组织呈现瘫痪状态；部分企业工会基本没有开展活动，会员几乎感觉不到工会组织的存在；乡镇一级以下的基层工会独立的工会活动场地少且小，经费短缺，工作难以开展。五是职工特别是农民工精神文化生活匮乏。一些企业工会由于文体活动方式单一陈旧，对职工基本没有吸引力；而一些企业工会则由于场地、资金、人员等客观条件限制，很少或者干脆不开展文体活动。

四、有关工作建议

一是建议全总加强对各地服务职工活动的领导和指导，推动活动深入开展。二是建议全总协同中央主流媒体加大对服务职工活动的宣传力度，进一步营造良好的社会舆论氛围。三是建议全总加大源头参与力度，从政策层面上帮助解决基层工会存在的人员编制问题、工作经费问题等，增强基层工作活力、发挥基层工会作用。四是建议全总总结推广全国各地开展服务职工在基层活动的新做法、好经验，为进一步深化服务活动树立典型，提供借鉴。

海南省总工会服务职工活动总结报告

海南各级工会认真贯彻落实全总工作部署，从海南实际出发，以“面对面、心贴心、实打实服务职工在基层”活动为重点，扎实推进各项工作，取得了积极成效。

一、基本情况

海南省各级工会高度重视，加强组织领导，广泛宣传发动，深入开展服务职工活动。截至目前，全省各级工会走访企事业单位1232家，召开座谈会2643场，个案访谈职工13985人，发放调查问卷14201份，撰写调研日志1235篇；收到企业和职工反映的问题4968件，现场解决609件；慰问困难职工2400多名，发放慰问金122万元；开展文明礼仪培训110场，送节目、送电影、送琼剧106场，赠送书籍1.88万册。通过活动推动企业开展劳动竞赛1024场次，参加职工113876人次，开展技能比赛190多场；组织参加家政培训1215人次，岗位技能培训103574人次，为困难职工、农民工提供法律援助280多次，全面实现了省总年初工作部署目标。在活动中，各级工会坚持“两头工作”，全力帮助企业和职工解决实际困难，深受广大企业和职工的欢迎，并得到了各级党政的充分肯定。据不完全统计，活动开展以来，各级党政领导对该项活动批示支持达64条，《海南日报》、《海南特区报》、南海网等省级主流媒体以及市县报刊网络宣传报道达103篇次。

二、主要做法

（一）凝聚共识，及时召开会议动员部署。省人大常委会副主任、省总工会主席符兴指出，开展服务职工活动，是贯彻落实党中央关于做好新形势下群众工作指示精神的重要举措，是实践中国特色社会主义工会发展道路的具体体现，是加快建设海南国际旅游岛的迫切需要。2月20日，省总召开五届九次全委（扩大）会议，传达学习全总执委会精神，动员部署服务职工活动，印发了活动实施方案。6月18日，省总召开年中重点工作推进会，回顾总结了全省工会上半年活动情况，对下半年活动开展做了进一步的部署。各级工会分别成立活动领导机构和工作小组，结合本地区本单位实际制定出各具特色的活动方案。

（二）加强领导，将服务职工活动推向深入。省总成立活动领导小组，组长由省总党组书记、常务副主席陈菁担任，负责对各级工会开展活动的指导、督察和考核工作，同时负责对省总机关开展活动的具体组织领导工作。领导小组下设办公室，负责落实领导小组交办的各项任务。3月1日，省总召开机关干部动员大会，决定成立6个调查指导工作组。各级工会通过职工座谈会、民意恳谈会、实地察看、个案访谈、问卷调查等方式，与走访单位负责人、工会主席和一线职工进行面对面座谈交流，详细了解企事业单位生产经营情况、企业工会作用发挥情况、职工的生产生活、合法权益维护情况及思想动态。

（三）科学策划，保证服务职工活动取得实效。一是明确活动规定动作。每个工作组保证每个市县、产业系统走访3家不同类型企业，每家走访企业召开两个以上干部与职工座谈会；每个工作组确保慰问5名劳模、15名困难职工，保证与50名不参加座谈会的职工进行面对面个案访谈。二是科学部署自选动作。各级工会全面推进开展“海南文明大行动·百万职工齐给力”、“岗位学雷锋”等活动，推动劳动竞赛和“两个普遍”，推动开展创建劳动关系和谐企业活动，以及开展各种政策宣讲、礼仪讲座、劳模报告、送节目、送电影等活动。三是明确活动步骤和纪律。在3至5月开展走访调研，5月进行阶段性总结，6至9月集中解决问题，完成机关总体调研报告，9月召开总结大会进行总结表彰。

▶海南省人大常委会副主任、省总工会主席符兴给亚太公司困难职工送上慰问金。

（四）广泛宣传，将政策法规落实到活动实践中去。全省各级工会深入宣传党的路线方针政策、国家劳动法律法规、海南“十二五”规划目标任务以及中国特色社会主义工会发展道路的科学内涵和精神实质、工会服务职工群众的各项举措和品牌工作，引导职工学法、知法、守法、用法。截至目前，全省各级工会发放宣传手册125860份，悬挂宣传横幅785条，举办街头宣传106场次，各类报纸、杂志宣传212次，做到了广播有声、电视有影、报刊有文、网络有言，收到了良好的社会效果。

（五）健全机制，周密制订活动措施。一是建立活动保障机制。省总和各市、县、产业工会在确保活动开展的经费外，明确要求机关干部一年要保证有足够时间深入基层调研，办实事、解难题。海口市总工会要求机关年轻干部至少要在企业待两个月，与一线职工同生活、同劳动、共学习，及时深入了解职工思想动态、所需所求和生产生活状况。二是建立汇报交流机制。省总工会要求各活动小组定期汇报活动开展情况，掌握动态情况，及时督导活动开展。三是建立活动考核机制。省总工会把开展服务职工活动纳入对各市、县、产业工会年度重点工作目标考核，任务分解到个人，进一步强化了责任考核。

三、工作成效

（一）将开展服务职工活动与推进工会重点工作紧密结合。工会组建方面，将尚未建会的驻琼世界500强企业、外商投资企业、大型超市和高尔夫等高端旅游服务企业作为省总机关各工作组挂钩联系点，由领导带队走访推动企业建会，至目前实现了70%

受访企业建立工会组织。截至7月31日，全省新建工会企业将近3000个，发展会员45000多人。工资集体协商方面，指导工作组主动联系工作相对滞后的市县、行业以及长期无法推动的企业，通过企业负责人座谈会消除了企业顾虑，通过工会干部和职工座谈会提高认识，为开展协商扫清障碍。截至目前，全省共签订集体合同6659份，覆盖企业9676家，职工684922人，建制率达66.9%；签订工资专项集体合同达3305份，覆盖企业8905家，受益职工645510人，建制率达62.6%。今年上半年，全省开展工资集体协商新增企业达1500多家。构建和谐劳动关系方面，成立了省总工会法律援助律师团开展法律服务。开展劳动竞赛方面，明确把“当好主力军、建功旅游岛”创先争优劳动竞赛、“海南文明大行动·百万职工齐给力”和“岗位学雷锋”活动全部纳入一并推进。2012年上半年，海南省开展劳动竞赛的企事业单位有5600多家，参赛职工75万多人；开展技能比赛的企事业单位有3300多家，技能比赛的工种有80多个，参赛职工19万多人，其中有4万多人通过岗位练兵、技术培训、技能比赛活动提升了技术等级。

（二）将开展服务职工活动与解决职工实际困难紧密结合。为解决物价上涨导致困难职工帮扶实效不明显的问题，省总决定筹集7500万元，提高3.9万户困难职工帮扶标准。省总专门创建“佳缘网”，利用网络资源“牵红线”、“搭鹊桥”，着力为机关企事业单位未婚男女职工解决婚恋问题。省总在加大“大病补助”投入的同时，启动全省“职工大病医疗互助”活动。省人大副主任、省总工会主席符兴在走访时了解到海南亚洲太平洋酿酒有限公司职工业余文化生活贫乏，要求省、市两级工会将该企业纳入省总文化惠职工活动范围，送电影、送节目进企业，并组织企业职工参加“万名职工看海南”活动。陈菁常务副主席在走访中了解到海南玉柴机器有限责任公司职工反映因企业生产经营困难、职工已多年未体检时，决定安排500万元购置体检车，专门下到各困难企业为职工开展免费体检。

（三）将开展服务职工活动与工会开展的特色活动紧密结合。将服务职工活动与实施“职工文化年”活动紧密结合起来，进一步丰富服务职工活动的内容。目前，全省工会开展职工文明礼仪培训110场，新建职工书屋90多家，为重点项目工地、厂矿上送电影、琼剧90多场。各级工会也配合开展了一系列丰富职工文化生活的活动。如今年4月20日举办的海南工会“唱响劳动者之歌”职工合唱比赛，有39个挂钩联系企业职工参加角逐。东方市总工会、市地方税务局工会联合开展送电影下乡活动，在东方市帮扶点大田镇马龙村为村民放映电影，吸引了众多村民前来观看。

（四）将开展服务职工活动与加强工会组织自身建设紧密结合。在转变干部作风方面，明确要求各调查指导工作组下基层走访轻车从简、厉行节约，严格遵守工作纪律、不接受企业吃请和礼品。在安排活动走访中重点考虑年轻干部，增强年轻干部对职工群众的感情。扎实开展集中整治“庸懒散贪”问题专项活动。在基层组织建设规范方面，省总分别下发了企业工会开展“工会组织亮牌子，工会主席亮身份”活动实施方案、开展工会组建和“双亮”活动集中行动月活动的通知，各市县和产业系统工会主席与省总签订了“双亮”承诺书，省总还专门制作300个工会铭牌样本分发到基层工会，目前全省基层工会亮牌子的单位有3403家，另有1000多个企业工会铭牌正在制作中，将于近期上挂。在提升工会干部队伍能力方面，大力实施建设学习型机关活动和干部教育培训5年规划，推动市县工会主席普遍实现高配，组建工会劳动保障协管员队伍填补乡镇街道工会空白，开展专职工会干部试点为解决企业工会能力不足的问题提供了样本。

回顾今年以来开展服务职工活动，我们取得了一些可贵经验：一是始终坚持党的领导，各级工会在开展服务职工活动中积极主动向同级党委汇报，进一步加强了党对工会工作的领导；二是始终坚持构建社会化工作格局，各级工会积极加强与人社、财政等职能部门的沟通与配合，共同推进活动深入发展；三是始终坚持将为职工与企业办好事实事摆在突出位置，各级工会将为职工做“十件实事”活动作为今年工作的重中之重；四是始终坚持将开展活动与推动重点工作特别是工会组建、工资集体协商、维护职工合法权益紧密结合；五是始终坚持将加强先进职工文化、企业文化作为服务职工活动的重要内容来抓。

四、存在问题

（一）整体来看。一是作风不够扎实。部分工会依然局限于“走一走”、“看一看”，作风飘浮，搞花架子，形式主义。二是活动与日常工作脱节，两张皮。部分工会开展活动与日常工作各自为阵，相互脱节，不但没有形成合力，还互相制约。三是职工反映的一些重大利益问题无法及时解决。受资源和手段制约，职工集中反映的一些诸如入户难、住房难、子女上学难等问题，工会一时无法解决，有待问题汇总后协调政府有关部门解决。四是工会自身建设还需要进一步加强。此外，信息报送不及时，宣传力度不大、督导检查跟不上，以及工作日志等第一手资料保存、记录不全等，还需要着力去解决。

▶海南省总工会党组书记、常务副主席陈菁与华能海口电厂职工代表进行面对面、心贴心的访谈。

（二）职工群众反映的突出问题。一是部分企业不签劳动合同、劳动合同内容不完备，职工超时加班并且不依法支付加班工资等侵害职工权益现象时有发生。二是社会保障与职工群众需求差距较大，特别是非公企业职工“五险”参保率低、农民工子女就学难问题依然突出等。三是一线普通职工工资偏低，计件工资制企业的劳动定额标准、工时工价不合理，工资偏低与生活成本上升的矛盾比较突出。四是劳动安全和生活条件还要大力改善，特别是一些中小企业，尤其是小微企业劳动安全生产状况令人堪忧，劳动保护投入不足、安全生产培训缺失的现象在海南省不同程度的存在。五是困难职工特别是停产、半停产企业困难职工再就业难、看病难、住房难、养老难等问题突出。六是劳务派遣工被滥用、同工不同酬、上升通道受阻、合法权益难维护等问题依然存在。

（三）企业发展面临的主要问题。一是小微企业融资困难，虽然中央、省委省政府出台了一系列支持中小微企业发展的金融政策措施，但是地方金融机构执行政策措施不到位，企业仍然难贷到资金。二是招技术工人困难。一方面，企业急需技术工人，另一方面，由于职工流动性大，企业对技能培训缺乏积极性。三是企业效益下行压力加大。走访的企业反映，受原材料上涨、劳动用工成本上升等因素影响，企业生产成本上升过快，企业获利的空间被挤压，经济效益不理想。四是企业税费负担较重，一般中小企业的税费负担约占经营总成本的15%。

（四）基层工会反映的主要问题。一是工作力量不够。一般县级工会有编制工作人员都在10人以内，乡镇工会工作人员基本没有正式编制，面对企业和职工队伍的快速发展，加强县乡工会人手确实是个比较迫切的问题。二是工作经费紧张，特别是乡镇工会获得的工作经费明显不足，严重制约工作开展。三是工作难度大。主要表现在获得企业主支持的难度较大，维护职工合法权益的难度较大，满足不同年龄段、不同文化层次和不同地域文化开展企业职工文化活动难度较大，满足农民工特别是新生代农民工心理需求工作难度较大。

五、下一步工作安排和建议

（一）建立长效机制。一是坚持一线工作法，努力实现职工队伍状况在一线掌握、工会维权帮扶在一线实施、构建和谐劳动关系在一线推进、工会重点工作任务在一线落实、创先争优活动在一线开展。二是完善工会机关干部联系基层和职工制度，建立健全机关干部定期下基层走访调研制度、地方总工会主席信访接待日制度、省总工会基层工作联系点制度。三是加强工会干部的理论和业务培训工作，重点加强对机关干部的综合业务培训工作，使他们不仅精通自身业务工作，而且熟悉其他工会业务，帮助新任工会领导干部更好地掌握应知应会的知识和业务。四是建立工会工作激励机制和工作通报制度，着重建立工会重点工作完成情况通报制度，上级工会定期将各地重点工作完成情况向当地党委分管领导通报，切实加大抓基层、打基础的工作力度，增强基层工会的活力。

（二）加强工作督察。建立督促检查制度，加强分类指导，定期或不定期地开展督促检查。建立健全考核评价机制，把活动开展取得的成效、各级党政对活动的认可程度、职工群众满意度等纳入年度考核的重要内容，作为年度评先评优的重要依据，作为民主评议工会干部的重要内容。

（三）改进工作作风。在开展服务职工活动过程中，抓巩固提高，抓深化拓展，抓长效机制，使广大工会干部牢固树立群众观点，坚持群众路线，增加群众感情，克服工会机关化、行政化倾向。进一步加大宣传力度，及时总结活动中的先进经验和典型事迹。

重庆市总工会服务职工活动总结报告

今年以来，重庆市总工会按照全总的总体部署，以深入开展“面对面、心贴心、实打实服务职工在基层”活动为主线，以扎实推进“十百千万”工程为载体，不断加强和创新新形势下职工群众工作，全市工会工作全面推进、态势良好。

一、活动进展及成效

（一）倾力办好“十件实事”。一是加大职工培训力度。深入推进职工队伍素质提升工程，通过分解落实全市工会就业再就业培训任务，与市工商局联合下发加强创办微型企业培训工作的通知，与各区县总工会签订促进微企发展目标责任书，开展“工会就业援助月活动”、组织专场招聘会等活动。目前，组织和推动实施在岗职工培训 350 万人次，培训拟就业人员 3.8 万人，促进 2.6 万人顺利就业，推动创办微型企业 4800 余个。二是加大户籍制度改革政策宣传力度。市、区县工会领导分别带队，定期到农民工集中地点“赶场”，组织开展农民工转户进城政策宣传活动，发放宣传资料超过 20 万份。三是帮助困难职工（农民工）、劳模解决住房困难。对全市建档困难职工的住房情况进行了全面摸底调查，发现其中有三分之一、约 4 万户困难职工住房困难，其中有 2 万户困难职工无房或租房。与市国土房管局联合下发《关于切实解决困难职工及劳模住房困难问题的通知》，组织工会干部登门动员住房困难户申请公租房，并帮助符合条件的享受廉租房政策。四是深入开展节日“送温暖”活动。筹集帮扶资金同比增长 10% 以上，全年六大节日和日常帮扶慰问困难职工、劳模和“五老”人员达到 90 万人次。元旦、春节、“五一”、端午四节“送温暖”活动筹集资金 1.8 亿元，走访慰问困难职工、困难劳模和“五老”人员 60 万人次。五是深入开展“金秋助学”活动。全市工会“金秋助学”活动已全面启动，市总投入资金近 830 万元，帮助 3.5 万名困难职工家庭子女解决就学难题。六是大力开展“炎夏送清凉”活动。全市工会筹集资金 2000 余万元，于 7 月中旬至 9 月中旬高温期间，集中看望慰问坚守生产一线的职工 80 万人次。七是深入开展“牵手行动”。组织 1.8 万名工会干部为 2 万名帮扶对象送帮扶资金物资达 2000 万元以上。“五一”期间，全市工会干部为牵手对象送去慰问资金物质 500 余万元。八是深入推进工资集体协商。分片区、产业召开工资集体协商工作推进会，首批选聘 99 名市级工资集体协商专职指导员并举办专题培训，深入开展“集中要约彩虹行动”，力争实现工资集体协商建制率达 80% 以上，推动一线职工工资收入稳定增长。二季度，全市签订工资集体合同数量同比增长 2 倍；在签订工资集体合同的企业中，职工月均工资增长 10% 以上。九是深入开展文化“四送”活动。建设“职工书屋”425 个（其中国家级 25 个、市级 400 个），送电影下基层 200 场，送演出到一线 500 场，为 1.2 万名农民工送手机报。十是大力开展“健康重庆光明助困”行动和女职工“关爱行动”。为 4000 余名困难职工白内障患者免费施行复明手术；为 5 万余名单亲困难女职工和女农民工免费进行“两癌”检查。首批已有60余人被查出癌症，3万余人被查出宫颈炎或乳腺疾病，5000余人已开始接受治疗或治愈。

（二）深入开展“百项调研”。紧扣党政中心工作、工会重点工作和社会各界关注、职工群众关心的热难问题，深入开展调查研究，市总机关、产业工会、区县工会、大型企业工会申报确定的调研题目已超过100个。将紧密结合走访企业和职工活动，充分运用各级工会干部深入基层、深入职工的调研成果，组织精干力量对第一手调查情况进行全面汇总、分析和处理，力争形成一批对党政决策有重大参考价值的调研报告。目前，市总重点课题《重庆市职工收入行业差距调研》已经结题，探索建立服务职工长效机制等重点调研课题正在着手推进。年底组织调研成果评选奖励，形成调研成果汇编，择优上报市委和全总。

（三）扎实开展“近千家企业”、“访万名职工”走访活动。组织全市工会干部每人联系走访5户企业和10名一线职工，对近4000家规模以上企业实现“户户到”。市总制定下发了《走访企业调查参考提纲》和《访谈职工问卷调查表》，市总机关组成13个工作组，分别由市总领导带队，深入市级产业工会所属的300余家、区县的200多家规模以上企业，开展实地调查走访活动，调查了解企业和职工队伍的基本情况，与一线职工结“亲戚”、交朋友。在开展集中走访活动中，坚持与调查研究掌握情况相结合、与政策宣传释疑解惑相结合、与解决问题化解矛盾相结合、与推进重点工作落实相结合。对企业和职工提出的问题，能够解决的当场解决，不能当场解决的就协调党政和有关部门及时解决。截至目前，全市各级工会干部走访企业16722家、走访职工148015人、入户慰问困难职工49698户、发放慰问补贴资金4988.15万元，召开座谈会10870场、发放调查问卷96511份、征集意见建议3072条、处理1513条。

▶重庆市人大常委会副主任、市总工会主席胡健康到秋田齿轮公司调研非公企业劳动竞赛。

（四）广泛开展“聚百万活力”活动。紧紧围绕市第四次党代会确定的建成“三中心两集群一高地”和实现“三个领先”等经济社会发展重大主题，团结动员全市百万职工，积极投身重大项目、重点工程、重要区域、骨干行业、非公企业等各个领域、各个层面的劳动竞赛活动，全面掀起“当好主力军、建功‘十二五’”创先争优劳动竞赛新高潮。全市高速公路建设、“两江大桥”建设、“当好主力军、建好公租房”、“确保千亿目标、打造化医航母”、“重点工程展风采、建设重庆立新功”等系列劳动竞赛热火朝天，“精心施工强品牌、川渝共建示范路”遂资高速公路跨省劳动竞赛深入推进，以

"稳增长、促发展"为主题的新一轮非公有制企业劳动竞赛全面铺开，"安康工程"竞赛活动覆盖面进一步扩大，第五届"银联杯"全国商业服务收银员职业技能大赛重庆地区竞赛圆满落幕，第四届全国职工职业技能大赛重庆赛区预选赛即将开赛。全市劳动竞赛遍地开花、如火如荼，企业整体参与面达78%、参赛职工达450万人次，汇聚了推动全市经济社会平稳较快发展的强大合力。同时，成功召开重庆市第四届劳动模范和先进工作者表彰大会，隆重表彰市劳动模范380名、市先进工作者137名，推荐评选全国"五一劳动奖章（奖状）"30个、全国"工人先锋号"25个，进一步调动了广大职工群众的劳动积极性和创造性，充分发挥了工人阶级在推动科学发展中的主力军作用。

（五）着力加强自身建设。一是召开"两个普遍"工作推进会，采取"目标责任、分片联系、重点推进"等措施，全面推进小型非公有制企业、新社会组织、世界500强等外资企业、劳务派遣企业普遍建立工会组织，大力组织以农民工、劳务派遣工为重点的广大职工加入工会组织，努力扩大工会组织的覆盖面和影响力。截至6月底，全市新增工会组织5800余个，发展会员17.8万人。二是召开民主管理建设片区会议，努力推动以职代会为基本制度的厂务公开民主管理工作，实现已建会公有制企业和事业单位厂务公开、职代会建制率巩固保持在90%以上，非公有制企业厂务公开、职代会建制率达75%以上。三是加强工会劳动争议调解组织和法律援助体系建设，积极调处劳动关系各类矛盾纠纷，深化推进劳动关系和谐企业、园区创建和"双爱双评"活动，大力维护职工群众合法权益和职工队伍和谐稳定。四是督促指导区县工会、大型企业工会换届选举工作，开展换届后区县、镇街工会干部配备统计调查工作，有效协调解决了区县工会主席高配问题。五是坚持"需培就培、应培尽培、培训管用"的原则，以换届后的新任工会主席和工会干部为重点，举办各类专题培训班，切实加强工会干部能力建设。5月底，市总选派70余名区县新任工会主席到中国劳动关系学院开展了为期一周的上岗培训；7月底，全市1017个乡镇（街道）工会主席将接受全员轮训。截至目前，已开办培训班14个，培训工会干部2800余名。六是坚持"一手抓组织建设、一手抓作用发挥"，大力实施工会亮牌子、工会主席亮身份"双亮工程"，广泛开展"模范职工之家"、"模范职工小家"评选工作，深入开展"六好"乡镇（镇街）工会竞赛活动，充分激发了基层工会组织的活力。

半年来服务职工活动的生动实践，我们总结形成了一些工作体会：一是要坚持把服务职工活动与为职工群众办实事办好事结合起来，努力在改善职工工作生活环境、提升职工技能素质、深化职工维权帮扶、推动职工文化建设等方面取得新进展，实实在在让职工群众从中受益、得到实惠。二是要坚持把服务职工活动与推动工会重点工作结合起来，以深入推进"两个普遍"、广泛开展劳动竞赛、大力实施"双亮工程"、着力构建和谐劳动关系等重点工作，促进企业持续健康发展、维护职工队伍和谐稳定。三是要坚持把服务职工活动与加强工会干部队伍建设结合起来，通过工会干部走出机关、接上"地气"，深入基层、深入一线，放下架子、扑下身子，真心诚意为职工说话办事、为企业排忧解难，进一步转变工作作风、不断提高业务能力和工作水平，树立工会干部和工会组织的良好形象。

二、存在的突出问题

一是职工工资收入差距拉大。主要表现在“不同产业、不同行业、不同群体、不同所有制企业、垄断行业与竞争性行业”间的职工收入差距较大，特别是管理人员、一线职工、农民工、劳务派遣工四类群体年均工资实际收入差距更大，有的差距高达数十倍，且有不断拉大趋势。二是职工文化生活较为缺乏。文化阵地建设、娱乐设施投入等方面的不足，群众性职工文化体育活动开展不够广泛、不够深入，企业文化和职工文化建设难以满足广大职工多元化的精神文化需求。三是企业面临用工难、融资难。受到劳动力市场诸多因素影响，劳动力成本上升压力较大，很多企业存在招工难、用工难的问题。同时，中小企业普遍存在资金短缺、银行贷款难的问题，不少企业不得不借贷高额利息的民间资本，导致企业生产发展举步维艰。四是农民工的生存与发展问题。占全市职工总数近60%的农民工，成为一个不容忽视的庞大社会群体。由于他们的特殊身份和所处的特殊环境，在劳动就业、居住生活、子女就学、社会保障、权益保护等方面存在诸多现实困难和问题。

▶重庆市南岸区总工会召开服务职工活动动员大会。

三、下一步工作重点

（一）强化调研机制，实现联系走访制度化。一是坚持领导带头、全员参与，实行部门联系企业、干部联系职工，持之以恒地做到领导干部、一般干部每年深入基层的时间分别不少于3个月和2个月，使工会干部下基层、“接地气”、办实事成为工作常态。二是深入开展“牵手行动”，建立工会干部与一线职工“一对一”联系帮扶制度，每年至少与所联系的职工面对面交流2次、为所结对帮扶的困难职工开展2次救助，增进工会干部与职工群众的深厚情感。三是从经费、时间、精力等方面为工会干部深入基层、服务职工提供必要条件和资源保障，把联系走访基层、热心服务职工作为工会干部职务晋升、评先评优的重要考核内容，真正形成扎根基层、情系职工的良好工作导向。四是进一步修订完善工会工作目标任务考核办法，把为职工群众、基层工会做好事、办实事、解难事作为重要考核内容，努力推动各级工会更加扎实的服务基层、服务职工。

（二）健全帮扶机制，实现帮扶工作网络化。一是加强帮扶中心硬件、软件建设，力争全市工会帮扶中心100%达到规范化标准，建成一批“五星级”帮扶中心。二是加强与市级部门帮扶机构的横向联合，努力实现80%已建工会的镇街、村社和规模以上企业普遍建立工会帮扶站点，把帮扶网络覆盖到各个企业、把网络终端送到职工家门。三是加大资金筹措力度，确保帮扶资金每年增长10%以上，探索调整适应经济社会发展和物价水平上涨的困难职工扶助标准，调整低收入省部级劳模生活补助政策。四是做实做靓“送温暖”、“金秋助学”帮扶品牌，进一步深化帮扶内涵，创新帮扶方式，构建节日集中帮扶与经常性制度化帮扶相结合、普惠多样帮扶与重点倾斜帮扶相结合、扶贫济困“输血”帮扶与扶助脱困“造血”帮扶相结合、资金物质帮扶与人文精神帮扶结合的帮扶工作格局。五是加快推进“困难职工帮扶中心”的转型升级，打造一个集困难帮扶、互助保障、就业创业、信访接待、争议调处、法律援助、心理咨询于一体的综合服务平台，将其建设成为“职工服务中心”。

（三）完善协调机制，推动服务职工社会化。一是充分发挥好源头参与作用，深入开展调查研究，全面掌握职工群众的思想动态和主要诉求，及时向党委、政府、人大及政协提出工会的主张，积极推动和主动参与制订涉及职工权利利益的相关法规和政策，着力营造服务职工的法治、政策环境。二是充分发挥好综合协调作用，不断健全完善与政府有关部门的联席会议、三方协商等工作协调机制，完善服务职工的相关工作制度，构建政府主抓、部门参与、工会配合的良好工作格局。三是充分发挥宣传引导作用，充分利用各种宣传媒体，引导形成全社会尊重职工、关爱职工、帮助职工的思想舆论氛围。

四川省总工会服务职工活动总结报告

今年以来，四川省各级工会坚持把学习宣传实践中国特色社会主义工会发展道路作为工作主题，把“面对面、心贴心、实打实服务职工在基层”活动作为工作主线，与推进工会各项重点工作相融合，努力把学习成效转化为构建和谐劳动关系，维护职工合法权益，团结动员广大职工发挥主力军作用，为经济社会的发展建功立业。

一、强化举措，在总结深化中推进服务职工活动的开展

（一）强化组织领导。省总领导高度重视服务职工活动。1 月 9 日，全总开展服务职工活动视频会议结束后，省总立即召开机关全体干部职工、各市（州）工会干部职工会议，在总结四川省“进千户企业、访万名职工”实践活动经验的基础上，对活动进行了动员部署。春节刚过，省总即制定下发了具体实施意见，并多次召开主席办公会、机关部门负责人等会议，全面分解了实践活动的各项任务，落实了领导和部门责任。成立了四川省工会服务职工活动领导小组，由省总党组书记任组长，省总领导班子成员为副组长，省总机关各部门（产业）负责同志为领导小组成员。领导小组下设综合协调组、专题调研组、宣传报道组、督导检查组等 4 个工作组负责活动的日常工作。由省总机关各部门（产业）组成了 20 个工作组，分别对口 21 个市州开展服务职工活动，联系、走访、督导检查对口市州的活动开展情况，并分批选派机关青年干部到东方汽轮机公司、长虹集团等重点企业挂职锻炼。

（二）强化保障激励。一是强化经费支持。省总专门列支了 126 万元的专项帮扶资金用于各工作组在活动中开展走访慰问。二是强化检查考核。省总活动领导小组专门建立了活动工作简报，及时通报各地活动的开展情况；省总服务职工活动督察工作组，通过随机抽查、查阅工作记录、召开片区座谈会、交流会等形式，对各地、各部门活动开展情况进行考核评价，对各市州工会和省总工会机关各工作组在开展活动中执行有关工作纪律和作风情况进行监督。三是强化工作激励。省总将活动开展情况纳入工会年度工作目标考核内容，加大对各市州、产业工会开展服务职工活动情况考核评比，对成效显著的工会组织和工会干部进行通报表扬。

（三）强化舆论宣传。大力宣传全省工会系统开展服务职工活动情况、成效和典型经验，充分运用主流新闻媒体和工会报刊、网站、活动简报、文化宫、俱乐部及基层宣传栏、广播等宣传教育阵地，发挥博客、微博、手机短信等新兴媒体作用，向党政领导、企业、职工和社会各界广泛宣传工会组织服务科学发展、服务职工群众的举措及成效，大力宣传走访活动的好典型及成效，形成强大的宣传声势。截至目前，《四川日报》、四川电视台等本地主要媒体以及人民网、中工网等网络媒体都对四川工会开展服务职工活动的情况进行报道，并在《四川工人日报》头版开辟了服务职工活动专栏。

（四）强化成果转化。一是认真研究提出解决问题的相关建议并通过政府联席会、

信息专报等渠道及时向党政反映职工群众的诉求。积极采取有效措施督促问题的解决。二是大力开展工资集体协商“集中要约月”行动，制发了《关于加强县（市、区）工资集体协商专职指导员队伍建设的通知》，努力发挥协商机制，推动职工工资正常增长。三是大力实施工会就业促进行动。联合相关部门举办“春送岗位”招聘会和大学生就业援助专场招聘会，为2.03万人提供了职业介绍，帮助1.21万名下岗失业人员和3.22万名农村劳动力实现了就业再就业。四是全面实施基层工会干部培训。举办藏区工会干部培训班、县（市、区）工资集体协商专职指导员队伍培训班等有针对性的培训，努力提升基层工会干部业务水平。五是进一步加大对边远、民族地区工会的支持，向甘孜、阿坝、凉山等三州工会拨付专项资金；设立凉山州和藏区困难职工专项帮扶资金，对藏区藏族困难职工、凉山彝族地区的特殊困难职工实施帮扶；并为藏区工会安排了维稳工作专项补助经费104万元。据不完全统计，截至7月底，省、市、县三级工会机关干部共走访企业19618家，召开座谈会13391场，走访慰问职工40.28万人，其中慰问劳模、困难职工21.05万人，对22万名一线职工进行了问卷调查和个案访谈，向所到企业职工发放《劳动法规知识问答》等宣传资料70多万册，与15.4万余名一线职工进行了面对面交谈、心贴心交流；省产业、企业（集团）工会机关干部走访了50余万名基层职工，全省各级工会8.1万名机关干部在服务职工活动中共走访90余万名一线基层职工。各市（州）总工会、省产业（局）和企业集团工会把活动的普遍要求和自身特点结合，细化工作方案，使全省服务职工活动各具特色、更富实效。如，针对富士康成都项目出现的问题，省总、成都市及郫县、高新区工会建立了省市县三级联动的富士康工作周报制度，每周通报情况、分析问题，有针对性地开展工作。成都市总工会在服务职工活动中注重加大对职工不稳定因素的摸底排查力度，并将活动与“送法进企业”相结合，真实反映职工诉求，宣传法律政策，对重点问题包掌握情况、包宣传教育、包矛盾化解、包息诉息访。

▶四川省委常委、省总工会主席李登菊到内江调研群团工作。

二、结合实际，在推进工会重点工作中进一步提高开展“两项”活动的实效

（一）着眼经济建设新目标，把活动成效转化为服务科学发展的作为。一是坚持深入开展建功立业活动。以“工人先锋号”创建活动为载体，广泛深入开展劳动竞赛。扎实开展“奋战蜀道天堑，建功西部枢纽”等重点工程的劳动竞赛，带动形成全方位、

多层次劳动竞赛新格局。预计今年，开展建功立业劳动竞赛的规模以上企业保持在90%以上、覆盖职工90%以上。二是着力提高职工素质。继续深入开展全省职工职业技能3个“两百万行动”（200万职工技术培训，200万职工技术练兵，200万职工技能比赛），参与的规模以上企业和职工比去年同期的数量都较大提高。切实发挥工会“大学校”作用，着力提高职工科学文化素质。预计今年年底，各类职业技能培训、岗位练兵活动覆盖率将达95%。三是大力发扬劳模精神。积极倡导“爱岗敬业、诚实守信、办事公道、服务群众、奉献社会”的职业道德精神。大力弘扬中国工人阶级伟大品格和劳动模范优秀品质，今年“五一”宣传表彰了一批各行各业的先进典型，157名职工荣获全国、省“五一”劳动奖章光荣称号。制定《四川省五一劳动奖状、四川省五一劳动奖章、四川省工人先锋号评选管理工作暂行办法》，深入开展“劳模关爱周”和“劳模宣传月”活动，走访慰问劳模1.1万名，发放慰问金886.32万元。

（二）着眼劳动关系新变化，把活动成效转化为维护职工权益的责任。一是坚持从源头上维护职工权益。积极参与涉及职工切身利益政策法规的制定。全面推进工资集体协商，大力开展工资集体协商“集中要约月”行动，进一步加强县（市、区）工资集体协商专职指导员队伍建设，促进企业建立健全职工工资集体协商共决机制、正常增长机制和支付保障机制。通过三年努力，工资集体协商2013年将实现全覆盖。二是广泛推进基层民主管理。大力完善以职代会为基本形式的企事业单位民主管理制度，扩大厂务公开覆盖面。到今年年底，在国有、集体及其控股企业全面建立职代会和厂务公开制度，已建工会非公企事业单位建制率达70%以上。三是积极做好工会维稳和防范抵御工作。建立完善劳动关系矛盾预警机制和应急处置机制，健全劳动关系三方协商机制，广泛参与社会事务管理，配合党委政府做好社会“大调解”等群众工作，切实促进四川藏区稳定、职工队伍稳定和社会稳定。针对四川作为全国第二大藏区和反分裂斗争第一线的特殊情况，省总成立了藏区群众工作组，通过开展走访调研、情况排查、广泛帮扶，发挥了工会组织和职工群众在社会稳定中的中坚作用。

（三）着眼民生工程新任务，把活动成效转化为促进社会和谐的实绩。一是积极推进民生项目。省总积极推动政府涉及广大职工民生项目的实施。今年，省总积极向省政府建议，将困难职工、环卫工人及疑似职业病职工的健康体检列入民生项目，省政府拨款1.8亿元为全省60万困难职工、环卫工人及疑似职业病职工进行健康体检；同时，推动省政府分4个片区建立职业病防治医院。目前，两个项目都在实施之中。二是完善帮扶平台。在全省已建成21个市级、153个县级惠民帮扶中心和823个乡镇（街道）惠民帮扶工作站、1186个社区（村）惠民帮扶工作点的基础上，积极推进惠民帮扶中心建设向街道、社区、企业延伸，形成多层次、多渠道的惠民帮扶网络体系。全省各级惠民帮扶中心为职工群众提供各类帮扶服务190.28万人（次），救助困难职工群众41.7万人（次），救助金额近1.3亿元。三是增强帮扶实效。深入实施“送温暖”、“金秋助学”、“医疗互助”、“关爱劳模”等民生工程。特困职工帮扶实现全覆盖，困难职工子女就学全资助。2012年元旦春节期间，筹集送温暖活动资金2.44亿元，走访慰问困难企业4887户、困难职工2.41万户。四是提高帮扶实力。积极争取党政赋予工会更多的资源和手段，千方百计筹集帮扶资金和送温暖资金。

（四）着眼组织建设新发展，把活动成效转化为提升工作水平的动力。一是着力扩大工作覆盖面。坚持党建带工建、工建服务党建，把工会基层组织建设纳入党建工作规划和考核体系。扎实开展“广普查、深组建、广覆盖”集中行动，不断深化“双措并举、二次覆盖”工作，推动各种所有制企业普遍建立工会组织。二是着力增强组织凝聚力。不断完善科学的考核任用制度，坚持德才兼备、以德为先的用人导向机制和长短结合、内外结合的培训机制，鼓励工会干部当好“学习实践中国特色社会主义工会发展道路”活动组织者和表率。

▶四川省总工会心系藏区职工，面对面、实打实为职工解难事办实事。

三、深入思考，在总结探索中进一步推进服务职工活动深入扎实地开展

（一）活动开展的几点体会。一是加强领导是关键。始终坚持学习实践活动及服务职工活动领导，成立专门机构、指导组，制定学习实践计划，建立信息报送、督促检查机制等。二是服务大局是根本。与服务大局、服务职工紧密结合，着力发挥组织职工、引导职工、服务职工和维护职工合法权益的重要作用，切实维护职工队伍稳定，促进社会和谐稳定。三是结合实际是前提。与今年开展的劳动竞赛、推进“两个普遍”、构建和谐劳动关系、改善民生等重点工作相结合，采取适合本地本单位的活动方式方法，取得了实实在在的成效。四是工作创新是动力。在继承中发展，在创新中前进，结合职工群众的需求和期盼，着力创新开展服务职工活动的措施。

（二）发现的主要问题。一是部分企业职工反映生活成本高工资偏低。少数企业普通一线职工特别是从事简单劳动或辅助岗位工作的职工工资收入仅维持在最低工资标准附近，且增长缓慢，同时由于今年以来物价的较快上涨冲抵了职工工资的增长，不少一线职工反映生活压力显著增加。突出反映为：衣食住行等日常生活开支大幅度增长；职工子女上学成本高，特别是外地务工人员子女上学、入校费用高；商品房房价高位徘徊，廉租房、安居房、经适房等供应量不能满足普通职工需求；看病难、看病贵问题依然没有根本解决，走访的多数困难职工、困难劳模都是因病致贫。二是劳务派遣人员权益受侵害的现象较为普遍。部分国有企业和外资企业滥用“劳务派遣”用工形式，有的企业超过三分之二的员工都属于劳务派遣工。由于劳务派遣市场的无序发展和畸形扩展，产生了同工不同酬、随意解除劳动合同、社会保障、保险缺乏、劳动者难以加入工

会和参与集体协商等损害员工利益的问题。部分企业调查显示，劳务派遣人员与用工单位职工在劳动报酬和福利待遇上差距一般在10%至30%，个别单位甚至高达1倍以上。三是结构性失业问题是当前社会较为突出问题。一方面，劳动力市场的需求结构随着产业结构优化升级出现明显分化，对文化程度较高、拥有相关技能等级的高端劳动力需求旺盛，对文化程度较低、无技能等级的低端劳动力需求则日益萎缩，突出表现在新毕业大学生和中老年农民工就业困难；另一方面，部分企业招工困难，用工压力大。大量本地优质剩余劳动力外出到沿海地区务工，致使本地企业招工困难，用工不足。四是老边穷和民族地区存在工会经费缺乏问题。凉山、甘孜、阿坝等三州民族地区，巴中、达州等老边山穷地区，自贡、达州等国有改制企业比较集中的老工业基地，困难职工困难程度较深，帮扶资金有限，存在帮扶面窄和救助标准低的问题。藏区工会还面对繁重的维稳维权任务，既要到村入户又要深入基层、企业走访排查，工作经费十分紧张。五是工会工作与广大职工期望还存在一定差距。总体上看，工会维权的法规刚性不足；工会维权的手段还比较缺乏；工会维权的机制依然不够健全；工会维权的能力亟须提高。少数基层工会凝聚力和活力不足，作用发挥不够，尤其是个别改制企业、非公企业和困难企业的基层工会面对新形势新任务，难以适应工作对象和工作环境的变化，组织和动员职工的能力明显滞后于职工的需要，一些农民工、临时工和劳务派遣工还游离于工会组织之外，工会服务职工、维护职工合法权益的能力需要进一步提高。企业工会干部普遍兼职较多，部分工会干部存在年龄偏大、能力不强，工会工作经验不足、积极性不高等问题。

（三）深入推进服务职工活动开展几点建议。一是建议进一步加强活动的指导服务。进一步强化全总对各级工会的开展服务职工活动的指导，与全总开展的第七次职工队伍大调查相结合抓好服务职工活动的延伸，带动工会重点工作推进和各项工作开展。二是建议及时开展对活动的总结表彰。注重发掘服务职工活动中的亮点和典型经验，及时发现和总结带有普遍性、规律性的经验做法，以点带面，推动活动的深入开展。三是建议进一步建立活动长效机制。建立职工诉求共性问题梳理制度等工会服务职工工作制度，把活动中的有效做法及时转化为工会干部联系基层、服务职工的长效机制，切实增强活动的实效性。树立资源意识，创新群众工作方式方法，健全工作网络，把本次深入走访的企业作为各级工会的直接联系点，借助统计部门的手段方法，建立起一套体系健全、取样规范、方法科学的工会直接掌握企情民意的制度，及时掌握企业发展状况，实现各级工会与职工群众的无缝对接，及时反馈、改进工会工作，使工会工作更好地融入职工、依靠职工、服务职工。

贵州省总工会服务职工活动总结报告

今年以来，贵州省各级工会按照全总和省总的统一部署，认真学习宣传实践中国特色社会主义工会发展道路，将服务职工活动与党政中心工作、四帮四促活动、“帮、联、驻”活动、党建扶贫工作等结合起来，纳入目标考核内容，强力推进。各级工会组织围绕“进百家企业、访万名职工”的目标，以“下企业、进园区、访职工，服务基层十二送”为载体，扎实推动全省工会重点工作七个新突破。

一、活动取得的成效

（一）“进百家企业，访万名职工”行动取得阶段性成果。全省各级工会深入重点企业、困难企业调研，面对面访谈职工、农民工，结对帮扶困难职工、农民工。据不完全统计，上半年，省总机关在服务职工活动中，共深入企业150多户，服务职工3000多名（其中，召开座谈会90多场次，与1000多名职工代表面对面交流，发放职工维权手册等宣传资料1万多册，走访慰问劳模和困难职工500人，帮助基层和职工解决困难和问题100多件）；9个市、州总工会机关干部深入企业近2100户，面对面访谈职工近10000名，结对帮扶困难职工、农民工家庭近1000户。贵阳市各级工会科级以上干部已下基层300余次，解决实际问题400多个，其中市总机关干部职工60余人次深入基层，结对帮扶职工620户，资助4.15万元救助27名患病职工，投入260.2万元资金为企业和职工解决实际困难115个。遵义市总各级工会共慰问困难职工（农民工）2.3万多人，送去慰问金649万多元，接待来信来访782件，化解矛盾纠纷700余件，配合相关部门开展就业培训5898人，县以上工会举办招聘会15场，提供就业岗位24253个，成功介绍就业6800人。

（二）积极为困难企业出实招、办实事。省人大常委会副主任、省总工会主席袁周深入黔南州开展服务职工活动，了解到久达机械厂经营困难、生产任务严重不足情况后，现场联系相关企业，给该厂拉订单，并为企业送去5万元解困资金。省总工会党组书记、副主席姚亚非在贵阳市花溪区开展服务职工活动时，黔源矿业开发有限公司反映企业用工难、招工难，技术工人缺口达到30%，工业园区周边教育资源缺失，容纳不下园区1.8万职工的子女就学等情况后，省、市、区三级总工会积极与人社部门、教育部门联系，为工业园区举办专场招聘会；促进建立园区职业技术培训中心，培养技术人才，为企业提供智力支持；通过工会届别政协委员提案等渠道鼓与呼，千方百计帮助解决好园区职工子女就学问题。毕节市各级工会将服务职工活动与深化拓展“工业强市·工人当先——工会组织在行动”主题活动相结合，在全市9个县（区）13个工业园区推动开展劳动竞赛、创先争优、“金点子”评比及“五小”活动，促进试验区经济更好更快发展。

（三）探索困难职工群众帮扶新格局，努力向“三化”建设积极推进。各级工会

▶贵州省人大常委会副主任、省总工会主席袁周到困难企业久达机械厂调研。

工作组在活动中，始终把慰问困难职工、农民工作为规定动作抓实抓好。在开展临时性帮扶慰问的同时，积极寻求社会资源，努力探索构建帮扶救助工作常态化、长效化、社会化的“三化”机制。年初，省总党组书记、副主席姚亚非在仁怀市调研时，了解到该市大坝镇相当多农民工，在省外打工多年，但由于打工期间没有签订劳动合同、没有缴纳社会保险，患上矽肺病返乡后，无从寻求赔偿，生活困难，只能在家中忍受疾病折磨致死的情况后，立即责成省、市、县三级工会今后在送温暖活动中，对这些因病返乡的农民工进行重点慰问并把他们的子女纳入“金秋助学”活动中帮扶；同时，省总工会拨出5万元专项资金，市、县两级工会再给予相应的补助，在大坝镇工会建立困难职工帮扶基金，专门救助罹患职业病的困难职工、农民工。在六盘水市开展服务职工活动时，姚亚非同志了解到六盘水煤矿机械厂多年来生产经营十分困难，绝大多数职工生活举步维艰后，由省总拨付5万元困难职工补助金，帮助该厂建立困难职工帮扶救助基金。省总副主席程安带工作组在毕节市开展服务职工活动中，了解到相当多的环卫工人工作环境不好、收入低下、生活困难的情况后，将其本年度主席资金2万元拨给七星关区环卫站工会，并要求市、区工会相应配套，建立环卫工人困难帮扶基金。贵阳市在开展服务职工活动中，结合撤销街道办事处，设立社区服务中心的社会管理创新工作，在全市88个新成立的社区服务中心同步建立困难职工帮扶站。遵义市各级工会结合“三关工程”，困难职工帮扶中心（站、点）覆盖全市所有乡镇和村、街道与社区，并向企业延伸；在全市推行职工医疗互助保险，目前全市已有13个县、区（市）总工会为本辖区内的职工办理了互助保险业务。截至7月底，为18820人次职工办理了职工互助保险，互助保障金达1140848元。今年以来，全省工会继续深化困难职工帮扶中心“四位一体”建设工作，在加强软硬件设施建设的同时，不断加强制度建设、机制建设和作用发挥。当前，全省9个市州、88个县级总工会困难职工帮扶中心79个已完成“三星”级验收授牌，遵义、安顺、毕节、铜仁和黔西南5个市州的县以上帮扶中心均获得了编制部门核定的3～5人的事业单位人员编制。同时，各级工会稳步推进困难职工帮扶中心向乡镇、社区和大中型企业延伸；有条件的单位，积极探索帮扶中心向职工服务中心转型升级，努力实现帮扶、救助、服务工作的全覆盖。

（四）不断创新活动载体，措施扎实亮点纷呈。省总实施“进百家企业、访万名职工”行动，在全省工会开展“下企业、进园区、访职工、服务基层十二送”活动。贵阳市总工会制定了《贵阳市总工会社会责任承诺书》，将履行社会责任集中在“九内容三措施”方面进行公开，并通过报刊、网络、显示屏等作出公开承诺，接受社会监督；遵义市总工会突出三个重点，采取三大举措做实服务职工活动，着重在丰富维权帮扶内容、创新维权帮扶机制上下功夫，着力在就业、就学、就医方面给予困难职工和农民工帮扶。六盘水市总工会做到三个到位：强化领导，工作机制到位；广泛动员，思想发动到位；加强调研，措施落实到位。安顺市总工会在开展活动中努力实现工会领导干部实打实挂包工业园区建会和“五比一创”制度化，下基层、企业指导工作时间量化，深入帮扶中心坐班接访面对面解决问题常态化，“四季”帮扶、依法维权做实事、解难题创新工作机制长效化。铜仁市总工会对职工群体进行分类管理，实行个性化帮扶。毕节市总工会领导干部、党员、职工挂帮联系形成阶梯分布格局，领导挂县、中层干部挂乡、一般干部联村，全员参与。黔东南州总工会结合实际，量化服务职工活动指标，建立活动联系点实行“1225”；开展活动方式实行“1234”，开展活动时间实行“1111”，检验活动效果实行“1111”；同时将“一月一主题，全年十二送”服务活动分解细化到部室。省直属企业工会提出“千名职工访谈、百名职工结对”和“一级单位走访全覆盖、二级法人单位走访60%以上”的工作目标，采取聘请工会法律援助律师、开设职工心理咨询工作室等措施，为广大职工提供政策咨询、法律援助和心理疏导等服务。省石化轻纺工会“四访四听”了解真实情况，“三帮三送”解决实际问题。省财贸金融工会给每个工作人员制作200张“面对面、心贴心、实打实服务职工在基层”服务联系卡，发到职工手中，畅通与职工群众联系渠道。省直属机关工会组织专家到挂帮点为基层提供服务。

（五）密切工会领导干部与企业职工距离，广受社会好评。一是对职工特别是一线职工的生产生活状况有了进一步了解，为职工和企业办了一批好事实事，受到企业和广大职工的欢迎。二是掌握了当前基层工会推进重点工作存在的问题和困难，有针对性给予了现场督察指导。全省各级工会在深入基层开展服务职工活动过程中，与推进今年各项重点工作相结合，及时了解掌握工作进展情况和存在的问题困难，现场进行督察指导，促进了省总十二届八次全委（扩大）会确定的七项重点工作的顺利推进。三是探索了形式多样的转变作风、联系基层、服务群众的长效机制，工会干部的作风进一步转变。在活动中，改变过去在会议室听负责人汇报工作的调研模式，下车间、进家庭，与一线职工面对面交流，实打实为职工办实事好事，并结合实际将一些好的做法提炼总结形成制度，建立长效机制。省总在上半年出台了《机关干部下基层制度》、《首问责任制》、《限时办结制实施细则》、《机关处以上领导干部参与接访值班办法》等多项制度。其中《机关干部下基层制度》规定：省总机关、驻会产业工会及“三中心”处级以上干部每年下基层时间累计40天以上，与企业工人或农村群众同吃同住同劳动每年不少于3天；一般干部每年下基层时间累计20天以上；新提拔的处、科级干部集中安排下基层15天；新招考录用的公务员安排到困难职工帮扶中心轮流学习锻炼1个月。截至7月底，省级和地方媒体对贵州省服务职工活动的报道稿件超过200件，省总工会网站、黔工网和劳动时报开设了服务职工活动专栏。省总活动办编印活动简报51期，其中被全总转载了11期。各市州和省各产业工会也都编印或上报了大量活动简报信息，充分反映活动的动态和成效，在全社会营造了服务职工在基层的强大声势，获得了较好的社会效果。

二、职工群众反映的突出问题

当前，受宏观经济环境的影响，贵州省经济增长速度出现放缓的迹象，企业生产经营受到不同程度的影响，困难企业、中小微企业承受较大的市场压力，相当多的外出务工农民工失业返乡。职工收入增长困难，就业难、招工难困境再现。职工反映的突出问题集中表现为：职工待遇偏低（典型如环卫工人）、社会保障不落实（典型如民营企业职工）、职工子女就业难，民营企业厂务公开、民主管理落实难、坚持难和作用发挥不理想，女职工特别权益得不到保障、劳务派遣工同工不同权与不同待遇，农民工劳动合同签订不理想、维权难，职业病多发和维权不乐观，国有企业改革改制历史遗留问题、部分退休职工待遇偏低引发不稳定因素等等。基层工会反映的突出问题集中表现为：组织机构不健全、经费不到位，人少事多，无钱办事。招商引资企业，特别是民营企业建会难、组织建设不规范、作用发挥不理想。此外，贵州省经济发展水平低、贫困面大，困难职工帮扶中央财政资金有限，地方配套不理想，帮扶工作全覆盖仍有遗漏，社会化、常态化、长效化帮扶机制建设仍处于探索阶段，仍有漫长的道路要走。工会组织解决问题的手段、资源有限。

▶贵州省总工会党组书记、副主席姚亚非深入六盘水市红桥新区调研。

针对这些问题，省总和各级工会按照“全会动员、全员参与、全面覆盖”的要求，积极谋划，努力作为，及时向同级党政反映和提出解决问题的措施建议。进一步加大《劳动法》、《劳动合同法》、《工会法》等法律法规的宣传，引导广大职工依法理性维权。进一步为困难企业生产经营支招使力，促进早日脱困和良性发展。进一步加大对基层工会的指导帮助，在经费回拨上尽可能向基层倾斜，切实解决基层单位的办公难题。在维权帮扶服务中，各级工会进一步加大工作力度，采取多形式，多渠道为困难职工、农民工排忧解难，解决现实问题，努力维护职工队伍的稳定，团结动员广大职工为贵州省“三化同步”、后发赶超贡献力量。

三、意见建议

服务职工活动的出发点和落脚点在于服务职工、服务基层、转变作风，克服上级工会组织机关化的通病，密切工会领导干部与职工群众的关系，永葆工会组织服务广大职工、服务企业促发展的凝聚力、战斗力。服务职工活动的实践受到广大职工的欢迎，相当多的困难企业和职工群众得到了实惠。党政对此给予了肯定，社会给予了好评。在活动中，也暴露出机关中心工作与服务基层职工群众难协调、两张皮的现象；活动参与对象、活动领域需进一步拓展，活动内容与载体需不断丰富的问题。一是建议进一步丰富服务职工活动内容，规范服务职工的活动形式，将活动作为工会组织的重要工作内容，长期化、制度化，把活动打造成工会组织的形象品牌工程。二是建议全总进一步加大对经济欠发达地区、工会工作薄弱地区的支持力度。进一步丰富活动内容、拓展活动空间，加大对欠发达地区工会的帮助指导，在办公、基建和发展上给予更多的财力、物力的倾斜帮扶，夯实欠发达地区工会服务职工的能力。组织发达省区工会对口结对帮扶欠发达地区工会组织，努力在软硬件上提升欠发达地区工会的综合服务能力，为广大职工提供切实有效的服务。

云南省总工会服务职工活动总结报告

为贯彻落实省委开展群众观点群众路线群众利益群众工作教育实行干部直接联系群众制度和全总“面对面、心贴心、实打实服务职工在基层活动”的有关要求，做好新形势下的职工群众工作，确保职工队伍和社会稳定，以优异成绩迎接党的十八大胜利召开，结合云南工会工作实际，按照云南省总工会统一安排和部署，今年2月至今，全省工会开展了“千名工会干部深入万家企业联系百万职工”活动。活动开展以来，各级工会积极行动、精心谋划，全面铺开活动，面对面、心贴心、实打实地服务职工群众，较好发挥了工会组织服务科学发展、服务社会和谐、服务职工群众的优势和作用。目前活动完成了推进实施阶段，进入了总结阶段。

一、基本情况

（一）加强领导，切实统一思想和行动。省总工会先后召开全委会、电视电话会议、机关动员大会，安排部署活动；坚持“班子主要领导亲自抓、班子成员共同抓、机关部室共同抓”工作格局，成立了活动领导小组，并下设办公室；制定下发了《关于开展“千名工会干部深入万家企业联系百万职工”活动的意见》、《省总工会机关关于开展“千名工会干部深入万家企业联系百万职工”活动的通知》。各州市总工会、省级各产业厅局（公司）工会参照省总工会模式，及时制定开展活动的意见、通知、实施方案等文件，成立相应组织机构、明确职责分工，主要领导亲自抓、负总责，研究制定了活动意见、实施方案等文件；通过召开全委会、主席办公会、动员会、培训会等形式，层层部署、广泛发动，在广大工会干部中掀起了积极参与活动的热潮，形成了一级抓一级、一级对一级负责、层层抓落实的工作局面。

（二）明确要求，强化指导服务和措施保障。省总工会要求各级工会要深入基层、深入企业、深入职工，通过开展调查研究、宣传政策法规、促进企业发展、推进重点工作，面对面、心贴心、实打实地做好新形势下职工群众工作，努力实现职工队伍状况在一线掌握、工会维权帮扶在一线实施、构建和谐劳动关系在一线推进、工会工作任务在一线落实、创先争优活动在一线开展，团结动员全省职工在建设开放富裕文明幸福新云南中发挥主力军作用、作出积极贡献。要把活动开展与推进“四群”教育、党工共建创先争优、年度重点工作有机结合起来，把职工群众的满意度、地方党委政府及企业的认可度、为职工群众办成的实事好事、化解劳动关系矛盾等作为衡量活动成效的主要依据，建立督促检查制度、考核评价机制，确保活动取得实效。要将实践中的有效举措和成功经验转化为工会干部联系基层、服务职工的长效机制，建立健全调查研究制度，完善工会干部联系职工制度，建立联系职工、联系基层目标责任制，使深入基层开展职工群众工作常态化、制度化。各级工会干部要以高昂的政治热情投入活动中去，把参加活动作为增进与职工感情、转变工作作风、提高能力素质、解决突出问题的过程。省总各部室、直属事业单位、各驻会产业工会由省总分管领导同志带队，组成了16个联系工作组，深入基层开展专题调研，在每个州市走访5家以上不同类型企业，与50名以上职工进行面对面的交流沟通，帮助企业和职工解决实际困难，同时要指导各州市总工会、省级各产业厅局（公司）工会开展活动。省总从本级预算内安排120万元，用于帮扶慰问企业困难职工、一线职工、困难农民工。

▶云南省工会党工共建创先争优暨“千名工会干部深入万家企业联系百万职工”活动表彰会议。

（三）突出重点，有针对性开展工作。活动开展以来，各州市总工会、省级各产业厅局（公司）工会结合本地区、本单位实际，引导各级工会突出重点，深入基层开展走访调研活动、实实在在地为职工排忧解难，主要做了以下工作。一是深入企业特别是中小企业、非公有制企业、改制企业、生产经营困难企业和劳动密集型企业，了解掌握企业生产经营状况、劳动关系变化以及职工思想动态、精神文化需求、生产生活和权益实现等方面的情况，掌握了各个领域、各个方面职工的诉求。二是广泛宣传《工会法》、《云南省实施〈工会法〉办法》、《云南省企业工会条例》、《云南省职工劳动权益保障条例》、《云南省职工代表大会条例》、《云南省集体合同条例》、《云南省企业工资集体协商条例》等法律法规，提高广大职工尤其是劳务派遣工的依法维权意识，引导他们通过合法理性的方式表达利益诉求，通过勤奋劳动、诚实劳动、创新劳动创造美好生活。三是积极协调相关部门和企业行政领导，切实解决职工特别是困难职工、劳务派遣工在就业、工资、社保、安全生产、住房和子女就学等方面的实际问题，切实加强了企业工会工作，发展了和谐劳动关系，维护了职工队伍稳定。四是活动开展与“四群”教育、党工共建创先争优、“两个普遍”、抗旱保民生等工作有机结合起来，内涵不断丰富、实效不断增强，党政充分肯定，职工群众普遍欢迎，树立了工会组织良好的社会影响。

（四）注重特色，活动成效明显。昆明市总以“千名工会干部走进千家企业牵手万名职工”为主题，总结了“五个联系”、“四个一四关爱”的工作经验。大理州总启动了“进企业、访职工、察实情、办实事、促和谐”活动，紧紧围绕党政中心工作，着力发展和谐劳动关系，组织动员职工建功立业。文山州县以上工会机关干部每人联系5家非公企业、对口帮扶10名困难职工、与100名职工面对面交流；基层工会干部每人联系5家车间（班组）、5名困难职工、10名一线职工。普洱市总要求各级工会大力推广“三五”群众工作法，深入企业和农民工集中的区域开展工作，推动“两个普遍”和“组织起来、切实维权”工作方针落到实处。迪庆州各级工会开展好“五个一”活动，即开展一次民情调查、形成一份调研报告、照一张相、搞一次活动和送一份温暖，在密切联系群众和为职工群众服务中做好藏区工会工作。师宗县总工会提出“135”的工作思路，即：写好1篇关于企业和职工状况的调研报告，开好30家重点企业负责人和工会主席座谈会、劳模座谈会、500人以上企业职工代表座谈会等3个座谈会，办好工会干部工运理论培训、机关领导联系帮扶困难企业、督促检查集体合同履约情况、建设“AAA”级职工帮扶中心、开展各类文体活动5件实事。富源县总工会强调在活动中突出“三抓”（抓调研、掌握实情，抓宣传、深化认识，抓结合、注重实效），切实把活动做到实处。马龙县总工会提出“三个进一步”，即：进一步深化素质工程建设，组织动员广大职工群众建功立业；进一步突出构建和谐劳动关系，有力推进工资集体协商、有效预防处置群体性事件，切实维护职工群众合法权益；进一步深化创先争优活动，扩大覆盖面、增强凝聚力，切实转变作风，深入一线、贴近职工，满腔热情地为职工群众办实事、做好事、解难事。永善县各级工会定期或不定期地集中走访企业和职工、联系困难企业和困难职工，开展信访接待；每位基层工会干部联系职工2户、调研走访不少于2次，提供调研文章不少于1篇，充分发挥工会组织的桥梁和纽带作用，为职工和企业服务。昆明铁路局建立了工会干部联系基层工作机制，局工会常委、部门负责联系3～5个基层单位工会；工会机关干部每年深入基层不得少于1个月，每月深入走访车间、班组不得少于1次，每次走访发现和解决问题不得少于1个。昆钢工会把活动与党工共建创先争优、服务型机关建设、管理水平提升年有机结合起来，推动实现三年倍增跨越千亿目标。云南交通工会在所属单位启动了“深入基层、贴近群众、帮扶职工”活动。大理市创造了“突出一个活动中心，做好两篇动员文章，成立三个调研组，抓实四项重点，做到五个结合”的工作经验。据不完全统计，各级工会干部结对帮扶困难职工4000多户，捐助资金200多万元。

▶云南省总工会主席张百如，省总工会党组书记、常务副主席王惠萍到宣威羊场煤矿看望慰问一线职工。

活动开展以来，活动领导小组办公室共出简报13期反映各地动态，全总活动领导小组有6期报道了云南省活动情况。今年4月和5月，全国机关党委常务副书记范凯声、副书记李庆忠先后两次带队到云南省昆明、大理、德宏开展服务基层活动，在听取情况汇报、实地走访慰问后，肯定了云南省活动成效。5月19日，全总学习宣传实践中国特色社会主义工会发展道路暨服务职工活动座谈会上，陈豪同志在讲话中对云南省“将活动与省委部署有机结合、走访慰问规模以上企业”的做法给予了肯定。

二、意见建议

一是全省工会工作整体水平需要提高、宣传力度需要加大，以提高社会各界和职工群众对工会组织的认知度和工会工作的社会化水平。二是部分企业受金融危机等因素影响，效益下降、职工收入偏低，企业发展和职工队伍存在一些不和谐不稳定因素，工会组织促进企业发展、维护职工权益的能力和水平亟须提高。三是领导机关对下安排工作时，应充分考虑基层承受能力和职工群众是否受益，不要只重形式、不重内容，更不要面面俱到、主次不分。要突出重点、注重实效、强化督察，防止“眉毛胡子一把抓”、敷衍了事和流于形式，进一步增强工作的计划性、针对性、实效性。四是少数工会领导机关作风不实，对基层和职工群众的情况不掌握，不能很好服务基层、服务职工群众。部分工会干部不思进取、固步自封，习惯于按传统思维做群众工作，素质和能力还不强，不适应性新形势、新任务要求。五是边疆民族地区工会工作、企业工和基层工会人少事多、工作经费不足、优势和作用发挥不明显等问题依然明显，应继续抓好抓实。六是应继续创造环境和条件，改善工会干部结构，增加工会干部锻炼交流调拨机会，解决他们的后顾之忧，提高他们干事创业的积极性、主动性。七是工会经费和建会筹备金由地税部分代收工作应进一步加强，实现应收尽收。加强工会资产管理和经费审查工作，确保工会资产保值增值并有效发挥作用。八是加大政策法规宣传贯彻力度，提高企业依法经营、职工自我维权意识，扎实推进“两个普遍”、发展和谐劳动关系，推动企业与职工互利共赢。九是巩固职工医疗互助活动品牌，进一步降低风险、提高运行质量、扩大活动受益面。在可能的情况下，提高报销比例，简化报销手续，使职工得到更多实惠。

三、工作对策

一是进一步转变作风，加大指导服务和维权帮扶力度，在表达和维护职工合法权益、推进“两个普遍”、丰富职工精神文化生活、提高职工队伍素质、大力弘扬工人阶级伟大品格和劳模精神、团结动员职工为经济社会发展建功立业等方面采取有力措施，提高工会组织围绕中心、服务大局的能力和水平。二是进一步创新思路、手段、方法和载体，围绕重点、突破难点，加快工会领导机关由活动型向为服务型转变，使全会工作更具针对性、实效性，真正做到职工群众心坎上。三是进一步加强工会组织自身建设，切实解决基层工会经费不足和专兼职干部缺乏、干部结构不合理、干部交流锻炼提拔机会少等问题。特别是要进一步加大加强县级工会、乡镇（街道）工会、基层（企业）工会建设，发挥各个层次、各个环节工会组织的优势和作用。加大对边疆民族贫困地区工会工作的支持力度，促进全省工会工作持续健康发展。四是进一步选树典型、推广经验，发挥国有企业工会的示范引领作用。以非公企业为重点领域，以农民工尤其是新生代和农民工为重点对象，加大工作力度，扩大工会组织覆盖面、增强工会组织凝聚力，做实新形势下的职工群众工作。五是进一步关心企业发展，关心职工尤其是“零就业家庭”、下岗失业人员、农民工等困难群体的生产生活，突出工资收入、安全生产、住房、社保、医疗、就业、子女就学等职工群众关心的热点、重点、难点问题，多作调查研究，及时向党政上报有价值的对策和意见建议，通过切实为职工群众办实事做好事解难事赢得党政认可、职工信赖。六是进一步强化对重点工作的督促检查力度，提高各级工会的执行力、主动性、创造性。七是做好第九期职工医疗互助活动的组织发动工作，研究风险运行和报销手续，促进活动持续健康发展。八是今年要召开党的十八大，维权维稳工作重于泰山。希望省总工会积极配合党政妥善协调不同职工群体利益，密切关注职工队伍动向，深入开展矛盾纠纷排查和化解工作，把做好职工群众思想政治工作与解决职工群众实际困难有机结合起来，确保职工队伍和社会稳定，为党的十八大召开营造良好社会氛围。九是尽快研究启动工会组织参与桥头堡建设的具体措施和项目，抓住“桥头堡”建设的大好机遇，促进全省工会工作实现新跨越、新发展。十是举全会之力，圆满召开工会第十一次代表大会，全面总结、深入宣传十年来工会工作取得的成绩和经验，扩大工会组织在党政、社会职工中的影响力，谋划好今后工作，在充分发挥工人阶级主力军作用、促进全省经济社会又好又快发展中开创云南工会工作新局面。

西藏自治区总工会服务职工活动总结报告

按照全总关于开展“面对面、心贴心、实打实服务职工在基层”活动的要求，西藏自治区总工会由西藏自治区政协副主席、区总工会主席央金，区总工会党组书记、常务副主席董春德和各副主席为组长亲率工作组，集中利用一个半月的时间，采取走访企业和职工家庭，召开座谈会，集中慰问等形式，紧紧围绕“温暖职工心贴心，工会服务在基层”主题，深入开展了“送温暖、送文化、送法律、送政策、送医送药”的“五送”和深入企业调研、征求意见活动。

一、活动开展的基本情况

区总组成7个工作组，全区各地市县、各产业（系统）工会共组成160个工作组，深入7地市、63个县总工会、区总驻村工作点和全区重点工程项目、车间班组、建筑工地、驻藏央企、区（中）直企业、各类非公企业等674家企业，慰问69458名职工，发放补助金、困难职工帮扶资金共计804.5万元；其中，走访慰问困难企业170家、困难职工5377人，发放265.41万元慰问金，走访困难职工占本地困难职工总数的72%。给企业和职工捐赠图书30930册。区总工会组织“拉萨远大农民工艺术团”深入企业一线举办文艺演出63场，观众近34276人，投入资金79.58万元；聘请了30余名司法部门的法律专家走访249家企业和职工对《刑法》、《社会保险法》、《劳动法》、《劳动合同法》等法律法规释疑解惑，投入资金18万元；汇编了进一步加强西藏自治区区保障性安居工程建设和管理的实施意见、城镇职工基本医疗保险试点完善方案的通知、最低工资标准的通知等事关职工群众生产生活的政策文件219103份，发放到各类型企业职工，投入51.05万元；组织区人民医院、区藏医院、拉萨市人民医院、区藏医学院的20余名专家送医送药，免费为25780名职工、农民工义诊，发放了价值127.43万元西药、藏药，共开展61场次；开展专项培训30场次，参加职工1345人，投入培训资金79.03万元。区总发放企业专项补助资金35万元，补助县总工会149万元。

各工作组积极回应职工关心的热点问题，做了大量释疑解惑工作，对部分企业和职工反映的突出问题，工作组给予了现场解决。央金主席走访的易贡茶场至今已有46年的历史，现有职工1337人，由于各种历史负债原因，茶场拖欠职工“五险一金”2732.78万元。在各级组织关心下，经过不懈努力，政府一次性补贴2183.3万元，116名“40、45”职工通过退休资格审查，并纳入职工医保；为136户困难职工建立了档案，完成了399名退休职工的调资工作。易贡茶场在生产经营困难的情况下，投入资金30余万元，组建了“雪域茶谷”艺术团，演出近百场；举办了“职工夜校”，为提升职工综合素质、丰富职工的文化生活，树立职工以企业为家、促进职工队伍稳定发挥了重要作用。当得知该企业扩建职工食堂资金困难时，央金主席当即表示自治区总工会给予补足35万元资金缺口，并嘱咐企业工会负责人一定要把职工食堂办好，让职工满意。

▶西藏自治区政协副主席、区总工会主席央金看望林芝地区困难职工。

企业行政负责人和职工对工会组织深入企业和职工面对面、心贴心、实打实为企业和职工办实事、好事表示了感激之情，该企业一位老职工拉着央金主席的手动情地说："多年来，工会从来没有忘记企业和企业职工，时刻把职工的疾苦放在心上，及时解决职工所需所盼所急，我们一定要永远感党恩、听党话、跟党走。"在东玛农场这家老国有企业，由于企业转停产职工生活、子女就学等方面出现极大的困难。经过协调，为7户职工解决住进了廉租房，4名职工解决了公益性岗位，生活得到改善；工作组不仅为该企业一户老职工家庭解决了儿子的公益性岗位，且搬进了政府廉租新房，这位老职工泣不成声地说"感谢党和政府，感谢工会组织"。米林农场主业为各类果树，当得知该农场苹果树病虫害严重、果品质差价低的现状，未来5年对1200亩苹果园进行改造，95名承包果树的职工将面临重大的经济问题时，央金主席指示林芝地区工会负责人想方设法通过多种渠道，加大参与力度，争取更好的政策给予帮助解决。部分企业职工反映患大病职工报销单据从个人到单位，再到医保中心，逐级上报，审核无误后再将报销费用逆向逐级返回，流程繁琐，周期长，使职工资金周转困难，甚至贻误病情。工作组将就此问题开展专题调研，协调有关部门争取简化医保报销程序，提高报销比例。部分地区及县级工会编制紧缺，工会干部配备不足、基础工作薄弱、工作任务不明确、干部素质偏低等问题。工作组表示，将制定出台相应的指导性意见，采用招聘、公益性岗位等方式，充实工会队伍。

区总党组书记、常务副主席董春德带队，区总党组成员、副主席边巴次仁，区总相关部室及医务人员组成的工作组，赴海拔4800米以上的区总工会机关驻村联系点那曲地区尼玛县文部乡南村、北村，日喀则地区昂仁县措迈乡贡琼村，日喀则地区江孜县重孜乡康庆村以及拉日铁路中铁二十一局开展了58场次慰问、宣讲、座谈、送医送药等系列活动。工作组每到一处，都对村"三老人员"、困难户、村干部及驻村工作队员进行了慰问。此次活动共慰问305人，发放慰问金104120元，发放慰问物资价值达2万余元。工作组开展专题讲座宣讲活动，董春德书记等领导结合自身经历，围绕"团结稳定是福，分裂动乱是祸"主题，深入浅出地为村里的党员、入党积极分子和村活动骨干分子就西藏和平解放以来的巨变、反对分裂、维护民族团结、法律法规、惠民政策等五个方面进行了专题培训，真正使群众入耳、入脑、入心。参加此次专题讲座宣讲活动的村民520余人，发放奖品达150余份，价值达5000余元。工作组邀请的4名藏、西医知名专家，为村民和职工开展送医送药义诊活动，共在县、乡、村和铁路建设工地开展9次送医送药免费义诊活动，同时还为行动不便的老党员、老干部、爱国爱教僧尼进行义诊，受到广大干部职工和村民的热烈欢迎。据统计，工作组共义诊9500余人次，发放了价值25万余元各类药品。工作组克服高原缺氧、路途遥远、行程紧张、连续作战的种种困难，行程7000多公里，给广大干部职工和村民开展一系列实实在在的惠民、便民活动，使广大干部职工和村民切实感受到了党和政府的关心关怀，切实增强广大干部职工和村民知党恩、感党恩、报党情、永远跟党走的信念。

西藏自治区区开展的服务职工活动呈现出以下特点，一是范围大，受益面广。此次活动走访、慰问区（中）直、七地市、县总工会以及各类企业达674余家，受益职工69458人，走访慰问面分别达到61%、70%，同时农民工、农牧民、外来务工人员得到了帮扶、资助；二是影响大，关注度高。各级党政对工会开展的服务职工活动始终高度关注，并给予了支持，区党委常委、组织部部长梁田庚作出“把面对面、心贴心、实打实服务职工在基层活动组织好、落实好”的批示，自治区政协副主席、区总工会主席央金指示“希望各级工会细化方案、认真抓好落实工作”；西藏日报、西藏电视台、西藏广播电台及各地市主流媒体对此项活动进行了系列报道，在全社会引起强烈反响；三是投入大，成效明显。此次活动各级工会投入了大量的人力、物力、财力；据统计，全区参与活动的工会干部3580人，占专兼职工会干部总人数的53.9%，各级工会投入资金804.5万元，工作组深入海拔4500米以上的农牧区、不通公路的县乡、“十二五”重点工程项目工地等总行程达52600公里。通过面对面与职工交流，心贴心地做职工思想工作，实打实地为职工和企业服务，征求企业和职工意见和建议118条，发现典型经验13个，帮助企业建立职工书屋17个，帮助企业组建工会105个。这一系列活动密切了工会干部与职工群众的血肉联系，工会干部的工作作风，得到改进，服务科学发展、服务基层企业、服务职工群众的意识、能力和水平进一步增强。

二、职工普遍反映的突出问题

在调研中各地区、各企业生产经营情况千差万别，企业和职工的困难也各不相同，反映较为集中的问题，一是部分企业特别是生产经营困难的企业职工面对物价上涨，生活成本增高，一线职工工资偏低；二是部分地区困难职工反映政府廉租房入住门槛仍然较高，希望能够再次调整；三是在职职工定期体检问题。根据《西藏自治区关于印发国有企业职工体检办法》规定，企业在职职工所需体检费由企业自行承担，每人每年体检费200元，一方面部分经济效益较差的区（地）直企业无法承担此费用，另一方面每人每年体检费200元的体检标准偏低，希望能够提高；四是企业职工希望高海拔地区的特殊行业、特殊岗位能够给予提前退休政策；五是劳务派遣公司未组建工会组织，导致劳务派遣工无法入会，他们的合法权益得不到保障。这些问题自治区总工会将做进一步深入调研，专题向有关部门反映。

三、对今后工作的几点建议

（一）切实加强维权帮扶工作，在参与加强和创新社会管理中发挥工会作用。我们出台了《关于进一步加强帮扶工作的实施意见》，通过建立健全覆盖地方和企业的帮扶体系，落实帮扶工作常态化、长效化的目标，突出救助、维权、服务等综合型帮扶，形成集困难帮扶、法律援助、推荐就业、生活救助等于一体的工作格局，实现一站式办理、一条龙服务，满足职工多样需求，把困难职工帮扶中心建成联系和服务职工的窗口，使之成为工会针对包括非公企业和农民工在内的各类型企业和最广大职工群众开展“送温暖”、“送岗位”、“金秋助学”、“大病救助”等工会服务职工的制度保障。

（二）多措并举，实现非公企业组建工会组织新突破。为把党的十七届六中全会、自治区第八次党代会、全区非公发展大会精神和陈全国书记明确提出的“力争用1～2年的时间实现规模以上非公企业党组织和工会组织的全覆盖”重要指示落到实处，上半年，我们联合自治区工商联召开了全区非公企业已建工会经验交流暨表彰大会，区党委常委、区政协党组书记、副主席、自治区统战部部长公保扎西出席会议并代表区党委做重要讲话，要求全区各级工会、工商联要不断适应新形势非公企业工会工作对象、领域等新变化，不断增强工作的针对性和时效性，努力把非公企业组建工会、发展会员工作推向深入；会议下发了《自治区总工会自治区工商联关于进一步加强全区非公企业组建工会和发展会员工作的通知》，给全区各级工会和工商联组织提出了新的更高要求，提出2012年力争实现规模以上非公企业建立工会组织净增500家以上、建会率达到40%以上，企业工会会员净增2万人以上、企业职工入会率达到40%以上的目标。同时把加强非公企业组建工会工作与激发活力紧密结合起来，着力发挥已建工会作用，着眼于激发非公企业工会干部的积极性和创造性，做到边组建、边规范、边发挥作用。

▶西藏自治区总工会在达孜工业区开展“五送”活动。

（三）依法健全劳动关系协调机制，加大劳动保障监察执法力度。与有关部门加强协调联系，进一步健全和完善劳动关系三方协调机制，督促用人单位与劳动者依法签订劳动合同，同时加大劳动保障监察执法力度。大力推行并逐步健全工资集体协商制度，对可以实行预提职工工资的行业，如建筑业，可在工程施工前，将职工部分工资作为保证金存入由工程主管部门指定的银行，待工程完工后及时发放给职工。改进和完善劳动争议调处制度，督促各类所有制企业为员工缴纳各项社会保险，坚决防止和纠正各种以损害劳动者合法权益来降低人工成本的做法。

（四）加强职工思想政治工作，提高职工队伍整体素质。认真研究新形势下职工思想政治工作的新特点和新变化，不断创新工作方法、提高工作水平。加强企业党组织建设，积极宣传党的路线方针政策，同时，大力开展对职工的理想信念教育、形势政策教育、法制教育和纪律教育，引导职工群众正确处理国家利益、集体利益和个人利益的关系。坚持正确的舆论导向，加大对工人阶级和劳动模范的宣传力度，在全社会营造劳动光荣、知识崇高、人才宝贵、创造伟大的良好氛围。要切实帮助职工群众提高自身素质，不断提高他们的学习能力、创新能力、竞争能力和创业能力，团结动员职工群众在实现西藏自治区区经济社会跨越式发展和长治久安中更好地发挥工人阶级主力军作用。

（五）加强工会自身建设，充分发挥工会组织在维护职工队伍和社会政治稳定中的作用。以服务职工活动为契机，进一步创新工会工作方式方法，始终把保持与职工群众的密切联系作为工会工作的生命线，始终把对党负责与对职工负责有机地统一起来，始终与职工群众共命运、心连心。加强和改进职工宣传思想工作，广泛开展职工群众喜闻乐见的活动，用形象生动、通俗易懂的形式宣传职工、感召职工。研究和把握新形势下群众工作的新特点新要求，不断创新工会工作方式方法，善于综合运用法律、政策、经济、行政、文化、媒体等手段和资源，增强工会在职工群众中的凝聚力。建立健全联系职工、服务职工工作制度，大兴调查研究之风，把各项工作真正落实到基层和职工群众中去，更好地凝聚和带领各族职工坚定地感党恩、听党话、跟党走。

陕西省总工会服务职工活动总结报告

陕西省总工会根据全总“面对面、心贴心、实打实服务职工在基层”活动的统一部署，在全省工会广泛开展了“派万名干部、进万家企业、访万户家庭、帮万名职工”服务职工活动（简称“四个万”活动），有力地推动了全省工会工作的全面深入开展。

一、主要做法

（一）领导重视，周密安排。积极争取党政重视和支持。省总党组2月3日向省委常委会专题汇报了中央书记处指示、全总十五届六次执委会精神和省总工作设想。赵乐际书记就工会开展“四个万”服务职工活动工作思路给予充分肯定，并就做好新形势下职工群众工作提出明确要求。省总成立了以常务副主席、副主席和厅级领导为主要负责人、以各部门负责同志为成员的活动领导小组。领导小组下设办公室，同时设综合督导组、专题调研组、宣传报道组，推进实施走访活动的各项任务。省总10个工作组按照分组和联系单位对象，加强对各自联系的市、产业和直管单位工会的工作指导和督促检查。各市、产业工会根据省总“四个万”活动实施意见和工作安排，相继成立活动领导工作机构，制定活动方案和日程安排，确定走访企业和帮扶对象，一级抓一级，层层抓落实。

（二）全员参与，广泛开展。按照工作部署，省总机关全体工会干部组成10个工作组，由厅级领导带队，分4次先后赴106个企业、1070户困难职工家庭进行了走访调研和慰问，共召开各类座谈会289场，发放宣传资料2900多册，发放职工问卷2323份，送去慰问品、慰问金30余万元，编发《活动简报》116期计1.39万份。选派11名新进机关工作人员到企业一线锻炼3个月。建立处级以上干部基层联系点、联系户制度，积极探索建立工会服务职工长效机制。全省各级工会结合实际，组织2.19万名工会干部（占工会干部总数的89.42%），深入1.3万家企业、3.28万户困难职工家庭进行走访调研和慰问，共召开党政工座谈会5846个，与14.07万名职工进行了座谈；发放各种宣传资料24万册，问卷调查职工14.42万人；发放慰问品、慰问金计1712.99万元；初步解决了435件企业和职工反映的各类困难和问题。

（三）分段实施，扎实推进。在动员部署阶段，省总结合双节“送温暖”活动，组织动员各级工会深入基层开展服务职工活动。通过开展农民工权益状况专题调研和农民工工资支付情况专项检查，深入排查影响农民工权益实现和职工队伍稳定的苗头性、倾向性问题。对全省建筑施工单位欠薪问题进行摸底排查。实施多层次、多方位、多形式的慰问帮扶活动，筹集慰问款物11165.3万元，慰问困难企业4376户，慰问困难职工、困难劳模和农民工28.76万人。在推进实施阶段，省总组成10个工作组，对应联系11个市（区）总工会、12个省级产业工会和16个省总直管单位工会，指导督促其开展活动。推进实施阶段，省总确定10个工作组分4次深入基层和企业开展活动。各组每次

▶陕西省总工会常务副主席顾东武走访省电力公司劳模工作室。

深入3个企业进行走访调研和慰问，每个企业召开若干不同类型座谈会，发放职工问卷30份，走访慰问困难职工（含困难劳模）家庭10户。

（四）加强宣传，营造氛围。一是抽调专人负责“四个万”活动的信息采集、简报编辑印制工作，随时全面反映省总工作组深入基层走访调研情况，及时发现推广基层工会开展活动中的先进典型。截至目前，省总本级已印发活动简报114期计1.39万份。二是选派《陕西工人报》记者随同省总工作组深入基层进行现场报道，在工会报刊、网站开辟专栏集中进行宣传。三是主动借助主流媒体平台，加大宣传力度，为迎接党的十八大胜利召开营造良好的社会舆论氛围。目前，全省工会开展的“四个万”服务职工活动，在社会上已经产生强烈反响。

（五）转变作风，确保实效。省总要求各工作组在活动中坚持做到“四个不”：不搞形式主义走过场，不给基层添麻烦、增负担，不搞层层陪同，不影响基层企业和广大职工日常生产生活。每次出发前，活动领导小组对完成任务指标明确提出督察要求，并于每次活动结束后进行检查。按照省委“三问三解”活动部署和要求，省总及时下发了《关于在省总机关开展“三问三解”活动的安排意见》和《关于对全省工会“四个万”活动开展情况进行督察的通知》，切实加强对各工作组和各市、产业工会开展活动情况的督导检查，及时发现问题，提出整改意见，督促和推动活动深入开展。

二、活动成效

（一）了解掌握了一些带有倾向性的问题。一是职工反映的问题，主要表现在：一线职工、困难职工、农民工、劳务派遣工的工资收入偏低，而且与企业领导和管理层人员工资收入差距过大。由于企业效益不好或亏损，一些企业长期拖欠职工社会保险金、职工遗属生活补助，职工有后顾之忧；困难职工、农民工住房困难，无力购置经济适用房；部分国有、民营企业职工带薪年休假无法落实，职工身心健康令人担忧；因病因残致贫的情况比较普遍和突出；受工资收入低，子女教育、看病、购房租房开支大以及物价上涨等生活压力的影响，困难职工群体心态不稳定，对未来生活忧心忡忡：一怕没活儿干，失去经济来源。二怕得病，无力支付高昂医疗费。三怕拆迁，无力购买新房。四怕孩子升学，付不起学费。二是影响基层工会开展工作的问题，主要表现在：在陕一些央企以集团公司要求为由撤并工会机构，以党群工作部代替工会组织；以工资总额由集团公司管理为由，回避在企业开展工资集体协商的要求。非公企业工会主席“没地位”，维护职工合法权益底气不足；改制企业工会机构合并精简，造成工会工作人员紧缺，工会工作沦为“捎带干”的工作内容；工会经费收缴不到位，一些企业难以开展工会工作和活动；部分劳务派遣单位工会组织不健全，劳务派遣工的合法权益得不到有效维护；一些工会干部缺乏与职工群众的联系，工会作用发挥不够，干部业务培训工作亟待加强等等。三是制约企业发展的问题，主要表现在：因油煤气等原材料价格上涨、生产成本提升而导致企业亏损的问题；地方政策性保护给一些企业发展带来的制约，以及促进中小型企业发展有关政策落实不到位带来的问题；企业破产重组改制中的遗留问题；由于资金短缺、招商引资困难，无力对陈旧设备进行改造升级的问题；一些非公企业生产经营规模偏小，缺乏市场竞争力等问题等。

（二）推动解决了一些职工关注的问题。对一些企业职工提出的劳模补助标准、有害工种提前退休、医保异地报销等政策问题，现场进行了解答，并对有些实际问题督促企业进一步得到解决。针对困难职工住房困难问题，积极与政府部门协商，争取扶持政策。目前与白河县政府沟通，已达成在经济适用房和廉租房分配上听取工会意见。针对国家劳动法律法规政策在企业落实不到位的问题，省总根据国家《劳动监察条例》，与省人社厅劳动监察局合作，推动省、市、县劳动监察部门向同级工会保障干部统一配发《劳动监察法律监督员证》，以加大政府执法监督力度，更好地维护职工合法权益等等。

（三）总结推广了一批典型经验和工作亮点。西安市总在开展“双千双万”活动中启动“一元关爱计划”，通过“多捐一元会费帮扶困难工友”活动，对包括农民工在内的各类困难职工实施帮扶救助。宝鸡市总工会通过“五必进”和“五必访”的形式，开展“工会干部下基层、服务职工送温馨”活动。汉中市工会以职工法律维权服务工作为抓手，深化“四个万”活动。商洛市工会通过评树一百个星级样板工会，组织一千名党政领导干部与困难职工结对“交友帮扶”，帮扶救助一万名困难职工，实施“百千万”工程。

（四）工会重点工作在活动中得到进一步推进。一是群众性经济技术创新工作深入推进。召开全省劳模表彰大会、评选表彰全省劳动竞赛先进、组织开展职工职业技能大赛，掀起了弘扬劳模精神、激发职工创造活力的新高潮。二是大力推进“两个普遍”成效显著。到5月底，全省新组建基层工会8970家，组建率75%；新发展会员19.93万人，完成任务的135%。累计组建各类基层工会联合会2573个，聘请社会化、职业化工会干部1285名。截至6月底，全省共签订工资集体合同2.97万份，覆盖企业5.25万家，覆盖职工317.27万人。推动省协调劳动关系三方下发了《陕西省企业工资集体协商工作规范》。三是送文化下基层、进企业、到一线，组织开展“文艺工作者深入职工创作实践”活动，促进了先进企业文化和职工文化建设。四是积极开展双节“送温暖”等多种形式的慰问帮扶活动，承办“全国工会就业援助月”活动启动仪式暨举办第九届全省工会促进就业再就业大型免费招聘洽谈会；启动全省工会女职工“关爱行动月”活动。五是贯彻落实全总、省委维稳工作意见，召开全省工会维稳工作会议，积极开展维护职工队伍稳定工作，有关调研报告受到中央维稳办的表彰奖励。

（五）探索建立服务职工长效机制，机关作风得到改进。积极探索建立深入基层服务职工联系点、联系户制度和定期选派年轻干部到企业一线实践锻炼制度。目前，省总12位厅级领导每人全部已确定一户困难企业作为联系点、67名处级干部每人全部已确定一户困难职工作为联系户。省总选派的11名深入企业一线实践锻炼的年轻干部已全部到岗，按要求进行为期三个月的一线锻炼。

三、下一步工作打算

（一）进一步提高认识，增强政治觉悟。在7月3日召开的省总十二届七次全委（扩大）会议上，省人大常委会副主任、省总工会主席黄玮同志作了重要讲话，就坚持工会发展道路政治方向、切实解决职工群众反映的实际问题和建立服务职工长效机制等方面工作提出明确要求。常务副主席顾东武同志代表常委会，全面总结了前一阶段活动开展情况，并对下一阶段活动提出了新的要求。会议要求全省各级工会把开展深入基层服务职工活动与学习宣传实践中国特色社会主义工会发展道路紧密结合起来，在主题中贯穿主线、在主线中体现主题，扎实推进“两个普遍”等工会重点工作，推动职工群众工作深入发展。

▶陕西省总工会召开“四个万”活动动员大会。

（二）在广度和深度上下功夫，推动活动取得丰硕成果。加大对各市、产业和直管单位工会的检查督促力度，进一步扩大活动的参与面和覆盖面。推动各级工会着重在为职工办实事上下功夫，在化解劳动关系矛盾上下功夫，在促进职工队伍和社会和谐稳定上下功夫。在全面总结分析前一阶段活动开展情况的基础上，切实抓好各项专题调研工作。各工作组根据分派的调研课题，配合全总第七次职工队伍状况调研任务，确保各项调研课题取得丰硕成果。

（三）着力推动解决实际问题，取信于职工群众。针对部分企业反映的生产经营困难，中小企业招工难、融资难等问题，主动向各级党委政府反映，积极推动出台相关政策措施予以解决；针对职工反映的就业难、工资水平偏低、房价高、医疗负担重、培训机会少、农民工子女就学难等问题，推动健全有关法律法规政策予以解决，同时切实提供就业帮扶、生活救助、医疗互助、法律援助和子女助学等服务；针对基层工会反映的组建难、维权难、经费少、人少事多工作负担重等问题，把工作重心向下沉、把工作力量向基层倾斜、把资源手段向基层集中；对于企业职工和工会反映的一些一时难以解决、需要党政部门和上级工会研究解决的问题，除向上级有关部门积极反映外，将其作为政府与工会联席会议议题予以研究解决。

（四）探索建立深入基层服务职工长效机制，推动成果转化。积极探索建立和完善处级以上干部深入基层联系点联系户制度、工会干部定期下基层调研制度、选派年轻干部到企业一线实践锻炼制度和选调基层工会干部到上级工会工作锻炼制度等机制。建立完善为职工办实事机制，完善和畅通援助中心窗口单位、工会就业培训基地、文化宫俱乐部、工会网站报刊等联系职工群众的平台和渠道；继续推广西安新城区“工会特约调解员”、汉中洋县“劳动仲裁工会派出庭”、韩城市“三站一庭”等创新做法；推行基层工会联合会“四位一体”工作模式；建立健全维护职工权益社会化工作机制，建立工会参与人大立法、执法检查和政协民主监督的工作机制，进一步完善政府与工会联席会议制度，健全省、市、县三级地方和产业协调劳动关系三方机制；探索推动基层工会实行“会务公开”，建立健全工会服务职工监督考核机制，大力开展“会员评家”活动，强化工会内部监督考评。

（五）加强督导检查，确保活动取得实效。督察和通报各市、产业和直管单位工会活动开展情况，研究解决问题和建立长效机制的思路方法，形成指导性意见，促进成果转化。通过分片、分行业召开座谈会、推进会等方式，加强指导、交流和督促。省总将在 9 月初召开全省工会“四个万”活动座谈汇报会。省总要求各工作组加强对各自联系的市、产业和直管单位工会的工作指导，督促其切实做好活动推进和总结自查工作。将深入基层服务职工活动作为工会创先争优、年度考核、领导述职的重要内容进行考核。

（六）切实做好职工队伍稳定工作，为党的十八大胜利召开营造良好氛围。认真做好职工队伍稳定状况调研，努力把矛盾化解在基层、解决在萌芽状态。通过开展“法制宣传月”活动，在全省上下掀起学习宣传贯彻《陕西省企业民主管理条例》、《社会保险法》、《女职工劳动保护特别规定》等劳动法律法规的热潮。切实做好《劳动合同法修正案（草案)》公开征求意见相关工作。做好省政府与省总工会第 23 次联席会议议题征集和专项检查工作。推动省委省政府出台《关于深入构建和谐劳动关系的意见》。加强基层劳动争议调解组织建设和工会法律援助、困难帮扶等工作。

甘肃省总工会服务职工活动总结报告

今年以来，甘肃省总工会以服务职工群众、做好新形势下职工群众工作为目标，在全省工会开展了“进企业、访职工、办实事、促发展”活动。

一、在活动安排上，突出工作特色，提出“五必进”、“五必访”

我们通过主席办公会、党组会和干部职工大会等形式，使工会干部充分认识到“进访办促”活动是贯彻党的群众路线，落实党对工会工作要求，学习宣传实践中国特色社会主义工会发展道路的具体措施。及时召开省总工会十一届四次全委会议，对活动进行安排部署，总体上把握三条要求：一是主线。把服务职工活动作为统领全年工作的一条主线，作为推动工会工作创新发展的重要手段，通过开展服务职工活动，推动工作发展；通过做好各项工作，深化服务职工活动。二是全覆盖。服务职工活动，包括各级各类工会都要开展服务职工活动，并作为贯穿全年的工作。三是突出重点。把重点放在排查各类矛盾、解决职工困难、协调劳动关系、密切工会与企业和职工的联系、推进工会各项重点工作、改进工会机关作风，为党的十八大胜利召开营造良好氛围等方面。我们制定了活动实施方案，提出做到“五必进”、“五必访”，即生产困难企业、劳动密集型企业、困难职工多的企业、劳动关系矛盾突出的企业、工会工作薄弱的企业必进；生产一线职工、生活困难职工、农民工、劳务派遣工、青年职工必访。全省 14 个市州、36 个省级产业（系统）工会、20 个直属基层和 86 个县区工会全部制定了各具特色的活动方案。

二、在活动实施上，突出工作落实，做到“三个结合”

一是领导和领导机关带头，发挥引领作用。省总把全体干部职工分为9组，把14个市州、20多个产业（系统）工会分配到各组，由领导班子成员带队分头走访。截至目前，省总9个调研组就已走访企业63户，并与11户企业、208名职工建立了联系制度。全省各级工会已走访企业2768户、职工16.79万人，发放宣传资料10万余份。县及县以上工会领导机关和产业（系统）工会领导干部至少已深入5户企业、走访5名职工家庭，联系1个地方、1户企业、1名劳模、1户职工家庭。二是督察指导，保证任务落实。省总成立了由省总主要领导任组长的活动领导小组，组成活动领导小组办公室，负责活动的日常工作；成立了4个工作小组，负责活动综合协调、材料和报告起草、宣传报道和信息收集、督察落实等工作。把活动纳入与市州、产业工会签订的重点工作目标责任书。针对部分机关干部的群众工作经验不足、开展工作不知从何做起等问题，制定了活动工作要求，提出了10项规定动作。研究制定了《个案访谈参考提纲》、《专题座谈会参考提纲》、《活动统计表》等，建立了情况通报制度，责成各调研组及时收集基本情况，撰写走访日志，报送工作信息。三是典型示范，激励争先创优。省总通过简报、新闻媒体积极宣传各级工会创造的做法经验，引导各级工会争先创优。截至目前，全省各级工会发出简报830余期，联系新闻媒体刊发各类稿件200多篇，重点对庆阳、平凉、张掖等地党政支持服务职工活动的做法，兰州、嘉峪关、省经贸工会、环县工会服务职工活动的创新做法进行了宣传推广。

▶甘肃省人大常委会副主任、省总工会主席孙效东深入企业车间调研。

三项措施不仅保障了活动的顺利进行，而且使各地工会在工作中做到了“三个结合”。一是与省委开展的“联村联户”行动相结合。各级工会把做好农民工工作、加强农民工技能培训作为切入点，在服务职工活动中积极为“联村联户”行动作贡献，帮助农民工劳务输转、提高技能、就业创业。省总从2012年帮扶资金中预拨580万元，定向拨付58个国家级贫困县总工会，开展困难农民工技能培训。二是与调查研究相结合。省总确定了10个调研课题，由各服务职工工作组结合进企业、访职工开展专题调研。截至目前，省总各调研组已个案访谈职工203名，召开各类座谈会80余次，完成了部分调研课题。全省各级工会结合调研，召开不同类型的座谈会1274场次，个案访谈职工5264名，问卷调查职工3012名。三是与推动重点工作相结合。省总广泛深入地开展学习宣传实践中国特色社会主义工会发展道路活动，推动部分地方把工会发展道路列入党校教学内容；及时征求各级工会意见，确定了今年百万职工技能素质提升活动比赛项目和承办单位，启动了职工技能比赛，举办了13项省级职工技能决赛、4项全国职工技能选拔赛和200多个工种的市州（大企业集团）级技能大赛，参赛职工35万多人次；以推动落实“与全国同步进入全面小康社会、建设幸福美好新甘肃”的奋斗目标为重点，广泛组织开展“建功十二五、促进新跨越”主题劳动竞赛，全省有7900多家企事业单位组织开展了形式多样的劳动竞赛，参赛职工达63万多人次；加大基层工会组建工作力度，使全省基层工会数净增1557个，涵盖单位数净增1634个，会员数净增54444名（截至今年5月底）；推进工资集体协商“集中要约行动”，推动省人大把《甘肃省职工代表大会条例》列入立法计划，深化和谐劳动关系创建活动，在工业园区和农民工、劳务派遣工相对集中的单位和重大项目建设工地建成了一批“职工书屋”。

三、在活动效果上，突出工作目标，赢得“三个满意”

为了保障服务活动的顺利开展，我们强化了两项保障措施。一是资金筹集安排上保障。省总本级共计安排专项资金近1000万元。每个调研组安排资金40万元，其中20万元帮扶资金用于困难职工的救助和慰问，20万元工作经费用于市县乡工会和有特殊困难的企业工会建设，9个组共计近400万元；“联村联户、为民富民”行动580万元。各市州工会也尽可能安排专项资金保障活动开展。二是党政领导支持上保障。各级工会在活动开始前和活动中，都坚持首先与党政分管和联系领导沟通情况，寻求支持和帮助。甘肃省委副书记欧阳坚亲自出席工会“进访办促”活动启动仪式，明确要求各级工会要高度重视，深入开展“进访办促”活动，努力做好职工群众工作，维护职工队伍和社会稳定。全省多数市都以市委或市委、市政府两办名义转发了市工会《实施方案》。庆阳、平凉、张掖等7个市州党委常委会听取了工会有关情况汇报，对活动提出要求，给予支持。

各级工会积极主动开展工作，使服务职工活动取得了重要的阶段性成效。一是协调解决了一些涉及企业职工切身利益的问题，赢得了企业职工的满意。各级工会坚持首先与企业、职工、劳模建立联系制度，坚持分层次召开座谈会，面对面倾听职工诉求、心贴心与职工交谈交流交朋友、实打实帮助职工解难题办实事。对走访中听到、看到的问题，能解决的马上解决，能改进的马上改进，能办到的马上就办。特别是对部分企业反映的改制后遗留问题较多，企业负担沉重，影响发展的问题，通过深入调研，及时向地方党政汇报，引起了有关部门的重视；对走访中发现的部分企业职工工资偏低、职工安全卫生条件差等问题，及时向企业提出，督促改进；部分职工因子女上学、重大疾病等原因，生活困难，调研组直接或者安排地方工会予以救助。据不完全统计，目前全省各级工会及时了解、整理企业、职工、工会反映的问题，与企业沟通，向地方党政反映，协调、推动解决涉及职工切身利益的实际问题300多个。其中，省总各调研组已慰问困难职工和劳模137名，拨付帮扶资金200多万元。另外，针对岷县“5·10”特大冰雹洪水灾害和肃北“6·5”雪崩灾害，省总还及时安排35万元资金，对受灾企业和职工进行救助慰问。二是争取党政解决了一些影响工会工作的突出问题，赢得了基层工会的满意。各级工会走访调研组坚持听取工会工作情况汇报，主动向地方党政及有关部门反映基层工会工作发展和工会经费划拨、领导班子和干部队伍建设、领导职数和人员编制等方面存在的问题，得到了重视和支持。三是围绕大局主动扎实开展工作的作风，赢得了党政领导的满意。各级工会干部通过下基层体验生活，了解基层工会，接触实际工作，深入困难企业、困难职工家庭，入户调查、走访慰问，了解社情民意，与职工群众的感情明显拉近，工作责任心和使命感明显增强，思想工作作风明显改进，许多干部撰写了深有感触的民情日志。省委副书记欧阳坚在省总工会服务职工活动的报告上专门批示：“全省工会系统开展的‘进企业、访职工、办实事、促发展’活动，是新时期进一步做好工会工作的有益探索”。

四、在机制建设上，突出服务职工，建立了“三项制度”

各级工会把健全服务职工群众工作制度作为重要目标，一是推动强化了党政重视支持工会工作制度。通过及时向党政分管和联系领导汇报活动目标要求，邀请党政领导参加活动等方式，寻求党政的重视支持，进一步强化了工作制度。二是健全完善了工会联系企业和职工制度。全省各级工会共与1319户企业、2627名职工和437名劳模建立了联系制度。三是健全了工会干部实践锻炼制度。通过组织工会干部下基层体验生活，了解基层情况，掌握社情民意，撰写民情日志，增强了工会干部的责任心和使命感，丰富了工会干部下基层的形式。

▶甘肃省总工会党组书记、常务副主席陈琳在平凉市工会帮扶中心调研。

今年7月中旬，我们召开了全省工会主席会议，对“进访办促”活动进行了阶段性总结，提出要重点做好以下工作：一是全面完成活动各项任务。进一步加强组织领导，创新活动方式，完善工作机制，强化督促检查，加大宣传力度，推动活动有步骤有计划地深入开展。二是积极推动活动成果转化。注重对活动成果的转化运用，对涉及职工切身利益的政策性问题，积极提出工会的意见主张。把办实事、做好事、解难事作为检验活动成效的重要标准，真正做到服务基层、取信职工。及时向党委、政府汇报、反映职工诉求，提出对策建议，从制度和政策层面，推动问题解决，特别注重解决一些制约工会工作深入发展的体制机制问题。三是探索建立长效机制。把服务职工活动创造的好做法、好经验，变成为工作制度长期坚持下去。进一步创新活动载体，探索工会机关干部联系基层、服务职工的长效机制，把服务职工情况纳入各级工会机关年度工作目标责任考核之中，配套建立相关激励措施。

经过半年多的实践，我们感到：服务职工活动是工会掌握职工队伍状况、构建和谐劳动关系的重要载体。通过开展服务职工活动，可以深入基层，面对面倾听职工诉求、心贴心与职工交朋友、实打实帮助职工解难题，有效了解职工生产生活与思想状况，把握劳动关系现状与发展变化，对于促进企业发展、维护职工权益、保持职工队伍稳定，具有十分重要的意义。服务职工活动是工会干部转变思想作风、增强服务意识、提升素质能力的重要途径。工会干部通过这项活动，接了地气，转了作风，得到了锻炼，也展现了作为，有效拉近了与职工群众的感情，增强了工作责任心，改进了思想作风，锻炼了能力，提升了素质。服务职工活动是创新工作方式、推动工会工作发展的重要抓手。通过服务职工活动，各级工会干部深入基层、联系职工，了解实情、摸清问题，发现典型、把握规律，特别是协调解决了一些涉及职工切身利益和工会工作中的突出问题，有效推动工作发展，赢得职工信赖、党政支持、社会认可。

鉴于此，我们认为，应该把服务职工活动制度化、常态化、长效化。应该通过以下几项措施，建立工会机关服务职工的长效机制：一是在工会系统大力弘扬党的群众路线，倡导群众意识，使工会干部始终牢记工会是党领导的群众组织，牢固树立群众观点，站稳群众立场，凡事想着职工群众，心里装着职工群众，始终与职工群众同呼吸、共命运、心连心，为深入基层、深入一线、深入职工，服务职工奠定思想基础。二是在各级工会机关普遍建立联系企业、联系职工、联系基层工会的制度，如领导联系点制度、结对帮扶制度等，并把这些制度作为对工会干部做好工作的一种基本要求、有效方法固定下来、传承下去，使服务职工活动长期坚持、发挥作用。三是把职工群众是否满意作为第一标准，在对工会机关、工会干部的考核评价中，把深入基层，服务职工、服务企业，倾听基层呼声，帮助企业和职工、基层解决困难和问题作为重要指标，把自上而下与自下而上的评价方式结合起来，保证服务职工的制度得到认真贯彻落实，确保各级工会机关、工会干部能够及时了解职工群众需求，把职工群众的呼声作为第一信号，把职工群众的需要作为第一选择，真正为职工群众谋福利、办实事，维护职工群众合法权益。

青海省总工会服务职工活动总结报告

今年以来，青海省各级工会扎实开展了“下基层、接地气、办实事”活动，取得了良好成效。

一、主要做法

（一）思想重视，行动迅速。去年，省总牵头开展全省群众工作大调研期间，认真学习领会省委书记强卫关于“群团组织要深入基层接地气”的指示精神，就如何创新工会工作方式、做好新形势下职工群众工作进行了深入思考。11 月，与共青团、妇联研究共同开展为期 4 年的“接地气”活动。今年元月 4 日，召开“全省群团系统开展‘下基层、接地气、办实事’活动（视频）动员大会”，成立领导小组，制定活动方案，进行全面安排部署。全总“面对面、心贴心、实打实服务职工在基层”活动启动后，省总把全总的基本要求、目标任务、方式方法与“下基层、接地气、办实事”活动进行对接，既全面贯彻了全总部署，又突出了青海特色，使“下接办”活动有了更加明确的方向和目标。省委书记强卫批示：“这项活动好，有利于群团组织更好地联系群众、服务基层、推动工作。”批示引起了各级党委的高度重视，各地区、各部门、各单位普遍成立了由党委分管领导担任组长的活动领导小组和工作小组，把活动纳入了重要议事日程，迅速形成了“领导小组抓面，工作小组和地方、产业工会抓片，工会干部抓点”的“点、片、面”活动格局。

（二）安排周密，要求严格。省总对开展活动提出了“三个同步”，要求各级工会同步动员、同步开展、同步落实；明确了“四项原则”，坚持统一要求、分批轮换、全员参加、工作活动两不误两促进；做到了“五个统一”：统一制定活动方案，统一开展宣传培训，统一办理民情意见转交建议函（单），统一编发宣传手册，统一印发民情日记工作日志；确定了“六个一线”工作法，职工队伍状况在一线掌握、维权帮扶在一线实施、和谐劳动关系在一线创建、工作任务在一线落实、创先争优在一线开展、职工感情在一线建立；实现了“八个坚持”，坚持参加企业生产劳动、坚持与一线职工面对面交谈、坚持到困难职工家庭走访慰问、坚持写工作日志和民情日记、坚持为企业和职工办实事、坚持与职工建立长期直接联系、坚持在职工食堂就餐、坚持轻车简从；实行了一月一小结、一月一汇总、一月一督导、一月一点评，各项严格措施规范了活动形式、约束了干部行为。各地方工会、产业工会、直属工会周密安排，扎实工作，确保了活动高起点、高标准开展。青藏铁路公司工会建立工会常委联系点制度，每名常委联系 3 个基层工会，全年走访站段时间不少于 2 个月，站段工会主席、工会干部全年走访车间班组时间不少于 3 个月，同时通过认真填写《职工问题库》、《谈心走访记录登记表》、《下基层活动情况反馈表》和建立民主信息员队伍、开通 24 小时职工热线电话等多种方式，尽最大力量帮助职工解决生产生活中的问题。

（三）活动广泛，配合密切。省总把参加活动与干部考核提拔任用挂钩，激发全体干部参与活动的积极性。机关干部全部递交了书面申请，主动请缨参加活动。全省专兼职工会干部4.28万人，深入企业、联系职工覆盖面分别占全省企业的85%以上和产业工人的95%以上。省总机关7个服务职工工作组深入110多家企业，与2000多名职工座谈交流，与219名职工建立了长期直接联系关系，分别完成了规定目标的159%、250%、273%。省总积极与全总工作组沟通，一起商讨制定活动具体实施方案，一起深入企业开展活动，一起研究解决实际问题，一起为企业和职工排忧解难，取得良好成效。活动期间，全省地方、产业工会共走访企业4980个，其中，中小微企业2840个，非公企业2650个，改制企业330个，困难企业740个，其他企事业单位250个；走访慰问职工16174人，其中，困难职工11080人，劳动模范279人，农民工2270人，劳务派遣工1248人，青年职工2918人；召开座谈会403场，其中，与企业经营者座谈132场，与工会干部座谈138场，与职工座谈133场，参与座谈会共2520人，发放调查问卷4650份，个案访谈2980人，发放宣传材料25200份，征集意见建议786条，处理意见建议163条，形成了全总、省总、州（地、市）总、产业工会、企业工会互联互动、互融互促的工作格局。

▶青海省工青妇组织开展“下基层、接地气、办实事”活动视频会议。

（四）宣传深入，方法多样。省委书记强卫给新华社青海分社、青海日报社、西海都市报社主要负责人写信：“今年以来，我省群团组织开展‘下基层、接地气、办实事’活动，促进干部作风转变，体现群团组织本质，活动有声有色，工作深入扎实，建议做些深入采访报道。”《青海日报》开设了“下基层、接地气、办实事”活动专栏，进行跟踪采访报道，发表3篇综合述评和40多篇专题报道。省电视台及时跟进报道，播放了大量活动新闻。全总服务职工活动简报刊发青海信息8期、民情日记16篇，《工人日报》报道青海活动10余次。省总编发《活动简报》140期、《民情日记》30余篇，《青海工运》、青海工会网开辟活动专栏专网，及时展示活动全貌。各地方、产业、企业工会通过主流媒体，利用工会内部报刊、网络、电视、宣传栏等，切实加强了活动宣传报道。与此同时，省总积极搭建针对性、参与性、互动性强的特色载体和多元平台，推动活动深入开展。要求每名下基层干部必须撰写《民情日记》，真实反映职工的生产生活状况；必须参加一线生产劳动，拉近与职工的距离；印制了问题转办建议单，推动有关问题的解决；组织开展了“有奖征文”、“知识竞赛”、“民情日记评比”、“服务职工优秀工会组织（工作组）”和“职工群众的好朋友”评比表彰等活动，增强了活动的实效性，扩大了活动的影响力。

二、主要成效

（一）密切了职工关系。在西宁特钢集团公司和工人们同劳动期间，省总领导了解到公司两个基层矿区还未建职工书屋，职工食堂饭菜不是很热，生产车间有害粉尘处理不彻底等问题，省总领导和企业经营管理者协调沟通，推动解决。各地方、产业工会把开展“下基层、接地气、办实事”活动与关爱职工行动结合起来，通过开展送政策、送法律、送文化、送温暖、送服务，实打实为职工办好事实事，受到广大职工的称赞。青藏铁路公司工会建立了活动督促检查制度和工会干部考核评价机制，将职工代表反映的71件问题作为重点督办落实内容，一一落实到位，职工反映良好。省重工机械轻纺工会积极协调处理了两家企业因实行新的工资考核办法和欠缴社会保险引发的职工停工事件，维护了企业正常生产经营和职工合法权益。

（二）解决了实际问题。各级工会帮助解决问题和办实事好事376件，赢得了企业和职工的一致好评。西钢集团公司因石灰岩矿停产造成经济损失6000多万元，省总工作组仅用3天时间就帮助企业解决了问题。西宁市甘河滩工业园区没有公交车，职工上下班不方便，省总工作组及时反映协调，短时间内得到了解决。职工反映工资收入偏低，省总工作组积极协调争取，回访时多数企业已为职工增加了10%～20%的工资。同时，省总工作组积极为基层办实事，协助部分企业建立了困难职工帮扶站、职工书屋等，发放困难职工帮扶资金100多万元。

（三）推动了工会工作。工会组建有了新突破，全省已建立工会的企业8054家，建会率82%，企业工会会员46.44万人，企业职工入会率97%；工资集体协商有了新进展，全省建立工资集体协商的企业3979家，覆盖职工24万人；送温暖实现了全覆盖，“两节”期间全省各级工会筹集送温暖资金4166.34万元，比去年增长38.9%，对56518户困难职工家庭进行了走访慰问，比去年增加22.4%；青海高原“工人先锋号”创建活动掀起了新高潮，涌现了一大批先进集体，更好地发挥了建设新青海的主力军作用；维权帮扶力度不断加大，全省工会系统基本实现了职工“零上访”；工会领导机关加强指导服务，强化督促检查，说基层工会不好说的话，办基层工会不好办的事，为基层工会开展工作、履行职责提供有力支持；帮助企业工会破解工作难点，推进了企业工会规范化建设，增强了企业工会活力。

（四）教育了工会干部。通过开展活动，工会干部心灵受到了洗礼、思想得到了升华，作风得到了锤炼。不少干部走了多家企业，干了冶炼工、包装工、挡车工、印刷工等多个工种，体验了劳动的艰辛，认识到工作上的不足。有干部在《民情日记》中写道，过去总抱怨工作环境差，待遇低，看到基层的现状，看到基层群众乐观向上的生活态度，感到不是组织亏欠了我，而是我亏欠了群众。

（五）转变了工作作风。工会干部走出机关、走出办公室，深入厂矿企业、车间班组，与职工同吃同劳动，面对面交流、心贴心沟通、实打实服务，倾听职工所想所需所盼，真心实意解决问题，用心丈量民情，用情排解民忧。《青海日报》述评说，“民情日记本、工作日志等每一位下基层干部都随身携带，哪一段路该修了，哪个村急需农业科技，哪一位专业户缺少资金，哪一家困难户需要救助，清清楚楚地记在工作日志上，写在民情日记中。在基层发现了什么问题，自己有什么想法，干部们还以《调研报告》的形式反映。城里的用工信息来到了村委会，企业里建立了困难职工帮扶站，在职工得到实惠的同时，下基层干部们收获的却是工作作风的深刻转变和思想观念的深刻变化”。

▶青海省委常委、省总主席苏宁深入西钢集团公司冷拔作业区跟班劳动。

（六）扩大了工会影响。省委书记强卫等省委领导对群团组织开展的“下接办”活动给予了充分肯定，作出重要批示，并多次提出表扬，要求各地区、各部门像群团组织一样，把“地气”接上。全总工作组认为青海“下接办”活动“起步早、力度大、工作实、效果好，值得借鉴和推广”。企业经营管理者说，工会积极反映企业生产经营困难，千方百计协调有关部门解决问题，真是企业的贴心人。广大职工普遍反映，工会干部与我们同吃同住同劳动、同饮同行同板凳，这是很多年来没有的，我们感觉娘家人来了，想法和意见愿意说了，也敢说了。基层工会干部说，“下接办”活动使广大职工、基层工会看到了党委政府和上级工会对企业的关心重视，看到了各级干部为职工服务的情怀、转变作风的行动，从你们热心服务职工的点滴小事上，我们找到了差距，明确了方向。

三、几点体会

（一）坚持党委领导、政府支持是搞好活动的根本保障。各级工会主动向党政汇报开展活动的思路、打算和进展，积极争取党政对活动的领导、重视和支持，充分利用党政赋予的资源和手段，切实加大工会内外资源整合力度，为活动顺利开展提供了坚强有力的保障。

（二）坚持服务企业、服务职工是搞好活动的基本要求。各级工会深入基层，悉心听取职工群众和企业反映的突出问题，及时掌握一线职工的生产生活和思想状况，主动与企业和党政有关部门沟通协调，扎扎实实为职工和企业办看得见、摸得着的实事，努力在促进企业发展、维护职工权益上取得新突破，受到了企业和广大职工的欢迎。

（三）坚持健全制度、完善机制是搞好活动的有力保证。各级工会坚持边探索边实践边总结，及时提炼固化一些好经验好做法，形成了“八个坚持”、“四个必须”、定期研究解决基层和职工反映的突出问题等制度，初步形成了切合实际的联系基层服务职工长效机制，确保了活动短期见成效与长期起作用的有机统一。

（四）坚持加强宣传、营造氛围是搞好活动的有效途径。各级工会充分利用主流媒体和工会宣传阵地，广泛宣传报道党政的重视支持，宣传报道活动的进展成效，使活动得到了充分的认可和广泛的好评，增强了活动的吸引力、凝聚力和影响力，推动了活动进一步深入开展。

四、进一步建立健全联系基层服务职工长效机制

（一）建立健全联系服务职工机制。完善工作平台，发挥工会网站、困难职工帮扶中心、12351 维权热线等窗口和平台的作用，更好地联系和服务职工群众。建立工会领导机关联系企业、工会干部联系职工制度，每名工会干部每年深入基层不少于 3 个月，每月至少联系一次职工，做到定期蹲点与经常性联系相结合，了解情况与指导工作相结合，调查研究与解决问题相结合。

（二）建立健全组织领导机制。健全领导负责制度，主要领导亲自抓、负总责，把深入基层、服务职工摆在工会更加突出的位置，定期研究解决活动中存在的问题和困难。建立定期向党委汇报制度，及时汇报开展活动的思路、重点、目标等，进一步争取党委的领导和重视，推动活动形成社会化格局。

（三）建立健全资源保障机制。建立联席会议制度，加强与人大、政府、司法等部门的联系，整合资源，合力推进服务企业、服务职工活动。建立经费保障制度，将服务职工活动专项经费列入年度预算，从资金上提供有力保障。建立工作保障制度，从时间、精力等方面为工会干部深入基层、服务职工创造条件。

（四）建立健全绩效考核机制。完善工会目标任务考核制度，把为职工群众和基层工会做好事、办实事、解难事作为考核各级工会工作业绩、考核各级工会干部工作实绩的重要内容。建立健全职工评价工会工作制度，拓宽职工民主评议渠道，把职工群众满意度作为考核的重要指标，让职工全面参与、评价、监督工会工作。

（五）建立健全激励表彰机制。建立工作表彰制度，把经常深入基层、热心服务职工作为考察干部的重要内容，在职务晋升、评先评优时优先考虑。对工作业绩突出的单位和个人进行表彰奖励，对先进典型大力宣传推广。健全工作责任追究制度，对不积极、不主动、不作为、造成不良后果的，及时提出批评直至追究责任，形成鼓励干部深入基层、服务职工的正确导向。

（六）建立健全督促检查机制。建立定期工作汇报制度，及时了解各级工会深入基层、服务职工情况，推动工会领导机关把工作重心放到基层、各级工会把工作重点放在服务职工。完善督促检查制度，通过召开专题汇报会、督察会、推进会、经验交流会等多种形式，加强对活动的督促检查，进一步形成一级抓一级、层层抓落实的工作氛围。

宁夏回族自治区总工会服务职工活动总结报告

“面对面、心贴心、实打实服务职工在基层”活动开展以来，宁夏总工会组织动员各级工会干部深入基层、深入职工，面对面地与职工交流，倾听职工意见、反映职工诉求，心贴心地做职工思想工作，与职工群众谈心交友，实打实地为职工和企业服务，取得了阶段性成效。

一、基本情况

今年以来，我们根据全总的统一部署，紧密结合自治区党委开展的“下基层、解民忧、帮发展、促和谐”和进一步营造风清气正发展环境活动，在全区工会系统中广泛开展服务职工活动。全区各级工会共成立工作组151个，其中区总成立10个，地市总工会成立23个，县区总工会成立88个，产业、直属基层工会成立30个；走访企业3674家，慰问职工42357人，有3499名工会干部参加；召开座谈会2133场，有37336名职工、工会干部和企业经营管理者参加了座谈会；发放调查问卷63417份，收回有效调查问卷62833份，个案访谈4355人，征集意见2580条。

二、主要做法和成效

*（一）突出效果抓走访，零距离与职工沟通交流增进感情。*一是深入走访。各级工会通过“走千家企业、访万名职工”大走访活动，了解企业的生产经营和劳动关系状况，掌握职工的思想动态和劳动经济权益实现等情况，并将职工利益诉求以及工会的建议对策及时向当地党委、政府进行报告。截至目前，全区各级工会共走访了3000多家企业，与4万多名一线职工、企业经营者和基层工会干部面对面地进行沟通交流，为实打实做好职工群众工作打下了坚实基础。二是全员参与。按照全总“三个全面”的要求，5月中旬，自治区总工会召开了服务职工活动推进会，全面发动、广泛动员，使每一个干部都积极投身服务职工活动，深入基层、联系职工，使每一个基层工会组织都参与到服务职工活动中来，力争实现工会干部对服务职工活动的全员参与，服务职工活动对企业工会和职工的全覆盖。目前，全区工会干部都明确了联系点，深入各街道社区、乡镇村庄，今年每个干部将走访群众不少于50户。

*（二）注重氛围抓宣讲，广泛开展学习宣传实践中国特色社会主义工会发展道路活动。*一是举办了全区中国特色社会主义工会发展道路理论培训班，先后两次举办培训班，邀请全总书记处书记江广平、中国劳动关系学院教授作专题辅导，进一步提高认识、坚定信心。购买了300册《中国特色社会主义工会发展道路学习读本》发放给区总机关及直属基层工会负责人学习。同时，将中国特色社会主义工会发展道路列入全年干

▶宁夏回族自治区服务职工活动动员会。

部培训计划，目前共举办14期培训班，1200余人参加了学习。二是成立了以几位党组成员为主讲的中国特色社会主义工会发展道路宣讲团，赴各地进行宣讲宣传，帮助广大工会干部提高对坚持走中国特色社会主义工会发展道路重大意义的认识，全面把握其科学内涵和精神实质，目前，共宣讲20多场次，有5000多职工参加。三是组织各帮扶中心专兼职律师、法律志愿者到企业、社区开展法制宣传、调解劳动纠纷、进行法律援助。开展劳模和文明标兵事迹宣讲活动，组织劳模和文明标兵开展以宣传劳模精神、幸福观教育为主题的巡讲活动。同时，充分发挥主流媒体和工会网站等宣传阵地作用，充分反映活动内容和进展成效，广泛宣传成功经验和典型事例，发挥示范导向作用，形成良好的社会舆论氛围。

（三）注重实效抓帮扶，实打实为职工排忧解难。一是进一步加大帮扶救助力度。区总在全区选择200名患癌症的困难职工，开展“爱心化疗”救助活动，每人救助1万元用于医治癌症；入户慰问500名困难职工和困难劳模；开展“手拉手”千名干部结对帮扶活动，组织全区1000名工会干部与企业困难职工、农民工结对帮扶；深入开展送温暖活动，全区各级工会共筹集送温暖资金3127万元，走访慰问困难职工7.9万户；开展“情系六盘”帮扶活动，加大对贫困地区困难职工帮扶力度，重点解决固原地区职工生活困难问题。二是不断完善帮扶救助机制。大力推广吴忠市总工会三级帮扶救助模式，加大发放“爱心卡”、“爱心粮油卡”等力度，提高救助标准和帮扶工作能力，对生活特别困难的职工家庭予以长期定补，一补3年，直到脱困；加强对下岗职工的帮扶，在西夏区老工业基地打造“工字号”创业孵化园区，为有创业愿望和能力的下岗失业人员、高校毕业生自主创业、自谋职业创造条件，进行扶持；在石嘴山市集中开展“技能培训、职业介绍、自主创业”“一站式”服务的系列活动，推动解决该地区转岗、下岗失业人员的再就业和自谋职业问题。三是竭力解决职工反映的问题。在走访调研中，各工作组对职工群众反映的问题都进行了及时研究和解决，对一些需立时解决的问题，现场办公立马解决，如对银川热电厂、宁夏丰友化工有限公司、宁夏荣盛铁合金公司等企业的6名患有癌症等重大疾病患者分别给予1万元和5000元的帮扶资金；为远离市区的企业举办“鹊桥会”相亲活动，多渠道地帮助远离市区企业青年职工解决婚姻问题，切实为职工群众排忧解难。

（四）注重大局抓发展，帮助企业解决实际困难。一是积极向党政反映，推动问题的解决。在走访调研中，自治区总工会各工作组深入各地生产经营困难的企业、困难职工多的企业和劳动关系矛盾突出的中小企业，实地了解他们的生产经营状况，研究分析企业反映的突出问题，帮助他们出主意、想办法，解决困难问题，并把工会解决不了的问题及时向当地党委政府作了专题汇报。自治区总工会对涉及中小企业融资难、支持中小企业发展政策等五个方面的十个突出问题，向自治区党委、政府写了《关于协调解决当前困扰我区中小企业经营发展有关问题的报告》，自治区主席和分管领导都作了重要批示。6 月初，自治区政府专门召开了协调会议，就工会反映的十个突出问题进行研究，逐个提出了解决办法和措施。二是尽工会所能，为企业解决困难。对工会自身能够解决的问题从不回避，都予以及时解决。针对企业反映提升技术创新能力的问题，我们决定在全区大力开展工人技术创新工作，今后全区每年培育 3 ~5 个工人技术创新工作室，每个工作室每年给予 10 万元补助，今年安排 50 万元，培育 5 个工人技术创新工作室；针对企业反映的职工文化体育设施缺乏等问题，我们将扩大基层职工书屋的配置，凡是这次服务职工活动中未配置职工书屋的企业全部配置，做到应建尽配，对确定的 20 个帮扶单位每家给予 2 万元购置体育器材的补助；同时，在困难职工较多的企业、工业园区建立维权帮扶救助站，增加帮扶专项资金的数额，为企业解决后顾之忧，推动了企业发展。

（五）突出重点抓调研，促进活动成果有效转化。一是自治区总工会机关工作组主要以规模以上、但经营困难、工会工作薄弱以及问题比较突出的非公企业为重点，了解掌握企业的结症和职工的困难，向企业出谋划策，帮助职工解决实际问题，并积极向党政进行报告，促进问题的解决。二是银川市总主要围绕中小企业、改制企业、经营困难企业和劳务派遣以及出租车行业等问题比较突出的企业开展调研，提出了解决劳务派遣工、出租车行业入会的措施和办法。三是石嘴山市总主要把调研的重点放在停产、半停产企业、经营困难企业以及转岗、下岗失业人员的培训和再就业上，提出对策、制定方案，并据此拿出 40 万元作为帮扶救助和培训资金。四是吴忠、固原市总根据本地生态移民、两新组织以及困难职工多、帮扶任务重的特点，把调研和工作重点放在帮扶困难职工、农民工上，研究提出帮扶脱困的思路和措施。五是各产业、直属基层工会把侧重点放在本企业劳动强度大、劳动保护最容易出现问题的车间、班组、岗位和一些因公伤残、因病致困等困难职工身上，切实解决职工的实际问题。目前，各级工会通过重点调研，形成了调研报告 20 余篇，其中 6 篇得到了同级党政领导的重视和批示。

（六）突出结合抓重点，工会各项工作全面推进。一是围绕自治区“三大千亿”、“五大十特”等重点建设项目和企业生产经营目标广泛开展劳动竞赛、职业技能竞赛活动，现已安排 7 项 10 个工种的职工职业技能大赛。二是成功举办庆“五一”大型文艺晚会和表彰大会，评选表彰了自治区五一劳动奖状（章）、工人先锋号和首席技师；全力做好劳模管理和服务工作，开展劳模体检和疗休养活动，组织“劳模家乡游”活动。三是进一步深化劳动关系和谐企业创建活动、厂务公开民主管理示范单位创建活动和星级职代会达标工作，召开全区构建和谐劳动关系先进表彰暨经验交流会。四是帮扶救助工作深入开展，启动全区工会“春风行动”就业招聘会，推行职工医疗互助保障试点工作，积极协助有关部门在全区建筑行业推行“一卡通”试点，开展“爱心化疗”、“情系六盘”活动。五是扎实推进工会组建工作，重点落实移民村、出租车行业、劳务派遣公司、非公企业和新社会组织的建会工作；改进工作作风，加强工会自身建设，进一步完善调查研究制度，建立完善服务职工活动长效机制。

三、存在的问题

宁夏回族自治区区服务职工活动虽然取得了一些成效，但还存在一些问题和不足，主要表现在：一是活动覆盖面还不够广，人员参与的还不够全；二是对基层工会的指导和督促检查力度不够大，对活动中一些好的经验和做法提炼总结的不够多；三是在帮助企业和职工解决困难方面力度还不够大；四是服务职工活动长效机制还需进一步建立健全。这些还需要我们在今后的工作中不断努力改进。

四、几点启示

这次服务职工活动规模大、覆盖面广、社会反响好，是加强和改进新形势下职工群众工作的一次具体举措。在活动中，全区各级工会大胆探索、勇于创新，积累了一些宝贵经验，获得了一些启示，主要有：

▶宁夏回族自治区政协副主席、区总工会主席陶源，自治区总工会常务副主席杨钊深入基层调研。

（一）服务职工活动的广泛开展，进一步拉近了工会与职工的距离。全区各级工会干部带着服务职工群众的理念、带着真心和工作热情深入企业，与一线职工谈工作、拉家常，认真听取职工群众意见、愿望和呼声，对企业的生产经营、职工的工作生活和基层工会工作情况有了进一步的了解，对职工特别是农民工的所思所想所忧所盼有了真切的感受，也让职工充分感受到工会干部是职工的娘家人，使服务职工活动成为上级与基层工作交流、工会与职工感情交融的生动载体。

（二）服务职工活动的广泛开展，进一步扩大了工会在企业与职工中的影响。各级工会在活动中紧紧围绕企业经营发展、融资、劳动就业、收入分配、社会保障、劳动安全卫生、职业培训等企业和职工切身利益问题，充分发挥资源和手段，不断加大工会办事力度，切实帮助企业解决了一些困难和问题，为职工办了一批实事好事。此外，各级工会积极推动政府有关促进中小企业发展政策措施的落实，组织开展群众性经济技术创新和劳动竞赛活动，加强职工职业技能培训，提高职工素质，为企业发展提供智力支持和人才保证，受到了企业和职工的广泛欢迎和好评，得到了各级党政的关注和肯定。

（三）服务职工活动的广泛开展，进一步促进了工运事业的发展。各级工会把活动开展的过程转化为工会重点工作落实到基层的过程，将工作重心向基层下移，工作力量向基层充实，经费投入向基层倾斜，积极为基层提供工作指导、干部培训等多种形式的服务，及时发掘提炼总结基层工作经验。特别是及时总结和提升各地工会创造的三级帮扶救助模式、爱心卡、“一卡通”、工人技术创新室、星级社区等做法，结合实际探索建立形式多样的联系基层、服务职工的制度机制，确保工会服务职工活动规范化、长效化。

（四）服务职工活动的广泛开展，进一步增强了工会干部群众观念。各级工会干部特别是领导干部坚持把开展服务职工活动作为增进与职工感情、密切与职工联系的重要契机，作为克服工会机关化、行政化倾向的重要举措，积极主动走出机关、深入一线，与一线职工、基层工会干部和企业经营者一起交流谈心、讨论工会，向基层学习、拜基层为师，与职工同吃同住同劳动，认真听取职工群众意见、愿望和呼声，群众意识和服务职工的意识不断增强。广大工会干部特别是年轻干部通过下基层长了见识，锤炼了作风，长了本事，服务职工的能力得到了进一步提高。

新疆维吾尔自治区总工会服务职工活动总结报告

今年以来，新疆维吾尔自治区始终把开展“面对面、心贴心、实打实服务职工在基层”活动作为服务自治区“民生建设年”活动的重要载体，作为构建和谐劳动关系的重要手段，作为工会重中之重的全局工作来谋划、来组织、来动员、来推动，取得了积极进展和初步成效。半年来，全区各级工会抽调15000多名专兼职工会干部、组成681个服务工作组、走进7900多个不同类型企业、14.1万多户职工家庭、召开座谈会6000多场、个案访谈19000人、征集意见建议7700多条、发现典型经验462个。服务职工活动成效显著，在全社会形成了强大声势。

一、服务职工活动基本情况和取得初步成效

（一）精心组织实施，确保了活动深入开展。一是普遍建立了工作机构。区总和各地州市工会全部成立了服务职工活动领导小组，明确了小组职责及人员分工，制定了具体的实施方案，努力做到目标、任务、要求“三清楚”；机构、人员、经费“三落实”。二是明确了任务。努力做到开展调查研究、做好宣传引导、促进企业发展、推动解决困难、抓好重点工作五项任务“同推进”，确保解决问题、锻炼干部、促进发展“三实现”。三是建立活动保障机制。区总和各级工会普遍制定了活动宣传制度、劳动关系矛盾隐患排查制度、活动的信息和统计制度、考核和督察等制度，形成一级抓一级、层层抓落实的工作格局，保证了活动的有序推进。

（二）广泛开展调研，基本掌握了职工和企业诉求。一是围绕自治区重大发展及民生问题开展调查。区总组成了8个调研组，深入乌鲁木齐市和喀什地区，与114家企业负责人、202名职工面对面座谈交流，就企业普遍反映的融资难、负担重，部分企业困难和职工反映物价高、工资水平低等问题，形成了向自治区党委的专题报告，还对问题进行跟踪，推动相关问题得到解决。二是围绕工会工作的重点和难点开展调查研究。确立了宣传学习实践中国特色社会主义工会发展道路、企业和谐劳动关系构建、“两个普遍”、帮扶创新、劳动竞赛与创先争优成效、先进企业文化职工文化等7个重点研究课题开展调研。三是围绕企业劳动关系矛盾隐患进行大排查大调研。共排查企业30886家，职工172万余人，涉及矛盾问题14类，矛盾隐患10707个。在全面调查摸底基础上，按地区、行业、轻重缓急进行分类，对已发生或可能发生的矛盾隐患做到主动排查、积极化解、掌控动态；对可能发生的群体性事件动态，及时向同级党委、政府汇报，并跟踪推动问题解决；对职工急需帮扶的问题，及时协调解决。

（三）全面推行服务职工联系卡，密切了与职工联系。把推行基层工会干部联系职工服务卡作为服务职工活动的重要载体和手段，作为落实全总提出的工会组织亮牌

▶全国总工会副主席、新疆维吾尔自治区党委常委、自治区总工会主席尔肯江·吐拉洪一行先后来到千万吨炼油控制中心和百万吨乙烯化工控制中心看望慰问一线在岗职工，并为他们送上慰问品和慰问金。

子、工会主席亮身份“双亮”活动的具体措施。明确了服务职工联系卡重点在基层，对服务项目、服务质量等进行承诺，接受职工监督，联系卡向所有各族职工群众进行发放。目前，全区推行联系卡的工会组织有15000多个，专兼职工会干部2400多人，覆盖职工110.4万多人。

（四）加强活动宣传，扩大工会社会影响。一是加大工会重点工作宣传。在天山网、工人时报分别开设了“面对面、心贴心、实打实服务职工在基层”、“劳模风采”、“当代职工”、“咱们的工会主席”等栏目，仅“当代职工”和“咱们的工会主席”共刊登典型35人，天山网主页新闻中心刊登消息共20余篇。据统计，活动开展以来，各地州市工会印发了活动宣传资料35.5万余份，目前，区总已编写简报25期，督察专报4期，有200多篇稿件在主流媒体刊登。二是运用新媒体拓宽工会宣传渠道。充分运用互联网、手机、微博等新兴传媒手段，开通了新疆工会微博，发帖300余条，目前收听近80000多人。与新疆电视台联合制作了普通劳动者公益专题片，集纳包括工人、教师、医生、科研人员、社区民警等6位普通劳动者的工作、生活情景和幸福感言。三是开展制止非法宗教宣传活动。区总大力开展“热爱伟大祖国、建设美好家园”主题教育活动，广泛开展制止非法宗教的宣传活动，开展了“三个一”活动，即发出一封倡议书、签订一份承诺书、引领一个职工家庭，教育引导职工不参与、不听信和自觉抵御非法宗教活动的影响和渗透。四是广泛开展为基层为职工送文化、送法律、送技术、送培训等活动，用先进文化影响带动职工群众。借力“百姓大舞台”，为中小、非公、困难企业的职工和外来务工人员，组织文艺节目巡回演出10多场。仅今年服务职工活动新建职工书屋470多个。

（五）推动重点工作的开展，进一步提升了服务能力和工作水平。截至6月底，全区新发展工会会员6.2万人，完成了全年任务的65.8%，新建基层工会组织942个，完成全年任务的71.4%，预置非公有制企业数据库录入组建率达到89%。各级工会积极解决基层工会的困难，推动企业开展工资集体协商、困难职工帮扶、建功立业、企业文化和职工文化建设等活动。各级工会通过就业技能培训、促进就业、自主创业等形式开展帮扶和送温暖活动，全区工会筹集4327.28万元，慰问困难职工和劳模6.2万人。广大工会干部积极踊跃把下基层开展服务活动作为锻炼自己、增长才干、施展作为的好机会，增进了对一线职工的了解，加深了对一线职工的感情，提高了工会干部在企业和职工中的信任度。

二、服务职工活动取得的基本经验

（一）自主开展活动与积极争取党政支持相结合。各级工会通过委员（扩大）会议、工会机关干部职工大会，组织与会机关干部职工学习相关文件和实施方案。通过不同层次的思想发动和骨干培训，促使各级工会干部主动参与到活动中去。各级工会积极争取当地党政和有关部门的支持。区总在部署活动时专门向区党委专题汇报得到全面的支持。各地州市的动员会部署会邀请党政分管领导参加。和田地区主要领导明确表态：要通过活动听到一线职工最真实的声音，了解职工群众最期望解决的问题，需要地委协调的，地委一定全力而为。各级工会在梳理问题的基础上积极向党政汇报，争取党政推动相关问题的解决。

（二）把调查服务与解决职工和企业的问题相结合。巴州总工会和州人社等部门举行了南疆地区民营企业招聘会和自治州民营企业招聘周活动，共有230家民营企业为求职者提供了800个岗位，进场招聘人数近5000人，有1000人达成就业意向。区总调研组和阿勒泰地区工会为贷不上款的困难企业布尔津县塑料制品厂送去了6万元帮扶资金。乌鲁木齐市总工会在服务职工活动中确定的10件实事都取得了不同程度的进展，基层工会干部培训已超额完成，“菜单式”定向职业技能培训及农民工培训完成80%，筛选企业职工创新、技术创新、技术发明和优秀合理化建议63项。

（三）把调研指导工作与推广基层典型提升基层活力相结合。在工会组织管理方面，总结推广了乌鲁木齐市高新区高新街办事处实行党群一体化建设工作机制，建立党群指导员和楼宇党群工作站制度，创新工会工作管理模式，扩大党群工作覆盖面等典型。在街道工会发挥作用方面，对克拉玛依区昆仑路街道工会发挥作用进行推广。在工资集体协商方面，总结推广了新疆华春集团工会积极推动企业工资集体协商，使员工工资增长幅度占到了企业利润的30%的典型；在和谐劳动关系构建方面，宣传了克拉玛依市赛诺公司董事长洪水琴，她从经费、人员、活动场地等多方面支持公司工会开展工作的典型。

（四）把开展服务活动与推动工会重点工作相结合。乌鲁木齐天山区以永天集团为龙头，推动小西门四个专业市场建立工会组织，实现了对3000多个工商户的组织覆盖；乌鲁木齐市总工会围绕职工技能提高，直接培训农民工4000人，组织基层开展劳动竞赛，完成企业职工创新、优秀合理化建议100个项目的筛选、评选工作。塔城地区工会把建立社区工会工作（帮扶）站作为开展服务职工活动的重要内容，全地区共建社区工会工作（帮扶）站51个。巴州总工会注入资金39万元在全州各县市建立企业困难职工帮扶站（点）13个，投入2万元为羌都枣业职工文化活动中心解决了配套设备。

（五）把抓好服务职工活动与建立长效机制相结合。一是推动了党工共建机制建立。与区党委联合下发了《以党建带工建的意见》，把工会组建纳入了基层党建工作的目标。建立了工会组建工作向同级党委分管领导和组织部门的情况通报制度，形成了各级党委领导关心和督促工会组建的良好氛围；主动参与各级基层集党建、群团组织建设、行政管理和社会服务“三位一体”的社会工作站工作，实现了党建与工会的组织共建、力量共用、资源共享，形成了组建工作的合力。二是建立了劳动关系矛盾排查和化解机制。建立了劳动关系矛盾排查和分类预警制度。每年利用一个月时间，在全疆开展企业劳动关系矛盾隐患的大排查。把排查到的信息按地区、按行业、按轻重缓急进行分类，对可能发生群体性事件动态，及时向同级党委、政府报告，并跟踪推动问题解决。对劳动关系矛盾隐患企业，逐个落实，明确责任。选树了一批构建和谐劳动关系的先进典型，推动企业与职工群众协商共事、机制共建、效益共创、利益共享。三是创新维护社会稳定工作机制。从参与社会管理的角度，建立了农民工和流动务工人员的会员管理、就业培训、困难帮扶、先进评选、法律援助、文化教育等六项办法，积极推进建立区内、区外双向维权机制，吸收了近100万农民工和流动务工人员加入了工会组织；我们重视和加强网络舆情监督，建立并培训了一支网络宣传舆情员队伍，及时处理了在网络和其他渠道反映的农民工欠薪事件。四是不断拓展困难职工帮扶机制。直接安排400万元资金，采取小额借款的方式，通过资金项目帮扶帮助困难职工。根据国家扶贫攻坚政策的调整不断扩大帮扶困难职工覆盖面，使困难职工建档户数由去年4.2万户覆盖到了12万户，新增了近8万户，初步形成了以“地级帮扶中心为骨干、县级帮扶中心为支撑、乡级帮扶中心为基础、社区厂企帮扶站点为终端”的四级困难职工帮扶网络体系。积极推动困难职工相关政策出台。多次就调整最低工资标准、增加企业内退职工收入等问题，通过人大、政协议案提案等形式，得到了党委、政府的支持。五是注重建立服务职工长效机制。首先建立活动台账制度。真实记录、客观反映活动开展情况，并由对口联系点工会组织和县市总工会盖章认可。其次建立督促检查制度，加强分类指导，定期或不定期地开展督促检查，通报活动进展情况。再次建立健全考核评价机制，把活动开展取得的成效、各级党政对活动的认可程度、职工群众满意度等纳入年终考核的重要内容，作为年终评先评优的重要依据，作为民主评议工会干部的重要内容。

▶新疆维吾尔自治区总工会党组书记、副主席李明慰问老劳模。

三、职工和基层工会反映的突出问题

（一）一线职工收入过低。职工收入虽然有了一定增长，但整体水平还比较低，在全国处于中下水平，而新疆工资水平主要靠中央企业和机关事业单位来拉动。国有企业高于非公有制企业，企业经营管理人员远远高于一线职工，相当一部分职工月收入不足2000元。

（二）部分职工面临住房、医疗、子女上学、就业等诸多困难。目前，全区共有困难职工 12 万户，涉及家庭人口 20 多万人。一些少数民族职工家庭因就业人数少、家庭人口多，生活困难。农民工也是一个困难多的群体，他们大多从事苦、脏、累、险的工作，劳动保护条件差，一旦出现问题，生活往往陷入困境。另外，他们在子女上学、生活居住、文化生活等方面都存在一些困难。一些改制企业、破产企业和困难企业职工居住的棚户区多属破旧危房，住房条件还没有得到改善。

（三）劳动关系欠规范，部分职工劳动权益受到侵害。由于有的企业对《劳动合同法》等法律理解和执行程度上的偏差，一些单位为规避对劳动者应履行的责任和义务，不与劳动者签订书面劳动合同，一些农民工、劳务合同工在同一单位工作数年，甚至数十年，单位不与本人签订无固定期限劳动合同。

（四）一些企业职工劳动生产环境恶劣。特别是矿山采掘、建筑、建材、化工等资源型企业粉尘等有毒有害物质超标，安全生产措施不到位，有的企业迫使职工违规加班、冒险作业，给职工生命安全和身心健康造成了一定的职业危害。

（五）部分企业社会保险金没有足额缴纳。目前，大部分企业只为职工缴纳养老、工伤、失业保险，而没有缴纳医疗、住房公积金等费用。还有一些企业实行“两本账”，没有按职工的实际收入缴纳社会保险。近年来，由于职工劳动经济权益而引发的劳动争议案件、群体性上访事件不断增加，劳动关系矛盾日益显现。

四、建立长效机制的建议

一是支持中小企业发展。建议全总推动有关部门加大中小企业发展扶持政策的研究制定，包括对中小企业税收减免、解决中小企业贷款难等，为中小企业的培育和发展创造有利的外部环境。二是重视解决农民工、劳务派遣工以及社会灵活就业人员的养老、医疗、住房、子女上学等问题。建议全总从国家层面推动制定切实可行的政策和措施，帮助解决他们遇到的各种困难，特别是要加快推进全国范围内社会保障接续制度的建立。三是加大对基层工会特别是乡镇街道（社区）工会工作的支持。建议全总加强与中央编办的联系，从源头上解决乡镇街道工会干部编制问题。同时，尽快制定工会职业化聘任人员的工资增长、社保缴纳、劳动合同签订等政策和制度。

新疆生产建设兵团工会服务职工活动总结报告

新疆生产建设兵团工会把开展“面对面、心贴心、实打实服务职工在基层”活动作为今年需要突出抓好的重点任务，结合实际，创造性地开展好这项活动并取得显著的成效。

一、高度重视，全会动员

（一）兵团工会机关深入基层，积极行动。一是兵团工会通过召开党组成员会议、中心学习小组会议、机关干部大会、兵团工会四届九次全委（扩大）会议学习全总有关会议和文件精神，广泛宣传学习服务职工活动的目的意义，在深入学习，广泛宣传，征求意见，制定计划，健全领导和工作机构的基础上，紧密联系兵团实际，制定印发了活动实施意见和活动实施方案。二是为了增强活动实效，按照区总工会十届六次全委（扩大）会议的总体部署，兵团工会党组研究决定，全面实行工会干部服务职工联系卡制度。三是把深入基层，加强调研走访作为活动的切入点。兵团工会多次派出分别由领导带队的多个工作组，分赴全兵团14个师及兵团各直属单位工会，并走访69个基层团场、企业，听取工作和活动汇报，召开各种类型座谈会91个场次，走访慰问一线特困职工424人次。

（二）各单位工会创造性地开展活动。农一师阿拉尔市工会在开展服务职工活动中，抓住“四个群体”（即一线农工、农民工、青年职工、困难职工），落实“四个必访”（即困难职工多的企业必访，生产经营困难的企业必访，劳动关系矛盾突出的企业必访，工会工作推进有难度的企业必访）。做到第一时间了解企业生产经营和劳动关系状况，第一时间掌握职工思想动态和精神文化生活需求等方面的情况，第一时间将职工群众利益诉求以及工会的对策建议向党委汇报反映，与职工“零距离”接触，做到“六个一”，即开展一次职工座谈、撰写一篇调研报告、挂钩一户困难职工、记录一本民情笔记、参加一次主题活动、解决一个实际问题。

二、突出重点、真抓实干

（一）和广大职工群众更加心贴心，着力开展扶贫济困送温暖活动。各级工会积极配合好各级党政开展“情系职工，温暖万家”的送温暖活动。进一步拓展兵团工会“大节送温暖，平时解困难，结对帮贫困，金秋助学难，大灾送关爱，四季不断线”的工作机制，不断丰富送温暖的工作内涵。通过大调研、入连住户、结对子、建立联系户等途径和形式，真心实意为贫困职工多办扶贫解困的实事好事。深入开展工会帮扶中心规范化建设，加大帮扶力度。

（二）以建设高素质职工队伍为目标，不断推进兵团文化和职工文化建设。各级工会进一步完善了职工书屋建设和管理，开展了多种形式的读书活动，以更高标准做好职工书屋的后续管理和使用，引导职工“好读书，读好书”。今年11月下旬兵团各级工会将举办职工读书经验交流会，进一步推动职工读书活动广泛发展。同时，还广泛开展了职工歌咏、舞蹈、健身、体育等活动，和兵团电视台联合举办的“喜迎十八大，兵团职工广场文化电视展播活动”，让职工走进教室、走上舞台、走向广场。

（三）在参与社会管理上积极创新，把“和谐小康家庭”创建活动进一步推向新境界。各级工会通过开展服务职工活动，进一步统一了思想，在全力以赴、集中力量、重点推进的基础上，奋力开拓、不断进取，扩大团场、企业和机关事业单位覆盖面，提高职工群众参与率和参与度，确保单位全行业覆盖，职工全员参与，确保取得实实在在的成效。同时，与开展“热爱伟大祖国，建设美好家园”主题教育和创先争优活动结合起来，以社会主义核心价值观和兵团精神为引领，用先进文化充实“创建活动”的内涵。

（四）以改善民生为重点，在创建和谐劳动关系上真抓实干求实效。各级工会积极参与推进各项民生工程建设，促进团场和企业发展。8月24日至26日，在十二师召开了兵团工会基层重点工作现场推进会，重点围绕服务兵团“三化”建设，总结交流了兵团各单位工会工作经验，进一步加大了推进开展服务职工活动的工作力度。兵、师二级工会深入尚未建立集体合同和工资集体协商制度的基层企业单位，督促和指导建立集体合同和工资集体协商制度。对已建立集体合同和工资集体协商制度的企业，进一步完善和规范了集体合同和工资集体协商制度。今年“五一”，兵团工会评比表彰了一批“关爱职工好企业”，进一步推动了创建和谐劳动关系企业活动深入发展。

▶新疆生产建设兵团工会党组书记、主席李广申看望慰问少数民族职工。

（五）以增收致富、推动发展为着力点，大力发展职工自营经济。各级工会把发展职工自营经济作为一项重点民生工程，同时也是服务职工活动的重要切入点，以兵团“三化”建设、经济结构调整和转变发展方式为重要契机，以从业职工年均增收增幅10%以上为目标，面对面、心贴心、实打实地指导和帮助职工解决发展自营经济的资金、技术、管理、信息和产品营销等实际问题，大力推进职工自营经济的商品化、规模化和产业化发展，大力促进职工增收致富奔小康。

（六）在维护职工权益、促进社会和谐、加强基层民主政治建设上作好文章。各级工会通过开展服务职工活动，了解掌握职工的思想动态和合理的民主权利诉求，认真落实职代会、企务公开等基层职工民主管理制度，通过多种方法、途径在提高职工参政议政能力素质上下真功夫，不断推进《兵团团场章程》中有关职工民主管理的规定和《关于进一步推进创新厂务公开、民主管理实施意见》的贯彻落实。特别是基层团场、企业工会通过开展服务职工活动，积极创新职工民主管理形式，探索职工民主管理的新途径，切实扩大基层民主，进一步推进了兵团民主政治建设。

（七）着力加强自身建设，不断提高服务科学发展、服务社会和谐、服务职工群众的能力水平。开展服务职工活动，是各级工会干部深入基层、联系职工，与一线职工面对面、心贴心，为一线职工群众做好事、办实事、解难事，改进工作作风，提高工作能力的一次重要的实践锻炼。近一年来，兵团广大工会干部以高度的政治责任感和使命感，以牢固的群众观念和服务意识，全心全意、积极主动地投入服务职工活动中去，改进作风，学习知识、提高能力、增强本领，端正服务态度、改进服务质量、提升服务水平。同时各级工会积极推进党建带工建工作，在开展服务职工活动中全面加强工会自身建设，高度重视工会组建工作，以新建企业为组建重点，以农民工、劳务工为会员发展重点，以扩大基层组织覆盖面为目标，力争做到组织网络健全、维权工作到位、作用发挥明显。特别是为了做实服务职工活动，兵团工会今年进一步加强自身建设，对工会工作全面实行了绩效管理，从工作纪律、态度、效率、质量等各方面都有了进一步的提高和增强。

三、加强领导、务求实效

为加强领导，成立了兵团工会服务职工活动领导小组，由兵团工会领导任组长、副组长，兵团工会各部门负责人为成员。领导小组下设办公室，办公室设在兵团工会办公室，内设综合协调组、专题调研组、宣传报道组、督导检查组。各师、各单位工会都成立了相应组织机构，主要负责人切实履行好第一责任人的职责，一级抓一级、层层抓落实。要以各级工会重点工作的发展进度、发展水平以及职工群众的满意度、党政的认可度、为职工群众办成的好事实事等作为衡量开展服务职工活动成效的主要依据。一是突出活动重点，各师、各单位工会全面了解本单位重点困难团场、企业以及重点特困职工的情况、困难职工帮扶工作情况，各团场、企业工会准确掌握重点困难单位和重点贫困职工家庭具体情况，各连队、车间和社区工会全面熟悉掌握贫困职工家庭具体情况；二是普遍建立了“服务职工联系卡”制度，有效地开展服务职工活动；三是各级工会领导和部门分片挂钩负责，明确目标、责任和分工；四是层层加强对活动开展的督导、检查和服务；五是及时总结活动开展的鲜活经验，树立宣传典型，评选表彰先进；六是把活动开展工作纳入年度考核和各类先进评选。

四、服务职工活动的基本情况

（一）全面展开，多措并举。一是学习基层，二是调研一线，三是走访职工，四是督导检查工作，五是协调解决问题和困难。如农十师工会在开展服务职工活动中，动真情，干实事，解难题，变“职工上访”为“干部下访”，将上访常访职工作为工会干部必访对象。农九师工会一是坚持问题导向，深入调查研究；二是坚持正面引导，积极回应职工群众关切的热点问题；三是围绕师党委“唱响田园牧歌，科学发展九师”目标，广泛开展主题竞赛活动；四是深挖“龙珍精神”和小白杨戍边文化内涵，加强和推进文化大发展大繁荣。五是坚持以职工为本，推动解决困难。农二师工会开展服务职工活动体现了“三个三”的原则。一是把经济效益不太好或困难职工较多的单位、地处偏远或者少数民族较多的单位、工会工作薄弱或者新成立工会组织的三种单位作为调研重点单位；二是以困难职工、基层职代会的职工代表、基层工会干部等三方面人员为重点调研对象。三是重点征求生产一线职工、基层工会干部、基层党政领导干部三方面人员对师工会工作的意见和建议。农二师工会领导干部组成4个工作组，近1年来，走遍了全师所有团场、企事业单位，与数千名职工群众进行了面对面交流。

（二）实施联系卡制度，确保活动收效。自治区总工会十届六次全委（扩大）会议认真贯彻全总部署的服务职工活动，态度坚决、行动迅速、工作创新，为了增强各级工会干部的责任感，推行了联系卡制度。兵团工会党组研究下发了《关于实行工会干部服务职工联系卡制度的通知》，要求从兵团机关带头，每位工会领导和机关部门挂钩帮扶2户贫困职工，而且保证不脱贫、不脱手。今年结合调查走访活动，已把每个挂钩职工走访了一遍。近六年来，兵、师、团、连四级工会干部与3300多户困难职工进行了结对帮扶，目前已有1900多户职工脱贫。

（三）突出办实事，职工得实惠。一是兵团工会今年继续着力推进职工书屋的建设，购置了1500万元各类图书，为天山南北30个城镇化建设重点团场的每个职工书屋配置50万元的图书，逐步使师、团、连、机关、企事业单位的职工书屋实行全覆盖。二是继续着力搞好对困难职工的帮扶工作。去年共筹集帮扶资金4521万元，帮扶困难职工、农民工84000多人次，其中，为金秋助学筹措资金678万元，资助1612名特困职工和农民工的子女入学。今年“三节”期间，兵团各级工会共筹集送温暖款物总额2742.726万元，发放款物2578.92万元，慰问困难企业238家、困难职工33683户、困难农民工1497户、困难劳模503户。今年更好地发挥了联系175个团场、70多个大企业、大社区，共240多个帮扶工作站、点的工作积极性，使在册管理的近6万名困难职工得到了更多的实惠。三是在积极推进职工自营经济发展，增加职工收入方面，下功夫、办实事。通过各级工会积极牵头协调，在各级党政的大力支持下，13个农业师为职工自营经济发展，贴息贷款3.29亿元，师、团两级行政为职工贴息1942万元，使6581

▶新疆生产建设兵团工会机关服务职工活动调研组开展活动。

户职工受益。四是结合农业现代化推进和产业结构大调整，着力加强职工经济技术培训。去冬今春，兵团各农业师工会培训农产品经纪人400人次，致富带头人886人次，特色林果22010人次，大棚种植2750人次。加大了对农民工的培训力度，对7200多名农民工进行专业技术培训，比去年增加了近3000人次。五是在突出办实事，求实效，让职工得实惠上面真下功夫。通过多种方法，多种途径，深入基层、了解职工的所急、所盼、所忧、所怨，并尽最大可能去解决问题，让职工群众满意，结合学雷锋活动、争先创优活动的开展，工会干部大办实事好事。

（四）党政重视支持，增强推进力度，扩大活动范围。兵团各级工会开展服务职工活动，得到了兵团各级党政的高度重视和大力支持，并给予高度评价，同时，要求党政机关学习和借鉴，并与兵团作风建设年、创先争优等活动结合起来。十二师以党委名义发文开展服务职工活动。一是牢固树立群众意识和服务意识，面对面与职工交流，倾听职工意见、诉求；心贴心做职工思想工作，了解实情、释疑解惑，谈心交友、增进感情；实打实为职工和团场、企业服务，出实招、办实事，维护职工权益，促进社会和谐。二是通过入连住户、建立联系户、困难职工转岗培训、法律援助等多种途径和形式，切实为贫困职工办实事、好事，把服务职工活动落到实处。三是加大社会管理服务创新力度，扩大企业和机关事业单位覆盖面，提高职工参与率。四是完善和规范集体合同和工资集体协商制度，努力提高履约率，建立激励机制，构建和谐劳动关系。五是指导和帮助职工解决发展自营经济的资金、技术、管理、信息和产品营销等实际问题，大力促进职工增收致富奔小康，力争使职工年均增收10%以上。六是通过多种方法、途径在提高职工参政议政能力素质上下功夫，不断推进《关于进一步推进创新厂务公开、民主管理实施意见》的贯彻落实。兵团党委副书记、司令员刘新齐批示："十二师开展面对面、心贴心、实打实服务基层、服务群众活动是深化作风建设年活动的具体行动，六条做法值得总结推广。"

五、问题和建议

一是服务职工活动我们在认识上、行动上尽了最大努力，但与全总的要求和职工群众的期盼还有一定的差距，各单位工会开展服务职工活动也不均衡，还需要进一步加强组织领导，深入推动实施，不辜负全总的希望和职工群众的期盼。二是非常感谢全总动员19个省市工会开展援疆工作，我们学到了经验，得到了实惠。但各省市援疆工作发展也不平衡，我们自己要更多努力，也请全总进一步引导督促，使援疆工作发挥更大作用，取得更大收效。三是兵团工会干部队伍从总体上说能吃苦耐劳、爱岗敬业、乐于奉献，但在能力、素质、工作方式方法等方面需要进一步学习提高，请全总在工会干部培训考察工作中，再多向兵团工会倾斜。

中华全国铁路总工会服务职工活动总结报告

全总“面对面、心贴心、实打实服务职工在基层”活动开展以来，铁路各级工会组织和专兼职工会干部积极响应，以群众路线再教育为切入点，切实把握服务职工群众、密切党群干群关系两个重点，深入基层、走访一线，慰问职工、解决问题，深入调研、建立机制，在进一步发挥桥梁纽带作用、促进铁路科学发展等方面起到了积极作用。

一、以群众路线再教育为切入点，统一思想强化组织

（一）解决为什么开展服务职工活动的问题，在强化思想共识上下功夫。年初，按照全总要求对服务职工活动作出部署后，针对部分基层工会同志“自己本身在基层，天天和职工打交道，开展这样的活动是否有必要”等思想疑惑，铁总及时召开常委会，率先统一思想。同时，要求各铁路局（公司）工会组织全体工会干部认真学习全总关于开展服务职工活动的重要意义，明确工作要求。在此基础上，铁总以《情况通报》第1期，转发了西安铁路局工会关于开展群众路线再教育的通知，并推荐了毛泽东、邓小平、江泽民、胡锦涛等中央领导关于群众路线的重要讲话20余篇，要求全体工会干部认真学习。通过学习，使大家感到：服务职工活动是坚持以人为本、贯彻党的群众路线的生动实践，是推进铁路科学发展、维护职工群众利益的具体体现，是转变工会干部作风、加强自身建设的客观要求等，对于提高铁路工会干部的思想认识，强化共识，积极投身服务职工活动起到了积极的促进作用。

（二）解决如何推进服务职工活动的问题，在明确主体思路和方案上下功夫。结合铁路工作实际，铁总确定了自身的活动主题，即推进铁路科学发展、维护职工群众利益。要求把握两个重点，即强调立足服务和深入基层。通过活动开展，达到建立一个网络、五个摸清、一个增强、两个促进的工作目标，即建立起铁总覆盖全路、有针对性地联系和服务基层网络；摸清所联系单位的安全生产情况、困难职工和异地工作职工生活困难情况、“三线”（安全线、文化线、卫生保健线）建设及改善职工生活措施落实情况、职工思想状况及诉求情况、基层工会组织作用发挥情况，增强指导基层工会工作的针对性和实效性，促进安全生产和职工队伍稳定，服务铁路科学发展。铁路各单位工会也结合自身实际，制定了切合实际的活动主题和目标，如，郑州铁路局工会确定了“访民情、汇民智、释民惑、解民忧、惠民生”的活动主题，西安铁路局工会确定了“使广大职工多受益、工会组织增活力、企业发展添动力”等目标，对活动开展起到了重要的指导作用。

（三）解决服务职工活动如何扎实推进的问题，在严格措施强化作用上下功夫。为了防止活动走过场，我们提出了铁总常委在活动中的基本要求，即建立基层联系点，坚持深入基层走访，坚持与职工结对子联系，认真撰写民情日记和搞好阶段总结等，并明确了“听、谈、访、看、帮”五个规定动作及具体内容，特别是对实现“两个促进”

的目标细化标准和措施，对服务职工活动进行评比。同时，利用《铁总督办通知书》督促活动开展。在铁总的带动下，各单位工会采取建立《谈心记录单》、《调查研究报告单》、《跟班作业单》等基础资料，印制《民情日记》专题记录本，实施月度通报，同工作业绩考核挂钩等措施，确保了活动的顺利开展。

二、以服务广大职工群众为重点，深入走访解决问题

往哪走，怎么走，是深入基层开展走访活动首先要解决的问题。我们针对自身实际，确定了“到矛盾集中的地方、到管理难度大的地方、到条件艰苦的地方”的指导思想，提出了在走访过程中要“当好铁路形势任务的宣传员、反映职工困难的信息员、解决实际问题的调解员、工会重点工作的辅导员、紧贴现场职工的服务员”的明确要求。要求做到“三个走进”，即走进最前沿一线班组，走进最困难职工家庭，走进最偏远生产站区。在活动实践中，铁总11名常委走访了60个偏远站区和班组，了解民情，进行慰问。一段时间来，到一线走访，成了各级铁路工会干部的自觉行动。如，中铁建筑总公司工会负责同志克服高原反应，走进铁路施工点检查指导工作，使正在施工的参建职工感到振奋。大连机务段一名工会副主席走访归来，撰写了《感怀那偏远的班组——工作纪实》等。目前，铁路各级工会组织共有13000多名专兼职工会干部参与了走访活动，走访站段（分公司）3580个、班组21227个；与37127名职工群众结对子，其中，基层工会干部7685人，劳模先进19029人，困难职工184413人；共发放慰问款9.19亿元。

▶中华全国铁路总工会主席何玉华率服务职工工作组在北京车辆段走访。

在走访过程中，我们始终把为职工解决实际问题摆在突出位置，坚持“三个立即解决”的指导思想，即对影响职工运输安全生产的问题立即解决，影响职工基本生产生活的问题立即解决，影响职工队伍思想稳定的问题立即解决。目前，从全路层面，在铁道部党组的大力支持下，铁总从承担部改善职工生活领导小组办公室职责的角度，协调和会同有关部门着重解决了五个方面的重点问题：

一是全面推进“三线”建设。据不完全统计，目前各单位共投入近20亿元，对一线职工生产生活设施进行改造，优先解决了部分地区职工吃水难、住宿难、洗澡难等问题。二是继续加大“三不让”帮扶救助力度。上半年，共支付救助资金3.86亿多元，其中，救助困难职工家庭7.8万户，1.81亿元；资助困难职工子女入学60人，12.83万元（9月份入学时将大量投入）；救助患病职工12.49万人，支付2.05亿元。三是督促

个别施工单位解决拖欠农民工工资问题。下发《铁总督办通知》，及时清理了拖欠的农民工工资，并责成有关单位举一反三，建立防止拖欠职工和农民工工资的预警机制。四是解决通勤职工乘车难问题。由于前几年铁路运输生产力布局调整、站段合并，致使异地工作职工增多，加上原来铁道部规定通勤职工不能乘坐时速 200 公里以上动车，给一些通勤职工带来不便。为了解决这一问题，铁道部根据职工群众的反映，同有关合资方多次协调，最终修订了《铁路乘车证管理办法》、《合资铁路公司职工使用铁路乘车证暂行办法》等。同时，各铁路局通过增加通勤车次、增设停车站点等措施，最大限度地为职工通勤提供便利。五是解决机车乘务员就餐问题。同铁道部有关部门一同调研，出台了《关于解决机车乘务员出乘就餐问题的指导意见》（铁运〔2012〕91 号），这一文件的制定，有望全面解决长期以来机车乘务员上线后的就餐难问题。此外，发挥铁道部维护职工群众利益改善职工生活领导小组办公室设在铁总的有利条件，协调推动职工工资收入持续增长，今年以来，在提高经济效益前提下，实现职工工资增长 13%；确定了完成保障性住房建设 12.28 万套的年度目标，目前，各铁路局正在全面组织实施。

铁路各单位工会针对职工群众的反映，积极向党政领导汇报，协调解决了一大批实际问题。如沿线职工在较大城市落户问题、文体活动设施更新问题、职工宿舍修缮问题、提高饭菜质量问题、快速审批医疗补助款问题等等。特别是在走访中，一些工会干部当场拍板解决问题，使职工群众备受鼓舞。据统计，目前铁路各级工会干部共征集发现各类问题 14555 个，解决 12060 个，使广大职工真切感受到了服务职工活动带来的成效。

三、以密切党群干群关系为重点，广泛调研探索长效机制

（一）针对难点问题进行调研。例如，机车乘务员就餐难问题，可以说是自有铁路运营以来就存在的老大难问题。为了彻底解决这一难题，在铁道部党组的关怀下，我们同铁道部运输局机务部、劳卫司，一同到哈尔滨铁路局、北京铁路局进行调研，提出了由铁路局工会、财务、计统、劳卫、机务、运输、调度、防疫以及行车公寓共同协调解决的指导意见。目前，正在积极推进，受到广大乘务员的好评。

（二）针对普遍性问题进行调研。例如，针对部分基层车间班组民主管理不够透明，职工民主权利不能得到有效维护等问题，北京铁路局工会先后到所辖的 22 个站段 150 个班组进行调研，针对存在的部分车间、班组专兼职工会干部能力不足，精力不够，制度难以落实等现象，提出了切合实际的解决方案，铁总及时向全路转发，对于促进基层民主建设起到了积极作用。

（三）针对热点问题进行调研。铁路各级工会根据职工群众反映，对职工群众反映的工会经费收缴、建家建线、职工文化、农民工管理、海外员工待遇、女职工特殊权益维护等热点问题展开调研。如呼和浩特铁路局工会针对职工反映较多的职工福利采购工作进行深入调研，提出了“符合职工意愿、规范采购程序、严格财经纪律、提升福利质量”的意见和建议，引起铁路局党政领导的重视，责成有关部门制定了《全局职工福利采购管理工作办法》，杜绝了一些违规操作现象的发生。截至目前，各单位工会共形成各类调研成果 548 个。

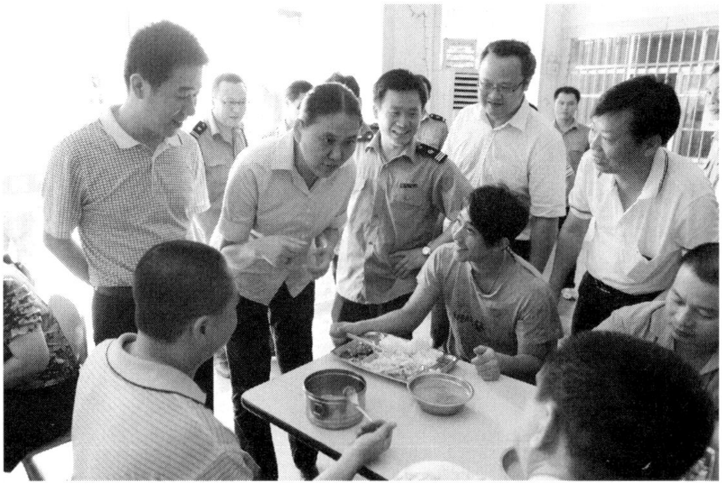

▶广州铁路集团公司工会主席孙洁到一线偏僻站区调研职工生产生活情况。

在调研的基础上，根据走访发现的疑难问题，以及个别工会组织联系职工群众方面存在的差距，初步研究制定了相关长效机制。如在改善职工生活方面，建立了铁道部维护职工群众利益、改善职工生活领导小组联席会议制度。工会承担了领导小组办公室的职责，在协调解决职工生活问题方面发挥了积极作用。在密切联系职工方面，铁总建立了《常委联系点制度》、《职工维权热线电话制度》；基层单位工会制定了《文明接待制度》、《限期答复制度》、《意见反馈制度》、《民情民意恳谈会制度》、《困难职工入户走访制度》等。在服务一线职工方面，一些单位建立了《异地职工岗位轮换制度》。在促进基层工会组织建设方面，部分铁路局工会修订了《工会目标责任制考核办法》等。截至目前，各单位工会共建立完善密切联系职工群众制度732个，对于巩固服务职工活动成效起到了重要作用。

通过近半年的活动开展，我们有三个方面的体会：

一是职工群众的期望要求我们必须深入基层。这次深入基层，感到职工群众对工会组织寄予了很大希望，给予了充分信任，讲出了许多真心话，反映了许多期盼解决的问题。由此我们感到，各级工会组织只有转变作风，重心下移，多深入职工群众，才能更直接、更全面地了解他们的需求和困难，有针对性地解决好他们最关心、最直接、最现实的利益问题，不辜负职工群众对我们的希望和重托。二是创新工会工作要求我们必须深入基层。在基层走访中，我们学到了大量来自基层工会干部首创的先进工作经验，感受到了各类劳模先进在工作岗位上特有的个人魅力，领略到了在平凡岗位上坚守数年普通职工的奉献精神，这些在机关和办公室中无法想象，更无法得到。用一些工会干部的话讲，工会组织是群众组织，只有从最一线的广大职工中吸取营养，自身才能不断成长和壮大。三是服务职工职责要求我们必须深入基层。在这次活动中，各级工会组织为职工办了力所能及的实事，但却得到广大职工太多的好评。由此我们感到，深入基层、服务职工是党的群众路线的本质要求，是工会组织本色所在、职能所在、优势所在，各级工会组织的全部工作只有根植于基层、落实在生产一线，满腔热情地为职工群众服务，才能更好地履行工会组织职能，始终保持同职工群众的血肉联系，使工会事业经得起实践、历史和职工的检验。

回顾总结前一阶段工作，感到有三个方面的不足：一是发展还不平衡，个别单位和工会干部把这次服务职工活动当成了临时性、一般性的工作。二是理性思考不够。虽然在走访中了解掌握了大量素材，但部分工会干部仅满足于点对点，就事论事，特别对涉及职工切身利益的问题缺乏认真思考和研究。三是活动创新不足。个别单位在活动部署和要求方面存在上下一般粗现象，没有很好地结合自身实际，导致活动缺乏针对性和实效性。

下一步，铁总将进一步加强对活动的组织领导，动员全员参与，深入一线深度走访，在“面对面”上下功夫；广泛和职工群众交朋友，积极化解矛盾和疑虑，凝心聚力，在“心贴心”上下功夫；推进征集意见的梳理、分类和解决，征得党政领导支持，真诚办好事解难事，在“实打实”上下功夫，切实发挥好党密切联系群众的桥梁和纽带作用。

中国金融工会服务职工活动总结报告

现将中国金融工会开展“面对面、心贴心、实打实服务职工在基层”活动情况报告如下：

一、加强学习宣传，不断提高广大工会干部对服务职工工作的认识

（一）通过各种方式加强学习宣传。一是多次召开专题会议学习贯彻全总第十五届执委会第六次全体会议精神，及时向各金融机构工会转发了全总关于开展“面对面、心贴心、实打实服务职工在基层”活动的意见，并结合金融系统工会工作的实际提出了具体的贯彻落实要求。二是利用召开中国金融工会主席会议、中国金融工会三届四次全委会议、各金融机构总行（会、司）工会领导会议等机会，组织金融系统工会领导干部对《意见》精神进行深入的学习，以此指导和推动金融系统的活动开展。三是充分运用《中国金融工运》网站、《中国金融工运》杂志等进行宣传，交流学习体会，推动开展活动。四是把学习宣传《意见》列入金融系统工会干部培训的必学内容。五是金融工会领导在各金融机构工会组织并应邀参加的各类干部培训、工会工作会议、专题会议上就《意见》精神进行宣讲，检查学习落实情况。

（二）在学习材料发放上体现新和实。在学习资料发放上，改以往统一购买、人手一册的“福利”式传统做法，而是突出重点，采取有针对性地为金融系统工会主要领导、办公室、负责文字工作同志统一购买发放，其他则要求各级工会自行购买。而且全部都发“大字本”。同时，后期工作及时跟上，一是及时下发学习提示；二是对学习内容随机抽查，做好督办，并及时通过内网做好学习交流等；三是充分利用全委会、主席会、工会领导培训等，最大限度让所学内容融会贯通到工会日常工作中。

二、以“五个品牌”建设为载体，努力使服务职工工作落到实处、取得实效

（一）抓帮扶困难职工的“品牌”。努力做到面对面关心困难职工经常化，心贴心服务困难职工精细化，实打实帮扶困难职工制度化。一是做好“两节”期间的“送温暖”工作。2012 年，金融工会本级总计慰问困难职工 1024 人，入户慰问 40 余人，慰问金额近 400 万元。金融系统各级工会组织总计慰问困难职工达 65975 万元。二是采取了三项措施，确保帮扶工作制度化、精细化、常态化：建立完善动态的困难职工帮扶信息“台账”，以此“台账”，实现日常帮扶与集中帮扶相互弥补，提升帮扶效果；既注重“送温暖”，又注重“送关怀”、“送公平”、“送尊严”，使帮扶工作更加体现“人情味”。

（二）抓“职工之家”建设“品牌”。把“职工之家”作为提升工会工作全面建设的重要平台。大力推进民主建设之家、学习提高之家、文化活动之家和人文关怀之家

▶中华全国总工会副主席、中国金融工会主席张鸣起，中国金融工会常务副主席张东风看望、慰问金融系统困难职工。

建设。一是建设民主建设之家。通过经常化、制度化、规范化来落实政务、行务和司务公开，实现有事让职工知道，遇事与职工商量，做事让职工满意；二是建设学习提高之家。以“能者为师”的方式，定期组织不同业务条线职工进行学习交流，达到互相学习、共同提高的目的；三是建设文化活动之家。在活动组织形式上，从开始就提前充分听取各方意见，让爱好者牵头，在活动中充分发挥各方积极性，活动后及时进行后评价；四是建设人文关怀之家。针对当前金融系统职工工作压力大、思想情绪不稳定等，通过有效人文关怀给职工亲情、友情、愉悦等精神上的享受，增强职工的自尊感、归属感、安全感和幸福感。

（三）抓劳动竞赛的“品牌”。为突出工会服务中心工作的职能，同时给广大职工搭建一个展示和成才的平台，按照全总部署，结合金融系统特点，搭建一个“工会塔台，业务唱戏”劳动竞赛平台。一是先后制定并下发了《关于在金融系统广泛开展“建功‘十二五’奉献在金融”劳动竞赛活动的通知》和《关于在金融系统开展“服务‘三农’服务中小及小微企业”主题竞赛活动的通知》；二是广泛组织开展以“新业务、新知识、新技能”为主题的劳动竞赛，举办了劳动竞赛技术技能展示展演活动，充分展示金融系统各单位开展竞赛活动的阶段性经验和成果；三是加强对竞赛活动的总结，及时进行表彰宣传。通过竞赛活动组织鼓励职工学技术、练技术、钻业务，提高执行操作规程、解决生产问题、完成工作任务的能力。

（四）抓劳模疗休养“品牌”。根据劳模成分变化，将每年两次的劳模集中休养活动，一是继续保留一次集中休养的方式，人员的选调上突出“三个倾斜”：向基层、高寒艰苦地区和灾区倾斜；二是相对集中方式，邀请一名亲属参加；三是相对“自由行”方式。在每年7至9月期间，选择几个固定点，劳模根据自己时间安排。将两批60个劳模指标一分为三，经费没有增长，但劳模普遍反映良好，感到了工会组织的“贴心”和“精心”的服务。

（五）抓工会干部培训的“品牌”。做实工会干部培训。一是在组织形式上调整过去各部门各自培训为归口统一培训，明确牵头部门、培训主题，不断完善培训质效和后评价；二是根据培训对象不同，做到缺什么，补什么；三是在培训内容上，做到点面结合。

三、通过建章立制，确保服务职工工作常态化

（一）通过维权机制建设，从源头上、根本上做好服务职工的工作。结合金融工会的实际和金融系统的特点，积极推动集体合同、工资集体协商工作。一是坚持典型引路，以点带面抓落实，在深入调研和认真总结的基础上，召开了“全国金融系统集体合同、工资集体协商工作培训交流会议”；二是建章立制抓落实，于 2012 年 4 月印发了《关于积极推进金融系统集体合同及工资协商制度建设的指导意见》；三是采取分解目标、分类指导、分层落实、分级督导，多策并举的方法，着力推进工会女职工权益保护专项集体合同；四是明确目标任务，中国金融工会已明确提出，到今年年底，各金融企业省级以上分支机构的集体合同签订率和女职工权益保护专项集体合同的签订率都要实现 80% 的工作目标。

（二）完善制度建设，为服务职工工作提供有效保障。制定下发了《加强金融系统职工保障工作的指导意见》，要求金融系统各级工会不断完善健全服务职工、服务基层的工作机制，着力构建职工帮扶、维权、服务三位一体的工作格局。一是建立完善以困难职工、困难劳模、单亲困难女职工等为重点对象的关爱帮扶机制；二是建立完善以职代会、劳动合同、集体合同及工资集体协商为基本载体的职工权益维护机制；三是建立完善以全面提高职工保障工作水平为根本目的的人文关怀机制。在金融系统实现：确保职工患重病、大病能得到本单位至少两级工会组织的及时有效帮扶；确保职工每年参加一次体检；确保职工至少有一份医疗或养老方面的补充保障；确保职工每年能够享受带薪休假。

▶中国金融工会开展送文化下基层活动。

（三）开展服务职工活动形成制度，实现服务基层服务职工工作经常化。金融工会自去年开始在金融系统开展了送文化、送体育下基层活动。今年以来，按照面对面、心贴心、实打实的工作要求，一是组织开展送文化下基层活动。2012 年 5 月 12 日，在宁波举办全国“金融职工文化月”启动仪式暨金融文艺工作者深入职工创作实践活动，近百名金融系统的书法、美术、摄影等专家，分别深入宁波的 22 家金融机构基层单位，进行交流指导。二是组织开展送体育下基层活动。5 月 12 日，配合金融文化月活动，金融体协的专家深入宁波市基层金融单位，开展乒乓球、篮球等球类活动的现场指导。6 月份，又组织金融系统体育工作队深入黑龙江黑河市，为当地金融机构基层职工赠送体育健身器材，并根据职工需要进行羽毛球技术的交流辅导，受到了基层工会和广大职工

的普遍欢迎和好评。

四、几点体会

一要突出转变工作作风，真正做到去机关化、去行政化。二要加大操作层面的规范化建设，不断提高执行力，力戒说的和做的“两张皮”。从部署工作开始，就做好事先的设计，过程的跟踪管理和事后总结评价。三要切实把本职工作做好。在认真为职工办好每一件实事的同时，把下基层作为工会干部长出息、锻炼能力和提高水平的好机会。既要下得去，更要上得来。

中国教科文卫体工会服务职工活动总结报告

根据全总“面对面、心贴心、实打实服务职工在基层”活动领导小组的分工，中国教科文卫体工会负责对口联系上海和安徽。3月上旬，全总副主席、书记处书记倪健民率以全委主席万明东为组长的工作组先后来到上海、安徽，正式启动了服务职工活动。至5月18日，工作组在上海和安徽分别进行了3次走访调研，并向两个省市总工会反馈了意见。

一、开展活动的基本情况和主要做法

（一）工作思路。全委成立了以主要负责同志为组长的领导小组，多次召开机关干部全体会议进行动员部署，要求全员参与。制定实施方案，进行专题培训，结合实际，细化座谈提纲和访谈提纲，编制了服务职工活动问答手册，人手一册。除完成“规定动作”外，还设计实施了“自选动作”：一是在走访企业的同时，走访教科文卫体系统事业单位；二是把全委机关同志组成5个督导调研组，分赴全国各地，了解本产业开展服务职工活动的情况，对活动中发现的热点问题及时进行深入调研，实现重点工作在一线推进。及时总结交流，汇总情况。每轮调研走访结束后，都召开全体会议，对活动情况进行汇报交流，梳理问题，总结典型，对需要跟踪的问题进行明确分工，责任到人。加强宣传，营造舆论。在《中国教工》杂志、全委网站刊发推出服务职工活动专题，并开辟专栏，及时报道全总、全委以及本系统基层工会开展活动的情况，截至目前共刊发稿件46篇，全总网站、全委网站刊发简报和活动报道25篇。

（二）活动情况。工作组在倪健民同志的率领下，在上海市、安徽省总工会及其地方各级工会的全力配合、精心安排下，分别赴上海宝山、杨浦、闵行、金山、静安5个市辖区，安徽合肥、淮北、安庆、岳西、滁州、六安6个地（市）和岳西、凤阳2个县，深入企业、车间、食堂、宿舍、活动场所及读书室等，求真务实地完成各项工作任务。工作组听取了上海市总、安徽省总以及各市、区（县）总活动部署实施情况汇报，实地走访了上海海立特种制冷设备有限公司等8家企业和1家医院、1所学校；共召开46场座谈会，参加人员500余人；对100名职工进行个别访谈；入户看望慰问了50名生活困难职工、10名劳模，发放慰问金9万元；为10家企业捐赠了价值30万元的图书，为困难职工帮扶中心和企业捐赠帮扶资金291万元，发放职工劳动权益手册5000余册。

在安徽活动期间，工作组参加了安徽省总工会于4月6日召开的全省“双走访、三服务”活动暨“两个普遍”工作推进会议，听取了合肥、淮北等6个经验交流单位发言，考察了合肥市困难职工帮扶中心，观摩了合肥燃气集团公司工资集体协商经验的汇报演示，走访慰问了合肥要素大市场建设工地农民工。工作组领导在会上作了讲话，就扎实开展服务职工活动、及时发现和总结推广先进经验、建立健全服务职工的长效机制

▶中国教科文卫体工会主席万明东率服务职工工作组向医院工会赠送图书。

和工作格局、加强对产业工会的领导等方面对开展活动提出了要求。

工作组还结合教科文卫体工会实际，到上海市教育工会、上海市科技工会和安徽省教育工会进行调研，实地考察了上海震旦职业学院、上海专利商标事务所有限公司、安徽省凤阳县小溪河镇中心小学，并到一个只有3名教师的偏远教学点实地考察。

每到一地，全总倪健民副主席，全委万明东主席、王晓龙顾问、白立文巡视员，陈晖、陈志标副主席分别代表工作组发表讲话，充分肯定各地服务职工工作取得的成绩，并对做好今后的工作提出希望和要求。

（三）推动解决的问题。一是为民营企业女职工争取带薪休产假权益的落实。二是宣传法律法规，为民营企业工会争取经费。三是协调解决企业特殊岗位人才培训问题。四是促进在民营企业就业的职工纳入工会帮扶范畴。五是推动畅通渠道工会工作——民营企业设立工会专职联络员。六是帮助解决非本地户籍工作人员子女九年义务教育问题。七是推动企业加强劳动保护工作。

（四）总结推广典型经验。上海市：一是上海市总工会公惠医院的发展壮大，在推动解决低收入群体就医看病等方面发挥了一定作用，是服务职工的长效机制之一；设立创新基金，创办《劳模》杂志，与东方卫视共同制作《劳动最光荣》栏目，为上海经济社会发展营造良好的社会氛围。二是金山区总工会推行的“1+5+X”维权模式，进一步保护了职工尤其是农民工的就业权和发展权；区所辖各级工会把服务职工活动与本地区、本单位实际相结合起来，各有特色。三是上海宝山区祥明仪表机箱公司（民营企业）关爱职工构建和谐企业，被上海市总工会授予上海市五一劳动奖状。四是全国劳动模范、中国工程院院士、仁心医者——上海华山医院手外科领域的专家顾玉东，年近八旬仍然坚守工作岗位，真诚服务人民群众。

安徽省：一是安徽省总工会“双走访、三服务”活动，带动“两个普遍”等重点工作取得新进展；组织全省万名工会干部深入基层大走访、建立千个企业工会联系点、组建百支职工业余文艺演出队、为职工和企业办十件实事。二是合肥市总工会全国首创“实名制建会，台账式管理”建会模式，打造工资集体协商“八个一”模式；淮北市总工会领导班子成员建立“1+6”联系点制度、阜阳市总工会“五个一”实践活动。三是合肥燃气集团公司工会全程参与职工薪酬方案的研究，推动公司出台《职工薪酬管理规定》，建立健全工资集体协商机制。四是扎根大别山区20多年，为山区的农村教育事业呕心沥血的岳西县教育工会主席徐红柳。

（五）发现主要问题。第一，国家政策方面。一是企业职工普遍认为现行医保政策个人负担重，报销比例偏低，最大的担忧是怕自己或家人生大病，负担不起医药费。座谈和访谈中，很多职工谈到现在根本生不起病，虽然新医改在不断实施完善中，但并没有真正缓解看病难、看病贵问题。二是外来从业人员养老保险规定在职工中引起争议。2011 年上海市调整社会保险政策，其缴纳标准和养老金发放标准均高于全国平均水平。但大部分非城镇户籍的外来务工人员实际上很难留在上海，即使实现养老保险关系全国范围内转移接续，也只能按照本地养老金发放标准领取，难以实现缴纳多少享受多少。因此，很多企业和职工对这一规定的实际效果存有疑虑，养老保险金缴纳积极性不高。三是现行的高考户籍政策影响职工特别是技术职工队伍的稳定。由于子女不能异地上高中和参加高考，使得不少外来务工人员为了子女上学不得不放弃在城市里稳定的工作。而这部分职工很多是企业的中坚力量，他们的离开影响企业发展和职工队伍的技术素质。四是职工普遍反映目前物价上涨过快，感到维持生计压力越来越大，希望国家出台有力举措，控制物价。

第二，企事业单位层面。一是国有企业改制后，被剥离的一些企业负担沉重，企业面临的生存发展压力大，职工担心无法享受改革的成果。二是中小企业特别是民营企业融资难、招工难问题突出，企业技术工、熟练工缺乏且流动频繁。这些企业希望国家加大对其融资、税收、原材料和产品进出口等方面的政策支持力度。三是在一线职工中占有较大比重的 80 后青年职工，更加注重自身在公司的发展空间，对于个人发展前途、技术技能水平提高和精神文化生活有着更高更强烈的要求。而生产型企业对于青年职工精神文化方面的需求还主要集中在文体活动，不能满足他们实现个人发展的需要。四是一些国营企业滥用劳务派遣制，将派遣制作为主要用工形式。五是部分农村学校办学条件很差，校舍简陋，甚至是危房，电脑等现代化教学设备奇缺，教师队伍年龄老化，学历偏低；现行的农村学校编制标准、校车管理制度、营养餐配送等制度不符合农村学校实际，需要加以改进。

第三，职工层面。一是企业职工普遍反映有“五盼”，一盼企业增效大发展，二盼劳动就业要稳定，三盼工资收入能增长，四盼物价房价莫乱涨，五盼养老看病有保障。一线职工普遍反映工资偏低且增长乏力。二是企业职工收入偏低。对安徽企业的调查走访发现，企业职工月平均工资为 2000 元左右，如果扣除保险中个人应交纳的部分，实际收入更低。三是一些企业职工合法权益得不到保障，劳动强度大，劳动时间长，加班工资过低，社会保险不能足额按时支付以及安全生产环境不符合国家规定等。四是高校青年教师收入待遇有“民工化”趋势，一些博士毕业的讲师，月收入只有 2700 元，甚至不如农民工和保姆。五是一些文化系统的职工反映，转企改制的院团先改的吃亏，转制后按企业职工标准发放退休金，原来按事业单位职工退休的承诺得不到兑现，与没有转企改制的事业单位退休职工的待遇差距过大。六是一些地方代课教师收入极其低微，月工资只有 600 多元，比正式教师差两三倍。一些上访代课教师遭到地方有关部门的追捕殴打，引起代课教师群体的激愤，他们强烈反对用非法的、专政的手段对待人民内部矛盾。

第四，工会层面。一是职工普遍对工会组织寄予厚望，一些职工认为目前工会维权声音还不够响亮，措施还不够有力，效果不能令人满意，希望工会加大维权力度。二是一些驻会产业工会，省、市直产业厅（局）工会主要负责人配备不到位，编制不落实，影响了产业工会作用的发挥。三是非公企业存在着组建工会难、组织农民工和劳务派遣工入会难、基层工会发挥作用难，企业工会主席政治、经济待遇落实难；四是部分企业在改制过程中撤并工会组织，工会干部一律兼职化，严重影响了工会工作的开展。五是一些地方工会反映，上级工会统计建会率时只要求上报新建数而不统计倒闭企业数，致使地方工会收缴会费压力越来越大，难以完成指标。

二、活动中存在的主要问题和不足

一是在走访调研活动中，工作组看到的往往都是比较好的典型，座谈会发言职工也是经过挑选的，发言口径也基本一致，真正困难的企业很难看到，真正意见多的职工很难接触到。二是时间短，规定动作多，调研不够深入。三是层层陪同，不利于开展工作。

三、几点体会

一是服务职工活动体现了“双维护”，是中国特色社会主义工会发展道路的生动实践，既受到地方党政重视，也受到企业和职工的欢迎。工会组织在服务社会管理的大局中大有可为，工会干部应增强服务科学发展、服务职工群众的自觉意识。服务职工活动既是行之有效的服务职工的好形式，也是转变工作作风，密切工会与职工群众的联系，扩大工会组织社会影响的有力举措，应该使之转化为长效机制，长期坚持下去。二是各地活动搞得有声势，有影响，轰轰烈烈，动真格，见实效，社会影响大，树立了工会组织的良好形象。三是在民间社团组织开放登记的背景下，工会干部要有危机感和紧迫感，要切实深入困难企业和职工中去，多做雪中送炭，不做锦上添花，要让职工感受到有困难找工会更管用！

▶中国教科文卫体工会主席万明东率服务职工工作组在华山医院召开职工座谈会。

四、进一步深化服务职工活动的思路和建议

（一）结合本职工作，做好专题调研。一是要对工作组向地方反馈的意见中所提出问题的整改情况进行跟踪，及时了解，推动解决；二是对基层和职工反映最为强烈的热点难点问题作进一步的深入调研。经研究，上海工作组拟把外地务工人员子女突破户籍政策限制实现异地高考、职工养老保险关系在全国范围内顺利转移接续、新生代农民工的精神物质诉求等问题，安徽工作组拟把农村学校教师生存情况等问题作为深入推进服务职工活动的专题调研课题，提出工会的意见建议，形成专题调研报告，推动政府出台相关政策。

（二）建立健全深入基层服务职工的长效机制。一是建立定期、定点、专业对口的调研制度，将服务职工活动常态化。二是借鉴此次活动的做法，将“个案访谈”、走访困难职工和劳模等形式融入今后的调研工作当中，更多地与基层职工“面对面”，更多地了解真实的信息。三是充分发挥产业工会常委、委员的沟通联系作用，对常委、委员深入基层深入职工、向上级产业工会上报信息提出明确要求。四是建立责任制，将服务职工工作纳入本系统各级工会组织和工会干部年度考评体系，评选服务职工先进，在年底的全委会议上对先进典型、先进人物进行表彰；五是召开专题会议，总结推广本产业、本系统工会组织开展服务职工活动的好经验，创新服务职工的有效形式，引领服务职工活动不断走向深入。

（三）切实解决服务职工工作中存在的困难和问题。一是全总和地方总工会加强对产业工会工作的领导和指导，在人员配备、干部培训、经费保障、门户网站建设等方面进一步给予政策、经费支持。二是切实加强帮扶工作，注重对事业单位困难职工的帮扶。吸引社会捐款，加大帮扶力度，增强帮扶效果；针对民营企业困难职工更多、困难更大的实际，将民营企业职工纳入帮扶范畴。三是事业单位也有不少生活极为困难的职工，特别是因病致贫现象比较突出，但目前不少地方工会未将这部分职工纳入帮扶范畴。建议支持地方教科文卫体工会成立困难职工帮扶中心。四是建议充分利用国家鼓励民间社会资本进入医疗行业的医改政策，由全总筹资建立“职工医院”，公益化运作，面向基层普通职工包括农民工提供基本医疗服务。五是进一步支持产业工会对行业职工反映强烈的热点问题进行调研，给予专项经费保障。

（四）加强机关作风建设。参加活动的机关干部在交流中普遍谈到，看到职工的生活工作状况，听到职工真实的心声，切实感受到职工的期盼，增进了与职工的感情，增强了为职工说话办事的意识；尤其是机关年轻干部们普遍感受十分深刻，国企老职工爱企业如家，甚至患上严重的职业病仍无怨无悔，令大家感到震撼。上海、安徽两地各级工会干部心系职工、真诚服务的工作作风，深深感染着大家，更加坚定了履职的决心和信心。大家表示，要以服务职工活动为契机，进一步发扬在服务职工活动中学到的好作风、好做法，坚持群众观点，站稳群众立场，增强群众意识，增进群众感情，密切群众联系，真正做到全心全意为职工群众服务。

中国海员建设工会服务职工活动总结报告

根据全总开展“面对面、心贴心、实打实服务职工在基层”活动意见的总体部署，中国海员建设工会迅速制定了活动工作方案，成立了活动工作指导组。今年2~6月，工作组由全委领导带队，先后三赴天津、四赴山东，高质量完成了服务职工活动的全部规定任务。

一、在天津、山东两地开展服务职工活动的基本情况

工作组在活动中，首先吃透全总的精神，注重整体部署，强调与天津、山东的服务职工活动方案的有效对接。重点抓好服务职工活动的全面落实。包括组织落实，赴天津、山东的工作组均由全委领导带队，抽调精兵强将组成工作组；措施落实，工作组在天津、山东两地的所有活动都细化了工作日程，明确了每个成员的工作分工、工作职责和工作要求；工作落实，工作组坚持维护核心——党的领导，围绕中心——科学发展，降低重心——联系群众的理念，认真倾听，细致交谈，亲切走访，广泛宣传，深入观察，比较圆满地完成了服务职工活动的各项规定动作。

据统计，工作组在天津、山东两地共走访调研了12家企业，召开了企业管理人员、工会干部、职工等各类人员座谈会44场，参加座谈的各类人员680余人。个案访谈职工100人，共慰问困难劳模10人、困难职工50人，赠送《职工劳动权益手册》500余册，捐赠“职工书屋”10家，向天津交通集团公司工会赠送困难企业帮扶资金10万元。活动期间，工作组深入建筑工地、远洋船舶、港口码头、车队班组和工会帮扶中心，详细了解企业生产经营情况、工会工作情况、服务职工活动开展情况和职工思想动态及劳动关系状况。在天津活动期间，王瑞生同志亲自率队到中远散货运输公司进行调研，登上中远“欧洲轮”与船员座谈，向该轮赠送了无线上网卡，解决到港船员与家人进行视频联系的难题，受到“欧洲轮”全体船员的热烈欢迎。

“起点高、动作大、工作实”，天津、山东两地各级工会推进服务职工活动取得实实在在的工作成效。“起点高”，体现在天津、山东两地工会制定了富有本地区特点的服务职工活动总体工作目标。如天津市总工会确定了“一个坚持、一个全面、四个一批和进万家企业、访百万职工”的活动总体工作目标，把学习宣传实践中国特色社会主义工会发展道路与当前推动开展的服务职工活动巧妙地结合起来。山东省总工会在制定总体工作方案时，坚持用科学的、全新的理念来谋划开展活动的思路，做到“四个坚持”。以活动促进工作，以工作检验活动，做到两促进、两提高。“动作大”，两地总工会不但自加压力，主动深入基层，深入职工，而且通过层层动员，广泛宣传，分工包片，全面铺开，不留死角，在区县、在企业、在职工中形成很大影响。“工作实”，天津市总共帮助基层企业和职工解决生产生活问题6386件。山东省总工会要求省、市、县三级工会机关所有干部，在走访调研中每人选择1户困难职工，开展“一对一”结对帮扶。要求通过

建立活动台账，帮助困难职工解决实际困难，尤其对困难劳模做到结对帮扶全覆盖。

二、当前天津、山东两地职工权益及企业生产经营方面存在的主要问题及政策建议

（一）用心解决职工权益实现的突出问题。工作组在天津期间，在中远散货运输有限公司了解到远洋船员回到国内港口与家属联系见面的需求存在困难。工作组利用到中运散运“欧洲轮”慰问一线职工的机会，购置了无线上网卡赠给企业，使一线船员能通过无线视频与千里之外的家人进行面对面的交流。船员的感激之情溢于言表，企业党政方面也当场承诺，准备拨出专款购置一批无线上网卡发到各个远洋轮，用科技手段解决一线船员与家属精神交流的困难。全总党组纪检组组长、书记处书记王瑞生同志到天津视察工作，对海员建设工会服务职工工作组这一创举给予了充分肯定。在活动中，工作组还了解到远洋轮回到国内港口，船员进出港口的交通比较困难。工作组立即同天津港航企业行政、天津海员俱乐部等方面进行沟通，建议有关方面做好服务延伸工作，解决船员进出港口的交通困难。此事正在积极协调落实之中。

▶中国海员建设工会服务职工工作组向中远欧洲轮船员赠送《职工劳动权益手册》。

（二）认真梳理职工权益和企业生产经营面临的主要问题。在职工权益方面，一是部分一线职工休息时间难以得到保障。建筑行业部分一线职工，除法定节日歇班外，没有休息日。在工期紧张的情况下，项目组人员日工作时间长达 20 个小时以上，且许多企业没有支付加班费。二是海员社会地位较低和海员福利设施比较缺乏。远洋船员长年航行在外，较少享受到国内的社会福利。回国后因港口等方面服务海员的福利设施不配套或服务管理人员态度恶劣、服务工作不到位，使海员的工作积极性很受挫。加之国内对船员个人所得税税率太高，影响了船员队伍的稳定。三是基层企业工会干部感觉在业务培训、专兼职工作和劳务派遣工会员的服务上存在一些困惑。基层企业兼职工会干部较多，本职工作与兼职工会工作存在一些冲突，越是基层兼职工会干部越是使用多，学习培训少。另外，劳务派遣工在入会、工会经费的拨付和使用等方面缺乏明确的规范，给基层工会工作的开展带来较多困难。四是职工反映部分企业尤其是改制企业，管理人员工资与一线职工工资差距较大。管理层与一线职工工资之比可达40：1乃至更高，同时在其他福利方面，管理层与普通职工存在较大差距，职工群众对此非常不满。在企业生产经营方面，一是政府补贴不到位，企业运营困难，职工权益难以保证。在以公

交、自来水、排水、环卫等为代表的市政公用行业，由于其具有公益性质，其产品或服务价格不能随市场供需自行调节，使企业在运营中往往存在较大亏损。目前，行业内大量存在着地方政府补贴不到位或根本没有补贴的现象，导致这类服务企业仅靠消耗自提折旧费用维持运转，难以保证职工工资的稳定支出与增长。二是部分改制国企承担的社会责任过重，影响了企业竞争力提升。天津交通集团公司是由天津市交通局改制而来，为实现改制先后有65家所属企业关门退市，数万职工进入了托管中心。进入托管中心的职工没有任何收入，完全靠自谋职业，而且还有缴纳养老、医疗保险应由个人缴纳的部分。原来计划用三年过渡，所有进托管中心的职工统由社保负担。但现在8年过去了，仍有上万职工出不了托管中心。这些职工有任何问题还要找企业。企业为此每年要投入很大的人力物力财力。而且，随着进入托管中心的职工陆续到退休年龄，这些职工不但不会再缴纳应由个人负担的养老、医疗保险费用，反而会找企业或社保局要退休金。这是影响职工队伍稳定的一个“隐形炸弹”。用企业管理者的话说，这是企业为政府分担的社会责任，目前企业已经快“扛不住”了。

（三）积极寻求维权维稳的对策建议。一是加强劳动监察工作力度。劳动行政部门、行业主管部门和工会要联合开展劳动法规执行情况检查，对各种违法劳动法规的情况进行查处。二是完善海员的社会服务保障机制。港口企业、港口公安、海关、边检等部门要改善服务质量，对海员实行微笑服务，增设小商品销售网点，放宽对进港出租车数量的限制。海员俱乐部要恢复接待海员的基本功能，为海员提供进出港交通等必要的服务。税务部门要着手研究海员个人收入的免税问题，保持海员队伍稳定，促进航运业发展。三是改善工会干部培训工作、兼职工会干部工作和劳务工会员服务工作。将工会培训资源向基层倾斜，为基层工会干部提供更多培训机会，将工会干部的培训学时、培训内容制度化。出台有关兼职工会干部的工作条例，用制度保障兼职工会干部的各种权益，促进他们更好地投入工会工作中。明确劳务派遣工会员的经费拨付和使用规则。四是出台相关法规政策，限制国企或改制国企管理层与普通职工工资收入差距的比例，对管理层的收入更多地用期权激励，并且明确规定企业不盈利、普通职工未增加工资，管理层不得加薪。五是对城市公交、自来水、排水、环卫等公益性服务行业，地方政府的政策性补贴务必足额到位，以保证此类公益企业的正常运营与职工工资的正常增长。凡应由政府承担的社保责任，政府必须担起来，以减轻企业过重的社会负担，使之能更好地参与市场竞争。

三、工作组在天津、山东两地开展活动的特点与体会

（一）认识有高度。工作组按照坚持走中国特色社会主义工会发展道路的内在要求，坚持把服务党和国家工作大局与服务职工群众紧密结合起来，把学习宣传实践中国特色社会主义工会发展道路理论与落实服务职工活动紧密结合起来，在深入一线接地气、服务职工转作风中主动与基层工会和职工群众交流关于党的方针政策及中国特色社会主义工会发展道路的看法，要求各级产业和企业工会必须自觉接受党的领导，坚定不移地维护党的领导核心地位；必须紧紧围绕经济建设这一中心工作，团结动员广大职工在推动科学发展中充分发挥主力军作用；必须切实把工会工作的重心放在基层，面对面

地听取职工群众的呼声，心贴心地感受职工群众的疾苦，实打实地帮助解决广大职工最关心、最直接、最现实的问题。“维护核心、服务中心、降低重心”工作思路的广泛宣传，既是对中国特色社会主义工会发展道路理论的宣传实践，也为把握服务职工活动正确政治方向提出具有操作性的指导意见。

（二）推进有力度。一是领导有力。全总书记处书记、纪检组长王瑞生亲自带领工作组走访天津航运企业，了解活动开展情况和企业发展现状，并登轮慰问远洋航行归来的海员。全委领导抓住机会向基层宣讲中国特色社会主义工会发展道路，为活动的顺利开展提供了有力的保证。二是各级工会推进得力。天津、山东两地各级工会领导高度重视服务职工活动在本地区、本单位的贯彻落实，通过制定工作计划、明确目标任务、组织精干人员、集中优势资源，开展了形式多样的服务职工活动，并取得了扎实的工作成效。目前，天津、山东两地工会共走访企业2.8万余家，与7.08万名职工进行了个案访谈，投入帮扶资金2.06亿元。山东省总工会130多名机关干部每人还拿出1000元帮扶结对的困难职工。三是载体给力。工会活动中除访谈、座谈、慰问、宣传、捐赠等规定动作外，工作组还利用在食堂、工地、车间等“非正式场合”随机与职工交谈，登轮为远洋船舶提供无线网卡，深入工作现场与一线职工交流等，活动形式多样，产业特色明显。

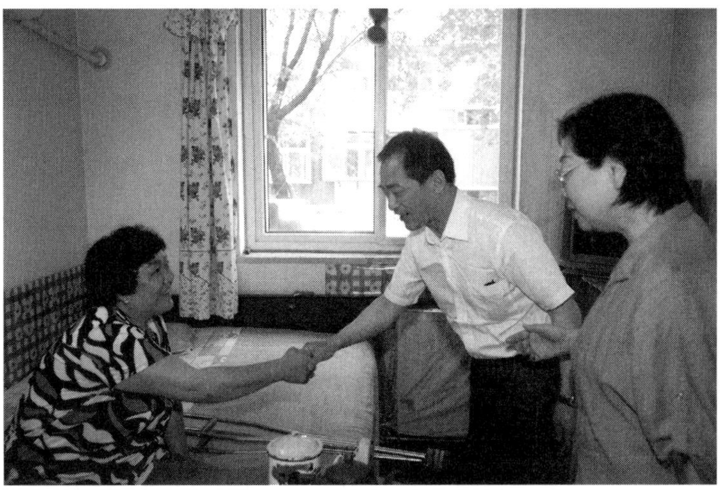

▶中国海员建设工会主席丁小岗带领服务职工工作组慰问天津建工集团困难职工。

（三）覆盖有广度。工作组在天津、山东两地开展活动做到广泛宣传、广泛覆盖、广泛影响。天津市总工会要求广大工会干部要带着“五心”开展活动：带着真心到基层去了解实情，充满爱心关怀一线困难职工，胸怀热心解答职工群众提出的各种问题，认真细心做好调查研究和思考分析，真诚实心解难题办实事。山东省总工会要求各级工会干部坚持“三带三进”、“三访三同”和“五不准”，即带着政策、带着任务、带着感情，进企业、进车间、进班组；访企业党政领导、访企业工会干部、访一线职工，与一线职工至少工作生活1天，同吃、同住、同劳动；不搞层层陪同，不接受宴请、土特产，不给基层添麻烦，不敷衍应付，不准随意缩短规定时间。并制定了相应的监督考核制度。由于目标明确，措施到位，两地的各级工会干部充分发动起来，广大职工群众积极参与进来，与工会干部谈心，与职工群众贴心，提升了工会在职工中的影响力。活动也引起了广大企业党政领导的关注和支持。许多党政领导对服务职工活动给予高度评价和大力支持，并参与工会召开的座谈会，共同研讨构建和谐企业的大计。

在指导、推动天津、山东两地开展好服务职工活动中，工作组有如下工作体会：

1. 抓好涉及职工权益相关法规的学习培训，是搞好服务职工活动的重要保证。全委领导组织机关全体干部，于3月上、中旬集中进行“互动式学习培训”。重点学习全总领导有关服务职工活动的一系列重要讲话，全总的相关文件和《职工劳动权益手册》，以及涉及工会工作和职工权益保障的《工会法》、《劳动法》等相关法律法规。每次集中半天学习，共安排了13讲。

2. 搞好前期工作方案对接，是保证服务职工活动顺利实施的重要前提。全委领导亲自带队，于2月中、下旬分别赴天津、山东，与两地总工会相关负责人就开展服务职工活动交换意见。通过协调日程安排，细化工作方案，明确联络人员，落实职责分工，从而保证了工作组在两地开展服务职工活动的顺利进行。

3. 结合自身实际创新自选动作，是提高服务职工活动针对性和实效性的有力保障。工作组到天津、山东开展活动，把本行业在该地区的委员单位或有代表性的基层企业工会负责人召集起来，听取这些单位的工会工作情况和开展服务职工活动的工作汇报。既扩大了座谈调查面，同时又是对该省、市本行业开展服务职工活动的工作督导。工作组不用企业事先选定的名单，而是采取从企业花名册中随机抽取个访职工的方式，使个案访谈的效果更真实、更有效。

四、建立健全工会服务职工长效机制的几点建议

一是要将服务职工活动的理念渗透到工会的各项工作和活动之中，特别是要与推进“两个普遍”、送温暖、帮扶活动等有机结合起来。进一步打造工会这一新品牌。要通过服务职工活动，进一步转变工作作风，真正深入职工之中，深入一线搞好调查研究，沟通、协调有关方面解决职工面临的实际困难。二是继续加大开展服务职工活动的资金投入，在经费向产业工会倾斜，鼓励干部多下基层，多交一线朋友。要从机关干部下基层的工作考核上、帮助职工解决实际困难的表彰奖励上、干部提拔使用等方方面面制度设计上，形成鼓励机关干部多下基层、多为职工办实事或推动解决职工面临的实际问题的良好工作机制。

中国能源化学工会服务职工活动总结报告

按照全总的统一部署，在全总党组成员、经审会主任李世明同志的直接领导下，中国能源化学工会率先在煤炭、电力、石油石化、化学医药、国土资源行业启动部署，同时指导配合陕西、甘肃两省开展“面对面、心贴心、实打实服务职工在基层”活动，共深入27家企业，走访慰问职工136名，入户慰问困难职工49户，慰问劳模10人，召开座谈会45场，与617名一线职工、企业经营者和基层工会干部面对面交流，个案访谈100人，向困难企业和帮扶中心送帮扶资金300万元，赠送《职工劳动权益手册》2000余册，帮助企业建立职工书屋10个。

一、开展服务职工活动总体情况和做法

（一）加强组织领导，科学部署安排。1月10日，在全总启动服务职工活动的第二天，全委在廊坊中石油管道公司结合送温暖慰问启动能源化学系统服务职工活动，率先就学习宣传实践中国特色社会主义工会发展道路和开展服务职工活动进行动员和部署，率先在中央和省属大中型企业形成工作声势。我们制定了工作方案，成立领导小组和组织机构，选好配强工作人员。全委工作组密切与陕西、甘肃两省总工会研究策划、协同行动，着力发现和解决实际问题，着力建立和完善长效机制，扎实开展服务职工活动。截至7月底，全委及系统内企业工会开展活动的情况先后10次登在活动简报上。

（二）直面基层一线，解决实际问题。工作组做到“三进”（进车间、进宿舍、进食堂）、“三同”（与一线职工同吃、同住、同劳动），在甘肃窑街煤电集团公司下矿井，感受一线矿工的辛苦劳动；在国电兰州热电公司和职工一样身着工服，住在职工宿舍、吃在职工食堂。对于职工群众和企业反映的重点问题，积极与企业沟通协调，推动妥善解决。在窑街煤电集团公司、大唐西固热电公司和腾达西北铁合金公司调研之后，鉴于三家企业经营都比较困难，提出发挥比较优势，在产业链上下游进行联合的思路，推动三家商榷，目前甘肃省国资委已经批复窑街煤电集团公司和西北铁合金公司重组的方案，并开始实施。在兰州电力修造厂得知企业改制中涉及职工切身利益的专项资金还没到位，影响了职工补贴补助发放和报销事项，工作组立即与有关主管单位联系沟通，推动问题的解决。

（三）把握重点工作，抓好自选动作。我们对“两个普遍”重点工作深入调查。陕西榆林地区规模以上煤炭和石油企业普遍建会，约有会员36万人。但非公有制小煤矿用工超过30万人基本没有加入工会。山西大同煤矿集团、山西焦煤集团等五大煤业集团兼并重组的数千个非公小煤矿的38万矿工大都没有入会、也没有建立工资集体协商制度。对此，我们与有关方面协调沟通，促进“两个普遍”在这些单位的落实。我们与有近10万职工的陕西延长石油（集团）有限责任公司实现了工会组织和工作上的对接。在服务职工活动中，我们大力推进劳务派遣工、农民工入会。据煤矿、电力、石油

▶中国能源化学工会主席秦鲁隼率服务职工工作组在陕西榆林市慰问困难职工。

石化 16 家中央企业用工情况分析，在用工总量 580 万人中劳务派遣工约有 70 万人，占 12%，入会率已达到 70% 以上。4 月份下发了推进全国煤炭系统工资集体协商工作的意见，着手对山西临汾、吕梁地区开展煤炭行业性工资集体协商情况进行了调研。据对煤炭行业有代表性的 63 家国有企业调查，已有 58 家开展了工资集体协商，占被调查企业的 85%。

（四）及时总结推进，务求工作实效。4 月 23 日，全委总结服务职工活动两个阶段的开展情况，在湖北召开全国能源化学系统服务职工活动工作推进会，交流了 11 个单位的经验，突出国有大中型企业建立帮扶中心和站点、形成帮扶网络的做法。7 月 12 日，在青岛召开全国能源化学系统工会服务企业发展工作推进会，总结交流了 18 个单位的典型经验。我们将于年底前后召开建立服务职工长效机制的工作推进会，将一年来的服务职工群众、服务企业发展活动的成果形成制度、形成机制。

二、开展服务职工活动的基本经验和成效

（一）结合产业实际，真实了解了能源化学系统企业生产经营与职工生活的情况。由于国内实体经济增速放缓市场需求下滑，能源产业受到较大冲击，产能过剩问题突出。电力消费增幅下滑，为近年较低水平。煤矿发展十年黄金期面临拐点，总产能过剩问题明显，全国重点电煤厂积压严重，库存远远超过合理库存量，煤价走低的市场预期增加。火电项目建设矛盾十分突出，火电企业普遍亏损、融资困难。受国际油价波动影响，三大油减利因素大幅增加。这些情况对职工群众的生产生活带来不利影响。两次推进会都做了形势任务分析，使大家充分认识了开展服务职工活动的重要性和必要性，增强了工作的针对性和主动性。

（二）坚持典型引路，总结推广了一批具有创新性和引领力的先进经验。一是建立建功立业机制。河北省电力公司加强班组建设，开展“五小”创新活动，充分调动广大职工的积极性和创造性。华电集团工委开展岗位练兵、技术比赛成效显著等。二是建立群众安全工作机制。湖北省电力公司由工会牵头建设“血防安全岛”，完善劳动保护配置。上海市化学工会设立劳动保护监督检查委员会，开展“万名员工安全环保万里行”系列活动。山西潞安矿业集团工会女职工委员会深化女工家属协管安全工作竞赛的经验。三是建立帮扶工作机制。山西焦煤西山煤电集团建立十项帮扶救助金，抚顺矿业集团公司实行非工亡家属救助，胜利油田工会探索实践“5SW 工作法”等。

（三）突出产业特色，推动能源化学系统重点工作的调整和落实。推进“西部大庆”和金沙江流域水电工程等重大工程劳动竞赛，深入开展全国大型水电厂（站）竞赛，与中电联共同搞好全国火电大机组竞赛。举办第一届全国煤炭行业露天专业职业技能竞赛，全国火力发电继电保护技能大赛、全国电网供电高压带电检修技能大赛。会同中石油、中石化、中海油和延长油田，每年在全国石油石化行业开展“加油中国·传承铁人”年度人物评选活动。命名一批全国煤炭系统女工家属协管安全示范站，授予党素珍、侯秀荣、展延兰“协管安全杰出贡献奖”。

（四）扩大宣传影响，得到了地方党政的重视支持和全总领导的肯定。3 月 10 日、6 月 12 日，《甘肃日报》两次对李世明同志率领能源化学工会工作组在甘肃开展服务职工活动情况给予了报道；5 月 26 日，《陕西日报》对李世明同志率领能源化学工会工作组在陕西开展服务职工活动情况给予了综合报道。服务职工活动卓有成效的开展得到地方党委和政府的高度重视，甘肃省委副书记欧阳坚指出，面对面、心贴心、实打实地做深做实新形势下的职工群众工作，让广大职工更加深切地感受到工会组织是名副其实的“职工之家”，各级工会干部是名副其实的“工人之友”。7 月 16 日，陈豪同志对能源化学工会服务企业发展工作推进会典型材料予以批示，指出能源化学系统工会的这些典型材料很好，要求进一步抓典型积累经验，推动产业工会工作，形成更多特色和亮点。

（五）锻炼干部队伍，提升了服务职工的整体素质和工作水平。全委 20 多名同志赴基层，全体人员从不同角度参加了活动。全委工作组与陕西、甘肃省总和所属地级市总工会人员联合编队，相互学习、相互促进。工作组注重向基层工会干部学习，白天深入调研走访座谈，晚上加班召开会议，研究分析问题，交流工作心得。各地、各大企业集团工会干部把参与这次活动作为接受党性教育和群众教育的“大课堂”，看成“是一支心灵的净化剂、感情的融合剂、提振精神的催化剂、做好工作的推进剂”。

三、服务职工活动中所反映的主要问题和原因

（一）职工收入水平较低，收入差距较大。五环集团、大荣纺织等纺织行业困难企业，职工收入偏低，职工反映“现在穷、老了穷、一辈子都穷”。陕西宁西林业局自从 1998 年实施天保工程以来，职工至今只拿着相当于公益性工作人员 1/3 的工资收入，90% 的职工月收入只相当于当地平均工资的 40% 左右，还有 47 名外省市农村户籍的临时劳务人员，工作时间都在 20 年以上，有的已年过 70 岁，无退休金、无医疗保障，也不能纳入特困职工档案，而且在农村没有土地，其社保问题曾经法院判决由宁西林业局将所欠社保金额补齐后由社保办理退休手续，但回到原籍社保部门不认同、不解决，靠宁西林业局每月发给 330 元补助生活所需。另一方面，垄断行业收入之高、行业间职工收入形成巨大反差，造成了部分职工心态不平衡。昂贵的医疗费用与子女教育费用更给收入低的职工及家庭带来了巨大的生活压力。

（二）国企改制遗留问题较多。陕钢 2002 年破产，2003 年起将非经营性资产剥离组建陕钢物业资产管理公司。由于组建时当地政府只拨付了 3 年的人员费用，7 年后仍有 329 人不能移交社会管理，500 余户符合西安市低保标准的困难职工家庭依然居住在

▶中国能源化学工会服务职工工作组在甘肃兰州窑街煤电公司下矿井了解矿工生产状况。

上世纪五六十年代的危旧房屋中。青岛啤酒宝鸡有限公司 2003 年开始重组改制，至今仍未终结，导致现在宝鸡厂区存在 9 家法人单位，西区资产属于租赁性质、职工处于借用状态。

（三）火电企业生产经营形势依然严峻。大唐西固热电公司连年亏损，负债率已经高达 176%。2011 年火电建设投资为 1054 亿元，仅为 2005 年的 46.4%，连续 6 年下滑，近些年报到的大学生流失率非常高，30 岁以下职工仅占在职职工的 4%。

（四）纺织行业职工劳动保护问题不容忽视。五环集团、大荣纺织等纺织行业的老企业设备陈旧，厂区环境、职工作业环境已经影响了职工的健康，因资金缺乏无力进行设备改造。纺织行业虽然算不上有毒有害和高危行业，但长期从事操作岗位确实会造成许多病症如腰椎间盘突出、颈椎病、眼花、听力下降等，但又因不在国家的职业病范围之内，职工患了这些病不能享受职业病待遇。职工们反映很多操作岗位年轻时尚可，但随着年龄增长确实力不从心，希望将这些病症纳入国家的职业病范围，纺织行业的一线操作工种也纳入提前退休的工种之内。

（五）一些企业职工认为社会地位低下主人翁意识淡化。认为当前工人的社会地位下降了，劳动得不到尊重，过去常说的工人阶级"主人翁"变成了"主人空"。访谈时有的职工直言，"工人阶级跟以前比地位下降了很多，基本处于最底层，收入低、条件差，还不如农民"。也有的说，"工人在企业里地位低，咱也对企业不关心，没有积极性，就是干活拿钱"。还有相当部分职工对社会主义核心价值体系缺乏认识。

四、服务职工活动的深入思考和建议

一是国家有关部门加强工资制度建设、加快教育体制改革与医疗体制改革，从源头上促进职工收入水平提高。尽快出台《工资条例》或相关法规制度，加大对普通职工工资收入的倾斜，确定社会平均利润率，合理控制收入差距。加快理顺医疗体制，完善医疗保障体系，更好的体现社会公平与正义，加快教育体制的二次改革，落实义务教育，遏制学校乱收费现象。二是国家有关部门尽快解决国有企业政策性破产时的遗留问题。加大财政补贴或地方专项配套等多渠道筹措资金，从根本上解决改制破产企业欠缴社会保险金问题。推进落实改制破产企业社会管理职能移交地方的相关规定，实现企业退休人员的社会化管理。对国企改制遗留问题进行专项调研，解决原有的学校、医院等机构剥离移交中的新问题，减轻国有企业的社会和历史包袱。三是国家有关部门理顺电价形成机制，缓解火电企业困难局面。根据宏观经济形势和物价涨幅等情况，及时调整上网和销售电价，使发电企业燃料成本压力能够适当疏导。推进电力体制改革，利用市场机制形成电价。深化资源性产品价格改革，理顺煤、电、油等资源性产品价格关系，更好地反映市场供求关系、资源稀缺程度和环境损害成本。四是国家有关部门加强对职业病问题的关注和研究，加强职工劳动安全卫生投入和职业病保护。建议根据实际情况进行研究修改，尤其是将纺织行业确实是因为职业所造成的病症纳入职业病范围之中，让这部分患病职工能够享受职业病待遇。五是地方政府对于传统老企业给予一定政策扶持。建议地方政府在税收、扶持资金分配、信贷等方面对纺织这类传统行业的老企业予以一定的倾斜和照顾，给予一定的技改资金以支持改造设备，改善作业环境，给予一定的人才补助以吸引高技能人才，提升企业竞争力，脱离困境。六是建立起工会服务职工群众和企业发展的长效机制。建立健全工会高层次、源头参与的长效机制、组织动员广大职工建功立业的长效机制、职工技术素质提升的长效机制、发展工人阶级先进性的长效机制、发展和谐劳动关系的长效机制、工会组织创先争优提升服务水平的长效机制。

中国机冶建材工会服务职工活动总结报告

根据全总服务职工活动领导小组办公室要求，现将中国机冶建材工会服务职工活动情况报告如下：

一、活动的基本情况

按照全总服务职工活动领导小组的统一安排和部署，中国机冶建材工会服务职工活动工作组在世平副主席的率领下，在宁夏和青海分别开展了三个阶段服务职工活动，累计28天。活动期间，工作组深入银川、吴忠、石嘴山、西宁、格尔木等5个地市，分别听取了宁夏自治区、青海省总工会、部分企业工会服务职工活动部署实施情况汇报，实地走访了西北轴承等11个企业。工作组深入职工生产生活一线调研，分别召开了41场企业党政工负责人、经营者、基层工会干部、一线职工座谈会，参加座谈会人员达到532人。与117名企业职工进行了面对面的个别访谈，走访慰问了50名生活困难职工和10名劳动模范，发放慰问金71000元；帮助13家企业建立了困难企业职工帮扶站，拨付帮扶资金290万元，为10家企事业单位建立"职工书屋"，捐赠价值30万元的图书，发放职工劳动权益手册1100册，对1100名职工进行了问卷调查。与西北轴承公司、中铝青海分公司建立了工作联系制度，与地方总工会共同解决和推动解决了一些涉及企业、工会和职工的具体问题。共向全总服务职工活动领导小组办公室报送10期简报信息。

二、主要做法和效果

（一）结合基层实际情况，在活动中认真学习宣传实践中国特色社会主义工会发展道路。充分运用召开各类座谈会、与职工进行个案访谈及深入职工中间与职工共同劳动和开展活动的机会，广泛深入地宣传党的路线方针政策、引导广大职工正确认识形势，坚定永远跟党走的政治信念，增强对工会组织的认同感、归属感，把开展活动作为践行党的群众观点和群众路线、做好新形势下职工群众工作的重要载体，把学习宣传实践活动与推动工会各项重点工作结合起来力争做到理论学习上水平、服务发展出真招、解决问题有实效、职工群众得实惠。

（二）不折不扣圆满完成服务职工活动领导小组要求的各项"规定动作"。工作组在两个省份走访了11家不同类型的企业，与117名职工进行面对面交流沟通，听取各地工会开展活动情况汇报，召开企业经营管理者和工会干部座谈会及职工座谈会、入户走访慰问困难职工、发放宣传材料、开展法律援助和政策法规咨询等活动，广泛征求生产一线职工、经营管理人员、地方和基层工会干部的意见建议，真情倾听职工的思想和工作情况反映，推动解决职工群众生产生活和思想方面遇到的困难和问题。

（三）结合实际开展了一些深受欢迎、富有成效的自选动作。一是为宁夏、青海

▶中国机冶建材工会主席张波带领服务职工工作组与一线职工共同劳动。

两省区县以上总工会和产业工会从事帮扶工作的有关人员做了“关于如何规范管理使用帮扶资金”的专题讲座。两省（区）县以上总工会、产业工会分管主席、保障部长、帮扶中心主任及有关财务审计人员，共280余人参加讲座。二是分别召开吴忠市、格尔木市、银川市、西宁市工会座谈会，就行业联合工会组建及行业性区域性工资集体协商等内容进行了深入探讨。三是与西北轴承公司和中铝青海分公司建立了长期联系点，加强全方位联系与支持。对西轴公司采取了“一送二联三帮”的方式。即全委连续三年到西轴公司“送温暖”；加强与西轴的工作联系与指导，加强西轴与外界的联系与交往；帮助西轴打通上下游关联产业的沟通渠道，帮助适时召开产品推介会。连续三年到中铝青海分公司“送温暖”，中国机冶建材工会青年小组在青海选择10名少数民族困难职工家庭，对他们的子女就学进行结对帮扶，一帮4年。

（四）总结宣传了一批活动中发现的典型经验。一是总结宁夏推动劳务派遣工入会的经验。宁夏区总就劳务派遣工入会问题专门下发了文件，要求长期劳务派遣工直接加入用工单位工会，季节性劳务派遣工直接加入劳务派遣单位工会。二是吴忠市总“三权”模式的经验。吴忠市总依法以工会法律援助站名义行使劳动争议代理权、工伤认定和伤残鉴定代理申请权、集体合同直诉权。三是吴忠市大力推进行业工会组建和开展行业性工资集体协商的经验。实现房地产和出租车行业基层工会组织全覆盖。按照行业工会牵头、企业参与、职工推选代表参加的方式，签订全市餐饮行业“一拖四”的工资专项合同。四是中卫市“一卡通”破解农民工工资拖欠难题的经验。五是格尔木市推进落实“两个普遍”形成制度的经验。格尔木市通过机关人员与职业化、社会化工会干部任务绑定，分区、分片包干，借助政府有关部门力量等方式推进工会组建工作。发挥推进工资集体协商领导小组作用，召开全市工资集体协商推进会、建立工资集体协商指导员队伍、签订区域性工资集体协商协议、选树典型大力宣传推广。六是国电英力特化工公司、中铝青海分公司和盐湖集团新形势下创新工会工作的经验。国电英力特化工公司、中铝青海分公司和盐湖工业股份公司探索出整套完善的工作机制，各项工作都取得了显著成效。七是青海中浩天然气公司构建非公企业和谐劳动关系的经验。中浩天然气公司时时处处做到以职工为本，在构建和谐劳动关系、保障职工权益方面做了大量积极有效的工作。

（五）帮助解决了一些实际问题。在宁夏，一是协调区总解决了西轴公司困难企业工会经费补贴367万元，帮助企业工会解决了经费短缺的实际困难。二是与宁夏区总共同努力积极推动区委、区政府及银川市政府解决企业整体搬迁土地置换问题，家属区水电气热及管道移交、改造、管理等问题（已列为市重点督办项目）。三是发挥产业工会优势，帮助企业与相关行业协会建立关系，下一步将在企业邀请相关企业参加将要召开的产品推介会，为企业上游原材料和设备购买争取价格优惠等方面做些协调沟通工作。在青海，一是经与企业沟通，企业投入500万元解决了中铝青海分公司改善职工饮用水污染问题。二是针对职工提出强化职工职业健康法律知识普及问题，协调省总派出专家深入企业对职工开展培训讲座。三是要求企业根据职工需求对职工文体活动方案做了调整，增加对基层开展活动的资金支持力度，加强职工图书角和微机室建设。

（六）实现了部分干部走基层、全体干部受教育的目的。此次活动由中国机冶建材工会主席张波同志带队，3名局级领导、1名处级干部、3名年轻同志参加活动。活动过程中多次召开部门座谈会和支部民主生活会，听取工作组各位成员特别是年轻同志汇报，通过“比、想、做”三个方面，谈体会、谈收获、谈转变。基层工会干部的高度责任感、饱满的工作热情和认真严谨的工作作风，企业广大职工的勤劳、淳朴、热情和扎实的工作态度给工作组成员留下了深刻印象，真正实现了部分干部走基层，全体干部受教育的目的。

三、主要体会和感受

（一）全总党组正确领导是做好服务活动的重要前提。兆国主席多次作出重要指示，要求做好周密安排，充分准备、不走形式、不走过场。玉普主席在全总十五届六次执委会议报告中明确提出将开展服务职工活动作为今年工作的主线，全总党组书记处多次组织召开座谈会征求意见，制定活动方案，成立专门机构，进行工作部署，强化工作指导，赋予各工作组实实在在的资源和手段，确保活动取得实效。世平副主席对工作组既加强领导，提出明确要求，又大胆放手，让工作组主动作为，确保了活动方向明确，方法得当，措施有效，职工满意。

（二）地方党委政府和工会高度重视密切配合是做好服务活动的根本保证。在宁夏、青海的活动，以真情实意的工作态度和严谨细致的作风赢得了两省（区）工会、企业工会及广大干部职工的热烈欢迎和高度认可，地方工会与工作组密切协调配合，做到互联互动、互融互促。青海省委书记、省人大常委会主任强卫同志接见张世平副主席率领工作组一行时指出，开展服务职工活动非常好，有利于群团组织更好的联系群众，服务基层，推动工作，对于创新社会管理、构建和谐劳动关系具有重要意义。宁夏自治区委副书记崔波同志会见工作组时表示，希望在全总的指导下，努力探索解决困难职工问题的新举措，在“实打实”上实现突破。青海省委常委、省总工会主席苏宁同志全程参与了工作组在青海的各项活动，做到现场办公，协调推进各项问题的解决，并与工作组全体同志一同参加劳动。各基层企业党政、工会和广大职工对工作组的到来表达了最衷心的期盼和最热烈的欢迎，这些都是做好服务活动的重要保证。

（三）推动各项活动取得实实在在的成效是活动的根本宗旨。工作组始终坚持从实际出发，切实帮助企业和职工解决一些看得见、摸得着的实事，对企业和职工反映的困难和问题，工作组能够协助解决的坚决及时加以解决；工作组难以解决的，积极争取企业党政和宁夏、青海两省的党委、政府妥善解决。对于一时无力解决的问题，坚持向职工群众耐心细致做好解释工作，对带有综合性和普遍性的问题，工作组经认真梳理，将问题报告全总及中央国家有关部门，推动从政策和制度层面解决。

四、需要继续加以关注和推动解决的问题

（一）政策层面的问题。加大收入分配改革力度，将居民收入“两个同步”和“两个提高”要求落到实处；继续深化医疗体制改革，加强医疗保险统筹，解决职工看病难、看病贵问题；进一步促进教育公平；采取有力措施控制物价上涨，保障低收入职工的正常生活；加强房地产市场调控，完善保障性住房政策；在国家出台西部大开发相关政策的基础上，进一步出台对西部地区吸引和留住人才、促进教育医疗公共资源配置均等化、适当调高地区个税起征点、加大转移支付和财政补贴力度等更多具体的政策措施。

▶中国机冶建材工会服务职工工作组召开一线职工座谈会。

（二）企业层面的问题。国有企业改制后，一些主辅分离不彻底的企业负担仍然沉重，企业面临的生存发展压力大；中小企业，特别是民营企业融资难的问题未得到根本缓解，企业普遍反映税收和社会保险负担较重；企业存在招工难问题，企业技术工、熟练工缺乏，且流动频繁；受金融危机和行业环境等因素的影响，一些基础性、粗放型、劳动密集型企业产品缺乏竞争力，面临生产经营困难，强烈要求国家加大对其融资、税收、原材料供应、劳动定额和产品进出口等方面的政策支持力度。

（三）职工层面的问题。一线职工普遍反映工资偏低，且增长乏力。在所调查企业中，有的企业职工平均工资仅2000元左右，因物价居高不下等因素，导致家庭日常开销增加，困难程度加大；部分职工合法权益得不到有效保障，劳动强度大、劳动时间长、加班工资过低、社会保险不能按时足额支付，安全生产环境不符合国家规定；区域间、行业间工资收入差别比较大，社会贫富差距拉大；职工的抗风险能力弱，遇到大病，除去报销部分，个人承担部分过高；社会保险接续难、住房难、就医难、部分农民工子女就学难，仍然是困扰着农民工正常生活、影响农民工队伍稳定的主要问题。

（四）工会层面的问题。非公企业组建工会难，组织农民工、劳务派遣工入会难，企业工会主席政治、经济待遇落实难；基层工会干部大多兼职，服务职工的能力和工会工作水平亟待提高；部分企业在改制过程中，工会组织被撤并，严重影响了工会工作的

开展；个别企业工会发展会员程序不规范，职工会员意识有待进一步提高。部分基层工会工作经费紧张，活动开展难度较大。

五、意见建议

深入调查研究，建立健全服务职工活动长效机制。建立坚持对口联系省份长期联系制度，连续四年开展活动，使这项工作真正实现常态化、长效化、制度化。

做好成果转化，在实现“实打实”上下功夫。把各级工会组织好的经验做法总结提炼，形成制度规范，使服务职工工作真正落到实处。对于活动中发现的涉及职工切身利益带有普遍性的问题，要从长效机制上考虑，从法律、法规、政策、制度、机制等层面提出意见建议和工会的主张，及时向党委政府报告，推动从长远和普惠角度解决职工群众关注的问题。

建议全总出台规范劳务派遣工入会和加强非公企业组建工会方面的指导意见。

建议给予西部地区工会工作更加有力的支持。适当组织西部省区工会干部到工会工作开展好的地区考察学习，每两年给西部省区安排一次分管工会工作领导干部培训班。对于工会经费分成比例的问题，建议加大对西部省区基层工会的经费支持力度。

中国国防邮电工会服务职工活动总结报告

按照全总“面对面、心贴心、实打实服务职工在基层”活动领导小组安排，由中国国防邮电工会抽调6名干部组成第22工作组，赴海南、广西两省（区）开展服务职工活动。经过两个多月的工作，已如期完成任务，取得了阶段性成果。

一、活动情况

第22工作组从3月12日开始，至5月12日为止，分三个阶段赴海南、广西开展服务职工活动。活动期间深入12家不同类型的企业，召开企业经营者、工会干部和职工座谈会，听取干部职工意见建议；对100名职工进行了面对面的个案访谈；先后慰问了10名劳模和50名困难职工，捐赠慰问金12万元，为两省（区）困难职工帮扶中心及企业捐赠困难职工帮扶资金90万元，赠送职工书屋10个。

3月12日至3月27日，工作组在海南先后深入海南农垦总局等6家不同类型的企业开展活动。4月6日至12日，工作组赴广西南宁、钦州两地，深入南宁化工集团有限公司、南南铝业股份有限公司、钦州力顺机械有限公司开展活动。5月6日至12日，工作组赴广西北海、桂林两地，深入北海果香园果汁有限公司、北海永昶电子科技有限公司、人民解放军第5718工厂开展活动。

作为“自选动作”，工作组专程慰问了全国五一劳动奖章获得者、英格索兰（桂林）工具有限公司工会主席王远文同志，并邀请他为工作组及桂林市邮电产业工会干部作经验介绍，就新形势下如何开展职工群众工作进行了深入细致的交流。

除全总统一安排以外，国防邮电工会还组织了20名常委，与全委会机关工作人员共同组成10个工作组，深入全国10个省市，分别在本产业内开展服务职工活动，收到了较好的效果。

在服务职工活动中，工作组深入基层一线了解企业经营情况、职工权益落实情况、劳动关系状况，帮助企业和职工解决困难，协同各地工会全面贯彻落实中国特色社会主义工会发展道路，促进企业发展，维护职工权益，深入推动“两个普遍”等重点工作。

二、工作成效

在活动期间，工作组把困难职工、下岗失业人员、农民工、劳务派遣工作为重点对象，想方设法地为职工提供就业帮助、生活救助和子女助学等服务。例如尖峰岭林业局职工洪海福，本人下岗，爱人工残，仅靠基本工资维持生活，他女儿今年大专毕业，希望能够回到林业局工作，以便照顾父母。工作组与林业局领导协商，林业局领导当场召开现场会，决定打破过去不接收女生、不接收大专生的惯例，破格安排洪海福的女儿就业。

而对基层提出的困难和问题，工作组力求做到企业能够解决的问题，在企业层面当场解决；对于企业难以解决的，积极向上反映，争取地方党委政府解决，对于职工反映强烈的普遍性问题，推进从政策层面解决。例如果香园公司职工提出，由于企业交通不便，职工往返市区比较困难。工作组向企业反映后，公司专门安排班车在上下班时间往返市区接送职工上下班，不坐公司班车的职工，根据家住远近每人可以得到每月补助60元至100元不等的交通费。

广西永昶电子公司和果香园公司提出企业周边社会生活公共设施配套建设滞后问题，工作组与区总交换意见后，区总领导高度重视，专门召开的主席办公会进行了认真研究分析，制定工作方案。北海市总工会向市委分管领导、政府联系工会的领导作了专题汇报，与政府多部门进行协商沟通，并召开了市总工会、人社局、卫生局、工信委、交通局、工业园和出口加工区等部门参加的座谈会，促使相关问题得到初步解决。据最新情况反馈，北海工业园区管委会已与海城区政府联合启动北海工业园区社区卫生服务中心项目建设，并落实了项目建设资金，这一项目竣工后，医疗卫生服务将覆盖整个北海工业园区和合浦工业园区，届时将从根本上解决两个园区的职工看病不方便的问题。

针对北海市两个工业园区职工比较集中，困难职工人数较多的问题，北海市总工会与园区管委会、园区工会的多方努力，决定在园区内组建困难职工帮扶工作站。工业园区帮扶工作站设在人员流动量最大的人力资源公司，为园区困难职工提供日常生活救助、法律援助、政策咨询等帮扶内容。出口加工区帮扶工作站工作人员由出口加工区工会和基层工会的8名帮扶骨干担任，有独立的办公场所，配备有电脑、打印机、专用电话、帮扶工作与区总帮扶网实现了对接。

▶中国国防邮电工会主席董秀彬带领服务职工工作组在广西开展服务职工活动，与各级工会干部座谈。

针对永昶科技电子有限公司职工入会率低的问题，区总工会及时与北海市总工会进行联系，要求公司工会进一步做好发动、宣传工作，吸收职工加入工会组织。目前，公司已由原来只有100多名会员，发展到2000多名会员，职工入会率有了明显的提升。

工作组在海南、广西的服务职工活动受到了当地党政领导的重视和支持，工作组的活动内容经由总工会向党委分管领导和政府负责联系工会的领导汇报后，受到了高度肯定与好评。工作组的活动还得到了中央新闻媒体和当地新闻单位的广泛宣传。在海南开展服务职工活动中，工作组邀请《工人日报》驻海南记者站共同参加活动，同步宣传报道，及时反映基层工会和企业、职工中的先进经验，优秀典型和模范人物。在琼活动期间，《工人日报》共刊发《海南八一农场职工幸福指数大幅提高》、《广西工会建起四级帮扶体系》、《期待一份理解与支持》等稿件12篇，及时反映了工作组的工作与当地企业的先进经验。

工作组在广西活动期间，除邀请《工人日报》驻广西记者站共同参与活动之外，还主动拜会区委宣传部分管领导，请求新闻宣传支持，在活动期间，除《工人日报》及时报道外，《广西工人报》分两次在头版大篇幅报道工作组开展活动情况，南宁、北海、钦州三个市的电台、电视台、日报等主流媒体都在黄金时段和重要版面多次重点报道工作组开展活动情况，使活动扩大了知名度。琼、桂两省各市和企业工会组织也把宣传工作当做服务职工活动的重要内容，各地各级工会组织运用报刊、网站、QQ群、手机短信等，大力弘扬工人阶级伟大品格，宣传劳模精神，宣传中国特色社会主义工会发展道路的内涵与精神实质。广西区总建立了新闻发布制度，召开了新闻发布会，他们还把优秀工会主席王远文同志的事迹拍成电影，即将搬上银幕。

三、经验与感受

海南省总在服务职工活动中，着力部署“为职工办十件实事”，内容包括积极开展“职工文化年”活动；开展职工素质培训；积极开展智力扶持，提高困难职工帮扶标准；开展困难职工“大病救助”活动、女职工安康互助保障活动；为困难职工、农民工提供法律援助；筹划“金秋助学”活动；开展家政和岗位技能培训；开展“温暖万家”活动；组织劳模体检、疗休养，帮扶困难劳模；创建“惠工佳缘网”，扩大发行“大海·惠工卡”等。

广西区总坚持把整个活动站在促进全区经济社会发展、进一步推进党的群众工作和迎接党的十八大召开的高度去认识、去部署、去推进，并形成了一些好的经验，如“四个必访”、“五个一”制度等，使服务职工活动与工会重点工作有机结合。南宁、钦州、北海等地注重与宣传、人力资源和社会保障、安监、工信委等部门加强合作，整合各方资源，强化了工会为企业为职工解决实际问题的能力。

海南农垦总局八一农场在扶贫助困工作中，从企业投资公司股份中划拨36万股，拨给困难职工帮扶中心作为“扶贫股”，其收益全部用于困难职工帮扶，首期收益已达10万元；广船国际帮助“外工”建立工会；广东移动推出“KHI”关键和谐指标管理办法；福建邮政在经营责任制考核中加入局务公开的内容；湖南电信全面实施“员工幸福工程”；湖南邮政将增加职工收入列入企业绩效考核体系；河北联通自主研发“合理化建议系统”上线运行，推出“职工创新工作室”等，为活动的常态化和可持续发展蹚出了一条行之有效的新路。

工作组成员特别是年轻干部把参与这次活动作为接受党性教育和群众教育的“大课堂”，在向职工群众学习中接地气、增活力，在联系职工中动真情、转作风，在服务职工中长见识、强本领，在深入基层中受锻炼、展作为。工作组成员与工人同劳动，体会了劳动的辛苦和劳动者的尊严，也感受到了劳动的快乐与幸福。

表面上看，服务职工活动是工会组织帮职工群众解决困难，但从深层次看来，是基层职工群众的伟大实践为做好工会工作提供了鲜活经验，是深入基层的调研提高了工会干部的能力素质，是与企业职工同劳动的汗水提纯了工会干部的精神境界。在开展活动中，我们深感服务职工活动是贯彻党中央关于做好新形势下群众工作要求的重要举措，是实践中国特色社会主义工会发展道路的重要途径，是构建和谐劳动关系、参与社会管理创新的有效手段，是适应职工队伍新变化、满足职工群众新要求的切实行动，也是加强和改进工作作风、树立工会组织良好形象的具体实践。通过开展服务职工活动，广大工会干部和职工群众进一步坚定了社会主义信念，树立了改革开放的信心，增进了理解互信，融洽了干群关系。

四、问题及原因

一是职工收入增长缓慢，一线职工收入普遍偏低，部分困难职工生计艰难，影响劳动关系和谐与职工队伍稳定。海南全省职工工资总额占 GDP 的比重，从 2004 年以来一直在 11% 左右徘徊，比起全国平均水平低 6 ~ 7 个百分点。海南省国际旅游岛建设以后，物价大幅上升，造成职工实际生活水平相对下降。二是当前部分中小企业经营环境恶化，生存与发展困难。企业面临融资难、用电难、用地难、用工难等一系列困难，企业经营成本持续上升，社保费用及税赋较重，挤压了企业的赢利空间。三是职工权益受侵害现象时有发生，职工的主人翁责任感淡化，权益意识有待唤醒。四是一些地方工会力量薄弱，工会干部角色意识有待加强，工会基础工作有待完善，维权缺乏硬手段。此外，服务职工活动本身存在着“远程衰减”倾向。工作组所到之地，某种程度上存在着“被安排”现象，由于时间关系，很难真正蹲在一个企业“解剖麻雀”，工作中存在一定程度的浮光掠影、走马观花，少数企业的座谈会事先经过企业“预演”，参加座谈的职工也有些被“预选”，影响了职工队伍现状和职工意见建议的真实表达。另外工作组感到，在某种程度上，这项活动存在某种“远程衰减”态势，越到基层力度越小，在全总、省总一级，活动声势很大，措施也到位。但到了市、县，由于工会人手少、工作头绪多等原因，这项活动力度呈逐步衰减之势，无法做到全面普及，就像沙滩流水不到头。

▶中国国防邮电工会服务职工工作组在海南开展服务职工活动与一线职工座谈。

五、建立长效机制的建议

（一）要建立起深入基层、联系职工常态化机制。建议全总机关各部门分片分区，在基层和企业工会建立服务职工活动联系点、联系人，建立定期联系交流制度，每个联系点一经确立，至少保持三年不变。每年各部门要抽出一定的时间，选派一定的人员特别是缺乏基层工作经验的年轻同志深入联系点，围绕职工群众普遍关心的热点难点问题认真调研。可以参考扶贫工作队的工作机制，在基层联系点积极主动了解职工生产生活状况和思想动态，掌握第一手情况，做到第一道研判、第一时间报送。要畅通与基层和职工的联系渠道，不仅要定时、定人、定点深入基层，还应通过公布手机号码、开设网上服务窗口、建立 QQ 群等方式，与基层联系点加强日常联系，及时收集基层和职工反映。

（二）要建立服务职工动态跟踪机制。建议全总各部门在服务职工活动中注重连续性，对联系点和联系人建立服务档案，对职工反映的问题实行动态跟踪，及时了解工作进展；对服务职工的承诺事项抓好落实，持续性地推进工作。通过动态机制，把服务职工活动和日常工作结合起来，互相促进，整体推进。另外建议，如果在可能的条件下，全总可拿出一笔资金作为服务职工专项经费，用于解决服务职工中遇到的具体问题。

（三）需要建立考核激励制度。从一项活动变为一项机制，要有可量化考核的管理方式。各部门和产业工会应该建立联系职工、联系基层目标责任制，强化领导责任和目标管理，建立健全激励与约束机制。从外部来说，需要建立职工评议考核制度，把基层广大职工是否满意作为衡量服务职工成效的重要依据，并将服务职工的满意度列入工会领导班子和领导干部年度考核、党风廉政建设责任制考核的重要内容，作为干部奖惩、任用的重要标准。从内部考核来说，要强化内部监督考评机制，将服务职工工作分解到人，明确责任，细化、量化工作要求，把联系群众服务职工作为考核干部的硬指标，纳入年终述职考评体系，定期进行考核。通过加强督促检查，奖勤罚懒，形成鼓励干部深入基层、服务职工的正确导向。

（四）需要加大宣传力度。新时期工会工作要有效利用宣传阵地。在琼、桂活动期间，正值全国新闻单位“走、转、改”深入进行之际，工作组邀请《工人日报》驻当地记者站一起开展活动，进行跟踪报道，收到了良好的效果。我们感到，较之于共青团的“希望工程”、妇联的“母亲水窖”等品牌知名度相比，工会的活动尚需加大宣传力度。为此建议，“面对面、心贴心、实打实服务职工在基层”活动应该充分运用新闻媒体和宣传阵地，与新闻媒体主动联系，同时注重发挥新型传播手段作用，广泛宣传活动的重要意义和成效，总结推广典型经验做法，不断扩大活动影响，形成有利于活动开展和工会整体工作的良好氛围。

中国财贸轻纺烟草工会服务职工活动总结报告

按照全总关于开展“面对面、心贴心、实打实服务职工在基层”活动的部署和要求，中国财贸轻纺烟草工会先后赴江苏南京、苏州、徐州和江西南昌、景德镇、吉安6个市，开展了6次服务职工活动，历时35天，共走访企业27家，慰问职工107人，召开座谈会64场，个案访谈144人，发放宣传资料1662份，发放回收调查问卷1273份，赠送“职工书屋”10个，编发简报21期，撰写工作日志共5万多字，总结推介9个典型经验。

一、关于我会开展服务职工活动的主要做法

年初，全总作出服务职工活动的部署后，我会迅速研究制定活动的具体方案，组建了活动领导小组和赴江苏、江西两个服务职工工作组，由王晓峰主席担任组长，分别由班子其他三位同志担任副组长，确保取得实效。活动中我们坚持做到五个结合：

（一）坚持把调动机关全体同志的积极性与充分发挥两省六市总工会作用有机结合起来，着力形成合力。我们让机关每个同志都参加到服务职工活动工作组中来，并且都有各自明确的工作职责，在开展活动的过程中锤炼、培养和考察干部。活动中，工作组同志特别是年轻同志每到一地每天要工作10多个小时，锻炼了干部作风和意志，提高了做群众工作的本领。同志们都十分珍惜这次机会，既高标准、严要求地做好服务职工活动的各项工作，又见缝插针、千方百计完成年初安排的各项业务工作。江苏、江西两省总工会对服务职工活动高度重视，省总和6个市的市总主要领导亲自抓，分管领导具体抓，活动开展得有声有色、富有成效。我们注意向省市总工会和基层工会学习，就如何扎实有效地开展活动深入沟通，形成了密切合作的良好工作格局。

（二）坚持把高标准完成规定动作与创造性抓好自选动作有机结合起来，着力提高服务职工活动的质量。我们结合江苏、江西两省实际，在完成规定动作的同时，注重创造性地抓好自选动作。一是在地点选择上，各选取较好、一般、较差的三个城市作为开展活动的重点地区；二是在走访对象上，既有国有企业和大型企业，也有非公有制企业，既走访生产经营状况较好的企业，也走访困难企业；三是在活动内容上，结合工作实际开展问卷调查和专题调查，深入了解财贸轻纺烟草行业发展状况、产业工会工作开展情况等；四是在活动布局上，通过加强正面引导和积极指导来推动全国其他省市各级财贸轻纺烟草工会普遍开展服务职工活动。

（三）坚持把开展服务职工活动与推动全总重点工作落实有机结合起来，着力发挥服务职工活动作为工会工作“主线”的作用。注重把“主线”与“主题”和四项重点工作有机融合在一起，发挥“主线”的提纲挈领作用，以“主线”为龙头来推动学

►中国财贸轻纺烟草工会主席王晓峰带领服务职工工作组在江西慰问江铃汽车公司全国劳模袁政海。

习宣传实践中国特色社会主义工会发展道路这个“主题”，广泛深入开展和重点工作的有效落实，以开展服务职工活动为平台，向广大职工、企业经营管理人员和基层工会干部广泛宣传中国特色社会主义工会发展道路的丰富内涵、精神实质和重大意义，重点了解全总四项重点工作在两省六市贯彻落实的情况等。

（四）坚持把推介先进典型与解决突出问题有机结合起来，着力增强服务职工活动的实效性。我们以推介先进典型和解决突出问题为两大抓手，先后总结地方和基层典型经验9篇。通过推介先进典型，积极发挥典型的示范引领作用，努力破解影响工会发挥作用的难点，通过解决突出问题，力求使服务职工活动取得实实在在的成效，从而赢得更多的职工群众对服务职工活动的认可和支持，不断扩大工会组织的影响力和凝聚力。

（五）坚持把开展服务职工活动与推动我会重点工作有机结合起来，着力做到两手抓、两促进、双丰收。我们以推进县及县以下区域性行业性工会联合会建设和行业工资集体协商工作为龙头，大力推进“两个普遍”工作。今年5月，我会在武汉召开了餐饮行业工资集体协商工作推进会，并与有关协会制定下发《餐饮行业开展行业性工资集体协商指导意见》。与中国服装协会出台了《纺织服装行业劳动定额指导标准》。与中国商业联合会首次在全国商业企业开展了“诚信经营、优质服务、扩大销售”竞赛活动，和有关行业主管部门共同组织开展了11项职工技能大赛以及造纸、印染、皮革行业的节能减排竞赛活动。

（六）坚持把开展服务职工活动与建立长效机制结合起来，着力抓好基层工会联系点建设。经过三届二次常委（扩大）会议充分讨论，我们制定了《关于建立全委常委基层工会联系点制度的意见》，要求非基层企业的全委常委原则上每人联系一个企业工会，全委主席、副主席、巡视员、副巡视员和全委机关常委每人再联系一个市级产业工会，每位常委到所确定的联系点调研每年应不少于一次。

二、关于我会开展服务职工活动的主要成效

（一）在一线宣传阐释了党的理论路线方针政策和中国特色社会主义工会发展道路。工作组通过召开企业经营管理人员、工会干部、职工座谈会以及进行个案访谈，广泛宣传了党的理论路线方针政策、党和政府保障改善民生的政策措施、中国特色社会主义工会发展道路的科学内涵和精神实质、工会维护职工权益的举措等，引导职工正确认

识形势，坚定在党的领导下走中国特色社会主义道路的政治信念，增强对工会组织的认同感、归属感。工作组还就职工群众关心的一些热点问题，如住房、收入分配、教育医疗、社会诚信、反腐倡廉、社会治安、中国工会的地位和作用、罢工等问题，进行深入浅出的讲解，做好释疑解惑、统一思想的工作。

（二）在一线深入了解职工群众的思想和生产生活状况。活动中，工作组深入基层，与1000多名不同年龄、不同岗位的职工面对面地交流，还通过问卷等方式间接了解了1000多名职工的情况。这些职工群众有较为广泛的代表性，涉及不同年龄段、不同类型企业、不同工作岗位、不同学历、党员和群众等。总体上看，职工群众的精神状态是比较好的，勤奋劳动、爱岗敬业、对国家发展充满信心是主流。特别是在当前严峻复杂的经济形势下，广大职工为了企业的发展敢于担当、勇于拼搏、乐于奉献，给工作组留下了深刻美好的印象，使工作组全体同志更深切地感受到工人伟大、劳动光荣这一真理。

（三）在一线发现推介了一批先进典型。第一，地方总工会扎实有效地开展服务职工活动的典型。如江苏省总工会自2004年起建立机关干部联系基层工作制度等。第二，基层工会有为有位、创造性开展工作的典型。如南京乐金熊猫电器有限公司工会把提高职工素质、加强企业文化职工文化建设、为职工提供全方位服务作为服务职工的重要工作，努力打造职工信赖的温馨家园等。第三，企业推动科学发展的典型。如江苏徐工重型机械有限公司关心职工成长成才，为职工职业发展搭建快速通道等。第四，企业重视发挥工会组织作用的典型。如苏州时运精工有限公司依靠职工办企业，充分发挥公司工会在提高企业凝聚力、构建和谐劳动关系、提高职工素质、帮扶困难职工等方面的作用。

（四）在一线推动解决企业和职工的实际困难和问题。第一，向困难企业和职工送去慰问金302万元，把全总的关怀送到困难企业和职工群众手中。第二，帮助企业进一步理清科学发展的思路。如针对江苏邳州富祥木业有限公司关于如何缩小与知名品牌差距的困惑，工作组建议公司增强广告意识，尽快做大做强公司。第三，帮助企业解决发展中的实际问题。如针对江西华意压缩机股份有限公司留不住人才的问题，工作组建议为一线职工设计职业发展规划，使技术工人立足岗位、成长成才。第四，帮助职工解决具体问题。如针对南昌建工集团职工收入偏低的问题，工作组建议南昌市总工会协助企业工会向主管部门进行反映，目前该问题正在推动解决中。工作组还就职工反映的加大培训力度、照顾女性生理期、兼职工会主席补贴、建立工会干部接待日制度、偏远地区企业为青年职工搭建婚恋平台、厂区门前道路整修等具体问题一一进行了协调解决，得到了职工群众的一致好评。

（五）在一线全方位锻炼了机关干部。连续几个月与省市总工会、基层和企业工会、企业经营管理人员、职工群众进行广泛深入接触和交流，是对工作组理论政策水平、企业经营发展和工会业务等方面知识、发现和解决问题的能力、与职工群众交流的能力等全方位的检验。工作组每到一地一连几天每天要工作10多个小时，也是对作风意志品质的锻炼和检验。总体看，我会干部素质、能力和作风等是不错的，但同时也暴露了诸多的不足。这为我会今后有针对性地加强干部队伍建设提供了重要的依据。

三、关于企业、基层工会和职工群众反映的主要问题

（一）企业在发展中遇到的困难和问题。一是企业在用工方面仍存在一些困难和问题。突出表现在：第一，存在招工难、留工难的问题。一些企业尤其是国有企业，由于企业历史负担较重、经营管理机制不活，职工薪酬缺乏竞争力，造成企业招工困难。目前年轻职工特别是技术骨干对企业的薪酬、工作生活环境、人际关系状况要求较高，工作不满意就会选择跳槽，给企业正常生产经营带来困难。第二，优秀技术工人匮乏。一些先进制造企业对技术工人的需求较大，但年轻职工不愿意钻研技术，只能依靠老职工苦撑。技术工人队伍存在整体年龄偏大、文化素质偏低、接受新知识新技能的能力弱的特点。第三，超范围使用劳务派遣工普遍存在。据苏州市总工会调查统计，目前全市通过劳务派遣形式就业的职工已超过60万人。尤其是以劳动密集型为主的制造业企业大量使用劳务派遣工，有的企业劳务派遣工占到职工总数的95%以上，使用劳务派遣工的企业大部分都突破了《劳动合同法》所规定的“三性”界限。二是当前经济下行压力加大，企业经营存在一定困难和问题。突出表现在：第一，生产经营成本上升。原材料成本和劳动力成本持续上升、水电煤及房租价格快速上涨、人民币持续升值、税收居高不下等因素，造成企业生产经营成本上升，给企业特别是中小企业带来较大冲击。第二，企业融资困难。大量企业特别是中小企业反映，企业融资难的问题始终是当前影响企业发展的重要原因，至今没有根本解决。

▶中国财贸轻纺烟草工会服务职工工作组在江苏开展服务职工活动与职工座谈。

（二）企业工会在开展工作中存在的问题和遇到的困难。一是工会工作与职工对工会的期待有一定差距。大多数企业工会注重开展劳动竞赛、困难职工帮扶和文体活动，而在协调劳动关系、反映职工诉求、开展工资集体协商等方面力度不够、投入精力比较少。有50.8%的受访职工认为开展文体活动是企业工会开展的最令人满意的工作，认为开展工资集体协商和劳动争议调解工作最令人满意的仅占28.2%、14.8%；有53.3%和29.3%的受访职工认为企业工会在积极表达职工权益诉求、开展工资集体协商方面还需改进，远高于希望企业工会在开展职工文体活动、劳动竞赛等方面作出改进的职工比例。二是作用发挥受到一定的限制。所走访企业特别是非公有制企业的工会主席大多由党政干部兼任，工会专职干部少，经费不足。有31.3%的职工认为工会参与企业经营管理决策程度低，25.8%的职工认为工会没有充足的资金支持，25.3%的职工认为工会人员配备不足，30.3%的职

工认为工资集体协商双方实际地位不对等。三是工会组织吸引力和凝聚力有待增强。在非工会会员中，只有59.5%的职工表示愿意加入工会；有4.5%的职工表示对企业工会开展的所有工作都不满意，13.4%的职工认为工会对个人没有什么帮助，仅有34.5%的职工因为工会有了组织上的归属感，有46.2%的职工表示当权益受到侵犯时倾向于找工会组织帮助自己。

（三）职工群众反映的主要问题。一是收入低，增长缓慢。有76.1%的职工月收入在3000元及以下，36.9%的职工月收入在2000元及以下；有54.1%的职工认为自己的低收入造成生活压力很大；有53.8%的职工将“工资收入低”作为对当前工作岗位不满意的原因，这一比例远高于其他因素。有17.3%的职工反映近三年工资基本没有增长，55.6%的职工反映增长在10%以下。仅有8%的职工认为自己的收入与付出相符。二是物价高，增长迅速。职工认为当前造成压力最大的因素依次是工资收入低、住房困难、医疗费用高、子女教育问题，分别达到54.1%、47.9%、33.3%、31.4%。有71.1%的职工认为近3年家庭经济负担大幅加重或有所加重。三是一线职工社会地位降低，社会不公现象严重。有22.6%的职工表示不认同和非常不认同当前工人阶级的主人翁地位。有63.8%的职工认为所在企业管理者与普通职工的收入差距较大或很大。有67.9%的职工认为自身在近年来经济社会发展中受益不大或没有受益，有55.7%的职工认为近年来党和政府出台的一系列保障和改善民生政策效果不明显。职工对物价上涨、贪污腐败、房价过高、收入差距大等社会现象表示不满意的分别占到62.5%、62.1%、50%、48.6%。

四、几点建议

一是建议全总书记处向党中央建议，根据新形势适时修改党中央1989年印发的《中共中央关于加强和改善党对工会、共青团、妇联工作领导的通知》，要求各级党委、政府高度重视发挥工会组织在坚持改革开放、推动科学发展、促进社会和谐中的独特优势和作用。二是建议中央及国家有关部门进一步加大对中小企业的支持力度，采取更加有力的措施解决中小企业融资难等问题。三是建议中央及国家有关部门进一步加大改善和保障民生工作的力度，切实关心一线职工的生产生活状况，下大力气解决好医疗、教育、就业、工资收入、社会保障、劳动安全卫生等问题。四是建议把服务职工活动常态化、长效化。五是建议坚持重心下移，加强基层工会组织建设。

中国农林水利工会服务职工活动总结报告

按照全总开展“面对面、心贴心、实打实服务职工在基层”活动的总体部署，中国农林水利工会工作组于2012年3月19日至30日、5月7日至16日先后两次赴新疆自治区和兵团开展服务职工活动调研活动。活动得到地方党政的高度重视和大力支持，各级工会为活动作了精心周密的组织安排，广大职工群众对活动反响强烈、寄予厚望。

一、开展服务职工活动的主要情况

（一）按质保量完成阶段性调研任务。中国农林水利工会工作组先后到乌鲁木齐市、伊犁州和兵团农一师、农三师、农六师、农八师、建工师等地，共召开各种类型座谈会、情况通报会52个，走访企业15家，与100名职工进行个案访谈；走访慰问了13名劳模和65名困难职工，送出96000元慰问金；为10家企业职工书屋挂牌，赠送价值30万元书籍资料；为8家企业挂牌成立困难职工帮扶中心，共送出各种帮扶资金300万元，发放《职工劳动权益手册》等宣传材料数百本。推动问题的解决是调研的最终目的，对此，工作组与自治区总工会和兵团工会一起，积极与地方党政有关部门协调沟通，与企事业单位协调沟通，有效推动解决了基层干部职工反映的困难和问题十多个，圆满完成了一、二阶段工作任务。

（二）宣传引导伴随调研始终。调研过程中，工作组特别注重宣传引导。通过发放宣传材料、集中宣讲、答疑解惑等多种途径，结合干部和职工群众关心的热点问题，积极宣传党的路线方针政策和中央援疆战略部署，宣传党和政府改善民生的新举措，宣传中国特色社会主义工会发展道路的科学内涵和精神实质，引导他们正确认识形势，坚定永远跟党走的信念。20多天里，工作组直接向近千名新疆地区和兵团各民族各岗位一线干部职工进行了宣讲，这些宣传解惑工作，增强了基层干部职工战胜困难的信心。

（三）活动产生了积极影响。工作组下基层了解情况、分析问题、研究对策、推动难点问题解决，给地方和基层工会鼓了劲、加了油、壮了胆，工会干部触及和推动解决棘手问题的信心和干劲更加高涨；机关干部到企业与职工面对面交谈，拉近了与职工的距离和感情，对疏通职工不良情绪、正确看待工作生活中出现的困难和问题、缓解各种矛盾起到了积极作用；工作组深入走访慰问劳模和困难职工，让困难职工充分感受到了党和政府对他们的关怀与关爱，激发了职工的感恩之情，增强了他们战胜困难的勇气；机关干部通过开展服务职工活动，思想观念和工作作风有了明显转变，工作能力得到有效提升，工作干劲进一步增强。全总机关开展的服务职工活动，成效明显、反响良好、影响深远。

二、开展服务职工活动的主要体会与收获

服务职工活动的开展让我们收获颇丰、体会深刻：只有把握大局、了解实情，摸清

▶中国农林水利工会主席盛明富带领服务职工工作组慰问伊宁县青年农场维族职工艾克热木·艾迪合木。

底数，真正深入基层一线，了解职工的所需所想所惑所求，才能获得科学判断，不断增强工作的针对性与实效性；只有贴近职工、心系职工、把握政策、切实维权，才能够更有效地做好职工思想工作、充分调动职工的工作积极性和创造性；只有扑下身子接地气、转变作风到基层、真抓实干解难题，才能够切实提升工会干部的工作能力和水平、真正赢得职工的敬仰和信赖；只有积极主动争取支持、上下联动形成合力、协调各方借力攻关，才能够更有力地推动难点问题的解决。总之，只有深入基层、真抓实干，为基层、为职工办实事、解难事，才能够真正在实践中落实和发展中国特色社会主义工会发展道路，不断提高工会组织的吸引力凝聚力，永葆工运事业发展旺盛的生机和活力。

三、企业、基层工会和职工群众反映的主要问题

（一）企业改制遗留问题。一是企业内退职工生活费偏低，部分职工生活困难。据了解，自治区有半数以上改制企业的内退职工生活费只有400～500元，涉及数万人之多。二是一些下岗职工因收入太低，无力缴纳社保金，已到退休年龄却因无能力补足社保费而不能办理退休。据了解，仅伊犁州直属国有企业这种情况的约有2000多人。三是集体企业改制后，原企业集体资产的处置以及职工安置、补偿金办法等缺少配套完善的政策，致使一些企业和职工负担越来越重，养老保险金欠费连年积压，职工面临无法办理退休和领取养老金的困境。四是一些企业改制时，部分职工以较低的经济补偿金买断工龄，由于后来找不到就业岗位，又找到原企业，出现买而不断的问题。这次调查了解，伊犁州绝大部分在档困难职工致贫致困原因与企业改制、一次性买断工龄下岗失业、无力续缴社保费有关，这已成为工会帮扶工作普遍存在的难题。

（二）影响职工队伍和社会稳定的突出问题。一是一线职工收入过低。这是调研访谈中职工反映最普遍的问题。新疆工资水平主要靠中央企业和机关事业单位来拉动。国有企业高于非公有制企业，企业经营管理人员远远高于一线职工，相当一部分一线职工月收入不足2000元。二是部分职工面临住房、医疗、子女上学、就业等诸多困难。目前，自治区共有困难职工12万户，涉及家庭人口20多万人；兵团共有困难职工62775户。一些少数民族职工家庭因就业人数少、家庭人口多，生活困难。农民工也是一个困难多的群体，他们大多从事苦、脏、累、险工作，劳动保护条件差，一旦出现问题，生活往往陷入困境。另外，他们在子女上学、生活居住、文化生活等方面也都存在一些困难。一些改制、破产和困难企业职工多住在破旧危房里，住房条件还没得到改善。三是

部分企业没有为职工足额缴纳社保费。目前，大部分企业只为职工缴纳养老、工伤、失业保险，而没有缴纳医疗、住房公积金等费用。还有一些企业实行“两本账”，没有按职工的实际收入缴纳社会保险。四是一些企业职工劳动生产环境恶劣。特别是矿山采掘、建筑、建材、化工等资源型企业粉尘等有毒有害物质超标，安全生产措施不到位，有的企业迫使职工违规加班、冒险作业，给职工生命安全和身心健康造成一定危害。五是非法宗教活动加紧向职工队伍渗透。由于受境内外敌对势力的影响，新疆非法宗教活动在一些地方蔓延，有向职工群众渗透的趋势，企图利用劳动关系矛盾制造社会不稳定因素，利用非法宗教活动分裂我职工队伍，影响社会大局稳定。新疆的宗教影响力远超过教育的影响力。据调查，目前全区有各级各类学校6670所，而宗教活动场所有2.4万余座，其中伊斯兰教清真寺2.39万座。这种情况对新疆的教育提出了严峻的课题。

（三）兵团发展和职工权益面临的突出问题。一是贫困程度较深，贫困面较大，贫困人口较多。兵团成立至今，本着不与民争利的原则，绝大部分团场处在风头水尾、沙漠边缘，人均耕地面积平均1.3亩，干旱缺水，霜冻、冰雹、沙尘等自然灾害严重，自然资源和生态环境极其恶劣，兵团职工生产生活条件艰苦。特别是42个国家级贫困团场主要分布在边境地区，远离中心城市和地区，交通不便，信息不灵，资源环境差，市场竞争乏力，经济发展缓慢。据调查统计，兵团目前共有贫困团场58个，占兵团团场总数的33%，其中国家级贫困团场42个。居民最低生活保障人数11.8万人，兵团工会建档困难职工6.3万户。二是发展资金不足。兵团是“党政军企合一的特殊组织”，各团场既要承担社政支出和民兵边防值勤费用，还要向国家纳税，职工和团场的负担异常沉重。许多团场因发展资金不足，解决困难能力极其有限，贫困团场职工企盼生产生活条件改善的种种迫切愿望与团场解决能力的有限性形成较大反差。

（四）职工教育问题。一是以游牧民族为主的农牧民在向产业工人转化过程中，明显存在着技术技能水平、文化素养、语言沟通、生活习惯等与现代企业的管理不相适应。二是岗位培训周期不能满足职工在岗培训的迫切需要。许多职工反映，随着知识更新的加快和企业设备的升级换代，对职工技能素质的要求越来越高，但培训的周期较短，不能满足职工培训的迫切需求和岗位需要，且少数民族语言的培训资料少，缺乏对少数民族有针对性的培训教材。三是地处偏远地区的农场林场职工的孩子上学难。面临着学校少孩子无法就近上学、上学路途远没有校车、城里没有住房上不了户口无法送孩子进城上学等诸多实际困难。

（五）国有农牧场政策边缘化问题。据调查反映，新疆的105个地方国有农场和124个国有牧场都不同程度的存在政策边缘化问题。这些农牧场几乎都是纯国有经济，没有其他任何经济成分，资源配置单一、产业结构单一、第一产业比重过大，在原有经济体制下设立开办的工副业加工和其他场办企业规模小、产品单一，加上体制问题、企业办社会问题，这些企业包袱异常沉重。国有农牧场定性为企业，同时还承担着部分政府职能，工作目标和责任与当地政府一样，但干部享受不到政府待遇，缺少行政管理费用，在工程项目的实施等方面也存在着较大的政策差异。而又由于是企业性质，即使是从事农业生产的企业也享受不到农业的优惠政策。如所有新农村建设项目都是纳入当地社会发展的总体规划、由国家和地方财政支出的，而国有农牧场却是由企业自己承担。

▶中国农林水利工会服务职工工作组看望青松建化劳模。

加上国有农牧场多处在远离城镇的乡村，其投资体制、投资渠道不畅，人才流失严重，科技推广和示范作用不断弱化，基本处于改革滞后，发展缓慢，后劲不足状况。

（六）中小民营企业问题。随着新疆的跨越式发展，非公有制企业特别是中小民营企业的数量会进一步增加。据调查，2012 年新疆全区非公有制企业会员数已占到会员总数的 31%。这些企业大多属于劳动密集型行业，是容纳职工就业的重要领域，目前面临的突出问题是融资难、税赋重、人才缺乏、招工难、用工成本高、发展环境较差、与政府信息不畅、缺乏指导等。据调查反映，用工荒、用工难问题已由沿海向中西部地区蔓延。而养老等社会保险难接续、就业技能偏低、劳动力无序流动等仍然是影响农民工在城镇稳定就业的首因。

四、建立服务职工长效机制的思考与建议

（一）要高度关注和研究分析调研中发现的突出问题。各工作组在调研中发现的突出问题，多数都是当地矛盾的焦点。尽管因各地社会经济发展的状况不同，问题的表现形式和程度各异，但这些问题都将是影响当地乃至全国改革发展稳定的隐忧，如果不能逐步有效地加以解决，必将影响和制约这个地区的全面发展。因此，对调研活动中发现的重点问题要分类进行研究，分析问题的症结，厘清工会工作的思路与路径，提出推动问题解决的具体方案，从而保证服务职工活动取得实实在在的效果。以新疆地区为例：伴随新疆地区跨越式发展，各种资源大量引进，不同类型企业特别是非公有制企业蓬勃兴起，可能带来的劳动关系矛盾凸显问题；新疆城镇化、工业化和农牧业现代化加快亟须的人才支撑而高素质劳动者队伍欠缺问题，就很可能成为制约新疆发展的瓶颈；如何更好地解决前期改革遗留问题和体制机制问题，切实提高困难群体的生活水平，特别是在就业、医疗、养老、住房、子女上学等方面减除他们的后顾之忧，将是能否保持新疆地区长治久安的关键问题，等等。

（二）要从学习宣传实践中国特色社会主义工会发展道路的高度，充分认识新时期加强服务职工工作的重要性和迫切性。中国特色社会主义工会发展道路是在改革开放特别是新世纪新阶段以来逐步形成的。伴随着经济体制的深刻变革、劳动关系的深刻变动、职工队伍的深刻变化、国际工运的深刻调整，中国工会既面临难得机遇，更面临诸多挑战。中国工会应当抓住机遇，从思想上、组织上、行动上做好充分准备，正确应对经济关系、劳动关系和职工队伍变化带来的新情况新问题，坚定不移地实践适应时代

要求、符合基本国情、体现工会性质的工会发展道路，从工作思路、工作内容、工作方式和工作能力等方面在继承优良传统的基础上，与时俱进、开拓创新，把广大职工紧密地团结在党的周围，更好地调动职工群众积极性主动性创造性，处理好服务职工与依靠职工的关系，始终把职工群众放心上，把职工群众当亲人，一方面实现依靠会员和职工群众办工会，一方面充分发挥工会作用，推动解决职工群众最关心最直接最现实的利益问题，使职工群众真正感到工会是自己的组织。

（三）植根基层、扎实推进，不断增强服务职工的组织动力。工会发展道路源于实践，还必须回到实践中去，用以指导实践、推动实践发展，并在实践中进一步丰富和发展。当前形势下的职工群众工作情况复杂、任务艰巨，建立服务职工长效机制，更好地服务科学发展、服务社会和谐、服务职工群众，应将重点植根于基层，克服工会工作机关化、行政化倾向，在机制体制上形成各级工会组织和广大工会干部深入基层深入实际的工作模式，并将此作为一项长期的、经常性的工作，坚持完善职工队伍状况在一线掌握、工会维权帮扶在一线实施、构建和谐劳动关系在一线推进、工会重点工作任务在一线落实、创先争优在一线开展的制度化措施，从根本上保证党的群众工作落到实处。要督促企业依靠职工办企业，尊重、爱护职工，主动履行社会责任，推动实现企业发展与职工利益的双赢。

（四）争取更多的资源和手段，推动服务职工社会化。服务职工是工会的主要职能，但仅仅依靠工会的力量是不够的。一方面，工会要支持政府依法行政，教育职工群众响应政府号召，积极投身经济建设主战场，巩固社会主义国家政权的群众基础，把政府支持工会的制度优势转化为推动科学发展、促进社会和谐、服务职工群众的实践成果；另一方面，工会工作要主动争取政府的大力支持，争取更多的法规政策、资源手段，在扩大内需促进经济增长、维护职工队伍稳定和社会稳定中，切实推动党的保障和改善民生政策落到实处。要重视和加强地方工会和产业工会工作力度，加强重点课题研究，提出更加有针对性的意见建议和解决措施，及时分析本地区本产业职工队伍面临的新情况新问题，积极配合党政有关部门做好影响比较大的涉及职工队伍生产生活、安全稳定等方面的工作，不断推动党的事业开创繁荣发展新局面。

全总办公厅服务职工活动总结报告

办公厅按照“面对面、心贴心、实打实服务职工在基层”活动领导小组的统一部署，在陈荣书同志的带领下，分别组成以谷常生同志、尤立新同志、刘迎祥同志为组长的3个工作组，利用16天时间赴广东省开展了3次服务职工活动，着力在“面对面”、“心贴心”、“实打实”9个字上下功夫，各项工作取得了积极进展。

一、开展服务职工活动的基本情况

（一）扎实完成“规定动作”。工作组先后深入深圳、佛山和广州3个市、8个区、3个镇，走访了赐昱鞋业（台资）、天健集团市政总公司（国有改制困难）、高木汽车部件公司（日资）、海天调味食品公司（民营）、松下电工电子材料（广州）有限公司、广州新泉包装容器有限公司、深圳盐田国际集装箱码头、三洋电机（蛇口）有限公司沙井分厂等8家企业，实地走访职工生产生活一线场所，与职工共进午餐、共同劳动，进一步增进与职工的感情；召开31场座谈会，与260多名企业经营者、工会干部、一线职工和劳模面对面地交流座谈，对68名职工进行了个案访谈，入户慰问18户困难职工家庭，看望4名全国劳模，详细了解企业生产经营和职工生产生活状况，认真听取对工会工作的意见建议，并收集整理了影响企业发展、职工权益实现和基层工会作用发挥的3大方面36条问题和意见；向困难企业、帮扶中心和困难职工赠送慰问金79万元，发放《职工劳动权益手册》400本，并帮助企业建立4个职工书屋和1个困难职工帮扶站，切实将“认真听、真诚谈、深入访、真心送、仔细看”的任务要求落到实处。

（二）有针对性地做好“自选动作”。工作组专门就基层工会工作作用发挥、职工职业技能培训、外来工维权服务等问题进行了调研，先后走访了深圳龙岗区总工会综合服务大厅、佛山高明区困难职工帮扶中心，详细了解工会困难职工帮扶工作和专职外来工维权服务人员的有关情况；参观了深圳市第三职业技术学校（深圳市总工会农民工学校），听取了开展职工培训、实施农民工“圆梦计划”的情况汇报；考察了龙岗街道宝龙社区“筑基行动”，了解基层工会组织参与社会管理、开展维权帮扶工作情况；与省、市、区、街道（社区）和企业等各级工会干部座谈，就推动广东省工资集体协商和民主管理条例出台、工会经费收缴以及非公企业工会干部管理与培训等问题，进行了深入交流。在第三批活动中，专门将职工队伍稳定状况作为调研的主题和重点，召集了广东省国安、公安、高法、人社等相关部门和6个市级工会、4个区级工会、1个街道工会以及8家企业工会的同志座谈交流，选取了4家曾发生过职工群体性事件的不同类型的企业作为调研对象，发放职工队伍稳定情况调查问卷200份，对影响劳动关系和谐稳定的因素进行分析研判，把握劳动关系发展变化内在规律，指导地方工会健全完善有关工作制度，做好信息收集、舆情监测、舆论引导和突发事件处理等工作。

（三）加强对广东省各级工会开展服务职工活动的指导服务。工作组切实履行指

▶全总办公厅主任谷常生与一线职工访谈。

导督促检查地方工会开展活动的责任，先后听取了广东省总、深圳市总、佛山市总及相关区、街道关于开展服务职工活动的思路和措施，并就结合广东实际、进一步创新活动载体、推进活动取得实效等积极提出意见建议。目前，广东省总把推进“四个一万工程”作为开展服务职工活动的主题，目前已组织1.7万多名工会干部深入5.1万家企业调研，投入资金2.23亿元（其中省总投入5940多万元），着力为企业解决一批难题、为职工办好10件实事、形成一批调研成果。全省各级工会也都结合各自特点，确定了开展服务职工活动的重点，比如广州市总大力推行会员卡、建立社区工会工作站等面向基层的服务项目，深圳市总重点实施对异地务工人员的教育培训项目“圆梦计划”，佛山市总着力做好外来工维权服务工作，中山市总打造工会千人义工服务品牌，肇庆市总开通工会微博“肇庆工人”引导舆情等，都取得了积极成效。

二、开展服务职工活动的基本经验及主要成效

（一）坚持把调查研究作为开展服务职工活动的有力抓手，切实做到对职工队伍和劳动关系现状情况明、底数清。我们把听汇报、看材料与实地走访、面对面了解情况结合起来，把整体掌握面上情况与重点了解典型问题和突出矛盾结合起来，切实做到心中有数。目前，广东省各类企业共计约105万户，其中民营企业85万余户，港澳台及外资企业9万余户；职工3000余万人，其中纳入就业管理的外来务工人员2600余万人。企业数量众多、经济成分多元、用工方式各异、劳工规模巨大、关系复杂多样，是广东劳动关系的显著特点。当前，全省劳动关系在总体和谐稳定的同时，也呈现出一系列新趋势新特点，给工会维权维稳工作带来一系列新问题新挑战：一是劳动关系“三化”特征逐渐明显导致劳动关系的不稳定性逐渐增强。即劳动者和用人单位构成多样造成的劳动关系主体复杂化、劳动者自由择业和用人单位自主用工造成的劳动关系运行市场化、企业对生产能力的季节性调整提速造成的劳动关系矛盾季节化。二是经济转型引发劳动关系“阵痛”。一方面，劳动密集型的低附加值产业利润率降低，导致企业直接或变相压缩人工成本；另一方面，企业在转移或转型过程中的关停并转，提高了裁员或岗位调整幅度，增大了劳资纠纷发生的频率。三是国际国内经济环境趋紧使劳动关系矛盾容易触发。受原材料价格上涨、人民币升值、信贷收缩等因素影响，部分外向型企业和中小企业经营困难，给职工生产生活造成冲击，加之毗邻港澳，停工等职工群体性事件更容易受到境外势力的插手利用和挑拨煽动，影响社会稳定。四是劳动者主体结构变化使劳动

关系更为复杂敏感。目前，“80后”、“90后”已经成为外来务工人员的主体，他们利益诉求多样，追求体面劳动和尊严生活的价值取向强烈，但由于生活现实与理想愿望存在巨大落差，容易导致心理失衡、行为失范。此外，直接“人口红利”总量逐步下降，劳动力的结构性短缺使劳动关系更加敏感复杂。五是企业和职工向园区集中引发一些新问题。许多开发区、工业园区和产业转移园区已成为企业和职工高度集中的区域，处在同一园区的职工群体，由于环境相同、利益相近、聚众而居、群起而动，个别劳动纠纷如果处理不善，容易形成辐射影响和连锁反应，引发一连串社会问题乃至群体性事件。六是劳动关系建设存在许多与新形势不相适应的问题。包括现行法规制度不健全、社会建设水平相对滞后、部分企业人文关怀缺失、职工队伍综合素质不高等。

（二）坚持把发现和总结典型经验作为开展服务职工活动的关键环节，切实做到对基层工会工作有推动、有服务。一是广东省维护职工队伍稳定和防范抵御工作。广东省建立了省委领导下的防范和抵御组织领导体系，由省领导牵头，工会、国安、公安、劳动、司法、民政、外事等部门共同参与；建立了与国安部门的定期工作沟通机制，由省安全厅提供针对工会的敌对势力活动情况专报，部门之间和领导之间定期进行沟通交流；建立了领导对口联系制度，加强了对地方防范低于工作的督察指导；建立了畅通的紧急信息报告制度、全程处理机制、协商处理机制，制定下发了《工会应对群体性事件协调处置工作规范》。广东省总提出了“接触、引导、利用、改造”八字方针，省市工会领导主动接触当地民间维权组织，掌握第一手资料。对于没有境外政治背景的民间组织进行教育引导，避免被境外势力利用；对于具备合法身份和一定服务能力的组织给予一定支持，适机为我所用；对于思想激进但仍存国家观念、法律观念的组织加强思想政治工作，力争加以改造。省总牵头成立了“职工服务类社会组织联合会”，提出了培育扶植一批职工服务类社会组织、引导规范一批民间维权组织，打击取缔一批违法敌对组织的目标。二是深圳市总工会“圆梦计划”。从2008年起，深圳市总采取政府支持、工会帮扶、社会赞助相结合的方式，为广大农民工提供免费或优惠的成人大、中专学历学位教育，至今已成功举办四届，共资助大专学历教育1095人，中职学历教育1012人，职业技能培训12300多人，其中包括家政服务工程专项培训6023人，社会影响广泛。三是深圳社区工会干部职业化建设。从2009年起，深圳市总根据“社会化招聘、契约化管理、职业化运作”的工作思路，大力开展基层工会干部社会化改革，目前已建立起一支由社会化工会副主席、工会组织员、专业社工组成的社会化工会干部队伍共291人。四是佛山市总工会外来工维权服务工作。佛山市各级工会针对外来工占劳动就业人口半数以上的实际，通过组织外来工入会、提供免费法律服务、实施劳动争议调解、加强工伤探视和生活帮扶、注重人文关怀等，切实做好对外来工的维权帮扶工作。2011年佛山市总又成立了市、区、镇（街道、工业园区）三级共44家外来员工维权服务中心，承担调解劳资纠纷等10大类专业无偿服务，进一步推进工作的常态化、长效化建设。五是一批基层工会在构建和谐劳动关系方面的好经验。如积极构建和谐劳动关系的“赐昱模式”、打造“和谐幸福之家”的海天公司、广州海珠区凤阳街工会服务站向农民工免费提供专业社工服务、深圳盐田国际集装箱码头开展企业和谐劳动关系创建等，其共同点是经营者实行人性化管理，注重改善员工生产生活条件，加强人文关怀，畅通职工利益诉求渠道以及企业工会组织积极发挥作用等。

（三）坚持把为企业、职工和基层工会办实事好事作为开展服务职工活动的中心内容，切实做到出实招、见实效。工作组针对企业生产和用工成本高、员工流失率较高、招工难以及生产经营困难等，积极开展送资金、送政策、送书籍。针对职工反映的生活成本高、收入低、子女上学难、参加培训难等生产生活困难，主动与企业和党政有关方面沟通协调，推动办好了佛山南海戴丽斯内衣有限公司在岗患大病职工赵大其调换工作岗位等5件实事。针对基层工会干部反映的组建难、维权难、会费收缴难、工作经费紧张等问题，工作组积极做好政策指导和业务服务，特别是与佛山澳美铝业公司经营者进行有效沟通，推动解决了企业建会问题，并督促佛山市总、三水区总、乐平镇总做好企业建会后完善工会组织架构、发挥职能作用等后续工作。

（四）坚持把“部分干部下基层、全体干部受教育”作为开展服务职工活动的重要目标，切实推动办公厅工作人员转作风、提素质。我们把开展服务职工活动3次共选派了18名工作人员。每位参与活动的人员都认真撰写工作日志和心得体会，记录活动期间的所思所想。大家一致表示，要认真学习职工和基层工会干部身上的好品质好作风，在今后的工作中，要进一步牢固树立面向基层、服务职工的思想，在政策指导、权益维护、反映诉求等方面为基层提供更大的帮助，不断探索服务基层和服务职工的途径。为进一步巩固扩大活动成果，每一批活动结束后，办公厅党总支都组织召开活动情况通报会，请参与活动的干部向办公厅全体工作人员谈感受、讲体会，并举行青年干部与广东省在京学习全国劳模座谈会，在办公厅全体工作人员中切实形成了向基层学习、为职工服务的良好风气。

▶全总办公厅服务职工工作组在广东省深圳市开展活动召开座谈会。

深圳市、佛山市、广州市党政领导和各级工会干部对工作组开展活动情况都给予了高度评价，他们认为全总同志深入企业和一线职工中，工作作风朴实可亲、工作精神可敬、工作方法可学，真正做到了面对面、心贴心、实打实。活动也得到了企业经营者、广大职工的欢迎，纷纷表示“与全总同志面对面交流，感到十分激动和振奋，希望工会组织坚持开展好这项活动，多替我们职工说说话，多为我们办点事”。这份信任和肯定，对我们是极大的鼓舞和鞭策，时刻提醒着我们要不断总结活动经验，认真学习借鉴机关其他服务职工工作组开展活动的有益做法，着力克服活动覆盖面还不够广、服务基层措施还不够有力、工作水平还有待增强等问题和不足，不断增强服务职工和基层实效。

三、关于做好服务职工工作、提高办公厅“三服务”工作水平的思考与打算

（一）继续深化服务职工活动，不断健全完善服务职工的长效机制。包括建立联系基层机制，继续保持与广东省各级工会的密切联系，办公厅各处室要与有关地市工会建立固定联系点，定期深入联系点开展走访调研；建立辅助决策机制，有重点、有针对性地收集整理广东省劳动关系和职工队伍的最新情况；建立工作落实机制，对于职工反映的困难和问题，分层次、有重点向党政、企业反映，督促地方工会跟踪问题解决过程；建立评价考核机制，把服务职工工作作为考核干部的重要标准，强化激励约束。

（二）在发挥典型引路作用上下功夫，对已发现的典型经验作再思考、深挖掘，并积极向中央有关单位、全总业务部门进行推荐，推动出台相关制度措施。比如，在开展职工技术培训方面，深圳市“圆梦计划”对全总进一步整合资源、打造全国职业培训品牌项目，很有借鉴意义。在解决企业工会干部作用发挥有限问题方面，深圳市龙岗区通过在社区聘用社会化工会工作者、以上代下参与企业工会事务的做法，值得推广。

（三）立足职能优势，努力做好工会维稳和防范抵御工作。进一步建立健全相关机制，积极整合各类资源，不断提高工作水平。加强与民政、公安、安全、司法、外事等有关部门的沟通协调，共同做好对社会组织的管理、引导工作，坚决防止和遏制某些组织打着“服务”、“维权”幌子意图分化瓦解我职工队伍的图谋。认真总结深圳市总处理“海量存储”等一批基层工会化解劳动争议、妥善处理职工群体性事件的典型经验，形成系统性、操作性强的工作规范，为各地开展维稳和防范抵御工作提供有益借鉴。

（四）切实加强和改进工作作风，不断提高办公厅干部“三服务”的能力和水平。当前要结合学习贯彻全国党委秘书长会议精神，抓好《中华全国总工会办公厅关于深入学习贯彻中央4个文件精神的意见》、《中华全国总工会办公厅关于印发〈工会机关公文处理办法〉的通知》等文件的贯彻落实，做好工会系统的公文处理，进一步提高公文处理的质量和效率；大力精简工会系统的文件和简报，加强和改进信息工作，大力加强督察督办工作。切实加强办公厅干部队伍建设，全面提升办公厅工作科学化水平。

全总组织部服务职工活动总结报告

根据有关通知要求，现将全总组织部开展服务职工活动有关情况报告如下。

一、深入基层，紧接地气，服务职工活动扎实开展

2月27日~3月3日，全总组织部服务职工活动工作组在全总副主席、书记处书记段敦厚同志的带领下赴黑龙江开展“面对面、心贴心、实打实服务职工在基层”活动。工作组先后到黑龙江省大庆市、哈尔滨市，走访了大庆油田有限责任公司等5家企业。期间，共召开17场座谈会，分别与18名省市工会负责同志、50名企业经营管理人员、41名企业工会干部、50名一线职工和困难职工进行座谈，走访慰问5名劳动模范、25名困难职工，与50余名职工进行个别访谈。捐赠全国工会职工书屋5个，发放宣传材料450余册，并查看了集体合同文本、劳模和困难职工档案等企业工会文件，详细了解了企业生产经营情况、工会工作开展情况和职工工作、生活情况。工作组同志不走过场，向基层和干部职工学习，使服务职工活动取得了良好效果。

7月，针对活动中发现的黑龙江省一些企业特别是非公企业存在的会员发展工作滞后、工会组织建设不规范等现象，我们结合年度重点调研课题，从加强工会组织规范化建设入手，对黑龙江县级工会组织工作规范化建设问题进行了专题调研，提出了推进相关工作的意见建议。8月6~8日，为认真总结黑龙江活动开展过程中涌现出的好经验、好做法，我们组成专题调研组，赴黑龙江就大庆市总工会建立市、县区两级工会干部全年全员每周3天深入基层机制的做法等进行了专题调研。

为深入扎实开展好活动，我们主要采取了以下做法：一是高度重视，多次专题研究，深刻理解和把握开展活动的原则、步骤和程序要求。抽调精干人员组成工作组，加强学习培训，提高思想认识，提前熟悉相关业务知识和黑龙江省有关情况。二是与黑龙江省市工会多次沟通，结合黑龙江省情、企情和组织部工作实际，科学制定工作方案，精心设计行程安排，研究细化座谈和访谈提纲，努力提高活动的针对性和实效性。在企业的选择上，不仅有经营状况处于好中差不同情况的国有和民营企业，还选择了历史包袱沉重、企业经营困难但又充满希望的老国有企业——哈轴进行深入调研。三是在时间紧任务重的情况下，每天工作至深夜，深入车间班组、职工宿舍和食堂等场所与职工面对面交流，不折不扣地完成了全部“规定动作”。四是为确保取得实效，完成了一些“自选动作”：坚持分别召开不同利益群体座谈会，地方工会干部和企业相关人员需回避的一律回避；与一线职工进行座谈时，要求有部分困难职工参加；半数以上个别访谈对象由工作组现场在职工名册中确定；当地企业如有条件，则坚决要求住在企业；专门安排到哈轴夜班生产车间察看一线职工工作情况，并现场与职工进行个别访谈；到1205钻井队和哈轴、哈飞职工食堂与职工一起用餐，亲身感受和了解了职工的生产生活情况。六是及时沟通反馈，推动问题解决。活动结束前，与黑龙江省总、大庆、哈尔滨市总、

大庆油田工会负责同志沟通交流了有关情况，原汁原味反馈问题，对需要及时关注解决的问题，提出了建议。

二、总结经验，查摆问题，合力推进黑龙江省服务职工活动蓬勃发展

工作组在黑龙江期间了解到，黑龙江省总工会高度重视服务职工活动，全总服务职工活动视频会议召开后，立即研究制定并印发实施方案，并以召开省总十届三次全委会为契机进行了启动和部署。13个市（地）工会和大庆油田工会也全部及时制定方案并组织大批工会干部深入企业和职工中开展活动。全省各级工会行动迅速，方案具体，措施得力，结合实际，特色明显，有不少值得肯定和研究推进的好做法。例如，黑龙江省省委、省政府自2000年以来组织实施的城市“一帮一”扶贫解困工程，在加强和创新社会管理、推进民生工作以及做好新形势下职工群众工作中发挥了重要作用，成为广大困难职工和社会各界赞誉的“民心工程”、“创业工程”、“致富工程”。黑龙江省总提出把全省工会服务职工活动与“一帮一”扶贫解困工程相衔接，进一步深化和丰富了服务职工活动的内容和载体。工作组认为，黑龙江省“一帮一”工程是工会动员社会力量服务职工群众的好形式、好做法，体现了全总服务职工活动的精神和内涵，具有良好的社会环境和工作基础。为此，工作组建议黑龙江省总，要将该项工程与服务职工活动更加紧密地衔接起来，在实践中不断积累经验、探索完善，努力开辟一条符合省情的“面对面、心贴心、实打实服务职工在基层”活动新路径，切实促进黑龙江服务职工活动的深入扎实开展。

▶全总组织部服务职工工作组看望一线职工。

针对赴黑龙江开展活动期间发现的一些问题，我们还与黑龙江省、市和有关企业工会积极沟通，保持联系，共同推动问题解决。例如，调研中，哈尔滨市部分企业特困职工向工作组反映，每年特困职工持有的特困证要上交到工会相关部门进行年核，2012年，因审核后的特困证到3月还不能下发到职工手中，造成职工因无法出示特困证，未享受到子女上学等方面的优惠政策。我们在活动结束前的情况交流会上，提出要哈尔滨市总工会了解相关情况，查清不能及时下发特困证的原因，采取措施确保特困职工的权益。我们回京后，继续保持与哈尔滨市总的联系和沟通，努力推动问题解决。2012年4月底，在哈尔滨市总各级工会干部的努力下，7825个特困证已全部发放到困难职工手中。针对部分职工反映的医疗保险范围以外自负医疗费用比例较高，一些职工因病致贫

问题，我们与中国职工保险互助会进行联系，并为双方牵线搭桥，积极探讨中国职工保险互助会在黑龙江省哈尔滨市设立办事处，在广大职工中积极推广互助保险项目，切实解决部分职工医疗负担较重问题的可行性，目前，双方已有了合作试点的初步意向。针对哈尔滨轴承集团公司在企业改制脱困过程中，坚持开展全员广播操活动等丰富多彩的职工文化体育活动，不断凝聚人心，振奋职工精神，弘扬企业文化，职工与企业同舟与共、团结拼搏的感人事迹，工作组返京后积极与国家体育总局等部门联系和沟通，想方设法为哈轴集团的职工文化体育活动筹措资金，取得了积极进展。

工作组在黑龙江开展活动期间，职工群众和基层工会反映的突出问题还有：一是企业经营存在不同程度困难。一些大型国有企业由于历史包袱沉重、技术改造资金投入不足、设备陈旧老化等问题，经营出现较大困难。如哈尔滨轴承集团公司现在处于企业解困发展的重要时期，在职工满怀脱困希望与企业同舟共济的时刻，企业亟须政府和有关方面在政策、资金等方面予以必要扶持。一些民营企业如哈尔滨飞云实业有限公司，产品附加值和科技含量较低，同业竞争激烈，加上市场监管存在缺失，受非法企业假冒伪劣产品冲击，企业订单量持续下降，生产开工不足，经济效益下滑明显。二是一线职工对低工资、高房价高物价、教育资源不均等社会现象反映比较强烈。许多职工反映，尽管每年都有不同程度的工资增长，但工资水平总体偏低（个案访谈的 50 人中，有 21 人反映自己工资偏低）。而与低工资对应的，是不少职工反映强烈的高房价和高物价（个案访谈的 50 人中，有 23 人反映房价过高，16 人认为物价过高）。另外，许多职工反映其最忧虑的问题是子女教育问题（个案访谈的 50 人中，有 19 人认为子女教育压力最大，压力之一是教育资金问题，之二是如何获得公平、优质的教育资源问题）。对此，我们均进行了认真梳理，提请黑龙江有关省市工会予以重点关注，并向全总作了积极反映。

截至目前，在全总的指导和积极推动下，黑龙江省总将活动作为全会 2012 年重点工作予以推进，把实施“一帮一”工程作为开展活动的重要载体，既按全总要求完成规定动作，又结合黑龙江实际增加自选内容，省市工会领导带头，县区、局、大企业工会上下联动，工会干部全员参与，活动取得了显著成效。据统计，全省 13 个市（地）总工会及所属工会组织共成立工作组 1146 个，其中省总工会 5 个、市地总工会 75 个、县区总工会 591 个，全省有 23206 名工会干部参与活动，深入 8843 户企业，走访慰问职工 112307 人，召开座谈会 7550 场，发放调查问卷 160409 份，个案访谈 13167 人，发放宣传材料 241820 份，为 37328 名职工发放慰问补贴共计 1861. 96 万元，征集意见建议 6250 条。黑龙江服务职工活动得到了各级党政领导的充分肯定，受到了企业和职工的热烈欢迎。

三、改进作风，真抓实干，将服务职工活动推向深入

（一）继续推动解决职工最直接、最现实、最紧迫的利益问题，确保活动取得实效。一是要进一步加强联系协调，陪同全总资产监督管理部和中国职工保险互助会的有关同志到哈尔滨市进行实地调研和考察洽谈，推进在哈尔滨市设立中国职工保险互助会分会的有关试点工作，并在实践的基础上积极推动黑龙江省在条件成熟的地市或企业逐

步推开此项工作，从而充分发挥工会组织作用，切实解决一部分职工医疗负担重问题。二是要与国家体育总局和全总有关部门进一步沟通协商，推动将哈轴集团公司作为困难企业开展职工文化体育活动的典型加以宣传和扶持，尽快落实资金帮扶等政策，在哈轴改制脱困的关键时期，进一步弘扬企业文化和企业精神，凝聚企业人心，共度企业难关，再创企业辉煌。三是对于活动中干部职工反映的低工资、高房价、高物价、教育资源不均、基层工会干部培训机会少等一些带有普遍性的问题，我们将进一步推动黑龙江省各级工会予以重视关注，积极配合全总向中央有关部门反映，并抓好本部门职责范围内的有关工作，务求活动取得实实在在的效果。

（二）建立服务职工活动长效机制，推进活动持续健康发展。一是要加强全国工会干部教育培训网站建设，为广大基层工会干部提供优质、实用、便捷的网上培训服务。截至2011年9月，全国共有774.8万专兼职工会干部。做好工会干部教育培训工作，是全会上下带有基础性、全局性、长期性的重要战略任务，更是组织部工作的一项重要职能。活动中，许多基层工会干部反映任职以来从未或很少有机会得到业务培训，影响了基层工会职能作用的发挥。针对这种情况，我们将进一步加大对县级工会主席、非公有制企业工会主席等的培训力度，并按照“十二五”培训规划的要求，指导和督促各省市工会分级分类做好对基层工会干部的培训工作，努力扩大实体培训的覆盖面。同时，还将把开展网上培训作为解决广大基层工会干部教育培训资源不足和基层工会干部工学矛盾的有效办法，努力做大、做实、做出成效。2011年，在书记处的高度重视下，组织部开通了全国工会干部教育培训网站，并不断完善了在线视频学习平台，使工会干部登陆注册后，就可以从网站上学习名师录制的视频讲座、优秀公开课程、PPT课件以及文字教程。目前，我们在网上举办了“全国工会干部‘两个普遍’网络学习班”、“全国非公企业工会主席上岗资格网络培训班”，年内还将举办“中国特色社会主义工会发展道路”学习班和“全国公有制企业工会干部上岗资格网络培训班”等网上培训班。工会干部参加上岗资格网络培训班，学习完规定课程后，可以申请在线考试，考试合格后，可以自行下载打印由全总授权颁发的工会干部上岗资格电子证书。今后，组织部将根据黑龙江省工会干部的学习需求，把组织该省工会干部特别是边远地区、小企业和非公企业工会干部开展网上培训作为一项长效机制抓紧抓好，为黑龙江省基层工会干部提供便捷、实用、高水平的培训服务，努力将全国工会干部教育培训网打造成为组织部服务基层工会干部、服务职工群众的一个重要平台。二是要结合组织部年度重点调研课题，继续开

▶全总组织部服务职工工作组召开一线职工座谈会。

展好服务职工活动。将黑龙江省作为组织部年度重点课题调研的一个重要联系点和试验田，放下架子、扑下身子，密切联系基层工会和职工群众，了解其困难和诉求特别是对工会组织工作的期盼和要求，为基层工会和职工提供面对面、心贴心、实打实的服务，努力把服务职工活动进一步推向深入。一要做好参与中央编办“强化乡镇（街道）社会管理服务职责为群众提供面对面综合服务”调研的有关工作。在随同中央编办牵头的调研组进行实地调研，征求汇总各省级总工会“对中央编办确定乡镇职责时，如何表述乡镇（街道）工会职责”的意见基础上，立足工会实际和维护广大职工合法权益，反映基层和职工群众的呼声和要求，对中央编办相关征求意见稿提出工会的意见。二要进一步深入调查研究并充分论证，起草制定好“县级工会组织工作考核要点和办法”，以县级工会组织工作规范化建设推动县级工会工作的全面发展，进一步提高县级工会工作水平，为推进“两个普遍”，切实维护职工群众合法权益提供组织保障。三是要严格干部人事管理，加强机关作风建设。组织部作为干部管理部门，将积极协助活动领导小组办公室，加强对机关干部在开展服务职工活动中表现的跟踪了解，并将机关干部服务职工的能力和作风作为全总机关干部提拔使用、考核评价的一个重要指标予以运用。我们将按照全总党组的要求，把全总机关干部在服务职工活动中涌现出的典型人物和先进事迹记入个人考绩档案，通过多种方式进行表彰和鼓励，在机关营造一种服务基层、服务一线、服务职工的良好氛围，进一步促进机关干部作风转变，加强机关作风建设，推动服务职工活动持续健康发展。

全总宣传教育部服务职工活动总结报告

按照全总十五届六次执委会提出“以中国特色社会主义工会发展道路为主题，以服务职工活动为主线”的工作部署，宣教部在全总书记处高度重视和健民同志直接带领下，重点联系浙江省开展服务职工活动，如期完成了各项工作任务，达到了预期目标，取得了显著成效。

一、活动开展基本情况

（一）明确目标，认真谋划部署服务职工活动。今年以来，宣教部把开展服务职工活动作为全年工会宣教工作重点，明确了“深入实际、转变作风、锻炼队伍、推动工作”的基本思路，积极动员、全面部署，认真组织部门全体干部深入学习领会中央领导同志关于开展服务职工活动的重要指示精神，深刻领会学习宣传实践中国特色社会主义工会发展道路的精神实质和现实意义，统一思想认识，明确目标任务，研究活动方案，制定工作流程，组成三个工作组，有计划、有组织、分阶段、分步骤地推进各项工作，形成了“领导亲自抓、中青年为主、部分人参与，全体受教育”的工作格局。

（二）精心组织，扎扎实实完成“规定动作”。为了与省市工会服务职工活动步调一致、形成合力，宣教部主动协调浙江省各级工会，认真经过深入细致的研究策划，结合浙江省总工会服务职工活动的安排，宣教部先后抽调8名中青年干部（以青年干部为主），分3批赴浙江省杭州市、温州市及部分区县和企业开展服务职工活动，先后走访了11家不同所有制企业；召开了21次企业经营者、工会干部和一线职工座谈会；与108位职工和基层工会干部进行个案访谈；慰问了5名劳动模范、360名企业困难职工；在5个企业（社区）建立了全国工会“职工书屋示范点”；接待两次职工上访，发放宣传材料1220册，倪健民同志还就走访服务中了解的基本情况和基层职工反映的主要问题与省委省政府和省总工会领导进行了专题沟通，得到了各有关方面的广泛认同。

（三）积极推动，不断深化服务职工活动。在全总书记处决策部署下，宣教部工作组密切联系浙江省总工会，结合工作实际、周密组织安排，着力推动服务职工活动深入开展。省总工会结合省委开展的“进村入企”活动，在全省开展“服务企业促发展，服务职工促和谐”活动，成立了“双服务”活动领导小组，制定了《开展“服务企业促发展、服务职工促和谐”专项行动的意见》，成立了11个调研组，建立了活动保障机制、汇报交流机制、督察机制和考核机制，要求机关干部一年保证两个月时间深入基层调研，为职工办实事、解难题；定期汇报活动开展情况，及时掌握动态情况；及时查找分析存在的问题并部署下阶段工作；及把开展“双服务”活动纳入年度重点工作考核目标等，为推动服务职工活动深入持续开展提供保障。据不完全统计，全省各级工会在开展“双服务”活动中，共有620多个调研组深入4320多个企业，召开1240多个座谈会，与14370多位职工、2190多位基层工会干部面对面交流，收集了 1620 多个问题和建议。

二、主要成效与收获

（一）了解基层实际，为进一步加强非公企业职工思想工作奠定基础。今年以来，通过联系浙江省开展服务职工活动，使我们对沿海经济发达地区职工生产生活状况和工会工作情况有了更加感性的认识和深入了解。浙江省地处沿海经济发达地区，民营经济占 90% 以上，60% 的税收、70% 的 GDP、90% 的新增就业出自民营经济。近年来，受国际国内宏观经济环境影响，全省经济下行压力加大，特别是小微企业经营困难，不仅给职工队伍带来重大影响，也给社会稳定带来重大影响。面对新形势新任务，省总工会坚持本地区工作实际出发，积极探索、创新实践，先后创造出义乌工会社会化维权、温岭工资集体协商、北仑劳动争议社会化调解、余杭基层工会民主化建设等一批鲜活的经验，并针对中小企业量大面广的实际，率先开展创建劳动关系和谐企业活动，取得积极成效，得到了中央的充分肯定。浙江省的经验为我们做好新形势下非公企业职工群众工作提供了经验参考和实践依据。

▶全总宣传教育部服务职工工作组与浙江正泰集团企业经营者、工会干部、一线职工座谈。

（二）围绕主题主线，把学习宣传实践中国特色社会主义工会发展道路贯穿其中。通过召开学习宣传实践中国特色社会主义工会发展道路座谈会、举办“阳光路上”五一文艺晚会、组织专题辅导报告会宣讲活动，努力在全国范围内掀起了学习宣传实践活动的热潮。据不完全统计，截至 7 月底，各类媒体共开专版、专栏 1413 个，中央和省市各类媒体刊发各类消息、通讯、综述和理论文章 2 万余篇（条）。各省（区、市）总工会共组织工会发展道路辅导报告宣讲活动 8100 余场，120 余万人次参加报告会。“阳光路上”五一文艺晚会总收视人次达数亿人次，创历届“五一”晚会收视新高。据了解，浙江省总工会把 4 月份作为“中国特色社会主义工会发展道路”学习宣传月，把学习宣传实践工会发展道路作为“双服务”的重要宣传内容，深入县、乡镇、企业工会开展学习实践工会发展道路宣讲，《浙江工人日报》、《浙江工会网》、《浙江工运》开辟专栏，进行专题解读，全省各级工会通过举办“我们走在大路上”电视晚会、组织专题宣讲、召开学习座谈会等形式，掀起了学习宣传中国特色社会主义工会发展道路的热潮。

（三）体现服务职能，着力为基层职工办实事、做好事、解难事。在慰问企业劳动模范代表和企业困难职工中，帮助一批确有困难的职工建立临时帮扶档案，缓解了困难职工的燃眉之急；在了解到一些企业职工就餐、培训、精神文化生活等方面存在的问题后，积极与企业管理层协调，缓解了劳资矛盾；对于职工普遍反映的保障性住房、子女就学、看病就医等问题，工作组作了详细记录，积极向各有关部门反映，争取妥善解决。在浙江杭轴集团，工作组遇到因企业改制问题上访的退休职工，通过与职工代表座谈，了解了职工反映的主要问题后，与企业党政和省市工会组织沟通，及时化解了矛盾，避免了大规模群体性事件的发生。职工代表激动地说，感谢全总领导听我们反映问题，工会就是我们的娘家人。在温州市瓯海区，工作组的同志通过座谈交流与困难职工交了朋友，困难职工在手机短信中对全总工作组表达谢意，并表示有信心早日走出困境。

（四）创新工作载体，不断深化服务职工活动。工作组在走访中了解到，浙江省非公有制中小企业中的农民工已经成为产业工人主体，其中，60%以上新生代农民工，与父辈相比，他们学历层次高，渴望改善生活、改变命运，呈现理想信念淡漠、价值取向多元、精神文化需求多样，特别是80后、90后青年职工运用新媒体的能力强等突出特点，因此，要求我们在开展职工思想政治工作中，必须结合职工队伍的深刻变化、结合职工关心的热点焦点问题，运用职工喜爱的互联网、微博、博客、手机、QQ等新方法新途径，不断提高服务职工的针对性和实效性。工作组年轻同志在活动中通过与一线职工交流交换电话、邮箱、QQ和互相关注微博等方式，建立了联系渠道，形成了良性互动，密切了与基层的联系，增进了与职工的感情。

（五）锻炼干部队伍，有效提升了干部队伍整体水平。把这次服务职工活动作为转变作风、提升能力、创新工作的实践课堂，把活动开展过程作为培养干部、锻炼队伍的过程，严格按照全总“四个不”的工作纪律要求，认认真真深入基层、踏踏实实体验生活、不折不扣地完成任务。参与服务职工活动的中青年同志都非常珍惜机会，把服务活动作为接受实践培训的“大课堂”，认真学习，深入思考，全身心投入，努力在深入基层中接地气、转作风，在参与实践中学知识、长见识，在解决问题中受磨炼、强本领。通过深入基层，了解情况，转变了作风，提高了为企业、职工办实事、解难事的能力。每批工作组调研回来，部门还组织大家学习交流，谈体会、讲感受、分享实践成果，做到了“部分同志下基层，全体同志受教育”。

▶全总宣传教育部服务职工工作组在浙江开展活动对一线职工进行个案访谈。

三、反映的主要问题

通过走访部分省市和各类非公企业和改制企业，召开企业经营者、一线职工和基层工会干部座谈会，与各类企业职工近距离交流，我们了解到，近年来，受后金融危机的持续影响，浙江省部分企业特别是一些小微企业受原材料上涨、劳动用工成本上升和土地、用电等等生产要素制约影响，生产成本上升加快，获利空间缩小，62%的企业面临融资难、招工难的窘境，转型升级困难重重。这些问题直接影响到职工劳动就业、工资报酬和社会福利等切身利益，一些职工在座谈中反映，部分企业不签劳动合同、劳动合同内容不完备，职工超时加班并且不依法支付加班工资等侵害职工权益时有发生；部分非公企业职工“五险一金”参保率低、新农合医疗保险的看病后回户籍地报销政策给农民工带来不便；一线普通职工工资偏低，计件工资制企业的劳动定额标准、工时工价不合理，工资偏低与生活成本上升矛盾突出；劳动保护投入不足、安全生产培训缺失的现象不同程度地存在；职工群众维护自身权益困难多，特别是劳务派遣工劳动合同异地签订、同工不同酬等问题难以解决，合法权益难以维护。

从基层工会的工作情况看，基层工会普遍存在干部队伍配备参差不齐、力量不足的问题，一般县级工会体制内工作人员都在10人以内，乡镇工会普遍在1～2人，面对非公企业和职工队伍的快速发展，镇乡工会干部队伍亟待加强；工作经费紧张，特别是镇乡工会获得的工作经费明显不足，严重制约工会工作正常开展；争取非公企业经营者支持工会工作难度较大，缺乏相应的制衡机制；满足职工群众特别是新生代农民工群体精神文化需求的难度较大，缺少必要的基础条件、活动载体和方法手段。

四、对策与思考

*（一）深化服务职工活动，要在提高学习宣传实践中国特色社会主义工会发展道路的自觉性上下功夫。*工会是工人阶级群众组织，做好职工群众工作，是工会的社会责任。从浙江省职工队伍的状况看，农民工、劳务派遣工、外来务工人员占多数，特别是80后、90后的新生代农民工，由于工作的不确定性和生活压力，理想信念淡漠，对企业、城市和社会归属感降低，坦言自己是“弱势群体”。这些职工与社会主义现代化建设所需要的高素质职工队伍形成鲜明反差。建设一支高素质的职工队伍，打牢团结奋进的共同思想基础任重道远。深化服务职工活动，就是要充分发挥工会组织职工、引导职工、服务职工和维护职工合法权益的职能作用，通过学习宣传实践中国特色社会主义工会发展道路，实打实地为职工做实事、办好事、解难事，进一步密切党同职工群众的血肉联系，把广大职工更加紧密地团结在党的周围，坚定不移跟党走。

*（二）深化服务职工活动，需要在增强工会凝聚力上下力气。*我们在走访座谈中了解到，一些地区的“老乡会”、“草根会”等维权组织盛行，其中很重要的原因是职工不了解工会，不信任工会，更不知道可以依靠工会解决困难。一些基层工会的作用还未真正发挥出来，缺乏解决问题的方法和能力，成了“牌子工会”和“空壳工会”，严重影响了工会在职工中的形象。因此，深化服务职工活动，就是要大力宣传工会工作方针、工会发展道路和工会维权观，让职工了解工会、信任工会、依靠工

会，既要及时把工会重点工作说出去讲明白，让工会的声音更响亮，更要在职工关心、社会关注的热点问题上不缺位、不失语，旗帜鲜明地表达工会的意见主张，要通过广泛深入的服务活动，转变工作作风、增强服务能力、提升服务质量，真正把工会建成职工靠得上的“职工之家”，使工会干部成为职工信得过的“老娘舅”。

（三）深化服务职工活动，需要在加强制度建设和机制保障上出实招。实践证明，推动服务职工活动深入持久地开展下去，关键是要建立长效的推动机制、保障机制、监督机制和考核机制，使之制度化、长效化、常态化。一是要建立健全学习培养机制。不断加强工会干部能力建设，通过深入学习、广泛调研、定期培训、实践锻炼等方式，进一步提高工会干部思想素质、业务素质和把握政策、处理问题的能力和水平，建设一支热爱本职、精通业务、作风过硬、真抓实干的高素质工会干部队伍。二是要建立健全工作保障机制。每年确定重点课题，结合各部门工作业务，由分管领导牵头、业务部门实施，做到问需于职工、问计于基层，决策在一线决定，问题在一线解决，矛盾在一线化解，使工会工作“接地气”。三是要建立健全服务职工活动资金保障机制。加大服务职工活动的人财物支持力度，提高为职工办实事、做好事的能力水平。四是要建立健全考核激励机制，细化量化服务职工活动的目标任务，层层分解，责任到人，纳入年终评比和干部考核晋升体系，作为创先争优和选拔任用考核指标。

（四）深化服务职工活动，需要在加大工会舆论宣传上见实效。要积极探索构建党政支持、工会牵头、各方参与的工会新闻宣传工作大格局，逐步建立与各职能部门良性互动的工作机制。要主动与各类中央主流媒体、网站建立良好合作关系，以多种形式开辟专题专栏、制作专题节目、举办专题访谈，实现互利共赢。要整合工会系统工人报刊资源，形成统一部署、上下互动、整体联动的工作合力。要建立工会舆情动态信息员队伍建设、加快工会“网络大军”建设，及时传达工会声音，反映社情民意，监测舆情动态，以高效快捷的信息传递和咨询服务体现工会组织的有力作为。要加强工会系统文化阵地建设，积极争取纳入国家二类公益事业单序列，享受同等待遇，要整合工会内部资源，通过争取同级政府财政支持，改建扩建和置换手段，做大做强一批工会系统文化活动阵地，满足职工日益增长的精神文化需求，为推动工会工作创新发展做出新的更大的贡献。

全总研究室服务职工活动总结报告

按照《全国总工会机关开展“面对面、心贴心、实打实服务职工在基层”活动实施方案》的要求，研究室服务职工工作组在全总书记处书记、研究室主任李滨生的带领下，于今年4月至5月分别赴贵州安顺市、遵义市和毕节市开展了三个阶段的活动。工作组分别走访了安顺汽车运输公司等7家企业，召开了11场座谈会、走访了7家不同类型企业、访谈了50名职工、慰问了25名困难职工和劳模，同时捐建了5家全国职工书屋。这些活动得到基层和职工群众的认可，也起到了良好的示范带动作用。

一、用心访实情，全方位地了解基层情况

（一）职工队伍和劳动关系既具有普遍的共性，又面临贵州特有的问题。一是外出打工的农民工较多是当地职工队伍的突出特点，“家务事”成了农民工维权的重要内容。农民工外出打工成了当地职工队伍的突出特点。遵义市常住人口612.7万，在外打工的就有150多万；毕节市常住人口652万，在外打工的就有140多万。这些人虽然外出了，但是照顾家人、看病就医等“家务事”还是留在了当地，引申出留守儿童、空巢老人等与农民工的劳动权益密切相关的问题。二是国有企业改制问题仍然是影响当地劳动关系和谐稳定的重要问题。在遵义市红花岗区，我们了解到当地已经改制企业100家，未改制的仍有28家，涉及职工13000多人。当地工会干部说：“这10年是不平静的10年，职工闹事的情况很多。”我们了解到主要原因：一方面是改制的补偿太少，许多都是按遵义市的月最低工资标准980元来确定补偿标准；另一方面是大型企业改制后，其原有的学校、医院等机构的职工在安置过程中有许多问题。未改制的企业也积累了许多历史包袱，而且一些早期被开除、除名、辞退或主动辞职的职工，又要求上岗或恢复身份参加企业改制，仅安顺市这类人员就有3500多人。我们在走访中也了解到了一些处理得比较好的经验。如安顺汽车运输公司属于未改制的国企，公司领导班子面对企业历史遗留问题，不回避、不上交，对老志愿军、军转干、除名人员以及医疗、福利等历史遗留问题积极想办法，立足于发展来解决和消化历史矛盾，保证了企业的稳定和健康发展。

（二）工会工作既有全国统一步调，又体现贵州个性。一是紧紧围绕“两加一推”主基调和工业强省、城镇化带动战略开展工作。贵州省总开展了“工业强省·工人当先——工会组织在行动”和“百万职工奋勇当先”系列活动，各级工会结合当地情况分别开展“工业强市”、“工业强区”等活动，并取得了良好的社会效果。如遵义市以实施“三大战略”、建设“三宜”现代化特色城市为中心来开展活动；毕节市工会围绕助推毕节试验区经济跨越发展来开展活动。二是农民工培训工作是当地工会工作的亮点。遵义市总工会统筹“阳光工程”、“雨露计划”、“再就业工程”等培训资金，整合职业教育中心、劳动力转移就业培训中心等教育资源，以校企联合、校镇联合、校校联合等

▶全总书记处书记兼研究室主任李滨生率服务职工工作组在毕节召开一线职工座谈会。

模式，开展农民工就业技能培训；与劳务输入地城市共同出资主办农民工跨省培训，以解决培训资金短缺的问题。毕节市还利用农民工返乡过年的机会，见缝插针地对农民工进行培训。针对省外务工农民工回流本土务工的趋势，毕节市总分门别类地进行培训，对于愿意在家务农的，进行种植业、养殖业方面的农业技术培训，帮助其提高生产技术水平；对打算留在当地就业的，进行农业产业化培训，引导他们成为规模养殖户、科技示范户；对有继续外出务工意愿的，进行普通农民工培训和专项职业技能培训，提高其技能水平和就业能力；对带回资金、技术，有返乡创业愿望的，进行创业培训，帮助他们自主创业。三是贫困落后的省情在工会帮扶工作和就业培训中体现尤其明显。在走访的城市中，国有企业改制、关停、破产的困难职工较多、帮扶资金少的矛盾在贵州显得特别突出。工会就业培训工作面临同样的问题，当地工会干部反映，现在工会就业培训面临的最大困难就是经费困难，"最需要培训的地方又是最没钱的地方"。

基层干部和职工也针对工会工作中的问题提出了许多宝贵的建议。一是加大对贵州帮扶资金的倾斜。二是解决帮扶中心的编制问题。区县一级帮扶中心很多都没有编制，仅有三四名工作人员，且都是工会机关的工作人员来兼职。建议将帮扶中心纳入党委、政府机构编制序列，对帮扶中心工作人员实施定员定岗，由工会具体负责开展工作。三是建议加大对社会化聘用干部的补贴。目前社会化聘用工会干部的问题就是待遇低且没有上升通道，留不住人才。如，安顺普定县工会社会化聘用干部 21 人，现在只剩下 14 人。四是推动各级直管企业工会转为属地管理。有县级工会干部认为"直管企业劳动关系出现问题，其影响往往是发生在当地，而当地工会又无权去干预，工作上比较不顺。"县域经济不发达的贵州，直管企业工会的问题尤其明显。五是建议在认真调研基础上，明确事业单位改革中工人文化宫、俱乐部何去何从的问题。

二、诚心听实话，真真切切地倾听职工心声

（一）在社会态度方面，职工对经济社会发展总体认可，但对物价上涨和腐败现象反响强烈。在走访中，总的感觉是，一线职工对于近年经济社会的发展比较满意，对于党和政府的大政方针比较认可。同时，职工的不满主要集中在物价和腐败问题上。物价上涨几乎是所有职工的强烈感受。当我们问及职工生活中最大的压力时，大部分职工都会谈到物价上涨太快的问题。"虽然工资翻倍了，但是相对于现在的物价，生活还是

很紧张”，“让人生活上感觉有点恼火”。腐败问题也不容乐观，许多职工都认为“当地政府腐败很普遍”，有职工说，“我感觉现在政府官员对老百姓态度不好，真正为老百姓办事的很少，而且没有关系很难办成事”。

（二）*在劳动权益方面，职工更多地关注收入分配和教育培训。*在劳动权益方面职工最关注、也是最容易引起不满的主要还是收入分配不公。职工谈到自己工资是单位最低时，总是倾向于把原因归结为“自己没什么本事，只能干这个工作”，但对于收入不公引起的腐败却多有怨言，“公司普通职工与中高层管理人员收入差距太大，一些职工在私底下已经开始抱怨了，收入拉开点差距是正常的，但差距没必要搞这么大吧，毕竟这些成绩都是咱们职工共同创造的，不能什么好处都给管理层了。”还有一个突出的感受是，青年职工对于接受教育培训的机会比较看重。有的年轻职工为了能学点技术，主动从待遇好的部门转到待遇差的部门；有的年轻职工把现在的工作岗位看成一个“为以后做准备的培训基地”；有职工说“我有个在公司电气专业的朋友，基本每个月都要出去培训，我特别羡慕，出去能学很多东西，还能见见世面”；还有年轻职工感觉“自己总想学点什么好，但是不知道学什么”，“虽然工作已经很累了，但还是想挤时间去接受培训，年轻的时候在车间一线锻炼几年，有了文化，将来争取能上个行政班，就不用倒班了”。

（三）*在思想道德方面，勤劳朴实依然是广大一线职工的优秀品质。*在与一线职工的接触中，工人的勤劳朴实是我们工作组每一位同志的感受。许多一线职工都是爱岗敬业的模范。有职工说，“我觉得工作就要踏踏实实地干，干好了再说别的，干得不好，要求这个、要求那个也没意思”，“单位对我们不错，我最担心的就是工作干不好”。在走访中，我们还接触了许多年轻职工，他们在工作中充分发挥自己的创造性，利用现代信息技术手段创新工作方法、管理方法，为企业和社会贡献自己的聪明才智，有位80后的车间班长还在今年劳动节被评为遵义市金牌工人。职工们都相信，通过自己的勤奋劳动就能实现自己朴实的心愿。我们认真收集了职工个人的心愿，每个人的愿望都不一样，但是都离不开我们普通人生活中的“柴米油盐”：“我希望有个自己的房子”、“我希望小孩能读书读出来”、“我希望工资能再多点”、“我希望能有辆自己的车”、“我希望能买个小门面”、“我希望能把工作做好”。

（四）*在工会认知方面，职工对于工会的看法更多的来自于文体活动和扶贫帮困。*当问及职工对工会的看法时，职工多数都是从开展文体活动和扶贫帮困的角度来评价。“公司里的工会对我们特别关心，我和周围的好多人都得到过工会的困难补助。工会还组织我们春游、春节联欢，开展体育活动、拓展活动，去年我们全公司都去了井冈山接受红色教育，下个月工会还要组织我们去拓展训练”，“组织职工开展丰富多彩的文体活动，企业上下关系和睦融洽”，“工会还在每个工段的职工休息室都建了职工书屋，装了能上网的电脑，有各种棋牌，许多年轻工人甚至在休息日都愿意到这里来”，“有时候还去唱唱歌、跳跳舞，我搞政工工作也需要知道这些，这样和职工交流才不会被说‘老土’”，有工会干部说，“工会传统的吹拉弹唱、打球拍照应该恢复起来，职工对这些活动热情很高”。这说明：一方面，文体活动、扶贫帮困等传统工会活动方式仍然是做职工群众工作的有效载体；另一方面，工会应更好地发挥维护职工合法权益的作用，才能更多地获得职工群众的认可。

三、真心出实招，想方设法地为基层和职工群众办实事

（一）提供政策指导，为基层解疑释惑。一是利用各种形式向当地党政和工会干部宣讲中国特色社会主义工会发展道路，在遵义期间，全总书记处书记、研究室主任李滨生还专门抽出时间为遵义市各级工会干部举办了关于中国特色社会主义工会发展道路的专题讲座。二是针对基层工会工作中的问题和困难，工作组的同志都在政策上一一给予解答。如工会经费不足的问题、人员编制紧张的问题、乡镇工会建设的问题、工人文化宫置换的问题、企业改制问题等。三是针对企业和职工提出的具体问题现场进行解答。如，工作组了解到某公司分厂职工反映女职工补贴没有到位的问题，现场要求企业工会主席确认核实，督促补贴发放到位；解答伤残军人提前退休的有关政策问题等。

（二）提供力所能及的帮助，为职工群众解决具体困难。工作组共慰问了25名困难职工、走访了5名劳模，并向困难企业和各级困难职工帮扶中心分发了150万元帮扶款。在毕节软木厂一名困难职工家中，当工作组了解到他符合申请当地廉租房的条件时，当即向随行的副市长咨询有关政策问题，并嘱咐当地工会协助办理申请廉租房相关手续。这名职工看到困扰自己多年的住房问题可能得到解决，喜悦之情溢于言表；工作组的同志看到自己的努力能帮职工解决问题，更增加了干好工会工作的责任感和使命感。

此外，工作组还分别向安顺供电局、贵州钢绳（集团）有限责任公司、遵义光明电力实业、毕节市金沙一中、黔西县洪水乡解放村等5家单位捐建了“全国职工书屋”。

四、开展服务职工活动的体会

（一）服务职工活动这种形式深受基层欢迎。各级工会干部、企业经营管理者、企业一线职工，对于我们直接与职工群众接触的方式，表示了高度的认可。大家感觉，全总机关干部到基层地市来调研，特别是与一线职工面对面接触，非常难得，这种深入基层的作风值得大家学习。遵义市总工会明确表示，活动结束后要召开会议专题研究，学习全总这种深入基层的工作作风。工作组的同志与职工群众之间也因此建立起了友谊，有职工说：“上级工会深入基层，关心我们的生活和工作，我们很珍惜这个与他们说说心里话的机会”。通过这次活动，职工对工会有了更多的认识，对工会干部的作风有了更多的认可。

▶全总研究室服务职工工作组在遵义慰问困难职工。

（二）机关干部在开展服务职工活动中能够得到很好的教育和启迪。在与职工群众的接触中，我们增加了对职工群众的了解、增进了与职工群众的感情、增强了为职工群众办实事的本领，也向职工群众学到了许多有益的人生经验。有的年轻同志认为，通过这次活动，职工群众不再是一个抽象的群体概念，而是活生生的人，有我们的长辈，也有我们的晚辈，更多的是同龄的兄弟姐妹，在服务活动中，我们真正感觉就是工人的一分子。还有同志表示，从职工朋友中学到了爱岗敬业的工作态度和积极乐观的生活态度。

五、下一步的打算

（一）与学习宣传实践中国特色社会主义工会发展道路相结合。我们打算将中国特色社会主义工会发展道路的学习理解贯穿到服务职工活动的实践中，结合所掌握的实际情况，加深对中国特色社会主义工会发展道路的理解，做到真学真懂真信真用；利用开展服务职工活动所掌握的生动鲜活的材料充实到中国特色社会主义工会发展道路的宣讲中去，使关于道路的宣传紧密联系经济关系、劳动关系的实际，紧密联系职工群众生产生活实际；利用服务职工活动掌握的“点”上的情况，结合进一步的“面”上的调研，全面深入了解基层实际和职工队伍现状，形成一批调研成果，不断丰富中国特色社会主义工会发展道路。

（二）与职工队伍状况调查相结合。通过开展活动，我们对于职工队伍和工会工作现状有了直观、感性的认识，收集大量一手的素材。一方面，我们计划将活动中基层和职工反映普遍的问题充实到职工队伍状况调查中去，使我们的调查更加切合基层和职工实际，更加能反映和代表职工群众的呼声。另一方面，我们将利用好开展服务职工活动中收集的个案访谈材料，作为问卷调查的补充，使我们的调查结论既有全面科学的数据做支撑，又有鲜活生动的个案做说明，全方位、多角度地展示职工队伍发展变化状况。

全总基层组织建设部服务职工活动总结报告

自今年初全国工会“面对面、心贴心、实打实服务职工在基层”活动开展以来，基层组织建设部认真贯彻落实全总党组、书记处的部署要求，围绕活动主题科学谋划方案、精心组织动员、全面推进落实，深入基层、深入职工开展调查研究、宣传政策法规、促进企业发展、推动解决困难、推进重点工作，较为圆满地完成了活动目标任务，赢得了所赴地方工会、基层工会和职工群众的好评。

一、活动的基本情况

全总副主席、书记处书记段敦厚同志高度重视基层组织建设部服务职工活动，要求做到每个阶段有动员、各个环节有要求、工作落实有标准，并于2月21日~25日和5月15日~18日两次率工作组赴四川省开展活动。工作组在服务职工活动中采取有力措施，加大工作力度，坚持事前精心谋划、事中有序推进、事后认真总结，做到了工作细化到每一天、任务分解到每一个环节、责任落实到每一个人。活动期间，工作组深入成都、绵阳、德阳、广安、南充等5市，听取了四川省总和5市总工会关于开展服务职工活动和推动落实普遍建会工作情况的汇报，走访了11家企业（其中3个国有企业、8个私营企业；5个困难企业），召开各种座谈会24场，与290名一线职工、企业经营者、工会干部面对面交流，个案访谈64人；发放宣传材料1750份，帮助企业建立5个职工书屋；走访慰问了51名困难职工、5名劳动模范，向地方工会帮扶中心和困难企业、困难职工发放补贴资金138.1万元。

二、活动的主要做法及成效

工作组坚持围绕一个“真”字，真下决心深入基层、满怀真情服务基层、真担责任指导基层、真接地气学习基层，在宣传推动活动开展、促进企业发展、推动企业建会、推动企业开展工资协商、推动劳务派遣工入会、帮扶困难职工、促进职工队伍稳定、锤炼自身思想作风等方面取得了积极成效。

（一）*真下决心深入基层*。服务职工活动首先要过好作风关，工作组在活动中严守工作纪律，加强廉洁自律，努力展现全总机关和工会干部的良好风貌。一是坚持“五不三同”。段敦厚同志明确要求工作组要做到“五不三同”，即不搞层层陪同、不住星级宾馆、不接受宴请、不参观景点、不收受礼品，与职工一同就餐、一同劳动、一同娱乐。我们在内部会议上多次动员，并要求省市工会积极配合，认真落实了“五不三同”要求。我们尽量吃住在企业，和职工一样排队打饭，边就餐边和职工交谈，并按标准向企业缴纳伙食费。在绵阳光友薯业公司车间，工作人员与职工一起装箱、打码、搬运，边干边谈，拉近了与职工的距离。职工魏群慧感慨地说：我在企业干了近10年，还是第一次看到北京来的人和我们一起干活儿。企业董事长邹光友说，以后我也要带着中层以上干部定期到生产一线劳动，亲身体会工人劳动的辛苦。二是随机确定所去企业和访谈职工。我们一改过去调研“被安排”的做法，走访的企业从全国非公企业数据库中随机抽取，访谈职工也是到企业后直接从职工花名册中挑选。这样，职工少有顾虑，敢讲真话、心里话。绵阳市总副主席贾智艳说，与全总的同志近距离接触，让职工感觉很直接、很亲切、很温暖，敢于也乐于掏心里话了。三是力求深度交流。工作组采取“一竿子插到底”的做法，一下飞机，就直接到企业生产一线，听取经营者关于企业生产和职工生活情况的介绍，抓住与职工就餐、召开座谈会、个案访谈等一切接近职工的机会，与他们交朋友。每离开一个企业，都与企业工会干部、职工交换联系方式，力求留下一个永远不走的工作组。

▶全总基层组织建设部服务职工工作组与一线职工共同劳动。

（二）满怀真情服务基层。工作组始终把服务职工放在活动的第一要务、把职工群众当做亲人，满怀感情地做好服务职工的各项工作。一是尽心贴近基层。在与职工个别访谈时，一开始就为他们送上界面设置为“中华全国总工会向您问好”的 MP5 纪念品，职工看后很受感动。在慰问困难职工时，既送慰问金，又做思想工作，鼓励他们增强战胜困难的信心；在与企业经营者和工会干部、普通职工座谈时，详细了解他们的所思所盼，掌握了大量的一手材料。二是尽心帮扶困难职工。在随机访谈中了解到，普思电子公司 31 岁女工刘红梅，因家庭暴力带着孩子外出打工，自己又患有脑垂体肿瘤，每月工资仅 1200 元，她言谈中对生活充满了无奈。为此，工作组当即决定对她进行帮扶，临时为她送上了慰问金，并请当地工会将其纳入困难职工帮扶档案。三是尽心服务企业发展。在活动中，我们选取了一家军工改制的困难企业——国光电气有限公司，该企业 3000 多名离退休职工持有大部分股份，再加上产品单一、市场开拓不足等问题，企业生产经营陷入困境，曾经发生过退休职工围堵道路和百名职工长达 10 天的停工事件。为帮助企业走出困境，段敦厚同志帮助企业认真分析了企业拥有独特军工产品、退休职工移交社会、硬件设置完善、职工素质较高等方面的有利条件，并提出了寻求战略合作伙伴、利用闲置厂房就近合作经营等办法。企业负责人听了之后表示非常赞同，认为全总工作组的建议切中要害，更加坚定了依靠职工办企业的决心和信心。据我们跟踪了解，该公司经营正在发生向好的变化，企业利润较去年同期增长 25%。

（三）真担责任指导基层。我们在活动中坚持两手抓、两促进，统筹安排服务职工活动和业务工作，尽力推动工会重点工作在基层落实，做到在工作中深化活动，以活动促进工作。一是积极推动企业建会。下去之前，我们从全国非公企业数据库中抽取了未建会的绵阳普思电子公司和南充中虹房地产公司。绵阳普思电子公司是一家拥有近6000名职工的世界500强美资企业，外方管理人员长期阻挠职工建立工会。南充中虹房地产公司有员工2000多人，公司董事长自恃市工商联副主席、市政协常委等身份长期抵制建会。我们先后来到这两个企业，一方面与经营者座谈，讲工会的性质、作用、企业工会工作原则，使他们正确认识工会；同时以职工为本做好宣传，动员职工依法组建和加入工会。通过各级工会的共同努力，两个企业分别于4月12日和6月5日召开会员代表大会，成立了工会组织。工作组在座谈中发现，部分大型国有企业工会干部对发展劳务派遣工加入工会依然存在模糊认识，导致大量劳务派遣工游离于工会组织之外，于是就耐心向企业工会干部宣传组织劳务派遣工加入工会的相关规定，要求国有企业工会带头发展劳务派遣工入会。所到的东方汽轮机公司4000名劳务派遣工有3900名、长虹公司7000名劳务派遣工有6000人的会籍关系已顺利转入本公司工会，享受了本单位会员待遇。二是推动企业工资协商。针对所访企业职工工资普遍较低的情况，工作组一路宣传一路督促，推动3家企业开展了工资协商。光友薯业公司经济效益可观，但一线员工工资一直偏低。敦厚同志向企业经营者郑重提出，职工工资应与劳动生产率提高和利润增长保持基本同步，让职工共享企业发展成果，工会就是为职工说话办事的！企业董事长邹光友当下许诺，从下月开始就给职工涨工资。在场的工会干部说：这是最高级别的工资协商。目前，该公司已建立起工资集体协商制度，一线职工工资平均增加了300元，增幅在20%。三是带动地方工会落实重点工作。工作组通过听取省、市总工会的工作情况汇报，查看工作台账等方式，有力推动了工会重点工作在基层落实、在基层见效。目前，四川省各级工会服务职工活动搞得有声有色有效，据不完全统计，今年上半年省、市、县三级工会机关干部共走访企业1505家，召开座谈会2132个，慰问劳模、困难职工4655人，全省各类企业集团1.3万名工会干部在服务职工活动中走访了50万名一线基层职工；今年全省新建企业工会3.02万家，开展工资集体协商企业2.34万家。

▶全总基层组织建设部服务职工工作组在四川开展工作。

（四）真接地气学习基层。地方工会和基层工会更接近基层，更了解基层实际，他们的工作思路和措施具有很强的针对性和指导性，值得我们认真学习。一是学习工作经验。四川省总将服务职工活动与去年开展的“进千户企业、访万名职工”活动无缝对接，坚持实行集中走访和日常走访相结合、普遍走访与重点走访相结合、常规走访与蹲点走访相结合，建立了工会领导机关联系基层工会、工会干部联系职工的长效机制，突出维护藏区职工稳定，在甘孜、阿坝、凉山三州设立了困难职工专项帮扶资金，为藏区各级工会安排了维稳工作经费100余万元。绵阳市总创造性地提出在服务职工活动中，着力围绕一条主线，开展两项活动，建设三支队伍，搞好四个结合，推进“六有、六化”基层工会规范化建设。今年，全总部署在企业工会实施“工会组织亮牌子、工会主席亮身份”。我们了解到，南充市公交公司一名职工在工作中受到意外伤害，公司工会主席将其紧急送往医院，情急之下未带钱。起初，院方坚持先交费再手术，当他们看到工会主席佩戴的胸牌时，立即改变了态度，主动提出先安排手术再交费。基层开展“双亮”的生动局面和积极性，促使我们更坚定了把“双亮”工作抓具体、抓实在、抓到底的信心和决心。二是学习奉献精神。我们走入深受汶川地震重创的东方汽轮机有限公司，了解到东汽人自强不息、顽强拼搏，自力更生、艰苦奋斗，陆续开展“决战一百天、拿下一百亿，感谢党中央、回报全社会”全员劳动竞赛系列活动和东汽重建项目专项劳动竞赛，创造了灾后重建项目的“东汽速度”。我们走访的一个困难企业，10年无法给职工涨工资，工会干部想方设法为职工办了许多好事、实事，87%的工会经费都用于救助病困职工，但职工因为对工资收入不满意，对工会仍不认可，经常说一些伤害工会干部感情的话。工会主席在座谈时说：“对此我们无怨无悔，无论受多大的委屈，作为工会干部都要时刻为职工着想，为职工办事。”这种朴实的情怀和勇于奉献的精神，正是我们做好服务职工工作的源动力。

三、工作建议及建立长效机制的一些思考

活动中我们感到有以下几个问题值得工会继续关注，努力推动存在问题的解决，并作为建立活动长效机制的重要内容和参照，着眼于调动各级工会特别是基层工会的积极性，使服务职工活动常态化、长效化。

（一）普通职工工资普遍偏低必须引起高度重视。当前一些非公企业用工不规范，职工特别是一线职工工资水平偏低，是引发劳动关系矛盾的最主要原因。两次活动所到的8家非公企业，一线职工平均工资仅在1400元左右，3家企业发生罢工的导火索也是源于职工工资低。访谈时，几乎所有职工都把尽快增长工资放在诉求的首位。光友薯业公司年产值达到5.5亿元（正在积极运作筹备上市），但一线职工的月工资只有1200元。我们查看企业的职工总数和工资登记表，发现职工工资仅占企业生产成本的4.8%。因此，切实加强对企业执行劳动法律法规情况的监督，大力推动企业普遍开展工资集体协商，使职工共享企业发展成果，有尊严地劳动和生活，工会必须加大这方面的工作力度。

（二）对建会“钉子户”要采取有效措施突破。目前，未建会企业大都是难啃的“硬骨头”、“钉子户”，特别是一些世界500强等跨国公司，一些自恃有政协委员、人大代表、工商联负责人等政治身份的企业经营者抵制建会，成为制约一些企业建会的突出问题。必须进一步转变建会方式，将是否建立工会作为推荐企业负责人政治安排的重要条件。小微型企业工会组织率依然较低。必须深化“双措并举、二次覆盖”，大力推动

建立区域性、行业性基层工会联合会，实现对小微型企业的全面覆盖。

（三）企业工会建设不规范状况亟待改变。在基层座谈和访谈中，职工不知道本企业有无工会组织、不知道工会主席是谁、有困难不知道找工会等现象在非公企业普遍存在。企业职代会和会员（代表）大会职能混淆的问题依然突出，一些工会主席说自己是职代会选出的。部分非公企业的工会主席由人力资源部门负责人担任，工会干部兼职化等问题严重。必须从加强企业工会建设最基础、最现实、最易行的环节抓起，提高职工对工会组织的认知度，增强会员意识。规范建会程序，扎实做好建立工会筹备组、召开会员（代表）大会、民主选举工会主席等工作。深入开展建设职工之家活动，切实落实会员评议职工之家工作，把企业工会真正建设成为名副其实的职工之家。

全总集体合同部服务职工活动总结报告

根据全总书记处的部署要求，集体合同部工作组以河南作为走访重点，3月中旬到4月底分三批赴河南郑州、信阳、焦作三市开展服务职工活动，以辽宁、江苏作为研究问题的重点地区，扎实开展调查研究，总结典型经验，督促落实重点工作，服务职工活动取得了阶段性成果。

一、开展服务职工活动的基本情况

（一）“规定动作”不折不扣。及时成立服务职工工作组，与河南省总工会负责人多次进行沟通协调，明确以构建和谐劳动关系为主线、以深入开展工资集体协商为载体，确定调研提纲，准备宣传材料，加强选派人员培训，进行了充分的前期准备工作。工作组先后召开座谈会听取河南、郑州、信阳、焦作、新密、巩义等省市总工会开展服务职工活动的情况汇报，走访调研了中国长城铝业公司等10家不同类型企业，走访慰问劳模6人，入户慰问困难职工25户，共召开座谈会30场，个案访谈50人，与700余名一线职工、企业经营者和基层工会干部面对面交流，给困难企业和帮扶中心投入帮扶资金150万元，征集意见建议18条，发放宣传材料1300份。

（二）“自选动作”注重特色。一是开展政策宣讲。在中国长城铝业公司调研期间，组长张建国围绕构建和谐劳动关系，发挥工会职能作用专题，为企业经营者、人力资源管理工作者、工会干部及职工共计160余人进行政策宣讲。二是发放专项调查问卷。以全总服务职工活动个案访谈参考提纲为蓝本，结合调研活动主题，设计了涉及劳动关系状况、职工利益诉求、工资集体协商等方面的调查问卷，共计55个问题，重点对生产一线职工、外来务工人员、劳务派遣工、困难职工等进行了问卷调查，总共发放调查问卷600份，回收有效问卷580份。三是总结典型经验。张鸣起同志带领工作组对信阳市创新农民工双向维权机制进行了系统总结。在郑州和焦作调研过程中，工作组及时发现、总结了行业性工资集体协商典型经验。四是进行工资集体协商专题座谈。工作组先后召开了郑州市和焦作市推进工资集体协商工作领导小组成员单位专题座谈会，认真听取各成员单位开展工资集体协商的经验做法、面临的问题及工作建议。

（三）研究问题突出重点。我们把辽宁和江苏两省作为研究问题的重点地区，认真总结这些地方开展工资集体协商尤其是行业工资集体协商的典型经验，形成了《注重行业特点 协商促进和谐——江苏省工会开展行业工资集体协商情况调查报告》、《实现企业发展与职工受益和谐统一的生动实践——关于辽宁省各级工会依法推动企业普遍开展工资集体协商情况的调查报告》、《沈阳工会着眼“三个最大限度”推动工资集体协商实现新突破》等调研成果，并尽快把研究问题的成果转化成推动工资集体协商工作深入开展的长效机制，把基层在开展工资集体协商过程中创造的好经验、好做法系统性地上升为规范性制度。

（四）活动过程严格要求。工作组多次召开行前会议，要求小组成员熟读工作手册，掌握地方情况及工作动态，牢记调研纪律。在调研过程中，工作组成员充分发挥工作积极主动性，白天走访调研座谈，晚上召开工作会议，分析、梳理、总结工作中遇到的问题和新鲜经验，交流工作心得，部署第二天工作。在郑州调研时，工作组利用赴调研点行车途中时间（约1个小时），邀请郑州市总工会负责同志介绍开展工资集体协商的典型经验及工作体会，并进行互动交流。

二、开展服务职工活动的主要成效

（一）了解了基层实情。工作组带着问题开展走访调研，通过面对面地与职工沟通交流以及分析整理专项调查问卷，了解和掌握了基层企业生产经营状况、职工生产生活状况、影响劳动关系和谐稳定的因素、制约基层工会工作发展的难点等实情，尤其是重点掌握了河南、江苏、辽宁等地开展工资集体协商的第一手情况。

▶全总集体合同部服务职工工作组对职工进行个案访谈。

（二）服务了职企双方。工作组积极宣传相关政策法规，宣传"调整工资靠协商"的理念，积极回应职工关切的热点问题，帮助解决了一些职工在生产生活中遇到的困难和问题。工作组走访慰问了困难职工、劳模、农民工和一线职工，为困难职工和劳模共送去慰问金3.8万元。同时，工作组宣传推广全心全意依靠职工办企业的经营理念，指导企业开展群众性经济技术创新和劳动竞赛活动，积极为企业出谋划策。工作组为5家困难企业各送去帮扶资金10万元，并帮他们建立了职工书屋。

（三）推进了重点工作。工作组着重抓好工资集体协商三年规划目标任务的落实，发现总结了河南新密和巩义、江苏海门、辽宁沈阳等地开展行业性工资集体协商的典型经验并加以宣传推广，通过大力开展行业性工资集体协商，以"上代下"的方式破解非公有制中小企业规模小、工会组织化程度低、单独开展协商难等难题。指导帮助非公有制中小企业、世界500强企业积极开展企业工资集体协商。目前，河南省工资集体协商工作进展顺利，据最新数据统计，河南省签订工资专项集体合同的企业达到8.2万余家，覆盖职工1200余万人，而且基本做到建制与规范同步。

（四）锻炼了干部队伍。派出8名年轻干部参加了走访调研活动，其中3名同志是去年刚刚就职的年轻同志。通过走访调研，大家普遍感到收获很大，感触很深，既深入了解了企业一线职工和基层工会干部的工作生活情况，结交了一批职工朋友，增强了对职工群众的感情，又达到了在工作实践中经受磨炼、增强本领、展现作为的目的。基层工会干部的高度责任感、饱满的工作热情和认真严谨的工作作风也给工作组成员留下了深刻印象。

三、服务职工活动的基本经验

（一）加强领导是前提。加强组织领导是搞好服务职工活动的基本前提。为确保活动顺利开展，集体合同部及时成立服务职工工作组，把服务职工活动作为全年工作的重中之重，主要负责同志亲自抓，积极与河南省总工会进行协调沟通，结合部门业务工作和河南省总工会开展的“组织万名干部、深入千家企业、办好十件实事、服务千万职工”活动实际制定具体实施方案，认真做好专项调查问卷设计、工作组成员培训等准备工作，明确工作组成员职责分工，精心组织实施。

（二）明确载体是关键。工作组明确以构建和谐劳动关系为主线，以深入开展工资集体协商为载体，坚持从载体上找思路、找办法、出新招，做到了活动有抓手，内容有重点，正确处理好服务职工活动与部门业务工作的关系。工作组积极推动河南、辽宁、江苏等地开展行业工资集体协商，有力地带动了工会其他重点工作的同步推进，不仅“倒逼”建会进程加快，行业工会组织得到健全完善，而且促进加快了工会组织体制改革创新的进程，为实现“两个普遍”同步推进、加强和改进工会组织自身建设，进而提高服务职工活动成效，积累了宝贵经验，提供了有益启示。

（三）注重实效是根本。工作组坚持求真务实、扎实肯干的工作作风，着力推动开展工资集体协商，尽心尽力地为职工群众办实事，赢得了职工群众的好评。例如，针对新密市服装行业制定行业劳动定额标准时遇到的困难和问题，工作组及时介绍全国产业工会与相关部委于2011年制定的《服装行业部分劳动定额指导标准》和《服装行业部分劳动定额管理系统（软件）》等资料，指导帮助新密服装行业制定更加科学的行业劳动定额标准；在郑州振东科技有限公司走访调研时，工作组指导帮助公司按照企业经营实际，合理确定员工年工资增长幅度，并建议将职工培训、轮班安排等纳入协商内容，规范了公司工资集体协商制度。

（四）工作创新是动力。创新是有效开展服务职工活动的动力。工作组在充分吸收借鉴其他工作组的好经验、好做法的基础上，结合职工群众的需求和期盼，创新开展服务职工活动。例如，明确以构建和谐劳动关系为主线，紧紧依托部门重点业务工作开展服务职工活动；在扎实完成“规定动作”的同时，创新搞好“自选动作”；在注重研究问题的同时，突出强调解决实际问题；在选择河南作为走访调研重点的同时，把辽宁和江苏两省作为研究问题的重点地区，努力扩大研究解决问题的范围；在做好此次工作组集中调研走访的同时，积极与郑州市总工会建立联系点制度，加强日常工作沟通联系，及时发现总结推广地方工会工作中的经验做法等等。

四、深化服务职工活动的思考和建议

（一）要突出活动重点，努力维护好职工合法权益。服务职工活动的成效有多大、能否受到广大职工群众的欢迎，关键要看能给职工群众带来多少看得见、摸得着的实惠，能帮职工群众解决多少实际问题。维护职工合法权益是工会的基本职责，代表和维护职工群众利益是工会一切工作的出发点和落脚点。面对现实生活中职工权益受侵犯的种种问题，如果工会不能切实发挥作用，不能履行好基本职责，工会就会失去群众基础。离开了职工群众的信赖、支持和拥护，工会将成为无源之水、无本之木，工会工作将一事无成。作为党领导下的职工自愿结合的工人阶级群众组织，工会的性质决定了工会组织不可能包打天下，服务职工活动若不突出重点，而是“眉毛胡子一把抓”，难免如蜻蜓点水、浅尝辄止，进而将影响活动的实效性，同时也将损害工会的社会形象。深化服务职工活动，不仅要访贫问苦、走访慰问劳模，更重要的是要主动深入地观察分析职工所想，千方百计地分职工所忧，尽职尽责地为职工解难，把实实在在地维护职工合法权益作为活动的重点和根本任务贯穿活动始终。

（二）要明确活动载体，推动活动深化发展。通过调研走访，我们了解到，当前职工队伍结构发生深刻变化，职工群众需求层次逐步提升，权利意识明显增强，职工群众的利益诉求、行为方式等都呈现出一些新的特点。特别是部分企业工资收入分配不合理，一线职工收入偏低、增长缓慢等现象较为普遍，广大职工对收入增长的愿望比较强烈，而这些问题恰好是引发劳动关系矛盾的主要因素。推动服务职工活动深化发展，就要牢牢抓住工资集体协商这个“牛鼻子”，努力构建和谐劳动关系，从而带动工会工作的全面开展。当前的重点工作目标就是继续抓好工资集体协商三年规划的贯彻落实。具体来说主要是做好以下四项工作：一是全面筹划，努力破解难题，围绕推动行业工资集体协商、世界500强在华企业建制等工作，加强调查研究，加大推进力度，同时开展《工资集体协商评价指标体系》课题研究，努力构建一套较为科学合理的评价指标体系；二是认真贯彻落实《中华全国总工会关于加强专职集体协商指导员队伍建设的意见》，加强集体协商指导员培训，努力培养一大批工会协商谈判专家、协调劳动关系专家；三是不断扩大工资集体协商的社会影响，培养选树一批可学可鉴、生动鲜活的开展工资集体协商典型；四是努力夯实工资集体协商的制度基础，加强源头参与，推动建章立制。

▶全总集体合同部服务职工工作组入户看望困难职工。

（三）要扎实开展专题调研，真正掌握职工群众实情。深化服务职工活动，要积极开展专题调研，带着问题下去，有选择地开展蹲点调研、解剖“麻雀”。当前可以重点选择劳动关系矛盾突出的企业，与职工同吃同住同劳动，与职工一起摸爬滚打，切实摸到职工的脉搏，力求准确、全面、深透地了解情况，做到一次专题调研就能真正摸透、摸准一两个问题。在专题调研中，要学习、掌握和综合运用各种调研方法，如问卷调查、统计调查、抽样调查、专家调查、网络调查等，提高调研的效率和科学性。调查研究的最终目的是解决问题，因而要对调查中发现的问题进行深入细致的分析研究，直至准确地揭示出事物的本质和规律，找到解决问题的正确办法。

（四）要切实改进工作作风，提高服务职工的能力水平。作风建设是关系工会组织能否与职工群众保持血肉联系，能否依法履行好维护职能，能否充分发挥好党联系群众桥梁纽带作用的关键。工会领导机关要明确自己的性质职能，努力防止和消除行政化、机关化倾向，做到眼睛向下看、身子往下沉、劲头往下使，多为基层企业工会提供政策性的指导和服务，多为他们排忧解难。同时，要加强工会干部队伍建设，努力提高服务职工的能力水平。这一方面需要选拔一批政治立场坚定、素质能力强、热爱工会工作的优秀人才进入工会干部队伍中来，另一方面要加强工会干部业务知识和能力培训，重点对县（市、区）工会干部、乡镇社区工会干部以及企业工会干部等开展有针对性的培训，努力提升工会干部业务水平。

（五）要做好活动成果转化，构建服务职工长效机制。一是建立问题分类处理制度。对于能够马上解决的问题，及时加以解决；对于虽然不能马上解决，但是工会能够解决的问题，努力加以解决；对于职工群众反映强烈的、带有普遍性的、单凭工会难以解决的问题，及时向党委政府报告，从政策、法律法规等层面提出意见建议和工会的主张。二是完善工会深入基层联系职工群众制度。全总各部门、各全国产业工会以及地方总工会应该以非公有制中小企业、劳动密集型企业、生产经营困难企业等为重点领域，以农民工、劳务派遣工等为重点对象，分别明确各自的基层直联点，做到每季度或者半年至少走访企业一次，通过职工座谈会、实地察看等方式，及时受理和妥善处置职工反映的问题，畅通工会干部密切联系职工的渠道。三是健全工作督察考核制度。要将服务职工活动作为工会工作创先争优、年度考核的重要内容，按照领导小组办公室制定的活动评价体系和考核方案进行量化考核和动态管理。同时要将服务职工活动同工会重点工作的督察考核。四是推动维护职工权益相关法律法规建设。积极推动《企业民主管理条例》、《劳务派遣规定》、《企业劳动纪律规章制度》等涉及职工权益的制度规定的制定和完善；适时修订《集体合同规定》，加快推动《集体合同法》、《企业工资条例》等劳动法律法规的立法进程；继续推动《劳动法》、《劳动合同法》、《就业促进法》等法律法规的贯彻实施。

全总民主管理部服务职工活动总结报告

按照全国总工会统一部署，全总民主管理部工作组在郭军部长带领下，于2012年3月4～9日和4月8～13日，先后赴全国第一个资源枯竭经济转型试点城市辽宁省阜新市和国家老工业基地沈阳市开展“面对面、心贴心、实打实服务职工在基层”活动。

一、开展服务职工活动的基本情况

（一）深入访谈，面对面与企业和职工沟通交流。在沈阳、阜新两市，工作组共走访企业职工两百多名，其中女性72名，企业中层（含）以上干部和专业技术人员50名，企业工会干部49名，一线职工119名。还深入天津天士力（辽宁）制药有限责任公司、辽宁振隆特产有限公司、阜矿清河门煤矿、沈阳同联集团公司、沈阳水务集团对50名职工进行了个案访谈。

（二）实地考察，心贴心倾听职工呼声和解疑释惑。工作组共走访调研13家企业，包括阜新矿业集团公司、阜新市公汽公司、天津天士力（辽宁）制药有限责任公司、辽宁振隆特产有限公司、阜新驰宇石油机械有限公司、辽宁三沟酒业有限公司、阜矿清河门煤矿、沈阳卷烟厂、华润雪花啤酒（辽宁）有限公司、沈阳同联集团公司、中航黎明发动机制造有限责任公司、沈阳水务集团、中航沈阳飞机工业（集团）有限公司。其中非公企业6家，包括天津天士力（辽宁）制药有限责任公司、辽宁振隆特产有限公司、阜新驰宇石油机械有限公司、辽宁三沟酒业有限公司、沈阳同联集团公司、华润雪花啤酒（辽宁）有限公司。先后召开由企业党政、工会领导和职工参加的座谈会31场次，其中与企业职工、困难职工座谈12场次。工作组还深入企业车间（工段）、班组和职工食堂、宿舍、文体活动场所实地了解职工工作生活情况。

（三）走访慰问，实打实救助和帮扶困难职工。工作组先后慰问25名困难职工，并为5名劳模送去了工会温暖。走访慰问了阜新矿业（集团）有限公司、阜新市公汽公司、华润雪花啤酒（辽宁）有限公司、沈阳同联集团公司的困难职工，分别给予这4家企业10万元困难职工帮扶资金；分别召开困难职工座谈，送去党和政府及全总对困难职工的关爱。

（四）主动宣传，为企业职工送去精神文化食粮。工作组先后在阜新市、沈阳市举办了两场加强和谐劳动关系建设与企业民主管理专题报告会。工作组共向两市企业职工发放《职工劳动权益手册》3520本，把保障职工权益的法律法规和相关政策直接交给职工，并在5家企业举行了捐建全国工会职工书屋授牌仪式。

服务职工活动取得很大收获。通过深入企业走访，进一步了解企业生产经营状况、劳动关系变化及职工思想动态、精神文化需求、生产生活和权益实现等方面的情况，为分析研究当前职工群众和企业的问题提供了第一手资料。通过与企业党政工领导及职工等的座谈、交流，广泛宣传了党的路线方针政策、“十二五”规划目标任务、党和政府改善民生和发展和谐劳动关系的法律政策措施、中国特色社会主义工会发展道路的科学内涵和精神实质、工会维护职工权益的举措和相关法律法规政策。搜集了企业、工会、职工的意见建议，做到能解答的当场解答，能宣讲的当面宣讲，需反映的详细记录。工作组每到一处都留下联系方式，与基层同志交朋友、建立经常联系。活动期间，工作组还结合部门重点工作就公司制企业民主管理制度建设问题召开3次专题调研会，进行深入交流、研讨。

▶全总民主管理部部长郭军率服务职工工作组在辽宁开展活动，帮助企业建立“职工书屋”。

省市两级工会对此次活动给予大力支持。工作组听取了辽宁省、沈阳市、阜新市总工会推进工作和开展服务职工活动的情况，并就深入推进服务职工活动，总结企业、地方工会的有益经验，以及推进厂务公开民主管理等工作，与省、市工会领导分别交换了意见。地方工会的领导对本次活动给予高度重视、充分肯定，认为这是改进工作作风、树立工会形象、深入基层、服务职工的重要举措，建议全总建立制度使之成为常态。同时，建议国家对资源枯竭型城市在转型升级、厂办大集体改制等方面给予更多政策上的倾斜。

二、推动企业与职工合作共赢的有益经验

（一）突出维护职能，促进劳企共谋发展共享成果。阜新市公汽公司、沈阳水务集团在长年严重政策性亏损的情况下，仍然想方设法争取政策扶持，努力提高职工工资水平，并向一线职工倾斜。沈阳水务集团积极抢抓市场，确定“十二五”期间职工工资收入翻一番的目标。辽宁振隆特产有限公司、阜新驰宇石油机械有限公司、辽宁三沟酒业有限公司、华润雪花啤酒（辽宁）有限公司等企业积极开展工资集体协商，职工工资涨幅达到或超过企业利润增幅；天士力（辽宁）制药有限责任公司还与职工签订《共同约定书》，做到不裁员、不减薪，促进了职工与企业共克时艰、共谋发展、共享发展成果。

（二）凝聚职工智慧力量，以民主管理促企业发展。阜新矿业集团公司大胆探索基层科级单位召开职代会或职工大会，加强了职代会制度规范化建设，公司二级单位职代会召开率达到100%。辽宁电力公司在职代会制度建设上形成了符合公司特点的职代会会前、会中、会后职工“三段式有序参与”、职代会建设“五要素闭环管理”，职代会作为职工行使民主管理权力的机构的作用得到充分发挥。沈阳卷烟厂自2005年建立了职

工值周厂长制度，值周厂长任期内参加厂长办公会、党委会季调度会、经济活动分析会，深入车间巡视检查，及时收集并向厂领导及工会反映职工意见和建议。目前这一民主管理制度已内化为企业的日常管理，共有177名职工出任值周厂长，占普通职工的40%。民营企业辽宁振隆特产公司坚持做到“四个公开”。即：凡是涉及员工的切身利益问题、员工普遍关心的热点问题、员工愿意参与的难点问题、员工想要监督的权益问题就要公开，职工的知情权、参与权、监督权、决策权被充分的尊重，极大地焕发了职工为企业发展贡献智慧和力量的主人翁积极性。

（三）凝聚合作共赢理念，以优秀企业文化助推发展。中航工业沈阳黎明航空发动机（集团）有限责任公司将企业文化视为企业的核心竞争力，大力打造包含战略、策略、运营价值观的先进企业文化价值体系。沈阳水务集团坚持“一切为了人民利益、一切为了发展需要、一切为了职工群众”的理念，通过体现企业价值取向的先进企业文化凝聚职工的智慧力量，不仅克服了政策性亏损带来的不利影响，还实现了企业效益与职工工资的同步增长。阜新驰宇石油机械有限公司坚持“以人为本，训育为先，精彩自我，激发成就”的企业文化，形成了企业和职工共谋发展的合力。辽宁振隆特产有限公司针对民营企业中职工自我定位不清的情况，打造“劳模文化”，营造劳动光荣的氛围。

（四）完善帮扶救助机制，为困难职工点亮希望之光。在困难职工相对较多的阜新市公汽公司、阜新福棉集团、沈阳水务集团，企业工会为困难职工建立了档案，除在年节定期走访慰问之外，还为因病、意外事故、子女上学等发生困难的职工提供及时的关心和帮助。沈阳同联集团、中航工业沈阳黎明航空发动机（集团）有限责任公司创立了企业帮扶救助基金、和谐基金，通过职工缴纳、行政拨款、集资捐助等方式筹集资金，帮助职工渡过难关。

三、开展服务职工活动的体会和建议

（一）了解了基层，受到了教育，建议对老工业基地、资源枯竭转型城市给予更多支持帮助。尽管在辽宁省委、省政府的大力支持下，阜新市委、市政府为城市转型狠抓重大项目和重大产业集群建设取得积极进展，但确因市财政十分困难，后续产业建设资金不足问题十分突出，国有、集体企业改制任务繁重，以致对承担社会公益责任企业（例如阜新市公汽公司）的资助力不从心，影响到一批职工的生产生活条件的改善。如不能尽早解决，势必影响政府的形象，影响劳动关系和谐稳定。为此建议：一是中央财政进一步加大对阜新的支持力度，助推这座共和国的能源功臣城市加速实现经济结构调整、产业升级和企业改制。二是请有关审批部门从实际出发，科学地延长阜矿集团的开采期限，为企业平稳转型提供一个缓冲、适应期，充分发挥阜矿的资源余热。三是为所有老国有企业工伤职工补缴工伤保险，让每位工伤职工享受工伤待遇，确保工伤待遇全部得到落实。四是对改制、停产或破产企业中市以上劳动模范就业给予扶持、援助，切实体现党和政府及工会组织对这些劳模的工作和生活始终不渝的关心。

（二）积极主动作为，融入党政大局，工会工作创新发展的路才能越走越宽阔。在辽宁期间，工作组感触最深的是：省市两级工会干部积极主动作为，在地方党委的坚强领导、政府的重视支持和总工会的统一部署下，善于把工会的重点工作融入党委和政府的重要工作之中，党委和政府在建立完善维护职工合法权益制度、促进发展和谐劳动关系、推动企业健康发展方面的主导作用得到充分发挥。两市党委、政府加强组织领导、召开专题会议、下发文件指导、建立责任制度，为两市工会“两个普遍”等重点工作走在全国的前列、充分发挥工会在促进地方经济发展、构建和谐劳动关系、维护社会稳定等方面的重要作用，提供了坚强有力的政治保证。省市工会积极争取将工会重点工作纳入党政工作考核目标体系，充分发挥党政主导作用的成功实践，值得各地学习借鉴。

（三）关注民营企业，宣传先进企业文化，助推企业健康发展、劳动关系和谐稳定。深入走访企业过程中，工作组了解到一些民营企业坚持以职工为本，勇于承担社会责任，依靠职工完善管理，取得了显著成效。如民营企业阜新驰宇石油机械有限公司倡导民主化的管理理念，着力构建和谐劳动关系，重视发挥工会组织的作用，通过制度保护调动激发员工的积极性创造性，促进企业健康发展，实现员工与企业互利双赢的有益经验，值得认真总结、大力倡导和宣传推广。目前我国以民营企业为主体的非公有制企业无论从企业数量、从业人员所占的比例、还是所占 GDP 的比重来看，都已过半，民营企业在国民经济中的地位、作用日益重要。驰宇公司的成功实践启示我们，要更加关注广大民营企业，加强引导培育，注意总结研究，让民营企业在成长中探索形成的符合现代企业发展方向的良好企业精神，体现锐意创新、服务社会、职工为本、共享成果的先进企业文化，不断得到发扬光大。要大力宣传劳动关系和谐稳定、企业依靠职工健康发展的优秀民营企业的典型经验，充分发挥先进典型的示范导向作用，带动广大企业经营管理者形成创建劳动关系和谐企业才能更好地促进可持续发展的理念，为社会和谐稳定奠定广泛的社会基础。

（四）夯实工作基础，增强企业工会活力，亟待健全完善协调劳动关系法律制度。服务职工活动使工作组设身处地感觉到，基层工会干部特别是企业工会干部的不容易，因为他们毕竟在协调劳动关系的一线，又是企业的雇员，在劳动力市场供过于求的情况下，履行代表和维护职工合法权益的基本职责，推动企业建立集体协商制度、职工代表大会制度和厂务公开制度，还需要更加强有力的法律支持。目前我国的《劳动法》、《工会法》、《劳动合同法》等法律对企业建立集体合同制度的规定缺乏操作性和承担违约责任的强制性，集体协商难以成为劳动关系双方必须履行的义务；而我国的企业民主管理立法也已不能适应当前企业

▶全总民主管理部服务职工工作组在辽宁开展活动，与一线职工同劳动。

发展的形势。因此，建议全总继续努力，积极依托协调劳动关系三方，联合全国厂务公开协调（领导）小组成员单位等相关部门，推动全国人大尽早将《企业民主管理法》、《集体合同法》列入立法计划，明确职代会是企业民主管理的基本形式，并增加职代会及其职权的条款，明确“职代会是企业职工行使民主管理权力的机构”，有依法行使审议建议、审议通过、选举罢免、民主评议和民主监督等方面的职权；“明确所有公司制企业董事会中都应当有职工代表”，推进基层企事业单位的民主管理制度建设，保障职工的民主权利；明确建立集体协商制度的法定程序、内容和法律责任，完善与市场经济体制相适应的劳动关系调整机制，为各级工会特别是基层工会维护职工劳动经济权益、构建和谐劳动关系提供更为有力的法制保障。

（五）推动提高劳动报酬比重，突出维护基本职能，保障职工共享改革发展成果。对于大多数一线普通职工而言，“提高收入水平、降低劳动强度”是最直接的要求。据了解，加班过多的问题在一些企业还较为严重，部分职工每月休息四天左右，部分一线职工每月仅能休息一两天。一些普通职工还是靠超时加班才能取得多一些收入，以满足基本需要。为此，建议各地工会结合这次服务职工活动，以继续深入推进“两个普遍”为重点，为保障职工与企业共建共享，提供坚实的组织支持和制度保障；要加大推进企业建立以职代会为基本形式的企业民主管理制度的力度，为建立实行工资集体协商为重点的集体协商制度提供制度支撑；要进一步加强对集体协商、工时工价理论与实用政策的研究，为科学确定工资指导线、劳动力市场价位、最低工资标准提供理论政策依据；要进一步引导职工弘扬工人阶级伟大品格和伟大的劳模精神，创新劳动竞赛活动，组织职工广泛开展“公开解难题、民主促发展”主题活动，组织动员职工努力提高自身素质、以主人翁精神为企业健康发展献计出力，为提高企业效益、做大企业“蛋糕”、共享发展成果奠定坚实的基础。

全总保障工作部服务职工活动总结报告

按全总《关于开展“面对面、心贴心、实打实服务职工在基层”活动的意见》要求，3月12~17日、5月21~25日，保障工作部服务职工工作组先后赴河北唐山、沧州两市开展服务职工活动。王瑞生同志亲自率队参加了第一阶段在唐山的活动。其间，听取了河北省总工会和唐山、沧州两市总工会的情况介绍，分别到开滦煤矿、唐山陶瓷、沧州市食品公司、沧州运输集团和中盐沧州盐化集团，先后召开15个企业党政领导干部、基层工会干部和职工座谈会，个别访谈65名一线职工，走访慰问困难职工和劳模30户，帮助企业建立职工书屋5个，安排帮扶资金共150万元，圆满完成了各项任务。

一、开展服务职工活动总体情况

（一）高度重视，精心筹划。多次组织召开专门会议，成立了以部门主要负责同志为组长的工作组，认真学习活动相关文件精神，明确活动基本要求，保质保量完成任务。与河北省总反复沟通协调，明确活动主题，确定日程安排，充分做好前期准备工作。在工作组出发前，部门要求工作组所有成员都要熟读工作手册，了解调研方式方法，掌握地方和企业相关情况，充分做好准备工作。

（二）深入基层，与企业共研对策，与职工共谈心声。工作组采取听、看、座谈等方式，认真听取职工对社会稳定、民生工程、收入分配等方面问题的意见和建议，全面了解企业生产经营情况和面临的突出问题，侧重了解企业劳动关系情况，包括劳动合同、集体合同、工资集体协商等情况。调研过程中，工作组精心选择座谈、访谈职工，采取企业选择与工作组挑选相结合的方式，明确要求企业增加职工座谈人数，座谈、访谈对象向一线普通劳动者倾斜，与职工座谈、访谈时要求企业经营管理人员回避。工作组成员调研态度实在、恳切，让职工愿说真话，敢说实话。工作组每到一处都会认真听取企业和工会工作汇报，仔细记录调研过程，白天调研走访，晚上交流讨论，总结经验，分析问题，交流心得。同时，工作组把更多的时间和精力，用于走访一线职工、困难职工和劳动模范，询问大家的工资水平、工资发放情况、劳动保护状况，以及大家对企业今后的发展有什么意见建议等。在开滦集团范各庄矿，工作组还坐罐笼、骑“猴杆”、乘“人车”，来到地下500多米的深处，了解矿工们在井下的工作和生活情况。针对职工群众反映的突出问题，主动与企业和有关方面沟通协调，推动解决职工参加学历教育和技术培训、工伤待遇、医疗费用报销、改善集体食堂和宿舍条件、丰富业余文化生活等问题；针对一些企业反映生产经营遇到的困难，积极分析致困原因，提出发展对策，并给企业困难职工赠送帮扶资金。

（三）注重吸收青年干部参加服务职工活动，通过开展活动推动转变作风。注意多选择年轻干部参加，让他们到基层接地气、受锻炼，增进与职工群众的感情。工作组里的年轻人深入企业一线，结交了一批职工朋友。通过此次走访慰问活动，工作组全体

▶全总保障工作部部长邹震带领服务职工工作组下矿井实地查看职工工作环境。

成员特别是年轻同志普遍感到收获很大、感触良多，更加清醒地认识到工会组织与职工群众的血肉联系，更明确地认识到工会工作的重要性和着力点，进一步增强了做好工会工作的责任感与使命感。

（四）紧密结合实际，努力把服务职工活动要求体现到日常工作中去。把开展活动与工会保障工作紧密结合，把今年的“送温暖活动”与服务职工活动相结合。2月份，会同机关党委等部门，在全总机关组织举办了西山煤电集团工会帮扶工作专题报告会，让机关干部更加深入地了解企业工会、基层工会干部和广大职工的所思所想所为。在制定今年全国工会保障工作要点时，也明确提出要切实加强调查研究和源头参与，重点抓好促进就业、推动深化职工收入分配制度改革、健全完善社会保障制度、推进工会帮扶不断创新发展等。

二、河北省及唐山、沧州两地创造的工作经验及发现的问题

（一）河北省工会帮扶工作成效显著。河北省制定了“要用两年时间将各级工会困难职工帮扶中心转型升级为职工服务中心”，全面推行“四化式”服务，深入开展职工互助一日捐活动，实施免费保障和关爱职工系列帮扶项目。还在全省推行入学救助——就学扶助——就业协助的全程助学模式，对寒门学子进行助学、助能、助志、助业。

（二）唐山市工会开展职工重大疾病医疗互助活动。唐山市总工会从2010年5月开始在全市工会系统中组织开展了职工重大疾病医疗互助活动。共有67个单位的93.59万人次参加。按照目前的实施办法，预计唐山市2期的医疗互助活动将拿出近2200万元用于补助、救助患病职工，相当于在现有基本医疗保险和大病保险报销比例的基础上又提高了10%～15%，解除了职工的后顾之忧。

（三）沧州运输集团建立关爱职工的长效机制。沧州运输集团严格遵守工资协商制度，连续6年每年提高职工工资16%。提高除两级领导以外的一线员工工资，特别是提高年龄偏大、工资偏低员工的工资水平。对工程、会计以及驾驶员、修工等专业技术人员进行职称评定，给予适当的补贴，为职工购买五险一金，在节假日、职工生日以及婚丧嫁娶时为职工发补贴和礼金，由公司出资组织员工免费旅游，关注员工文化生活，注重职工的培训学习，建立以送温暖工程为主要形式的困难职工帮扶机制等。

（四）北方瓷都公司在国企改制过程中注意发挥工会作用保障职工权益。坚持凡

涉及职工切身利益的重大问题都交职代会审议，职工安置方案交职代会审议通过。在研究制定减员增效及企业内部改革政策时，工会积极参与，维护职工的基本权益。先后解决了建华厂拆迁拖欠偿还职工的上千万元费用；为5千余名“40、50”职工补齐了企业拖欠的个人养老保险金；为集团绝大多数职工办理了困难企业医保财政贴补；为300名自愿解除劳动合同关系的职工补齐了企业所拖欠的各种费用；完善了领导干部联系点制度，两级班子成员分片包干，建立了温情接待机制，制订了保稳定应急预案。

（五）开滦煤矿在劳务派遣工使用上做到经济上同酬，待遇上平等，生活上关心。从2003年开始，开滦煤矿由使用农民轮换工改为招录农民劳务派遣工，即采取与周边县区具有法人资格劳务派遣机构签订劳务派遣协议方式招收农民劳务工，并按劳务派遣人员每月工资总额3%向出工县区支付管理费。截至2011年年底，开滦在册井下农民工10980人。开滦每月将养老保险、工伤保险等社保费用按国家规定比例支付各出工县区，由劳务派遣机构为劳务人员缴纳社会保险。

此外，在活动过程中，河北省在企业普遍推广建立“群众工作室”、开滦集团高度重视安全生产以及通过命名劳模工作室鼓励职工开展技术创新活动、迁安市工会帮扶中心向职工提供多样化服务等经验和做法，也都给我们留下了深刻印象。

在这次活动中，我们发现当前比较突出的有以下几个问题：一是还存在不少贫困特别是因病致贫职工，他们生活非常困难。目前，河北省纳入工会档案管理的困难职工有14.2万人，其中脱困无望的特困职工4.1万人。收入低、本人或家属患大重病、子女上学负担重等是导致贫困的主要原因。唐山市困难职工中53%是因病致困，而沧州市困难职工中80%多都是因病致困，从所处企业经营状况看，困难职工主要集中在亏困和关闭破产企业。困难职工中，年龄大、学历低、技能单一者占了一半以上。二是一些困难国企仍然面临着改制转型的问题。虽然国有企业改制在全国范围内基本完成，但有些地方还有一些国有企业尚未改制或改制不成功。沧州市食品公司一直未改制，现在在岗200多人每月工资在500~600元，职工五险一金尤其是养老金未能得到很好的解决。职工平均年龄在45岁左右，年龄大的职工希望熬到正常退休，年轻一点的盼望着企业被收购兼并。其保险一直欠账，等到退休时补交。其中100多名内退职工，每月仅仅发100~200元的生活费，大多数职工生活都十分困难。三是一些地方偏重于经济发展，忽视职工权益保障。沧州盐化集团是劳动力密集型企业，企业收入主要是靠劳动力和土地，近两年，沧州市推进城镇发展，征收了盐化集团3.5万亩土地，每亩补偿3万元。在座谈中了解，很多职工认为补偿金过低，影响职工安置，一些职工表示担忧，产生不满情绪，如果解决不得当，则会存在着不稳定隐患。

通过这次活动，我们感觉到：一是做好工会工作特别是工会保障工作必须要扎根基层。工会创新工作的源泉活水基层是工会创新工作的源泉活水，只有放下架子、扑下身子，明白一线职工的所思、所想、所求，真正给职工群众解决一些看得见摸得着的问题，才能当好一线职工的知心人和贴心人。二是做好工会工作特别是工会保障工作要致力于职工最关心、最直接、最现实的问题。通过开展服务职工在基层活动，进一步了解职工诉求，反映职工意愿，化解职工矛盾。要认真了解企业不同职工群体构成的实际情况，了解他们不同的思想动态、收入状况、生活情况以及最迫切的要求，既要从宏观上把握职工群体的变化趋势，又要从微观上关注职工个体的具体情况，关心他们不同的经济利益，用多样化的工作方式贴近不同职工群体，有针对性地做好各项工作。三是工会领导机关要注意高层参与，努力从政策和源头上帮助职工解决问题。我们在这次活动中发现，职工面临的不少问题是由于相关政策不健全、不衔接造成的。作为工会领导机关，特别是高层领导机关，在调查研究的基础上，积极参与相关法律和政策的制定，努力把职工的愿望和要求反映到国家相关的法律制度中去。四是开展服务职工在基层活动应坚持常态化。注重建立定期联系机制，把一线职工作为企业工会的主要工作对象，最大限度地消除他们生产生活上的后顾之忧，让职工更真切地感到有没有工会不一样，参加不参加工会不一样，以确保活动开展落到实处。

三、服务职工活动的深化及下一步工作打算

今年下半年，为进一步推动服务职工活动的深化，促进活动成果的转化，我们一方面对河北两个联系点进行跟踪，另一方面通过加强调查研究和政策参与、健全工会帮扶机制和体系、抓好维权工作等措施，以推动保障工作的创新发展。保障部围绕近五年全国职工劳动经济权益实现情况、参与国务院深化收入分配体制改革总体方案的设计、推进医疗保险制度改革等课题，在政策参与中切实表达和维护职工群众的合法权益，促进普通职工公平分享经济社会发展成果。保障部起草了关于深化服务职工活动、促进就业稳定的通知，要求各级工会把促进就业稳定作为深化服务职工活动的重要内容。与此同时，今年我们组织各级工会保障工作部门和各地帮扶中心，深入开展“金秋助学活动”，实施“阳光就业行动”和“家政服务工程”，以及“技能培训促就业计划”，努力打造工会提供公共服务的工作品牌。今年9月，全总在大连召开了全国工会企业帮扶工作座谈会，进一步推动工会帮扶工作的纵深发展。下一步，我们要在建立健全服务职工长效机制、推动活动成果的转化应用等方面下功夫。

▶全总保障工作部服务职工工作组看望慰问困难职工。

（一）认真学习党的十八大精神，进一步加强中国特色社会主义工会发展道路理论的学习宣传。党的十八大闭幕后，要组织全体干部全面系统地学习十八大文献，深刻领会十八大精神。同时，结合学习党的十八大精神，我们将组织部门全体党员干部召开中国特色社会主义工会发展道路理论专题学习研讨会，通过学习交流，进一步推进学习的不断深化。

（二）定时回访，加强落实。对于活动中发现的问题，属于工会工作内容的，我们

将认真分析原因，及时予以解决；属于党委政府等相关部门职责范围的，将加强沟通协调，积极推动尽早解决问题。保障部拟于下半年对走访过的困难企业和困难职工进行一次回访，推动所发现的问题得到实打实的解决落实。

（三）建立健全联系基层和职工的常态化机制。我们准备在全国范围内建立一批工会保障工作联系点，具体考虑在东、中、西部和东北选择 10 个省，30 个城市和 100 个不同所有制、不同规模、不同效益的企业作为联系点，围绕企业生产经营、就业形势和用工动态、职工工资增长以及社会保障等内容，长期开展相关调研，实现服务职工活动的常态化。

（四）做好活动成果转化应用。我们将系统梳理总结调研走访情况，深入分析职工群众面临的就业、工资、社保、帮扶救助等方面的问题，提出有针对性的对策建议，推动相关问题在政策和制度层面予以解决。如在参与国家分配制度改革方案制定过程中，我们要努力在推动提高广大职工、特别是一线职工收入水平上下功夫；在下一步参与制定医疗保险相关政策法规和顶层设计过程中，要着力在推动实现各类职工应保尽保、建立职工门诊统筹、进一步减轻职工看病负担、完善基本药物制度、加快公立医院改革等方面发挥作用，并大力推动发展工会职工医疗互助活动。要重点关注职工特别是农民工、劳务派遣工以及非公企业职工等参保权益的保障、各项社会保险关系的转移接续、困难职工交纳养老保险办法和低保制度的衔接、职工医保缴费年限的确定、社保基金结余的合理使用、提高职工社会保障水平和工会参与养老保险基金投资运营等问题。积极协助党和政府做好工矿集中棚户区改造工作，全程参与棚改调查摸底、规划建设、拆迁安置、回迁救助等各项工作。推动健全保障性住房供给和分配体制，进一步推动将工会认定的低保边缘职工群体纳入住房保障范围，解决职工后顾之忧。

（五）进一步推动完善困难职工帮扶长效机制。进一步完善工会帮扶工作格局，推动工会帮扶工作不断向社区、企业延伸，特别是要指导有条件的规模以上企业，困难职工、农民工相对较多及非公企业较多的工业园区、经济开发区等建立工会帮扶站点，把各类企业职工群体纳入工会帮扶范围，积极争取企业党政支持，实现与社会管理体制的有机衔接；进一步拓宽工会帮扶渠道，不断强化法律援助、技能培训、心理疏导、会员服务等帮扶职能；充分依托企业行政与工会联系会议、职代会等工作平台，将企业参保、互助保障等职工互助互济活动纳入企业平等协商、集体合同范畴。

全总劳动保护部服务职工活动总结报告

按照全总关于开展“面对面、心贴心、实打实服务职工在基层”活动的意见和活动实施方案的要求，劳动保护部工作组于3月12～16日，4月15～20日分两个阶段在重庆市开展了服务职工活动。工作组先后深入巫山县松林汽车维修公司、奉节县港行运输公司、江北区新洁净清洗技术服务有限公司、万盛区南桐矿业公司、南川区裕华玻璃制瓶有限公司5家企业，慰问了郑真华等5名劳模和何富平等27名困难职工，召开了企业经营者、工会干部和职工座谈会16次，与50名职工进行了面对面的交流，帮助建立了5个职工书屋，发放职工维权书籍近千余册。

一、开展活动的基本情况

部门高度重视此次服务职工活动，行前多次召开专题会议，认真学习领会兆国同志和玉普等全总领导有关讲话精神，认真学习研究全总“面对面、心贴心、实打实服务职工在基层”活动意见和活动实施方案，与重庆市总工会多次沟通，制定了详尽的工作方案，细化了企业经营者、工会干部和职工代表座谈会提纲，为开展活动做了充分准备。

工作组在重庆期间，坚持不折不扣完成“规定动作”，围绕“五项任务”，发挥好工作组的“五个作用”，扎实地开展服务职工活动。同时，结合劳动保护业务工作需要，有重点开展了一些“自选动作”。一是把开展活动的过程作为学习宣传实践中国特色社会主义工会发展道路的过程，每到一地，利用座谈、走访、慰问、访谈等各种与职工面对面交流的机会，用深入浅出的方式积极宣传党的路线、方针、政策和中国特色社会主义工会发展道路，同时大力宣传党和政府保障改善民生的重大举措，宣传工会法、劳动法、劳动合同法、社会保险法等一系列保障职工权益的法律法规，积极回应职工关心的热点问题，做好释疑解惑工作。工作组还特别向广大工会干部和职工群众介绍全总此次开展服务职工活动的重要意义和目标任务，让职工群众更加深入地认识工会，了解工会工作，增强职工对工会组织的认同感和归属感。二是在开展活动中始终遵循“促进企业发展、维护职工权益”的企业工会工作原则，把两者有机统一起来，重点关注部分中小企业生产经营困难、职工权益受影响等问题，积极推动政府落实促进中小企业发展的政策措施，及时总结推广全心全意依靠职工办企业的经营理念和典型经验，认真指导企业开展“安康杯”竞赛活动，在企业特别是非公企业中营造“企业关爱员工，员工关心企业发展”的良好氛围，实现企业与职工双赢。三是在活动中积极推动和协调有关部门和企业行政解决职工特别是困难职工、下岗失业人员、农民工、劳务派遣工在就业、工资、社保、安全生产、住房和子女入学等方面的实际问题。就职工反映的一线职工工资收入低，物价上涨过快，房价高，普遍感觉生活压力大；医疗负担重，药品价格高，生病住院支出大；一些农民工、下岗再就业职工由于医保金不能连续交满30年，因而退休后就无法享受到医保待遇；省部级劳动模范待遇低；企业税负过重等问题，工作组都跟重庆市总工会作了反馈，希望重庆市总能认真加以研究，并注重从政策、制度层面或者工会角度给予更多帮助。四是坚持把服务职工活动、推进重点工作和指导督察服务结合起来，切实以活动开展带动工会工作整体水平提高，以工作水平的提高带动活动向纵深发展。工作组紧紧围绕“两个普遍”工作要求，突出工会劳动保护特点，就工会组建、行业性工资集体协商、劳动保护、民主管理、经济技术创新、维稳和防范抵御等工作内容，对地方和基层工会进行了有针对性的服务指导，及时指出并要求解决松林汽车修理公司工会主席由企业负责人亲属兼任的情况，指导南铜矿业集团推广工会参与职业病防治工作模式，新洁净保洁公司加强高空作业特殊岗位劳动保护工作等具体问题，推动两家企业签订劳动安全卫生专项集体合同，建立和完善职工职业健康档案，为基层工会开展工作、履行职责提供了有力支持。

▶全总劳动保护部部长王俊治率服务职工工作组在重庆开展活动，慰问劳动模范。

二、活动取得的主要成效

（一）加深了对企业和职工生产生活状况的了解。通过在重庆市巫山县松林汽车维修公司等五家企业召开座谈会和职工访谈，对企业劳动关系情况有了直观的感受，对企业职工的思想动态情况有了一定的掌握，对中小企业、非公有制企业、改制企业、经营困难企业和劳动密集型等企业在生产管理、经营效益、招工就业、安全生产、融资需求、发展趋势以及不同类型企业在生产经营过程中遇到的困难、存在的问题和提出的建议等方面情况有了进一步的了解和认识，为在今后工作中向中央和地方有关部门提出相关政策建议及参与有关法律法规制定积累了宝贵资料。

（二）释疑解惑，坚定了企业和职工群众永远跟党走的信念。根据企业和职工群众关心的热点难点问题，开展工会法、劳动法、劳动合同法、社会保险法、职业病防治法等一系列保障职工权益法律法规的咨询，广泛深入地宣传党的路线方针政策，宣传改革发展的新成就，宣传党和政府改善民生的新举措，宣传中国特色社会主义工会发展道路的科学内涵和精神实质，积极回应职工关切的问题，通过开展释疑解惑和心理疏导工作，帮助职工解决有关享受公租房政策、工伤待遇、子女教育等涉及切身利益的疑问，化解了一些职工与企业之间的误解和矛盾，把职工群众的怨气和不满情绪消除在萌芽状态。引导企业职工正确认识形势，坚定了职工永远跟党走的政治信念，增强了对工会组织的认同感和归属感，增进了工会干部与职工群众之间的相互信任和理解。

（三）推动了工会重点工作任务要求的贯彻落实。工作组坚持把服务职工活动、推进重点工作和指导督察服务结合起来，切实以活动开展带动工会工作整体水平提高。工作组按照《企业工会工作条例》和《关于进一步加强企业工会工作充分发挥企业工会作用的决定》等文件的要求，有针对性地指导企业工会解决在组织机构建设、工会主席选配、劳动安全卫生、企业民主管理和劳动争议调处等工作中存在的突出问题，帮助企业工会健全完善工作机制和制度，为进一步提高企业工会工作水平奠定了重要基础。根据调研企业的不同性质，紧紧围绕“两个普遍”和服务职工活动的工作要求，分类指导企业工会推进重点工作，指导新洁净保洁公司工会研究分析公司家政保洁、建筑清洗和培训教育等不同业务板块的经营特点，逐步健全完善公司平等协商签订工资集体合同制度，对休息休假、工资水平、薪酬制度、补贴补助、工资增长等内容提出要制定明确标准，向南铜矿业集团工会提出了要加强特聘煤矿安全群众监督员工作，深入推广工会参与职业病防治工作模式等意见建议，为企业工会更好地发挥作用提供了有力支持。与此同时，工作组在与重庆市各级工会干部座谈交流中，结合地方工会开展服务职工活动的特点，对健全开展调查研究、密切联系基层、强化目标责任和推动成果转化等机制建设提出了建议，为基层工会开展服务职工活动提供了指导服务。

（四）发现和总结了一些好的典型和经验做法。如重庆市总工会结合重庆实际制定的“办十件实事、搞百项调研、进千家企业、访万名职工、聚百万活力”工程，多角度、全方位服务职工群众的经验；巫山县松林汽修公司切实保障员工各项权益，让职工共享企业发展成果的经验；重庆九龙坡区总工会“1344”服务职工新模式的经验等等。这些经验做法主题突出、特色鲜明、注重实效，有很强的针对性和操作性。

（五）推动解决了一些具体问题。针对访谈过程中发现的一些具体问题，工作组与重庆市总的同志一起认真研究分析，现场提出了解决问题的意见和要求。及时指出并要求解决松林汽车修理公司工会主席由企业负责人亲属兼任的情况；指导南铜矿业集团推广工会参与职业病防治工作模式，新洁净保洁公司加强高空作业特殊岗位劳动保护工作；推动两家企业签订劳动安全卫生专项集体合同，建立和完善职工职业健康档案；与国家安监总局沟通解决劳务派遣工劳动防护用品配备问题，等等。

三、开展活动中发现的主要问题

从我们这次调研走访的情况看，重庆市职工队伍整体情况稳定，职工思想状况主流积极向上。职工的自主意识、维权意识和精神文化需求不断提高，一些职工特别是新生代农民工职业发展愿望增强，希望更多分享企业发展成果的愿望也较过去强烈。工会开展工作情况总体良好，各项制度比较健全，职代会、厂务公开等民主管理制度作用能够得到有效发挥，工会在职工收入分配、困难职工帮扶、劳动保护、职工文化建设等方面积极作为，发挥了较好作用。

但同时也发现一些普遍存在的问题，主要表现在三个方面：一是部分职工的生活、工作安全感减弱，对医疗、住房、物价以及职业稳定性等表示出担忧，对收入差距过大、贫富不均反响强烈；二是多数私营企业的工会干部包括工会主席基本上都是兼职的，他们的精力和时间大部分在业务工作上，工会工作常常是捎带着干，工会业务不熟悉，工作往往停留在搞搞福利、组织一些文体活动上，致使工作长期处于初始和起步阶段；三是一些企业工会虽然建立了规章制度，但在深层次、实质性上推进工会工作还尚欠缺。

四、思考和体会

（一）服务职工活动内容实、声势大、反响强、效果好，是各级工会组织开展工作的重要抓手和品牌。“面对面、心贴心、实打实服务职工在基层”活动，把促进企业发展与维护职工权益有机结合起来，深受企业党政领导和广大职工群众的欢迎和好评。活动的开展，既扩大了工会组织的社会影响，又树立了工会组织的新形象，今后要把服务职工活动贯穿和融入今后工会的各项业务工作之中，坚持不懈、持之以恒地抓下去。

（二）困难企业、非公有制企业职工特别是农民工是开展服务职工活动的重要对象。从我们调研走访的重庆几家企业情况看，新生代职工的价值取向更加务实，法律意识日益增强，越是困难的企业，职工对工会的期望值越高，提出的问题更加尖锐，希望工会代表和维护好他们权益的愿望越来越强烈。这也再次验证了我们服务职工活动重点到工会工作基础薄弱、经营困难的企业去的方向是正确的。

（三）加强与政府相关部门的协调联动，重视从源头上推动解决职工普遍关心的问题，是服务职工活动的重要途径。虽然从访谈情况看，职工队伍思想观念、利益诉求多样，但一些涉及职工切身利益的问题都是共性的，这些问题都需要联合政府相关部门共同推动解决。如针对走访过程中暴露出的劳务派遣工不能享有与正式工同等劳动防护用品问题，我们专门与国家安监总局协调沟通，在新修改《安全生产法》专门增加一款，明确规定：劳务派遣工与正式工享受同等权利待遇。因此，服务职工活动不仅要解决一些个案问题，更要注重推动深层次问题在政策法律层面的解决，从源头上维护好职工权益。

▶全总劳动保护部部长王俊治率服务职工工作组在重庆开展活动，与企业经营者座谈。

（四）着力提高工会机关干部服务基层、服务职工的能力和水平，是开展服务职工活动的重要保证。活动的成效与影响从根本上来看，还是体现在推动解决问题、为职工办实事上，而问题的解决最终还要看工会干部解决问题的能力和服务职工的态度。所以，让机关干部在实践中增长才干，不断提高服务基层、服务职工的能力和水平尤为重要。

五、几点建议

（一）根据业务工作需要，建立必要的企业联系点制度。定期走访联系企业，互通信息，沟通情况，在动态中及时掌握和了解企业职工和工会干部的所思所想，做到有的放矢地指导和推动基层工作。

（二）建立健全调查研究工作机制。每年要确保有一定时间深入企业、深入职工开展调查研究、政策法规宣传、困难职工帮扶、矛盾隐患排查、劳动争议调处、指导服务基层等方面的工作，做到对职工队伍状况、工会组织状况，热点、难点问题以及职工的生产生活状况心中有数，有针对性制定政策意见，指导基层开展工作。

（三）建立健全信访维稳工作机制。建立定期接待职工群众制度，健全职工来信来访工作台账，完善处理机制，加大跟踪落实力度，妥善处理好职工反映的各种问题，切实维护好职工队伍和社会稳定。

（四）建立健全典型引导机制。注重培养选树服务职工活动先进典型，利用各种新闻媒体，大力宣传典型的先进事迹，发挥典型引领示范作用。

（五）建立健全服务职工活动的考评机制。把活动开展取得的成效、企业与职工群众满意度、推动解决的问题等纳入年度重点工作考核内容，作为评先评优的重要依据之一，对优秀单位和个人予以表彰奖励。

全总经济技术部服务职工活动总结报告

按照全总“面对面、心贴心、实打实服务职工在基层”活动领导小组的部署，经济技术部工作组两赴福建省开展了服务职工活动，现已圆满完成各项任务，有关情况汇报如下：

一、基本情况和工作成效

全总服务职工活动领导小组下达任务后，经济部把该项活动作为部门重要工作认真研究，成立了领导小组，与福建省总工会反复磋商，精心制定了活动方案和实施意见，根据全总的要求细化了访谈提纲、座谈提纲，并设计了职工调查问卷，明确了负责处室，按照老中青相结合的原则确定参加人员，对工作人员进行相关知识培训，明确了分工和要求。结合部门工作，经济部的活动分两个阶段进行。第一阶段于 3 月赴福建省漳州市开展活动，第二阶段于 6 月到建阳市开展活动。在活动过程中坚持及时召开碰头会，总结当天情况，提出下一步要求，确保活动顺利进行。第一阶段活动结束后，我们认真总结，查找不足，提出改进措施，对调查问卷进行了修改完善，对调研程序进行了优化，增加部门业务方面的内容，使第二阶段在建阳市的活动更加高效、全面、扎实。

为了尽可能充分掌握企业和职工情况。我们与漳州市总工会和建阳市总工会精心选择调查企业，根据两市情况，调查对象以中小型企业为主，既有近六十年历史的老企业，也有才成立三四年的新企业；既有国有企业、也有民营企业、外资企业；既有劳动力密集型企业，也有科技创新型企业。除了按照全总的统一要求，做好“规定动作”外，我们还着眼于把典型调查与全面了解结合起来，进行了职工问卷调查，为更好地了解掌握基层工会工作情况和职工思想、学习和工作状况，提供了更为详尽的一手资料。我们还深入村级工会和村办企业，了解了县域工会工作的情况。

在整个活动中，我们深入 6 家企业听取汇报，召开座谈会 18 个，访谈职工 59 人，入户慰问困难职工 50 名、劳模 5 名，授予“全国职工书屋”4 个，向 109 家企业共发放了 2000 份职工调查问卷，发放《职工劳动权益手册》300 册，发放慰问资金 151 万。

在完成全总“规定动作”的同时，经济部还在建阳市召开了全国劳模和全国五一劳动奖章获得者参加的劳模座谈会，并安排调研组到唐山、江阴、无锡、苏州等市调研总结非公企业、镇工会、工业园区工会开展劳动竞赛，推进和谐劳动关系建设的经验。在全国建立了 82 家非公企业联系点，加强与基层工会联系。此外，经济部党支部与全总定点扶贫县山西省和顺县总工会党支部开展了“一对一”结对联系活动，召开了座谈会，加强工作沟通，对县总工会及和顺县扶贫工作给予了支持和帮助。

从调查的总体情况看，第一，企业劳动关系总体和谐稳定。企业能够以人为本，尊重职工，努力保证职工各项福利。职工精神状态较好，能够自觉与企业共命运，谋求企业发展，企业劳动关系和谐稳定，没有群体性事件发生。第二，企业主动承担社会责

▶全总经济技术部部长常毅民带领服务职工工作组在福建入户慰问困难职工。

任。被调查企业均能较好地执行《劳动法》、《劳动合同法》等法律法规，关爱员工，每年都以10%左右的幅度提高职工收入，使广大职工能够分享企业发展的成果。第三，企业工会能够积极发挥作用。企业工会在组织职工参与民主管理、开展平等协商、签订集体合同、帮扶困难职工、开展劳动竞赛、提高职工素质、开展文体活动等方面，都发挥了积极作用，得到企业和职工认可。

在活动中，我们注重实效，本着“问题在一线解决”的原则，努力帮助企业和职工解决一些实际问题。在漳州调研结束后，及时与漳州市总工会研究，提出解决企业和职工反映的问题和困难的意见。在建阳市，对每一家企业调研结束时，工作组现场向企业和建阳市、南平市总工会反馈职工意见，为积极争取问题的解决，还与建阳市政府领导进行商谈，推动市政府帮助解决企业和职工反映的问题和困难。目前已解决了一些具体问题：

1. 七建公司一名困难职工的孩子学习缺少电脑，漳州市总工会资助了一台电脑；

2. 七建公司一名患脑病的职工，经济部帮助她就病情治疗咨询了天坛医院，漳州市总工会帮助申办了重度残疾证、纳入低保范围，并赠送了一辆轮椅，帮助她实现在家就业、增加收入，市总工会安排她体检一次，将她列入市帮扶超市帮扶对象；

3. 福建青松股份有限公司、建阳市鑫泉木业有限公司职工反映孩子上学交通不便问题。建阳市人民政府已于近期召开专题会议，研究解决这一问题，并形成了《建阳市人民政府专题会议纪要——关于协调解决我市海西工贸城开通公交专线有关问题的专题会议纪要》（〔2012〕34号），同意于2012年8月1日开通海西工贸城公交专线；

4. 福建腾龙工业公司提出的化工仓储用地审批问题，经漳州市总努力，已得到解决，有关手续已经在办理中。

二、当地党政领导的指示和主流媒体的宣传情况

全总开展的服务职工活动得到福建省领导的高度重视和充分肯定，也得到了新闻媒体的关注和广泛报道。省委书记孙春兰、省委副书记陈文清、省人大常委会副主任、省总工会主席张广敏等领导都作出重要批示。5月15日，省委书记孙春兰在《八闽快讯·增刊》第248期《深入一线服务职工服务企业——全省各级工会深入开展“面对面、心贴心、实打实服务职工在基层”活动》上批示：全省各级工会深入开展服务职工活动，

对服务职工、服务企业、促进发展效果很好。省人大常委会副主任、省总工会主席张广敏随即作出批示，要求全省各级工会认真贯彻落实孙书记重要批示精神，戒骄戒躁，看到差距，着力下、努力上，重在实、贵在创，持续深入开展好服务职工活动。

在开展服务职工活动中，福建省总工会重点总结、宣传、推广石狮市总工会打造“质量工会”的经验和做法。5月14～16日，《工人日报》头版连续三天分别以“质量工会，从最薄弱处抓起”、“务实工会，让细胞活跃起来”、“温馨工会，源自外来工的感受”为题，系列报道了石狮市总工会加强乡镇工会和企业工会建设，夯实基层基础，创新机制，激发活力，切实履行组织、引导、服务、维护职工合法权益的职责，提升职工安全感和幸福指数，打造“质量工会”的经验和做法。5月21日，省委副书记陈文清对此作出批示：报道很好，反映了石狮市总工会下移重心、求实创新、打造“质量工会”的探索与成效，有助于提升工会工作的服务水平。实践证明，凡是工会组织健全、工作得力的地方，劳资纠纷和职工群体性上访就少。劳资关系的和谐，推动了地方经济的发展和职工群众权益的保障，这种“双赢”，也有力地证明了走中国特色社会主义工会发展道路的正确。

全总服务职工活动组以及福建省总和相关市总工会的服务职工活动得到了新闻媒体的广泛关注和报道。据统计，活动期间，《工人日报》17篇、《福建日报》6篇、《闽南日报》2篇、《闽北日报》2篇、《今日建阳报》1篇稿件对全总福建服务职工工作组在漳州、建阳活动情况以及福建省总工会、福州市总工会、厦门市总工会、漳州市总工会、建阳市开展服务职工活动情况进行了报道。

三、活动取得的基本经验

（一）选择调研对象统筹兼顾，调查方式要做到“规定动作”与“自选动作”有机结合。在企业的选择上，要根据当地经济社会发展情况，兼顾不同规模、不同所有制、不同行业，重点突出困难企业。把典型调查与全面了解结合起来，除了按照全总的统一要求，做好“规定动作”外，设计一些切实可行的“自选动作”，为更好地了解掌握基层工会工作情况和职工思想、学习和工作状况，提供更多丰富的详尽资料，尽可能全面掌握企业和职工情况。

（二）突出特色、联系工作，把开展服务职工活动与推动部门重点工作有机结合。要处理好开展服务职工活动与推进部门工作的关系，实现二者有机结合，做到两促进、两提高，如我们在开展活动的同时，开展了非公企业劳动竞赛调研，还召开了劳模座谈会，征求了他们对工会劳模管理和服务工作的意见，推动了部门工作的开展。

（三）做好释疑解惑工作，把回应职工关心热点难点问题与做好宣传党的路线方针政策有机结合。有些职工对党和政府、对工会所做的工作认识不够，对一些社会现象的认识容易偏激。我们在活动中广泛深入宣传党的路线方针政策、改革发展的新成就，特别是党和政府改善民生的新举措，工会所做的工作等，引导职工正确认识形势，坚定永远跟党走的政治信念，增强对工会组织的认同感、归属感。积极回应职工关心的热点难点问题，做好释疑解惑工作，把各种矛盾化解在基层，把职工群众的怨气和不满情绪消除在萌芽状态。

（四）着力提高青年干部的能力和水平，把开展服务职工活动与培养锻炼青年干部有机结合。参与服务职工活动是青年干部增长才干的好机会。要尽可能多地吸收青年干部参与，使他们走出机关接上地气，与职工面对面交心，和他们交朋友，进一步增强服务意识、转变工作作风，增进与职工群众的深厚感情，增强为职工服务的主动性。同时进一步熟悉工会各项业务，掌握调查研究基本功，提升应变能力和处理实际问题的能力，提高做好职工群众工作的能力和水平。

四、职工群众和基层工会反映的突出问题

（一）一线职工收入水平较低。职工问卷调查结果显示，50.36%的职工对现在工作岗位最不满意的是工资低，52.28%的职工表示现在压力最大的是工资收入低。30.45%的职工认为近三年来家庭收入变化不大、有所减少或大量减少。职工普遍认为房价高、物价高，57.47%的职工认为近三年来家庭经济负担大幅加重或有所加重。慰问的困难职工绝大多数都是因为收入低，加上自己和家人重病或慢性病而导致贫困。

（二）有的企业工会经费不足，工会干部不熟悉业务。工会经费用于帮扶困难职工后就所剩不多，开展活动有费用不够。同时调查也发现有的企业未按规定配备专职工会干部和兼职工会干部业务不够熟悉。

▶全总经济技术部服务职工工作组在龙翔食堂与职工一起吃饭。

（三）基层工会干部人手缺乏。从目前情况看，工会干部队伍结构成“倒金字塔”型模式，越往上，人数越多，科室齐全，布局完整；越往下，人数越少，多数的乡镇、村和非公企业没有专职工会干部，即使有专职工会干部，也要面对上万名以上的职工，工作繁重和困难程度可以想象。

（四）劳模提出了一些问题和建议。劳模们非常感谢近年来工会对劳模的关心关爱，特别是发放“三金”和组织疗休养的活动，让他们感受到了巨大的关怀和鼓舞。同时也提出了一些问题，有退休劳模希望对退休劳模多关爱，对他们的关心方式可以更多一些，把他们团结在工会周围。有的在职劳模表示公众对劳模要求高，让他们感到压力比较大。

五、建立健全工会服务职工长效机制的意见建议

（一）建立服务职工活动的“三联系”制度。要建立工会干部与职工、与企业、与基层工会长期联系的制度。一是建立工会干部与职工长期联系的制度。各级工会干部都要有自己一定数量的职工联系人，做到每年（每月）至少一次进职工家里，每月（每

周）至少打一次电话。

（二）建立工会干部与企业长期联系的制度。各级工会干部要以中小非公企业、转改制企业、生产经营困难企业和劳动密集型企业等为重点，建立企业联系点，第一时间了解企业生产经营和劳动关系状况、职工思想动态和劳动经济权益实现情况，第一时间将职工群众的利益诉求以及工会的对策建议向党委和政府汇报反映。三是建立工会干部与基层工会干部长期联系的制度。各级工会干部要在开展服务职工活动中，切实加强对基层工会干部的联系。要在解决基层工会实际困难，加强工作指导上下功夫，切实为基层工会解决一些实际困难。

（三）建立服务职工活动的“三约束”制度。一要建立责任追究约束制度。要建立服务职工活动目标责任制，制定年计划，进度要求和实现目标的标准，强化领导责任和目标管理，使服务职工活动常态化。要将服务职工工作分解到人，明确责任，细化量化工作要求，定期进行考核。二要建立监督约束制度。要强化工会内部监督考评机制，不断完善监督机制，把职工群众监督与自身监督、上级监督与下级监督有机结合，把反映强烈和最不满意的问题作为机关作风建设的突破口，采取措施加以改进。要加强督促检查，采取基层工会评议工会领导机关、工会领导机关检查所属工会、工会重点工作异地巡视督察等方式，全面考核工会组织和工会干部的工作态度、工作作风、工作实绩等情况。三是建立奖惩激励约束制度。大力开展“会员评家”活动，工会要向会员报告工作，企业工会主席要向会员述职，接受会员的评议和监督，并将评议结果作为各级工会领导班子和领导干部年度考核、党风廉政建设责任制考核的重要内容，作为干部奖惩、任用的重要标准。把对先进典型的培养、总结、推广、奖励和反面典型的惩处、警示制度规范起来，以典型示范作用，促进服务职工活动的有效开展。

（四）建立服务职工活动的“三结合”制度。一是要把服务职工活动，与培养提高青年干部素质相结合。要把年轻干部作为开展服务职工活动的主力军，把活动作为青年干部接受党性教育和群众教育的“大学校”，在活动中注重让他们向基层工会干部学习，在活动中长见识、强本领，在工作中受锻炼、展作为。同时要建立机关年轻干部下基层挂职制度，每位干部必须到基层挂职半年至一年时间。二是要把服务职工活动，与宣传中国特色社会主义工会发展道路相结合。向党政领导、工会干部和职工群众广泛宣传中国特色社会主义工会发展道路，使服务职工活动的过程，同时成为宣传中国特色社会主义工会发展道路的过程。三是要把服务职工活动，与工会重点工作相结合。通过开展服务职工活动，有效地督促各地推进“两个普遍”、促进中小企业发展、构建和谐劳动关系、维护职工队伍稳定等重点工作的开展。

全总法律工作部服务职工活动总结报告

3～5月，根据全总机关开展“面对面、心贴心、实打实服务职工在基层”活动实施方案安排，法律工作部服务职工工作组分两批深入自治区呼和浩特市6个盟市、7个旗县和12家企业开展服务职工活动。现将有关情况报告如下：

一、主要做法

（一）高度重视，精心谋划。活动启动之初，法律部召开会议做动员部署工作，通过认真学习领会中央领导同志关于开展服务职工活动的重要指示精神，使全体干部充分认识到活动是工会组织贯彻落实党的群众观点和群众路线、坚定不移地走中国特色社会主义工会发展道路的重要举措，是履行维护职工权益基本职责、做好新形势下职工群众工作的内在要求，是转变干部作风、提高工会工作整体水平、树立工会良好形象的重要契机。成立了服务职工活动领导小组，明确了职责分工。与对口省份工会反复沟通，制定具体活动方案，确定了除深入调查研究、宣传政策法规、推动解决困难、推进重点工作、转变工作作风等5项“规定动作”以外，还把劳动关系状况、企业工会作用发挥、职工工资收入、劳务派遣工权益保障作为“自选动作”，为工会参与立法和政策制定提供有力依据。

（二）扎实工作、务求实效。在服务职工活动中，工作组始终以“推动解决问题，为职工群众做好事、办实事、解难事”为出发点和落脚点，坚持“面对面、心贴心、实打实”9字方针，创新载体、丰富内涵，努力推动活动取得实实在在的效果。一是“面对面”交流。工作组走进职工宿舍、职工书屋、职工食堂、车间班组，与职工聊工作、聊生活、聊未来，详细了解职工工作生活状况，掌握职工思想动态；与企业经营者进行座谈，详细了解企业生产经营情况；深入困难职工家里，送去工会的关怀，仔细询问家庭生活情况，关心身体健康，鼓励他们坚定战胜困难的信心。共召开各级工会组织工作汇报7场，企业管理层、工会干部和职工代表参加的座谈会10场，走访慰问了50户困难职工和5名劳动模范，与49名企业职工面对面访谈。二是“心贴心”服务。工作组通过座谈会、个别访谈等形式，向职工大力宣传党的路线方针政策、细致讲解保障职工权益的法律法规，深入解读国家惠民政策，针对职工关系关注的问题，做具体耐心的解答；向企业经营者阐述构建和谐劳动关系的重要性，使他们理解职工是企业发展的宝贵财富；向他们宣传工人阶级伟大品格，使他们更加关心关爱职工。工作组向困难企业、帮扶中心和困难职工捐赠款项共计50万元，帮助5家企业建立“职工书屋”，赠送《职工劳动权益手册》2000余册。三是“实打实”解决问题。在呼和浩特走访慰问期间，工作组发挥专业优势，在市总工会帮扶中心开展了职工法律咨询活动，为寻求法律服务的职工提供咨询解答。现场为一名咨询关于买断工龄问题的职工提供解决方案，并督促市总工会协助解决。在兴安盟慰问期间，工作组得知年仅22岁的王新因患强直性脊柱炎致瘫痪在床3年多，为治病变卖了房子和家中所有财产后，当即协调兴安盟党政、工会干部尽快落实王新的医疗费用，缓解他们的生活压力，并专程赶往他们租住的小屋，仔细了解情况，鼓励他重新树立生活的信心。同时，工作组还建议随行的工人日报社驻内蒙古自治区记者站的同志对此情况进行追踪报道，推动问题尽快解决。

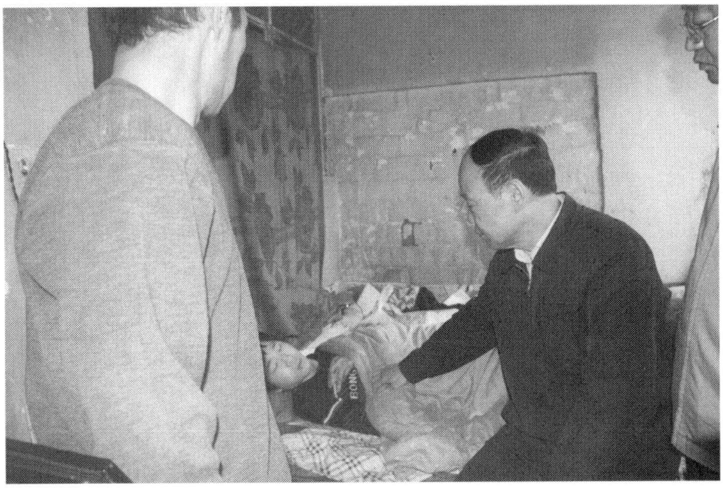

▶全总法律部部长刘继臣带领服务职工工作组在内蒙古慰问困难职工。

（三）挖掘典型、突出特色。工作组注意把走访慰问与当前工会法律重点工作相结合，通过实地考察，发现了一些有示范作用的典型经验。如呼和浩特市总工会邀请人力资源和社会保障局、司法局、新闻媒体等单位在职工帮扶中心联合办公，提高了法律援助帮扶成效，扩大了工会帮扶工作社会影响。内蒙古双汇食品有限公司在工资报酬、休息休假、劳动安全卫生、福利待遇、培训教育、职位晋升六个方面实现劳务派遣工与其他正式工同等对待的基础上，建立了劳务派遣工身份转换机制，将380名劳务派遣工转为合同制职工，提高了职工积极性，促进了劳动关系和谐稳定。其他如包头市总工会开展的职工大病互助保险、出租车行业建会等工作，也有突出的示范意义。

二、职工队伍基本情况

（一）收入偏低，影响生活质量和社会地位。49名访谈职工中，非公企业、改制企业一线工人工资一般为1200～2500元，远低于当地社平工资，技术工人工资一般为3000～4000元，与快速上涨的物价、房价相比，职工明显感到生活压力增加。普遍认为当前医疗费用、教育费用过高。工作组走访的50名困难职工家庭中，90%以上的困难职工家庭因病致贫、因病返贫。同时，由于行业间收入差距导致社会分层的负面影响显现，部分困难企业职工感觉社会地位较低，没有感觉到工人阶级的主人翁地位。

（二）精神面貌良好，队伍基本面保持稳定。走访中了解到，职工虽然收入增长与当地经济发展速度不协调，但对未来生活抱有积极乐观的态度。在个人利益和企业发展之间，更加关注企业的长远发展，特别是国企老职工对企业有深厚的感情和较高的忠诚度。困难企业职工均能充分理解企业的困难，能够以平和的心态接受现在的工作和收入，多数希望政府对本行业给予政策优惠和资金支持。对近年来党和政府出台的改善民生政策表示拥护，同时也期盼能够分享更多的经济社会发展成果。

（三）法律意识薄弱，缺少接受法制教育的途径。调研发现，学历越低的职工法律知识越欠缺。一些一线职工甚至不知道要与企业签订劳动合同，相当部分受访职工不知晓签订无固定期限劳动合同的条件。企业通常只对职工进行劳动安全卫生知识教育，较少开展职工学法用法活动，职工的法律知识主要来自学校教育和日常自学。

（四）职工关注度最高的几个问题。受访职工均希望工资增长与经济增长同步，减小行业间收入差距，提高劳动性收入比重。对于医疗保险，职工希望扩大报销比例和范围，将更多的疾病特别是特殊疾病，纳入医疗保险报销范围中，避免因病致贫情况的发生。住房问题是年轻职工最关注的问题，希望政府能够建设更多的经适房、廉租房，继续坚持房地产调控政策，使房价回归到合理水平。

三、需要国家在政策和法律层面解决的问题

（一）机械制造业困难重重，职工意见较大。一是职工队伍结构老化，技术断层现象显现。由于企业效益下滑，原有技术人才逐渐流失。如呼和浩特众环集团公司大部分职工在35岁以上，飞鹰公司职工平均年龄在40岁以上，且近几年都没有引进一名技术人才。二是缺少金融信贷支持，产品创新乏力。由于抵押资产不足、信用额度低、缺乏政策扶植等因素，这类企业很难获得金融机构的贷款支持，无力进行设备升级和技术改造，产品缺乏竞争力。三是企业改制不彻底，遗留问题较多，承担了较重的社会负担，影响正常生产经营。在职工访谈中了解到，机械制造业职工特别是老员工意见较大，认为为顾全大局支持国家三线建设、支持企业改制，但长期以来工资收入偏低，家庭生活拮据，没有享受到经济社会发展的成果，政府应该给予他们更多关注。

（二）部分改制企业问题突出，影响社会稳定。一是政策规定不一致，改制企业经济补偿金来源困难。内蒙古自治区有关文件规定，厂办大集体支付解除在职集体职工劳动关系经济补偿金的差额部分除中央财政补助50%外，其余由主办国有企业和厂办大集体承担。与《关于在全国范围内开展厂办大集体改革工作的指导意见》关于“差额部分由主办国有企业、地方财政和中央财政共同承担”的规定不一致。地方政府不承担改制费用，主办企业和厂办大集体自身负担过重，经济补偿金难以到位。二是改制企业社保欠费高，职工不能正常享受社会保险待遇。由于改制企业多数处于亏损、停产、半停产状态，企业生产经营困难，社会保险长期欠费现象普遍，且欠缴数额较高。如包钢集团集体企业欠缴职工社会保险费达4.83亿元，直接导致许多职工无法办理正常退休手续和就医，权益受到严重损害。三是一些集体企业由于受历史关系、经营体制以及政策反复等原因，改制不能一步到位，造成多次补偿标准不统一，出现买断职工倒流，要求按新标准参加改制或重新安排工作等问题。上述三种情形是造成职工上访甚至发生群体性事件的主要原因。以包钢综合企业集团公司为例，仅2011年，发生集体上访事件84起共2478人，个访108起283人，企业维稳压力大，严重影响社会稳定。

（三）部分破产企业和改制企业职工选择“断保”或少缴社会保险费，引人担忧。由于收入低，缴费基数逐年增长和流动就业岗位不稳定等因素，一些集体企业破产改制买断身份职工、私企就业人员、灵活就业人员选择中断缴纳社会保险费。以包头市职工养老保险为例，全市55.56万人参加保险，8.5万人中断缴费，中断缴费率达13.6%。另外，部分非公企业没有很好地执行法律规定，与职工约定少缴或不缴社会保

险费，不缴住房公积金，职工社会保险权益被无形消解。此外，由于目前养老保险没有实现全国统筹，城乡之间、异地之间社会保险关系转移接续困难，手续繁杂，制约了工作不稳定、以流动为特点的农牧民工参保积极性，这部分群体的基本社会保障缺失，抵御生活风险的能力极弱。

（四）农垦企业发展边缘化，职工渴望得到政策支持。一是地位边缘化。在自治区和国家层面，制定政策、编制规划、项目安排、基础设施投入方面，没有把农垦企业纳入管理中，农垦企业既要维持企业生存和发展，又要依靠自身投入加强基础设施建设、发展社会事业，严重影响了农垦企业的健康发展。二是企业办社会职能负担重。由于历史形成的体制原因，农垦企业承担了大量本应由政府承担的社会性、行政性职能，如卫生院、敬老院、文化体育事业等，耗费了企业大量资金，影响企业自我积累、自我发展能力。如兴安盟农垦企业主营年收入为12150万元，社会性支出达5843万元，占总支出的44%，用于生产发展的资金只有3442万元，占总支出的26%。三是脱贫帮困缺少资金支持。多年的自然灾害，使农垦企业经济效益一度下滑，困难职工逐年增多，在扶持创业带头人、科技示范户、扶持职工发展富民产业方面，由于农垦没有财政部门和金融机构，在争取扶持贷款方面存在诸多困难。

▶全总法律部服务职工工作组在内蒙古召开服务职工座谈会。

（五）劳务派遣工权益缺乏有效保障，亟须规范。一是劳务派遣工学历层次增高，以往以下岗工人、农民工为主体的派遣工群体，出现本科生甚至硕士研究生被纳入派遣工行列。二是异地派遣、逆向派遣增多。一些企业强迫工作多年的职工与劳务派遣企业签订合同，转嫁法律风险。一些企业采取异地派遣形式少缴社会保险费征缴，劳动关系涉及多家企业，发生劳动纠纷时，职工维权成本较高。三是劳务派遣机构设立门槛低，鱼龙混杂、难以有效监管，职工权益缺乏安全保障。劳务派遣工的这些问题有望在劳动合同法修改实施后得到一定程度的解决。

（六）工会工作制约性因素较多，作用发挥有限。一是一些地方工会主席高配问题尚未解决。自治区12个盟市有7个盟市解决了工会主席高配问题，101个旗县只有6个工会主席高配。影响问题的解决既有同级副职职数较少的原因，也有民族、年龄、性别等硬性规定，落实起来较难。二是企业工会干部兼职现象突出。一些企业工会特别是非公企业工会虽然建立了组织，但缺少专职工会干部，或者行政兼任工会主席，角色定位不清影响了工会发挥作用。

四、对策与建议

（一）积极发挥源头参与作用，推动有关问题在制度层面解决。积极配合全国人大常委会修改《劳动合同法》，进一步严格规范劳务派遣制度，切实维护广大劳务派遣职工的合法权益。发挥工会联系党和职工群众的桥梁纽带作用，关注和推动国有企业改制后的老职工养老保险存续、农垦及林业企业职工生存发展等关系职工切身利益的重大问题解决，在适当时候组织进行专题调研，深入了解并认真研究总结农垦、林业企业、国有改制企业的现状、存在问题以及“断保”职工群体状况，积极向有关方面提出意见建议，从法律或政策方面解决改制企业职工的困难和问题，推动有关部门统筹解决农垦企业及林业企业体制上的问题，加大这些企业职工住房保障、脱贫致富工作力度。

（二）努力推行工资集体协商，缩小收入差距。加强工资集体协商指导员队伍建设，提高工会组织协商水平和技巧；认真落实工资集体协商三年规划，加大推行行业性、区域性工资集体协商力度，提高普通劳动者特别是一线职工收入水平；推动建立工资正常增长机制，推动地方人大制定《企业工资集体协商条例》等法规。

（三）建立健全服务职工长效机制。一是将困难职工帮扶工作纳入服务职工活动之中。成立职工服务中心，将困难帮扶、法律援助等都作为其中的工作内容之一，进一步完善困难职工档案动态管理体系，扩大帮扶范围，把农民工纳入工会帮扶体系之中；拓宽帮扶资金来源渠道，建立多种类帮扶项目，做响做大“金秋助学”、“两节”送温暖等工会帮扶品牌。二是加强劳动法律法规宣传力度，提高职工依法维权、自我保护的能力和水平，强化地方工会开展劳动争议调解和职工法律援助维权服务工作力度，进一步畅通职工利益诉求表达渠道。积极开展培训和就业服务工作，大力实施“技能培训促就业行动”，努力从整体上持续提高广大职工群众的自身素质。三是全总可以将“工作组”定点联系地方的制度固定下来并加以完善，赋予各工作组更多的资源和手段，再辅以工会干部联系点、职工接待日、维权服务热线等多种手段，保持与职工群众的经常性联系，及时处置一些形成社会热点的涉及职工切身利益的个案，不断提升工会组织在职工中、在社会上的影响力。

全总女职工部服务职工活动总结报告

按照全总“面对面、心贴心、实打实服务职工在基层”活动领导小组的统一部署，女职工部工作组积极行动，并结合女职工工作实际推动活动深入开展，较好地完成了各项工作任务。

一、基本情况

（一）广泛动员、严密部署。一是组织部门全体同志认真学习党中央领导和全总领导同志的重要指示、讲话以及其他一系列相关文件，引导全体同志充分认识开展服务职工活动的重要意义，不断增强做好新形势下职工群众工作的责任感、使命感和参与此项活动的自觉性、坚定性，切实把思想和行动统一到全总的部署上来。二是成立服务职工工作组，制定活动方案，明确目标要求、职责分工和方法步骤，同时就开展活动相关事宜多次与山西省总工会进行沟通，进一步细化活动方案和工作措施。三是加强专题培训，集中学习服务职工活动工作手册、全总服务职工活动情况交流会议精神等，了解掌握开展活动的具体要求，熟悉专题座谈、个案访谈、入户走访等工作的详细流程，准备宣传材料、调研和访谈提纲等，确保活动高效开展。

（二）认真实施、扎实推进。组成两个工作小组，于3月26～31日和4月9～13日分别赴山西长治市和太原市开展服务职工活动。在晋期间先后共走访8家企业，分别召开24个由企业经营管理者、工会干部和职工代表参加的座谈会，入户慰问25名困难职工，走访5名劳模，为5个职工书屋挂牌，面对面访谈50余名职工，形成55份个案访谈记录，发放《职工劳动权益手册》等宣传资料700余份，捐赠困难帮扶资金和劳模慰问金43.5万元。全总副主席、书记处书记张世平同志参加了女工部工作组在太原市的活动。工作组还听取了山西省总工会、太原市总工会、长治市总工会及相关企业工会组织关于工会工作和开展服务职工活动的情况汇报，就总结宣传典型经验、进一步推动相关问题解决和服务职工活动深入开展等交换了意见。

（三）突出特色、务求实效。一是在全总女职工委员会五届四次会议上对开展服务职工活动作出统一部署，要求各级工会女职工组织积极参与、主动作为，把活动纳入经常性工作，体现在面向女职工的各项服务中。二是印发《关于积极参与“面对面、心贴心、实打实服务职工在基层”活动的通知》，对各省（区、市）总工会女职工委员会参与服务职工活动作出具体部署，提出明确要求。目前已有20多个省（区、市）工会女职工组织上报了开展活动的相关情况。三是在工作组赴山西开展活动期间，结合女职工工作重点，开展女职工工作专题调研，认真听取山西省总、太原和长治市总工会女职工工作汇报，深入潞安集团公司工会女职工委员会、天脊煤化工集团有限公司工会女职工委员会等基层，听取工会女职工组织和女职工群众的意见建议。同时，在个案访谈时确保女职工占一定比例，有针对性地增加涉及女职工切身利益的问题。

（四）加强宣传、扩大影响。一是撰写4篇开展服务职工活动的情况消息和工作简报，在全总内网服务职工活动专栏和女职工部专栏登载，宣传女工部工作组开展活动的最新进展和成效。二是在中国工会女职工工作网站开设专栏，宣传、推广各级工会女职工组织开展活动的经验做法。据统计，截至目前，专栏共登载14个省（区、市）的消息近20条。

▶全总女职工部部长王倩与天脊集团职工同吃午餐，深入交流。

通过下基层、进企业与职工群众同劳动、同进餐、同活动以及面对面访谈、心贴心交流等形式的服务职工活动，女工部工作组成员进一步开阔了视野，更加深入地了解到企业经营管理者在构建和谐劳动关系、促进企业发展等方面的先进经验，真切感受到工会干部对职工群众、对工会工作的深厚感情，看到了广大职工群众朴素、乐观、积极、奋进的精神风貌，对做好新形势下工会工作有了新的认识；同时通过为企业、基层工会组织和职工群众解疑释惑，推动解决职工群众最关心的问题，广泛听取意见建议等，进一步增进了与基层及职工群众的感情，增强了做好新形势下工会工作的责任感和使命感。

二、初步成效

（一）总结典型经验。1. 首钢长治钢铁有限公司职工代表民主评价制度经验。长钢与首钢合并后，企业积极探索实行职工代表民主评价制度，并将此正式纳入公司管理体系。近年来，长钢民主评价的范围由外购物资逐步拓展至困难职工救助、职工餐厅、幼儿园、重要岗位业绩、领导干部廉洁情况等领域，评价结果与干部任免直接挂钩。自建立制度至今，共组织19次民主评价会、5次质量质询会和多次民主听证评价会，评价项目316项，涉及11个单位的采购人员108人次，涉及差价金额近1800余万元，涉及经办人31人次，先后有30余名干部和职工受到党纪、政纪处分或调离岗位，开辟了职代会民主监督的新途径。

2. 坚持和发展工人阶级先进性经验。一是进一步加强职工文化建设，打造文体活动品牌、发挥职工文体协会作用，把工人文化宫纳入公共文化服务设施，加强俱乐部、职工书屋、职工培训学校等职工文化教育阵地建设。二是长治市总工会把以太行精神、纪兰精神为核心的长治劳模精神作为前进发展的强大动力，通过建立劳模选树、宣传、服务、典籍编撰、动态管理等长效机制进一步规范劳模管理，同时积极打造工人文化宫、平顺劳模文化广场、南委泉村第一届群英大会纪念馆三点一面劳模文化基地红三角，强化劳模文化阵地建设；推出“长治市行业巾帼标兵”，在评选表彰机制的创新上作出了积极尝试。三是通过建立高技能人才创新工作室、聘请首席员工等，促进形成勤奋劳动、诚实劳动、创新劳动的氛围和有利于职工学习成才的制度和机制。

3. 完善困难职工帮扶经验。一是长治市总工会“内扶外输”再就业工作。自2002年始，先后向山东、福建、浙江、江苏等地集体输送下岗职工、农民工28批，共3000多人，实现了异地就业；与山东青岛、福建泉州、浙江杭州等10余个城市签订城际工会就业维权协议，实现城际维权、跨区域维权，目前签订城际维权协议的城市已达15个。二是西山煤电工会的“3110”帮扶工作经验是突出代表。“3”是建立以帮扶中心为龙头、以帮扶站为支撑、以帮扶点为基点的三级帮扶网络体系，实现帮扶工作全覆盖，“1”是开展“一助一、献爱心”结对帮扶活动，实现帮扶工作常态化，“10”是建立10项帮扶救助金，实现帮扶工作长效化。三是太原市总工会女职工委员会开展国家心理咨询师培训活动，带动各企业加强了女职工心理疏导相关工作。大唐太原市第二热电厂与山西医科大学公共卫生学院专家及科研团队合作，在太原市工会系统率先引进“员工心理健康促进计划”（EAP），成立女职工心理健康志愿者团队，开创了企业2011年全年无一例职工上访的良好局面。

4. 加强工会组织自身建设经验。一是规范村工会组织建设。2007年长治市在152个乡镇的3569个村全部组建工会组织。近年来，通过开展有组织、有牌子、有档案、有活动、有成效的“五有村工会”竞赛活动、对村工会实行“三统一”（统一制牌、市县工会干部深入各村挂牌、统一印发农民工维权卡片）、与市建设新农村工作领导组联合下文把村工会建设及农民工源头维权工作纳入新农村建设体系、开展市总机关干部联系原籍村工会活动、帮建村级活动场所等措施，有效增强了村工会组织的活力。二是健全密切联系群众工作机制、切实改进作风。山西省总通过组织集体学习、集体劳动、健全工会干部联系基层、联系职工制度、组织工会工作观摩活动等，深入基层、发现典型、研究问题、推进工作、转变作风。三是提高工会工作科学化水平。山西省总通过建立健全年度目标责任考核制度，推动各级工会组织逐级考核；长治市总工会以对工会各项工作的标准化管理和以会议纪要为载体的督察快办制度，同时坚持重点工作百分制考核。

5. 开展服务职工活动经验。一是山西省总工会提出活动要以各级工会领导机关为重点，以企业、职工群众和最艰苦的地方为落点，以走下去为方法，以更加密切与职工群众的联系为核心，在已经开展的“暖冬行动”基础上，建立了“五联系、五必访、五必知、五必帮、五必促、五个到一线”为主要内容的“六个五”工作制度。二是各级工会女职工组织把服务职工活动纳入经常性工作，在走访调研中结合对《女职工劳动保护特别规定》的学习宣传，推动涉及女职工权益维护的政策及法律法规的落实，加强对工会女职工组织和女职工专项合同相关工作的指导督察，突出在各级困难职工帮扶中心建档的单亲困难女职工及其家庭等帮扶重点，深入开展女职工“关爱行动”，集中力量深入基层开展大走访活动，了解女职工的生产生活状况和诉求。

（二）推动解决难点问题。长治市公共交通总公司司乘人员如厕难问题得到有效解决。在赴长治市公共交通总公司的走访调研中我们了解到，广大职工对司乘人员如厕难的问题反映较多。对此，女工部工作组高度重视，要求长治市总工会对此予以特别关注、积极推动解决。长治市总通过工会界人大代表就司乘人员如厕难问题向市人大、政协提交了专门提案；同时由市总工会领导亲自带队，联合市人大、市政、交通、环卫等有关部门，深入多条公交线路实地考察，针对各线路造成司乘人员如厕难的不同原因提出具体建议。目前，此事已摆上议事日程。6 月 14 日，长治市总工会组织市人大、交通、住建、环卫、淮海集团、南广场城建开发公司等 9 家相关单位召开了专题协调会，集中商讨解决司乘人员如厕难问题的对策。

（三）积极汇总情况反映问题。针对大力推进在非公企业建立妇女组织这一问题，女工部将各地反映的问题进行了梳理和汇总，形成了《关于部分地方妇联在企业建立妇女组织的情况汇报》报送世平同志和全总书记处，王兆国同志作出重要批示。同时，以全总办公厅名义致函全国妇联，提出了意见建议。

三、问题和不足

（一）服务企业和职工不够深入。服务职工活动的服务范围和对象已有明确规定，但走访调研中地方工会倾向于安排生产经营和工会工作较好的企业，反映的成绩相对较多，对中小、非公、改制、生产经营困难等企业的生产经营状况、劳动关系变化以及困难职工、下岗失业人员、农民工、劳务派遣工的思想动态、精神文化需求、生产生活和权益实现等方面的情况了解不够充分，在一定程度上制约了服务职工活动的广度和深度，不利于全面掌握基层情况、发现和总结带有普遍性、规律性的经验做法。

（二）推动解决问题受到一些限制。如国有老企业历史负担沉重、集体企业相关政策不完善、患重病职工因自费用药负担过重致贫致困等涉及国家政策等问题，以及公交行业子女教育、煤矿行业女性青年择业倾向、出租车行业管理、职工住房、女职工劳动保护等涉及职工群众切身利益的问题，仅靠工作组的力量尚无法解决，也是靠工会组织无法解决的难点问题，需加大协调力度以赢得更高层面的关注。

▶全总女职工部服务职工工作组在潞安集团与企业经营者座谈。

（三）与部门工作的结合有待加强。从走访调研情况看，在规定时间内既要完成召开座谈会、走访慰问困难职工、进行个案访谈、深入一线实地考察、广泛听取意见建议等“规定动作”，又要做好围绕重点工作开展调研等“自选动作”，无论从内容安排还是时间上均难以保证，仅靠召开女职工工作专题座谈会和在访谈内容中增加涉及女职工切身利益的相关问题等措施，较难实现活动与部门工作的全面、深度融合。

四、思路和建议

（一）建立长效机制、推动服务职工活动常态化。一是在全总层面制定指导意见，对县以上工会机关开展活动进行部署，全总机关各部门以全总服务职工活动指导意见为依据，结合业务实际建立健全本部门开展活动工作机制，加强对口系统工作的具体指导，逐步提高服务职工活动的规范化水平。二是各工作组与开展活动的对口省份建立工作联系制度，通过设立长期工作联系点、确定联络员和定期上报工作信息等，发挥基层工会组织的源头参与作用，随时追踪、掌握工作进展情况。三是建立考核激励机制，鼓励工会干部尤其是领导机关的工会干部和年轻干部多下基层开展调研，将深入基层调研的时间、质量和每年推动解决问题的数量加以量化，并与评先选优、年度考核及选拔任用相结合。

（二）推动解决问题、增强服务职工活动实效性。一是要针对走访调研中的突出问题，加强与企业、地方工会的沟通协调，推动在企业层面解决；一时无法解决的，做好解释工作并及时向全总服务职工活动领导小组汇报。二是定期梳理、研究各工作组发现的难点问题，抽调相关业务骨干对了解到的综合性、普遍性问题加强研究探索，深入开展调研，形成报告，统一向有关部门反映，形成推动解决问题的合力。三是把服务职工活动作为贯穿各部门重点工作、专题调研和日常业务的常规工作任务，切实推动解决职工群众关注的具体问题。

（三）宣传典型经验、营造服务职工活动品牌效应。一是运用工会内外主流媒体、基层宣传栏等阵地，发挥新兴媒体作用，集中力量、集中时段对活动中发现的典型经验、活动取得的主要成果等进行宣传报道。二是适时召开经验交流会，及时总结活动中发现的典型经验并进行交流和推广，发挥其示范引领作用，增强活动感召力，同时对活动存在的问题，运用各工作组集体智慧研讨对策，逐步提高活动的规范化水平。三是结合学习宣传贯彻中国特色社会主义工会发展道路、服务职工活动与改进机关作风等主题征文活动，加强对开展活动相关理论的研究和宣传，把活动与改进机关作风、做好新形势下职工群众工作等上升到理论层面，推动形成较为完整的理论体系，进一步深化活动成果，强化活动的品牌效应。

全总财务部服务职工活动总结报告

自全总部署“面对面、心贴心、实打实服务职工在基层”活动后，财务部高度重视，积极响应，及时部署，广泛动员，在分管领导陈豪主席的坚强指导和亲自参与下，在对口单位湖南省总工会的大力配合下，推进服务职工各项活动有条不紊地开展。

一、开展服务职工活动的基本情况

（一）精心谋划部署，全面迅速启动。一是建立领导机制。全总财务部成立由部门主要负责同志任组长，部门班子成员为副组长的“面对面、心贴心、实打实服务职工在基层”活动领导小组，负责全总财务部开展活动的具体组织领导工作。各处抽调精干人员，组成工作组，负责落实领导小组交办的各项工作任务。二是加强业务培训。全总财务部多次组织集体学习，传达兆国主席、玉普书记和陈豪主席关于开展服务职工活动的重要讲话精神，动员全体同志积极参与服务职工活动，使参加活动的每名同志明确活动的意义和要求，掌握活动的方法步骤和业务知识。三是制定工作方案。根据全国总工会机关开展服务职工活动实施方案的总体要求，按照陈豪主席关于服务职工活动的重要指示，结合工会财务工作情况，全总财务部同对口单位湖南省总工会反复沟通协调，制定了周密可行的全总财务部服务职工活动实施方案。四是提供活动保障。为确保全总服务职工活动顺利开展，全总财务部先后多次与相关部门开会研究服务职工活动经费专项预算，合理确定各项活动支出标准，及时足额向各省级工会拨付活动经费，制定下发有关经费使用通知，加强对活动专项经费的核算，为服务职工活动顺利开展提供各项资金和物质保障。

（二）深入基层工会、扎实开展活动。2012 年 3 月，全总财务部服务职工工作组在陈豪主席的带领下，由财务部负责同志带队，与湖南省人大常委会副主任、省总工会主席刘莲玉同志率领的湖南省总工作组分两阶段赴有关基层企业工会联合开展服务职工活动。活动期间，陈豪主席率队深入企业、车间、班组生产一线及职工食堂、职工活动中心等生活和文体活动场所，与公司经营管理人员、工会干部和一线职工代表交流座谈，与干部职工共进工作餐，对部分职工代表个案访谈，详细了解职工在工作、学习、生活中遇到的困难和问题，听取职工心声，询问职工要求，亲切务实的工作作风在当地产生了良好的反响，受到基层工会和广大职工群众的欢迎。此次深入基层企业开展活动突出做好了以下工作：一是精心选择走访企业。工作组确定了六家不同类型，不同规模，不同情况的典型企业作为走访蹲点调查对象。精心的准备为工作组深入了解基层实际，积极服务职工群众，切实帮助职工解决实际问题打下了坚实的基础。二是真心慰问走访对象。在企业一线，陈豪主席紧紧握住正在劳动中的劳模双手，关切的询问其个人生产生活情况，叮嘱基层工会干部要切实关怀劳模的生产生活，勉励他再接再厉，继续发挥示范带头作用，为企业发展多作贡献。陈豪主席率服务职工工作组走进困难职工家中，走进困难职工帮扶中心，同每一位困难职工交流畅谈，详细地询问了他们的病情、医疗费用负担和家庭收入情况，为他们送去温暖和关爱。陈豪主席建议企业要尽快把职工医疗互助保障体系建立起来，企业和职工共同筹集资金，实现“有病人帮我，无病我帮人”，要求工会组织探索建立可持续的职工互助医疗保障，切实减轻困难职工的医疗负担。三是虚心听取职工意见。陈豪主席率领的工作组每到一处，采用召开座谈会、个案访谈、问卷调查等多种形式认真听取和广泛收集地方工会和基层企业党政工领导、职工群众意见。工作组分成多个访谈组，参照全总制定的个案访谈提纲，同随机抽取的职工代表进行亲情式、聊家常式的一对一的访谈。四是热心解决实际困难。工作组帮助六家企业基层工会建立职工书屋，满足职工群众文化生活需求，有的公司工会主席激动地表示“感谢全总帮我们解决实际困难，工会真是我们最贴心的娘家人”。为帮助企业解决实际困难，帮助困难职工渡过难关，陈豪主席率领全总工作组为四家困难企业各送去10万元的帮扶资金，拨付职工帮扶中心帮扶资金80万元。

（三）增强活动实效，推进重点工作。截至2012年7月底，工作组完成了全总服务职工活动方案中的“规定动作”（听取有关情况汇报，召开企业经营管理人员和工会干部及职工座谈会，个案访谈，入户走访慰问困难职工和劳动模范，发放宣传材料进行政策法规咨询）。对来自6家不同类型企业的50名职工进行了个案访谈，帮助5家企业建立“职工书屋”，分别配送价值3万元的书籍，向企业和职工赠送《职工劳动权益手册》3000余册，拨付困难企业帮扶资金40万元，拨付职工帮扶中心帮扶资金80万元、发放困难职工和劳模慰问金合计4万元，慰问劳动模范5名，困难职工30名。工作组召开13场座谈会，参加人员400余人，征集关于维护职工权益，促进企业和经济社会发展的建议，加强工会自身建设等方面的建议30多条。活动期间，新闻记者同全总财务部工作组一起开展活动，进行跟踪报道。《工人日报》、中工网、《湖南工人报》等多个新闻媒体，湖南电视台、株洲电视台等电视媒介先后报道了陈豪主席率领的全总财务部工作组的服务职工活动，广泛宣传活动的重要意义、基本情况和工会干部的具体做法。

▶全总财务部部长朱思泽带领服务职工工作组在湖南开展活动，认真听取职工意见。

二、开展服务职工活动的体会和经验

（一）服务职工活动突出转变作风，真正使工会干部受到深刻教育。工会组织是党和政府联系职工群众的桥梁和纽带，工会干部最应该联系职工，最忌讳脱离职工。由于工会财务干部工作的对象是工会经费的收管用，服务于工会自身建设，工会财务干部因此特别珍惜此次直接深入基层服务职工活动的机会。在深入企业工作期间，工作组深切感受到职工群众的主人翁意识和与企业休戚与共的情怀，无论企业经营效益好坏；无论企业属于哪种经济类型；无论是企业领导，基层工会干部，还是普通职工；无论是有多年工作经历的劳动模范，还是新参加工作的年轻职工都畅所欲言，积极主动地为企业献计献策。这种与国家同呼吸与企业共命运的精神，自强不息的意识让工作组同志深深的感到工人伟大，劳动光荣。在同基层工会干部一并工作期间，深深地感到基层工会组织的辛苦，工会干部的辛劳，基层工会干部那种深入了解职工所思所想所忧所怨，把职工当做自己的亲人来对待的工作作风，也深深地教育了工作组成员。在这一次的深入基层服务职工活动中，参加工作的同志将工作重心下移，面对面地了解职工的愿望和要求，切身体会到作为工会财务干部首先是工会干部，只有了解基层、心系职工群众，才是工会工作之本，是做好工会财务工作的动力之源，在为基层一线职工送去了全总的关怀和慰问的同时，悉心学习，立足岗位、创先争优，以饱满的工作热情和高度负责的精神，从大处着眼、小处着手，全身心投入各项工作，为职工群众办好事，办实事，充分发挥工会经费的绩效，努力使职工群众满意，切实体现了工会财务工作为基层服务，为职工群众服务的宗旨，树立了全总财务部干部的良好形象，每一个人都得到了许多实实在在的收获。全总财务部同志特别是年轻同志，非常珍惜这次下基层服务、访职工情况的难得机会，每位同志以饱满的工作热情和高度负责的工作精神，树立求真务实的工作作风，多问、勤记、认真思考，相互交流，做好服务职工工作，每个人都记录了几十万字的工作笔记和心得，力求通过参与此次活动，成为个人砥砺思想、磨炼意志、增长才干的一个过程。通过深入基层开展服务职工活动，全总财务部的组织力和执行力得到了充分的锻炼和展示，通过加强与职工群众的联系，增强了群众观念，改进了工作方法，使全总财务部干部工作能力和政治业务素质有了新的提高。

（二）服务职工活动要突出解决问题，真正使职工群众得实惠。在这次深入基层开展服务职工活动过程中，工作组同基层工会干部、职工群众交朋友，拉家常，把职工的要求当作对自己的信任来鞭策，把职工的事情当成自己的事情来办理，把工作重心放在为职工和基层工会服务和排忧解难上。每次听到职工群众热情的建议，看到他们希冀的眼神，工作组的成员深深地感到作为一名工会干部的责任和担当。每当为职工群众解决了一些他们的实际困难的时候，他们那由衷的感谢和激动也深深触动了工作组的成员，即使由于条件有限，对于活动中职工群众和企业反映的突出问题一时难以解决，在向职工群众耐心解释和说明后，他们的理解和大度更让工作组成员觉得工会工作任重道远，决不能辜负基层职工的信任和支持，对职工反映的涉及地方财政等有关部门和企业行政等方面的问题，将会积极沟通，切实推进问题的解决。在积极投入认真参加服务职工活动的同时，全总财务部对活动所需的经费作为重中之重，优先予以保证，努力把工会经费用到职工群众最盼、最急、最优、最需的方面。

（三）服务职工活动要突出联系实际，真正推动工会财务工作。一直以来，工会财务工作以服务工会会员，服务职工群众，服务工会重点工作为工作方针，努力争取更多的资源和手段，为工会工作提供充分的资金支持和有力的物质保障。全总财务部作为工会工作的后勤保障部门，与基层工会组织和职工群众面对面接触的机会不多，通过这次服务职工活动，全总财务部又一次感到工会财务改革工作为工会重点工作发展提供的物质保障和经济基础。不断推进的工会“一改三策”工作使各级工会的经济实力得到了提高，各级工会组织才能得以投入大量的人力物力财力开展服务职工活动。在湘活动期间，工作组进行实地调研和访谈，看到各级工会组织的办公条件日益改善，组织机构日趋完善，工会工作人员素质日益提高，工会服务职工的资源和手段也越来越多，这些成绩的取得都凝聚着工会财务干部努力和付出的汗水。一方面服务职工工作为职工群众解忧帮困，需要更多的财力予以支撑，工会财务工作还需要不断创新，努力发展。另一方面服务职工工作彰显了工会组织的作用和地位，提高了工会组织的凝聚力和吸引力，扩大了工会组织的影响力，使党政赋予工会更多的资源和手段，对于联系实际、推动工会财务工作取得更大的成绩有着积极的作用。作为工会财务工作者深感责任重大，使命光荣。通过认真的调研研究，全总财务部将根据基层工会财务工作的实际情况，结合工会财务工作的实际，找出工作中的差距和存在的问题，找出服务于基层的薄弱环节，健全现有的各项规章制度，加强指导监督力度，提高基层工会财务管理水平，真正推动工会财务工作。

▶全总财务部服务职工工作组在湖南开展活动，到车间慰问劳模。

三、开展服务职工活动的建议

（一）建立密切联系职工的工作机制，加大服务职工的工作经费投入。建议在集中开展服务职工活动之后，针对收集到的基层工会组织和职工群众关注热点问题和工会工作的重点难点，继续确保一定的时间跟踪深入基层开展反馈调查研究，了解掌握问题解决的进度和成效，掌握第一手材料，分析新情况新问题，提出加强和改进工作的对策建议。畅通工会干部密切联系职工的渠道，保持与职工群众的经常性联系，建立密切职工的工作机制。继续加大对服务职工活动的经费投入，加大对工会基层组织的扶持力度，加强对工会重点工作、品牌项目的财力支持，确保工会服务职工活动取得更多的实效，扩大活动的社会影响，努力在职工和社会上树立工会的良好形象。

（二）创造服务职工的良好外部环境，争取更多服务职工的资源和手段。服务职工活动要立足当地经济社会发展全局和当前党政工作大局，立足于推动工会重点工作，立足于职工群众生产生活的实际需要。建议通过服务职工活动取得的实效和影响，大力争取党委政府和职级部门的重视、支持和配合，力争形成定期研究解决职工困难和问题的党政工联席会议制度，从解决职工群众的实际困难、破解基层工会组织重点难点问题的角度出发，积极向党政领导、财税部门和企业行政争取其赋予工会组织更多的政策支持、物质投入和人员保障等资源和手段，及时解决职工反映的问题，使服务职工活动取得实效，营造服务职工良好的外部环境。而良好的外部环境能更加有助于工会服务职工活动顺利开展，取得更大的成绩，更多的经验，充分的履行工会维护、建设、参与、教育的职能并发挥作用。

（三）建立健全激励与约束机制，加强对服务职工资金监督管理和绩效考核。建议服务职工活动要加强对专项资金投入的监督和管理，统筹安排专项资金的使用，结合工会财务工作规范化建设，开展财务检查、审查审计监督的监管措施，确保有限的工会服务职工专项资金用于职工群众最需要的方面，解决最紧迫的困难。通过推行责任制、督办制、奖惩制等制度，同工会各项考核评比表彰相结合，尝试建立绩效考核制度，采用科学可行的绩效评价方法，对工会服务职工活动的各项投入进行评估，落实责任，奖先惩后，使工会有限的财力投入更加有效率，产生更多的效益，努力使工会服务职工活动的绩效得到社会的认可，扩大工会组织的凝聚力和影响力。

全总国际联络部服务职工活动总结报告

根据全总党组、书记处的统一部署和要求，国际部服务职工工作组在全总书记处书记、国际联络部部长江广平同志带领下，于今年3～6月在北京市集中开展了“面对面、心贴心、实打实服务职工在基层”活动。工作组按照服务职工活动的意见和活动实施方案的具体要求，紧紧围绕“深入企业、关爱职工、服务基层”的主题，深入基层和职工队伍中，认真完成“听”、“谈”、“访”、“送”、“看”的规定动作，结合实际情况做好自选动作，这些活动得到了基层职工群众的欢迎和肯定，起到了积极的作用和影响，收到了预定的效果。

一、活动基本情况

服务职工活动开展以来，工作组在北京市总工会的配合和支持下，周密计划、细致安排，先后走访了石景山、朝阳、海淀、西城等区县的基层工会和企业，与来自27个企业的50名职工进行了个案访谈，共走访慰问了5名劳模和25名困难职工，捐赠帮扶资金150万元，召开各类座谈会11场，与会人员达到252人。此外，工作组还在活动过程中发放《职工劳动权益手册》近300册，为职工群众提供法律、工会知识等方面的咨询和解答，向职工和社会较好地宣传了国家经济社会发展和工会工作情况。

（一）扎实做好前期准备。活动筹备阶段，工作组与北京市总工会相关部门保持密切沟通和联系，组长朱斌同志还亲自带领工作组赴北京市总商讨活动方案，协调落实活动的各项准备工作。同时，工作组内部多次组织学习《全国总工会机关开展“面对面、心贴心、实打实服务职工在基层”活动实施方案》和《“面对面、心贴心、实打实服务职工在基层”工作手册》等文件，明确活动的要求、内容和步骤，进一步加深对活动的认识。为了更好更快地熟悉访谈的内容，掌握访谈的技巧，工作组还专门编制了《国际部服务职工工作组活动操作手册》，方便了工作组成员开展访谈活动，争取使访谈取得良好的效果。

（二）全体干部积极参与。国际部全体同志积极响应活动的号召，主动参与到工作组服务职工的各项活动中去，截止到6月，共有45人次参加了活动，几乎每位同志都到了基层到了企业，与一线职工面对面接触，心贴心交流，实实在在地开展工作。值得一提的是，国际部的年轻同志在此次活动中表现非常积极，每个年轻干部都参与到了活动中，他们认真准备，主动协调，踏实开展工作，并且在活动结束后还撰写了感想体会，都表示从活动中学到了工人阶级的很多优秀品质，学到了很多有益的人生经验，加深了对基层工会和职工群众的认识和感情，加强了对工会业务知识的理解和掌握，收获很大。

（三）认真做好规定工作。工作组按照《全国总工会机关开展“面对面、心贴心、实打实服务职工在基层”活动实施方案》的要求，认真完成“听”、“谈”、“访”、

▶全总国际联络部服务职工工作组在北京进行职工个案访谈。

“送”、“看”的规定动作。工作组听取了北京市总工会关于开展服务职工活动的介绍，了解到北京市工会在去年就深入开展了“走进基层、走进企业、服务职工”活动，在服务职工方面已经积累了良好的经验和做法，为此次活动的顺利开展奠定了坚实的基础；工作组在活动期间召开了经营管理人员座谈会、工会干部座谈会、一线职工座谈会和困难职工座谈会等多种类型的座谈会，较为全面地收集了各个群体的意见建议，同时，还对50名职工进行了“一对一”个案访谈，了解了职工的思想和工作等情况，并为职工群众解疑释惑；工作组走访慰问了5名劳模和25名困难职工，了解了他们的生活和工作情况，转达了全国总工会的关心和问候，并送上了慰问金；工作组给职工们送去了《职工劳动权益手册》，并开展了法律援助和政策法规的咨询；工作组还深入基层和企业一线，看车间、看食堂、看文体活动场所，认真了解职工的工作生活情况。

（四）切实服务基层职工。在活动过程中，工作组以服务职工为宗旨，努力为基层职工办实事办好事，推动解决职工群众最急、最盼的问题。工作组在活动过程中向北京京能热电股份有限公司、北京市朝阳区呼家楼街道总工会等5家基层单位捐赠了5个职工书屋，建立全国工会职工书屋示范点，免费配送1200册书刊，这一举措受到了基层单位和职工的热烈欢迎。此外，工作组还根据北京市的特点和自身优势做了一些工作，比如，工作组在朝阳区调研时发现，区域内外资企业比例较大，外籍员工相对集中，而摆放在街道工会和工作服务站等基层工会组织的工会宣传材料还都只有中文版本，因此，工作组当即决定要组织力量将其中有代表性的宣传材料翻译成英文并负责印刷，这样不仅方便了外企员工阅读相关材料掌握工会知识，而且也更好地在外资企业中宣传了中国工会，进一步扩大了影响。

二、活动主要成果

（一）真诚倾听职工心声。工作组深入基层企业一线，与职工进行面对面访谈，这些职工中大多数来自一线岗位，覆盖不同的年龄层次，既有来自北京本地的职工也有外来务工人员，因此，选取的对象具有典型性和代表性。通过与职工的直接接触与交流，我们发现职工的关注点主要有以下几个方面：一是职工最关心的仍然是住房和子女教育问题。职工普遍认为，对于大多数工薪阶层来说在北京买房非常困难，现在租房的价格也普遍比较高，对于买不起房又不符合廉租房条件的“夹心层”，希望工会在力所能及的范围内做一些工作。对于外来务工人员来说，子女入学一直是个难题，即使解决了入托难、入学难的问题，择校费、兴趣班等教育费用也比较高，占据了家庭支出的大头，给职工带来了很大的经济压力；二是职工注重教育培训和学习。通过访谈，一个明显的感受就是职工越来越关注自身的培训机会和学习环境，特别是年轻的职工，他们关注企业所提供的培训机会和学习环境，有些岗位虽然收入不高，但是他们为了提高实践能力学习工作技能，仍然愿意在岗位上踏踏实实工作；三是职工对于物价上涨和腐败问题有不满。当谈及职工生活时，大部分职工都提到了物价上涨，过大的涨幅给职工生活带来了较大的压力和影响，同时也有部分职工谈及腐败问题，认为当前的腐败问题比较严重，给社会带来了很大的负面影响，希望政府能继续采取强硬措施反腐败。

（二）加深与职工的感情。通过走访和访谈发现，部分职工对于工会的认知很少，仅仅是通过工会搞活动、发放福利等对工会有一些认识，当问到涉及劳动权益纠纷如何处理时，很大一部分职工首先想到的不是找工会组织。有些刚刚建会的企业，工会干部也仅是通过工会会费收缴等对工会有大致的认知，掌握的工会知识还比较少，开展的工会工作不多，因此，工会在职工中的影响力也比较有限。通过此次活动，工会与职工面对面交流，心贴心沟通，拉近了彼此的距离，不仅很好地宣传了工会，加深了职工对工会和工会工作的认知，更重要的是还加深了职工对于工会组织的感情。很多职工表示，这是第一次与全国总工会的干部近距离交流，开始有点紧张，但是后来聊聊家常就觉得气氛比较轻松，有什么心里话也都说了，还从谈话中了解了很多工会知识和法律知识，收获很大。还有职工表示，这样的活动非常好，拉近了工会干部和职工的距离，真切感受到工会真是职工的家，家里人的感情总是很深的。

（三）注重发掘基层工作亮点。通过走访我们发现，近年来，北京市各级工会服务职工活动扎实推进，取得了明显成效，其中由市总工会推动建立的市、区县、街道乡镇三级服务体系不断完善创新，在整合社会资源、协调各方力量、切实服务职工等方面发挥了积极的作用，取得了良好的效果。三级服务体系建设的主要做法包括建立全覆盖服务网络、建立全天候信息平台、建立专职化人员队伍、实行实名制会员管理、开展普惠制职工服务和构建社会化工作格局，通过这些举措，推动了工会工作体制转变，实现了工会工作的全覆盖和社会化，强化了工会的社会动员机制和社会参与机制，推动了工会工作方式方法的转变，实现了工会工作的一线化和系统化。目前，北京市工会三级服务体系的组织框架基本形成，运行机制基本顺畅，服务品牌不断提升，工作成果初步显现，受到职工欢迎和社会认可，工会三级服务体系已经成为职工群众向党和政府反映社情民意的渠道，成为政府向企业和职工提供社会服务的平台，成为工会为职工办实事解难事的载体。工作组认为，这是北京市工会工作的亮点，也是一种典型的经验，可以进行宣传和推广。

（四）认真调研外资企业工会工作。根据国际部的工作特点和需要，结合北京市外资企业相对集中、数量较多的实际，工作组针对北京市外资企业工会工作开展了走访调研，与外资企业职工和工会干部进行座谈，努力掌握第一手资料。其中，外资企业工会存在一些具有一定代表性和普遍性问题，通过梳理，主要有以下几个方面：一是外资企业建会后，一些外籍员工表达了加入中国工会的愿望，但迄今为止我国尚无关于外籍人员入会的相关具体规定，企业工会束手无策；二是一些外资企业中出现了类似联谊会、福利会的非政府组织，这些组织的活动对工会工作的开展和作用的发挥以及职工对于工会的认识产生了某种程度的干扰和影响，需要引起一定的重视并加以关注；三是一些高薪行业期待成立行业工会，开展行业集体协商，确定该行业最低工资标准，从而更好地维护白领职工的经济利益。此外，个别外资企业在民主管理、集体协商等方面的工作开展还不够全面深入，工作组协同北京市工会的干部给予了一定的指导和帮助。通过调研和梳理，工作组认为，发现的问题要会同相关部门进行认真研究，提出合理的解决办法妥善处理和应对，在推动外资企业工会工作的同时，也促进各部门的工作取得进展。

三、思考与建议

（一）要紧密结合国际和国内工作。在服务职工活动过程中，工作组很多成员都发现，由于平时只关注国际劳工领域内的相关工作内容，对于国内工作领域的了解还不够全面，认识还不够深入，对一些知识的掌握和储备还很不够，因而在平时国际交往和交流中遇到了一些障碍。工作组经过分析认为，国内工作是国际工作的基础，国际工作是国内工作的延伸，外事干部要做好国际工作，首先必须对国内工作有深入的了解，掌握国内工作的实际和特点，只有在此基础上才能更好地开展对外交往，更深入地进行国际对话交流，从而反过来又推动国内工作的进步。因此，工作组要求国际部全体干部要以服务职工活动为契机，加强学习，开展调研，深入了解国内工会工作的具体情况，详细掌握国内工作的成功经验和做法，并将此与国外工会的工作进行比较研究，宣传中国工会的成功经验，学习国外工会的优秀做法，取长补短，处理好国际工作和国内工作之间的关系，做到相互学习，相互促进。

（二）要及时宣传推广典型经验。中国工会坚定不移地走有中国特色的工会发展道路，探索和总结出了很多典型经验和成功做法，不少在国际上都是领先的，独一无二的，例如本次活动中发现的三级服务体系的成功经验就是这样，国外还未有如此完善的工会体系建设的做法。因此，工作组认为，国内工会的一些典型经验和成功做法要及时总结，不断加大宣传力度，有条件的地方要适时推广，以更好地发挥其引领作用和示范效应，做好新形势下的工会工作。同时，在国际多、双边交往过程中，我们也要积极宣传这些好的经验和做法，并通过杂志、网络等媒体主动推介，不断扩大中国工会的影响，树立中国工会良好的国际形象。

▶全总国际联络部服务职工工作组在北京召开一线职工座谈会。

（三）要切实做好防范抵御工作。在活动过程中，工作组比较关注外资企业工会和非政府组织的相关情况，期间发现的一些不稳定因素，对于构建和谐劳动关系、维护社会稳定都可能产生不利的影响。因此，工作组认为，要始终保持清醒的头脑，从国家长治久安和职工队伍稳定的战略高度出发，牢固树立政治意识、大局意识、忧患意识，切实增强做好新形势下维护职工队伍稳定工作的使命感和紧迫感，集中全会力量做好防范抵御工作。要坚持内紧外松的原则，坚决遏制西方工会的西化、分化势头，坚决杜绝任何形式的其他工会组织出现，做好宣传教育工作，团结动员广大职工，坚定不移地走有中国特色社会主义工会发展道路。

全总经费审查委员会办公室服务职工活动总结报告

按照全总“面对面、心贴心、实打实服务职工在基层”活动领导小组的统一安排和部署，全总经审办成立了服务职工在基层工作组并分别于 2012 年 3 月 12 ~ 16 日、5 月 22 ~ 26 日，在全总党组成员、经费审查委员会主任李世明同志带领下，分两次赴吉林省开展了走访调研活动。

一、认真完成全总规定的各项任务

在吉期间，工作组分别听取了吉林省总、长春市总、吉林市总、松原市总和白城市总开展“面对面、心贴心、实打实服务职工在基层”活动的情况汇报，走访了长春大成实业集团有限公司、大唐长春第二热电有限责任公司、中石油吉林化建工程有限公司、吉林油田公司和金事达电气有限公司等 5 家不同类型企业，召开企业经营管理人员、工会干部及职工参加的座谈会 6 场，与 180 余名职工进行了面对面交流，个案访谈 50 人，向生产一线职工发放宣传材料 1000 册，入户走访慰问困难职工家庭 25 户、劳模 5 户，发放慰问款 50 万元，帮助建立职工书屋示范点 5 个，赠送图书价值 15 万元，较好地完成了全总规定的各项任务。

通过与职工面对面交流，当前职工最关心的问题是收入问题，反映出来的问题主要是房价、物价快速上涨影响职工生活；民企一线员工与管理人员收入差距较大；劳务派遣人员参加社保情况不佳、工会经费难以计提；部分民企工会经费使用需董事会批准，工会没有自主权等。

二、开展服务职工活动中发现的典型

（一）*建立员工诉求中心，成为企业与职工沟通新平台。*大唐长春第二热电有限责任公司于 2010 年 5 月 10 日成立了员工诉求中心，2011 年 8 月与吉林省国资委、吉林省人力资源和社会保障厅、吉林省企业联合会联合下发了《关于推广大唐长春第二热电有限责任公司建立“员工诉求中心”经验的通知》，推动规模以上企业普遍建立诉求中心。长春市总工会已在机电系统召开了现场会，并将在全市企业中进行推广。诉求中心主任由企业工会主席兼任，副主任由工会副主席兼任，成员由工会、思政部、纪检监察部等 11 个部门组成，工作办公室设在工会，工会民主管理员负责日常诉求受理和办理工作，各分工会主席为诉求中心联络员。诉求中心制定了规范的《管理办法》、诉求范围、诉求程序、受理时限和督办评价等规定，做到了员工诉求的受理、确认、转办、跟踪、督办、反馈、满意度调查、定期汇报等项工作规范有序地开展。诉求中心特别规定，收到员工诉求申请 3 个工作日内，办公室要完成核查确认，紧急的当即确认；确认

▶全总经费审查委员会办公室服务职工工作组在吉林省走访调研期间专门召开长春市职业化工会主席座谈会。

并初步研判后，在2个工作日内上报诉求中心，在5个工作日内相关责任部门要提交处理意见或解决措施。一般诉求自受理之日起两周内办结，复杂诉求办结原则不超过30天。诉求中心办公室委派专人进行督办，诉求办结后，承办部门需要反馈给诉求中心，并通过职工代表组长会议等形式定期进行通报。诉求中心按照“党委领导、行政支持、工会运作、各方配合、员工参与”的模式有效开展工作，成立一年多来，累计受理、办结员工诉求58项，诉求办结率达到100%，切实解决了厂区增加车速减震带、厂区地下蒸汽沟道和暖气管道更换、厂区排灰管路治理、厂房卫生间改造、食堂饭菜质量提高、员工文体协会设施改善等30余项员工密切关注的热点、难点问题，实现了职工“诉求不出门、对外零上访”的目标。诉求中心的建立与运行，同时也促进了职工对于企业生产经营所面临的困难的理解，通过诉求中心，职工主动为企业发展献计献策，一年多来企业采纳13项关于生产经营的意见和建议，企业与职工之间达到了双向沟通与理解，增强了企业与职工之间的凝聚力。长春二热电同时开展了“干部下基层、职工上机关”活动，即中层干部到基层工作一个月，优秀职工到机关工作一个月，增强纵向交流与理解。

（二）编辑热点问题手册，及时回答职工关心的热点问题。吉林油田公司扶余采油厂工会在职工中开展了“大课堂、大宣讲、大家谈”活动。以“十个一”（成立组织策划一次、下发提纲学习一次、采编厂报宣传一次、制作视频解读一次、深入一线宣讲一次、专题会议贯彻一次、组织座谈讨论一次、撰写心得体会一次、开展活动践行一次、检查验收推进一次）为主要形式，不断强化主题教育，达到了统一思想、鼓舞干劲的目的。在此基础上，采取编辑《热点问题面对面》的办法，及时回答和解决职工提出的问题。厂工会将每月15日定为职工代表接待日，由职工代表接待职工来访并将所形成的诉求记录提交厂领导班子会议研究解决，由工会将结果反馈给来访职工。今年一季度，职工代表走进24个基层站队访谈510名职工，形成244个提案，推动解决了173个基层安全环保、生产生活条件等问题。针对职工关心的生产生活热点问题，厂工会广泛征集意见和建议，编辑下发《热点问题面对面》手册。对于能够直接答复的问题，在手册中予以认真解答；对于暂时不能解决的问题，通过厂工会向上级工会反映，由上级工会提交公司解决。几年来共向24个基层站队、397个一线班组发放近2000册，在职工中反响良好。除固定公开一线职工最为关注的干部提拔、工资调整、奖金发放、人员调整、专家评聘、评先选优等问题之外，对于随时发生的敏感问题，及时利用公开栏、局域网、视频会议、《扶采职工报》、《与您相约》视频栏目等渠道面向职工公开，达到了使热点降温、难点变易、焦点散焦的目的。同时，将队务公开纳入基层建设精细量化评价考核体系，每月进行检查考核，维护职工民主权益。

（三）坚持技能培训，让农民工成为金牌工人。中石油吉林化建工程有限公司通过培训，农民工屡屡成为行业生产能手、企业金牌工人。一是利用冬闲时间委托职业学校集中开展技术工人技能理论培训。二是投资建设了石化工程焊接实训基地、安装技术工人仿真培训基地，将“施工现场”搬到员工身边来，新员工培训合格后就能进入现场工作。三是分批次选拔千余名优秀一线农民工分别到吉林石化工程学校等专业院校接受订单式培养。此外，公司还实行“名师带高徒”制度，每年开展职业技能竞赛，涌现出了高彦峰、徐龙杰式的一批“金牌工人”；培训中心的农民工郑秋林被评为高级技师、全国劳模、全国五一劳动奖章获得者、全国优秀农民工；农民工张忠宝获得全国五一劳动奖章，并被评为吉林省十佳农民工；安装一公司的农民工梁亚坤被评为吉林省优秀农民工，并获得吉林省五一劳动奖章；安装八公司的“80后”农民工孙可心取得全国中职系列焊工技能竞赛二等奖、中石油东北工程公司电焊工职业技能竞赛第一名，并被吉林省授予“工人技师”资格；公司获得“吉林省首席技师”称号的6名焊工中就有2名是农民工。这些农民工，不仅工资待遇水平位居当地职工前列，而且这些技术职称、荣誉称号的取得让他们有了极强的归属感和荣誉感。吉林化建工会坚持每年召开一次职代会，农民工职工代表比例为15%、党代表比例为7.9%。真正做到农民工与国企职工经济上同工同酬、同岗同薪，政治上同责同权，保持农民工的薪酬待遇、政治待遇和生活待遇与国企职工一致，稳定了职工队伍，促进了企业发展。

（四）推行民主管理，让职工与企业同舟共济。白城市金事达电气有限公司作为一家劳动力密集型企业，金事达工会注重民主管理建设，从2003年起每月召开一次职工代表交流会，全年400余名职工均可轮流参加。职工代表在交流会上提出的所有意见和建议均被企业管理人员列入整改表，每个问题都有责任人负责办理，办理的过程则受到跟踪，办理结果向全体职工公开并即时进行员工满意度调查。企业还制定了合理化建议评审流程，要求每名职工每年至少提出两条以上的合理化建议，每月评比一次，对被采纳的建议给予奖励。在这样一种民主管理制度下，职工对企业的忠诚度、对岗位的热爱程度也逐步提高，所提的问题从个人基本生活要求居多，到对企业的合理化建议占据了主要位置。2011年企业所在的汽车行业效益下滑，职工主动要求取消春游等活动，加班加点在工作创新上下功夫，为企业谋发展。

（五）坚持自主创新，让高素质的员工成就世界级企业。长春大成实业集团有限公司工会围绕生产难题，员工以班组为单位上报创新项目，由企业技术考评小组对班组上报的创新项目进行考评、立项、审批，并给予班组一定的资金和技术支持。将班组创新情况与员工绩效工资挂钩，同时建立创新大比武奖励基金，对创新能手给予物质和精神上的双重奖励。多年来，上千个班组成立了创新小组，创新成果层出不穷。动力车间一号炉班组发现原有锅炉耗能高而产气量不足，经过立项攻关，他们将链条炉改为循环流化床，每年节约煤炭4万余吨，创效1440万元；重工分公司原来生产赖氨酸的流化床设备依靠进口，一套设备就需要160万欧元，该公司三个班组一个部件一个部件地搞研发，最终研制成功我国自主知识产权的流化床，效果好耗能低，价格仅是进口设备的五

▶全总经费审查委员会办公室主任李伟言率服务职工工作组赴吉林省开展“面对面、心贴心、实打实服务职工在基层”活动，看望长春市困难职工。

分之一；光是长春市劳模蔡雷所带领的一个班组就有创新成果几十项，他们对淀粉车间纤维脱水干燥工序的改造每年就能节约700余万元。对自主创新的不断追求使大成集团成为全球第一大赖氨酸生产商和供应商，掌握赖氨酸的定价权，彻底改变了国外通过赖氨酸垄断中国饲料市场进而牵制养殖业的局面；大成集团还是全球首个植物多元醇生产企业，为我国石油替代物的研发开辟了新途径；在美国著名科技杂志《快公司》年度创新力评选中，大成集团与苹果、Twitter和Facebook同列2011年度全球50家最具创新力的公司，成为除华为公司外仅有的一家中国公司。大成集团职工月工资近两年涨幅都在500元以上，每年的职代会还形成了创业员工分发股权、建设职工家属楼、配备员工子女校车等议案，企业班组连续四年获得全总“工人先锋号”荣誉称号，做到了法人治理结构与民主管理制度共建、企业经济效益与职工劳动收入共享、企业社会价值与职工人生价值共赢。

三、几点建议

（一）在企业积极推广长春二热电员工诉求中心的经验。吉林省工会在实践中培养和树立的典型，对于推动工会工作、促进企业发展具有重要意义。在调研和座谈中，大家普遍认为，在企业中推广长春二热电员工诉求中心的经验十分必要。第一，20年前工会开始在企业和职工中开展送温暖活动，10年前工会开始在地方工会和部分企业中建立帮扶中心。这两项品牌工作得到社会的广泛响应和好评。工会需要创造新的品牌，继续推进相关工作。第二，目前我国正处在深化改革开放、加快转变经济发展方式的攻坚时期，企业遇到许多新情况新困难，职工利益诉求呈多元化发展趋势。特别是目前出现的罢工问题，帮扶中心的权责难以适应和解决。因此在企业建立员工诉求中心，引导职工合理表达利益诉求，可有效避免怠工、罢工和突发事件的发生，是新形势下加强党的群众工作、创新社会管理、推进和谐社会建设的重要举措。第三，职工诉求得到合理表达并取得企业的高度重视和相关问题的及时解决，是真正实现全总“职工队伍状况在一线掌握、工会维权帮扶在一线实施、构建和谐劳动关系在一线推进、工会工作任务在一线落实、创先争优活动在一线开展”的有效载体，更是有问题消化在基层，有矛盾化解在基层的有效措施。第四，诉求中心的能力所限，有些问题解决不了，企业工会可及时代表职工通过正常渠道向上反映。这也是避免职工通过上街、上访或罢工表达诉求的有效途径，从而充分发挥工会作为党联系职工群众的桥梁和纽带作用。企业基层工会是工会全部工作的基础。在企业中普遍建立员工诉求中心，及时准确地向职工解答热点问题，有利于增强工会工作的主动性，推动解决职工的实际困难和问题，从而有助于增强职工的凝聚力，促进劳动关系和谐与职工队伍稳定，从而推动企业发展。

（二）将服务职工活动常态化。通过此次活动我们了解到，一线职工和基层企业非常欢迎工作组到基层了解他们的生产生活情况，帮助他们解决实际问题。工作组所到之处的党政领导也都十分重视全总此次活动，对工会能够认认真真和职工面对面交流、扎扎实实为基层服务给予了很高评价。我们感受到，像这样的活动既有助于工会了解一线职工队伍生产生活状况和思想动态、更好地维护职工权益和职工队伍稳定，又有助于工会干部加强作风建设和能力建设，尤其有助于青年工会干部坚定理想信念、坚持走中国特色社会主义工会发展道路。因此，我们建议将“面对面、心贴心、实打实服务职工在基层”活动常态化，在日常调研等对下工作中，结合实际情况，继续深入基层、贴近职工，做好新形势下职工群众工作，更好地发挥工会作为党联系职工群众的桥梁和纽带作用。

（三）应加强基层企业工会干部队伍建设，特别是确保一定数量的企业专职工会干部。建议在修改工会法时，对企业专职工会干部的配备能有硬性规定。现在企业一般都有工会组织，但工会专职人员较少，有些企业工会组织被党群工作部代替，工会干部大多兼职，工会面向职工的大量工作，如劳动关系调处、思想政治工作、职工保障工作、职工队伍稳定等大量工作难以应付，这势必影响工会对职工的凝聚力。如果工会抓不住职工队伍，不能有效占领这个阵地，工会就不能在经济发展和社会主义现代化建设中发挥应有的作用。

全总机关党委服务职工活动总结报告

按照全总开展“面对面、心贴心、实打实服务职工在基层”活动的总体部署，机关党委分两次前往云南开展服务职工活动。工作组成员通过召开座谈会、个案访谈、入户走访、实地参观考察等形式，宣传中国特色社会主义工会发展道路和政策法规，了解基层企业生产经营状况，掌握当地职工生产生活情况，倾听基层工会和职工的心声，帮助解决生产生活中遇到的实际问题。

一、基本情况

云南省总把全国工会开展的服务职工活动和省委开展的“四群”教育（即群众观点群众路线群众利益群众工作）活动相结合，组织了“千名工会干部深入万家企业联系百万职工”活动。在组织形式上，机关党委工作组与云南省总工作组统一行程，即一同深入基层、深入企业、深入职工，共同分析、梳理、总结、解决问题，贴近实际、整合资源，形成服务职工的合力。工作方法上，力争让温暖到边疆进企业入家庭，力争接触更多的企业、职工和工会组织，实现服务职工活动的广泛覆盖，同时把机关党建工作向基层延伸，丰富服务职工的内容。机关党委工作组分两批次先后到德宏州芒市、瑞丽市、陇川县、盈江县、梁河县及昆明市、大理州七个地区，深入德宏交通运输集团有限责任公司、瑞丽姐告玉园实业有限公司、瑞丽金星有限责任公司、陇川福斯特实业有限公司、陇川章凤制药厂、盈江农场、梁河糖厂、云锡集团梁河公司选矿厂、清逸堂实业有限公司、云内动力等10家企业，召开基层工会干部、企业经营者和企业职工座谈会21场，走访慰问全国劳模5人、困难职工25人，个案访谈职工50人，发放并回收职工调查问卷200份、非公有制企业党建工作调查问卷24份，为一线职工发放《职工劳动权益手册》200本，为3家企业挂牌建立“职工书屋”，为1家困难企业捐赠帮扶资金3万元，参观了3家困难职工帮扶中心，并代表全总党组副书记、副主席、书记处书记机关党委书记陈豪拨付困难职工帮扶资金150万元。

二、主要收获

（一）了解职工群众的所想所需所盼，增进了与职工群众的感情。机关党委工作组的同志非常珍惜这次与职工“面对面、心贴心、实打实”交流接触的机会，认真开好每一次座谈会，搞好每一个访谈，努力取得各级工会、企业和职工的认可。我们通过看望全国劳模、走访慰问困难职工及个案访谈，深入了解职工群众的家庭、工作和生活情况，了解企业工会组建、劳资关系及工会组织发挥作用情况，了解企业和职工对党和政府的期盼及对工会组织的意见建议等，切实做到面对面听民情、心贴心知民意、实打实解民忧，进一步密切了与职工群众的感情。工作中我们深深感到，随着企业的发展壮大，工会组织在实现企业与员工之间的有效沟通、调动职工工作积极性、帮助职工提升

▶全总机关党委常务副书记范凯声率服务职工工作组与职工心贴心交流。

职业素质等方面发挥着不可替代的作用。职工群众对工会干部有真挚的情感，对工会组织有深切的信任和诸多期待，很愿意向我们谈现状、讲心声，希望能帮助他们解决生活工作中面临的实际问题。如我们为一些困难职工提供了自主创业、办理低保的政策性解答，向一些困难企业提出了进一步转变观念、走出困境的意见建议等，得到了职工的认同。

（二）学习基层工会的首创精神，丰富了开展工会工作的经验。各级工会在开展服务职工活动中，根据实情创新形式、改进方法、大胆尝试，创造了很多鲜活的经验和做法。云南省总在“党政所需、职工所急、工会所能”的总体要求下，通过强化工会主席高配和工会经费地税代收这两大抓手，着重打造以困难职工帮扶中心和职工医疗互助为品牌的职工帮扶救助体系，依托党政平台开展好职工经济技术创新工程和职工素质提升工程，并结合本省特点，着重帮助藏区、怒江等贫困区县提升工会工作，从而使云南省工会工作水平有了较大的提升。为增强服务职工活动的针对性，他们还梳理了近几年职工群众来信来访中集中反映的问题，由各个工作组采取“带案下访、带课下讲、带书下发”的方式，着力帮助职工群众解决最关心的问题，宣传政策法规、答疑解惑，切实做到矛盾在一线化解、问题在一线解决、普法在一线完成。昆明市总按照“主动依法科学维权”的思路，首创《工会维权意见书》和《工会维权建议书》，也取得了良好的效果。大理州总创造了“突出一个活动中心，做好两篇动员文章，成立三个调研组，抓实四项重点，做到五个结合”的工作经验。大山饮品工会通过签订落实工资集体合同保障职工工资增长，促进了劳动关系的和谐。对于这些工作经验，机关党委工作组认真总结，广泛学习，灵活运用，进一步提高了工作成效。

（三）延伸机关党建工作领域，拓宽服务职工的内容。机关党委工作组把党建工作调研作为服务职工活动的“自选动作”，深入了解基层工会和企业党建情况，向基层学习党建工作经验。召开每个座谈会，都深入了解党工共建创先争优活动情况，介绍全总机关党建工作状况；访谈每位职工，都畅谈共产党员的作用，以及他们对党组织、对党的十八大的认识和期盼，并以问卷形式，进行了党建工作调查。学习了国门社区党组织围绕“强组织、建阵地、聚人心、固边疆”这一主线，实施推动“边疆党建长廊”建设、开创边疆党建新局面的工作经验；交流了云锡集团梁河公司选矿厂开展创先争优活动的情况，深入了解他们建立奖评制度、每月评选星级党员、充分发挥共产党员先锋模范作用的做法。通过调研发现，效益较好的企业，职工幸福指数较高，党的活动开展也多，职工对党组织的认可度比较高；民生工作做得好的企业，党建工作做得也好，企业比较和谐稳定；多数企业职工对党组织有很多期盼，希望多宣传党的政策法规、多开展思想政治工作、多关心职工生产生活、多组织开展有益的活动。

（四）锻炼机关干部队伍，在实践中长才干树形象。开展服务职工活动，既是机关党委直接参与全总全局工作的一次重要任务，也是砺练机关党员干部的良好契机。我们以锤炼作风、锻炼队伍为出发点，对工作组同志严格要求、严格管理，尤其是注重对年轻同志的培养和锻炼，将联络协调、个案访谈、起草文稿等重要工作都交给他们承办。我们坚持工作的高标准，个案访谈首先聊家庭、聊事业，拉近距离后再进行深入交流；看望全国劳模和困难职工，都深入家庭与他们拉家常、谈未来，让他们感觉到党和工会没有忘记他们，鼓励他们追求幸福生活。我们注重培养良好作风，参与活动的每位同志，都克服旅途劳累、工作紧张等困难，以饱满的精神状态、认真的工作态度，全身心地投入工作之中，在实践中接受锻炼、树立形象，展现了工会领导机关干部的良好风貌。

三、发现的问题

（一）职工队伍状况总体良好，但存在不确定因素。从云南省职工队伍状况上看，主要是以本省市户籍人员为主，相对比较稳定，对企业的依赖性较强、忠诚度较高，扎根企业、城市的愿望强烈，虽然他们总体收入水平不高，但乐观豁达，幸福感比较强。部分职工受教育程度较低，职业技能较弱，业余生活枯燥单一，他们的关注点多倾向于基本生活需求，而且职工参保意愿偏低，有些职工甚至不愿意缴纳社会保险，同时也存在如收入差距大、民主权益得不到应有保障等问题。从困难职工致贫致困的原因上看，主要是大病、子女上学、单亲等造成的，有的甚至丧失了劳动能力，脱贫的可能性比较低。从用工长远角度来看，由于云南省与缅甸、老挝、越南三国接壤，一些企业雇佣了外籍工人，一旦发生纠纷及工伤事故等，如何更好地适用中国的法律制度需要具有前瞻性的思考。

（二）企业劳动关系基本和谐，但存在着潜在的问题。在服务职工活动中，我们先后走访2家国有企业、3家改制企业、5家民营企业，其中还包含1家季节性企业，覆盖了机械制造、矿山能源、交通运输等10个行业。我们了解到国有企业和大部分民营企业能够重视维护职工的合法权益，劳动关系比较和谐，企业关心职工生产生活问题，职工关心企业的发展前景，形成了企业与职工和谐共赢的良好局面。但是有一些国有改制企业由于体制改革不到位、历史遗留问题多、资金缺口大、困难职工多等因素，造成企业生存发展困难、职工利益得不到有效维护。如盈江农场职工平均月工资只有1000元，退休职工工资更低，企业已长达两年无法为退休职工缴付医疗保险；梁河糖厂由于受限于甘蔗的生产季节，生产时间仅有三四个月，职工收入水平较低、工作积极性不高，这些势必影响劳动关系的和谐与职工队伍的稳定。

（三）基层工会组织基本上能够发挥作用，但有的基础比较薄弱。在走访中我们感觉到，各级工会组织能够认真履行职责，想方设法地为职工群众办好事、解难事，但在工作中也存在一些难题和问题。地市级以下工会组织普遍反映，由于工会干部编制较

▶全总机关党委服务职工工作组帮助企业建立“职工书屋”。

少，他们除从事工会工作外，还大量参与党委政府的中心工作，伴随着工会工作领域的扩大和工作量的增加，感觉到工作压力越来越大，工作效率难以提高，尤其是部分县总工会基础设施建设落后，工作环境得不到很好保障。此外，我们发现很多企业虽然已成立工会，但是管理难度很大，发挥作用上往往局限于组织开展活动、发放劳保用品的层面；部分职工反映，囿于企业管理层面的压力，有些企业工会往往倾向于资方，导致职工群众对工会失去信心。一些企业工会组织提出，希望国家在“桥头堡”战略实施过程中，切实在政策、资金和技术等方面向云南省倾斜，为企业的发展提供良好的外部环境。

（四）基层工会干部敬业肯干，但缺乏更好的资源和环境。在云南，我们与各级工会干部倾心交谈，虚心向他们学习，深深地被他们吃苦耐劳、踏实肯干、朴实无华、敬业奉献的精神所感动，被他们时时处处为职工群众着想、踏踏实实为职工群众办事所感染。各级工会干部普遍感到面对新形势、新任务和新要求，自身的理论功底、工会业务以及对新知识的学习掌握上还有一定的差距，迫切需要加大对工会干部的培训和交流力度，提高综合素质，拓宽工作视野。乡镇级工会干部普遍反映活动经费缺乏，对工会干部职级缺少明确规定，工会工作还不够规范，希望进一步明确党建带工建的考核体系。一些企业尤其是非公企业工会主席存在兼职现象，在负责业务工作的同时也负责工会工作，导致工作精力、工作效果有所下降。

四、意见建议

（一）加大源头参与力度，充分发挥工会组织的作用。工会作为党联系职工群众的桥梁和纽带，要充分发挥参政议政和社会协调作用。一是要在调查研究的基础上，积极主动参与有关法律、法规和部门规章的制定与修改工作，逐步完善劳动法律体系，从源头上维护好职工的合法权益；二是推动完善劳动关系三方协商机制，通过沟通协商的手段，不断促进经济发展和劳动关系和谐，改善劳动条件，提高职工群众的生活水平；三是推动贯彻工会与政府联席会议制度，争取更多的资源和手段，有效促进工会各项工作任务的完成。

（二）增强宗旨意识，奠定服务职工的思想基础。服务职工归根结底是群众工作，宗旨意识和群众观念是思想政治基础。全总机关和各级工会组织要围绕迎接党的十八大主题教育活动，深入学习宣传实践中国特色社会主义工会发展道路，突出开展党的群众路线教育、党的光荣传统和优良作风教育，引导党员干部特别是年轻干部进一步强化宗旨意识和群众观念，突出学习服务职工活动过程中涌现出来的先进典型事迹，引导机关和各级工会干部带着深厚感情做职工群众工作，切实打牢全心全意为职工群众服务的思想基础。

（三）探索建立联系点，畅通服务职工的渠道。开展服务职工活动的成功实践，使机关和基层工会创新了工作方法，积累了宝贵经验，应广泛推广和运用。要建立全总机关与地方工会组织联系点制度，并向各级工会组织延伸，一级联系一级，层层建立联系点，通过加强了解、互相学习、共同调研等形式，畅通沟通交流、反映问题、解决实际困难的渠道，密切与各级工会干部、职工群众的联系。要总结推广创先争优活动中机关党组织与地方基层党组织开展结对子活动的经验，形成广泛联系、广泛交流，相互学习、相互帮助、相互提高的良好局面。要广泛搭建平台，扩展工作内容，探索全总机关党组织与各地工会党组织交流的方法途径，把机关党建工作与基层工会工作相结合，把调查研究与工作交流相结合，把工作指导与热情服务相融合，进一步延伸机关党建工作的内涵，使领导机关的表率作用更加明显，服务职工的形式更加丰富多样，继而推动工会各项工作有效开展。

（四）健全培训考评机制，形成约束激励的良性循环。服务职工活动是各级工会组织的一项长期任务，也是加强干部队伍建设的一个重要举措。全总机关和各级工会组织要在建立培训、考评和激励机制等方面下功夫，为服务职工提供有力保障。结合推进学习型党组织建设和工会干部学习培训，探索建立开展群众工作、服务职工群众的培训体系，定期进行服务职工专题培训，着力提高机关党员干部特别是年轻干部组织协调、调查研究、沟通交流、指导服务职工等方面的能力，打牢联系职工、服务职工的基本功。结合加强机关党的建设和创先争优活动，建立检查考评机制，明确考评标准、考评方法和奖励措施，引导机关党员干部在加强职工思想政治工作、为职工办实事、化解劳动关系矛盾、促进职工队伍和社会和谐稳定上下功夫，推动服务职工活动长期有效地开展。

中国工运研究所服务职工活动总结报告

按照全总党组、书记处关于开展“面对面、心贴心、实打实服务职工在基层”活动的统一部署，2012 年 3 ~5 月，全总书记处书记、全总服务职工活动领导小组副组长李滨生及工运研究所所长吕国泉、副所长王利中先后率所内 7 名同志 3 次赴湖北省开展服务职工活动。

一、基本情况

研究所工作组根据服务职工活动实施方案的统一部署，落实“规定动作”，做好“自选动作”，切实将理论研究工作与服务职工实践紧密结合，确保服务职工活动抓紧抓好抓出成效。全总领导对研究所工作组阶段性工作成效给予充分肯定，王玉普同志对工作组赴湖北第二阶段工作情况汇报作出批示，指出：“很好！工作很扎实，很有成效。但还要在工会联系职工群众（包括基层工会）、建立长效机制，扎根职工群众之中多加研究、探索。”对工作组《关于武汉餐饮行业启动新一轮工资集体协商的情况报告》作出批示：“继续关注、及时总结。”该报告主要内容以“钟研所”名义在《工人日报》上刊登。

（一）高标准、严要求完成“规定动作”。工作组先后赴湖北省武汉、恩施、宜昌、黄冈、黄石、孝感等 6 市州，听取省总工会、6 市州及所辖 10 县区总工会工作汇报，走访困难职工帮扶中心 9 家，走访餐饮、食品、医药、纺织、冶金、能源、化工等行业，深入 18 家企业，召开企业经营者、工会干部及职工座谈会 18 场，400 多人次参加座谈，重点访谈农民工、劳务派遣工、困难职工、下岗失业人员等职工群体，访谈职工 140 人，慰问劳模 10 人，慰问困难职工 30 名，赠送职工书屋 7 个，发放《职工劳动权益手册》3100 本。工作组全面细致地了解企业生产经营情况、劳动关系发展变化、职工生产生活和权益实现状况、一线职工思想动态和精神文化需求等方面的情况，广泛深入宣传中国特色社会主义工会发展道路的科学内涵和精神实质，宣传普及工会法、劳动法、劳动合同法、社会保险法等一系列保障职工权益的法律知识，深入调查掌握“两个普遍”在基层的落实情况，重点关注部分中小企业生产经营困难、职工权益受影响等问题，对于活动中职工和企业反映的突出问题，积极加强与企业的沟通协调，争取地方党政妥善解决，增强服务职工活动的针对性和实效性。

（二）谋划做好具有特色的“自选动作”。工作组谋划设计了宣讲会、座谈会、联欢会、经验交流会和体验活动等一系列“自选动作”，具体包括大力宣讲中国特色社会主义工会发展道路，蹲点调研武汉市餐饮行业工资集体协商情况，配合开展武汉市总工会成立 90 周年纪念宣传活动，召开工会构建服务职工长效机制及企业构建和谐劳动关系座谈会，编撰宣讲《职工权益保障法律法规摘要汇编》，开展职工依法维权咨询服务活动，参与职工文体联欢活动，深入班组与职工同吃同劳动，开展“聚焦基层工会，总结先进经验”活动，举办五级工会服务职工活动心得交流会。自选动作作为服务职工活动的特色内容，赢得了基层工会、企业和广大职工的认可和支持。

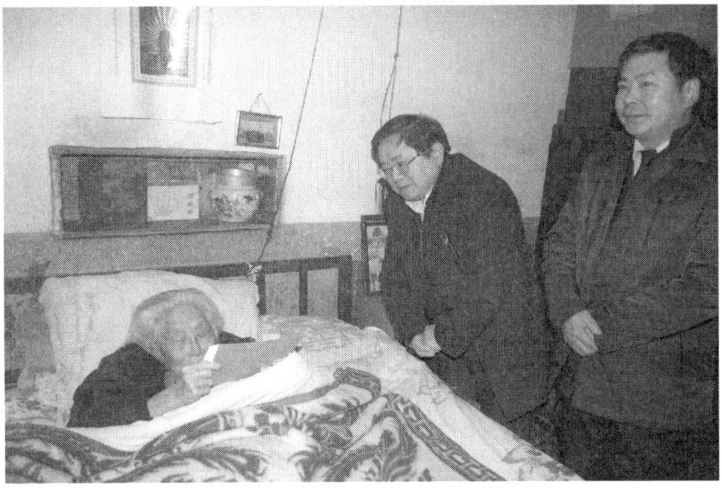

▶中国工运研究所所长吕国泉率服务职工工作组在湖北慰问劳模。

（三）取得的成效。工作组在活动中，形成阶段性工作报告 3 份，编写服务职工活动简报 6 期，撰写刊发走访手记 10 篇，推广经验做法 5 个。一是掌握了真实的基层情况。工作组了解到改制企业及新兴企业在构建和谐劳动关系方面的实践，尤其是生产经营困难企业在维护职工劳动经济权益中的困境与摸索；看到职工在共享企业发展成果中劳动权益得到保障的实际状况，注意到职工期盼改善工资待遇和精神文化生活的具体诉求，感受到各级工会组织特别是基层工会干部为职工服务维权的责任意识和饱满的工作热情。二是总结了生动的经验。梳理总结湖北省各级工会以“三化”促具体、推进服务职工活动深入发展，武汉市总积极推进工会小额贷款及餐饮行业工资集体协商，黄石市总“4＋1”实践模式，黄冈市总“三送三进”活动，宜昌市总服务职工“三个拓展”的帮扶维权模式等探索中国特色社会主义工会发展道路的做法经验，并推荐《黄石市总“4＋1”工作模式推进工会工作创新》、《开创新时期工会工作新局面的几个重点》分别发表在《中国工运》和《工人日报》上。三是推动解决了迫切的问题。工作组与武汉市餐饮行业劳资双方深入座谈，为下一轮行业工资集体协商工作提供建设性意见。与黄冈市党政领导协调沟通，建议将伊利湖北公司员工纳入当地住房等公共服务保障体系。四是提高了急需的能力。工作组白天走访慰问、晚上研讨总结，为设计问卷、分析数据、梳理问题、找寻对策常常不分昼夜、废寝忘食，同志们的实践意识逐步增强，工作作风更加务实，工作视野日益扩大，业务能力得到较大提升。

二、主要做法与特点

（一）带着责任深入一线，促进企业和谐发展。工作组有针对性选取了餐饮、医药、食品、纺织、化工、能源、冶金、交通等代表性行业，采取宣讲、座谈、个案访谈、问卷调查等方式，详细了解不同类型企业生产经营状况、职工权益保障及企业工会工作情况。李滨生同志率工作组在恩施市公共汽车公司与 6 路车司机亲切交谈，到恩施州电力总公司 220KV 集控中心参观考察，先后在恩施、宜昌两地工会座谈会上宣讲中国特色社会主义工会发展道路，要求各级工会在主线中体现主题、在主题中贯彻主线，努力使服务职工活动成为学习宣传实践工会发展道路的重要载体，成为工会组织扎根基层、工会干部贴近职工、做好职工群众工作的响亮品牌。工作组走访调查武汉市餐饮企业，查看职工工资单、企业工资报表及工资集体协商专项合同文本。在孝感安棉集团了解公司实行的公司工会、事业部工会、工会小组三级扁平化组织网络及基层工会直选制度。在劲牌有限公司了解听证会、对话会、恳谈会和答谢会“四会”制度，“每周40小时工作+4小时培训”模式，以及“以人为本、关爱员工”的企业文化建设等情况。在武钢大冶铁矿，工作组与东采车间爆破班组进行深入交谈，了解矿山职工文化建设及安全生产情况。工作组还与湖北祥云（集团）化工股份有限公司等数家企业、武汉餐饮业协会及其会员企业等进行座谈，了解企业发展和职工需求情况。

（二）带着感情服务基层，帮助职工纾困解难。工作组了解不同行业一线职工的生产生活状况，积极回应职工关心的热点问题，引导职工正确认识形势，着力帮助解决困难职工、农民工、劳务派遣工在生产生活方面遇到的现实难题。李滨生同志率工作组走访慰问宜昌松宜煤炭矿务局，了解职工实际困难状况和原因，向困难职工发放帮扶资金。工作组到黄石胡家湾煤业分公司慰问困难职工，深入了解职工所想所忧所愿，得知其中一名拟参会职工因罹患肝癌不幸于会前一天逝世时，工作组随即对其家属表示深切慰问并额外捐助2000元。工作组走访武穴时，向当地党政领导、工会干部及部分企业管理人员宣讲中国特色社会主义工会发展道路及当前工会工作的形势与重点任务，并在市粮食局社区召开了困难职工、部分职工代表及相关部门负责同志参加的专题座谈会，听取他们对工会帮扶工作的意见和建议。在参观武汉市餐饮行业期间，分别与20名厨师、配菜员进行个别交谈；在伊利乳业、祥云化工两家企业，工作组进车间、下班组，到宿舍，看食堂，深入了解职工生产生活情况，与10名一线职工面对面进行访谈。围绕劳动法律法规在企业的落实问题，工作组向20名企业中层管理人员、班组长以及员工进行法律宣讲。在孝感安棉、新冶钢，工作组戴上安全帽，穿上工服，走进车间，走近忙碌的生产作业线，与职工共进午餐和晚餐，体验职工生产生活状况。

（三）带着课题潜心研究，推进工会重点工作。重点围绕城市工会坚持走中国特色社会主义工会发展道路实践、构建服务职工活动长效机制和企业发展和谐劳动关系等专题进行深入调研。在探索城市工会工作发展模式方面，黄石市总坚持以职工为本、以强会为基、以提能为要、以创新为先，建立健全维权服务体系、和谐劳动关系评价推进体系、职工素质提升体系和帮扶保障体系等四大体系，重点建设工会事业发展支撑体系，建构“4+1”工会发展模式。在构建服务职工活动长效机制方面，不少地方工会提出，为保证活动长期坚持、常态展开，要明确定位工会的角色职责，重点在于提高职工技能素质、增强职工经济实力、强化职工人文关怀、帮助职工解决现实困难；要搭建服务职工的平台与载体，选择满足职工需求的项目内容，加强物质保障；要建立健全考评制度，确保服务职工活动办实事出实效。在企业构建和谐劳动关系方面，湖北祥云集团坚持“产权主体变了依靠职工办企业的方针不变、企业法人治理结构变了但职工的主人翁地位不变”等“四变四不变”原则，加强民主管理，构建和谐劳动关系；湖北爱仕达炊具有限公司每年坚持定期召开职代会，开展工资集体协商，一线职工工资增幅已达8%~10%，人员流失率从过去的20%降至如今的12%。

三、收获和体会

（一）既要有坚定的信念，也要有创新的思维。一方面，工作组要坚持以办实事、做好事、解难事为目标原则，树立坚定的信念。若要真正做到倾听职工心声、解决群众困难，就必须践行不唯远、不唯苦、只唯真、只唯实的精神。另一方面，在具体开展活动中要积极思考、勇于创新，不断探索实地调查走访的方式与方法、撰写调研报告的视角与形式、解决实际困难问题的路径与手段等等，特别是在总结树立先进典型时，要尊重基层的首创精神，注意积累梳理地方在工会组建、工资集体协商、构建和谐劳动关系、维稳和防范抵御等经验亮点，更要注重从工作全局高度、政策理论高度对既有的经验做法予以提炼升华，以创新的思维丰富完善其形式内容，使之成为具有普遍性、可适用性的样本经验。

（二）既要做好课题研究，又要注重解决实际问题。工作组紧紧围绕全总重点课题《企业一线职工收入分配问题研究》、《关于当前职工就业与培训问题的调查及对策分析》、《企业和谐劳动关系建设问题研究》，在走访过程中坚持勤问、勤记、勤思考，做好调查、访谈工作，准确掌握第一手资料，做到心中有数，对不同类型企业构建和谐劳动关系的成功经验，对湖北各级工会构建服务职工长效机制的有效探索，撰写一系列调研报告和走访手记。其中，围绕“两个普遍”等重点工作在武汉餐饮行业开展蹲点调查，深入调研去年工资集体协商以来取得的成效和存在的问题，总结推广“武汉样本”中具有普遍性、规律性的典型经验和成功做法，及时把调研成果转化为指导行业工资集体协商工作的理论。

▶中国工运研究所服务职工工作组赴湖北省开展服务职工活动。

（三）既要转变工作作风，又要重视加强制度建设。工作组把服务职工活动作为深入开展创先争优活动的重要契机和载体，努力在服务基层、服务职工实践活动中砥砺思想、磨炼意志、增长才干，切实转变作风。大家以饱满的工作热情和高度负责的精神，从大处着眼、小处着手，全身心投入各项工作。严格遵循既定的方案计划贯彻落实，定下来的事情就雷厉风行、抓紧实施，部署了的工作就督促检查、一抓到底，以狠抓落实、增强执行力为重点，不断提高工作组的服务能力和工作效率，取信于地方、基层工会和职工群众。同时我们也感到，作风建设关键在于制度化、常态化，建立健全相关制度。要健全课题研究制度，每年确保有两个月以上时间深入基层开展调查研究，分析工会工作新情况新问题，提出对策建议。要完善联系职工制度，建立健全工作组联系点，跟踪了解、长期服务，畅通工会干部密切联系职工的渠道，保持与职工群众的经常性联系。要建立目标责任制和奖惩制，进一步健全激励与约束机制，做到承担责任明确、履行职责有力。

工作组在服务职工活动中收获颇丰，同时也发现一些值得认真总结和反思的问题：一是由于受到时间及工作协调方面的限制，一些地方存在赶时间、赶进度的问题，对基层和职工情况深入得还不够具体细致；二是遇到企业和职工恳请工会帮助解决实际困难时，相对于党政而言，工会在解决问题的资源、手段、力度等方面还较为欠缺；三是现阶段劳动关系呈现日益复杂的局面，对工会组织提出挑战和考验，工会干部分析和解决问题等方面的能力水平有待进一步提高。

四、建议与打算

一是要健全完善工会民主决策机制。各级工会领导机关作决策定政策，要充分考虑职工群众的当前需要和长远利益，力求使工会决策与政策执行建立在职工群众意愿需求的基础上，进一步提升决策水平。二是要建立健全工会会员意愿表达机制。通过健全基层工会民主生活制度，拓宽会员意见表达渠道，发挥会员参与的积极性，形成会员办会、民主办会的良好局面。三是要建立完善工会领导干部激励约束和考核评价机制。把服务职工活动的工作实绩作为工会干部考核的主要内容，落实工会干部责任制，加强督促检查，提升各级工会服务职工活动的执行力。四是要建立健全工会干部学习培养机制。加强工会干部能力建设，通过专题研讨、定期培训、实践锻炼等方式，进一步提高业务理论水平和解决实际问题的能力，培养一支懂理论、能实干的干部队伍。关心基层工会干部成长，加强其维权服务能力建设，努力提高做好新形势下职工群众工作的本领。五是要完善服务职工的保障机制。建立健全服务职工活动的政策制度体系，并投入必要的物质资金作为保障，确保各级工会有能力和实力为职工说话办事，各项服务活动能够落到实处、取得实效。

第三篇　专题调研报告

关于北京市职工队伍状况的调研报告

北京市总工会

为进一步推进市总“1+6”文件确定的各项重点工作任务，北京市总工会开展“走进基层、走进企业、服务职工”活动。市总产业工会结合产业特点，选取了本系统比较有代表性的企业，和产业工会工作中的重点突出问题展开了各具特色的调研。如，教育工会深入24所学校了解北京高校工会工作开展情况和教职工对工会工作的意见建议；金融工会走访了18家单位，了解金融企业发展情况、劳动关系情况和基层工会组织建设情况等内容；工业（国防）工会走访了21家企业，了解企业工会工作情况和职工的诉求，建筑工会深入在京的12家基层一线项目部，了解工会工作情况和职工工作生活情况；服务工会以环卫行业为重点，开展了环卫行业职工队伍状况调研；交通运输行业以四家企业为重点，深入了解交通运输行业职工队伍思想状况和诉求；机关事业部以机关事业单位为主，同时选取文化、民政系统的若干家企业单位调研这些单位的事业发展状况、职工队伍情况及工会工作。

通过调研我们发现，全市职工队伍状况整体稳定，职工精神面貌是积极向上的，郊区职工的生活质量、工资收入水平持续增长，职工精神文化生活形式多样、内容丰富，城郊职工群体的差异在不断缩小。但在社会转型和经济增速的同时，职工队伍也暴露出一些矛盾和问题，主要集中在社会保障体系发展和建设滞后；收入分配差距过大；工会组织提供公共服务和协助社会管理的功能有待进一步发挥；侵害职工经济利益和民主权益的事件时有发生；职工群众经济、文化需求日趋多元化，与工会组织，特别是服务站的服务能力和服务水平有较大的偏差等。现将产业工会和产业工作部调研中反映的较为突出的问题汇总如下：

一、环卫职工的待遇问题迫切需要解决

一是一线职工工资收入水平低。合同工工资收入水平最低，扣除社会保险，实际到手1300~1400元；正式工工龄5年以上，工资才1700元，9年以上工龄1900元，20年以上工龄2700元；普通行政管理人员大学本科毕业，2009年5月入职，在调研当月实发工资仅1476元。二是工作环境恶劣。在垃圾“清扫—清运—转运—处理”四个环节中，每个环节的职工面临着不同的职业危害。三是市民对环卫工人不够尊重。公厕保洁员、道路保洁员、垃圾清运司机挨打挨骂的事很普遍，铲小广告的被贴小广告的打骂是常事，有些市民对环卫工人的工作不理解、不支持，无端指责，令环卫工人很伤心。四是防暑降温费和劳保待遇太低。多数区县防暑降温费标准只有60元，4个月共240元（有的非公企业一年才给一个月的防暑降温费）。劳保费每月50元，根本满足不了工作需要。五是工作时间长，劳动强度大。公厕保洁员对工作时间的反映很突出，经常是上

班有点，下班没点，正式工还能保证一定的休息日或法定节假日，农民工基本上全年无休。六是流动性大，招工难。由于收入低，工作辛苦，环卫职工流动性很大。事业编职工和管理人员相对稳定，但合同工流动性很大，平均年流动率达到26%左右，非公有制企业由于收入更低，年流动率达到50%。七是年龄老化、学历偏低。环卫职工年龄结构老化，35岁以下的占23%，45岁以上的占45%。职工年龄老化，不宜接受掌握新技术，且由于长年接触垃圾，随着年龄的增长，身体状况越来越差，不能承担繁重的环卫工作。环卫需要补充年轻人，尤其是高学历的年轻人，但外地大学生进环卫企事业单位却解决不了户口问题。八是同工不同酬现象比较普遍。在福利待遇方面正式工和临时工存在较大差异，如有的区县正式工每年有4000元过节费，合同工就没有。有的区县疗休养仅限于正式工，合同工不享受。个别区县连防暑降温费都只给正式工，合同工没有。或者只给正式工体检，合同工没有。正式工基本上能正常享有休息日、法定节假日、带薪年休假，合同工就难以保证。

二、工业行业职工关心自身生活和发展问题

一是外来务工、劳务派遣工这支队伍已成为企业发展的重要骨干力量，有些企业这支队伍的比例超出自有职工，总体在20%～40%左右。这部分职工群体工资较低，由于需支付房租、交通、子女上学等造成生活困难，生活成本、生活压力逐年加大。二是优秀非京籍技能人才进京问题较为突出。这个问题突出在高科技中小企业，这些企业职工具有高学历、年轻化的特点，是刻苦钻研技术、科学技术领先的“领军人”，起到促进中小企业发展的人才支撑作用。由于年度进京户口指标解决有限，致使人才流失。国企来说，已成为高技能人才培养的基地，招收、留住人才困难，直接影响到企业持续发展的后劲。三是技术等级资格认证考核晋级问题需进一步加以关注。市总每年开展职工职业技能大赛，基层工会、职工群众欢迎并经济参与。但现在有个突出问题，劳动人事部门传统的技术等级资格认证不适应现实需要，有些高端产业技术工种资格认证未有，新兴产业工种资格认证也没有，给大赛后期职工技术晋级、技术认证带来问题。需调整和增加技术工种的资格认证标准化文件。

三、交通运输系统职工关注收入问题，渴望获得社会更多认可和理解，期望能有更好的发展

一是工资收入成为职工首要关注的问题。交通运输系统的职工经常加班，劳动强度大，工作环境艰苦，职工收入却普遍偏低。如首发集团的收费员有8000余人，每月实际收入为1300元至1400元，部分工作8到10年的收费员仅能达到1800元，近些年，由于物价持续上涨，职工们的生活负担越来越重，不少职工表示已难以承受。二是工作压力大，需要社会理解尊重。交通运输系统的职工承担着繁重的交通运输任务，工作压力大，节假日经常加班加点。但工作中常遇到乘客的不理解，遇到堵车、车上人多的时候常有乘客把不满发在司售人员身上。职工们感觉压力很大，很渴望社会的理解和尊重。三是青年职工关心自身的发展空间，技能大赛受到欢迎。在调研座谈中，青年职工很关心个人的发展空间，尤其是职务的晋升和自身素质的提高，大家对市总职业技能大赛给

予充分肯定，纷纷表示，通过技能大赛，锻炼了一批年轻人，使他们提高了技能，公司形成了一支技术过硬、特长鲜明、相对稳定的技术队伍，对集团公司各项业务高效、正常的开展提供了人力保证。

四、政策性原因导致福利企业生存举步维艰

一是新的税收政策一方面使越来越多的企业失去了申办福利企业的积极性，另一方面使原有福利企业所享受的优惠进一步缩小，企业难以经营。二是现行扶持政策贯彻落实不到位。《残疾人就业条例》规定的各项扶持福利企业发展的政策，由于缺乏配套实施办法，同时没有明确落实部门及落实程序，所以福利企业也就没能真正得到实惠。三是多项有关福利企业的优惠政策被废止或是即将被废止，需要出台新的政策加以衔接。四是福利企业发展的外部环境不够宽松。社会对福利企业的了解、支持力度不够，没有认识到福利企业是以社会效益为第一宗旨，安置残疾人就业是发展社会保障事业的一种重要形式。

关于天津市职工精神文化权益实现情况的调研报告

天津市总工会

天津市总工会于7月23日~8月5日，深入到渤化集团、天津铁厂、和平区、天津港保税区、农业银行等所属的16家基层企事业单位，与近千名党政领导、工会干部、一线职工进行交流，对基层单位实现精神文化权益的状况进行了深入调研。

一、实现职工精神文化权益的基本情况

（一）职工精神文化活动阵地情况。天津市现有中高级职工院校15所、业余学校88家、各类培训基地1201家，有专兼职教师4940人。2011年全市参加学历提升、技能培训达787541人，其中农民工21865人。2011年用于职工学校的工会经费、党政支持及自筹资金达9246.68万元。有文化宫（俱乐部）209家，2011年用于各级文化宫（俱乐部）的工会经费、党政支持及自筹资金达3429.06万元，累计开展活动11931次，参与职工达2756740人次，活动规模、参与人数呈现上升趋势。有省市级工会报刊1种、工运刊物2种、网站1家。2011年，累计投入经费946.7万元，报纸和刊物的发行量分别为33496份和12800份，网站点击量达50余万次。网络媒体对年轻职工的吸引力更大，对满足职工精神文化需求起到了重要作用。

（二）职工队伍的基本思想状况。此次调查发放问卷822份，收回有效问卷819份。受访者中男性409人、女性410人，基本符合人口普查1∶1的性别比。70年代及以后出生的占75.34%，是当前职工队伍的中坚力量。大专及以上学历的占77.54%，高于社会普遍状况。月收入在2001~4000元的受访者最多，占64.97%。在最关心社会问题上，前三位分别是物价、住房、医疗，这与目前国家宏观调控政策相吻合，就医难仍是直接影响国计民生的主要问题之一。在考虑择业的因素中，80和90年代职工相对于其他年代表现出较大差异，50、60、70年代职工中分别有64.15%、70.27%和75.23%将收入待遇和职业稳定作为首选条件，而80、90年代职工分别只有59.45%和44.12%。在希望参加培训的项目上，前两位是技能技术和专业能力培训，职工对自身素质的提升有非常迫切的需求。在被问及最喜欢哪种思想教育活动方式的时候，每个年龄段都将旅游参观作为首选，但是80、90年代将开展文体活动作为第二选择，而50、60、70年代几乎都将找同事、朋友聊天作为第二选择。在受访职工中，66.54%表示所在企业经常组织文体活动，不组织文体活动的只占3.67%。这表明多数工会组织正在积极地发挥着教育引导的职能。50（54.62%）、60（40.52%）和70年代（35.32%）职工业余生活主要以看电视、读书看报作为获取信息来源的主要渠道。而80和90年代职工将上网作

为业余生活首选。在选择电视栏目中，80、90年代职工首选电视剧，50、60和70年代首选新闻联播，说明新生代职工对国家政策、时事的关注程度下降，更倾向于自我娱乐、休闲。

二、实现职工精神文化权益的基本做法

（一）加强职工精神文明和职业道德建设，夯实共谋发展的思想基础。21年来，我们坚持每年确定一个主题，编印一本《职工班组学习读本》，发放到基层单位车间班组，并先后开展了“讴歌辉煌成就、凝聚奋进力量”、“建功新滨海，共铸新辉煌”、“勤奋劳动、诚实劳动、创新劳动”等主题活动，举办形势任务劳模事迹报告会，开展了天津精神、雷锋精神、铁人精神专题文化作品展和“感恩奉献永远跟党走”网络感言征集，组织了“鲜红党旗在飘扬”、“百万市民游津城”和“爱岗敬业、诚实守信、办事公道、服务群众、奉献社会”职业道德教育等一系列活动，全市涌现出了一批孔祥瑞、李刚、尤立红、张建生式的在全国具有影响力的先进模范人物。各级工会不断创新实现职工精神文化权益的方法和形式，一轻集团开展员工心理援助行动，组织工会主席和工会小组长进行心理咨询培训，目前已有43个基层企业工会主席获得国家心理咨询师资格证书。天铁集团实施“组织职工干好每一天、突出维权关爱每一天、和谐健康快乐每一天、工会工作创新每一天”。渤化集团着力发展先进企业文化、职工文化，把企业核心价值理念和职工自身价值统一起来，提升集团发展软实力，发挥两个文化对经济发展的助推作用。

（二）开展全员培训和终身教育，提高职工队伍整体素质。市总工会坚持深化职工素质建设创新发展工程，今年年初推出了“全员培训”等三大特色工作，市人大常委会副主任、市总工会主席邢明军多次主持召开常委会，专题研究部署。截至6月底，市总工会及各基层工会共投入2258.38万元，开展思想道德、技术技能等培训13610期次，培训职工95.9276万人（外来工和劳务派遣工30.2168万人），分别完成全年任务的79.56%和151.08%。市总工会把加强外来工和劳务派遣培训作为重点，编印了《外来工和劳务派遣工培训读本》，免费发放6万册，并为建工集团、进城务工委员会、市保安服务总公司等外来工和劳务派遣工集中的单位送书上门，为东丽区餐饮行业、西青区辛口镇班组长、和平区社区工会干部送教上门，举办优秀外来工劳务派遣工示范培训班和北京爱国主义教育实践行。宝坻区、三中心医院、联通公司、农业银行、城建集团、天津大学等单位开展以赛促训、流动课堂等活动。滨海新区建立订单定岗定向培训体系，静海县制定菜单式选课培训服务计划“送课程”进企业；东丽区定期开展“金牌月嫂”等培训、鉴定、推荐就业一站式服务；红桥区利用职工培训中心和企业职工学校开办农民工培训班，每月举办免费招聘会，实现培训与就业有效链接。

（三）加强职工文化建设，促进共享精神文化发展成果。市总工会借助市体育局资源优势，重点抓好一批有规模、有基础、有实力的大型企业及部分区县的龙头作用，先后举办了健身嘉年华、羽毛球、乒乓球、排舞等全市性大赛，并打造出“五一”长跑、万名棋手大赛两大品牌赛事，举办了“劳动者之歌”、“五一欢歌”、“龙腾盛世情系职工”等大型演出，“颂歌献给党”、“歌唱祖国赞美天津”合唱大赛等活动，发动全

市各级工会踊跃参加职工艺术家评选和文艺调演活动，并开展了以“工人先锋号”为题材的歌曲创作征集活动，创作了一批歌颂工人阶级、歌颂劳模精神、歌颂劳动者先进事迹的曲目，在职工中广为传唱。连续多年开展“送文化到基层”活动，建立了6支流动电影放映队，把健康向上的文化产品送到建筑工地、盐场、钻井台等工作环境艰苦、文化生活较贫乏的厂矿车间和外来工集中的单位。一些单位还将职工文化进一步延伸，打造出“公寓文化”、“宿舍文化”、“社区文化”、“楼门文化”。目前，全市85%的基层单位坚持长年开展各种文体活动，其中非公经济组织达到65%。各级工会不断加强职工俱乐部、文体活动中心、文体基地、职工之家等硬件建设，目前全市有946个全国及市级职工书屋，43个全国职工教育示范点，全国及市级职工文体示范基地354个，各级各类职工文化体育协会616个，文艺、体育团队2459个，职工艺术家255名，职工文体骨干43109人，构建起了全市自上而下维护职工精神文化权益的组织体系和活动网络。

三、对进一步实现职工精神文化权益的思考

通过全市各级工会的重视和努力，天津市在实现职工精神文化权益方面取得了一定成效，但仍存在着一些问题和不足，包括对新形势下实现职工精神文化权益重要性的认识有待进一步提高，实现职工精神文化权益的途径、形式和内容有待进一步拓展和创新，工会文化活动阵地及组织网络有待进一步改善和加强。为此，天津市工会将加强以下四个方面的工作：一是成立职工文化建设领导机构，研究制定《天津市职工文化建设发展五年规划》，着力建立健全长效化、常态化的工作机制；二是加大基础投入，增强职工文化建设发展后劲；三是坚持创新发展，发现挖掘打造一批各具特色的职工文化品牌；四是强化自身建设，扩大工会工作的社会影响力。

当前河北省企业及职工队伍有关情况的调查报告

河北省总工会

今年以来，河北省总工会通过开展“联系职工交朋友”活动，选派工会干部深入企业蹲点调研、开展企事业单位和职工问卷调查、抓好劳动关系矛盾摸排等多种方式，组织力量深入企业和职工，对河北省企业及职工队伍的情况进行了深入调研。

一、当前影响企业发展的主要问题

一是经济下行压力增大，企业经营困难增多。72%的企业反映缺乏资金影响企业发展，许多中小非公企业反映国家关于扶持中小企业的政策难以落实，贷款难、融资难的问题仍然突出。55%的企业反映目前经济大环境不佳、市场乏力，很多企业认为目前市场的困难程度不亚于2008年、2009年。

二是产业层次不高，企业赢利艰难。河北省低端产业多，劳动密集型企业多，资源、能源高消耗企业多，在产业链中处于从属地位的企业多，产品科技含量低、附加值低，劳动生产率、企业利润率提升困难，在原材料和劳动力价格持续上涨的情况下，经营困难越来越大。64%的企业反映目前产品价格难以同原材料价格上涨幅度匹配，利润空间被大大压缩；62%的企业反映用工成本不断上升已成为影响企业发展的重要因素。

三是对技术创新重视不够、创新能力不足，发展后劲堪忧。一些经营者更愿意投资见效快的成熟产品，认为搞创新研发投入大、周期长；有的企业则片面通过扩张规模实现扩大再生产，而不是通过技术创新推动升级换代；大量中小企业留不住科技人员，甚至留不住大学毕业生，缺乏自主创新能力，也缺乏外界的创新支持。调查中，只有27%和23%的企业认为职工技术技能、新产品研发影响了企业发展。

二、当前河北省职工队伍思想状况及劳动关系状况

一是职工队伍思想主流健康向上。超过75%的职工高度评价我国、河北省经济建设的巨大成就，对“十二五”规划前景充满信心；73.3%的职工认为近年来生活质量得到提高，94.1%的职工对自己目前的工作情况表示满意，70.2%的职工希望通过自己的努力“成为道德模范、劳动模范等社会先进人物”，88.2%的职工赞同树立“道德模范”，95.7%的职工对影响社会稳定的群体性事件表示坚决反对和不支持，对劳动权益等方面问题愿意按照法律途径和政策渠道合法地寻求解决。同时，当前职工队伍思想状况存在着两个突出特点，需要引起注意、有效应对：一是职工对社会热点问题关注度高，对解决情况满意度低。92%的职工认为当前收入差距很大或较大；87.2%的职工认

为社会公平实现程度一般或不佳；48.9%的职工认为社会诚信度较差或很差。在关系国计民生的一些问题上，职工呼声仍很强烈，对政府解决住房、物价、食品安全三项问题的政策及结果表示“不满意”或“非常不满意”的比例分别达到了33.9%、39.6%和48.7%。二是网络舆情对中青年职工的影响力日益增大。从工会干部所联系职工情况来看，80%以上的中青年职工经常上网并对重大新闻事件进行评论。

二是劳动关系矛盾多发、高发，部分职工维权方式有趋于激烈的倾向。据了解，全省各级劳动争议仲裁机构和法院系统受理的劳动争议案件总体上仍处于多发、高发和增长态势，其中2011年各级劳动争议仲裁机构受理的劳动争议案件同比增长32.6%。近3年来，各级法院、劳动争议仲裁和信访部门受理的其他案件总体比较平稳，有的呈下降趋势，唯独劳动争议案件以每年约30%的速度递增。随着职工思想观念的变化、权利意识不断增强，其维权主张更加积极和强烈，一些案件中常有明确的组织者、策划者在串联鼓动，采取上门、电话、短信、QQ群等方式组织职工一致行动对政府、企业施压。

三是引发劳动关系矛盾的触点多、解决难度大。一是劳动报酬所引发的问题最为突出。从工会系统统计到的尚未解决的劳动争议和职工信访案件看，由劳动报酬引发的案件高居榜首占34.4%。二是劳动（人事）关系变更、终止、延续不规范，引发纠纷较多。问卷调查显示，此类问题是劳动争议和职工信访起因的第二位，占16.5%。三是改制企业、困难企业遗留问题积累已久，矛盾突出。从调查统计情况看，由改制企业、困难企业遗留问题引发的信访案件、劳动争议案件占14.5%，居第三位；今年1～3月份，全省各级工会接到职工集中反映企业改制存在的各类问题180件次，占信访总量的13.3%。其中，企业“内退”职工因内退工资多年不变、所享受的社保待遇与在岗职工和退休职工差别比较大等原因，不稳定因素也较明显。四是社会保险制度执行不规范、保险覆盖面偏低。据调查，因社会保险引发的劳动争议和职工信访案件居第四位，占10.4%。从调查统计的615.9万名企业职工中，养老、医疗、失业、工伤、生育五项保险的参保率分别为60%、56%、52%、59%、32%；而在非公企业中，参保率则下降到55%、48%、42%、53%、22%。五是事业单位部分干部职工对事业单位改革存在一定的焦虑感和担忧情绪。

四是存在劳动关系矛盾高发的庞大群体。一是农民工群体。目前，河北省境内的农民工超过1500万人。由于许多企业劳动用工不规范，侵害农民工权益的问题多发，容易形成劳动争议。如在省总工会统计的尚未解决的劳动争议和职工信访案件中，拖欠农民工工资引发的案件占14.1%。欠薪问题在包括市政工程在内的建筑行业问题最为突出，往往引发农民工群体性事件。二是劳务派遣工群体。目前，河北省境内劳务派遣工以及“服务外包”、“劳务分包”等用工约有230万人之多。这一群体中，普遍存在着同工不同酬、社会保险缴费基数低、福利待遇低、民主权益缺失等突出问题。三是机关事业单位编外用工群体，面临着与劳务派遣工相似的问题，上访事件也屡有发生。

三、工会组织在维护职工队伍稳定方面发挥了积极作用

一是密切联系职工，切实做好职工群众思想政治工作。发挥工会组织优势、宣传

优势，引导职工当好促进发展的主力军；配合党政做好涉日维稳工作，引导职工顾全大局，自觉维护稳定，以实际行动表达爱国热情。

二是进一步加强劳动关系矛盾排查和预防工作，努力把矛盾化解在基层。推动全省规模以上企业开展以“沟通互信、合作共赢”为主题的工会与企业行政沟通对话活动，为企业行政与职工搭建一个平等交流、平和对话、平心说事的平台。在企事业单位广泛建立群众工作室的基础上，建立群众工作员队伍，每个车间、每百名职工至少明确一名群众工作员。组建一支由省总工会直接管理的一线职工信息员队伍。

三是积极参与调解、仲裁和诉讼，依法促进劳动争议“案结事了”。发挥企业和区域性、行业性劳动争议调解组织的作用，提升调解结案率，在全省推广承德市“四级联调”的做法（变企事业单位单独调解劳动争议案件为市、县区、乡镇、企事业单位四级劳动争议调解组织上下联调，工会、法院、人社、司法、诉讼、企协、工商联等部门共同参与横向联调）。加大参与劳动仲裁的力度，加强职工法律援助工作。

四是推行职工信访代理和工会领导干部包案制度。在“12351”职工维权热线工作全部延伸到县级工会的基础上，强化责任、抓好接听和处置工作。对各级工会受理的职工信访重点案件实行领导包案制度，省市两级工会领导干部已筛选了81件职工信访典型案件实行包案解决。

五是大力做好职工帮扶服务工作。认真办好公开承诺的“职工互助一日捐”、职工生活后勤保障条件“四提升”等七件实事，对全省14.2万名在档困难职工全部走访一遍并重点救助，对新增困难职工简化申报手续、及时帮扶，做到“不折不扣、不拖不欠、不留死角”。

四、关于进一步发展和谐劳动关系、做好职工队伍稳定工作的建议

一是各级党委、政府进一步加大贯彻全国、全省构建和谐劳动关系会议精神的力度；二是加大劳动监察执法力度，组织开展落实劳动法律法规情况重点检查；三是抓好劳动关系矛盾特别是职工群体性事件预防预警和化解工作；四是研究制定政策办法，从源头上解决侵犯职工合法权益突出问题；五是加强网络信息的正面引导。

山西省企业劳动关系及职工思想状况调查报告

山西省总工会

今年以来，山西省总工会组织机关处级以上干部，深入11个市、119个县，与市、县工会一道进行了企业劳动关系状况普遍摸底调查。调研采取填写企业劳动关系状况调查表和职工调查问卷、召开座谈会、开展典型调查和个案访谈方式进行，覆盖国有及其控股企业、集体及其控股企业、个体私营企业、外资及港澳台资企业30445家，收回有效职工调查问卷35064份。调研共产生101篇分报告，在此基础上，结合2006年全省职工队伍状况调查数据，综合分析，形成本调查报告。现将调查结果报告如下：

一、再造一个新山西目标感召强烈，职工思想稳定，人心思上，工作信心和生活幸福感普遍增强

问卷调查中，对“坚持走中国特色社会主义道路是否有信心”的问题，76.72%的职工（74.59%的新生代职工）选择了“信心坚定”；对“在党的领导下中国会越来越好怎么看”的问题，91.97%的职工（89.65%的新生代职工）选择了“坚信”或“相信”。77.47%的职工（75.41%的新生代职工）了解转型跨越发展、再造一个新山西的目标任务，在回答“对转型跨越发展、再造一个新山西的目标是否充满信心”时，78.16%的职工（76.12%的新生代职工）回答“是”。职工对个人前途、对企业发展充满信心，有63.42%的职工（77.68%的新生代职工）表示制定了个人的职业发展规划或目标，有76.82%的职工（85.33%的新生代职工）对个人发展前途有信心。职工（新生代职工）普遍幸福感增强，认为生活“一般幸福”、“比较幸福”、“很幸福”的分别为32.64%（29.36%）、21.73%（40.16%）、42.02%（21.5%），三项合计占到被调查职工的96.4%、新生代职工的91.02%。

二、职工基本政治、经济权益得到保障，民生全面改善，劳动关系总体和谐稳定

（一）企业基层民主政治建设稳步推进，职工诉求表达渠道进一步畅通。调查显示，全省企业职代会建制率为78.32%，厂务公开建制率为61.26%，71.12%的职工表示企业重大决策通过职代会或在征求职工意见基础上作出，有84.49%的职工表示集体合同通过了职代会表决。职工诉求表达渠道基本畅通，有93.11%的职工表示单位有职代会、合理化建议等畅通的民主管理渠道，有75.47%的职工表示能定期与企业管理层进行有效沟通，有74.86%的职工表示合理意见或建议能得到企业重视和及时回应。

（二）劳动合同、集体合同制度普遍建立，职工工资水平有一定提高。调查显示，78.63%的职工与工作单位签订了劳动合同，提高12.63个百分点，94.34%的职工表示企业能基本履行或完全履行劳动合同。全省30309个企业建立集体合同制度并签订集体合同，84.49%的职工表示集体合同签订程序规范、内容全面，能够履行。最低工资标准得到较好落实，低收入职工特别是农民工工资在1500元以上的占40.74%。全省共签订工资集体协商合同17752份，覆盖企业44702个，覆盖职工3632680名，去年和今年涨过工资的职工占82.19%，有80.49%的职工表示能定期、不定期增长工资。工资拖欠现象大幅减少，有82.22%的职工表示能按时足额发放工资，74.04%的职工能领到加班费。

（三）社会保险惠及更多职工，劳动时间和劳动安全卫生法规政策落实较好。社保覆盖面稳步扩大，有79.04%的职工表示单位为其缴纳过“五险一金”，有89.05%的职工表示企业提供培训、体检、带薪假期、补贴等不同形式的福利保障。劳动时间得到执行，调查显示，57.06%的职工每天工作时间在8小时以内，87.65%的职工在8小时内能完成当天的劳动定额。劳动安全卫生管理不断规范，有71.4%的职工接受过劳动安全卫生培训，有93.51%的职工表示工作场所有消防、通风、降温、防尘防毒等劳动保护设施。

（四）协调劳动关系三方机制作用明显，基层劳动争议调解机构发挥有效作用，企业劳动关系相对稳定。省委省政府两办2008年下发《关于进一步推进创建劳动关系和谐企业活动的意见》，目前，全省85%的市、县制定了实施意见，82.42%的企业开展了创建活动，取得明显效果。调研中，75.45%的职工对企业劳动关系的总体评价为“良好”和“非常好”。基层劳动争议调解机构作用发挥较好，64.3%的职工表示企业成立了劳动争议调解委员会，63.55%的职工表示劳动争议调解委员会能起到调解作用。职工依法维权意识明显增强，一旦发生劳动争议，希望通过与企业协商、工会组织调解、仲裁机构仲裁等方式解决的职工，分别占到26.8%、50.52%、14.25%。

三、新老问题交织，劳资纠纷增多，局部性、多层面劳动关系问题不容忽视

（一）普通职工整体工资水平仍然较低，亟待解决的生活问题出现新变化。在调查的职工中，月均工资850～1500元的比例最高，占44.13%，850元以下的占13.96%，3000元以上的仅占6.55%，六成半职工表示近几年工资未增长或不定期增长过，45.69%的职工对目前工资收入状况不满。据抽样调查，职工在选择生活中压力最大的问题时，排在前七位的分别是物价涨幅太大、房价高、看病就医费用高、子女教育费用高、收入低、就业难、社会保障待遇差，分别占被调查职工的68.02%、62.71%、54.06%、52.37%、41.22%、22.05%和20.7%。

（二）部分企业用工制度不规范，劳动关系隐患依然存在。一是外资企业、私营企业劳动合同签订率普遍较低，没签合同的比例分别为21.71%和18.04%。二是企业与职工签订合同期限1年以内的高达37.66%，劳动合同短期化会降低职业稳定性。三是有些企业对劳动安全卫生工作重视不够，执行国家相关法规不严格。57.92%的企业没

有降温设施，22.37%的企业没有消防设施，14.93%的企业没有对劳动安全保护设施进行过定期检修和更新。四是超时加班现象屡禁不绝。28.46%的职工每周工作6天，21.60%的职工每周工作7天，33.26%的职工每天工作时间在8～10小时之间，25.06%的职工加班费不达法定标准，甚至23.22%的职工领不到加班费。

（三）社会保险发展不平衡，覆盖面有待进一步扩大。各大险种发展不平衡，养老、医疗、工伤参保人数多，失业保险参保人数相对较少，生育保险参保比例非常低。特别是住房公积金缴纳比例很低，调查显示仅有22.95%的企业为职工缴纳了住房公积金。不同性质的企业社会保险覆盖不平衡，国有、集体企业较好，外资企业、私营企业较差，其中外资企业养老、医疗、工伤、失业保险职工参保比例分别仅占47.50%、37.43%、42.69%、23.35%。农民工和劳务派遣工参保率较低，有24.78%的职工并不了解企业必须为职工办理社会保险的规定，25.54%的劳务派遣工没有任何基本保险，大部分农民工没有被纳入城市社会保障体系。

（四）企业民主管理有待进一步强化。调查显示，绝大多数职工愿意参加本单位的民主管理、民主监督、民主参与、民主选举工作，但仅有55.97%的职工认为自己还是企业的主人翁，24.97%的表示不好说，认为不是的占9.09%。

（五）企业人文关怀欠缺，与职工追求精神文化生活、提高自身素质的强烈愿望形成较大反差。调查发现，希望通过培训提升自身素质的职工占95.82%，其中选择技术技能培训、职业资格培训和文化知识培训的比例最大，分别占62.3%、36.34%、30.71%，调查统计，只有不到六成企业经常关心职工思想变化和生活困难，仅有33.68%的企业经常开展群众文体活动，28.46%的企业没有组织过任何培训。

（六）劳动纠纷案件总量攀升，群体性事件隐患犹存。一是劳动纠纷数量居高不下。据省人社厅统计，2010年全省劳动争议调解仲裁机构立案受理案件6481件（不含上期末未结案件709件），其中10人以上的集体争议138件，涉及农民工的3084件；仲裁机构案外调解及企业调解委员会等各类调解组织受理案件3005件，涉及劳动者人数8022人。调查显示，有2704名职工与企业发生过劳动争议，占7.71%。二是企业劳动争议调解委员会调解和化解矛盾力量不足，34.06%的职工表示所在企业没有成立劳动争议调解委员会。三是劳动争议群体性事件隐忧增大。调研中，对“你是否会参与劳动争议群体性事件”的问题，选择“涉及自身利益就参加”的占27.86%，选择“多数人参加我就参加”的占9.34%，选择“直接参加”的占7.6%，总计超过四成。

四、进一步构建和谐稳定劳动关系的几点建议

一是加强制度建设，夯实劳动关系协调法律政策保障机制。二是抓住工作重点，解决劳动关系和谐稳定的突出问题。三是赋予资源手段，充分发挥工会组织的应有作用。四是强化组织领导，形成良好工作格局和社会环境。

关于内蒙古部分工业园区企业劳动用工状况的调查报告

内蒙古自治区总工会

今年上半年，内蒙古自治区总工会组成调查组，深入乌海市海勃湾千里山工业园区、乌达工业园区和阿拉善经济开发区的11家企业进行了专题调研，召开了15个职工座谈会，涉及企业34家，并对部分企业的一线职工进行了问卷调查。现将调查情况报告如下：

一、园区企业劳动用工现状

三个开发区和工业园区共入驻企业408家，其中非公企业380家，占93.1%。3个园区共有在岗职工45588人，性别上以男性为主，占75.2%；学历上以高中、中专、大专为主，高中学历的占26%，中专学历的占16%、大专学历的占19%，初中及以下学历的占13%，大学及以上学历的占26%；年龄上以年轻人为主，20岁至40岁的占65%左右；来源上非本地职工占50%以上；身份上农牧民工和劳务派遣工7870人，占17.3%；行业上以煤炭、化工、冶金、建材等为主，占80%以上。目前，园区企业劳动用工呈现以下特征：

一是企业用工趋于规范。园区和企业均比较重视用工的规范性，85%的职工与企业签订了劳动合同，86%的职工每天平均工作时间不超过8小时，每周平均工作天数不超过6天；一年内领取过劳动保护用品的职工占98%，接受过安全生产培训的职工占83%，参加过企业组织的健康体检的占80%。企业为职工交纳养老、医疗、工伤、失业和生育保险的占在岗职工数均超过90%，交纳住房公积金的达到50.7%。

二是劳动关系总体和谐。调查表明，园区及其企业重视发展和谐劳动关系，能够开展工资集体协商，改善职工的生活福利待遇；能够通过职代会、厂务公开等民主管理形式，听取职工的意见，采纳职工的合理化建议。86%的职工认为自己的收入随着企业经济效益的增长而同步增长，78%的职工感到自己的付出与收入基本相符，82%的职工认为对企业经营管理现状和劳动规章制度等比较了解，76%的职工认为企业比较尊重职工、关心职工的利益和发展，68%的职工认为企业经营管理者与职工的关系比较融洽。

三是职工队伍相对稳定。调查表明，园区及企业越来越重视企业文化和职工文化建设，关心职工的业余文化生活和精神文化需求，这对于促进职工队伍的稳定起到了积极作用。当企业与职工有劳动争议时，绝大多数职工能够通过工会等组织解决争议或纠纷，基本上没有群体性上访或罢工等事件发生。

四是工会作用日益显现。在当地党委、政府及园区管委会的重视支持下，园区工会在加强自身建设的同时，积极推动园区企业建立工会组织，推动企业开展工资集体协商、厂务公开民主管理等工作，组织职工开展劳动竞赛、技能比赛、职业培训、文体娱乐等活动，对困难职工进行帮困救助，努力为职工办实事好事，推动和谐园区、和谐企业建设。特别是指导推动园区非公企业工会开展了“工会组织亮牌子、工会主席亮身份”的“双亮”活动，促进企业工会发挥作用，提高工会组织的吸引力和凝聚力。据问卷调查，95%的职工知道企业有工会，89%的职工知道企业工会主席是谁，90%的职工对企业工会工作基本满意。

二、存在的主要问题

（一）企业用工存在短期化倾向。调查中许多企业反映，目前职工流动性较大，用人难、留人难现象比较严重，特别是有一技之长的技术工人在同行业内“用脚投票”现象比较明显。有些企业用工周期只有两三年，少数企业一年内职工流失率在40%以上，个别企业达到80%～90%。造成企业用工短期化的原因，一是园区发展、企业数量规模扩大带来用工需求增加，与技能工人、熟练劳动者和优质青壮年劳动力相对短缺形成结构性招工难，引发相邻园区、相近产业、相同行业的企业之间相互挖人情况比较严重，从而造成企业用工不稳定、职工流动性大；二是在经济不景气、企业效益下行压力大的情况下，企业为降低成本与职工签订短期合同，谋求用工短期化；三是包括新生代农牧民工在内的青年职工打工理念发生转变，为获得更好的薪酬待遇、用工环境、发展空间等主动更换工作岗位，形成工作频繁流动的状况。

（二）企业用工技能含量较低。据统计，持有职业技能等级鉴定证书的技术工人数占在岗职工数的22.6%，其中初级工、中级工、高级工、技师、高级技师分别占5.5%、10.7%、3.8%、2.2%和0.4%；拥有工程师等职称的专业技术人员只占在岗职工数的1.9%，其中工程师等占1.7%，副高以上工程师等仅占0.2%。造成企业用工技能含量低的原因，一是大量企业属于粗放型、劳动密集型和资源加工型企业，企业设备工艺落后，产品科技含量低，用工上对技能型人才需求量不大；二是由于技能人才流失率高、留人难，企业不愿意培养、培训技术工人，存在需要时外聘或临时挖人的现象；三是一些青年职工走出校门就进入厂门，因学技术辛苦、成本高而放弃考取技术职称，造成技工短缺、企业想招聘而招不到的情况。

（三）部分企业执行劳动合同制度不规范。一是存在“有劳动无合同”的问题。一些企业为降低用工成本、逃避缴纳社会保险和解雇工人的法律责任，有意不与职工签订劳动合同；一些职工认为劳动合同限制了自身发展，不愿签订劳动合同。二是存在“有合同不真实”的问题。一些企业在劳动合同签订过程中不与职工协商，职工只能被动接受企业提供的合同，合同不能体现职工的意愿、主张和权益。据问卷调查，近30%的职工没有持有自己的劳动合同文本。三是存在“有合同不规范”的问题。职工签订的劳动合同中，一些合同文本形式化，对工资收入、工作时间、劳动保障等没有明确具体的约定。四是存在“有合同不履约”的问题。调查发现，在一些非公企业，劳动合同对双方约束力并不大。部分非公企业随意更改合同条款，不履行规定义务，职工往往敢怒而不敢言；也有部分职工经常游离于用人单位之间，单方面毁约，造成合同条款不能正常履行。

（四）低技能劳动者和体力劳动者的权益未得到有效保障。一是工资收入不高。他们工资增长缓慢且幅度小，物价水平的上涨在很大程度上抵消了工资增长效应，平均工资及平均增幅往往掩盖了他们的低收入、低生活水平真相；而少数企业还存在拖欠打工者工资、前清后欠的现象。二是社会保障不到位。调查表明，简单体力劳动者和进入园区企业打工的农牧民工成为未参加社会保险、参保项目不全或缴费比例偏低的主体，这里既有用人单位为降低人工成本而少缴或不缴社保的问题，也有部分农牧民工、青年职工劳动风险意识不强、认为身体健康、缴费不如给现金实惠的思想认识问题，还有现行制度下社会保险关系接续难、转移难、社会保险管理服务跟不上、打工者流动性大难以参保的问题。三是劳动保护不容乐观。少数企业忽视对劳动保护的必要投资，管理落后，职工劳动环境不同程度的存在灰尘、粉尘、可吸入性颗粒浓度大、有毒有害气体浓度大、噪音大、劳动保护条件差等现象。四是表达权和民主参与权缺失。他们的意见和诉求得不到尊重和认可，在召开职代会时，往往没有或少有他们的代表，很难在职代会上形成力量、表达意愿。五是精神文化生活比较单调。他们业余生活比较单调，下班后主要靠打牌、上网玩游戏打发时间，在个人生活、职业发展、身份认同等方面承受着许多压力。

（五）园区企业工会组建和作用发挥存在差距。调查发现，园区内还有相当多的企业未组建工会，当企业出现不规范用工行为、职工需要维权时，缺少监督者、协调者和报告者。同时，一些已建企业工会组织不健全，对工会维权理解不到位，依法开展工作缺乏主动性，在监督企业规范用工、引导职工参与企业民主管理，特别是在劳资矛盾调处中，缺乏为职工解决实际困难和实质问题的有效手段。一些中小企业工会不能适应职工队伍结构变化、思想变化和需求变化，工作思路、工作方法和活动方式缺乏创新，缺少吸引力和凝聚力，没有得到职工、企业和社会的广泛认可和支持。

三、对策建议

一是在全社会大力倡导并努力形成依靠劳动、尊重劳动的良好氛围。二是大力发展和谐劳动关系。三是进一步加强对劳动用工的执法检查和监督力度。四是切实提高广大劳动者自身素质。五是进一步加强工会基层组织建设。

全省工会职工服务帮扶体系建设情况的调查报告

辽宁省总工会

2012年3~7月，辽宁省总工会先后深入锦州、铁岭、大连、鞍山、本溪、丹东、锦州、营口、铁岭、辽阳、朝阳、葫芦岛等市，采取统计报表、问卷、召开座谈会、个别访谈等形式，全面了解全省职工服务帮扶体系建设情况，现报告如下：

一、职工服务帮扶体系建设专项行动的总体进展情况

一是领导高度重视，把服务帮扶体系建设专项行动作为全会重要工作来抓。省总出台了《关于开展职工服务帮扶体系建设专项行动的实施意见》，全省各级工会按照省总的统一要求，并结合各自实际，普遍制定了切实可行的工作方案。一些市成立了工会服务帮扶工作领导小组，把服务帮扶体系建设纳入基层工会达标、评模评先的重要考核标准；有的市在深入调研的基础上，制订了服务帮扶站规范标准；有的市领导亲自带队组成督察组，深入社区、企业推进建站工作；有的市还专门召开服务帮扶站建设启动大会，迅速在全市形成建站覆盖之势。

二是服务帮扶网络向基层延伸，取得实质性进展。各级工会把服务帮扶网络向社区和企业延伸作为重点，夯实了基层服务帮扶工作的组织基础。有的市工作力度非常大，目前已经实现了社区和规模以上企业服务帮扶站建设的全覆盖；有相当一部分市、社区和规模以上企业服务帮扶站的建制率达到70%以上；有的市在推进规模以上企业建立服务帮扶站的同时，还适时将建站工作向其他企业延伸；有的市下大力气落实服务帮扶站的人员编制，解决服务帮扶力量不足的问题，将职业工会工作者列入社区编制；有的市采取本级拨付、县区配套、地方财政列入预算、社会捐助补充的模式实现了服务帮扶站资金的良性运行。据不完全统计，截止到6月底，全省102个县区已全部建立了服务帮扶中心，建立社区服务帮扶站2516个、企业服务帮扶站6720个，创建率分别达到66%和52%。

三是适应职工新需求，服务帮扶载体和功能得到全面拓展和提升。全省各级工会按照服务帮扶工作转型升级的统一要求，在原有生活救助、法律援助、就业援助、助医助学等传统服务项目的基础上，向家政服务、健康咨询、疾病预防、感情关怀、心理疏导、交友联谊和文化娱乐等综合服务方面拓展。全省14个市普遍实施“会员服务卡”工程，通过建立一批特约优惠服务基地，为广大会员提供金融、通信、机票、餐饮、食品、药品、体检、购房、购车等众多优惠服务项目，据不完全统计，目前，全省建立就业培训基地1268个，就业安置基地957个，爱心超市等服务基地1141个，扶持创业项

目520个，发放工会会员服务卡80多万张，发展服务帮扶志愿者近5万人。

四是惠及全体职工，职工服务帮扶体系建设初显成效。各级工会服务中心、服务帮扶站做了大量的实实在在的工作，更多的服务、更有针对性的帮扶、更多的实惠正在惠及广大会员和职工群众。一些市基本上形成了小困难不出街道、社区和企业服务帮扶站，一般困难不出县区服务中心，较大困难由市、县（区）帮扶中心共同解决的服务帮扶工作机制。据不完全统计，今年上半年，全省工会实施生活救助18.4万人次，医疗救助1.7万人次，助学2691人，职业介绍、就业培训4.7万人次，法律援助2469人次。

二、存在的主要问题

辽宁省职工服务帮扶建设专项行动在取得良好的开端的同时，还存在一些比较明显和突出的问题。

一是认识不到位。对在社区和规模以上企业建服务帮扶站，有些工会领导干部认识不到位，认为县区、街道已有服务帮扶中心、站点，社区再建没有必要，企业工会一直在做帮扶工作，再建服务帮扶站是重复。这种思想认识的“无用论”、“已有论”直接导致一些地区行动迟缓，工作力度不大，实际效果不佳。

二是发展不够平衡。有的市服务帮扶体系建设专项行动还没有全面推开，社区特别是规模以上企业建站还不够理想，建制率较低，影响了全省工会职工服务帮扶体系建设的整体推进。

三是服务功能不完善。部分帮扶站虽然在形式上转型升级为服务帮扶站，但其工作内容仍停留在对困难职工的生活救助、职业介绍等传统工作模式，为全体职工提供均等化、多元化服务不够，服务帮扶中心（站）仍是传统帮扶中心（站）的简单复制，服务帮扶功能在转型升级后没有得到相应的提升，服务帮扶质量不高。

四是资金不到位。一些县区工会没有稳定的帮扶资金来源渠道，帮扶资金投入不到位，筹措力度不够，形成了帮扶工作的瓶颈，造成服务帮扶工作难以深化、可持续发展。

三、几点建议

一是提高认识、加强领导。各级工会组织特别是领导干部要站在全省工作大局和工会工作全局的高度，充分认识开展职工服务帮扶体系建设的重要性，把这项工作列入全会重要议事日程，进行专题研究，制定明确的工作目标和规划，加强考核和监督检查。要最大限度地争取党和政府的支持，把工会服务帮扶工作纳入当地社会发展规划，纳入民生工程和社会管理的考核目标。要加强与政府人社、财政、民政、司法、信访等部门的沟通协调，互相配合，形成社会合力。

二是加强服务帮扶网络建设。建议企业服务帮扶站可采取企业工会自建或联合行政共建的方式，社区服务帮扶站可采取工会自建、联建或依托等方式，努力实现在社区（工业园区）和规模以上企业的全覆盖，从而形成市、县区、乡镇街、社区、企业横到边、纵到底的服务帮扶网络，为职工提供近距离、面对面的便捷服务。

三是推进服务帮扶工作的转型升级。职工服务中心、社区、企业服务帮扶站要适应广大会员和职工群众全方位、多元化需求，在继续开展传统帮扶工作的基础上，不断调整，扩大服务范围，拓展服务功能，增加服务内容，组织开展政策咨询、心理咨询、医疗健康服务、家政服务、婚介服务、文化体育服务、开办职工书屋、发放服务卡、组织职工互助互济、疗休养等，为广大会员和职工群众提供综合性服务，不断满足广大职工日益增长的对公共服务的新需求。

四是加快服务帮扶队伍建设。要通过争取单列编制、政府设立公益性岗位，工会干部值班轮岗等办法，建立专职帮扶工作人员队伍。要选拔和配备政治素质好、业务精、能力强的工会干部充实到服务帮扶工作岗位。要大力加强服务帮扶志愿者队伍建设，注意吸收法律工作者、医疗工作者、文体工作者、心理咨询师等参与服务帮扶活动，不断发展壮大服务帮扶志愿者队伍。要加强人员培训，不断提高工作人员的服务帮扶能力。

五是加大服务帮扶资金的筹集力度。要建立起工会自筹、社会捐助、财政拨付的科学资金筹集机制。各级工会要加大经费投入，纳入年度预算，并做到每年有所增加。要积极争取政府、行政对服务帮扶工作的资金支持，努力动员社会各界和职工捐款资助，保证服务帮扶工作的正常开展。当前社区、企业服务帮扶站的资金短缺问题比较突出，建议企业服务帮扶站建设采取企业行政出一点，企业工会拿一点，职工筹一点的方式加以解决；社区服务帮扶站建设采取市、县区工会经费拨一点，同级财政预算加一点，社会募捐筹一点的办法加以解决。

六是加强制度建设。要进一步建立和完善信访接待、生活救助、就业帮助、法律援助、职工服务等为主要内容的各项工作制度、责任制度和运行机制，使职工服务中心、服务帮扶站切实做到阵地稳定、队伍壮大、制度健全、活动经常、效果显著，进而推动服务帮扶工作常态化、长效化。

关于在小型非公企业开展党工共建活动的调研报告

吉林省总工会

吉林省总工会以高度的政治责任感和使命感，在加强工会组织自身建设的同时，充分发挥党的群众组织优势，致力于服务党建工作，从2005年开始，探索在小型零散非公企业建立工会联合会、聘用职业化工会主席兼党组织负责人，开展党工共建工作。经过7年来的实践，初步形成了覆盖全省小型非公有制企业的党建、工建区域化工作体系，有效地扩大了党组织和工会组织的覆盖面，较好地实现了党的工作和群众工作的结合，有力地推动了小型非公有制企业党建工作的开展。2009年9月，省委在贯彻落实《中共中央关于加强和改进新形势下党的建设若干重大问题的决定》实施意见中，要求全省推行小型非公企业“党工组织跨企业设置、工会主席兼任党组织书记”的组建和工作模式；近期下发的中共中央《关于加强和改进非公有制企业党的建设工作的意见（试行）》明确提出：“对未建立党组织的非公企业，可通过建立工会和共青团组织等方式，积极开展党的工作，推动企业建立党组织；提倡不是出资人的党组织书记副书记通过法定程序兼任工会主席、副主席，也可以由党员工会主席通过法定程序兼任党组织书记、副书记。”这是对在非公企业开展“党工共建”工作的充分肯定。

一、在小型非公有制企业开展党工共建活动的历史沿革和现状

小型非公企业工会联合会主席兼党组织负责人，创新了党工干部产生机制，是带有方向性、前瞻性的探索和实践，在全国首开先河，成功走出了一条适合社会主义市场经济体制下基层党建和工会发展的新道路。按照“先行试点，总结经验，探索路数，逐步推开”的工作思路，2005年8月，省总工会在长春市朝阳区清和街道开展了在小型非公企业建立工会联合会、实行工会主席职业化试点工作，采取“社会化招聘、派遣式用人、职业化使用、契约化管理”的方式，向社会公开发布招聘信息，通过笔试、面试、考核等程序，招聘了10名职业化工会主席。招聘后，依托乡镇街道建立小型非公企业工会联合会，经法定程序任命为工会联合会主席。其中5名职业化工会主席同时兼任联合党支部书记，接受区总工会和乡镇街道党工委的双重领导，在区域内开展党工共建工作。2006年8月，将试点工作在长春市朝阳区推开，在朝阳区招聘了16名职业化工会主席兼党支部书记，取得了良好的效果，得到了全总和吉林省委领导的高度重视和充分肯定。中央电视台《新闻联播》栏目、《人民日报》、《工人日报》等媒体对此分别作了报道。2007年1月期间，中共中央政治局委员、全国人大常委会副委员长、全国总工会主席王兆国同志对此项工作三次作出重要批示，要求

认真总结经验，稳步推广。2007 年 3 月 14 日，经省委同意，省委组织部、省总工会、省中小企业局在长春市朝阳区召开了全省小型零散非公企业建立联合工会，实行工会主席职业化和开展党工共建工作现场会，将此项工作向全省推开。2007 年 4 月，全国总工会在吉林省召开了全国工会贯彻《企业工会工作条例》暨推行非公有制企业工会主席职业化现场会，向全国推开。目前，吉林省共招聘职业化工会主席 550 人。工资由省财政和省总工会承担 2/3，市、县两级财政分别承担 1/3，并负责缴纳社会保险金，乡镇街道提供办公场所。职业化工会主席工资标准目前在 1020 元至 1720 元之间。全国目前已招聘职业化工会工作者 2. 2 万人。

二、在小型非公有制企业开展党工共建的主要做法

职业化工会主席同时兼任联合党支部书记，把党的工作和工会工作有机结合，逐渐探索和总结出了“两个依托”、“两个覆盖”、“两个维护”、“两个促进”的成功做法和经验，形成了党工共建的良好局面。

一是依托企业工会组织建立党组织、依托工会阵地开展党的活动。小型非公企业工会联合会主席兼联合党支部书记在深入企业进行走访、发展会员的同时，对企业党员进行排查登记，符合建立党组织条件的企业，帮助企业及时筹建党的组织，报乡镇街道党工委审批。企业党员人数少、暂不具备建立党组织条件的，党组织关系转到联合党支部，纳入联合党支部管理。企业没有党组织的，在工会会员中发现和培养入党积极分子，发展新党员，向业主推荐符合招工条件的党员到企业工作，逐步壮大党的力量，条件一旦成熟，及时成立党的组织。党组织在对工会工作加强领导的同时，依托工会组织的阵地和资源手段开展党的活动，使党组织工作和工会工作紧密结合，互相促进，共同提高。

二是对非公企业实行党组织全覆盖、工会组织全覆盖。职业化工会主席兼联合党支部书记上岗后，对分管区域内的企业和职工“地毯式”的走访、排查、登门工作，工作触角延伸到区域内的每一个经济细胞。工作中，他们做到“四同时”。即：党组织与工会组织同时建立；党建工作和工会工作同时研究部署；党员活动和工会活动同时开展；发展党员积极分子和发展会员同时进行，在工会组织实现全覆盖的同时，党的组织也力争实现全覆盖。

三是维护职工的合法权益、维护企业的发展权益。工作中，省总工会要求职业化工会主席既要大胆维护职工合法权益，又要有效地维护企业发展权益。职业化工会主席不端老板饭碗，敢于理直气壮地维护职工权益，有效地化解了各种矛盾。同时，通过向政府职能部门反映企业的呼声与需求，争取政策扶持，协调落实相关政策，努力优化企业发展环境，有效地维护了企业发展权益，为业主所欢迎。长春市海威市政工程设计有限公司员工招聘自全国各地，落户口难困扰了企业发展。职业化工会主席吴守本历时四个多月时间，多次与上级主管部门协商，终于为 12 名外地大学生落下了集体户口，为企业留住了人才，解除了职工后顾之忧，解决了企业难题。

四是促进非公经济发展、促进劳动关系和谐。工会主席兼任党组织负责人，努力把推动建立规范有序、公正合理、互利共赢、和谐稳定的社会主义新型劳动关系作为重

要目标，积极推动建立区域性职代会制度、区域性平等协商集体合同等制度，目前全省小型非公企业推行工资集体协商率达到70%。同时，通过围绕非公企业生产经营工作，积极组织党员开展“党员先锋岗”等创先争优活动，组织员工开展劳动竞赛、技术攻关、合理化建议活动，帮助企业搞好生产经营，有效地促进了企业健康快速发展。据省中小企业局统计证明，自从开展党工共建以来，中小企业发生的劳动争议事件逐年减少，促进了中小企业的和谐发展。

三、在小型非公有制企业推行党工共建，实行党工“一肩挑”效果明显

吉林省在小型零散非公企业开展党工共建活动，有效地解决了小型零散非公企业党和工会组织组建难的问题，把大量的游离于党组织之外的“口袋党员”找回到娘家，把广大职工团结在了党组织的周围，满足了部分职工政治进步的精神需求，巩固了党的执政基础，也扩大了党的阶级基础。2005 年以来，全省小型非公企业共建立基层党组织 1856 个，发展新党员 1803 人，找回“口袋党员”（即未参加组织生活的流动党员）7067 人，发展党的积极分子 3644 人；组建工会联合会 2525 个，发展会员 139. 9 万人，覆盖企业 5. 2 万个，覆盖职工 152. 1 万人。全省非公企业党工组织覆盖率达到了 92%。

四、在小型非公有制企业开展党工共建的创新发展

我们在开展党工共建活动中，不断创新党工共建新思路，把职业化工会主席兼联合党支部书记派驻到规模以上非公企业，任工会副主席或党支部副书记，在企业成为党工专干，将党工共建工作覆盖面扩大到了大中型非公企业。党工专干深入企业内部，贴近职工，服务企业，拉近了企业与党工组织的距离。他们不拿企业一分钱工资，用诚信服务，赢得企业和职工的信任与支持，受到企业经营者和职工的欢迎。同时，改变职业化工会主席游离于企业外部的一些不利因素，推动了党工共建活动不断深入。

关于非公有制企业开展劳动竞赛的调研报告

黑龙江省总工会

黑龙江省总工会从2012年4月份开始，对各市（地）、各产业非公有制企业开展劳动竞赛情况进行了调研，主要情况如下：

一、活动基本情况和主要做法

2012年上半年，全省共有1.57万家非公有制企业开展劳动竞赛，占非公有制企业总数的57%；有132万非公有制企业职工参与劳动竞赛，占非公有制职工总数的36%。

一是竞赛活动组织机制健全，能够围绕省、市要求部署开展。哈尔滨市总工会成立以市委副书记、市长为主任，市委主管副书记、市政府联系工会的副市长和市总工会主席为副主任，市委宣传部、市国资委、市劳动和社会保障局、市财政局、市科技局、市中小企业局和市总工会相关领导为成员的全市职工劳动竞赛委员会，统一领导全市非公有制企业职工竞赛活动。鸡西市总工会联合多部门开展“战四季、创五好”推进重点项目、争创“工人先锋号”劳动竞赛，根据市“双百工程”重点项目明细表，层层制订竞赛方案，指导非公企业开展竞赛活动。双鸭山市总工会把劳动竞赛与企业文化建设、员工培训紧密结合，在创建企业品牌中发挥劳动竞赛的作用，通过开展劳动竞赛活动着力打造企业品牌。大兴安岭总工会把推进非公企业劳动竞赛作为深入实践科学发展观的重要举措，不断拓宽和延伸劳动竞赛的领域和范围。省农垦工会以夯实组织、思想、经济为基础，按照选题准确、方案可行、指标先进、广泛参与的标准开展劳动竞赛。

二是非公企业劳动竞赛力度加强，能够因地制宜、因企制宜。哈尔滨市总工会在活动方案的制订上，加大了向非公有制企业延伸力度，按照“贴近企业、贴近职工、贴近岗位”的原则，在不同的行业、不同的企业推出不同特点的竞赛活动。齐齐哈尔市总工会突出“五个方面”（突出“六比一创”立功竞赛、突出民主管理、突出安全生产、突出技能提高、突出思想政治工作），推动非公企业班组建设和开展劳动竞赛。佳木斯市总工会开展劳动竞赛范围不局限于生产一线，还延伸至管理层，形成了从生产到管理、从设计到建设、从单项到综合的竞赛新格局。牡丹江市总工会开展竞赛重点放在服务企业职工，组织非公有制企业开展了“技术创新、产品创优、管理创先、效益创最佳”的四创立功竞赛活动。双鸭山市总工会始终坚持开展两年一次的职工技术运动会即技术岗位技能竞赛，围绕企业生产经营目标开展一线职工技能操作竞赛活动。七台河市总工会以非公有制经济“六大行业”为载体，在竞赛活动开展上体现层次化、行业化、区域化和多元化，在煤炭行业开展“五大系统”技术工种大练兵和“安康杯”竞赛活动，在生产加工型企业开展“小改革、小发明、小设计、小创新、小创造”竞赛活动，充分调动了非公企业职工创新能力。鹤岗市总工会着重围绕企业生产经营目标，开展职工技术革新、发明创造、合理化建议等职工技能操作竞赛活动。

三是非公企业竞赛活动注重总结推广和宣传表彰，总结有深度、宣传有力度。哈尔滨市总工会在劳模评选推荐中，加大了对非公企业及职工的倾斜力度，对竞赛中成绩优秀的企业的个人，优先作为下届市级以上劳动模范和全国、省“五一劳动奖章”推荐人选。大庆市总工会注重经验总结和机制建设，在地区探索行业竞赛、园区竞赛、楼宇竞赛，在企业内探索擂台赛、对标赛、岗位赛等。形成了劳动竞赛的推进机制、成效评估机制、先进激励机制和组织保障机制。

二、几点经验

（一）必须要把握以人为本、维护权益的原则。工会开展社会主义劳动竞赛必须以科学发展观为指导，坚持以人为本，牢固树立发展为了人民、发展依靠人民、发展的成果由人民共享的新理念。注重通过劳动竞赛调动广大职工群众的积极性、智慧和创造性，提高职工思想素质和技能水平，促进劳动者素质的全面提升，实现人的全面发展。

（二）要坚持服从党委、服务基层。要努力构建党委领导、行政支持、工会组织、职工参与的劳动竞赛工作的新格局，整合社会资源，主动争取各级党委和政府部门按照中央“把更多的资源和手段赋予工会组织”的要求，积极支持工会组织开展好竞赛活动。

（三）活动开展要创新内容、注重实效。从实际出发，因地制宜、因企制宜，选择符合非公企业实际的竞赛内容和实现途径，促进非公企业经济增长由主要依靠物质资源消耗向依靠科技进步，提高劳动者素质和管理创新转变。

（四）最终目标是实现双赢、共建和谐。要以是否有利于企业持续健康发展、是否有利于职工根本利益实现、是否有利于劳动关系和谐稳定为衡量标准，实现经济发展、社会进步、企业增效、职工增收、共建共享、和谐发展。

三、存在的主要问题

一是劳动竞赛针对性、实用性不强。以往通用于公有制企业的有关劳动竞赛的经验、方法等对于具有特殊性的非公有制企业来说，已不适用或不完全适用了，传统劳动竞赛在非公有制企业中有相当部分行不通。有些非公有制企业开展的劳动竞赛的内容和范围局限于生产环节，没有实现从体力型竞赛向智力型竞赛、单纯生产型竞赛向生产经营复合型竞赛的转变，形式千篇一律，大同小异，缺乏针对生产的实际作用。

二是非公有制企业管理层认识存在误区。有的认为劳动竞赛是计划经济的产物，不符合市场经济运作规律，只会造成企业资源的浪费和生产秩序的混乱；有的迫于市场竞争的压力和追求效益的最大化，把一切活动都致力于改善经营管理，研发新产品，提高技术水平，尽可能地创造利润，没有把劳动竞赛摆到应有位置；有些非公企业管理制度严、生产任务重，职工工作强度、工作压力、思想负担都较大，身心疲惫，没有更多的时间和精力顾及其他方面的事情。

三是职工群众参与积极性不高。一些非公有制企业职工工作目的性强，只为取得更多的劳动报酬，缺乏对企业的主人翁精神，认为竞赛是“苦了工人、肥了老板”，所以难以在职工中形成“比、学、赶、帮、超”的争先创优劳动竞赛氛围；还有些非公有制企业职工少、规模小，使劳动竞赛难以开展。

四是基层工会抓落实的力度不够。有的企业工会基础还不健全，还需要进一步拓宽领域、提高水平，职工组织起来后还需要进一步加强教育和引导；缺乏对非公有制企业劳动竞赛的特点研究探索，疏于检查指导、总结推广，基层工会对有热情的企业抓一抓，没兴趣的企业就放之任之；企业工会主席既抓生产又抓工会，主要精力不在工会工作上，开展劳动竞赛活动只为应付上级；非公企业劳动竞赛的经费难以保证，对竞赛立功人员的物质奖励甚微，精神鼓励不多，挫伤了员工的积极性。

四、推进非公有制企业劳动竞赛工作的建议

一是强化组织领导，提高非公企业对劳动竞赛认识。要把职工竞赛活动作为工会一项重要工作列入议事日程，强化对各级工会组织关于非公企业开展职工竞赛活动的考核力度。

二是广泛宣传，为劳动竞赛营造良好氛围。要充分发挥工会的阵地教育作用，通过召开职代会、班组会以及利用新闻媒体、宣传栏、企业刊物和简报等，大力宣扬非公有制企业开展劳动竞赛活动的重要性、必要性，引导企业认清劳动竞赛活动在提高职工综合素质、增强盈利能力等方面的重要作用。

三是紧贴实际，拓展劳动竞赛内容。要以实现“双赢”作为劳动竞赛的目标，把劳动竞赛渗透到安全生产、合理化建议、技术改造、技术攻关等多方面，推动竞赛由“速度型”向“效益型”转变，由“体力型”向“智力型”升级。

四是完善方法，建立劳动竞赛新机制。要不断探索非公企业开展职工竞赛活动的表彰形式和激励机制，严格实行劳动竞赛量化考核，制定严密科学的考核方案，细化考核程序，加大对非公企业开展职工竞赛活动的财力支持。

五是改进作风，推进劳动竞赛深入开展。要争取党委、政府和企业行政的重视支持，建立和健全竞赛的组织网络。深入基层调研，在充分听取职工意见的基础上制定目标，保证竞赛指标的可行性、公正性。

关于“退休职工住院补充医疗互助保障计划”可持续发展对策建议的研究报告

上海市总工会

“退休职工住院补充医疗互助保障计划”（以下简称“退休住院计划”）作为上海市医保制度改革的一项基本配套措施，于2001年4月由市总工会下属的市职保会推出并负责具体实施。今年上半年，对退休职工个人缴费标准进行了调整，为进一步反映职工诉求，推动“退休住院计划”的可持续发展，上海市总工会于7月、8月连续组织召开座谈会，广泛征求了区县局（产业）工会、退管会组织和街道（镇）职工互助保障工作服务点以及退休职工的意见和建议，又分别与市发改委、市人保局（市医保办）、市财政局等部门进行了协调沟通，认真听取并吸纳政府职能部门的意见建议，形成了有关“退休住院计划”可持续发展的研究报告。

一、“退休住院计划”的具体做法及成效

上海市总工会认真贯彻落实市政府《关于发展多层次医疗保障指导意见》（沪府发〔2000〕52号）的通知精神，按照以基本医疗保险为主体、以补充医疗保障为辅助、以医疗救助为扶持的基本要求，设计实施与本市城镇医保制度改革方案相配套、相衔接的职工补充医疗互助保障计划，使之成为多层次医疗保障体系的有机组成部分。为更好地服务广大退休职工，市职保会在全市17个区县设立了职工互助保障工作服务窗口，在160余个街道（镇）设立了服务点，形成了互助保障工作三级网络，方便基层工会组织和退休职工就近办理参保理赔等各项工作。截至2012年3月，“退休住院计划”有效会员已达307.36万人，退休职工年均参保率连续十多年稳定在90%左右。经过十多年的发展，“退休住院计划”已经成为本市多层次社会保障体系的有机组成部分，为本市医保制度平稳运行起到了支撑作用，一定程度上缓解了广大退休职工看病贵、看病难的问题。截至2012年3月，11年来累计有668.67万人次退休职工获得了32.72亿元的补充医疗保障金，其中，获得4万元以上保障金的有988人，获得1～4万元保障金的有4.4万人，充分体现了党和政府以及工会组织对退休职工的关怀，为维护职工队伍和社会和谐稳定作出了积极贡献。

二、影响“退休住院计划”可持续发展的主要问题

一是医疗费用上涨，缴费标准偏低，资金缺口难以彻底消除。上海在全国率先进入老龄化城市，老龄人口不断增长，退休职工平均年龄持续上升，发病率逐年提高，医

疗费用呈现刚性增长态势，“退休住院计划”的资金支出随之增加。据统计，人均支付保障金已从2008年的917.3元，上升至2011年的1134.6元，支付人数也从2008年的69.62万人次，增加到2011年的83.64万人次。但“退休住院计划”的缴费水平却没有同步增长到位，历次调整个人缴费标准时，考虑到退休职工的承受能力，个人实际缴费标准均低于测算的筹资水平。虽然市政府在固定补贴的基础上，三次追加了补贴，补足了2008年前的缺口，但2008年至2010年仍有1.65亿元资金缺口有待弥补。如不建立筹资正常增长机制，资金缺口将长期存在。

二是社区参保逐年增多，“逆选择”风险控制难度加大。近年来，因信访等多种原因，社区参保范围不断扩大，从最初的无主管单位退休职工，扩大到单位不组织参保的退休职工，人数逐年递增。近5年来，社区参保人数每年都以3万人左右的速度递增，2011年达到了18.63万人，2012年6月达到了20.1万人，社区参保占比已从2007年的2%，上升至2012年的6.1%。在社区参保对象中，刚退休时参保人数少，高龄后参保人数多；健康时参保人数少，患病后参保人数多。社区参保人员的发病率和人均给付额分别是同龄团体参保人员的2.6倍和2倍。这种“逆选择”现象，既有悖于互助互济原则，又增加了资金缺口和运行风险。社区参保人数逐步扩大，反过来还将影响单位团体参保的积极性，妨碍整个“退休住院计划”的正常开展和健康运行。此外，社区参保对象个人参保和给付的方式，必须配备相应服务人员，大大增加了管理成本，给主要依靠工会干部和退管干部无偿劳动的运行模式带来了较大挑战。

三、“退休住院计划”发展趋势分析

一是“退休住院计划”具有长期开展的刚性需求。“退休住院计划”多年来赢得了社会广泛认可，参保退休职工比例平均每年都稳定在90%左右，先后有668.67万人次从中受益，已成为相当部分退休职工的刚性需求。

二是上海人口老龄化加速发展，参保需求将持续增长。截至2011年年底，全市户籍人口中60岁及以上老年人口数量为347.76万人，占户籍总人口的25.4%；预计到2015年末，户籍60岁及以上老年人口将超过430万，比例接近30%，平均每年增加20多万，上海退休职工总数的不断增加，将带来参保需求的持续增长。

三是团体参保率将有所下降，社区参保数将逐步增加，风险控制任务加重。随着上海经济结构的变化，从长期看，“退休住院计划”的参保结构将发生变化，可能出现单位团体参保率下降，社区个体参保逐步增加的情况。一方面，该计划开办之初，退休职工主要来自国企，由单位组织团体参保，随着国有企业占比下降及不少国企退管办功能的弱化，组织退休职工团体参保的力度将下降；另一方面，非公企业等团体参保的“盲区”有扩大态势。

截至2011年年底，全市共有退休职工361.53万人（指社保统计的发放养老金人数），“退休住院计划”有效会员为308.46万人，还有53.07万退休职工未参加“退休住院计划”。在全市社保单位中，有2.8万家单位无退休职工参保，涉及13.57万退休职工。这些退休职工未来都可能通过社区参保，“逆选择”的风险加大，在较长一段时间后可能影响“退休住院计划”的持续发展。

四、“退休住院计划”下一步实施的对策建议

一是完善缴费标准正常增长机制，缓解资金压力，使“退休住院计划”逐步达到收支平衡。根据每年医疗费用的增长幅度，合理测算个人缴费标准，每两年进行一次调整，调整幅度为当年本市企业退休人员基本养老金年平均增长额的1%～2%。市职保会将通过提高个人缴费标准，结合市财政、市总工会固定补贴，使该计划逐步达到收支平衡，解决资金压力。

二是坚持和鼓励退休职工团体参保，并适度拉大团体参保和社区参保的缴费差距。经市政府同意，市职保会2012年首次对社区参保实施了差别化缴费，团体参保和社区参保的缴费标准相差15元，目的是用经济手段鼓励团体参保。今后，市职保会将进一步拉开缴费差距，计划经过2014年、2016年两次调整，逐步使参加“在职”和“退休”两项计划的单位团体参保缴费标准为社区参保缴费标准的80%，不参加“在职”仅参加“退休”计划的单位团体参保缴费标准为社区参保缴费标准的90%，鼓励更多退休职工团体参保。同时，市职保会还将继续通过全市工会组织、退管会组织，更加畅通和方便团体参保、给付的途径，继续依靠广大工会干部、退管干部，动员和组织退休职工团体参保，保持该项工作的高效和低成本运行。

三是完善社区参保对象的参保方式，控制“带病参保、无病不保”的“逆选择”风险。继续坚持对非正规劳动组织、破产歇业企业退休人员及失业后退休人员开放社区参保；对确因单位不愿组织或参保人员比例达不到团体参保要求而不能参保的退休人员，经市职保会核实后，有序组织到社区参保。计划从2013年起：每年通过人保部门、街道（镇）、居委会，加大宣传力度，使社区参保对象知晓“退休住院计划”，尽早参加，并连续参保；社区参保对象集中于每年6月份通过设在街道（镇）社区事务受理中心的职工互助保障服务点参保；退休后未及时参保的社区参保人员，首次参保时须补缴追溯至2013年度未参保年份的缴费，但补缴年数不超过3年（即使超过3年，只需补缴3年），补缴不予以补给付。社区参保人员如参保后中断参保，以后再次参保时须补缴中断年份的缴费，但补缴年数不超过3年，补缴不予以补给付。

四是在广大退休职工互助互济为主的基础上，继续实行“退休住院计划”政府补贴机制。市政府和市总工会继续实行每年补贴4000万元的政策；市财政一次性弥补2008年至2010年“退休住院计划”1.65亿元的政策性资金缺口；在建立个人缴费正常增长机制后，如再出现资金缺口，由审计、财政和医保部门共同审核确认后，市财政予以补贴。

江苏省劳务派遣用工情况调查报告

江苏省总工会

为了解江苏省劳务派遣用工实际情况，促进劳务派遣用工制度规范完善，切实维护劳务派遣工合法权益，江苏省总工会开展了劳务派遣用工情况调查，现形成如下调查报告：

一、劳务派遣用工基本情况

劳务派遣是我国劳动力市场一个新的发展点，其现状可以概括为快速发展、潜力巨大、无序竞争和缺乏规范。目前全省工商部门登记在册的，企业名称和经营范围中有“劳务派遣”的企业有5300余家。此次被调查接受劳务派遣企业2011年劳务派遣用工总量占全部用工总量的37.8%。劳务派遣工从事的行业几乎遍布涉及各种所有制性质的第二、三产业，主要在制造业。劳务派遣用工岗位早已突破“三性”规定，在一线工作的劳务派遣工占派遣工总量的92.7%。从各岗位派遣工与正式工的用工数增长比例看，派遣工用工量在迅速扩张。一些接受劳务派遣企业把常年性用工岗位、主要生产岗位、甚至整个部门进行外包，不与劳动者直接发生劳动关系。

二、劳务派遣用工形式中存在的问题

（一）劳务派遣工社会经济权益状况不容乐观

1. 劳动合同签订存在不规范现象。劳务派遣工基本都与派遣企业签订劳动合同，但63.1%的派遣工对与之签订劳动合同的派遣企业不太了解，且劳动合同无论从签订形式到合同质量都存在较多不足，61.9%的劳务派遣工签订两年以下期限的劳动合同，合同内容过于简单，对工作范围、工作岗位、收入构成、社保缴费额度、工伤补偿等关键性条款含糊其辞，合同文本被公司单方保管等多种问题还不同程度存在，使得劳务派遣工的各项合法权益极易被侵害。

2. 工资支付存在工资偏低、增长缓慢、同工不同酬问题。78.1%的派遣工认为工资从未被拖欠，但工资普遍偏低，且41%的派遣工认为从未实现过同工同酬。一线操作岗位上的派遣工收入由基本工资和加班工资组成，基本工资参照最低工资标准或略高，加班工资比重为总收入的30%～50%，2011年平均工资为23198元。一些企业将派遣工和正式工分派在不同岗位，或制造岗位间的细微差别，规避“同工同酬”。民营及外商投资企业中，派遣工与正式工的差距正逐步缩小，月收入差距为15%～20%。国有企事业单位的派遣工与正式工在公积金、年终奖金、绩效考核等方面差距较大，综合年均收入相差一倍以上。派遣工工资增长机制不健全，26.9%的派遣企业参照工资指导线确定工资增幅，23.1%随最低工资标准增长相应增加，41.4%与用工单位协商确定。

3. 社会保险办理存在缴费基数和比例偏低问题。85.5%的派遣工参加职工养老保险，76.7%参加城镇职工基本医疗保险。有部分派遣企业以派遣工用工时间短、流动性大为由为职工办理新农保。68.4%的派遣企业根据当地社会保险最低缴费基数为员工办理社会保险，只有15.2%根据实发工资缴纳保险。部分劳务派遣企业根据灵活就业人员12%的社保缴费比例参保，从中赚取8%社会保险费差价。有的派遣公司利用地域之间社会保险缴费基数的差别来争取更多的业务和利润。

4. 劳务派遣工权益受到侵害情况时有发生，维权难度较大。劳务派遣是“三方当事人，两种契约”的运作模式，用工单位和用人单位在无约定或约定不明的情况下，派遣工的维权举证困难，且派遣工对自身的合法权利以及维权程序和途径缺乏基本知识，很难有效维权。劳动行政部门通常采取“不告不理”，大部分权益受到侵害的派遣工为了继续留在单位工作选择沉默。派遣工入会难，本次调查的劳务派遣企业中69%没有组建工会，55.8%的用工单位将劳务派遣工吸纳到本单位工会中，但在参加职工（代表）大会、开展工资集体协商、维护自身权益等方面，派遣工依然存在诸多困难。

（二）劳务派遣用工形式法律规范不健全

1. 劳务派遣规范性法律法规不健全，监督管理不力。《劳动合同法》未对劳务派遣的“三性”进行明确界定，在派遣员工的社会保障、工作岗位、劳动条件、劳动时间、劳动报酬、福利待遇等方面没有明确规定。很多派遣岗位已不是“临时性、辅助性、替代性”工作，而是参与企业的正常生产活动，企业应该直接与劳动者签订劳动合同。对劳务派遣公司和用工企业的法律责任没有明确要求，缺乏具体约束措施，导致双方职责义务不明确，容易推诿责任，侵犯派遣工利益。

2. 劳务派遣企业准入资格较低，行业发展良莠不齐。劳务派遣公司设立的门槛低，只要满足《公司法》关于企业法人设立的基本条件，且注册资本不低于50万元即可成立。很多劳务派遣机构混业经营问题突出，从事劳务派遣、社会保险代理、劳务承包、咨询、销售等多种业务。一些劳务派遣公司只做三件事：代发工资、代缴社保、收取管理费，几乎不参与派遣工的管理。一旦出现工伤等赔偿金额较大的劳动争议时，这些派遣公司抗风险能力很差，派遣工合法的经济利益和民主权利难以维护。

三、规范完善劳务派遣用工方式的对策建议

一是健全完善法律法规，加大源头规范力度。尽快完善《劳动合同法》中劳务派遣相关内容，出台《劳务派遣条例》。严格限定劳务派遣适用范围，以肯定列举方式规定适用劳务派遣的行业和职业，以否定列举方式限定不适用劳务派遣的行业和职业。明确劳动行政部门在资质审批过程的审核责任及劳动监察部门的监督责任。建议劳务派遣期限不超过1年，劳动者在同一派遣岗位上工作满一年，用工单位继续使用该劳动者的，应该由用工单位与派遣工签订劳动合同。明确劳务派遣企业和用工单位在保障派遣工权益中的职责以及发生劳动争议后的处理程序；在劳动关系解除、经济补偿金支付、工伤等连带责任承担方面细化标准，增强可操作性和强制性。

二是提高准入门槛，遏制无序发展状况。要对派遣企业实行归口管理，设立严格的市场准入资质标准、劳务派遣机构的行政许可和审批制度。提高注册资本金，对不同

经营对象、经营领域的劳务派遣公司设置不同的注册资金。设立劳务派遣公司风险准备金制度，借鉴建筑行业中的保证金制度，在派遣工与劳务派遣公司发生劳动争议时，行政主管部门通过其缴纳的相应数额的保证金，确保被派遣劳动者的合法权益得到维护。

三是加强监察执法力度，确保企业依法经营。劳动保障部门要进一步建立健全对劳务派遣企业的监管机制，重点监督检查劳务派遣企业与用工单位劳务派遣协议签订及履行，劳务派遣企业与派遣工劳动合同、社会保险情况，用工单位工资支付、工作时间、休息休假、劳动保护等情况，严肃查处侵害劳动者权益的违法行为。劳动保障部门还应对现有劳务派遣企业进行专项审查，建立相应的诚信等级评价体系，实行分类监管。劳动监察部门要畅通举报投诉渠道，做好对劳务派遣的监察执法和争议调处工作。

四是探索劳务派遣工管理机制。由于大量深层次的制度问题还无法有效解决，只能逐步完善有关民主制度，在一定程度上落实劳务派遣工的民主权利。淡化劳务派遣工的身份差别，建立充满活力的员工激励机制。完善分配制度，按岗位确定薪酬，由身份治理转变为岗位治理；强化物质激励，建立科学绩效考评制度和多层次的奖励措施。建立优胜劣汰、长效动态考评机制，关注劳务派遣工的职业技能提升和发展空间，提供全方位的职业培训，逐步放宽职业晋升对身份的限制。

五是探索派遣工入会有效路径，维护合法权益。用工单位工会代管派遣工会员制度，劳务派遣工在劳务派遣公司加入工会，由派遣公司委托用工单位工会管理，签订委托管理书。劳务派遣工向用工单位缴纳会费，享受正式职工会员待遇。劳务派遣工工会经费按照工资总额的2%提取，用工单位工会组织劳务派遣工开展工会活动发生费用时，从工会经费中列支。劳务派遣工以派遣工代表小组形式，参与用工单位工会、企业民主管理活动。推动将劳务派遣工的工资收入纳入用工单位工资集体协商范围，建立派遣工工资增长机制。切实维护好劳务派遣工合法权益，构建和谐稳定、健康有序的劳动关系，促进企业和社会稳定。

浙江省高校落实“两个普遍”工作的现状及对策

浙江省总工会

一、浙江省高校落实“两个普遍”进展情况

浙江省高校落实“两个普遍”工作的进展情况呈现出了工作进度差异较大、进度相似的高校呈“片状分布”等具体特点。入会率较高的高校多集中在杭州地区。非在编职工入会率为100%的高校，杭州地区有14所，占总数的60.9%。而非在编职工入会率为80%以上的高校，杭州地区有21所，占总数的67.6%。高校类别与非在编职工入会率间也存在着相当密切的关系。作为省直属高校，其非在编职工入会率基本上都保持在80%以上。14所非省直属本科的非在编职工入会率在80%以下的有6所，26所非省直属专科高校中入会率在80%以下的有10所。

二、浙江省高校落实“两个普遍”存在的主要问题

一是如何进一步提高非在编职工加入学校工会的比例。针对那些入会工作至今尚未有大进展的高校，应认真论证并尽快克服工作中的困难，争取能够如期完成全国总工会提出的“入会率”目标。

二是如何平衡会员资格差异以及各种利益关系，确保入会名符其实。非在编职工加入工会所能享受到各种政治经济权利往往与在编职工之间存在差异，如何区分和理顺这种差异，一方面既不影响工会和后勤日常工作的正常开展，另一方面又能够不断提高非在编职工的会员待遇，确保入会不走过场和形式。

三是如何探索依托工会组织“开展工资集体协商”的具体操作步骤。推动高校非在编职工普遍加入工会的目的在于推行“工资集体协商”，但由于受到市场经济规律和高校各种管理制度的制约，需要探索相应的具体操纵步骤，以确保在实现“两个普遍”工作目标的同时不影响高校整体的日常工作开展。

四是如何规划各项配套改革措施，确保“两个普遍”工作不产生重大“衍生性”问题。由于此项工作涉及面广泛，因此在推进的过程中需要对相关的附带问题给予提前考虑，并积极采取措施加以预防和应对，这就要求高校工会与校领导以及其他职能部门积极进行沟通协商，确保“两个普遍”工作稳步执行。

三、浙江省高校落实“两个普遍”困难原因分析

一是宏观层面的政治与行政管理体制问题。从当前实际情况来看，高校工会的角色扮演存在着固有的冲突，它一方面要代表广大教职工的利益，维护他们的正当权益，

另一方面又要在校党委的直接领导下配合学校各职能部门完成中心工作，校党委与行政部门实际上并没有显著的区分，因此这就等于让工会同时服从劳资双方的各自需要，而这两者之间恰恰是劳动关系中的对立双方，从而导致了工会的职能定位混乱，面对教职工与学校之间的矛盾或纠纷，不容易处理好自己的角色定位问题，并最终影响到工会职能的发挥。落实“两个普遍”可能带来特定的政治风险，也是一些高校领导关注的话题。

二是中观层面的高校事务管理方式问题。高校工会组织目前某种意义上还扮演着福利机构和基层活动筹备组织的角色。非在编职工普遍加入高校工会，相应而增加的“开支来源”问题如何解决，这是浙江省各高校工会负责领导最为关心的话题。目前，我国高校的后勤服务部门存在着单位性质定位模糊的问题。浙江农林大学党委书记宣勇提出了当前高校后勤体制的三对矛盾：第一是市场和计划的矛盾，后勤生产和服务按照市场化、企业化标准来运作，而其服务价格实际上都是国家计划的；第二是政治和经济的矛盾，所谓政治就是“高校的稳定”，同时又把后勤作为社会性企业，企业就必须追究利润和讲效益，我们为了稳定有时候会牺牲一些经济的追求；第三是服务质量和成本控制的矛盾，即教师和学生对后勤服务的质量要求很高，而服务是有成本的，越是优质服务成本也越高，高校后勤却不能收费太高，要严格控制成本。这种情况对落实“两个普遍”工作有着一定的影响和制约作用。

三是微观层面的具体操作和主体认知问题。高校后勤非在编职工劳动合同用工的合同签订年限大多数情况都不会超过三年，流动性更强。高校非在编职工目前所享受到的工资与各项待遇标准是有市场经济规律和高校后勤制度共同决定的，在这两者还不能有重大改变的情况下，依托工会组织改善他们的待遇确实存在一些操作难题。部分高校领导甚至包括工会干部对“两个普遍”工作的认识不足，他们持这样的观点：“提高后勤职工的待遇，完全可以由国家政府立法来解决，比如重新确定最低工资标准，这件事不一定要通过工会来做的，通过工会做这种事很容易引发矛盾”。

四、浙江省高校推进“两个普遍”的对策建议

一是根据不同用工情况制定“分类指导”的政策。对于后勤机构已经成为独立企业法人的高校，可以参照一般企业落实“两个普遍”的成功模式，推动职工加入企业工会或者为其建立新的企业性质的工会组织；对于以劳务派遣为非在编职工主要用工形式的高校，可通过与劳务派遣公司进行协商，由高校支付部分入会费用，为其所接受的派遣职工加入派遣公司工会或者建立新的企业工会创造条件；对于劳动合同制工人仍然占非在编职工多数的高校，则可以采取相应政策措施推动这些职工普遍加入高校已有的工会组织。

二是具体的操作流程与尝试性做法。首先，根据各高校各自不同的财力情况，制定相应的工会会员福利标准，解决非在编职工入会带来的开支增加问题。其次，要做好前期的入会动员与宣传工作，特别是要针对非在编职工普遍提出的“加入工会有什么好处”这样的问题给予准确的回答，既要防止他们因为看不到任何的好处而拒绝申请加入工会，也要防止他们刻意攀比，误将很多行政性福利当作工会福利来看待。第三，积极

吸收非在编员工参加各种文化娱乐与政治活动，切实加强维护员工权益的职责，以此取信于非在编员工，应当逐渐减少对某些行政行动的参与，比如各种奖励与福利发放工作等，以此来降低工会的“福利”色彩。第四，高校工会组织要加强自身队伍的建设。可以尝试由高校工会部门牵头，组建由学校行政主管部门领导、后勤部门非在编职工代表、后勤服务直接经营者、学生代表四方共同构成的“工作协商委员会”，定期或不定期对高校后勤服务工作的质量、收费标准、管理方式等进行评估或审计。最后，高校可试行后勤具体部门内部的“集体协商”制度，并逐步向“依托工会组织开展工资集体协商”过渡，即首先是在参考劳务市场行情的基础上，后勤部门在招聘所需要的岗位员工时与相同或者相似岗位与工种的应聘者进行工资协商，进而建立起各部门内部的劳资双方协商机制，然后再依托非在编职工普遍加入工会的契机，发挥工会组织在工资集体协商中的“参谋”而非主导作用，最终实现依托工会组织开展工资协商的目标。

*三是必须筹划采取相关的配套改革措施。*从长远来看，还需要在更宏观的制度层面推进相应的配套改革，具体来说包括：改革户籍与劳动用工制度，减少职工身份编制之间的差异；推动国家与各级政府的立法工作，为职工开展维权活动提供更方便有效的司法等各种途径；改善社会保障制度的运作方式，确保各类社会保险的“跨区域”自由提取，以更好地服务于工作单位发生地区变更的职工等。从整体工作来说，落实“两个普遍”客观上需要高校工会转变职责与职能，核心的转变内容应包括：更多地参与高校劳资关系协调与劳动报酬标准的制定和协商工作，更多地发挥教职工日常维权和劳资纠纷化解的职能，更加突出其独立法人地位和独立开展工作的职能，逐渐淡化福利工会的色彩、缩减在思想政治教育问题上的工作战线，在日常工作实践中逐步找准自己的职能定位，更多地取信于高校广大教职工。此外，须对高校后勤管理体制进行改革。改革的基本方向有两个：一个是坚持市场导向的自主经营模式，逐步实现后勤部门的“企业化”，最终完全将后勤推向市场，从而将非在编职工转化为服务企业的普通员工，从管理体制上清理落实“两个普遍”的各种结构性障碍。另一个是向传统的单位制后勤“总务”模式回归，以“同工同酬”为指导，逐渐缩小高校内部不同职工之间的身份与待遇差距，以最终消除编制差异问题，从而为彻底落实“两个普遍”创造前提条件。就目前实际情况来说，完全将高校后勤服务推向市场或者回归传统的单位制管理体制都是难以在短期内实现的，但从长期发展趋势来看，高校后勤服务的“市场化”改革是主流。

关于当前劳务派遣用工状况的调研报告

安徽省总工会

在组织开展服务职工在基层活动中，安徽省总工会“双走访”办公室开展了对安徽省劳务派遣用工情况的专题调研。期间，课题组分别前往阜阳、宿州、合肥、滁州市以及省电信公司、移动公司、邮政公司等单位，就劳务派遣用工情况展开实地调研，分别召开政府人社部门、企业人力资源部门、劳务派遣单位、用工单位、地方和企业工会及劳务派遣工代表参加的有关座谈会并实地调查了解，广泛听取了各方面的情况介绍和意见建议。在深入走访、充分调研并进行认真分析的基础上，形成了本调研报告。

一、劳务派遣用工的基本情况

安徽省劳务派遣工主要由大中专毕业生、下岗失业人员和农民工组成，截至2012年8月底，全省工商部门注册的劳务派遣公司共有1756家，实际运营的有550家，共使用劳务派遣工27万人。从使用派遣工行业分布看，大部分被派往劳动服务密集型的国有或国有控股企业以及部分民营企业，主要分布在移动、电信、邮政、金融、建筑、石化等行业。劳务派遣已成为上述行业企业普遍采用的用工形式，有的企业劳务派遣工占到职工总数的60%～80%，有些机关和事业单位也开始使用劳务派遣工。从派遣用工的劳动关系看，在用工单位工作的劳务派遣工与用工单位不签订劳动合同，没有劳动关系，而是与劳务派遣单位签订劳动合同，形成“有用工没有劳动关系，有劳动关系不用工”的格局，用工单位与劳务派遣工的劳动关系脱节错位。从文化程度和年龄结构看，当前安徽省使用劳务派遣工的文化程度和年龄结构：一是国有或国有控股企业使用的劳务派遣工多数为大专以上毕业生，年龄都在20～30岁左右；二是一些国有改制企业在实施兼并重组、主辅分离过程中，将原有的合同制职工身份先行置换，然后改为劳务派遣工，这部分从业人员的年龄偏大、文化程度较低；三是建筑施工企业为了规避用工的法律风险，大部分采用项目分包负责制，由项目部通过包工头招聘劳务派遣工，从业人员大部分是农民工，这部分人员年龄和文化结构都悬殊较大。

二、企业使用劳务派遣工的主要原因

一是行业“刚性”限制政策的需要。中央企业如移动、邮政、电信、金融系统等，主管部门对所属企业的人员编制、工资总额、成本核算等都有“刚性”指标管控，同时国际资本市场对在境外上市企业的员工数量和利润指标也有严格要求，在行业主管部门严格管控和国际资本市场双重压力下，企业生产经营的快速发展要求企业必须增加员工，使用劳务派遣工是这类企业的必然选择。

二是企业适应劳动法律法规的需要。《劳动合同法》实施后，劳务派遣成为合法的用工制度。一些低端劳动技能的生产经营企业，为了降低劳动力减员增效，提高企业生产经营利润，大都选择成本较低、用工灵活的劳务派遣工形式。一些计划增加员工的企业通过劳动力市场机制引入劳务派遣用工制度，一些国有企业将原先的计划外用工转化为劳务派遣用工找到了法律政策依据。

*三是劳动力就业市场有用工的需要。*当前，由于一般性劳动力长期供大于求，农民工大量涌入城市，大中专毕业生就业压力增大，为劳务派遣市场提供了空间。许多劳动者认为通过劳务派遣形式就业，有相对稳定的就业岗位，劳动报酬和社会保险有保障。

*四是规避风险减少用工成本的需要。*选择使用劳务派遣工的企业，在处理劳动关系纠纷或矛盾时无需直接面对职工，有利于规避劳动法律关系；用工灵活方便，需要裁减人员时，可绕开法律关于解除职工的严格条件限制，直接将派遣工退回派遣公司即可；《劳动合同法》对劳务派遣工没有签订无固定期限劳动合同的强制性规定，无需担心劳动合同长期化；派遣工的劳动报酬、社会保险由派遣公司代发代缴，工资标准、缴费基数、绩效工资等比本企业合同制员工较低，从而节省了大量人力资源和人工成本。

三、劳务派遣用工制度存在的主要问题

*一是劳动关系存在不和谐因素。*在“有用工没关系、有关系没用工”的用工形式下，劳务派遣单位实际上只扮演了用人单位与劳务派遣工之间的中介角色，而用工单位或在非“临时性、辅助性、替代性”岗位大量使用劳务派遣工，或将原有职工转为劳务派遣工，或利用劳务派遣的合法外衣将“临时用工”长期化、“长期用工”短期化、辞退职工随意化，与劳务派遣工不构成直接的劳动法律关系，形成了劳务派遣工与用人单位的劳动关系“脱节错位”。

*二是同工不同酬问题依然突出。*大部分企业合同制员工岗位工资按企业薪酬系列执行，而劳务派遣工岗位工资则按劳动力市场价格确定，普遍低于合同制员工；在绩效工资系数设定上，部分劳务派遣工绩效工资起点低于合同制员工；有的劳务派遣工也有经营性补贴、津贴和年终奖，但与合同制员工相比差异很大；虽然用工单位也为劳务派遣工缴纳社会保险费，基本上都是按最低缴费标准参保缴费；大部分企业不执行住房公积金政策，即使执行此项政策，享有的公积金额度也很低。总体来看，安徽省劳务派遣用工与企业合同制员工的年均收入差距在 2 ~ 3 倍以上。

三是派遣工“三性”定义不明确导致企业滥用劳务派遣工。《劳动合同法》第六十六条虽然规定“劳务派遣一般在临时性、辅助性或者替代性的工作岗位上实施”，而现实情况是，许多劳务派遣工在一个岗位上已经连续工作多年，从事生产一线重要岗位，成为企业不可或缺的主要骨干。有的企业为了规避无固定期限劳动合同的规定，通过各种手段与员工解除劳动关系，然后再由劳务派遣公司与员工重新签订劳动合同。

*四是职工的民主权利得不到保障。*一是劳务派遣工入会率低，许多用工单位担心，如吸纳劳务派遣工直接加入本企业工会，将存在着法律用工风险，因为工会会员关系可能成为事实劳动关系的依据。二是大多数劳务派遣单位没有建立工会组织，即使建立工会组织的，劳务派遣工也只是形式上加入工会组织，没有实质性活动内容。三是由于劳务派遣工薪酬不纳入企业工资总额，因而劳务派遣工的工会经费提取问题成为难题，影

响了这部分员工加入工会组织和正常开展活动。四是劳务派遣工在入党、入会、入团、晋升等方面与正式工都有较大差别。

*五是劳务派遣市场缺失监管主体。*随着劳务派遣用工制度受到企业单位的青睐，各种各样的劳务派遣公司应运而生，政府人力资源市场和街道社区就业服务站，把职业介绍业务拓展到劳务派遣；劳务派遣行业准入门槛低，无需政府监管，民营企业在工商管理部门注册50万元资金，就可申办劳务派遣公司开展劳务派遣业务；一些国有企业自身也组织劳务派遣到企业的末端业务。由于国家对劳务派遣市场没有明确监管主体，职业中介、培训机构、人才代理、劳务公司等都可以从事劳务派遣活动，存在着鱼龙混杂、只收费不服务、管理不规范、规章不健全等混乱现象。

*六是被派劳务工缺乏对企业的归属感。*企业为了发展留住人才，一般都给予劳务派遣工的职业生涯留有发展空间和平台，但上升通道很小，发展空间很窄。虽然一些企业每年有一定数量的劳务派遣工可以转为合同制员工，但对绝大多数劳务派遣工来说，可望而不可即，如银行、移动、电信、邮政局等系统，每年劳务派遣工转升合同制工的比例仅为4%左右。加之生产任务重、绩效考核严、劳动关系身份造成事实上的同工不同酬等，劳务派遣工普遍感到工作压力过大，自身发展受限，心态不平衡，对企业缺乏归属感、认同感。

四、完善劳务派遣用工制度的几点建议

一是要出台劳务派遣配套政策；二是要严格劳务派遣准入条件；三是要加强劳务派遣市场监管；四是要加强劳务派遣工会组建；五是要放宽派遣工的提升通道。

2012年福建省职工生产生活中普遍关心的问题

福建省总工会

今年以来，福建省总工会成立9个走访调研组分赴九地市，在全省随机抽取了10000名职工进行了问卷调查，有关情况如下：

一、职工队伍总体健康向上

一是呈现年轻化。根据抽样调查，30岁以下的职工占了41.9%，40岁以下的职工占了74.6%。因为年轻，他们容易接受新事物，敢于创新，善于开拓。大众传媒和通信技术的进步使年轻职工能够更迅捷地接受现代文明的熏陶，形成开放式的新思维，成为城市文明、城市生活方式的向往者、接受者和传播者。

二是呈现知识化。抽样调查中有65.1%的职工具有高中以上的学历。其中，大专以上学历的职工占了30.2%；有51.1%的职工具有中级工以上的技术等级。他们是海西建设的排头兵，是转方式、调结构，推动福建经济社会又好又快发展的中坚力量。

三是上进心强，乐观忠诚，踏实肯干。抽样调查显示职工中中共党员占了21%，他们兢兢业业，积极奉献，表现出愿意与企业同呼吸共命运的精神面貌，努力在推动企业的发展中实现个人价值。抽样调查显示，新生代农民工成为职工队伍的生力军，他们在工作动机上更加追求自我发展的机会，更多地把进城务工看做谋求发展的途径，不仅注重工资待遇，而且也注重自身技能的提高和权利的实现。

二、企业劳动关系和谐稳定

各类型企业都能重视开展合理化建议、技术革新、职工技能竞赛活动，不断提高职工的收入和后勤保障工作水平，以此来吸引更多的职工来厂就业。近年来一线职工的月平均工资逐年都有增加，调查显示，今年一线职工的月平均工资比去年的抽样调查增长了13.7%。大多数企业能遵守劳动法律法规的规定，尊重员工的权益，规范用工行为，调查显示，96.6%的企业都能与职工签订劳动合同；76.7%的企业能按照法律规定发放加班工资。企业更加注重为职工提供福利待遇，调查显示，提供免费工作装的占57.9%，提供优惠工作餐的占51.9%，提供免费住宿的占51.8%，提供带薪年假的占46.8%，提供医疗互助的占44.5%，提供住房公积金的占28.6%，提供公费旅游的占21%。有些企业还十分重视提高职工的素质工作，将鼓励员工自学与评先评优、晋级提拔、奖金福利挂钩，激发了员工的动力，出现了争先参加培训、主动业余充电的喜人场面。调查显示，有进行岗位培训和进修的职工占91.7%，提供阅览室的占 48.1%，提供上网场所的占 22.5%。

三、基层工会干部队伍勤勉敬业

抽样调查显示，福建省基层工会组织体系健全，有93%的企业建立工会委员会，有76.8%的企业建立了劳动争议调解委员会，有71.2%的企业建立了劳动保护监督检查委员会，为广大基层工会干部维权提供了组织保障和制度保障。基层工会干部中，中共党员占了57.2%，大专以上学历的占了55.9%。广大工会干部工作在乡镇（街道）、工业园区、中小企业，他们日常工作繁重，在普遍缺人员、少经费的情况下，没有畏难情绪，仍然敬业勤勉，主动创造条件，长年累月为维护职工权益而兢兢业业地工作着。81.7%的企业工会开展了"工会组织亮牌子示职责、工会干部亮身份许承诺"活动，在醒目的地方都亮出了工会牌子、职责、任务和工会主席照片、电话号码等，并打出了"有困难找工会"的口号，让工会更加贴近了职工。调查显示，有74%的职工表示遇到困难时首先想到的是向工会求助。

四、影响职工权益实现的主要问题

一是职工劳动工资。工资偏低仍然是一线职工反映的主要问题。抽样调查显示，目前一线职工月平均工资为2285元，与2011年福建省城镇在岗职工的月平均工资3249元相比，少964元；与2011年抽样调查一线工人月平均工资2170元相比，涨幅为5.3%，这个数值正好与2011年福建省的CPI数值持平（2011年城镇在岗职工的月平均工资涨幅为19.4%）。抽样调查还显示，一线职工月收入2000元以下的占四成，月收入3000元以下的职工占86.5%。有64.4%的职工反映要提高工资水平，感到生活中经济压力很大。特别需要说明的是，一线职工月收入包含了加班加点的工资收入。调查显示，每周只工作5天、每天8小时的职工仅占43.3%；每周工作6天以上的一线职工占43.7%；每天工作时间超过8小时的一线职工占32.3%。有些企业给职工定的基本工资很低，一线职工只有通过加班才能增加工资收入。有些一线职工甚至每周上班7天，每天上班时间超过10个小时。例如莆田的部分制鞋企业，日工作时间达11小时，早上7:30进厂，晚上9:30才离厂，中间除午晚两餐用餐和休息各一个小时外，其他时间都在工作。

二是生产生活环境。部分企业劳动环境恶劣，特别是有的中小家具企业的生产车间尘土飞扬，企业或者没有采取任何劳动保护措施，或者要求工人自行购买口罩、手套等最基本的劳保用品，或者即便提供简陋的劳保设施，也没有正常使用，违反了国家安全生产和职业病防治法律法规，存在明显的职业病隐患。另外，企业的后勤保障水平还有待提高。从抽样调查情况看，虽然有81.8%的企业提供了职工食堂，但是餐饮设施不齐全，食堂的卫生条件差；有些企业把食堂承包给外面的餐饮店，伙食标准较低，员工反映吃不好。虽然有53.7%的企业提供了集体宿舍，但是有些宿舍配套设施不齐全，没有卫生间、有线数字电视和空调等设备，而且需要多人同住一间，职工生活很不方便，有些职工宁愿选择到外面租民房。

三是职工社会保障。本次调查情况与去年抽样调查情况相比，一线工人社会保障参保率有较大幅度增长，养老、工伤、医疗、生育、失业保险参保率分别为86.1%、79.9%、76.5%、56.6%、62.1%，去年抽样分别为52.3%、52.4%、47.6%、40%、42%。存在的主要问题：一是一些用人单位对职工的社保缴纳工作不够重视，想方设法逃避社会保险责任，不愿意为外来工、农民工购买社会保险，采取了选择性参保，导致各险种参保不平衡。二是参保标准普遍偏低。企业为了追求利益最大化，压缩用工成本，许多企业按照最低工资标准缴纳，远低于应为职工缴纳的标准。三是社会保险转移、接续难度大。虽然现在政策上明确了养老保险可以跨地区接转，但是实际操作仍然困难重重。农民工们也普遍不了解现行的社保政策，认为缴费会减少收入，更愿意让企业把保险费以现金形式发给自己，加之就业稳定性差，流动性较大，担心以前缴纳的保险费打了“水漂”，导致参保积极性不高。因病返贫的问题还比较突出，许多职工因自身或亲属患病，其收入难于支付大笔的医疗费用，从而陷入贫困。这也反映出现行的医疗保险体制仍然不够完善。

四是职工社会福利。外来农民工的社会福利问题应引起重视。农民工因为户籍限制不能参与务工地的政治事务，无法和当地有户口的居民享受一样的城市最低生活保障等方面的待遇，农民工收入低又没有缴纳住房公积金，在务工地普遍买不起房，无法落户。而目前的经济适用房和廉租房政策他们基本享受不到。在子女入学方面，尽管在福建省各地的中小学都已经对农民工子女敞开大门，取消了借读费，但因为城市教育资源有限，许多外来工子女并不能做到就近入学，给生活带来许多不便。

五是精神文化生活。一些非公企业职工反映，职工的文化生活十分匮乏，每天上班就像机器人一样机械运转，车间—食堂—宿舍，每天“三点一线”的生活模式，在工作中重复简单的机械动作。调查显示，职工工作之余的主要娱乐活动是上网、看书、体育活动，分别占52.9%、43.5%、41.7%。从调查情况看，尽管提供体育活动场所的企业有52.6%、提供阅览室的有46.3%，提供职工医疗室、上网场所、卡拉OK场所的分别为31.4%、22%、13.3%。但是职工反映，这些场所基本上都在职工上班时间对职工开放，下班时间都关门，普通职工很难享受得到。工作、生活在园区的外来工，下班后想娱乐健身都没有好去处，要求改善娱乐设施的职工占了30.8%。

2012年江西省职工思想状况调查报告

江西省总工会

今年以来，江西省总工会在全省开展了全省职工思想状况调查活动，通过调查问卷、个人访谈及座谈会等形式开展，调研活动共在11个设区市和13个省产业（局、系统）间进行，共计发放调研问卷1000份，收回问卷1000份，对24人进行了访谈，并在对近年省总网络舆情研判职工思想状况成果进行综合分析的基础上，形成了这份报告。

一、职工思想总体状况

一是职工队伍思想道德素质整体呈健康向上态势。大多数职工有政治觉悟和爱国热情，有明确理想信念和鲜明政治态度，有正确的世界观、人生观和价值观，有强烈主人翁责任感和民族自豪感；社会公德、职业道德、家庭美德等优良传统和自尊、自信、自强精神得到进一步发扬光大；自主、竞争、效率、民主法制意识不断增强。据调查，有32%的受访者的理想是充分发挥个人才智、为社会多作贡献，28%的理想是能有较多的收入、过安定舒适的生活，24%的理想是实现自我价值，16%选择拥有一份理想稳定的工作。在看待个人利益与国家利益、集体利益的关系时，60%选择同时考虑国家、社会利益和个人利益，24%选择国家利益和社会利益优先。

二是职工对待社会和改革的态度比较积极肯定。在调查问卷中，认为近五年来国家经济建设取得的成就十分巨大的占20%，成就巨大的占41%。在个案访谈中，职工对改革开放以来所取得的巨大成就给予了较高的评价，认为改革开放不仅极大地解放了社会生产力，增强了综合国力，使多数职工的生活水平有了明显提高，对以人为本、和谐社会建设所取得的成果表示满意。绝大部分职工都希望能够真正共享改革发展成果，改革初期职工思想的“热点”问题已经转移，职工对企业经营者的评判、对企业前途的关心都能同自身利益紧密联系在一起，应该说与前些年相比，今天的职工更加关心企业的生产经营，更加关心企业的发展，更加关心企业的经济效益了。

三是职工对社会问题的态度趋于平和。多数职工能够理性地看待社会热点问题，能正确对待各种工作和生活压力。如社会分配不公、收入差距大的问题、腐败问题，他们有看法、有怨言，但大多都有较为平和的心态，都希望党和政府能增加收入、改善民生、加强社会保障、惩治腐败，他们对未来的工作和生活的改善仍有美好的期望。同时63%的职工认为近年来农民工生活状况没有改善，81%的职工认为当前农民工最迫切需要解决的问题是社会保障，广大职工渴望建立健全相对完善的社会保障机制。

四是职工对提高自身素质的要求强烈。在调查问卷中，31%的职工觉得自己的职业技能基本适应目前工作需要，90%的职工有参加学习培训的意愿。在最希望参加培训学习类别上，有53%选择技能技术培训，21%选择文化知识培训，16%选择兴趣爱好培训，10%选择学历培训。

五是职工的价值观念更加理性和现实。调查发现大多数职工的价值观念更加理性和现实。十分关注自己的切身利益，如就业、收入、房价、食品安全等，对与自身利益关系不大的公共利益的追求欲望不是很强。调查显示，62%的职工在社会是否稳定、生病住院、收入减少、物价上涨和社会保障等方面选择“非常关注”，职工最担心的是物价上涨过快、收入少，看不起病、交不起养老保险，没有保障，还有子女上学以及房价上涨无力购房等。

二、主要问题

一是物价持续攀高，生活压力大。在座谈和访谈中95%的职工认为目前工作生活中最大的压力还是社会上普遍存在的住房、教育和医疗问题。调查问卷中，感觉当前最大的压力，38%的人选择了工作压力，27%的人选择了精神压力；在所列举的对目前最担心的8个问题中：社会是否稳定、失业、生病住院、收入减少、社会治安、子女教育、物价上涨和社会保障，有65%的受访者均表示了非常关注，而选择了关注以上的则高达90%；在认为当前农民工最迫切需要解决的问题上，81%认为是社会保障，21%认为是增长工资，10%认为是子女上学。

二是社会分配不公引起了部分职工的不满情绪。新旧体制的交替，社会分配不公引起了部分职工的不满情绪。使得有些改革的方针、政策和措施尚未完全配套，引发一些问题，造成职工心理失衡。部分职工认为国家在制定政策时往往忽视了普通职工的利益，医疗改革、住房改革、教育改革无一不在加重企业职工的负担。61%的受访者觉得差距较大，35%的受访者认为收入分配差距很大。在当前“富人”群体在兴学帮困，开展公益事业等方面回报社会的整体情况问题中，认为很好的仅占8%，认为较好的也只有10%，认为一般的为30%，认为不太好的为28%，认为很差的为24%。在认为最能影响社会公众情绪的因素问题上，选择社会分配不公的为24%，选择腐败现象的为50%。

三是对社会信用信心不足。在对政府部门公布的经济和社会发展等数据的信任程度这个问题上，12%表示非常信任，20%表示比较信任，32%表示一般，24%表示不太信任，另有12%表示不信任；对目前社会诚信程度的看法上，只有4%认为诚信度很高，32%的职工认为诚信度较高，高达40%的人认为诚信度较差，另有24%认为诚信度很差。在对于加强公民道德建设是否重要这个问题上，有88%认为非常重要，8%认为比较重要，4%认为无所谓。

四是价值观念多元导致部分职工理想信念逐渐淡漠。处于经济价值观念多元导致部分职工理想信念逐渐淡漠，缺乏正确的世界观、人生观、价值观。一些职工理想信念淡漠，尤其青年职工觉得远大理想距离现实社会太遥远。在“您的理想”选择上，18%的职工选择是充分发挥个人才智、为社会多作贡献，11%的职工选择实现自我价值，21%的职工选择拥有一份理想稳定的工作，42%的职工选择是能有较多的收入、过安定舒适的生活。

五是信息传播渠道的多样化，加大了思想政治工作的难度。从调查的情况看

80%以上的职工通过电视、广播、报纸和网络获取信息，其中20世纪70年代以后出生的这部分人群获取信息的主渠道为网络。高新传媒技术为思想政治工作提供了现代化手段和信息渠道，但是不良文化现象也借助现代化手段乘虚而入、快速传播，加之年青一代职工需求的多元化，使得职工的思想政治工作变得更加复杂。

*六是精神需求增长已经超过单纯的物质需求。*在业余时间的安排问题上，63%的职工选择了休闲旅游和文体娱乐健身活动。同时，职工也指出，事实上很多企业并不重视职工的精神文化建设，缺乏必要的引导，也缺少体育文化设施的投入。

三、对策和建议

一要加强职工思想政治和道德教育工作，通过正面灌输与潜移默化的结合，内容与形式的统一，主体与对象的互动，典型示范与整体推进的配合，传统手段与现代技术的并用，紧密结合职工群众的思想实际和生产生活实际，用事实、用职工熟悉的语言和职工喜闻乐见的方式搞好宣传教育。二要充分发挥工会维护职工权益的基本职能，以维护职工的经济权、劳动权为切入点，全面促进维权机制建设，建立关爱职工的有效机制。三要改善职工精神文化生活，重视职工文化阵地建设，努力吸引广大职工群众开展健康有益、丰富多彩的精神文化活动，打造适应市场经济发展的职工队伍。四要加强媒体建设及监管，以正面引导为主，大力弘扬劳动者价值，引导职工树立正确的观念。五要密切领导干部和职工的联系，了解职工的需求，加大解决职工群众普遍关心的思想和实际问题的力度，做好维护弱势群体利益工作。六要积极适应新形势，把思想政治工作与精神文明建设、企业文化建设有机结合起来，积极探索工会思想政治工作的新思路、新方法。

关于全省工会帮扶工作和帮扶中心规范化建设情况的调研报告

山东省总工会

今年3~6月，山东省总工会深入部分地市、县区和企业，通过听取汇报、现场检查、问卷调查、个案访谈和座谈了解等方式，对全省工会开展帮扶工作和帮扶中心规范化建设情况进行了调研。形成报告如下：

一、全省工会帮扶工作和帮扶中心规范化建设基本情况

（一）工会帮扶工作取得显著成效

1. 元旦春节送温暖活动不断深化。开展送温暖活动以来，各级工会累计筹集发放送温暖资金24.5亿元，走访困难企业9.4万家，慰问困难职工和劳模461.8万户，切实为党政分了忧、为职工解了难。

2. 工会帮扶工作基础更加牢固。全省工会多方筹集帮扶资金，积极争取将帮扶资金纳入同级财政预算，工会经费投入逐年增加，建立帮扶送温暖基金组织2.1万个，结存基金2.1亿元，为开展帮扶工作打牢了物质基础。各级工会加强困难职工档案管理，不断提高帮扶工作信息化水平，目前，共建立困难职工档案18.6万户，录入信息80余万条，为开展帮扶工作提供了有力数据支撑。

3. 工会帮扶救助形式不断丰富。“工友创业”帮助下岗失业人员实现再就业，依托实训基地，培训职工27.4万人次，提供小额贷款7400余万元，扶持1.3万人自主创业。“金秋助学”确保不让一个困难职工子女上不起学，各级工会累计发放资金2.71亿元，资助11.8万名困难职工子女顺利完成学业。“医疗互助”为职工撑起一道防护伞，全省有194余万名职工参加医疗互助活动，有7.7万人获得资金救助8400多万元。“关爱农民工”切实保障农民工合法权益，与政府有关部门联合开展工资支付检查、平安返乡等活动，真诚帮助广大农民工排忧解难。

4. 工会帮扶工作与社会保障制度结合更加紧密。一是源头参与，维护困难职工权益，积极参与相关协调工作和督察行动，推动了政策出台、落实和相关问题的解决。二是实行《特困职工证》制度，争取多方面享受政策优惠，有效减轻了困难职工家庭生活压力。三是建立“结对帮扶”制度，提高帮扶工作社会化程度，有10.7万名领导干部参加活动，结对帮扶困难职工14.5万户，推动了帮扶工作向多方位、经常化和社会化发展。

（二）帮扶中心规范化建设得到全面加强

1. 困难职工帮扶体系建设逐步规范。近年来，各地工会积极推动帮扶网络向基层延

伸，建立了以市级帮扶中心为骨干，县级帮扶中心为支撑，乡镇（街道）、社区和企业帮扶站（点）为基础的五级帮扶工作网络，形成了全面覆盖、功能完备、责任明确、运转顺畅的“三位一体、分级负责、多方整合、区域协作”的帮扶工作体系，实现了对困难职工全覆盖、不遗漏的目标。

2. 帮扶中心工作基础得到巩固。一是场地设施基本齐全。全省县级以上帮扶中心全部有办公场地，有办公设施，标识醒目，服务窗口规范，达到了便于困难职工求助的要求。二是机构设置和人员编制基本到位。目前，有 14 个市、77 个县级帮扶中心经政府批准为单独设立的事业单位，共有工作人员 690 人。三是帮扶资金额大幅提高。在工会的积极争取下，政府对帮扶工作的资金支持不断增加，有 107 个帮扶中心建立了地方财政专项配套资金并纳入财政预算，有 97 个达到与中央财政按比例配套要求。

3. 帮扶中心工作制度不断健全。2002 年以来，省总根据全总的统一要求，制定了一系列加强帮扶中心规范建设和监督管理等文件，并定期组织检查考核。各级帮扶中心健全完善了档案管理制度、工作制度以及资金物资管理等制度，并制定实施细则，建立相关台账，规范运作程序，帮扶工作规范有序。

4. 帮扶中心品牌效应已经显现。多年来，各级帮扶中心竭诚为困难职工服务，努力为党和政府分忧，在解决职工利益问题、协调矛盾、维护社会稳定等方面发挥了积极作用，得到各级党委政府的充分肯定，受到职工群众和社会各界的广泛好评。

二、工会帮扶工作和帮扶中心规范化建设面临的主要困难和问题

（一）资金筹措渠道受限，帮扶水平整体不高。目前，全省普遍存在地方财政配套资金比例不够、工会经费投入少、社会筹集渠道受限等问题。从历年帮扶资金构成看，地方财政按比例配套中央财政资金还有较大差距；有的地方工会经费投入很少，帮扶工作开展全部靠上级资金和本地财政支持；由于山东省社会捐款已全部纳入慈善机构，使得工会通过企业或职工捐助的渠道受阻，社会筹资难度也越来越大。2011 年，平均每户建档困难职工救助资金仅 730 元，帮扶资金不足，使得帮扶救助的水平整体不高。

（二）帮扶活动重节日走访，轻日常帮扶，帮扶资金使用没有发挥最大效益。有的地方把本应用于日常开展帮扶工作的资金一直留存至年底使用，有的单位全年基本没有开展具有工会特色的帮扶项目，成了帮扶资金发放中心。这些情况，尽管没有偏离资金管理使用规定，但没有发挥出资金最大使用效益。

（三）帮扶中心功能单一，帮扶平台一站式服务功能作用发挥不好。有的帮扶中心窗口作用日益萎缩，平时冷冷清清，造成资源浪费，帮扶平台一站式服务功能作用发挥不出来。其原因一是帮扶中心窗口设置不合理，缺少全方位服务于职工群众的功能。二是大量的帮扶资金用于重大节日的帮扶救助，日常救助缺少资金支持。三是缺少有效的宣传，造成职工群众不知晓，社会各界不关注，帮扶中心影响力不够。

（四）帮扶工作创新不够，帮扶范围和项目有待进一步拓展。尽管各级帮扶中心开展了近十个帮扶项目，但帮扶内容主要还是生活救助、子女上学和医疗救助这老三样，有的帮扶项目没有开展具体工作，流于形式；有的地方开展帮扶活动很多，但没有

形成独具特色的品牌，有的朝令夕改没有长久规划；有的做法很成功，但宣传跟不上，造成帮扶中心在社会上的影响力不够，难以获得支持。

三、做好新形势下工会帮扶工作、实现帮扶中心持续健康发展的措施和建议

（一）要找准帮扶工作的定位。在帮扶对象上，坚持以城镇困难职工为主，面向包括农民工在内的全体职工；在帮扶内容上，坚持以送钱送物为主，向实现体面劳动、有尊严的生活方面拓展；在帮扶手段上，坚持以应急救助为主，向源头参与、强化社会保障方面延伸；在帮扶方式上，坚持从临时性救助和岗位帮扶向满足不同类型困难职工多样化需求转变。

（二）要明确帮扶工作的重点。一是围绕职工普遍关心的热点难点问题，推动完善政策措施。二是为合法权益受到侵害的困难职工无偿提供法律咨询和援助。三是对困难职工家庭给予生活救助。四是为就业困难的职工提供就业、创业服务。五是大力开展职工医疗互助活动。六是积极推动国家助学政策的落实。七是在帮扶中心开展职工心理咨询服务，实施人文关怀，帮助职工提高适应社会的能力和自我调适能力。

（三）要加强帮扶工作创新。坚持物质帮扶和精神帮扶相结合，“输血”与“造血”相结合；在坚持公益性帮扶的基础上，积极探索市场化运作方式，提高帮扶效率；采取结对帮扶、冠名帮扶等多种形式，调动社会各方面参与帮扶工作的积极性；坚持窗口帮扶与上门帮扶相结合，提高帮扶工作的针对性和有效性。

（四）要进一步夯实帮扶中心工作基础。一是市、县两级帮扶中心要与自身的城市地位相协调，与帮扶工作实际需要相结合，成为提升工会社会影响力和美誉度的窗口。二是要增加工会经费投入，积极向政府申请加大帮扶专项资金拨付力度。三是要探索建立人员管理、工作绩效考核、信息统计上报和工作联系沟通等新机制，构建较为完备的帮扶中心管理服务制度体系。四是要加强工会帮扶工作信息化建设，动态管理困难职工档案，确保信息真实、准确、完整。

（五）要强化帮扶工作机制和队伍建设。一是要不断完善党委领导、政府支持、工会运作的帮扶工作格局，将工会帮扶工作列入地方党委、政府的重要议事日程。二是要建立一支职业化、社会化的帮扶工作队伍。

河南省职工队伍稳定情况专题调研报告

河南省总工会

河南省总工会以开展服务职工活动为契机，派出工作组分赴洛阳、南阳、鹤壁、新乡、平顶山、三门峡、安阳、周口 8 个省辖市，采用召开座谈会、典型调查、问卷调查、查阅资料等方式，调研走访 120 家不同类型、不同规模、不同所有制形式的企业，开展了职工队伍稳定情况专题调研。现将调研情况报告如下：

一、河南省职工队伍稳定基本情况

（一）劳动关系现状。劳动关系总体和谐稳定。一是劳动关系协调机制日益规范，劳动合同、集体合同的签订率维持在较高水平。如三门峡全市企业中共有 22 万人与用人单位签订了劳动合同，签订率达 93%。二是工资集体协商工作稳步推进，劳动争议解决途径进一步畅通。如平顶山市建立了 675 个企业劳动争议调解委员会，设立劳动争议调解员 1620 名。三是企业民主管理制度普遍建立，能够妥善解决企业遇到的困难和劳动关系矛盾。上半年，全省已建工会的企事业单位建立职代会制度的有 105625 家，建制率 70.9%，比去年年底增加了 33611 家；108881 家单位建立了厂务公开制度，建制率为 73.1%，比去年年底增加了 39424 家。

（二）劳动争议状况。一是劳动争议数量呈上升趋势。如鹤壁市 2011 年全年受理劳动人事争议案件 582 件，而今年上半年就达到了 431 件。二是争议类型以利益型争议为主。如今年上半年鹤壁市以社会保险、工资福利、解除劳动关系经济补偿等利益型为主的争议占了劳动争议案件的 83.8%。三是争议类型日趋多样化和复杂化，处理难度增加。除社会保险、工资福利、解除劳动关系经济补偿等主要劳动争议类型案件外，还包括风险金、抚恤金、押金、劳动关系确认、生活费、工伤赔偿、丧葬费等各种纠纷，且相互交叉，错综复杂。四是用人单位败诉率较高。如今年上半年鹤壁市裁决的 284 件案件中，用人单位胜诉 10 件，占 3.5%；劳动者胜诉 148 件，占 52.1%；双方部分胜诉 118 件，占 41.5%。五是进城务工人员、劳务派遣用工引发劳动争议案件较高。如鹤壁市今年上半年劳动争议案件中，涉及进城务工人员的案件有 32 起，涉及劳务派遣用工的有 44 起，合计 76 起，占全市劳动争议案件总数的 26.8%。

（三）职工群体性事件情况。目前，河南省职工队伍总体稳定，没有出现影响大、范围广的职工群体性事件，但也不断有一些小规模的职工群众集体上访事件发生。据统计，今年 1~6 月份，全省各级工会处理职工来信 1251 件，比去年同期略有上升；接待职工来访 6639 人次，比去年同期的 6100 人次增加 539 人次，上升 9%。全省各级工会受理职工热线电话 9359 个，比去年同期的 10264 个减少 905 个，降低 9%。职工集体上访多发生在改制企业或私营企业，造成职工群众集体上访的主要原因是一些企业损害职工利益，职工的合理利益诉求未能得到满足。

（四）存在的主要问题。一是部分企业经营者法制观念淡薄，企业存在劳动用工不规范等问题。一些中小企业特别是县域民营企业，家族式管理观念严重，依法办事的观念淡薄，劳动合同不规范、不缴纳社会保险，为劳动关系和谐留下众多隐患。二是企业分配体系不够透明，同工不同酬的现象在一些地方还比较突出。企业职工工资正常增长机制没有建立起来，有的企业多年没有给职工增长工资，致使职工实际月收入较低，甚至达不到最低工资标准，进城务工人员则更低。三是社会保障覆盖面不够宽，职工缺乏幸福感和安全感。社会保险参保率不高，一些非公企业职工、城镇非正规就业人员，特别是进城务工人员缺乏社会保障。患大病职工个人医疗费用负担仍然较重，有不少因此而导致生活困难。四是受国家宏观经济增速放缓的影响，部分企业出现经营困难的局面。国际金融危机的深层次影响依然持续，一些企业特别是纺织企业和小微企业利润下滑，造成职工工资收入下降，加上国内通货膨胀、导致职工生活困难。五是一些历史遗留问题企业难以解决。前些年大面积进行企业改组改制，很多职工长期放假下岗、部分年纪较大职工内部退养，仅发放很低的基本生活费，随着物价上涨等因素，他们普遍感到生活困难，强烈要求提高生活费标准等；一些企业长期拖欠职工医疗保险费，没有缴纳住房公积金，在企业改制时职工要求补缴；在一些破产企业，患职业病的职工失去了职业病工伤医疗保险待遇，后续治疗难以保障。

二、影响职工队伍稳定的主要因素分析

（一）影响职工队伍稳定的突出问题。一是企业停产、改制、股权转换、经营层更换等政策调整对职工就业、收入和福利待遇产生较大影响；二是因社会保障缺失或各种历史遗留问题没有得到妥善解决给职工生活带来较大困难；三是因工作压力大、工资收入低、分配差距大、个人期望难实现、个别企业管理方式缺乏人性化以及各种社会问题等导致部分职工心态失衡并想寻机宣泄。

（二）容易产生不稳定的主要人群。一是原国有企事业单位改制过程中协解、内退等各类下岗和身份转换人员，特别是目前即将面临分流、下岗、失业的人员以及一些特殊人群组成的“过渡人”。这批人原先都有固定的身份、相对稳定的工作和收入，对企业和国家有历史贡献，国家改革、企业改制后没得到太多实惠，离退休进社保还有若干年，且目前年龄变大、身体变差，再就业困难，生活水平下降，内心失落。二是原大集体、家属工及农转非未就业的职工（教师）家属和因种种原因企业没有办理社保，一直没能进入社会统筹保障体系等人员组成的“无保人”。这部分人既无医保，又没养老，有的还难进低保，通常靠多年不调整的补助金维持最起码的生存，如患上大病根本无钱医治，有的患上严重的职业病也无法享受到应有的工伤待遇。三是近年不断增加的，以劳务派遣方式进入企业的新生代外来务工人员组成的远离了农村，游离在城市和企业的“边缘人”。这部分人对未来充满了期望，对生活有更多的追求，但工作和生活不够稳定，现实与理想差距较大。

（三）影响职工队伍稳定的直接因素。一是职工的主人翁地位有所动摇。近年来，随着市场经济的优胜劣汰，相当一部分国有企业面临改制、重组，职工在社会地位和经

济收入上都或多或少地产生了某种失落感。另外，以经济为主的价值观正逐渐影响着“工人伟大、劳动光荣”的传统观念，广大工人阶级的主人翁地位得不到有效地弘扬和保障。这些都对职工队伍的稳定造成一定的影响。二是一些企业缺乏科学合理的管理方法。一些企业的改革制度缺乏群众基础，在一些重大构想、重大制度、措施改革方案推出前，忽视职工的参与，缺乏与广大职工群众的沟通，职工的想法得不到及时有效地反馈或释放。三是职工的生活成本逐渐增加。职工医保程度低，保障疾病范围小，报销费用面窄，个人承担的项目多，省、市、县级差别大，城乡差别更大。看病难、看病贵的现象依旧很突出。目前，房价上涨、教育等费用高导致职工生活压力重，快乐感、享受感、幸福感指数很低。四是企业工会的作用不能得到有效发挥。一些企业工会不能很好地维护职工利益，造成职工对工会组织的信任度下降。一些企业工会费用短缺，费用不能自主支配，甚至出现拖欠工会费用等现象，使得工会活动项目渐渐减少，比如像“送温暖”、“扶贫帮困”、“关爱女职工”等活动失去了原有的规模。五是重复上访、集体上访问题较为突出，矛盾化解的难度不断加大。随着社会的发展，职工群众的维权意识不断增强，集体上访的组织性、策略性明显增强，个别人员利用信访谋取利益，信访部门又缺乏强有力的手段去处理和化解，导致企业处理难度越来越大。

三、维护职工队伍稳定和工会组织团结统一的对策建议

一是建立体现科学发展观的政绩考核体系；二是建立公正、合理、稳定的社会利益分配机制；三是加大社会保险和工资集体协商的强制性；四是建立工会组织全程参与企业改革改制的机制；五是健全对困难职工的帮扶救助机制；六是着力源头参与，加强职工维权机制建设；七是要积极推动劳动争议规范化调解工作。

关于湖北省中小企业发展环境问题的调查报告

湖北省总工会

今年4~6月，湖北省总工会赴黄石、荆州、荆门、咸宁等地，召开有关部门、工会、银行、协会（商会）等负责人及企业经营者座谈会，发放调查问卷1000份，走访中小企业50余家，就中小企业发展环境问题进行了专题调研。

一、贷款困难、资金紧张

当前，中小企业难以进入股市或债市直接融资，主要依赖商业银行贷款间接融资，而金融体制设计和运行难以适应其融资需求，导致中小企业贷款难。中小企业反映最突出的问题依然是资金紧张。问卷显示，目前企业资金“十分紧张”和“比较紧张”分别占13.7%和46.6%。荆门市有1.3万多家中小企业，与银行有信贷往来的只有1000家左右，占比不到8%。黄石西塞山区有近500家中小企业，在银行贷过款的不足一成。在问卷调查的企业中，九成认为从银行贷款难，其原因主要是：贷款手续繁琐（22.7%）、所在产业不是国家支持重点（22.3%）、贷款利率高（16%）、企业有效抵押资产不足（13.8%）。

一是“不能贷”。为规避贷款风险，商业银行加大贷款监控和问责力度，上收贷款审批权限，对中小企业普遍限贷、惜贷。黄石市人行数据显示，2011年全市银行向大企、国企放贷380亿元，超过贷款总额的七成，而中小企业贷款仅有60亿。商业银行对大企发放2~3年以上中长期贷款，对中小企业通常采取“一年一贷”，普遍实行额度按月控制，资金等待时间长、到位率低。

二是“不敢贷”。由于自有资产少、负债比例高、资产变现能力差、可抵押物缺乏，大多数中小企业难以获得银行贷款。个别企业由于经营不景气，拖欠甚至逃废、悬空银行贷款，使银行更加惧贷、惜贷。荆州市一家棉花收购企业拖欠农发行贷款，导致全市棉花收购企业停贷。相比中小企业资金饥渴，一些大企业将富余贷款转借给中小企业从中牟取利差。

三是“贷不起”。中小企业贷款利率普遍在基准利率基础上上浮30%~60%，一些银行实行“一浮到顶”，加上各种评估费、公证费、担保费、登记费等，综合费率达到10%~15%。而大企、国企享受基准利率，甚至在基准利率上打九折。由于银行贷款难，不少中小企业被迫高息民间借贷，年利息20%~30%不等。

二、人工涨价、企业缺工

调研显示，近三年来，企业用工成本普遍增加20%~30%。咸宁一家企业反映，几年前工资1500元可以招到人，今年“春风行动”中，工资涨到2000元才有人肯干。工资增加后，企业社保费用开支水涨船高。在用工成本增加的同时，中小企业不同程度存在缺工问题。调查企业中，反映长期缺工占22.6%，临时缺工占42.6%，所缺职工处前三位是：熟练工人（47.5%）、技术工人（45.5%）、技术研发人员（27%）。

当前，用工难突出表现为：一是结构性缺工突出。一方面，电工、焊工、钻床工、检验工、修理工等技术工人始终是“抢手货”。另一方面，普通一线工人缺口大，这在机械制造、电子电器、纺织服装、餐饮酒店等劳动密集型行业尤为突出。二是职工流动频繁。调查企业中，大量职工流失的占6.5%，少量职工流失的占71.7%，认为职工流失对企业发展造成较大影响的占35.8%。造成职工频繁流动的主要原因是：工资收入低（46.3%）、职业发展空间少（44.3%）、国家法律法规约束不力（38.8%）。

中小企业用工难的主要原因：一是用工需求总量增加。由于招商引资力度加大，投资环境改善，落户湖北的企业逐年增加，而农村劳动力大量外出，再加上养殖、林业等产业的分流效应，导致劳动力供不应求。二是中小企业缺乏引力。湖北省中小企业与沿海地区同类企业相比，在工资收入、福利保障、技能培训、人文关怀等方面存在一定差距，导致职工“孔雀东南飞”。三是就业服务缺乏合力。人社、农业、教育、工会等部门或单位开展促进就业行动，各县、市也开展地区性行动，但这些行动缺乏部门、地区联动，存在“碎片化”现象，难以形成省内劳动力合理流动“路线图”。四是新生职工就业观念变化。80、90后新生代农民工，与父辈相比，挣钱养家的压力有所减轻，吃苦耐劳的精神有所减退。一些年轻人宁愿选择工作相对轻松的服务行业，也不愿意去生产一线当工人。

三、成本高企、需求下降

近年来，我国物价水平持续上涨，生产要素成本不断攀升，而不少企业的产品价格受国家控制通胀、市场竞争、出口市场萎缩等多重因素作用，难以同步上涨。由于处于产业链末端，原料和市场两头在外，中小企业消化成本难度加大，高进低出的“剪刀差”加剧。调查问卷显示，2010年以来，企业生产成本大幅增加的占31.9%，小幅增加的占48.8%。导致成本增加的主要因素有：原材料价格上涨（90.3%）、劳动力价格上涨（88%）、水电油气等基础能源价格上涨63%；与此同时，企业主营产品价格大幅上涨的仅占1.9%，小幅上涨的占22.0%，变化不大的占53.1%。一是原料价格上涨。数据显示，被调查企业原材料价格上涨平均值为23.6%。二是能源价格上涨。水、电、煤、油、运等基础能源价格持续上涨，推动企业生产成本不断增加。三是国外市场萎缩。世界经济持续低迷，欧债危机愈演愈烈，人民币持续升值，导致国外市场需求明显减少、出口成本不断上升，对外向型企业产生显著影响。

四、税费偏多、负担沉重

一是税收结构问题。由于中小企业原材料供应主要来自不能提供增值税专用发票的小规模纳税人，无法享受增值税进项抵扣，而产品供应给上游大型企业，对方只接受增值税专用发票，导致实际税负比享受增值税进项抵扣的大企业还重。我国增值税存在17%、13%两档税率，以低税率产品为原料的企业，购进原材料按13%进行进项税抵扣，销售产品则按17%征收销项税，“高征低扣”使企业多支付了4%的增值税。这在纺织、部分农产品加工等行业十分普遍。

二是涉企收费问题。中小企业除缴纳增值税、营业税、企业所得税、个人所得税、印花税、房产税、土地使用税、车船使用税、资源税、耕地占用税、土地增值税、契税等各种税外，更有名目繁多的涉企收费。一些企业历数各种收费多达二三十项。不少企业反映，一些部门收费随意性强、人为操作空间大，请客吃饭“做工作”，可以少收甚至免收。

三是优惠政策难落实。由于宣传不够，不少中小企业对国家和地方出台的优惠政策知之不多。一些政策比较原则，没有具体细则跟进配套，难以实施。一些政策附加较多限制条件，企业难以真正受益。

五、要素制约、发展受限

一是用地受限。由于土地资源稀缺、用地需求增多、用地指标限制、中小企业土地利用率低等原因，各地在项目建设用地上“抓大放小”，投资越大、规模越大的项目用地越容易，大量中小企业“一地难求”。

二是能源、资源、环境约束。一些开发区、工业园基础设施、配套设施不健全，缺少公共交通、金融机构、商业网点、文体活动场所等，给园区生产生活带来不便。调研企业对“用电贵、用电难”诟病颇多。随着产业结构调整、加快转变经济发展方式，节能减排和环境保护力度不断加强，“三高”类中小企业面临巨大而紧迫的调整转型压力。

三是市场竞争无序失范。中小企业大多在一些“低门槛”行业一拥而上，同质经营、恶性竞争，导致企业和行业长期低水平发展。一些大企业利用优势地位，向中小企业随意压价、收取费用，特别是拖延占用货款，中小企业敢怒不敢言。

六、服务缺位、检查繁多

一是服务体系不健全。政府服务中小企业的职能和资金分散在各个部门，难以形成工作合力。行业协会、商会、企业间组织和社会中介组织发育不充分，主要集中在大中城市，越往基层越少，而且大多数定位不清、实力不强，公益性服务水平低，商业化服务“用不起”。

二是市场准入有障碍。虽然国家出台了鼓励和引导民间投资的意见，但中小企业在许多领域准入仍然受到歧视、限制。社会上将民间资本市场准入受限，形象地称为“玻璃门”、“弹簧门”现象。

三是政府服务不到位。当前，企业反映最大的是“办证难”，主要是审批手续复杂、办理时间长、审批条件互为前置等问题。有的政府工作人员缺乏服务意识、态度较差。不少企业反映，摊派、罚款、检查、评比名目繁多，企业难以应付。

关于湖南省国企改革进展和职工权益维护相关问题的调查报告

湖南省总工会

今年2~4月，湖南省总工会组织7个省产业工会和14个市州总工会，开展了对中央下放和省属、市属国企改革进展和职工权益维护相关问题的调查。本次调查采取发放调查表、召开企业党政工领导座谈会和访谈困难职工等方式进行，共调查已完成改革国企733家，其中省属114家（含部分中央下放湖南省煤炭企业）、市属586家、中央下放33家；调查未完成改革市州属国企383家，访谈这类企业困难职工3163名。现将调查情况报告如下：

一、全省国有企业改革情况

（一）省属国有企业改革情况。湖南省纳入第一轮省属国企改革范围、由省国企发改办牵头改革的企业或单位共1173家，其中发展壮大118家、转制搞活110家、关闭破产（注销）471家、主辅分离辅业改制276家、分离办社会职能机构119个、留守机构移交79个；涉及职工（含离退休人员）50万人，其中调整、解除原有劳动关系35万人。截至目前，已完成改革任务的1166家，占99.4%，尚有湖南汽车工业公司等7家正在改革当中，需安置补偿职工2879人。

（二）市州属国有企业改革情况。全省共有市州属国有企业1945家，截至2011年，已有1488家完成改革任务，占76.5%；尚未完成改革的457家，占23.5%，涉及职工27万多人（含离、退休职工）。其中，由各市州国企改革工作领导小组负责改革操作的有1608家，已完成改革的有1352家，占计划任务的84%。娄底、常德基本完成，邵阳、衡阳、湘潭、湘西、株洲、益阳、岳阳等地改革任务还较重。

（三）中央下放国有企业改革情况。湖南省列入中央政策性关闭破产项目共237个，其中下放湖南省操作的64个，主要涉及有色（27）、煤炭（19）、军工（16）三个行业，职工29.2万人。截至目前，这些项目基本实施到位。

二、已完成改革国企存在的涉及职工权益的相关问题

（一）省属、市州属、中央下放改革企业共有的问题

1. 社区职能移交和退休人员移交困难。本次调查的733家已完成改革企业，社区职能未移交或部分未移交的共计有297家，占40.5%；退休人员未移交的共计有272家，占37.1%。移交工作整体进展缓慢，主要原因：一是没有明确的移交政策；二是部分企业改革时移交费用未提留或提留不足。

2. 部分企业“老工伤”人员移交费用较大。按照现行政策规定的企业出资计算办法，“老工伤”人员比较集中的有色、煤炭和军工三个行业的企业移交费用较大。全省军工企业共有“老工伤”人员15542人，需移交费用4.7亿元，这些企业都表示移交费用缺口较大，无力支付。

3. 失业人员养老、医疗保险接续负担偏重。以省本级2011年养老保险和医疗保险续费为例：省本级灵活就业人员2011年度养老保险缴费最低为3600元，医疗保险缴费金额统一为1085元，两项合计为4685元。以本次访谈的困难职工年人均收入4688元作为对照，失业人员家庭以上述标准接续养老保险和医疗保险确实是一笔不小的支出。无奈之下，许多失业人员只能选择中断缴费或单项续费。

（二）市州属和中央下放改革企业水电分离改造资金未提留或提留不足问题

部分早期改革的市州属和中央下放改革企业在制订改革方案时，因为政策原因对水电分离改造资金未作提留或提留不足，造成了一部分改革企业水电分离改造、一户一表改造未能完成。中央下放改革企业未提留或提留不足的更多。以中央下放军工企业为例：全省军工行业尚未进行水电分离改造的职工家庭共64197户，根据湘国企改革〔2006〕2号文件测算，共需改造资金36742万元，而这笔资金目前没有出处。

（三）中央下放改革企业离休干部移交困难问题

中央下放湖南省改革企业尚有未移交离休干部1285人，其中有色635人，煤炭146人，军工504人。移交工作难以完成，主要是在移交费用计算依据上，老干管理部门坚持移交费用应严格按省政府文件规定的统筹外项目标准测算执行，预留十年费用，由企业一次性缴纳；而企业则认为应按中办发〔2000〕11号文件的规定执行，两个文件执行的移交费用差距较大。

三、部分市州属国企改革进展迟缓的原因及由此产生的后果

（一）进展迟缓的原因

一是推进力度不够，错失时机。有的市州国企改革前后跨度十多年，部分地方对国企改革重视不够，以至错失了国企改革许多政策优惠时间，导致成本增加，难度加大。二是资产质量差，成本难筹。不同的国企资产质量存在差异。在“靓女先嫁”的策略下，资产质量好的都已完成改革，现在正在改革的和尚未启动改革的企业基本都是难以嫁出去的“丑女”。三是政府财力有限，难以兜底。邵阳市未改革企业需改革成本约30亿元，企业资产预期可变现约15亿元，改革资金缺口达15亿元。而邵阳市本级2011年的财政收入才17亿多元，难以承担巨额的企业改革成本。

（二）国有企业改革延缓所带来的不利情形

1. 推动改革的困难越来越大。市州国企改革政策大多制定于2004年以前，未完成改革企业职工对现在沿用2004年以前的职工身份置换补偿标准普遍不满，强烈要求提高补偿标准。另外，国企改革牵一发而动全身，补偿标准若调高，则已完成改革的企业有翻盘的风险。这种两难困境，无疑给后续市州属国企改革增加了难度。

2. 欠缴职工社保费包袱越背越重。本次调查的383家未完成改革的市州属国企中，238家存在欠缴三项社会保险费现象，至2011年年底，欠缴总额达到59.6亿元。因为

企业欠缴社保费，导致职工到龄不能退休。许多职工无奈之下只能找亲戚朋友借钱把应归企业支付的20%部分垫付上。这种债权关系如果发生借钱人未还清债务而死亡的情况，必然引发新的社会矛盾。

3. 部分企业社区生活条件、居住环境越来越差。各地至今未完成改革的企业，大多数处于停产半停产状态，有的已停产十多年。这些企业财务状况早就恶化，无力改善职工生活条件和居住环境，加上缺乏管理，企业社区生活、环境、治安状况令人担忧。

（三）困难职工群体问题突出

本次调查的383家未完成改革市州属国企共有建档困难职工32307人，占这些企业职工人数的13.8%，远远高于全省企业5.5%的平均水平。

1. 失业比例大，重新就业难。本次调查的383家未完成改革市州属国企共有33736人目前处于失业状态，占这些企业职工人数的14.4%。本次访谈的3163名困难职工中，有873人目前处于无业状态，有467人自谋职业，分别占应就业调查对象的34.5%和16.8%。本次被访谈的困难职工家庭平均人口2.9人，平均就业人口1人，其中零就业家庭1331户，占42%。

2. 家庭收入少，生活负担重。本次访谈的全省3163名困难职工家中，以就业收入为主要来源的1145家，只占36.2%；以低保金和其他收入为主要来源的1487家，占到47%。2011年家庭年平均收入为13633元，人均月收入390元。本次访谈的困难职工中，有1152人反映其困难原因是“家庭成员患病，医疗费用负担重”，占36.4%，排在“年龄偏大、技能缺乏、就业无门”之后，列致困原因第二位。部分困难职工的子女处于上高中、大学阶段，教育费用、生活费用较高，家庭经济负担沉重。

3. 住房条件差，安全隐患多。本次访谈的困难职工中，自己没有产权房的共1773户，占56.1%。其中，租房住的781户，占24.7%；住单位简易房的774户，占24.5%；自搭棚房住的50户，占1.6%。人均住房面积在10平方米以下的741户，占23.4%。

4. 帮扶需求大，脱贫解困难。本次调查的383家未完成改革的市州属国企的32307名帮扶对象中，2011年未获得实质性帮扶救助的有9721人，占30%；符合低保条件而未能进入低保的困难职工4083人，占12.6%。本次访谈的1331户零就业家庭中，2010年至2011年两年中获得就业帮扶的469户，只占35.2%；866名困难职工有小孩上高中或大学，但只有105人获得了贫困助学资金，54人获得了助学优惠政策，分别占12.1%和6.2%。

四、对策建议

一是建议省政府出台加快市州属国企改革的指导意见；二是积极解决已完成改革企业的相关后续问题；三是整合资源，继续加大困难职工帮扶力度。

建会就是建家

——关于理光公司工会工作的调研报告

广东省总工会

理光（深圳）公司成立于1991年，是一家集设计、生产、销售办公自动化产品为一体的日资企业。20年来，已发展成拥有先进生产设备和现代科学管理方式的高新技术企业。公司现有员工4536人，其中职员423人，一线员工4113人，累计生产实绩超过850万台，连续多年被评为全国外商投资双优企业。根据汪洋书记重要指示精神，我会组织了调研组深入理光公司工会进行调研，总结其经验，概括起来主要有以下几点：

一、坚持充分尊重职工意志，实现工会委员会选举民主化

2007年，在公司行政的支持下，企业成立了工会筹备组，发展了1000多名员工入会。2007年11月，筹备组按《中国工会章程》规定，组织各工会小组选出了112名会员代表，其中过半是一线员工，准备召开第一次会员代表大会。筹备组与公司行政协商后提出了9名工会委员候选人，准备从中差额选举7名工会委员，并预设了工会主席人选。在选举过程中，会员代表充分行使了自己的民主权利，选举了9名候选人之外的彭秀姣为工会委员，随后在委员投票时又选举她为第一届工会主席，原预设的主席候选人成为委员。对这种"意外"的结果，企业行政充分尊重会员代表的民主选择，上级工会也对选举结果及时作了批复予以肯定。一个充分体现会员民意的工会委员会就此成立。

三年之后，2010年11月理光公司工会酝酿换届选举。在筹备换届中，理光公司工会把会员代表大会的代表按6%的比例分到工会小组，采取会员自荐和群众推选的方式产生，248名代表中190名是一线员工，占76.6%，而14名工会委员候选人也全部由基层工会小组召集会员协商推荐，公司行政方不加以任何影响。在第二次会员代表大会上，候选人都作了竞选发言，表达了他们为员工服务的愿望和设想，代表们用无记名投票的方式从中差额选出11名工会委员，有4名一线员工当选为工会委员。

由于两次选举都依法依规，充分尊重会员的民主权利，理光工会得到广大员工的认可。不少员工从工会的两次民主选举中，既受到了民主建设的熏陶，也对工会产生了真正的信任和拥护。到2011年2月第二届二次会员代表大会时，员工入会率已达到100%。

二、坚持依法依规，实现工会工作制度规范化

在组织架构方面，理光公司工会健全了企业工会三级网络。在工会委员会里，明确了委员会分工，设置宣教、生产、生活、组织、劳动争议调解、体育、女工7个工会组，每个工会组都有一名委员负责，同时设立经费审查委员会。按部门按车间设置162

个工会小组，把每个员工都纳入工会组织体系中。为处理好工会的日常工作，企业工会由2名专职工作人员负责工会具体事务。企业按规定向工会提供办公场所，工会有独立账户，有社团法人资格。为保证工会工作的重大事项由会员决定，接受会员民主监督，理光公司工会规定上年度的工会工作报告、本年度的工作计划及预算、涉及职工权益的重大事项要提交职工（会员）代表大会审议。后来又经过努力增加了“工资集体协商流程及协商代表由代表大会通过”的规定。

在规范运作方面，理光公司工会出台了《工会入会、退会标准》、《工会会员代表大会标准》、《工会委员会运行标准》等方面的管理制度和标准。建立了调查困难会员制度，并按《困难职工慰问标准》对这些会员实施慰问，进而增强工会凝聚力。

三、坚持劳资双赢，实现工会维权科学化

2011年12月15日，工会和公司正式签订了《工资集体协商办法》，正式在公司建立起工资集体协商制度，并明确了第一次集体协商的时间、地点、内容及流程。理光公司工会把协商代表人选交给员工做主，这种程序保证了协商代表的代表性和公信力。协商代表团成员作出明确的分工，定出工资集体协商推进日程，从选出协商代表团成员到加薪情报把握，到向公司发出工资集体协商要约，到确定员工方谈判目标，到面对面工资集体协商，到召开会员代表大会，对协商结果进行表决，到签订集体合同，到向劳动行政部门备案并向全体会员公布，都列出进度时间表，使代表们心中有数。

员工对协商的诉求各有差异，必须加以整合，这就需要科学的分析和权衡。理光公司工会的情报收集对整合协商目标、掌握协商主动权起了重要作用。理光公司工会通过对周边以及同行业企业的最低工资进行调查，甚至想方设法找到他们的工资单，作为确定谈判标的依据。理光公司工会通过对食品价格涨幅、育儿支出增幅、幼儿教育支出涨幅、住房租金涨幅调查，综合同类企业和物价涨幅调查结果，建立员工家庭成员结构模型，得出员工基本生活开支上涨约350元/月的确切数据。在此基础上，理光公司工会确定协商的争取目标：2012年基本工资涨幅达19%。

在协商过程中，资方提出了受3·11日本大地震、泰国洪水以及欧债危机的影响，经营环境恶化，公司营业利润降到历年最低，甚至第三季度出现亏损，只能接受8%的加薪方案。双方差距较大。理光公司工会在表示理解公司困难、愿和公司共渡难关的意愿的同时，说明了物价快速上涨、员工生活压力增加，加薪幅度应该确保以不降低员工生活质量为前提，以及参照同类企业的工资水平。因为工会事先作了充分的情报准备，资方代表也承认员工方提供的数据实事求是。三周内经过与资方的4轮讨价还价，终于就工资涨幅达成一致，确定2012年工资增幅为15%。在近年深圳企业普遍出现招工难的情况下，理光公司职工队伍却日益稳定，员工流动率从9%下降到4%。

四、坚持发挥“大学校”作用，实现工会活动人本化

理光公司工会充分利用工会系统的师资及资金，积极开展员工的劳动技能培训及素质教育。这些年理光公司工会共实施了班组长业务培训107人，计算机办公应用软件培训31人，天车操作培训22人，职工素质教育流动课堂328人，新生代劳务工系列培训

468 人，女性生理健康知识讲座 161 人，文明礼仪知识讲座 102 人等。理光公司工会还组织员工参加各种技能培训活动及知识讲座。公司有部分员工来自山区农村，文化水平、技术素质与公司高科技生产的要求有很大差距。为了让他们尽快适应企业现代化生产的需要，工会积极为他们开展职业道德、员工守则、行为规范、法制观念、文化技术、业务技能等多方面的培训，让他们成为适合现代企业需要的新工人。深圳市总工会为理光公司员工推出免费读大中专的“圆梦计划”后，经理光公司工会一发动，共有 437 名员工报名。为了在全体员工中弘扬爱岗敬业精神，2012 年理光公司工会发起了评选理光劳动标兵活动，理光公司工会把十个标兵名额分到公司各部门，各部门发动工会小组推荐自己的模范职工，经工会组评选后报到公司工会，整个评选过程也是树立榜样、激励上进的过程。理光公司工会积极开展丰富多彩、健康向上的文体活动，包括文化娱乐、体育比赛、旅游观光、义工活动等等，为会员们提供能够展示自我的一个平台，极大地活跃了职工精神文化生活。

五、坚持沟通协调，实现职工自我管理常态化

*一是工会委员会与公司高层定期交流制度。*每季度一次，交流内容主要有工会工作开展状况，会员对公司管理的意见反馈及改善方案，公司人事、员工福利待遇等重大事项。2011 年工会委员会与公司高层的交流会实际共举行了 5 次，每次公司董事长与副总经理都出席。这种交流有效地增进了工会与公司高层管理人员的相互了解，促进劳资更好地合作。

*二是工会以及会员代表和公司职能部门定期和临时交流的制度。*2011 年工会委员会与职能部门交流 12 次；会员代表与职能部门定期交流 8 次，临时会议 6 次。

*三是工会和会员的交流制度。*工会除设立专员办公室随时听取会员意见接受会员投诉外，2011 年委员会与会员举行了 14 次交流会，共收集了 135 条建议和意见。工会委员会汇总整理后反馈给公司职能部门，并监督其进行改善对应。近年来，员工伙食补贴、老员工离职补助金、住房公积金、技术工人技术补贴、劳动安全事故的监督等员工关心并迫切要求解决的问题，都通过制度化的渠道进行有效地沟通得到解决。

关于深入推进规模以上民营企业班组建设的调查与思考

广西壮族自治区总工会

为进一步推进班组建设，广西壮族自治区总工会调研组以“面对面、心贴心、实打实服务职工在基层”活动为载体，采取实地查看、座谈交流、问卷调查等形式，对百色市民营企业班组建设情况进行了广泛深入调查，现将调查情况报告如下：

一、百色市规模以上民营企业班组建设基本情况

目前，百色市规模以上民营企业有159家，占全市规模以上工业企业的68.49%，其中产值达一亿元以上的民营企业有54家，占全市亿元产值以上工业企业的80.6%。经营领域涉及有色金属、石化产业、现代农业、中介咨询服务、运输物流等多个领域，目前向高新技术产业领域、医疗、卫生等社会公共事业延伸，且在二、三产业领域中的比重不断攀升。2011年年底，规模以上民营企业实现工业增加值67.19亿元，占全市规模以上工业增加值的66.61%。这些企业共计有1640个车间、3110个班组、职业（工种）338个，其中，班组长男22471人、女11740人，职工队伍高技能人才比例达38.6%。

初期的民营企业以资源型工业为主导，企业也以家族化管理为主要形式，遭遇2008年经济危机以来，百色市规模以上民营企业战略转型加快，企业注重班组建设和转变管理方式，企业工会也把加强班组建设作为服务科学发展、服务职工群众，加强自身建设的一项重要工作来抓，通过开展班组创先争优劳动竞赛、创建“工人先锋号”等活动，积极组织职工参与班组管理，抓好班组安全生产，提高职工技术技能水平，开展职工思想工作，不断推动班组建设取得新进展，为企业发展奠定了坚实基础。

二、规模以上民营企业班组建设成效

一是创先争优，建立了班组建设的运行机制。按照上级组织的工作部署和要求，百色市规模以上民营企业工会加大服务“第一要务”的工作力度，将“工人先锋号”创建活动定位在班组层面展开和深化，广西驰程汽车运输集团有限责任公司印发了《关于开展“工人先锋号”劳动竞赛的实施意见》，明确提出把班组建设摆在突出位置，强化基础管理，健全班组管理目标体系、责任体系和考核评价体系。田阳南华糖业有限责任公司工会积极召开班组建设工作座谈会，举办班组建设推进会，提出以素质工程为依托，以创建“工人先锋号”活动为主要载体，明确班组建设切入点和侧重点，逐步形成了由党委统一领导，行政全面负责，工会牵头协调运作，生产职能部门共同参与、分工

协作的运行机制。

二是选树先进典型，增强班组建设的活动氛围。积极推广先进班组的成功做法和典型经验，每年选树表彰一批优秀班组、“安康杯”优秀个人、优秀组织，通过发挥典型引路和榜样带动的作用，不断扩大先进典型的影响力和覆盖面，有效调动职工参与班组建设的积极性和自觉性，促进基础管理水平提升。目前，百色市规模以上民营企业共有 12 个车间、班组被评为自治区“工人先锋号”。

三是创新管理模式，拓展夯实管理的工作平台。各单位从生产管理实际出发，完善班组管理制度，严格各项工作标准，积极总结推广先进操作法、优秀管理法，建立班组考核机制，在班组逐步推行民主考核评比，推进班务公开。近三年，百色市规模以上民营企业职工共推广先进操作法 543 项，提合理化建议 2.2 万多条，解决技术难题 2206 个，刷新和创造岗位生产新纪录 1152 项，完成技术创新成果 230 项。

四是实施素质工程，完善素质提升的保障体系。百色市规模以上民营企业，随着企业经营规模的扩大，企业经营逐步正规化，企业管理也迈入科学化阶段。广西金建华民用爆破器材有限公司工会把提高职工素质作为班组建设的重点，大力推广《职业技能基本功训练手册》，确保职工学有所本，练有所依。组织职工广泛开展“三个一”活动，即基层单位在理论知识学习上做到职工每日一题、班组长每旬一测，在技能操作上做到职工每周一个训练项目、每月一次考评、每季一次检查验收；厂处级单位坚持每月一检查、每季一抽考、每年一比武。

三、班组建设中存在的主要问题

一是班组建设的认识有待进一步提升。班组建设是一项涉及企业管理方方面面的系统工程，需要企业各部门同心协力、齐抓共管。个别单位受到传统粗放型管理的长期影响，简单地认为班组建设就是搞几项活动，是主管部门的事，缺乏协作与配合，没有形成齐抓共管、分级负责的机制，致使班组建设过程中出现重硬件轻软件、重制度轻标准、重执行轻创新、重结果轻过程、重使用轻培养等问题。

二是班组建设的内容有待进一步明确。班组建设作为企业形象塑造的基础工作，需要围绕企业发展目标，分行业建立统一的管理规定、实施办法、相应制度以及班组竞赛等工作内容，确保班组职工的积极性得到充分调动，从而推进班组管理工作切实增强和进一步规范。

三是先进班组典型有待进一步挖掘。部分企业职工反映，缺乏先进代表、技术创新典型引路。如广西驰程集团自 1997 年至今，仅在 2009 年有一位市级劳模，十几年来都没有一位省级劳动模范，极大消磨职工的技术创新积极性，百色市规模以上民营企业工会在进取求精、攻关创新等方面塑造先进典型的工作还需要切实强化。

四是班组思想工作有待进一步加强。从调查中发现，有 75% 的被调查者认为，班组思想政治工作做得不深入或没有开展，普遍认为班组亲和力、凝聚力不能适应发展需要，班组思想政治工作方法简单，文化活动不活跃，在维护职工的合法权益，切实帮助职工解决工作、住房、疾病、子女就业等方面需要进一步加强。

四、进一步深化班组建设的对策及建议

一是准确定位，彰显工会特色。要将工会的小家建设融入到企业的班组建设工作，做到同步考核、同步评比，实现班组建设和工会小家建设一体化管理。围绕提高职工素质、加强基础管理、营造和谐氛围、维护职工利益等选取载体，充分激活职工的创造潜力，积极打造“六型班组”。积极争取党组织的领导、行政组织的支持、各部门的协作配合，建立起分工明确、有序运转、齐抓共管的工作机制。

二是健全制度，促进民主管理。建立和完善“两长”（班组长、工会小组长）和“工管员”（职工民主管理员）制度、班委会制度、班组民主生活会制度、班务公开制度等行之有效的制度。扩大民主推荐制度，采取竞聘演说、自荐互荐、干部提名、民主评议等多种形式选拔配齐班组长、工会小组长、工管员。积极推行民主考核、民主公开制度，对员工绩效考核、奖金分配、先进评选、选送培训等关系职工切实利益的事项，通过班务公开增强透明度，召开班务会征求职工意见，切实消除隔阂、化解矛盾、理顺情绪、稳定思想。同时，还应畅通思想情况、合理性建议和意见的反馈渠道，组织班组定期召开民主生活会，收集和反映职工合理要求，关心职工生产生活，努力为职工排忧解难。

三是加强培训，提升职工素质。一方面，提升职工素质重点应围绕业务能力来展开，不断拓展职工教育平台。通过技术课堂、技能培训班、岗位练兵练赛、观摩交流、名师带高徒和技术创新等活动载体，提高职工技能水平和解决实际问题的综合能力。另一方面，提升职工素质关键要加强思想政治教育，切实强化班组思想政治工作以班组文化建设为抓手，以坚持和宣传政治学习制度为突破口，以开展谈心活动为重点，紧密结合班组实际找准方向、丰富内容，切实调动职工积极性，增强责任感。

四是完善管理，强化权益保障。广泛开展班组创先争优劳动竞赛、“工人先锋号”创建活动和“安康杯”竞赛。民营企业工会通过班组建设活动，使各项工作有效融入到相关部门的工作职责和内控流程，将活动经费纳入生产建设工作预算，进而确保工会的各项运行工作切实拥有充足保障。

海南省工会服务职工活动调研报告

海南省总工会

今年以来，海南省工会以服务职工为主题，以“进千家企业、访万名职工”大调研活动为载体，组织百名工会领导干部进千家企业，千名工会干部访谈万名职工，深入了解和掌握职工群众合法权益落实情况、影响劳动关系和谐稳定的因素和制约工会工作开展的重点难点问题。现将调研情况汇报如下：

一、调研的基本情况

本次调研，全省各级工会共走访企事业单位 1232 家，召开座谈会 2643 场，个案访谈职工 13985 人，发放调查问卷 14201 份，收到企业和职工反映的问题 4968 件，现场解决 609 件；调研内容包括职工工资、社会保险、住房保障、医疗卫生、子女入学、企业文化等；调研方式包括职工座谈会、民意恳谈会、实地查看、个案访谈、问卷调查等；共选取私营、个体经营、外商投资等 6 大经济类型企业，涉及酒店餐饮、制造加工、建筑、批发零售等 9 种行业，调研企事业单位数占海南省企事业法人单位总数的 3.6%，职工数占海南省职工总数的 1.7%。

调研显示，海南省劳动关系和谐稳定，职工群众的经济权益、政治权益、社会权益实现状况良好，对国际旅游岛建设普遍持积极肯定态度。在此次受访的 13985 名职工中，对海南建设国际旅游岛表示很支持和非常支持的有 13425 人，占受访职工的 96%；签订劳动合同的有 13034 人，占受访职工的 93.2%，并且签订劳动合同的职工全部认为所在单位较好地履行了合同；参加社会保险（特别是养老保险和医疗保险）的有 11971 人，占受访职工的 85.6%；认为企业能够按时足额发放工资、奖金及加班费等待遇的有 13313 人，占受访职工的 95.2%；对企业劳动安全卫生条件表示满意和一般可以的有 13761 人，占受访职工的 98.4%；认为所在单位能够严格按规定执行职代会和厂务公开制度的有 10125 人，占受访职工的 72.4%；认为所在企业工会能够充分发挥作用，维护职工权益的有 12642 人，占受访职工的 90.4%；对工会开展法律援助、法律宣传和维护职工合法权益等维权工作表示满意的有 12614 人，占受访职工的 90.2%；认为所在企业劳动关系比较和谐与很和谐的有 13257 人，占受访职工的 94.8%。

二、职工群众反映的主要问题

一是一线职工劳动收入偏低。截至目前，在各级工会的积极推动下，全省共签订工资专项集体合同 3305 份，覆盖企业 8905 家，涵盖职工 64 万多人，建制率达 62.6%，但海南省职工尤其是一线职工劳动收入仍然相对偏低。在本次调研受访的 13985 名职工中，月收入（含工资、奖金、加班费及其他福利）低于 2000 元以下的比例为 72.6%，其中1000元以下的比例为19.4%。此次调研，职工感受当前最大的压力来自于工资收入低的有11132人，占79.6%。

二是部分职工劳动时间较长。根据《劳动法》第三十六条规定，国家实行劳动者每日工作时间不超过八小时、平均每周工作时间不超过四十四小时的工时制度。在本次调研受访职工中，每周工作6天及以上的比例为50.5%，每天工作8小时以上的比例为34.3%。

三是一些企业职工生活困难。部分企业特别是停产、半停产企业职工生活相当困难，主要体现在四个方面：一是年龄偏大、技能不高，部分职工再就业相当困难，家庭收入微薄或者根本没有收入。二是企业欠缴职工医疗保险费用，导致部分职工重病无钱医治，生活更加困难。据调查，大部分停产、半停产企业没有钱为职工缴纳医疗保险费用，职工下岗失业后，靠打零工维持基本生活已经非常困难，再无能力缴纳医疗保险，因而导致部分职工患重病也无力医治，病情不断加重。三是企业欠缴职工养老保险费用，职工达到退休年龄时，无法办理退休手续，享受不到应有的养老保险待遇。四是大部分困难职工没有自己的住房，主要居住在厂里提供的建于上世纪50、60年代的老房里，其中很多是不适合居住的危房。对于这些困难职工，省总进行了各种形式的帮扶。2008~2012年，全省各级工会共筹集资金1.67亿元，为困难职工、农民工提供生活救助、医疗救助、助学救助、职业培训、职业介绍、法律援助和其他帮扶382086人次。省总今年与省司法厅、省律师协会共同发起成立律师团，拟为职工提供免费的法律服务；购买了体检车，计划对困难职工进行免费健康体检，对困难女职工进行免费“两癌”筛查，同时启动职工医疗互助计划。

四是部分职工住房问题亟待解决。在13985名受访职工中，有85%的职工认为房价太高难以承受，家庭人均住房面积低于全省平均30平米水平以下的有7719人，占被访职工的55.2%，其中在人均13平米住房困难标准以下的有3803人，占27.2%。

五是一些职工业余生活单调。本次调研中，在回答“您工作之余有哪些娱乐休闲活动”问题时，70.2%的人选择“看电视”，39.3%的人选择打牌或麻将，30.6%的人选择上网，25.4%的人选择听音乐，18.1%的人选择喝酒。为解决这个问题，省总去年开始启动“万名职工看海南”活动，分批组织1万名职工看海南厂矿企业、风景名胜，拓宽职工视野，丰富职工业余生活，让职工感受海南建设发展的巨大成就。省总把今年定为“职工文化年”，截至目前共送节目、送电影、送琼剧达106场。有些单位和企业地处偏僻，职工的交际范围狭窄，婚恋问题成为企业难以留住人才的重要原因。针对这种情况，省总与省地税局共同开通了“佳缘网”，为职工婚恋搭建了一个网上平台。

三、对策建议

一是切实提高职工收入。在各类企业和行业强力推行工资集体协商制度，适时提高最低工资标准。政府相关职能部门加强对企业收入分配的调控和指导。加强人大、政协、工会组织劳动执法检查。

二是加快国有企业改制。尽快设立市县国有企业改制专项资金，资金来源由省政府和市县政府分摊；各市县将国有企业改制费用列入年度预算，并严格执行；争取中央对海南省国有企业改制的资金扶持，加大省政府对企业改制的转移支付力度；盘活改制企业的存量资产，进行拍卖、重组，用以支付相关改制费用；对于资不抵债的困难企业，给予税收减免和土地出让金全额返还等优惠政策。

*三是充分发挥社会保险的保障作用。*对于企业欠缴的那部分职工社会保险费用，省政府和市县政府要尽快筹措资金，予以补齐；对于职工个人应缴纳的部分，要根据职工的实际情况，或者由职工补缴，或者通过银行向职工贷款，或者依据相关规定予以核销。市县政府应根据国家相关规定，把所有符合条件的困难职工纳入“低保”范围，做到“应保尽保”；适时提高低保标准，政府各有关部门要加强协调配合，建立统一的就业、医疗、养老等社会保障体系。

*四是着力解决困难职工的住房问题。*加快海南省保障性住房建设，将解决企业困难职工的住房问题放在优先位置；扩大经济适用房和限价房的出售范围，使有一定经济能力的企业职工有资格购买；加快廉租房建设，让经济基础非常薄弱的企业职工能够低价租住；适当放宽单位集资建房的限制条件，让具备一定经济条件的企业自行解决职工的住房问题；研究用按揭贷款的方式帮助困难职工购买保障性住房的可行性。

*五是加强工会组织困难职工帮扶工作。*各级政府和工会组织要多方面筹集帮扶资金，创新帮扶手段，丰富帮扶内容，提高帮扶成效。省、市（县）政府在财政中尽快设立省、市（县）两级专项帮扶资金，加大对帮扶中心资金的投入，充分发挥帮扶中心作用；市、县总工会要在工会经费中设立专项帮扶资金，将困难职工帮扶、金秋助学、送温暖资金列入工会经费年度预算；在全省 18 个市县、洋浦经济开发区和农垦系统建立帮扶中心的基础上，省总工会正在积极筹建职工服务中心，建议省政府在机构编制和人员配备上给予一定的支持。

以服务农民工为重点推动城乡统筹发展

重庆市总工会

农民工是改革开放以后涌现的一个特殊群体。工会组织如何发挥联系服务农民工群体的优势，协助党委、政府做好农民工有关工作，是我们必须面对的一个重大课题。

一、农民工在推动城乡统筹发展中的作用巨大

（一）农民工是推动农村现代化的重要力量。目前，在农民的年人均纯收入构成中，劳务收入的比重接近一半，现金收入的比重达到80%以上。一方面，大量农村劳动力进城务工，不仅直接增加了农民的务工收入，而且增加了农村耕地等资源的人均占有量，提高了农业集约化、产业化发展水平，间接地增加了农民收入，改善了农村生产生活条件。另一方面，农民工将60%以上的务工收入带回家乡，增强了农村购买力，拉动了农村消费，为农村经济发展注入了强大动力。

（二）农民工是推动城镇化的重要力量。在农民工大量进城的浪潮中，大批农民工及其家庭成员相继进城，近十年间年均达到40万以上的规模。去年325万农村户籍人口转为城镇户籍，变成城镇居民，成为推动全市城镇化的重要动力。目前全市城镇化率已超过50%。

（三）农民工是推动城乡一体化的重要纽带。大批与农村有着密切联系的农民进入城镇，促进了城乡融合，提高了农民整体素质，推动了城乡基础设施和社会公共事业发展，对统筹城乡协调发展、促进城乡一体化、缩小城乡差距发挥了重要作用。

二、重庆农民工群体基本情况

重庆市是一个大城市、大农村并存的特殊直辖市，3300万总人口中，农村人口2000多万，农村劳动力1300多万，可转化成农民工的农村人口近1000万。目前，已有800万左右的农民工散布全国各地，其中市内接近一半。2010年，农民工已占全市职工总数的58%，成为一个不容忽视的庞大社会群体。

（一）分布状况。农民工群体呈现出由本地向经济发达地区梯度转移的总体趋势，并呈现出向市内回流增长趋势。市外主要集中在“珠三角”、“长三角”、“京津唐”等东部经济发达城市或地区，零星遍布全国所有省市。市内主要集中在主城区和万州、涪陵等区域性中心城市，并广泛分布在各个次级城市和中小城镇。调查显示，重庆农民工主要分布在二、三产业，占到了98%以上；一产业占比不到2%。第三产业的流动性强、灵活性大、工作周期短、技能要求不高、入行门槛低，农民工主要集中于此，占到了总量的55%以上，商饮服务业是吸纳进城农民工的主要渠道。由于近年来全市各地固定资产投资和建筑行业持续升温，需要的农村劳动力不断增加，农民工向第二产业转移的比

例在不断提高。在具体行业分布上，生产工人和服务员基本各占40%以上，管理人员、专业技术人员、技术工人占比不到18%。

（二）素质状况。调查显示，农民工整体文化素质相对较低，初中文化水平占70%左右，小学及以下占22%左右，高中及以上的只占8%左右。调查显示，只有24.7%的人在外出务工之前接受过技能培训，但大多是临时、短期的岗前培训。其中，18%接受培训的时间在一周以内，23%接受培训的时间在1周至1个月，接受培训时间在3个月以上的为35.5%。拥有职业资格登记证书的农民工占25%，拥有技师和高级技师证书的所占比例不到2%。由于进城农民工普遍缺乏专业技术和技能，大多数务工农民只能从事低水平的劳务，缺乏竞争力，就业的稳定性也受到影响。

（三）结构状况。调查显示，农民工以青壮年为主，主要集中在31岁至45岁的年龄段，几乎占一半。其次是21岁至30岁的年龄段，接近30%。45岁以上年龄段的农民工约占15%。男女性别比例约为1.7∶1。

三、重庆农民工生存状况

（一）就业状况。农村劳务信息渠道不够畅通，调查显示，通过各类组织、中介机构、劳务经纪人、培训机构等组织转移的农村劳动力只占40%左右，60%的靠亲戚乡邻帮助或自己盲目外出找工作，直接影响了转移效率。同时，农民工的整体素质不够高导致就业选择有限，多数集中在体力劳动领域，而且稳定性不高。调查显示，在一个企业或单位工作1年以下的占16%，1~2年的占33%，2~5年的占30%，5~10年的占14%，10年以上的占7%。

（二）收入状况。农民工收入水平总体上远高于农村居民，但低于城镇职工。调查显示，2011年农民工平均年工资收入约2.4万元，约为农民人均纯收入的4倍，占企业普通职工平均工资的比例为80%。

（三）消费状况。农民工月均生活消费支出占收入总量的70%以上，是农村居民的3倍多。而与城市居民相比，除居住、教育方面的支出要略高之外，食品、衣着、交通通信、医疗和其他方面的支出均不同程度地低于城市居民平均水平，实际生活水平与城市居民有很大差距。

（四）居住状况。调查显示，农民工租房居住的占67%，在单位免费提供的集体宿舍居住的占14%，自己购房居住的占9%，借住等其他方式的占10%。居住消费支出明显高于城市居民平均水平，是城市居民的1.4倍。

（五）子女受教育状况。受诸多因素限制，农民工为子女读书支付了较高的借读费、赞助费，影响了大多数进城农民工子女的正常受教育水平，子女随同外出就学的占26.5%。调查显示，农民工子女月均教育支出占其收入的比例平均高达20%以上，是城市居民月均教育支出的1.5倍，待遇明显不公平。

（六）文化生活状况。调查显示，在众多文化休闲方式中，看电视、录像、电影是进城农民工文化休闲活动的首选，达到72.8%，其次是睡觉（38.4%），闲逛聊天（25.3%）。进城农民工看书、看报、上网的平均参与度为9%，自学或参加培训等的只有3.6%。

（七）权益保护状况。一是劳动合同签订率不高。在被调查的农民工中，近60%的人没有与用人单位签订劳动合同。已签订劳动合同的很多内容不规范，甚至不合法，强调用人单位权利和农民工义务较多，而保证农民工权利的相对较少。二是工资拖欠现象仍然存在。经常被拖欠工资的人占4%，偶尔被拖欠工资的人占25%。三是社会歧视仍未得到完全改善。

四、农民工群体期望解决的重点问题

一是期望城乡户口一体化，解决身份平等问题。调查显示，在农民工期望政府优先解决的问题中，选择城乡户口一体化、解决身份平等的居第一位，比重达到39%。

二是期望提高收入水平，保证收入不断增长。38%的农民工最关心的是如何提高收入水平。

三是期望改善工作环境，尽量做到以人为本。33%的农民工期望政府优先解决工作环境改善问题。在软环境上，希望政府有关部门对他们的管理能够更富人性化，不受城市居民歧视；在硬环境上，希望用工单位重视安全生产。

四是期望看病就医不再难，渴望保持身体健康。32%的人期望在看病就医上得到政府的帮助。

五是期望推行工伤保险，解除务工后顾之忧。很多农民工从事的是脏险累行业，期望政府优先解决参加工伤保险的农民工达到31%。

六是期望改善子女就学环境，平等享受子女受教育权利。8%的农民工要求政府首先改善子女就学环境，尤其希望平等享受子女受教育权利，取消针对农民工子女的诸多不合理收费。

七是期望政府提供更多信息和服务，不断拓宽就业渠道。6%的人期望政府优先解决就业渠道，提供企业生产经营的指导性意见，增设劳务中介机构网点。

五、工会服务农民工推进城乡统筹发展的路径选择

一是继续大力宣传户籍制度改革政策，推动农民工转户进城。二是充分利用工会网络体系，加大对农民工的就业信息发布和推介衔接。三是加大对农民工的岗前培训和在岗技能培训。四是加大对农民工群体的维权力度，完善劳动合同制度和工资协商体制。五是积极推动和协助政府加强对农民工群体的社会管理和社会服务，增强其城市归属感。六是加强对困难农民工的帮扶力度。七是深入推进“工会进村”活动，加大农民工工会会员发展力度。八是加大对农民工群体的宣传工作力度，努力营造全社会尊重农民工、关注农民工、善待农民工的良好氛围。九是不断提升工会服务农民工、推进城乡统筹发展的能力和水平。

关于推进工资集体协商制度建设的调查与思考

四川省总工会

为更好了解四川省工资集体协商制度的实施情况，四川省总工会对四川 66 家企业进行抽样调查，发放问卷 500 份，收回有效问卷 451 份。调研情况如下：

一、四川工资集体协商制度实施现状

（一）工资集体协商制度实施总体情况。调查显示，绝大部分企业实施了集体工资协商。有 90% 以上的受访者所在企业实施了集体工资协商，无集体工资协商的不到 2%，还有 5.5% 的受访者不清楚。据统计，截至今年 6 月底，全省共签订工资集体合同 61269 份，覆盖企业 169928 家，覆盖职工 7705056 人，其中，企业单独签订达到 56587 家，覆盖职工 5294174 人；签订区域（行业）性工资集体合同 4682 份，覆盖企业 121246 家，覆盖职工 3161520 人；具有独立法人资格的 50 多家世界 500 强在川企业已全部建立工资集体协商制度；与去年同期相比工资集体合同签订数增长 46.3%。

（二）企业职工对工资集体协商的效果评价。调查结果显示，受访职工整体满意度达 90.4%；所在企业类型不同，差异有些显著，股份制企业和私营企业中的职工对于实施效果综合评价较高；而对于不同岗位职工，差异也较明显，管理人员和熟练工对于实施效果综合评价较高，其他岗位差异不是特别明显；合同制员工对于实施效果综合评价远高于非合同制职工。不过，整体看来，员工对于实施效果综合评价都较高。

（三）不同企业对工资集体协商的效果评价。调查显示，股份制企业中 85.7% 的企业对履行工资集体合同的态度是坚决履行，其余企业的态度是不能履行的条款能与工会通过协商调整变更；28.6% 的企业对工资协商制度非常满意，34.3% 的企业对工资协商制度比较满意，14.3% 的企业对工资协商制度不满意。私营企业中 69.2% 的企业对履行工资集体合同的态度是坚决履行，其余企业的态度是不能履行的条款能与工会通过协商调整变更；61.5% 的企业对工资协商制度非常满意，23.1% 的企业对工资协商制度比较满意，没有企业对工资协商制度不满意。国有企业多数表示比较满意。对于部分对该制度不满意的企业，我们也进行了一些调研，其中股份制企业中 20% 的企业对工资协商制度不满意的原因是协商过程形式主义，51.4% 认为协商内容缺乏针对性，22.9% 认为其影响企业工资分配自主权，22.9% 觉得职工对工资的要求超出企业承受度，其余人对工资协商制度不满意的原因是税收优惠等政策支持力度不够；私营企业中 30.8% 对工资协商制度不满意的原因是协商过程形式主义，69.2% 主要是认为职工对工资的要求超出企业承受度。

二、进一步推进工资集体协商制度面临的约束及障碍

（一）政府职能的发挥不够充分，直接制约或阻碍了工资集体协商的发展。一是政府引导职能发挥不够充分，主要体现在：第一，《劳动法》中的法律责任规定的较为原则，对不签订工资集体协议的企业的制约措施几乎为空白。第二，目前政府用于调控企业工资分配的制度，只具有参考和指导意义，很难将其作为有力的谈判依据。第三，政府分配政策制定不充分，阻碍了部分领域的收入分配制度的改革。第四，政府在财税、金融政策方面的调节力度不够，不能很好地鼓励支持企业进行工资集体协商。二是政府服务职能发挥不够充分，主要体现在：一方面，政府的信息供给服务功能不够完善，四川省在其所辖行政区域内尚未建立相应的工资集体协商指导信息的数据库。另一方面，政府对集体协商主体培育的重视不够，对集体协商主体组织建设的指导力度不够，对工资集体协商主体协商能力的培训也不足，制约了工资集体协商的顺利进行。三是政府管理职能发挥不够充分。由于工资集体协商制度属于劳资自治的范畴，所以，政府管理职能发挥的不充分在工资集体协商中主要体现为调控性职能发挥上，这其中包括了指导职能、协调职能和监督职能。特别是就集体合同的签订及集体合同的履行上缺乏常态化的有效监督，对工资集体协商制度的巩固不利。

（二）法制建设不够全面，推行工资集体协商面临着缺乏法律规范的刚性约束。我国的《劳动法》、《劳动合同法》、《工会法》等法律对工资集体协商和集体合同大都是原则性规定，可操作性不强。我国的《劳动法》规定企业“可以”进行平等协商。属于选择性条款。也就是说，企业可以进行工资集体协商，也有拒绝的权利。企业不推行工资集体协商制度也不违法。这容易成为四川省一些企业抵制集体协商的理由。在实践中，就可操作性层面来说，开展工资集体协商的主要法律依据是原劳动和社会保障部颁布的《工资集体协商试行办法》、《工资支付暂行规定》和《集体合同规定》，都是属于部门规章，在立法层次上较低，法的效力不够强，同时也滞后于市场经济对工资集体协商机制建设的需要。对于违反工资集体协商相关规定的行为，缺乏有力的制裁措施来实现法的强制和教育功能。同时，劳动行政强制措施缺乏，监察处罚力度不够，无法形成有效的威慑力；法律衔接不够紧密，工资集体协商被拒绝后没有司法措施予以救济。

（三）工会组织的特殊性质及专业谈判技能的缺失，影响到工资集体协商双方主体身份的对称性公平。在企业中，企业工会工作者同时也是企业员工，其工资待遇都由企业给予，但在工资集体协商中，工会代表职工利益。工资集体协商针对的是最为敏感的工资报酬分配，在开展工资集体协商工作过程中，工会干部往往缺乏足够勇气来直面企业、直面提高劳动者工资水平等问题。同时，许多工会相关人员素质不能适应集体协商较高的专业要求，缺乏专业的谈判技能，这和企业行政方派出的包括人力资源专家、谈判专家等组成的团队相比，出现了实质上的不对等。特别是工资谈判与企业经营中的财务状况紧密相连，而相关财务数据，即使在“厂务公开”良好的企业中，也必定存在工会和企业行政在信息掌握上的不对称。工资集体协商推行以来，关于这一问题的反映层出不穷，工会各级地方组织积极对企业工会干部进行关于协商谈判的相关培训，发放资料，派出专业人员对有些企业的工资集体协商给予指导，但要真正在工资集体协

商这一形式的公平下，实现真正意义上的平等谈判，通过这样“临阵磨枪”的方式，实现尚需时日。

（四）企业各方对集体协商制度认识不足，从而导致工资集体协商工作推进难度大。一是职工维权意识薄弱、维权能力不高。在工资集体协商制度的实践中，“不知谈”、“不敢谈”、“不会谈”在四川省广大职工普遍存在。二是经营者协商环节组织缺位，集体协商形式化现象突出。部分企业经营者片面地将“企业自主决定”理解为企业单方面决定工资，认为一旦进行工资集体协商就要加薪，加薪便会造成经营成本提高、影响企业的发展和竞争力，因此对开展工资协商不积极、不配合。在劳动立法滞后、工会职能未充分发挥、监督制衡机制不健全的背景下，绝大多数企业经营者在工资集体协商中表现出制度化和契约化程度不高的特点。比如，协商环节缺位，有些地方把签订合同当成了目的任务，片面追求签订合同的数量，而忽视了协商这一过程；协商文本内容套路化，企业工资增长的指导幅度较为原则和笼统，有些条款仅为罗列、套用政策规定等。

三、工资集体协商制度的实现路径及改进建议

一是强化政府在推动工资集体协商制度建设时的主导作用；二是确立规范性文件对建立工资集体协商制度的保障作用；三是加大工会在代表劳动者协商谈判时的力量和作用；四是加强宣传为开展工资集体协商提供良好的舆论氛围。

贵州省当前职工队伍稳定状况调查报告

贵州省总工会

贵州省总工会于2012年6～7月，通过发放调研提纲、调查问卷、实地调查等方式，初步掌握了当前贵州省职工队伍稳定的基本情况和原因，并对普查调研中发现的不稳定因素进行了梳理。

一、贵州职工队伍稳定情况总体评价

贵州省劳动关系总体稳定和谐，全省职工精神面貌呈现出积极向上、爱岗敬业、奋勇争先的良好状态，这两年没有发生因集体劳动争议引发的群体性事件。但由于贵州贫困面大，国有企业改制成本不足，改革改制工作滞后，新老体制转化过程中易发生的一些冲突对抗在一些市县的企业改制过程中还时有发生，劳务派遣工、大集体工、农民工、企业军转人员、环卫工、出租车司机、公益性岗位人员等群体由于待遇低、权益难落实，仍然存在一些不稳定因素。

二、影响当前贵州职工队伍稳定的主要因素

（一）因企业改制、职工安置可能引发职工聚集冲突和集体上访。一是改制过程中容易引发职工集体抗争和冲突。由于国有企业改制涉及资产处置、职工安置、身份转换等重大变革，职工要求高标准补偿的诉求与改制成本不足、政策规定严格往往以职工聚集抗争的方式表现出来。二是改制后的安置服务等遗留问题处理不到位，也易引发不稳定事件。企业改制后协解、内退等各类下岗和身份转换人员，特别是已分流、下岗、失业的人员以及一些特殊人群组成的“过渡人”群体，在改制中得到的补偿较少，且生活状况十分艰难，经常上访反映困难，容易产生社会负面影响。三是资源枯竭企业职工转移就业和异地安置住房容易引发冲突。贵州省一些国防军工企业和矿山企业由于产业转移或资源枯竭，需要对职工进行异地安置就业和住房，其间容易引发职工上访。

（二）部分集体企业资产不明晰，管理不规范，容易引发矛盾冲突。部分集体企业由于资产不明晰，在面临改制重组、城市改造拆迁过程中，往往发生主管部门与企业职工为争夺利益而发生冲突。另外，部分集体企业在管理中存在不规范现象，加之职工多、资产少、负债重、矛盾复杂、特困职工数量大，使集体企业存在诸多不和谐、不稳定的因素。

（三）部分企业因生产经营困难，经济效益差，企业停产、半停产，职工待岗、下岗，收入低，生活困难，个别企业职工打着要工作、要吃饭的旗号，到有关部门上访。受国际金融危机影响，目前贵州部分企业开工不足的现象严重，经济下行压力大，职工就业和收入压力大。

（四）企业军转干部、劳务派遣人员、出租车司机、农民工、环卫工人、企业退休职工、大集体职工等群体的特殊诉求，隐藏不稳定因素。部分企业军转干部长期上访要求比照机关事业单位同类人员落实待遇；劳务派遣工要求实现同工同酬；出租车司机要求降低承包费；从事建筑行业的农民工要求按时足额领取工资；环卫工人反映待遇普遍偏低、生活困难；部分企业退休职工反映养老金偏低；大集体工由于历史原因生活普遍困难等，都有可能引发不稳定事件。

（五）贵州部分国有企业退休职工要求享受住房存量补贴，多次上访。贵州房改中实行存量补贴，机关事业单位由财政负担，企业根据效益情况选择实施，部分企业由于无力承担，没有执行该项补贴，因此时有上访发生。

（六）少数企业放任、纵容和利用职工闹事达到其他目的，值得警惕。一些工程承包人为了兑现甲方拖欠的工程款，恶意拖欠农民工工资，指使和利用职工集体上访；有的企业把职工生活费和工资发放与企业经营行为、债权债务纠纷结合起来，试图打着维稳的旗号促使问题解决，因此，放任甚至故意诱导职工上访。

（七）少数企业因为劳动关系变更和执行劳动保护规定不到位引发集体劳动争议。一些用人单位将原来的合同制管理职工转变为派遣制职工，引发职工不满。部分企业职工反映劳动强度大但报酬待遇低的情况比较突出。另外，部分非公有制企业执行《社会保险法》不到位，未按照规定为职工（特别是农民工）缴纳五险一金，在特定情况下，容易成为集体劳动争议案件。

三、造成职工队伍不稳定的主要原因

（一）国有企业改制政策缺陷与操作不规范等原因，造成改制过程职工抵触，改制过后遗留问题多。一是改制政策规定与职工愿望要求之间的落差，造成对抗冲突。国有企业改革改制和破产重组为刚性任务，改革基期与截止时间有硬性规定，职工因合理诉求往往难以实现而呈现僵局，甚至集体公开对抗冲突。而有的企业为了在规定时间完成改制任务，在改制方案和职工安置方案的制订上不遵守或不严格遵守职代会程序。二是改制操作不规范，造成遗留问题。有的企业在破产改制过程中，对历史问题没有处理，留下隐患。如在企业改制时，对老工伤人员的认定及工伤保险费用的缴纳没有明确说法或工作粗放，致使部分职工的问题得不到解决。企业改制前没有给职工办理住房公积金，改制时因牵涉面广、难度大，没有处理。相当多企业改制后，管理层面对改制遗留问题，希望政府解决，“等、靠、要”的思想比较严重。有的国有企业破产后职工身份未置换，因此造成破产企业的职工上访、群访。

（二）农民工、劳务派遣工等职工群体的劳动经济权益难落实。一是农民工就业仍然不够规范。仍然不同程度存在就业不稳定、劳动时间长、工资收入低、保险不健全、劳动环境差等问题，工资拖欠、工伤待遇不落实的情况时有发生。二是规避《劳动合同法》，滥用劳务派遣工隐患多。劳务派遣用工被滥用，成为主流用工形式，劳务工不能实现同工同酬，在政治、经济、文化和社会权益上与体制内职工差距大，劳务派遣制员工的归属感不明，矛盾隐患多。

（三）待遇差别引发部分企业军转干部群体聚集反映共同诉求。企业军转干部群体中，战友情节浓厚，凝聚力强。这部分群体人员中，特别是进入经济效益不太好的国有企业群体，面对进入机关单位里的战友日后的发展、享受的待遇不同，心理落差大。这部分群体虽然人数不多，但组织纪律较强，号召力、影响力大，成为职工维稳的工作难点。

四、贵州工会在维护职工队伍稳定方面所做的工作

一是构建覆盖全省工会的维稳工作机构网络。省总于2008年成立了由分管主席为组长、相关部门负责人为成员的省总维稳工作领导小组，各级工会比照省总模式成立了维稳工作组织机构。二是出台制度、办法，规范工会维稳工作。省总于2009年2月出台了《贵州省工会处理职工群体性事件应急办法》，提出了11条具体操作规定。三是省总每年将工会维稳工作纳入工会重点工作进行安排部署，并在每年年初制定全省工会维稳工作预案。四是加强维稳信息报送，实行各级工会维稳机构及时报送、工会信访接待发现苗头与重点时段全面排查相结合，及时掌握职工队伍不稳定苗头与职工群体性事件情况，对预防和处置重大群体性事件隐患向同级党委报告信息、提出工作建议。五是建立政府与工会的联席会议机制、劳动关系三方协调机制、工会与地方维稳机构的联系机制以及节假日和敏感时期、重点时段的维稳值班制度。

五、对消除不稳定因素维护职工队伍稳定的意见建议

一是尊重工人阶级主人翁地位，坚持以职工为本，高度重视职工群众的利益诉求。二是完善职工权益维护机制，落实职工政治经济文化和社会权益，为实现体面劳动、维护职工队伍稳定创造良好环境。三是健全完善维权帮扶服务三位一体的工会参与社会管理工作体系建设，通过解决困难实现维稳。四是建立健全劳动关系协调制度，加大政府劳动保障监察和工会劳动法律监督工作的力度。五是规范国有企业改制破产的组织实施，采取有效措施解决破产改制企业遗留问题。六是加大农民工、劳务派遣工权益保障工作力度。七是健全工会维稳工作机制，切实预防和及时处理职工群体性事件，维护职工队伍稳定。

关于职工队伍状况的调查报告

云南省总工会

今年以来，云南省总工会深入16个州、市和部分产业，采取走访帮扶中心和不同类型企业，召开企业经营管理人员、工会干部、职工代表座谈会，对部分职工代表进行个别访谈，入户走访慰问劳模和困难职工等形式，对全省职工队伍状况进行了调查。现将有关情况报告如下：

一、基本情况

一是劳动合同制度全面实施。截至2011年，云南省签订劳动合同职工人数达328万人，比2005年增加126万人，城镇规模以上劳动合同签订率从87%提高到98%，农民工签订劳动合同人数从26.74万人增长到82万人。二是职工收入稳步提高。城镇在岗职工年平均工资由2005年年底的1.61万元增长到2011年的3.53万元，最低工资标准由2004年的470元、405元、350元提升至2012年的1100元、980元、830元。三是协调劳动关系三方机制作用发挥明显。省本级、16个州（市）和绝大多数的县（市、区）全部建立了协调劳动关系三方机制，对劳动关系领域的重大问题提出意见建议，联合开展了一系列工作。四是职工诉求反映渠道较为畅通。专门成立了群众工作局，集中力量解决了一批历史遗留问题。五是职工对党和国家路线方针政策的认同感不断增强。

二、存在问题

（一）企业收入分配不合理，分配差距不断扩大。部分垄断行业职工工资水平和国有企业高管人员收入高、增长快，与劳动密集型竞争行业、非公企业职工特别是一线职工工资低、增长缓慢，形成了明显的对比。行业之间收入也存在很大的差距。根据在昆明、大理、丽江、文山、德宏进行抽样调查显示，75%的职工对工资收入增长不满意。加之物价上涨速度较快，职工医疗、子女教育、住房等负担沉重，职工承受压力很大，极易引发群体性事件。

（二）劳务派遣用工日趋增多，成为职工队伍不稳定的隐患。一是许多国有企业、医疗事业单位存在滥用乱用劳务派遣用工问题。二是劳务派遣职工权益极易受损。劳务派遣职工在用工单位从事的是劳动强度大，劳动条件差的工作，但其工资远远低于正式员工工资，而且多数没有享受正式职工的住房公积金、交通补贴、通信补贴、年休假等福利待遇，社会保险投保率和缴纳费用也普遍偏低。三是《劳动合同法》规定劳务派遣公司设立门槛极低，仅需在工商部门注册并具有50万元的注册资本即可开展相关业务，政府部门难以对其有效监管和规范。四是企业对劳务派遣工群体缺少必要的人文关怀，劳务派遣工普遍无归属感。

（三）企业经营者社会责任意识和职工法制意识缺失。一是仍有相当数量的小型非公企业存在劳动合同签订率低的问题。目前全省小企业劳动合同签订率仅为65%。二是拖欠职工工资现象仍有发生，农民工工资屡清屡欠。据人力资源与社会保障行政部门统计，全省因违反劳动保障法律法规而引发的突发事件中，95%以上是由于规模较大的农民工工资拖欠引发的，而且主要集中在建筑、房地产行业。三是在促进改善劳动条件方面，普遍存在一些企业不能严格执行国家劳动标准，职工超时加班，加班工资标准不落实，休息休假权得不到保障；高危等特殊行业的部分企业工作场所劳动条件差，对劳动者缺乏必要的劳动保护。四是社会保险参保率在小型非公企业中不高。

（四）保障职工权益的物质基础匮乏。云南省从业人员最多的是矿冶制造业和建筑企业，这几类企业走的是高劳动强度、低工资水平、经济效益差的传统发展路子，为职工增加工资、改善劳动条件的空间十分有限。而新兴民营企业，大多都量小质弱、缺资金、缺技术、缺人才、缺管理、税负重，抗拒市场风险能力差，发展艰难，一旦遇到订单减少、销售收入减少、利润减少，就会影响到企业用工，出现裁员、减薪、拖欠工资等问题。这使得云南的困难职工人数有所增加，现建档进入工会困难职工帮扶管理系统的职工已达14.8万人。

（五）国企改制后遗留问题成为引发不稳定的因素。一是一些企业改制时职工安置政策未能得到很好落实引发上访。二是改制企业内部退养人员生活困难。这部分人由于所受教育程度不高，自身素质难以适应社会、企业的发展，加上一些企业特别是困难企业内退生活费标准难以适时提高，使他们生活长期处于困难状态。三是部分企业改制前，由于生产经营困难，欠缴社会保险费，且社保费基数随着工资水平的提高而逐年增加，致使一些职工到法定退休年龄办理退休手续后领不到养老金。四是企业办学校、办卫生院等移交后，引发新的政策不平衡，原来在企业所办学校的转岗人员、企业所办医院人员及其他高级技术人员由于在政策之外，引发新的上访。

（六）社保等问题引发上访现象仍较为集中。一是超龄人员养老保险续保问题引发新的上访。省人社部门下发的《关于解决未参保集体企业退休人员基本养老保障等遗留问题的通知》（云人社〔2011〕61号）只执行到2011年12月31日，一些因各种原因错过该时段的人员因无法缴纳养老保险，持续上访。还有部分人员由于生活困难，无法一次性补缴社会保险费而引发上访。二是工伤保险待遇难以落实引发上访。《社会保险法》相关配套政策尚未出台，且不少企业未为职工缴纳工伤保险，当这部分职工发生工伤事故时，应享受的工伤待遇往往难以落实。

三、应对措施

（一）加强领导，及时有效排查化解矛盾纠纷。省总工会成立了由党组书记、常务副主席担任组长的职工群体性事件应急处置领导小组，制定了云南省总工会职工群体性事件应急处置办法，在全省范围内开展矛盾纠纷排查化解专项行动。加强省级协调劳动关系三方四家之间的沟通与配合，共同应对劳动关系的复杂局面、解决复杂问题。

（二）源头参与，重视对职工权益的整体维护。一是积极参与法规政策制定。推动制定了《云南省实施〈中华人民共和国工会法〉办法》、《云南省集体合同条例》、

《云南省职工劳动权益保障条例》等一批劳动法律法规。二是积极推动劳动关系和谐企业、园区建设。自2006年起，在全省企业深入开展劳动关系和谐企业、园区创建活动，于今年5月促成省委、省政府召开全省构建与发展和谐劳动关系暨劳动关系和谐企业园区表彰会议，选树了一批有影响、企业社会责任感强的和谐劳动关系标杆企业。

（三）推进工资集体协商，维护好职工劳动经济权益。截至目前，全省共有12998户企业单独开展了工资集体协商并签订了工资专项集体合同，开展区域性工资集体协商并签订合同948份，覆盖企业24955户（其中831户同时单独签订），开展行业性工资集体协商并签订合同199份，覆盖企业2680户（其中275户同时单独签订），工资集体协商已覆盖企业39527户，覆盖职工1613796名。

（四）深入基层，做实困难职工帮扶服务工作。一是深入开展“千名工会干部深入万家企业联系百万职工”活动。二是开展送温暖工作。在2012年元旦春节送温暖活动中，全省各级工会共筹集资金8197.6万元，慰问了困难职工274463人，其中困难劳模2385人，农民工46124人。

（五）健全完善维权机制建设，促进劳动关系和谐稳定。一是加强法律援助，强化信访维稳，维护好职工的合法权益。省总工会每年安排不少于30万元，作为省级法律援助工作专项经费，并与三家省内知名律师事务所联合开展法律援助工作。今年以来，省总本级对上访困难职工临时救助53人次，共计106800元。二是带案下访，使职工的合理诉求得以解决。省总工会还注重通过梳理平时职工反映出来的重大问题，与有关部门积极沟通联系，解决了一批信访积案。

（六）提高职工素质，培养职工就业创业能力。一是开展农民工技能培训及促进就业“贷免扶补”工作，截至5月31日，共组织了14902人参加了职业技能培训。稳步推进鼓励创业“贷免扶补”工作，目前全省各级工会已发动并受理创业申请854人，帮助328人申领到了“贷免扶补”创业小额贷款2062万元。二是大力开展职工普法宣传教育活动，累计发放职工权益维护宣传材料上百万份，促进职工群众依法行使权利和履行义务，自觉用法律规范行为。

四、工作建议

一是切实加强劳务派遣用工行为的法律规制；二是完善劳动标准社会保障体系；三是加大对云南困难职工帮扶资金投入力度。

西藏自治区国有企业在职职工体检基本情况调研报告

西藏自治区总工会

健康权是涉及职工生产、生活最基本的权利，特别在西藏平均海拔均在3500米以上，含氧量相当于内地平原地区62%～65.4%，对职工身体造成一种不可逆的隐性损伤，经常体检对职工健康状况的把握和疾病的及时有效治疗尤为重要。2007年自治区下发了《关于印发国有企业职工体检办法》规定企业退休职工的体检费由财政承担；企业在职职工每人每年200元体检费由企业自行承担。近期自治区总工会采取深入部分企业走访调研、发放调查问卷、座谈问答、部分企业抽查、发放调查统计表等形式，调查了解企业在职职工体检情况，现将有关情况报告如下：

一、全区国有企业在职职工体检基本情况

据对全区国有企业统计调研显示，国有企业在职职工29204人，其中有19027人按规定每年享受一次体检，占总数的65.15%，有10177人没有享受过体检，占总数的34.85%。

各单位职工体检情况具体为：拉萨市属企业在职职工1506人，每年享受体检的职工为914人，未享受体检的职工为592人；山南地区企业在职职工为2024人，每年享受体检的职工为804人，未享受体检的职工为1220人；那曲地区企业在职职工为1274人，每年享受体检的职工为252人，未享受体检的职工为1022人；林芝地区企业在职职工为1820人，每年享受体检的职工为1120人，未享受体检的职工为700人；日喀则地区企业在职职工为5271人，每年享受体检的职工为814人，未享受体检的职工为4457人；昌都地区企业在职职工为1578人，每年享受体检的职工为984人，未享受体检的职工为594人；阿里地区企业在职职工为869人，每年享受体检的职工为452人，未享受体检的职工为417人；区国资委监管企业在职职工为3087人，每年享受体检的职工为2162人，未享受体检的职工为925人；区交通厅企业在职职工为1261人，每年享受体检的职工为1194人，未享受体检的职工为67人；区商务厅属企业在职职工为101人，每年享受体检的职工为91人，未享受体检的职工为10人；区旅游局企业在职职工为250人，每年享受体检的职工为128人，未享受体检的职工为122人；区粮食局在职职工为145人，每年享受体检的职工为118人，未享受体检的职工为27人；区司法厅属企业在职职工为12人，全部职工未享受过定期的体检；格尔木企业在职职工为12人，全部职工未享受过定期的体检。

（一）从体检标准来看：落实职工体检制度且效益好的企业，综合职务、工龄、年

龄、岗位、海拔五方面因素来划分年体检费标准，但多数企业没有划分等次，也没有性别之分，执行一个体检标准。在职职工体检费最高的是山南地区烟草专卖局，公司按照干部职工岗位、年龄的不同，体检标准划分了五个等级：局领导（正职）年体检费标准为1700元；副职年体检费标准为1500元；中层干部职工男45岁以上、女40岁以上年体检费标准为1200元；中层干部职工男45岁以下、女40岁以下年体检费标准为1000元；未达到上述规定的一般职工年体检费标准为800元。个别企业增加了女职工体检费，比如区邮政公司、区移动公司和区石油总公司女职工的年体检费标准上分别增加了100元、250元和20元；体检费最低的是那曲地区饭店，男女职工体检费标准均为160元。区电力有限公司职工体检费标准从今年元月1日起做了调整，公司领导每人每年900元，二类、三类区职工每人每年800元，四类区职工每人每年960元。

（二）从体检地点选择来看：区内体检的职工有11931人占体检总人数的62.7%；区外体检的职工有690人，占体检总人数的3.6%，大部分企业安排职工在区内体检。区电力公司、区邮政公司、区电信公司和山南地区烟草专卖局四家企业职工共6406人，占体检总人数的33.7%，这四家企业的职工既可选择区内医院、也可选择区外医院进行体检，职工主要是利用休假、出差、学习等机会在区外体检，职工凭县级以上医院开具的体检报销单报销。

（三）从体检时间来看：除个别企业外，其他企业在职职工都执行的是一年一次体检。但是日喀则地区多数企业在职职工、拉萨八一农场在职职工实行的是每两年体检一次。

（四）从体检情况来看：已落实体检制度的企业都能够定期安排本企业全部职工进行体检，如：区电力有限公司、中石油西藏分公司、区电信公司、区邮政公司、区移动公司、西藏新华印刷厂、西农集团、西藏拉百商贸有限公司、八一农场、拉萨兴民商贸有限公司10家企业的全部职工（八一农场每两年体检一次）每年按规定定期体检，而且体检费标准高于自治区规定的在职职工每人每年200元的标准；西藏阜康医院承担着免费对西藏福利企业总公司43名职工每年一次的体检。

二、存在的主要问题

尽管全区65.15%的职工享受到了体检政策，但仍有部分职工没有享受到体检政策或享受了体检政策而未及时体检，如日喀则地区国有、集体企业有94家，在职职工总数5271人，享受体检的在职职工814人，仅占总数的15.44%，而享受体检的职工大多数是效益较好的国有企业职工；国有亏损企业和职工相对集中的集体企业、民营企业的多数职工没有享受到体检政策；地区矿产、建筑业等高危行业和易发职业病行业的职工体检政策执行几乎处于空白；林芝地区三大农场是经营比较困难的企业，察隅农场、米林农场、易贡茶厂的职工长年没有享受到体检政策，只是从今年起察隅农场、易贡茶厂在企业面临诸多困难的情况下，下决心挤出资金开始给职工每人每年发放300元、350元体检费；米林农场只给机关职工体检，没有把一线职工纳进体检范围，职工仍然享受不到体检政策。

（一）客观原因分析：一是企业经营困难是造成职工体检政策未落实的主要原因。

西藏自治区多数国有企业产品或经营单一，效益下滑，有的企业经济效益持平，更多的企业经济效益长期处于亏损，无法承担企业职工的体检费，从调研情况也可以反映，效益较好的央企或国有企业职工较效益较差或亏损的国有企业职工体检费标准相差较大；二是各地医疗资源分布不均，医疗条件较好的地区，职工基于对体检单位的信任，更愿意体检。医疗条件较差的地区，职工对体检项目不足或体检结果存在怀疑，而不愿在本地体检。

（二）主观原因分析：一是个别企业领导对职工体检问题重视程度不够。企业领导只片面追求经济效益，忽视职工的身心健康，对职工体检关心、重视不够，没有对职工体检做出安排；二是部分职工对自身身体状况过度自信而不愿体检；三是政策宣传力度不够。政策宣传不够造成职工对体检相关文件、政策知之甚少。同时部分职工权益意识不够，有的职工认为，只要企业按政策规定缴纳各种社会保险已经心满意足，不奢望职工体检。

（三）政策原因分析：2007 年《西藏自治区关于印发国有企业职工体检办法》（藏财社字〔2007〕32 号）第七条规定，企业退休职工的体检费由财政承担；企业在职职工所需体检费由企业自行承担，规定了在职职工每人每年体检费标准为 200 元。一是政策存在空白。该政策只规定了国有企业职工体检办法，非公企业职工体检政策还未出台，对非公企业职工体检问题至今没有相关政策进行规范；二是政策相对滞后。随着物价上涨，职工生活成本加大，200 元体检费亟待提高。男女职工体检费用应有适当区分；三是政策强制力不够。对于经营困难的企业，企业无力承担体检费用，没有相应的政策条款，职工未拿到体检费时相关救济措施也没有相应规定。

三、对策及建议

（一）加大宣传力度。各级工会组织特别是企业工会加强对体检相关政策、规定的宣传工作，通过厂务公开、职代会等各种平台，广泛宣传体检政策，使之达到家喻户晓、人人皆知，通过加强职工各类培训，提高职工维权意识、法律意识、权利意识。

（二）规范相关政策。通过出台相关政策将困难企业在职职工定期体检费纳入医疗保险范畴，并将职工体检费纳入同级财政预算或对困难企业在职职工体检费实行财政补贴制度或自治区出台带有强制性的企业在职职工体检政策。

（三）规范合同内容。通过开展工资集体协商或签订劳动合同，在工资协议或劳动合同中将职工体检列入合同内容，在履行合同中加以规范。

陕西省部分企业职工收入状况调查报告

陕西省总工会

今年以来，陕西省总工会从3月开始分4次先后赴106个企业、1070户困难职工家庭进行了走访调研，把职工工资收入作为调研重点，共召开各类座谈会289次，回收有效职工问卷2610份。现将调研情况报告如下：

一、工资总体情况

填写调查问卷的职工中，国企职工占职工总数的69.4%，集体企业职工占职工总数的1.9%，私营企业职工占职工总数的28.4%，其他类型企业职工占职工总数的0.3%。调查问卷统计显示，月工资在1000元以下的职工占职工总数的7%，工资在1000~1500元之间的职工占职工总数的21.3%，工资在1501~2000元之间的职工占职工总数的25.6%，工资在2001~3000元之间的职工占职工总数的25.7%，工资在3001~4000元之间的职工占职工总数的15.7%，工资在4000元以上的职工占职工总数的4.7%。而据省统计局数据显示，2011年陕西省城镇非私营单位在岗职工年平均工资39043元，月平均工资约为3254元。对比显示调查职工中超过79.6%的职工工资低于2011年陕西省城镇非私营单位在岗职工平均工资。由于我们这次调查走访的企业大多是困难企业，这充分说明陕西省部分企业特别是困难企业职工工资收入水平在总体上较低，低于全省的平均收入。

二、存在的主要问题及原因

（一）企业内部收入分配不合理。一是一线职工工资收入偏低，即便是在垄断行业，如走访的国家电网下属企业，一线正式合同制职工的工资也仅在3000~4000元之间，农电工的工资更低，仅在1500~2200元之间。二是部分企业经营者与中层管理人员、一线职工收入差距呈进一步扩大的趋势。如西安某中外合资企业三者收入比2009年是7.7∶4.2∶1，2010年是8.1∶4.8∶1，2011年是8.6∶5.1∶1。三是青工收入偏低，影响企业职工队伍稳定。据不少企业工会反映，当前企业一线职工大多都来自外地（农村），其中青工占70%~80%以上，但他们月平均工资仅在2000元左右，加上个人生活、交友等费用支出，每月收入基本所剩无几，致使生产一线青工流失比较快。四是劳动定额不合理。从这次调查统计数据看，34%以上的职工需要在8小时之外完成企业规定的劳动定额。调查问卷统计显示，只有近21%的职工有固定加班工资，职工与企业发生劳动争议的原因中因加班工资引发的占首位。造成一线职工工资偏低最主要的原因是劳动作为生产要素在企业的贡献被忽视，劳动力价值被人为压低所致。

（二）不同类型行业、企业职工工资收入差距扩大。一是垄断性行业职工收入明显高于非垄断行业。金融、电力等行业职工月平均工资是纺织、餐饮企业职工月平均工资的2.8倍左右。陕西省纺织行业大多是有一定历史的国有企业，一方面是职工人数较多，社保缴费基数高，企业负担十分沉重。据陕西五环纺织集团公司反映，2010年西安养老保险最低缴费基数为1515元，而低于此水平的参保职工有6524人、占参保职工总人数的96.6%，其他四险低于缴费基数的参保职工6610人、占97.9%。单位年多缴1001万元，职工人均多缴522元，单位和个人多缴部分占企业社保费用总额的27.6%。另一方面是额外负担太多，包括内退人员费用、下岗职工生活费、社保统筹外费用、生活区管理维护以及各种补助等。西北二棉集团有限公司和陕西八方纺织有限公司，2010年为退休职工缴纳医疗费789万元，分别占企业社保费用的15.56%和11.58%。二是不同类型的企业职工收入差距明显，一般来说央企好于省属国企，国企好于私企。调查统计显示，国企职工月平均工资比私企职工月平均工资高出1.8倍。国企工资高的主要原因是国企的效益一般好于私企，同时相对来说，国企在执行《劳动法》、《劳动合同法》等有关法律法规方面，比私企更为严格和全面。即便是效益相对较好的私企，职工工资收入也明显低于国企。而陕西省就业于私企的职工已占职工总数的70%以上，这部分职工收入低，影响了陕西省职工整体工资收入水平的提高。

（三）同工不同酬、同工不同待遇现象普遍。在同一企业，因职工身份差异造成收入差距明显。据对调查问卷统计，只有43.2%的职工反映本单位派遣工、农民工与合同制正式职工工资基本差不多；合同制正式职工工资高于派遣工和农民工工资17%左右。如地方电力某下属企业，正式职工年工资为6.1万元，而农民工年工资为3万元，前者年工资是后者的2倍多。为了节约管理成本和人工成本，不少企业大量使用派遣工和农民工。据统计，2011年陕西省有劳务派遣企业197家，派遣员工约15万人；全省基层工会涵盖单位中，有农民工180.6万人、占职工总数的27.32%。由于派遣工和农民工与用工企业没有劳动关系，他们中多数对企业没有归属感。他们有的还没有加入工会，即使加入工会组织的，也存在利益诉求表达渠道不畅通的问题，比如劳务派遣工大多是在派遣公司加入工会，但发生劳动关系矛盾是在用人单位，工会很难做到及时有效介入维护职工合法权益。与职工座谈中，不少派遣工和农民工都表示自己就是打工挣钱，企业发展好坏与他们无关，只要按时发工资就行了。

（四）工会和职工在收入分配方面“话语权”有限。在与企业党政工和职工座谈中我们深刻体会到，目前国有企业工会工作模式、工会干部的知识结构和能力还不能适应企业发展和职工的需求。特别是在工资集体协商过程中，工会干部存在不愿谈、不敢谈、不会谈的问题，很难为职工争取到利益。调查问卷统计显示，有57.1%的职工认为企业工资集体协商中的分配方案是由企业管理方单方决定的，工会无力干预；分别有34.5%和7.5%的职工认为工会开展的工资集体协商对提高职工工资作用不大和没有作用。同时，调查中我们还发现，在一些国有企业，基层工会干部兼职化现象普遍。特别是部分央企和大型国有企业在企业改革改制中，将工会工作纳入党群工作部，严重削弱工会工作。而在私营企业，有的没有建立工会，有的即便建立了工会也不规范，职工的劳动经济权益无法通过工会得到保障。

三、对策建议

（一）加强政府调控，为提高职工工资创造条件。一是修订完善陕西省《企业工资支付条例》，争取在全国率先颁布《陕西省企业工资条例》，促使企业依法提高职工收入水平。二是出台企业税收减免和社保减费的具体实施办法。三是强化工资指导线的作用，细化完善企业工资指导线政策，按照企业经济效益每增长1%，职工平均工资最低增长0.2%～0.5%的比例，制定发布低收入行业企业工资随经济效益增长的最低增长比例。四是加大最低工资标准调整力度，力争“十二五”末，最低工资标准达到全社会从业人员平均工资的40%～60%的水平。五是加强劳动监察和劳动仲裁力度，把减免税费和社保优惠政策落实情况，作为行政执法的内容。

（二）减轻企业负担，提升企业为职工增长工资的空间。一是实行社保补贴。可将国有垄断企业和效益好的国有企业上缴的国有资本经营利润，按照国家和省里相关规定拿出一块注入养老保险基金，相应的对低收入企业“4050”人员实现养老缴费补贴，减轻企业负担，提高老职工缴费能力。二是清理分流国有企业显性或隐性负担，通过财政补贴、民政救助、社会保障、再就业工程等途径，减少企业额外支出，增强企业增资能力。三是利用失业保险基金为困难企业进行岗位补贴或社保补贴等措施，进一步减轻企业负担，支持企业稳定工作岗位，增加职工收入。

（三）充分发挥工会在调节企业收入分配中的作用。一是要大力推进工资集体协商工作。二是要切实维护好劳务派遣工和农民工的工资收入权益。三是要加强工会自身建设，坚决制止和纠正企业随意撤并工会的做法，重点推进“工会组织亮牌子、工会主席亮身份”工作，提高工会干部队伍的素质，改善工会干部队伍的知识结构，更好地维护职工权益。

职工收入分配状况及其保障机制问题研究

甘肃省总工会

为全面了解甘肃省企业职工收入分配状况及职工工资、劳动报酬保障机制的建立健全情况，甘肃省总工会于2012年3~5月对省内部分企业和企业职工进行了走访、调查，具体情况如下：

一、企业职工工资收入分配的基本情况

一是企业职工工资收入逐年稳步增长且部分地区加快增长速度。总体来看，企业职工工资水平近年来逐年稳步增长。根据甘肃省统计局统计资料显示：2010年，全省职工平均工资为28963元，比上年增长2386元，增长8.97%；其中，2010年，在岗职工平均工资为29588元，比上年增长了2411元，增长了8.87%。

二是低工资行业增速加快，行业工资差距呈现缩小动向。据统计数据显示，2010年，职工工资水平较低的批发零售业、农林牧渔业和住宿餐饮业的增速都远远超过了全省平均增速（8.87%），分别为22.7%、16.6%、16.83%，也超过了最高工资水平采矿业的增速（6.5%）。2007到2010年三年间，这三个职工工资水平较低行业的年均增长速度分别为16.8%、14.5%、14.01%，比全省年均增长速度12.15%要快。

三是企业工资分配形式多种多样。据平凉市和庆阳市对企业劳动工资的确定和支付情况调查，目前企业劳动工资基本上是按照国家政策和政府的指导标准，并结合当地经济发展和生活水平由企业自主确定，主要有岗位效能工资（岗位工资+效益工资）、计时工资、计件工资及其他4种形式。

四是工资集体协商制度继续逐步完善。自2002年甘肃省开始在兰州、嘉峪关等地和机械、电力等企业进行工资集体协商试点后，便在全省范围内的企业中推行和实施工资集体协商制度。2011年由省人力资源和社会保障厅、省总工会、省企业联合会联合制定的《甘肃省2011~2013年推进工资集体协商工作规划》正式出台，力争用三年时间基本在全省各类已建工会组织的企业建立工资集体协商制度。

五是收入分配和劳动保障宏观调控体系基本建立

1. 实行企业工资指导线制度。甘肃省2011年度企业在岗职工工资指导线中企业工资增长基准线为14%，上线为18%，下线为6%。甘肃省从2003年起施行企业工资指导线制度，企业可结合自身生产经营和经济效益状况，按照工资指导线合理确定职工工资水平，以确保在初次分配中职工工资能逐年增长，从而缩小收入差距。

2. 继续推行企业最低工资标准制度。自1996年甘肃省出台了《甘肃省最低工资暂行规定》（甘政发〔1996〕104号）以来，随着甘肃经济水平的不断提高，最低工资标准已先后上调多次，最近一次为2012年3月29日，省政府第103次常务会讨论调整我

省最低工资标准，具体为：一类地区从 760 元／月调整为 980 元／月，7.9 元／小时调整为 10.3 元／小时；二类地区从 710 元／月调整为 940 元／月，7.5 元／小时调整为 10 元／小时；三类地区从 670 元／月调整为 900 元／月，7.1 元／小时调整为 9.5 元／小时；四类地区从 630 元／月调整为 860 元／月，6.6 元／小时调整为 9.1 元／小时。同时，劳动保障部门采取有效措施，加大监察力度，督促企业执行最低工资规定。

3. 规范省属国有企业负责人薪酬管理。2011 年甘肃省提出《甘肃省构建和谐劳动关系工作实施方案》和《关于规范省属国有企业负责人薪酬管理意见》，逐步提高劳动报酬在初次分配中的比重，使生产一线职工工资增长幅度高于职工平均工资增长幅度。加强规范省属国有企业负责人薪酬管理，企业职工平均工资不增长，企业负责人绩效年薪不得增长。

4. 清欠农民工拖欠工资工作。建立劳动保障、建设、发改、公安、法院等部门合力开展工资清欠工作的机制，从 2005 年起，全省偿还拖欠的农民工工资比例为上报拖欠总额的 99.5%。

六是劳动合同制已被企业普遍接受。被调查的 12 户企业普遍采用了劳动合同制，合同年限为 1～5 年，1 户成立时间较长的老企业，员工均为无固定期限合同。实行了集体合同的有 10 户企业，占被调查访谈企业的五分之四。

七是企业分配制度基本合理

1. 收入分配主要由职工的劳动技能决定。这次调查访谈中被调查者普遍认为，职工学历的高低、智力水平、阅历的广泛度和具体的操作、工作技能水平等，构成了决定职工劳动技能水平的综合因素。

2. 普遍评估员工绩效，绩效工资是主要分配形式。12 户企业中，都对员工进行绩效评估，其中，一年一次的有 8 户，半年一次的 3 户、一个月一次的 1 户。评估主要以一定时间内的产出和质量为主要内容。评估结果主要应用的项目排序是：增加工资/奖金、增加培训机会、增加晋升机会和续签合同。在工资分配的计算方式上，有 8 户企业实行固定工资或岗位工资 + 基本工资，有 4 户企业实行计件工资或是计件 + 津贴 + 奖金。

二、存在的主要问题

一是一线工人工资较低，工资增长绝对数较少。仅从统计数据来看，近几年职工工资在逐年增长，增幅较大，但这仅仅是职工工资的平均数，而在调查中发现，企业普通职工的工资还是较低。从数据来看，2010 年，城镇居民消费水平为 11881 元，比上年上涨了 1116 元，增长了 10.4%；职工在岗平均工资从 27177 元增长到了 29588 元，上涨了 2411 元，增长了 8.87%。扣除物价上涨的原因，职工在岗工资实际上涨了 -1.53%，可见物价的上涨使得职工拿到手的工资很低甚至是支出大于收入，直接导致职工生活水平的下降。

二是职工收入分配不平衡的问题仍然存在。从行业工资收入看，不同行业间的职工工资差距存在明显差距。据 2010 年甘肃省统计局调查数据显示，与 2009 年相比，19 大行业中在岗职工年平均工资最高的三个行业仍是采矿业，电力、煤气、水的生产供应及金融业，分别为43815元、38353元、35715元；年平均工资最低的三个行业，与去年相比发生了一点变化，建筑业不在其中，分别是批发零售业、农林牧渔业和住宿餐饮业，分别为20661元、19869元和17786元。2010年，年均工资最高的采矿业为全省平均水平的1.48倍；年均工资最低的住宿和餐饮业，只有全省平均水平的60.1%，两者平均工资之比为2.46∶1。此外，地区间职工工资差距大，甘肃省的职工年均工资不仅与全国在岗职工年均收入差距大，而且省内各地区间在岗职工年均工资也差距大，不平衡。从甘肃省统计局公布2010年城镇单位职工年平均工资的数据来看，2010年城镇非私营单位在岗职工年平均工资高于全省平均水平的有6个市州，排名前三位的是：嘉峪关市46948元、金昌市42104元、白银市34374元。排名后三位的由低到高分别是武威市21970元、张掖市23009元、天水市23936元。从2006年到2010年，在岗职工年均工资最高的地区都是嘉峪关市，2010年，该地区为全省年均工资的1.59倍，是最低地区在岗职工年均工资的2.14倍；而年均工资最低地区是全省职工年均工资的74%。

三是从微观看，企业职工劳动时间长，企业安排加班现象普遍，而且没有加班工资。调查的12户企业中，只有2户企业实行的是每周5天工作制，7户是6天工作制，1户是6.5天工作制，2户是7天，其中一户企业的职工每天还要工作9小时。每户企业都在安排加班，但是都没有加班工资。工人们说他们都习惯和适应了这种情况，延长工作时间和加班加点成为一种较为普遍的现象。

三、对策及建议

一是以人为本，调整和完善分配政策，建议政府调整财政税收政策，完善工资指导线、人工成本信息指导、最低工资标准等收入分配的宏观调控制度。二是发挥民主参与、民主监督职能，推动建立企业职工收入分配协商决定机制。三是着眼体制机制的创新，加快工会转型与能力提升。

关于西宁市企业开展工资集体协商情况的调查与分析

青海省总工会

今年以来，青海省西宁市总工会走访各区（县）、局、工业园区已建制和部分未建制的国有及国有控股企业、集体企业、外商投资企业、私营企业共54家，涉及制造、商贸、交通运输、建筑、社会服务等多个行业，采取个别访谈、座谈交流、问卷调查等形式，与地方党政领导、企业经营者、各级工会干部和一线职工进行了广泛交流，系统了解西宁市企业开展工资集体协商工作的具体情况，为今后加快推进企业工资集体协商工作奠定了基础。

一、开展工资集体协商取得的主要成效

（一）职工工资收入实现持续稳步增长。所调研企业的职工月平均工资收入，2009年至2011年分别为1241元、1513元、1747元，年均增幅为18.5%。50%的职工认为工资收入每年都能增长，46%的职工认为能不定期增长。职工工资增幅在5%～10%的企业占57%，增幅在11%～20%的企业占30%，增幅在21%～30%的企业占6%。41%的职工对目前的工资收入表示满意或比较满意，40%的职工认为目前的工资收入比自己预期的低，但还能接受。

（二）工资集体协商在企业和职工中的影响正在不断扩大。走访调研中接触到的大多数企业经营者对工资集体协商制持赞同态度，认为开展工资集体协商有利于调动职工积极性，有利于稳定职工队伍。问卷显示，54%的职工了解或基本了解工资集体协商制度，68%的职工认为改善工资水平的最有效途径是找工会或通过工会与企业开展工资集体协商。

（三）区域性、行业性工资集体协商取得明显进展。根据西宁市中小企业比较集中、商贸服务业发展迅速的实际，各区（县）、工业园区工会积极推进区域性、行业性工资集体协商制建设。南川工业园区、甘河工业园区和四区三县的54个乡镇（街道）、103个社区工会通过区域性工资集体协商实现了对本地区企业的全覆盖，地区工会与本地区的企业方代表就本地区企业年度职工工资增幅、最低工资标准、法定假日工资支付等内容进行了协商，在协商一致基础上签订了协议书。

（四）工资集体协商使企业劳动关系更加和谐稳定。调查显示，企业工资分配制度、支付制度经协商制定或调整的占92%。工资集体协商已经涉及企业年金、住房补贴、补充保险、奖金分配、劳动分红和职工福利等各个方面的内容。91%的职工反映企业没有拖欠工资的现象。开展工资集体协商后，职工每天的标准工作时间在八小时之内

的企业占86%。54%的职工了解自己的劳动定额是如何制定的，97%的职工反映，在正常情况下，能在标准工时内完成自己的劳动定额，54%的职工认为自己的劳动定额制定得比较合理。被调查企业的工会主席认为，与开展工资集体协商前相比，企业劳动关系变得更加和谐，职工的工作积极性有了明显提高，职工队伍更加稳定。近两年未发生涉及劳动报酬、保险福利等与工资有关的劳动争议的企业占79%。

二、西宁市企业工资集体协商存在的主要问题

（一）开展工资集体协商的程序不规范，形式化倾向比较突出。有的企业签订的工资集体协议没有按规定程序在协商前进行充分细致地调查研究等准备工作，也没有进行认真反复地协商，只是按上级提供的范本起草后，经征求企业领导意见后一签了之。有的企业直接以当年已经实行的工资发放情况填写协议书的相关内容，既未要约，也未协商。有的企业的工资集体协议未征求职工意见，也没提交职代会讨论通过，职工的认可度低。有的企业在调整工资时，企业行政与工会的协商，仅仅停留在参与、沟通和征求意见的层面上，具体表现为：工会主席参与调资方案的制订和研究；组织不同层次的管理人员、普通职工征求意见。

（二）工资集体协议格式化、类同化现象严重，缺乏针对性。在走访调研中发现，相当部分的区域性工资集体协议和企业的工资集体协议，机械地套用上级工会提供的范本，签订的协议格式及内容基本类同，没有提出适合本地区、本企业实际的协商内容。有的企业工会向行政发出的要约书完全照搬上级工会提供的范本，提出要协商的内容过多、过全，没有从企业实际出发提出切合实际、有针对性的协商内容，没有考虑提出的协商内容是否可行、能不能进行协商。

（三）工资集体协议确定的标准过低，个别条款违反国家法律法规的规定。个别企业工资集体协商确定的条款，违反国家劳动法律法规的规定，如随意降低加班工资支付标准，确定的职工试用期工资标准低于西宁市最低工资标准。部分企业工资集体协议的实质性条款标准过低，有的过于笼统和原则。

（四）职工代表未经民主选举产生，一线职工的参与面小。从走访调查的企业看，职工代表普遍未经民主选举产生，由行政或工会随意指定的现象比较突出，职工代表的代表性不强，群众基础薄弱。参与协商的职工代表构成中，中层以上管理人员占比过大，一线职工占比过小。

三、制约工资集体协商的主要因素

（一）以政府为主导的工资集体协商工作格局尚未形成。调查表明，地方党政领导对在本地区推行工资集体协商制度的重要性、紧迫性认识不足，还没有把推行工资集体协商制度提到党政工作的重要议事日程，也没有列入本地区经济社会发展的目标任务。在推行工资集体协商制度建设方面，政府部门的执法监督缺位，最低工资标准调整缓慢，工资指导价位、行业人工成本信息发布滞后，劳动定额标准管理混乱，严重制约了工资集体协商工作开展。

（二）工资集体协商的法律法规刚性不足、推行乏力。《劳动法》、《工会法》、

《集体合同规定》、《工资集体协商试行办法》、《劳动合同法》、《劳动争议调解仲裁法》等法律法规，对工资集体协商的主体、内容、程序以及争议处理等制定了基本规范，但在推行这项制度上还只是停留在选择性、授权性条款，无强制性规定，惩治措施缺乏。省、市尚未出台推进企业工资集体协商制度建设的地方性法规，因此，在推行过程中企业存在着不积极性、不配合，被动应付的现象。

（三）工会干部的代表性、独立性不强，“不会谈”、“不敢谈”的情况比较突出。除个别规模以上国有企业外，大多数企业的工会主席由企业行政副职或中层部门经理兼任，不能充分地代表职工和表达职工诉求。工会干部及职工代表缺乏足够的协商能力和信息资源，缺乏必要的劳动工资、法律政策等方面的知识和进行工资集体协商的经验。

（四）非公企业工会组建、企业方组织建设滞后，工资集体协商的主体缺位。目前，各区（县）、工业园区还有不少企业没有建立工会组织，职工方缺乏合法的利益代表者和维护者。从调查的情况看，已开展的区域性、行业性工资集体协商，能代表区域或行业的企业方主体缺位，只能以区域性工会组织代表行业性工会与区域内或同行业的企业主（或企业主代表）分别协商、分别签订协议。有的区域性工资集体协商暂由行政主管部门代行企业方的职责。如有的镇将镇长作为区域性工资集体协商的企业方首席代表，园区将经发局局长作为企业方首席代表，其代表性、合法性严重不足。

（五）企业经营者对工资集体协商的了解比较肤浅，重要性、必要性认识不足。有的企业经营者缺乏法律意识和民主意识，忽视职工方在工资收入分配中的法律主体地位和话语权，习惯于单方面决定职工工资，对集体协商不理解，有抵触情绪。有的把工资集体协商仅仅理解为给职工增加工资，没有认识到工资集体协商尊重职工主体地位，构建利益共同体，实现企业与职工互利共赢的重要性。

四、进一步推进工资集体协商工作的对策与建议

一是强化各级政府的主导作用，督促、引导企业普遍建立工资集体协商制度；二是强化劳动关系三方的协同作用，形成有序推进工资集体协商工作的联动机制；三是强化工资集体协商的主体建设，确保工资集体协商工作顺利开展；四是紧密结合西宁市情，实施区域、行业、企业分步推进的工资集体协商策略；五是充分发挥地方工会的指导作用，推进工资集体协商工作扎实有效开展。

关于困难职工及工会帮扶工作的调查与思考

宁夏回族自治区总工会

2012年，宁夏石嘴山市总工会采取深入基层、走访职工、抽样访谈、召开座谈会、发放调查问卷等形式，对特困职工、困难职工生产和生活上存在的问题及工会组织应采取的帮扶对策、建立完善帮扶体系等方面情况进行了调研。

一、基本情况

全市现有困难职工7391名，其中：因下岗失业致困2537人，因企业不景气致困3041人，因职工或家庭成员患大病致困1813人。困难职工主要呈现“五难一低”的状况：一是生活难。这些职工家庭收入较低，家庭支出以维持基本生活为主。二是就业难。由于大部分困难职工文化素质相对较低，技能单一，在就业方面存在一定困难。三是就医难。尤其是一些患大病的职工，医疗费用支出甚至高于基本生活支出，居高不下的医疗费用使一些困难职工家庭不堪重负。四是子女上学难。随着家庭为子女教育投入的成本增加，给困难职工家庭带来了一定的经济负担。五是自立难。日常生活的压力，使困难职工群体把主要精力放在了维持基本生活上，尤其是对一些患病职工，难以自立。六是抵御变故的能力低。困难职工抵御大病、事故等变故的能力极低，平时过日子还能够勉强维持，但如果家庭成员得大病、天灾人祸等，家庭就从相对贫困沦为特别贫困。

二、致困原因

从这次调查的困难职工群体情况分析，其形成困难的原因主要有以下四种：一是企业关停，职工下岗失业。受市场波动影响，一些企业关停，职工待岗影响了收入，给家庭生活造成困难。二是企业效益差，职工收入低。从所处企业经营状况调查来看，经营状况不佳，处于亏困和停产、半停产状态的企业困难职工占一定数量，企业不景气直接影响了职工收入。三是劳动技能不高。从对困难职工自身素质调查情况看，呈现“三多两低”：45~55岁年龄段的居多、遗属多、工伤病残多，学历低、技能低，对其再就业有直接影响。四是大病导致贫困。职工本人或直系亲属患大重病或长期患病也是职工家庭致困的一个主要原因。有的职工原本还能保持一定的生活水平，但因重大疾病致使自身失去劳动能力，或因支付高额医疗费用而导致贫困。

三、工会开展帮扶工作情况

一是加强帮扶网络建设。分别成立市、县（区）、街道困难职工帮扶中心（站），形成了三级帮扶网络。组织基层工会对困难职工家庭收入、待岗情况、致困原因进行调查了解。引入困难职工帮扶管理软件系统，按照家庭情况清、困难原因清、思想状况清、就业要求清、技术特长清的原则，建立困难职工帮扶档案，实行帮扶信息化管理，录入7391名困难职工，完善帮扶的基础工作。

二是加大帮扶投入。广泛开展以“两节”送温暖、“五一”关爱劳模、“金秋助学”活动为主线的帮扶工作。近年来，组织各级工会广泛开展送温暖、困难职工日常生活救助、医疗救助、子女就学资助、就业援助等帮扶活动，投入各类帮扶资金达800多万元，涉及困难职工25000人次。有力地缓解困难职工的生活压力。做好日常帮扶困难职工工作，今年以来，发放价值18万元的“爱心粮油卡”1152张。积极开展困难职工大病救助，对入档困难职工中癌症化疗造成家庭更加困难的37名困难职工，每人资助5000元。在市县区总工会的带动下，一些企业也把困难职工作为重点帮扶对象，实施帮扶救助。奔牛集团公司工会对因病致困的35名困难职工发放救助金19万元，博宇集团工会发动职工，为一名家庭成员患大病致困的职工捐款5680余元，各企业工会也积极开展帮扶活动，切实解决了一些困难职工的问题。

三是加大就业再就业参与力度。注重从根本上帮助困难职工走出困境，深入实施“工字号”创业带动就业工程，主要通过就业援助、就业培训、创业扶持等，促进创业和就业。积极开展就业援助活动，组织各级工会举办家政等各类培训班36期，培训2600余人。举办了2012年“春风送岗位”、“春季人才”、“工会就业援助月”暨“工字号”就业系列招聘会，有3200余人实现就业。加大创业扶持力度，为部分创业者提供工字号小额借款145万元。平罗县总工会在企业中推行工龄工资，对稳定职工队伍产生了积极作用。惠农区总工会为部分创业者发放5万元贷款利息补贴，对下岗失业人员创业发挥了积极作用。

四是整合社会资源开展帮扶工作。积极协调粮食、劳动、司法、企业等部门支持和参与帮扶工作。与劳动部门协作，积极推行劳动合同制度、平等协商集体合同制度，开展了以贯彻实施《劳动合同法》为重点的劳动合同、集体合同专项工作检查，及时规范企业劳动用工行为，促进了合同签订率的提高，防止因为职工劳动经济权益得不到保障而形成致困因素。争取粮食部门支持，在全市成立7个“工会爱心粮油超市”，对困难职工在工会爱心粮油超市购买粮油下浮4%～6%的价格，同时每季度可享受市县二级工会150元的粮油补贴性救助。与司法部门协调，成立了职工法律援助机构，为困难职工提供法律援助。今年以来，市县区总工会认真开展接访工作，对来访79案次、95人次反映的问题给予了妥善处理，为22人提供法律援助。协调劳动就业部门开展下岗失业人员技能培训，对下岗失业人员在就业创业能力上扶持。争取自治区总工会和市财政支持，为帮扶工作奠定了物质基础，推动了帮扶工作逐步走向社会化。

四、工会帮扶工作存在的问题

一是临时性和输血性的帮扶多，救急救不了穷，从根本上帮助困难职工摆脱困境的造血性帮扶需要进一步加强。二是帮扶困难职工社会化程度不高，利用社会资源，吸引社会力量参与到救助贫困职工需要加强。三是帮扶资金有缺口，加之一些企业由于市场因素停产或半停产，随时需要救助困难职工，但目前由自治区总工会和市总工会两级工会投入的帮扶资金不能满足救助需要。

五、工会帮扶困难职工对策建议

一是坚持临时救助与长期帮扶相结合。积极向有关部门争取帮扶资金，逐步提高帮扶范围，大力开展具有工会特色的“送温暖”、“爱心粮油超市”救助、“金秋助学”、就业援助等帮扶活动，对困难职工在生活、就医、就业、子女上学等方面提供直接、快捷、方便的帮助。对于失去劳动能力，大病致困等需要长期救助的，给予连续帮扶。加强“爱心粮油超市”的运营，扩大金秋助学资助对象，对特别困难的实施连续救助。

二是坚持输血帮扶与造血帮扶相结合。实施“工字号”创业带动就业工程，免费开展部分工种的操作技能、职工创业技能等培训。强化创业服务，积极培养创业带头人。运用经济性的帮扶手段，对困难职工进行创业扶持。对有一定经营规模的经营户继续进行扶持，分别提供小额借款，扶持下岗职工创业。对安置下岗职工和农民工的创业小企业，给予一定补贴，帮助和扶持创业小企业发展，增强创业吸纳就业的能力。

三是坚持维护权益与社会保障相结合。积极协调劳动等行政执法部门，加大劳动保障执法监察力度，适时开展贯彻劳动经济法规专项检查，督促用人单位落实国家促进就业的政策、最低工资保障制度、城镇居民最低生活保障制度，依法推动养老、医疗、工伤等社会保险的扩面，确保企业职工全员入保，防止因社会保障缺失产生新的困难职工，使党和政府的惠民政策能够惠及困难职工。

四是积极争取社会各界参与帮扶工作。在积极争取财政资金的投入帮扶的基础上，大力争取社会慈善、倡导社会捐助等社会扶助活动，如市“红十字会”捐赠帮扶物资活动等。继续协调粮食、财政、医疗、劳动等部门支持和参与帮扶工作。组织企业工会争取企业以行政拨款为主，以工会经费支持和职工捐款为辅的方式，设立“困难职工帮扶基金”，如宁夏惠冶镁业、博宇集团等企业建立困难职工互助金，开展职工互帮互助。有条件的大中型企业建立困难职工帮扶机构，制定适合本企业情况的帮扶办法，对困难职工给予帮扶和救助。

新疆工会开展职工队伍稳定情况调研报告

新疆维吾尔自治区总工会

新疆工会成立职工队伍稳定专题调研组，深入乌鲁木齐市天山区、沙依巴克区、水磨沟区、高新技术开发区和伊犁、喀什、阿克苏、塔城等地区，对110家中小型企业、微型企业、劳动密集型企业进行抽样调查，发放调查问卷700份，收回调查问卷700份，与404名职工通过面对面交流座谈、企业实地考察调研等方式，围绕职工劳动报酬、社会保险、民主管理、安全生产、企业工会组织建设等14个方面展开职工队伍稳定情况调研。现将专题调研情况报告如下：

一、新疆职工队伍基本情况

2012年，新疆城镇从业人员总数近1000万人，其中非公有经济是新疆经济发展的重要力量，从业人员80万人。新疆企业总体和谐，企业党群组织基本健全，企业党工组织在维护职工队伍稳定方面积极发挥作用。目前，已建工会组织单位的职工总数为385.34万人，工会会员总数为354.72万人，女会员150.67万人，女职工组织12705个。企业会员总数为218.84万人。截至7月份，新发展工会会员4.59万人，新建基层工会组织759个。已组建劳务派遣企业工会212家，建会率达到88%；劳务派遣工入会6.6万人，入会率达到90.41%。农民工工会会员已达到90多万人。全疆职工劳动合同签订率为94.6%，社会保险覆盖率达88%；职工权益基本得到保障，有85%的职工认为本单位没有发生劳动争议案件，劳动关系基本保持稳定。新疆地处反分裂、反恐怖的第一线，新疆广大职工群众是反民族分裂、维护社会稳定的主力军，在反分裂、维护祖国统一的斗争中起着支柱性作用。

二、工会维护职工队伍稳定的主要经验做法

（一）创新维稳机制。新疆工会组织近万人的宣讲队伍，开展了“三个一”活动，即发出一封倡议书、承担一份责任、引领一个职工家庭，教育引导职工不参与、自觉抵御非法宗教活动的影响和渗透。全疆建立劳动争议调解委员会的企业有4603个，配备人员31613人，积极主动参与劳动关系仲裁调解服务。配合自治区人大对《劳动合同法》贯彻和执行情况进行了执法检查，联合自治区司法厅、律师协会在全区律师事务所和工会帮扶中心设立100家“职工维权岗”，工会组织拥有千名律师志愿服务团活跃在全疆各地。

（二）创新社会管理机制。吸收近100万农民工和流动务工人员加入了工会组织，推进区内、区外双向维权机制，特别是在新形势下，重视和加强网络舆情监督，建立并培训了一支网络宣传舆情员队伍，处理了在网络和其他渠道反映的13起农民工欠

薪事件。

（三）建立劳动关系矛盾隐患排查机制。今年3月至4月，开展了企业劳动关系矛盾隐患大排查，共排查企业30886家，职工172万余人，涉及矛盾问题14类，矛盾隐患10707个。建立了劳动矛盾分类预警机制，把排查到的信息按地区、按行业、按轻重缓急进行分类；建立了劳动关系矛盾的化解机制，对劳动关系矛盾隐患企业，逐个落实，明确责任，主动协助做好职工队伍的稳定。

（四）拓展困难职工帮扶机制。由输血式帮扶向造血式帮扶转变，安排400万元资金，采取小额借款的方式，帮助困难职工通过资金项目帮扶走出困境。不断扩大困难职工覆盖面，困难职工建档户数由去年的4.2万户覆盖到了12万户，形成了以“地级帮扶中心为骨干、县级帮扶中心为支撑、乡级帮扶中心为基础、社区厂企帮扶站点为终端”的四级困难职工帮扶网络体系。目前，全区最低工资标准提高了20.3%，企业工资平均增幅最低在6%以上，最高增幅在20%以上。

（五）推行服务职工联系卡制度。向所有各族职工群众进行发放联系卡，全疆推行联系卡的工会组织有8185个，专兼职工会干部达13000人，覆盖职工总数达到100多万人。

三、当前职工队伍稳定面临的主要问题及分析

目前，职工认为影响队伍稳定的突出问题中，排在前几位的分别是：收入差距大（66.7%）；医疗费用高（48.5%）；就业难（39.6%）；社会保障不健全（34.1%）。从劳动关系矛盾隐患涉及的行业分布看，重点集中在工矿和建筑、电力、交通运输服务业。职工队伍稳定面临的主要问题集中表现在：

（一）社保没有实现全覆盖。从调查反映情况看，88%的职工所在单位都为他们缴纳了“五险一金”，但有的非公企业不能足额按时为职工缴纳，不少企业没有按职工实际收入缴纳社保金，而是按乌市最低工资标准缴纳。尤其是在缴纳住房公积金方面，新进职工和民营企业职工没有公积金。此外，社保跨省区、跨地区的接续机制尚未建立，兵团的职工、内地的职工公积金不能随身走，导致许多人不愿意让企业缴纳公积金，自己也不愿意缴纳公积金。

（二）劳动强度大、生产条件差。调研中，职工认为劳动强度大、生产环境恶劣，占被访者的21%。该类人群主要就职于采矿业、建筑业和农产品加工业等行业，主要体现在生产突击任务重、劳动生产条件差、缺乏劳动保护。有些企业生产场所噪音大、污染严重、环境恶劣，安全设施不全，有毒有害物质严重危害职工健康，以尘肺病为主要职业病的发病率呈现不断上升的趋势。

（三）企业改制遗留问题。排查发现，因企业改制遗留问题占被访者的13.63%。

（四）未签订劳动合同、劳动合同签订不规范。调研发现，有28名职工因为未签订劳动合同导致摩擦，占被访者的7.29%；240名职工与企业签订的劳动合同不规范，占涉及劳动关系矛盾隐患职工总数的6.01%。两者共占涉及矛盾隐患职工总数的13.30%。导致未签订劳动合同和劳动合同签订不规范的原因有以下几个方面：一是部分建筑、餐饮、服务中小企业为降低成本，规避缴纳各种社会保险费用，故意不与劳动

者签订劳动合同。二是部分农民工、季节工和临时工担心签订劳动合同后，因参保缴费降低个人实际收入和社会保险金转移接续麻烦等因素，而不愿与企业签订劳动合同。三是劳动合同不规范，存在霸王条款，导致劳动关系矛盾隐患不断产生。劳动合同的制度执行状况缺乏公开透明，得不到有效监督，造成劳动关系矛盾隐患得以延存和此消彼长。

（五）工资收入水平长期偏低。调研中，低于最低工资标准和工资指导线的职工集中在喀什、和田地区；工资长期未增长职工在各地区企业都有反映。调查表明，对现有收入不满的职工，所在企业经济效益普遍不稳定，工期季节性较强，尤其在经济欠发达地、州、市的纺织、农资、劳务派遣等行业较为突出。激烈的就业竞争，使普通求职者处于维护权益的弱势地位，很难做到主动维权，更不敢提工资增长问题。诸如此类隐患具有涉及面广、潜伏期长、燃点低、易爆发的特征。

（六）社会公共文化场所少，满足不了职工群众的精神文化生活需求。青年职工盼培训，特别是80、90后的职工，他们更加关心个人能力素质的提高，都希望在单位有稳定的工作岗位和发展空间，76%的职工都期望社会和企业能提供培训机会，进一步提高技能。但目前专业培训费用上涨，许多企业不堪重负，因此未能完成应该承担的培训任务。同时职工文化场所少，特别是经济开发区、工业园区和众多的建设项目工地，职工精神文化生活非常枯燥，电影图书、健身娱乐、休闲购物设施稀缺，使职工对企业缺少归属感和安全感，不利于职工队伍的稳定。

（七）劳动关系矛盾隐患涉及的行业重点集中在工矿和建筑、电力、交通运输服务业。在调研中，制造、采矿业、建筑、电力、交通、运输服务业企业成为劳动关系矛盾隐患集中的重点行业。其中，存在劳动关系矛盾隐患的企业有64家，占涉及劳动关系矛盾隐患企业总数的30.48%；涉及劳动关系矛盾隐患职工120多人，占直接涉及劳动关系矛盾隐患职工总数的32.11%。

四、维护职工稳定和工会组织团结统一的建议

一是把“面对面、心贴心、实打实服务职工在基层”活动作为重要载体，积极发挥经济发展的“助推器”、劳动关系的“调节阀”、维权维稳的“防火墙”、组织群众的“黏合剂”、社会稳定的“安全网”作用。二是建立“党委领导、政府负责、部门参与、工会推动”维护职工队伍稳定和工会组织团结统一的工作格局。三是着眼发展工人阶级先进性，重视和满足职工群众提高技能素质及精神文化的需求。四是建立多种职工利益诉求渠道，保障职工参与企业民主管理权益。五是发挥党工组织在化解劳动关系矛盾中的作用。

新疆生产建设兵团工会帮扶工作调研报告

新疆生产建设兵团工会

9月4日至9月21日，新疆生产建设兵团工会分赴兵团南、北疆部分师、团，行程5000多公里，先后深入到16个农牧团场（其中2个边境团场）、10个企业（2家上市公司）、5个连队、6个社区，召开师、团、企业、社区工会座谈会24个，查阅资料150多本，实地察看了20个帮扶中心（站）、检查了15个单位工会困难职工帮扶软件操作系统，指导规范了就业创业帮扶园区和示范基地8个，慰问困难职工和兵团工会部门结对扶贫困难职工16户，调研考察工作点共计38个。调研期间，针对工会保障部重点工作面临的热点、难点问题进行了广泛深入地研讨，认真听取了基层工会关于推动和改进保障部重点工作的意见和建议。

一、兵团帮扶工作的主要成绩

（一）党委重视、行政配合，大帮扶格局已基本形成

各师党委将工会帮扶工作纳入师发展规划，将很多的资源和手段赋予工会。农一师南口农场工会、民政、劳资等多部门整合资源，共同建立了困难职工帮扶中心，集中力量办大事，全面服务困难职工；农十四师工会与司法局联合，建立了法律援助服务中心，有效维护职工合法权益；农二师冠农公司党委根据群众反映的住房难问题，为职工建设集资住房，并让工会牵头负责分房工作。在困难职工帮扶中心建设中，各级党政给人、给钱、给阵地，已基本形成“党委重视、行政支持、工会主抓、社会参与”的大帮扶格局。

（二）组织健全、制度完善，帮扶工作基础扎实

各师均成立了以分管工会的师领导为组长，工会、劳动、民政、财务、司法、教育等部门负责人为成员的困难职工帮扶工作领导小组，明确了各自的职责。每年定期召开联席会议，共同研究帮扶工作，结合本部门的职能范围，合力帮扶困难职工。各师工作制度基本实现了“四化”：一是日常制度公开化。各帮扶中心制定了救助程序、资金管理等多项制度和管理办法并进行上墙公示。二是联席会议定期化。每年召开一至二次联席会议，听取帮扶中心的工作情况汇报，研究解决职工群众的困难问题，使特别困难的职工群众得到及时、有效地帮扶。三是帮扶情况公示化。对帮扶的对象名单、申报程序、帮扶金额，分别予以公示，做到公平、公正、公开。四是档案管理动态化。为了全面摸清困难职工底数，各工会广泛开展了调查摸底，层层建立困难职工档案，统一输入微机实行动态化管理。

（三）因地制宜、方式多样，帮扶效果明显提升

农一师工会：一是建立职工大病医疗互助金制度。在3团、6团、塔建集团建立

了职工大病医疗互助金制度，每人每年交 4 元钱，在大病时可享受最高 2 万元的救助。二是工会干部“一助一”与种养大户“一助一”帮扶相结合。在工会干部中开展了“一助一”帮扶活动，统一印制了工会干部“一助一”扶贫联系卡。同时，鼓励引导已致富的种养专业户与贫困职工结对帮扶，通过送信息、送技术、送资金、送办法的“四送”活动，目前已有 204 户种养专业户与贫困户结成帮扶对子。

农二师工会：一是打响工会“金秋助学”品牌，建立了“助学育才”联系卡制度，并开展“五个一”的亲情服务，为困难职工子女送行一次、谈心一次、吃饭一次、一月一次电话、生日时送一份蛋糕。二是探索社区工会帮扶工作模式。农二师三建公司工会将职工帮扶、救助、服务工作融合为统一的社区服务中心进行管理服务，投资 68 万元建立爱心一条街，为 10 名下岗职工提供自主创业的经营场所；组成 7 个志愿服务队，为社区居民提供医疗、巡逻、理发等多种服务。

农三师工会：一是大力发展少数民族特色优势产业。在 51 团和 53 团成立了少数民族创业帮扶培训基地和地毯厂，采取校企联合的模式为少数民族创业、就业、劳务输出等提供有效平台。二是通过配套资金无息借款重点进行创业扶持。几年来，师市各级工会共计筹措配套资金 303.46 万元，共为 96 户困难职工进行了无息借款创业帮扶，借款金额达 154.6 万元，74 户贫困职工经无息借款创业脱贫，还有 18 户预计今年年底脱贫。

农十四师工会：一是促进少数民族职工脱贫致富。结合皮山农场少数民族比例 99.9% 的特点，在皮山农场建立了少数民族职工地毯编制和手工艺品加工培训基地，为经过培训合格的少数民族困难职工免费发放 1400 余架织毯机，为他们联系订单，使他们不出家门就能够脱贫致富。二是扶持职工发展养殖业。为一牧场七连解决帮扶项目款 50 万元，扶持帮扶 34 户困难职工建立创业养殖示范基地 1900 平方米。

二、工作特点

一是 2012 年兵团工会基层重点工作推进会议精神得到了有效地贯彻落实。根据会议精神，各师工会制定了推进保障重点工作的中、长期计划目标，使帮扶工作实现长效化、常态化工作目标成为可能。

二是保障等重点工作得到重视，工会工作开始转型。根据“四个”有所作为的工作要求，各师工会在继续做好常规工作的同时，努力寻求重点工作的新突破，通过创新工作理念、创建和谐劳动关系和关爱职工好企业、建立就业创业帮扶培训基地、争取援疆帮扶项目、整合社会资源、加强社区工会建设等形式，推动了工会帮扶工作机制和工资集体协商机制不断完善，保障重点工作得到了有效推进。

三是抢抓机遇，借力推动，帮扶工作成效显著，新时期工会组织尽显活力。借中央第三次援疆会议东风，按照兵团关于加快推进南疆少数民族集聚团场经济社会发展的总体要求，各师工会特别是南疆各师工会创新理念，主动对接，不断争取加大援疆工作力度，开辟了内地职工创业培训、帮扶项目扩面、师资进疆授课等援建渠道，援疆帮扶资金逐年增加，援建帮扶成果丰硕，兵团各级工会组织影响力不断扩大。

三、存在问题

一是帮扶群体数量大、致困原因多样化。南疆农一师、农二师、农三师、农十四师自成立以来，本着不与民争利的原则，绝大部分团场处在风头水尾、沙漠边缘，干旱缺水、霜冻、冰雹、沙尘等自然灾害严重，自然环境极其恶劣，职工生产生活条件艰苦。加上近年来，兵团“三化”建设进程推进速度不断加快，南疆各师产业结构调整力度逐渐加大，产生了一批“捧着金饭碗的乞丐”。农一师因产业结构调整致贫职工 4786 户，农二师受近两年地震、洪涝、大风等自然灾害影响致贫的职工有 3000 多户，农三师集体所有制团场较多，人均耕地面积不到 2 亩，这部分人员共有 6000 多户，农十四师主要因产业结构调整、大病、意外灾害导致职工致贫。现在四个师共有职工 174043 人，其中困难职工 27082 户，占全兵团困难职工的 42%，少数民族困难职工 8661 户，占全兵团少数民族困难职工的 61%。

二是帮扶力量有限、制约因素较多。在人员上，南疆四个师工会共有专兼职帮扶工作人员 6 人，各农牧团场困难职工帮扶中心全部为兼职人员，且帮扶资金十分有限，团场困难职工帮扶中心大多是与工会合署办公，很多创新工作缺乏人员、资金和场地保障。

三是部分单位帮扶方式陈旧、帮扶效果不明显。困难职工帮扶中心成立以来，中央财政专项资金的使用主要以生活救助为主，其次为助学救助和医疗救助。2010 年和 2011 年中央财政专项用于生活救助的比例均在 60% 以上，而就业帮扶比例不到 15%，资金使用的比例不合理，帮扶效果不明显。

四、工作建议

一是制定出台《兵团工会帮扶资金管理使用办法》（试行），加强兵、师工会对帮扶资金的宏观管理。二是深化工会帮扶中心建设达标活动，年内评选表彰一批兵团工会先进帮扶中心（站），成立兵团工会帮扶中心，规范兵团直属机构工会困难职工帮扶工作，加大帮扶工作力度。三是年内表彰一批兵团工会“双十佳”就业创业园区和就业培训基地，鼓励企业和致富带头人吸纳更多的困难职工就业脱贫。

关于深入联系点开展“服务职工在基层活动”的走访调研报告

中华全国铁路总工会

今年3月份以来，中华全国铁路总工会深入到联系点郑州铁路局、成都铁路局、中铁工程总公司及所属单位，调研了解开展“面对面、心贴心、实打实服务职工在基层”活动和安全生产大检查等情况，在郑州、洛阳、重庆、成都、合肥、宁波等地区召开了10个不同类型的座谈会，深入沿线站区、项目部及工地实地察看，走访、慰问困难职工、劳动模范和基层工会干部，发放“服务职工联系卡”，建立经常性联系。现将主要情况报告如下：

一、基层工会几项重点工作开展情况及其特点

（一）群众性安全生产工作形式多样、深入发展

去年以来，各单位工会组织职工认真开展“保安全，保质量，保稳定，促发展”创先争优活动，坚持组织职工代表开展安全大检查大巡视活动，充分发挥工会劳动保护监察员作用。如，中铁工程总公司工会结合建设施工企业作业点多、人员分散等特点，在兼职工会干部、职工代表和农民工代表中，聘请群众安全监督员3万余名，并试点将群安员作用从安全监督向质量监督延伸，不断提高群众安全监督工作的有效性。各单位工会把“严格管理与关爱职工”有机统一起来，结合“服务职工在基层”活动，深入一线认真开展大反思、大谈心，帮助职工查找安全风险点，实施安全风险管理，取得了良好成效。

（二）“三线（三工）”建设深化发展、效果明显

一是投入进一步加大。郑州铁路局工会进一步完善“三线”建设规划，开展“星级”创建活动，得到了党委重视和行政的大力支持。今年在“三线”建设投入上，行政从2011年的投入600万元增加到今年的800万元，工会也相应地从2011年300万元增加到400万元。上半年，全局共建成精品食堂117个、精品浴室121个，为一线车间、班组配备急救小药箱2350个。成都铁路局目前已经投入资金5.4亿元，用于改善沿线职工饮水、收看电视、职工间休、单身住宿等方面的条件。各相关站段都加强了规划，加大了投入，集中财力、物力对一条线、一个站区进行建设，力争建一个成一个。

二是理念不断创新。去年以来，通过贯彻铁道部党组关于维护职工群众利益、改善职工生活的意见，各单位在“三线（三工）”建设的理念上有了进一步提升和创新，从过去单纯解决职工的吃、住、洗、娱乐等条件，向为职工追求健康、快乐及有利于自我发展、成长等创造条件延伸。如小宿舍向公寓化发展，文化娱乐从过去的卡拉OK向网

络化、电子化发展。"三线（三工）"建设达到了与时俱进，为一线职工创造了紧跟时代步伐的工作、生活、学习、休息、娱乐空间。

三是内容更加丰富。各单位重视并充分运用"三线（三工）"建设这一载体，将促进安全生产、劳动竞赛、选树典型、厂务公开民主管理、学技练功、健身娱乐、兴趣爱好及职工之家建设等融入其中，极大地丰富了"三线（三工）"建设的内容。特别是一些单位重视文化对职工的影响力，将文化元素引入"三线（三工）"建设，效果良好。如洛阳供电段重视在建线中结合工作、地域、职工爱好等，打造体现安全、诚信、地域、亲情、兴趣爱好等文化品牌。中铁四局二公司等单位在"三工"建设中坚持"以人为本"理念，专门为职工、农民工设立了"探亲房"、"温馨小屋"，方便员工家属探亲，深受职工、农民工的好评。

四是管理更加完善。一方面，通过民主程序，请职工共同参与制定严格的环境、设备、物品等管理办法。另一方面，引导职工把站区当做自己的"家"来共同建设、爱护和管理，从要我建家向我要建家转化。不少站区在规划文化、体育等园地时，请职工特别是青年职工参与，听取和采纳他们的意见和建议，增强职工用好、管好园地的热情。

（三）农民工工作创新形式、效果明显

一是加强农民工管理有新的发展。中铁四局四公司工会在实行农民工与正式职工"同学习、同劳动、同参与、同生活、同娱乐"五同管理经验的基础上，创新管理模式，把农民工协作队伍编入由职工组成的架子队，帮助建立了农民工党支部、完善了工会组织，坚持对农民工从精神上鼓励、人格上尊重、权益上维护、工作上支持、生活上关心，帮助引导农民工队伍向"自我民主管理、自我权益维护、自我培训教育、自我竞赛争先、自我生活娱乐"五自方向深化发展。中铁四局建筑公司主动探索农民工管理的新途径，选派优秀党群干部到农民工队伍中担任政治指导员，划分工作区域、确定工作职责，进一步加强了与农民工面对面的联系，架起与农民工队伍的"连心桥"。

二是农民工队伍建设上有新的发展。中铁四局二公司开展"政治上一样平等，管理上一样对待，工作上一样要求，素质上一样提高，生活上一样关心"，形成了党政工团齐抓共管的良好氛围。如今年开展了创先争优优秀农民工党员评比活动，6 名农民工党员登上了公司的光荣榜；坚持连续三年开展评比优秀农民工队伍和优秀农民工活动，把"三工"建设向农民工队伍延伸，有效改善了农民工队伍的生活环境及文化生活。

三是在确保农民工工资按期足额发放上有新的发展。中铁工程总公司党政工对按期足额发放农民工工资给予高度重视，各施工企业认真抓好落实，结合各自实际采取了不少新的举措。中铁四局宁波轨道交通车辆段项目部等单位，成立了农民工工资发放领导小组，指定劳务管理员。明确了建档、办银行卡、记工、审核、打卡发放、签收等一系列操作程序。同时，还要求当月农民工工资支付情况要在农民工驻地公示，确保了农民工工资按月足额发放。在座谈会中，农民工代表对铁四局的这些做法表示认可。

四是在促进农民工提高素质上有新发展。中铁四局合蚌客专制梁场，充分利用农民工业余学校、农民工技能比武、"农民工导师带徒青蓝工程"等多种形式，对农民工进行岗前教育、专业技能和安全知识培训，使他们进一步提高素质，适应高铁建设的需要。他们还将农民工中工作实绩突出、专业技能突出、为企业发展贡献大的优秀人才，吸纳转化为正式职工，承担了更加繁重的管理等任务，成为新型产业工人，为企业的可持续发展提供人才保障。

二、基层反映的问题

一是收入问题。如，车务、工务系统职工反映收入偏低，职工对增加收入仍然有新的期盼；客运部门反映劳务派遣工工资、福利与正式职工差距较大等。

二是管理问题。如，劳务派遣工用工体制不顺，一些优秀人才没有发展空间和出路，留不住；一线职工结构性缺员问题比较突出；职工差旅费（15 元/日）十几年没变过，职工出差越多，亏得越多。

三是通勤问题。由于前几年生产力布局调整，导致异地职工多，造成通勤难、顾家难问题。如成都局赶水车站通勤职工占到了 88%。

四是生活问题。如，运输一线职工工作高度紧张、长期熬夜，身体不适应，退休后得病比较多；工程部门因长年工作流动，年轻职工探亲、婚恋问题较为突出等。

五是工会自身建设问题。基层工会专职工会干部偏少，既要抓好工会工作，又要进行安全包保，还要开展帮扶救助等，工作压力较大。

三、建议

一是要大力开展“扎根铁路、热爱铁路、建设铁路、奉献铁路”主题教育活动。通过广泛、深入宣传铁路的发展变化、铁路在国民经济发展和民生中的重要作用、老一代铁路人扎根铁路奉献铁路的感人事迹等，激励新一代铁路人增强自豪感、荣誉感，安心铁路，扎根沿线，用自己的双手描绘出铁路科学发展的美好蓝图。二是要重视和加强职工群众思想政治工作。继承铁路基层党的建设和思想政治工作的优良传统，重视和发挥基层干部与职工群众联系密切，能够及时做好思想工作的优势，促进企业和职工队伍的和谐稳定。三是要重视铁路劳务派遣工管理和使用问题。为保证铁路培养的优秀员工不流失，应在客运等部门使用的劳务派遣工中，每年给 5% ~10% 左右的转正比例，使一部分特别优秀的劳务派遣工补充到铁路职工队伍中来。四是要运用好活动成果。推广和运用“服务职工在基层”活动成果，及时帮助基层和职工排忧解难，发挥好党密切联系职工群众的桥梁和纽带作用。

中国银监会工会全力打造服务职工“五个品牌”

中国金融工会

为认真落实全国总工会“面对面、心贴心、实打实服务职工在基层”活动，根据中国金融工会部署，银监会工会坚持在实践中不断丰富内容、创新方式、突出成效，打造工会工作品牌，把“面对面、心贴心、实打实服务职工在基层”活动落到了实处。

一、打造评先创优活动品牌

紧紧围绕科学发展主题和加快转变经济发展方式主线，落实银监会评先创优整体部署，突出行业特色，以工会搭台、业务唱戏为主要载体，开展针对性强、形式多样和内容丰富的劳动竞赛活动，现已形成党委挂帅、业务部门深度参与、相关部门配合、广大职工踊跃参与的劳动竞赛活动新格局。

一是发动干部职工立足本职、建功立业，以评先创优带动监管队伍能力建设，提高监管有效性；二是真正把业绩突出、岗位贡献较大、技能本领过硬的一线普通优秀监管干部职工作为表彰重点；三是充分运用日益丰富的“时代资源”，加大对具有监管特色的先进典型的选树和宣传，弘扬新时代监管干部的品格，引导干部职工以高昂的热情和严谨的作风，心无旁骛地做好银行业监管工作。两年来，四川遂宁分局等21家单位和西藏银监局吴渊等28名个人受到全国总工会和中国金融工会的表彰。

二、打造职工休养品牌

大力弘扬工人阶级伟大品格和劳模精神，建立向基层倾斜、向高寒艰苦地区和灾区职工倾斜的“双倾斜”休养活动机制。通过进一步完善“双倾斜”机制，创造舒适、恬静的休养环境和氛围，把休养活动变成弘扬先进、营造和谐家园的关爱平台，学习劳模、争当劳模的风气已在系统内蔚然成风。两年来已组织4批劳模、先进单位和先进个人进行休养，其中来自基层休养人员占比近90%。如银监会党委委员、副主席、工会主任郭利根同志代表会党委赴湖南、贵州等休养地看望休养人员，与大家面对面交流，倾听他们的意见和建议，使得休养人员从中感受到幸福、关怀、温暖，增强了监管队伍的凝聚力和向心力。

三、打造送温暖品牌

切实把以人为本理念落实到关心干部职工生活、解决干部职工实际问题的具体行动上，做到把会党委对基层干部职工的关怀举措，不折不扣地、高效地传导给干部职工，提振干部职工士气，努力为困难职工提供规范、细致、周到的服务，帮扶工作成为工会一项实实在在的暖人心、聚人心的民心工程。

一是健全困难职工帮扶动态档案，系统各级工会定期更新帮扶“台账”信息，依档准确帮扶；二是将以往年终岁尾对困难职工集中慰问改为集中帮扶与日常帮扶相结合，利用开会、出差等现场慰问基层困难职工，及时送上组织的温暖；三是扩大帮扶覆盖面和调增慰问金额度，对帮扶的困难职工本人给予5000元慰问金，职工配偶（子女）及单亲特困职工给予3000元慰问金，职工其他亲属给予1000元的慰问金标准；四是注意借力当地政策和调动多方资源，形成银监会系统的多层次、有成效的困难职工帮扶体系。如有10家银监局投保地方基本医疗保险，有8家银监局投保地方公务员医疗保险，有7家银监局投保了女性专项保险；五是在做好物质帮扶的同时，还关注对困难职工的精神抚慰和心理关怀。

四、打造职工之家建设品牌

注意发挥干部职工在职工之家建设过程中的主体地位，尤其是在事关干部职工利益的大事上，做到有事让干部职工知道，有事与干部职工商量，努力把“职工之家”建成民主建设之家、学习提高之家、文化活动之家和心理疏导之家。

*一是民主建设之家建设。*有16个银监局、206个银监分局建立了职工（代表）大会制度。其中，河北等17家银监局在局机关建立了职工（代表）大会制度；部分银监局和银监分局还通过实行局长接待日，定期召开职工座谈会，配合做好以干部任用、财务开支、职工福利为内容的局务公开工作，拓宽基层民主建设渠道，维护职工的知情权、参与权、表达权和监督权。

*二是学习提高之家建设。*部分银监局和银监分局工会通过主题教育、活动座谈、宣传展示、“周末职工讲堂”等以能者为师的方式，引导干部职工着力解决辖内银行业监管工作中的难点和重点，进一步提升监管队伍能力建设。

*三是文化活动之家建设。*在行政支持和各级工会的积极努力下，努力完善文化体育活动设施，最大限度地把干部职工组织到活动中来，让大家走上舞台、走进球场、走入教室，丰富活动内容，愉悦干部职工精神，提高干部职工技能，锻炼干部职工体魄。如连续两年组织机关工会、各银监局工会制作春节大拜年视频活动，每年向职工活动搞得好的10个银监分局分别赠送价值1万元的体育器材，提供配套经费鼓励银监局和银监分局采用一室多用办法，既是图书室、荣誉室和文体活动室又是学习交流、民主建设的场所，积极营造机关楼道文化，以图文并茂方式，宣传监管理念，展示评先创优成果等。

*四是心理疏导之家建设。*针对银监会队伍高学历多、青年人多、有海外学习工作背景人多的实际，注重职工的人文关怀和心理疏导。如连续两年与南京晓庄学院心理研究所举办心理健康辅导员培训班，引导职工用正确方式处理人际关系、表达利益诉求。

五、打造工会培训品牌

鉴于系统的工会干部多为监管干部转行过来，深入研究工会工作内在规律，积极探索推进工会工作科学化的内容、方式和方法，切实提高做好职工群众工作的能力和水平。按年举办银监分局工会主席和工会财务人员培训班。通过在岗培训和持续培训，不断提高系统工会干部工作的本领，增强其做好职工工作的能力，真正做到工会干部与职工交流面对面、做思想工作心贴心、为职工服务实打实，并在反映职工诉求、释疑解惑、疏导情绪、提振信心等方面取得实实在在的效果。

我国船员劳动关系状况的调研报告

中国海员建设工会

为促进船员体面劳动，构建航运和谐劳动关系，中国海员建设工会进行了“我国船员劳动关系状况”的专题调研，在全国范围内向5000名船员发放了调查问卷，并赴广东、福建、天津、北京、上海等地走访了十余家航运企业，与近100名船员和50余名工会干部及企业管理人员进行了座谈交流，了解中国船员劳动关系状况，分析当前我国船员劳动关系方面存在的问题，研究解决问题的途径。现将有关情况报告如下：

一、当前我国船员劳动关系概况

目前，我国有165万船员，其中海船船员约65万，是世界上船员人数最多的国家。船员职业具有与陆地职业截然不同的工作、生活环境，其职业的特点决定了船员劳动关系的特殊性。

（一）船员劳动关系特点

1. 劳动关系双方分离。船员与企业处于分离状态，由于海上通信困难、距离远，沟通不畅，船员对企业信息了解滞后，造成其与企业信息不对称。船员在工作期间直接操控和管理企业的资产，而企业难以对船上情况进行直接的监控，加重了船员的责任。

2. 用工形式多元化。船员用工形式主要有企业自有船员、劳务派遣船员和个体船员三种用工形式。调查显示，三种形式分别占62%、18.3%和16.8%。部分航运企业在方便旗船上还雇佣少量外籍船员。

3. 劳动标准行业趋同并国际化。船员在船期间的劳动标准和工资标准按照国内或国际劳务市场的价格确定，并遵循国际公约的要求。具有行业趋同性，与省市工资标准关联度很低。

4. 劳动争议涉外化。船员劳动争议的发生地可能是全球任何一个港口或在悬挂任何一个国家旗帜的船舶上，纠纷可能涉及本国船员、船东，也可能是同船的外国船员、外国港口检查人员或者是外国船东，所涉及的法律关系除了我国国内相关规定外，还有国际公约、国际组织规则以及有关国家的法律、法规。

5. 船员工作压力家庭化。由于常年远离家庭，无法照顾亲人，船员及家属的心理、生理承担较大的压力。因此，船员和其家属共同承担着船员职业的压力，船员家庭对船员劳动关系的稳定起到重要支撑作用。

（二）船员权益保障状况

我国政府主管部门、工会组织和船东组织重视船员权益保护工作，近十年来，三方共同合作逐步推进船员权益保障源头维护工作，取得良好效果。

1. 参与《2006年海事劳工公约》（以下简称“06公约”）的研究制定工作，并正在推进批约和履约的准备工作。“06 公约”是由国际劳工组织制定，旨在保障全球海员权益的国际公约，被誉为“海员的权利法案”。公约的出台有利于统一全球海员劳动和社会保护国际标准，对保护全球海员根本权益和促进国际海运业的健康持续发展具有积极而深远的影响。

2. 参与制定《中华人民共和国船员条例》（以下简称“船员条例”）。“船员条例”是我国第一部专门的船员法规。在制定过程中，吸纳了工会的意见，增加了第四章“船员职业保障”，明确了船员的社会保障、劳动保护、休息休假、劳动报酬、遣返等权利。

3. 建立全国海上劳动关系三方协调机制（以下简称“三方机制”）。为了促进实现船员体面劳动，构建和谐的海上劳动关系，交通运输部、中国海员建设工会和中国船东协会，于 2009 年成立了“三方机制”。三方定期沟通协调，共同研究涉及海上劳工的法律政策与相关规定，对当前劳动关系发展中的问题交换意见。

4. 签订《中国船员集体协议》。《中国船员集体协议》是中国海员建设工会与中国船东协会协商签署的我国第一份全行业集体协议。协议涉及了船员休息休假、劳动保护、社会保障、劳动报酬等直接关系到船员经济、政治与社会权益的内容，不仅给各航运企业的工资集体协商提供了有效的依据，也是对我国船员权益保护立法缺失的有效补充。同时，海员建设工会还与部分国家通过集体谈判签订了集体协议，有效地保护了中国外派船员的权益。

二、存在的问题

（一）签订和履行劳动合同不规范。一是劳动合同内容不完善。尽管有 93% 的船员签订了劳动合同或协议，但部分劳动合同或协议中并未涉及船员的核心利益，拖欠工资、扣押证件等现象仍然存在。二是船员与船东的权益不对等。劳动合同大多是船东制定的格式合同，倾向船东利益，加重了船员的责任。三是船员没有足够的时间进行协商。船员就业是根据船上的需要而由船东调配的。船员本人不能预知哪一条船在哪个港需要人上船换班，而一旦有上船的需要，根本没有时间也没有渠道与船东就合同的条款进行具体协商。

（二）部分船员对职业发展不满意。调查显示，24. 2% 的船员对工作不太满意和很不满意，不满意的首要原因是无法照顾家庭，其次，选择工作枯燥乏味、海上工作危险性较大、工资收入较低、工作环境恶劣、船上生活条件较差等原因的船员超过了 50%，意味着这些原因也是导致船员对工作不满意的重要因素。有 41. 8% 的船员对自己的收入不满意，并且认为未来五年自己的家庭生活状况不会有太大的改善。船员对职业发展的满意度低，直接导致了三个不利后果：一是青年人不愿意选择船员作为自己的职业；二是高学历、高素质船员流失；三是降低了船员在船的责任心，影响船舶安全运营。

（三）船员入会率偏低。目前约有 56% 的船员是工会会员，入会率偏低。但造成这种状况的原因是：1. 产业工会基层组织不健全。很多船员数量较多的省、市没有海员工会组织，不能满足船员和企业加入和建立海员工会的要求。2. 目前的工会组建模式不能适应船员的职业特点和协调劳动关系的需要。3. 部分有建会和入会需求的企业或船员，缺少建会或入会的途径，在调研中有25.1%的船员明确表示希望加入海员工会，但不知道去哪里加入。

（四）纠纷处理难度大。处理海上劳动关系纠纷相比陆地劳动关系纠纷更加复杂、涉及面广、政策性强。1. 船员劳动纠纷复杂，导致船员投诉难。船员可能会因外交、司法、海事、商事等多种原因导致境外滞留，使得船员在发生劳动争议时求助、投诉难度远远高于普通陆地职工。2. 在海员劳动纠纷中，纠纷发生地、合同签订地、船东或外派公司所在地与船员户籍地常常不一致，导致海上劳工维权成本比普通陆地职工维权成本高很多。3. 船员长期与社会脱离，对国内社会情况了解不够。4. 国内地方工会及劳动部门缺少海员维权专业知识。5. 船员维权法律适用复杂。由于海上劳动纠纷发生地或纠纷双方当事人往往具有涉外因素，因此法律适用上很多都需要遵循境外法律、法规或处理程序，境内外法律规定的不同加大了船员维权的难度。6. 部分个体船员维权意识仍比较淡薄，手段欠缺。

（五）个体船员权益问题突出。调查显示，个体船员签订劳动合同的只占44.6%，没有签订任何合同的比例相当大。而且拖欠工资的比例最高。另外，个体船员通常是单独被调配到某一船上，一旦发生劳动纠纷，个体船员往往孤立无援，处于绝对弱势。我会近年处理的几起投诉事件中，多数为个体船员。因此，个体船员的问题已经是船员权益维护工作中十分突出的问题。

（六）境外非政府组织渗透。国外非政府组织在境外港口向中国船员发放各种宣传品，宣传其维权主张，还以香港为跳板频频向内地渗透，在内地有影响力的航运杂志和高等海事院校校刊上刊登维权的广告，到国内海员俱乐部暗访，到内地处理船员纠纷，等等。因此，防止境外渗透，是海员工会维护船员队伍稳定不容忽视的工作内容。

三、建议

一是制定相关政策法规，健全船员保障法规体系；二是加强三方协商合作，完善海员维权机制；三是制定优惠的产业政策，提高船员社会地位；四是以人为本关爱船员，促进船员队伍发展；五是加强产业工会自身建设，提升协调劳动关系的能力。

当前国有企业改制遗留的突出问题及建议

中国能源化学工会

今年以来，全国总工会开展了“面对面、心贴心、实打实服务职工在基层”活动。中国能源化学工会工作组在深入调研中了解到当前国有企业改制仍存在遗留的一些突出问题，影响了企业和职工队伍的稳定。经过认真梳理，综合全总其他各工作组反映的情况，现将有关问题及建议专题报告如下：

一、国有企业改制遗留的突出问题与分析

（一）部分改制企业社保问题遗留较多。很多改制企业生产经营困难，企业欠缴社会保险金问题突出、数额较大，致使职工无法享受社保待遇。如天津交通集团改制后，进入托管中心政策规定3年过渡期的职工，大多靠自谋职业维持生活。但现在8年过去了，仍有万名职工出不了托管中心，欠缴大量养老金和医疗保险费用。随着这部分职工陆续临近退休年龄，职工担心无法与社会保障相衔接，多次到企业和政府部门上访，成为影响职工队伍稳定的一个“隐形炸弹”。又如，包钢集团大集体企业欠缴职工社会保险费达4.83亿元，导致许多职工无法办理正常退休手续和报销医疗费用，自身权益受到损害。还有部分破产企业和改制企业职工，由于收入低、缴费基数逐年增长和流动就业岗位不稳定等因素，不得不选择中断缴纳社会保险费或少缴社会保险费，留下隐患。包头全市有55.5万名职工参加保险，其中8.5万人中断缴费，占总数的13.6%。再如，海南尖峰岭林业局在停止森林采伐后，2003年一次性安置的1700多名职工，目前大都接近退休年龄，但由于当年一次性安置时补偿标准过低导致长期生活困难，多年来无力缴纳社保约3万元的个人缴费部分，致使这部分职工退休无法从社保局领到退休金，多次聚集上访。

（二）有的国有企业改制破产后社会管理职能无法衔接移交社会。由于退休人员一次性移交地方实行社会化管理的费用过高，一些改制破产企业迟迟无法办理移交。如陕钢2002年破产，2003年起将非经营性资产剥离组建陕钢物业资产管理公司。由于组建时当地政府只拨付了3年的人员费用，7年后仍有329人的档案滞留公司未移交社会进行管理。该公司还有500余户符合西安市低保标准的困难职工家庭，仍然居住在上世纪五、六十年代的危旧房屋中，由于公司拿不出配套资金，难以纳入国家棚户区改造范围之内，致使职工怨声载道。又如，海南部分改制企业职工无力承担社保缴费中个人缴纳部分，一方面无法享受社保待遇，与社会统筹管理相脱节；另一方面催生了“社保借贷”现象，即把自己的社保卡用作抵押，借钱去缴纳社保，领到退休金后再逐年还贷，加重了职工的基本生活负担。

（三）有些国有企业改制后包袱沉重职工生活窘迫。有些改制老国企承担的社会

责任过重，影响了企业竞争力，再加上下岗人员再就业难，造成自身包袱沉重，发展困难。如甘肃窑街煤电集团公司原煤产量不到600万吨，以各种名义在企业领钱的人员包括社会人员就有3万多人。去年企业为解决所在地村民和家属工、五七工养老保险支付了相关费用1.11亿多元，今年为解决兼并煤矿职工安置费、经济补偿金和工伤人员纳入工伤保险统筹、职工水电暖补贴等问题，还需支出近3.2亿元，企业不堪重负。又如，贵州有些数千人的国有改制企业，由于当地经济发展滞后，加上企业经营困难，许多职工月收入不到千元，呈现困难职工数量较大且地域集中的状况，“一拖二”、“一拖三”困难职工家庭较多（即1人工作，供养2至3人），广大职工盼望能够尽快改善现状，保障基本生活。

（四）有的国有企业改制不彻底或进展缓慢。有的国企改制不彻底、不成功或进展缓慢，造成企业较为尴尬的发展现状，职工意见较大，影响社会稳定。如青岛啤酒宝鸡有限公司2003年开始重组改制，由青啤公司重组宝啤公司、宝鸡酒精厂，至今仍未终结，导致现在宝鸡厂区存在宝啤公司、宝鸡酒精厂、青啤宝鸡公司、汉斯宝鸡公司、育才酒精有限公司等9家法人单位，西区资产属于租赁性质、职工处于借用状态，资产与职工身份无法理顺，公司后续重组工作未完成，产权结构关系极其复杂，运作协调难度大。有的职工坦言：“企业从2003年到现在快10年了，重组10年没完成，一个人有几个10年可以等？现在是大家都管，大家又都不管，职工受煎熬。以前大家是向上的精神状态，现在就是混的，干自己的，别的不管。”再如沧州市食品公司，一直未改制，现在在岗200多人每月工资在500~600元，企业原有门市因城市改造全部被市政府无偿收回，目前主要靠冷库代储维计。

（五）一些企业职工认为社会地位低下主人翁意识淡化。在这次“面对面、心贴心、实打实”服务职工活动中，各地工作组访谈了大量基层职工，发现职工社会阶层认同感普遍偏下，认为自己的社会地位下降了，人格得不到尊重，工人阶级主人翁地位很难得到认可。在工作组对职工特别是改制企业职工的直接访谈中，很多人联系到自身境遇，认为过去常说的工人阶级“主人翁”变成了“主人空”。有的职工直言，“工人阶级跟以前比地位下降了很多，基本处于最底层，收入低、条件差，还不如农民”。有的说，“我们现在如此拼命地重视子女教育，就是要让他们好好学习，将来不要再当工人”。也有的说，“工人在企业里地位低，咱也对企业不关心，没有积极性，就是干活拿钱”。这些方面的情况，反映了一部分职工特别是青年职工存在着雇佣心态，主人翁意识淡化，价值观念发生了变化。

二、相关建议

（一）多方筹措资金，完善社保体系。建议由国务院有关部门牵头，研究加大财政补贴或地方专项配套等多种方式筹措资金，支付破产企业离退休职工有关费用补贴、安置职工和偿还职工内部欠款等，企业破产成本严重不足的，对破产企业欠缴的职工的各种社会保险，由政府财政适当给予补贴或由政府协调社保机构给予适当减免，解决改制破产企业欠缴社会保险金等遗留问题。

（二）加强和创新社会管理，推进退休人员社会化管理。建议国务院有关部门牵头研究，结合加强和创新社会管理完善具体措施，推进落实改制破产企业社会管理职能移交地方的相关规定，不断完善企业退休人员的社会化管理体系和相关制度，健全相关的管理机构，尽快妥善解决离退休人员社会化管理问题。

（三）组织联合调研，研究帮助改制国企减轻包袱。建议国务院有关部门牵头组织联合调研组开展专项调研，对一些国企改制后主辅分离不彻底、企业负担过重的问题深入调研，发挥源头作用，完善相关的法律或政策，推动原有的学校、医院等机构剥离移交中的新问题在制度层面解决，减轻国有企业的社会和历史包袱。

（四）提高普通职工收入水平、待遇，营造尊重劳动的社会氛围。建议国务院有关部门进行调研，确定社会平均利润率，健全完善政府企业收入分配的调控管理，深化国有企业经营者薪酬制度改革，建立企业管理者基础年薪与职工收入挂钩的办法，提高一线职工收入水平，缩小收入差距。劳动监管部门加大力度打击侵害职工权益行为，确保法律法规规定的职工权利得以落实。完善工资集体协商制度，建立职工工资正常增长机制。在全社会大力宣传工人阶级的伟大创造和杰出贡献，弘扬勤奋劳动、诚实劳动、创新劳动的社会风尚，提高工人的经济、政治和社会地位。

（五）加强职工思想政治教育，引导职工树立积极向上的价值观念。要有针对性地加强企业职工的思想信念教育、素质培训、法制教育、政策引导和心理辅导，发展工人阶级的先进性，引导他们树立积极向上的人生观、世界观和价值观，增强企业职工的主人翁意识，树立当代工人阶级的新形象。增强对职工的人文关怀，关爱职工心理健康，不断改善企业用工环境和条件，让职工有体面地工作、有尊严地生活。

职工思想动态调研报告

中国机冶建材工会

今年以来，我们认真学习贯彻兆国同志、玉普同志等全总领导同志关于服务职工活动的重要指示和全总关于服务职工活动的重要文件精神，始终把“面对面、心贴心、实打实服务职工在基层”活动作为重中之重的工作全力加以推进。在宁夏、青海两省开展的三个阶段服务职工活动中，中国机冶建材工会对企业职工劳动经济权益及思想动态进行调查。调查显示，广大企业职工拥护党和政府各项民生政策，思想积极、乐观、理性、向上，同时对部分社会热点问题比较关注，需引起高度重视。

一、调查问卷的受访职工基本情况

本次调研活动包括宁夏、青海共10家企业，发放1000份调查问卷，收回935份问卷。调查职工在地域分布上，宁夏银川市占28.4%，宁夏吴忠市占10.7%，宁夏石嘴山市占13.3%，青海西宁市占30%，青海格尔木市占17.7%。男职工占57%，女职工占43%。已婚职工占76.5%，未婚职工占19.9%。城市户口职工占85.3%，农村户口职工占13.7%。中共党员占34.7%，群众占47.9%，民主党派占6%。被访职工中85.4%的职工无宗教信仰。在年龄分布上，18至30岁占26.4%，31至50岁占67.2%，51岁及以上占1.4%。在文化程度上，高中（职高）及以下占26.7%，中专（中技）占17.4%，大专（高职）占33.3%，大学本科及以上占20.3%。用工形式上，合同工人员占95.6%，劳务派遣工占1.3%，临时工占1.1%。在企业所有制形式上，国有（含国有控股企业）职工占比58.2%，集体企业占比1.4%，私营（民营）、个体企业占比18.1%，中外合资（合作）企业占比4.8%，股份制企业占比17.2%。

二、职工对国家和社会发展充满信心，企业劳动关系和谐，职工思想积极、乐观、理性、向上，精神面貌良好

一是职工普遍关注国家时事政治，了解党和政府近年来出台的一系列政策。问卷调查显示，81.3%的受访职工认为目前我国社会总体上处于和谐状态；76.6%的受访职工对国家今后经济社会的发展走势持很乐观或基本乐观态度；72.5%的受访职工了解或了解一些社会主义核心价值体系理论；85.4%的受访职工基本关注或十分关注今年将要召开的党的十八大。二是企业劳动关系总体和谐，职工劳动经济权益保护较好。职工对所在企业未来发展前景看法较好及很好的占41.6%，一般的占38%；48.3%的职工反映企业领导对职工非常尊重或尊重，40.4%的职工反映企业领导对职工的尊重程度为一般。77.7%的职工基本认同“工人伟大，劳动光荣”的说法。在受访职工中，劳动合同的签订率达98.2%，劳动合同持有率77.9%。周工作时间40小时及以下的占24.1%，41~48小时占52.3%，49~56小时占15%，

周工作时间在57小时以上的占8.4%。反映工作岗位的劳动保护措施很好和较好的占41.6%，一般的占37.7%。85.8%的职工没有因为工作患职业病。63.3%的职工认为企业的发展好坏是制约自身职业发展的因素，因此愿意与企业同呼吸共命运。三是对未来生活总体上呈现乐观积极态度，职工进取意识明显加强。60.8%的职工对未来的生活状况充满信心，65%的职工认为未来三年收入水平会有所提高或很大提高；82.8%的职工认为工作积极性大部分发挥或充分发挥，在回答“现在生活中感觉最满意的问题”时，80.6%的职工选择了家庭和睦，61.6%的职工选择了老人健康，27.8%的职工选择了子女孝顺。

三、职工对企业工会工作开展情况的评价

一是企业工会工作开展的成效显著。受访职工中81.3%是工会会员，非工会会员中77.2%的职工愿意加入工会。当自己的合法权益受到侵犯时，41.5%的受访职工表示最先会想到找工会组织帮助，81.6%的职工未听说过工会以外的职工维权组织，91.9%的职工未接触过工会以外的职工维权组织。70.8%的职工了解或了解一些中国特色社会主义工会发展道路理论；83.9%的受访职工认为开展工资集体协商很有必要，62.3%的受访职工希望工会代表职工与企业方开展工资集体协商。职工对企业开展的帮扶工作认可度很高。71.4%的受访职工表示企业开展了帮扶困难职工工作，57%的职工对企业开展的帮扶困难职工工作表示满意。职代会制度在企业基本普及。89.3%的职工表示企业建立了职代会制度，38.3%的职工认为职代会作用较好或很好，26.2%的职工认为职代会的作用一般。但是企业工会在开展工作中也遇到一些困难和问题。二是企业工会工作开展重点不够突出。统计显示，职工对企业工会开展的工作知晓率较高的工作分别是文体活动、劳动竞赛活动和职工教育培训，依次为74.8%、64.8%、53.7%，满意度最高的工作是文体活动为53.3%，但对工会开展的工资集体协商工作出现“二低一高”的现象，即：知晓率低，仅有17.9%；满意率低，仅有6.5%；希望率高，46.2%的职工希望工会应在开展工资集体协商工作中突出实效，彰显作为。三是企业工会组织的吸引力和凝聚力有待进一步加强，工会作用进一步显现。问卷调查显示，仅有4.4%的受访职工对企业工会的整体工作非常满意，22.6%的受访职工对工会的整体工作很不满意。工会组织涉及对职工个人给予了哪些帮助问题，21%的受访职工表示解决了个人生活上的困难，28.6%的受访职工表示提高了个人职业技能，22.3%的受访职工表示维护了个人合法权益，26.2%的受访职工表示提高了思想认识，28.3%的职工表示没什么帮助。

四、企业职工比较关注的几个问题

（一）个人收入偏低，且增长缓慢，而物价上涨过快

职工普遍反映近年来物价上涨过快，生活压力很大。职工认为当前压力最大的依次是工资收入低、住房困难、子女教育、医疗费用，分别达到71.8%、50.3%、38%、33.4%。通过调查近3年来职工的家庭收入变化，将近50%的职工认为变化不大，仅有3.6%的职工认为大量增加，10%的职工认为有所减少或大量减少。近3年来家庭经济负担认为大幅加重的有23.4%，另有51.5%的职工认为有所加重。82.8%的受访职工认为收入水平偏低是目前影响企业劳动关系不和谐稳定的主要原因。

问卷调查显示，86.5%的职工月均收入在3000元以下，54.1%的职工月均收入在2000元以下，甚至有18.1%的职工在1500元以下。72.5%的职工将“工资收入低”作为对当前劳动报酬不满意的原因，比例远高于其他各因素。在近三年工资增长幅度上，31.8%的职工反映基本没有增长，44.4%的职工反映增长在10%以下。

（二）住房困难，房价过高

在问卷调查中，50.3%的职工将“住房困难”作为自身当前最大的压力，仅次于“工资收入低”（71.8%），居所提供选项居第二位。48%的职工将“房价过高”作为“不满意的社会现象”。有41%的职工提出房价高是“最需要解决的困难，是希望反映的问题和建议”，有85.2%的职工反映工资水平低，房价高，希望对房价加以控制。

（三）职工对一些社会现象反映出的不满情绪

一是表现出一定的不公平感。问卷调查显示，有48.7%的职工认为目前自己的收入与工作付出不相符或很不相符，38.2%的职工认为现在工作收入与付出相比不满意，另有8.2%的职工表示很不满意。虽然职工对近年来我国经济社会发展持肯定态度，但有53.8%的职工认为自身在近年来中国经济社会发展中受益不大，另有12.4%的职工表示没受益，4.8%的职工表示利益受损。46.7%的受访职工认为现在社会上劳动者就业机会不公平。30.2%的职工认为企业管理者与普通职工的收入差距很大，42.4%的职工认为较大，11.3%的职工认为较小，15%的职工不清楚企业管理者与普通职工的收入差距。二是对社会问题和矛盾反应强烈。问卷调查显示，受访职工对贪污腐败、收入差距大、通货膨胀、缺乏诚信、社会治安差等社会现象表示不满意的分别占到65.1%、63.1%、42.3%、36.7%、34.5%。有50.3%的职工认为近年来党和政府出台的一系列保障和改善民生政策效果不明显。

部分工会基层组织薄弱问题需引起重视

中国国防邮电工会

2012年3月至7月，中国国防邮电工会抽调人员组成的第22工作组赴海南、广西开展“面对面、心贴心、实打实服务职工在基层”活动。同时，国防邮电工会组织部分常委和全委会机关工作人员组成10个工作组分赴10省市，在本产业内开展服务职工活动，对基层工会组织作用发挥情况进行了深入调研。

一、基本情况

（一）基层工会干部力量薄弱与工会组织迅猛发展的现状不匹配

一是工会干部人员少，专职人员更少。主要是一些县区、乡镇、企事业单位工会明显存在人手不足现象。以海南省海口市为例，全市有工会会员21万名，专职工会干部只有186名，所占比不足1‰。区级总工会工作人员只有4~5人。另外，工作组所到海南、广西两省（区）除传统国有企业南宁化工集团和比较规范的外企金海浆纸集团配备有专职工会干部外，其余企业工会干部均为兼职，而且几乎所有企业的工会主席都兼任其他职务。在产业及所属企业事业单位层面，问题也较为突出，海南移动公司有18个分公司，员工3000人，专职工会干部只有3人；广西邮政职工2.5万人，会员2.3万名，工会专职干部也只有8人；比它更少的是贵州邮政工会，专兼职干部加起来才4个人，除工会工作外还承担着离退休工作。

二是工会主席“有名无实”，工会干部兼职化现象严重。据我们对到访企业调查，几乎所有的工会主席都是兼职，而且许多是由行政副职担任，有些企业甚至没有一名专职工会干部。在产业内调研到访的大部分企业，在公司层面尚有工会职能部门和少数专职工作人员，到了下面一层，几乎全部是兼职人员。

（二）工会干部能力素质与工会面临的繁重任务不适应

在工会干部配备上，一方面是有意无意中把能力不太强的干部向工会安排，另一方面少数工会干部也自甘边缘化，缺乏提高自身素质的动力。调研发现，相当一部分的企业工会主席和工会干部没有接受过系统的工会业务知识培训，面对工会工作所面临的复杂的形势任务，显得茫然不知所措。在一些企业，工会干部成为应付上级工会的摆设，工会工作流于形式。许多基层工会“搭得起台，唱不了戏”，建会之后没有发挥作用，在一些地方出现了工会组织空心化，工会干部边缘化，工会工作行政化的倾向。

（三）上述原因导致部分单位工会工作思路不清，不得要领，工作效果差强人意

辩证地看，一方面，工会干部兼职从客观上有利于借助行政力量开展工作，可以掌握更多企业内部信息并可以实现企业资源与工会资源共享，可以利用行政身份参加企业决策。例如河北邮政公司工会近年来在职工薪酬增长、员工休假、职工子女就业等方面

解决得较好，与副总经理兼任工会主席有一定的关系。但是另一方面，兼职化又造成工会主席身份模糊与角色冲突，一些为职工办的实事好事本来是由工会做的，却被职工认为是行政所为。更多的时候，职工利益与企业利益发生矛盾，工会主席往往无所适从，把自己置于一个尴尬的位置。

二、造成基层工会组织力量弱化的原因分析

（一）一些地方党政对工会工作重要性认识不足。在一些地方党政领导未能重视当前工会组织在调节劳动关系、构建和谐社会中发挥的重要作用，对工会工作未能真正摆上重要议事日程。有些地方和企业党政领导执行经济领域的法律比较严格，但对工会的相关法律法规执行不够严格，甚至有意规避。

（二）一些地方对工会干部管理存在行政化思维。《中国工会章程》和《企业工会工作条例》均有规定，“基层工会主席、副主席任期未满不得随意调动其工作。因工作需要调动时，应事先征得本级工会委员会和上一级工会同意。”但在实践中看，这些规定并未得到很好执行。一些地方和企业对工会干部管理仍存在行政化思维，在调动工作时很少顾及工会任期，造成工会干部工作调动频繁，有的工会主席任职不到两年，刚刚熟悉工作就变换了职务。工会干部队伍不稳定造成工作缺乏连续性和稳定性。

（三）一些地方特别是企业出于经济效益考量，相对忽视工会工作。一些企业经营管理者认为工会是不直接创造效益的部门，与生产经营相比，工会工作被认为是一项软任务，甚至认为过多强调维权，会影响经济效益的实现。在干部配备和待遇方面相对弱化，造成工会干部待遇低，工作积极性受到影响。例如在邮政电信部门的薪酬设计中，工会部门被归为和后勤服务相同的C类薪酬，工会干部积极性很受影响。在一些企业，工会受重视程度不够，工会干部地位较低，一些工会干部特别是年轻干部也自甘边缘化，只把工会工作当做临时性就业谋生渠道和重新选择职业的跳板，一定程度上也影响了工会工作的开展。

（四）部分工会干部的自身能力素质亦有待提高。许多企业工会干部由于身兼数职，或由于工作繁忙等其他原因，大多数工会干部忙于应付日常事务，专业、系统学习机会较少，很少或没有接受过系统的工会知识培训，知识、能力、水平与市场经济条件下工会工作要求不适应。一些工会工作人员对业务不熟悉，对政策不了解，难以胜任工会工作。一些兼职工会干部习惯以行政思路从事工会工作，工会活动被赋予行政色彩，造成工会工作被行政同化，职工的会员意识淡化。有些地方工会干部由于自身素质所限，为职工维权能力不足，在职工合法权益受损时不能及时得到工会的帮助，造成一些企业员工对工会认同度小，很多员工认为工会只是从事文体活动的部门。工会组织的工作乏力减弱了企业的向心力，许多企业员工流动率居高不下。

三、强化基层工会组织力量的路径思考

（一）做好顶层设计，以刚性的制度安排扩大基层专职工会干部队伍。把工会工作纳入同级党委目标管理体系，争取各级党委和组织人事部门的支持配合，配齐配强工会班子，落实人员编制，明确岗位职责，确保专职干部把主要精力放在工会工作上，保

持工会干部的相对稳定性。建议全总争取把更多的资源和手段赋予基层工会，明确建立工会的要求，完善基层工会运行机制，要从工作领域、工作对象和自身定位出发，更好地履行职责。

（二）突破传统思路，以社会化思维拓宽基层工会干部来源渠道。调研发现，各地在实践中根据实际工作需要，从大学生、“4050”人员以及退休后有经验的工会干部中选聘了一批社会化工会工作者，收到了良好的效果。应当明确社会化工会工作者的职责、标准，完善选聘、考核、退出机制，把坚持党的基本路线，有一定政策理论水平，热爱工会工作，身体健康、作风民主，热心为职工和会员服务的人吸收到工会中来。在增强基层工会干部数量的同时，还应对社会化工会工作者实行目标责任考核制度，将其作为奖励、晋升、辞退的重要依据，同时还要注重提高他们的政治经济待遇，维护他们本身的合法权益，以期更好地调动工会干部的积极性。

（三）在一些劳资矛盾复杂的企业，可与当地党政配合，由地方工会“派出”工会主席，阻断工会干部与企业的直接利益联系，有利于更好地为职工维权。例如河南富士康工会主席的产生方式，即由郑州市总工会人事处长作为候选人推荐到企业，经职工选举后担任主席，实践证明收到了较好的效果。在一些有条件的企业，可以试行基层工会主席直接选举，例如欧姆电子（深圳）有限公司通过民主选举的方式进行改选，直选产生的工会组织有效化解了劳资矛盾冲突，促进了劳动关系和谐。

（四）加大培训力度，建设学习型组织提升基层工会干部素质。应当落实《企业工会工作条例》中“新任企业工会主席、副主席，应在一年内参加上级工会举办的上岗资格或业务培训”的规定，加大培训力度，确保学习和培训时间，保证培训质量，增强主动、依法、科学维权的能力。

（五）改革需要顶层设计，更需要基层落实。随着我国经济社会发展，基层工会组织在参与基层社会管理和服务，协调劳动关系、化解劳资矛盾、维护社会稳定中的作用将越来越突出。面对当前的形势任务，我们必须切实采取措施，进一步加强基层工会建设工作，以更好地推动各项工作的落实。

加强工会组织建设　充分发挥基层组织作用

中国财贸轻纺烟草工会

按照全总开展“面对面、心贴心、实打实服务职工在基层”活动的统一部署，我会先后赴江苏省南京市、苏州市、徐州市和江西省南昌市、景德镇市、吉安市开展了六次服务职工活动。通过活动我们感到，两省各级工会在党的领导下，按照上级工会的部署，努力推进工会组织建设，充分发挥基层工会组织作用，在促进行业、企业发展，维护职工合法权益中作出了积极的努力，取得了很大成效。但由于工会体制等多种因素影响，给基层工会充分发挥作用带来一定影响，应引起我们的高度重视。

一、调研中发现的主要问题

（一）职工愿意加入工会组织的积极性不高。调查显示，由于企业工会发挥的作用有限、凝聚力不够，以及部分职工对工会组织的认识不足、对工会工作满意度不高，部分职工加入工会组织的愿望不强。据统计，在参与问卷调查的职工中（不含工会干部），工会会员占67.7%，非工会会员占32.3%。而在非工会会员中只有59.5%的职工愿意加入工会，35.6%的职工表示无所谓，还有4.9%的职工表示不愿意加入工会。当职工权益受到侵害时，只有46.2%的职工愿意找工会帮助，有12.8%的职工愿意找自己的亲朋、老乡或民间组织帮助。

（二）工会工作与职工对工会的期待有一定差距。在走访调研的企业中，大多数企业工会注重开展劳动竞赛、困难职工帮扶和文体活动，而在协调劳动关系、反映职工诉求、开展工资集体协商等方面力度不够、投入精力比较少。调查问卷显示，有50.8%的受访职工认为开展文体活动是企业工会开展的最令人满意的工作，认为开展工资集体协商和劳动争议调解工作最令人满意的仅占28.2%和14.8%，有53.3%的受访职工认为企业工会在积极表达职工权益诉求方面还需改进，远高于企业工会在开展文体活动、劳动竞赛等方面还需改进的职工比例。部分职工甚至形成了工会只是开展文体活动、帮扶困难职工的刻板印象。有66.8%的职工（不含工会干部）对企业工会整体工作表示满意或非常满意，25.7%的职工表示一般，6.5%的职工表示不满意或很不满意。

（三）行业工会联合会的组建和开展工作面临困难。一是行业工会联合会没有编制、经费和办公场地，多是由县（区）总工会、乡镇街道工会或党委负责人兼任，给予行业工会联合会部分经费支持。二是组织形式松散，企业工会加入行业工会联合会没有强制规定，行业工会联合会对企业工会只是指导关系，企业工会可以接受也可以不接受行业工会联合会的指导。三是有个别行业工会联合会依附于行业协会或商会，行业工会联合会和行业协会领导交叉任职，影响行业工会联合会的权威性。四是有的乡镇领导身兼党委、政府、工会和协会数职，难以有效开展工会工作。

（四）省市产业工会难以对下开展工作。由于县及县以下没有对应的产业工会，大量企业直接由县（区）总工会或乡镇街道工会管理，这些企业与省市产业工会没有工作关系，造成省市产业工会断层而接不上“地气”，省级产业工会无法将全国产业工会的工作部署和要求贯彻到基层企业，也很难正常通过市级产业工会指导县及县以下企业工会建立行业性工会组织、开展行业性工会工作。

二、原因分析

（一）企业工会专职干部少、经费不足、参与企业决策程度低。所走访的企业特别是非公企业的专职工会主席极少，大多由企业行政干部兼任，甚至有的企业工会日常工作由人力资源部门负责人负责。工会经费不能按规定拨付，当工会组织活动时临时向企业行政申请。这些兼职工会主席大多身兼数职、工作繁忙，往往顾不上工会工作。同时，由于其身份的多重性，有时也难以真正从工会的立场出发，维护职工合法权益。据对102名工会干部的统计，认为当前企业工会存在的最大不足主要是：工会没有足够的资金支持（占36.3%）、工会干部配备不足（占33.3%）、参与企业管理决策程度低（占27.5%）、职工对工会认可度不高（占23.5%）。

（二）企业工会主席在维权方面发挥的作用不够。一是企业工会主席维权风险大，担心自己的饭碗保不住而不敢维权。二是企业工会主席由行政方担任，没有完全代表职工的利益而不愿维权。三是企业工会主席政策理论水平不高，当发生侵害职工合法权益现象时不会维权。因此，部分企业工会主席难以真正独立地旗帜鲜明地去维护职工群众的合法权益，只好把工作放在职工满意、行政方不反感的文体活动、劳动竞赛活动等方面。

（三）行业工会联合会缺乏明确的法律定位。尽管全国总工会在2009年7月出台了《关于积极开展行业性工资集体协商工作的指导意见》，要求“加强行业工会组织建设，为加强行业性工资集体协商工作提供组织保障”，但《工会法》和《工会章程》中并没有对行业工会联合会作出明确法律定位。《劳动合同法》中规定，“在县级以下区域内，建筑业、采矿业、餐饮服务业等行业可以由工会与企业方面代表订立行业性集体合同，或者订立区域性集体合同”，也没有给予行业工会联合会法律定位。因此，在探索行业工会联合会的建立和开展工作时遇到很多困难。

三、建议

（一）加强基层工会组织建设。继续大力推进“两个普遍”工作，进一步加强企业工会和县及县以下行业工会联合会建设，推动非公企业、中小企业建立工会组织，强化基层专职工会干部队伍建设，加强对基层工会主席的保护。积极探索在非公企业和中小企业委派工会主席的做法。大力宣传中国特色社会主义工会发展道路，宣传工会在维护职工合法权益、推动构建和谐劳动关系等方面的重要作用，进一步扩大工会的社会影响，增强工会组织的吸引力和凝聚力，让更多的职工加入到工会组织中来。

（二）建立健全城市产业工会。加强城市产业工会建设是加强产业工会建设，发挥产业工会作用的重要内容，有利于节约工会资源，推动工会整体工作的开展。目前，许多城市多以资产为纽带建立产业工会，覆盖行业多，但覆盖本产业的企业少，不能体现产业特性和开展具有产业特色的工作。应按照全总《关于加强和改进新形势下产业工会工作的意见》的要求，以同一行业或性质相近的几个行业，根据本地区行业发展水平和职工队伍状况，建立和完善城市产业工会组织。对于行业比较发达但没有产业工会的城市应建立覆盖全部企业的产业工会；对于已有的控股公司工会、大型企业集团工会，可根据需要赋予其产业工会职能，或以其为依托建立新的产业工会。进一步加强城市总工会对产业工会的领导，完善产业工会工作制度，为产业工会提供人员和经费支持，保障其正常开展工作。

（三）理顺省市产业工会和县及县以下行业工会联合会的工作关系。建立区域性行业工会组织、开展区域性行业工资集体协商是推进“两个普遍”工作的重要内容，也是产业工会的特色工作。县及县以下行业工会联合会是按行业建立的一级产业工会，其性质与省市产业工会相同。因此，应理顺行业工会联合会与省市产业工会的关系，在接受地方总工会领导的同时，接受上级产业工会的领导或指导，其组织隶属关系、上缴经费渠道、工作对象、会籍管理等保持不变，作为产业工会的一级组织开展产业工会工作。

新疆国有林场改革发展困难重重对边疆地区的和谐稳定带来影响

中国农林水利工会

近期，中国农林水利工会在开展服务职工在基层活动中，对新疆国有林场改革发展及职工生产生活状况进行了调研。现将情况报告如下：

一、新疆国有林场的基本情况

新疆自治区林业厅下辖天山西部、阿尔泰山和天山东部等三个国有林管理局，共有国有林场25个，在职职工2814人，离退休职工2621人。目前国有林场体制改革进入启动阶段，由于种种原因，林场改革发展和职工生产生活中存在诸多亟待解决的问题。

（一）基础设施建设落后。新疆国有林场地处边疆地区，职工吃水难、用电难、行路难问题突出。主要表现在：一是林场基础设施薄弱。国有林场建场初期，实行“边生产、边建设、先生产、后生活”的开发建设模式，国家大部分投资直接用于生产木材，致使林场生产生活设施建设欠账严重，“先天不足”。二是基础设施损毁严重。长期以来国家对国有林场的基础设施建设的资金投入有限，而林场又无资金对基础设施进行更新改造，造成林场公路、住房、电力、饮水等基础设施建设严重滞后，甚至不如周边村镇。

（二）政策边缘化问题严重。政策边缘化导致中央的各项惠农政策惠及不到国有林场。如，农资综合直补、良种补贴、农机作业环节补贴、牧业优惠政策、小水利建设项目等政策国有林场都享受不到。另外，林场职工难以享受到城镇居民和农民城市社区低保、养老保险、新型农村合作医疗等惠民政策。老场部遗留人员和一次性安置职工由于被政策边缘，既享受不到自治区安居富民、牧民定居、廉租房、新农村建设、城镇棚户区改造、兴边富民等各项惠民政策，也没涵盖在当地就业、养老、医疗、低保等社会保障体系范畴中。

（三）历史遗留问题难以解决。主要表现在：一是历史包袱沉重。尽管在体制改革中，学校、医院等大部分社会职能剥离移交给地方，但林场仍然承担着计划生育、综合治理、水电暖、道路维修等方面的社会职能，负担依然很重。二是生态移民问题突出。计划经济时期，林场、木材加工厂周边吸引了大量社会人员安家落户，形成了一个小型社会。上世纪九十年代后，为了改善职工生产生活条件，解决就医、子女上学等问题，山区林场场部相继搬迁到县城，特别是天保工程实施后，各林场、木材加工厂业务量急剧萎缩，大量职工从山上转移到山下，老场部仅剩下少数在职和离退休职工及社会人员。这些长年依靠森工生产、木材加工、营林生产的社会人员失去了生活来源，加之远离城镇，又无一技之长，再就业能力差，生活越来越困难，影响了当地的稳定。

（四）职工生活状况堪忧。长期以来，林业职工收入偏低，尽管国有林场职工工资逐年有所提高，但由于基数小、补助标准低，林场职工工资远远低于社会平均水平，与其他行业收入差距越来越大，许多林场职工收入还不及城市低保或当地农民的收入。另外，天保工程实施以来，可采森林资源枯竭，林区大幅缩减木材产量和职工就业岗位，职工就业困难，导致困难职工群体比重增大。

（五）职工社会保障缺失。调查显示，新疆国有林场贫困比例大，而社会保障救助体系却不健全，保障覆盖率低，保障水平低。目前除天西局困难职工被纳入伊犁州工会困难职工帮扶体系外，其他林场职工并未进入当地工会帮扶范围，不少符合城镇最低保障政策的林场职工未被纳入低保范畴，不能实现应保尽保，职工生活难以保障，思想极不稳定。

（六）一次性安置职工问题突出。天保工程实施之后，新疆自治区林业厅先后于2001 年、2002 年、2006 年三批次安置了 5108 名职工下岗。目前一次性安置人员达到退休年龄办理退休的 740 人，死亡 126 人，实现再就业的 240 人。这些一次性安置职工中除部分退休及再就业外，尚有很大部分未能稳定就业，其中灵活就业者 1600 余人，失业者 2000 余人，已经形成了新的困难群体。这部分困难职工中仅有 318 人被纳入低保，他们远离城镇，既没有草场耕地等生产资料，也缺乏就业技能和机会，社保也因无力缴纳而中断。另外，自治区在城市和国有工矿棚户区改造实施意见中未将林场一次性安置职工纳入其中，引起他们的强烈不满。

（七）职工子女就业困难。由于边疆地区缺乏优质教育资源，致使林场子女难以受到良好教育，直接影响就业。而国有林场自上世纪九十年代以来一直没有用工计划，加之目前社会就业形势趋紧，大部分职工子女大（中）专、技校毕业后没能就业。

二、造成困难的原因

（一）国家投资不足导致林场基础设施落后。在国有林场建场初期，对于国有林场基础设施建设投资却不能按设计要求到位，欠账比例较高。近年来，尽管国家加大了对林业的投入，实施了棚户区改造和国有林场危旧房改造，但是投资力度还不够，对于大多数的林场来说，基础设施落后的状况仍然得不到根本改善。另外，国有林场经济危困，无力对落后的基础进行整体改造，导致林区基础落后的局面越来越严重。

（二）政策边缘化导致林场及职工享受不到政策待遇。由于林业“非城非乡、非工非农”的特点，林区和林区职工成为国家许多民生政策难以惠及的“孤岛”，不少惠农惠民政策落实不到位。如有耕地和草场的林场享受不到国家农资综合直补、良种补贴、农机作业环节补贴、牧业优惠政策、小水利建设项目等政策的优惠；国有林场享受不到“村村通”、“农村电网改造”、“农村饮水安全工程” 等政策，林区乡村道路建设、新农村建设补助资金、抗震安居工程等没有纳入地方政府规划中，导致国有林场基础设施建设落后的状况难以有效改善；另外，林场职工享受不到城镇和农村的各种惠民政策，出现了“林区不如农村、林农不如农民”的尴尬局面，林业职工的弱势地位更加凸显。

（三）职工收入低、社会保障缺失等因素导致职工生产生活困难重重。国有林场职工收入长期偏低，远低于社会平均水平，工资收入只能养活全家，一遇天灾人祸就会出现因灾致贫、因病致贫。就业难是职工生活困难的重要因素。实施天保工程后，大幅度缩减林材产量和就业岗位，富余职工增多，大批职工下岗，而林区替代产业发展缓慢，就业增收渠道狭窄，造成职工重新就业困难，有的家庭出现祖孙三代同时待业，失去了经济来源，困难职工群体比重增加，出现了看病难、住房难、养老难等问题。另外，职工社会保障体系不健全，物价上涨、基础设施落后等因素，更使得困难职工雪上加霜，生活难以保障。

（四）政策缺失导致一次性安置职工成为历史遗留问题。一期天保工程实施后，可采森林资源锐减，大量职工下岗失业，为了安置富余人员，国家出台了一次性安置职工的政策。但是，由于一些地方财政无力配套，拖欠了职工一部分安置费用，且补偿费用较低，一次性安置职工得到的补偿金额很少。而林场又远离城镇，职工年龄偏大，文化水平偏低、无一技之长，缺乏谋生环境、缺乏竞争就业优势、缺乏经济来源、缺乏生产生活资料，难以走出大山重新就业，生活陷入困境。

三、政策性建议

一是加快国有林场改革步伐。建议中央尽早启动国有林场改革，积极推动公益林和商品林分类经营管理，将林场社会管理职能移交地方政府。二是加大国有林场基础设施建设的投入力度，逐步改善国有林场的基础设施条件，适当提高林区棚户区改造工程国家补助标准，尽快建立林区困难居民的廉租房制度。三是明确将林区、林场和职工纳入目前还没有惠及的惠农惠民政策范畴中，让林场广大职工充分享受到国家和自治区安居富民、牧民定居、廉租房、新农村建设、城镇棚户区改造、兴边富民等各项惠民政策。四是着力改善职工生产生活条件，提高林场职工工资标准，加大对职工的技能培训，把国有林场困难职工纳入地方帮扶工作范畴中。五是建立健全职工社会保障体系，将符合城镇低保条件的林区困难职工全部纳入当地低保范畴，在民生建设项目和资金安排上对昭苏县、巩留县给予倾斜。六是妥善解决一次性安置职工问题。

关于当前职工队伍稳定情况的调研报告

全总办公厅

为及时了解掌握当前职工队伍稳定情况，做好新形势下工会维稳工作，今年6~8月，全国总工会组织开展了当前全国职工队伍稳定情况调研活动。有关情况如下：

一、当前职工队伍稳定的基本情况

当前，我国经济增长缓中趋稳，经济结构逐步优化，社会大局和谐，职工队伍总体稳定。但受国内外经济形势，特别是国内经济下行压力的影响，职工队伍稳定情况也呈现一些新变化，具体体现在“四多”：一是劳动争议多发。据人力资源和社会保障部公布的数据，上半年，各地调解仲裁机构共处理劳动人事争议69.2万件。一些省份集体劳动争议数量有所上升，沿海经济发达地区表现尤为突出。二是群体性事件多发。调查显示，今年以来，职工群体性事件高位运行，特别是经济发达的东部地区职工群体性事件呈多发态势。三是职工上访信访多发。上半年全国市（地）以上工会信访部门共办理职工信访事项23.2万件，同比下降4.1%，但集体来访职工达2507批次，比上年增加107批次，同比上升4.5%。四是网络维权事件多发。今年发生了“拉横幅讨薪”、“拜神讨薪”、“召开新闻发布会讨薪”、“爬塔跳楼讨薪”等维权事件，引发公众广泛关注，形成较大社会影响。

二、当前职工队伍稳定的主要特点及影响稳定的原因分析

（一）*发生群体仍以农民工、劳务派遣工为主。*从调查情况看，农民工、劳务派遣工群体劳动争议高发。个别高校劳务派遣制教职工因转正及劳动合同问题多次聚集，成为高校不安定的因素。同时，一些国有企业和事业单位的正式工、合同工群体也出现了不稳定现象，如甘肃、贵州等地部分国有企业，因职工住房异地安置问题引发职工聚集上访事件。

（二）*发生领域以私营企业和外资企业为主。*职工队伍不稳定因素主要反映在非公企业特别是中小企业。与此同时，随着中央企业和国有企业新一轮改革工作的开展，不仅改制历史遗留问题没解决，又出现了一些新的不稳定因素。

（三）*发生地域以东部地区为主。*“珠三角”、“长三角”地区一直是劳动争议和群体性事件高发地区，但随着产业结构调整，东南沿海部分劳动密集型产业向中西部地区转移，中西部地区也逐渐出现劳动关系矛盾增加的趋势。

（四）*诉求表达以传统途径为主。*目前，大部分职工通过调解、仲裁、诉讼、信访等传统途径表达诉求。随着互联网和微博等新媒体的应用，“上访不如上网”观念盛行，“网上串联、网下行动”事件增多。

当前影响职工队伍稳定的因素主要有以下几个方面：

（一）职工劳动经济权益落实不到位。一是部分企业经营困难，职工就业受到较大影响。受国内外宏观经济形势，特别是欧债危机持续蔓延和国内经济下行压力增大影响，部分企业发展面临困境。一些外向型中小企业订单减少、开工不足、亏损面扩大，停产、关停现象增多，对职工就业特别是农民工就业产生较大影响。二是企业工资正常增长机制缺失，劳动报酬引发的劳动关系矛盾突出。部分企业特别是中小企业职工工资收入低、增长缓慢。若扣除物价上涨因素，一些地方职工工资实际为负增长，加之住房、医疗、子女教育等负担沉重，一线职工生活质量不断降低，职工增加工资诉求强烈。三是企业用工不规范，侵害职工合法权益事件时有发生。相当数量的非公企业存在劳动合同签订率低、签订不规范、合同短期化、权利义务不对等等问题。部分企业逃避社会责任，未给职工缴纳社会保险。另外，少数企业劳动条件恶劣，安全生产基础薄弱，一些有毒、有害工种岗位缺乏必要的劳动保护措施，严重损害职工身体健康。

（二）企事业单位改革历史遗留问题和程序不规范。一是国企改革的历史遗留问题未得到妥善解决。如拖欠职工医疗费、住房公积金等问题，由于时间长、情况复杂、处理难度大，因而频繁引发了集体劳动争议和职工群体性事件。二是企业兼并重组、动迁搬迁引发的问题增多。随着产业结构调整，一些低端产业由东部地区向中西部地区转移，企业并购、搬迁、更名、关停、股份转让等逐渐增多，引发职工群体性事件也相应增加。三是事业单位改革引发不稳定。改制单位部分职工担心个人岗位职级、收入待遇受到影响，对改革存在担忧甚至抵触，采取不合作的态度和做法。

（三）职工思想多元化和差异化显现。一是职工思想日益多元化。随着职工队伍结构的变化，职工思想活动的独立性、选择性、多变性、差异性日益增强。二是部分职工对企业和社会缺乏归属感。一旦发生劳动争议，极易引发集体劳动争议和职工群体性事件。三是职工自主意识和维权意识不断增强。部分职工维权要求过高、表达诉求的方式过于激烈，增加了劳动关系矛盾化解工作的难度。

三、几个值得关注的趋势性问题

当前，一些涉及职工队伍稳定的趋势性问题仍值得我们密切关注。

（一）密切关注当前经济形势对职工队伍的影响。受国内外经济形势的影响，部分企业生产经营困难，纷纷裁员减薪以求“过冬”，职工劳动就业、工资分配、社会保障等面临严峻形势，如不及时应对妥善处置，可能引发更多职工群体性事件。

（二）密切关注事业单位改革对职工队伍的影响。事业单位改革涉及职工利益再分配，如果改革政策不到位、程序不规范、措施不得当，极易在职工中引发不稳定事件。

（三）密切关注社会组织“松绑”对职工队伍的影响。部分地区社会组织的登记管理及活动监督面临着放宽、放松的新情况，在促进公益服务类社会组织蓬勃发展的同时，也可能导致“维权性”、“政治性”社会组织大量涌现，给境外敌对势力插手我劳动关系矛盾、推动组建“独立工会”、“第二工会”以可乘之机，对国家长治久安与社会和谐稳定造成影响。

（四）密切关注新媒体对职工队伍的影响。随着新兴媒体的广泛应用，局部地区的劳动关系矛盾、个体劳动争议迅速传播、放大，引起公众关注，成为公共事件。同时，新媒体还为职工提供了有效的组织动员途径，一些境外敌对势力也利用网络制造谣言，挑唆煽动劳动关系矛盾，严重影响职工队伍稳定。

四、几点工作建议

（一）进一步健全维护职工权益的法律法规，切实加大执法检查工作力度。做好《劳动合同法》等关系职工切身利益的法律法规的修改和制定工作，从源头和根本上维护职工合法权益。尽快出台制定收入分配总体改革方案，健全完善有关企业民主管理、集体合同、劳动关系三方机制等法规政策，保障职工的民主政治权利和劳动经济权益。加强对有关法律法规的执法检查，努力使各项法律法规落到实处。

（二）加强和改善党对工会的领导，充分发挥工会等群众团体在加强和创新社会管理中的作用。进一步加强党对工会等人民团体的领导，健全完善加强和改善党对工青妇组织领导的意见。进一步明确新形势下工青妇等人民团体的地位和作用，在加强和创新社会管理改革中，使工会承载更多的社会管理与公共服务职能。进一步健全完善我国社会组织管理的相关法规政策，依法加强对社会组织特别是民间“维权”组织的监管，切实维护工人阶级和工会组织的团结统一。

（三）创新方式方法，做好新形势下职工思想政治工作。进一步创新职工思想政治工作方式方法，充分运用互联网、手机等新兴媒体，进一步加强舆情引导工作，利用主流新闻媒体积极主动地做好正面宣传。及时研究出台有关微博、微信、微视频的管理引导政策和措施，加强网络信息员队伍建设工作，提高利用新兴媒体的能力和水平。

（四）继续完善维护职工队伍稳定工作机制，形成“大维稳”工作格局。建立党委领导、政府负责、社会协同、合力推进的维护职工队伍稳定工作格局，建立信息共享、联动处置、交流反馈等工作机制，切实做到整合资源、形成合力。

黑龙江省打造城市“一帮一”扶贫解困工程品牌情况调查报告

全总组织部

本世纪初，黑龙江省委省政府面对国企改革大量人员下岗，困难职工增多的实际，决定实施城市“一帮一”扶贫解困工程（以下简称“一帮一”工程），至今，“一帮一”工程已开展十二年。省总工会把“面对面、心贴心、实打实服务职工在基层”活动与实施“一帮一”工程结合起来，精心打造服务职工活动工作品牌，成为黑龙江省一道亮丽的风景，密切了党群关系，架起全省党员干部与广大职工群众特别是工会干部与广大职工的“连心桥”。

一、党政搭台、工会唱戏，强力打造城市“一帮一”扶贫解困工程品牌

黑龙江省委省政府把全省城市“一帮一”扶贫解困工程办公室设在省总工会，由工会负责日常工作。省总充分利用省委赋予工会组织的资源和手段，把工会“面对面、心贴心、实打实服务职工在基层”活动转变为全省党员领导干部“面对面、心贴心、实打实服务群众在基层”活动，把阶段性活动变为经常性工作，常抓不懈。在全省范围内形成“党委重视、行政支持、工会运作、各方配合”的齐抓共管的良好工作格局。

开展“面对面、心贴心、实打实服务职工在基层”活动以来，黑龙江省党员干部和社会各界人士，与城市困难职工结成帮扶对子，通过精神上扶志、生活上扶贫、能力上扶技、创业上扶资、就业上送岗、就医上扶助、教育上助学等措施，使被帮扶家庭实现创业愿望、就学愿望和就业愿望，家庭收入得到明显提高，生活得到明显改善，最终实现脱贫致富。“一帮一”工程是黑龙江省各级工会组织发动社会力量为政府分忧、为群众解难，在帮助弱势群体脱贫解困中探索出的一条新路，是黑龙江省总工会开创的具有自身特色的“面对面、心贴心、实打实服务职工在基层”活动。这项工程成为广大困难职工和社会各界赞誉的“民心工程”、“创业工程”、“致富工程”，开辟了“面对面、心贴心、实打实服务职工在基层”活动的新路径，树立了新时期工会的新形象。

二、理论先行、制度保障，建立城市“一帮一”扶贫解困工程长效机制

在组织上，实现了过去零散地、季节性地开展工作，向全省统一组织、统一部署、统一实施、统一验收的工作模式转变。在规模上，实现了由过去部分地市、部分单位和部分人员参与，向覆盖全省党员干部职工和社会各界的广泛参与的模式转变。在时间

上，实现了由过去把扶贫解困工作作为临时性、突击性、阶段性工作来抓，向三年一个周期，使扶贫解困工作社会化、经常化、制度化的工作模式转变。在目标上，实现了由过去重点解决生活困难，向既解燃眉之急、又施治本之策，标本兼治的目标转变。在方法上，实现了由过去的“大帮哄”、责任不明确，向哪里有困难职工和需求，“一帮一”工作就对接开展服务到哪里，不达目标不脱钩的要求转变。

城市“一帮一”工程领导小组办公室围绕《实施方案》，相继印发了《黑龙江省城市“一帮一”扶贫解困工程实施细则》、《黑龙江省城市“一帮一”扶贫解困工程资金管理办法（暂行）》、《黑龙江省城市“一帮一”扶贫解困工程考核办法》，进一步细化了帮扶范围、帮扶标准、帮扶方法、资金使用、贷款程序、考核方式，形成了良好的运行机制。

（一）健全组织领导机制。全省“一帮一”工程建立了由省委副书记任组长、省总工会主席任副组长的领导小组，领导小组办公室设在省总工会，办公室主任由省总工会主席兼任，成员单位由组织、人劳、宣传、民政、财政、工商、税务和卫生等部门组成，体现了机构设置的职能性和服务性。各市地和各帮扶主体单位也相应成立了由“一把手”负总责的领导机构，工程的具体实施、综合协调和后勤保障工作都有专人负责。

（二）强化推进机制。每年有明确的工作目标和工作要点。坚持“三定制度”，一是定期走访调研，发现问题，现场办公解决。二是定期分析研究情况，有针对性地提出指导意见。三是定期通报情况，利用文件、简报、广播、电视等新闻媒体以及现场会、推进会等方式宣传各种典型，推广经验，推动工作。

（三）建立责任机制。形成任务到户，责任到人，标准到位，定期考核机制。正向部署，逆向检查，有的地方实行一票否决。全省纳入目标管理，并将其列为考核党政机关和领导干部政绩及评先选优的重要内容，逐级签订责任状。

三、突出重点、解决问题，强化城市“一帮一”扶贫解困工程实效

“一帮一”工程的实施，推动全省31702个单位的27222个党支部和474365名党员干部、社会各界人士与408878名困难职工结成了帮扶对子。据统计，被帮扶的困难家庭已有359204户实现了脱贫，并且出现了年收入6万元以上的致富户2078户。

（一）广开渠道，筹资金、解民忧。通过政府拨款、单位自筹、职工捐款等办法累计筹集资金147311.8万元，投入启动项目资金75150.2万元，经营产值达233580.4万元；助学110912人，共筹集助学资金达9814.4万元。

（二）多措并举，上项目、促脱贫。全省累计启动助学、助医、技能培训、种植、养殖、商服、加工、运输等脱贫项目347645个，已经有427922名困难职工通过帮扶实现了再就业。很多帮扶主体单位利用各自优势，帮企业渡难关，截至目前，“一帮一”工程共为企业清缴欠款27142.9万元，帮助企业解决实际困难116653件。有31.2万名困难职工享受到优惠政策，税务、工商、卫生、烟草等部门减免费用43200.0万元。

（三）走访慰问，办实事、解难事。据统计，全省累计走访慰问困难家庭120万人（次），共帮助困难家庭修缮房屋、提合理化建议和解决实际生活困难12.6万件，慰问物资折合人民币51138.3万元。

四、转变作风、维护稳定，深化城市“一帮一”扶贫解困工程理念

（一）“一帮一”工程成为党员干部受教育的“大课堂”。“一帮一”工程的实施，使广大党员干部进一步增强服务意识、转变工作作风，切实增进对职工群众的深厚感情。有的干部说，通过“一帮一”活动，与困难职工零距离接触，面对面交流，了解了基层，熟悉了职工，增进了感情，锤炼了作风，真是一支心灵的净化剂、感情的融合剂、提振精神的催化剂、做好工作的推进剂。

（二）“一帮一”工程有效维护了政治安定和社会稳定。“一帮一”工程的实施，有效地解决了社会转型时期出现的一些新矛盾，找准了保持社会稳定的重要切入点，使“面对面、心贴心、实打实服务职工在基层”活动有了更广阔舞台。与群众面对面，讲实情，渡难关；与群众心贴心，帮思想，转观念；与职工实打实，送温暖，献爱心。广大干部在帮扶中始终坚持做到“四带头”，即领导干部带头捐款、带头结对、带头走访、带头办实事，变过去职工群众有困难上访为现在党员干部下访帮助排忧解难，真正起到了改革发展时期“宣传队”、“播种机”和“减压阀”、“稳定器”的作用。农垦九三分局有9名“上访专业户”，通过帮扶脱贫以后不但不再上访了，反过来还积极做上访人的稳定工作。

（三）“一帮一”工程解放和发展了生产力。“一帮一”工程努力在困难职工“最急”上见真情，“最怨”上求突破，“最盼”上做文章。它以增加经济收入为重点，以开发项目为手段，以实现共同富裕为目标，努力提高困难职工的自我发展能力，收到了事半功倍的最佳效果，形成了长效机制，达到了治本目的。“一帮一”工程的实施营造了和谐的党群、干群关系，培育了新的经济增长点和一大批致富典型，使蕴藏在职工群众中的先进生产力因素得到了充分调动和发挥，找到了一条帮基层企业解难、助职工脱贫致富的成功之路。

关于浙江省工会开展职工思想政治工作的调查与思考

全总宣传教育部

宣教部于今年2~5月期间，分批赴浙江省杭州市、温州市及部分区县，对浙江省工会开展职工思想政治工作进行调研。调研小组召开了由企业工会工作者和一线职工代表参加的座谈会21个，走访不同性质、不同规模的企业11家，访谈108人。现将调研情况报告如下：

一、浙江省工会开展职工思想政治工作的主要做法

一是坚持典型引领同建立机制相结合，把做职工思想政治工作的效果体现在激发广大职工创业创新热情上。浙江省各级工会坚持用社会主义核心价值体系引领职工，大力弘扬工人阶级伟大品格和劳模精神，形成了培育、树立、学习典型的良好传统和机制：连续五届的“金锤奖”——浙江省杰出职工评选活动，推出了一大批具有时代特征、又体现行业特色的先进典型；开展岗位练兵、技能培训、职工职业技能大赛，建立劳模工作室，推广一大批以工人名字命名的先进操作法，形成了“树立一个、培养一批、带动一方、造就一代”的工作模式；广泛开展职工职业道德建设活动，突出社会主义荣辱观教育，评选表彰职工职业道德示范单位和标兵，推动形成爱岗敬业、无私奉献的良好风尚；坚持开展职工素质建设工程，多层次开展“创建学习型企业、争做知识型职工”活动，组织开展推动实施“三大国家战略”、“四大建设”以及促进中小企业发展和经济转型升级的建功立业活动。

二是坚持思想教育同解决实际问题相结合，把做职工思想政治工作的效果体现在为职工办实事解难事上。浙江省工会一方面将社会主义核心价值体系宣传作为职工思想政治工作的重点，引导职工树立正确的世界观、人生观、价值观，一方面把工会开展的各项维护职工权益工作融入职工思想政治工作中，提高职工思想政治教育的针对性和实效性。各级工会精心组织开展“服务企业促发展、服务职工促和谐”活动，深入了解各类不同所有制企业职工队伍思想和生产生活状况，有针对性地开展送政策释民惑、送温暖聚民心、送服务解民忧等工作；针对企业欠薪、职工失业有所抬头的新情况，及时启动了工资欠薪预警机制，协同解决工资清欠问题，指导调处劳动纠纷；普遍建立了工作联系、困难职工结对帮扶制度。据统计，仅在“双服务”活动中，各级工会干部就深入4320家企业，召开1240个座谈会，与14370位职工面对面交流，收集1620多个问题和建议，已为企业和职工办实事和解决困难达1200余件。

三是坚持创新形式与文化建设相结合，把做职工思想政治工作的效果体现在全

面提高职工队伍整体素质上。浙江省各级工会按照《浙江省职工文化建设发展五年规划》，实施职工核心价值教育、职工文化共建共享、工会文化事业发展“三大工程”，努力构建职工群众的共同精神家园：通过广泛开展爱党、爱祖国、爱社会主义红色教育系列活动，形成“舆论全覆盖、媒体全联动”，增强职工的理想信念；通过大力推进企业文化和职工文化建设，推动形成有利于企业和职工健康发展的企业精神和价值理念；通过实施文化信息资源共享工程、职工书屋工程、电影放映工程，以及广场电影、文艺演出等丰富多彩的群众文化演出，让职工群众在欣赏优秀文艺作品和享受优质文化服务中接受正确的思想观念、价值取向；通过组织职工收听收看全国劳模报告团事迹宣讲、组织浙江省先进模范人物事迹报告会，用劳模的优秀品质和崇高理想教育引领职工。截至2011年年底，浙江全省工会选树省“文化共享工程进企业”示范服务点601家，全国示范“职工书屋”60家和省级“职工书屋”600家，组建了4300多支企业艺术团队，全年向基层送书籍10万册，送电影9000多场，送演出900多场。2012年还将新建“新浙江人”文化家园50家，新办职工书屋600个，为职工送电影12000场，送书籍30万册，报刊5万份，送演出1200场。

四是坚持人文关怀和加强心理疏导相结合，把做职工思想政治工作的效果体现在培育奋发进取、理性平和、开放包容社会心态上。目前，浙江省民营经济占90%以上，外来务工人员逾2000万人，其中新生代务工人员占60%左右。浙江省各级工会大力畅通利益诉求渠道，充分运用职工维权帮扶中心这个平台，开通心理帮扶热线，聘请心理健康指导专家开展心理疏导、缓解心理压力。加强人文关怀，引导他们积极、乐观地面对工作和生活。如杭州市总工会全力打造的131家“新杭州人文化家园”，将职工书屋、职工学校、职工俱乐部整合，三位一体建设职工精神文化家园。

二、浙江省工会的实践对加强职工思想政治工作的启示

（一）职工思想政治工作必须把推动社会主义核心价值体系建设作为首要任务。社会主义核心价值体系是社会主义意识形态的本质体现，也是职工思想政治工作的重要内容。浙江的实践表明，有效提高职工思想道德水平，推动形成共同理想信念、强大精神力量和基本道德规范，才能进一步打牢职工群众的共同思想基础，更好地引领广大职工坚定在党的领导下走中国特色社会主义的信心和决心。

（二）职工思想政治工作必须体现科学发展观的本质要求。浙江省工会在职工思想政治工作中把尊重人、理解人、关心人、帮助人作为出发点和落脚点，注重人的全面发展，注重对接职工的需求，把思想工作真正做到职工心坎上，从而激发和调动职工的能动性、积极性、创造性，形成推动科学发展的强劲力量。

（三）不断赋予新的内涵和要素是实现职工思想政治工作科学化的有效途径。当前，社会思想意识的生成特点、表现形式、传播规律以及职工思想观念、道德选择、价值取向都发生了深刻变化。浙江的实践表明，加强人文关怀和心理疏导，引导树立和谐理念、培育奋发进取、理性平和、开放包容和积极健康向上的社会心态等等，为职工思想政治工作注入了新的活力，对提高思想政治工作科学化水平具有重要作用。

三、对进一步加强职工思想政治工作的思考

一是增强合作，形成合力，重视关键人群，努力提高社会主义核心价值体系建

设的针对性与参与度。推进社会主义核心价值体系建设，党和政府的重视与支持是根本保证，同时也离不开社会各方面的帮助支持和广大职工群众的积极参与。要加强多部门合作，争取更多的资源和手段，在对象上要重视对职工群众的教育引导，充分发挥典型示范带动作用。要适应职工群众自主意识、参与意识日益增强的新特点，多搭建职工群众乐于参与、便于参与的活动平台，让职工成为主角，在陶冶情操中实现自我教育。

二是要树立群众观点，把“务虚”与“务实”结合起来，把“解扣”与“解忧”结合起来。要到困难大、矛盾多的地方去，从解决职工群众最关心、最直接、最现实的利益问题入手，与职工面对面交谈、心贴心交流，寻求共鸣点、找准突破口，把涉及职工利益的政策解释到位，把职工关注的热点引导到位。要把解决思想问题与解决实际问题结合起来，最大限度地消除影响社会和谐和职工队伍稳定的潜在因素。

三是充分利用新媒体，拓宽新载体，强化宣传教育效果。要强化宣传载体建设，在充分利用报刊、广播、电视等传统媒介的同时，有效利用互联网、手机等现代信息工具，拓宽宣传载体和阵地。要提高运用新媒体的能力，探索建立职工思想政治工作网页和站点，开展网上劳动模范、重大主题宣传和网上文化活动等，做好社会热点问题的舆论引导。

四是发挥工会工作优势，加强职工精神文化工作。要优化整合各种资源，不断推动企业文化、职工文化建设，发挥工人文化宫、俱乐部和“职工书屋”等工会文化教育阵地作用，开展形式多样的职工文化体育活动。加强对职工特别是困难职工、农民工的人文关怀和心理疏导，通过热线电话、心理咨询、谈心交友等方式，帮助他们缓解工作、生活和心理压力，提高心理承受能力和耐挫能力，培养积极健康向上的社会心态。

泽如凯风拂播州　惠如时雨润万家

——关于遵义市实施“三关工程”的调研报告

全总研究室

近年来，遵义市实施了以“关心农民工、关爱留守儿童、关怀空巢老人”为主要内容的“三关工程”。全总研究室服务职工工作组在服务职工活动中对其进行了调研，现将有关情况报告如下。

一、“三关工程”的由来

贵州省是农民工输出比较集中的地区，仅遵义市就有120余万农民工分布在全国各地。2007年，遵义县总工会决定实施以“关心外出务工人员，使其安心务工，关爱‘留守儿童’，使其健康成长，关怀‘空巢老人’，使其安度晚年”为主题的“三关工程”。遵义市总工会对遵义县的做法给予了充分的肯定，并派专人进驻遵义县新民镇，指导、帮助实施“三关工程”。在工作推进中，市总工会了解到，全市子女全部外出务工留在家里无人照看的“空巢老人”有10万余人，其中15%生活不能自理；父母外出打工一年以上的“留守儿童”有27万余名，其中学龄前儿童约占27%。这项工程是一个庞大的系统性社会工程，因此，遵义市总工会向市委建议，希望更多部门参与到“三关工程”的实施中来。市委采纳了市总工会的建议，成立了以市委副书记为组长，市人大、政府、政协领导为副组长，有关部门协同参与的“三关工程”领导小组，办公室设在市总工会，负责全面协调和服务工作，并于2007年10月召开了全市的“三关工程”部署会。就这样，“三关工程”在遵义市轰轰烈烈地开展起来。

二、“三关工程”的基本做法

（一）搭建“四个平台”，优化外出农民工就业环境。搭建劳动力培训和转移就业平台。市总工会通过校企联合、校镇联合、校校联合等模式，开展农民工就业技能培训；与劳务输入地城市共同举办农民工跨省培训，建立劳动就业信息网络，促进农村劳动力转移就业。搭建维权工作平台。建立农民工维权服务网，市、县两级建立15个农民工维权服务中心，开通“12351”维权热线，乡、村两级建立了农民工维权服务站，为农民工提供法律咨询和法律援助；建立农民工维权服务“点”，在外出农民工中聘请维权联络员，负责反映外出农民工的权益保障情况，协助开展各类维权工作。此外，还与农民工输入地工会、法律援助机构等组织建立了双向维权机制。搭建创业服务平台。市委、市政府和各县、区（市）出台促进农民工返乡创业的优惠政策，拓展就业渠道。各地建立返乡农民工创业园，积极引导、鼓励、扶持外出农民工返乡创业。搭建亲情关爱平台。各地通过各种措施，切实帮助农民工解决实际困难。

（二）建立“三张网络”，优化“留守儿童”成长环境。建立社会关爱网络。针对“留守儿童”生活无人管、学习无人问的情况，实行代理家长制度，通过重点对象“一对一”和一般对象“一对几”结对的方式，对“留守儿童”实行“三管一强化”（即：管思想、管学习、管身心，强化外出务工者对子女的抚育义务），为他们提供亲情关怀。在校“留守学生”的代理家长主要由学校老师担任，学前“留守儿童”的代理家长主要由村、组干部和农村党员担任。有条件的地方办起了“留守儿童托管中心”，由学校老师、社会爱心人士对“留守儿童”进行学习辅导和生活帮助。建立家庭关爱网络。安装亲情电话、开通亲情视频、设置亲情信箱，为“留守儿童”与在外务工父母搭建及时的“面对面”交流情感的平台。建立学校关爱网络。各中、小学建立“留守学生”档案，有针对性地组织“留守学生”参加集体活动，聘请心理健康老师，对“留守学生”开展心理健康教育，开展“悄悄话”、“知心姐姐”、“养成教育”等活动，促进“留守儿童”心理健康。开展城镇学生与农村学校“留守学生”、“手拉手”活动，使“留守学生”了解外面世界，提高学习的积极性。

（三）落实“三项制度”，改善“空巢老人”生活条件。落实“空巢老人”基本生活保障制度。一方面，将符合条件的“空巢老人”纳入农村低保或安排到乡（镇）敬老院生活。另一方面，充分利用外出务工人员返乡的机会，通过召开座谈会、干部上门走访、签订《履行家庭责任承诺书》和《赡养承诺书》等形式，督促外出务工人员主动承担赡养老人的法定义务。目前，全市共签订《履行家庭承诺书》和《赡养承诺书》2万余份。落实“空巢老人”医疗保障制度。建立“空巢老人”健康档案，免费为“空巢老人”体检，新型农村合作医疗对“空巢老人”做到应保尽保，开设就医绿色通道，设置就诊专门窗口，发放方便他们就诊的就医卡，对享受农村低保和家庭困难的“空巢老人”减免挂号费、医疗费用等，减轻他们的家庭负担。落实“空巢老人”人文关怀制度。成立“老年人互助协会”，开展一些符合农村老年人特点的健康有益活动，使“空巢老人”之间及与其他老人之间互帮互助。此外，推行结对挂帮“空巢老人”制度，由乡（镇）、村、组干部和党员与“空巢老人”结对子，定期走访“空巢老人”，了解他们的生活情况，及时帮助他们解决困难、排遣孤独的心情等。同时，还开展关怀行动，在节日期间，组织干部慰问“空巢老人”，送去党和政府的温暖。

三、实施“三关工程”的工作成效

（一）维护了农民工合法权益，提高了农民工就业技能。通过搭建维权工作平台，建立维权网络，全市243个乡镇（街道）党务政务中心全部建立了维权服务岗，有效畅通了广大农民工的维权渠道。目前，遵义市总工会已与45个城市工会签订了双向维权协议，市法律援助中心与33个城市的法律援助中心签订了双向法律援助协议。几年来，全市各级农民工维权机构共为2.95万余名农民工提供了维权（咨询）服务，涉及资金1654余万元；为7万多名农民工提供了法律援助，涉及资金2900余万元。通过搭建劳动力培训平台，较好解决了在外出农民工中普遍存在的文化素质不高、职业技能缺乏等问题；通过加强就业指导，建立劳动就业信息网络，使外出农民工能够掌握更充分的就业信息。五年来，共培训农民工42.7万人，推荐农民工就业20多万人，3.4万名外出农民工返乡创业，实现1.5万名农村剩余劳动力就近转移就业。

（二）解除了广大外出农民工的后顾之忧，保障和改善了民生。目前，全市建立“留守儿童”托管中心368个，五年来，共吸纳“留守儿童”7500人（次），共有代理家长9.2万多名，代管“留守儿童”11.3万名，慰问“留守儿童”8.7万人，发放慰问品530万元；成立老年人互助协会、老年人文体协会等组织1303余个，结对帮扶“空巢老人”3.6万人，慰问1.4万人（次），发送慰问金119万余元。享受农村低保“空巢老人”3万余名，免费体检11.2万人（次），减免就医费400余万元，有2800人（次）“空巢老人”进入敬老院生活。通过实施“三关工程”，开展结对帮扶，改变了“留守儿童”生活上缺人照料，行为上缺人管教，学习上缺人辅导的“三缺”状态，改善了“空巢老人”“出门一把锁，进门一盏灯”的生存状态，不仅有利于解除在外地务工的农民工的后顾之忧，使他们安心、放心，能够以更加充沛的精力和饱满的热情投入工作，而且对于保障和改善民生，有效化解农村社会矛盾、促进和谐社会建设具有重要推动作用。

（三）改进了干部作风，进一步密切了党群干群关系。党员干部特别是一些工会干部，深入基层、贴近职工群众，真切感受到职工群众的所思、所想、所盼，增强了做好新形势下职工群众工作的责任感和使命感。许多外出农民工从子女和父母的亲情电话中得知家乡开展的“三关工程”，知道家中的孩子和老人有了党和政府的关怀，深受感动，纷纷表示对党和政府的感激之情，表示要安心工作，为社会多作贡献，不辜负党和政府的关怀。

四、几点启示

启示之一，必须要从推动科学发展、促进社会和谐的高度，认识农民工维权工作的重要意义。

启示之二，必须贴近基层、贴近群众，把满足农民工的实际需求作为我们工作的出发点和落脚点。

启示之三，必须确立党政的主体地位，形成农民工维权工作的社会化格局。

启示之四，必须健全和完善相关制度机制，才能从根本上解决农民工权益维护和“留守儿童”、“空巢老人”问题。

党工共建创先争优　推动基层工会组织建设

全总基层组织建设部

创先争优是新形势下加强党的建设的重要抓手，在创先争优活动中推进工会基层组织建设是巩固党的执政基础、扩大阶级基础的根本要求。四川省在创先争优活动中着力推进企业普遍建立工会组织，目前，全省建立基层工会组织12.5万个，覆盖基层单位31.2万个，发展会员1619.1万人。

一、党建带工建，带在源头上

（一）争取领导资源。四川省总工会争取省委办公厅下发了《关于进一步加强和改进新形势下县（市、区）工会工作的意见》，明确要求各级党委把县（市、区）工会工作纳入重要议事日程，认真研究新时期工会工作的新情况，解决工会工作带有方向性、原则性和全局性的重大问题，把工会建设作为党的建设的重要组成部分，进一步健全“党建带工建、工建服务党建”的工作机制，继续加大基层工会组建力度，依法推动各类新经济组织和新社会组织普遍建立工会、深入推进“双措并举、二次覆盖”，加强区域性、行业性基层工会联合会建设。省委党工共建创先争优领导小组将工会组建纳入党建工作统一规划、统一部署、统一考核、统一表彰。省总工会、省委组织部、统战部、省工商局、省民政局等单位联合成立了非公企业工会组建工作协调领导小组，发挥各自的职能优势推进建会。全省各市（州）党政专门就“两个普遍”发文，将企业普遍建会作为地方党的基层组织建设的重要内容，纳入党委政府对县（市、区）党政年度目标考核。不少地方将推进企业普遍建会作为人大执法检查、政协视察的重要内容。有的市（州）将推进企业普遍建会纳入全市的重点工作，作为目督办重点督察内容。乐山、眉山、绵阳、广安、阿坝等地党政专门发文，将企业普遍建会工作纳入了目标管理。

（二）争取政策资源。联合省委创先争优领导小组制发《关于加强“党建带工建、党工共建”工作的意见》，明确非公有制企业党工组织统筹建立、干部统筹配备、制度统筹完善、阵地统筹建设、活动统筹安排等；制发《关于坚决纠正部分国有企业在改革改制中撤销工会组织、合并工会工作机构问题的意见》，纠正在企业改制重组中撤销工会组织、合并工会工作机构的错误做法。

（三）争取手段资源。省总工会将推进企业普遍建会纳入职工“六五”普法的重要内容，协调省法制办，编写了通俗易懂的宣传张贴画进行广泛宣传。不少地方将建立工会组织作为构建和谐劳动关系的前置条件，作为劳动关系三方的重要工作内容，形成了劳动关系三方发挥各自优势，共同推进的格局。抓住创先争优契机，联合省委组织部召开了全省党工共建创先争优暨企业普遍建会工作推进会，开展党工共建案例典型征集活动。争取人大、政协及司法部门的支持和配合，定期对企业建会工作进展情况进行执法检查和督察。各级工会加强与税务部门联系，依法代收工会筹备金，反向推进工会组织建设。有的地方积极探索，在争取工商、税务等部门支持的基础上，建立了工会组建的长效机制和规范流程。

二、党建带工建，带在创新上

（一）创新组织形式，聚焦小微企业工会组建。针对小微企业数量不断壮大、日益成为经济社会发展重要力量的状况，四川省各级工会抓住小微企业党建契机，按照“化零为整、由小变大”、“地域相同、行业相近”的工作思路和原则，大力推进建立楼宇工会、一条街工会、项目工会、市场工会等区域性行业性基层工会联合会或联合基层工会，努力实现对小微企业工会组织全覆盖。截至今年7月底，全省共建立各类基层工会联合会或联合基层工会3300多家，覆盖小微企业40000多家，建立起了“纵向到底、横向到边、上下贯通、立体覆盖”的组织网络。

（二）创新建会手段，攻克重点难点。目前，全省工会组织工作的难点主要表现在外资企业、小型非公企业工会组建难、企业专职工会干部配备难、非公企业工会缺乏活力、乡镇（街道）工会的作用发挥不够等方面。为破解这些重点、难点问题，省总采取了一系列措施，积极争取省委出台加强县级工会工作的意见、试点社会化工会工作者的聘用工作，以及推行工会主席选配管理试点工作、为乡镇（街道）工会配备专职工会干事和对乡镇（街道）工会给予工作经费补贴等，积极配合全省开展的党建集中行动，连续6年来，先后开展了推进世界500强等跨国公司、“双措并举、二次覆盖”、“广普查、深组建、全覆盖”、劳务派遣企业等建会集中行动。2011年以来，集中推进国家、省、市三级开发区（工业园区）企业、职工密集的“三上”企业（规模以上工业，限额以上贸易业、餐饮业、住宿业，资质以上建筑业、房地产开发业企业），以及对社会稳定影响较大的出租车企业、新社会组织建立工会。目前，全省省级以上经济开发区、工业园区企业工会组建率为89%，外商投资、港澳台商投资企业工会组建率均达到95%以上，劳务派遣企业法人工会组建率达到92%。

（三）创新建会方式，重在宣传动员职工。近4年来，全省共投入经费1.2亿元聘请1072名社会化专职工会干部，深入到各类企业开展入会工作；通过“双措并举、二次覆盖”建立健全的企业、乡镇（街道）、村（社区）小三级工会组织体系，依托工会宣传月、送法律进企业等活动，使更多职工了解工会、认识工会，强化对工会组织的归属感。依托全省150多个职工帮扶中心，各级工会积极在超市购物、医院就医、生活保障、子女入学等与农民工息息相关的行业建立会员优惠基地，开展会员优惠活动，有效吸引了职工主动加入工会组织。近年来，全省共组织宣传讲座3000多场次，发放宣传资料1000多万份，涉及职工500多万人次，增强了工会组织在职工中的影响力。通过投入1亿多元的帮扶资金，帮助100多万名职工改善生产生活条件。今年，结合服务职工在基层活动，全省10000多名省市县三级工会干部把宣传动员职工的工作做到每一个企业，深入到每一名职工。

三、党建带工建，带在根本上

（一）规范建会程序。要求凡建立企业工会，都要做到“四个必须”，即：必须向上级工会报告，必须规范建立工会筹备组，必须召开会员（代表）大会，必须健全工会委员会、分会或小组。同时，要求上级工会加强对企业建会的具体指导，督促企业工会规范操作。

（二）选好配强主席。坚持企业工会主席的任职标准，企业行政负责人（含行政副职）、合伙人及其近亲属、人力资源部门负责人、外籍职工不得作为本企业工会主席候选人。按照推进基层工会民主化进程需求，在遂宁市蓬溪县进行了会员代表常任制试点，积极稳妥地在四川电信推进企业工会主席直接选举。目前，全省开展基层工会主席直选的单位正逐步增加。

（三）加强民主建设。认真落实全总《关于开展会员评议职工之家活动的意见》，通过“会员评家月”、“万名工会会员评议职工之家”等活动，推动41000多家企业工会、210多个区域性行业性工会开展了评议职工之家、评议工会干部工作。

（四）建立长效机制。把党的基层组织建设年活动与推进“两个普遍”紧密结合，建立体现数质并重的建会工作长效机制，不断深化党建带工建工作。进一步健全完善了建会目标分解责任制度、定期通报制度、机关领导和部室跟踪联系点制度、检查督办制度、考核奖励制度。继续加大工会工作专项经费的投入力度，设立“会员发展和工会组建”工作专项考核制度，省总每年投入200多万元对建会攻坚行动和年度建会目标任务完成成效显著的市州、县（市、区）工会以及贡献突出的工会干部给予奖励，进一步调动了全省各级工会干部推动企业普遍建会的积极性和主动性。

注重行业特点 协商促进和谐

——关于江苏工会开展行业工资集体协商的调研报告

全总集体合同部

近年来，江苏省各级工会依靠党委、政府主导，在普遍推行企业开展工资集体协商的同时，重点推进行业工资集体协商，取得了积极进展和初步成效。

一、江苏开展行业工资集体协商的主要特点

一是行业协商起步早。早在1996年11月，江苏省总工会就针对企业协商难的问题，总结推广常州等市工会在乡镇企业、私营企业和外资企业相对集中的区域、行业开展集体协商的经验，明确提出要坚持企业、区域、行业集体协商同步推进，突出协商劳动报酬的工作思路。2000年11月，省总工会提请省政府颁布了《江苏省企业集体协商和集体合同规定》，明确要求重点推进企业、行业工资集体协商。

二是行业协商建制广。目前，江苏省工资集体协商建制企业数已达24万多家，覆盖职工1200多万人，约占全国工资集体协商建制企业数的13.8%。其中，签订行业工资集体合同701份，覆盖企业13450家。全省13个省辖市、105个县（市、区）都开展了行业工资集体协商。

三是行业协商领域宽。江苏省行业工资集体协商已由支柱产业如机械、化工、冶金、电子等向餐饮旅游等辅助产业延伸，由传统的钢铁、商贸行业向IT、网络、服务等新兴行业拓展，由第二产业向现代农业产业推进。

四是行业协商内容实。既普遍重视协商行业劳动定额、计件工价等基本内容，又注重协商行业最低工资标准和工资发放等保障内容，同时又积极探索协商职工参与二次分配的激励内容。盐城市龙岗镇玻璃行业在今年开展的第五轮协商中，首次提出将企业税后利润的10%～15%用于对职工的二次分配，激励职工共建共享和谐企业。

五是行业协商重心低。作为乡镇企业的发源地，江苏在镇、村一级的产业集聚度高，“一镇一品”、“一村一品”的行业特色明显，在苏南超过上百家企业的行政村比比皆是。江苏工会立足这一实际，坚持以镇、村为重点推进工资集体协商工作。目前全省90%的行业工资集体协商都在镇、村层级。宜兴作为全省行业工资集体协商普及率最高的县级市，建制行业达到33个，其中有30个是在镇、村开展的行业工资集体协商。

六是行业协商影响大。2011年12月，国际劳工组织北京局与中国人民大学组成联合考察组，重点调研考察江苏宜兴和邳州的行业工资集体协商，给予了积极评价。去年6月和今年4月，《人民日报》、新华社、中央电视台等11家中央主流媒体集中报道了邳州、扬州行业工资集体协商的典型经验，在全国产生了良好的社会反响。

二、江苏开展行业工资集体协商的主要做法

（一）一个行业一种形式，形成多个协商主体。一是行业工会与对应行业协会（商会）进行协商。2004年，海门市总工会提请市委出台了《加强行业工会、行业商会同步建设的指导意见》。近5年中，该市先后组建了29个行业工会和行业商会，目前已有27个行业开展了工资集体协商，占已建行业工会的93%。二是行业工会与企业推选的代表进行协商。射阳县纺织行业采用此类方式，每年协商调整行业内76个工种的工时工价，形成全行业工时工价定额指导标准，得到了行业内各企业的普遍认同。三是行业工会直接与行业内各企业进行协商。淮安区建筑行业由工会联合会主席担任首席代表，组成协商班子，分别与行业内12个企业主就木工、钢筋工等8个工种的工时工价进行协商，确定了行业主要工种的劳动定额和工资标准。

（二）一份协议一个特色，注重贴近行业实际。南京市浦口区注意把握共性特点，鼓励个性差异，开采行业协商确定了工资总额与开采工作量的对应关系，苗木行业协商确定了《劳务派遣费用的指导标准》，建筑行业协商修订了《农民工工资支付与保障制度》，有针对性地解决了不同行业工资分配中的重点难点问题。

（三）一次协商一个重点，逐渐增进职工利益。盐城市针织服装行业通过开展5轮工资集体协商，先后解决了劳动定额和工时工价，增加职工失业、工伤和生育等社会保险，设立职工科技创新奖励经费和学历、职称、工龄津贴等职工普遍关心的热点问题。

（四）一线职工直接参加协商，充分表达普通职工利益诉求。南京六合区服装行业在协商中把女式风衣、羽绒服、牛仔裤三种基本款式细分为6大工种192道生产工序，涉及的每一个工种，都要在该工种生产线上推选职工代表参与协商，让一线职工在收入分配上有话语权，从而做到由职工参与，通过协商确定劳动定额标准和工时工价。

（五）一个环节紧扣一个环节，确保行业合同有效覆盖。《江苏省集体合同条例》规定，工资集体合同履行情况每半年向职工公布一次，每年至少向职代会报告一次，接受职工民主监督和评价。积极推动有一定规模的企业依据行业工资集体合同签订本企业的工资协议，做到企业的劳动定额不高于、工价标准不低于行业合同的规定；推动小企业签订行业工资集体合同的执行协议或补充条款；推动小微企业出具《执行行业工资集体合同的承诺书》。

（六）一个典型带动一批行业，推动企业、行业普遍建立协商机制。从2005年开始，江苏省、市、县三级工会每年新培育的典型分别不少于50个、100个、50个。近几年中，江苏省总工会先后总结推广了邳州市板材行业、射阳县纺织行业、南京六合区服装行业、江都区文体行业等一大批先进典型，带动了全省开展工资集体协商的行业每年递增100多个。

三、江苏开展行业工资集体协商取得的初步成效

（一）为民生改善提供了制度载体。广泛开展行业工资集体协商使职工工资的正常增长、稳定增长有了制度保证。南通市货隆镇不锈钢行业自2001年开展工资集体协

商，全行业职工工资年均增幅达 14%，行业内的职工平均工资 10 年内翻了三番多。据对海门市 10 个行业的调查，通过开展行业工资集体协商，2011 年度职工平均工资增幅均超过 10%。

（二）为构建和谐劳动关系提供了机制保障。据江苏省总工会 2011 年对 2272 家企业的问卷调查，相比较开展工资集体协商之前，劳动关系和谐程度明显提升的有 2031 家，占 89.4%，这些企业中 2010 年涉及工资报酬的劳动争议案件，比上年下降了 51 个百分点。

（三）为促进企业、行业健康发展奠定了基础。苏州市璜泾镇是全国闻名的加弹行业第一镇，2003 年开展行业工资集体协商以来，企业从当初的 23 家增加到现在的 600 多家，经济总量上升到全镇的 65%，支柱产业作用更加突出。苏中地区有两个相邻镇的服装行业签订了跨区域的行业工资集体合同，规范了劳动工资标准，促进了不同地区同一行业的健康发展。邳州市板材行业工资集体合同，将行业性的劳动工资标准上升为区域性的指导标准，既加强了该行业的自律，也促进了区域内不同行业的协调发展。据省总工会同期对 2200 名企业高级经营管理人员调查，98.6% 的人认为，开展工资集体协商提高了劳动生产率，对企业、行业健康发展有促进作用。

（四）为激励职工提升素质技能提供了正确导向。从 2010 年开始，江苏省总工会在全省组织实施了“协商薪酬制度激励职工创新计划”，以科学合理的薪酬制度激励职工积极参与企业技术革新和发明创造，踊跃提出合理化建议和职代会提案。邳州市板材行业工资集体协商覆盖职工 20 多万人，第 5 轮行业工资集体协商确定，为普通职工评定 1～3 级技术等级，每月分别增加 30～50 元的等级津贴，激励职工学技术、练本领。同时确定各企业拿出利润的 5%～10%，用于对职工的年终奖金，鼓励职工为企业发展多作贡献。

（五）为工会发挥作用扩大影响创造了有利条件。据省总工会对 10344 名职工的问卷调查，87.8% 的人表示工资集体协商增进了他们的利益，今后将更加主动地支持工会代表职工开展工资集体协商。无锡市总工会积极推进工资集体协商，被市委、市政府评为“经典十一五”最具影响力的 11 件实事之一。南京市总工会承担工资集体协商的职能部门被市委、市政府表彰为“建设南京有功单位”。

四、江苏开展行业工资集体协商的启示

一是广泛开展行业工资集体协商必须依靠党政的主导引领。二是广泛开展行业工资集体协商必须有法律法规的有力支撑。三是广泛开展行业工资集体协商必须有工会组织的积极主动作为。四是广泛开展行业工资集体协商必须有各方的良好合作与社会的广泛共识。

辽宁省公司制企业实行民主管理情况的调研与思考

全总民主管理部

按照全国总工会的工作部署，民主管理部服务职工工作组先后于2012年3月4～9日和2012年4月8～13日，赴辽宁省阜新市、沈阳市开展服务职工活动，并将公司制企业民主管理制度建设作为这次活动的“自选动作”，召开了专题座谈会，对公司制企业民主管理发展的现状和面临的突出问题进行了深入调研、思考，现简要报告如下：

一、公司制企业民主管理制度推行的基本情况

截至2011年12月，辽宁省有公司制企业56884家，其中，公有制企业3390家，建立职工董事制度的1107家，建制率32.7%；建立职工监事制度的1130家，建制率33.3%；非公有制企业52915家，建立职工董事制度的8201家，建制率21.4%；建立职工监事制度的8578家，建制率23%。

截至2011年年底，沈阳市共有企业33398家，其中，公司制企业9333家。1050家国有、集体及其控股企业全部建立了职代会制度，1030家建立了厂务公开制度，占98.3%；全市2294家机关事业单位，有2248家实行了内部事务管理公开制度，占98%；32348家非公企业，有31378家建立了职代会制度，占97%，有23534家实行了厂务公开，占75%。公司制企业中，国有、集体及其控股企业职工董事制度建制率为69%，职工监事制度建制率为71%，非公企业职工董事制度建制率为29%，职工监事制度建制率为34%。

阜新市有公司制企业5985家。其中，国有公司制企业580家（国有公司制企业转制后大部分都是空壳企业），实际运营的国有公司制企业在30家左右；外商投资公司制企业120家；民营公司制企业5285家；规模以上外资和民营企业（年销售收入在2000万元以上的）469家。国有公司制企业全部建立职代会和厂务公开制度。建立董事会、监事会制度的企业有352家，其中有25户企业建立了职工董事职工监事制度。

在沈阳鼓风机集团公司，调研组邀请了9家不同类型的公司制企业就推行民主管理的情况进行了座谈。其中，国有公司制企业4家，从调研的情况来看，4家国有企业均能按照要求建立健全以职工代表大会为基本形式的企业民主管理制度，均设立了职工董事、职工监事，工会主席、副主席分别作为职工代表进入董事会、监事会。在股东多元化的企业，公司治理结构都能够依法运行，在国有股份一股独大的企业，企业的决策管理更多依靠的是党委行政。参加座谈的民营公司制企业有5家，其中，有3家是由国有企业转制而来的，在一定程度上保留了民主管理的传统，而且根据企业实际需要，在形

式上有所创新和发展。但较之4家国有企业，民营企业的民主管理还在逐步规范当中，他们普遍都建立了职代会制度、实行厂务公开，也依法建立了职工监事制度，只有一家员工持股的企业建立了职工董事制度。

各企业注意妥善处理厂务公开与公司信息披露制度的关系。厂务公开与公司信息披露的内容并不完全一致，虽有重合，但侧重不同，把握好公开与披露在程序上的衔接，才能更好地将对内公开与对外公开、内部监督与外部监督结合起来。我们调研的几家上市公司，都制定了有关的厂务公开实施细则，除了涉及国家安全与涉及企业核心技术方面的相关信息要予以保密外，涉及企业重大决策及经营方面的信息，均按照公司信息披露规定，经上交所或深交所披露之后再在公司公布，一些日常工作或涉及企业职工切身利益的重要事项，则直接通过内部网络、公开栏等方式进行厂务公开。

二、企业认同民主管理是现代企业制度应有之义

现代企业制度的主要特征是“产权清晰、权责明确、政企分开、管理科学”。建立现代企业制度、完善具有中国特色的法人治理结构，不仅要理顺资产所有者与经营者的关系，还要妥善处理企业所有者、经营者与劳动者的责、权、利关系。驰宇石油机械公司董事长认为，企业是由各种要素如资本、劳动、技术和管理等构成的。尽管当前资本的优势更为显化，但光有资本并不能够带来利润，技术成果可以选择资本，工人也可以用脚投票。企业要发展，需要物质资本，更需要人才资本，人力资源是企业兴衰的决定性因素，因此他们强调驰宇的管理理念是“合作伙伴多赢”。劳动者作为企业的“伙伴”体现于公司的治理结构中，就是职工依法参与公司治理和管理，在关注物质资本和技术创新的同时，重视发挥和激励职工群体的积极作用。

从几家公司制企业的实践来看，职代会是公司职工参与民主管理的机构，董事会是公司重大事项的决策机构，职代会与董事会、监事会是各司其职、互相补充、互相促进的关系。职代会与董事会在企业重大问题的决策上没有权限冲突，职代会对企业重大决策只有审议建议权，是对董事会决策起完善、补充的作用，不是起决定作用或替代作用，因而未发生突出矛盾。职代会与监事会从监督职能上有较大的相似性。监事会中职工代表监事在总量中不少于1/3。只是监事会以财务监督和对董事及管理层人员履行职责情况的监督为主，职代会是以对企业依法生产经营和用工进行群众监督为主，两者相辅相成。如职代会对企业经营情况的监督质询，可以深化监事会的监督作用；职代会对企业领导干部的评议通过监事会向股东大会通报，可以对出资者提供选择公司高管的参考等。

在调研中我们也发现，职代会与董事会、监事会之间能够相互协调、相互促进，在一定程度上有赖于公司治理结构的规范运作，而公司治理结构的规范运作与否，与股权多元化有很大的关系，在一股独大的企业里，董事会往往身兼决策管理多重角色，公司治理结构并没有真正发挥作用，董事长一言堂的情况比较多，其他董事大多附和，职工董事如有异议也因为力量过于单薄而无济于事，职代会难以切实发挥在公司治理结构中应有的作用。

实践表明，在现代企业公司法人治理结构中，股东大会、董事会、监事会、经理

层、职代会应当是各自独立、权责明确、协调运转、有效制衡的关系。职工代表大会科学有序的运作，职工董事、职工监事在决策与执行之中充分发挥作用，不但没有干扰到“新三会”（股东会、董事会、监事会）的运行，而且与经理层的管理形成了有效对接，有助于企业形成内部合力，实现科学决策。因此多数企业认为应当建立与本企业的管控模式相匹配，职权与企业各管理层级的管理授权相对应的职代会体系结构，使之在企业法人治理结构中发挥应有作用。

三、推进职工董事、职工监事制度建设应解决的问题

一是推动职工董事职工监事制度的同时建立。调研中我们发现，一些企业只建立了职工监事制度，并没有同步建立职工董事制度，部分企业以人数限制为由没有设立职工董事。职工董事、职工监事制度是职工源头参与公司制企业民主管理的重要形式，二者相辅相成、各有侧重，缺一不可，要在企业建立的初始阶段就在董事会、监事会预留职工董事、职工监事的名额，在公司章程中明确保证一定比例的职工代表依法进入董事会、监事会，防止职工董事、职工监事的名额被挤占。

二是明确职工董事和职工监事的角色定位。从调研的情况来看，绝大部分的企业的职工董事、职工监事是以职工代表大会选举产生的代表的身份进入董事会和监事会的。职工董事、职工监事在与公司其他董事监事享有同等权利、承担相应义务的同时，还应履行反映职工合理诉求、代表和维护职工合法权益的特别职责。在涉及职工切身利益的问题时，应事先听取职代会的意见，属于职代会职责范围内的事项，必须提交职代会审议、通过或决定，在董事会、监事会会议上按照职代会的相关决定发表意见。

三是要为职工董事职工监事履职创造条件。工会、职代会和企业都应尽相应的义务。在实践当中，由于职工代表大会并不能随时召开，且董事会、监事会的议题涉及内容广泛，职工董事、职工监事有时需要按照自己的判断来发表意见，因此，工会和职代会要为职工董事、职工监事开展工作提供服务，协助职工董事、职工监事开展调研、巡视等活动；就有关议题听取职工意见，进行分析论证，提出意见和建议；同时也要协调企业为职工董事、职工监事提供咨询服务。要通过加强对职工董事、职工监事开展业务培训，全面提高职工董事、职工监事的综合素质和履职能力。

关于职工劳动经济权益实现情况的报告

全总保障工作部

全总保障工作部组成调研组赴广东东莞、茂名、湛江及广州四市，开展了职工劳动经济权益实现情况调研。调研期间，共召开政府有关部门座谈会、企业和职工座谈会9个，深入走访非公企业4家，并在东莞召开了全国部分城市（宁波、温州、泉州、郑州、绵阳等）劳动就业和社会保障座谈会。现将调研情况报告如下：

一、职工劳动经济权益的实现情况

一是就业形势整体良好。一是就业局势持续稳定，就业规模不断扩大。广州市、茂名市近五年累计新增就业分别为378.1万人和28.7万人，城镇登记失业率始终控制在3.5%以内；湛江市2012年上半年城镇新增就业2.72万人，已完成年度任务的70%；东莞市今年第二季度城镇登记失业率仅为2.08%。二是就业法规政策体系不断健全，公共就业服务体系日趋完善。近年来，广东各地制定实施了税费减免、小额担保贷款、培训和职介补贴等再就业优惠政策，农村劳动力免费培训和促进转移就业政策，以及高校毕业生就业岗位补贴、就业见习补贴等高校毕业生资助补贴标准等一系列促进就业的法规政策。

二是职工收入水平不断提高。“十一五”期间，职工工资普遍有所提高。广州市城镇单位职工年平均工资从33853元增加到54495元，累计增长了60.98%。茂名市2011年在岗职工年平均工资为30588元，较2010年提高了18.5%；湛江市为29820元，增长了11.3%。2011年，广东省最低工资标准达到1300元/月，较2007年（780元/月）提高了66.7%。各地普遍建立了工资集体协商机制。截至今年8月底，茂名市签订集体合同2641份，已经覆盖了85%的企业和82.3%的职工。2012年上半年，湛江市居民人均家庭总收入11571.06元，同比增长15.4%，其中人均工资性收入8189.16元，占到总收入的70.8%。

三是社会保障体系进一步完善。五年来，在党中央和国务院的高度关注下，社会保障制度建设取得突破性进展，覆盖城乡居民的社会保障体系框架基本形成，社会保险制度步入定型、稳定和可持续发展阶段。各级政府积极贯彻《社会保险法》，结合地方实际研究出台了一系列配套法规政策并加以落实，较好地解决了一批历史遗留突出问题，社会保险覆盖范围大大扩展，越来越多的人享有了基本社会保障。

二、存在的问题

（一）劳动就业方面存在的问题

1. 劳动合同和集体合同制度执行不规范，违法用工现象广泛存在。一是非公企业尤其在一些异地务工人员比较集中的企业劳动合同签订率相对较低，例如餐饮、水产、建筑等行业。二是集体合同的针对性、约束性不强，维权效果不明显。部分企业只是应付上级的要求，草草签一份集体合同了事，集体合同内容与现实情况脱节，致使集体合同流于形式，可执行性差。三是违法用工现象广泛存在。

2. 就业供给总量巨大，部分群体就业困难。广州市城镇登记失业人员、本地生源高校毕业生以及每年待转移的农村富余劳动力逾40万人。湛江市测算发现，“十二五”期间，全市城镇每年需要解决就业的劳动力约10万人，而每年能够提供的就业岗位只有7万个，缺口在3万人左右。就业困难群体的“就业难”问题突出，据统计，广州市上半年登记失业人员中，就业困难人员人数为5.6万人，其中，53.92%为“4050”人员，47.28%人员为初中及以下文化程度。

3. “用工荒”与招工难并存，就业局面复杂。在劳动用工规范、经济效益好的企业，并不存在“用工荒”问题，企业员工的稳定率较高，春节后回到本企业的达95%以上。而“低小散”企业，因为劳动用工不规范，生产生活条件差，对农民工缺乏吸引力，往往出现招工困难。还有部分企业因岗位、工种及季节等原因存在招工难情况。不同类型企业缺乏的员工也不相同。劳动密集型制造业企业缺少的是一线操作工，而高新科技企业缺少的则是专业技术人才和技术工人。受经济不景气影响，今年部分小企业出现了停招甚至裁员现象。一些企业用工萎缩，个别单位人员流动率达20%。

（二）职工工资分配方面存在的问题

1. 职工收入差距扩大的趋势仍未有效缓解。虽同在广东，茂名与湛江的职工工资水平（2549元/月与2485元/月）明显低于广州、东莞等珠三角地区（广东为4541.25元/月）。从产业收入差距看，第二、三产业职工的收入水平明显高于第一产业。行业差距方面，目前收入水平较高的几乎都是金融、保险、电信、电力、烟草等垄断行业。

2. 普通职工工资偏低的状况仍未根本转变。目前，低收入职工群体主要集中在外向型企业、私营企业、劳动密集型中小企业的一线职工、农民工、劳务派遣工等，总量达上亿人。一些企业通过制定较高的劳动定额、压低计件工资单价等形式，刻意压低职工工资水平，迫使职工“自愿”加班，以获得相应报酬。

3. 企业违法侵害职工工资分配权益的现象仍然存在。一是不能足额支付职工加班加点工资。保障工作部2011年在全国10个城市，对100家企业的5000名职工进行的问卷调查显示：在加班职工中，仅有48.4%能按法定标准领到加班费，31.7%的职工虽能领到加班费但达不到法定标准，还有9.3%的职工根本拿不到加班费。二是拖欠工资问题仍未根本解决。根据对2012年元旦春节期间农民工工资支付专项检查情况的不完全统计，各地共检查有4.33万家企业出现工资拖欠情况，涉及职工167.95万人，追回被拖欠工资63.84亿元。

4. 工资分配宏观调控体系仍需进一步完善。一是工资分配立法滞后。现有法规政策层次过低，针对性和可操作性不足，已不适应形势发展的需要。二是缺乏有效调控手段。工资指导线、劳动力市场工资价位、人工成本信息发布制度尚不完善，科学性、指导性与约束性不强，未能发挥应有的指导作用。三是对国有企业特别是国有垄断企业工资总量与工资水平的调控仍不到位。四是企业工资决定机制和正常增长机制还不健全，集体协商在工资决定和调整方面的作用有待进一步发挥。

（三）社会保障方面存在的问题

1. 职工参加社会保险情况不容乐观。一是企业普遍反映缴纳社会保险费压力大。广州市地税部门反映，困难企业数量较多，很多企业缴不起费或不愿参保，社保费征缴难度加大。此外，城乡居民养老、医疗保险制度建立后，由于居民个人缴费低，且有政府补贴，不少用人单位将职工推向居民社保，分流了一部分参保职工。二是多数非公企业不依法缴纳社会保险费。在经济下行情况下，广东省将非公企业缴纳养老保险费的比例定为工资总额的12%，但多数非公企业仍不参保。有的虽然参保，但瞒报职工人数和工资总额。一些市级统筹地区随意降低缴费基数和比例要求。有的地方除中央和省属国有企业外，多数用人单位只参加2～4项社会保险，基本上不参加生育保险。三是外来工参保率偏低。

2. 职工社会保险待遇较低或尚未落实。一是职工大病致贫现象比较突出。目前国家没有实施统一的职工大病保障和门诊统筹制度，一些大病治疗必用药尚未列入报销范围。职工一旦患大病或需长期门诊治疗的慢性病，其自付医药费多数家庭难以承受。从工会困难职工档案分析，因病致贫、返贫的职工比例约占困难职工总数的50%左右甚至更高。二是社保关系转移接续难。城镇职工、居民及农村养老、医疗保险制度之间，均没有可以转换的办法。同时，各统筹地区存在较大的政策差异，缴费基数、缴费比例、缴费年限和待遇标准彼此不同，且互不认可，形成了转续中的诸多限制。三是职业病危害形势严峻。2011年年底，全国患职业病认定为工伤的职工仅有15195人，还不足全国参保人数的万分之一。四是工伤保险先行支付规定尚未实施。

3. 社保基金管理亟待完善。社保基金结余过多现象普遍存在。一些地方采取多项措施降低结余，其中不乏滥用社保基金行为，甚至有的地方以促进就业为由，用失业保险基金结余建造劳动就业大厦，明显违反了法律规定，侵占了职工社会保险基金的专用权。

三、意见建议

一是完善劳动法律政策，坚定不移地推进改革。二是加大劳动执法力度，强化执法监督。三是实施积极的就业政策，努力提高劳动者素质。四是健全工资分配宏观调控体系，完善职工工资正常增长机制。五是认真贯彻落实《社会保险法》，积极探索建立职工门诊统筹和大病保障。

加强职工职业健康保护的对策建议

全总劳动保护部

在开展“面对面、心贴心、实打实服务职工在基层”活动中，全总劳动保护部对走访的五家企业开展职业病防治工作情况进行了重点了解，对当前职工面临的职业病危害现状和特点进行了认真分析，提出了加强职工职业健康保护的对策建议。

一、职工面临的职业健康危害现状

*一是职业病发病居高不下，累计病患数量巨大。*据卫生部统计，截至2011年年底，我国累计报告各类职业病779849例，平均每年报告新发职业病人15000多例，其中，尘肺病累计报告702942例，死亡149809例，近15年平均每年新发尘肺病1万多例。特别要指出的是，大量职业病危害因素问题严重的中小企业（乡镇、私营企业和个体工商户）职工并不在健康监护范围之内。据专家估计，目前我国尘肺病实际患病人数已不低于100万例。如果按照每年职工健康体检覆盖率10%的实际数字推算，全国每年仅新发尘肺病可达10万例。

*二是部分中小企业职工生产环境恶劣。*有资料显示，在各类企业中，职业病危害主要集中在占比重90%的中小企业，尤其是一些个体和私营企业。约83%的中小乡镇企业存在不同程度的职业病危害，约34%的中小乡镇企业职工接触尘、毒等有害作业，中小乡镇企业职工的职业病和可疑职业病患病率高达15.78%。我们走访的重庆裕华玻璃制瓶有限公司模具车间，粉尘危害问题就比较突出。

*三是外来务工人员职业危害问题突出。*以粉尘危害为例，目前，在全国接触粉尘作业的2000万职工中，从事煤炭、建材、金属矿山等尘肺病高发行业的农民工人数超过了80%。有迹象表明，尘肺病患病率在农民工群体中呈明显上升趋势，而且具有检出率高、发病工龄短、病情重的特点。

*四是职业病给职工家庭造成的经济负担难以承受。*职业病不仅使职工过早丧失劳动能力，也成为很多家庭致贫、返贫的重要原因。据中国职业健康协会估算，一例尘肺病人每年经济损失约为3.41万元，按照我国现有尘肺病现患55.3万人计算，每年直接经济损失190多亿元，因新发尘肺病例造成的经济损失将以每年超过6亿元的速度递增。由于多数职业病难以治愈，患病后持续治疗费用很大，部分病人的治疗费甚至超过其终生创造的劳动价值，40岁以前以命换钱，50岁以后以钱换命，已经成为很多职业病病人的人生写照。

*五是职业危害涉及人多面广，社会影响不容忽视。*由于职业病危害涉及人多面广，特别是一些职业病很难治愈，给职工本人及其家庭带来难以承受的压力，在目前社会保障体系不健全、部分企业侵权严重、职工投诉艰难、生活极度困难的情况下，在职

工队伍及其家属中会不断积蓄不满情绪，导致矛盾激化。

二、职业病防治工作中存在的突出问题

一是企业的职业病防治责任不落实，守法意识差。一些企业的管理人员法律意识淡薄，片面追求利润，不履行法律规定的职业病防治主体责任。还有一些企业利用职业病发病潜伏期长的特点，以“自主用工”为由，以轮换工人的方式，降低职业病危害防护成本和逃避职业病治疗及赔偿的法律责任，把危害后果转嫁给职工和社会。

二是地方政府对职业病危害底数不清，监督执法不到位。一些地方政府由于对各类职业病发病情况、生产现场的职业有害因素危害情况以及职业人群的健康监护情况等重要信息底数不清，在推动法律、法规和相关政策贯彻落实等工作中的思路不明，影响了职业病防治工作的科学决策，职业病危害治理工作未能纳入社会经济发展总体规划，缺乏针对性的职业病防控目标和具体措施。

三是劳动用工管理混乱，社会保障制度不完善。目前，一些地区在职业病高发的小煤矿、小金属矿、小纺织、小作坊等中小企业，私招滥用、非法使用外来劳动力和不办理用工手续等问题突出。即使是在一些国有大中型企业，职业危害严重的作业场所也几乎全部招用外来工，并且施行“一企两制”，对劳动者的职业健康保护实行双重标准，这些“非正式工人”不能享受《职业病防治法》所规定的权利和待遇。一些企业为了降低经营成本，不为职工办理工伤保险，或只为部分职工办理工伤保险，以此逃避对劳动者的职业健康保护和对职业病病人的治疗、赔偿责任。

四是职工缺乏必要的教育培训，自我防护意识和能力较差。当前，在劳动力市场供大于求形势下，职工的弱势地位明显，迫于就业压力，不得不迁就恶劣的工作条件，尤其是农民工等外来务工人员，工作在苦、累、脏、险的岗位，本身职业危害防治知识少，企业又不履行职业危害告知义务和进行相关知识培训，使其不了解工作岗位上是否存在危险和职业危害，未掌握防护技能，不清楚自己依法享有的劳动保护权利和义务，加之这些务工人员流动性较大，职业卫生服务难以覆盖，职业健康监护措施经常落空。

三、加强职工职业健康保护的对策建议

一是推动政府强化职业病防治监管责任。推动政府在经济社会发展规划中明确职业病防控指标体系，把职业病防治工作纳入各级政府领导任期目标考核，建立职业危害治理问责制度，对严重职业危害治理措施不力和职工职业健康权益保障不作为的有关人员追究相应责任。

二是广泛参与对严重职业危害的综合治理。积极呼吁调整产业政策，最大限度地限制和减少职业危害严重的落后工艺技术、生产方式，促进产业升级，加大对职业危害的前期预防和源头控制，严格对存在职业危害建设项目的监管。深入宣传贯彻《职业病防治法》，促进企业落实职业病防治主体责任，完善职业卫生基础管理。加强工会参与职业危害事件查处工作，对企业降低职业病危害防护成本和逃避职业病治疗及赔偿责任等违法行为要求依法惩处，对造成群发职业病的主要责任人员比照重大事故责任罪依法追究刑事责任。

三是突出职业病防治工作重点。积极配合政府有关部门在煤炭和金属矿山开采、建筑材料生产等粉尘危害严重的行业开展专项整治，限期解决粉尘危害的突出问题。结合农民工的从业特点，推动完善农民工职业卫生服务和管理机制建设，推动农村基本职业卫生与职业病防治服务网络建设，推动建立省际间的农民工职业卫生工作联动机制，以及农民工职业病诊断、治疗、保险等争议调处绿色通道，把对农民工职业健康保护纳入地方工会法律援助体系。

四是为职工提供有效的职业健康权益保障。深入贯彻实施《劳动合同法》，把企业与劳动者签订（续订）、解除、终止劳动合同作为劳动用工管理的重要内容，明确职业卫生防护必备条款和禁止条款，加大对用人单位订立、履行劳动合同职业病防治内容的指导和监督。在生产技术落后、作业环境差、工伤事故与职业危害风险大的中小企业，大力推行劳动安全卫生专项集体合同，推进企业落实《职业病防治法》所规定的职工职业健康保障责任。在推动扩大工伤保险覆盖面的同时，拓宽方便快捷的职工职业病防治咨询、诊疗、赔付、侵权投诉等渠道。

五是加大工会参与职业病防治工作力度。把企业职业卫生设施建设、资金投入、劳动者职业卫生教育培训、职业健康促进等作为工会参与企业职业卫生民主管理与监督的重要内容。组织职工开展形式多样的职业病防治宣传教育活动，引导职工参与劳动环境改善和职业危害因素治理。加大工会对企业（尤其是农民工相对集中的乡镇企业、民营企业、工业园区企业和招商引资企业等）落实职业病防治法律责任情况的监督检查。对无视国家法律给劳动者生命安全和身体健康造成严重伤害的，要求执法部门依法查处。推广应用工会参与职业病防治工作模式，在高危行业企业大力推行劳动安全卫生专项集体合同，提升工会参与职业病防治工作能力和水平。

六是营造关注职业病防治的社会氛围。加大对职业病防治知识的公益宣传，呼吁社会各界关注、关心、支持职业病防治事业。广泛宣传和推广在用工管理、职业危害治理、健康监护、工伤保险等方面的成功经验，扩大职业病防治工作的社会影响。重视发挥社会和舆论监督作用，支持、保护劳动者举报严重职业危害和其他各类侵权行为，对典型案例公开曝光、处理结果公之于众。

深入开展劳动竞赛
推动民营经济又好又快发展

——江苏省江阴市开展劳动竞赛情况调查报告

全总经济技术部

按照全总“面对面、心贴心、实打实服务职工在基层”活动领导小组的部署，全总经济技术部于4月赴江苏省江阴市，就民营企业如何开展劳动竞赛活动进行了专题调研，深入走访了法尔胜集团、中建钢构有限公司、茂达棉纺厂有限公司、双良集团、阳光集团等企业，召开基层工会主席、班组长、一线职工各层面座谈会9个，个别访谈职工30人，涉及15个乡镇、25家企业、3个工业园区的80多名干部职工。现将调研情况报告如下：

一、基本情况

江阴市位于经济发达的长江三角洲地区，连续9年蝉联全国百强县（市）之首，是改革开放18个典型地区之一，被誉为“科学发展的先行者”。改革开放以来，江阴民营经济取得长足的发展，目前，民营企业占全市企业总量的90%左右，创造的生产总值占全市GDP的60%以上，从业人员占职工总数的80%以上，已经成为江阴经济持续发展的活力源和加速器。

近年来，江阴市总工会主动适应江阴经济社会发展的实际，进一步解放思想、勇于创新，以促进民营企业发展为目标，以提高职工整体素质为重点，组织动员全市百万职工大力开展多种形式的“创先争优建功立业”竞赛活动，为促进民营经济又好又快发展作出了积极贡献。

二、主要做法

一是针对民营经济不同发展阶段，开展不同形式的竞赛活动。在民营经济快速发展期，江阴市总工会围绕市委、市政府确定的总体目标，把劳动竞赛作为新时期工会推动民营经济持续发展的第一发力点，把企业所需作为竞赛活动主攻方向，在全市广大职工中广泛开展以推动民营企业大发展、促进职工素质大提升为主要内容的“率先杯”立功活动和“创新发展当好主力军、建设幸福江阴立新功”竞赛活动。2008年金融危机爆发后，市总工会积极响应全总、省总、无锡市总关于“同舟共济保增长、建功立业促发展”的号召，紧紧围绕保增长、快转型、促发展目标，把动员职工与企业同舟共济、共渡难关作为劳动竞赛的主要内容，团结带领全市百万职工广泛开展了“共迎挑战、共谋发展、共创和谐”主题竞赛活动。2010年，围绕破解民营经济转型发展的困局，在全市职工中广泛开展了以促进职工思想素质提升、促进经济发展方式转变、促进新兴产业加快发展、促进中小企业发展、促进安全生产为主要内容的“百万工人大练兵、建功立业促转型”劳动竞赛，推动了经济转型和企业发展的有机统一和互动并进，形成了“百万职工立功劳动竞赛”品牌。“十二五”以来，伴随着江阴民营经济传统产业高新化、新兴产业规模化的发展趋势，开展了“百万职工大建功，建设滨江花园城”主题劳动竞赛，掀起了新一轮民营企业劳动竞赛新热潮，并成为江苏工会“建功‘十二五’、创新促发展”劳动竞赛中的闪亮品牌，为江阴经济社会发展在无锡领先、在江苏率先、在全国争先作出了新的更大的贡献。

*二是以激发职工创新创造活力，作为劳动竞赛主要抓手。*市总工会积极探索开展职工技术创新活动的劳动竞赛，最大限度地激发职工创造激情，在促进民营企业技术进步中发挥了积极的推动作用。一方面大力实施职工技术创新“十百千”计划。市总提出在全市建立十个劳模创新示范工作室、百家职工技协组织、千个职工科技创新小组的“十百千”计划。目前，全市已建立示范工作室16个，技协组织146家，科技创新小组1000多个。去年以来，全市民营企业获得科技进步奖135个，其中国家科技进步二等奖2个；全市授权专利中的30%、科技创新成果中的50%来源于普通职工的技术创新成果；有99家民营企业参与了210个国际、国内行业标准的制定。另一方面积极引导广大职工岗位创新。围绕企业生产经营、技术进步的难点和重点，组织动员广大职工大力开展“五小”活动，为推动企业技术进步献计出力。近3年来，全市职工提合理化建议5万多条，完成技术革新3万多项，发明创造1万多项，改革工艺6000多项，创新成果4000多项，总结推广先进操作法1000多项，累计创效8亿多元。

*三是以打造高素质职工队伍，作为劳动竞赛的主要内容。*江阴市总工会把提升职工素质，作为开展劳动竞赛促进民营企业发展的第一切入点。第一是大力开展职工技能比赛。从2006年开始，市总已累计举办30多个工种的职工技能比赛，吸引了10万余名职工参赛，有2000多名职工通过技能比赛晋升技术等级。第二是积极推进“5110”素质提升计划。市总提出用3年时间，培养5000名职工技术创新带头人，培训1万名班组长和10万名职工。3年来，市总依托职业技能培训中心、职业学校、成人培训中心等培训基地，把普及培训与晋级培训结合起来，采取校企联合、订单式、多元化的培训方式，已累计培训职工30万人次，班组长9400多名，职工技术人才4000多名。第三是积极培养选树高技能人才。每年选树“十大金牌工人”、“十大职工技术操作能手”、“十大职工标兵”等，树立了江阴高技能人才新典型，激励全市广大职工争当高技能人才。目前全市已有各类在岗的科技人员11.07万人、专业技术人员21.91万名，持有岗位操作资格证书的职工达13.73万人。

*四是以让职工分享发展成果，作为劳动竞赛的主要动力。*江阴市总在劳动竞赛中注重使竞赛创造的价值和成果由企业和职工共同分享，做到共创共享共赢。首先是对劳动竞赛中取得优秀成果、作出突出贡献的职工给予奖励。将竞赛优秀成果与职工的技能等级评定、使用晋升等挂钩，近3年中，有21名职工因在各级技能操作比赛中获得大奖或具有创新发明，被评为无锡市级及以上劳模或享受相应待遇。其次是推动企业建立技能工资制度和津贴制度。推动企业把工资薪酬与贡献、技能挂钩，设立职工创新奖励工资，实施技术要素、职工技术创新成果入股、参与红利分配等。江苏法尔胜集团对评出的各类技师给予500～1000元/月的特殊津贴，对评出的创新能手给予一次性奖励

5000～100000元不等。江苏扬子江船业集团建立了基本年薪加股权激励的薪酬体系，有近25%的技术骨干持有公司股份。

三、几点启示

江阴市总工会把劳动竞赛作为工会工作的重中之重，切实加强对竞赛活动的组织领导，精心筹划竞赛工作，做到有组织、有规划、有重点、有考核，全面推进竞赛活动，有以下几点启示：

一是完善竞赛组织机构。江阴建立和完善了市劳动竞赛领导小组，各镇（街道）、开发区和规模企业也建立了相应的竞赛领导机构，加强对劳动竞赛工作的组织领导和统筹协调，形成了全市党政、工会、部门、行业协会和企业共抓、共促、共创、共赢的劳动竞赛工作新格局，确保了竞赛活动广泛深入开展。

二是加强对竞赛活动的科学指导。近年来，市总制定下发了《关于开展“百万工人大练兵、建功立业促转型”劳动竞赛活动的实施意见》、《关于进一步推进职工科技创新工作的实施意见》、《关于创建职工科技创新培训基地的实施意见》、《关于深入开展创建劳模创新工作室的实施意见》等一系列文件，制订了劳动竞赛3年规划和年度计划，明确了目标任务、工作重点和推进举措。

三是强化对竞赛活动的考核。市总积极推动市委、市政府将劳动竞赛工作列入全市镇（街道）、开发区年度经济社会发展目标考核内容，完善镇（街道）工会工作考核办法，与镇（街道）年度综合考核名次和机关人员年度经济待遇挂钩，推动竞赛深入扎实有效开展。

四是发挥劳模的示范带动作用。通过创建“劳模创新工作室”、劳模交流、劳模结对、劳模演讲等形式，大力宣传弘扬劳模精神，注重培养选树劳动竞赛典型，充分发挥劳模示范带动作用，教育引导广大职工勤奋劳动、诚实劳动、创新劳动，在推进经济社会发展进步中创造美好生活、实现人生价值。

关于内蒙古劳务派遣工思想和生活情况的调研分析

全总法律工作部

劳务派遣是20世纪末21世纪初，顺应国有企事业单位改革、下岗职工再就业、农村劳动力转移、企业节约劳动力成本等形势发展起来的，在促进劳动力市场发育、满足企业灵活用工需求等方面发挥了积极作用。但是，近年来，涉及劳务派遣工作的各类问题层出不穷，劳务派遣工的合法权益受到侵害，由此引发了社会各方的广泛关注。在这次服务职工活动中，法律工作部赴包头、鄂尔多斯、乌兰察布、呼和浩特等地区，就劳务派遣工思想和生活情况进行了调研。

一、基本情况

（一）近几年劳务派遣用工增加较快，已经成为企业发展的重要力量。据调查，各企业都是在2007年以后开始大量使用劳务派遣工，目前包头有劳务派遣工约2万人，鄂尔多斯有3万多人，主要集中在国有企业、第三产业。北重、包钢劳务派遣工占职工总数的10%左右；内蒙古移动合同制员工3000多人，劳务派遣工9000多人，占职工总数的75%；内蒙古邮政劳务派遣工5237人，占职工总数的36.5%。其岗位工种不仅分布在辅助岗位，更多的是在一线和主要生产岗位。劳务派遣工已经成为企业发展不可缺少的重要力量。

（二）劳务派遣工以年轻人为主，思想活跃，队伍总体稳定。据对几家企业调查，30岁以下的劳务派遣工占一大半以上。据问卷统计，35岁以下的占79.4%；学历普遍比正式工低，大专及以下的占84.6%；党员占9.5%，团员占40.4%；工龄3年以下的占87.4%。劳务派遣工大都出校门不久，富有朝气，思想活跃，关心企业、关心社会，对社会一些问题有自己的看法。据问卷调查，对自己所在单位“关心或非常关心”的占83.3%；认为近五年来国家取得的成就“巨大或十分巨大”的占71.4%；对一些有损社会稳定的群体事件“坚决反对”的占73.7%；对自己目前从事的工作“满意和比较满意”的占64.6%。劳务派遣工队伍总体是稳定的。

（三）劳务派遣工在经济、政治、文化以及相关待遇方面与正式工的差距逐渐缩小。劳务派遣工在技能培训、文化生活、民主政治权利方面与正式员工基本享有同等待遇。据调查，各单位在技能培训、开展企业文化活动方面能够做到正式工与劳务派遣工同等对待。在福利待遇上差别也不是很大，大部分企业已经达到同等福利待遇。社会保险缴纳基本也都一样。在政治上大部分企业劳务派遣工与其他正式职工一样享受入党、入团、入会等政治待遇，参加开展的各项活动。区别最大的工资收入近些年差距也在逐渐缩小，个别企业做到了同工同酬。据问卷调查，认为劳务派遣工与正式工最大的差别，选择“工资、福利”的占60.5%，选择“晋升机会”的占16.7%，选择“民主政治权利”的占2%。

（四）一些大型国有企业建立完善劳务派遣工用工管理制度，构建和谐企业，为劳务派遣工的成长拓宽了空间。包钢制定了《使用劳务派遣工暂行办法》、《派遣员工绩效管理试行办法》，明确了派遣员工的政治、经济待遇与合同制员工相同，派遣员工在包钢累计工作满10年，经本人同意可转为正式工，包钢与其签订无固定期限劳动合同。同时规定，派遣员工有本科以上学历连续2年考核优秀、专科学历连续4年考核优秀，以及获得公司级劳动模范称号或职业技能比赛中获得相关名次的，都可提前转为包钢正式职工。北重集团、内蒙古移动等一些大型国有企业也都制定了政策，每年有一定数量的劳务派遣工转为正式工，极大地调动了派遣员工的工作积极性，为构建和谐企业、促进企业发展起到了重要作用。

（五）工会组织积极引导劳务派遣工加入工会，维护他们的合法权益。据调查，各企业的劳务派遣工基本都加入了工会，所去的几家企业劳务派遣工入会率在90%以上。鄂尔多斯市劳务派遣工入会率在80%以上。各级工会采取措施，切实维护劳务派遣工的合法权益，如在关爱员工开展送温暖活动、职工体检、劳动竞赛、技能培训方面，工会组织把劳务派遣工全部纳入活动范围。

二、劳务派遣工思想和生活中存在的问题

（一）劳务派遣工普遍缺乏归属感。据问卷调查，42.8%的劳务派遣工认为自己“是用工单位的员工”；38.9%认为自己“是劳务派遣单位的员工”，18.3%的人“说不清，不知道”。座谈中，大家普遍的困惑就是自己到底算是哪个单位的人，有了工伤事故该找谁？多数劳务派遣工总感到低人一等，成为单位的边缘人群。究其原因，一是劳动合同期限短，缺乏稳定感。派遣公司与派遣工一般是1年签订一次劳动合同，问卷显示，79.4%的派遣工签订的是1～3年的劳动合同。二是择业权没有保障，缺乏安全感。企业随时可以辞退派遣工，导致他们时时承受失业压力。三是工作环境和条件差。派遣工大多从事的是苦、脏、险、累工作，有的企业缺乏对派遣工的职业危害教育和相应防护措施，由此造成派遣工就业稳定性、自主性差。

（二）存在劳动就业歧视，造成劳务派遣工心理的不平衡。一是同工不同酬。在所调查的9个单位中，只有乌兰察布市双汇集团完全实现了同工同酬。同工不同酬是派遣工与正式工差距最大的一个方面，也是派遣工反映最强烈的一个问题。二是职业发展机会不均等，派遣工在职务晋升、工资提高、荣誉奖励等方面与正式工存在明显差别，造成劳务派遣工心理的不平衡，拉大了与正式工的距离。三是利益表达渠道不畅，派遣工与企业管理者缺乏沟通，加之派遣工在企业职工民主管理中缺乏自己的代表，使派遣工难以有效表达自身的利益诉求。这些很容易造成职工队伍的分化和对立，一旦处理不当也容易引发劳资纠纷和突发性事件。

（三）劳务派遣工工作和生活的压力普遍比较大。据问卷统计，只有13.2%的劳务派遣工月收入达到了3000元以上，65.1%的人在2000元以下，21.7%的人在2000～

3000 元。劳务派遣工“感觉当前最大的压力”排在前三位的，分别是工作压力、家庭生活压力、精神心理压力。“目前最担心的”，一是物价上涨，二是收入减少，三是生病住院。“最大的愿望”是提高收入和转为正式工。劳务派遣工无论是工资收入还是社会地位都不如正式工，心理上缺乏安全感和稳定感，工作和生活的压力普遍比较大。

（四）社会保险配套措施不完善，政策不到位，给劳务派遣工生活带来后顾之忧。一是由于目前国家养老保险还不能实现异地转移，而劳务派遣工流动性大，所以很多年轻的派遣工不愿意单位缴社保，宁愿以现金的形式打到工资里。二是虽然大部分企业给劳务派遣工缴纳了住房公积金，但一般每月只有几十元，派遣工身份也使他们办不了住房公积金贷款，买不起房是外来年轻派遣工结婚成家面临的最大问题。三是一些劳务派遣公司的资质、管理服务水平、责任承担能力存在差距，经常出现劳务派遣工工资、医疗保险金不能按时发放到位等问题。

今年，全国人大常委会将对《劳动合同法》进行修改，其中，规范劳务派遣制度是一项重要内容。下一步，将在调研基础上，再作详细的分析和梳理，为全国人大修改《劳动合同法》提供现实依据，使最终的调研报告更具针对性和说服力，在《劳动合同法》修改进程中发挥好工会组织的作用，促进劳务派遣走上科学发展的道路。

关于地方妇联在企业建立妇女组织情况的报告

全总女职工部

长期以来，工会和妇联组织在女职工工作分工问题上存在一定的分歧，特别是在企业女职工工作关系上问题较为突出。虽然中央对此已有明确原则，但在实际执行中，一些地方妇联组织违背中央精神，在企业建立妇联组织，造成工作中的一些矛盾，对企业女职工工作的开展带来不利影响。全总女职工部在深入山西省开展服务职工活动过程中，地方工会对此问题反映强烈，现将有关情况报告如下。

一、主要情况

近两年来，山西省妇联以建立“妇女之家”等形式，大力推进在非公有制企业建立妇女组织，主要表现为：

（一）明文规定在企业建立妇女组织。山西省妇联2011年4月印发的《关于在全省非公有制经济组织中建立妇女组织的通知》和《关于在全省非公有制经济组织中建立妇女组织工作的实施方案》明确要求：“凡是有女职工10名以上的非公有制经济组织，都应当建立妇女组织；女职工人数不足10名的，采取联合、挂靠等方式组建妇女组织”；临汾市妇联在《实施方案》中要求：“符合单独建立妇女组织条件的非公有制经济组织和社会组织全部单独建立妇委会，不符合条件的非公有制经济组织和社会组织采取工会女工委和妇委会两块牌子一套班子的模式，工业园区（开发区）全部建立妇工委，配齐配强妇女干部，辖区内符合建妇委会条件的非公有制经济组织和社会组织全部建立妇委会”等。

（二）部署推进在企业建立妇女组织。山西省妇联将在企业建立妇联组织作为基层组织建设的重点工作，纳入今年对各市妇联工作考核的重要内容。太原市通过召开非公经济组织建立妇女组织现场观摩会进行推进，省妇联主席和市委副书记出席会议并讲话，分别对在非公经济组织中建立妇女组织工作提出明确要求。省妇联主席李悦娥提出要坚持做到“三同步”的工作要求，即企业注册与妇女组织建立同步，与妇女组织负责人的选配同步，与妇联工作开展同步；要按照“七有”（有人员、有场所、有牌匾、有经费、有制度、有活动、有成效）标准建设“妇女之家”。阳泉市妇联在今年召开的全委会上，明确提出全市必须在所有非公经济组织中全部建立妇联组织的工作目标。同时，大力宣传推广在企业建立妇女组织的经验，《山西妇女报》对太原市妇联召开现场观摩会进行了专题报道，在一定程度上起到了导向作用。

（三）妇联在非公企业建立妇女组织已成迅猛发展态势。据《山西妇女报》报道，山西省非公有制企业妇女组织组建率已由 2010 年年底的 4.88%，提高到 2011 年年底的 43.9%。太原市妇联采取“因企制宜，一企一策”的做法大力推进在非公有制企业中建立妇女组织，目前，10 个县（市、区）和 3 个开发区非公经济组织中已建妇女组织 5097 家，组建率达 61%，其中在高新区 106 个非公企业组织集中组建，名称统一为妇代会。阳泉市 356 个非公企业全部建立了“妇女之家”以及“妇女维权站”，挂牌率达 100%。忻州市妇联与市委组织部、工商局开展集中组建，在非公企业有妇女在 5 人以上的建立妇委会，3 ~5 人的建立妇女小组，3 人以下的联合组建，现已建立妇女组织 1638 个，实现了妇女组织的全覆盖。

据了解，山西省的问题在全国其他地区也不同程度地存在。近年来，我们相继接到浙江、上海、甘肃等多个地方工会反映此类问题，近期还收到了贵州省总工会女职工委员会《关于贵阳市妇联在非公企业建“妇女之家”有关情况的报告》。

二、产生的问题

（一）造成对企业女职工工作的多头领导。企业重复建立工会、妇联两个组织，势必造成对企业女职工工作的多头领导，产生工作矛盾，让企业和职工无所适从，加重企业负担，形成谁都负责、谁都不负责的状况。山西省地方妇联未通过地方工会，直接向企业下发文件部署工作、联合有关部门直接面对企业开展评先活动，这一做法受到地方工会的抵制，地方工会和企业工会意见很大。

（二）在企业形成“男工会女妇联”的局面，影响职工队伍的统一。工会是全体职工权益的代表者和维护者，工会女职工委员会是工会领导下的女职工组织。如果在一个企业既建工会又建妇联组织，既分解了统一的工会组织，又影响到职工队伍的统一。

（三）造成企业工会和工会女职工工作干部配备管理上的混乱。《工会女职工委员会工作条例》规定：“女职工委员会主任由同级工会女主席或女副主席担任，也可经民主协商，按照相应条件配备女职工委员会主任，享受同级工会副主席待遇。”太原市妇联通过市委发文，明确要求企业妇工委（妇代会）与企业工会同等规格，企业妇联主任与工会主席同等待遇。由此带来企业建立妇联可以提高工会女职工委员会主任的职级，而女职委主任也愿意接受等问题，客观形成一些“一个机构两块牌子”的企业中工会主席和工会女职工委员会主任同级，造成企业干部管理体制的混乱。

三、意见和建议

关于妇联不在企业建立组织问题，中央早有明确规定，中央领导同志也多次作出批示。1991 年，中办厅字 25 号函明确规定：“妇联不在企业建立组织”，“妇联对企业女职工工作提出的要求，通过同级工会统一部署”。1999 年 10 月，胡锦涛同志明确批示：“企业中应建立女职工委员会，亦是工会的组成部分，不应要求搞两套机构”。2008 年 9 月，王兆国同志批示：“这是涉及体制的原则问题，不能自行分解统一的工会组织”，“涉及基层工会体制问题原来中央已有明确原则，应按中央确定的原则执行”，“我认为如企业建妇联必然会分解统一的工会组织”。2011 年 4 月，王兆国同志强调：“县以上工会女职工部门是妇联的团体会员”，“妇联不能在企业建立组织，企业工会有女职工组织”。

我们认为，关于工会和妇联在企业的工作关系问题，中央已有明确原则，必须坚决贯彻落实。工人阶级是一个整体，既包括男职工，也包括女职工，工会是全体职工权益的代表者和维护者，保持职工队伍和工会组织的统一，对于维护职工队伍的团结和稳定至关重要。据此，我们建议：

（一）以全总办公厅名义复函山西、贵州两省总工会，并转发至各省级工会。重申中央精神，要求各级工会组织和主要领导了解掌握中央关于工妇关系的基本原则和要求，并立即向同级党委汇报；全面了解本地区情况，及时跟进相关文件的制定，发现问题及时反映，并配合做好纠正妇联在企业建立组织工作。

（二）积极反映问题、沟通协调。一是与全国妇联沟通情况交换意见，统一思想、达成共识，推动解决好近期山西等省妇联在企业建立组织问题。二是适时向中央反映工会和妇联各自章程相关表述不一致问题，在为明年两家换届修订章程时将中央精神切实体现在章程中，规范各自行为。

（三）进一步加大宣传培训力度。积极向各级党政和工会领导干部宣传中央有关精神，适时在全总的重要会议上宣讲中央相关文件及精神，在全总及各地工会印发的相关文件中提出明确要求，并将此项工作纳入对各级工会领导干部的培训内容。

（四）大力推进企业工会女职工组织建设。按照《中国工会章程》、《企业工会工作条例》、《工会女职工委员会工作条例》和中华全国总工会办公厅《关于推进工会女职工组织和女职工权益保护专项集体合同全覆盖工作的意见》、《关于加强工会女职工组织规范化建设的意见》要求，加快企业工会组织组建步伐，推进女职工组织与工会组织同步组建，着力加强工会女职工组织规范化建设，配齐配强企业工会女职工工作干部，推动解决落实女职工委员会主任、副主任待遇，充分发挥企业工会女职工组织作用，切实做好企业女职工工作。

关于湖南省工人文化宫状况的调查报告

全总财务部

根据全总“面对面、心贴心、实打实服务职工在基层”活动的具体要求，2012 年 3～4月，全总财务部与湖南省总工会成立联合调研组，采取现场查看、召开座谈会、发放问卷等方法，对湖南省县级以上文化宫进行了普查，现将情况报告如下。

一、基本情况

截至 2011 年年底，湖南省共有县以上文化宫 80 个，其中市级文化宫 15 个（娄底、郴州、怀化 3 市没有市级文化宫），县级文化宫 65 个。其中属自收自支事业单位 60 个，差额拨款事业单位 15 个，全额拨款事业单位 5 个，分别占文化宫总数的 75%、18.8%、6.2%；全省县级以上文化宫定编 1010 人，实有工作人员 904 人。其中自收自支 565 人，差额 410 人，全额拨款 35 人，分别占编制总数 55.9%、40.6%、3.5%。在岗职工中，具有中级以上职称 164 人，占 18.1%；大专及以上学历的 428 人，占 47.3%。目前能正常开展文体活动的文化宫仅 27 个，占 33.8%。

二、改革和发展现状

充分发挥了职工文化建设主阵地作用。多年来，文化宫始终坚持正确的政治方向，突出公益服务性质，唱响了主旋律，成为城市的文明窗口、职工的文化家园。始终将社会效益放在第一位，杜绝“黄、赌、毒”现象的发生，文化宫运行做到了安全、健康、平稳，在全社会赢得了广泛好评。

充分发挥了职工培训教育的“大学校”作用。文化宫面向社会大力开展职工（特别是农民工）职业技能教育，利用文化宫所属的“职工书屋”、“职教基地”等载体，开展教育培训活动，提高职工群众思想道德、民主法制、科学文化、技术技能、健康安全、社会文明等素质，成为职工终身教育的重要载体。长沙第二工人文化宫连续 5 年举办职工摄影培训班 35 期，结业 6000 多人。据统计，每年开设文化、教育、培训等项目 110 多个，为职工群众提供无偿文化服务 1500 多场次；2011 年，全省县以上文化宫举办各类培训班 270 个，培训职工 2.61 万人。

充分发挥了职工业余文化生活的“乐园”作用。各级文化宫主动适应市场经济要求，努力打造职工文化品牌。初步形成了歌曲创作、相声、小品、健美操、国标舞等一批有一定知名度的文化品牌，如长沙市工人文化宫职工周卫星曾获中国曲艺表演最高奖牡丹奖等，在职工群众中有较强的影响力。

充分发挥了稳定职工队伍、构建和谐社会的凝聚作用。近年来，文化宫在为职工群众送文化，安置下岗就业人员，促进企业改革、发展、稳定方面做了大量的工作。嘉禾县工人文化宫，招商引资1200多万元，安置下岗失业人员200余人。全省文化宫每年组织开展农民工文化体育活动1000多场次，来文化宫参加活动的职工群众每年超过2000万人次，每年定期或不定期为农民工免费送电影、送文化。2011年，湖南省县以上文化宫举办各种大型公益性活动71次，参与职工达200.6万人次。

三、主要困难和问题

*一是政策扶持缺位。*1997年、2005年全总先后两次下发《关于进一步加强县以上工人文化宫、俱乐部建设的若干意见》、《关于推进地方工人文化宫俱乐部改革与发展的意见》，2003年，国务院第382号令颁布《公共文化体育设施条例》，2007年《中共中央办公厅国务院办公厅关于加强公共文化服务体系建设的若干意见》进一步了明确工人文化宫的公益性文化事业单位性质。但在实际操作中，湖南省现有的工人文化宫均未纳入地方政府公益性事业单位规划、管理、扶持范围，也就不能享有与地方文化馆（站）、博物馆、图书馆同等城镇公益文化事业单位相同的政策待遇（如财政补贴、税收返还、土地城建、社保、融资等）。最近出台的《中共湖南省委关于贯彻党的十七届六中全会精神加快建设文化强省的意见》，尽管在文件起草过程中省总工会向省委宣传部、省委办公厅提出了书面建议，但仍未能将工人文化宫明确列入公益性文化事业单位，文化宫不仅无法享受政府在拨款、税费、土地等方面给予的支持和优惠政策，还要承担各种各样的税费（税费负担一般占文化宫全年总收入的20%左右），文化宫不堪重负，生存发展步履艰难。

*二是发展面临挑战。*随着市场经济的发展，城市格局、文化消费观念、社会生活方式都发生了巨大变化，特别受社会娱乐业迅猛发展的冲击，文化宫发展面临严峻挑战。目前，全省80个县以上工人文化宫，仅有27个县级以上工人文化宫勉强维持活动，比例仅占33.8%，有的文化宫陷入了“名存实亡”的困境。由于缺乏经济实力，一些文化宫为了生存不得不靠出租场地和举办各种收费培训班来维持。

*三是资产流失严重。*文化宫大多建设年代久远，普遍存在着设施落后、设备破旧、功能单一、效益低下等现象，有些场馆还因为城市的改造和扩建需要被切割，造成文化宫的场地面积锐减。调查表明，与2009年相比，全省县级以上文化宫又减少了4个。3个市没有本级文化宫，57个县市区没有文化宫，占全部县市区数的46.7%，多数县级以上文化宫功能基本瘫痪，成为仅有“本子、牌子、章子”的“空壳文化宫”。如郴州北湖区工人文化宫建宫26年，从占地面积46000平方米减至8000平方米，减少82.6%。2001年，衡阳市工人文化宫为配合市政府兴建莲湖广场，被无偿拆除建筑面积17936平方米，其中临街门面5252平方米，文化活动场地12684平方米，目前只有7000平方米可用面积。益阳市工人文化宫原主要活动场所是一幢占地面积约2800平方米的电影院，1991年因城市规划被拆除后，再无活动场所；慈利县工人文化宫1200平方米的活动场地，于2010年因县城统一规划被拆迁；新晃县工人文化宫近600平方米的场地被老干部活动中心占用为门球场，至今无法收回，全省文化宫的活动场所面临不断萎缩趋势。

*四是经费投入不足。*由于工人文化宫的公益性属性未能得到地方政府的确认，加之部分地方政府狭隘的“资产所有权”观念（文化宫资产终极所有权归全国总工会，投

入应该全总负责），一方面文化宫作为职工“学校和乐园”，要充分利用所有的资源，不计或少计成本来丰富职工群众的业余文化生活；另一方面文化宫又得靠自己的经济收入和上级工会的补助来维持生存，这就造成文化宫长期在微利甚至无利状态下运作，导致文化宫建设发展投入严重不足，运转困难。调查表明，2010 年以前，各级工会共对文化宫拨款 4200 万元（全总约 500 万元，省总工会约 2200 万元，市州县工会约 1500 万元）；各级政府共拨款 2100 余万元（不含地产）。2011 年，全省文化宫仅获得 888.29 万元财政拨款，而全省文化宫人员工资性支出就达 2347.47 万元，仅占 37.8%，大部分支出由工会经费维持。如长沙市，近三年市总工会对工人文化宫共投入 277 万元，区县级工会对其工人文化宫共投入仅 63 万元，2011 年市本级财政拨款 478 万元，也仅用于发放市总工会机关和文化宫离退休人员的离退休金。而对欠发达地区文化宫，经费困难问题更为突出，如桑植县文化宫 9 名工作人员，仅欠缴 2008 年以前的基本养老保险金就达 20 万元，县文化宫仅能在办理退休手续时才交足欠缴费用。

四、对工人文化宫发展的计划

目前，全省已有 10 个市、43 个县市区拟新建、改建文化宫，并已制定初步规划。湖南省总工会已作出初步规划，力争通过 3～5 年的努力，全省各级工会自筹资金 5 亿元，市场运作筹资 10 亿元，重点改造建设 5 个市级文化宫、30 个县级文化宫，建好一批标志性文化宫，实现所有市州、县市区都有文化宫。

五、对工人文化宫发展的建议

（一）进一步明确文化宫公益性事业性质。建议湖南省委、省政府明确把文化宫纳入公益事业单位序列，由湖南省总工会会同省发改委、省文化厅等部门制定出台《加强全省工人文化宫建设改革发展的意见》，把职工文化活动阵地建设纳入全省经济社会发展总体规划、各级政府公共文化服务体系和重点工程建设项目，使文化宫与群艺馆、文化馆（站）、图书馆等公共文化事业单位享受同等的政策待遇，在政府采购、贷款贴息、土地划拨、税费减免等方面享受优惠政策。

（二）加大对文化宫的资金投入。建议财政从今年起每年安排一定数额的补助费用，主要用于职工文化事业建设，以及举办公益性职工文化体育活动。

北京市总工会创建工会三级服务体系建设首都服务型工会

全总国际联络部

一、建设工会三级服务体系的提出

随着经济结构和职工队伍的发展变化，北京市总工会日益感受到工会联系职工不紧密、基层工作薄弱、工会工作缺乏阵地、资源和专业力量的问题。2006 年，党的十六届四中全会提出构建社会主义和谐社会，市总工会开始了“建设服务型工会”的构思。2007 年，北京市职工帮扶中心和各区县职工帮扶中心相继成立，并开始探索在街道乡镇建立工会服务站。2008 年全党深入学习实践科学发展观之际，北京市总工会提出“转变活动方式、建设服务型工会”，正式提出了建立三级服务体系的设想，将其作为服务型工会的载体。至 2008 年年底，市、区县、街道乡镇的三级服务体系的框架已基本形成。

2009 年 2 月召开的北京市工会十二大，深入贯彻落实市委工会工作会议精神，明确提出“着力构建服务型工会”，“建立比较完善的工会三级服务体系，不断提高服务大局、服务企业、服务职工的能力”。随后召开的市总工会十二届二次全会，贯彻落实市委《意见》和十二大精神，在总结以往工会工作经验的基础上对工会工作基本框架进行了全新设计，制定了包括《关于建设工会三级服务体系的实施方案》在内的工会 6 项重点工作实施方案，与市委《意见》一起形成了“1 +6”文件，工会三级服务建设成为北京市工会大力推进的一项重点工作。

《关于建设工会三级服务体系的实施方案》提出“建设工会三级服务体系是创新工作思路、体制机制、工作方式，建设服务型工会的重大举措和有益探索”，对三级服务体系的基本框架、职责分工、运行机制、服务方式手段、设施建设、人员和经费保障等提出了明确目标和要求。由此，北京市总工会开始大力推进并不断完善三级服务体系建设。

二、工会三级服务体系建设的主要做法

（一）建立全覆盖服务网络。建立了由市职工服务中心、区县职工服务中心、街道乡镇工会服务站组成的覆盖地方的三级服务网络；由市职工服务中心、产业工会、局总公司工会组成的覆盖市属国有企事业单位的三级服务工作网络。市职工服务中心是服务网络中枢，负责顶层设计、整合资源、搭建平台、建好载体；各区县中心立足区域、承上启下、指导基层、完善服务；分布在街道乡镇和工业园区的 344 个工会服务站是直接面向企业和职工开展工会工作的前沿阵地，负责深入职工、掌握情况、反映诉求、落实工作。

（二）建立全天候信息平台。建立了由职工服务热线、网站、短信平台组成的“12351”职工服务信息平台，24小时全天候服务。职工服务热线自2009年8月开通以来，共接到职工来电14.9万余个，日均来电300多个，单日最高达6000余个，来电内容涉及权益维护、工会业务、生活服务3大类10个方面，工会通过“受理—派单—核实—办理—督办—反馈—回访”的工作流程，为职工办实事、解难事。“12351”热线的开通，也畅通了职工信访渠道，2011年共接访301件，其中包括多起群体访和信访积案，绝大多数案件得到妥善解决。“12351”职工服务热线还建立了与“12333”劳动保障热线和“12348”法律服务热线的互联互通的工作机制，实现了资源共享和工作联动。

（三）建立专职化人员队伍。自2005年起，市总工会通过人员经费由市、区县、街道乡镇三级分担，面向社会公开招聘，至2009年年底，初步形成了一支由协管员、退休返聘人员和大学生助理员组成的基层工会工作者队伍。为提高人员素质、改善队伍结构，参照《北京市社区工作者管理办法》，先后组织了3次专职工会社会工作者资格认证考试和招录考试，形成了1468人、大学生占71.5%的专职工会社会工作者队伍。市总工会正积极推动专职工会社会工作者纳入市社区工作者序列。

（四）实行实名制会员管理。2009年起，积极开展工会会员和会员单位信息采集工作，并实行信息采集与建会工作同步进行，实现了会员实名制会籍动态管理。采集企业信息包括企业类型、规模、职工状况、经营范围等；采集会员信息包括身份证信息、联系方式、学历、技能水平等。三年来已采集会员信息364万人，会员信息采集率达到94%，并掌握了160万条会员手机信息，形成了数据准确、信息丰富、动态管理的北京市工会会员和建会企业数据库。

（五）开展普惠制职工服务。除通过三级服务窗口和服务信息平台直接为职工提供政策咨询、企业建会、职工入会、劳动争议调解、工资集体协商、企业民主管理、职工互助保障、困难帮扶和应急救助、职业介绍和就业指导等服务外，坚持主动服务、普惠服务的理念，为所有工会会员办理京卡·互助服务卡，目前已办卡195万张。市总工会为每位持卡会员每年赠送一份非工伤意外保险和一份家庭财产火灾损失保险，截至去年年底共为490名会员发放赔付金210万元。今年市总工会随卡推出了在职职工医疗互助保障计划，对会员自付的医疗费用按一定比例报销，每年投入2亿元，受益职工预计60万人。通过整合工会企事业单位资源，与社会商家合作开发服务项目，为持卡会员提供就医、助学、应急救助、教育培训、文化体育、医疗体检、参观游览、生活服务等多项免费或优惠服务项目，现已有特约服务商户57家、服务单位300余个，已有102万名会员直接受益。

（六）构建社会化工作格局。通过三级服务体系，推动了工会服务和维权工作的开放运行。建立了市劳动争议调解中心、区县劳动争议调解中心、街乡劳动争议调解室以及企业劳动争议调解组织组成的劳动争议调解网络。市总工会牵头联合人力社保局、司法局、法院、信访办、企联建立了劳动争议调解六方联动机制。建立专业化调解队伍，聘请25家律师事务所的450名律师志愿者，在各级调解机构专职从事法律政策咨询和劳动争议调解。职工通过各级服务窗口、职工服务热线申请调解。2009年6月以来通过“12351”职工服务热线、各级服务窗口受理案件65173件，结案59128件，调解成功

43848 件，成功率 74.2%，涉及金额 3.62 亿元，实现了将劳动关系矛盾化解在基层、化解在萌芽状态，促进了社会和谐。

三、工会三级服务体系建设对促进工会工作的重要作用

（一）推动了工会工作体制转变。一是实现了工会组织和工作的全覆盖。工会服务站作为街道乡镇总工会的工作机构，积极推动辖区企业建会，针对中小非公企业建立区域、行业工会联合会或联合工会。同时，加强产业工会建设，推动产业工会工作领域和工作对象向非公企业延伸，使工会组织和工作的触角延伸到了社会各个领域，形成了地方和产业相结合、国有和非公相互促进的全覆盖的组织体系和工作体系。二是推动了工会工作的社会化。工会三级服务体系建设，搭建了工会系统内外互动的平台，打破了原有的工会体制内封闭运行的工作状态，形成了开放式的社会化工作格局。

（二）推动了工会工作机制转变。一是强化了工会的社会动员机制。三级服务体系的建立和运行，使工会对职工的了解更加全面，与职工的联系更加紧密，为职工维权更加有效，对职工服务更有针对性。二是建立了工会的社会参与机制。三级服务体系开放运行，使工会能够了解职工所想、所急，了解党政职工群众工作所需，有的放矢地做好新时期职工群众工作。

（三）推动了工会工作方式转变。一是实现了工会工作的一线化。通过工会三级服务体系，使工会工作重心下移，人力物力财力等资源向基层倾斜，实现了工会职能和作用下沉到街道乡镇和社区楼宇，实现了工会工作向非公领域延伸。二是实现了工会工作的系统化。三级服务体系的建立和运行，实行工作项目化管理，克服了工会传统层级结构的弊端，避免了工作浮于表面、流于形式，实现了工作扁平化推进，使工作更加系统，一沉到底。

当前我国劳动就业和职业培训形势分析及对策建议

中国工运研究所

根据王兆国主席对《湖北省总工会关于"招工难、就业难"问题的调查报告》的重要批示，中国工运研究所组成就业问题课题组分别赴广东深圳、湖北武汉、黄冈、孝感、黄石、山东潍坊、陕西西安就劳动就业与职业培训问题进行专项研究。现将调研情况汇报如下：

一、当前劳动就业方面存在三大问题

2011 年我国就业整体局势基本稳定，总量持续增加，结构逐步优化。高校毕业生初次就业率 77.8%，同比提高 1.2 个百分点；农民工总量 2.53 亿人，比上年增长 4.4%。全国城镇新增就业 1221 万，城镇失业人员再就业 553 万，就业困难人员实现就业 180 万，全年农村劳动力转移就业 800 万，共有 1700 多万人次接受各类政府补贴性职业培训，高技能人才达到 790 万。但是，就业领域存在的问题也较为严峻。

（一）就业总量压力大，就业吸纳能力弱

我国劳动力资源绝对数量庞大，据估算，15～64 岁劳动年龄人口在 2014 年达到最高峰时的总量高达 9.97 亿，就业人口达到 7.96 亿。产业结构不合理制约就业吸纳能力的释放。2011 年我国第一产业就业人员占 34.8%，第二产业占 29.5%；二者比重之和高达 64.3%，而美国、日本，第一和第二产业的比重之和均在 30% 左右，不合理的产业结构，不利于有效释放第二、第三产业就业吸纳能力，就业总量压力进一步淤积。

（二）结构性矛盾严重，就业匹配矛盾突出

企业、部分地区"招工难"和劳动者"就业难"问题并存，高校毕业生就业期望和就业能力与市场需求不相适应等。在制造业转型升级之际，劳动者的劳动技能水平与岗位要求不符。一方面是劳动者要求更为稳定、体面、有保障的就业机会，另一方面是企业在生产要素成本上升、融资环境趋紧、利率汇率调整、国际形势低迷等因素的影响下对灵活用工、弹性用工的高度依赖，这使得劳动者与企业在就业匹配方面的矛盾进一步加剧，用工缺口扩大。

从地域来看，东部地区的用工短缺问题更突出，中西部地区的快速发展，与东部工资水平的趋同，使其就业吸引力在下降。据国家统计局的监测显示，选择到东部地区务工的农民工比上年下降了 1.5%，到中、西部地区务工的比上年共增加 17.7%，前往长三角和珠三角地区务工的农民工分别比上年下降 0.9 和 0.8 个百分点；从行业来看，用工缺口最大的主要是制造业、餐饮业、零售业等劳动密集型行业，2011 年用工需求分别

为32.2%、15.7%与13.1%；从企业规模来看，小企业用工更短缺，而收入待遇高、劳动条件好的优质企业基本不存在用工短缺现象。截至2011年8月份，全国有51.8%的中小企业存在用工短缺。2012年，40%的小微企业反映缺“技工”。年轻一线蓝领工人普遍短缺，占企业招聘总需求的28.1%（16～24岁年龄段）。在深圳，91%的企业经营者认为生产成本上升中最为重要的因素之一是“人工成本上升”，2011年民营企业普通员工工资平均涨幅在30%左右，70%以上的民营经济和中小企业存在招人、留人难问题。

（三）公共财政投入不足，就业政策落实难

我国就业公共服务建设滞后。现有公共服务机构尤其是基层的人员配备、设施保障都明显不足，公共就业服务财政投入不足，目前我国没有将公共就业服务补助资金纳入国家预算中，仅从社会保障和就业项目中列支，且支出非常有限。2003～2008年我国社会保障与就业财政总支出，平均仅为财政总支出的7.15%。鉴于就业政策的评价体系普遍缺失，一些地方政府以及部门落实就业政策动力不足。

二、我国职业教育与培训方面的主要问题

政府重视职业教育与培训工作。2011年度全年全国专业技术人员参加继续教育达3000多万人次，共组织企业在职培训613万人次，“两后生”劳动预备制培训262万人次，城镇失业人员再就业培训386万人次，各类农民工培训1080万人次，创业培训145万人次。工会积极置身职教、培训工作，2010年度共筹集技能培训促就业资金4.2亿元，共开展职业技能培训超过314万人次，其中147万人取得劳动资格证书，介绍189万名劳动者实现就业。但是，与就业形势的客观要求相比，我国的职业教育及培训工作还存在着不小的差距。

（一）国家投入少，统筹差、成效差。在我国，职业教育院校得到的公共经费少，硬件设施落后，师资力量薄弱，实际操作训练经费短缺。我国的职业培训机构的规模与制造业大国地位极不匹配。德国大约有8000万人口，但职业技术培训学校却有4000多所，而我国才有技工学校2914所。职业教育缺少顶层设计，职教与培训的指导原则、资源配置方式、目标与策略不清晰，发展方向模糊，难以形成实际可行的职教与培训机制，大多数“两后生”不愿意进入职业教育院校学习，而目前城市劳动力市场中需求量最大的是受过专门职业教育、具有一定专业技能的中专、职高和技校水平的劳动力，这部分占总需求的56.6%，在新生代农民工中这部分人只有20%左右；小企业、小作坊也无法得到政府提供的免费或减费的培训。

（二）中小企业的职业培训不到位，功利性强，投入少。对于大多数中小、微型企业而言，长期以来对于技术工人大多延续“用而不养”的策略。企业培训经费的提取、使用不到位，缺少与职业培训机构整合资源培养人才的渠道。在山东、陕西等地的调研中，我们发现，不少中小企业负责人甚至完全不清楚国家对企业培训经费的有关规定。

（三）社会观念的软约束加剧，轻技能、重学历。目前“重学历、轻技能”的观念占据主导地位。部分名企招收高学历人才从事低技术含量工作的渐趋常态。高学历人

才的择业观窄化，只愿意去机关、事业单位，或者国企、外企，不愿意去中小企业；轻视技能、轻视劳动的观念甚至在一线劳动者，特别是新生代农民工中不断传播。

（四）职工参加职教与培训的限制因素多，激励少，积极性低。调研发现，只有中专及以上学历的职工对参加培训积极性较高；在一些企业缺乏对参与培训的职工的有效激励，培训只是报个名，拿个证，并未与工资、晋升等挂钩，职工参与培训积极性不高。规模较大、效益较好的企业重视对职工的技术技能培训，有的设有企业自己的培训学校。大量的中小企业尤其是小微企业，在当前经营成本增加、国内外经济不稳定不确定的因素增多的形势下，由于受到各方面条件的限制，其职工的培训状况大多不理想。

三、对策建议

（一）落实积极的就业政策。加强对各级地方政府、各部门、企业和劳动者的积极性促进就业政策贯彻落实的考核。加强公共就业服务体系；加大对就业、培训等专项资金的安排、管理、监督和保障工作；在国务院层面成立就业工作领导小组，加强对就业工作的组织领导。

（二）扶持中小企业促进就业。完善财税扶持政策，降低中小企业的税负；加大对中小企业公共服务力度；适时出台《中小企业促进法》实施细则，增加关于培训方面的条款，加大促进中小企业发展的政策落实和执行力度；规范企业对职工培训经费的使用。

（三）做好重点群体就业工作。完善高校毕业生创业扶持政策，加强创业教育、创业培训和创业服务；推进农村富余劳动力转移就业。加快建设小城镇，发展县域经济、乡镇企业和非农产业，促进农业富余劳动力就地就近就业。建立健全困难群体的就业援助体系；做好职工社会保险关系接续和转移，多途径、多渠道安置职工。

（四）推动职业教育深化改革。大力发展职业教育，政府要把职业教育纳入经济社会发展和产业发展规划，以就业为导向，推进职业教育教学改革，实行工学结合、校企合作、顶岗实习的人才培养模式，形成学校教育与职业培训并举的格局；推进技工院校改革，深化技工院校一体化课程教学改革试点工作，制定一体化教师标准和培训大纲，组织开发一体化课程师资、一体化课程开发技术。

（五）加强工会组织就业培训服务体系建设。加强工会就业服务体系建设。着力加强职业培训和职业介绍机构建设，进一步增强工会在技能培训促就业行动、春风行动、全国工会就业援助月、全国民营企业招聘周、困难家庭高校毕业生阳光就业行动等就业服务的效果；创立工会培训品牌，采取职工进学校和课程进企业等方式，建立区别于社会培训机构和政府培训机构的专门职业教育培训学院。

第四篇 典型经验

努力建设职工信赖的“职工之家”

北京市东城区总工会

东城区总工会把“面心实”活动作为联系职工群众的有力抓手，与开展创先争优活动相结合、与参与加强和创新社会管理工作相结合、与推动工会重点工作相结合，取得了积极进展，受到广大职工群众的普遍欢迎和认可。

一、深入基层了解实情，坚持“三个到位”

全区各级工会共召开各种类型座谈会601余场，参与近万人，发放调查问卷3万余份，收集归纳企业职工意见和建议、困难和问题408余条，为“面心实”活动扎实有效开展奠定了坚实基础。

“三个到位”指强化领导、组织工作到位，加强宣传、思想发动到位，迅速行动、服务落实到位。将“面心实”活动放入推进“首都文化中心区、世界城市窗口区”和“国际化、现代化新东城”建设的工作大局之中考虑，把活动作为全年工会工作的重中之重，确保各级工会组织有计划、有步骤、有实效地开展活动。

二、突出工作亮点，开展“五个到基层”服务职工活动

一是将“面心实”与日常服务工作相结合，开展品牌服务到基层活动。将开展“两节”送温暖、“三八”助单亲、“五一”慰问困难劳模等系列帮扶活动，贯穿全年。启动应急帮扶机制，对“7·21”受灾的2家企业和17名职工发放慰问金10万余元，对3名患重大疾病职工支出慰问金10万元，解职工燃眉之急。组织机关和街道工会干部为患大病职工捐款近4万元。金秋助学活动形成了对困难职工子女从资助上幼儿园到大学毕业后帮助就业的“不断线式”帮扶机制。将健康关爱与医疗救助相结合，为4318名职工赔付医疗互助保险63万余元。举办招聘会23场，提供就业信息近3万条，岗位推荐16000人次，其中2200人实现就业。开展了12场交友活动，吸引1823名单身职工参加，并为12对新人举办了集体婚礼。指导与服务并重推动会员信息采集及京卡办理工作，为会员提供更多优惠，完成会员信息采集近23.5万人，会员持卡率达51.5%。解决问题与心理疏导结合深化职工诉求工作，共处理职工诉求656件，为构建和谐劳动关系、推进和谐社会建设发挥了积极作用。

二是将“面心实”与东城特色的法律服务工作相结合，开展法制宣传到基层活动。提升法律服务的主动性，坚持预防为主，对发生过争议的企业动态监督，形成了“不出系统、化解在萌芽”，具有东城特色维权的新途径。共受理劳动争议案件550件，调解成功473件，成功率为85.84%。继续深化律师“菜单式”法律志愿服务活动，开展讲座、咨询、普法宣传、案例大讲堂、模拟法庭等特色法律服务140次。

三是将“面心实”与精神文明建设相结合，开展提升素质到基层活动。广泛宣传党的路线方针政策及党中央的重大决策部署，大力宣传社会主义核心价值体系，注重实效地开展了“职工书屋”、“公益大讲堂”、“小行动，大文明”等一系列宣传教育活动，制作了卡通宣传片在公共场所循环播放，以深入人心、喜闻乐见的形式调动了广大职工群众自觉践行“北京精神”的积极性和热情。大力弘扬工人阶级伟大品格和劳模精神，形成了“南有时传祥，北有张秉贵”的格局，并依托两个纪念馆开展主题教育活动，接待职工群众参观近40万人次。创新教育形式，将劳模的事迹改编成话剧《因为有你》，至今已累计演出22场，万人观看。以《新东城工会报》、门户网站、内部信息为载体，对“面心实”活动中的新鲜做法、先进典型进行宣传报道，为进一步推动经验的交流共享提供了渠道和平台，扩大活动的影响力和实际效果。

四是将“面心实”与促进职工文化发展相结合，开展文化服务到基层活动。探索创新活动形式，形成了一批具有东城特色的文艺活动，不断增强工会组织的凝聚力和吸引力。在崇文工人文化宫上演的《功夫传奇》为全区文化创意产业发展作出了贡献。“五月的鲜花”群众歌咏活动从活动的影响力、组织规模、演出形式以及节目水平上都不断地有所突破，近20万职工参与，受到了大家的普遍欢迎。举办“挥笔聚焦新东城”职工书画摄影活动，广大职工踊跃参与，投稿作品500余幅。组建了职工艺术团，为丰富职工文化生活，培养文艺骨干，发展繁荣职工文化，搭建了载体和平台。充分发挥工人文化宫的阵地和乐园作用，广泛开展职工球类比赛、运动会等体育赛事，活跃职工体育生活。

五是将“面心实”与工会重点工作相结合，开展工作推进到基层活动。活动期间新增建会企业519家，发展会员7714人，同时依据建设标准和基本服务内容，进一步规范职工服务中心和服务站建设。截至8月底，全区集体合同签订率达92.74%，工资专项集体合同覆盖企业11020家，女职工专项集体合同签订率达97.3%。扎实推进厂务公开工作，以全国第十次厂务公开民主管理调研检查为契机，及时推广典型经验和先进做法，有效推动职工的知情权、参与权与监督权的落实，实现了建制率98.38%，覆盖职工182190人。

三、探索“长效机制”，促进工作创新发展

东城区总工会初步形成一个“各司其职、各负其责、上下互联、横向互动、协调配合、资源共享”的工会网格工作格局。推动形成了具有东城工会特色的“一一三四五”工作体系和运行长效机制。即一个体系框架、一个运行流程、三个职责任务、四个有机结合、五项推进措施。使“面心实”活动“精细化、个性化、信息化、规范化、长效化”，做到“工会工作进网格，服务职工零距离”，不断提高职工群众的安全感、幸福感和满意度，努力建设“职工信赖的职工之家”。

高度重视　真抓实干　确保服务职工活动和工会特色重点工作双促进

天津市武清区总工会

“面心实”活动启动以来，武清区总工会把开展活动作为打造“三型”工会、助推工会工作全面上水平的重要抓手，在面对面上突出一个“广”字，在心贴心上突出一个“真”字，在解难题、办好事上突出一个“实”字，在推动重点工作上体现一个“新”字。

一、精心谋划，在提高重视程度上下真工夫，落实“三到位”

一是深入学习到位。区总工会组织各级工会干部搞好学习培训，认真学习领会全总、市总的相关要求和精神，共组织不同规模学习培训746期，进一步统一了全区工会干部的思想认识。

二是深入调研到位。区总工会分成5组，分别沉到不同规模、不同性质企业，搞调研、摸实情，有针对性地制定了活动实施意见，把活动重点和着力点主要放在服务外贸出口企业、服务职工精神文化需求、服务企业和谐稳定、推动重点工作上。

三是周密部署到位。召开动员部署会议，各乡镇、委局也分层次组织召开专题会议进行部署，确保服务职工活动在全区迅速扎实开展。

二、延伸触角，在扩大活动参与面上求深化，做到“三明确”

一是明确目标。全区提出的目标任务是“进千家企业，访五万职工”，把服务触角延伸到未建会企业，延伸到车间、班组，延伸到职工家中。

二是明确重点。落实“五必访”：生产经营困难的企业必访、劳动关系复杂的企业必访、外来务工人员较多的企业必访、职工文化企业文化建设不到位的企业必访、工会作用发挥不充分的企业必访。

三是明确要求。年内每个企业至少要组织一次职工文体活动，举办一次职工培训，开展一次劳动关系排查，帮扶一名困难职工，为职工办一件实事，通过活动进一步激发基层工会组织活力。截至6月底，全区各级工会共走访企业653家，召开座谈会778次，访谈职工近30000人。

三、用心服务，在惠及职工方面想实招，建立健全“三项机制”

一是建立健全组织领导机制。区总工会成立了由主席任组长、两位副主席任副组长、五个部室部长为成员的活动领导小组，各乡镇街委局也分别建立了活动组织机构，每周听取活动情况汇报，确保活动不留死角，落实到基层。

二是建立健全层层承诺机制。广泛开展“工会作用承诺行动”，要求各级工会就职工关心关注的利益问题向职工作出承诺。区总工会承诺，对于基层规模较大有影响力的活动都给予一定的资金支持。截至6月底，各级工会共为职工办好事实事726件，惠及职工80000余人。

三是建立健全考核督察机制。把此项工作列入年终考核，每季度组织一次“互查、互比、互评、互促”活动，现场观摩交流，推广典型经验，推动活动取得实实在在的效果。

四、用心协调，在为企业解难题方面办实事，落实“三项制度”

一是领导带头下基层制度。每个服务组至少深入30家企业进行走访，帮助企业特别是外贸企业解决实际困难和问题，1～6月份共走访调研企业73家，帮助企业解决问题39项。

二是现场办公制度。区总工会负责同志主动协调有关部门到企业进行现场办公，先后深入娃哈哈、东义美、仟佰亿家具、东方先科有限公司等13家企业，为企业解决问题15项。

三是与相关部门的联席会议制度。通过组织召开与劳动、工经委、安监局、工商联、招商局等相关部门的联席会议，解决了工资集体协商、和谐企业创建等方面的问题4项，通过与海关、商检、行政审批中心等部门召开联席会议，为中旺铝材、磁化电子等28家企业解决10项问题。

五、力求双赢，在推动重点工作上见实效，实现“四新”

一是工会经费保障力得到新加强。通过“面心实”活动强化了对税务代征工作的宣传，提高了对税务代征试点工作的认识，确保了税务代征工作积极、稳妥、有序、高效开展。1～6月全区共申报工会经费3800万元，为各级工会工作开展提供了有力物质保障。

二是工会干部队伍整体素质实现新提升。通过“面心实”活动进一步增强了工会干部、广大职工开展培训的针对性和有效性。1～6月，共开展工会干部培训239期，培训工会干部4650人，基本实现了全区工会干部普遍轮训一遍的目标。

三是工会组建工作实现新突破。“面心实”活动极大地调动了职工入会和企业建会的积极性。1～6月，全区新增建会企业813家，建会率达到98.78%，新增会员26542人，提前超额完成了全年600家的建会任务。

四是工资集体协商工作取得新成效。各级工会充分利用各种形式，大力宣传工资集体协商的法律、法规和政策，使企业和广大职工充分了解开展工资集体协商对实现劳资共赢和构建和谐劳动关系的积极作用，为开展工资集体协商营造了良好的社会环境。1～6月，已签订工资集体协议企业2533家，签订率达到83.1%；8月底前，力争实现建会企业全覆盖。

让工会走近职工　让职工走进工会
面对面　心贴心　实打实服务职工在基层

渤海钻探工程公司工会

“面心实”活动开展以来，渤海钻探工程公司工会坚持深化“让工会走近职工，让职工走进工会”主题实践活动。“让工会走近职工”就是工会干部深入基层调查研究；建立挂点联系基层、困难户制度；加强人文关怀和心理疏导；定期组织职工代表巡视；坚持开展“送关爱、送文化、送健康”等活动。“让职工走进工会”就是建立职工信箱、服务热线；深化民主管理；开展劳动竞赛和职工合理化建议；强化班组建设；强化教育培训，提高职工素质；加强阵地建设，丰富职工生活。两个走近（进）的开展赢得广大职工的普遍欢迎和党政领导的高度赞扬，邢明军主席专门作出批示给予充分肯定。

一、三教一提，人才强企夯基础

一是思想道德教育。始终坚持理想信念教育，用社会主义核心价值体系教育职工，引导广大职工牢固树立爱国、创业、求实、奉献的精神理念，在远离本部、远离故土、远离亲人的荒漠戈壁，传承大庆精神、铁人精神，发扬工人阶级的优良传统，打造了一支“特别能吃苦、特别能战斗、特别能忍耐、特别能奉献”的钻探铁军。

二是业务技能教育。实施“三个一”培训，即“全员培训，一名员工都不能少；课堂讨论，一个问题都不能漏；严格监控，一节课程都不能缺”。组织一线班组长轮训，实现了一线关键岗位人员培训率100%。开展导师带徒培训，签订师徒合同1668对。建立了博士后工作站，引进高端人才，管理专家、技术专家和技能专家队伍不断扩大，为公司科学发展奠定了人才基础。

三是科学文化教育。创建职工书屋、流动书箱、图书角730多个，配发书籍20万余册，为职工学习创造了良好的环境和氛围。发挥工会“大学校”作用，深入开展“千万图书下基层，百万员工品书香”活动，建立了读好书、爱读书奖励机制，有效提高了职工科学文化素质。

二、三送一贴，职工冷暖记心头

一是送关爱情暖人心。两级机关组成慰问团132个，分片包点走访慰问施工队伍1095个，发放慰问品241.96万元、慰问金107.1万元。建立困难户联系点1875个，困难职工家庭建档率100%。坚持开展“节日送暖”、结对帮扶、金秋助学等活动，发放慰问品和慰问金180.87万元。积极为野外一线职工、单亲女工家庭提供辅导孩子学习、帮助老人送医问药等服务，解除了他们的后顾之忧。

二是送文化情感人心。筹资1000万元用于一线和偏远地区文化阵地建设，为基层配送文体器材和书籍。举办“文化下基层、欢乐进井场”文艺演出，深入18个施工现场，丰富了一线职工的精神生活。

三是送健康情动人心。我们创造条件并合理安排职工爱人子女到野外一线“反探亲”；加大安全生产投入，改善职工生产生活条件；坚持每年开展全员健康体检和心理咨询、心理疏导等活动，保证了公司安全生产和职工身心健康。

三、三比一创，建功立业争一流

一是比安全，以人为本。开展全员安全培训，总结提炼了安全理念；举办了“一封家书”安全小故事讲演比赛和巡演25场次；加强安全生产和劳动保护监督检查，排查隐患和纠正违章行为1260起，职工的安全技能和意识得到明显提高。

二是比质量，科技领先。始终坚持科技领先，建立激励约束机制，发动职工献计献策，鼓励职工革新改造和技术创新，打出了中国陆地钻探8023米的第一深井，成为国内深井和复杂结构井第一军，赢得了甲方信赖。

三是比速度，屡创佳绩。组织管理的优化，职工素质的提高，科技成果的转化，施工质量的保证，安全技能的增强，保证了钻探速度的大幅提高，经济效益的显著增加，公司经营收入、利润、资产总值、企业增加值三年实现翻一番，各级组织凝聚力和职工主力军作用得以充分发挥。

四、三基一稳，履行职能创先优

一是基层建设。坚持党工共建，坚持“哪里有职工、哪里就要建立工会组织”的原则，实现建会率100%，职工入会率100%；有计划地开展了工会干部培训，坚持做到“工会工作专业化、工会干部专家化”，提高了工会组织的履职能力和工会干部的工作水平。

二是基础工作。按照市总“强基固本”的要求，建立健全了各项规章制度，明确岗位职责和责任分工，做到了工作有安排部署和考核奖惩。两级工会组织建立了独立的网站，设立了职工信箱495个，公布了服务热线25部，拓宽了职工诉求表达渠道。

三是基本素质。深入实施“十百千万”工程。即十名公司工会干部包片督导23个所属单位，百名机关干部下基层联系千个基层班组，千名基层干部访谈万名职工，提高了工会干部服务基层、服务职工的能力和水平。

在市总的正确领导和大力支持下，我们坚持“两个走近（进）”，深入开展“面心实”活动，取得了一定成效，增强了企业凝聚力、职工主人翁意识和工会组织活力。我们将以这次会议为契机，认真学习兄弟单位的经验，努力打造学习型、服务型、创新型工会组织，促进劳动关系和谐、企业快速发展和工会工作全面提升。

实行三级联动　实现三措并举

——天津港集团公司工会扎实开展服务职工活动

中国海员建设工会

天津港集团公司现有职工4万余人，基层工会组织54个。天津港是目前世界上等级最高的人工深水大港，是中国北方最大的综合性港口，拥有各类泊位总数154个，2011年以实现货物吞吐量4.53亿吨、集装箱吞吐量1159万标准箱的成绩分列世界第4位和第11位。今年以来，在“面心实”活动中，集团公司工会通过三级联动、三措并举，全面落实活动的各项内容，扎实推进活动的深入开展，取得了实实在在的效果。

一、科学筹划、三级联动、确保活动整体推进

按照市总开展“面心实”活动安排和要求，集团公司工会结合天津港实际，科学筹划制订活动方案，召开动员会对在集团本部、基层单位和基层车间三级工会开展活动进行部署，提出“深入企业开展调研、切实促进经济发展、力求服务基层取得新成效；深入群众进行访谈、切实解决实际困难、力求服务员工取得新成果；深入一线转变作风、切实推进自身建设、力求工会组织活力得到新激发”的“三深入、三切实、三力求”工作要求。集团工会机关率先垂范，制订深入基层工作计划和具体时间表，不但做好“规定动作”，还要搞好“自选动作”，机关部室长以上干部与不少于3家基层工会建立了联系点。基层公司工会发挥承上启下作用，在领会上级精神的同时注意接好地气，结合实际细化活动方案，创造性地把集团工会部署变成自觉、自愿行动。基层车间工会发挥贴近员工、了解员工的优势，主动收集和掌握第一手资料，为上级工会当好参谋和助手。

经过三级联动，使“面心实”活动在天津港集团达到了“横到边、竖到底”，实现广域覆盖。全集团54个基层工会组织100%制订了活动方案，97名工会各级领导干部100%建立了活动联系点，全集团180名工会干部100%参与到活动中来，确保活动整体推进。

二、结合实际、三措并举，确保活动高质量开展

一是以“主席与我面对面”活动为载体，由集团公司两级工会领导带队进行一次普遍调研，为企业和员工解决困难。集团工会主要领导亲自挂帅深入基层，走进36家基层单位与党政领导、工会干部和员工代表进行座谈，收集意见建议28条，当场为基层单位解决难题4项，其中为女劳务员工由工会出资每人上一份安康保险；出台大病救治制度为大病员工伸出援助之手；举办“五一”青年职工集体婚礼，解决年轻员工及家庭的后顾之忧等举措收到广大员工的欢迎和称赞。同时对需集团协调解决的问题及时与行政部门协商求得支持予以解决，其中，工会建议的“建立全港员工（含劳务员工）

体检长效机制”已列为集团公司“调惠上”重点解决的问题。截至目前集团公司两级工会组织共召集各种类型群众座谈会273次；两级工会领导带队开展企业内部调研116次，访谈员工人数6735人，开展“个案访谈”1369人，开展各类关心、关爱职工活动387次，解决难题216件，支出专项资金达70.3万元。

二是以“我为基层谋一策”活动为载体，深入生产经营困难的企业、困难职工多的企业、劳动关系矛盾突出的企业和工会工作薄弱的企业，认真分析研究职工群众和企业反映的突出问题，为基层突破困局谋计策、献招法。今年集团公司在实施结构调整中需要对一些老码头泊位进行升级改造，将导致部分泊位停产，对相关公司的生产经营带来不利影响，工会主动深入这些困难企业，帮他们一起分析形势，研究对策。帮助指导承担码头改造任务的四公司依法按程序做好人员分流方案，工会干部深入到职工之中，面对面地进行疏导消除职工思想上存在的疑虑，帮助大家分析公司的生产现状和今后的发展趋势。在易发劳动关系矛盾的中外合资企业，及时推广了东方海陆公司邀请一线员工与企业经营者每周一次集体午餐的做法，通过“老总与员工唠家常，员工与老总诉衷肠”拉近了企业经营者与广大员工的距离，增强了双方相互了解和理解，促进了企业和谐。

三是以“争做职工知心人”活动为载体开展工会干部与一线员工“交朋友”活动，通过面对面地与职工交流，心贴心地做职工思想工作，实打实地为职工服务。推行工会干部三个层面交友方法，提出工会主席、工会每名专职干部和各车间工会主席，分别与一名困难职工、先进职工、重点人员建立长期联系机制；同时，还要与三名劳务人员结对子、交朋友。通过“1+3”、“1交3”交友方式，升华“规定动作”，做好服务职工工作。

三、服务发展、服务职工，活动开展取得实效

一是工会干部的工作作风得到切实改进、工会组织的活力得到进一步激发，建设“学习型、服务型、创新型工会”进程得到快速推进。通过活动的开展，工会干部热心服务、真心服务、倾心服务的意识不断增强，干事创业的能力和素质在实践中不断提升，工会组织的凝聚力影响力不断扩大，集团公司工会系统涌现出一大批先进典型，在企业内外树立起工会组织的良好形象。

二是员工群众的潜能得到充分释放，积极性得到充分调动，主动性和能动性得到充分发挥。通过工会组织面对面、心贴心、实打实地服务员工群众，广大员工对工会组织的信赖度、认可度、忠诚度越来越高，在工会组织的团结动员下，自觉地为企业发展建功立业，涌现出一大批具备知识型、创新型素养的孔祥瑞式的先进典型，员工综合素质得到显著提升。

三是助推企业稳中求进、和谐稳定、科学发展。通过开展“面心实”活动，工会组织围绕中心、服务大局的能力不断增强，运用资源服务经济的手段不断丰富。通过大力开展群众性岗位建功和劳动竞赛活动，助推企业经济发展。今年上半年，面对国际航运市场持续低迷、周边港口竞争加剧等不利因素，集团公司实现吞吐量、集装箱量增幅比去年同期双超5%，继续保持了中国北方最大港口的地位。

“面对面、心贴心、实打实服务职工在基层”活动事迹材料

河北省保定市总工会

今年以来，保定市总工会把“面对面、心贴心、实打实服务职工在基层”活动作为工会工作主线，高度重视，精心部署，强化措施，扎实推进。

一、高度重视，把服务职工活动摆上重要议事日程

（一）市委重视。保定市委、市政府始终把群众工作抓在手上，市总工会把开展服务职工活动作为维护职工队伍稳定的头等大事，分管工会工作的副书记、联系工会工作的副市长和市人大常委会副主任、市总工会主席等市领导高度重视，多次批示，市总工会党组书记、常务副主席周文琪在全市会议上进行动员部署。

（二）借势而为。保定市委、市政府在规范“两个中心”（行政服务中心、信访接待中心）的基础上，创造性地在乡镇（街道）、社区（村）建立群众工作站。2011 年，保定市符合条件的7069 家企事业单位率先全部建立群众工作室，形成“两个中心、一站一室”相得益彰的群众工作格局，市总工会把服务职工活动和群众工作室工作相结合、与基层建设年活动相结合、与工会系统各项服务职工工作相结合，借势而为，协调联动，推动服务职工工作深入发展。

（三）上下联动。全市各级工会成立了领导小组，健全了工作调度、信息反馈、宣传调研等制度，专设办公室，抽调专人负责日常工作，形成一级抓一级，层层抓落实的工作机制。通过学习宣传，各级工会干部和广大干部职工进一步明确服务职工活动重点在基层、关键在摸底、目的在锻炼、目标在服务。

二、突出重点，扎实推进服务职工活动

按照“工作有特色、阶段有中心、节点有高潮”的要求，主要开展了“四个一”：

（一）妥善处置一批热点工作。各级工会按照十八大安保要求，深入开展劳动关系矛盾隐患排查，成立职工法律援助中心，组建职工法律援助团，建立职工信访代理制度，代理群众信访近2600 件。“7·21”特大洪灾发生后，市总下发紧急通知，作出统一部署，及时将上级救助资金发放到位，各级工会组织迅速展开行动，积极捐款捐物，全力支持救助和重建工作。“10·6”爆炸案后，市总工会配合市委、市政府做好职工思想政治工作，组织全市职工参与危险爆炸物品的排查工作，并以此为契机，排查化解了一批劳动关系矛盾隐患。

（二）集中开展一次驻企蹲点。按照“四同”，与职工群众同吃、同住、同学习、

同劳动；“三必访”，必访企业党政领导，必访企业、车间、班组工会干部，必访一线职工；“三必到”，必到困难职工家庭、必到车间班组一线、必到企业群众工作室；当好“三员”，政策宣讲员、民情收集员和矛盾纠纷调解员；做到“三个弄明白”，把企业的生产经营情况和职工队伍状况弄明白，把职工的所思所盼和意见要求弄明白，把工会工作开展情况和存在的问题弄明白的要求，全市456名专职工会干部，组成106个工作组，在6月底前分期分批到企业，进行为期一周的驻企蹲点。省总工会领导到保定市三利集团蹲点调研，吃住在企业，白天深入车间，与职工同劳动，晚上到宿舍与职工拉家常，先后与农民工、80后、90后、大学生面对面座谈交流。对厂里一名得重病的职工，立即前往探望，送慰问金，并指示各级工会长期关注。针对新入厂职工，举行一次职工集中入会宣传，一天发展会员1026人。就文化阵地建设，协调当地党委、政府、企业，通过多渠道筹集资金3000万元。市总工会积极推广三利集团蹲点调研模式，全市工会干部访谈一线职工2280名，撰写了106篇有价值的调研报告。

（三）竭力办成一批实事好事。扎实推进帮扶救助工作，各级工会对10424名在档困难职工实现全走访，为846名困难职工发放救助款42.3万元，对261名困难职工子女实施重点帮扶，实施关爱职工系列帮扶项目，资助职工218名，实行非工伤意外伤害及家庭财产损失免费保障，帮助14名职工获得救助金24.75万元，组织开展“主流文化艺术进企业”活动，2万余名职工群众观看演出。

（四）着力构建一套工作机制。重点抓“一项制度、两大平台”建设。一是建立“联系职工交朋友”制度。全市所有专职工会干部每人常年联系5名不同类型职工，收集到职工群众反映的问题和建议共计1670件，协调相关部门解决1616件。二是打造职工服务中心综合平台。各级困难职工帮扶中心已全部转型升级为职工服务中心，形成集救助、维权、服务于一身，融困难帮扶、互助保障、就业服务、职工信访、争议调处、法律援助、咨询服务为一体的崭新综合服务平台。三是打造企事业单位群众工作室平台。群众工作室是各级党政依托工会组织建立起的联系职工群众的重要渠道，也是基层工会的职工服务（帮扶）站，履行“掌握实情、上传下达，维权帮扶、排忧解难，凝心聚力、和谐发展”三大职责，已接待职工20.7万人次，帮助解决特困职工就学等问题16000多件。

三、激发活力，组织引导职工创先争优促发展

一是激发了百万职工投身经济建设主战场的热情。7360家企事业单位72万余职工参加了“六个助推”示范性劳动竞赛，涌现创新工作室120个，实现创新成果200项；在重点建设项目中开展了“保项目、争一流、创先锋、夺金牌，建强市建功立业竞赛”活动。二是促进了劳动关系的和谐稳定。各级工会搞调研，办实事，搭桥梁，建机制，化解劳动关系矛盾纠纷，完善劳动关系调处机制，下发《关于大力发展和谐劳动关系的实施意见》，组织专兼职工资集体协商指导员，深入企业尤其是民营企业提供指导服务，全市工资集体协商建制企业新增671家，惠及职工70.3万名，深化劳动关系和谐企业创建活动，全市共培养各级和谐企业1000多家。三是调动了各类企业建会和广大职工入会的积极性。把“双亮”活动有机扩展为“双亮、双树、双评、双促”活动，全市符合条件的6500多家单位工会全部实现“四双”，2012年全市新建基层工会1103个，新增会员10.12万人。

创新载体　转型提升
全面打造服务职工新平台
——河北省迁安市总工会服务职工工作经验

全总保障工作部

为落实全总、省市总“关于加强和改进群众工作，尽心竭力为职工群众搞好服务”的工作总要求，迁安市总工会结合自身实际，全面推行工会会员“普惠化、常态化、社会化、实体化”服务新模式，整合工会资源，健全工作机制，高标准建设国内首家普惠化职工服务中心，使原工会帮扶中心实现了彻底的转型提升，全面打造起服务职工的新平台，不仅切实增强了工会组织的凝聚力和吸引力，扩大了工会的社会影响，而且有效推动了工会各项工作的开展。

一、提高对服务职工工作的认识，切实抓好服务职工工作创新

结合迁安工会实际，将工会维权服务资源进行整合，服务平台进行前移，率先全面推行工会会员“普惠化、常态化、社会化、项目化”服务新模式，并将其作为年内工作重中之重。多次召开研讨会，统一思想认识，对中心建设的形式内容和服务管理模式进行研究探讨，赴天津、沈阳、张家口等地考察学习，按照全国领先的设计标准，形成建设方案。全体干部职工发扬“白加黑、五加二”的工作精神，群策群力，日夜奋战，仅仅用了42天时间，一座使用面积3800平方米、环境优雅、设施完备、功能齐全、人员到位、管理规范、运作有序的职工服务中心就建成投入使用。之后又完成2000平方米的第二职工服务中心建设，并配套建设迁安市总工会职工服务（帮扶）中心无公害绿色蔬菜基地，为服务中心超市提供货源保证。

二、全面整合工会职能和服务资源，打造起多位一体的职工服务新平台

迁安市总工会职工服务中心总投资达700多万元，由职工服务大厅、帮扶超市和健身娱乐活动中心3个服务部分组成，服务对象为全市工会会员、困难和失业人员、退休职工、农民工和各级劳模。职工服务大厅整合了工会各项职能，设有特困救助、信访接待、进城务工人员维权、法律援助、职介培训、劳模服务、退休职工服务和会员服务等8个窗口，为职工提供方便、快捷、高效服务和帮助；帮扶超市以经营生活必需品和日用百货为主，为职工提供低价优质商品，方便职工群众生活，帮扶超市，以帮扶服务为宗旨，不以盈利为目的，广大工会会员凭借市总工会印发的会员卡到帮扶超市购物可享受低于市场的平价优惠，各级劳模在享受会员价的基础上优惠10%、困难职工优惠

15%，特困职工每季度还可通过中心直接享受300元的专项帮扶救助；健身娱乐活动中心建有图书阅览室、棋牌室和各种健身活动室，拥有乒乓球、羽毛球、台球设施24个，设有跑步机、综合训练器等健身器械66套，麻将棋牌桌32个，备有图书8万册，为广大会员提供学习、娱乐、健身等全方位服务，有效丰富和活跃职工文体生活；迁安市总工会职工服务（帮扶）中心无公害绿色蔬菜基地，是拓展中心职能，实施项目化、实体化建设的创新举措，该基地位于无工矿企业污染、生态环境十分优越的大崔庄镇上金山院村，占地120亩，先期投资280万元，建有38座大棚，主要种植黄瓜、豆角、西红柿、叶菜、辣椒、草莓等无公害绿色食品，并将逐步扩大基地规模，增加散养山鸡、鸭、野猪等养殖项目。基地由市总工会统一管理，采用“农户+基地+市场+中心超市+社区”的运作模式，严格按国家农业部行业标准进行管理、生产，体现绿色环保、无公害特点，实现从生产到餐桌的无缝对接销售，切实为中心超市提供稳定货源，为广大职工群众提供更大的实惠和更多的方便。机关全员分为三组，由领导带班，轮流进驻服务中心窗口开展工会业务服务；明确2名综合素质较高的同志到中心任经理，享受中层干部待遇，专职负责服务中心的各项管理工作；聘请了专业律师为职工提供法律援助服务；从社会招聘90多名大中专毕业生和下岗待业人员，经岗前培训后全部充实到中心各服务岗位，建立起专兼职结合的社会化职工服务队伍。制定出台了《迁安市总工会职工服务中心工作细则》，以文件形式向全市基层工会下发《迁安市总工会关于成立职工服务中心的通知》和《关于实施会员普惠化服务的通知》，建立工会经费注入、争取政府财政和上级工会补助、组织社会各界捐赠以及中心基础性经营收费等多种方式的筹集渠道，严格执行国家有关法律法规和财务管理规定，实行常务主席审批制，接受工会经审会的审计和广大职工群众的监督，确保中心经费管理使用的合法化、规范化和公开化，确保服务中心的收支平衡和各项工作的正常有序开展。

三、有效发挥职工服务中心作用，工会组织凝聚力和影响力显著增强，有力促进整体工作开展

职工服务中心工作与工会组织建设、劳模管理、宣教文体、职工维权等各项业务工作有机结合，利用这个平台，更加全面深入地了解广大职工的利益诉求、掌握职工的思想动态，更好地解决职工群众关心的热点难点问题、化解矛盾纠纷，为职工办实事、办好事。以为工会会员服务为吸引力，使广大职工看到入会与不入会不一样，依托中心继续完善“党政主导、工会运作”的维权格局，建立科学有效的职工利益协调机制、诉求表达机制、矛盾调处机制和权益保障机制，主动、依法、科学维护职工群众合法权益，中心日均接待量达280人次，累计接待职工来信来访56人次，处理案件18起，受理大病医疗救助56人次，为职工报销医疗费用38万元，金秋助学登记、调查核实40户，累计发放助学金12万元，职业介绍达到112人，为280名各级劳模进行了免费体检，困难职工生活救助发放款物37万多元，职工会员在帮扶超市购物优惠总额达到13.5万元，健身娱乐服务近万人次。

坚持以人为本　促进企业转型
全力推进高标准劳动关系和谐企业建设
——开滦集团工会典型工作做法

全总保障工作部

一、出台和实施困难员工子女就业政策

开滦工会通过调研了解到，集团有724名困难职工子女大学毕业后没能就业，给家庭造成很大压力。工会专门撰写领导参考。集团领导高度重视，采纳了意见，将困难职工子女就业问题列入集团公司职代会议案，确定为集团为职工办实事十件工程之一。2011年4月，出台解决企业困难员工子女就业相关政策和就业安置办法，并采取四种途径安置就业。一是在企业人力资源计划内，将符合企业需求已取得技校、高职、中专、大专、本科及以上学历困难员工子女，直接招录为企业合同制员工。二是对具有非专业对口初中及以上学历的困难员工子女，根据企业用人需求，先招录为企业学员，在进行对口培训、培训合格后，将本科及以上学历的安排到管技岗位，专科及以下学历的安排到操作岗位。特困员工子女培训学费全部由单位报销。三是通过前两个渠道，仍不能就业的困难家庭男青年，以劳务派遣的形式安排从事井下工作，当符合转工条件时可按照规定程序转为合同制工人。四是特困员工子女中的已婚女青年且夫妻双方均未实现稳定就业的，可按照上述政策安置一人就业。成立由董事长、总经理任组长，主管组织人事副书记、工会主席任副组长的领导小组和由人力资源部、工会、党建部、纪委、信访办等部门负责人组成的工作小组，经过工作，有473户职工家庭通过了困难程度认定，有450名符合条件的困难职工子女得到妥善安置。其中，直接招录上岗64人，劳务派遣74人，参加技能培训312人。

二、深化发展“金秋助学”活动，实现了“三不让”目标

一是启动了董事长困难职工救助基金。党委书记、董事长张文学将其2010年年初获得的新唐山建设卓越功勋奖20万元奖金设立为困难职工救助基金，2010年投入2万元，救助5人，2011年投入2.4万元，救助5人。并且深入到困难职工家中，把救助金亲手送到考上大学的困难职工子女手中，同时送上温情嘱托和诚挚祝福；二是从2011年开始，将特困职工的救助标准由4000元提高到6000元；三是在继续实施“新生入学前一次性救助”的同时，开展了“在读生持续性学年救助”，根据学生家庭困难程度和学习成绩情况，给予最少2500元、最多5000元的学年救助。2011年实施此项政策后，增加救助学生43人，多投入资金13.65万元。实施困难职工子女的入学前、学习中的经济救助和毕业后的就业救助，使困难职工子女实现了不让上不起学、不让中途辍学、不让毕

业即失业的“三不让”目标。

三、开滦在农民劳务工使用上做到经济上同酬，待遇上平等，生活上关心

从2003年开始，开滦由使用农民轮换工改为招录农民劳务工，即采取与周边县区具有法人资格劳务派遣机构签订劳务派遣协议方式招收农民劳务工，并按劳务派遣人员每月工资总额3%向出工县区支付管理费。截至2011年年底，开滦在册井下农民工10980人。每月将养老保险、工伤保险等社保费用按国家规定比例支付各出工县区，由劳务派遣机构为劳务人员缴纳社会保险。在管理使用上做到“四同”：一是与正式员工工资同岗同酬。所有岗位工资、绩效工资、单项奖励、井下工作津贴、夜班津贴、加班工资、节日工资均享受同等待遇。二是与正式员工享有同样福利待遇。享受婚假、丧假、探亲假、病假、伤假、年休假等有资假日；享受休疗养待遇；享有劳动保护用品；享受职业病查体和每两年一次健康查体；享受同等学习、教育和培训机会，可以进开滦技校学习；可参加安全技术培训和职业技能培训，获技师、高级技师职业技能资质，每月可享受500元、800元技师津贴。三是与企业会员享有同等权利。劳务派遣人员在开滦100%入会，并与其他会员一样享有9种权利，即有权参加工会组织的会员（代表）大会和职代会，有选举权和被选举权；有参加工会组织的各项活动的权利；有参加企业组织的各项文化体育活动的权利；有参加企业培养员工成长成才各项活动的权利；有享受各种劳动保护的权利；有参加企业、工会各项先进评比的权利；有享受工会为职工过生日、年度发放纪念品、重大事项探视慰问的权利；经工会审核确认有特殊困难的，有获得爱心助学基金、两节送温暖基金帮助的权利；各类先进集体和先进个人代表，有参加职工休养的权利。四是与正式员工享有同等生活待遇。享有食宿补贴；免费使用公寓化宿舍；享受食堂福利饭菜。

四、创建职工创新工作室，努力打造科技创新平台

从2010年开始，开滦集团工会以劳动模范、金牌工人、技术状元、能工巧匠名字命名，在基层单位组建了26个由若干技术骨干组成的职工创新工作室，深入开展群众性经济技术创新活动，取得了显著成效。一是职工经济技术创新工作室成绩喜人。工作室自成立以来，先后取得16项国家级专利，39项煤炭协会科技项目一等奖。其中钱家营矿崔志刚1人就获得8项国家级专利和1项河北省创新成果奖。二是职工创新工作室科技带头作用发挥明显。各职工创新工作室紧密围绕生产中的难点问题，带头开展技术创新和技术攻关活动，解决了大量制约企业发展的瓶颈问题。仅2011年，就完成三结合攻关创效10万元以上项目125项，创效1万元以上“五小”技术成果2566项，完成职工自主创新、专利发明26项，提合理化建议6246条。三是职工技术创新工作室促进了员工技术素质提升。发挥传帮带作用，每年开滦集团都要开展师徒结对子活动，签订协议书，搭建相互学习、相互提高平台。

发挥工会作用　真情服务职工

——山西省长治市总工会推动解决公交司乘人员如厕难问题

全总女职工部

长治市总工会在“面对面、心贴心、实打实服务职工在基层”活动中，坚持真心了解实情，扎实解决问题，在推动解决公交司乘人员如厕难问题中，充分利用工会内外资源，全力推动典型个案及共性问题的解决，将党和政府赋予工会的权利真正体现到了维护职工权益中，进一步提升工会组织的凝聚力、向心力、影响力。

一、真情解决职工困难，找准服务职工活动着力点

今年3月27日，全总服务职工工作组与长治市总工会在长治公交公司召开座谈会，数名职工反映公交司乘人员如厕难问题，希望能够帮助解决。全总、市总工作组经过与公交公司党政、职工代表和多名职工座谈，了解到鉴于行业特殊性，公交司乘人员跑一趟车，最短1.5～2小时，个别线路长的要3～4小时，他们半路不能停车上厕所，只能利用车在始发站和终点站停留的几分钟时间解决如厕问题。由于城市规划、站点设置及其他原因，许多始发站和终点站没有厕所或厕所太远，造成了公交司乘人员如厕所难问题。调查中还了解到，公交司乘人员如厕难问题，并非长治市个例，太原市也存在此问题，类似问题在全国其他地市也不同程度存在，有一定典型性和普遍性，而此问题的解决又牵扯多个部门、多方利益，协调困难，是公交行业的老大难问题。服务组高度重视这一问题，全总和长治市总工会对解决这一问题达成共识，市人大副主任、市总工会主席张书庆表示要将推动解决这一问题作为服务职工的具体实事抓实抓好。

二、深入开展调研，确定有效可行工作思路

4月份，长治市总工会派出3个工作组，对长治市涉及如厕难问题的所有公交线路进行实地调研，在掌握大量一手资料基础上，长治市人大副主任、市总工会主席张书庆亲自带队，联合人大、市政等有关部门，深入如厕难问题比较典型的1路、9路、17路、19路、21路、23路、301路公交车始发站、终点站进行了两次专题调研。经过对调研信息的分类归纳，把如厕难问题分为公交始发站终点站没有公厕、有厕所但是收费、有厕所但太远、有厕所但露天、有厕所但长年关闭、有厕所但是无法使用等几大类，并提出了“多方协调、分类解决”的工作思路：对于公交终点站附近厕所为收费厕所的，与厕所所属单位进行协商，通过缴纳一定数额费用的方式，向公交司机开放；对于公交终点站有厕所但因维护费用问题经常关闭无法使用的，与厕所所属部门、主管单位进行沟

通、协商，确保开放；对于公交终点站为露天厕所的，市工会出资通过加高围墙和增加顶棚的方式进行改造；对于公交终点站厕所远往返时间长的，通过配备自行车、电动车等交通工具的方式解决；对于没有厕所的公交终点站，与有关部门进行协调联系，将建立公共厕所纳入城市建设规划体系和近期建设规划，尽快修建。

三、有效整合内外资源，合力推动问题解决

5 月份，在对各线路需要协调的单位、个人信息进行详细收集，并进行初步协调，了解各类型问题症结、困难所在基础上，形成了内容翔实、图文并用的《长治市公交司乘人员如厕难问题调研报告》。6 月 14 日下午，长治市人大副主任、市总工会主席张书庆发挥人大副主任和工会主席的双重身份优势，召集市人大城环委、交通、住建、环卫、规划、南广场城建开发公司、公交公司及市工会、淮海集团工会等 9 家相关单位一把手召开“长治市总工会‘面心实’活动推动解决公交司乘人员如厕难问题协调会”，明晰了需要各单位协调解决的具体问题，要求各单位站在“以人为本，切实帮助职工办好事、解难事”的高度，在各自职责范围内尽心尽力协调解决好公交司乘人员如厕难问题。市工会率先垂范，为公交终点站厕所太远的 23 路、21 路等公交始发站、终点站配备 6 辆电动车，方便了司乘人员上厕所，保证公交正点发车。6 月 24 日，张书庆主席再次主持召开专题协调会进行跟踪问效，听取各单位协调工作进展情况汇报，收集各单位协调工作中的困难与问题，对涉及资金、规划等问题帮助责任单位与市委、区委等相关部门进行进一步协调，并责成市工会副主席李燕与各单位保持联系，收集掌握各单位解决问题最新情况，督促各项问题的彻底解决。目前，一些线路厕所问题已陆续落实解决，个别不好解决的问题市总工会已经向市委市政府报告，并向市人大、市政协提出提案建议，从更高层面推动落实。

四、巩固扩大成果，扩大服务职工覆盖面

在初步解决了长治市公交司乘人员如厕难问题基础上，长治市总工会继续扩展思路，通过以点带面，巩固扩大服务职工成果，扩大服务职工覆盖面，7 月初，长治市总工会召开 13 个县（市、区）工会主席工作会议，通报了长治市公交司乘人员如厕难问题解决情况及具体方法、过程，要求各县（市、区）工会深入本地公交公司开展认真调研，借鉴市工会做法和经验，解决本地公交司乘人员如厕难问题。各县（市、区）工会认真部署，积极行动，切实为公交司乘人员解决如厕难困难。在市、县工会的共同努力下，困扰公交司乘人员多年的老大难问题终于在长治全市范围内得到了初步解决。

在推动解决公交司乘人员如厕难问题中，长治市总工会积极整合工会内外资源，充分发挥工会组织的优势，对属于工会自身职责范围内的，及时研究解决；不在职责内的，摸清情况，利用工会影响，从人大层面参与，并积极协调多部门共同解决；对工会和人大都无力解决的，积极向有关方面反映，推动从更高层面协调解决；对于一时难以解决的，主动向职工释疑解惑做好正面引导。他们解决问题的思路与做法，他们协调解决职工问题的能力与水平，都充分体现了工会维护职工群众利益是有手段、有话语权、有能力的，也真正体现了工会组织有位和有为，值得各级工会组织和工会干部学习借鉴。

突出重点　创新举措
确保服务职工活动取得实效

山西省和顺县总工会

根据省市总工会《关于开展“面对面、心贴心、实打实”服务职工在基层的活动意见》，为加快转型跨越发展，和顺县总工会牢固树立“和民心、顺民意”理念，以推动科学发展、促进社会和谐为主题，以发展和谐劳动关系、维护职工合法权益为主线，以服务职工、服务基层为重点，以创先争优、改变作风、提高工会组织自身能力和水平为保证，团结动员广大职工，充分发挥工人阶级主力军作用，在推动全县经济社会大提速、大突破、大发展中建功立业，坚持“规定动作做到位、自选动作搞创新”。

一、基本情况

在认真学习吃透省市总《意见》的基础上，结合和顺实际，制定《和顺县总工会关于开展“面对面、心贴心、实打实”服务职工在基层活动实施方案》，成立活动领导小组，确定了专门负责领导和联系人。由县总班子成员挂帅，组成了三个服务组，明确规定了每个组的工作职责、目标任务、具体标准和所联系的5个不同类型的企业，要求每名机关工会干部联系5名困难职工、5名先进职工，全年下基层不得少于60天。截至目前，参加活动的全县工会干部达到143名，走访企业及班组321个，走访职工1422名，召开企业行政、工会干部和职工等座谈会173场，收集企业调查表262份，入户慰问困难职工257人，发放慰问金5万余元，个案访谈210人，征集意见建议132条，已协调处理101条。

二、主要做法和效果

围绕工会工作职能，以“三三四”工作法为指导，以企业和职工为服务重点，在对联系点调研的基础上，针对面上共性问题，想办法、谋思路、求突破。

（一）确立了“三个一”目标。强化一个观念。把“面对面、心贴心、实打实服务职工在基层”活动作为全年工作主线，要求全县工会机关干部强化群众观念，真正走进企业，深入了解职工所思所想所盼。建立一项机制。实行分组定点联系基层制度，每个组定点联系一个集团煤炭企业、一个地方煤炭企业、一个工业企业、一个建筑企业、一个餐饮企业，每名干部联系所联系企业内的一名先进职工、一名困难职工。每季度至少办一件实事，每半年作一次书面汇报，每年出一项工作成果。形成一种作风。大力推行“调研到一线、帮扶到一线、维权到一线、服务到一线”的“一线工作法”，让工会机关干部真正沉到职工中去。

（二）落实了“三个新”措施。访民情有“新情况”。访民情时做到“五问”：一问职工工作环境是否满意，二问当前生产生活有何困难，三问工资、福利、社保是否落实，四问对企业经营发展有何建议，五问对企业行政、工会有何要求。抓调研有“新成效”。今年以来，县总机关干部先后到15个不同类型的企业，召开企业主和职工群众代表、先进职工、困难职工等不同类型的座谈会，听取职工群众、行政领导、工会干部的意见和建议，走访职工工作场所、生活场所、文体活动场所，了解职工生产生活实际情况，开展专题调研，研究思路对策。如在正邦集团神磊煤业公司调研时有员工反映，由于该公司离县城较远，又正处在基建当中，员工业余生活比较单调，我们马上与企业领导协商，在员工餐厅安装了闭路电视，在办公楼内腾出两间房子建起职工书屋，并列入县职工书屋示范点建设。解民忧有“新点子”。对职工提出的问题进行分类，能够解决的问题立即解决，一时难以解决的落实责任人协调有关部门帮助解决，确实无法解决的耐心细致地向职工做好解释。改变工作方式，变被动应对为主动服务。在金秋助学中，将救助对象由过去的基层申报变为现在的工会主动下去调查摸底。在县粮油公司调研时，针对该公司下岗职工刘英之子在今年的高考中以480分的成绩达到二本录取分数线，立即到他家中进行调查，认定符合条件后将其列入救助对象。机关干部还先后深入15个企业，为45名困难职工发放生活困难救助金13500元，为45名先进职工发放慰问品（毛毯）135块。

（三）立足“四个深化”重点。深化建功立业活动。出台《关于开展建设“百亿和顺，从我点滴做起”立功竞赛活动实施方案》，在全县6大系统8大领域开展了不同类型的经济技术创新活动和职工技术比武活动，服务和顺经济社会转型跨越发展，参与人数达到了2万多人。深化“文化惠民”活动。紧紧抓住开展第十一个安全生产月活动的有利时机，联合县委宣传部等6部门，在全县各机关和企事业单位开展了丰富多彩的职工文化娱乐活动，并于6月中旬开始在县宣传文化中心礼堂进行了连续三场“平安和顺”专场汇报演出，受益职工达3000余人。深化服务职工活动。针对走访中企业工会和职工最关心、最直接、最现实的利益问题，我们分组及时进行了梳理，对口实施协调处理，尽力妥善解决。企业难以解决的，积极争取党委和政府支持解决，对于一时无力解决的问题，耐心细致地做好解释工作，把矛盾和隐患化解在了基层。如潞安集团一缘煤业公司工会班子组建迟，缺乏与企业行政沟通的力度，致使员工长期反映工资福利待遇低的问题没有得到及时解决，导致5月份部分员工停工聚集在公司大门口集体要求增加工资。县总工会得知这一情况后，立即与该公司工会取得联系，并专门下发《关于做好当前职工维稳工作的紧急通知》。在县委、县政府的高度重视下，县总和有关部门选派专门领导深入公司，协助公司工会选出职工代表与企业行政协商，最后确定以上年平均工资12%的增长幅度为员工重新核发了工资。深化强基提质活动。组织开展“非公企业工会组建集中行动”，确保工会组建率和职工入会率比去年有较大提高。进一步加强了基层工会主席和企业工会主席培训，继续在全县工会干部中开展“党员纯洁性教育”主题教育和创先争优活动，精心打造具有和顺特色的工会工作品牌。

建立多层面职工法律援助联动机制
切实维护职工合法权益

——呼和浩特市总工会维权经验总结

全总法律工作部

呼和浩特市现有职工60多万人。有效化解劳动关系矛盾，维护职工队伍稳定，对于保持边疆和谐、维护首都稳定具有重要意义。近年来，呼和浩特市总工会始终坚持以党政为主导，突出源头参与，整合社会资源，形成了多层面的职工法律援助联动机制，充分发挥了工会组织在参与加强和创新社会管理、维护劳动关系和谐稳定中的重要作用。

一、打造“立体式”职工法律援助维权服务体系

按照中央关于加强和创新社会管理工作的要求，呼和浩特市成立了由市四套班子领导担任正副组长，市总工会、市劳动局、市信访局等24个职能部门共同参与的社会化维权服务体系。呼和浩特市总工会于2006年成立了职工维权中心，并逐年加大经费支持力度。市政府对职工维权中心的预算投入由过去每年的50万元增加到300万元，市总工会的资金投入也增加到100万元。全市各旗县区职工维权中心也形成了政府、工会、社会多方投入的良好局面。王兆国同志曾亲自到呼和浩特市总工会视察指导职工帮扶维权工作。目前，全市建成涵盖法律援助功能的工会服务站145个，基本实现了工会服务体系的全覆盖。依托283名社区帮扶助理员和旗县、企事业单位基层工会，借助社区和企业信息网络平台，将法律援助维权服务延伸到社区和企业。

二、建立多层面职工法律援助联动机制

为发挥各部门维权优势，市建委、司法、劳动和新闻单位等多部门在呼和浩特市总工会职工维权中心设立工作站，指派专业人员进驻并开展服务。市总工会牵头完善联动例会制度，定期向联动单位通报工作，共同开展职工维权服务工作，联动处置职工维权案件。通过签订《联合维权意向书》，市司法局派驻专业律师在职工维权中心值班服务形成常态化、制度化；通过联手推进区域性、行业性劳动争议调解组织建设，工会与人力资源和社会保障部门积极为职工依法维权，力求将劳动关系矛盾解决在基层、化解在萌芽状态；在切实解决农民工工资拖欠问题中，市总工会与建委密切配合，承担了农民工工资保证金的发放工作；工会与信访部门定期通报、共同研究有关情况，使职工法律援助维权服务联动成为工作常态；充分发挥新闻媒体的舆论引导作用，市总工会与内蒙古电视台“百姓热线”栏目、呼和浩特电台“工会与维权”栏目定期联合制作有关职工

和农牧民工权益维护的专题，及时与新闻单位联动维权，邀请新闻媒体全程跟踪报道工会为农牧民工讨薪过程，提供强大舆论支持。

三、不断创新工作思路，拓展维权联动机制

针对当前呼和浩特市农民工数量急剧增加、农民工劳动争议案件大幅攀升的状况，呼和浩特市总工会突出“工会工作社会化，维权工作专业化”的总体思路，建立了农民工维权法律援助联动机制。

一是建立省际、城际间双向维权机制。2008 年以来，市总工会先后与四川省资阳市总工会、湖北省十堰市总工会签订了《农民工维权合作协议》，与贵州省安顺市总工会签订了《城际间工会就业维权协议》，建立了农民工维权双向联动机制。2011 年 1 月初，应贵州省兴义市总工会请求，呼市总工会职工维权中心帮助兴义市 48 位农民工讨回了冰灾抢险农民工工资欠薪款 23.7 万元，维权中心派专人到兴义市，现场为 48 位农民工发放了欠薪。

二是建立农民工维权联动机制。市总工会建立了农民工维权工作联席会议制度，工会、人力资源和社会保障、建设、司法、新闻等部门参加，形成合力，共同推进农民工维权工作。建立了 3 个培训基地，加强用工培训，帮助和指导农民工签订劳动合同，切实增强农民工的法律素质和维权能力。与内蒙古财经学院法学院签订协议，在职工维权中心建立了法学院实习基地，吸引更多的法律专业师生参与职工法律援助工作。

几年来，呼和浩特市总工会共接待职工维权求助电话 24230 次，职工来信来访 2130 余件次，提供法律咨询服务 2758 人次，免费代理劳动争议仲裁、诉讼案件 68 件，接待职工 10 人以上集体上访 120 多次，为农牧民工讨薪 4000 余万元。市总工会职工维权中心先后获得了“全国工会模范帮扶中心”、“全国维护农牧民工合法权益工作先进集体”、“全区法律援助工作先进集体”等荣誉称号，并被全总命名为“全国工会职工法律援助等维权服务示范单位”。

全心全意为困难职工服务

内蒙古自治区敖汉旗总工会

根据全总和自治区总工会开展“大走访”活动的部署要求，敖汉旗总工会加大力气落实“走万家各类企业、访万名一线职工、帮万户困难家庭”目标任务，做实做强困难职工帮扶工作。困难职工帮扶中心现有专职工作人员4名，中心主任由旗工会主席担任，配备2名副主任负责帮扶具体工作，中心做到了专人、专屋、专款、专用。下设一个“下岗职工再就业培训基地”；一个“爱心超市”；五个“服务窗口”即：生活救助窗口、政策咨询窗口、法律援助窗口、职业培训窗口、职业介绍窗口。

经过多年的开拓探索，敖汉旗总工会走出了“一二三四”帮扶工作新思路。即叫响一个口号：全心全意为困难职工服务；提高两个认识：工人阶级最伟大，农牧民工最可爱；巩固三个成果：巩固“全国工会系统先进集体”荣誉成果，巩固“全国工会千万农民工援助行动先进单位”荣誉成果，巩固“全区工会帮扶中心工作先进集体”荣誉成果；打造四个平台：一是打造职工就业平台，二是打造职工提升平台，三是打造职工救助平台，四是打造职工精神平台。通过平台建设，为困难职工提供高效便捷的帮扶服务。

一、在劳务输出工作中起步

2001年，正值敖汉经济最困难的时期，全旗职工平均只发半年工资，国有企业转制，大批职工下岗待业，全旗有富余劳力16万人。为此，总工会把大搞劳务输出、促进职工就业作为为职工服务的切入点，全力解决他们的现实困难。

2002～2004年，为开展好劳务输出工作，总工会加大了劳务输出工作的宣传、投入、服务力度。一是加大宣传力度。印发劳务信息宣传单8万多份；召开专题会议3次；在旗委、政府组织的大型会议上宣讲5次；在《敖汉报》、敖汉电视台发信息广告400多条；在乡镇电视差转台发信息广告1900多条；在乡镇集体举办劳务输出专题发布会50多次。通过报纸、电视台向社会承诺“下岗就业不用东奔西走，总工会职介所样样都有”。二是加大投入力度。每年从1月开始，总工会从主席到门卫，全员参与劳务输出，跑遍了全旗29个乡镇苏木，共出车94次，人员下乡400多人次；雇车费用2万余元；广告费1.5万元；考察费3.1万元；送农牧民工到工作岗位花去车船费16万元；一名部长与单位脱钩专搞劳务输出工作，总计投入20万元。三是加大服务力度。为方便基层，他们经常组织职介所人员到各乡镇苏木和村嘎查现场办公，使外出人员在家门口就办完了各项手续，仅此一项每人节省100余元。2003年，总工会先后在北京、沈阳、威海等城市设立办事处，统管辖区内及周边地区劳务输出人员的工资、生活等事宜，维护他们的合法权益。2004年5月，敖汉旗总工会劳务维权中心成立，劳务维权工作取得了新突破。几年来，共受理务工人员投诉16起，经“中心”调解要回拖欠工资9.5万元，为伤残者要回补偿金11万元，为两名死者争回补偿金28万元。2004年9月，“赤峰市总工会劳务输出及职工帮扶工作现场经验交流会”在敖汉召开。2005年7月，在福建泉州市设立了“敖汉旗总工会驻泉州办事处”，同泉州市签订了输出2000人的劳务合同，并在泉州建立了赤峰市驻泉州劳务输出人员工会委员会，为劳务输出人员“安家立业”，提供全程跟踪服务。

薛志国是敖汉旗古鲁板蒿乡农民，他去北京打工较早。2008年被国务院授予“全国优秀农民工”称号，他已成为千万农牧民工的楷模。2001年，旗总工会就与他建立了密切的劳务关系，现有赤峰敖汉籍的10000人入驻望京。从保安到保洁、从个体商贩到公司经理，到处都有敖汉人的身影。通过选树薛志国、于小龙等农牧民工成功创业的先进典型，让有创业意向的农牧民工受到启发，走上了自主创业之路。

二、在困难职工帮扶工作中拓展

目前，敖汉旗有困难职工4000余人，其中特困职工400余人，农牧民工2600余人。针对这一状况，“中心”主动向旗委、政府等有关领导汇报，多方筹措资金，重新修订了困难职工审批流程，为3134名职工建立起困难职工档案（其中农牧民工2240人），采取实名制录入微机，依托各乡镇苏木办事处工会初步构建起工会困难职工帮扶工作网络体系，并区别不同情况采取一户一策的办法，实施分类帮扶。在2005年筹备建立了“困难职工爱心超市”，设专人负责并全天开放。几年来，生活救助了5300人次（农牧民工）；助学救助160人次；医疗救助180人次，总计发放困难职工救助金达400多万元，发放衣服、白面、大米、电视机等生活用品折合人民币达100多万元，接待来访职工376人次，政策咨询500多人次，法律援助36人次。

三、在培训就业工作中升华

2009年，按照上级工会的安排部署，成立了“农牧民工援助行动”专项领导小组，下设“行动指挥中心”全力推进这项工作，确定了“一二三四五”的工作思路（即“一个中心、二个渠道、三大行业、四所学校、五个步骤”），完成了1万人培训任务，共投入培训资金100万元，组织培训总人数10094人，其中培训农民工9360人，下岗职工734人。提供就业服务5100人，发放法律读本3000册，发布就业信息29000份，提供就业岗位8050个。

四、在“大走访”活动中跨越

敖汉旗总工会以“大走访”活动为抓手，与慰问贫困职工送温暖活动相结合，广泛开展“面对面、心贴心、实打实服务职工在基层”活动，通过为职工群众送政策、送文化、送技能、送安全、送健康、送温暖、解难题等途径，加强了与职工群众的联系，有力促进了帮扶工作的发展。截至目前，召开座谈会57次，走访非公企业78家，走访一线职工800余人，收发调查问卷800余份，发放法律宣传单1500余份，发放工资集体协商邀约函485份，筹集资金62.6余万元，慰问困难职工287户。

依靠党政主导 履行工会职能 在转型振兴大局中切实发挥工会作用

——辽宁省阜新市总工会创新工会工作经验

全总民主管理部

阜新市地处辽宁省西部，人口193万人，职工42万人，现有工会会员40万人。作为国务院确定为资源枯竭城市转型试点市，推进转型振兴，促进社会和谐，是全市上下的奋斗目标。近年来，阜新市工会依靠党政主导力量，发扬工会主动精神，大力提高职工技能素质，全力推进“两个普遍”，切实推进和谐劳动关系建设，在加快转型振兴、促进和谐社会建设中发挥了积极作用。

一、围绕中心，创新载体，大力提高职工技能素质

2004年，市总工会提出以“市长杯”冠名开展职工技能大赛，一为激发广大职工学习知识、钻研技术的荣誉感，二为创新活动载体，搭建全新的竞赛平台。市总工会与市政府劳动、经委、人才办等部门共同享有、共同实施“市长杯”职工技能大赛的组织权、评审权、晋级决定权和表彰权，市财政每年划拨专项资金对大赛优胜者给予600～2000元不等的奖励；对各工种竞赛状元授予市级“五一劳动奖章”；市长每年都参加隆重的表彰晚会。先后举办了车、电、焊、钳、管、计算机、护理等20个工种、67场次的全市大赛，带动各级工会与企业联合开展技术、技能培训超过80万人次，探索建立了培训—比赛—晋级—表彰的一体化竞赛格局，形成“市长杯”职工技能大赛、职工技能活动月、首席员工制度三位一体的提高职工技能素质的平台体系。大赛产生技术状元67人，技术标兵268人，技术能手540人，2381人晋升为高级工，457人晋升为技师，形成了广泛而良好的社会影响，培养了一大批拥有新知识、新技能和良好职业道德的新型劳动者，为推动新经济发展、提高新产业效益增添了新动力。

二、依靠党政，创新方式，全力推进“两个普遍”

2010年年末，市总工会主动争取市委、市政府支持，建议采取党政签订责任状的形式，推进“两个普遍”，得到市委、市政府高度重视和认同并加以实施。2011年2月，在市总工会十一届十一次全委会上，市委同两县七区党（工）委签订了《加强党对工会领导，强化工会组织建设责任状》，明确了党委推动工会组建的领导责任和任务目标；市政府与两县七区政府（行政）签订了《推进非公企业工资集体协商工作责任状》，明确了政府推进此项工作的考核目标和具体任务。

市总工会主动与市委、市政府督察室沟通，联合开展“两个责任状”督察工作，对落实过程中存在的问题及时与党政沟通解决。“两状”实施一年来，全面加快了非公企

业工会组建，有力地推进了和谐劳动关系建设。据2011年工会年度统计调查：截至当年9月末，阜新市建会企业4063个，涵盖法人单位7053个，工会会员40万人，占职工总数的96.9%。非公企业工资集体协商开展率、集体合同和工资专项集体合同签订率均达到80%，涵盖职工总数的85%。非公企业职工年工资平均增长达到10%以上，参加养老、医疗、生育等保险的覆盖面都有不同程度提高。职工劳动安全卫生、休息休假、加班费水平得到了一定提高。把落实“两个普遍”纳入重要工作日程和考核体系，分解任务，层层落实，与中心工作同时布置、同时检查、同时考核。各级工会密切与党政部门的联系，协助党委落实《建会责任状》，支持基层政府落实《工资集体协商责任状》。工会干部与工商、税务、统计等建立密切联系，向政府部门核查情况、调动数据、协调关系。各级工会紧紧抓住签订“两个责任状”契机，广泛深入企业，走近职工，逐一排查摸底，了解第一手情况，密切了与职工群众和基层企业的联系，指导和推动了基层工会工作，促进了干部作风和工作作风的转变。

“两个责任状”的签订和实施，标志着阜新市在落实党政主导的职工维权格局上进入到了具体化、制度化的新阶段。党政工在合力维护职工利益、共同推动社会全面转型上迈出了具有重大意义的一步。

三、加强领导，完善制度，解决职工利益的根本问题

近年来，阜新市委全面加强对工会工作的领导，政治上把关定向，工作上全方位支持。市委多次强调把“党建带工建、工建促党建”作为新时期工会建设的指导方针，把推进和谐劳动关系建设作为当前重要任务，出台指导性意见，统筹规划、统一领导、同步实施。建立坚持市委常委会定期听取工会工作汇报制度，市总常务副主席列席政府常务会议制度，政府与工会定期联席会议制度，劳动关系三方协调会议等制度。市人大、市政府、市政协切实支持和帮助工会整合资源，建立健全维护职工利益的机制体系，为工会履行职能提供切实保障，解决了多项涉及职工利益和工会工作的重大问题：在协调劳动关系方面，确立对企业界别的人大代表、政协委员建设和谐劳动关系方面的监督考核机制；建立了党政部门为主的劳动关系监督协调委员会制度，每年6月开展劳动法律法规执法监督大检查；在维护职工民主权利方面，建立了由常务副市长牵头的厂务公开、民主管理领导小组，制订年度工作任务目标，有力地推进了非公企业职代会规范达标工作。为工会解决资金用于帮扶困难职工和支持工人文化宫建设。在工会自身建设上，实现了县区工会主席全部进常委；同意吸纳市工商局、经信委的有关领导担任市总工会兼职副主席；有计划有步骤地推进乡镇街建立总工会。坚持和落实党政主导的工作格局，为工会维护职工合法权益创造了方便条件，也为工会工作创新发展提供了有力支撑。

阜新工会工作的实践表明，坚持党政主导的工作格局，是走中国特色社会主义工会发展道路必然要求，是工会履行职责、承担使命的坚强后盾，是与时俱进、开拓创新的有力保障。坚持党政主导的工作格局，必须把围绕中心、服务大局作为工会工作的引领方向，必须把坚持以职工为本、主动依法科学维权作为本质要求，必须把破解难题、推进和谐劳动关系建设作为主攻点，必须善于凝聚共识、整合资源并转化为有形载体和有效行动，从而推动工会事业打开新局面，迈上新台阶。

“进企业”践行“四个一”活动
在工会、企业、职工之间搭建桥梁

辽宁省营口市站前区总工会

每月到企业当一天工人、学一门技能、交一个职工朋友、办一件实事，这是营口市站前区总工会从2010年开始开展的“四个一”活动。结合2012年全总开展“面对面、心贴心、实打实服务职工在基层”活动要求，区总工会进一步丰富了“四个一”活动内容，加大活动力度、提出更高要求，实现了职工队伍状况在一线掌握、构建和谐劳动关系在一线推进、工会各项工作任务在一线落实。

一、“进企业”沉到底，真情密切与职工和企业的联系

带着对全区广大职工的深厚感情和职工群众对工会组织的信赖和期盼，带着贴近企业、贴近职工群众的强烈愿望，区总工会机关全体率先“进企业”。既不说教，更不指手画脚，与职工心贴心、面对面、下车间、上机床，了解他们的生产、生活、工资、福利等情况。与企业负责人坦诚交谈，了解企业生产经营发展的情况，同时详细介绍工会的职责、任务等。企业对工会的认识发生了深刻转变，很多企业负责人认识到工会不仅维护职工的合法权益，也关心企业的发展，只有企业健康发展，才有条件维护职工的合法权益，从而为工会组织“进企业”、接触职工、开展工作敞开了大门。一些企业负责人主动将企业棘手的问题向工会倾诉，如职工队伍不稳定、招工难等；职工也敞开心扉向我们反映工资、福利待遇、劳动定额、工作环境、家庭生活等方面存在的问题。我们把与职工交朋友、密切与职工关系作为进企业的一项重要任务来抓，对职工群众给予了极大的关爱。两年来，区总机关干部先后“进企业”47家，为广大职工办实事50多件。其中，为78名困难职工子女提供“金秋助学”金15.6万元；为58户特困职工送去米、面、油和部分生活用品价值6.9万元。协调市区民政部门、慈善总会、街道、社区为近百名患重大疾病的职工送去救助资金达30万元；为140名农民工送去了夏凉被；为一线职工暑期“送清凉”6次3万元；为企业购置文体活动器材6件2万元，为“职工书屋”购书2万册4.6万元。为企业大龄青年举办“鹊桥会”，促成13对青年男女携手走进婚姻殿堂。践行“四个一”活动，成为了工会组织联系职工群众的有效途径，工会组织拉近了与企业的距离，工会干部密切了与职工的关系。

二、“进企业”破难题，推动工会工作创新发展

区总组织工会干部每到一个企业，都要向企业负责人和工会干部宣传、介绍工会法律法规、工会的主要职责、如何开展好工会工作等等，面对面指导，教思路、教方法、

教程序。

*首先，企业建会工作实现了全覆盖。*两年来，我们先后深入“红运大饭店”、“特易购”、“乐都会”、“财富”、“百威”等知名企业，主动上门服务，实现新建企业建会率达100%。2012年以来，区总工会还就推进全区区域性、行业性企业建会和吸纳零散职工入会进行部署，提出全年的组建任务半年完成的工作目标。区总工会组成指导组到32个社区进行调研，根据每个社区不同的情况和特点分别进行指导，使组织建会工作有活力、有招法。截至2012年6月13日，全区新增工会组织（涵盖法人单位）1538家，其中独立建会14家，完成全年任务数的159%，新增会员4847名，完成全年任务数的173%。

*其次，工资集体协商工作实现了全覆盖。*雅丽丝服装有限公司是我们践行“四个一”活动的第一家企业，在部分职工的诉求中了解到，这个企业的职工劳动强度不大，但时间较长，每天都在10个小时左右；工资偏低，每月平均工资在900元左右。职工跳槽严重，影响企业的正常生产。在整理车间，我们按当天定额和工人一起劳动，掌握了工人一天的生产情况。我们立即召开劳资双方座谈会，一方面教育职工，认为定额比较合理，因为“熟练工”都能超额完成；另一方面与经营者沟通，建议企业最好通过工资集体协商这个平台，倾听职工诉求，解决问题。经过协商，拟定企业员工劳动定额工资方案。即企业员工的工资由基本工资、职务工资、职能工资、效率工资等构成。此方案实行后，员工工资平均上涨240元，涨幅为24%，协商当月企业的产值、出口创汇分别比6月份增长38%和26%，从而促进了企业劳资双方的和谐与企业的发展。目前，全区所有企业全部实现了工资集体协商工作全覆盖。独立建会企业已将工资集体协商作为第一次职代会的重要议题进行协商。工资集体协商评估工作则作为第二次职代会的重要议题向职代会报告。

*最后，企业职代会步入规范化轨道。*区总工会把规范企业职代会的召开作为活动一项重要内容指导到位，把每年的2～3月作为职代会召开的推进月，促进企业职代会步入规范化轨道。2012年3月，市总工会日资企业——营口雅丽丝服装有限公司召开推广外资企业“职代会”观摩会，对全区企业“职代会”的规范召开起到了带动示范作用。截至3月末，全区180家独立企业工会全部召开了职代会。

三、“进企业”办实事，促进企业和谐发展

首先，区总机关干部认真学习工会法律法规、学习掌握经济和管理方面的知识，特别是要熟悉掌握区委、区政府有关招商引资方面出台的一系列优惠政策等，提升自身的综合素质，做到“打铁先得自身硬”。其次，在区总工会内部开展为企业办实事经验交流会。到目前为止，召开交流会4次，为企业办实事29件，解决各类难题百余个。可口可乐是坐落在站前区的世界500强企业之一，活动中企业负责人一次就提出电力电缆、电力设备安装、环境监测费用、“安全评估”价格过高等4个问题，并一再表示不抱太大希望，区总立即请示主要领导，协调有关部门，在不到4个月的时间内帮助全部解决。辽宁广厦集团营口分公司正在筹建，遇到的问题很多，一时说不清希望工会帮助解决什么问题，工会把名片留给企业，遇到困难随时电话沟通，先后为其协调解决了办公楼开工审批手续、用水指标、房证等难题。

党政工合力　共创镇、村、屯三级诉求中心

吉林省梅河口市总工会

在全总深入开展的“面心实”活动中，梅河口市完善小型零散非公企业职工和农民工诉求表达机制。在乡镇、街道建立镇、村、屯三级群众诉求中心，使职工和农民工有了心灵疏导的“消防器”和“减压阀”，在家门口就可以出气、消气、顺气，就近就便化解矛盾，实现矛盾不出镇，为社会和谐稳定作出了贡献。

一、党委领导、行政支持、工会运作，依托政府资源，党政工合力共建

梅河口市总工会以山城镇诉求中心为三级群众诉求服务中心试点，山城镇政府投入资金8万元，依托政务服务中心建立诉求服务中心。内设70平方米的诉求服务接待室和调解室。配备了传真电话、电脑监控、饮水机、急救药品箱等硬件设备。

诉求服务中心由镇党委副书记兼工会主席担任主任，由镇中层干部兼工会委员担任工作人员，负责日常工作。镇所辖32个村都相应建立了诉求服务工作站，在全镇各村屯群众经常聚集的地方（如小卖店）建立“百姓说事点”。悬挂工作牌，公开联系电话；设置工作揭示板、百姓说事记事本、法律科普图书角；聘请一名信息员，每日收集、整理、逐级上报职工群众诉求信息。建立镇和工会领导坐班、包片公示栏，便于与职工群众联系。

在山城镇取得效果后，2012年年初，按照山城镇“三级诉求服务中心”试点的模式，在全市24个乡镇（街）成立“诉求服务中心”，在303个村、16个社区成立“诉求服务工作站”，在村屯都建立了“百姓说事点”，形成工会全程参与的由市信访服务中心、乡镇（街）诉求服务中心、村（社区）诉求服务工作站构成的三级诉求服务网络。市总工会利用主要领导参与全市信访工作的有利契机，积极运作，参与谋划，及时将工会组织的维权诉求服务融入到市委、市政府的大局工作中，主动发挥优势，跟进维稳诉求服务工作，对完善工会维权帮扶体系建设进行积极有益的探索。百姓和职工群众吐心声、解难事的三级诉求中心在梅河口市乡镇（街）实现了全覆盖。

二、实施联动机制，资源共享，增大了工会对职工和农民工的维权力度

工会依托诉求中心履行职能。制定了《工会服务职工（农民工）诉求“三参与、三深入、三落实”职责》等工作机制。“三参与”就是工会要全面参与诉求服务组织建设；全面参与诉求服务维权工作；全面参与诉求服务扶助工作。“三深入”就是工会要深入企业推行“两个普遍”保障合法权益；深入职工开展沟通、疏导、保障工作；深入一线

开展矛盾调解法律维权工作。“三落实”就是工会要落实服务职工理念；落实公心为民作风；落实帮扶职工举措。有机地将工会的职工诉求、维权服务与镇诉求服务中心融为一体。

由于负责诉求中心工作的镇党委副书记和法律维权义务服务队的司法所所长既是工会干部又是行政管理干部，使工会监督职能有了行政职能的支持和依托，有机地将工会的职工诉求、维权服务与诉求服务中心工作整体联动、资源共享。诉求中心工会与信访、综治、司法、执法、纪检监察等部门联合开展工作，实现了组织、资源、信息、服务的共享、共融、共促、互动。人们形象地说诉求中心“门槛低”“助点多”，打一个电话11个部门无条件管，使职工群众反映的问题“件件有着落，事事有回音”。

前不久，梅河口市李炉乡凤城村农民工崔文明欣喜地拿到了拖欠自己的5万多元工钱。2010年，崔文明和24位农民工经中介介绍赴罗马尼亚打工，却迟迟拿不到应得的打工钱，他们求助于村里的诉求中心。市总工会和乡、市政府组织法律顾问先后五次去福州为崔文明等农民工打官司，最终胜诉。

三、诉求中心建到村、屯，延伸了工会维权触角

山城镇除了乡镇办、村屯办企业职工外，当地农民大多是季节性农民工、出国劳务工，还有耕田租赁者。镇总工会将镇职工群众诉求服务触角延伸到村屯，与工会维权帮扶工作同部署、同推进、同落实，通过诉求渠道将各类群众的诉求反映上来后，工会参与的法律义务维权队就立即登门开展法律维权服务。较好地发挥了工会组织作为职工维权第一知情人、第一报告人、第一帮扶人的作用，使“农民工有困难找工会”不再是一句空话，架起了党和职工群众的连心桥。

山城镇大湾砖厂技术员张鑫，劳动合同期满后，厂方以张鑫自愿加班为由拒付2000元的加班费。镇总工会通过诉求渠道在第一时间了解后，马上与镇法律维权义务服务队赶到现场。通过协调，砖厂支付了加班费，双方握手言和，化解了劳资矛盾。

四、依托诉求中心了解群众夙愿，帮助职工群众创业致富

下岗职工张泽先，想回家乡山城镇发挥自己养殖专长发展养鸡业。可苦于没有土地，资金不足。反映到诉求中心后，工会与梅河口市相关部门协调，为他解决了40亩用地，贷款300万元，办理了动物防疫卫生合格证。如今，公司已建成1200平方米标准种鸡舍，饲养父母代种鸡7000套，张泽先的创业梦想得以实现。

截至目前，梅河口市各诉求中心共接待受理各类职工群众诉求319件，协调解决245件。其中涉及职工、农民工46件，结案率100%。实现小事不出村（社区）、大事不出乡镇（街），企业矛盾内部化解，实现上访不出镇。

梅河口市人大常委会副主任、总工会主席宿民说：三级诉求网络的建立为职工和农民工搭建一个直接反映利益诉求的平台，拓宽和畅通了职工和农民工诉求利益表达的渠道，维护了职工和农民工的合法权益，把各种矛盾化解在基层、解决在基层，为梅河口市经济和社会发展创造一个和谐、发展、稳定的环境。

探索建立员工诉求中心
创新企业和谐发展机制

——大唐长春第二热电有限责任公司工会工作经验

中国能源化学工会

大唐长春第二热电有限责任公司总装机容量122万千瓦，年发电能力80亿千瓦时，现有员工1656人。近年来因煤电价格倒挂，陷入生产经营困境，累计亏损一度达到近3亿元，生存发展面临严峻的挑战。煤炭供应持续紧张，价格不断攀升，公司被迫掺烧偏离设计煤种的褐煤和低质烟煤，导致设备技术改造及检修任务异常繁重，工作量成倍增加。为排解员工压力、掌握员工思想趋势、保持员工向上合力，公司探索和实践了员工利益诉求表达机制，通过成立员工诉求中心，倾听员工心声，了解员工需求，缓解员工职业压力，真心实意为员工办实事、办好事，解决员工的实际困难。

一、倾听员工呼声，在探索中建立员工利益诉求表达机制

（一）组织体系健全，责任分工明确。2010年5月，公司下发了大唐长二热工联〔2010〕17号文件，员工诉求中心正式挂牌成立。中心主任由公司工会主席兼任，副主任由工会副主席兼任，成员由工会、思政部、纪检监察部、总经理工作部、人力资源部等11个部门组成，诉求中心办公室设在工会，由工会一名专职干部负责日常诉求受理和办理工作。

（二）建立诉求制度，引导员工合理表达利益诉求。中心成立后，及时制定出台《员工诉求中心管理制度》，严格规范诉求的受理、确认、转办、跟踪、督办、反馈、满意度调查、定期汇报8项办理环节，理顺工作流程，明确诉求事项、受理范围、不受理范围、接待诉求工作人员行为规定以及办理和反馈的时限，进一步明确涉及企业发展、员工福利在内的10项受理事项，以及涉及“违反国家法律法规、恶意攻击他人”在内的8项不予以受理事项。

（三）规范受理过程，确保合理诉求得到有效解决。员工诉求采用面对面谈话、电话诉求、转达诉求三种方式，接到诉求3个工作日内，中心予以核查确认，并告知诉求人。按照“统一受理、集中议事、责任归口、跟踪督办、受理反馈、定期汇报”的办理原则，在2个工作日内，将诉求事项按照“人资、生产、生活”进行分类，组织召开职能部门专题会议，落实办理部门和责任。5个工作日内，办理责任部门提交处理意见和具体措施，对于无法达成处理意见的诉求事项，上报总经理办公会议审定。诉求事项自受理之日起两周内办结，并以面谈或电话方式告知办理结果。对于无法按时办结的事项，定期跟踪督办，及时告知办理进展。重大及特殊诉求事项办理期限为自受理之日起

3 个月内办结，情况复杂无法按时办结的事项，承办单位可申请延期，延长期不超过 1 个月。

（四）强化目标责任，确保诉求解答让员工满意。实行诉求办理全过程跟踪督办、满意度调查和定期汇报制度，诉求中心带领 1 ~ 2 名员工代表不定期抽查和检查责任部门办理诉求事项的情况，定期向员工代表组长联席会通报。采取电话回访、问卷调查、现场答复三种方式，定期对诉求办理情况进行满意度调查，调查结果录入《员工诉求中心电子档案》。公司总经理办公会每季度听取诉求受理内容、办理意见、解决措施、跟踪反馈及满意度调查等情况汇报，党政工领导审查诉求办理情况及员工诉求档案，进行签字验收，确保每项诉求事事反馈、件件落实。

（五）健全网络体系，实现诉求服务全覆盖。2011 年年初，公司进一步健全组织机构、完善诉求网络，诉求中心在基层各二级单位设立了 16 个分支机构，明确各分工会主席担任诉求中心联络员和二级分支机构负责人，定期邀请员工来诉求中心交流沟通，成为员工释放心理压力、了解员工生产生活、心理咨询、健康配送、解决困难的办事机构。

二、发挥帮扶作用，在实践中完善利益诉求表达机制

（一）员工诉求中心是了解员工所想所需，为员工办实事好事的平台。中心成立至今，累计受理员工诉求 60 项，诉求办结率达到 100%，员工满意率 98.3%。切实解决了厂区增加车速减震带、治理厂区排灰管路、提高职工食堂饭菜质量、改善文体协会设施等 35 项员工密切关注的热点和难点问题，提高了职工群众的满意度。

（二）员工诉求中心是对员工实施心理疏导，缓解员工压力的渠道。诉求中心为员工提供了一个出气、消气、顺气的地方，起到稳定情绪“缓冲器”的作用。工作人员通过解释、说明和协调办理等方式，达到解除不良情绪和清除思想障碍的目的。两年来，工会组织开展走访谈心 2500 余次，使员工真正感受到企业的关怀和温暖，自觉把精力投入到各项工作中。

（三）员工诉求中心是增强员工主人翁意识，调动员工积极性的载体。诉求中心给员工搭建一个提建议、说想法、献良策的平台，激发员工做好本职工作、关心企业发展的热情。去年以来，员工了解了市场行情和潜在的危机，理解了企业的难处，并踊跃献计献策，提出合理化建议 494 条，完善各项规章制度 28 项，解决重大实际问题 15 项，完成重大技术攻坚 8 项，创造攻坚效益 30 余万元。

（四）员工诉求中心是推动企业科学发展，构建社会主义和谐社会的举措。诉求中心的建立，及时了解职工需求、掌握思想动态、反映利益诉求，将最基层、最普遍的群众呼声传递给公司决策层，在体制内、在主渠道化解矛盾、消除不和谐因素，维护企业的和谐稳定。

三、促进创新发展，在总结中拓宽利益诉求表达机制

（一）领导高度重视是员工诉求中心取得实效的必要前提。成立领导班子、中层干部、班组长、党员四级基层调研联系点，班子成员深入基层单位，中层干部深入各班

组，班组长深入各作业点，党员深入周围员工群众，在听取汇报、查看现场、倾听员工呼声的基础上，公司召开各个层次的座谈讨论，帮助员工解决生产生活中遇到的实际困难，讨论对策和措施，出台切实解决问题的具体办法。

（二）营造浓厚的企业人文环境是员工诉求中心取得实效的基础条件。公司紧紧抓住尊重人、关心人、调动人这条主线，坚持以人为本，关爱每一名职工，为职工营造舒适的工作生活环境。引导企业领导者心中始终装着员工，及时了解和掌握员工的思想、工作、生活情况，帮助员工排忧解难。领导干部把“员工利益无小事”的要求落到实处，切实关心员工疾苦，真正实现企业与员工、领导与员工、员工与员工的和谐发展。

（三）各部门齐抓共管是员工诉求中心取得实效的关键所在。建立部门联动机制，做到迅速反应、横向联动，确保诉求在最短时间内得到有效答复。员工诉求中心让帮扶网络得到延伸，使矛盾问题解决在企业内部，推进了职工维权和企业维稳，使工会的维护职能得到更好发挥，其服务理念、工作内容、运作方式同“服务职工活动”相契合，是服务职工活动常态化、制度化的可靠保证。

亲职工　爱职工　为职工
服务职工活动在一线全面展开

黑龙江省大庆市总工会

大庆市总工会全面贯彻落实全国总工会和省总工会“面对面、心贴心、实打实服务职工在基层”活动要求，坚持创新活动形式，截至目前，市、县（区）两级工会干部共深入基层工会3000余个，与7000余名基层工会干部进行了面对面交流，帮助职工解决就业、创业、技能培训、子女上学等工作和生活中遇到的问题，化解各类矛盾纠纷。

一是以上促下、全员参与，服务职工活动在一线全面铺开。市、县（区）两级工会干部全员全年每周保证三天时间，全部沉到一线，独立工作，一个一个基层工会深入，与企事业、街道（镇）、社区（村）等基层工会干部面对面交流沟通，推动基层工会干部与本单位职工面对面、心贴心、实打实服务职工。市总工会确定11名处级干部和处级后备干部为责任人，分别负责全市10个县区和系统工会的服务职工活动组织、安排、推进工作，逐渐深入全市现有的5224个基层工会。

二是丰富内涵、明确重点，工会重点工作在一线稳步落实。以服务职工活动为牵动，结合大庆实际，梳理明确“两个普遍”、和谐企业创建、班组建设、参与加强和创新社会管理、职工素质提升、困难职工帮扶、项目工会建设七项重点工作。利用一线工作的优势，摸清基层工会组建情况，掌握基层工会工作状况，发现和破除建会盲区，指导基层工会发展和谐劳动关系，依法开展工资集体协商，创建和谐企业，帮助建立健全班组制度，推动发挥“大学校”作用，提升职工综合素质，帮助找准参与加强和创新社会管理切入点，化解矛盾维护职工队伍稳定。督促健全完善职工帮扶体系，对职工进行有效帮扶，指导较大施工项目全部建立项目工会，发挥好“管安全防护设施设备齐全、管及时发放工资、管基本生活条件保障、管按时足额缴纳社会保险”的“四管”作用，保障进城务工人员合法权益。

三是单兵作战、深入实践，工会干部的作风和能力在一线快速提升。每名工会干部独立自主地深入到基层一线工会干部和职工之中，他们精心“备课”，进一步融会贯通工会组建、工资集体协商、职代会、厂务公开等工会主要业务知识，熟悉《工会法》、《劳动合同法》等相关法律法规，制订好调研计划，设计好交流内容，在深入基层中，真正掌握职工思想动态，摸清职工现实需求，切实帮助职工解决工作、生活中遇到的困难和问题，指导好基层工会工作，尤其是针对非公企业、社区、村等工会实际，拿出切实可行的办法、措施，推动基层工会发挥作用。同时，每名工会干部根据深入基层情况，撰写一篇有针对性的调研报告，对质量较高、有价值的调研报告，报市委和上级工会，为决策提供参考。

四是完善机制、科学考评，保障服务职工活动在一线扎实推进。成立活动领导小组，制定下发《关于建立干部能上能下工作机制的实施办法》，要求市总工会每名机关干部如实记录基层工作日志，真实反映与基层交流的内容、发现的问题、提出的建议、解决的困难等活动开展情况。把个人工作日志与走访的基层工会干部、职工群众和企业经营者的反馈评价相结合，综合考评每个工会干部服务职工活动的成效，并启动“能上能下”工作机制，根据工作能力、责任意识、活动取得成效等，对工会干部分别予以提拔重用、退长还员或辞退等调整。市总工会机关平均每周召开一次全体会议，听取深入基层活动情况，交流一线工作经验，完善深入基层工作方法，帮助解决遇到的问题。

五是以人为本、真帮真助，维权帮扶职工在一线系统实施。市、县（区）两级工会干部深入一线，与基层工会一起积极化解矛盾，没有条件解决的，第一时间上报上级工会帮助化解；对于基层职工反映的问题和困难，由于现实条件而暂时无法解决的要求，向职工做好解疑释惑工作；对个别不合理的要求，耐心做好解释说服工作，澄清职工思想认识上的误区；对于职工合理需求且有条件解决的，由本单位工会主动帮助解决，没有条件解决的，由上一级工会逐级代言帮助解决，并根据困难职工的实际情况，对有就业、创业愿望和能力的，将其纳入到市、县级困难职工技能培训和“一帮一”扶贫解困工程中，没有劳动能力但符合救助条件的，将其纳入到市县困难职工超市、大病救助、金秋助学、“六一”助学等长效救助中。市总工会依托 3 个市级困难职工技能培训基地，开办特种机械 5 种技能和焊接技术等项目，对困难职工及其子女、零就业家庭成员和失地进城务工人员共计 106 人进行免费培训，通过掌握技能促进就业实现脱贫；开展城市“一帮一”扶贫解困工程，共帮扶困难职工家庭 488 户，启动创业项目 226 个，实现就业 348 人，已发放小额贷款 320 万元，293 户困难职工家庭已基本脱贫；依托市、县困难职工超市，对 1438 户困难职工家庭进行长效救助，大病救助、金秋助学、“六一”助学救助困难职工及其子女 400 余人。市总工会机关干部在深入庆华玻璃器皿厂时了解到，该厂残疾职工较多，部分特困职工生活艰难，经过深入调研，将该厂 6 名困难职工纳入困难职工超市，5 名困难职工家庭子女列为金秋助学救助对象。原大庆晓雪啤酒公司在被百威英博集团收购过程中，公司工会积极参与谈判，为职工争取到工资增长、补充医疗保险、各类补贴等多项权益。肇源县总工会对 200 名困难职工进行编织、电焊、驾驶等技能培训，促进困难职工再就业。沃尔玛大庆分店工会在广泛征求职工意见基础上，积极与企业管理层沟通，使 2012 年职工工资上浮 6.5%。肇州县肇州镇工会联合镇司法所开辟职工法律服务窗口，无偿为职工提供法律服务，受理各类案件 280 件次，受到广大职工欢迎。截至目前，全市工会为职工提供各类服务、帮助解决困难共计 1200 余件，涉及职工 6000 余人。

开展“逢十”接待日活动
实心实意为职工办实事
——龙煤双鸭山分（子）公司工会创新服务职工活动载体

全总组织部

双鸭山矿业集团是一家拥有65年历史的国有大型煤矿企业，公司在册员工6万多人，为贯彻落实全总、省总关于开展“面对面、心贴心、实打实服务职工在基层”活动部署，公司决定自3月20日起，实施工会主席“逢十”接待日活动。公司、矿（厂）、区（科）三级工会主席认真落实公司工会主席“逢十”接待日制度，广泛开展接待日活动，实心实意为职工办实事解难题，受到了广大职工群众的热烈欢迎和一致好评。

一是审时度势，确定了开展工会主席“逢十”接待日活动的基本思路。“逢十”接待，即每月的10日、20日、30日（双休日、节假日除外），“十”与“实”音同，取意为：实心实意为职工办实事。总的思路就是要通过层层设立工会主席接待日、建立工会干部联系点、分划工会干部责任区等多种措施和办法，提高工作实效，改进工作方式，畅通联系职工群众的渠道，推动各级工会干部深入基层、深入群众，调查研究、抓“点”落实，积极反映职工的利益诉求，帮助职工解难答疑，在帮助基层和职工解决实际问题上下功夫，办实事，确保企业“平安发展、强企惠民”目标实现。

二是结合实际，制定和建立了工会主席“逢十”接待日活动的基本制度。经过多次研究讨论，研究制定出操作性较强的工会主席接待日制度，及时召开基层工会主席会议征求意见，下发《关于开展工会主席“逢十”接待日活动的通知》（龙煤双工发〔2012〕6号文件），对活动的指导思想、基本原则、具体措施和相关要求进行明文规定，正式下发到各级工会。各级工会组织都成立了工会主席接待日活动工作小组，成员由主席、副主席、接待秘书等人员组成，并明确了各自的职责，即工会主席负责主持接待活动，是落实接待日制度的第一责任人；副主席及其他委员可安排1人辅助主席参加接待活动；接待秘书负责整理接待材料，并按制度要求及时做好向上级工会反馈工作。工会主席有特殊情况不能参加时，由副主席主持接待日工作。同时还明确了对来访职工的处理规定，即属于工会职权范围内的事项，应当尽可能即接即办，不得推诿、敷衍和拖延；不属于工会职权范围内的，应当转交相关部门研究处理，或介绍来访人到主管部门去反映，并跟踪督办落实，避免推诿现象；对重大来访事件，应当及时向本单位党政领导汇报，必要时向上级相关领导反映并协商解决处理。

三是宣传发动，保证了工会主席“逢十”接待日活动的正常启动。公司把3月20日作为全公司工会主席“逢十”接待日活动启动日，广泛宣传发动。各级工会干部认真学习《关于开展工会主席“逢十”接待日活动的通知》和工会主席“逢十”接待日制度，结合公司二届三次职代会精神和公司党委“六大工程”要求，进一步明确了开展工会主席接待日活动的意义、目的和深刻内涵，做到了思想统一，任务明确。各级工会主席积极向本单位党政领导进行汇报，取得了党政领导的大力支持，并多次召开会议或利用电子屏、过道标、条幅等宣传形式将活动的意义、目的、接待地点、接待时间及有关要求进行了广泛宣传，让广大职工群众深入了解工会主席接待日制度，在全公司形成轰动效应，为第一个接待日活动顺利开展营造了良好工作氛围。为配合宣传发动，公司工会还统一拟定了接待日宣传口号15个。全公司共召开宣传动员会80余次，张贴过道标、条幅等120余幅。活动日当天，各单位工会主席全天守候接待来访职工，认真按照有关要求进行答复和处理，并邀请信访等有关人员参加，协助对有关问题进行解答，确保了接待日活动的正常启动。仅启动日当天，公司、矿（厂）、区（科）三级工会主席共有85人上岗，接待来访职工520人，针对职工提出的劳动保护、自救器使用、工资政策、生活福利、经营管理、安全抵押金政策、入井保健等15个方面的24个问题进行了解答，当场解答不了的，也都转办给有关部门，并限期进行了答复。

*四是严格要求，确保了工会主席“逢十”接待日活动的质量效果。*启动日当天，公司纪委书记、工会主席林森同志和副主席于春旭同志分别率领有关人员到各矿检查活动开展情况，“双矿在线”和《矿工报》等媒体也相继报道了活动的开展情况。随后公司领导还于每个接待日时间，先后深入到各矿及井区、地面单位及科级车间等对活动的开展情况进行了抽查。制订了《工会主席“逢十”接待日活动月报表》，要求各单位活动次日反馈情况、月份总结报表等，并对不认真落实工会主席接待日制度，不重视工会主席接待日活动的开展，没有于第二天及时上报工会主席接待日活动纪要，没有反馈活动开展情况的单位进行了通报，有效促进了接待日活动的持续开展。自启动日之后，3月30日，4月10日、20日，公司、矿（厂）、区（科）三级工会主席共上岗330人（次），接待来访职工136人，当场答复131人，为职工解决实际困难33件，发放救济金6000余元，大米、白面20袋，救济困难职工32人，协调解决问题5件。

*五是持之以恒，不断推进工会主席“逢十”接待日活动的制度化和常态化。*第一，确保每月“逢十”接待日活动（除节假日外）雷打不动。特殊情况必须向公司工会报告，严禁以任何借口不开展活动。第二，要求各直属基层工会于接待日第二天上午整理出接待日工作情况纪要，向公司工会进行反馈。如果矿（厂）及主要生产区（科）两级工会组织确实开展活动了，全天守候，但没有来访人员，也要电话进行情况反馈，否则视为没有开展活动。第三，各直属基层工会于每月20日接待日活动结束之后，25日之前，将《工会主席接待来访情况月份统计表》上报公司工会。第四，将工会主席接待日活动纳入工会系统竞赛进行考核，考核的主要内容包括活动的开展情况、接待日纪要和统计表上报等信息反馈情况，考核实行减分制，活动开展好的不扣分，活动开展不好的、迟报、漏报或报表填报有错误的均适当扣分。公司工会坚持每月对各单位活动开展情况进行随时抽查，抽查结果作为活动开展情况考核的重要依据。

促进有“政治身份”和荣誉称号的企业经营者带头重视工会工作

上海市奉贤区总工会

奉贤区总工会以区（县）党委、人大、政协、工商联、青联等换届为契机，以推进企业经营者政治安排与履行社会责任挂钩为抓手，在区委领导和区人大、政府、政协支持下，大力促进区域内有“政治身份”和荣誉称号的企业经营者带头重视工会工作，在深入推进工会组建、工资集体协商工作、构建区域和谐劳动关系等方面发挥了积极作用，得到中央和全总领导的充分肯定。

中共中央政治局委员、全国人大常委会副委员长、中华全国总工会主席王兆国同志作出重要批示，要求“发挥工会优势，与有关部门联合对有‘政治身份’的企业提出要求，促其带头重视工会工作”。全总副主席、书记处第一书记、党组书记王玉普指出，要研究对有“政治身份”的企业带头做好工会工作、发挥“政治身份”优势的相关意见。

一、聚焦重点，引发思考

奉贤区总工会在推进重点工作以及“面对面、心贴心、实打实服务职工在基层”活动中，注意到这样一个重点群体，即有“政治身份”和荣誉称号的企业经营者，具体包括区党代表、人大代表、政协委员、工商联执委、青联委员、科协委员和企联理事等有“政治身份”的企业经营者，全国、市劳动模范、五一劳动奖章和区优秀共产党员、优秀党务工作者等有荣誉称号的企业经营者，以及获得市、区文明单位的企业经营者。其所在企业往往具有一定的代表性，要么规模较大，要么属于新兴产业，在区域中、同行业中具有较大的号召力、影响力。考虑到这些企业工会工作的好坏将产生重要的导向作用，区总决定将推动企业经营者政治安排与履行社会责任挂钩，作为工会在加强和创新社会管理中发挥作用的切入点，引导有“政治身份”和荣誉称号的企业经营者在工会组建、工资集体协商、协调劳动关系等工作中起好带头作用。

二、开展调研，摸清情况

区总主动与区委组织部、人大、政协、工商联等单位联系，对有“政治身份”的经营者所在企业的工会工作，尤其对依法建会和依法开展集体协商工作情况进行调查摸底。调研发现，在奉贤区第三次党代会代表中，企业经营者共57名，所在企业全部建立工会组织，开展工资集体协商的55家，占96.5%；区第四届人大代表中企业经营者共53名，建会的43家，占81.1%，开展工资集体协商的37家，占69.8%；区第四届政协委员中企业经营者共66名，建会的61家，占92.4%，开展工资集体协商的45家，占68.2%；区第三届工商联执委中企业经营者203名，建会的147家，占72.4%，开展工资集体协商的124家，占61.1%。这些企业工会建会率高于全区平均水平，但集体协商制度建制率不够理想。这些有“政治身份”的企业经营者往往出现两种截然不同的情况：一部分经营者高度重视工会工作，亮点多，典型多，在本地区起示范引领作用；另一部分经营者工会意识薄弱，工会工作难以推动（相对集中在一些房地产开发、科技信息、投资企业）。

三、提出建议，形成共识

在掌握实际情况的基础上，区总与有关部门进行沟通，在区人大领导调研、与区政协联组学习时作专题汇报，提出评价企业经营者不仅要看企业规模、效益、税收，更要注重其是否具有社会责任感，以及履行社会义务的主动性，包括其对待工会工作的态度。区人大、政协领导对工会这项建议都表示赞同和支持。相关单位也积极响应，如区工商联党组在有关大会上向执委以上企业经营者提出了带头支持工会工作的要求。

四、把握时机，推动落实

区总在工作中注意把握有利时机，推动建议落到实处。抓住今年区人大、政协和有关人民团体换届的契机，根据企业工会工作情况，就企业经营者的政治安排、评选先进提出建议，得到相关单位的重视和支持。在区政协换届中，区委统战部就新一届政协委员推荐人选中的企业界人士认真听取区总工会的建议。区社会工作党委在评选非公企业“优秀基层党组织”过程中，也征求了区总意见。在今年召开的区劳动关系建设工作会议上，区总联合人保局、企联、工商联下发《关于在镇、开发区（社区）、集团公司开展劳动关系和谐企业创建活动的通知》，明确提出将劳动关系和谐企业创建情况，作为对企业法人和经营者进行政治安排和评优表彰的基本条件。

五、定期反馈，加强引导

为进一步引导有“政治身份”和荣誉称号的经营者切实履行社会责任、重视工会工作，区总工会一方面把他们所在企业工会工作情况，通过每半年召开的联席会议，向相关单位反馈，分析问题，研究对策，通过相应的督促整改制度，推动这些经营者带头支持工会工作；另一方面，注重挖掘企业经营者重视支持工会工作的事迹和经验，通过树立典型，加强正面引导，鼓励有“政治身份”和荣誉称号的企业经营者以身作则，率先垂范。如今年“五一”节以先进事迹演讲的形式，宣传伟星集团总经理章卡兵重视工会、关怀职工的事迹，进一步扩大先进典型的社会影响力。

“劳模讲堂”引领职工岗位成才

上海巴士公交（集团）有限公司工会

公交行业是城市文明窗口之一。对上海来说，随着城市人口急剧增长和国际化水平快速提升，对公交窗口文明服务的质量更加严格，这也对公交职工的文化素质、业务水平等综合素质提出更高要求。在迎博办博过程中，由公交企业的劳动模范组织成立的劳模“啄木鸟”行动队，深入基层一线和职工群众，使职工零距离感受到劳模们的敬业精神和精湛服务技艺，引领职工岗位成才，带动了整个行业的服务质量提高。为了进一步推动巴士集团下属的各公司推出各具特色的服务内容，打造更多公交职工对外服务的品牌，巴士集团工会在总结世博经验的基础上，决定继续发挥劳模示范效应，创建了以著名劳模马卫星为负责人的“劳模讲堂”，形成了经验交流、技艺传授、技能辅导等“课程”，开创了劳模与职工零距离交流互动的新途径。

一是明确目标，建立活动规则。首先，明确“劳模讲堂”要立足于“三个必须”：必须服务服从于企业改革发展的大局、必须着眼于推动服务创新能力的提升、必须致力于职工队伍整体素质的提高。其次，明确提出了搭建服务传授、成果展示、争先创优、评先树优“四个平台”的具体设想，鼓励劳模先进展示在“创先、创新、创效、创优”上的示范引领作用。最后，为了“劳模讲堂”活动长久有效开展，通过建立健全各项管理机制，把分散的劳模先进个体与企业的总体需求系统地、持续地结合起来。集团工会制定了《创建“马卫星公交营运服务工作室”的管理办法》，为“劳模讲堂”提供了有力的制度保障。

二是加强组织，实行有效保障。“劳模讲堂”实行日常活动和集中活动结合的运作模式，由巴士集团和巴士二汽工会分别牵头负责组织。为确保“劳模讲堂”的正常运作，久事工会、巴士集团、巴士二汽、49 路车队四级工会分别给予经费、津贴和场地的支持。

三是找准切入点，精心设置“课程”。“劳模讲堂”推出了包括服务技艺、节能降耗、等级线路评定等方面的交流内容，围绕公交服务中的实际问题，将个人工作经验的总结、提炼和传授，通过主题演讲、观摩学习、名师带徒等形式开展。同时，还开设了现场教学课，以巴士集团等级线路评定为背景，组织各成员企业下属分公司代表实地观摩学习品牌线路经验，座谈交流寻找自身不足，取长补短提升服务水准。

“劳模讲堂”开办以来，多次探讨公交服务的焦点、难点问题，使劳模先进的示范作用得到生动体现。全国劳模马卫星以自己的成长经历和体会作为“劳模讲堂”的开堂之篇，全国五一劳动奖章获得者徐卫琴作了题为《乐意接受挑战、精心服务乘客》的演讲，她的“知路、知人、知车”的工作方法，得到了传播和推广；全国和上海公交行业“节油明星”郑志刚和杨峻也先后登台，介绍了自己参与比赛和平时安全节能的先进操作方法。劳模的经验和工作方法，受到了广大公交职工的欢迎，目前巴士集团工会已将他们的操作拍摄成辅导视频片子，作为班组培训材料加以学习推广。

巴士集团工会推出劳模讲堂，充分发挥劳模作用，从中可获得一些有益启示：一是弘扬劳模精神必须具体化，要把劳模精神变成看得到的东西，这样的劳模精神职工才可学、能学。二是必须为劳模发挥作用创造条件，劳模是社会的宝贵财富，也是企业的宝贵财富，怎么把这个财富用好，关键就要适应劳模的特点，推出适合劳模与职工互动、体现其作用的平台。三是必须积极推动平台的作用落地，比如把劳模先进工作经验以及劳模与职工互动讨论的共性问题通过公司制度机制的形式固定下来，这样才能确保平台的持久性、生命力。

为企业排忧　为职工解难
着力推动服务职工工作实效运行

江苏省淮安市清河区总工会

为全面贯彻全总关于开展“面对面、心贴心、实打实服务职工在基层”活动意见和区委区政府关于开展“三进三解三促”活动要求，清河区总工会在全区工会组织中开展了“进百家企业、访百名职工”活动，走进基层企业，走近一线职工，解决最盼、最急、最忧、最怨的问题，把服务职工工作做实、做好、做优。

一、强化组织领导，集聚推进合力，着力构建服务职工工作大格局

积极争取党政重视支持，着力构建“党政领导、工会牵头、部门协作、基层互动”的工作格局。一是党政推动。区委专门召开常委会听取工会关于开展服务职工工作情况汇报，出台《中共清河区委关于加强工会服务工作的实施意见》，成立以区委、区政府分管领导为组长，相关部门负责人为成员的服务基层、服务职工工作领导小组，各街道（新区）、社区也都成立了相应的工作领导小组。二是各方联动。清河区总工会先后出台“双挂”、“双百”工作的实施办法以及服务职工工作系列文件，区总工会和区人社、民政、司法、卫生、教育等部门建立了服务企业、服务职工的联席会议制度，形成资源有机整合、服务阵地共享、服务人员互补、服务对象互通的部门联动工作局面；区、街道（新区）、社区（企业）工会建立上下一体、分级负责的服务网络体系，实现了上下联动。三是典型带动。分别在街道（新区）、社区、企业各选择一个示范典型，通过召开现场推进会、经验交流会，以及在电视、报刊、网络等媒体深度宣传服务职工活动中涌现的先进事迹，提高工会干部对活动的参与度和职工对活动的认同度，放大活动的社会效果。

二、优化服务平台，促进转型升级，着力构建服务职工工作体系

按照“窗口社会化、接待人性化、设施规范化、工作制度化、服务经常化”的总体要求，全面推进区、街道、社区三级服务职工体系建设。一是促进服务职工工作的转型升级。将机构名称由困难职工帮扶中心改为职工服务中心，服务对象由困难职工扩展为全体会员职工，服务内容由原来的困难救助，扩展为困难救助、法律维权、综合服务“三位一体”15个方面的服务项目，目前全区7个街道、1个新区、43个社区全部成立职工服务中心，形成全面覆盖、分级负责、上下联动、部门配合的三级职工服务网络，为职工提供全方位、多层次、一站式服务。二是建立快捷便利的职工服务信息平台。职工服务信息平台由职工服务热线、工会职工服务网和工会短信平台三个部分组成。职工服务热线实时解答职工电话咨询，并将需要办理的事项以工作交办单形式交由相关部门

办理；工会职工服务网为职工提供相关法律法规、政策、信息查寻和网上入会、求职招聘等服务；工会短信平台配合工会服务网和服务热线，适时发布、收集相关信息，为职工提供更加贴心、周到的服务。三是推出温馨独特的工会会员服务卡。区总工会联合江苏银行为每位工会会员发行推出一张“聚宝·工会会员借记”银行卡，实现会员的实名制管理。该卡既是工会会员身份证，又具有银联卡的基本功能。持卡会员可以在政府投资建设的文化、娱乐、体育场所和工会特约爱心服务单位享受优惠或免费服务，目前全区已发放近2万张会员银行卡。在此基础上，利用区社会管理网络管理软件系统，建立职工服务管理工作平台，适时掌握企业和职工会员信息资料，为职工会员提供服务。

三、拓展活动载体，转变工作作风，着力促进服务职工工作落到实处

按照“需求驱动、服务凝聚、转型升级、打造品牌”的运作模式，不断拓展服务方式，丰富服务内涵，为基层企业、职工群众提供最直接、最实际、最全面的爱心服务。一是开展“访百家企业、访百名职工”行动。区总工会将“双访”工作纳入工会年度目标考核，全年每个月确定一个活动主题，每季度召开一次“双访”工作汇报会，建立走访结对“2+2”制度。区总工会机关工作人员、各街道、各系统、各社区工会主席联系区域内企业2家，结对特困职工2名。通过召开座谈会、入户走访活动，了解企业生产经营状况，掌握基层工会工作情况和职工思想动态，困难职工家庭详细情况，记好《“双访”日记》，安排工会机关干部接待来访职工群众，了解群众诉求，及时化解矛盾。活动中共调处劳动争议案件180多起，排查劳动关系矛盾隐患23项，提供法律援助126起。二是开展“幸福清河·爱心服务”行动。联合10多家爱心服务单位，建立爱心超市、爱心医院、爱心药店、爱心学校、爱心律师所、爱心书店、爱心影院、爱心家政服务公司等爱心服务基地，为广大职工提供范围更广、内容更实的服务。在近期举办的两次爱心捐助活动中，3家爱心服务单位为全区80名困难职工捐助了价值5万元的生活救助物品；为环卫工人设立17个爱心互助点，方便环卫工人休息、进餐；通过医疗、助学等特色爱心救助活动，帮助困难职工战胜疾病，摆脱困境。为530名困难职工建立档案，发放困难救助金30多万元，其中医疗救助42人，救助金额3万多元；就学救助179人，救助金额8万多元；生活救助309人，救助金额19万元；200多名下岗失业职工参加了工会再就业技能培训。三是开展“职工文化直通车”行动。设立“职工文化大讲堂”，聘请名人名师和工会干部，走进企业，举办职业素养、人生价值、企业发展等讲座；广泛开展“送文艺进企业”活动，为职工送电影、送演出；加强职工文化阵地建设，指导帮助全区企业建成职工书屋80多家、职工俱乐部90多家，全区95%以上的建会企业开展了星级职工之家创建活动，建成了10个示范单位，建立了职工创新工作室10个、职工阳光心灵工作室12个；邀请全国劳模孙国庆，开展劳模走进“社会大讲堂”活动，为新评出的20名文明职工举行隆重颁奖仪式，授予银质奖章；在新区企业开展了“送演出、送电影、送书籍”三送文化活动，成立了企业文化沙龙，组织企业家、职工开展文化交流，加强沟通、促进融合，共商发展大计，共破发展难题，共谋科学发展，共促队伍稳定。

坚持八年联系基层　服务职工凸显成效
——江苏省总工会干部联系基层的工作制度和实践

中国财贸轻纺烟草工会

江苏省总工会开展省总干部联系基层工作坚持8年，已成为省总机关一项长期性制度和实践，为全省工会系统开展“面对面、心贴心、实打实服务职工在基层”活动打下了良好基础，有许多值得借鉴的宝贵经验。他们的主要做法是：

一、建章立制、多措并举，增强联系基层活动的针对性和实效性

2004年2月，省总工会制定了《省总机关处级以上干部联系市、县总工会制度》，2011年又结合省委开展机关领导干部下基层“三解三促”（了解民情民意、破解发展难题，化解社会矛盾，促进干群关系融洽、促进基层发展稳定、促进机关作风转变）活动要求，制定了《关于完善省总机关处以上领导干部联系市县总工会制度的意见》，进一步规范了这项工作。方式上，明确联系点和联系人，要求每个责任人对联系点所属乡镇、街道、园区至少走访一遍；重点联系一个乡镇、一个行业和一批不同类型的企业，深度跟踪调研，及时掌握情况，确保联系点工作取得成效；规定干部到基层联系点开展工作，可以不经过市、县总工会。内容上，明确了“深入调研、宣传政策、做好服务、维护稳定、总结经验”五方面任务。要求上，规定3年内每个干部跑遍所有联系点的乡镇和支柱产业中各类企业；每年到联系点不少于10天；不扰民、不陪同、不收礼、不接不送。考核上，由省总直属机关党委专责综合协调和检查督办，要求及时通报各联系点情况、汇报基层亮点、特色工作和典型经验，实行每季度一次各联系点工作进展情况公示；不定期组织联系点工作亮点、典型经验、心得体会情况交流，对联系点调研成果进行评比和汇编；将联系点工作成效列为省总机关处以上领导干部工作考核重要内容和先进部室考核评比的重要依据。这些有力措施，把软任务变为了硬指标。

二、解决问题、树立典型，推动工会工作不断创新

省总工会领导班子带头联系全省13个城市并13个区县，把宣传贯彻党和政府的方针政策、落实省委省政府和全总重点工作部署，为基层工会解决难题、推进基层工作扎实开展，为职工群众做好事、办实事、解难事等取得实效作为联系点工作的出发点和目标。

一是使该活动成为用社会主义核心价值体系武装群众的重要渠道。凡上级重要会议、讲话、指示和工作部署，由联系人在联系点直接传达宣讲。宣传党的理论路线方针政策，为基层工会干部和职工群众释疑解惑，提高了他们对党的理论路线方针政策的认

识理解。职工形象地把层层传达上级精神比喻为“转播”，把这种深受欢迎的宣讲比喻为“直播”。

二是使该活动成为发现和解决影响经济社会发展、工会工作推进和职工生产生活困难问题的重要手段。他们进企业入家庭，面对面与职工交流，心贴心与工会干部和职工交朋友，掌握第一手资料，及时了解影响劳动关系和谐稳定的突出矛盾，及时向上级工会和有关部门反映职工群众最盼、最忧、最急、最怨的困难和问题，把影响职工队伍稳定的因素解决在基层，提出切实可行的政策建议，推动了一批相关问题的解决。如促成连云港金桥盐业集团 11000 多户职工住房列入国家棚户区改造计划；解决了长期未能纳入范围的盐场职工社保应保尽保问题；为 736 户盐场困难职工争取了省财政资金支持等。

三是使该活动成为推动省总工会工作创新，落实工会重点工作的重要载体。联系点成为工会探索工作创新的试验田、调查点和工作样板。联系点负责人将工会工作的新创意、新构思在联系点检验，工会工作和职工群众思想动态在联系点搜集，基层工会的新做法、新亮点在联系点发掘捕捉、总结完善，充分发挥联系点以小见大、效能集约、指导全局的作用。几年来，他们发现和培育了如邳州板材行业、南京六合区服装行业、射阳县纺织行业制定劳动定额标准和开展行业工资集体协商，新农合组织工会、楼宇工会、餐饮行业工会组建，建立“职工书屋”等一批批工会工作创新发展的典型经验，很多在全国工会系统形成广泛影响。他们还发掘了“和谐劳动关系企业评估改进行动”、“职工职业道德积分制”考核管理、非公企业工会主席岗位津贴和荣誉奖励办法、“职工之家”四方评议制度等一系列工会工作创新亮点，推动了全省工会工作创新发展。机关干部把这项工作比喻为“瞪大眼睛看亮点，竖起耳朵听特色，隆起鼻子嗅创新，张大嘴巴做宣传”。

四是使该活动成为培养干部作风、提升干部队伍素质的重要方式。省总要求，机关干部下基层前，要认真研究学习全局工作和各项业务知识，心中有全局，工作有重点。下基层后，他们与职工同吃、同劳动、同学习，每周“当一天工人”。通过基层锻炼，机关干部进一步增强了政治意识、大局意识、责任意识、创新意识和群众意识；开阔了视野，增强了跨部门思考工作的素养，工作由过去的“点”向“面”拓展，知识由过去的“单一化”向“多领域”转型，调查研究、把握全局、组织协调和沟通表达的能力、群众工作的方法都得到进一步提升，提高了谋划指导工作的水平；服务职工的理念、扎实敬业的工作精神、迎难而上的工作态度在机关发扬光大。大家深有体会地把联系基层工作比做“加油站”、“助推器”、“连心桥”、“宣传队”，把收获比喻为“站起来能说，坐下来能写，走出去能协调”。

强化“四个”意识　服务职工和企业

浙江省嘉善县总工会

2012年3月，根据嘉兴市总工会服务职工活动安排部署，嘉善县总工会结合嘉善工会实际，成立领导小组，制订实施方案，召开专题动员大会，在全县工会系统广泛开展“面对面、心贴心、实打实服务企业促发展、服务职工惠民生”主题实践活动，暨“11230”活动（即走访“万名”职工，走进“千家”企业，举办“百场”宣讲、开展“百场”比武，调研“十个”课题、培育“十个”基地、打造“十个”示范）。各镇、开发区（街道）总工会、各企事业单位工会结合年初工作安排，制订具体方案，明确工作重点，围绕活动总体要求和主要任务，着力维护职工切身利益、着力帮助企业解决实际困难、着力推动工会重点工作，在活动中强化了“四个”意识，“双服务”活动取得阶段性成效。

一、强化责任意识，深入基层走访“万名”职工，切实打响工会“十送”品牌，让职工群众有尊严地生活

组织全县各级工会干部深入基层、深入一线，与职工“零距离”接触，访贫问苦，问计寻策。已走访慰问职工7535人次，其中召开职工座谈会97场，参加职工6594人次；个案访谈941人次。

（一）促进就业“送岗位”。县职工维权帮扶中心LED显示屏与县人力资源和社会保障局实行数据联网，今年以来已同步发布各类劳动就业信息490条；县职工帮扶中心网站的就业通道版块发布信息300余条。和劳动人事部门一起组织了5场人才招聘会，共为困难职工及农民工提供就业岗位4069个，职业介绍853人次。

（二）维权帮扶“送救助”。在县职工维权帮扶中心获得省级模范的基础上，积极扩面提质，继续在9个镇、开发区（街道）维权帮扶站开展“达标”和“创优”活动，并在全县社区、企业分别设立维权帮扶点、帮扶岗，建立好四级维权帮扶网络，实打实为职工提供“一站式”服务。2012年以来，县职工帮扶中心和9个镇、开发区（街道）维权帮扶站共接待来访791件2264人次，其中拖欠工资197起，涉及人数1976人，金额达569.7876万元。

（三）提升素质“送培训”。积极开展各级工会干部培训，2012年县职校的家政服务、电脑、学历等培训班已培训职工1700多名；各乡镇工会共计举办职工培训54场（期）2100人次，其中职业技能培训35场（期）1108人（次）。

（四）丰富生活“送文化”。大力实施企业职工文化建设工程，筹办首届非公企业职工文艺汇演，邀请省职工艺术团来嘉善为富士康集团富鼎科技有限公司数千名职工送演出，配合体育强县的创建，国庆前夕举办首届县职工男子足球比赛，等等。

（五）服务劳模“送关爱”。广泛宣传劳模精神，评选表彰2009～2011年县级劳模10个，推荐全国五一劳动奖章获得者一名，省五一劳动奖章获得者一名；策划、编撰了县劳模风采作品集《脊梁》。

（六）后勤保障“送温馨”。继续深入开展“强保障，促和谐”活动，全县累计参加活动的企业达1620家，参加互助保障活动职工数达122138人。目前，全县有2830家企业开展创建活动，创建率达95%以上，累计达标企业765家。开展“关爱职工、夏送清凉”活动，累计走访企业115家，慰问一线职工13260人次。

（七）医疗救助“送健康”。健全职工医疗临时救助机制，完善困难职工档案，特别关注重特大病人，开展健康救助、“爱心透析”关怀行动，逐步形成体系网络化、渠道多元化、内容实效化、工作社会化的医疗救助新模式。

（八）扶持创业“送贷款”。用好创业就业政策，加大工会小额贷款力度，利用财政贴息政策，2012年以来已发放小额借（贷）款239万元，帮助36名困难职工成功创业，并带动256人再就业。

（九）心理关怀“送咨询”。健全县、镇、企业三级职工心理咨询室，培养一批心理咨询师，定期开展“职工心理健康讲座”，累计为3000多名职工提供心理咨询服务。用好“12351”职工服务热线，2012年以来已受理全县各行各业职工群众咨询电话近600个。

（十）情系青年“送姻缘”。组织引导全县各级工会通过举办交友会，建立、完善QQ交友群等方式，为单身职工搭建安全可靠、健康良好的交友服务平台，举办“我在碧云有个约会”——全县企业青年公益交友会，中秋“月圆·梦圆·缘圆”企业青年员工交友联谊专场活动等。

二、强化服务意识，调查研究走进“千家”企业，深入推进“两个普遍”，促进劳动关系和谐发展

（一）深入企业开展调查研究。带着任务下基层，重点深入到工业园区、行业、区域以及微小非公企业，各基层总工会累计走访企业731家，惠及职工6万多人；发现问题近500个，为企业办实事400多件。

（二）大力推进企业依法普遍建会。深入开展“广普查、深组建、全覆盖”集中行动，着力抓好小型企业联合建、新建企业跟踪建、难点企业重点建、树立典型规范建。截至2012年9月底，全县新建基层工会47家，覆盖企业（单位）885家，新发展工会会员12421人。扎实做好“全国非公企业法人数据库”录入核查调整工作。组织全县2560名工会主席、200多名副主席积极参与“五双”（即“双亮、双树、双争、双评、双促”）活动。指导大型企业选配工会专职副主席，专门负责工会工作，推行企业工会直选制度。

（三）大力推进企业依法普遍协商。以“要约行动”推进月活动为抓手开展工资集体协商，推动建立科学的工资调控机制和企业内部正常工资增长机制。召开集体协商专题会议11次，举办专题培训班12期，培训工资集体协商工作指导员和工会干部680人次。

三、强化发展意识，创新载体实施“双百一十”活动，加快提升职工综合素质，助推嘉善县经济转型升级

（一）组织开展“百场比武”，着力提升职工职业技能素质。举办第四届职工技能运动会，各基层工会也组织开展各类技能比武，吸引全县360家企业的28600余名职工踊跃参与，深入开展节能立功竞赛，打造7个新的“蓝领人才成长基地”。

（二）扎实做好“百场宣讲”，着力提升职工思想政治素质。全县已组织开展形势政策、国情县情等巡讲宣传活动76场（次），参与职工达4431人（次）。女职工成长讲师团、各基层工会讲师团开展各类文化、卫生、心理讲座等312场次，惠及职工6万多人次。

（三）积极打造“十个示范”，着力提升职工职业道德素养。着力打造职工书屋、工人先锋号、职工之家、职工帮扶站（点）、职工文化家园、强保障促和谐、节能减排、厂务公开民主管理、党工共建、创新工作室“十个示范”。

四、强化长效意识，多措并举健全“四大”机制，推动“双服务”工作制度化、规范化、常态化

（一）建立健全走访调研机制。县总工会成立3个调研小组，完成《关于职工思想状况的调研》、《关于和谐劳动关系创建的调研》等12个课题调研，反映工会的主张和建议，重要情况及时上报党委、政府，为党政领导决策提供依据。

（二）建立健全联系基层机制。选择具有代表性的企业作为工会干部联系点，采取“蹲点调研”、“全程联挂”等方式，选派农村工作指导员驻村指导、服务。

（三）建立健全沟通交流机制。畅通“12351”职工维权热线，下发《嘉善县工会信访接待制度》，开通微博、QQ群等联系职工新载体。

（四）建立健全考核督察制度。加强对双服务工作及其成效的督导检查，以职工满意不满意、高兴不高兴、答应不答应作为评价的重要依据，建立“双服务”活动工作考核制度，细化考核内容，并在年底开展“大回访”活动，着力推动“双服务”活动取得实效。

打造“新杭州人文化家园” 促进职工素质提升

——杭州市总工会工作经验

全总宣传教育部

随着经济社会的发展，杭州吸引了越来越多的外来务工人员创业就业，2011 年年底，全市工会会员数达到 286 万人，其中外来务工人员达到 161 万人，比例接近 60%。外来务工人员成为杭州工人阶级的主力军，更是各级工会服务的主要对象。近年来，杭州市总工会以打造“新杭州人文化家园”为抓手，搭建了一个全新的外来务工者素质提升工作平台，取得了较好的成效。

一、“新杭州人文化家园”建设模式

从 2008 年 10 月起，杭州市总工会在全市全面推行“新杭州人文化家园”建设。经过三年多的努力，目前全市已建成“新杭州人文化家园”131 家。

一是企业单建模式。在外来务工者较多的大型企业职工宿舍或企业行政楼中建“新杭州人文化家园”，这些企业往往规模较大，职工人数较多，企业离市中心较远，周边文化设施缺乏。在这些企业建“新杭州人文化家园”，不仅让职工在工作之余能有学习、娱乐的阵地，极大地丰富了职工的精神文化生活，同时，也稳定了职工队伍，促进了企业和谐，得到企业行政的大力支持。如杭州中策橡胶集团、杭萧钢构、千岛湖啤酒和五丰冷食等企业的“新杭州人文化家园”就比较典型。

二是单建共享模式。在工业园区的龙头企业中建“新杭州人文化家园”，整个园区内其他企业的新杭州人共享“家园”。这些企业虽职工人数只有 200～300 人，但企业具有较强的社会责任感，做到了一家出资、多家共享。龙头企业在厂区外建设“新杭州人文化家园”，不仅对本企业的职工免费开放，还为周围的企业职工提供免费的学习活动阵地，起了较好的文化辐射作用。如新剑精密制品、创远电缆、东方轴承等企业。

三是园区建家模式。开发区管委会在工业园区建“新杭州人文化家园”，政府专门规划出场地，在职工集中居住或工作场所建立“新杭州人文化家园”，开发区工会负责其管理和运行，免费为职工开放，使整个园区的外来务工人员都能直接受惠。下城区高新技术产业园区、临安市经济开发区、淳安县开发区等地已建设“新杭州人文化家园”。

四是社区建家模式。由外来务工者较多的街道（乡镇）和社区（村），整合公共服务设施建“新杭州人文化家园”，借助街道（乡镇）和社区（村）的管理力量。下城区总工会培育的石桥街道杨家社区、江干区总工会培育的彭埠镇六堡社区、临安市总工会培育的高虹镇高乐村等地的“新杭州人文化家园”都比较典型。

五是工会创建模式。利用原有工会文化阵地建“新杭州人文化家园”。余杭区总工会是推行这一做法的实践者。该区利用比较健全的乡镇街道工人文化宫，通过加大投入、严格标准，在全区11个乡镇街道建立“新杭州人文化家园”。目前，这些设施完全免费对职工开放，丰富了当地职工的文化生活，同时又使原有的工会文化阵地焕发出新的活力，真正地发挥了作用。

六是工地建家模式。在重点工程建设工地建“新杭州人文化家园”。重点工程建设工地虽然不是长期存在的企事业单位，但由于这些工程规模巨大，建设周期长，同时参与建设的职工数量非常多，而外来务工人员在其中占的比重又很大，有的工地中外来务工人员占到90%以上。这些职工在建设周期内吃住都在工地，而工地往往离城市原有的文化娱乐设施距离很远，因此整个建设周期中，外来务工人员的业余文化生活非常单调。在工地建“新杭州人文化家园”，能够立竿见影地解决这一问题。杭州地铁1号线七堡车辆段Ⅲ标项目部进行了很好的实践，其建成的“新杭州人文化家园”已经成为工地外来务工人员业余时间最喜欢去的场所。

二、“新杭州人文化家园”建设的成效

一是丰富了职工特别是外来务工人员的业余文化生活。各地工会根据当地的条件因地制宜兴建“新杭州人文化家园”，主打内容百花齐放，如江干区彭埠镇六堡社区“新杭州人文化家园”，每周组织越剧爱好者开办越剧培训，余杭区星桥街道香榭社区“新杭州人文化家园”每季组织外来务工人员开展羽毛球联赛、每半年组织一次“卡拉OK大奖赛”。杭州市总工会常年坚持将文艺演出、露天电影、心理健康知识培训、健康生活知识巡展等丰富的内容直接送到各“新杭州人文化家园”，通过这个平台达到送文化到基层、服务一线职工的工作目标。在“新杭州人文化家园”覆盖区域内的外来务工人员下班以后有书可读、有课可听、有歌可唱、有舞可跳、有球可打、有电影可看、有表演可赏，有地方健身、有设施娱乐、有场所学习，他们的业余文化生活得到明显改善。

二是提升了新杭州人的精神文化素质。市总工会每年都举行“放歌天堂”外来创业者声乐大赛，参加比赛的职工绝大多数是来自“文化家园”的骨干。“文化家园”成了外来务工人员的训练场、排练厅。市总工会还根据调查了解有针对性地为全市“新杭州人文化家园”的活动积极分子提供免费培训的机会。如2011年5月、9月、11月，市总工会分别举办了“声乐基础知识免费培训班”、“社会体育指导员免费培训班”和“大型综艺活动策划暨主持人培训班”，培训对象都以“新杭州人文化家园”中的活动积极分子为主要对象，三期培训班都受到了职工特别是外来务工人员的欢迎。

三是促进了职工队伍稳定和社会和谐。“新杭州人文化家园”建成并正常运行以来，外来务工人员的业务文化生活较为丰富，赌博、斗殴等不稳定因素较少。2009年、2010年市许多企业从市区搬到郊县和开发区。在搬迁过程中，工会要求同步建设“新杭州人文化家园”，做到职工住到哪里“文化家园”就建到哪里。如虎牌控股公司在企业搬迁时，将“新杭州人文化家园”的建设直接列入了新厂区的设计建设中，新厂区开工之时“新杭州人文化家园”也同时对职工开放。丰富的精神文化生活使职工留得住人、安得下心，而职工队伍稳定了，企业发展了，也促进了当地的社会和谐。

念好“九字”经　做实三服务
在建章立制上下功夫

安徽省天长市总工会

2012年以来，天长市各级工会按照全总“面对面，心贴心，实打实”活动和安徽省总工会“双走访、三服务”活动要求，念好“九字”经，做实双服务，坚持把工会工作放在天长市“两个冲刺”（冲刺全国百强县、冲刺国家级经济开发区）的大局中去审视和定位，立足工会职能，确定服务重点，围绕城市征迁、安置、就业、入学、困难救助等职工关注的难点热点问题，进行有针对性有重点的走访慰问。截至2012年9月，全市各级工会干部102人次，深入全市309家企业，走访432户困难职工和21名困难劳模，帮助企业和职工解决问题76件。

一、以基层工会建设为载体，夯实“活动”组织基础

我们始终把工会组织建设摆在重要议事日程上，按照《天长市总工会2011～2013年推动企业普遍建立工会组织实施意见》，年初召开全市基层工会组织建设工作会议，部署工会组建任务，把企业工会组建和会员发展任务列入对各镇（街道）、局工委的考核内容，纳入工作目标考核指标体系，量化到各镇（街道）、局工委。以“非公企业法人数据库”为基础，结合2011年排查摸底的情况，积极与工商、经信委、统计等部门协调沟通，形成初步企业名录和企业所属地名录，组织工会干部深入企业，开展拉网式建会情况大普查，全面了解掌握辖区范围内的企业建会基本情况。市总工会成立3个督导组，由领导带队深入镇（街道）、开发区检查督导工会组建工作，并分片召开组建工作推进会。目前全市已建企业工会1252家（包括村级工会41家），建会率达85.1%，发展会员7.88万人，职工入会率91%。市总工会抓住全省工会“双亮”活动试点县（市）的契机，精心制订实施方案，着力在破解工会组建难题、彰显工会组织作为上取得实效。据不完全统计，开展“双亮”活动以来，全市各镇（街道）、经济开发区工委共指导督促476家非公企业工会建立会员（代表）大会制度，健全完善了职代会、民主选举和厂务公开等制度；有552家开展了建设职工之家和“双爱双评”活动，有590家实现了“有班子、有牌印、有场所、有经费、有制度、有活动”，非公企业工会规范化建设水平得到明显提升。

二、以职工维权为抓手，提高“活动”实际效果

强化社会化维权机制建设，健全网络化服务体系。2012年“两节”送温暖期间，市总工会筹集资金197.4万元，提供各类帮扶救助6696人次。建立健全特困证制度，经市

委、市政府协调，我会与人社、工商、税务、住建、交通、卫生、教育、房改办、公安、供电等11个部门联手出台《关于对市属国有、集体及改制企业职工中特困户给予有关收费减免照顾的通知》。《通知》中规定了有关对特困职工户收费减免的具体项目和标准，涉及个体经营、子女入学、就医、房租、水电费等七个方面。不断扩大职工医疗互助保障范围，共发放保障金近40万元。针对劳资关系新情况、新问题，广泛开展和谐企业创建活动，并把推进工资集体协商工作作为重点，由"三方四家"会议下发通知，将企业是否建立工资集体协商纳入和谐企业、劳动模范等参评条件，实行一票否决。建立工资集体协商指导员队伍，制定区域性、行业性协商范本，在餐饮、酒店、电子、仪表、电线、玻璃仪器等10大行业探索开展工资集体协商。目前，全市共签订工资专项集体合同602份，覆盖企业755家，覆盖率75%。进一步完善劳动关系三方协商机制及政府、工会联席会议制度等保障机制，定期研究和协调解决职工反映强烈的劳动安全卫生、劳动保障、社会保险、工资待遇、民主权益等方面的问题，引导职工以理性、合理形式表达诉求。

三、以劳动竞赛为契机，营造"活动"浓厚氛围

大力开展职工岗位大练兵、职业技能系列大比武活动，积极开展"建功立业促发展"活动、"工人先锋号"、职工节能减排等竞赛活动。开展天长市首届万名职工职业技能大赛，围绕"当好主力军、建设新天长"的奋斗目标，把组织开展职工技术比武活动作为服务天长改革、创新、发展大局的重要切入口，全市电焊工、电工、驾驶技能工等8个工种近万名职工参加竞赛活动。"安康杯"竞赛进一步深入开展，参赛企业数和职工数逐年增加，竞赛范围和领域进一步扩大。2012年，全市有341多家企业，1571个班组，34383名职工参加"安康杯"竞赛活动。"创建学习型组织、争做知识型职工"活动不断深化。制定出台《天长市县级劳动模范管理暂行规定》，探索和完善选树培养劳模的工作机制，延伸和拓展发挥劳模作用的有效途径，为进一步弘扬劳模精神，发挥劳模作用。

四、以工作创新为动力，建立"活动"激励机制

为有效解决乡镇、街道工会干部兼职过多、任务繁重的问题，发挥基层工会作用，市总工会建立若干专项基金，创新以奖代补机制，推动工会组织建设中重点工作的落实。一是建立工会基层组织规范化建设专项基金，决定从2012年开始设立基层工会组织规范化建设专项基金，每年安排10万元，力争通过五年的努力，使全市工会基层组织全部达到规范化建设标准。二是建立"两个普遍"专项基金，决定从2011年开始，设立"两个普遍"专项基金，市总工会经费预算每年安排10万元，专门奖励按时按质按量完成"两个普遍"任务的镇、街道工委。三是建立工会干部维权基金，从2010年起每年投入10万元建立工会干部维权基金，对因依法维护职工利益而遭打击报复的工会干部，提供经济和法律援助，形成"上级工会代表下级工会"、"上级工会维护下级工会"的保护机制，使工会干部在维护职工权益时，腰杆更硬。

安徽中意胶带公司深入开展“双走访、三服务”活动　努力构建和谐企业

中国教科文卫体工会

安徽中意胶带有限责任公司是2004年改制成立的非公企业，主要从事输送带等橡塑制品的生产经营，目前是全国高强力输送带和高分子耐磨材料的重要生产基地。2011年9月，按照省总和市总工会的统一部署，坚持“创新、诚信、友善，以人为本”的企业理念，积极开展以“走访企业、走访职工”和“服务科学发展、服务社会和谐、服务职工群众”为基本内容的“双走访，三服务”活动，认真听取职工意见建议，帮助他们解决困难和问题，推动职工技能水平和创新能力进一步提升，密切了劳资关系，促进了企业的和谐发展。

一、加强双向交流，努力拓宽员工和管理层之间的对话渠道

公司工会以加强机制建设为抓手，拓宽员工与管理层双向互通的信息交流渠道。一是坚持领导班子每周轮流值夜班制度。经公司工会积极动议，公司每位高管值夜班期间与2~3名员工进行谈心，了解他们的思想状况，听取他们对企业经营发展的意见建议，如有重大问题次日上午即上调度会进行研究。二是与员工建立定期交流制度，公司工会于每周五下午组织一线员工和管理者代表以个别谈心、集体座谈相结合的形式了解职工生活、工作情况，发现他们生产生活中存在的困难，及时给予帮助。同时把企业近期的重点决策，长远规划和发展方向等重点问题向员工进行宣传。此外，公司高管还分别与各个车间建立结对关系，确保每一个职工反映的问题都能有渠道上传。三是建立健全合理化建议制度。公司工会积极组织以合理化建议为核心内容的“金点子行动”、“五小”活动，鼓励员工进行创造性思考。仅上半年就收集合理化建议168件，内容涉及技术创新、节能降耗、劳动保护和生产安全等多个方面，有力推动了公司的生产经营。

二、尊重劳动注重发展，建设一支稳定、团结、向上的员工队伍

坚持“为社会创造价值，为员工创造幸福”的理念，充分尊重员工的劳动就业权和发展权，让职工吃上“定心丸”：一是实行“零辞退”政策。凡是与公司建立劳动关系的员工，即成为公司大家庭的一员。即便不能胜任岗位者，经培训后也可选择力所能及的岗位。在企业经营出现困难的时候，公司也坚持不减员、不裁员，增强了员工工作的安全感。二是稳步提高员工收入。大力倡导“中意因我而精彩，我因中意而自豪”的理念，努力提高劳动在收入分配中的比例，员工平均收入年均增长率保持在10%以上，公司人均工资收入位于淮北工业企业前列，有效保证了企业对员工的吸引力。三是注重员

工个人发展。公司工会根据不同层次人员的要求，采取外部培训和厂校联合等多种形式，组织高管人员参加MBA培训，技术人员到高等院校轮训，进一步提升员工的业务能力。仅上半年，公司累计为员工培训的费用近100万元。此外，公司工会还大力建设职工书屋，不断添置各类图书和影像教材，积极开展“书香伴我行”等活动，激励职工主动充电提高、自学成才，公司书屋被评为全国职工书屋示范点。

三、实施人文化关怀，以真心真情赢得员工的信赖和支持

一是提高员工福利待遇。公司工会始终把员工作为企业的第一生产要素，逐年增加员工福利待遇，足额发放劳保用品，足额缴纳社会保险金，为员工免费提供中餐、晚餐和宵夜（每一道菜肴包括食材的选用和烹制方式都是由董事长亲自拟定），为员工每年安排一次免费体检，并经常组织员工赴朝鲜、越南以及港、澳、北京、广州、西藏等地旅行观光，有效保持了员工对企业的“向心力”。二是帮助员工解决生活困难。公司工会为特困员工和劳模建立档案，公司还专门拨出资金，设立特困职工救助基金，符合标准的困难职工均能得到及时救助。今年以来，已累计救助困难职工20人次。三是举办多种文体活动。公司坐落在市经济开发区内，各种文化娱乐配套设施不够健全。公司工会根据不同年龄阶段员工的特点，经常组织开展书画摄影展、职工花卉大赛、体育比赛等各具特色的文体活动，较好地满足了员工的精神文化需求，增强了员工对企业的归属感。四是大力倡导亲情文化。公司工会积极开展“企业一家亲”活动，不但为每位员工定做生日蛋糕，在公司电子大屏幕上送上生日祝福，还在每位员工的父母和配偶生日来临之际也送上蛋糕和祝福，让职工经常感受到“家的温暖”。

四、坚持责任共担成果共享，为员工搭建建功立业的平台

一是积极组织劳动竞赛。根据各车间生产的实际，精心组织挡车工、硫化工等竞赛活动，把安全生产、全员效率、质量标准作为技术指标来量化考核，考试成绩优异的不仅能得到物质奖励，还会有机会参加班长及车间主任助理的竞聘，大大地提高了员工的理论水平和工艺水平，硫化车间三年来产品合格率都达到100%。二是组织开展合理化建议活动。通过开展“金点子”行动、“我为企业献一策”等活动，鼓励全体员工为企业发展献计献策，今年以来共收到有效合理化建议81条，其中涉及技术革新的多达30条，涉及节能降耗的达25条，涉及安全生产管理的达16条。三是培育先进典型。积极开展“金牌员工”、优秀班组长评选等活动，除给予物质奖励外，还组织赴天柱山、天目湖等地疗休养，让先进员工既数了票子，又长了面子，有效调动了全体员工的工作积极性，节约成本、改进工艺、提高效率、扩大市场、促进发展成为全体员工的自觉行动和共同追求。公司推出的炼胶车间挤出班组——“荣长宣班”，自2010年以来成功完成车间生产技术改造15项，设备改造6项，为公司生产经营提出的合理化建议数十条。为企业创造经济效益200余万元。

扎根基层　贴近职工　创新举措
努力把服务职工工作做细做新做实

福建省福州市总工会

2012年以来，福州市各级工会按照全总、省总的工作部署和要求，扎实开展“面对面、心贴心、实打实服务职工在基层”活动。截至目前，市县两级工会深入乡镇（街道）、村居（社区）、企业普遍走访工会干部和职工群众，共走访企业3754家，走访职工3万多名，与1051名工会干部、职工结对子、交朋友，累计召开63场基层工会干部、一线职工座谈会，下发调查问卷近5972份，慰问困难职工2.5万多名，发放慰问金1500多万元，为企业、困难职工解难题、办实事316件（次），密切了与基层企业、职工群众的联系。

一、建立机制，规范运作，扎实推动活动开展

*一是强化组织领导，确保服务职工活动顺利开展。*成立活动领导小组，主要领导亲自抓、负总责。研究制定《关于开展“面对面、心贴心、实打实服务职工在基层”活动的实施意见》，要求把握“四个结合”，即与中央部署的“党的基层组织建设年”活动、与市委提出的“三服务”活动、与实施“基层工会建设年”活动、与推进工会重点工作结合起来，明确活动总体要求；做好“三项服务”，即服务基层工会、服务职工群众、服务福州发展，明确活动主要任务；抓好“四个阶段”，即制订方案、推进实施、阶段总结、成果转化，推动活动有序开展；坚持“四个强化”，即强化组织领导、强化宣传发动、强化督促检查、强化作风建设。

*二是健全运作机制，推动服务职工活动落到实处。*建立大走访制度。由市、县（含市属产业）两级工会领导带领机关各部门负责人及机关干部，完成对乡镇（街道）、村居（社区）、企业工会3个100%走访。建立工会干部联系点制度。市总工会领导干部分七个调研组联系26个县（市）区、产业工会，42个乡镇（街道、园区）工会，140个村（社区）工会。科级以下（含科级）机关干部每人联系10家基层工会，与基层工会主席、一线职工结对子、交朋友，向结对对象发放服务卡7985张，并建立结对帮扶实名制档案，实行动态管理，形成长效机制。建立结对帮扶制度。机关青年干部成立6个“五月风”青年志愿者小分队，选择工会工作基础较为薄弱、有发展潜力并有意愿做好工会工作的基层单位进行结对帮扶、重点培育，每年培育6家基层工会工作创新示范点。各县（市）区总工会均选派机关干部到企业，帮助企业健全工会组织，规范组织建设。建立职工诉求及时处置制度。定期下基层、访需求、问困难、解难题，对于工会职权范围内能解决的问题，及时责成相关职能部门或县区、产业工会按程序办理；工会职权范围内无法解决的问题，属于县级党政职权范围内的由县区总工会负责反馈，属于市级党政职权范围

内的及时向相关市直部门反馈，重大问题向市委、市政府报告，推动党政重视并加以解决。建立“主席接待日”制度。每月第一个周五设为主席接待日，由领导班子成员轮流值班，已接待职工来信来访121件（次），进一步密切了同职工群众的联系。

二、主动作为，力求实效，全面提升服务职工服务发展的能力和水平

*一是大力组织开展职工建功立业活动，工人阶级主力军作用进一步发挥。*开展“比施工进度、比组织管理、比工程质量、比安全文明、比设施投入，创竞赛纪录、创‘工人先锋号’”为主要内容的劳动竞赛活动，推动重点工程项目建设。开展“为了内河水更清，为了道路更干净，为了福州更文明”全市环卫职工专场劳动竞赛，以“服务优质、环境优美、平安和谐、业主满意”为主要内容的全市物业行业职工劳动竞赛。开展“我参与，我提升”全市软件创新应用专场职工技能竞赛，推动劳动竞赛向IT产业、旅游行业、公共服务业、窗口行业等延伸拓展。搭建职工创新成果转化平台，选送优秀职工创新成果参加“6·18”、全国发明展等高层次展会，举办“海峡两岸职工发明创新项目福州专场推介会”等专项活动，为职工创新成果做好项目服务、转化、对接工作。试行劳动竞赛成果与职工利益挂钩制度，落实职工创新奖励制度。

*二是大力发展和谐劳动关系，职工群众幸福指数进一步提升。*深化和谐企业创建工作，推动企业普遍建立工资集体协商机制，完成建会企业95%以上建立工资集体协商制度的目标任务；实施厂务公开、职代会建制专项行动，完成建会企业95%以上建立职代会（职工大会）制度和厂务公开制度的目标任务；发动企业参与职工生活后勤保障提升规划，推广职业病防治专项集体合同，实现建会企业女职工特殊权益保护专项合同全覆盖。构建“1+4”社会化职工维权机制，深化与政府联席会议制度，与市人大内司委建立联席会议制度，与市中院、市人社局建立劳动争议调解工作联动机制，与市司法局签订法律援助、法制宣传合作协议，与信访局、人社局建立职工信访办理工作联席会议制度，劳动争议调解前置，源头维护职工合法权益工作更实、更有效。叫响做实工会“送温暖”帮扶工作品牌，强化困难职工帮扶中心、职工服务中心救助、维权、服务等综合性功能，打造工会春送岗位、夏送清凉、金秋助学、冬送温暖等品牌。连续11年开展“两节”送温暖活动，累计发放资金1.02亿元，走访慰问困难职工和外来务工人员16.25万户。深化“幸福福州·共建共享”关爱新福州人系列活动，启动“关爱环卫工人10年行动计划”，帮助改善环卫工人生产生活条件，组织县区、产业工会积极提供婚介服务和交友平台，开展不同企业职工联谊活动。成功举办第三届“建有福之州、做有福之人”2012年新福州人集体婚礼。

*三是大力夯实基层基础，基层工会作用进一步发挥。*全面推动企业普遍建立工会组织，加强对基层工会经费收入、使用、管理的审查和监督。截至6月底，全市企业法人建会率达96%以上，企业职工入会率达98%。全面实施“双亮”工程，制定“双亮”标准，全市非公企业“双亮”覆盖面达90%。广泛开展“六有”达标竞赛，全面提升基层工会规范化建设水平，全市75%的基层工会已通过达标考核。坚持工作重心下移，把人力、财力、物力等要素向基层倾斜，健全完善基层工会干部产生、管理、评价和激励机制。落实“三必”制度，全方位多角度关心关爱基层工会干部。

服务职工于细微处　推进工作于最前沿
努力提升新一轮“面心实”活动的成效和水平

福建省厦门市总工会

2012年以来，厦门市各级工会按照全总和福建省总的要求，坚持“一条主线”，深入一线，体察民情，扎实苦干，热忱服务，为民解忧，使“面对面、心贴心、实打实服务职工在基层”活动取得了积极进展和显著成效。

一、深入深耕，重心下移的工作格局得以形成

厦门市各级工会把开展“面心实”活动与各级党委开展的“下基层、解民忧、办实事、促发展”活动相结合，进一步扩大服务职工的深度、广度和成效。一是全会动员。市总领导率先垂范，在全会范围组织动员。市总的党组会、主席办公会议、主席例会等多次研究活动实施意见和方案措施；建立健全相应的组织机构和挂钩联系、督办考核等长效性的制度和机制；专门召开半年活动汇报点评会，及时总结、督促活动开展。市总领导班子成员率队深入全市6个区及各产业工会，通过“四必听”、“四必看”的工作程序，了解当前基层工会运转机制，考察企业工会作用发挥，关注工会工作薄弱点，为活动打下良好开局。二是全员参与。广大工会干部充分发挥活动的主体作用，接地气、转作风、勇开拓，深入企业特别是非公企业、小微企业，不仅帮助企业和职工排忧解难，还形成了一批调研成果。在第二轮活动中许多工会干部到图书馆帮助管理员整理书籍、到轮渡码头服务四方游客、到邮政局与邮递员一起运送包裹、分拣信函等，在劳动中听诉求、察民情、解难题。三是全面覆盖。运用主流新闻媒体及工会宣传阵地，通过开辟媒介、网站专栏，发表新闻报道和理论文章，编发信息和简报等形式，向广大职工群众和社会各界宣传服务职工活动。《工人日报》先后刊登厦门市总理论文章《服务职工在基层活动要坚持“三个结合”》、厦门市建设开放型工会经验系列报道等。

二、务实落实，工会的各项重点工作得以推进

厦门市总工会在开展“面心实”活动的同时，强调把工会的重点工作结合进去，不断创新发展，实实在在体现活动的成效。一是“两个普遍”工作步伐加快。深入基层抓组建，截至8月底，新组建企业工会463家，覆盖企业法人1181家，新发展会员50666名；新组建区以下行业工会联合会105家。工资集体协商也得到稳步推进，截至目前，全市共签订工资专项集体合同1814份，覆盖企业24801家；签订女职工特殊保护专项集体合同1531份，覆盖企业21365家。市总领导还亲自拜访在厦的世界500强企业戴尔公司，与公司行政方探讨工资集体协商事宜，经诚恳沟通后，公司总经理当即表示，厦门

总部将与美国总部积极沟通请示。二是和谐企业创建力度加大。2012 年 3 月市委、市政府表彰百家“厦门市和谐企业”，其中有 14 家被授予首批“厦门市和谐企业示范单位”称号，年底和谐企业创建覆盖面要达到 80% 的目标。三是职工队伍稳定更加强化。建立主席信访接待日制度，每周二下午市总领导轮流接访职工群众，各区工会参照执行。近一阶段，针对国际经济形势对厦门市产生的不良影响，市总把工作重心放到困难企业和小微企业，密切关注企业的发展困境和职工群体性事件，如帮助盛华电子科技有限公司联系市信息化局，寻找通信运营合作伙伴；积极介入夏新公司申请破产事宜，派出人员深入企业开展审计工作和职工稳定工作等。四是工作瓶颈问题勇于破解。调研发现镇街工会建设等薄弱点，市总领导一一走访 6 个区，多次召开主席办公会研究相应对策，第一，在全市公开招聘 30 名工会组织员，安排到各镇街加强工会工作；第二，促成了全市镇街工会工作现场会的召开，并出台《关于进一步加强镇街工会工作的指导意见》，对加强厦门市 37 个镇街工会的建设、维护镇街中大量小微企业职工的合法权益、保障镇街经济发展和社会稳定具有重要的推动作用。

三、普惠优惠，企业和职工的需求和难忧得以解决

2012 年以来，全市各级工会共走访企业 560 家，发放问卷 23100 份，召开座谈会超过 300 场，收集职工和企业各类意见和建议 2200 多条，为基层回复、落实问题上千件。特别是，市总结合年初提出的工作任务，最早叫响“抓好十件实事，切实服务职工”的口号，其间又加大组织协调和跟踪服务力度，使十件实事项目均产生“普惠”效应。如在全省率先推出了工程浩大、意义重大的工会会员服务卡项目，搭建会员信息管理和服务平台，首批会员服务卡将于 9 月底发放到职工手中。市总今年提高了工伤事故导致的死亡或伤残以及因公殉职或致残的一次性补助金的标准，同时与移动公司合作推进“存话费送保障”活动，使职工享受的医疗互助保障的份数由一份增至两份，大大提高了职工的参保率。在发展职工文化方面，今年全市第十届工人运动会共设赛事 11 个大项、42 个小项，历时半年，吸引万名职工参赛。2013 年职工春晚节目海选活动更是为全市职工提供了一个全新的展示才艺、展示自我的舞台，至今已组织海选包括 10 个专场在内的 260 个节目，1000 多名职工参与。向社会公开招聘 30 多名工会组织员，充实基层工会建设力量。统一设计、制作，并为全市首批 1100 多家规模以上企业挂上“双亮”公示牌。增设心理咨询一对一免费面谈服务。在全省率先推出劳模在职高等学历教育班，实行学费减免等。伴随着这些实事项目的陆续完成，“会员服务卡”、“职工春晚”等已成为厦门市新的工会工作品牌。

贴心打造员工之家　共建共享发展成果

——福建建阳龙翔科技开发有限公司经验

全总经济技术部

福建建阳龙翔科技开发有限公司是一家中外合资企业，2011 年实现总产值 8300 万元，利税 580 万元。企业从创办初期资产不足 200 万元到现在拥有资产 12000 万元，企业具有自主知识产权的品牌 30 多个，实现了一批令世人瞩目的具有高新技术的轮胎装备产品的中国创造，产品不仅畅销国内主要轮胎生产企业，还远销美国、意大利等 30 多个国家。公司成为国内外橡胶机械开发与生产的知名企业、中国轮胎成型机制造“十强企业”。

企业主动承担社会责任，坚决执行《劳动法》、《劳动合同法》等法律法规，关爱员工，每年都以 15% 左右的幅度提高员工收入，真正做到了依靠员工发展企业、关爱员工共享发展成果。公司先后获得福建省高新技术企业、福建省思想政治工作优秀企业、福建省和谐企业、全国模范员工小家等 20 多项省级以上荣誉称号。

一、维护员工发展权益，把企业打造成员工的创新平台

公司坚持“授人以鱼不如授人以渔”的理念，每年花费数十万元对所有员工进行各种培训，提高员工的技能素质。

*一方面不断提升员工技能水平。*通过“请进来”组织员工学习培训的办法，每年定期举办五六期员工业务技术培训班，请专家、学者、优秀企业的管理技术人员为公司员工上课，提高员工队伍整体素质。通过“送出去”的办法，分期分批选派工程技术人员出国培训、外出学习考察、安装调试设备，了解、学习、掌握、研发橡胶轮胎设备制造业最新、最前沿技术。通过坚持“让合适的人在合适的岗位上使用”，给员工提供切合个人专长和特点的岗位和舞台。广泛开展竞争上岗、劳动竞赛和技能比武等活动，促进员工在实践中成长。

*另一方面大力提高员工创新能力。*为充分调动广大员工参与创新的积极性，企业结合实际情况制定了员工技术成果奖励办法，每年年底都进行申报、验证、审批和表彰工作。谢济兴、胡铭、沈国雄等技术骨干在生产一线工作 20 多年，带领技术创新团队一起研发出数十项处于国际领先水平的新技术、新产品，获得“中国商业联合会科学技术进步一等奖”等多项创新奖。公司总计有 30 项新产品获得国家专利，其中发明专利 6 项、2 项科技创新项目获得中央预算内投资计划重点扶持。如《胶囊反包成型机》和《全钢巨型工程子午线轮胎成型机》被鉴定为国内领先产品、获得“海峡两岸员工创新成果展”金奖；“巨型全钢工程轮胎成型机”在 2010 年获得“全国侨界创新成果奖”。

二、维护员工收益权益，把企业打造成员工的幸福之源

企业的发展离不开员工，员工的收益也应当与企业的发展同步。龙翔公司发展不忘员工，努力建立共建双赢、和谐稳定的劳动关系。

一是保障员工收入稳步增长。企业为所有员工交纳了各项保险，解除了员工的后顾之忧。工会指导员工与企业签订《劳动合同》，保障员工各项劳动经济权益，与行政方面开展平等协商，签订《集体合同》、《工资专项集体协议》和《女员工特殊权益保护专项协议》，促进员工工资与企业效益同步增长，员工们每年的收入增长都能达15%以上。每逢重大节日发放过节费，平时为员工搞好生活福利，为所有员工定制统一的四季服装等各项待遇，使全体员工深切感受到“龙翔”大家庭的温暖。

二是提供优质生产环境。企业免费为外地员工提供住所，为所有员工提供中午休息宿舍，并提供营养卫生的免费工作餐。不断改善生产生活环境，绿化、净化、美化厂容厂貌，让员工有一个温馨舒适美丽的工作场所。

三是保障困难员工的生活。不断完善送温暖和保障员工生活的工作机制，积极搭建惠及全厂员工的保障平台，建立健全了工会送温暖工作经常化、制度化、规范化的长效机制。每当员工遇到生活困难、生病住院或亲属去世，工会都会前往探望、慰问。

三、维护员工民主权益，把企业打造成员工的和谐之家

公司工会坚持以员工为本，以员工代表大会为主要载体，积极探索外资企业员工参与民主管理的有效途径，不断完善各项规章制度，不断健全各项机制，不断加强各种载体建设，实现了员工当家做主的愿望。

一是民主选举权利得到有效实施。公司工会成立于1997年，为了推动选举活动规范化、制度化，出台了《龙翔科技开发有限公司工会民主选举产生办法》。通过宣传引导，广大员工都积极主动自愿地加入工会组织，每一名会员都享有充分的选举和被选举的权利。

二是民主管理权利得到有效实现。公司始终坚持员工代表大会制度。每年年初召开员工代表大会，大会听取、讨论、审议对企业生产经营、发展计划和方案进行审议并提出建议，对企业各项规章制度进行审查，对企业管理者进行评议监督，对涉及员工工资奖金福利、劳动保护、奖惩等重大事项集体讨论，员工代表在征求员工意见后提出修改建议，每名代表的决策权利得到有效实施，各项决议都是通过民主投票的方式通过。

三是民主监督权利得到有效落实。公司全方位推行厂务公开工作制度，接受员工群众监督。厂务公开工作组织健全，职责明确、制度完善、程序规范。下发了《厂务公开工作制度》，使厂务公开工作紧紧围绕生产经营的实际，涉及企业经营方针、目标、长远规划、重大技术改造和技术引进、聘任与解除、财务预决算、经济责任制方案及考核结果、员工工资福利资金的使用、物资采购招标、废旧物资处理、中层干部轮岗交流等各方面，有力地推进了企业民主管理，密切了干群关系。

落实三项举措　扎实开展服务职工活动

江西省乐平市总工会

按照省总和景德镇市总工会工作部署要求，乐平市总工会结合实际，认真组织开展了“面对面、心贴心、实打实服务职工在基层”活动。

一、加强领导，精心组织

按照全总执委会议精神和省、市总通知要求，我们在第一时间成立了“面心实”活动领导小组，由市总常务副主席任组长，班子成员其他副职任副组长，各部室主要负责同志为成员。领导小组下设办公室，办公室内设综合协调和调研宣传两个工作小组。同时，转发了《景德镇市总工会关于开展“面对面、心贴心、实打实服务职工在基层”活动的实施意见》，并结合乐平实际制定下发了《乐平市总工会机关关于开展“面对面、心贴心、实打实服务职工在基层”活动实施方案》，两个文件分别就全市各级工会组织和市总机关开展“面心实”活动的指导思想、总体要求、活动内容、目标任务、方法步骤、检查考核等方面提出了具体意见与要求。保证了全市范围内各级工会组织有计划、有组织、有步骤、有目的地开展“面心实”活动。

二、宣传发动，大造声势

在动员部署阶段，我们按照全总执委会议精神和省、市总工会通知要求，依据“实施意见”要求进行了广泛的思想动员。一是召开了机关作风建设及开展“面心实”活动的动员大会，认真学习文件精神，对全体干部职工进行思想动员，让大家真正认识到开展“面心实”活动的目的意义，提高大家参加“面心实”活动的自觉性；二是召开部（室）长会议和工业园区工会主席与工作部门负责人会议，对他们进行宣传教育和思想动员，通过以会代训形式，对全市 88 家直属机关工会主席开展了骨干培训，提出了同步开展活动的具体要求；三是召开市总二届三次委员（扩大）会议，对各级工会干部进行思想动员。通过不同层次的思想动员和骨干培训，使开展“面心实”活动的目的意义能够入心入脑，让大家受到教育、提高认识，从而主动参与活动，转变作风。四是 4 月 7 日，与市人事劳动和社会保障局一道共派出 16 人上街设点进行“春暖行动”宣传，共印发维权宣传单 15000 份，接待咨询达 200 余人。在进行思想动员的同时，我们还进行了第二阶段活动前期准备工作。一是综合协调工作组制订了具体的活动计划，合理地划定了六个服务职工工作小组及其活动内容，明确了走访地区与企业，以及开展活动的具体要求；二是调研宣传工作组拟定了“面心实”活动调研方案、访谈提纲、调查问卷，作出了宣传报道计划，使整个活动扎实细致，努力克服和避免搞形式、走过场。

三、结合工作，扎实推进

一是结合优化环境干部作风治理活动，进一步转变机关作风。针对市总机关干部职工在一定程度上存在“懒”、“浮”作风问题，要求各部门沉下去，扑下身子搞调研，寻找本部门工作的难点、焦点、热点问题，切实为基层、为企业办实事好事，增强服务意识，提升工作能力。综合各部门的调研情况后，我们召开了市总机关为基层、为企业服务破解工作难题研讨会，拓展了大家的工作思路，创新了大家的工作方法与手段，推动了为基层、为企业服务水平和质量的进一步提升。二是与送温暖活动结合起来，把温暖送到千家万户。针对乐平市困难企业多、下岗职工多、困难职工多的实际，我们在今年第一个季度组织开展了下基层、下企业、上门到户走访慰问活动，共走访和下拨送温暖资金 110 万元，使广大困难企业职工深切地感受到党和政府及工会组织的温暖。三是结合庆祝“五一”国际劳动节，与劳动模范开展了“面对面”座谈。4 月 28 日上午，我们在东方国际大酒店隆重举行了全市庆“五一”劳模座谈会，市党政领导和市总工会领导出席，与来自乐平市各系统、各条战线的四级劳模代表 50 余人进行了“面对面”座谈。市四套班子主要领导到场参加座谈会使劳模们深受感动，发言非常踊跃，他们紧紧围绕乐平发展建言献策，就弘扬劳模精神、带领群众致富、把企业做强做大、关爱弱势群体、立足岗位再立新功等谈了许多好的意见。四是乐平市总工会多年来开展“四送”（即春节送温暖，炎夏送清凉，中秋送月饼，金秋送学费），已形成制度，并实现经常化。活动得到市委市政府高度重视，主要领导都亲自参加。开展了酷暑送清凉活动，对 13 个单位高温作业一线工人送 5 万余元防暑降温物品。积极开展端午送关爱活动，为全市网上登记的 160 名癌症患者每人送去 500 元慰问金。大力实施“三爱工程”，“三爱”即爱心医院一家，爱心药店三家，爱心超市两家，发放困难职工证 5000 份，占进入工会帮扶网困难职工 83%，目前“三爱工程”参与单位共计让利 60 多万元。五是结合“面心实”活动，分组下基层开展大调研活动。我们已分 6 个工作小组深入企业开展大调研活动，市总领导班子及全体成员分批次深入 80 余家企业、服务行业窗口单位走访慰问一线职工。市总慰问组同企业职工进行了广泛并坦诚的“面对面、心贴心”交流，询问和了解基层劳动关系和谐稳定、职工生活生产状况和职工诉求以及基层工会组织建设、作用发挥等方面的情况，在市总主要领导带领下，还重点走访慰问了 10 个单位 57 名在职在岗困难职工、劳动模范，召开了有关单位党政工面对面的座谈会，充分听取了意见，提出希望和要求，并开展了问卷调查，每人发放慰问金 1000 元，共发放 5.7 万元，获得有关单位一致好评。

建立“六项制度” 健全网络机制

——江铃汽车集团公司工会推进工资集体协商经验

中国财贸轻纺烟草工会

江铃汽车集团公司是中国汽车行业重点骨干企业和国家汽车整车出口基地企业。近年来，江铃集团工会不断探索工资集体协商的有效办法，特别是推动了“六项制度”的建立，健全了工资集体协商网络机制，有效地落实了工资集体协商相关内容，推动了企业健康和谐稳步发展。

一、以建立“六项制度”为契机，推动工资集体协商常态化

（一）建立公司董事长、总经理与工会主席定期洽谈制度，搭建高层领导劳资交流沟通平台。集团公司定期召开工会主席与企业行政洽谈会议，专门沟通和协商解决职工反映的突出问题。公司工会每半年在集团各企业广泛收集职工诉求，及时掌握职工的思想动态和利益诉求，并进行整理归纳，形成工会的意见和主张。公司工会针对员工关注的热点、难点问题，及时与董事长、总经理进行面对面沟通交流，反映企业劳动关系存在的问题和职工思想动态，及时解决涉及职工利益和队伍稳定的问题。

（二）建立职工代表与公司领导及外方投资合作伙伴定期通报制度，搭建员工参与重大决策平台。集团工会在集团和下属合资企业中建立合作伙伴定期通报制度，组织不同分（子）公司的职工代表定期与企业领导面对面地沟通协商，让广大职工在“沟通零距离，参与无障碍”的氛围中，直接了解企业发展目标和存在的问题，并就企业管理、员工利益等方面进行民主协商，解决了一系列关系员工切身利益的问题，维护了企业和职工的利益，职工群众想发展、议发展、谋发展的热情更加高涨。

（三）建立工会与人力资源部门协商制度，搭建员工薪酬分配共商共决平台。集团工会建立了工会与人力资源部门经常性的通报协商制度，及时研究各企业执行《劳动合同》和《集体合同》中出现的新情况新问题，反映和解决职工群众在劳动经济权益方面的诉求意见，及时化解企业劳动关系矛盾，进而使工资集体协商工作的基础更加扎实，集体合同条款落实更加有效。

（四）建立工会与行政相关部门协调制度，搭建执行管理层交流互通平台，促进员工体面劳动、尊严生活。公司工会建立了与公司各职能部门的协调制度，将在职工中收集的企业经营管理、劳动用工等方面的信息及时传递到相关职能部门，促进了企业职能部门不断改进管理工作，使企业管理更加人性化。特别是通过这一制度，企业各个部门在改善作业环境、强化安全文明生产、丰富职工文化生活方面发挥了重要作用，有利于员工实现体面劳动、快乐工作，增强广大员对企业的归属感、幸福感和成就感。

（五）建立工会与行政集体协商制度，确保工资集体协商程序化、制度化、常态化。集团公司工会每年都与行政就职工工资增长等问题进行平等协商。在协商前，集团工会认真做好调研工作，对集团、各分（子）公司经营、利润增长、职工收入状况及同行业工资水平、职工的期望进行深入调查研究，广泛收集各方面的意见，做好协商前的基础性工作。在协商过程中，坚持协商主体地位平等、相互尊重、协商一致的原则，协商确定职工工资增长形式和幅度。与此同时，遇到特殊情况，还采取不定期的协商，及时通报劳动关系领域出现的新情况，协商解决出现的问题，将矛盾解决在萌芽状态。协商过程中，坚持将协商内容以备忘录的形式记录下来，并相应地形成固定模式，便于监督检查，落到实处。

（六）建立以职工代表大会为基本形式的通报协商制度，搭建企业规范化民主管理平台。公司始终坚持以职工代表为基本形式的企业民主管理、民主监督，坚持每年召开两次以上职代会。每年公司一系列涉及职工切身利益的重大改革改制方案、集体协商结果、集体合同条款落实情况，均提交职代会讨论通过，充分听取职工的意见，较好地落实了职工的知情权、表达权和决定权，发挥了职工代表参政议政的能力，维护了企业和谐稳定发展局面。

二、建立健全网络机制，确保工资集体协商制度化

集团公司工会积极推动实行了公司、分厂（子公司）、车间、班组“四位一体”的民主管理网络，坚持把工资集体协商推进到生产一线和基层班组，让广大员工自觉参与到决策中来。2008 年 6 月，公司工会在充分协商的基础上，代表职工与企业行政在平等协商的基础上重新签订了《集体合同》。各基层分会也纷纷完成了《集体合同》的签订与续签工作。公司工会还经常组织职工代表对《集体合同》的履行情况进行检查、监督，督促行政依照《集体合同》的要求规范企业行为。为保证工资集体协商程序化、规范化、制度化，公司除在《集体合同》设专门章节对员工的收入实施保障外，还积极与行政沟通签订了《江铃汽车集团公司工资集体协商要约书》，明确承诺员工工资必须随企业经济效益的递增而增加。同时，还专门制定了《关于公司员工工资调整意见》、《关于加班费标准调整的议案》、《职工公积金基数调整》、《关于员工薪酬管理办法》、《员工带薪年休假管理办法》等几十个涉及职工切身利益的重要文件，将工资集体协商纳入制度化轨道。

近年来，江铃集团已连续为员工加薪比例达 10%，员工的月平均工资收入由 2006 年的 1759 元增加到 2010 年的 3041 元，并按国家规定，为员工按时、定额缴纳了五险一金。由于企业对员工各项保障措施到位，在很多企业存在招工难的情况下，江铃却截然相反，有意愿加入江铃团队的人员络绎不绝，呈现了职工队伍稳定、企业经营稳步增长的良好局面。

大力实施服务职工“六个一”
谱写工会参与加强和创新社会管理具体实践

山东省淄博市总工会

“面对面、心贴心、实打实服务职工在基层”活动在山东部署后，淄博市总立即行动，以服务职工“六个一”为具体抓手，把“面对面、心贴心、实打实服务职工在基层”活动融入到工会参与加强和创新社会管理、做好新形势下职工群众工作的具体实践中，推动活动深入开展。

一是畅通万名工会干部联系服务职工“一班车”。淄博市总对2011年建立的工会干部联系职工活动日、职工动态直通车等制度进行了进一步完善和深化。对“活动日”进行扩展，把过去每季一日扩展为每月一日，并做到“一月一主题、一人一任务、一人一结对、一次一建议、一会一报告”，每月结合工会工作的重点和职工关注的热点，确定好联系日的主题，每名工会干部都带着联系和服务任务到职工中去，每人都要联系帮扶一名困难职工，每人都要带回至少一条有价值的服务职工、改进工作的建议，每个基层工会活动后汇总基层和职工的建议形成一篇调研报告，使活动日在“三进三知”（进企业、进车间、进家门；知民情、知民意、知民需）中成为知民日、便民日、惠民日。对“职工动态直通车”加大了容量，把过去100个基层直报点和一线信息员分别扩大到300个，并在基层工会建立起千名职工动态联络员队伍，做到职工“急、难、怨、疑、险”“五必报”，“急”即职工火烧眉毛的事，“难”即职工自身解决不了的事，“怨”即职工心中的怨气，“疑”即职工的思想困惑，“险”即职工群体性事件，做好职工舆情的跟踪、研判、报告和引导工作，努力当好第一知情人、报告人、协调人和服务人。2011年以来，已先后组织了6次联系职工活动日，为职工办实事、解难题4.1万件次。特别是第四个活动日正值“两节”送温暖期间，淄博市各级工会在全市上下开展了送温暖“百千万”爱心服务大联动活动，在同一天发动125名企业家劳模、1049名律师和心理咨询师及11500名工会干部，到10600户困难职工家中，发放救助款物达950余万元，为贫困职工安排了870多个就业岗位；为3.2万名职工提供了心理咨询服务，举办法制讲座75场次，解答职工法律咨询1100多人次。

二是设立服务职工民情“一本账”。市总依托市职工服务中心网络系统统一设置了工会服务职工民情台账，通过联系职工活动日、职工动态直通车、联络员等多渠道、多方面收集职工反映集中的问题、要求、意见并记入台账，及时归纳梳理分析，研究提出分类处置意见，并落实承办单位、责任人，问题解决情况及时记入职工民情台账，并存档备查。各级工会对职工民情做到“五必议”，即对职工反映集中的热点难点问题、合理诉求、思想动态、劳动关系矛盾、突发性事件必须经常进行商议和分析；“五必做”，即对紧急的事情立即做，棘手的事情勇于做，热点的事情重点做，扶贫帮困的事情经常做，职工与用工单位之间发生矛盾的事情协调做。

三是公开服务职工办实事“一承诺”。2012 年，市总提出为职工办好“十件实事”，市及各级职工服务中心（点）基本实现信息联网服务管理，确保职工服务工作四级协调运转；市、区县、镇街三级工会联动，为企业新建 1000 家职工书屋；为 100 家中小企业工会聘请 100 名职工维权法律顾问，向职工提供义务法律服务；为 100 家企业培训 100 名职工心理疏导员，举办 100 场职工心理健康讲座；开展特困职工家庭子女就业阳光援助行动，帮助 300 名特困职工家庭子女实现就业；市、区县工会分级负责，为困难劳模免费查体，办理补充保险；向农民工集中的建筑工地赠送 100 个农民工爱心药箱；为困难女职工进行免费妇科普查，延伸女职工心声服务热线，吸收百名女职工干部加入女职工心声 QQ 群；扩大职工补充保险覆盖面，参保人数达到 10000 人以上；建立工会干部维权保障金，为工会干部提供维权保障服务。

四是打造职工服务中心“一张网”。2011 年市总建立市、区县、乡镇（街道）、社区和企业职工服务中心“四级网络”平台，2012 年实现由正常窗口服务向与下基层送服务相结合、由正常“小平台”服务向与部门公共服务平台相衔接、由主要依靠工会资源服务向与社会力量相联动的“三个转变”，并相应拓展了窗口“一站式”服务、部门“联动式”服务、下基层“现场式”服务、进家门“一对一”服务、爱心“一条龙”服务、热线网络“直通式”等服务路径和方式，努力构建“小窗口、大协调，小平台、大服务”的工作格局。自 2011 年 5 月启动以来，职工服务中心接待职工来访来电 4. 1 万人次，职工维权和法律援助 5300 多人次；实施困难帮扶 2. 3 万人次，帮扶金额 1646 万元；开展心理咨询服务和举办心理健康知识讲座，使 4. 5 万名职工受益。

五是架起服务职工“一座连心桥”。市总在各级工会层层设立群众工作室，群众工作室主任由工会主席兼任，全面推行“四个一”工作法，即群众工作室主任“每天一谈心、每周一接访、每月一家访、每季一恳谈”，把群众工作室建成政策解读室、心理疏导室、帮扶救助室、就业援助室、劳动争议调解室。目前，全市各级工会已设立群众工作室 673 个，与职工谈心 44900 多人次，接待来信来访 8930 多人次。

六是延伸服务职工爱心“一条龙”。市总积极发动社会力量，先后设立“爱心超市”、“爱心学校”、“爱心医院”、“爱心供热”、“爱心彩虹”、“爱心通信”等爱心服务项目，为职工提供“一条龙”优质优惠服务。加强与社会专业服务机构的合作，市、区县职工服务中心法律援助窗口由职工维权律师顾问团的成员及其所在事务所轮流义务值班，心理咨询窗口与市心理卫生学会和山东理工大学心理系合作聘请了有资质的心理咨询师提供服务，提高专业化服务水平。今年，市总工会还设立“爱心服务奉献奖”，鼓励更多的社会爱心力量向职工服务中心的平台汇集，使“一条龙”爱心服务向民生的各个领域、向基层的职工群众延伸，努力打造具有淄博特色的爱心服务品牌。

探索实践“5SW工作法”　真情服务职工在基层

——胜利石油管理局工会工作经验

中国能源化学工会

今年以来，胜利石油管理局工会带领76个二级工会组织、1020个三级工会组织，按照服务职工活动的总体要求，围绕胜利油田“打造世界一流，实现率先发展”的目标，在全局推行“5SW工作法”，探索群众工作优势向企业核心竞争力转化的结合点，实现了工会工作新提升，促进了油田创新和谐发展。

一、深入发动、创新理念，探索“5SW工作法”，注重服务员工的针对性

油田工会组织全体工会开展“怎样面对面、如何心贴心、能否实打实”的大讨论，广泛开展大调查、大摸底、大会诊，寻找服务重点和盲点，共征集7大类598项问题，明确了服务重点和服务方向。针对企业发展的需要、员工群众的利益需求，油田工会从一线员工关注的技能、文化、法律、心理、医疗服务等五个方面关注点入手，探索推行了“5SW工作法”。SW是“服务员工”的英文缩写，突出服务、员工两个要素，主要内容是：技能服务在基层，送本领；文化服务在基层，送快乐；法律服务在基层，送平安；心理服务在基层，送幸福；医疗服务在基层，送健康。

二、突出特色、创新载体，推行“5SW工作法”，体现服务员工的实践性

一是办实事，提升员工技能。油田工会开展“技能大师基层行”活动，以78名首席高级专家、高级专家和16名首席技能大师、技能大师为龙头，3000名技术拔尖人才为骨干，层层组织到基层队与一线员工面对面交流、手把手帮助，对制约油田发展的重点问题、瓶颈问题进行集智攻关，解决生产难题，提升员工创新能力；开展“百名劳模结对千名员工”活动，以“传技艺、帮技能、带高徒”为内容，提高新员工技术水平和创新创效能力；持续深入实施“升创”行动，每个基层队、每个班组、每个岗位职工“升创”活动有目标、有指标、有考评、有奖惩，促进岗位职工升素质、升能力、升价值，激发岗位职工创出技术成果、创造生产记录、创意合理化建议。二是做好事，丰富员工精神生活。油田工会今年重点选择100个环境差、条件苦的边远基层队，工会干部深入一线小队、井站，对工作条件、生活环境进行考察体验，推动配套建设职工书屋、练兵场、活动室，建设温馨和谐的“职工之家”，目前90%以上的一线基层队已建立职工书屋和活动室。各级工会还坚持文化下基层活动，活跃基层文化生活。三是解难事，

提供法律援助。油田工会成立了油田员工法律服务中心，制定出台了员工法律援助计划，公开了两部法律服务专线电话，聘请12名有律师资格证的在岗员工为公职律师，从律师事务所聘用20名经验丰富的律师组成律师团，不定期进社区、下基层开展法律服务活动。四是宽心事，提升员工幸福指数。启动实施胜利心田工程，成立心理学应用研究会，二级单位工会组织先后建立了9个心理健康援助机构和3个幸福工作站，重点对工作在海上、大漠、戈壁、荒原上的员工心理健康进行专题研究分析，提供心理援助方案。油田工会还定期开展心理健康测评和问卷调查，对员工进行一对一的心理帮助；开展"压力和情绪管理"、"卓越团队"等不同形式的团体培训，引导员工正确面对困难、挫折和荣誉。五是救急事，导医服务到基层。为切实解决员工到外地就医挂号难、找专家难、住院难问题，油田工会依托驻外机构，在北京、青岛、济南等地设立导医部，员工可通过所在基层工会组织，随时与导医部联系就诊事宜。今年以来，仅北京导医部就已接待来京就诊的员工1953人次。

三、真情服务、创新机制，深化"5SW工作法"，增强服务员工的实效性

一是密切联系，探索建立长效机制。油田工会深化"处级干部联系困难户、职能部门联系基层队、女干部联系外闯市场员工家庭"活动，健全完善定期走访、信息通报和热线联络制度，了解员工队伍思想现状，密切了与职工群众的感情，充实完善了"5SW工作法"的内涵与载体。目前，全局各级工会组织和广大工会干部已联系一线基层队400多个，工会干部"一对一"联系特困家庭990多户、单亲家庭400多户、外闯市场员工家庭310多户。二是亲情互动，推进和谐家庭建设。针对油田一线员工远离家庭，远离基地，特别是外闯市场员工与家人聚少离多，一定程度影响家庭亲情与和谐的现状，各级工会努力为一线员工建立亲情沟通的桥梁和纽带。大力开展"三亲情"活动，以社区为主，主营单位为辅，组织员工群众"讲身边事、唱亲情歌、做和谐人"，推进亲情小区、亲情楼道、亲情家庭建设。每年组织十大孝顺好儿女、十佳文明家庭评选，开展家庭综合素质挑点竞赛、"感恩亲情"家书大赛等"亲情文化月"系列活动。针对油田4000多个单亲家庭，开展"幸福有约"婚恋服务活动。三是真情帮扶，促进企业和谐发展。各级工会干部与低保户、低保边缘户、零就业、老养残、重残户、一户多残等特殊家庭建立结对扶助，定期到家中走访慰问，为他们提供生活照料、康复养护、心理疏导等多方面的帮扶救助，在试点的基础上建立了13家"爱心超市"，接受爱心捐助，为孤寡和低保困难群体定期配送生活必需品。开展就业帮扶，安排低保困难人员和超龄子女临时性就业160人。扎实开展"成就未来"助学活动，为133名单亲困难家庭子女和43名应届特困大学生发放助学金35.2万元。

完善机制　注重实效
推动服务职工在基层活动扎实有效开展

河南省漯河市总工会

全总和省总服务职工在基层活动安排部署以来，漯河市总工会高度重视，结合实际，精心策划，周密部署，在全市开展了“走基层、访职工、抓基础、办实事”活动。截至目前，全市各级工会深入基层调研服务达4800多人次，直接走访企业1200多家，访谈职工13000多名，发放帮扶救助金120多万元，为基层和职工办实事、办好事、解难事600多件次。

一、总结经验，完善机制，丰富活动内涵

自2008年以来，漯河市总工会开展以“每人联系一个企业或基层单位、每月当一天工人、交一批职工朋友、为职工办一件实事、写一篇有分量调研报告”为内容的“五个一”劳动实践活动。全总和省总部署安排服务职工活动后，组织召开党组会、机关全体人员会进行传达贯彻，认真总结近几年开展“五个一”劳动实践活动的经验，创新形式，丰富内容，提出在全市工会干部中开展“走基层、访职工、抓基础、办实事”活动，制定《实施意见》及《方案》，市总机关人员每人至少深入10家基层工会，走访职工不少于100人，培养选树不同工作典型5~10家，为职工群众办1~3件力所能及的实事好事，县区总工会和市直局委工会工委干部深入辖区和系统内的所有基层工会开展调查摸底，全市所有基层工会干部深入科室、车间、班组进行调研。

二、广泛动员，周密部署，营造活动氛围

年初召开的市总四届十三次全委（扩大）会议上，对全市工会干部“走基层、访职工、抓基础、办实事”活动进行安排和部署，明确工作重点和方向。先后召开了市总机关会议、县区和局委工会专题会议对活动开展进行全面动员部署，提出明确要求。在工会网站、工会信息开辟专栏、专题进行宣传。

三、强化手段，完善措施，狠抓活动落实

一是健全组织，加强领导。市、县区和局委工会都分别成立了活动领导小组，落实人员，明确任务，确保组织到位、人员到位。二是强化责任，健全机制。市总分别与县区、局委和市总部室签订目标责任书，年底进行全面验收，把活动成效作为市总机关公务员考核和县区、局委目标考核的重要内容，有效增强了广大干部的责任意识。三是加强督导，全面推进。市总为机关干部统一配发了工作日志本，印制了活动登记表，同时建立健全了

月例会制度，领导班子成员联系县区、部室联系局委制度，每月初都要召开会议集中听取机关干部下基层、访职工、办实事情况汇报，掌握全市活动开展情况。四是领导带头，示范带动。市总机关领导班子成员多次带头深入基层，走访调研，充分发挥示范作用，带动各级工会积极参与到活动中来。舞阳县总工会认真落实包乡联企制度。郾城区总工会统一发放下基层日记本、统一安排走访时间、统一解决遇到的问题，由分管领导带队深入全区9个乡镇60多家企业开展活动。临颍县总工会提出推进“四个一”连心工程，即组织100名工会干部下基层，深入100家重点企业走访调研，联系1000名职工，慰问1000人次困难职工群众，要求做到“六知六必帮”，知企业状况、知家庭情况、知就业状况、知致困原因、知子女情况、知救助需求，职工生活有困难者必帮、困难职工子女无法就学者必帮、职工失业者必帮、职工因病致困者必帮、职工权益受损者必帮、职工需临时救助者必帮。

四、立足实际，搞好结合，助推活动深入

一是在活动形式上坚持集中组织与个人行动相结合。对市总机关干部明确走访调研企业的数量，分配到具体的单位。集中行动时由分管领导带领分管部室人员深入到重点企业和单位开展调研走访，平时要求每名机关干部至少每周深入一个基层单位开展工作。二是在活动范围上坚持普遍调研与重点走访相结合。即在面上要求市总机关干部对市直所有企业走访调研一遍，县区和市直局委工会工委干部要对本地、本系统的企业走访调研一遍，各基层工会要对本企业车间、班组走访调研一遍。同时突出以生产经营困难、劳动密集、困难职工多、劳动关系矛盾突出、工会工作薄弱的企业和困难职工、下岗失业人员、进城务工人员和劳务派遣工为走访调研重点。三是在活动目的上坚持把为职工办实事与促进工作相结合。既要在活动中积极帮助解决企业和职工遇到的实际困难和问题，又要通过活动开展，培养和树立先进典型，促进工会各项重点工作得到落实。

五、把握关键，突出重点，确保活动实效

市总领导在走访调研中了解到大商新玛特职工有业务技能素质提高的需求，立即安排市总女工部牵头聘请漯河职业技术学院教授免费进行商业礼仪和销售技能培训，目前已组织培训班两期，培训职工1200多人次。临颍县总工会主要领导在调研中得知县豫中铁合金有限公司发展资金周转困难，亲自协调银行贷款300万元，并为他们搬迁产业集聚区建厂房协调用地。郾城区总工会了解到怡欣化工厂拖欠13名进城务工人员工资5万多元，立即派工作组参与协商解决，协商无果后免费提供法律援助，最后经法院强制执行。同时，落实工会重点工作，全市开展工资集体协商的企业达2442家，签订区域性、行业性工资协议60个，覆盖职工15万多人，职工工资平均增长15%以上，最高达到27%；“关爱职工行动”全面展开，全市已建立职工互助会832个，覆盖职工16.4万余人；参与争创“职工满意食堂”和“职工温馨宿舍”活动的企事业单位达283家；工会组建和发展会员明显进展，新增企业法人建会733个，新增会员15700名，其中，发展进城务工人员会员13150名；产业集聚区工会建设年活动效果显现，集聚区工会工作在工作机制的理顺、工作制度的完善、工会工作的开展、工会作用的发挥等方面都有较大改善，各项工作朝着规范化的方向发展。

郑州铁路局工会大力推行“七彩连心卡”开行服务职工直通车

中华全国铁路总工会

在推进“服务职工在基层”活动过程中，郑州铁路局工会以“金色春蕾卡”、“银色祝福卡”、“红色帮扶卡”、“粉色爱心卡”、“橙色互助卡”、“蓝色解忧卡”、“绿色和谐卡”等“七彩连心卡”为媒介，实行集帮困助学、维权服务、争议调解、医疗互助、心理疏导为一体的帮扶模式，不断激发工会工作活力。截至目前，共发出“七彩连心卡”1260张，帮助职工解决生活困难2300余件。

一是“金色春蕾卡”情牵贫困职工子女。局工会把爱心助学作为帮助困难职工家庭走出困境的重要途径，在掌握实情的基础上，向206名单亲及贫困职工子女发放了“金色春蕾卡”，职工子女可通过“金秋助学”启动仪式、传统文化和素质提升教育等方式，得到入学择业方面的帮助和指导。如，新乡机务段工会开展了“大手牵小手，服务齐步走”主题活动，运用“金色春蕾卡”联系帮扶21名困难职工子女考上了大学。南阳工务段工会充分发挥“金色春蕾卡”的帮扶作用，在9名困难职工子女高考期间，分别派出汽车专程接送。如今，9名学生全部被专科以上院校录取。

二是“银色祝福卡”情系劳模和离退休职工。局工会以关注劳模身心健康和离退休职工晚年生活为出发点，在节假日及生日期间，通过“银色祝福卡”为劳模和离退休职工送去温馨祝福，使其感受到组织的关心和温暖。如，郑州供电段工会运用“银色祝福卡”开展“为劳模过生日”活动，及时帮助劳模解决学习、生活、工作中遇到的难题，积极为劳模成长打造平台。今年以来，全段共有3名劳模被提拔为车间管理干部，6名劳模被提升为班组长。南阳车务段工会向5名离退休孤寡老职工发放了“银色祝福卡”，结成了帮扶对子，在节假日为老人送去牛奶、水果、蛋糕等慰问品，帮助老人打扫卫生、清洗衣物，与老人聊天谈心等。

三是“红色帮扶卡”情暖困难职工。局工会坚持扶贫与扶志相结合、救助与预防相融合的方式，向475名局定特、重困职工发放了“红色帮扶卡”，确保困难职工得到及时有效的救助。开封车站工会将“便民服务一本通”印制在“红色帮扶卡”上，对段工会联系电话、“三不让”帮扶程序和救助标准进行标注，发放到困难职工手中，使困难职工在工作生活中遇到了急事难题，只需一个电话，就能得到耐心、周到、细致的帮助。

四是“粉色爱心卡”情洒女职工。在深入实施“巾帼立功竞赛”和“女职工素质提升”工程的同时，局工会进一步规范《集体合同》中女职工权益保护专章的形式和内容，将“为女职工提供保健、卫生知识教育和免费健康体检”等内容纳入“粉色爱心卡”服务项目中，切实维护女职工合法权益和特殊利益。郑州客运段、商丘车站工会向全段女职工发放了“粉色爱心卡”，休班女职工可凭借“粉色爱心卡”，参加每月一期的健康卫生知识讲座和美容礼仪知识培训。

五是“橙色互助卡”情融异地工作职工。由于生产力布局调整和高铁项目建设，异地工作职工逐年增多，局工会以优先解决异地工作和新建高铁区段职工通勤、就餐、住宿等实际困难为着力点，运用“橙色互助卡”帮助异地工作职工解决难题128件。洛阳机务段工会成立了“阳光服务队”，出乘职工只要拨打“橙色互助卡”上的服务电话，即可享受到“阳光服务队”提供的家政、子女假期辅导等10余项服务。洛阳电务段工会开展了“志愿服务你我他”活动，组织专兼职工会干部与异地工作职工结成志愿服务小组，异地工作职工可凭借“橙色互助卡”得到接送子女上下学、代洗衣物、代缴水电煤气费等服务。

六是“蓝色解忧卡”情送一线职工。一线职工的吃、住、洗、饮水、娱乐、健身问题一直是局工会关注的重点。“蓝色解忧卡”的推行，促使了《“十二五”职工生活规划》、“三线”建设、“三不让”帮扶救助中涉及民生的259件问题的快速解决，为改善职工生产生活条件送去了人文关怀。郑州桥工段工会对全段76个一线班组发放了“蓝色解忧卡”，开行了“服务职工大篷车”，定期深入偏远沿线班组送文化、送知识、送健康。焦作车辆段工会把当好一线职工的热心人、贴心人、引导人和帮扶人作为“蓝色解忧卡”的承诺服务，将工会组织的维权便捷服务直接延伸到一线班组。

七是“绿色和谐卡”情注特殊需求职工。“积极构建和谐劳动关系，加强劳动争议调解，倾听职工诉求，为职工提供法律援助等服务”是“绿色和谐卡”的服务内容。局工会自推行“绿色和谐卡”以来，累计受理职工诉求137项，其中，生产类诉求49项，生活类诉求67项，经营类诉求21项，诉求办结率达到100%，职工满意率为98.9%。长治北车站工会通过“绿色和谐卡”解决了提高职工食堂饭菜质量、改善职工文体设施等35项职工密切关注的热点、焦点和难点问题，提高了职工群众的满意度，为确保职工队伍稳定与企业和谐发展起到了积极的促进作用。

武汉市餐饮行业工资集体协商工作典型经验

武汉市商贸金融烟草工会

2012年，根据全总、省总开展服务职工活动部署安排，武汉市商贸金融烟草工会以落实行业工资集体协商为抓手，深入企业、深入职工，与武汉餐饮业协会续签了2012版《武汉市餐饮行业工资专项集体合同》。

一是工作理念上“敢为人先”。2011年4月23日，武汉市商贸金融烟草工会与武汉餐饮业协会正式签订《武汉市餐饮行业工资专项集体合同》。此合同覆盖武汉市大中小微近4万家餐饮企业和45万名从业人员，成为首份国内覆盖面最广、涉及从业人员最多的工资专项集体合同。合同对餐饮行业从业者的工资分配制度、工资支付办法、最低工资标准、工资增长机制、休息休假、社保缴纳等作出了明确规定。

二是工作部署上“联合三方”。坚持“工会牵头，劳动关系三方四家合力推进”的工作格局，成立武汉市“推进全市餐饮行业工资集体协商制度工作指导小组”，由市总工会分管主席任组长，市人力资源和社会保障局、武汉企业联合会/武汉企业家协会、市工商联、市商务局、武汉餐饮业协会分管领导任副组长，相关单位的部门负责同志为成员。起步阶段，领导小组全体成员分工负责，深入开展调查研究，分头做好各自所代表群体的思想发动和意见建议收集整理工作；工作运行阶段，全体成员统一步调，工作中始终坚持“一盘棋”，共同做好餐饮行业工资集体协商这个文章；检查落实阶段，全体成员先后四次联合开展调研检查活动，分头深入全市16个区（开发区、风景区等）检查餐饮企业工资专项集体合同的落实情况。2012年10月，武汉市餐饮行业工会联合会成立，覆盖全市大大小小的餐饮企业和组织近5万家，常态从业人员近50万人。目前已经有7个区相继成立了餐饮行业协会，3个区建立了餐饮行业工会。截至2012年6月，全市开展工资集体协商工作的企业达5.4万家，涉及职工176万余人。

三是工作方式上“先入为主”。首先抓“要约权”。2011年3月18日，武汉市商贸金融烟草工会联合会向武汉餐饮业协会发出了工资集体协商要约，对集体协商会议的时间地点、主要内容、双方协商代表的人数提出了相关建议，阐明职工方代表的组成，第一次协商会议由职工方首席代表主持会议。其次抓“合同文本起草权”。主动作为，通过起草文本来集中反映职工的诉求，由工会起草合同文本。最后，抓协商过程话语权。职工方协商代表在协商会议上多次据理力争，时刻注意代表和维护职工的利益。

四是工作内容上“突出重点”。以餐饮行业职工所思、所想、所盼为出发点，以破除餐饮行业不符合法律法规以及政策规定的陈规陋习为突破点开展工作：一是坚持工资发放按时足额、在合同中明确规定“企业遵循按时足额，优先支付的原则，在每月固定日期，以货币形式按月支付职工工资，不得克扣和拖欠。工资支付日逢节假日、双休日时，应在该节假日、双休日前发放工资”的内容；二是坚持提高行业最低工资标准，市总工会2010年对14个行业职工工资收入状况的调查结果显示，在14个被调查行业中，餐饮行业职工的收入排在第13位，仅高于农林牧副渔行业的职工，以一些经营状况较好的餐饮企业关爱职工，职工回报企业，最终实现双赢的典型事例说服，使条文中明确最低工作标准的内容；三是坚持建立工资正常增长机制，合同规定“企业以本合同规定标准为底线，参照劳动力市场工资指导价位、工资指导线、武汉市职工平均工资水平，综合考虑湖北省城镇居民物价消费指数，根据本单位经济效益建立职工工资正常增长和调整机制，使职工工资随企业经济效益的提高而正常增长”，2011、2012两个年度职工工资增长均不低于9%；四是坚持保障职工休息休假权利，在合同上专门列出了休息休假的条款；五是坚持为职工办理社会保险，明确表示必须将“企业按照国家和武汉市的有关规定为职工缴纳养老、医疗、失业、工伤、生育各项社会保险”列入合同条款。据“武汉市餐饮行业工资集体协商工作指导小组”2012年7月对全市餐饮行业的一次调研检查活动中的问卷调查资料显示，全市餐饮行业职工参加社会保险的情况有了明显改观，其中养老保险的参保率达到72.4%，医疗保险的参保率为61.9%，失业保险的参保率为19.4%，工伤保险的参保率为18.7%，生育保险的参保率为11.6%；六是坚持增加职工福利，明确要求将“企业为职工免费提供工作餐、服装补贴、住房补贴和其他福利补贴”列入合同内容，还根据餐饮企业的特点，要求“企业定期安排职工进行身体健康检查，通常每年一次，并承担全部费用，企业应采取措施为职工安排传染病、流行病、职业病、工伤等的预防和治疗”。

五是工作程序上“依法依规”。按照法律和政策的规定，确立企业方协商主体。由于武汉市餐饮行业尚未建立工会组织，为了确定职工方协商主体，市总工会主席办公会议研究决定，按照全总“上代下”的指示精神，由武汉市总工会商贸金融烟草工会联合会作为职工方参与工资集体协商，由此确立职工方协商主体。武汉市“推进全市餐饮行业工资集体协商制度工作指导小组”全体成员自始至终全过程参与。人社局负责同志全程主持协商会议，并在休会期间分别为双方协商代表讲解法律政策规定，协调双方立场；市总工会和企业联合会/企业家协会的负责同志分别做好职工方和企业方协商代表的政策咨询和思想工作。合同签订后，市人社局专门组织政策法规处、劳动关系处、劳动争议仲裁处以及劳动监察大队的同志对合同的签订程序、合同内容的合法性、合同签订后人社部门的责任和义务等进行专题研究。

六是工作落实上“上下联动”。“推进全市餐饮行业工资集体协商制度工作指导小组”坚持每季度组织一次调研检查活动，分别组成4个调研检查小组对13个城区、2个开发区、1个风景旅游区贯彻落实合同的情况进行检查。同时，组织和动员各区劳动关系三方四家按照属地原则，对本辖区的大中小微餐饮企业逐一上门宣传和推进落实《武汉市餐饮行业工资专项集体合同》。

宜昌市各级工会努力实现服务职工“三个拓展”

中国工运研究所

湖北宜昌市各级工会通过调查问卷、座谈会、个别访谈等途径征集职工诉求766条，其中，要求工会发挥更大作用、提供更多优惠服务的252条，反映职工精神文化需要的185条，反映新生代农民工在工作、生活和学习上面临压力的143条，反映劳务派遣用工问题的109条，反映收入差距大、工作时间长、个人发展空间有限、工资增长缓慢等相关问题的77条。针对调研发现的问题，在“面对面、心贴心、实打实服务职工在基层”和“三万”活动中，他们出实招、办实事，努力实现服务职工“三个拓展”。

一是服务对象由困难群体向全体会员拓展。市总工会顺应广大职工群众需求，转变服务理念和方式，把工会服务对象由集中帮扶困难职工拓宽到为全体职工提供服务。积极探索普惠全体会员的方式，首先面向城区包括农民工在内的工会会员推出“三峡卡·职工互助服务卡”，持卡会员享受免费人身意外伤害、财产损失保障、维权、就业、帮扶以及特惠商户提供的购物、旅游、就医、购药、文化、休闲等消费优惠服务。截至目前，已发放服务卡6.8万张，注入资金3000万元，发展特惠商户97家，深受广大会员欢迎，被誉为服务职工的“爱心卡”、“连心桥”。

二是服务内容由帮扶维权向公共服务拓展。在推进困难职工帮扶中心规范化正规化建设，加大乡镇（街道）工会维权站建设力度，努力构建上下一体、功能多元的三级维权网络的同时，围绕社会基本公共服务、社会公益服务、社区便民服务、社会管理服务职能，广泛开展文明创建、职工志愿者服务、就业创业培训等活动。实施“授渔行动”。投资200余万元，对市工人文化宫教育基础设施进行改造，更新教室桌椅教具，安装闭路电视，扩建图书室，改善教学环境，提高了培训能力和质量。举办“帮会员找岗，帮企业招工”活动。2010年，针对职工找岗、企业招工信息不对等的实际，适时开展了“双帮”活动，当年累计吸引703家企业和22100名求职者前来“赶集”，4900人与企业签约上岗。今年举办返乡农民工专场招聘会32场，为5000名职工（农民工）提供就业服务；开展家政促就业工作，培训家政服务人员960名，确保全部推介上岗就业。打造职工文化品牌。以市工人文化宫为依托，成立宜昌市总工会职工艺术团，下辖舞蹈、曲艺、京剧、时装、铜管乐团等14个分团，职工演员2000余人。组织职工艺术团深入重点企业、工业园区和乡镇、社区开展“走进职工”慰问演出，今年以来，已组织慰问演出3场，观众达6000余人。与此同时，每年举办的“三月三万人相亲节”、春节送春联、职工美术书法摄影大赛暨展览、职工趣味运动会、文艺展演、农民工闹元宵等系列文体活动，形成宜昌职工文化品牌，为宜昌职工群众提供丰富的精神文化服务。

三是服务体系由单一模式向“扁平化、快速化”体系拓展。市总工会结合活动中基层职工群众意见，树立“以人为本、服务为先、关口前移、上下联动”的工作理念，推进工会服务的组织结构、工作流程、技术平台和工作方法创新，主动融入到全市“一本三化”（以人为本，网格化管理，信息化支撑，全程化服务）的社会管理体系，实现工会服务体系由单一模式向“扁平化、快速化”体系的拓展，将困难帮扶、维权维稳、矛盾化解等职工个体诉求由多层逐级办理化为“扁平式快速操作”，将企业、社区工会需要上级帮助办理的职工诉求根据不同类型，实行“扁平操作”，直接分流送达乡镇（街道）工会、县市区总工会和市总工会联动解决。同时，健全多级联动办理的协调督办、分流直达、限时办理、超时预警和职工投诉监督机制，提高工作实效，切实为职工解决诉求反映难，反映时间长等问题。

湖北安棉构建和谐劳动关系的实践

中国工运研究所

湖北安陆棉纺织有限公司（下简称“安棉”）作为最早的纺织工业部直属企业，曾是湖北纺织业界一颗璀璨的明珠。改制后的安棉在面临市场冲击、改制阵痛的情况下，坚持以职工为本，把构建和谐劳动关系作为发展动力，依靠职工成功渡过了道道难关，为深化劳动关系和谐企业创建活动提供了生动教材。

一、搭建“四大平台”构建和谐劳动关系

*一是把发展作为和谐的前提，搭建促进发展的平台。*近年来，纺织行业进入结构调整期，并受原材料价格上涨等多种因素的影响，面临发展放缓、竞争激烈的双重压力。安棉经营层清醒地认识到，职工群众是企业发展的重要“发动机”，只有紧紧依靠职工群众，企业才能走出困境，迎来蓬勃生机。安棉把开展“岗位明星”竞赛活动作为重要抓手，做到月度有“质量标兵”、“设备标兵”评比，季度、年度有“岗位明星”评选，车间有“优秀班组”竞赛，使劳动竞赛呈现阶梯式、连续性特点，让广大职工学有标杆、赶有方向。先后评选月度“质量标兵”737人、季度“岗位明星”53人、年度“岗位明星”20人。近年来，职工共提合理化建议287条，被采纳139条，创造经济效益1160万元。

*二是把公开作为和谐的基础，搭建企业与职工沟通理解的平台。*企业发现，职工不了解经营层，经营层也不了解职工，双方缺乏沟通交流是产生矛盾的重要根源。在工会推动下，公司通过“厂务公开专栏”，把生产经营重大决策、职工关心的热点问题向职工群众公开，通过班前班后会及时传达、解释公司重大决策和规章制度，让职工知厂情、议厂事，实现了上情下达。公司工会建立月度职工思想信息反馈制度，各分会每月报送职工思想信息，并纳入工会工作考核之中。2011年公司工会共收集职工思想信息380条，办结满意率达95%，其中涉及职工生活和经济权益方面的信息190余条，涉及提高产品质量、改善生产环境、安全生产和企业管理的建议达240余条。

*三是把工资作为和谐的关键，搭建平等协商的平台。*安棉适应纺织企业的特点，积极探索以劳动定额为协商为重点，采取集中协商与动态协商、大协商与小协商、定期协商与经常协商相结合的新方式，实现职工工资动态变化。每次协商前，工会都要广泛征求职工意见，并针对各岗位不同品种、车速，按照相关数据指标认真测算，分析梳理、确定重点内容后，向企业行政发出要约。针对计件工资的特点，基层工会和行政根据一段时间或单个工种的生产环境差异、原材料质量好坏及其他非职工原因造成的产量低、难度大情况，及时就工资难度系数或产品单价进行协商，并在1～2个工作日内确定调整方案。这种新型灵活的工作模式实现了工资协商的经常化、动态化、岗位化，有

效保证了工资协商的针对性、真实性、有效性。问卷调查显示，81%的职工认为劳动定额由企业行政与工会协商后确定。2007年以来，安棉职工工资按照协商方案逐年增加：2007年增长5%，2008年增长5.6%，2009年增长6.9%，2010年增长7.3%，2011年增长17.1%。

四是把队伍作为和谐的支撑，搭建职工素质提升的平台。安棉35岁以上的职工占75%以上，普遍老龄化，青年技工断层。公司坚持把人力资源作为第一财富，把提升职工队伍素质作为基础工程、长远工程，以操作技能大赛和工人技师评选为主要载体，掀起了人人学技术、个个钻业务的热潮，涌现了一大批技术精湛、操作过硬、爱岗敬业的技术能手。从2007年起，安棉连续5年开展操作技能大赛，先后有3765人次参赛，组织岗位技术培训158场次，培训职工2968人次，共评选操作技能标兵325人次。

二、发挥企业工会的独特作用

一是建设让企业和职工“双满意”的工会。企业行政认为：“是公司工会使职工与行政坐到了一条凳子上。”安棉现有8个基层工会委员会，其中8个基层工会主席和16个基层工会委员都是由职工从确定候选人开始，至少经过三轮投票才选举出来的。为克服“行政化”倾向，公司工会主席曹玲莉提出，基层工会主席直选必须坚持“两个不能、两个必须”的要求：工会主席不能是企业行政领导，不能承担管理职责；必须在职工群众中有影响力，必须在技术上出类拔萃。为了强化基层工会干部的责任，工会主席深有感触说：要真正代表职工去说话、去做事，为职工说话多了、办事多了，在职工中的威信就高了，工会干部说的话，职工就愿意听；工会组织想干的事，职工就踊跃参加。

二是履行对企业和职工利益“双维护”的职责。安棉工会不仅从一线职工中直选基层工会主席，而且让基层工会主席与普通职工融为一体，着眼企业发展大局，因企制宜、因时制宜创新工作模式，有效破解了基层工会干部不善维权、不愿维权、不敢维权，职工群众不理解、不信任、不拥护的难题。公司工会与企业行政做到真对话、真协商、真落实，在广大职工中既维护企业生产经营的权益，又树立维护职工利益的形象，彰显出工会在服务发展、服务职工中的双重重要作用。

三是发挥促进企业与职工“双发展”的作用。工会引导职工牢固树立“企业是我家、发展靠大家”、“安棉因我而骄傲、我为安棉而自豪”的理念，积极参与合理化建议、班前班后会、工资集体协商、技能比武等活动，释放了智慧和潜能，增强了责任意识、创新意识和主人意识，为实现个人愿景与企业愿景和谐统一、企业效益与职工利益同步协调、职工进步与企业发展共赢共进的目标提供了强大的人力、智力支持。

五进五送转作风 解困解难办实事

湖南省郴州市总工会

今年以来，在全总、省总的正确领导下，郴州市总工会按照上级工会的统一部署，围绕郴州"一化两城三创四大"的大局，开展"面对面、心贴心、实打实服务职工在基层"活动，取得了阶段性成效。

一、整合资源，四级联动，全面参与，实现活动社会化

各级工会积极争取成立了以党政主要领导任顾问（组长）的领导小组和党政部门共同参与的工作机构，并安排专人负责活动办日常工作。市本级成立了由市委副书记毛腾飞，市人大副主任、市总工会主席窦翔燕担任顾问的"服务职工活动"领导小组。北湖区、永兴县总工会成立区（县）委副书记任组长的领导小组，市邮政局等28个市直产业（联合）工会成立了由单位"一把手"担任组长的领导小组。各级党政领导亲自带队走访调研，专门听取民情民意汇报，多次出面协调解决问题。市委副书记毛腾飞专门带领市委工会联合会干部到联系企业慰问困难职工。市人大副主任、市总工会主席窦翔燕亲自带队深入厂矿企业、全总联系点调研，亲自主持召开公交车进黄沙坪矿的协调会。各级工会把"服务职工活动"融入到市委市政府的作风大整顿活动、基层组织建设年活动、创先争优活动中，构建了以报刊、电视、广播等主流媒体为主阵地，以通信、网络、微博等新兴媒体为辅助的宣传模式。

二、突出主题，科学实施，全面覆盖，实现活动基层化

坚持"五进五送五个一线"工作法，组建"四位一体"（中国特色社会主义工会发展道路宣传队、职工队伍状况访问队、困难职工帮扶队、企业发展促进队）服务职工工作队进园区、进企业、进车间、进工地、进困难职工家庭，开展调查研究，了解职工诉求，掌握企业发展情况。针对企业和职工的实际情况，为企业和职工送政策、送援助、送培训、送健康、送文化，帮助企业和职工排忧解难。切实做到职工队伍状况在一线掌握、工会维权帮扶在一线实施、构建和谐劳动关系在一线推进、工会工作任务在一线落实、创先争优活动在一线开展。北湖区总工会开展"四问五看"主题活动，宜章县总工会公开承诺"十件实事"，嘉禾县总工会开展"五大专题"活动，市文化工会联合会开展"走基层、送法律、送文化"活动，市教育工会开展"2211 工程"等等。目前，全市各级工会组织共走访1038家企业，召开座谈会553次，访谈职工4723人，慰问劳模、困难职工6873人，赠送慰问金133万余元，发放调查问卷18000多份、宣传资料27000多份，推动解决或实际解决问题414个。

三、注重结合，互促互进，全面融入，实现活动科学化

一是进一步完善了职工培训、竞赛、晋级、促进就业“四位一体”的工作机制。形成以市级职业竞赛为龙头，市、县、行业、企业四级联动的大培训、大练兵、大竞技、大提升格局。组织开展第二届“郴州杯”职业技能大赛、卫生监督技能竞赛、护士岗位创新技能大赛、“安康杯”知识竞赛，全市参赛面达100%；培训了“民生100工程”困难职工和农民工1700多人。二是开展以“围绕一条主线，突出两个重点，建设三个中心，开展四项活动”为主要内容的和谐劳动关系园区创建活动，完善了园区劳动关系协调机制。目前，全市已建会企业中有226家建立工资集体协商制度，占71%；248家实行厂务公开，占78%；53家成功创建“模范职工之家”。三是开展“星级帮扶中心”创建活动，筹建多功能、现代化的帮扶中心大厅。联合市慈善总会实施大病救助和女职工单亲特困救助项目，广泛开展“女职工关爱行动”，建立企业家劳模与困难单亲女职工“点对点”帮扶机制。四是依托党工共建，组织农民工、劳务派遣工等加入工会，在企业工会大力开展“工会组织亮牌子比规范争创星级工会、工会主席亮身份比服务争当模范职工之友”的“双亮双比双争”活动，贯彻落实《湖南省企业工资集体协商条例》，推动将工资集体协商纳入《工会法》执法检查，纳入政府绩效考核和督察，纳入非公企业主培训班内容，搬上郴州电视台“福城劳动者”栏目长期宣传，率先在出租车行业建立工资集体协商制度。五是把学习中国特色社会主义工会发展道路作为工会干部培训的主打课，通过以会代训、办班辅导、专题宣讲等形式，分类举办了县市区总工会党组书记、市直产业（联合）工会主席、非公企业负责人培训班。

四、立足长远，注重转化，全面升华，推进活动品牌化

一是建立一套督办落实的制度，一抓到底。市总工会及时收集汇总民情民意，科学分类整理出促进企业发展、政策法律、维护职工权益、为职工办好事实事等四大类问题，建立了“每类问题一名责任领导、一个联络员、一本台账、一个督办卡、一封反馈函”的督办制度，把推动解决问题的工作责任落实到人，形成一抓到底的机制。

二是探索一套解决问题的方法，排忧解难。坚持边走访边解决问题，对能现场答复的现场答复；对不能现场答复、工会能力所及的问题，则通过党政联席会议、人大政协建议提案、专题协调会、劳动关系三方四家协商会、政府常务会等渠道解决或推动解决问题，特别是在解决出租车司机罢运、公交车进园区、农民工子女上学、企业职工培训、困难帮扶、园区用工、拖欠工资等问题上取得明显成效。

三是健全一套服务职工的机制，巩固成果。进一步完善了党委政府主要领导调研工会工作，人大、政协对涉及职工权益的劳动法规的执法检查和视察、劳动关系三方协商会议等制度，整合“两院”、信访、司法等部门力量，进一步构建党政主导、部门参与、工会运作的社会化维权格局。建立健全了工会领导干部联系企业“六个一”制度，即每个县市区总工会、每个产业（系统）工会开通一个服务职工热线电话；每位工会干部深入联系点企业，做到向职工公开一张联系卡，与职工面对面召开一次座谈会，参加一次企业工会活动，为企业职工办一件实事，帮助企业工会总结一个经验。

深入基层摸实情　凝心聚力办实事

湖南省衡阳市总工会

自全总、省总部署开展“面对面、心贴心、实打实服务职工在基层”活动以来，衡阳市总工会从助推经济社会发展、促进和谐社会建设、履行工会基本职责、重塑工会组织形象的高度出发，认真抓好活动各个阶段的每项工作，做到实打实地做好宣传发动，实打实地搞好走访调研，实打实地为企业和职工解决实际问题。到目前为止，市各级工会共有1983名工会干部投身活动，共走访调研企业1078家、职工12582人，慰问劳模和困难职工4860人，发放慰问金117.96万元，收集企业和职工群众的意见和建议5000多条，为企业和职工办实事657件。

一、精心谋划部署，力求摸准实情

*一是建立务实的工作班子。*市总工会成立领导活动小组，由市委常委、组织部长、统战部长、总工会主席曾仁忠任组长，市总工会党组书记、副主席周小风任常务副组长，市总党组其他成员为副组长，各部门负责人为成员。领导小组下设办公室和4个工作小组，抽调精干力量负责日常工作。各县市区总工会和委局（系统）工会也成立了相应的活动领导小组，主席亲自挂帅，干部全员行动，全市上下联动，全力推进活动开展。

*二是制定切合实际的工作方案。*结合衡阳特点，活动主题增加“百日千企万户”，即在一百天时间中全市各级工会干部要走访调研一千家以上的企业和一万户以上的职工，扎扎实实为企业和职工办一批实事、好事。详细规定活动的指导思想、工作内容、工作目标、具体要求，以文件形式下发全市各级工会组织执行。

*三是召开层层动员会。*2月上旬召开市总机关动员会，然后召开全市推进会，对活动进行全面部署和动员，最后是各县市区和委局（系统）工会和基层工会相继召开部署和动员会，保证活动落实到整个基层。

*四是落实走访调研安排。*市总机关干部组成6个工作队，由党组成员带队，每个工作队走访调研2个县市区工会、5家企业和50名职工。各基层工会也要在规定时间内分别走访调研一批企业和职工。在走访调研的同时做好困难职工的慰问工作，每批工作队帮扶的困难职工不少于6户，每户慰问金不少于200元。整个走访调研活动共收集企业和职工的意见和建议5000多条，归纳整理为575条。

二、凝聚多方力量，统筹办好实事

*一是在助推企业发展上办实事。*对把走访调研中企业反映的能解决的问题都一件件去帮助解决。曾仁忠部长亲自出面，与市财政局进行协调，为3家企业解决了项目资金问题。去年落户白沙工业园的富士康集团急需招聘熟练工人，市总工会与技师学院合

作，免除一切费用招收、培训了200名工人。把活动与“双联”帮扶工作有机结合，把市直被联企业要求解决的75个问题制成责任交办书发给各参联单位去协助解决。目前各参联单位已为市直被联企业办实事34件。

*二是在政策层面上为职工办实事。*对走访调研中职工特别是改制企业职工反映的置换身份补偿费太低问题、不以改制时间计算工龄问题、改制后享受低保的职工不能再享受低保的问题等，衡阳市总形成5个具有说服力的调研报告，提交政府与工会的联席会讨论，努力争取从政策层面上为职工办些实事。

*三是在维护权益上为职工办实事。*某民营企业发给部分员工的工资低于政府规定的最低工资标准，员工反映后我们立即组成调查组进驻企业，查清事实责令老板改正，目前员工工资都已超过最低工资标准。某大型百货商场在未征求员工意见的情况下单方面解聘46名员工，且不按规定发给补偿费。员工电话投诉到市总，周小凤当天带领市总几名领导和有关部室负责人赶到商场，宣讲政策耐心做思想工作，使事情得到圆满解决，市总领导等到被解聘的所有员工都领到足额的补偿金和额外增加的慰问金后才撤回总工会。市总工会组织相关部门和企业进行协商，最近出台衡阳市餐饮行业工资集体协商条约，从源头上有效地维护了餐饮行业职工的权益。

*四是在改善民生上为职工办实事。*市蓄电池厂62岁张位新在20岁时因工致残，40多年来瘫痪在床全靠82岁老母亲照料。原住的集体宿舍因修建马路被拆，现租住农民住房。他每月1400元的工资除去医药费、护理费剩下不到300元，仅能维持最低生活标准，按理应该享受廉租房，但工资高于享受标准，一直无法办理。周小凤得知这一情况后，带领市总相关领导和企业负责人到市房地局沟通协调，市房地局主要领导被市总领导全力为困难职工办实事的真情所感动，批示“无条件迅速办理”。

三、落实保障措施，确保取得实效

一是实行目标责任制。制订活动专项考核办法，把活动的各项工作和要办理的各项实事全部分解落实到相关部室和相关责任人，明确责任领导。工作完成情况进行计分考核，直接与年终评比挂钩。对县市区总工会和委局（系统）工会的考核也与基层工会评先挂钩。二是加强调度和督察。市总活动领导小组办公室每周召开一次调度会，4个工作小组还不定期召开碰头会，收集活动开展情况，研究、部署后续工作。先后召开县市区总工会负责人调度会、委局（系统）工会负责人调度会，对各级工会的活动进行调度和督促，并将活动开展情况以通报形式发至各级工会，以作借鉴。三是做好典型示范作用。将活动开展扎实、成效突出的祁东县、衡阳县、白沙工业园、市机械行管办、天雁机械有限公司作为活动的示范点，把他们好的做法和经验以简报形式转发至全市各级工会，以典型带动活动均衡发展。四是在活动经费上给予保证。市总工会安排专项经费用于保证市总机关工作队慰问困难企业、困难劳模和困难职工的需要。市总还统一印制了3000本民情日记本和5000张民情联系卡，发给全市工会干部用于联系职工群众和记录走访调研情况。为企业和职工办实事需要的资金已作了规划安排，各县市区和基层工会用于活动经费合计已近100万元。五是强化舆论宣传。市总活动领导小组办公室已编发简报32期，在各类新闻媒体发表的稿件有40多篇，各县市区工会和行业工会的宣传工作也做得有声有色。

深化服务意识　创新服务方式

广东省肇庆高新区总工会

2012年，肇庆高新区总工会根据上级工会的工作部署，结合高新区实际，在全区广泛开展推进落实“四个一万工程，开展面对面、心贴心、实打实服务职工在基层活动”（以下简称“四个一万”工程），取得了明显成效。

一、深化服务意识，以“双亮”活动为推手，推动“四个一万”工程深入开展

（一）成立工作组，加强组织领导。成立区总工会主席挂组长、规模以上企业工会主席代表为成员的高新区总工会落实“四个一万”工程领导小组，负责对全区基层工会开展活动的指导、督察和考核工作。结合高新区实际，制订具体实施方案。

（二）开展“双亮”活动，助推“四个一万”工程。紧抓“服务”主题，不断深化服务意识，在全区非公企业工会广泛开展“双亮”活动。一是“亮”号码。区总工会在困难职工帮扶中心开通“温暖热线电话”（3132111），为职工群众提供电话咨询和求助服务，使帮扶工作更加快捷、方便、高效。此外，由区总工会主席带头，所有工作人员向全区基层工会、职工公开手机号码，并承诺手机24小时开机，随时接听职工诉求。二是“亮”牌子。要求全区基层工会统一使用、悬挂区总工会制作的公章、牌匾，统一“亮”牌子。三是“亮”身份。要求全区基层工会主席统一使用、佩戴区总工会制作的名片、工会徽章。四是“亮”服务。主动协调供水、供电、环保、市政、税务、消防等部门，为企业解决“招工难”、职工子女“读书难”、困难职工“看病难”等问题。

（三）抓住四个关键，将“四个一万”工程落到实处。一是建立定点挂钩联系服务企业制度。将22名干部职工挂钩到全区307家企业，与企业保持密切联系，掌握企业和员工动态，组建工会、发展会员，并将挂钩工作列入年终绩效考核内容。区总工会利用定点挂钩联系服务企业制度，通过实地走访和QQ、电话等方式，针对区内200多家非公企业开展了不稳定因素大排查活动，整理调查报告报区党委。二是发挥工资集体协商指导员队伍作用。目前已建立150多人的工资集体协商指导员队伍，指导区内86%已组建工会的非公企业建立了工资集体协商制度。通过举办培训班、组织参加市总工会培训等方式，提高开展协商谈判能力。推进医疗系统行业、家具制造行业建立行业集体协商制度。三是成立劳动争议调解委员会。已成立工会的企业全部成立劳动争议调解委员会，并指定专人担任劳动争议调解委员，在区内非公企业工会包括台资、港资企业的醒目位置长期打出“有困难找工会”的标语，并通过在全区企业工会统一设立“意见建议箱”，畅通员工诉求渠道。四是开通网站、微博引导网络舆情。开通“大旺工人微博”和“总工会网站”，把工会领导干部、劳动模范、工会积极分子等吸收到工会网络舆情宣传员队伍中来，将企业及其产

品信息上传到区总工会网站，增进区内企业间的相互了解。

二、落实服务措施，把握三个重点，为基层企业和职工解难事、办实事、做好事

（一）切实维护职工合法权益，扎实推进和谐劳动关系建立。区总工会积极参与劳资矛盾调处，共成功处理各类劳资纠纷200多宗，调解率达100%，涉及赔付金额5500多万元，员工18000多人次，确保了职工队伍和社会的稳定。参与颖泰公司员工罢工、理士公司劳资纠纷、亘泰公司拖欠员工工资、金豪公司停产以及维德、伟成、宝信、大丰等公司员工维权等事件。

（二）为职工排忧解难，切实发挥帮扶解困作用。帮扶工作走向经常化、制度化、规范化、社会化。5年来，共筹得各类慰问金1300多万元，慰问困难职工、学生，各级劳模、孤寡老人、“五八”年老职工、重特大病以及工伤职工等1万多人次；成功举办了五届圆梦助学活动，累计筹集爱心助学款118.85万元，资助困难大中学学生458人次；此外，为10000多名女职工进行免费体检，协助解决了200多名外来员工子女学习问题，帮助2000多名下岗职工实现再就业。

（三）大力开展职工活动，不断活跃职工精神文化生活。一是举办各类文体活动。20多年来，区总工会全体干部职工放弃春节休假，举办大型游园会、醒狮拜年、送电影、职工新年演唱会等活动，每年9月份举办大型文体活动月和企业未婚青年联谊会。2012年，为进一步丰富广大职工群众的文化生活，区总工会将文体活动常态化，每个月举办象棋、台球、乒乓球、羽毛球、篮球等各类比赛。二是开展“为百亿工程立新功、为双转移作贡献”劳动竞赛活动。共有20多家企业，1.25万名职工参与，总投资超过190多亿元，创经济效益超过3亿元。三是大力建设职工书屋、“流动书吧”。目前全区共有80多家企业开设了阅览室，建立各级“职工书屋”9家，设立“流动书吧”，不定期为企业员工送书上门。四是送电影到企业。每周免费发放400张电影票到企业，每年安排电影放映队到企业免费播放电影100多场次，受益员工达6万多人。

三、创新服务方式，延伸活动内涵，打造工会工作新亮点、新品牌

一是发放非公企业工会主席岗位津贴。每人每月150元，此举开全省先河。二是联合区内商家益万家百货共同推出工会会员购物折扣卡。凭卡购物可享受9.5折的优惠，每年可为会员节省开支260多万元。三是成立了党工组织义工队。充分发挥非公企业党员、职工在创建和谐园区中的积极作用，提高“献爱心”、“送温暖”活动的社会参与度。目前已有96个单位，1062人报名参加。四是设立各类示范岗。在全区设立“工会干部、劳动模范、‘五一劳动奖章’、优秀员工”等各类示范岗1700多个，充分发挥他们的骨干作用和表率作用。五是设立“意见建议箱”。在全区企业工会统一设立“意见建议箱”，鼓励员工为企业及工会建设建言献策，并畅通员工申诉渠道，将很多劳资矛盾化解在萌芽状态。六是开通短信平台。向全区工会干部发布有关会议及文件精神、天气灾害预警信息和节日问候短信，累计3万多条。

坚持动真情、做真事、求真效
扎实推进服务职工活动

广东省海员工会

今年年初，结合全总、省总、海总有关文件精神，广东省海员工会制定下发《广东省海员工会关于开展“面对面、心贴心、实打实服务职工在基层”活动的实施意见》，并召开省海员系统工会主席一季度工作会议，在全省海员系统内部署开展“面对面、心贴心、实打实服务职工在基层”活动。

一、以服务海员为根本，推动服务职工活动的开展

（一）以“四个一”为切入点，切实为广大海船员和一线工人服务

系统各级工会干部要努力做到“四个一”，即做到每月下车间或工地体验一天工人的工作或生活，交一批工人朋友，为职工办一批实事，写一篇调研文章。秉持“以产业职工为本，在政治上代表职工共同利益，在社会上维护职工合法权益，在经济上争取职工更好收益”的工作理念，着力协同党政促进省海员系统广大职工最关心、最直接、最现实问题的解决。专门成立服务职工在基层活动工作领导小组，指导系统各级工会开展为广大海船员和一线工人服务活动。上半年，重点深入了中交广航局南沙工程项目部、南海救助局三亚基地、汕头港等基层了解海船员和一线工人的心声，调研落实为海船员和一线工人服务活动的情况。7 月份，专程前往新疆塔城中交四航局克塔高速 KT－3 标项目部，看望慰问该局奋战在建设一线的职工，考察和了解项目部开展劳动竞赛的情况。做好“海外（外地）职工家属有困难找工会”活动，切实帮助广大职工解决后顾之忧。

系统内各级工会认真落实为海船员和一线工人服务活动的要求，根据本单位实际，专门召开启动会，将该工作作为本年度工作的重中之重来抓，专门成立领导小组指导工作开展，制订相应实施方案，开展走基层、面对面座谈活动。

（二）将送温暖活动与为海船员和一线工人服务活动相结合

上半年，省海员系统各单位大力开展了元旦春节期间送温暖活动，深入基层、深入船舶，走访慰问困难海员职工、劳动模范和一线海员，省海员工会安排春节船员及工地慰问单位 14 个，慰问资金达 50 多万元。深入基层、深入工地（项目部、船舶）上百次，与一线劳模、工人、海员进行了访问座谈。从今年 7 月份开始，省海员工会又筹集了近 50 万元，组织开展了向基层一线职工、农民工、工地、项目部、船舶送清凉、送法律等活动，系统各工会开展了送清凉活动，据不完全统计，使用资金达到 200 多万元。

（三）召开农民工劳务派遣工入会工作现场会，推动农民工劳务派遣工入会工作

以广东中远船务工程有限公司为例，该公司农民工劳务派遣工人数占员工总数的85%，是企业生产的主力军。为了“建起农民工自己的家”，广东中远船务工程有限公司在省海员工会的指导支持下，进行了许多探索。2010 年 12 月，广东中远船务工程有限公司 65 个分承包方队伍全部成立了分工会，7300 多名农民工全部加入了工会，覆盖面达 100%，并在此基础上组建了公司的农民工工会联合会。2012 年 4 月 17 日，广东省总工会召开农民工劳务派遣工入会工作现场会，在全省范围内推广了广东中远船务工程有限公司工会在做好农民工工会工作的经验。

二、以关爱海嫂和船员为助力，推动服务职工活动的深入开展

（一）评选省海员系统首届“十佳海嫂”，举办“缘定大海·牵手未来”优秀青年联谊活动

举办了“广东省海员系统首届‘十佳海嫂’表彰暨‘缘定大海·牵手未来’优秀青年联谊活动”，通过《南方日报》、《南方工报》、《南方海员》杂志、《珠江水运》杂志、网站等途径大力宣扬海嫂们的先进事迹。组织 300 多名优秀青年男女尤其是优秀海船员和一线工人，开展联谊活动，为系统内青年海船员和一线工人提供了寻找另一半、创造幸福生活的良好平台。活动现场，青年海船员和一线工人们互相交流工作、生活心得，不少青年海船员和一线工人在活动中找到了心仪的朋友。

（二）充分发挥船员家属联络站作用，积极推进为船员做实事、好事工作

中远航运公司/广州远洋公司的船员家属联络站是广东省海员系统的一大品牌，很有远洋特色，借助服务职工活动契机，一是扩大船员家属站的覆盖面，更好地为船员服务。上半年已新建了聊城、济南、石家庄、龙川、罗定 5 个船员家属联络站。二是提高船舶工会活动经费，为船舶开展工会活动提供财力支持。三是走访劳模家属，为劳模家属排忧解难。

（三）共同举行珠江水运“十佳船员”、“十佳港航明星企业”的评选表彰

以“黄金水道·绿色水城·蓝色海洋”为主题的 2012 年珠江片区“中国航海日”系列活动为契机，配合交通运输部珠江航务管理局等单位，共同举行了珠江水运“十佳船员”、“十佳港航明星企业”的表彰、发放“珠江航海奖学金”、“珠江航海助学金”，以及青少年航海夏令营开营等常规项目及活动。

三、以带动地方为辅助，推动服务职工活动的开展

按照省总推进“四个一万工程，开展面对面、心贴心、实打实服务职工在基层”活动实施意见的分工，云浮市服务职工活动由省海员工会具体联系。省海员工会多次到云浮市调研，深入部分县区、镇、社区、企业，充分了解云浮市总工会推进“四个一万工程，开展面对面、心贴心、实打实服务职工在基层活动”的情况，向省总起草《关于对云浮市总工会创新设立五级“一中心一室”工作情况的调研报告》，并在全省召开的帮扶表彰工作经验会上作了专题介绍。同时，还承担挂点联系两家企业、两户特困职工的任务。上半年，下拨活动基金和帮扶款 30 万元，对云浮市开展活动和特困职工进行资助。

佛山市总工会扎实开展“三服务”真情服务职工

全总办公厅

今年以来，根据全总关于开展“面对面、心贴心、实打实服务职工在基层”和省总“四个一万工程”的活动要求，佛山市总工会组织全市各级工会干部开展了以“服务企业、服务基层、服务职工”为主题的“三服务”活动。目前，该活动在全市各级工会中全方位、深层次、广覆盖、多角度地有序推进，市、区、镇（街道）总工会成立活动领导小组（工作组）28个，开展各类专题调研活动走访企业4792个，与基层工会干部座谈317场次，走访慰问职工13422人次，征集意见建议1018条，其中已妥善处理的意见建议852条。活动开展得到了企业、基层工会及广大职工的支持和认可，也取得了明显成效。

一、开展“三服务”的基本情况

（一）明确主要任务，在推动科学发展上下功夫。深入基层、企业了解掌握企业生产经营状况、企业用工情况、劳动关系变化以及职工思想动态、精神文化需求、生产生活状况和职工合法合理权益实现及基层工会开展工作等方面的情况，分析研究基层、企业和职工群众反映的突出问题。深入企业大力宣传《工会法》、《劳动合同法》、《就业促进法》、《社会保险法》、《劳动争议调解仲裁法》等法律法规，党委政府关注民生、构建和谐的重大举措，工会组织开展的各种维权工作、各项帮扶活动的手段措施等，为广大职工解疑析惑。着力推进以加快转型升级为核心、以“建功立业‘十二五’、幸福佛山作贡献”为主题的创先争优劳动竞赛活动和群众性经济技术创新活动。立足“岗位学习、岗位创新、岗位成才、岗位奉献”，依托工会培训基地，推动企业加强职工职业技能培训。推动和协调有关部门和企业行政解决职工在劳动就业、收入分配、社会保障和安全生产等方面的实际问题。完善救助、帮扶、服务机制，帮助职工特别是困难职工解决实际困难。开展劳动关系矛盾排查、劳动争议调解、法律服务，做好对职工的人文关怀和心理疏导。对职工反映的困难和问题，积极与企业沟通协调，在企业层面推动有关问题的解决；企业难以解决的，积极争取党委和政府妥善解决；对于一时难以解决的问题，要做好耐心细致的解释工作；对于带有倾向性和普遍性的问题，及时向同级党政组织和上级工会报告。

（二）丰富活动内容，在完善工作机制上下功夫。全市各级工会根据本地区本单位经济发展、劳动关系和职工队伍的特点及实际开展活动，因地、因企制宜，采取深入基层、企业、车间、班组和职工工作场所、生活场所、文体活动场所，召开企业经营管理人员座谈会、工会干部座谈会、职工代表座谈会、个案访谈、问卷调查、入户走访慰问等多种方式。市总领导班子成员在普遍深入基层、企业、职工的基础上，结合分管工作建立联系制度，有重点地对分管工作进行专题调研，形成一批调研成果。将服务基层工会与培养机关年轻干部相结合，分两个批次选派年轻干部到企业工会进行为期2个月的实践锻炼活动。市、区、镇（街道）总工会和村（居、社区、工业园区）、企业工会建立健全工会干部联系点制度。市总工会领导班子和分管部门要按照挂钩联系制度，联系区、镇街、村、企业工会。镇街以上工会领导干部至少联系1户企业、1个基层工会，走访5名职工和1个职工家庭；其他工会干部至少联系1户企业和1名生产一线职工。

（三）加强组织领导，在提高活动实效上下功夫。成立主要领导任组长、班子成员为副组长、相关部门负责同志为成员的“三服务”活动领导小组，并印发《佛山市总工会关于开展工会干部“服务企业、服务基层、服务职工”活动实施方案》（佛工字〔2012〕10号），基层工会坚持活动进展月报制度，定期向市总组织部报送相关活动统计表。市总领导分别带队深入基层，先后开展了村（居、社区）工联会工作和全市外来工维权服务中心工作的专项调研，共与135个村（居、社区）工联会、223家企业经营者和工会负责人召开座谈会35场。召开全市企业工会工作现场会、工会组建和民主选举工作交流会。在市总的带动下，全市4个区总工会、23个镇（街道）总工会因地制宜地开展各类服务活动，均做到有领导机构、有服务目标、有活动方案、有资金投入，既目标明确、行动统一，又兼具各单位各地区的鲜明特色。

二、“三服务”活动取得的主要成效

（一）成立维权服务中心，服务外来工工作有新突破。市总统一制定下发了维权服务中心工作意见、办事规程和服务指南等指导性文件，在人财物等方面加强对各级外来工维权服务中心的扶持。截至目前，桂林市各级外来工维权服务中心共接待来电来访530多宗，涉及外来工610多人次，受理法律服务申请112宗，走访企业700多家，为广大外来工提供了困难帮扶、权益维护、政策咨询、法律援助、矛盾调解等方面的服务。

（二）组建舆情宣传队伍，工会舆论宣传有新转变。探索网络时代、“虚拟社会”条件下舆情宣传、职工教育、网络问政的办法和手段，市、区总工会本着迅速便捷、各司其职的原则，采用“统一组建、统一认证、统一标识、统一平台”的“四统一”筹建方式和“独立使用、独立管理、独立维护”的“三独立”运营模式，开通了市、区总工会官方微博。以工会干部、维权服务专员为主，广泛吸纳熟悉了解、热心服务职工队伍和工会工作的专家学者、劳模代表、工会特约律师等社会人士，组建了1200多名工会网络舆情宣传员队伍，并开展相关培训。

（三）免费提供法律服务，工会依法维权工作有新跨越。制定下发《佛山市工会法律服务暂行办法》等相关文件，完善了工资集体协商机制、工会职工代言人机制、三方协商机制、工会劳动争议调解与诉讼仲裁互补联动机制和工会组织委托律师提供法律服务机制。目前，市、区工会特约律师库拥有特约律师282名。今年上半年，市、区、镇（街）三级工会组织（不含顺德区）受理承办各类法律服务个案280多宗。

（四）开展劳动争议调解，构建和谐劳资关系有新发展。建立健全裁前调解、诉前调解相结合的工会参与调解劳动争议工作机制，主动把工会劳动争议调解工作融入到党政主导的社会矛盾大调解工作格局中。目前，全市已建立劳动争议调解委员会的企业1.74万家，占已建工会企业的91%，建立劳资矛盾调解员队伍2.7万人。今年上半年，全市各级工会组织接待职工来信来访来电8200多件，调处劳动争议案件1000多宗，涉及职工近1100多人次。

（五）倡导合法合理维权，工会职工普法教育有新作为。与市普法办共同制定《关于在佛山市工会干部和职工中开展法制宣传教育的第六个五年规划》。举办法律咨询、法律知识竞赛等普法活动100多场次，参与职工3万多人次，发放普法宣传资料30多万份。

（六）开展招聘活动，搭建劳资供需桥梁有新成效。与政府有关部门联动，多渠道发布用工需求信息，全市三级总工会联合或独立举办大型招聘活动84场，入场企业9200多家，提供就业岗位数近10万个，据不完全统计，有5.3万人与企业达成初步就业意向。

注重突出工作成效　扎实开展服务职工活动

广西壮族自治区桂林市总工会

桂林市总工会自开展“面对面、心贴心、实打实服务职工在基层”活动以来，坚持“三个结合”，注重“三个创新”，开展“三个宣传”，多方位服务，取得了实效。

一、坚持“三个结合”，保证服务职工活动有实效

（一）坚持“输血”与“造血”相结合。下发《市总工会关于开展机关工作人员密切联系基层企业工会活动方案》，要求机关干部深入基层认娘家、结穷亲、接地气，建立一本民情日记本、建立联系卡；市总工会领导班子成员每人联系两个企业工会和五名困难职工；每个部室联系一个企业工会；中层正职每人联系一个企业和三名困难职工；中层副职每人联系二名困难职工；机关工作人员每人联系一名困难职工；市总工会领导班子成员、中层正职、各部室深入所联系的企业工会调研、指导工作全年不少于六次、为所联系的困难职工至少办一件好事实事。4 月，市总工会采购近 3 万元粮油，对所联系的 172 名困难职工进行走访慰问。做好创业带动就业工作。加大工会小额贴息贷款工作力度，开展“春风行动”和“就业援助月”活动，切实帮助解决农民工和下岗失业人员、困难职工及困难职工子女在就业、创业、培训、维权和生活等方面的突出困难。

（二）坚持“维权”与“维稳”相结合。首先，建立健全劳动关系三方协调机制，市劳动关系“三方四家”单位（市人力资源和社会保障局、市总工会、市企业家协会、市工商联）采取多种形式和方式，推进全市社会稳定和职工队伍稳定。目前，全市有 8840 户用人单位参与创建活动，涉及职工 35.6 万人，有 186 户用人单位分别受到国家、自治区和桂林市表彰。其次，突出抓好工资集体协商工作，推动建立企业工资正常增长机制。3 月，市劳动关系三方四家单位召开协调劳动关系三方会议，专题讨论并通过推进全市工资集体协商工作的意见。最后，建立劳动争议调解组织，健全劳动争议预防调处机制。全市 145 个乡镇（街道）和 2360 户企业建立劳动争议调解委员会，有效地把劳动纠纷、劳动争议及时化解在基层，避免了集体性、群体性事件的出现。

（三）坚持帮扶困难职工与惠及广大职工相结合。一是开展“惠工行动”。在全市商贸、餐饮、旅游、健身、文化、卫生、金融等行业组织一批门店、网点，作为“工会会员优惠指定店”，提高《中国工会会员证》“含金量”。资源县总工会率先选出 16 家企业举行“惠工行动”启动仪式，发挥示范带动和辐射作用。二是开展“职工文化服务快车”活动。深入到长海发展有限责任公司、桂林自来水公司、五七一八工厂、桂林乳胶厂、苏桥工业园等企业开展送文化、送欢乐活动。精心组织“一队”（电影放映队）、“两团”（职工业余艺术团、职工合唱团）和“六大协会”（职工灯谜协会、职工书法协会、职工美术协会、职工摄影协会、职工根艺奇石花卉盆景协会、职工文化体育协会）。

二、注重“三个创新”，保证服务职工活动有特色

（一）注重创新争取党政赋予工会更多的资源和手段的办法。协助政府推动保障性住房建设。去年，市总工会领导多次深入困难企业，全面摸清每个棚户区内职工住房、人口、经济条件、户型、面积、安置意愿等情况，形成《关于我市特困（困难）职工住房保障情况的调查报告》、《加大工会源头参与住房保障工作力度切实解决特困（困难）职工住房问题》，及时与政府召开联席会议，会议一致同意将市总工会纳入保障性住房安居工程领导小组。今年，在“桂林工会网”开设“职工住房”专栏，宣传保障性住房有关政策。再次组织人员深入第二造纸厂、南方橡胶纺织厂、内燃机配件厂、肉联厂、华侨大理石厂、漓江信息产业集团公司和良丰农场等 23 家困难企业对职工住房情况进行调查，形成《关于我市部分困难企业职工住房状况的调查报告》，送达市规划局、市房产局、市国资委、市工信委等部门。据不完全统计，截至目前，桂林市本级有 16 家企业完成棚户区住房改造，有 10 家企业正在棚户区改造之中，有 8 家企业列入市政府明年棚户区改造工作的计划，有 500 多名困难职工住上廉租房或享受到政府廉租住房租赁补贴，筹措 50 多万元，改善了 40 名劳模住房条件。

（二）注重创新工会参与社会管理的载体。在全市五个社区工会开展“五个一”活动，建立一批楼宇工会、帮扶一批困难职工、开展一些文体活动、管理一下卫生治安、走访一下左邻右舍。4 月五个试点社区试点工作全部铺开，社区居民通过建立工会组织、开展活动、参与管理，充分发挥工会组织作为党联系职工的桥梁和纽带的作用，使社区工会组织在党组织的领导下成为社区居民实现自我管理的重要载体。

（三）注重创新职工心理咨询服务的途径。一是扩大心理专家团队伍。3 月召开职工心理健康咨询服务座谈会，聘请第二批 5 名桂林市总工会职工心理咨询顾问，目前专家顾问队伍扩大到 8 名。二是加强心理健康知识的宣传教育。把心理咨询知识纳入职工大学教学课程，作为一门必修课。三是制作了“桂林市总工会职工心理咨询服务中心”窗口。开设心理课堂、心理调适、健康生活等 13 个栏目，普及心理健康知识。同时安排专人在网上解答职工提出的心理问题。四是编印《心灵健康手册》。深入企业开展心理咨询宣传活动。五是组织心理专家团深入企业讲课。六是开展心理研究。联合广西师范大学教育科学学院设定《桂林市农民工心理健康状况调研》、《桂林市困难职工幸福感现状调查及其影响因素的探索》两个课题，研究探讨职工心理健康状况和特点。

三、开展“三个宣传”，保证服务职工活动有影响

（一）开展常规阵地宣传。深入社区、广场、街道等进行宣传。通过板报展示、发放宣传手册等形式，大力宣传政策法规、工会的地位作用、工会惠民利民取得的主要成效。

（二）开展工会阵地宣传。在工人文化宫设立服务职工活动宣传橱窗，在《桂林工运》、桂林工会网等阵地上开辟专栏和专题，广泛开展服务职工活动的各项工作安排和要求，让活动深入人心。

（三）开展媒体合作宣传。向《广西工人报》、广西工会网、《桂林日报》、桂林电视台等新闻媒体投稿，报道开展服务职工活动情况，宣传活动中涌现的先进典型和新鲜经验。

开展结对帮扶共建　推进边境农民工培训

广西壮族自治区百色市总工会

百色市总工会在开展“面对面、心贴心、实打实服务职工在基层”活动中，与“千万农民工援助计划”和“千名干部入乡住村”工作结合起来，把靖西县安宁乡利定村作为市总工会帮扶联系点，开展结对帮扶共建工作，帮助当地改善生产生活条件，促进农民增收。

一、深入基层开展调研，全面掌握基本情况

利定村位于安宁乡南部，东临安宁街，北靠足怀村，南连古庞村，西与越南为界，距乡政府驻地4公里。该村7个自然屯10个村民小组，耕地面积839亩，其中水田面积505亩，旱地334亩，2011年粮食总产量为43.78万公斤。2011年全村有352户1560人，劳动力人口982人，全村共44户低保户133人享受农村低保待遇，五保特困户为10户，全年贫困人口数为678人，住房条件尚恶劣的户数为67户，全村7个屯尚有173户未通有线广播电视，尚有4户19人未通电。主要经济来源为务农和外出打工，耕作方式主要以传统的人畜耕作方式为主，农业种植作物主要有水稻和玉米、甘蔗等。目前全屯群众均享受到0~3公里最低生活保障补助。2011年全屯人均纯收入为2300元。

二、开展边境农民工培训，创新培训工作机制

一是建立边境农民工培训工作机制。通过整合各种社会资源，在靖西县安宁乡政府建立了1个农民工创业就业技能培训基地和利定村农民工种养技术培训示范基地，它将作为推进农民工培训的一项长效机制长期坚持下去。农民工工作已纳入安宁乡利定村的两年工作计划，同时，我们在工作中也摸索出了一套行之有效的工作制度、工作方法。先后制定了《规范使用农民工培训经费制度》、《农民工技能培训实名制登记制度》等，既确保了培训资金专款专用，规范管理，又保证了农民工培训工作的可操作性，有力地推进了工作的正常化、规范化和制度化。

二是举办边境农民工培训班。通过开展“面对面、心贴心、实打实服务职工在基层”活动，农民工就业培训工作得到进一步推动，有效帮助解决了农民工在就业、创业、种养技术等方面的突出困难，有效缓解了百色市就业压力，为社会稳定发挥了作用。7月17日，市总工会在靖西县安宁乡利定村举办线椒种植技术与管理技能培训班，有300多户农民参加了培训。培训班采取室内理论学习和室外现场讲解相结合的方式，由广西线椒种植技术专家苏春进行授课，由靖西县农业局技术培训员在基地进行现场讲解，对线椒育苗、田间管理、移植、用药、采收等技术知识进行了深入浅出的讲解，向学员们手把手传授实践操作技术，帮助线椒种植户解决日常种植线椒过程中所遇到的疑

难杂症，取得了很好的效果。

三、开展帮扶共建活动，取得明显成效

市总机关工作组与靖西县安宁乡利定村结成对子，开展共建活动。以党工共建为指导，帮助利定村建立村工会，加强组织建设。开展“五帮五扶”活动，即：帮助建强基层组织，扶持好一批党员致富能人；帮助理清发展思路，扶持发展好一个产业；帮助改善民生，扶持建设好一批基础设施；帮助构建和谐农村，扶持调解好一批矛盾纠纷；帮助提高群众素质，扶持开展好一系列技能培训。

一是开展“七一”共建联谊活动。为了加强市总工会党支部和利定村党支部之间的联系，提升基层党组织的创造力、战斗力、聚集力。据调查了解，利定村部分党员还没有来过百色，为了让他们开阔视野，增长见识，在“七一”活动期间，市总工会邀请了安宁乡党委和利定村党支部25名党员来百色共同庆祝建党91周年，请他们参观了百色的夜景、市容市貌，感受撤地设市十周年来的巨大变化。参观了红七军军部旧址、百色起义纪念馆，瞻仰百色起义革命烈士纪念碑。在接受革命传统教育后，还召开了利定村帮扶工作联席会，及“七一”共建活动座谈会，市总工会张冬平书记以“充分发挥共产党员的先锋模范带头作用，共同建设美丽的利定村”为主题讲了党课，此外，为利定村党支部送上价值2500元的慰问品，为3名困难党员送上每人300元的慰问金。使利定村党支部和市总工会党支部更紧密地联系在一起。

二是开展“六一”关爱儿童行动。利定村小学有149名学生，其中，有1/3为留守儿童，为了让他们快乐健康地成长，在“六一”儿童节里，李廷荣主席率领部分工会干部到利定村小学开展慰问活动，为全校师生送上太空被、书包、《新华字典》、文具盒、蛋糕等价值3万元的节日礼物。同时，开展了“考前助学”活动，为利定村3名参加高考的中学生送上每人500元助学金，减轻他们的心理负担和考前压力。

三是努力完成在建项目和争取一批上级援助的建设项目。目前，市总工会正在帮建实施的项目有弄利、坤林提水工程，足弄屯修建水池、管路扩大工程。正在争取的项目有：建设沿边油路到纪练通屯级公路2.5公里；建设坤林到乡抽水站通屯级公路2公里；建设纪练、大万、足弄、大供、巴莫提水饮水工程5处和饮水管道5.3公里；建设坤林屯巷道硬化800米；建设大供屯篮球场等。我们将与靖西县委协商，争取把利定村作为靖西县的第一书记进村的示范点，争取县委县政府的支持。争取到这些项目，必然会为利定村带来巨大的变化。

通过党支部结对共建，为边境农民工开展培训，充分发挥工会的资源优势，切切实实地为边境农民工办好事、办实事，进一步推动百色市服务职工活动更加深入地开展。

服务职工在一线　彰显工会新作为

海南省农垦工会

2012年，海南省农垦工会按照全总、省总关于在工会系统组织开展“面对面、心贴心、实打实服务职工在基层”活动的部署要求，以“强基层、增活力、转作风、办实事”为主题，以实现“五个在一线”为目标，将“面心实”服务职工活动作为全年工会工作的主线，精心组织、扎实有序推进，深入基层、深入农场、深入区队，与职工面对面、心贴心交流，实打实、真对真服务，活动有序推进，阶段性成效显现。

海南省农垦工会实行领导挂片、部门包点联系制度，成立了五个调研指导工作组，在垦区内广泛集中开展“走百个场队”、“送百万资助”、“进千家门户”活动。省农垦工会拨出100万元作为活动资金，下拨至各基层工会，用于推动解决职工群众最盼、最急、最忧的问题。截至目前，农垦工会机关五个调研指导工作组共走访农场（企业）27个，走访生产队88个，召开了干部与职工座谈会29场，参与座谈会总人数418人，个案访谈158人，走访慰问职工116人（其中劳模23人，困难职工63人），共发放慰问金35200元（其中劳模慰问金11900元），征集意见建议65条。垦区各基层工会积极开展“走基层结对子、百万元送帮扶”活动，对困难户进行“一帮一”或“一帮多”帮扶，从实际出发为他们筹资金，找项目，提供种苗、信息和技术服务，使困难户能较快速实现不同程度脱贫。上半年，垦区48个单位的基层党政工领导与困难户结对子共2383户，帮扶资金及物资共132.1万元。

一、以思想教育为切入点服务职工，在提高职工文明素质上彰显工会新作为

2012年，在垦区广泛开展“读文明礼仪书、唱文明礼仪歌、做文明农垦人”系列活动，开展万人读文明礼仪书活动，举行“垦区职工书屋座谈会”，交流职工书屋建设心得，就“发挥垦区职工书屋作用，提高职工文化素质”主题展开讨论，组织开展省农垦总局万人文明礼仪知识竞赛、“千人书写文明礼仪格言”和“绿色崛起，文明先行”的万人唱文明礼仪歌合唱比赛等活动。

二、以生产就业为着力点服务职工，在推动垦区二次创业上彰显工会新作为

一是开展2012年“工会就业援助月”活动。垦区各级工会组织走访困难人员和零就业家庭9650户，发放宣传资料1.32多万份，组织专场招聘会19次，提供免费就业服务1968人，跨地区有组织劳务输出432人，成功介绍就业409人，组织参加职业技能培训2600人次、其中享受培训补贴2560人，组织家政服务培训130人，就地就近自主创

业成功100人，提供小额贷款9.4万元，组织参加创业培训1510人次，提供劳动维权服务和法律援助208人次。二是制定和启动万名职工技能培训工程。在20个农场工会建立促就业创业职工培训基地，向基地颁发标志性牌匾和启动资金90万元，同时制定了培训基地管理规定、培训活动方案和培训专项资金使用管理办法。今年以来，先后在割胶、南药、水果、瓜菜、三鸟、畜牧，薯类等15项热作种养业关键技术和新技能方面举办培训班46期，培训职工4800多人次。三是利用200万元专款重点抓好33个农场的3333名贫困家庭劳动力转移培训工作。3月中旬举行了“万人大培训”启动仪式，签订了培训责任书，目前各单位培训工作进入尾声，实际参加培训人数超过5000人。四是开展以“我为二次创业建功勋”为主题的劳动竞赛，组织发动垦区各农场开展行业与行业之间、科室与科室之间、区队与区队之间、干部与干部之间、职工与职工之间，比谁的发展项目早落地早见效，比谁的爱岗敬业精神好，比谁的工作业绩突出，比谁的职工队伍稳定，比谁的社区和谐的“五比”竞赛活动。五是开展“共谋企业发展，协商职工增收”活动，2012年农垦总局46个单位工资协议签订全覆盖，确保了职工收入总体提高13%的目标的实现。

三、以帮扶救助为基本点服务职工，在推进垦区民生建设上彰显工会新作为

一是坚持开展常态性的送温暖工作。2012年春节期间，农垦总局和集团公司各级党政工组织筹集送温暖款物2250多万元，慰问困难职工2.12万多户和劳模先进人物400多户，其中走访登门1.18万多户，实现困难职工慰问全覆盖。此外各级党政工组织还向困难职工开展民生政策宣传2.61万多人次，各级领导干部与困难职工结对帮扶1200多对，为困难职工落实民生政策9100多人次，寻找就业岗位1900多个，提供就业培训8600多人次，医疗救助1200多人，子女助学1200多人。二是开展推荐表彰“温暖人心感动垦区”人物活动。垦区各单位党政工积极发动，52个单位从送温暖、扶贫帮困、金秋助学等活动对象和建档困难职工中推荐上报195人。三是农垦工会经过三次大范围调研，对建档1.2万多户困难户进行居住状况调查，摸清病、残、孤、寡和优抚对象“五类”特困职工家庭计1678户，决定分三年时间全部解决他们的住房问题。对他们的保障性住房建设在政策性补助资金每户1.5万元的基础上，争取农垦总局的支持，每户再追加补助3000元。目前已规划落实或建设完工1233户，完成任务74%。四是垦区各基层工会开展多种形式的助学宣传活动，促使更多有爱心的企业、社团及各界人士对关心贫困学生就学。2012年“金秋助学”活动范围和对象是2012年参加高考被大学（含大专、高职）录取的建档困难职工的子女，以及因突发性灾祸、患重病绝症导致家庭困难及时补建档的职工子女。办好总局工会和农垦海口中专学校合办的“希望之星”班，安排更多的困难职工家庭的初中毕业自愿读中专的子女入学，并减免其学杂费，毕业后由学校帮助寻岗安排就业，对父母去世的孤儿应届大学生励志助学每人2000元。五是对职工大病管理暂行办法进行修改和补充，进一步扩大了病种范围，提高救助金支付比例，职工大病救助政策普惠到了更多的患病职工。

金海浆纸业有限公司切实保护员工权益

中国国防邮电工会

海南金海浆纸业有限公司工会实行一系列保护员工权益方面的制度和措施，8 年来公司未发生一起劳动纠纷。

工会为保障职工切身利益，推动公司实行了“大七金”制度和“小五金”制度。所谓的“大七金”制度是指除了国家规定的养老、医疗、失业、工伤、生育保险金外，另加两金——公司为员工每人每年缴纳 740 元商业保险金（人身意外伤害险附加医疗保险）和住房公积金。所谓的“小五金”即：公司为员工发放 100 元生日礼金、800 元结婚礼金、500 元奠仪金、因人因病而定的伤病慰问金、因特定情况而定的特别困难补助金。

此外，公司还实行九大类休假制度，包括带薪年休假、工伤假、病假、事假、公假、婚假、丧假、计划生育假、特别事假等。员工工伤治疗和相关待遇，严格按国家和海南省相关法律法规办理；员工患病或非因工负伤治疗，按《劳动法》和海南省相关规定享有医疗期待遇。

五访交友　五爱关怀　五送帮扶

重庆市南川区总工会

自服务职工活动开展以来，南川区总工会将其作为助推“科学发展、转型发展”的一大抓手，以“强基层、增活力、转作风、办实事”为主题，以实现“五个在一线”为目标，以“五访五爱五送”为载体，深入职工听民意、解民忧、促民富、保民安。

一、五访交友

一是遍访职工。开展“问计万家”活动，全区每名工会干部走访10名职工，面对面访民意、察民情、听民声，填写《民情日记》，将职工群众的所想、所盼、所愿带回来，收集建议、意见100余条。

二是下访职工。开展“百名干部进百企解百难”活动，全区处级工会干部联系1～2家企业，深入企业召开职工座谈会，了解职工思想动态；与企业经营管理层共商发展大计、共解生产难题，帮助企业解决生产环境、投资融资、产品销售等方面的问题92个。

三是接访职工。设立职工诉求表达信息中心和法律援助中心，构建诉求“直通车”和法律援助“绿色通道”，发挥工会“第一知情人”、“第一报告人”的作用，受理初信10件20人、初访38件58人、集访3件24人，实施法律援助15件。

四是专访职工。3次设立专门办公室，抽调3名工作人员，全程参与时间跨度长、遗留问题多、矛盾较突出的企业职工调解安置，上门专访职工，宣传政策、协调化解，妥善安置1000余名职工，400多名职工息访息诉。

五是回访职工。对问题较大、人数较多的上访接访建立跟踪回访制度，了解问题解决进度、职工满意程度。活动开展以来，回访职工150名，职工满意度达97%以上。

二、五爱关怀

一是建立“爱心超市”。与3家超市联合出资对特困职工农民工购买生活必需品进行优惠和补助。今年联合出资2万多元，解决100名特困职工农民工生活难问题。

二是建立“爱心医院”。与3家医院联合救助重大疾病困难职工，今年帮助500余名困难职工减免就医费用10多万元，其中区总工会临时救助25名。

三是建立“爱心学校”。与区隆化三小联合关爱留守儿童和困难农民工子女，区总工会每年定期资助100名困难学生。自办帮扶幼儿园，接收困难职工子女200名。

四是建立“爱心公寓”。与街道、企业联建“爱心公寓”16所，解决困难职工农民工住宿难。

五是建立“爱心衣柜”。在困难职工帮扶中心设立“爱心衣柜”，发动社会各界捐赠衣物、棉被2000多套，解决100多名困难职工农民工缺衣、缺被问题。

三、五送帮扶

一是送温暖，帮解生活困难。创建星级困难职工帮扶中心，在镇街、村社和规模以上企业建立工会帮扶站点，筹资46万元，全覆盖慰问建档困难职工2100名；开展“炎夏送清凉”活动，慰问一线职工2400名。实施“关爱农民工十大行动”，留守儿童免费体检1.2万名，落实代理家长，配置亲情电话130部、视频聊天室64间，建立首个村级空巢老人服务站。力引农民工转户进城，发放宣传资料3000多份，开展现场咨询5场次；力帮困难职工劳模申请廉租房，代写申请、代办手续。

二是送技能，帮助就业创业。联合举办职工培训班6期，培训职工1500名；举办招聘专场4次，帮助3000名职工实现就业再就业。借助“南川微企创业中心”，成立“爱心创业中心”，联建12个就业指导站，举办创业培训班4期，培训职工490余名，扶持创办微企275家。在7个镇街工会开设“微企夜校”，举办乡村旅游培训班5期1000人，鼓励返乡农民工创业。构建“1+5”劳动竞赛格局，围绕“五大园区”建设，分类开展劳动竞赛，收集合理化建议100多条，创新技术20余项，改进工艺流程20余项，推广实用技术20多项，创经济效益1.8亿元；8名职工荣登重庆市第四届劳模先进工作者红榜。

三是送法律，帮化矛盾纠纷。深化“4+X”联动维权机制建设，在南川外出农民工集中地建立3个维权站；在镇街、社区建立33个农民工服务中心。在电视台开办“法进万家”专题栏目，让职工感觉“法”在身边；聘请律师在法律援助中心坐班接待。聘请3名工资集体协商专职指导员，建立兼职指导员队伍110名，依法推进“两个普遍”，非公企业工会组建实现“三年任务一年完成”目标，数据库组建率保持96%；全区规模以上企业工会“双亮”工程实现全覆盖。续签集体合同和工资集体专项合同各89份，覆盖企业476家，完成任务各82%；新签订集体合同和工资集体专项合同各29份，各覆盖企业852家，分别完成任务92.6%、113%。已建工会的非公企业厂务公开和职代会建制率达80%。

四是送安康，帮筑安全防线。开展“安全家书”征集活动，征集警句30余条。举办“安全·健康论坛”，开展安康知识竞赛，引导职工树立安全健康新观念。创建“安全班组”，重点行业企业达标率100%，其他行业企业达标率80%以上，重特大事故实现零目标。建立职工定期体检制度，督促企业整改危害职工生命和身心健康的安全隐患24起，开展“红丝带女性健康知识讲座”18场。推行工间操，举办职工体操比赛，提高职工身体素质。

五是送文化，帮提生活品质。34所“职工书屋”具备电子阅览功能，创建“全国职工书屋”1所，打造市级职工书屋示范点2个。开展送书、送电影、送演出、送手机报等“四送”活动，发动规模以上企业每季度至少开展一次全企性文体活动，通过“电影放映周”、“自行车环游赛”、“金佛山旅游文化节”丰富职工文化生活。开展“好书大家读”活动，推行每周一次读书会，每季度读一本励志书。

筑牢基础　健全机制　务求实效

——重庆市九龙坡区总工会扎实推进服务职工活动

全总劳动保护部

九龙坡区总工会在开展服务职工活动的过程中，紧紧围绕“走基层、访职工、抓基础、提水平、要实效”的工作主线，切实把做好职工群众工作的各项要求转化为深入推进工会工作，健全完善服务职工长效机制的有效措施，扎实推动全区服务职工活动，取得了明显成效。

一、健全服务职工工作体系

完善镇（街道、园区）、村（社区）和基层单位三级工会组织体系，在巩固扩大8个镇（街道）总工会、13个镇（街道、园区）工会联合会、206个村和社区工会联合会基础上，在全市率先配备29名镇街部门专职工会副主席和24名党工共建指导员，以创建模范职工之家为突破口，组织培训千名工会干部，培训各镇、街道、园区（步行区），系统、行业工会工委以及基层工会新任主席、副主席以及工会委员100名，培训基层工资协商指导员300名，培训企业工会主席和委员600名，努力提升基层工会干部的专业水平；深入开展“广普查、深组建、全覆盖”工作，推动全区建立基层工会组织2190个，涵盖企业5813家，累计签订集体合同880份、覆盖企业2699家，覆盖惠及职工73212人；以服务职工活动开展为契机，在区、镇、村三级职工帮扶中心、基层服务站推行统一标识、统一培训、统一职责、统一管理的“四统一”模式，有效促进了三级服务体系的规范化管理。

二、完善服务职工工作机制

在活动开展过程中，区总工会紧紧把握服务职工活动的特点规律，深入了解职工的想法需求，积极推动建立服务职工联系走访机制、三方联动机制、慰问帮扶机制，为深入开展服务职工活动提供了制度保障。区总工会按照项目化推进的工作要求，组织成立了7个工作组，分别由主席或副主席带队，走访全区各镇、街道、园区所辖企业，每个工作组坚持“五个一线”工作法和“五必访”制度，抓好发放1张联系卡、联系结对1户困难职工家庭、解决1个难点问题、记好1本活动笔记、撰写1篇高质量的调研报告等关键环节，每个工作组在走访5到10家规模以上企业，召开10～20人座谈会的过程中，与基层职工群众进行面对面座谈交流，听取合理意见和建议，掌握职工群众的所思所想、所困所需。区总工会与人社局、区经信委组成劳动关系三方协调委员会联动服务机制，统筹把发展和谐劳动关系同服务职工群众结合起来，紧紧围绕发展和谐劳动关系

“规范有序、公正合理、互利共赢、和谐稳定”的目标要求，及时解决国企改制遗留问题、农民工工作生活状况、劳务派遣工权益维护等影响劳动关系和谐稳定的突出问题；以困难职工帮扶中心为抓手，探索推行工会干部服务职工联系卡制度，畅通联系渠道，研究细化区职工服务帮扶中心律师值班考勤、案件交接和会议协调等制度，积极推动职工合理诉求的解决。

三、推进服务职工重点工作

区总工会通过开展服务职工活动，积极争取地方党政对区总工会领导班子、机构设置和财政拨款等方面的重视支持，围绕“民生工程，工会行动”这一主题，把服务职工活动与推进重点工作、“十百千万”工程、职工文化建设、创先争优活动相结合，进一步创新服务职工的内容形式和扩大覆盖范围，努力推动办好服务职工的10件实事，主要包括：培训在岗职工15万人次，培训微型企业创业人员450人，新创办微型企业超过130家；帮扶慰问困难职工、劳模和“五老”人员1.5万人次，看望慰问一线职工2.3万人次；开展“金秋助学”活动，为70名困难职工家庭子女上大学提供助学帮助；开展“牵手行动”，组织1000名工会干部为1900名帮扶对象送帮扶资金物资116万元；开展“健康帮扶”，举办“爱心帮扶·珍爱生命”职工急救常识和心理健康讲座；组织企业职工开展相亲联谊活动、组织单亲困难女职工和女农民工免费进行“两癌”检查；开展“送光明”、“送康复”行动，为困难职工白内障患者免费施行复明手术；推进“两个普遍”工作，实现全区企业90%建会，建会企业90%建立工资集体协商制度的目标；开展文化“四送”活动，建设“职工书屋”26个；落实“特困职工脱贫计划”，向70名特困职工提供脱困帮扶；向困难职工免费发放爱心卡，在定点爱心医院、爱心药房、爱心超市、爱心学校享受特惠折扣，减轻生活方面的经济负担，努力使服务职工活动得到基层职工和企业的欢迎认可，使“有困难找工会”理念深入职工之心。

当好“五个第一”
推动“面心实”活动取得实效

四川省泸州市总工会

泸州市总工会在开展“面心实”活动中，积极探索办好活动的有效途径，以当好“五个第一”推动“面心实”活动取得实效，即当好了职工意愿的第一知情人，职工勤勉的第一引路人，助困解难的第一责任人，职工权益的第一维护人，企业发展的第一把脉人。

一、带着课题调研走访，当好“职工意愿的第一知情人”

一是推进“个、十、百、千”工程。市总工会分成3个工作组，实行联系、走访基层分片包干责任制，每个工作组联系2～3个区县，至少深入10家企业，约谈100名企业主，与1000名职工面对面交流。工作组到企业开展“四进四访四看四知”活动，“四进”即进车间、进食堂、进活动场所、进职工家庭，“四访”即访困难职工、访工会干部、访劳模代表、访企业领导，“四看”即看集体合同签订、看企业文化、看场所建设、看职工活动，“四知”即知职工情、知职工苦、知职工难、知职工愿。上半年，市总工会工作组共深入区县21次，走访企业51家，约谈企业主126人次，召开各类座谈会67次，与1187名职工代表面对面交流。

二是带着课题开展调研。活动中，每个工作组都带着如何构建劳动关系、如何深化劳动竞赛、如何推进“两新”组织普遍建会、如何增强工资集体协商实效性、如何保持职工队伍稳定以及企业文化建设等方面的课题，深入企业特别是中小企业、非公企业、改制企业、生产经营困难企业和劳动密集型企业，通过召开座谈会、个案访谈、问卷调查等方式，“问计于职工、问需要于职工”。目前，已形成调研报告5篇。

二、带着感情沟通交流，当好“职工勤勉的第一引路人”

一是全力化解职工困惑。通过面对面交流、心贴心疏导，化解职工思想困惑、内心苦恼、精神压抑。活动中，共开展个案访谈162人次，收集到意见、建议345条，全面掌握职工所想、所急、所盼，并及时反馈给企业领导，企业立即整改的事项84项；为职工解疑释惑126个问题，开展心理疏导100人次。

二是激发建功立业热情。为激励广大职工推进市委“156”发展战略，建设现代化中国酒城建功立业，工作组在企业广泛开展职业道德教育，激励职工爱岗敬业、乐于奉献，坚守责任、精益求精，脚踏实地、埋头苦干。大力开展工人先锋号创建、劳动竞赛、合理化建议等群众性经济技术创新活动，深化职工素质建设工程，提升职工素质。目前，已组织开展了市级3个项目的技能竞赛。

三是加强伟大品格教育。以“中华经典诵读”活动为载体，深入开展“弘扬伟大品格、争当时代先锋”主题教育，强化职工爱党、爱国、爱企业的热情和主人翁意识，激发职工为泸州加快发展、科学发展、又好又快发展建功立业的干劲。

三、带着资金关怀慰问，当好“助困解难的第一责任人”

一是深入开展“五千三万”行动。“五千”即救助5000名符合条件的建档困难职工。目前，已救助建档困难职工3065人次，救助金额222.3万元，慰问劳模370人，送慰问金69万元；举办“春风送岗位”招聘会10场、民营企业招聘会3场，帮助1131名下岗失业人员实现再就业；培训农民工职业技能培训2360人次；资助贫困生141人；全市工会干部与困难职工“结穷亲”1056对。“三万”即免费为3万名困难职工及环卫工人健康体检，免费为1万余名女职工开展健康知识讲座，动员1万名以上职工参加医疗互助保险或女职工大病保险。目前，健康体检正在实施中，已举办讲座40多场，参与女职工达8000多人次；新增职工参加医疗互助保险参（续）保人数4535人，新增女职工大病保险参保人数1万余人次。

二是开展“送文化”活动。精心谋划泸州市首届职工文化节，举办了泸州市女职工趣味运动会、“庆五一”第十一届“劳动者颂歌”职工文艺汇演、“邮政杯”首届梦想之星职工电视歌手大赛、送文化进园区到企业等十大主题活动，参与职工达10多万人次。

四、带着政策维护权益，当好“职工权益的第一维护人”

一是加强法律援助工作。今年，全市工会已办理法律援助案件50件，其中有影响的案件近10件，职工来信来访办结率100%。聘请委派基层法律顾问近30人深入全市240家企业，开展普法宣传、法律援助，为广大职工提供法律咨询、仲裁诉讼代理等服务。健全工会劳动争议调解工作机构，组建821人的专兼职劳动争议调解员队伍，组织调解员赶赴企业、车间、班组劳动争议一线，排查劳动矛盾纠纷，调处劳动争议。现有法律顾问到基层开展法律服务20余次，提供日常法律咨询1300多次。

二是加强劳动保护工作。在煤矿、非煤矿山、危化、建筑等职业危害严重的企业实施职业病防治专项集体合同工作。已完成全市557家企业的摸底调查工作。坚持工会全过程参与重大安全生产事故和职业病危害事件的调查和处理工作。

五、带着“处方”问诊发展，当好“企业发展的第一把脉人”

一是帮助寻找破困之策。充分利用市委常委、市总工会主席陈冠松分管工业的优势，积极整合市经信委、市商务局、市招商局、市科技局等部门力量，深入困难企业进行个案分析，为企业寻找破困之策、涅槃之方、发展之路，帮助企业找准方向、重塑信心、走出困境。目前，共帮助2个企业制订破困之策。

二是加强企业文化建设。采取入企上门宣传、优企展演示范、外出参观考察等多种形式，增强企业领导对企业文化重要性的认识。认真总结推广泸州老窖有限公司、古蔺郎酒有限公司等企业的企业文化建设经验，引导全市各类企业铸就企业精神。

面对面服务职工促和谐　心贴心凝聚职工促发展

攀钢集团钛业有限责任公司工会

攀钢集团钛业有限责任公司通过扎实开展“面对面、心贴心、实打实服务职工在基层”活动，在服务职工中赢得了信任，在促进企业发展中提升了水平，形成了企业与职工和谐共赢的局面。

一、创造“六真”工作法，深化活动开展

公司成立活动领导小组，建立由公司工会、厂级工会、车间级工会以及工会小组构成的“四级服务联系点”，实现服务基层全覆盖。

（一）牢固树立一个观念，真情关爱职工。深化各级工会组织和工会干部对活动的认识，实现职工心声有人听，职工诉求有渠道，职工权益维护有机制，职工特殊困难有人帮，职工成长成才有舞台，职工建功立业有平台，职工文化活动有阵地。

（二）建立两大信息渠道，真心倾听呼声。一是建立面对面信息渠道，主动深入到班组进行座谈交流、到困难职工家中进行慰问访谈、到青工宿舍进行对话访谈。二是建立背靠背信息渠道，利用手机信息、网络在线答疑、在职工食堂设置“帮助箱”等形式，及时了解职工的思想信息，征求职工的意见建议，定期分析，对职工提出的问题及时回复，及时解决。

（三）创新三大平台，真助成长成才。一是创新职工读书交流平台。深入开展“创建学习型班组，争当知识型职工”活动，突出“上手机、到班组、进宿舍、入家庭、用网络”。二是搭建岗位建功平台。广泛发动职工开展以小发明、小革新和小改造等“五小”为代表的群创工程。开展劳动竞赛、提合理化建议活动。制订合理化建议奖励办法，及时兑现奖励。三是创新岗位成才平台。大力培养、推广以职工名字命名的先进操作法，开展“学习一门知识，掌握一种技能，创造一项最佳操作法”的“三个一”活动，动员职工围绕公司发展的重点和难点，开展总结推广和应用命名先进操作法等经济技术创新活动。

（四）深化四级公开，真正当家理财。进一步完善公司、厂、车间、班组四级厂务公开制度，坚持以职代会为主要公开载体，在两级公司机关部室（科室）推行厂务公开责任制，签订责任书，建立公司内部 OA 网厂务公开专栏，各二级单位建立厂（事）务公开栏。把重点和基础放在车间、班组，着重突出成本管理和职工收入分配的公开，坚持“工资、奖金、职工考勤、评先树模、生产、安全、质量、利润目标及时上墙公开，让职工“当明白家，理明白财，得明白利”。

（五）建五支爱心服务队，真诚排忧解难。服务青工婚恋；为力所能及缓解职工子女就业难和两地分居工作调动难；解决职工解决急难时、重病中缺人手的问题；为普

及法律知识提供法律咨询服务；为帮助职工树立阳光心态等，组建了义务“爱心红娘队”、“爱心职介队”、“爱心互助队”、“爱心法律咨询队”、“爱心心理疏导队”五支队伍，面对面服务职工在一线。

（六）办好六件实事，真情温暖职工。进一步改善班组职工小家条件。开展“职工生日送关爱”活动、为职工子女考入大专及以上院校的家庭“送关爱”活动、“金秋助学送关爱”活动，走访慰问困难职工、生病住院职工、先进人物，每月为长病职工“送关爱”。

二、坚持六个结合，推进工作实效

（一）把活动与形势任务教育相结合，动员职工投身生产建设作贡献。通过职工不懈努力，开发出中国钛白第一品牌 R298，占领国内高端钛白地位并部分替代进口，成为中国最大的钛原料生产基地、最大的钛白粉生产商和重要的高品级海绵钛生产商。

（二）把活动与“群创”工程相结合，引导职工立足岗位施展才华。周密安排以“增收节支，对标挖潜，降本增效”、提合理化建议、自主管理成果、技术创新等为主要内容的竞赛活动。分别在海绵钛厂、钛白粉厂、钛冶炼厂开展了“细化班组成本核算，深化降本增效工作”专项劳动竞赛等劳动竞赛 16 项。1～6 月份，公司的班组成本核算 16 项对标挖潜指标全部完成。

（三）把活动与深化建家活动相结合，实现职工共享企业发展成果。重新修订完善《钛业公司班组建设管理办法》，争取行政费用 100 余万元，为改建和新建班组配备洗衣机、建洗衣房、安装空调、配备桌椅、书柜、饮水机等设施，为每一个班组配送绿色植物。开展主题为“我爱我家、我建我家”的“全家福照片”、“幸福故事”、“幸福格言”征集和评选活动，以职工的家庭、钛业大家庭、班组职工小家为家的单位进行征集，对评选出来的幸福和谐之家进行表彰，为每个班组赠送“班组全家福照片”，为幸福的家庭挂星级。通过“我的班长我的班”班组长素质大展示活动，提升班组长管理水平和艺术。

（四）把活动与人才队伍建设相结合，搭建职工成长成才平台。一是与四川大学联办的在职研究生培训班，有 23 名优秀青工考取研究生；二是公司自办的 35 岁以下优秀经营管理干培的“黄埔军校”班。结合岗位进行业务技能培训、参与职工技术运动会培训、安全教育培训、外聘教授授课、交流研讨、网络学习，激励青工在工作中学习，在学习中提升。

（五）把活动与树榜样、学先进相结合，发挥榜样在职工中的模范引领作用。加强“远学郭明义，近学身边典型”专题教育。在公司处级干部、科级干部、班组长、一般管理人员、一线工人、青年职工中开展选树“六大明星”活动，选树不同层面的明星职工，激发职工创业激情，增强职工队伍凝聚力。

（六）把活动与送温暖工程相结合，激发职工爱岗、爱企、爱生活。在“面心实”活动中，公司分别组织召开了青工、转业军人、一线职工、班组长、科级干部座谈会，对提出的近 200 条建议进行认真梳理，形成专题调研报告报公司党政，公司进一步完善了长效帮扶机制。

三措并举　扎实开展服务职工活动

贵州省贵阳市总工会

按照省总十二届八次全委（扩大）会确定的工作目标，结合贵阳工会工作实际，贵州贵阳市总工会从强化学习、健全机制、服务基层破题，扎实开展“面对面、心贴心、实打实服务职工在基层”活动。截至8月2日，全市113名工会干部全部参与“面心实”活动，走访企业289个，走访慰问职工10198人，入户慰问困难职工1299户，召开座谈会225场，发放调查问卷6862份，发放宣传资料18000余份，发放慰问补贴资金239.29万元，涉及职工9706人。

一、强化学习，以团结推动工作

以抓班子、做表率、带队伍、树形象为切入点，通过主席（党组）扩大会、党支部会、党小组会、机关干部职工会、专题报告会、业务知识培训班等形式，共21次组织机关干部职工及基层工会干部深入学习宣传中国特色社会主义发展道路理论，迅速贯彻落实省总十二届八次全委（扩大）会议精神，提高对开展服务职工活动的认识。

二、健全机制，以责任推动工作

一是健全目标责任机制。制订下发活动方案，成立工作领导小组及其办事机构，将工作任务量化分解并制作成包括具体时间、具体措施、具体领导、具体责任人的目标责任书层层签订，主要领导负总责，分管领导亲自抓，责任部门抓具体，工作人员抓落实。

二是健全社会监督机制。制定《贵阳市总工会社会责任承诺书》，将“面心实”活动工会履行社会责任集中在“九内容三措施”方面进行公开，并通过报刊、网络、显示屏等作出公开承诺，接受社会监督。

三是健全服务指导机制。领导班子成员每月至少4次、机关中层干部每月至少1/3时间深入基层一线，在“面心实”活动中重点帮助解决工作落实过程中遇到的难题。

四是健全督察督办机制。坚持每周一次部门工作汇报，每月一次区市县工作汇报，领导班子成员每月带队至少2次深入基层，采取日常检查、定期督察、重点抽查和职工评议等方式，对“面心实”活动目标任务完成情况实行周上报、周反馈、周通报、周督察方式强力推进工作。

三、服务基层，以实干推动工作

一是实施“321”计划心贴心服务职工群众。制订并实施领导班子成员、中层干部、一般干部分别结对帮扶困难职工3户、2户、1户以上的“321”心贴心服务职工群众计划，同时全年深入企业100户以上，帮扶困难职工1万名以上，面对面访谈、服务困难职工1000名以上。通过“春风行动”、“挂帮村”活动等，组织招聘会47场，为1000余名职工提供家政服务等技能培训，成功介绍3170名失业人员实现就业安置。上半年，机关中层干部60余人次深入基层开展“面心实”活动，结对帮扶职工620户，资助4.15万元，救助27名患病职工，投入260.2万元资金为企业和职工解决实际困难115个。

二是争取市委领导心贴心服务职工群众。主动争取市委的领导，将社区和规模以上非公经济组织组建工会纳入市委目标考核，全市撤销街道办事处改建为88个社区的工会组建率达100%，542家规模以上非公经济组织工会组建率达93.9%，市、县（区）工会组建12支共1400余人的工会干部职工志愿者队伍服务职工群众。

三是拓宽帮扶渠道心贴心服务职工群众。将全市困难职工纳入职工帮扶和用工单位基本信息数据库管理，投入88万元在全市新成立的88个社区建立困难职工帮扶工作站。

四是开展法律援助心贴心服务职工群众。设立贵阳市劳动人事争议工会仲裁服务工作站，上半年为60余名农民工提供法律咨询和法律援助服务和16余万名农民工追讨欠薪1.75亿元。

五是“四帮四促”心贴心服务职工群众。实行领导班子成员每人联系1个区县工会、1个重点企业和结对帮扶1名困难职工，党、团支部各结对帮扶1～2名贫困户，机关干部14次深入乡镇、社区和村的102户贫困户家中及村小学，为职工群众送去价值21万余元的慰问品和慰问金。

六是两个普遍“二必备三同步四清楚五健全六具有”心贴心服务职工群众。将“面心实”活动与“两个普遍”工作紧密结合，工作中做到“二必备三同步四清楚五健全六具有”。即：工资集体协商必须作为“特殊工时审批”和“劳动用工年审”的必备条件，政府部门在对非公企业进行评价、认证及选择政府采购供应商、政府工程承包商过程中，把工资集体协商作为必备参考指标；工会委员会、经审委员会和女职工委员与工会组织同步建立；本地区企业数量清楚，所处区位清楚，建会和未建会情况及原因清楚，工作开展情况清楚；职工（会员）代表大会制度、民主管理制度、平等协商集体合同制度、劳动争议调解制度、工会经费拨缴和使用制度及工会工作有关管理制度健全；工会组织具有牌子、具有印章、具有经费、具有活动、具有场所、具有档案。在“面心实”活动过程中，紧紧盯住高科技含量、高利润产出、高学历文化、高收入报酬的企业及职工群体，集中瞄准产业集中、职工聚集的十大工业园区和商业密集区，将修文、乌当、清镇医药工业园区未建会药业顺利组建工会，在花溪金石石材产业园组建工会联合会，在市西大市场建立联合工会，及时将刚刚落户清镇的世界500强企业贵阳海螺盘江水泥有限责任公司640余名职工发展成为工会会员，总计推动建立工会组织725个，覆盖法人单位1645家。

七是开展经济技术创新心贴心服务职工群众。重点在全市11个工业园区组织开展“五比一创”、“工人先锋号”、“安康杯”、“合理化建议”等创建活动，上半年参加活动单位近2000个，参与职工30余万名，职工提合理化建议1.5万条，实施技术革新1361项，新增经济效益15亿元。

八是强化执行力心贴心服务职工群众。针对“面心实”活动中存在的问题，召集区市县工会和相关部门负责人13次进行专题研究，机关干部300余次深入基层调研指导，并专题召开现场工作推进会，帮助基层解决问题和困难近400个。

坚持“四四三三”工作法
扎实推进“面心实”活动

贵州省石化轻纺工会

按照省总的安排部署，省石化轻纺工会把“面对面、心贴心、实打实服务职工在基层”活动作为全年工作的主线贯穿始终，并在创新活动形式、丰富活动内容、注重活动成效上下功夫，取得了明显成效。据不完全统计，2 月中旬以来，省石化轻纺本级工会干部入企业车间、班组及建筑工地等生产一线 98 天（次），召开各种形式的座谈会、谈心会 19 次，面对面与职工谈心 61 人次；发放调查问卷 285 份，与 20 名职工结成对子实名帮扶，走访、慰问一线职工、技术能手、困难职工、困难劳模等 214 人次，为基层工会和职工解决实际问题 21 个。

一、制定可行方案细化活动内容

一是成立活动领导小组，由主要负责人任组长，其他同志任成员，领导小组下设办公室，负责对本系统各基层工会开展活动的联络和信息反馈，全系统各级工会也成立了相应活动机构。二是制定下发《贵州省石化轻纺工会关于认真开展“面对面、心贴心、实打实服务职工在基层”活动的通知》和《贵州省石化轻纺工会关于认真开展“面对面、心贴心、实打实服务职工在基层”活动的实施方案》，明确实施意见、指导思想、目标任务、活动内容、方法和措施，特别是明确了机关干部职工个个有任务、人人有责任。

二、注重宣传发动营造良好氛围

2 月 28 日召开全系统“面心实”活动动员大会，对活动进行安排部署，提出具体要求。省石化轻纺工会本级加强与省总信息中心、劳动时报社的联系，及时宣传本系统各级工会开展活动的经验做法及成效。今年以来，省石化轻纺工会编发《“面心实”活动简报》11 期，黔工网、省总网站及《劳动时报》多次进行报道转载。企业工会通过企业网站、企业电视台、企业报刊、板报、宣传橱窗等，重点宣传活动，营造良好的社会氛围。

三、坚持“四四三三”工作法，确保活动取得实效

一是“四访四听”了解真实情况。“四访”就是深入基层，访工会干部、访技术能手、访劳动模范、访困难职工；“四听”就是深入一线，听企业介绍、听工会工作、听职工呼声、听困难问题。省石化轻纺系统企业规模大小不一，效益好差不同，工会工

作发展不平衡，还有不少是困难企业。针对这一实际，从今年2月份开始，省石化轻纺工会克服人少事多的困难，分时分批深入到企业了解调研，掌握企业生产经营情况和企业工会工作情况，深入职工面对面交流，掌握职工特别是困难职工的生活情况及思想状况，重点了解职工合法权益落实情况、劳动关系和谐稳定的隐患问题和制约基层工会工作发展的重点难点以及困难职工的收入生活情况。通过深入调研，我们发现几个比较突出的问题：一是一些基层工会对“面心实”活动认识不深、理解不够，认为“面心实”活动就是困难帮扶、临时救助；二是一些基层工会“面心实”活动的开展还停留在形式上，缺乏深度；三是广大职工的需求是多方面的，不仅需要物质层面上的帮助，更需要精神上的帮助，不仅需要维权、就医、子女就学等实实在在的帮助，更需要对工会干部、班组长、职工法律培训和职工技能素质提升等方面的支持。针对调研中梳理出来的问题和职工的现实需要，我们决定在开展“面心实”活动中，坚持“三帮三送”，切实解决基层工会和广大职工的实际问题。

二是“三送三帮”解决实际问题。以“三送”（送技能培训、送法律知识、送温暖爱心）为载体，达到“三帮”（帮企业党政排忧解难、帮工会干部理清思路、帮困难职工解决实际问题）的目标。第一，以“万名职工岗位练兵”、“百对师徒结对帮带”活动为载体，促进职工素质提升。今年，全系统各级工会普遍开展了“百对师徒结对帮带”活动和“万名职工大练兵”活动，师徒结对签约已达892对，在签约传授技能的师傅中既有高技术管理人才、专家、劳动模范，又有一线操作岗位高技能人才、生产骨干、技能竞赛技术能手等。第二，以“千名班组长”培训活动为载体，加强企业各类班组长岗位培训工作，提升班组长和职工整体素质，培育先进班组文化，进一步促进职工群众的岗位实践活动。目前，“千名班组长”培训活动在各基层已全面展开，全系统各级工会已开展和即将开展的班组长培训班计划共有23期、97个工种、943名班组长。第三，以开展“送法律进企业”、“送知识进车间”赠书活动为载体，为职工送法律知识、送政策法规。工作组每到一个企业，就为企业领导、工会干部和职工讲解《工会法》、《劳动法》等保障职工权益的法律法规，将法律知识、当前形势任务和政策向企业、职工进行宣传。省石化轻纺工会共赠送《维护职工合法权益法律援助案例选编》、《职工劳动权益手册》、《农民工进城务工百问百答》、《噪声危害及防护知识职工普及读本》、《结核病防治知识职工普及读本》、《工资集体协商工作手册》、《职业病防治画册》等法律法规书籍、宣传画册400余册。赤天化集团公司工会、贵州化肥厂工会等紧密结合刚刚颁布的《女职工劳动保护特别规定》，发放宣传资料5000多份。第四，以走访慰问活动为载体，切实为困难职工送温暖、送爱心。工作组采取深入基层、深入职工，特别是深入到生产经营困难的企业、困难职工多的企业、劳动关系矛盾突出的企业、工会工作相对薄弱的企业开展送温暖活动。为配合省总开展好“四帮四促”活动，协调赤天化集团公司工会捐赠10吨化肥送到普定猫洞乡的200多个农户手中。在两节慰问和开展“面心实”活动中，本级工会共计慰问困难劳模、困难职工566户，发放慰问金26万元；贵州化肥厂工会扎实推进职工医疗互助基金帮扶工作，已帮扶了重病及困难职工49人，帮扶金额22万元。在“六一”节之际，开展困难职工子女慰问活动，共慰问困难职工子女上千人次，发放慰问金逾15万元。

突出重点　强化措施　全心全意服务职工群众

云南省大理州总工会

大理州总工会根据全总“面对面、心贴心、实打实服务职工在基层”、省总“千名工会干部深入万家企业联系百万职工”活动和州委“四群”教育的总体部署和要求，加强领导，狠抓落实，创新载体，制定《大理州总工会关于开展群众观点群众路线群众利益群众工作教育、实行干部直接联系群众制度的实施方案》、《大理州总工会关于开展“进企业、访职工、察实情、办实事、促和谐”活动实施方案》，全面推进活动深入开展。

一是围绕主题，明确思路。全州215名工会干部深入基层，紧紧围绕“三懂四会”方法，即懂职工群众心理、懂职工群众语言、懂与职工群众的沟通技巧，会化解矛盾、会调处纠纷、会主动服务、会宣传发动。做到串百家门、听百家言、知百家情、解百家事和开展“五访五问”活动，即一访富裕户，问致富经验；二访老党员、老干部，问发展良策；三访党员示范户，问基层组织建设见解；四访困难户，问困难所在；五访意见户，问意见原因。年初以来，州总工会机关干部职工先后87人次深入企业、农村开展民情恳谈、抗旱促春耕、帮扶困难保民生活动。开展接待群众来访，记录民情日记，收集和反映重要民情事项，与职工群众“全方位覆盖、零距离接触、点对点服务”。

二是深入一线，摸清实情。成立调研组，每个调研组负责联系走访4个县市，采取随机抽样的办法确定走访联系对象，每个县不少于一个乡镇工会和一个行业性或区域性工会联合会，以及5个以上不同类型的企业。每组与50名以上职工面对面交流，随机抽样走访5户以上职工家庭。州总工会每名班子成员结对帮扶一个特困职工家庭、联系一名基层党政工领导、与1～2名一线职工交朋友，州总工会机关每个部室帮扶一个特困职工家庭，机关每名干部亲身体验职工生产生活和基层工会干部工作。自活动开展以来，单位11名在编干部职工挂钩联系24家各类企业、46户农户和部分困难职工，建立《民情联系卡》，认真填写《民情登记卡》和《干部直接联系群众基本情况登记表》；建立《民情台账》，摸清挂钩户的底数，掌握职工群众的基本情况。对走访过程中收集和发现的问题，明确牵头领导、牵头部门、责任人、完成时限，做到件件有着落，事事有回音。

三是突出重点，理清思路。各级工会把“面心实”活动与“党工共建、创先争优”活动有机结合起来，推动各项工作开展。一是了解企业生产经营情况，包括企业特别是中小企业生产经营中面临的突出问题，企业劳动合同、集体合同的签订及效果，工资集体协商和民主管理推进，职工生产生活情况等。二是了解职工队伍构成情况，农民工和劳务派遣工的分布，职工的思想素质、文化素质、技术素质情况。三是了解职工群众的利益诉求，包括职工劳动就业、工资收入、社会保障、安全生产、劳动保护、教育培训、职工住房、生活和子女教育等方面的情况；四是了解基层工会建设、开展工作情况，包括“小三级”工会组织网络建设情况，职工群众对工会工作的评价、意见和建议，当前制约工会作用发挥的突出问题。针对活动中了解的情况和基层反映的问题，深刻反思了近年来州总工会机关的工作，查找了问题和不足，进一步理清了工作思路。

*四是注重结合，打造品牌。*一是与四群教育、“三扶三挂三提升”和深入企业活动相结合，进企业宣讲《工会法》、《劳动法》、《劳动合同法》、《社会保险法》、《职业病防治法》、《云南省企业工会条例》等。二是与素质工程相结合，为职工送去适用的科学技术书籍，举办健康卫生知识讲座。三是与办实事相结合，引导基层工会开展职工医疗互助活动，深化特困职工帮扶、法律援助等工作。四是与法律援助相结合，指导职工签订劳动合同，深入劳动关系矛盾突出的企业，引导职工理性表达诉求，帮助协调劳动争议。五是与创建五星级乡镇工会相结合，帮助乡镇工会加强基础性工作。

*五是履行职责，拓展领域。*一是当好宣传员。以贯彻落实州委七届二次全会精神，州委群团工作会议、州总八届七次全委会议精神为主要内容，广泛开展多种形式的宣传活动。发挥工会宣传阵地优势，借助社会媒体资源，面向职工宣传党的路线方针政策；帮助职工解疑释惑，引导职工勤奋劳动、诚实劳动、创新劳动，在共建共享和谐劳动关系中发挥积极作用。在大理市文化宫、古城玉洱社区等职工群众较为集中的场所设立宣传服务点，为职工群众提供政策咨询、发放《维权手册》等服务，发放《职工劳动权益手册》、《劳动合同法》、《工会法》等宣传资料5050份。二是当好调研员。深入开展大走访、大调研，摸清劳动关系领域存在的突出问题和制约和谐劳动关系发展的主要因素，把握职工群众思想脉搏和利益诉求，掌握实情，找准问题，科学研判，探索破解难题的新对策、推动工会工作创新发展的新思路、为职工群众办实事解难事的新举措。三是当好服务员。实地了解职工生产生活状况，跟进职工服务需求，对劳动就业、收入分配、社会保险、安全生产、就医看病、子女就学等职工权益方面存在的困难给予及时协调救助，为一线职工送法规、送政策、送信息、送文化、送技能、送温暖。探索服务职工特殊群体和服务全体职工相结合的实践形式，完善服务帮扶工作长效机制。四是当好调解员。与基层企业党政工及劳动争议调解组织共商解决办法。对劳动争议调解工作问题突出和没有建立健全劳动争议调解组织的基层单位，依法督促其尽快解决和改进。推动完善劳动关系预警机制、应急处理机制和其他相关制度的建立健全，对涉及劳动争议调解工作体制和制度机制问题，主动争取党和政府支持，积极协调有关方面加以解决。对严重侵权行为要协调有关部门依法予以处理。对一时难以解决的职工合理诉求，做好政策解释和心理疏导工作，把劳动关系矛盾解决在基层、化解在萌芽和初始阶段。五是当好督导员。调动基层工会组织和广大工会干部的积极性、创造性，推动制度机制、工作载体和方式方法等方面创新。加强对活动的分类指导，尊重基层首创，注重典型引路，优化制度设计，细化推进措施，全面提升重点工作水平。

维护权益靠机制　关爱员工动真情

云南大山饮品有限公司工会

云南大山饮品有限公司是瑞士雀巢公司控股的在华合资企业，是以“云南山泉”为主打产品的劳动密集型企业，现有员工648人，产品的运输、销售带动了1万多人就业。2012年，大山公司工会按照全总“面对面、心贴心、实打实服务职工在基层”、省总工会“千名工会干部深入万家企业联系百万职工”活动要求，积极有序地开展了“工会干部下车间、进班组，牵手千名职工”活动，为职工办了大量实事好事，推动了企业与职工互利双赢。

一、党工共建促和谐，贴近员工搞“双亮”

首先把开展“面心实”活动与党工共建创先争优活动有机结合起来，以党建带工建、工建促和谐，切实把最大限度地维护职工合法权益、最大限度地让职工得到实惠作为活动开展的出发点和落脚点。其次是与“双亮”结合起来，把工会的主要职责和义务张榜公布，把工会主席、工会干部的身份和承诺亮出来，让员工监督。大山饮品公司工会委员11人，每人联系10名基层员工，具体到人，面对面交朋友，建立长期的关系。通过亮身份、亮职责、亮承诺，切实把做好服务、推动企业发展贯穿于活动全过程，把服务群众作为第一职责，把利民、惠民作为第一目标，诚心实意为群众办实事、尽心竭力解难事、坚持不懈做好事，使企业更和谐，工会更温馨。

二、维护权益靠机制，关爱员工动真情

（一）建立工资集体协商机制。对2011年度《工资集体协商合同》进行检查落实，组织签订了2012年《工资集体协商合同》，从根本上保障了员工利益。一是提高员工工资。2011年《合同》兑现后，员工工资总额比上一年提升了15%，公司员工680人，工资总额从原来的2500万元增加到2875万元。普遍员工的月基本工资从原来的900元升为1200元，月浮动工资定为1350元，年终奖金定为4000元。普遍员工的月平均收入达到2850元。二是降低分配差距。公司共5个级别，2012年总监级的月基本工资为2500元，主办级为1200元，倍比为2.44倍；月浮动工资最高为6000元，最低为1350元，高低倍比为4.44倍；年终奖金最高为15000元，最低为4000元，高低倍比为3.75倍。这是相对合理的倍数，员工都能够理解和接受，基本达到心平气顺、合力共事的效果。三是加强民主管理。公司工会与行政召开职工代表大会，签订2012年《工资集体协商合同》，只要完成2012年的目标任务，2013年企业员工的工资必须增长13%，其中10%属于正常增长，3%为与企业出资人利润挂钩的增长，实打实为员工做了一件大好事。

（二）建立了“两书”制度即《工会维权意见书》和《工会维权建议书》制度。今年在执行《工资专项集体合同》中，工会主席王飞锦发现其中一条款为：企业效益若下降10%，则员工工资总额下降1%。在今年销售淡季，企业效益果真有所下降，王飞锦看到职工辛苦劳作，风里来雨里去，认为不能归咎于职工，他说“企业效益若下降，有多种原因，板子不能打在职工身上，不能从职工工资上动脑筋，企业效益下降了，职工工资不能降”。于是通过《工会维权意见书》的形式向行政方反映，同时建议他们实施“爱心捐赠关爱员工”活动，把工资较高的行政干部的工资捐出一部分来给职工。连续3个月，管理人员响应工会的号召，把自己较高工资的一部分主动捐献到工会，由工会再帮助低收入员工。经理级人员捐出工资总额的5%，总监级人员捐出10%，总经理捐出100%。总共收到捐款60000元，由工会对168名员工进行了帮助，受到帮助的员工由衷感谢工会。

（三）注重宣传教育机制。公司工会十分重视“面心实”、“千百万”活动的宣传，利用各种会议，各类文件、宣传栏等广泛地宣传活动的重要性，让各级管理人员受到教育。活动开展以来，公司9位高管人员都做出了关爱员工的举措，全部总监和各部门经理参加“五一”节全体员工活动，拉近了企业管理者与职工的距离。

三、深入一线访民情，实实在在办实事

（一）解决员工安居问题。为促进企业和谐，公司工会协助企业行政初步解决了农民工的集体宿舍问题。在开展“面心实”活动中，工会了解到，企业中有一大批骨干员工进城打工十多年，有的已经结婚或准备结婚，都急需有自己的住房。于是向公司经营者提出建议，总经理山国勇同志主动拿出自己的积蓄1000万元交给工会，由工会出面解决购房员工的困难。公司工会经过调查摸底，反复征求意见拿出方案，决定对符合条件的员工按每年工龄8000元给予购房补助，第一批就解决了86位员工的购房困难，目前各项后续工作正在进行中。

（二）解决员工的实际问题。2012年3月，解决了员工免费中餐标准低、质量不好的问题。标准从每餐8元提升到每餐13元，并更换了就餐地点，统一到就近餐厅免费用餐。实现了四菜一汤，两荤两素，主食自取、咸菜自取的优良中餐。民以食为天，维护了群众利益，员工满意，心情舒畅，劳动积极性倍增。在开展“四个一、四关爱”活动过程中，公司工会对员工的生日慰问205人；生活困难补助12人10500元；亲人丧葬慰问7人3500元。怀孕女员工慰问3人780元；慰问住院员工5人1200元。

（三）建立健全激励机制。2012年以来，以“为群众”服务、“五带头”为标准评选出20名2011年度的先进员工；评出了20位女员工为“三八”红旗手，评出了20名员工为“五一”劳动能手，企业以党政工的名誉召开了表彰大会，弘扬了正气，形成了学先进、赶先进的氛围，全体员工都积极地参与企业的发展。企业荣获全国五一劳动奖状荣誉称号，机修班获得昆明市职业道德建设“十佳班组”称号，生产基地分工会获得“模范职工小家”称号。

立足实际　心系职工　服务基层
自治区总工会倾力开展服务职工活动

西藏自治区总工会

今年以来，西藏自治区总工会紧贴基层、紧贴企业、紧贴职工，举全会之力深入开展“面对面、心贴心、实打实服务职工在基层”活动，以“深入企业，服务职工，送温暖、送文化、送医送药、送法律、送政策”五送活动为载体，以广泛调研和走访慰问为双翼，始终贯穿“服务职工”这一主线，把职工群众的呼声作为第一信号，把职工群众的需要作为第一选择，把职工群众是否满意作为第一标准，走企业、访职工，面对面地与职工交流，心贴心地做职工思想工作，实打实地为职工和企业服务。

一、带着问题下去，带着对策上来，深入企业广泛调研

根据全总统一安排部署，结合自身实际，自治区总工会制定《西藏自治区总工会“面对面、心贴心、实打实服务职工在基层”活动实施方案》，并成立领导小组，内设综合协调组、专题调研组、宣传报道组、督导检查组。在前期准备工作上做到四个到位，即组织领导到位、动员宣传到位、思想认识到位、责任分工到位。

自治区总工会成立以自治区政协副主席、区总工会主席央金和各副主席为组长的7个工作组，带着“企业发展遇到什么困难？一线职工有什么样的需求？他们都需要工会做些什么？工会如何更好发挥职能作用？”等调研课题，深入7地市、28个县总工会和全区重点工程项目、车间班组、建筑工地、驻藏央企、区（中）直企业、各类非公企业等674家企业开展调研慰问，认真听取职工群众意见、愿望和呼声，召开企业职工、工会干部和经营者不同层次座谈会或约谈172场次，与职工个案访谈177场次，参与座谈9414人次，走访困难企业170家，入户慰问困难职工和困难劳模5377人，发放265.41万元，征求意见建议118条，处理78条，形成西藏劳务派遣工现状、西藏职工体检状况、劳模三金发放等关乎职工切身利益及工会重点工作的调研报告6篇。在活动中，自治区总工会还坚持四个结合，即活动开展同深入开展学雷锋教育活动相结合，同弘扬“老西藏”精神相结合，同创先争优活动、基层组织建设年活动相结合，同西藏工会工作相结合，实现职工队伍状况在一线掌握、工会维权帮扶在一线实施、构建和谐劳动关系在一线推进、工会工作任务在一线落实、创先争优活动在一线开展。

二、尽工会所能，帮职工所需，工作重心不断下移

按照“面对面”、“心贴心”、“实打实”9个字的要求，紧紧围绕职工群众最关心、最直接、最现实的利益问题，不断下移工作重心，把人力、财力、物力向基层倾斜，并

建立了企业联系点制度。一是以2012年“三大节日”送温暖为契机，普遍对困难职工、劳动模范和一线职工走访慰问，慰问困难职工、失业职工、离退休职工、劳动模范等8212（户）次，涉及企业772家，投入资金1932.58万元。二是开展了大型医疗救助活动，为856名患大病的困难职工发放医疗救助金506.9万元，开展送医送药活动，为5000余名职工送去64.5万元诊疗费和药品。三是开展“五送”活动服务职工，以“送温暖、送文化、送医送药、送法律、送政策”为载体，在每次活动中坚持“六个一”，即一场精彩的文艺节目、一部优秀的爱国主义影片、一次针对企业困难职工的慰问、一次针对企业职工送医送药、一册党和政府对企业的优惠政策、一次以颂党恩、听党话为主要内容的宣讲活动。共组织160个活动工作组，慰问69458名职工，发放补助金、困难职工帮扶资金共计804.5万元，其中送温暖投入资金265.41万元，走访慰问困难职工5377人；送文化投入79.58万元，捐赠图书30930册，组织“自治区农民工艺术团”深入企业一线举办文艺演出63场次，观众34276人；聘请30余名司法部门的法律专家走访249家企业，对《刑法》、《社会保险法》、《劳动法》、《劳动合同法》等法律法规释疑解惑，投入资金18万元。汇编《西藏自治区人民政府办公厅关于进一步加强西藏自治区保障性安居工程建设和管理的实施意见》、《西藏自治区基本医疗保险试点完善方案的通知》、《关于实行西藏最低工资标准的通知》等事关职工群众生产生活的政策文件21.9万份，发放到各类企业职工，投入资金51.05万元；将大医院医疗专家带到了职工身边，组织自治区人民医院、自治区藏医院、自治区第二人民医院的20余名专家，开展送医送药义诊活动61场次，免费为2.5万余名职工、农民工义诊，发放价值127.43万元西药、藏药。发放企业专项补助资金358万元，补助县总工会149万元，帮助企业建立职工书屋17个，帮助企业组建工会105个。

三、立足西藏实际，围绕中心工作，着力推动基层稳定

2012年6月28日~7月14日，自治区总工会党组书记、常务副主席董春德和边巴次仁副主席带领业务部门和4名医疗专家组成工作，深入农牧区4个驻村联系点和拉日铁路中铁二十一局开展了58场次慰问、宣讲、座谈、送医送药系列活动。历时半个月的走访慰问活动，工作组不顾路途遥远，克服了最高海拔5300米的高原缺氧，行程3500多公里，实打实地为长期在高海拔地区工作的县、乡、村、铁路建设工地的1万余名“三老人员”、困难户、基层干部及驻村工作队员送去了法律、送去了健康、送去了党和政府的温暖，其间共开展9场送医送药免费义诊活动，发放各类西药、藏药25余万元，发放慰问资金37.91万元。专门为行动不便的老党员、老干部、爱国爱教僧尼进行义诊。用浅显易懂的语言，结合西藏自治区双语宣讲的实际，为村里520余名党员、入党积极分子和村活动骨干分子开展“西藏和平解放以来的巨变、加强民族团结、反对分裂、法律法规、惠民富民政策”等方面专题讲座，引导西藏各族职工群众合理表达诉求。

活动开展以来，仅海拔4500米以上活动场次58场次，最高海拔5300米。活动共投入资金上千万元，全区3000余名工会干部参与活动，服务职工6万余人，工作力度和广度前所未有，从时间、空间和工作力度上全面诠释了“面对面、心贴心、实打实服务职工在基层”活动的外延和内涵。

创新工会维权机制　搭建社会化维权平台

陕西省韩城市总工会

近年来，陕西韩城市总工会针对非公企业用工不规范、侵权事件增多、农民工文化程度低、法制观念淡薄、合法权益屡受侵害的问题，充分发挥工会维权职能，为困难农民工提供法律援助89起，为农民工讨薪610余万元，争取工伤赔偿6300多万元，协调经济补偿3800万元，帮助企业协调解决重大问题82起，创经济效益上亿元，尽心尽力解决了一大批影响企业发展和职工队伍稳定的重大复杂疑难案件。

经过多年的实践和思考，韩城市总工会大胆尝试“源头预防劳动纠纷在工会、主动调解劳动争议在工会、免费提供法律援助在工会、职工权益得到维护在工会”的劳动争议调处新模式，整合司法、行政等多种资源和手段，合力解决劳动关系中的各种利益诉求，将各自为战的维权“独角戏”转变为凝聚多方面力量的社会化维权“系统工程”。

一、争取党政重视支持，赋予工会更多资源和手段

按照全总“面对面、心贴心、实打实服务职工在基层”活动和省委“三问三解”活动要求，市总工会把成立“三站一庭”作为2012年的重点工作，向市委市政府进行了专题汇报，得到党政领导的高度重视和支持。市委召开专题会议研究“三站一庭”建设情况，成立了以市委常委沙丽娜为组长的领导小组，明确市法院、司法局、人社局在“三站一庭”中的工作职责，确定了工作人员。韩城市维护职工权益“三站一庭”将人社局的“劳动保障监察服务站”和“劳动仲裁服务站”、司法局的“法律援助工作站”、法院的“维护职工权益合议庭”全部搬到工会困难职工帮扶中心合署办公，联合三部门力量实行社会化维权。

以市委市政府两办名义下发了《关于在市总工会设立维护职工权益“三站一庭”的通知》，同时将成立“三站一庭”工作纳入到市法院、司法局、人社局、工会年度目标考核。市政府还明确将“三站一庭”工作作为2012年韩城计划单列市后第一件为民办实事重要工程，列入年终民生建设目标考核内容。市政府与工会联席会议决定由市财政划拨500万元专项资金，用于购置办公场地、办公设备等“三站一庭”基本硬件设施。市委市政府领导多次莅临帮扶中心检查、指导筹备工作，对“三站一庭”存在的困难和问题现场给予解决。6月21日，市委市政府隆重举行“三站一庭”成立仪式，省、市工会领导，韩城市四大班子主要领导为“三站一庭”揭牌。

二、各部门通力合作，努力构建社会化维权大格局

按照市委提出的“工会搭台、部门唱戏，优势互补、合力维权”的工作要求，市总工会主动运用法院、司法、人社部门的职能和手段充分发挥“三站一庭”的作用。市法

院结合韩城劳资矛盾突出、案件复杂、协调难度大的实际，把工会搭建的这个平台作为法院工作的一种延伸，在市帮扶中心建立合议庭外，还在龙门帮扶工作站设立流动法庭，邀请工会参与对劳资案件的庭前调解工作。市人社局确定领导专人负责此项工作，制订工作流程，明确工作职责，力争把矛盾化解在调解之中。市司法局一把手亲自挂帅，借助企业工会确定法律援助联络员，把法律政策送到基层，把法律援助延伸到企业。各部门的通力协作、大力支持，为工会维权撑了腰、壮了胆、提了速、增了效。政策咨询、劳动监察、仲裁调解、法律诉讼等各个维权环节同步进行，现场办公，为职工维权提供了方便、快捷的一条龙服务，初步形成了“党委领导、政府主导、各方配合、工会运作”的社会化维权大格局。

三、工会协调运作，不断提升参与社会管理水平

成立“三站一庭”，是政府职能部门工作的一种延伸，是工会参与社会管理的一项新举措。工会承担着各部门之间的协调重任，处在一线，肩负着为职工维权的第一职责。市总工会从机关选定 4 名热爱维权工作且具有一定协调能力的干部作为“三站一庭”的联络员，一人负责一项业务。由联络员受理职工的咨询、反映和申诉，对职工反映的问题，属于哪个方面的业务，联络员立即与哪个方面联系沟通，并第一时间将调查掌握的情况反馈给相关站、庭。市总工会确定每月召开一次由法院、司法、人社等部门分管领导和各站、庭负责人参加的联席会议，总结经验，查找问题。每月将“三站一庭”工作情况印发“送阅件”，报送上级、市上四大班子主要领导、分管领导和领导小组各成员单位，听取各方意见建议。

四、工作初见成效，方便职工高效快捷

职工维权“三站一庭”集调解—仲裁—合议为一体，真正实现了维权工作的制度化、规范化和社会化。“三站一庭”成立以来，共接待诉求职工 28 人次，受理劳动争议纠纷 10 件，全部办结到位。其中法律援助工作站实施法律援助 3 件，劳动仲裁服务站成功调处工伤赔付 3 件，劳动监察服务站解决拖欠工资 4 件，累计帮助职工讨要工资 12 余万元，争取工伤赔偿金 15 万元。小到几百元的讨薪，大到十几万元的经济补偿，凡是涉及职工的合法利益，均一管到底，没有让职工东奔西跑走冤枉路，没有让职工感到程序繁琐拖延时间，没有让职工的合法权益在这里打折受损，得到了社会的广泛认可。市长张建中等市上领导称“三站一庭”是“上为党分忧、下为民解难”的解压阀。省总副主席李向柱对此项工作给予了充分肯定，指出韩城率先在全省实行“三站一庭”的劳动争议调处模式，是新形势下工会组织主动融入社会矛盾大调解体系、积极参与社会化管理、发展和谐劳动关系、深化工会援助中心帮扶工作的一次积极探索和创新实践，为全省维权工作的创新发展作出了重要贡献。

扶贫助困促发展　服务职工心贴心

甘肃省兰州市总工会

今年以来，兰州市总工会认真贯彻全国总工会学习宣传实践中国特色社会主义工会发展道路和“面对面、心贴心、实打实服务职工在基层”活动的部署要求，以省总开展“进企业、访职工、办实事、促发展”活动作为解决企业和职工群众实际问题的重要抓手，深入开展“五进五访五联系、扶贫助困促发展”活动，帮助企业和职工解决具体困难，各级工会干部得到了锻炼，增进了同职工群众的感情，活动取得了明显成效。

一、高度重视，措施到位

一是在加强领导上下功夫。市总工会及时成立了活动领导小组，精心安排部署，强化宣传引导，营造了良好的工作氛围。各县区、产业和企业工会层层召开动员大会，深入宣讲“进访办促”活动的重大意义，使各级工会工作者深刻认识到“进访办促”就是坚持走中国特色社会主义工会发展道路的重大举措，就是服务职工的具体行动。二是在建立机制上下功夫。制定了《兰州市总工会“进企业、访职工、办实事、促发展”活动工作指南》、《走访企业专题座谈会参考提纲》和《走访职工访谈参考提纲》，明确了“进访办促”活动的工作重点。三是在完善措施上下功夫。制定了兰州市总工会“五进五访五联系、扶贫助困促发展”活动方案，细化分解任务，完善活动措施，加强工作督察指导，增强活动的针对性和可操作性，确保活动取得实实在在的成效。

二、深入基层，突破难点

由市总领导班子带队组成8个调研组，进生产困难企业、进劳动密集型企业、进困难职工多的企业、进劳动关系矛盾突出的企业、进工会工作薄弱的企业，走访生产一线职工、生活困难职工、农民工、劳务派遣工和青年职工，开展调查研究，宣传政策法规，促进企业发展，帮助解决困难。对调研中发现的问题，市总工会能协调解决的及时协调有关部门予以解决，解决不了的及时汇报市委、市政府，反馈给地方政府和有关部门，并提出合理建议，跟踪协调解决。

在矛盾比较集中、问题比较复杂、历史遗留问题比较突出的兰州煤炭公司、兰阿煤业、7323等企业，围绕企业和职工群众关心的热点难点问题开展广泛深入的调研活动。市人大副主任、市总工会主席胡康生多次深入兰州煤炭公司进行调研，就企业如何盘活资产、开拓市场、争取政策支持等进行指导，帮助企业寻找出路，并结合市区车辆加气难的实际，帮助煤炭公司争取加气站项目的用地审批。目前，经市政府批准，兰州市东入口、土门墩、雁滩及焦家湾四个加气站已进入政府统一规划、企业投资建设阶段，该项目的建设帮助企业打破了经营瓶颈。兰州煤炭公司董事长刘刚感叹道：“以前一直认为工会不过是来转一转、看一看，解决不了什么大问题，没想到真的给我们解决了实实在在的难题，许多思路和办法让我茅塞顿开。”

今年4月中旬，受宜宾市总工会委托，经过市总工会与用人单位反复协商，清欠20多名来兰务工人员工资55万元，宜宾市总工会及农民工专门发来感谢信。

今年“五一”期间，因加气难、黑车扰乱市场、车行收费高等原因，兰州市出租车司机集体停运。市总协同交通等部门及时化解了出租车停运事件，并就出租车司机反映的问题进行了深入调研，形成了翔实的调研报告，引起了市委、市政府主要领导的高度关注，批示责成有关部门认真研究解决。市总工会、市交通局和出租车行业协会在平等协商的基础上，签订了《关于构建出租车行业和谐劳动关系的协议》，从今年7月份开始兰州市出租车承租金每月降低180元，仅此一项企业每年让利职工1450余万元。

三、扎实工作，勇于创新

为了真正服务职工在基层，建立一支不走的“面心实”队伍，针对调研中发现的企业帮扶工作薄弱、职工向市总帮扶中心求助不便等问题，市总工会提出将帮扶机制延伸到企业建立企业帮扶站（点）这一思路。上半年拿出60余万元，首先在兰州石化、方大炭素公司试点的基础上，第一批在41家企业建立了困难职工帮扶站（点），现场救助了440名困难职工，并配备了电脑，使这些站（点）直接和市总帮扶中心联网互动、资源共享。企业帮扶站（点）的职能从困难职工生活救助拓展到法律咨询、心理疏导、纠纷调解、就业服务等多个方面，职工有诉求、有矛盾、有困难能够第一时间就近得到救助，企业职工帮扶站（点）建设成为“进访办促”的新机制、帮扶工作的新“品牌”。中铝兰州分公司职工林茜2岁的女儿先天失聪，恢复听力手术费需20多万元，面对巨额的手术费，她几乎绝望了。5月4日兰铝公司工会帮扶站成立，她在工会帮扶站的帮助下用帮扶金为孩子做了康复手术，目前孩子已经开始牙牙学语，听力逐渐恢复，这是林茜以前做梦都不敢想的。企业帮扶站（点）的建立，真正架起了企业和职工沟通的“连心桥”，全总办公厅《工会要情》刊发了兰州市总工会的做法。第一批帮扶站（点）建立以来，已接待职工来信来访3783件（次），帮扶职工2657人（次），筹措帮助资金225万元。8月1日，市总在西北永新集团召开了“兰州市工会帮扶机制进企业工作推进会”，在全市全面推广这项工作。

“进访办促”活动开展以来，全市各级工会和工会干部进企业3031家，慰问职工86761人，帮扶企业265家，帮扶职工12791人，发放慰问金1010万元，为企业协调解决各类问题190件，为职工办实事19219件，“进访办促”活动实实在在落到了实处，得到了企业党政的支持和职工的欢迎。

进企业实打实解难题　访职工面对面办实事

甘肃省金昌市总工会

甘肃金昌市各级工会组织把“进企业、访职工、办实事、促发展”活动作为密切联系职工群众、参与加强和创新社会管理的有效途径，高起点谋划、高标准定位、高质量推进，在帮助企业解难题上下功夫，在服务职工办实事上做文章，使活动成为企业普遍欢迎、职工普遍受惠、社会高度赞誉的“民心工程”。

一、行动迅速，部署周密，党政参与作保障

全总“面对面、心贴心、实打实服务职工在基层”活动开展以来，按照甘肃省总“进企业、访职工、办实事、促发展”活动的部署要求，市总工会迅速行动，精心部署，周密安排，扎实推进。一是加强组织领导。成立以市人大常委会副主任、市总工会主席苏天福为组长的活动领导小组，主要领导亲自抓、负总责，明确职责分工，制订实施方案；市上分管、联系工会的四大班子领导积极参与，主动要求安排联系困难企业、困难职工和劳模，领任务、定计划；负责联系金昌的省总副主席朱亚丽、组织部部长薛挺，几次来金昌市下车间、进班组、访职工，为活动开展提供了坚强有力的保障。二是层层动员部署。全市各级工会层层召开动员会议，广泛宣传发动，通过学习中国特色社会主义工会发展道路，提高认识，广大工会干部积极响应、踊跃参与，形成一级抓一级、层层抓落实的工作格局。三是细化目标要求。结合实际，制定了“进千家门、解千家对、解千家困”行动实施方案，要求各级工会领导干部至少联系3户企业、3名职工、1名劳模，一般干部至少联系1户企业、1名职工；市总工会统一编印了《进访办促联系手册》和《进企业访职工活动安排表》，发放到各直属基层工会，做到了“四清”，即：领导干部基本信息清，联系企业、联系职工、联系劳模基本情况清，走访入户记载清，帮扶计划措施清。

二、积极探索，勇于创新，循序渐进抓落实

全市各级工会分三步走，与企业和职工建立联系制度，实行结对帮扶。一是走出去认人认门。全市千余名专兼职工会干部与联系企业和职工登门入户对接，“结对子”走访，“攀亲式”入户，互相填写《进访办促联系手册》，互通信息，建立联系。二是请进来沟通交流。各级工会把联系企业和职工请进来，零距离接触，面对面交流，召开座谈会、交心会等50多场（次），了解掌握企业和职工所想、所需。三是沉下去排忧解难。各级工会干部“沉到底、摸到边”，深入基层，贴近职工，根据联系企业和职工生产经营和生活中存在的实际问题，帮企业发展把脉，为职工群众解难，因企因人施策，有针对性地解难题、办实事。扎实开展了“五个一”活动，即组织一轮调研，走访企业和职

工家庭，到实地、听实话、查实情；进行一次恳谈，通过座谈、访谈等形式，开展与企业党政、基层工会、职工群众的恳谈，掌握企业生产经营状况，倾听职工群众心声诉求；开展一次宣传，针对掌握的职工动态和诉求，向职工进行政策法规宣传、精神激励和心理疏导；进行一遍慰问，在全市困难职工普遍慰问的基础上，对部分特困劳模、特困职工进行上门走访慰问；掌握一套资料，每次调研走访要在《进访办促联系手册》上详细记载，特别是对企业和职工反映的问题，建立后续跟踪服务信息反馈档案。

三、深入基层，接上地气，扑下身子办实事

把“解决问题，注重实效”作为活动的出发点和落脚点，把办实事、解难事作为检验活动成效的重要标准，领导班子成员率先垂范，工会干部主动跟进，用脚丈量民情、用心服务职工，使活动接了地气，赢了民心。

镍都商业大厦是市人大常委会副主任、市总工会主席苏天福联系的企业，该企业是一家由国有企业改制后的民营股份制企业。由于受经营场地的制约，企业发展举步维艰。苏天福先后三次深入该企业，与企业经营管理人员座谈讨论，找问题、查症结、定对策。帮助企业制订了以打造服务品牌促进企业发展的规划，并由市总女工部组织对该企业100多名售货员进行了服务导购培训，使企业经营发展出现了生机。万丰商贸有限公司由于企业经营不景气，职工工资偏低，生活难以为继。苏天福看在眼里，急在心上，三番五次与企业负责人促膝长谈，共谋企业出路，提出了加大招商引资力度、盘活企业闲置资产，谋求企业生存发展的思路。46岁的乔永生是市再生资源回收公司的下岗职工，本人残疾，妻子意外身亡，6岁的儿子因按常规就读市、区小学，学校离家很远，接送极不方便。就近的一所小学是金川公司五小，只招收本公司子女。联系他的市总工会党组书记、专职副主席郝怀民了解情况后，立即与公司工会领导联系，积极协调使他的儿子进入金川公司五小，解决了他的后顾之忧。全市各级工会从细微处入手，着力解决企业和职工急需解决的实际困难。金川区总工会在深入摸排调查的基础上，为6户困难企业协调解决贷款140万元。市供销社系统工会理顺3名退休职工工资发放渠道，解决了他们长达13年的上访诉求；为因政策性关闭的市造纸厂职工补交医疗保险、住房公积金40余万元。金泥集团公司工会协调企业行政，出资维修费30万元，解决了部分职工房屋漏雨的“老大难”问题。

“进访办促”活动开展以来，全市各级党政领导和工会干部进企业、访职工1200多人（次），召开职工代表、企业管理人员、工会干部座谈会80多场（次），个案访谈200多人（次）；走访企业380余户，走访困难职工家庭1000多户，解难题、办实事130余件。“进访办促”活动已成为全市重民生、转作风、促效能的亮点。

始终做到“八个坚持”切实密切与职工群众的联系

青海省总工会

青海总工会在开展“下基层、接地气、办实事”活动中，领导带头，全员参与，始终做到“八个坚持”，密切了与职工群众的联系，赢得了职工群众的信赖，确保了活动健康顺利开展。

坚持到生产一线参加劳动。机关干部深入生产一线，拜职工为师，敬职工为友，亲身体验职工的作业环境、劳动强度，亲自感受职工的艰辛劳作、辛勤努力，不但深刻体会了劳动的光荣和工人的伟大，进一步密切了与职工群众的关系，而且发现了许多劳动保护和职业病隐患，及时向企业提出了整改意见，维护了职工合法权益，受到职工群众充分好评。省委常委、省总主席苏宁在西钢二炼车间参加劳动时，看到粉尘污染和氟气没有完全排放到厂房外，及时督促企业采取了措施，加强了氟排放监测。省总党组副书记、常务副主席郎国清在创安公司参加劳动过程中，发现一般的防尘设备不能完全保护职工的身体健康，立即要求企业为职工配备了防毒面具，有效维护了职工合法权益。

坚持与职工群众深入交谈。省总各工作组在召开企业负责人、工会干部、职工群众座谈会的同时，深入职工群众当中，和职工坐在一条板凳上，聊发展、侃生计、唠家常，听到了平常难以听见的心里话，了解了许多影响职工生产生活的真实问题，取得了较好效果。有的工作组了解到并向企业负责人反馈广大职工在非常困难的情况下心系企业、奉献企业的高尚情怀时，使企业经营管理者感动得热泪盈眶，进一步推动了企业关心职工、依靠职工。有的工作组了解到住房问题影响职工找对象、谈恋爱、成家立业乃至职工队伍稳定时，更加坚定了千方百计帮助职工解决实际困难的决心。

坚持到困难职工家庭走访慰问。各级工会干部通过到困难职工家庭走访慰问，原汁原味了解了职工群众的现实情况，真切体验了职工群众的喜怒哀乐，真诚征求了意见建议，进一步增进了与职工群众的感情，明确了为职工群众排忧解难的思路措施。当了解到困难职工群众大多因为本人或家庭成员大病致贫时，省总加快了建立全省职工大病医疗补充保险机制的步伐。同时，对因工致残、致贫职工，省总及时协调督促企业和社会保障等部门发放特殊补贴等，推动解决困难职工的实际问题。

坚持写民情日记、工作日志。下基层干部通过撰写民情日记、工作日志，及时反映职工的生产生活，如实表达职工的所诉所求，坦诚表述自己的所感所悟，升华了与职工的感情，增强了为职工排忧解难的责任。活动期间，省总机关干部撰写民情日记400余篇，平均每名干部撰写5篇以上。

坚持为企业和职工解决问题。省总各工作组把推动解决企业和职工群众实际问题作为开展活动的出发点和落脚点，积极促进企业改革发展，主动维护职工合法权益，千方百计解决基层工会实际困难，保证活动取得实效。西钢集团石灰岩矿恢复生产、西宁市湟中县甘河滩工业园区开通公交车等问题，经省总主要领导协调，得到了省、市党政领导及有关部门的高度重视，短时间内得到了解决或予以了明确答复，受到企业经营管理者和职工群众的高度评价。省总工作组积极为基层办实事，协助部分企业建立了困难职工帮扶站、职工书屋等，发放困难职工帮扶资金 100 多万元。与此同时，省总建立了定期研究基层和职工反映问题制度，进一步加强了为基层和职工办实事工作。

坚持与职工建立长期联系关系。省总机关干部与职工互留联系方式，建立长期联系关系，加强与职工群众的思想和感情交流，畅通了职工反映诉求的渠道。有的工作组通过发放服务职工联系卡，进一步叫响“职工有困难找工会”，提高了工会组织的影响力。许多工会干部通过 QQ 等网络方式与职工建立了朋友关系，加强了相互之间的联系。

坚持在职工食堂就餐。机关干部坚持自带餐具，在职工食堂与职工一样购票就餐，与职工一道排队打饭，与职工一起体验饭菜冷热，进一步拉近了与职工群众的距离。同时，通过在职工食堂就餐，了解到一些企业对职工的生活关心还不够，有的饭菜质量还不高，有的饭菜还不太热等情况，及时向企业反映，推动了企业从细微处进一步关心职工。

坚持轻车简从。各级工会干部特别是省总主要领导下基层不搞层层陪同，不影响企业和职工的生产生活，不给基层添麻烦增负担，不娱乐、不吃请、不接受礼物，树立了工会干部良好形象。

倾听职工呼声愿望　帮助职工排忧解难

青藏铁路公司工会

青藏铁路公司工会按照省总、铁总开展“下基层、接地气、办实事”、“服务职工在基层”活动和关于维护职工利益、改善职工生产生活条件的要求，在公司工会系统认真组织开展“面对面、心贴心、实打实服务职工在基层”活动，建立健全责任体系、保障机制和工作协调机制，加大投入，切实解决职工实际困难，改善职工生产生活条件，真情实意服务职工，有力地促进了和谐企业建设。

一、建立“三项”制度，确保活动取得实效

一是建立走访基层制度。公司工会常委每人建立联系点三个，全年走访站段时间不少于2个月。站段工会主席、工会干部全年走访车间班组时间不少于3个月。建立《职工问题库》、《谈心走访记录登记表》等基础资料，为全体专兼职工会干部印发《工作日志》和《民情日记》，定期填写《下基层活动情况反馈表》，写实活动开展情况。二是建立检查督导制度。公司工会活动办公室每月进行一次抽查，每季度进行一次检查，督导活动推进，并形成检查督导报告，在全公司工会系统通报。三是建立考核评价制度。年末，拟对工会干部开展活动情况进行考核，评选先进，并给予表彰。对上报的联系点工作情况、调研成果报告、走访情况报告、一次跟班作业报告进行综合评价，对于优秀成果给予表彰奖励。

二、采取“七项措施”，推动活动深入开展

一是大走访。公司工会常委和机关干部均建立了基层联系点，每月对基层工会、车间工会、班组（工会小组）进行深入走访。工会干部走进站段、走进车间、走进班组、走进职工宿舍和家庭，建立走访情况问题库，及时填写《“下基层、接地气、办实事”服务职工在基层工作手册》，做好基层走访日志和民情日记等工作。二是大宣讲。深入开展“知企、爱企、兴企”宣传教育主题教育活动，利用《青藏铁道报》、青藏铁道网、工会信息网，大力宣传公司安全形势、经营任务、重点工作、保障改善民生的政策措施、工会维护职工权益举措等，回应职工群众关心关注的热点问题。三是大谈心。组织工会干部与职工交流谈心，了解职工思想变化，特别是对发生严重“两违”、岗位变动、生活困难、家庭发生变故、同志关系紧张、新职新岗等思想问题突出、容易引发安全稳定问题的重点职工进行谈心，加强人文关怀和心理疏导。四是大调研。围绕职工生产生活、工会重点工作、职工关心关注的热点问题和涉及民主权利、民生建设、民意趋势等问题，通过座谈会、问卷调查、跟班作业、专题分析等多种形式开展调研，研究解决推进的思路和方法，总结先进经验和有效做法，公司工会机关副部长及以上干部、基层单

位工会主席每人至少撰写1篇高质量的调研报告，公司工会机关其他干部每人至少撰写1篇心得体会。五是大帮扶。工会干部紧紧盯住活动中发现的问题，协调配合有关单位和部门加大问题解决力度，特别是围绕职工工作环境、劳动保护、健康休养、住房、通勤、就医、吃饭、饮水等方面的实际问题，有效利用帮扶救助资金、“送温暖”资金、互助金、“三线”建设资金，因人施助、因时预救、因难施帮，有效激发职工的工作热情。六是大创建。把“下基层、接地气、办实事”活动作为深化党工共建创先争优活动的契机，通过各系统、各层面工作的提级上档，推动公司工会整体工作创先争优。加强对联系点的日常包保和工作指导，在劳动竞赛、民主管理、“三线”建设、“三不让”帮扶救助、文化建设、组织建设等方面挖掘先进、选树典型、树立标杆，大力开展“模范职工之家”、“四型工会”创建评选活动，及时总结推广好的工作法、作业法，创建优秀联系点和先进基层工会组织。七是大落实。建立健全工会干部联系基层、服务职工的长效机制，进一步调整优化《青藏铁路公司基层单位工会主席绩效量化考核表》，实施月考核、季验收的考评办法，抓实、抓牢服务职工群众工作。

三、坚持“三进”、“三同”、“三问”，解决实际问题

坚持“三进”。各级工会干部进站段、进车间、进班组，对于指定联系点的车间、班组支会组织，从外美内实的角度作好指导，严格按照“安标线”建设、工人先锋号、“四型工会”、“模范职工小家”创建标准，抓好基层组织建设，着力改进基础工作中与新形势、新要求不相适应的问题。坚持“三同”。各级工会干部深入基层一线，昼夜跟班作业，与职工同吃、同住、同劳动，面对面与职工交流谈心，了解职工思想变化。坚持“三问”。各级工会干部紧紧围绕职工生产生活、工会重点工作、职工关心关注的热点、难点问题，通过座谈会、问卷调查、跟班作业、专题分析等多种形式，坚持问计于职工、问策于职工、问需于职工。

四、明确“三个面向”、“五个到位”，服务职工群众

青藏铁路公司工会充实完善了活动方案，明确面向“一线职工、困难家庭、特殊群体”三类服务对象和“服务职工到位、深入基层到位、落实包保到位、发挥作用到位、工作结合到位”“五个到位”工作要求，确定了开展经常性走访活动、开展可行性帮困活动、开展保障性服务活动三项重点服务内容。提出“逐人排查、逐户上门、逐一谈心、逐层落实、逐步深化”的“五到位”要求，通过公司工会包站段、站段工会包车间、车间工会包班组、工会小组包个人的方式，逐层推进，全面覆盖；通过层层建立联系点和签订包保合同的形式，确保活动延伸到一线、落实到班组、深入到职工；组织专兼职工会干部深入一线、走进家庭进行“全方位、零距离”服务。开展经常性走访、可行性帮扶活动，深入沿线艰苦地区“送关爱、送文化、送健康”，配齐、配强生产生活、文化休闲、卫生保健设施，改善职工生产生活条件，满足精神文化需求；开展保障性服务活动，成立服务中心，畅通服务热线，组建站段、车间、班组三级职工服务队，采取“分类服务、专门服务、集中服务”的方式，为生产一线职工解除后顾之忧。

完善长效帮扶机制
保障服务困难职工落实到位

宁夏回族自治区银川市总工会

“面对面、心贴心、实打实服务职工在基层”活动开展以来，根据活动主题和走访内容，宁夏回族自治区银川市总工会充分发挥职工服务中心面向职工、服务职工的窗口职能作用，进一步明确服务对象，从生活帮扶、大病救助、创业、就业、法律援助等方面积极创新维权帮扶长效机制，使银川市困难职工帮扶工作落到了实处。

一是长效帮扶，济难解困。在市总工会的带领下，对全市困难职工情况进行了全面摸排，进行分类帮扶。先后开展了“两节”慰问、困难帮扶、春雨助学、大病救助等形式帮扶和救助困难职工7784人347.6万元。在21家直属企业建档困难职工中，通过排查摸底，入户到丰友化工、保安公司等11家企业和直属局委的50余户困难职工家中进行走访核查，取消了37名不符合救助标准的职工，及时增补了37名符合救助标准的职工。于4月27日举行了庆“五一”慰问特困职工救助物资发放仪式，先后分两批救助特困职工200人，发放救助物资折合人民币47000元，并按季度帮助200个长效帮扶对象解决他们的基本生活困难问题。

二是爱心化疗，温暖人心。结合银川市当前化疗和透析患者实际困难，扩大爱心化疗和透析患者慰问面，慰问金从原计划44.4万元，扩增到64.3万元。并于7月底分组一户不漏地开展了“爱心化疗”和困难职工走访慰问活动，协助区总完成了对银川市西夏区、阅海、工信局等部门癌症患者和困难职工9人72000元的入户慰问工作。在本次活动中自治区总工会慰问银川市癌症患者38人，每人救助10000元；慰问困难职工64人，每人救助1000元。市总工会慰问癌症患者26人，每人救助5000元；慰问困难职工138人，每人救助500元。共计慰问资金64.3万元（其中区总慰问44.4万元）。

三是关爱劳模，服务劳模。积极开展困难劳模走访慰问，发放全国劳模“三金”和困难劳模补助，慰问帮扶困难劳模211人次，发放资金117.6万元。率先在全区工会系统开发使用劳模信息管理软件，举办全市工会劳模档案管理培训班，对劳模基本情况进行摸底调查，了解劳模在工作生活中的劳模困难，实现劳模信息资源共享和档案规范化、电子化、动态化管理，进一步提高全市劳模信息管理工作服务水平。启动“面对面、心贴心、实打实关爱劳模健康行动”，组织银川市近600名各级劳模进行健康体检。开展劳模区内外疗休养和“劳模家乡游”活动，组织劳模参观永宁回乡文化园、固原须弥山石窟、博物馆及六盘山国家森林公园参观，领略宁夏自治区美好山河，感受革命老区的红色经典魅力，激发广大劳模热爱家乡、建设家乡的热情。携手银川交通音乐广播、银川公共频道《直播银川》、银川腾讯微博开展“走进我身边的劳模”大型公益采访活动，展现劳模的风采，重温劳模的光辉事迹。

四是自主创业，一站式服务。为推进“服务职工在基层活动”和“工字号”创业带动就业工作深入开展，确立了“工字号”自主创业一站式服务在基层活动。通过前期精心组织、安排和培训后，于7～8月份，带队深入银川市金凤区、西夏区、永宁县、灵武市、兴庆区、贺兰县举办了六场“工字号”自主创业一站式服务在基层活动现场会。创业服务指导组创业导师、律师等指导老师先后在四县（市）区对“工字号”创业小额借款扶持的173名创业者进行了面对面自主创业“一站式”指导服务。针对创业者在创业项目选择、创业资金扶持、创业政策和相关法律法规知识等方面遇到的问题给予面对面指导服务，帮助创业者成功创业，扶持小企业更好地发展。受到了企业老板和创业者的好评。

五是就业援助，服务职工。面对我市下岗失业人员和困难职工家庭大中专毕业生就业难、难就业的压力。与自治区总工会联合召开2012年全区工会就业援助月活动启动仪式暨工会“春风行动”银川就业援助专场招聘会。共有152家企业进场招聘，提供就业岗位6480个，现场达成意向性协议4530个，通过回访实现就业再就业1320人。协助做好35万生态移民就业、维权及安置工作，5月份应银川市科协的邀请，市职工服务中心在芦花乡梁渠稍同阳新村为200余名移民进行了面对面维权知识讲座。

六是法制宣传，深入人心。为增强企业职工特别是经营者的政策法规意识，提高其对开展工会工作和保障职工权益重要性的思想认识，先后深入生产一线，开展政策法规宣传和相关法律服务50余次。为切实把职工思想政治工作做深、做实、做细，与职工面对面交流谈心250余人，倾听职工的意见呼声、反映职工的利益诉求，共收集意见建议70余条，使广大职工不断增进对工会组织的归属感，增强依靠工会组织依法维护自身合法权益的能力。于6月份投入资金10万余元编印了《银川市职工法律知识读本》，对各级工会和全市各直属企业、局委和职工进行发放。办理职工诉求案件775件1061人（次），得到了企业和职工的赞誉和好评。

银川中卫市建筑领域大力推行农民工工资“一卡通”

中国机冶建材工会

宁夏回族自治区银川中卫市率先在建筑领域建立了农民工工资直接支付“一卡通”管理系统，并出台《中卫市建筑领域农民工工资直接支付“一卡通”实施方案》，推行项目施工现场农民工实名制管理，督促建筑施工企业与农民工签订劳动合同，建立健全职工名册、考勤记录、工资支付等管理台账，规范农民工工资发放、规范了建筑劳务市场和在建工程以及农民工工作的管理，从源头上解决了建设领域农民工工资拖欠问题，有效维护了农民工合法权益。

一、基本情况

中卫市现有建筑项目600余项，涉及农民工3.5万人，月支付工资约8750万元。目前，农民工工资直接支付“一卡通”制度已在中卫市沙坡头区所有建筑施工企业试行，沙坡头区32家房地产开发、建筑施工企业在中国工商银行中卫支行开通了农民工工资直接支付专用账户，采集农民工个人信息5104份，办理农民工工资卡4979个，通过“一卡通”专户直接拨付农民工工资3626万元。农民工工资“一卡通”制度取得良好效果。根据《中卫市农民工工资直接支付“一卡通”实施方案的通知》安排，中卫市将在1~2年内，在全市范围内推行农民工工资直接支付制度，有望从源头解决全市范围内的拖欠农民工工资问题。

二、什么是“一卡通”

农民工工资“一卡通”是银行磁条卡和管理芯片合二为一的双介质卡，具有普通银行卡存款、取款的金融功能，同时也具备从业信息、身份认证、工地进出等服务功能，涵盖了工程项目、参建单位、施工合同、劳动合同、企业人员、技能培训、从业流动、考勤记录、工资发放等内容。

首先，根据国务院《关于解决农民工问题的若干意见》明确要求，建立工资支付监控制度和工资保证金制度，严格规范用人单位工资支付行为，确保农民工工资按时足额发放给本人。中卫市具体做法是：房地产开发公司和施工企业按照工商银行的规定在银行建立农民工工资发放专用账户，按照中卫市《劳务实名制管理信息系统》要求，建设单位在每次支付工程款时，将工程款不低于22%的比例打入农民工工资发放专用账户作为农民工工资。

其次，施工项目部根据农民工“一卡通”中记录的上班刷卡考勤记录和工作完成情况编制工资表，在施工现场公示，并报总承包企业审核。总承包企业审查合格后报工商银行。

最后，在每月20～25日，工商银行将上月工资逐人打入农民工实名制卡中，并通过手机短信通知农民工本人，同时将实发工资情况反馈到企业和建设行政主管部门、人力资源社会保障部门。建设行政主管部门、人力资源社会保障部门从工商银行的信息反馈中及时掌握各在建工地工程进度和农民工工资发放情况。

三、“一卡通”有何优点

建设领域农民工工资“一卡通”从源头上解决了农民工工资拖欠问题。

（一）有利于规范农民工工资发放。通过“一卡通”这一流程，房地产开发公司将工程款中工资部分存入专用账户，保证了工资来源，减少了工资发放的中间环节，杜绝了分包企业层次对资金的挪用。

（二）有利于规范建筑劳务市场。总承包企业和劳务分包企业只有先进入这一管理系统，才能进入中卫建设市场。通过该系统可以对农民工工资拖欠行为进行准确跟踪预警，拖欠农民工工资款的企业将会被清出中卫建设市场，同时一定程度上杜绝了违法分包、层层转包现象。

（三）有利于加强对在建工程和农民工工作的管理。建设行政部门通过该系统浏览在建工程、参建单位信息，对农民工从业流动、技能培训等可以进行实时动态管理，做好有关服务，减轻企业负担。

（四）有利于农民工权益的维护。一卡通为每一名农民工进行登记造册，明确身份，从而使有关部门可以直接有效地对农民工情况进行监督管理，通过一卡通监控农民工合同签订情况，收入情况，工资发放情况，通过一卡通记录农民工每月劳动时间，劳动强度，使农民工工资有了相对明确的标准，有利于提高农民工工作的积极性。工资是农民工最基本、最重要的经济利益，保证了每月足额按时发放工资，就保证了农民工最基本、最重要的劳动权益。

四、“一卡通”实施中的保障措施

（一）加强组织领导。成立以中卫市政府分管领导为组长，市人力资源和社会保障局、住房和城乡建设局等十余家相关部门参加的农民工工资直接支付“一卡通”工作领导小组，设立办公室负责统筹做好全市农民工工资“一卡通”日常工作。

（二）建立考核机制。将农民工工资直接支付“一卡通”制度纳入中卫市政府对各部门的效能目标考核体系，年终进行严格考核。

（三）建立通报制度。每月25日前，各成员单位要上报农民工工资直接支付“一卡通”工作落实情况，同时工商银行将企业开户、办卡、农民工工资发放等情况向领导小组办公室及时反馈，由领导小组研究后进行定期通报。

（四）健全许可证制度。在中卫辖区内凡不实行农民工工资直接支付“一卡通”工作的建筑工程，一律不予发放施工许可证，对开发企业不予发放《商品房预售许可证》。建设单位因工程款支付不到位导致拖欠农民工工资的，责令限期整改，造成严重后果的，甚至可以吊销企业开发资质，降低建筑企业资质。

（五）加大劳动监察力度。市人力资源和社会保障局要对各类用工单位加强日常监管，对发生拖欠工资的用工单位下发《责令改正决定书》，限期改正，对逾期不改正的进行罚款处理，情节特别严重，按照相关规定移交司法部门，追究相关单位及人员的刑事责任。

（六）中卫市总积极配合市政府和有关部门工作。成立了以工会主席为组长的工作领导小组，负责组织领导、制定政策、监督检查、总结考核等工作；积极组织协调各级工会，大力配合政府相关部门开展工作；加大工会组建力度，最大限度地把农民工，特别是劳务公司的派遣制农民工组织到工会中来；加大对农民工的政策学习宣传工作；加强监督检查，及时沟通协调，保证市政府提出和各项工作顺利实施。

五、“一卡通”实施效果

农民工实行实名制卡，完善了劳动合同，按月足额得到全部应得工资，提高了农民工的工作积极性。使用实名制卡使企业清楚掌握用工情况，减少了劳动争议，提高了管理效率，降低了管理成本，规范了建设市场和劳务用工市场，为房地产开发公司和建筑施工企业的健康有序发展打下良好基础。实行农民工工资支付“一卡通”以来，建筑领域农民工的投诉案件较去年同期降低了 50%。30 人以上的群体投诉案件，2010 年 5 ~ 10 月受理了 12 件，2011 年同期仅有 3 件，减少了社会矛盾，促进了和谐社会的建立。

宁夏回族自治区吴忠市总工会健全“三权”模式

中国机冶建材工会

近年来，在多起维权案件中，吴忠市总工会通过聘请法律顾问，依法以工会法律援助站名义行使劳动争议代理权、工伤认定和伤残鉴定代位申请权、集体合同直诉权，得到司法部门认可，实现了以调解防范为主的“软式”维权与现在的调解诉讼结合的“硬式”维权。“三权”模式，重新拿起了法律早已赋予工会的维权武器，丰富了工会维权手段，加大了维权力度，切实维护了职工的劳动权益，解决了工会维权中的难题。

一、以工会法律援助工作站的名义代理职工劳动争议案件30起，胜诉29起，为职工挽回损失51万元

劳动争议代理权是《工会法》第29条、《劳动合同法》第78条赋予工会的权利。两部法律规定，工会要为所属的职工提供法律服务，在职工申请仲裁，提起诉讼的时候给予支持和帮助。全国总工会制定的《工会参与劳动争议处理试行办法》对工会的法律服务职能作了明确规定，要求县和县级以上的各级工会组织建立的法律服务机构，接受职工的委托，代理职工参与劳动争议诉讼。吴忠市总工会于2010年6月首次探索行使劳动争议代理权遭遇很大困难。吴忠市手工业联社（简称：手联社）女职工雷敏，首签劳动合同和续签劳动合同满10年后被单位终止劳动关系。雷敏提起劳动争议诉讼，要求撤销单位终止劳动关系的决定，并依法续签无固定期劳动合同。二审中，吴忠市总工会法律顾问以吴忠市总工会职工法律援助工作站（简称：工会法援站）的名义代理该案，并出具了出庭函件，首次尝试使用劳动争议代理权。出人意料的是：开庭就遭到手联社代理律师的强烈质疑。二审后，手联社代理律师认为吴忠市中院的审理程序违法，并申请再审。再审理由中认为“吴忠市总工会职工法律工作站系总工会的内设机构，对外不具备出具诉讼参与人函件的资质；吴忠市总工会职工法律援助工作站法律股是一种职务，不符合民诉法第85条规定的诉讼代理人身份。以此身份不能成为诉讼参与人，其代理行为无效。”自治区高院经审理后，认为工会法援站法律顾问代理该女工劳动争议案件合法，驳回手联社的全部再审申请。吴忠市总工会行使劳动争议代理权终于取得了突破性进展。

截至2011年10月，吴忠市总工会以法援站名义行使劳动争议代理权，已代理劳动争议案46起，其中30起已经结案，胜诉29起，为申请劳动仲裁和提起诉讼的27名职工发放援助费18500元，为职工挽回各项损失约51万元。另外，还有16起劳动争议案件已进入法院的审理程序。

二、首例工伤认定代位申请权行使成功，为重度伤残农民工取得工伤认定，并获赔40万元

工伤认定代位申请权是国务院《工伤保险条例》（简称：条例）赋予工会的权利。按照《条例》第17条的规定，用人单位应当为受到事故伤害的职工和被诊断为职业病的职工，在30日内向当地社会保险行政部门提出工伤认定申请。用人单位不作为的，工伤职工或其亲属，工会组织可以直接向社会保险行政部门提出工伤认定申请。因此，由工会组织为工伤职工申请工伤认定的，称为代位申请。自治区原劳社厅、卫生厅、总工会联发文件《关于加强工伤认定和劳动鉴定工作管理的通知》为实施《条例》17条制订了新的办法，赋予工会组织为因工伤残的职工申请劳动能力鉴定的权利。2011年6月，吴忠市总探索行使工伤认定代位申请权。马秀芳，女，回族，34岁，非农户，2010年9月在建筑工地三楼接砖时不慎摔落地面，胸椎8～10爆裂，大小便失禁，完全瘫痪。后，包工头仅支付8万元医疗费，未能就损害赔偿达成最终协议。吴忠市总认为：只有通过工伤认定，劳动能力鉴定后，最终才能获得赔偿。法援站通过细节入手，抓住蛛丝马迹，理清了马秀芳和施工单位的劳动关系。2011年6月，吴忠市总工会作为马秀芳的工伤认定申请人向吴忠市人社局递交《工伤认定申请书》。吴忠市人社局根据工会法援站提交的证据进行了核实，2011年7月，正式受理。在工会调取的证据面前，施工单位主动找马秀芳家人商谈赔偿事宜，最终达成赔偿40万元的协商结果。

三、工会集体合同直诉权

集体合同直诉权是《工会法》第20条、《劳动合同法》第56条和《宁夏回族自治区企业民主管理条例》第27条赋予各级工会的权利。根据这两部法律的规定，在工会与用人单位签订专项集体合同后，如果用人单位违反集体合同的规定，侵犯职工权益的，双方首先协商解决，协商不成的，工会可以作为劳动仲裁申请人或诉讼原告，申请仲裁，提起诉讼。工会直接行使申请仲裁或提起诉讼的权利称为直诉权。工会行使直诉权可以直接地，最大限度地维护广大职工的合法权益，是履行法定维权职责最有效的行为体现。目前全国总工会在积极探索直诉权的行使与社会实践。吴忠市总工会正在选取典型事例，有望近期取得突破。

吴忠市的“三权”维权新模式，是市总研究新问题，提出新方法，采取新措施所取得的有益突破，为各地工会组织以自身实力直接维护职工的合法权益，排除了异议，畅通了渠道，提升了工会的社会地位和影响力。

激发基层工会活力　真情服务职工群众

新疆维吾尔自治区乌鲁木齐市沙依巴克区总工会

新疆维吾尔自治区乌鲁木齐市沙依巴克区总工会在“面对面、心贴心、实打实服务职工在基层”活动中，面对面听民意化民忧，心贴心解民难润和谐，实打实惠民生促发展，不断激发基层工会组织的活力，充分发挥了工会组织在促进经济发展、构建和谐稳定中的积极作用。

明确活动目标，实打实推进服务职工活动。确定了走访“百家企业”，访问“万名”职工，办十件实事，举办“百场”宣讲、“百场”比武、“百场”文体活动，组建“百家”企业工会、发展“千名”会员，实现“百家”企业工资集体协商签约，调研“十个”课题，打造“十个”示范等一系列活动目标。大力推行工会组织亮牌子，工会干部亮身份的“双亮”活动，印制了职工联系卡，将总工会主席、副主席和区属17个相关单位负责人及11个街道（管委会）工会联合会工会主席和专干的联系方式全部发放给职工。

深入调查研究，实打实摸实情表真情。整合各类资源，成立调查队、宣传队、工作队、服务队、指导队、协调队等六个工作队，深入企业特别是中小非公企业、改制企业、生产经营困难企业和劳动密集型企业，开展了职工思想状况、和谐劳动关系创建、基层工会活力等10个课题调研，把普遍性问题及时梳理形成调研报告送上级党委政府。他们共走访企业470余家，访问职工7000余名，召开座谈会100余场，个案访谈280余人，发放职工维权手册3000多册，宣传资料4400多份，接待来信来访27件次；同时对350多家企业开展了劳动关系矛盾问题专项排查工作。

着眼实现“双赢”，实打实为企业排忧解难。针对企业提出的经营困难，想方设法多方协调促进问题解决，权限和能力所限一时解决不了的就积极向党委、政府等相关部门反映，促成问题的解决。针对目前餐饮企业员工队伍不稳定、招工难问题异常突出，主动与区劳动保障部门紧密配合协调，联合在火车南站人力资源市场举办2场餐饮服务行业专场招聘会，组织餐饮及服务企业70余家，60多个工种，提供岗位1023个，辖区失业人员及就业困难人员1000余人参加招聘会，百余人现场达成就业意向。各街道（管委会）工会联合会与劳动保障所联合利用劳动就业平台为600多家企业免费发布招聘信息，利用招聘会、设立咨询点等形式发布就业信息，提供就业服务。组织下岗职工参加有针对性的技术技能知识培训，举办招聘会14场，提供免费就业服务人数300多人，成功介绍就业人数72人，组织参加职业技能培训人数400多人。通过政府有关部门协调解决了企业遇到的道路被封、正常经营被罚款、职工孩子入托难等10多个问题。

组织开展劳动竞赛，实打实推动企业创新发展。沙区总工会针对非公有制企业的特点，以建功立业、“工人先锋号”为载体，开展冬季冰雪清除劳动竞赛、文明规范执法技能大赛、清运队业务技能大赛、社区食堂厨艺大赛等职工技能竞赛、技术创新和合理化建议等活动10多场竞赛。区属各企业根据各自的行业特点开展了丰富多彩的劳动竞赛，如华源集团工会围绕班组建设开展“岗位练兵”、“五小创新”、“师傅带徒弟”、“首席岗位制”、“双十培训”工作；昊天运输集团公司在12条公交线路及乌昌线路中开展“五星级”客车劳动竞赛、节油我最佳、优质服务明星竞赛；富丽华酒店组织职工开展酒店服务大赛等。

强化创新意识，实打实提升工会工作能力。在组建工作中，沙区总工会把重点转向抓行业工会、区域性工会、楼群企业工会、楼宇工会的组建，共组建行业工会1个，楼群企业工会1个，楼宇工会2个；在维权资源和手段上，加强与地方司法、劳动保障、法院、工商、税务等部门的协调沟通，积极为职工提供法律咨询、劳动争议的调解，搭建侵权事件和劳动争议调解和处理工作平台，参与处理劳动关系案件处理48个；将心理疏导作为开展职工思想政治工作的重要手段，采取集中咨询、个别辅导等多种方式，共组织职工培训近100场次，帮助职工正确地认识挫折、面对困难、应对挑战、获得持续发展的能力；运用理论宣传手段、文化感染手段和法律约束手段，编辑出版《沙区职工文学作品选》两本，举办沙区职工书画摄影作品展；积极参与社会管理和公共服务，通过选树劳动关系和谐企业、职工书屋、工人先锋号、职工之家、职工帮扶、职工文化家园、节能减排、厂务公开、党工共建、创新工作等10个示范项目，打造工会工作品牌，发挥示范带动效应。

真心服务基层，实打实办好事实事。一是在经费上向基层倾斜，为11个街道（管委会）工会联合会、机关工会、教育工会各补助5万元，为50个基层工会赠送电脑、照相机办公设备。二是加大基层工会干部培训，从职工和企业的需要出发，举办工会干部培训6场，职工技能培训5期。三是开展送文化进企业活动。今年创建职工书屋6家，赠送书籍1800多册。邀请专家到基层企业工会举办了3场心理咨询讲座，帮助职工树立理性健康的生活心态。四是为劳模“送关爱”，对40名困难、患病劳模进行了慰问，端午节为160多位各级劳动模范送粽子，组织劳动模范40人赴内地疗休养。五是开展“送温暖”活动，慰问辖区奋战在一线的4300多名环卫工人，走访入户困难职工372户，慰问困难职工269户，对120多名大病职工进行爱心救助，共计发放慰问补贴金104.7万元。六是在重点工程工地开展了“送政策、送服务进工地”活动，为百余名农民工现场提供咨询服务，举办法律大讲堂上百场，举办职工素质大宣讲8场。七是建立奖励基层工作机制，激励基层工会创先争优，先后对172个基层先进单位和个人进行表彰奖励。

加强职工文化建设，实打实增强工会工作凝聚力。开展形式多样的庆祝“三八”、职工模特大赛、“劳动者之歌”主题音乐演唱会、庆祝“五一”国际劳动节暨服务行业“双十佳”颁奖典礼、“欢笑送给可敬的环卫工人”职工摄影展、第五届职工书画展活动等文体活动30余场，20多个基层单位举办了联谊会、乒乓球比赛、职工趣味运动会、社区食堂厨艺大赛、文艺汇演、摄影、演讲、大合唱等，充分展示了基层工会和职工的风采。

真情服务职工　彰显工会作为

新疆维吾尔自治区克拉玛依市昆仑路街道工会

新疆维吾尔自治区克拉玛依市昆仑路街道工会联合会认真贯彻落实全总“组织起来、切实维权”工作方针，紧紧围绕街道党工委的中心工作，积极探索，大胆实践，走出了一条街道工会“服务企业、服务职工”彰显作为的新路子，增强了工会组织的吸引力和凝聚力。

一、加大建会力度，基层组织建设进一步增强

一是建立健全工会组织。昆仑路街道25人以上企业建立了独立的工会委员会50家，其中改制企业18家、非公有制企业32家。25人以下企业均建立了联合工会委员会。

二是建立健全女职工委员会，配备了专兼职女工干部。目前，街道工会、街道机关工会及有女职工10名以上的企业都成立了女职工委员会并配备了女工主任，其中4家企业联合工会还配备了副主任。不具备成立女职工委员会的企业工会委员会中都配有女工委员。女职工委员会覆盖女职工1835人，做到了女职工组织对女职工全覆盖。

三是建立健全劳动争议调解委员会、劳动法律监督委员会和劳动安全卫生监督委员会。市属改制企业18家，除长年停产3家外，15家企业都成立了相应委员会。25人以上的非公制企业都成立了各委员会，并配备了劳动争议调解员，做到了工会的各类组织全覆盖，保证了工会各项工作正常运行。

二、拓宽源头参与渠道，建立维权机制

一是做好集体合同的签订工作。街道18家改制企业签订了集体合同，覆盖职工1974人，连续三年履约率达100%。25人以上非公企业都签订了集体合同。4家联合工会于去年5月份签订了集体合同，覆盖职工764人。

二是做好三项专项协议签订工作。改制企业18家中有13家签订，5家困难企业未签订。25人以上非公企业全部签订了工资专项协议、4家联合工会全部签订了工资专项协议，覆盖职工764人。改制企业18家中有13家签订，5家困难企业未签订。25人以上非公企业全部签订劳动安全卫生专项协议，4家联合工会全部签订了劳动安全卫生专项协议，覆盖职工764人。18家改制企业中13家成立女职工委员会，全部签订了协议，覆盖职工594人。25人以上非公企业成立女职工委员会的14家全部签订，覆盖女职工262人。4家联合工会去年全部签订了女职工特殊保护专项协议，覆盖女职工262人。

三是做好宣传教育，增强广大职工法律意识和依法维权能力。街道工会成立了

“六六普法”工作领导小组，制定了工作计划，举办了妇女维权案例、《劳动争议调解法》、平等协商操作技能知识等讲座，开展法律知识展板、黑板报、发放各类法律宣传单等法律宣传活动，参与人数达860余人。同时，全力推进依法治会工作，所有改制企业及25人以上非公企业都已办理了法人资格登记。

三、建立健全各项制度，不断加强规范化建设

街道工会高度重视制度化、规范化建设，不断提高工作质量和效率。先后制定了企业工会和联合工会主席、工会经费审查委员会主任、女职工委员会主任及工会各委员的岗位责任；制定了厂务公开办法、职代会操作实施细则等工作制度。为方便企业建会工作，将企业申请建会报告、选举程序整理成电子版，建会企业只需填表、按程序进行就可完成工会申请建会的两个报告，为企业减少了工作量，也提高了工作效率。

四、加强源头维护，维权职能进一步增强

*一是不断深化劳动关系和谐企业创建活动。*街道工会建立了劳动关系和谐企业活动领导小组。近两年，有58家企业被评为劳动关系和谐模范。2009年，国际金融危机影响新疆油田公司投资锐减，主业工作量减少影响到改制、非公企业生存和职工队伍稳定，街道工会动员17家改制企业、15家非公企业签订了“共同约定”，覆盖职工2571人，维护了职工权益，确保了企业劳动关系和谐稳定。

*二是认真落实《就业促进法》，解决下岗职工的就业问题。*街道工会与街道劳动保障所联合开展了送岗位、送技能活动，定期组织下岗失业人员开展就业指导讲座、少数民族汉语培训、计算机培训、插花及电焊操作等技能培训。开展“春风行动”，为农民工广泛开展政策咨询服务。结合街道实际，开展了“就业援助月”活动，重点针对辖区有就业愿望和就业能力的低保家庭、零就业家庭、失业人员、多子女家庭开展援助服务。近两年，先后解决了993名下岗失业人员再就业。

*三是大力实施送温暖工程，积极构建多渠道维权帮扶机制。*昆仑路街道工会工委坚持重大节日开展“送温暖、送清凉、送健康、送法律、送文化”系列活动，工会领导深入困难企业、困难职工进行慰问。对辖区6家困难改制企业，32名困难职工进行调查、建档、申报工作，实行动态管理。在夏季高温期间，为企业一线职工送去降温解暑慰问品，连续三年组织辖区企业困难、单亲女职工进行健康体检，组织企业工会主席及职工开展各类法律知识讲座。坚持开展“金秋助学”工作，对助学家庭进行跟踪走访，三年来发放助学款项30余万元。

多措并举　注重实效
全面推动“服务职工活动”深入开展

新疆生产建设兵团农八师石河子市总工会

2012年，农八师石河子市总工会按照全总、区总、兵团工会《关于开展“面对面、心贴心、实打实服务职工在基层”活动的实施意见》的安排部署，立足抓早、抓紧、抓实，精心谋划，科学安排，迅速在工会系统开展了“面对面、心贴心、实打实服务职工在基层”活动。

一、把强化组织领导作为活动开展的根本保障

师市总工会成立了由师市党委常委、副政委王希科任组长，石河子市副市长张硕任副组长，师市总工会主席、书记、副主席为成员的“服务职工活动”领导小组。领导小组下设办公室在综合科，师市总工会主席景俊（兼）办公室主任，办公室成员由总工会各部室负责人组成，负责对各级工会开展活动的统筹协调、宣传报道、督办落实工作，同时负责师市总工会机关开展“服务职工活动”的各项具体工作。2月17日，师市总工会召开了工会全委（扩大）会议，及时传达贯彻全总、区总和兵团工会开展“服务职工活动”的工作部署，明确了师市“服务职工活动”的总体要求和工作目标，对师市各级工会组织开展“服务职工活动”进行了深入发动、全面部署。为确保此项活动工作落实，5月11日，师市总工会召开1~4月份工会工作会议，对“服务职工活动”进行了再动员、再部署。

二、把深入调查研究作为活动开展的前提和基础

为制定服务职工活动实施办法，师市总工会领导带队，分成四组深入到师市各团场和市区生产经营困难的企业、困难职工多的企业、劳动关系矛盾突出的企业、工会工作相对薄弱的企业，通过座谈、个案访谈、问卷调查等不同方式，对企业发展、职工生产生活、工会工作等情况开展“拉网式”大调研活动，将调研成果与工作实际相结合，制定下发师市总工会《关于开展“面对面、心贴心、实打实服务职工在基层”活动的实施办法》和《总工会机关干部服务职工实施办法》。

三、把注重实效作为活动开展的着力点和落脚点

（一）与开展扶贫帮困送温暖活动相结合。深入开展“送温暖”活动，由师市领导带队，慰问困难职工家庭4205户，筹集发放慰问款物226.72万元；大力开展“夏送清凉”慰问活动，购置猪肉、大米、清油、绿豆、白糖等慰问品，对天业、天富、天筑等企业战斗在重点工程的一线员工进行了慰问；在第一时间赶到121团、141团、142团

等遭受雹灾的团场，对受灾职工进行了慰问；举办了“民营企业招聘周”活动，组织92家民营企业提供用工岗位5100多个，发放宣传资料7000多份，有3000多人参加洽谈，求职登记1300多人，达成用工意向700多人。

（二）与建功立业活动相结合。一是围绕加快“三化”建设进程，在农牧团场开展了“春耕春播”劳动竞赛；在化工、纺织、食品、电力能源、建筑等企业开展了“重点工程”劳动竞赛和“安康杯”竞赛；二是对在各行各业、各种竞赛中涌现出的20个“工人先锋号”和50个“五一文明岗”进行了大力宣传和表彰奖励；三是在“环卫工人节”期间，组织开展了慰问一线环卫工人和向师市各族职工发出《倡议书》活动；四是召开了师市自营经济座谈会，对22个自营经济示范户和4个自营经济先进集体进行了表彰；五是在“五一”前夕，隆重召开了“师市庆祝五一国际劳动节暨先进集体表彰大会”，八师师长、石河子市市长主持会议，兵团党委常委、副政委、八师政委作了重要讲话。

（三）与职工素质工程相结合。首先，全面推进“军垦书屋”建设，7月20日在144团召开了“廉政文化进连队”理论研讨暨“军垦书屋”建设观摩会，全总宣教部宣教处处长刘建新一行出席了会议。其次，继续打造职工文化品牌，春节举办了职工文艺调演，“三八”节举办了女职工联谊会，三月份举办了“感动绿洲”职工摄影大赛，五月份举办了“天德杯”棋牌比赛，并选派人员参加克拉玛依市中国象棋比赛，六月份举办了“迎十八大、庆旅游节、美耀石城”书画展，十月份举办了“石河子剪纸艺术展”。第三，编印刊发10期《职工园地》、3期《工会工作简报》、3期《职工文萃》、《2011年工会论文集》、《2012年廉政文化进连队论文集》，及时更新《工会网站》，充分发挥工会报刊、网站的宣传阵地作用。第四，深入开展“创建学习型组织，争做知识型职工”活动，积极参加全国第四届职工技能大赛电焊工选拔赛，认真评选“廉政文化进连队”优秀论文，广泛开展了争创“工人先锋号”、“五一文明岗”活动。

（四）与“和谐小康家庭”创建活动相结合。年初，举办了“和谐小康家庭”颁奖典礼活动，表彰奖励100户师市级“和谐小康家庭”和5个创建“和谐小康家庭”先进单位，通过广播、电视、报纸、工会刊物大力宣传“和谐小康家庭”典型事迹，营造“创建”活动氛围。目前，师市已先后涌现出连队、社区级“和谐小康家庭”15020户，团场、企业、街道级“和谐小康家庭”7080户，师市级“和谐小康家庭”300户，兵团级“和谐小康家庭”14户。

（五）与扎实推进“两个普遍”相结合。以开发区、北工业园区和“两新”组织为重点领域，以农民工、劳务派遣工为重点对象，2012年上半年新增工会8家，新发展会员6000多人。编印发放《工资集体协商工作手册》1000多册，并于7月6日召开了“师市工资集体协商工作推进会”，师市有关单位的150多人参加会议。

（六）与大力发展职工自营经济相结合。根据兵团工会《关于建立职工自主创业激励机制的实施意见》，制定出师市职工自主创业的优惠政策，召开了师市职工自营经济工作会议，评选表彰了一批庭院经济大户、致富能手和先进集体，引导鼓励职工发展自营经济。师市总工会已制作发放11232张“工会干部服务职工联系卡”和1000多本《服务职工在基层工作日志》，与36个单位的1064名工会干部挂钩结对，挂钩联系困难职工2425人，开展帮扶活动5000多人次，发放书籍约25万册，新建“军垦书屋”360个。

做实“五个结合” 扎实开展服务职工活动

新疆生产建设兵团农三师图木舒克市工会

2012年以来，农三师图木舒克市工会深入开展“面对面、心贴心、实打实服务职工群众在基层”活动，把“职工有所呼、工会有所应、职工有所需、工会有所为”作为基本理念，强化服务意识，全面履行好工会职能，叫响“有困难找工会”口号，打响“职工之家”品牌。

一、坚持把“服务职工群众在基层”活动同开展创先争优、“作风建设年”紧密结合起来

一是师市党委高度重视，师市党委常委会就落实好此项活动专门听取了工会的汇报。师市工会专门成立了由师市工会党组书记、主席为组长，各基层工会主席为成员的农三师图木舒克市工会活动领导小组。根据兵团工会关于服务职工在基层活动的意见要求，结合农三师工会工作的实际，制定了农三师图木舒克市工会活动实施方案，明确活动目的和意义，活动主体、方式和服务范围、对象以及活动的步骤、主要任务、具体要求等。

二是以师市工会召开四届八次全委（扩大）会议为契机，及时动员部署，迅速形成高潮。师市工会向各级参会人员印发、传达了全国总工会、兵团工会关于开展“面对面、心贴心、实打实服务职工在基层”活动的相关要求文件，对活动进行全面安排部署，阐明活动重大意义，提出具体要求，与工会评先创优有机地结合起来，一起落实，一起检查，一起考核。提出了“八个一”工作要求。即：各级工会干部帮助一户贫困职工群众；建立一个联系点或联系户；挂钩帮助一个工会工作薄弱单位；撰写一篇转变工作方式，提高服务水平的调研报告；与挂钩单位，对口扶贫帮困户建立一条信息畅通联系渠道；制作一张联系卡片，一本服务手册；一个扶贫帮困联系活动登记本，撰写调研蹲点日记；年内为基层或对口扶贫帮困家庭寻找一条致富信息等，做实了挂钩帮扶工作，拓展活动内涵。

三是围绕职工群众最急、最盼、最忧、最怨等问题开展调查研究。师市工会于四月份，分成5个组，按照每组联系5~7个点的工作方式，先后3次深入27个农牧团场、企业和连队，实行“一线工作法”，建立了干部“四联户”工作机制，强化了“五个百”服务，做到了“六必访”（“四联户”领导蹲点联户、部门挂钩联户、干部结对联户、建卡经常联户；强化“五个百”服务，进百家门、知百家情、管百家事、解百家难、暖百家心；做到“六必访”，基层干部和业务人员必访、党员必访、先进个人必访、职工代表和生产骨干人员必访、宗教人士必访、困难职工群众家庭必访）。同时，普遍开展了蹲点干部撰写蹲点手记，填写民生台账。

二、坚持把“服务职工群众在基层”活动同发展少数民族经济结合起来

组织少数民族集居团场工会干部及少数民族妇女致富能手参观考察，与相关团场主要领导磋商发展少数民族聚居团场经济。以少数民族集居团场经济发展为重点，以少数民族职工增收致富为突破口，多方筹集项目资金、帮扶资金近70万元，在51团建立地毯编织厂，组织地毯编织培训和生产。师市工会、妇联参与44团部分盐碱化耕地改良计划，在大力扶持少数民族职工发展养殖业上寻求出路。目前，200亩盐碱化耕地经压碱处理后已经播种了玉米。与兵团职业技术培训学院密切合作，组织举办大棚种植技术培训班，对41团、49团近300名设施农业从业或有意从事大棚种植户进行大棚蔬菜实用栽培技术培训。

三、坚持把“服务职工群众在基层”活动同开展调查研究活动结合起来

一是结合“深化干部作风建设年”和“争先进位”活动，提出“一线工作法”，与基层一线接“地”气。根据1年至少100天开展下基层服务的要求，师市工会机关全体深入基层调查研究，通过召开座谈会，个别交谈等，调研了解到如土地承包费高，农产品市场价格不稳定，劳务费高，农业丰产不丰收的问题以及职工增资问题；事关职工吃住行的问题；职工群众担心企业发展慢，经济效益差，影响工资收入等，很多问题列入党政2012年重点解决问题。

二是继续开展工会干部“百户扶贫”工程。目前，师、团、连三级工会干部共与726户贫困户结成了帮扶对子。44团工会组织所属单位干部职工与13个集体连队结成了挂钩单位，与184名贫困民族职工结成了帮扶对子。农资公司与10个基层公司建立了网络业务信息平台，设立16个农资配送点，为职工群众上门送货服务。

三是实实在在为基层解决困难和问题。师市工会先后5次深入到15个农牧团（场），10个企业工会召开座谈会，走访连队干部、职工群众，先后三次到伽师总场为结对帮扶17名贫困户送去了慰问品或慰问金。各基层工会也都结合各自的工作实际开展了扎实有效的调查研究。

四、坚持把“服务职工群众在基层”活动同提高职工文化素质结合起来

在强化职工书屋管理的基础上，设立好书推荐牌，向职工推荐好书，建立职工群众读书学习园地，组织职工群众撰写读书心得、开展读书日等活动。2012年，三师图市工会城区单位坚持以迎新年，贺新春趣味运动会；庆“三八”文艺联欢活动；图市及团场庆“五一”职工群众篮球、拔河比赛；师团两级工会干部庆“七一”下基层党团活动等150多项；图市、团场坚持以百日广场文艺演出活动为重点的群众性文化活动达100多场次。坚持工会经费为基层和职工服务原则。

五、坚持把“服务职工群众在基层”活动同扶贫帮困送温暖结合起来

一是进一步巩固成绩，提高服务水平，切实解决好困难职工最关心、最直接、最现实的利益问题。师市各级工会干部重新摸底调查，落实确定了帮扶对象，师团连三级工会干部共与726户贫困户结成了帮扶对子。为师、团、连三级工会《结对帮扶困难职工服务手册》、服务职工联系卡1000多张，开展走访慰问送温暖活动。

二是“金秋助学”活动成效显著。2012年全师共筹措资金28.93万元，其中：各级党政资助10.73万元，社会捐助8.52万元，各级工会投入9.68万元（其中：师工会经费投入2万元）。发放助学金28.75万元，资助困难职工子女338人。

三是扎实开展扶贫帮困送温暖活动。慰问困难职工和残疾职工家庭1797户，困难农民工148人，困难劳动模范14人，共计发放慰问金总额101.43万元。帮助符合条件的困难职工落实相关惠民政策749人次，为下岗失业人员提供就业岗位245个，为困难职工提供生活救助896人次、就业培训1457人次、医疗救助92人次、子女助学帮扶59人次、法律援助85人次，为1698户困难职工家庭提供过冬取暖补贴54.56万元，开展送文化活动2690人次，与劳动等有关部门密切合作，帮助183名职工追讨欠薪137.6万元。

中国铁道建筑总公司工会
注重预防机制建设　切实维护农民工合法权益

中华全国铁路总工会

为全面治理职工、农民工工资拖欠问题，切实维护职工、农民工合法权益，中国铁道建筑总公司工会结合“服务职工在基层”活动，广泛听取意见和建议，推动内部经验交流，着力完善以工资拖欠投诉渠道、监控预警、定期报告、重点督察以及群体事件应急处理等为核心内容预防职工和农民工工资拖欠长效工作机制。

进一步畅通工资拖欠投诉渠道。总公司工会要求各单位工会进一步建立、普及和规范工会主席信箱、热线以及工会主席接待日等沟通方式，搭建工资拖欠投诉及日常沟通平台。鼓励下属单位工会设立投诉专线，开辟工资拖欠投诉“绿色通道”；鼓励各单位工会利用信息技术开辟网上社区、论坛、贴吧等交流平台，更多渠道地了解群众思想动态，更加广泛地听取群众呼声和想法，更加有效地征求和吸取职工合理化建议。

进一步规范农民工工资发放工作。总公司工会要求各单位工会协同相关部门逐步建立农民工工资保障金制度，对劳务分包单位收取一定比例的工资保障金，以备在履约过程中发生拖欠、克扣或逃匿支付行为时应急使用。项目部开设工资专户，将农民工工资直接通过银行转入个人工资卡中，或派人到现场发放现金到农民工本人手中。在此过程中，完备签字、拍照、录像等监督发放措施，防止日后发生争议和纠纷。各单位认真落实总公司要求，并结合自身工作实际，进一步探索管理程序和方法。如中铁20局集团公司，一是大力加强外部劳务人员工资的审核工作，以完成劳动定额及定额日工资单价为核定依据，关注外部劳务队伍工资表的真实性，防范审计风险。二是规范各类农民工登记台账。认真做好外聘人员及成建制外部劳务队伍的承包合同、劳动合同、人员登记台账、工资发放名册、银行打卡记录的“五统一”。以上措施，切实从基础上堵塞了管理漏洞，有效规避了企业用工风险。

强化工资拖欠监控预警和报告制度。所属各单位工会依托网络化的管理体系，协同人力、财务、计划统计部门，对在建项目信息进行摸底普查，全盘掌握工程进度、业主验工计价及拨款、工资发放、外欠款等基本信息，梳理出工资拖欠监控重点项目。在此基础上，各单位加强对重点项目的职工工资，尤其是农民工工资拖欠情况进行监控预警，重点建立工资拖欠情况月度报告制度。对年内发生过拖欠农民工工资行为的用工单位，实施重点督察，特别是连续拖欠两个月以上或累计拖欠三个月以上的用工单位，明确专人定点负责，督促其及时清欠，并对农民工工资发放情况进行实时监控和定期报告。

落实群体性事件应急处理机制。完善应急预案，明确工作责任，健全工作机构，提高快速反应能力。加强同地方劳动行政部门、地方工会组织的沟通和联系，建立健全协调劳动关系三方机制，搭建稳定劳动关系合作平台。进一步完善应急处置预案，做到有备无患，一旦发生群体性事件，确保及时有效地控制现场局势，防止矛盾激化、事态升级。如，中铁14局成绵乐铁路指挥部，对职工、农民工维权问题建立受理登记表，并对问题进行追踪处置、限期整改并复查。今年5月份以来，该指挥部先后发生了2起农民工与劳务公司利益纠纷，指挥部有关部门积极介入调查，弄清事实真相，维护了农民工的利益，并顺利处置了另外一起现场阻工讨债的事件。

完善农民工工资纠纷责任追究制度。对因责任不落实、管理不到位、措施不力，发生严重违约、拖欠工程款和农民工工资的，追究有关单位负责人和相关人员的责任，并取消其单位和个人的各类先进评比资格。对外部劳务分包单位，加强合格劳务分包方信誉评价制度，严格劳务分包方的准入和清出。

中远集团工会出实招办实事 真诚服务船员和一线职工

中国海员建设工会

按照全总和中国海员建设工会关于开展“面对面、心贴心、实打实服务职工在基层”活动（以下简称“面心实”活动）的指导意见和工作部署，中远集团各级工会加强组织领导，周密部署安排，广泛宣传发动，深入调查研究，在服务职工群众、服务企业发展等方面取得明显成效，受到了广大职工的欢迎。

一、深入领会上级精神，精心组织谋划，充分认识开展“面心实”活动在工会全局工作中的重要意义

中远集团工会认真学习全总的意见和要求，多次组织集体学习，把“面心实”活动作为集团工会推进工作的重要载体和工作主线，把工会各项工作的推进与“面心实”活动的开展融合在一起，与集团正在开展的管理提升活动融合在一起，充分调动全体职工的积极性，发挥出工会组织的“管理沟通桥梁纽带”作用，在低迷的航运市场形势下，为实现中远集团“双盈利”目标作出实实在在的贡献。

结合中远实际，集团工会在2012年年初研究制定《中远集团关于开展“面对面、心贴心、实打实服务职工在基层”活动的实施意见》，对全系统的活动开展提出指导性的意见，明确六项工作重点、活动力求达到的五个实际效果，提出八项具体要求。集团工会发挥龙头作用，认真筹划，率先制订了本级工会2012年开展活动的工作计划，走访全部二级工会；走访50个基层（船舶、网点、车间、班组）；与500名职工面对面交流谈心；研究解决2件以上带有普遍性、影响二级工会积极性发挥的问题；解决或督促解决若干件影响基层工会积极性发挥的问题；解决或督促解决10件以上影响职工积极性发挥的问题；协调上级有关部门办理1～2件涉及船员切身利益的实事；为职工办理10件以上的实事好事；举办“心在中远、感动你我”中远职工DV大赛，记录、宣传长年默默无闻、坚守一线的优秀职工事迹；集团工会还认真准备了宣讲材料，设计了调查问卷和工作日志的标准格式、活动开展情况统计表，为“面心实”活动的开展做了充分的准备。

二、深入基层、深入船舶、深入一线，务实高效开展“面心实”活动

（一）广泛发动，大力宣传，让“面心实”活动的理念深入人心

从2012年3月开始，先后在大连、天津、上海、广州、青岛等口岸公司召开“面心实”活动启动会议，每到一地，中远当地所有基层单位工会主席全部参加会议，会议宣传集团面临的形势和任务，宣讲“面心实”活动的意义和要求，宣传工会工作的新理

念，提出“工会组织要发挥管理沟通、桥梁纽带作用”、“工会工作要想总经理、党委书记所想，心里装着职工”。活动的开展从集团工会的带动逐步向全系统工会普遍行动发展，形成了全系统工会组织和工会干部上下齐动的良好开局。

（二）面向船员，深入基层，以多种方式开展“面心实”活动

集团工会按照区域划分成立三个工作组，深入到船舶和一线揽货网点，面对面听取职工的意见建议。每个工作组，每一名工会干部在走基层过程中用“心”工作，心里要装着职工，装着船员，想船员所想，急船员所急，开动脑筋，转变思路，努力为船员及家属多办实事。下基层，上船舶，深入车间班组，与一线职工同吃、同住、同劳动，通过召开各个层级动员会、座谈会，广泛听取基层职工、船员及家属的意见建议；为了替船员办好实事，还与交通运输部、海员工会、海事局等上级相关部门做了大量沟通协调工作，取得了很好的效果。截至2012 年上半年，集团工会已经走访全部二级工会，船舶6 艘，基层单位42 家，召开17 个座谈会，与350 多名职工面对面交流并听取意见，整理归纳61 条意见建议，撰写工作日志43 篇，发放调查问卷980 余份。

中远集运工会把“面心实”活动的开展与“掘金行动”结合起来开展，落实到拼搏效益的中心任务上来；广远公司在2011 年为船员做“八件实事”的基础上，2012 年加大为船员做实事好事工作力度，特别在提高船舶工会活动经费方面出台了新举措；中散集团要求所属三家远洋公司“把为船员服务做成精品”作为管理提升目标；中远造船工会上半年已经走访了全部的成员企业，召开了12 次座谈会；中远物流由工会主席带队，深入到25 家基层一线单位调研。

（三）广纳建议，真心实意为船员和一线职工办实事

集团工会通过面对面广泛听取并征集船员及家属意见，会同集团总部人力资源部、安监部、运输部等职能部门认真研究，并征求相关二级单位意见，最终整理形成了为船员办十八件实事指导框架，重点包括：为船员上下船提供必要的交通服务；为船员提供船岸邮件通信服务；协助船员家属办理上船探亲手续；为船员及探亲船员家属提供良好的休息场所；完善船员家属联络站建设；建立公司领导船员家属接待和探访制度；加强船员管理人员队伍建设；协调国家有关职能部门（一关三检）、上级组织（海员工会）和社会机构（海员俱乐部）等共同营造服务船员良好氛围；建立和推广接待船员和家属的“首问负责制”制度，继续推进船员个税减免事宜；等等。

三、着眼长远，形成开展“面心实”活动的长效机制

进一步加强宣传和动员，通过深入基层，感受到一线基层职工是有实实在在的需求和诉求的，经常、定期地听取职工的意见和诉求，推动各级工会建立起联系基层、服务职工的长效机制，把定期听取职工意见作为工会工作重要的、经常性的、基础性的工作。集团工会继续强化为一线船员和职工服务职能，多管齐下为职工办实事，做好事，解难事。在积极为船员办实事的同时，重点关注陆地一线揽货网点、基层班组职工工作和生活需求及状态，多为他们办实事。在基层青年职工集中的单位，加强文体设施的建设，集团工会每隔几年选一两家青年职工特别集中的基层单位，开展为基层职工送文化活动，为基层职工办好事。

后　记

2012年，全国各级工会把开展“面对面、心贴心、实打实服务职工在基层”活动作为工作主线，精心组织、扎实开展，活动取得良好成效。为系统总结活动的经验和做法，全国工会“面对面、心贴心、实打实服务职工在基层”活动领导小组将活动有关文件、总结报告、专题调研报告、典型经验和图片等汇编成册，为各级工会建立健全服务职工长效机制、做好新形势下的职工群众工作提供参考借鉴。

各省、自治区、直辖市总工会，各全国产业工会，全总有关部门按照统一要求，为本书提供了相关内容。活动领导小组办公室综合协调组具体承担本书的编辑整理等工作。由于篇幅所限，编者对各单位提供的材料进行了适当压缩，同时一些材料未能收录。

由于编辑水平有限，本书如有不足之处，敬请批评指正。

本书编委会
2012年11月